信の哲学

［上巻］

使徒パウロはどこまで共約可能か

千葉　恵◆著

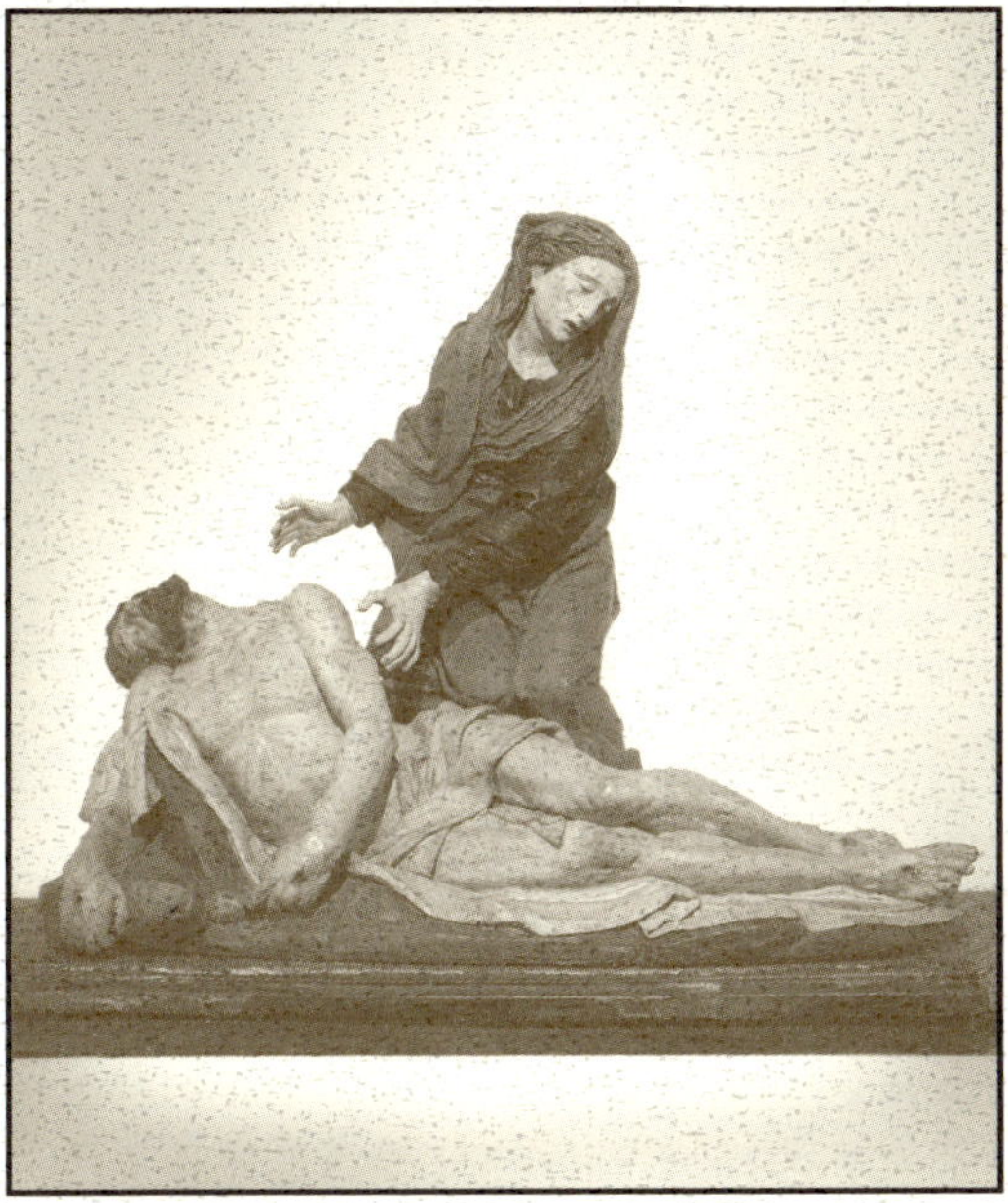

intellectus ante fidem

北海道大学出版会

北海道大学は、学術的価値が高く、かつ、独創的な著作物の刊行を促進し、学術研究成果の社会への還元及び学術の国際交流の推進に資するため、ここに「北海道大学刊行助成」による著作物を刊行することとした。

二〇〇九年九月

上巻目次

序文　――信の哲学――……1
構想……1
基礎命題と方法概観……4
本書の展開……13
本書の挑戦……22
第一部　信の哲学を可能にするもの――ロゴスとエルゴンの共鳴和合――……35
序　信の確かさとロゴスの確かさ……37
ナザレのイエスとアテナイのソクラテス……37
ロゴスとエルゴンの相補的な関係……41
信を根底にした心身（霊肉）の統一理論の構想
――カントに抗しアリストテレスに導かれつつ――……48
信以前の理解と共約性規準……56

第一章　信の哲学の基礎理論──パウロ神学の哲学的分析を可能にする共約的方法──……61
第一節　パウロ神学が担う哲学の可能性……61
一　パウロの歴史的状況……61
二　共約性……63
共約性規準　63
無条件（無制約）に措定されるもの　67
三　理解可能性──整合的な言語網──……71
四　信の哲学の先駆アンセルムスと「理性のみ」……73
五　合理性とその基礎としての矛盾律……76
六　ロギコス（形式言論構築術的）およびピュシコス（自然学的）アプローチ……80
自然本性上と当人上の合致　80
実在論的意味論かつロギコス意味論の無矛盾性　87
意味論と認識論を媒介するエルゴン　91
七　アリストテレスとパウロ……98
八　共約性拡張の要求……110
第二節　パウロの思考様式──信のロゴスとエルゴン──……117
一　信の哲学の主題と構想……117
「イエス・キリストの信」　117
化学者ポーロの発見──一つの思考実験──　119
同一語句の神とひとへの適用における非対称性　121

パウロの福音宣教　123
基礎テクストと新しい読み　124
信仰義認論　127
当該性規準と帰一的秩序づけ　129
二　福音と律法、信仰と業の伝統的なアポリア……130
神学的および歴史学的パウロ研究の問題の所在　130
パウロの信仰と業の関係理解に対する嫌疑への応答の方向　133
三　「知恵の説得的議論」（ロゴス）と「霊と力能の論証」（エルゴン）……138
四　パウロにおけるロゴスとエルゴンによる宣教と論証……147
補論一　意味論概説　167
補論二　信仰義認論の論争点　170
第二章　アリストテレス哲学と様相アプローチ――不可視なロゴス「魂」の探求――……177
序　信の哲学の基礎存在論の構想――パウロ神学が存在論を必要とする理由――……177
ロゴスとエルゴンの分節と総合……177
ものごとを構成するロゴスとエルゴン――ロゴスの実在論――……181
第一節　アリストテレスの様相存在論（力能、実働そして完成）
――ロゴスとエルゴンの在り方の分析と総合――……184
一　普遍存在論と神学……184
第一の自ら不動にして他を動かす神　184
非複合的な存在者への接触知によるアクセス　188

二　魂の二つの認知的アクセス
——ロゴスとエルゴンの判別の不可避性とその非対称による補完——……190
「ロゴス上」および「エルゴン上」の両輪の相補性　190
相補性の種々の文脈と統一的存在論の構想　198
三　様相存在論——「在るものそれ自身に在る限りにおいて内属するものごと」——……202
「(魂の)定義(ロゴス)語」と「(ものごと(魂を含む)の)実働(エルゴン)語」　202
三つの様相概念の言語的特徴に基づく基礎的理解　204
「「ある」は[L]力能と完成に即してかつ[E]エルゴンに即して語られる」　204／伝統語「力能」と「エルゴン」に付加された新造語「完成」と「実働」　209／ロゴスをロゴスとして析出する「完成」の役割　214
魂の様相的定義と様相概念の重層性
——「完成は二通りの仕方[ロゴスとエルゴン]で語られる」——　216
様相概念導入の文脈
——メガラ派批判を介した「力能」と「実働」の分節と「実働」と「完成」の共置——　219
メガラ派における実然の否定即不可能性のアポリア　219／「エルゴン」の両義性を媒介する「実働」と「完成」　225
四　固有名の指示の二重性と同名異義を判別する今・ここの生か死……228
ロゴス上の「先後」とエルゴン上の「同時」　228
個体のエルゴンに基礎づけられる普遍としてのロゴス　234

「名前」は「(魂の)定義(ロゴス)語」と「(ものごと(魂含む)の)実働(エルゴン)語」のいずれとして意味表示するのか　238

五　類義語の使用に見られるロゴスとエルゴンの補完関係……242

定義語「形相(*eidos*)」とその実働語「形姿(*morphē*)」による補完　242

「魂」は質料と形相が自体的関係にある合成体シモンの形姿即ちシモン性(実働)であり窪み性(ロゴス)である　242／

「自然」即「形姿そしてロゴスに即した形相」　247

未完の連続体存在者「運動(*kinēsis*)」は定義語により四種類であり、その実働語である「変化(*metabolē*)」としては三種類である　250

不可視な目的因(善)のロゴスとエルゴンによる存在証明
——「目的(*to hū heneka*)」と「ゴール(*telos*)」——　255

複製機構に見られる「テロスのため」　255／自然選択における必然と偶然　256／生物の形姿はその生存に対し偶然的か　258／目的因の存在証明——エルゴンの反現実仮想に基づく「自明性の拡張テーゼ」——　260／機能モデル　262／

自然は自己維持のロゴスを所持している　265

六　進化生物学への一つの挑戦——ダーウィンとその継承者たち——……266

「自然法則」のエルゴン上の理解　266

遺伝情報と形相　267

生命の力能の包括的理解の不可欠性　268

目的因の自然化とトートロジー問題——条件的必然性と端的必然性——　270

累積的自然選択の非ランダム性のアポリア　273

第二節　魂と物体の分離と不分離をめぐる相補的展開
――ロゴス上の分離に伴う同名異義を克服するエルゴン――……277
一　魂のロゴスとエルゴン――『魂論』第二巻一章とその私訳――……277
二　魂の定義の形成と身体を今・ここで生かしめている魂を捉える様相的枠組……281
不可視な魂を捉える様相存在論　281
ロギコスな概念である「本質」とその定義　283
「或るこれ」による統合体と形相の二重の指示　285
三　「ロゴスに即した実体」と「実働としての実体」……287
魂と物体の非一性の［E］観察に基づく帰納的主張　287
魂の定義（A）におけるロゴス上の離存性――完成におけるロゴスとエルゴンの分節と総合――　290
形相のロゴス性による魂の因果論的理解――エルゴンに内在するロゴス――　292
魂と物体の関係における不可逆性と不可欠性　296
魂の定義（A）から（B）へ――心身論の伝統的なアポリアに対する解決案――　297
「完成」は「力能」に対し「統率的な仕方において」ある　301
四　生きている統合体に対する同名異義原理の適用による分離と不分離の共存……304
エルゴンに内在するロゴスをいかに析出するか　304
同名異義原理――人工物斧と自然物の非対称――　306
生きている統合的物体の上で部分との「類比項を共に見る（*sun-horān*）」　309
ロゴスとエルゴン二つの文脈において見出される完成　313
第二節結論……316

第三節　魂の態勢のアリストテレス的分析と信の基礎的枠組
――認知的徳と人格的徳を統合するものは実践知か信か――……318
序　魂の根源的態勢――実践知 vs. 信――……318
一　魂の善くあること（幸福）と徳……320
三種類の行為　320
感受態、感受力能そして態勢　321
態勢の指標として機能する感受態　323
魂のロゴス無しの部位のロゴス的な部位への与り　325
魂の人格的徳と認知的徳　327
主知主義と習慣に基づく人格的徳　328
無抑制と知識の諸種　330
五種類の認知的徳　332
二　行為における実践知による認知的態勢と人格的態勢の統合……333
「実践知」とは「人間的な善に関わる行為力能上のロゴスを伴う真なる態勢である」　333
実践知と観想生活　335
三　人格的なもの（欲求）と認知的なもの（叡知）の総合
――マクダウェルの主知主義的徳の理論に抗して――……340
「欲求的叡知」とマクダウェルの「感受性」　340
実践知者における「外在主義」と「内在主義」の総合　344
第四節　魂の働きにおける信の根源性――「信」と関連語の言語的振る舞いを手掛かりに――……347
序　アリストテレスとパウロの共約性と差異――第二部への架橋――……347

一　感情の文法――感情の背後に機能する信――……350
嫉妬、怒り、恥そして愛　350
誇りの文法と高邁さ――理想的人間像――　354
二　偽りの分析――その対義語としての信の根源性――……360
三　命題的態度とその暗黙の前提……366
肯定的態度と価値ある事実の命題内容への代入　366
信念構造　368
有徳でなければ信をもつことはできないか――委譲の二種類　371
四　信の認知的要素と人格的要素――信の正しさについて――……373
認知的要素と人格的要素の非対称性と相補的展開　373
生の根源に対する信は知識たりえないことを前提にしている　375
信の文法　376
五　アリストテレスの実践知とパウロの信は両立可能か……382
アリストテレスにおける「信」の認知的そして人格的用法　382
アリストテレスとパウロを媒介するイエスの譬え話　384
理想的な視点から提示される実践知と生の始点として提示される信　387
アリストテレスの神とパウロの革命性　389
六　人格的態勢の如何が問われない信は共約可能か……394
信の共約的位置づけ　394
実践知と信の相補性　398
結　論　ロゴスとエルゴンの相補性――第一部の成果――……400

補論三　アリストテレスの存在様式（様相）の誤解――「可能態と現実態」解釈の乗り越え――　416
補論四　「最初に哲学した人々」における「存在（ある）」と「生成（なる）」
――非存在からの生成への「恐怖」――　420

第二部　パウロにおける信の根源性と信と業《わざ》ならびに心身（霊肉）の統一理論……429

序　意味論的分析に基づく新訳がもたらす神の前とひとの前の分節と総合……431

第三章　パウロにおける信の根源性の論証
――「ローマ書」の意味論的分析に基づく当該性規準とその帰一的解釈――……437

第一節　循環フリーな解釈営為の基礎としての共約的言語分析……437
一　解釈学とその限界……437
解釈学の究極的循環――真の著者と読者は聖霊であるというルター主義――　437
著者と読者からのテクストの遮断　440
二　宗教言語と独我論――宗教言語の荒唐無稽性と脆弱性の克服――……442
三　信任された神の言語の共約性主張……444
四　言語分析の共約性規準……445
言語使用者としての「神」――啓示の言語――　445
共約的公準　452
「ローマ書」の六つの文体上の特徴　454

第二節　啓示言語の意味論的分析……469
一　「ローマ書」における語「啓示」の限定的使用……469
動詞「啓示されている」（1:17, 1:18, 8:18）が切り開く神の前のものごと　469
「神の義」の二つの啓示の言語網　472
二　神の義の第一論証……474
神の怒りの啓示の言語網B　474
怒りの啓示の範例　477
罪人に弁解の余地なきことと叡知（ヌース）の機能不全　479
識別と行為の比例性テーゼ　483
神の怒りの啓示に基づく知恵の説得と知識主張　488
三　神の義の第二論証……493
福音の啓示の言語網A　493
「イエス・キリストの信」　499
「分離はない」　504
神の信義の啓示行為に含意される神の自己認識と人間認識　508
第三節　神の前からひとの前の自律的な「われら」への眼差しの移行……510
一　啓示の言語から導かれる相対的に自律した人間の自己認識……510
「かくして、われらは、人間は……信によって義とされると認定する」　510
「神はひとりである」　512
二　信仰と業の帰一的構造……516
三　啓示言語の意味を保証する叡知による認識……518

第四節　意味論的分析による三層の分節とその統一……522
一　「ローマ書」の矛盾の嫌疑への応答……522
三つの独立した言語網　522
執り成しの言語網　526
二　意味論的分析が提供する贖罪論の基礎的な枠組……535
第五節　エルゴンの複合に関する過去時制の問題……542
一　聖霊による過去と現在の架橋……542
二　今・ここのエルゴン言語とその一般化としてのロゴス言語……543
三　意味論的分析を許容するエルゴンの複合からなる過去時制の範例的な議論……545
四　「共に十字架に磔られた」……554
第六節　パウロにおけるパトスの複合的エルゴン……558
一　パトスをめぐるアリストテレス的理解との親近性……558
二　罪の苦悶の言語……561
第七節　「ガラテア書」における信仰義認論との比較……566
第八節　神の選びの予定と人間の自由のパウロ的両立可能性……573
一　二種類の自由……573
二　人間中心的な選択の自由（CC）の確保と予定説の諸アポリア克服の方向……573
業に基づく義を克服する義は贈りもの性、無償性を保証する選びを必要とする　573
選びそして信か業に基づく実人生の聖書の事例の確認による知恵の説得　576
予定説とキリストの出来事の知識に基づく「憐みの器」であることの信　577

三　自発性の自由（CS）と執り成しの両立……582
義認の唯一の必然的な様式と自発性の両立可能性　582
第九節　結論にかえて——当該性規準「イエス・キリストの信」による信の根源性論証——……588
一　意味論的分析……588
二　当該性規準と帰一的解釈……590
三　心身論への架橋……592

第四章　パウロの心身論——心魂の内奥に何が生起するのか——……623

序　心魂と身体の統一理論の構想……623
第一節　心魂論の共約性規準——アリストテレス的分析との対応関係——……628
一　パウロの心魂論の特徴とその構成諸要素……628
二　魂の無尽蔵性——探求主体と対象の同一性——……636
三　アリストテレスの様相存在論の枠組のなかでの魂論の展開……642
感覚と思考を契機に発動する知識としての叡知
——「何か一つのことが生起すること」——　642
感覚と叡知の平行性と同時発動の可能性　648
四　パウロ心魂論の共約性への挑戦……652
心魂の「根源的要素（*stoicheion*）」は肉か霊の択一　652
認知的、人格的統合をもたらす心魂の「根源的要素」とそれに「適合し続けること（*stoichein*）」　655

第二節　パウロの心魂論の二つのアポリアと共約的解決……661
一　神学者たちによる「肉」の両義性の主張……661
二　語句の意味確定の文脈と探求における意味理解の機能……667
三　「肉」の一義性——創造の秩序下における生物的概念——……669
「土製のものの形姿」と「天上のものの形姿」　669
「肉の弱さ」への譲歩に基づく人間中心的な語り　675
「肉は霊に反して欲求する」　681
四　「肉」と「人間」
——或る記述のもとにおいて他の類似語ではなく「肉」使用の理由——……682
五　「ローマ書」八章における肉と罪……687
六　「ローマ書」五章における恩恵の差し向け相手の全称性論証……694
アダムとキリスト——原罪と型の非因果的理解——　694
遺伝罪解釈の誤りと原罪の影響　705
第三節　「人間」の複合的な構成要素——「内なる人間」(「霊」、「叡知」)そして「肉」——……710
一　外界と内界の接点としての「良心(*sun-eidēsis* = 共知)」……710
二　共約的な肉の果実とその弱さの克服……714
三　キリスト vs. 隣人ディレンマ……718
四　認知的次元において発動する叡知(ヌース)と霊の関係……722
第四節　啓示と知識……730
一　現在時制動詞により伝達される神の二つの啓示行為……730

二　「終わりの日」の神の啓示行為と現在の啓示行為における生命と死の非対称性……736
三　啓示のエルゴンとロゴス……737
四　信に基礎づけられる認知機能――認知の比例性テーゼ――……740
怒りの啓示と「ヌースの機能不全」における認知の比例した態勢　740
ヌース発動の人間の備え――信――　742
第五節　業の律法の新たな機能――「ローマ書」七章における肉と内なる人間の葛藤――……744
一　七章の問題の所在……744
二　「われ」とは誰か……747
三　律法は罪ではないことの証明……749
罪に欺かれたアダム的「われ」　749
「われ」と「人間」の同定　753
律法なしには罪が死んでいること　754
罪が支配しうる生物的死と律法の善性　756
肉と内なる人間の葛藤による二種の律法（叡知と罪の律法）の判別証明　759
四　葛藤による律法の肯定的機能の証明……763
虚構的な「われ」による自己責任　763
成し遂げていることの無知における罪の欺き　764
自己欺瞞の諸相　767
肉は常に欺かれているのか　769
葛藤が担う律法の善性の証明　771

五　ヌースの良心による共約的理解……775
六　「われ」を構成する「身体」と「肉」そして「内なる人間」……779
七　「ヌースによって神の律法に仕え、肉によって罪の律法に仕える」「われ」は同時に義かつ罪ではない……781
ルターの解釈　781
「われ」とは誰であったのか——七章から八章へ——　785
第六節　生命の源泉である霊による肉の統一——「ローマ書」八章——……788
一　「霊に即した」心魂の内奥に基づく生 vs.「肉に即して」生きる義務……788
二　心魂の内奥で生起する聖霊の呻き……797
第七節　魂体と霊体の連続性——「コリント前書」一五章——……801
一　様相存在論における共約性の吟味……801
二　肉の存在論的位置……803
それぞれの「肉」の「身体」との固有な関係　803
「魂体に蒔かれ、霊体に甦らされる」　808
三　意識の座としての「心」……812
四　聖霊受容の座……816
結　論　一つの統一理論の構想——第二部の成果——……818
生物的な生と「新しい被造物」の生に対する同名異義原理の適用　818
理論理性と実践理性を総合するものとしての信　826

〔下巻略目次〕

第三部　神学と哲学の係争点克服を担う信の哲学
序　信の哲学者パウロに基づく哲学と神学の対話の可能性
第五章　理性と信仰——アンセルムスの神の存在論的論証とカントの超越論哲学による挑戦——
第一節　カントにおける無条件的なもの——純粋悟性概念の稼働域——
第二節　理性と信仰をめぐる諸立場の図式的かつ歴史的な分節
第三節　アンセルムス——信の哲学の先駆——
第四節　カントの存在論的論証批判における現存在のエルゴンのロゴスからの分断
第五節　神の存在論的論証における人格的要素
結　論　パウロにおける理性と信仰の総合の可能性
第六章　ペラギウス論争と様相分析による恩恵と自由裁量の両立様式
序　アウグスティヌスとペラギウス——罪を犯さない可能性をめぐって——
第一節　原罪とその影響下における恩恵と自由のアポリア
第二節　可能性が帰属する四種の存在様式とその対応言語網
第三節　知覚と罪犯の平行論証
第四節　パウロによる自由裁量論争への調停案
第五節　神は「過去に犯された罪を赦す」が未来の罪を避けさせないか
第六節　原罪とその影響の共約的な理解
結　論
第七章　アンセルムス贖罪論における正義と憐れみの両立する唯一の場
——司法的正義とより根源的な真っ直ぐの正義——
序　『なぜ神は人間に』
第一節　「理性のみ」による贖罪論の構想

第二節　アンセルムスの言語論――神と人間の諸語彙の平行性と非対称性――
第三節　司法的な正義
第四節　神・人――神の義と憐れみが成立する唯一の場――
結　論
第八章　トマス・アクィナスとマルティン・ルターにおける信と愛
序　カトリックとプロテスタントの和解の鍵を握るピスティスの二相
第一節　パリ学派批判――愛の効力 vs. *Fides Christi*――
第二節　トマスにおける正しい信仰に随伴する愛とロゴス上独立した信仰
第三節　恩恵と功績
第四節　トマスとルターにおける「ピスティス」理解の差異
第五節　恩恵と自由のアンティノミーのひとつの解決と双方の和解
結　論
第九章　哲学と神学を媒介する信の哲学――ハイデガー実存哲学の形成を手掛かりに――
序　理性の限界とその確実性――「信」vs.「死への先駆」――
第一節　現存在の三局構造とその裂け目
第二節　現存在の存在を開示する実存範疇と開示の時間性における神学的背景
第三節　神学と哲学――神学と哲学の相補性を媒介する信の哲学――
第四節　死への先駆による存在可能 vs. パウロの思考の同型性と内実の非対称
第五節　信の哲学と現象学
結　論　存在論的差異をめぐり自律と他律を媒介する信の哲学
附録　パウロ「ローマ書」の梗概と新訳
附録一　梗概(記号化および目次付)
附録二　パウロ「ローマ書」新訳
文献目録／パウロ書簡、福音書引用箇所索引／人名索引／事項索引

凡例

一、新約聖書は *NESTLE-ALAND NOVUM TESTAMENTUM GRAECE* 28. revidierte Auflage (Deutsche Bibelgesellschaft, Stuttgart 2012)を底本とした。ラテン語訳については *NESTLE-ALAND NOVUM TESTAMENTUM GRAECE ET LATINE* (Lateinischer Text Nova Vulgata Bibliorum Sacrorum) 28. revidierte Auflage (Deutsche Bibelgesellschaft 2014)を参照にした。旧約聖書は *VETUS TESTAMENTUM GRAECE JUXTA LXX INTERPRETES*, ed. F. Field, (Excudebat Jacobus Wright, Oxonii 1859)を底本にした(第一章註3参照)。

二、附録に掲載した「ローマ書」新訳を含め聖書の翻訳はすべて個人新訳である。［　］は訳者による補いである。ただし、聖書に限らず引用文中における丸括弧（　）は原語の意味理解の幅の広がりを捉えるべき訳者による補いである。

三、文書、聖書については鍵括弧「　」を用いない。その構成文書の略称は巻末参照。なお文書名、例えば「ローマ人への手紙」は「ローマ書」と鍵括弧とともに簡略に表記するが、引用は Rom.1:1 という仕方で章と節を表す。なお連続引用などにより明らかと思われる場合には章節のみ記す。固有名詞は、例えば、エバやダビデ、イエス・キリスト、エルサレム、ユダヤ人などは日本語訳の慣用表現を踏襲した。しかし、例えば Phoibē における φ (ph)を含む名前は π (p)を含む Paulos「パウロ」と発音を判別すべく「プォイベー」とした。Χ (ch)と κ (k)、また τ (t)と θ (th)のカタカナ表記は区別しなかった。Pistis の訳語について、また記号表現の理解については附録一「梗概」参照。

四、アリストテレスは *Aristotelis Opera*, ex recensione Immanuelis Bekkeri, ed. Academia Regia Borussica, Vol. I,II (de Gruyter, Berlin 1970 (1831))を底本とした。引用はベッカー版の慣用に従ったが、書名や巻ならびに章を省略し、頁と行のみ記すことがある。略称は巻末参照。翻訳は筆者個人訳である。［　］は訳者による補いである。丸括弧（　）は原語の意味理解の幅の広がりを捉えるべき訳者による補いである。

五、外国語文献の引用は筆者個人訳である。ただし原本が手許にない場合、既存の翻訳を訳書指定のうえ拝借した場合もある。借用した引用文に若干の変更を加えたものもある。

書名略称表

〈旧約聖書〉
創世記　Gen.
出エジプト記　Ex.
レビ記　Lev.（Lv.）
民数記　Num.
申命記　Deut.
ヨシュア記　Jos.
サムエル記上　1Samuel
サムエル記下　2Samuel
列王記上，下　1Kings
2Kings
歴代誌下　2Chron.
ヨブ記　Job
詩篇　Ps.
箴言　Prv.
イザヤ書　Isaiah（Is.）
エレミヤ書　Jer.
エゼキエル書　Ezek.
ダニエル書　Dan.
ホセア書　Hosea
ハバクク書　Hab.
ミカ書　Mika
ゼカリア書　Zech.
マラキ書　Malachi

〈新約聖書〉
マタイ福音書　Mat.
マルコ福音書　Mak.
ルカ福音書　Luk.
ヨハネ福音書　John
使徒言行録　Act.
ローマ書　Rom.
コリント前書　1Cor.
コリント後書　2Cor.
ガラテア書　Gal.
エペソ書　Eph.
ピリピ書　Phil.
コロサイ書　Col.
テサロニケ前書　1Thes.
テモテ第一書　1Tim.
テモテ第二書　2Tim.
テトス書　Tit.
ピレモン書　Philem.
ヘブライ書　Heb.
ヤコブ書　Jacob
ヨハネ第一書　1John
ヨハネ黙示録　Rev.

〈アリストテレス〉
命題論　De Int.
トピカ　Top.
分析論前書　An.Pr.
分析論後書　An.Post.
自然学　Phy.
天体論　De Caelo
生成消滅論　Gen. et Corr.（GC.）
魂論　De Anima（De An.）
動物部分論　PA.
動物発生論　Gen. Anim.
形而上学　Met.
ニコマコス倫理学　Nic. Eth.
エウデモス倫理学　EE.
政治学　Pol.

〈プラトン〉
ソクラテスの弁明　Apol.
ゴルギアス　Gorg.
メノン　Meno
パイドン　Phaedo
プロタゴラス　Prot.
国家　Resp.
ソフィスト　Soph.
ティマイオス　Tim.
パイドロス　Phdr.
法律　Laws

〈アンセルムス〉
神はなぜ人間に　CDH
モノロギオン　Monologion（Monol.）
プロスロギオン　Proslogion（Prosl.）

〈トマス・アクィナス〉
神学大全　ST

〈マルティン・ルター〉
ヴァイマール版ルター全集　WA

〈マルティン・ハイデガー〉
クロスター版ハイデガー全集　GA

序　文——信の哲学——

構　想

私は本書の中心的な研究対象として、歴史の審判に耐えそして逆に歴史を導き、審判していることでもありましょう使徒パウロの書簡「ローマ人への手紙」（以下「ローマ書」）をとりあげそのテクストを言語分析的視点から探求します。パウロは信（*pistis*）が心魂《しんこん》の様々な働きのなかで根源的な行為そして態勢の位置を占めその人格的態勢と認知的態勢を秩序づけ、さらには被造物とその創造者との正しい関係を形成するものであり、宇宙万物（*ta panta*）の帰一的構造解明に手掛かりを与えるものであると論じています。この野心的な書簡の分析を中心に据え、信とは何でありいかなる機能を果たすかを考察しつつ、信の哲学の可能性を追求します。この書簡に関係する或いはその分析に有用な限りにおいて対論相手として古代から現代に至る古典的な諸論考をとりあげ、パウロの神学説を哲学的次元において言語と心身をめぐる一つの哲学説として析出することを企てます。信の哲学者パウロを古代ギリシャ哲学の伝統の枠のなかで析出し、その後のヘレニズムとヘブライズムの折衝の歴史的帰趨を辿ります。それによりルターにいたるまでの中世の伝統的な諸立場との対話、さらに近世から二十世紀に至る超越論哲学、実存哲学や分析哲学等の諸説との対話を通じて信の哲学を構築します。

信は心魂の一つの態勢そして働きである限り、心魂そのものの探求を要求します（「態勢」と「働き」は睡眠が覚醒の力能としての態勢かつそれ自身としては一つの生命活動であるという仕方で類比的に特定されます）。何であれ行為や出来事はそれらがそこにおいて生起する当該のものごとの態勢や力能に依存します。信じるという行為も常にそれがその発現であるところの信じうるという力能においてある心魂の態勢とセットで論じられ、さらにその周辺の感情など心魂の機能や態勢との関連において論じられます。信の哲学はテクストの文体および意味論的分析を基礎に据えた、心魂の認知的、人格的な構成要素の探求として哲学の慣用表現を用いるなら一つの心身論（パウロ的には「霊肉論」）であると言うことができます。これは言ってみれば心魂の底、内奥に生起するものの探求であるため、そのために必要な言語の理論そして事物・事象（ものごと）の本質の知識獲得に至る発見的探求論さらには行為や出来事の存在様式をめぐる様相存在論を必要とします。換言すれば言語と心魂と世界を取り込む包括的な哲学理論を必要とします。ここでは最も確実な思考の原理と言える矛盾律に基づく「いかに語るべきか」という言語の規範的使用の考察を基礎にして、世界が「いかに在るか」について観察経験を考察資料としつつ世界の根底にあるものの存在様式の探求を遂行します。言語と心魂と世界の探求がパウロの信のテクストをめぐり遂行されることにより、この基礎作業のもとにまたその作業と同時に信の哲学が形成されます。

本書の副題である「使徒パウロはどこまで共約可能（commensurable）か」について、何との共約性か、いかなる共通の尺度によりどこまで吟味されうると考えられているかが問われることでもありましょう（cf. $\sqrt{2}$（*alogos*, incommensurable 無理数））。その共約性規準は、まず広く言えば、理性のみであるということ、より具体的にはパウロの議論が理性的思考の代表としてのアリストテレス哲学とどれだけ共約的でありうるかが吟味されます（何故アリストテレスかは第一章一節七参照）。アリストテレスの哲学説を、誰であれ同じ言語を用い、誰であれ同じ心魂を持つものである限りにおいて、言語と心魂と世界の理解をめぐる共約的な規準として立て、神学の一理論と看做されてきたパウロの議論は哲学説としてどれほど人間の言語理解さらに心魂や世界の理解として理性に適うものであるのかを考察します。それは、誰であれテクストの言語的理解を持ちうることを基礎に据える「信以前の理解（*in-*

tellectus ante fidem)」の標語のもとに遂行されます。信以前の理解はテクストを分析するさいに、信じる者にも信じない者にも理解できる言語次元において、語彙や文の構文論的、意味論的視点から言語的な特徴を摘出し、文体の統計的、文法的知見に訴えつつ、できる限り解釈の余地を少なくし言語的な理解としての知見の蓄積に従事します。そしてそれが従来の哲学の伝統に対して、はたしてまたどれほどその視点と内容において新たに積極的な貢献を為しうるのか挑戦します。

本書が取り上げる主題は四つあります。本書は次の四つのゴールを視野にいれつつ、それぞれが相互に組み込まれ相補的な仕方で展開されます。一つは二千年論争が続いている「ローマ書」を正しく理解することです。この書簡はパウロにより自らの神学理論の集大成として考え抜かれており無矛盾なものであることを明らかにします。もう一つは、パウロ神学は、アリストテレス哲学との対話を通じて、どれだけ哲学的吟味に耐えうるかを検討することです。第三に、これら二つの取り組みのなかで、信とは何であり、信は心魂のいかなる態勢であり、いかなる機能を担っているかをめぐり、信の哲学を構築することです。第四に、パウロ神学の基盤にある彼の信の哲学がその後の神学や哲学の歴史の諸論争を解決する提案を既に含んでいたことを明らかにすることです。

本書は三部構成です。第一部「信の哲学を可能にするもの——ロゴスとエルゴンの共鳴和合——」において信の哲学の可能性をその方法論と共に追求します。第一章でパウロの神学的議論を哲学的次元において分析することの正当性と有意義性を論じます。とりわけ、パウロのテクストがアリストテレスの言語哲学のもとでその言語分析の対象となりえることをその手法となる意味論の理解の展開とともに明らかにします。第二章において主にパウロの議論の哲学的分析の基礎理論としてアリストテレスの存在者の在り方の研究である様相存在論とそのもとに展開される倫理学を取りあげます。

本書第二部「パウロにおける信の根源性と信と業《わざ》ならびに心身(霊肉)の統一理論」においてパウロの意味論と心身(=霊肉)論を、主に「ローマ書」のテクスト分析を通じて構築し、それらが哲学説としてどれだけ魅力あるものとして提示できるかに挑戦します。パウロはギリシャ哲学者であった、或いは彼の神学思想から哲学的基盤を析出できるという想定のもとに、私はアリストテレス哲学との対話のなかで彼の意味論と心身論を信の解明に有益な限りで展開します。神学的解釈がその枠のなかで遂行されねばならない、テクストを読む者は誰もが同意せざるをえない言語上の制約や特徴を明白にすることに努めています。第三章においては啓示言語を主に分析対象とし、第四章においては心魂、霊肉とその機能を論じる箇所を分析しつつ、心魂と身体ないし霊と肉の統一理論を構築します。信の哲学は自らの方法論のもとに、信と愛の統一理論がパウロにより神の前の自己完結性とひとの前の相対的自律性の分節と総合として構築されたことを確認しそして展開します。

第三部「神学と哲学の係争点克服を担う信の哲学」においては第一部、第二部における知見を歴史的文脈に適用し、パウロの信の哲学を諸論争のなかで考察し、その視点から諸神学論争、諸哲学的難問解決を企てます。パウロの書簡はその後のキリスト教の展開の理論的基礎を提供しましたが、第三部においてその展開はヒエロニムスの「ローマ書」の中心箇所の誤訳と誤解の故に論争の歴史でもあったことを明らかにし、かえってその諸論争がパウロにおける神の前とひとの前の統一理論の吟味に貢献しまたその理論を一層際立たせていることを明らかにします。

基礎命題と方法概観

パウロは「ローマ書」の終わり近くで自らの異邦人への福音宣教の人生を振り返り、「ロゴス（言葉、理論）」と「エルゴン（実践、働き）」に言及し、この二つによってキリストが成し遂げた事柄を伝達してきたことを自らの誇りとしています（Rom.15:14-19）。「ロゴス」と「エルゴン」は本書全体を通じて鍵語となるものですが、パウロは自ら、言ってみれば、この基礎的で包括的な哲学用語において自らの宣教活動を特徴づけ、本書の基礎となる命題を提示します。

　われ、神に向かうことがらに関して、キリスト・イエスにある誇りを持つ。なぜなら、われは、異邦人たちの従順へと至るべく、キリストがわれを介して[L]言葉（ロゴス）によってそして[E]働き（エルゴン）によって（*logō kai ergō*）、諸々の徴《しるし》と不思議の力能（*dunamei*）において、神の霊の力能（*dunamei*）において、[XE]成し遂げた（*kateirgasato*（*kata-ergazomai*（*ergon* の動詞形）））ものごとではない何かをあえて[PL]語る（*lalein*）ことはないであろうからである（15:17–19）。

「ローマ書」の直接の報告内容は[XE]キリストが為したことがらであり、それはキリストが神の霊の力能のただなかでパウロを介して[L]ロゴスと[E]エルゴンにより遂行したものです。かくしてパウロは或る意味で自らの力能の働きを報告し、他の意味では自らを媒介にしたキリストの力能の働きを報告しています。パウロはここでキリストが自らを介して働いてきたことへの言及を通じて、二つの行為主体における言葉と働きの複層性を主張します。

　大枠は[PL]パウロの語りであり、それは誰にも理解できるものであることが目指されています。一方パウロを介したキリストの働きは魂の感覚や叡知（ヌース）などにより直接認識される具体的、個別的なものであるとして、他方、その働きとは判別される言葉があるとすれば、誰にも理解できる語られたもの（言表）として言語的特徴の普遍的な理解に関わることがらであると言うことができます。「諸々の徴と不思議の力能において、神の霊の力能において」成し遂げられたことが何であるかはさておくとして、その現場で目撃せずにも一般的に理解可能な普遍的な説明言表（ロゴス）を提示できるという前提のもとにロゴスとエルゴンは分節されています。

　その彼は「われらは、汝らが読み、しかも理解することがらの他何も書いてはいない。汝らが完全に理解してくれるよう、われ望む」と書き記すように、自ら語る内容は明晰判明であると主張しています（2Cor.1:13）。さらにこの基礎命題の前提として、パウロが「われ自ら汝らについて確信している、汝ら自ら善きもので満ち、あらゆる知識を十全に備えており、互いに忠告しあう力ある者たちであると。われ汝らに或る部分において一層大胆に書いた」と語るとき、彼は読者の知性に対する信頼のもとに自らの主張が相互の教えあいを介して理解されるはずであるとしています（Rom.15:14–16）。

　彼は自らを介してキリストが成し遂げたことだけを「語る」という大枠のなかで「言葉」と「働き」を分節していますが、それはたとえパウロの言葉による宣教それ自身が一つの働きであるにしても、そしてさらにそのさいロゴスがエルゴンに内在し、またエルゴンにおいてロゴスが可視化されるにしても、ロゴスとエルゴンは分節されるものとして提示されています。この複層性こそ解きほぐされねばなりません。彼は自らを介して働く不可視な霊の力能とその働き（エルゴン）のロゴス（理論）を展開しますが、このとりわけ強い宗教的言明さえ、アリストテレスによる様相アプローチに基づき分析するとき、彼の議論が一つの哲学的次元に浮上するのを見出します。彼は当時の伝統のなかでこの用語をセットで使用しています。この発言はアリストテレスが展開した様相分析により解明される手掛かりを提供しています。パウロも言葉を語る者としてまた働く者として双方の概念枠のもとにあり様相分析の適用の例外ではありえません。

　この惑星における多様な生物種のなかでホモ・サピエンスと呼ばれる人類を特徴づけるものが知性であることは広汎に認められるでしょう。人間というこの知性体の特徴を一言で表現するものが「ロゴス」です。例えば、宇宙が持つその始まりのロゴス（理）をこの生物は自らのロゴス（言葉）により解明しました。このロゴスを扱う人間の理性的な働きはその脳の働き（エルゴン）により支えられており、さらに他の動物と同様に今・ここで身体を動かす等のエルゴン（働き）においてあります。ロゴスとエルゴンは理論と実践という仕方においてであれ、この生を分節しまた総合する相補的な役割を担った二つの接近視角です。彼は二つの方法の対比と相補性についてとりわけ自覚的であり、彼は「真理の言葉において、神の力能において」宣教し、「われらの福音は言葉においてだけ（*en logōmo-non*）ではなく、力能においてまた聖霊においてもそして確証の十全性においても汝らに生起した（*egenēthē*）」と報告しています(2Cor.6:7, 1Thes.1:5)。

「ローマ書」の目指すものはキリストの福音を理解させる議論を提供することに他なりません。彼の議論は有意味かつ理解可能なものであり、何らかの言語的分析を受け入れるものであると想定されています。そして将来にわたりキリストが成し遂げたことだけを「語る」というパウロの参与はキリスト以外のことがらが語られることがあるにしても、それらはすべてキリストの言葉と働きとの適切な関係に置かれ、彼の言葉と働きの理解に資するものであると彼は主張しています。この語りにより手紙の一切の議論が枠づけられます(附録一図解二参照)。

パウロの基礎命題はロゴスとエルゴンの当時の伝統的用法に即した分節です(第一章序参照)。双方の関連語、類義語における対比を種々挙げることができます。複層的な関係を形成するロゴスとエルゴンは、伝統的そして今日的な表現を含めるとき、多岐にわたり枚挙できます。例えば、理論と実践、知識をもたらす推論と発見的探求、論証(証明)と帰納(実験検証)、形相と統合体、*de dicto*(語られたもの)と *de re*(ものごと)、音声が意味表示するものの意味理解とものごと理解、語彙の意味の説明言表とそれにより指示される(働きにある)ものごと、抽象されたものごとと具体的な今・ここのものごと、ソフトウエアとハードウエア、遺伝情報とその読み取り、楽譜と演奏等として分節され、そしてそれらの総合がめざされてきました。私は、本書の至るところにおいて、とりわけ第二章における「ロゴスに即した実体」と特徴づけられる魂とその働きとしての生命実働の関係を基礎的なものとして考察し、ここで挙げた諸事例の関係解明に取り組みます。

世界に秩序を認める限りにおいて、その秩序の源であるロゴスが何らかの素材に内在し、働き(エルゴン)においてあると考えることは道理あるものです。ロゴスと今・ここの具体的なエルゴンが何らかの関係におかれていないなら、世界はカオスとなるでありましょう。パウロのテクストが伝達する様々なロゴス(言葉)とエルゴン(働き)をその関わりにおいて解明すべく、まず第一部で双方の視点からものごとが一で在ることの解明に従事するアリストテレスの様相存在論を考察します。彼の様相存在論は、魂の二つの認知的アクセス(普遍的なロゴスの形成と感覚等の直接的認識）がいかに協働でき補完的でありうるかをめぐって、「統率的に一で在ること」がそこにおいて語られる「完成（*entelecheia*）」概念の導入により存在論的な分析を提供します。本書の哲学的探求の中心はロゴスがエルゴンに内在するとして、それをいかに明晰に語りうるかということに向けられます。

本書を通底する思考のひとつのエンジンは言語の文体と意味の分析です。信の哲学は「発見的探求論」の名前のもとに心魂の内奥を探求します。その探求過程は当該語彙の意味の把握から、それにより指示される対象の存在の認識、さらには対象の本質の認識に向かいます。ものごとの一であることつまりものごと自体を表現する代替記号「本質」を充足する世界の側におけるものごとを一なるものたらしめる因果論上最も基礎的なものごと（形相因、目的因、始動因）をアリストテレスの様相存在論のもとに探求します。パウロは、ひとは「土製のものの形姿（*eikōn*）」から「天上のものの形姿」に一瞬のうちに変化させられ甦らされると主張しますが、そこでは何らかの自己同一性が確保されねばなりません。この人類が持ちうる最も野心的な主張もロゴスとエルゴンの相補的展開のもとに理解されることになるでしょう。これが本書の探求のゴールと言えますが、最も手前の言語分析から探求は遂行されます。ものごとを秩序づけているものが探求者各人にとっても可知的なものとなることをめざしますが、ひとは自らに可知的な語句の意味理解から本性上可知的なものの探求を通じて、矛盾律という最も確実な原理に共約性の規準を置き、誰にも同意できる言葉の意味の理解を端緒として諸知識を蓄積し、共約性の拡張のもとに展開していきます。アリストテレスの言語哲学に基づき、「ペガサス」のような非存在についても説明言表の提示によりその意味は理解できるという意味論的に浅いつまり語句の意味の理解に対象の存在を前提にしない「ロギコス意味論」と呼ぶべきものを基礎理論とします（これは伝統的な「文字的意味（*sensus literalis*）」に親近なものです）。言葉（ロゴス）は疑いなく意味を伝達するものとして発話されます。その意味の理解を手掛かりに、テクスト分析を遂行します。

本書において私は「ローマ書」の意味論的分析を介して、「神の前の自己完結性（A、B）」と「ひとの前の相対的自律性(C)」と呼ぶ、それぞれ整合的であり独立した言語網を三つ析出しています。

啓示の言語網は私の意味論的分析を介して整合的なものとして二層析出されます。その二層の啓示の言語網の一つ[A]はイエス・キリストの信を媒介にして啓示されている神の義および神の理解する神の前の義人を明らかにし、もう一つ[B]はモーセの十戒の石板を媒介にして啓示されている神の義および神の理解する神の前の人間たちの罪を明らかにします。そのうえでパウロは「われは汝らの肉の弱さの故に人間的なことを語る」(6:19)と肉の弱さへの譲歩として人間中心的に語ることにより、義と罪双方の可能存在として自律的に存在する人間を捉える言語網[C]を展開します。これら[A][B]二つの啓示の言語の報告「神の前の自己完結性」と、[C]人間中心的な思考や認識そして行為を伝達する言語網「ひとの前の相対的自律性」はその言語の意味が誰にも理解されうるものとして展開されています。

三つの言語層(ABC)は「霊」への言及なしに析出される言語網であり、パウロの表現によれば「知恵の説得的議論(*en peitois sophias logois*)」と呼ぶことができます。これは「霊と力能の論証(*en apodeixei pneumatos kai dunameōs*)」と対比されています(1Cor.2:4)。パウロは「霊」が理性にとり躓きであり、とりわけ哲学的吟味になじまないものであることを自覚していたが故に、それぞれ整合的な相対的に独立した言語網を三層提示していたのでした(cf. Act.17:17)。彼は「ローマ書」において、「知恵ある者たち(*sophois*)にも愚かな者たちにもわれ負うべき責めを持つ」(1:14)と語り、ギリシャ的な伝統のもとに「知恵の説得的議論」を「ギリシャ人は知恵を求める」(1Cor.1:22)その哲学者たちに対して概して第一章から四章、九章から一一章において遂行し、「霊と力能の論証」を知者と愚者双方に概して第五章から八章において遂行しています(「力能」とは「神の霊の力能」のことです(15:19, cf. 1:4, 1Cor.12:8))。霊と力能の論証が遂行されるこれらの章においても、三つの言語層を媒介するものとして霊が機能して、これは「エルゴン言語」とでも呼ぶべき、今・ここの聖霊の働きを考慮せずには理解できない新たな言語網Dを形成しています。一方でギリシャ哲学の伝統のもとにおいて「宇宙」など人間を超えるものどもに関わる知識を表す「知恵」により福音を説得しつつ、「霊」の力能の発現、働きによるその論証をも遂行しています（第二章三節「五種類の認知的徳」参照）。

パウロにおけるエルゴン言語として、聖霊の媒介行為を前提せずには理解できない発話が、とりわけ、過去形や現在完了形により伝達されます。「神の愛はわれらに賜った聖霊を介してわれらの心に注がれてしまっている［現在完了形］」（5:5）は、もしその発話の時点で聖霊の媒介行為がなければ偽となります。「キリストが汝らのうちにあるなら～」（8:10）という条件文は常にキリストが内在しているわけではないと考えることを道理あるものとして含意しています。とはいえロゴス次元において一般的に、神の愛が注がれるとすれば、聖霊を媒介する、と無時間的に語ることも許容されます。聖霊の媒介言語Dにもロゴス次元での共約的な理解が可能です。今・ここで注がれている「愛」は心に平安をもたらし、聖霊の働きも込みでのこの語の意味の理解も成立しているでありましょうが、一般的な記述のもとでの「愛」は一つの語句の配列関係（例「支配と被支配から自由な場所で出来事となるわれと汝の等しさ」）として理解されることもありましょう。同じ語彙は双方においては同名異義的なものとなる不可避的な制約のもとにエルゴンのロゴス化、一般化が企てられます。意味論と認識論を包摂する探求論においては究極的には「自然本性上と当人上の合致」がめざされます（第一章一節六）。

さらに、同じ語彙、例えば「信」が認知的、人格的に十全な神とそうではない人間に適用されるとき、双方の理解が異なるとしても驚くにあたりません。パウロは「信」を同名異義的に神の前とひとの前で判別して用います。「イエス・キリストの信」（Rom.3:22）においてパウロは神がその語において理解する信を、即ち「神の信」（3:3）とそれに対応するものとして神が嘉《よみ》したところのナザレのイエスが死に至るまで従順に保持した「イエスの信」（3:26）を、啓示の媒介となる「イエス・キリストの信」として用いていることを報告しますが、その信は神の前の信Aを意味表示しています。他方、ナザレのイエスを除いたひとの心的態勢として語られる「信」は「強い」「弱い」そして「成長」が帰属するひとつの心的態勢としての信Cを意味表示しています（e.g. 14:1）。ルターは「信仰のみ」

において神の前の信Aを常に聖霊の媒介において成立している信Dとして理解しています。他方、トマスは聖霊に対する言及を一旦括弧にいれて、有徳性との関連においてひとが持つ信Cを理解しています。双方の調停が求められます。私はロゴスとエルゴンの相補性を展開すべく同名異義原理を積極的なものとして受け止め、肯定的に適用します。

本書において常に留意すべきことは、パウロによる「神の前」と「ひとの前」の分節は、「肉の弱さの故に」、譲歩として人間中心的な語りであるC言語が展開されているということです(6:19)。パウロが「福音宣教」の名においてC言語を語ることにより人類に滅びの罠を仕掛けたということでない限り、この譲歩は神による認可のもとになされ、神の前とひとの前双方がロゴス上判別されて議論が展開されているとしなければなりません。というのも、万物の創造者であると報告される神にとって、エルゴン上神の前にないものごとは何もないであろうからです。例えば、「神の怒りが天から不義のうちに真理をはばむ人間たちのすべての不敬虔と不義のうえに啓示されている[現在形]」と啓示の言語Bが啓示の差し向け相手を三人称の普遍語で表現しつつパウロにより報告されています(1:18)。神の前の当人はC次元において今・ここにひとの前に生きているわれわれの誰かであるに相違ないのです。人間の総数は神の前とひとの前で同じだからです。

それ故に、先述の整合的な三つの言語網が指示するものごとは「霊」の媒介への言及によってのみ結合される複合的言語網として析出されます、そしてそこではエルゴン次元(Er)とロゴス次元(Log)それぞれにおいて二層が形成されます。エルゴン次元においては聖霊に執り成されている今・ここの義人はErD = LogAViaErCと表記されます(ただし媒介記号Viaは神の前とひとの前の聖霊の今・ここの媒介行為を表し、LogAは神の福音(十字架と復活)の啓示において示された神の意志一般を表し、ErCは心魂の内奥における呻きを表し、聖霊は双方を媒介し執り成しています)。ロゴス次元におけるLogD = LogA + LogCにおいては、媒介の記号として+が用いられますが、それはロゴス上神の前とひとの前を分節したうえで、聖霊による両者の媒介の役割を説明しています。神、ひとのそれぞれのエルゴンが聖霊のエルゴンに媒介(Via)され、エルゴンの複合性を形成しますが、そしてその複合的エルゴンはエルゴン上分離されませんが、ロゴス上それぞれの立場からのアクセスを許容するという仕方で分離されそして結合されます(+)。パウロが福音の宣教は誰にも理解されうるはずだと主張するとき、聖霊の働きを括弧にいれた論証を提示することは道理あるものです。それと同時に心魂のあらゆる働きとの関係において聖霊の働きが解明されるのでなければ、その括弧入れも説得的なものとはなりません。

本書の思考の動力源は、パウロが自覚的に「神の前の自己完結性」と「ひとの前の相対的自律性」を分節し、しかも総合を企てていたことに求められます。この分節を妨げていた元凶は、四世紀にヒエロニムスにより古ラテン語訳の編集として提示された Vulgata 版における三章二二節の誤訳にあり、それ故にこの箇所は「書簡のなかで最も難しくまた最も不明瞭な箇所の一つ」(E.Käsemann)と評されるに至りました(3:21-26)。パウロはこの箇所を明瞭に啓示の言語として展開していることを意味論的分析により誰にも同意できる仕方で摘出します。この箇所は彼の神学思想の根幹部位であり、信仰義認論やその背後にある予定論は「神の前の自己完結性」として展開されており、私は本書第三章においてパウロの論証が哲学的に無矛盾であることを明らかにします。

このように信の哲学は一方で「ローマ書」の言語分析を遂行しますが、他方で「ローマ書」は神とひとの働きを伝達するものでありその解明に取り組みます。パウロはユダヤ教の伝統的なモーセ律法遵守の働きについて、その表現として七十人訳に即して「エルゴン(*ergon*)」を用いますが、これも様相分析の適用の例外ではありえません。本書において彼が用いる *ergon* は「業《わざ》」そして「働き」と訳されますが、わが国では伝統的に神学的文脈において信と対比されるさいに「業」が「業の律法」(3:20)、「律法の業」(2:15)という仕方で用いられます。「律法」とは神の意志のことです。そしてパウロにおいては「律法の充足」としての「愛」に業の一切は秩序づけられます(13:10)。この神学的文脈における *ergon* を「働きの律法」、「律法の働き」と訳しても「業」と同じ事態が意味されることは留意されねばなりません。ただし、「信の律法」(3:27)と「業の律法」(3:27)の対比が、「信」も働きと捉えるべき文脈があり、不明瞭になることを避けるために、モーセ律法が問題になる文脈においては「業」と訳すことにします（第一章補論二参照）。従って、「業」は「働き」より限定的な用法ですが、同じ心魂と身体の働きに他なりません。パウロはイエスの信に基づく信の律法のもとにある働きないし生は義であり、業の律法に基づく働きないし生は罪であると主張します（3:20, 14:23）。このロゴスとエルゴンの相補性こそ解明されねばなりません。

本書の展開

第一部においてその基礎的な方法論としてアリストテレスの因果性の理論とそのもとにある様相存在論を考察します。そこでは「ロゴス（*logos*）」はものごとの不可視な「理《ことわり》・比（*ratio*）」という仕方においてものごとに内在しものごとの秩序を形成する一つの存在者「ロゴスに即した実体」であり、そのロゴスが内在する統合体の今・ここの「働き」即ち「エルゴン（*ergon*）」が今度は「実働としての実体」の名において考察の対象となります。ものごとのロゴスとエルゴンを認識するのは、一方ではものごとの「何であるか」を開示する説明言表（これも「ロゴス（言葉）」と呼ばれます）としての定義の形成を介して、普遍的にものごとの一性を作り上げているそのロゴス（理）を把握し、他方では、魂の直接的な認知力能である感覚や「叡知（*nūs*）」と呼ばれる見えないものにヒットする認知機能の今・ここの実働（これもエルゴンです）によりものごとの働きを個別的に認識します。パウロも「叡知」を神にかかわる重要な認知機能として用います。信の哲学はものごとの存在様式を開示する説明言表という言葉（ロゴス）と魂の直接的な認知機能の実働（エルゴン）の相補性において「ローマ書」の哲学的分析を可能にする基礎理論構築に向かいます。

アリストテレス哲学の魅力はロゴス（理論）とエルゴン（実践）の「共鳴和合」即ち相補性の展開にあります。ロゴス例えば彼の因果性の理論である質料形相論における不可視な「形相（*eidos*）」は「ロゴスに即した実体」即ち一性を担う定義の形成により把握されるものです。そのロゴスである形相がエルゴン上或る仕方でつまりそれに対応する力能を備えた質料を伴う統合体において可視的な「形姿（*morphē*）」として実働します。それは確かな存在者であり、プラトンのイデア（*eidos*）のように祭り上げられる必要も、他方カントはもの自体と現象を分断し、感官を触発する感性界においてのみ理論的認識が成立すると知識の領野を限定し縮減させることによって超越論的観念論に逃避しましたが、その必要もありません。ロゴス上の理解は思考のみにて理解できますが、ロゴス上の分節は今・ここの働きを捉えることを犠牲にした同名異義原理のもとに普遍的に遂行されており、エルゴン上の不可分なものの認識、さらには実践を要求します。アリストテレスは先行哲学者たちの行き詰まりを克服すべく「統率的に一かつ在ること」と規定される「完成（*entelecheia*）」という存在様式の概念を導入し、これによりロゴスとエルゴンを媒介し秩序づけます。

彼は普遍的な次元においてものごとの一性の説明言表の形成を複数の存在様式、即ち力能（*dunamis*）と完成（*entelecheia*）のペアとそれに組み込まれる普遍化された実働（*energeia*）の組み合わせのもとに追求する「ロゴス主導」と、具体的に今・ここにおいて働きにおいてあるものごとに対する感覚等魂の直接的な認知を介した「エルゴン主導」という二つの相補的なアクセスによりロゴス（理）とそのエルゴンをも含めあらゆる存在者の様相分析（「様相アプローチ」）を遂行します。エルゴン主導においては、不可視な「形相」や「目的」等のロゴス言語はロゴスに即した実体が素材を介して実働することを表現していますが、その働きは実働の終局という視点から観察する観察語「形姿」や「ゴール」等により確認されます。

あらゆる存在者はエルゴン上その在り方においてですが、類比的に理解される限りにおいてですが、「力能（*dunamis*）」という態勢にあるかその発現としての「実働（*energeia*）」にあるかいずれかにあります。今・ここの具体的な状況において働きにおいてあること（being at work）を意味する「実働」は「エルゴン（*ergon*）」の派生形（*en-ergon*）です。「エルゴン」はこの実働とその帰結、産物双方を意味します。パウロにおいてもそれは同様であり「汝らは主にあるわがエルゴン（働きの産物）ではないのか」と言われます（1Cor.9:1）。観察語（「形姿」「ゴール」「統合体」「変化」等）はその帰結から観察される限りの働きを記述します。力能と実働の組は不完全な実働である未完の力能の発現から完成に至る運動や変化（例えば無知から知への学習）か、それ自身完成においてあるものの完全な実働（例えば見ると同時に見てしまっている）の二種類あり、その判別規準は「完成」という存在様式です。完成はものごとの一性を解明する説明言表（ロゴス）の形成を介して特定されるロゴス（例えば「魂」「知識」）とその一なるものの実働（例えば「生命実働」「その知識を実働すること」）を媒介する存在様式双方であることが明らかになります。

「完成」を規準にして未完と完成されたものに分節される「力能」と「実働」の関係は類比的なものです。彼は「類比項を共に見る」と語り、文字通り具体的な今・ここの観察を通じて類比関係を特定します。彼は「あらゆるものに定義形成句を求めるべきではない」とし、エルゴン主導により類比関係を把握します。例えば、睡眠は覚醒に対し目覚める準備ができているという仕方において待機力能にあります。とはいえ睡眠も当然生命活動という実働においてあります。同様に覚醒も例えば知識活動に待機力能においてあります。待機力能は完成にあるものにより保証される力能ですが、何も妨げがなければ、「実働することが許容されている」そのような状態です。

ロゴスとエルゴンの範例的な解明は生物の一性を形成している魂（ロゴス）とその可視的な働きである生命活動（エルゴン）の関係の在り方の探求として遂行されます（本書では「魂」と「心魂」という表現はひとが「それによって」生きるところの「生の原理」という同じものを指示する言葉として一般的に用いられます、ただし生の原理はパウロにおいて「肉」と「内なる人間」に分節されるため、生命活動を司る「魂（*phsuchē*）」と聖霊を受動しうる部位としての「心（*kardia*）」の分節を必要とする文脈も生じます）。ロゴス（例、魂）がエルゴン（例、生命実働）に内在することそしてそれがいかに内在するかという存在者の存在様式が探求されます。魂はそれ自身として不可視なものでありロゴス（定義）により捉えられる不動の実在ですが、魂がロゴス（理）として身体に内在することにより（魂と身体の）統合体のエルゴン（働き）即ち生きることを引き起こします。エルゴン上魂と身体を分離することは死に他なりません。そのロゴスはエルゴンにおいて言わば可視化されその説得性を増す、その議論を考察します。このように、そこにおいて「一」と「在ること」が端的に他の様相概念を統率する仕方で語られる在り方が「完成」であり、「完成」は成功したロゴスとエルゴン双方により共有される存在論的に最も根源的な存在様式、統率的に一であることを表現しています。

信の哲学は、アリストテレスの様相分析のうえに、善という価値をめぐる魂の働きを考察する彼の倫理学をもう一つの基礎理論として考察します。心魂の善き在り方をめぐる倫理学的文脈において、アリストテレスは二種類の魂の卓越性を提示します。そのひとつは選択できずに生起する感受態（感情や欲求等）に対し良い態勢にあるものが人格的有徳性であり、もうひとつは自らの生において選択すべきものの知識をも含め世界がいかに在るかについての五種類の知識をめぐる認知的な有徳性です。彼は価値に関わる人格的および事実に関わる認知的卓越性（有徳性）を総合するものとして実践知・賢慮（*phronēsis*）を提示しています。信の哲学は有徳な者においてのみ生起するこの実践知による統一理論と、信による双方の統一を企てたパウロの対話を遂行します。

ここで、パウロの様相言語を提示し簡単に「哲学者」（アリストテレスは伝統的に単にこう表現されますが、本書においても踏襲します）のシステムにおいて分析してみます。パウロは「ローマ書」の主題の提示においてこう語ります、「福音はすべて信じる者に救いをもたらす神の力能（*dunamis*）である」（Rom.1:16）。一つの要約的な（多くの説明を省略した）理解が許されるなら、こうなるでしょう。「福音」とはイエス・キリストに帰属した信の生涯を神が自らの義の啓示の媒介に用いたおりに、神により抱かれた（肯定的な）人間認識および意図のことです。その福音の認識は神が啓示の媒介に用いた「イエス・キリストの信」を、その信仰を嘉《よみ》する者を義と認め救いだす自らの力能であると看做していることです。その福音と贖いだす力能の同化の理由として神は自らの義の啓示の媒介の

「信」と自らの義とのあいだに「分離はない」(3:22)と看做していることにあります。神の意図はこの救済の福音が宣教されることです。そしてこの力能は待機力能として特徴づけられ、神の前で神がその信を嘉する者があれば、救いという実働においてあることを妨げるものはありません。待機力能と実働の関係はちょうど「魂を[実働において]持っているものが[待機]力能にあってその結果生きている」(*De An*.II)と言われるように、今・ここに実働に転換されることを妨げません。自然環境が苛酷等の妨げがなければ、生命原理としての魂が身体に内在した状況においては、その結果として生きていることが通常想定されるように、イエス・キリストの信は神がその信を嘉する者を今・ここで義とし、救いだすその働きにおいてあることを妨げるものではないことをこの「力能」は含意しています。

もう一つは「ガラテア書」におけるエルゴン言語の一節です。「われ割礼を受けるあらゆる者たちに証言する、律法の全体を遂行する義務があると。汝ら律法において義とされる限りの者たちはキリストから切断されてしまった(*katērgēthēte*)。われらは信に基づき御霊によって義の希望を受け取った。というのも、割礼も無割礼も何ら力強くはなく、ただキリスト・イエスにおける愛を媒介にして実働している(*energūmenē*)信が力強い(*ischuei*)からである」(Gal.5:5–6)[*energūmenē* は *energeō* の現在分詞中動相]。

ここでパウロは、聖霊の働き(「キリスト・イエスにおける」)を前提することなしには為しえない過去表現(「義の希望を受け取った」)を用いて、福音と律法、信と律法の業の対照を論じています。聖霊の働きは福音の啓示における神の意図に即して、神がその信を嘉する個々人の心奥に内在しあの福音の過去の出来事を自らの出来事として受け取るよう呻きをもって励まし執り成すことです(本書におけるパウロの議論の整合性論証においてとりわけ困難な問いは「われらは[イエスの]信に基づき義とされた」(Rom.5:1)、「われらの古きひとが共に十字架に磔られた」(Rom.6:6)等の過去形表現をいかに理解するかです)。

この箇所の一つの理解として、信じることは心魂の今・ここの具体的な実働ですが、御霊の執り成しのもと愛を媒介にして実働している信は力強く、「なぜ今なおわれは迫害されているのか」(Gal.5:11)という状況にあって、迫害に負けずに生を展開する力強さがあると特徴づけられています。ここでの「力強い」は具体的な彼自身の迫害の状況を想定して語られています。聖霊の今・ここの具体的な(それ故各人の状況において異なりうる)執り成し故に愛を介して実働している信に伴い、パウロのこの発話の具体的状況においては、「義の希望」が湧き上がったというものです。聖霊の注ぎがない時に、それが「心に注がれている」(cf. Rom.5:5)という発話は偽となります。エルゴン言語はロゴス次元で普遍的に語ることも許容されます。例えば、信は愛の根底にあり愛を媒介にして実働するなら、義の希望のうちに生を肯定的なものにする力を持つ。さらに、この信が神の前で義と看做されていることを妨げるものはないと主張されます。というのも「神を愛する者たち」は神に予め知られ召しだされており、神により「ご自身の子の形姿に合致した形姿として予め定められた」からです(Rom.8:26-30)。一般的なロゴスとしては、キリストに従う限り、その者の信は義とされていると語ることが許容されます。そしてその保証、徴が聖霊の執り成しであるとされます(第三章四節一「執り成しの言語網」参照)。

「ガラテア書」のこの一文はルターにとって重要な役割を果たします。これは第八章で論じられますが、トマス・アクィナスがアリストテレス哲学のもとに神学を構想したことから、ルターは当時のパリ学派批判において対人論法として信仰と業の関係を質料形相論、力能完成論の枠の中で展開しています。トマスは「愛が信仰の形相であり完成である」と主張しますが、ルターはそれとは逆に「信仰が愛の形相であり完成である」と反論します。ルターは「信じることは神の恩恵」即ち信じせしめられることであるという、能動と受動の相即的理解を展開します。それは常に聖霊の働きを要求しており、聖霊の援けのなかでの力強い信仰が愛を生み出すと主張しました。信仰行路のいかなる段階においても、芥子種ほどの最初の段階においても中間であれいかなる信仰を持つことも恩恵の働きである以上、義認との関係において十分であり、待機力能においてあるとルターは理解したと考えられます。それに対し、トマスは人間の有徳性の枠のなかで愛により形相づけられない信仰を、聖霊の媒介の働きを括弧にいれ

しないのです。

パウロは「肉の弱さ」に譲歩して「人間的なことを語る」(Rom.6:19)としており、有徳性との関連において、さらに義認との関係において信仰が「未完の力能」と位置づけられることも道理あるものとなります。トマスはひとの肉の弱さへの愛から人間的に語ることを拒否せず、神からの「賜物」を人間的には魂の態勢としての「徳」と相即すると語り、相対的自律性を確保し、それにより、恐怖に由来する迷信や欲望に基づく偶像崇拝など信の頽落形態に一定の歯止めをかけることができます。それに対し、ルターは心魂における信の根源性を正しく捉えたと言うことができます、ただし彼は「神の前」という概念において常に聖霊の働きを要求しますが。本書は双方の両立性を追求しています。

これらの様相概念を用いた分析手法は信をめぐる探求論と様相論の構築と言えます。その方法論のもとでパウロ神学の中心を形成する信仰義認論や予定の教説が理性的なものとして理解され、これらをめぐる諸論争解決の鍵が示されていることを確認します。

信は多様な心魂の働きといかなる関係にあるかが探求されます。信は、パトスに対し、規範や法に対し、そして知識や叡知等の認知的態勢に対し、さらに自由、正義や愛等の人格的態勢に対し、魂の非根源的な働きである偶像崇拝や迷信等に対し、そして聖霊の働きに対し、いかなる関係にあるかを考察します。その作業を介して、信と働きの統一理論を構築します。先述の「愛を媒介にして実働している信が力強い」(Gal.5:6)は他とは異なる根源的な振る舞いをします。ひとが「大統領は信仰により国家を運営している」と言うとき、その場合もパウロ的には「国家の運営を介して大統領の信仰が実働している」と言い直されることをこれは許容します。このことは信があらゆる肯定的な働きを秩序あるものに統一する心魂の根源的な役割を担っているという主張を含意しています。彼は信の根源性を「信に基づかないことがらはすべて罪である」(14:23)と表現しています。

第三部においては、パウロについてのこれらの基礎的な理解のもとに神学史と哲学史に新たにチャレンジします。最初に第五章において、信の哲学が伝統的な理性と信仰の対話の中でいかなる位置づけをもちうるものであるかを歴史的な文脈において検討します。理性と信仰の緊張の歴史がカントにその新たな哲学的解決案を提出させていることを確認します。また信仰と理性の関係解明の手掛かりとして、信の確かさのもとに相対的に自律した理性のみによる神の存在論的論証を試みたアンセルムスと純粋理性の純化による知識の成立領域の確定を試みたカントによる論証批判を考察します。そこではカントの批判に負けないアンセルムスの明朗かつ肯定的な理性の機能を確認します。アンセルムスは「理性のみ」により神の存在証明を遂行しますが、彼は誰であれ矛盾律を認める理性的な者であれば彼の存在証明に同意するはずだ、それを否定する者は自らが理性的であることを否定している「愚か者」であるとし、神の存在を「主張」します。パウロは啓示された神の判断や行為について一般的な仕方で知りうると主張しています。パウロによる人間の魂の認知機能「叡知(ヌース)」やそれに基づく「識別」の神学的、哲学的主張の展開により、パウロはキリスト教徒 Kantian と言うよりもはるかに異教徒 Aristotelian であったことが分かります。アリストテレス、パウロそしてアンセルムスにとって神は発見的探求の対象でしたが、カントはその戦線から退いてしまいました。もしパウロが、自らの信をめぐる哲学的議論の展開が、四世紀に誤訳され、その後のヨーロッパが論争に疲弊してしまったことを目の当たりにし、カントによる理性の純化を介して事実と価値、理論と実践の領域論的な分断の遂行に立会えたなら、理性の働きを素直に真っ直ぐ考察したアリストテレスに親近を感じたことでありましょう(ただし、カントは自由の因果性に対処すべく悟性の範疇適用の拡張により或る架橋を企ててはいます)。

続いて第六章から九章においてアウグスティヌスにおけるペラギウス論争、アンセルムスの理性のみによる神・人間による贖罪の必然性の論証、さらにはルターによるパリ学派批判そして最後にハイデガーの実存理解に対し信の哲学はいかなる分析的視点と調停案を提供できるかを明らかにします。第一部で展開される基礎方法論としての様相分析がアンセルムスの神の存在証明や贖罪論の解明に、またペラギウス論争の解決さらに宗教改革における論争解決の思考様式を提示しています。信の哲学はロゴスとエルゴンの相補性の様相アプローチの立場からパウロはこれらの論争に対し調停案を既に提示していたと主張します。真理を愛する人々が同一の書物の解釈をめぐり何世紀もの間（今日まで）争ってきたという事実は、テクストそのものが誤訳されまた誤解されていたことを示唆します。そしてパウロ自身は既に言ってみれば双方の半分ずつの正しさを主張していたことを明らかにします。トマスは恩恵と有徳性の両立論を展開するとき、ひとの前の相対的自律性を受け止めており、ルターは信の根源性を主張するとき、神の前の自己完結性を或る仕方で（聖霊の媒介を要求しつつ）捉えていました。ハイデガーの実存哲学も神の前とひとの前の分節と総合のただなかで遂行されていたことを明らかにします。パウロによる分節と総合による信と業（とりわけ愛）の統一理論の展開はその後の論争の歴史を辿る時、道理あるものとして確認されることでしょう。

信の哲学はアンセルムスを或る仕方においてその先駆として立てますが、彼は神学的にパウロの哲学的分節（神の前の自己完結性とひとの前の相対的自律性）を正しく理解していたことを明らかにします。彼の理性のみによる贖罪の必然性の論証は「ローマ書」の意味論的分析による独立した三つの言語層に完全に合致しています。彼の神学的議論が私の共約的次元における分析と合致したのは「聖書の権威に頼らず」理性のみによる論証であったことの故に、誤訳された聖書に由来する影響を回避できたからであると考えられます。

アンセルムスは正義と憐れみが両立する唯一の場を「理性のみ」によって打ち立てます。彼はひとの司法的な次元における行為ではなく、魂の根源的意志の方向が「真っ直ぐ（*rectitudo*）」であるかが生を正しいものにするかの規準になるとします（方法論上の制約のため彼は「信」を用いません）。憐れみと両立する正義論は人類の歴史において、ストアのコスモポリタニズムにおいても民主的な討議による市民的公共性から全体主義に至るまで未だに打ち立てられていません。心魂の内奥に生起する信だけが或いは真っ直ぐだけが両立の可能性を開くことになりましょう。人類の混沌の歴史のなかで、アンセルムスの理性のみによる正義と憐れみの両立論証は独創的であり、人類の一つの希望であると語ることができます。

本書の挑戦

ここでこれら三部からなる本書の革新的な特徴を短く提示し、二千年の研究の蓄積に一つの挑戦を試みます。本書の第一の目的である第二部における「ローマ書」の無矛盾性の証明を遂行するには聖書学と神学、歴史学そして宗教学等の諸説を十全に理解しつつ、論争を解決する新しい方法論、視野を必要としています。伝統的に従来のパウロ研究は手紙の背後にパウロ自身が持つ先行理解、背景理解がいかなるものであるかを探求すべきこととして歴史的、言語的、聖書的、神学的、宗教的、文化的背景の研究が当該諸言語の習熟のもとに展開されてきました。残念ながら、その任に私は堪えません。私には聖書学、神学等これらの長い伝統のもとに産出された重厚な文献を十分に渉猟しているとはとうてい言い難いものがあります。

はためには窮余の策とも見えましょうが、ここではテクスト分析の新しい方法として単純な仮説のもとに意味論的分析を施し、いかなる聖書学的、神学的解釈もその枠のなかで遂行されねばならない言語的理解を提示します。すなわち言語は基本的に世界に届きそれを表現することを目指していますが、それを一旦括弧に入れて、解釈学的循環を回避すべくテクストを著者からも読者からも切断し、その言語表現をそれ自身において分析します（「切断」の実質については第三章一節参照）。それは端的に言って、「神の言葉は彼ら［ユダヤ人］に信任された」(Rom.3:2)に見られますように、パウロにより報告されている神はギリシャ語に対応する言語使用者であること、そしてそれ故にテクストに登場する神は自らのものとして報告されている語彙や文の意味を報告どおりに理解している、或いはパウロのテクストは神がそれらの言語表現により理解する言語網を展開しているという仮説です。神の実在を信じない者にとっても、この仮説をパウロ書簡において登場する「神」は言語使用者として用いられている者であるとして容認することはできましょう。

これは神の啓示行為を報告するパウロの言語網の構成要素(啓示内容、媒介、差し向け相手等)としての語彙や文はまず神により理解されていることがらを意味表示しているに違いないという仮説です。例えば、「神は彼らを恥ずべき情欲に引き渡した」(1:26)という文において、語「恥ずべき」により当人がそう感じる心的状態にあるかはさておき、神がその語により理解していることがらつまり神の前の人間の一つの心魂の事態が意味表示されているというものです。そして神による語彙の理解は通常の人間の理解と異なることもありましょう。例えば、神は誰もが神の前に生きておりまた神の意志を知っており、自らの行為に「弁解の余地はない」(1:20)とパウロにより報告されますが、各人は神のことをよく知らないのだから弁解の余地はあると思うにしても、神はそう考えてはいないことが知らされています。神の前ではイエスの信に基づく信の律法のもとに信に生きる者がA「義人」であり、業の律法のもとにモーセ律法の不遵守に生きる者がB「罪人」です。この神の言語の習熟が求められます。或る言語共同体において或る名前に説明言表が与えられるとき、意味論的に浅い立場においては、世界への参照を括弧に入れ言語表現同士の言表関係として共約的に意味の理解が成立します。その限りにおいて、その仮説は容認されるでありましょう。かくして、[A][B][C]の言語網がロゴス上分節されます。

私は二千年の伝統に抗して、人類にとって最も読まれた書物の神学思想を伝達する中心的な部分に誤解と誤訳があることを意味論的分析の一つの成果として提示します。その意味で本書は単に諸学の伝統に対してだけではなく、人類の歴史への一つの挑戦です。信について独自の見解を持つ使徒パウロによる「ローマ書」に意味論的分析を施すとき、彼が哲学的分析に耐える仕方で神と人間の関わりについて語り、一人の存在者が人類を救済するものであることの論証を遂行しています。パウロは信の哲学の創始者であり、その立場から従来の神学やキリスト教哲学、さらにはカントらの哲学説に議論を挑みます。結果的に第三部で見られますように多くの論争に調停案を提示するに至っています。

パウロの神学思想の中心的な部分「ローマ書」三章二一―二六節が誤訳されてきたことを誰にも同意を得られる言語分析の次元で明らかにします。神の前の啓示の言語の展開において、神が自らの義とその啓示の媒介である「イエス・キリストの信」のあいだに「分離（*diastolē*）はない」と理解していることを報告しています。神にとって信は信義の分離なきものとして根源的なものであることが啓示されています。「［業の］律法を離れて」つまり分離され、「信の律法」(3:27)とは分離されないが故に、神にとっても信は根源的なものであることを報告しています。パウロはその分離のなさの理由を二つ「［神］ご自身の義の知らしめに至るべく、イエスの信に基づく者を義とすることによってもまたご自身が義であることへと至る……」また「ご自身の義の知らしめに向けて、その信を媒介にして……」という仕方で展開しています。ここではただ私訳と私見を提示します。

二一しかし、今や、［業の］律法を離れて神の義は明らかにされてしまっている、それは律法と預言者たちにより証言されているものであるが、二二神の義はイエス・キリストの信を媒介にして信じる者すべてに明らかにされてしまっている。というのも、［神の義とその啓示の媒介であるイエス・キリストの信の］分離はないからである。二三なぜ［分離なき］かと言えば、あらゆる者は罪を犯したそして神の栄光を受けるに足らず、二四キリスト・イエスにおける贖いを媒介にしてご自身の恩恵により贈りものとして義を受け取る者たちなのであって、二五二六その彼を神は、それ以前に生じた諸々の罪の神の忍耐における見逃し故に、ご自身の義の知らしめに至るべく、イエスの信に基づく者を義とすることによってもまたご自身が義であることへと至る今という好機において、ご自身の義の知らしめに向けて、その信を媒介にして彼の血における［ご自身の］現臨の座として差し出したからである。

この箇所は神の前の義がそこにおいて明らかにされている自己完結的な啓示の言語［A］を展開しています。神はイエス・キリストの信を媒介にして自らの義を信じる者と神が看做す者たちすべてに啓示しましたが、神はその啓示における媒介の信と啓示内容である自らの義のあいだに分離がないと理解しています。なぜ分離がないかを彼は続く二三から二六節の長い一文で説明しています。あらゆる者は業の律法のもとでは罪を犯したと神に看做されており、神の栄光を受けるに十分ではなく、罪を犯したことから義へと贖いだされるべく、キリスト・イエスにおける贖いを贈りものとして無償で受け取る者たちであると看做されています。神は、あらゆる者が信を持つ機会を失ってしまわないように、業の律法の適用を忍耐において控えていたために、死に至るまで信の従順を貫いたナザレのイエスの生が生起したことにより、イエスの信に基づくと看做す者を義とすることによってもまた自らが信に基づき義であることを知らしめる好機と捉え、神はその彼を死に至るまでのその従順の信を介して血における自らの現臨の座として差し出しました。これが啓示の内容である義と啓示の媒介である信の分離のなさの説明です。目的論的ないし帰結的に語るなら、この分離のなさ故に、神はイエスの信に基づく者を義とすることができ、また十字架の死に至るまでのイエスの従順の信を介して自らの義を知らしめるべく、彼の十字架を自らの現臨の座として差し出すことができます。啓示におけるこの分離のなさのパウロによる報告それ自身が神の義を論証しています。

四世紀後半にヒエロニムスが古ラテン語訳の伝統のなかで *diastolē* を神の信義の「分離」ではなく信じる者のあいだに「区別（または差異）は存在しない（*non enim est distinctio*）」と翻訳して以来、私の調べた限りすべての翻訳においてこの箇所は信じる者に「区別」ないし「差異」はないと誤訳されてきました。従来の訳ではマザーテレサとヒトラーの具体的な心的態勢としての信仰心が問題とされ、そのあいだに何ら「区別」や「差異」がないと解されてきましたが、二人に差異を見ない神は不義でもありましょう（cf. 5:14）。啓示の報告のなかで登場する人間はすべて三人称で表現され、具体的に誰が信じると看做されているかは言及されません。三人称による一般的な啓示の言語の報告においては、その構成員（「信じる者（と神に看做される者）すべて」）やそこでの出来事に関して神の認識や判断が神の前の整合的な言語網として形成されています。

神はナザレの「イエスの信」を嘉し、自らの義を啓示すべくその媒介として「イエス・キリストの信」を用いています。神はかくして自ら「神の子」キリストであることの信を貫いたイエスと「イエスの信に基づく者」(3:26)を、即ち神がそう看做す者は誰であれその信を嘉し義とします(cf.「われは、われを愛し、わがためにご自身を引き渡した神の子の信によって、信において生きている」(Gal.2:20)第三章七節参照)。その信が嘉されていない者は当然のこととしてイエス・キリストの信を介して神が義であることを知ることはないでありましょう。なお、「イエス・キリスト」という職名を伴った固有名は、「イエス」や「キリスト」が行為主体として用いられるのとは異なり、決して行為主体を表さず、媒介の前置詞「〜において」、「〜を介して」と共に用いられます。パウロは神でもひとでもある存在者に一つの行為を帰属させることができなかったからです。また「イエス・キリストの信」における「の」は帰属の属格であり、これらの言語表現は「イエス・キリスト」が上位の行為主体である神による行為の媒介者として出来事の範疇において用いられることを示しています。これは神の前の自己完結的な行為であり、聖霊に訴えることなしにロゴス上理解できます(なお「キリスト・イエス」(3:24)の語順は前置詞*en*(における)との母音の連続を避けるためです([*e*]*n Christō* [*I*]*ēsū*))。

この分離のなさの啓示は単に論争やまぬ信仰義認論の理解ばかりではなく、一般的に心魂の根源的態勢の理解についてさらに本書では論じられることのない三位一体論の理解にまで影響を及ぼします。この視点から多くの既存の理解に挑戦を企てます。神にとって自らの義との関連で信は業よりも根源的なものであることがここから帰結します。神において信義が根源的である以上、ひとにとってもそうであるはずです。信が魂の根源的態勢である以上、ひとは信に立ち返るたびに神の前に生が刷新されるそのダイナミズムをパウロは見出し、哲学的に分析しうる仕方で展開しています。

そのうえで、彼は「人間的なこと」としてひとが持つ相対的自律性を前提に、命令形で「汝が汝自身の側で持つ

［C］信を［A］神の前で持て」(14:22)と命じます。その命令は神の前の［A］イエス・キリストの信の啓示に基づいており、パウロはその信をひとが自らの責任において強弱ある仕方で持つ信の「当該性規準(the relevancy criterion)」として立てることにより、「信」はその語の意味をはじめ帰一的構造のもとに秩序づけられ、理解されるべきものとして提示されています。神の前とひとの前を聖霊に対する直接の言及なしにも、信を媒介にして秩序づけることができます。この信の当該性規準により神の前の自己完結性を、この現実的世界と関連づけられるようそしてそのただなかで理解できるよう展開しています。パウロは同名異義を単に二義的なものに放置していません。

神の肯定的な意志即ち信に基づく義Aはイエス・キリストの信においてほど誰にも明確に啓示されていないということがパウロにおいて決定的に重要なことがらとなります。そのため、各人がイエス・キリストを介して罪赦されたと信じることは実質的なことがらとなります。「実質的」により、信じることは、ひとの側の備えとして、神との正しい関係のとり結びを可能にする唯一の働きであることを伝えています。神の前の自己完結性の故に、義とされる者は予め定められていることが報告されています。これが信仰義認の無償性を保証します。しかし、パウロはそれが誰かに関しては一貫して三人称を用いて報告しており、個々の人間にはイエス・キリストにおいてほどには神の意志は誰にも明確に知らされていません。選びが既に定められているということは応答が不必要だということにはならず、知らないからこそ自らがその一員であることの信により応答することが適切なこととなります。人格的関係として、信には信による対応だけが相応しくまた求められており、信義の分離なさの故に信のみが神の前とひとの前を総合するであろうからです。

パウロは各人が永遠の昔から選び分かたれ、呼び出され、義とされそして栄光を与えられているとその都度信じることをキリストの出来事の故に命じることができます(cf. 8:28-30, 14:22)。神は信義の分離のなさを明らかにした以上、どこまでもひとは信のみによって義とされることを明らかにしたということです。個々人は自らの信が「イエスの信に基づく」ことを信じることができるだけです。心魂の根源的事態が明らかにされた以上、これを当該性規準として立て、それとの関連において生の一切を構築することが勧められます。
この「神の前で持て」という命令文はその言語的特徴として命令に背く可能性のあることを前提にしまた含意していますが、ひとの前の自律性についてパウロはひとが神の意志に従うことも背くこともありうる存在者として語られることを肉の弱さへの譲歩として許容しています。しかし神がそこでひとに自由を与えることにより、背きが生じてしまう恐れを神が背負い込みギャンブルをしているということにはなりません。「こう書いてある、「われヤコブを愛し、エサウを憎んだ」」(9:13, Malachi 1:2)。神は自らの命運を人間に賭けたわけではなく端的な主権のうちに誉を保持しています。

しかし、このような神は恣意的であり不正でさえあると嫌疑がかけられてきました。神には偏り見ることがなく不公平ではないことが明らかにされる必要があります。パウロはこの「マラキ書」の引用文に続き、神の二つの意志をめぐる端的な権能に訴えつつも、福音の啓示に基づきひとは誰であれ自らを「憐れみの器」であると信じることは許容されていると主張します。

それでは、われらは何と言おうか。神の側に不正があるのではないか。断じて然らず。なぜなら、神はモーセに「われが憐れもうとする者をわれは憐れむであろう。そしてわれが慈しもうとする者をわれは慈しむであろう」と語っていたまうからである。それ故、かくして、それは望む者のまた奔走する者のことがらでもなく、憐れむ神のことがらである。というのも、書は「エジプト王」ファラオーに告げている、「われはまさにこのことのために汝を立てた。すなわち、われが汝においてわが力を証明するためでありそしてわが名が全地に告知されるためである」。だからこそ、欲する者を彼は憐れみ、欲する者を彼は頑なにしたまう。そのとき、汝はわれに言うであろう、「それでもなお何故彼は咎めるのか。というのも、彼の意志に誰が反抗してきたであろうか」。人間よ、神に言い逆らう汝はいったい何者か。「造られた者は造った者に「何故汝はわれをこのように造ったのか」とまさか言わないであろう」。それとも、陶器師は同じ粘土のかたまりから或るものを尊い器に、或るものを卑しい器に造る権能を持たないであろうか。しかし、もし神が怒りを示しそしてご自身の力能あることを知らしめることを欲しながら、滅びにふさわしい怒りの器を大いなる寛容のうちに忍耐したのなら、そして栄光へと予め定めたところの憐れみの器のうえにご自身の栄光の富を知らしめるためであるとしたのなら［どうであろうか］。その［憐れみの器である］者たちをそしてわれらをも、ご自身はただユダヤ人のみからではなく、異邦人たちからも呼び出したのである（9:14-24）。

神は創造者としての権能の誉のなかにおり、時空の創造者としてその外におり言わば常に現在においてあり、自らの選びは被造物の歴史的視点からすれば予め定められています。そしてこの予定の教説は信仰義認における恩恵の贈りもの性（*dōrea*）、無償性（*adapanos*）を保障しています。神の前では信そのものが無償の恩恵であり、イエスの信に基づくと神に看做される者は義とされます。予定の教説は業に基づく義との対比において信仰義認の無償の恩恵を支えています。

憐れもうとする者を憐れむ神は恣意的ではないか、誰も自らの生に責任を担いうる者はいないという嫌疑にパウロは「神に言い逆らう汝はいったい何者か」と一喝します。パウロは最も明白に神の意志が知らされているキリストの出来事に眼差しを向けるよう促します。彼は啓示に集中するとき、「キリスト・イエスにおける神の愛からわれらを引き離すものは何もない」と主張することができます（8:39）。端的には神の選びは「憐れむ神のことがら」であるとされます。

一般的には一つの規準のもとに一様に判断されるなら依怙贔屓はないと理解できますが、「神には偏り見ることがない」（2:11）と語られるとき、神は自らの規準の適用において揺らぎのないことが報告されます。啓示の報告によれば神は二つの規準Ｂ「業《わざ》の律法」（3:20）とＡ「イエス・キリストの信」（3:22）に基づく「信の律法」を適用していました。「業の律法」のもとに生きる者は「すべての律法を為す義務がある」（Gal.5:3）ことから、「神はおのおのその業に応じて報いるであろう」（Rom.2:6）とありますように、業の律法が適用されます。

他方、「信の律法」(3:27)のもとに生きる者には信の律法が適用されます。そして前者によれば誰もが罪人であり(3:19, 3:23)、後者によれば「イエスの信に基づく者」(3:26)さらにはその先駆として「アブラハムの信に基づく者」(4:16)と看做される者が義人であることが報告されています。「創世記」によれば、エサウは業の律法のもとにそしてヤコブは信の律法のもとに生きたであろうことが報告されています(Gen.ch.28, ch.32)。しかし、神の義の二つの知恵の説得的議論において、現在(完了)形で表現されている二つの啓示行為の非対称性に留意が必要です。一方、神はイエスの信に基づく者を「義とする」(3:25)とありますが、他方、「神の怒りが……啓示されている」(1:18)と報告され、引渡しとしての怒りには罪人としての確定はなく、悔い改めの余地が残されています。

パウロはユダヤ人も異邦人も神の憐れみの器であると信じることのできる論拠を福音の啓示に見出し、当該性規準に基づき思考を展開しています。肯定的な啓示が報告されている以上、そこに固着することをパウロは勧めることができます。エジプト王は神の力を知らしめる「証明」として周知の道具とされますが、彼が滅びに断罪されているとは書かれていません。パウロは神の前の滅びという明確に啓示されていないことがらに関しては慎重であり、救いと滅びに二重に予定されているかは明らかにされていません。神においては自らの前の自己完結性が先の信義の分離の無さおよびモーセ律法において明確に啓示されている以上、しかも同時に個々人には誰にもそれら二つの啓示の媒介ほどには明確に啓示されておらず知らされていない以上、相対的自律性は侵害されていません。

神は歴史のなかでの自らの啓示行為により十全に自らの意志を知らしめたうえで、肉の弱さつまり神の認識、判断を知ることにおいて鈍い人間を考慮して、「憐れみの富と忍耐そして寛容」のなか「悔い改め」を待っていると時間的存在者として自らについて語られることを許容しています(2:4, 6:13)。神の前では誰が義人であり罪人であるかが明らかであることと、ひとに信と不信の自由があることも、神の前の永遠の相のもとにある時間が神に創造されたこの宇宙の時間とは異なる法則のもとにある限り、そして神が時間的存在者であることを引き受けた限り、矛盾はないでありましょう。

誤解があってはならないことは、神の前の自己完結性とひとの前の相対的自律性は時間と空間に関して、たとえば永遠的存在者と可滅的存在者という仕方で領域的に判別してはならないということです。あくまでも神が自らの理解を伝達する言語網とパウロを規準にしたひとの理解を伝達する言語網が判別されるということです。神は御子の受肉ないし派遣故に、自らのこととして時空的存在者の時間経過を引き受けています。「時が満ちて」、信義そして愛を知らしめる「好機」が到来したと神は理解しています(3:25)。

神は自らの二つの意志としての律法の、時間の内部におけるまた外部における適用において偏りはありません。パウロは神の前の罪人の報告において、不信に基づく識別と行為のあいだに比例性のあることに訴え不偏を論証します。「彼らが知識のうちに神を持つことを識別しなかったほどに、神は彼らを相応しからざることを為すべく叡知の機能不全に引き渡した」(1:28)。旧約の詩人も神について「清い者には清く振る舞い、僻む者には僻む者として振る舞う」(Ps.18:26)と報告していますが、ひとの僻みと僻んだ認識は「引渡し」という神の怒りの一種でもありましょう。神に対し否定的な態度をとる者はその程度に応じて当人は叡知の機能不全に陥り、神の怒りや峻厳、憎しみ等否定的な態勢のみを知ることができ、「識別しなかったほどに」それに相応しい神への敵対行為が識別の程度において産出されると考えられています。これを「比例性テーゼ」と呼びます。人間的にも、一方信のもとにある者は相手の善性を見出すことができ、他方否定的な態度をとる者には相手の否定的な要素しか見出し得ない事態と或る種の類比を語ることができます。

比例性テーゼは信の対象が認知的、人格的に十全であり、全知にして全能、正義かつ愛、公正かつ憐み深いことを前提にしており、さもなければ信じるに値しないということを含意しています。「見よ、神の善性と峻厳とを。かたや、峻厳は倒れた者たちのうえにあり、他方、もし汝が神の善性に留まるなら、神の善性は汝のうえにある」(11:22)。誰もがひとは各人の責任における信と不信、そしてそれに比例した肯定的、否定的な対象認識および行為のなかで各人の生を遂行します。神はエルゴン上、終わりの日に、公正に業の律法のもとに生きる各人と対峙し、当人が気付かなかった「隠されたこと」をも明らかにし、当人の「良心が共同の証人となり」、「心のなかに」「書かれている」「律法の業」に即して審判するとされます。ただし、「わが福音に即して」憐れみとの関連も考慮されつつ、いずれの律法のもとに生きたかに即して審判されます(2:15-16, cf. 8:18, 14:10-12)。

パウロの「ロゴスとエルゴン」がどこまでアリストテレス的な様相アプローチと共約的でありうるかは興味深い問いです。神の前の自己完結性とひとの前の相対的自律性を媒介する聖霊の行為について、哲学はどれだけのことが語れるのでしょうか。パウロによれば神はこの現実世界で聖霊を介して実働するものとしてエルゴン言語を展開しています。創造者と被造者は実働しあいます。その神の前の現実はロゴス上分離されますが、エルゴン上媒介者の故に分離されません。そして信が心魂の根源から実働するとき、聖霊の働き(エルゴン)の助けのもとにあり、心魂は最も本来性において生きるとパウロは主張します。哲学者の質料形相論はロゴスとしての形相が素材に内在し、統合体として実働するという複合的なものですが、パウロにおける複数の行為主体の複合的働きが質料形相論とその存在様式の分析である様相存在論によりどこまで解明されるか挑戦します。

さらに、アリストテレスにおいて、倫理学や政治学等の実践的諸学問の目標は「善い行為」にあります。彼においてはプロネーシス(実践知・賢慮)がパトスに対し良い態勢にあるとされる人格的な徳(例、恐怖に対する勇気、怒りに対する正義等)と認知的な徳(例、科学的知識、叡知等)を備えた聖者(saint)と賢者(sage)を媒介するものと考えられています。パウロにおいては信が認知(賢者に至る)と人格(聖者に至る)の媒介の根底にあるものとされます。これがどこまで哲学者の倫理学の吟味に耐えられまたそれを乗り越え展開しうるかは興味深い問いです。

常に論争にさらされる信仰義認論や予定論は哲学的伝統においては人間本性、道徳の基礎づけ、本来的自己、正義と愛、そして人間本性の問題さらには決定論と非決定論(自由)の問題として議論されてきたものです。パウロはさらに、事実と価値を総合する賢慮・実践知に対応する魂の認知的、人格的総合の働き、さらには解釈学的循環をブロックする構文論的、意味論的言語理解について自らの独自の見解を展開しています。また原罪の遺伝的解釈はやはりヒエロニムスの誤訳(5:12)に基づくものであることは既に指摘されていることですが、これは悪の起源について新たな考察を要求するものです(この個所(5:12)はVulgata版聖書におけるヒエロニムス以来 *in quo* でしたが手許にある最新版(Nestle-Aland, 28th)においては *in quo* から *eo quod* に修正されていることは喜ばしいことです。これはヨハネ・パウロ二世により認可されて修正されました(Nova Vulgata(Altera)1979(1986))。*distinctio*(3:22)も *separatio* に修正されることを心から期待しています)(第一章註26参照)。従来の神学研究、パウロ研究に基づく限り、何か不明瞭なものが残り、彼の著述から壊れないセンテンスを刻むことはできないのではないかという懐疑が本書を生みだしたと言うことができます。

　人類が自らの生全体を正面から引き受けるとき、知性に還元されない問いとして、信が吟味されることになります。信はとりわけ生の全体が問われる文脈において、全存在を委ね献げる、生をその始点において更新し一切を秩序づける心魂の根源的な行為です。信は理性と共にあるものではあっても、理性に基づくものではありません。信それ自身の確かさのなかにいる人々は神の存在証明等の知性により守られることを必要としないでしょう。しかし、信はそれ自身確かなロゴス(理)を伴うものであることを排除しないのです。信の哲学はいかなる神学的解釈もその枠のなかで遂行されねばならない、従って信じることそのものもその枠で遂行されねばならない、信とその思考をめぐる基礎的な枠組を提供することをめざします。その意味で「理解」と「承認」のあいだに「架橋不可能な溝」(K. Barth)を背後に残す非理性主義に与《くみ》することをしません。「ローマ書」が無矛盾であり整合的な議論を展開していることが解明されたとして、そのうえでの承認としての信は非理性的ではありません。或いは、アンセルムスが提供した形而上学的負荷のないロギコスな存在「主張」としての神のものごとにおける存在証明は矛盾律を否定する愚者によってのみ神はものごとに在らぬと考えられます、彼の議論が彼より明晰なひとに反駁されない限り。彼はこのロゴスの提示に続いて、発見的探求のもとでの或る経験に言及します。「以前は汝に与えられて信じていたことを、今汝の光に照らされて理解します」(Prosl.ch.4　第五章三節六参照)。ロゴスはエルゴンを巻き込み、相互の証の立てあいのなかで理解と承認は連続的でありえます。パウロが報告する神は自らの人間認識を啓示している限り、人間に理解しえないことを啓示するはずはありませんので、人間からのアクセスを許容しているに相違ないのです。信はこの概念の本性上、各人の実存に委ねられるところは最後まで残りますが、その実存的参与・信を一般的な仕方で明らかにすることをめざします。

最後に附録として「ローマ書」の梗概(synopsis)と翻訳を提示します。信の哲学者パウロ理解の本書全体の基礎テクストを提供します。哲学よりも、聖書や神学に馴染みの読者には最初に梗概により議論の流れの俯瞰を得ることが有益でもありましょう。先述の当該箇所の誤訳がカトリックとプロテスタントの争いをもたらしたとするなら、インクの滲みのあるべからざる形が血に代わったということであり、人文学者たち、翻訳者たちの責任は重大だと言わねばなりません。パウロは既にその後の重要な神学論争の調停案を提示しており、共約的な次元で論証を企ています。信の哲学はこのことを理論的に明らかにするものであると言えます。最終的には、認知的な次元には留まらず歴史のなかで人文学の一般的な目標である「ペンは剣よりも強い」ことの、つまり信をめぐる衝突が克服され平和を創る一つの論証、徴となりますなら、本書はその仕事を正しく為し得た、信実な仕事であったことを証しするのだと思います。「木は実によって知られる」。この探求がその善き果実を目指すのでなければ、その理論的な探求も空しいものとなりましょう。筆者はここに読者諸賢の判断を仰ぐ次第です。

第一部　信の哲学を可能にするもの

――ロゴスとエルゴンの共鳴和合――

聖書は神がわれらにあまりに深く透徹されることを欲しない秘密を含んでいる。というのも、もしわれらがそう試みたいと思うなら、増大しつつある闇がわれらを包み、その結果われらは神的知恵の測りがたい威厳と人間精神の弱さ双方をこの様式に即して認識するにいたるからである。その一例に、ポンポニウス・メラ(CEI)は[パルナッソス山]コリシアン洞穴について、その洞穴は最初侵入者たちをその魅力により唆しそして後に彼らを怖れさせそして住まいたまう神性の威厳の故に恐怖で満たすと語っている。かくして、われらがそのような地点に到達したとき、私は、パウロと共に「ああ、神の知恵と認識の富の深さよ。ご自身の裁きはいかに究めがたくまたご自身の道はいかに追跡しがたきことか」(Rom.11:33)と、またイザヤと共に「誰が主の霊を導いたのか。誰が彼の議士となったのか」(Is.40:13)と叫ぶことが、人間精神の測りを超えているものを説明しようと試みるよりも、分別あることでありまたいっそう敬虔なことであると思う。われらがもはや鏡においてまた謎において見ることがないであろうとき、むしろその栄光のうちに覆いの取られた主の御顔を観想するであろうとき、その時をいっそう待たねばならない(エラスムス)[1]。

序　信の確かさとロゴスの確かさ

ナザレのイエスとアテナイのソクラテス

ナザレのイエスは信に殉じた。アテナイのソクラテスはロゴス(道理)に殉じた。イエスは「苦難の僕」(Isaiah 53)等に見られる預言を自らのことがらとして、父なる神の約束の成就の確かさのなかで自らが神の子であるとの「神の子の信」(Gal.2:20)を貫いた。ソクラテスはロゴスの確かさへの信を貫いた。彼らは生命をかけるに値する確かさを見いだしていた。その後の歴史において彼らは確かさそのものの源、その確かさを具現する象徴となった。信とロゴス《ことわり》この二つの確かさは二者択一ではない。信仰と理性という対比は、人間をその全体性において理解しようとする限り、正しい問いの立て方ではない。イエスは幼少のころからラビたちを議論において論破しており、彼は後に「ロゴス[言葉]は神とともにあった」(John 1:2)と報告されている。ソクラテスも自他の吟味を「神の指令」(*Apologia*, 22A)と受け止め、その信のなかで神的な「諌止《かんし》の声」(31D)に耳を澄ましつつ生を送った。信とロゴスは択一的なものではなく、相補的なものとして人間の全体性そして生の事実性、エルゴン(働き)を構成している。本書では理性と信仰、哲学と宗教という伝統的な問いに一つのアクセスをはかってみたい。信の理性すなわち信の哲学の可能性を探求する。

興味深いことにソクラテスもイエスもロゴスによる吟味の生と信による従順の生をつらぬきつつも、それぞれの活動について一般的な仕方で自ら理論化することがなかった。彼らの「エルゴン」(働き、活動)についてのロゴス

(理論)を構成したのはプラトンやアリストテレスそしてパウロやヨハネをはじめとする彼の後継者たちであり、彼らは師のその都度のエルゴンに集中し、そのなかに内在しているロゴスを引き出し理論化している。ここで語「エルゴン(*ergon*)」は act/result ambiguity を含意する、つまり「働き」即ち実践活動と「成果」即ちその結果双方を意味する両義性を持つ。「エルゴン」は日常語でありそれ自身として豊かな含意を持っており、この分析として様相概念が生まれる。「エルゴン(働き)」の派生である「エネルゲイア」は「実働」というその実践的側面を表現する術語である(*en-ergon*→*energeia*: being at-work 働きにおいてあること、実働)。二人は今・ここの具体的な状況のなかでロゴスと信を生き抜き、その一挙手一投足のエルゴンこそが生を構成するものであり、その普遍的な理論・ロゴスの構成を求めることはなかった。

ソクラテスはそのロゴスに即した生において人間的に見れば多くの逆説、即ち通常受け入れがたい見解に導かれ、結局人間にとっての「善のなかで最大のもの(*megiston tōn agathōn*)」即ち「善美の事柄(*kalon kagathon*)」については無知を表白した。デルポイの神託はソクラテス以上の知者はいないというものであった。彼は自分よりも知恵ある者を探しだし、神託の反駁を企てたが、知者とされる者たちの吟味の結果、彼らは、ひとの営みの一切にその根源的なものの理解が反映される以上探求者としてのみあることができるだけなのに、知者であると自認していたことを見出した(*Apol*.21d4, 29a8)。神託は「人間的な(*anthrōpinon*)」知の取るに足らざることを知らしめるものであった。この無知の自覚は彼に働いた人間を超えたもののエルゴンの帰結であるのかもしれない。彼はアテナイ人に対する弁明のなかで、次の言明を生涯の吟味を経た一つの知識として「真理」であると主張している。「皆さんも死に関しては希望をもって、次のひとつのことを真であると看做していただかねばならない。すなわち、善き人には生きているあいだも、死んでからも何ひとつ悪しきことは起きない」(41c)。彼はキタラ弾きや大工等の技術知との類比に訴え、悪しき劣った魂に善き優れた魂が悪い影響を受けるはずはないと考え、不正を犯すより受けるほうを善きこととした。このことは魂のなかに悪や罪の寄生しえない部位が存在するという主張を含意している。彼はそのような魂の部位を探索すべく生涯アゴラで嬉々として「魂が最善のものとなるよう配慮すること」に従事した(30a)。彼は幼子のように真理への信を最期まで貫いた。

イエスにおいて、人間的な語りは、地主の畑に宝箱を見出した農夫の譬えに見られるように、神の国の譬えとして用いられるに留まり、天の父をまことの父とするその信により生を貫いた。イエスは端的に言う、「祝福されている、霊において貧しい者たち、天の国はその者たちのものだから。祝福されている、嘆き悲しんでいる者たち、その者たちは慰められるであろうから。祝福されている、柔和な者たち、その者たちはその地を継承するであろうから。祝福されている、義に飢えそして渇いている者たち、その者たちは満たされるであろうから。祝福されている、憐れみ深い者たち、その者たちは憐れみをかけられるであろうから。祝福されている、その心の清い者たち、その者たちは神を見ることになるであろうから。祝福されている、平和を造る者たち、その者たちは神の子と呼ばれるであろうから。祝福されている、義のために迫害されてしまっている者たち、天の国はその者たちのものだから」(Mat.5:3–10)。

この八福の個々の解釈をここで展開することはできないが、イエスは人間の魂の総合的な理解のもとに、この時空を超えるものの実在感覚のなかで、その超えた向こう側に基づきそこから営まれる生とその帰結を八福として祝福している。人間の生が身体を抱える生物的な生の与件と制約のもとに、身体への配慮、ケアに関わる魂の部位の力能と働きが中心的ないし一切であるという想定のもとにあるとき、その生はこの世界における富と貧困、勝利と敗北、支配と抑圧、健康と病気、快楽と苦痛、しあわせとふしあわせ、生と死をめぐる二項対立の枠のなかで遂行される。

しかし、人類には、その影響力ある成員のなかに、これらの対立構造を端的な与件とせず、それ故に心魂の表層において身体的世話に見られる自らを直接的に喜ばすことに従事することを良しとせず、八福に見られる心魂の総合的な力能の発揮、肯定的なことがらが生起することだけを望む一群がいる。本書の研究対象である信の哲学者パウロは、彼の実存としては、「われはわが主キリスト・イエスの知識の卓越の故に、あらゆるものを損失であると看做しているその彼の故にわれすべてを失ったが、それらを塵芥と看做している」(Phil.3:8)と主張しつつ、自ら報告する「キリスト・イエスにある生命の霊」(Rom.8:2)の充溢の感覚と今・ここで働く生命の躍動のなかで、死に勝利した万軍の主を最強のパラクレートス(助け主)、用心棒として共に歩んだ。彼は自らの「新創造」(Gal.6:15)のもとで、彼は共に歩みうることを無上の光栄とし、相対的な分裂は最小化され、福音宣教の道を邁進した。

ソクラテス同様、イエスはここで心の内奥、ボトムとでも言うべきやはり悪や罪の寄生しえない肯定的なものだけが生起する心魂の或る部位、「内なる人間」(パウロ)に降り、そこから生を神の国との関連において捉えることにより、これらの区別の二元的な枠そのものを相対化した。或いは彼は与件としての現実の区別のただなかで心の内奥に立ち返りそこから生きる視点を提供している。彼は端的に言う、「身体を殺すことのできる者たちを恐れるな。むしろ魂と身体をゲヘナに投げ込むことのできる方を恐れよ」(Mat.10:28)。また彼は言う、「ひとが全世界を不当に手にいれることそして自らの魂が損失を蒙ること、そこに何か利益はあるのか。というのも、ひとは自らの魂の代価として何を[世界のなかから]与えるのか」(Mak.8:36)。

このようにソクラテスとイエスは通常の人間的理解に囚われないという意味で逆説的である。逆説は論理的矛盾ではないが、アキレスがカメを追い越せない等の通常受け入れがたい見解のことである。しかし、彼らの人生がもし理に適わないものであったなら、彼らのエルゴンについての理性的探求は不可能である。もしソクラテスがイエスに出会ったなら、イエスを徹底的に吟味したのかそれとも「わが主、わが神」と言って即座にひれ伏したのであろうか。たとえ即座にひれ伏したにしても、ソクラテスがソクラテスである限り、彼にはイエスの生が理に適うものであると判断されたに違いない。他方、ナザレのイエスは、イエスに会うことを望み都に登った「何人かのギリシャ人」に次のように応えるとき、同じ冤罪のもとに死を選んだソクラテスに自らの先駆を見ていたのかもしれない。「イエスは彼ら[弟子と訪問者]に応えて言う、「人の子が栄光を受ける時が来た。まことに、まことにわれ汝らに告ぐ、一粒の麦地に落ちて死なねば、それ自身はそのままである。しかし、死ねば、それは多くの実をもたらす。……誰かわれに仕えようとするなら、ついてこい」(John 12:23–26)。これらの想像は興味深い歴史の問いであるが、ここでこの問いを探求することはできない。

ロゴスとエルゴンの相補的な関係

翻って、二人の弟子たちが構築した理論としてのロゴスは二人が具現したようなエルゴンたりうるのであろうか。パウロはイエスが宣教した福音のロゴスが救いに至る力能であることを、或いはイエス自身のエルゴンに救いのロゴスが内在していることを告げ知らせた(Rom.15:18)。ロゴスが救いを或いは幸福を伝達するエルゴンであることが可能であるとすれば、それは歴史において確かさそのものの源、その確かさを具現する象徴となったイエスとソクラテスにおけるように、今・ここにおいて歴史のなかで単なる知識の伝達以上の出来事・エルゴンを形成する限りにおいてである。パウロは言う、「愛を媒介にして実働している信が力強い(*pistis di'agapēs energūmenē*)」(Gal.5:6)。

ロゴスはロゴスとして認知的なものの伝達に終始するのであろうか。昔日の賢者たちも、一方では「ロゴスはエルゴンの影である」(デモクリトス)とも「私はエルゴンよりもロゴスを選んだことはかつてない」(エウリピデス)と言う[2]。他方では、「ヌース(叡知)はロゴスによって高められ、ひとは気高くされる。われもまた有益なロゴスによって羽を得て正しいエルゴンに対し滋養としたい」(アリストパネス *Aves* 1447)とも、「真なるロゴスは単に知ることに対してだけではなく、人生に対してもこのうえなく有益である。というのも真なるロゴスはエルゴンに共鳴和合することによって信用されるからである(*hai alētheis tōn logōn...sunōdoi gar ontes tois ergois pisteuontai*)。それ故にロゴスは理解する者たちに対して、ロゴス自らに即して生きることを促すからである」(アリストテレス *Nic. Eth.*, XI,

1172b3–8)と言われる。

人類を他の生物から判別する最大の特徴がロゴスを持つことにあるという主張は広汎に認められよう。人類は宇宙創成のロゴス(理)を自らのロゴス(言葉)によって解明した。ひとは他の生物同様栄養摂取や生殖など生命活動における働き(エルゴン)に今・ここで従事している。ロゴスの特徴は個々人の知的な働きに内在しつつそこから分離されて普遍的に共有されることにある。画家の今・ここの働きの産物(エルゴン)である絵画はどれほどコピーが制作されようとも、それらは複製以上のものではないが、理論(ロゴス)は、もしそれが真であれば、正確に同一のものとして、エルゴン上永続的に共有されうる。例えば、フェルマーの大定理が真であったとして、数式(ロゴス)を検証する数学者たちの脳内の質料部位ニューロン連合(S1–S*n*)を伴う働きは、その都度、タイプにおいて一であることにより、ロゴスの正しさが確認される。「調和音」(例、八度)の定義「高音と低音の数のロゴス(比)」(1:2)はロゴス上常に真であり、エルゴン上空気がそれを保持する力能を失うまでその振動に秩序を与える(*An. Post.*II2.90a21)。

哲学史を俯瞰するとき、エレア派やプラトンの第二の航海におけるロゴスによる探求が哲学の一つの伝統を基礎づけている。永遠に不変の真理を担いうるというロゴスの絶大な特徴ゆえにエレア派の論理的存在論が考案された。プラトンはその延長線上に「ロゴスへと逃れて、かのものどもにおいて在るものどもの真実を観察しなければならない(*chrēnai eis tūs logūs katapheugonta en ekeinois skopein tōn ontōn tēn alētheian*)。……私はロゴスにおいて在るものを観察しているひとを[魂の認知的]諸エルゴンにおいて観察するひと(*ton en tois ergois*)よりも一層似像《じぞう》において観察していると同意することは決してない。……そのつど私が最も堅固である(*errōmenēstaton*)と判断したロゴス(言論)を前提とし、……そのロゴスと一致するよう思えたものを真と定める」(*Phaedo* 98b-100a)。プラトンがロゴスへと逃れ、第二の航海に出航し提示した確実な命題は「美しいものは美によって美しい」という類のトートロジカルなものであり、そこから美それ自体として離存的で自己同一においてあるイデアの存在に導かれた(100e)。

アリストテレス哲学の顕著な特徴は、一方でいかに不可視な「ロゴス」と呼ばれる存在者をロゴスそれ自身として摘出するか、そして他方いかにロゴスが働きにおいてあるかつまりいかにロゴスがエルゴンに内在するか、その仕方、様式について広範な学問的領域に妥当する包括的な議論を展開していることに見られる。彼は先行哲学者たちの諸アポリアの解決への道筋のなかで自らの立場を確立しており、師のイデアの離在と分有のもとにロゴスをイデア界に祭り上げることも、カントのように超越論的観念論のもと叡知界に逃げ込むことをせず、ロゴス上の分離とエルゴン上の不分離の理論を展開する。実際、イデア論は、完成においてある一つのものが別の完成においてあるもの（イデア）によって構成されることはなく、「完成において二であるものが、完成において一であることは決してない」と矛盾律に則りロゴスの力だけで反論される（*Met*.VIII13.1039a5）。一つの現実世界の力動的な存在様式においてロゴスとエルゴン双方の関わりを捉えている。

万物は秩序なく流転しているものではなく、秩序ある動的世界、ものごと（*prāgma*）からなる。このものごとを構成している「ロゴス」と「エルゴン」はアリストテレスにおいてはそれに対応する魂の二つの認知的アクセス（「ロゴス主導」と「エルゴン主導」と呼ぶ）に即して探求される。世界そして魂、双方ともロゴスとエルゴンにより形成され、事態は複雑であり、それらはものごとの理と働きから魂の理論と実践（検証）、楽譜と演奏等に至るまで多様な補完関係においてである。ロゴスとエルゴンは車の両輪のごとくに、一方を語るとき、常に他方を念頭において語るそのような関係においてである。

ロゴスは宗教事象をも含め人生全体としてのエルゴンをも導くものとして位置づけられ、そしてエルゴンによりそのロゴスは信用される。ロゴスの正しさはエルゴンの質により他者に確認されるという主張を含意している。ロゴスとエルゴンの「共鳴和合」また相互に「証を立てる」（*Pol*.VIII15.1340b7）、「同意しあう（*homologūmena*）」（*Gen.Anim*.729b22）とはいかなるものであろうか。アリストテレスにおいては「ロゴスそしてエルゴン」さらには「ロゴスのみならず、エルゴンにおいても」という仕方で双方が相補的なものとして位置づけられている（e.g. 729b22, 1072a20, 1086a9, 1172b3-8, 1344b9）。優れたバランスのとれた思索家であればあるほど、ロゴスとエルゴンは車の両輪のごとくに支えあう、そのような議論を展開する。「ロゴスとエルゴンによって」福音を宣教したパウロにおいても、それは例外ではない(Rom.15:18)。というのも自ら展開する主張や理論は実際の生活や働きにおいて確かめられることによって、説得性を増すからである。一方を語りまた提示するとき、他方を念頭において遂行される。とりわけ直接観察のできないものについての主張が遂行されるさいには、エルゴンによる確認は不可欠である。

哲学者は言う、「ロゴス(*logos*・理論)は現れの証を立て(*marturein*)、現れ(*phainomena*)はロゴスの証を立てると思われる。……かくして、いやしくも或る神的なものがあるなら、実際にそれは存在するのであるが、物体の第一の実体について今語られたこと[永劫性]は適切に語られた。このことは感覚を通じても十分に帰結する、少なくとも人間的な信念に対して語るのであれば(*pros anthrōpinēn eipein pistin*)」(*De Caelo* I3.270b4–13)。ここで人間的な語り、信念とは神を宇宙のなかで成立する感覚との関係において理解することを意味している。アリストテレスは一種の神の宇宙論的存在証明を遂行しているが、彼の宇宙論の是非を論じることはせず、ロゴスと今・ここに現れでるエルゴンの関わりの様式だけを確認する。

宇宙の中で或いは外に神に最もふさわしい位置があるとすれば、不死なるものに対応する場所としてロゴスにより、人間的な理解としては、「神には最も高い場所(*ton anōtatō tō theō topon*)」(270b6)が割り当てられる。この点に関しては「誰であれ異言語圏の者もギリシャ人であれ、神々を信じる者たちは同意している」(270b7)とロゴス上の一致をまず確認している。そしてその議論の正しさは天体の観察を通じて物体の第一の実体が神的であることにより証せられる(cf. *De Caelo* I9.278b10–22, II4, 6, 8)(現代的にはビッグバンがそこにおいて成立する特異点、或いは聖書的には「光あれ」)。宇宙における現れ・現象というエルゴンは魂のエルゴンである感覚等の認知機能により把握されるが、この観察を通じて或いはそれとの類比においてロゴスの正しさの証しが立てられる。ただし、エルゴンによる検証は「人間的な語り」であることの留意が見られることは重要である。これはパウロにも見られる譲歩であり、二人とも神の認識に関し人間的な認識力能の差異と限界を弁えている。

このような制約のなかで、ロゴスとエルゴンの或いは理論と働き(実践的検証)の共鳴和合のもとにある幸いな相補的展開こそ望まれる。それらの総合がなされうるなら、感覚により捉えられないロゴスをも含めそれはあらゆる存在するものどもの最も優れたロゴス、「知恵」となるであろう。それはアリストテレスが語るように、「第一哲学」の名にふさわしい(*Met.*VI.1026a30)。そして私は本書において、全宇宙の確かさの源が、人間との関わりにおいてある限りの神においては、神による人間に対する信であると捉えたパウロの信のロゴスとエルゴンを探求する。

これまで確認したように、ロゴスとエルゴンは認知的な次元と人格的な次元双方で問題となる。認知的な次元においては確かにアインシュタインが到達した特殊相対論の知識 $E = mc^2$ はそれが一旦解明されれば、ロゴスとして共有の知的財産となる。確かに、この数式の知識はロゴスである限り共有されるが、理解には程度が許容される。その後の物理学者がそのつど発見者とタイプにおいて同じ脳内ニューロンのシナプス連合を持つのでなければ、真に理解されたとは看做されないであろう。これが認知的態勢をめぐるエルゴン次元における今・ここの検証である。

今・ここのエルゴンにおいてある「ロゴス」と単にロゴス次元において共有される「ロゴス」とのあいだには同名異義原理が適用されるであろう(第二章参照)。物理学者たちのそのつどのエルゴンにおける脳内のシナプスの働きと分離されないロゴスと、ロゴス上そのエルゴンの質料的部分(脳の電気的働きの部位)から分離されたロゴスは同名異義的なものである。しかし、双方の関係は不可逆的であり、一端発見されたものはこの「知識を観想すること」というエルゴンに基づき、ちょうど「知識」としてのロゴスがエルゴンを構成するその質料的な部分から分離されることはあっても、その逆ではない。知っている者が書いたテクストはロゴスとして理性ある者に普遍的に理解されうるはずのものとして、個々の理解の働きとは分離されている。学習者はテクストを介してまず、語句の意味から学習を始め、テクストが指示しているものごとそのものの今・ここの理解に至る。これが学習や探求における認知の「自然本性上と当人上の合致」の基礎にある(第一章一節六参照)。これは認知的次元における相補的展開である。

他方、われわれの主題である信についても心魂の根源的な態勢であることがこの研究全体を通じて解明されたにしても、それは認知的な心魂の存在様式をめぐる一つのロゴス、知識に留まる。これは心魂の働きを秩序づけるものである限りにおいて、認知的な次元における検証では留まらず、人格的な次元において信を生きることによって初めて例えばパウロが生きたところのものを真として検証することができるであろうそのようなことがらである。信は単なるロゴスの共有ということだけでは済まないその都度のエルゴンを要求するそのようなことがらであることは確認しておこう。一般的に、知的な把握は人生において一旦知ってしまえばそれまでのことがらであり、たとえそれが永遠の真理であるにしても、ひとは喉もと過ぎれば熱さ忘れるように或いは世代が代われば、愚かなこと、例えば戦争を繰り返している。パウロは神による福音の啓示を介して、神の人間認識、意志を一般的に知ることができると主張する。そのロゴスの知識を自らの生を媒介にしてエルゴンとの送り返しのなかで生きることに力を見ている。「愛を媒介にして実働している信が力強い」(Gal.5:6)。

人類の歴史において、時折、心魂の内奥、底に罪や悪、偽りそして愚昧なものの宿ることのできない部位、従って聖らかで晴朗かつ明澄なものの宿りうる部位があるということがその経験とともに報告されている。アウグスティヌスは信の根源性の特徴を自らの回心の回顧において「欲すること(*uelle*)」と「為すこと(*facere*)」がそこでは同時的であることに見出している(『告白』第八巻八章)。身体は魂の命令に直ちに従うのに、「魂は自らに命じても、抵抗されてしまう(*imperat animus sibi, et resistitur*)」。欲しさえすれば、立ち帰ることができるのにそれが出来ない自己の躊躇に彼は「この怪物(*hoc monstrum*)はどこからやってくるのか」と叫ぶ。「もし意志が十全(*plena*)であったなら、そうあるよう命じることもなかったであろう、そこにあるからである」(同九章)。このことは、魂には偽りの入り込めない或る部位の存在することを示唆している。どこかにごまかしがあるとき、魂は自らに抵抗する。偽りがあるからである。自らを偽り続ける限り、そこには信は成立しない。偽りなき場所、そこに信が宿る。

アウグスティヌスは自らの心魂の内奥で見出したものについて告白している。「汝は駆り立てます、汝を讃えることが喜びであるように、それは汝がわれらを汝に向けて創りたまいし故のこと。われらの心魂は汝のうちに憩うまで安らぎをえることがありません」(『告白』第一巻一章)。先のイエスの所謂八福は彼がそうであったように清さの宿る心魂の内奥、ボトムから生きるよう語りかけている。霊における貧しさを自覚する者は霊の充溢する場所(「内なる人間」パウロ)を求めざるをえないからである。およそ肯定的なものの源として幼子の父母への翳りなき信頼こそ天国で「神の子」と呼ばれるにふさわしい。そこでも信は、父の憐れみが働いていることへの信であることによって神の前とひとの前双方を媒介するそのようなものであろう。

心魂には信だけが宿りうる場所がある。パウロは信の根源性をそれだけで心魂において喜びと平安が生起するものとしてこう述べている、「希望の神が、汝らが聖霊の力能のなかで希望に満ち溢れるべく、汝らを信じることにおける(*en tō pisteuein*)あらゆる喜びと平安で満たしたまうように」(Rom.15:13)。ここで「信じること」は目的語をもたない。なぜならもし信が真実なものであるならば、その対象からの何らかの促しに基づいて、ただ「信じます、信なきわれを憐れみたまへ」(Mak.9:24)と、信に対しては信による応答だけが相応しい人格的な交わりが開かれているであろうからである。目的語として「死者の甦り」を採りそれを信じるという如き認知的要素が問題になるとき、ひとはすぐに懐疑の渦に巻き込まれるであろう。幼子のようでさえあれば誰にも可能であるという意味で最も簡単な行為であるが故に、信なる者の促しのなかで信が生起するとき、喜びと平安が伴う。望みうる最良のかけがえのない「贈りもの」(Rom.3:24)が与えられて喜ばない者はいない。ひとの心魂に罪や悪、否定的なものの宿りえない部位があるのか、それを把握する端緒が信であるとして、その探求は通常、心身論、パウロ的には霊肉論と呼ばれるものの構築において遂行される。

信の哲学は、先のエラスムスのモットーにかけて言えば、ソクラテスでさえそれ以上進むなら恐れに囚われてしまう、心魂の内奥の限界点までテクストに伴われつつ歩みを進める、その探求をロゴス構築において遂行する。信の哲学は、例えば第二章でアリストテレスのテクストに即して、進化生物学がエルゴン次元における観察命題の一般化にすぎないロゴスを提示しており、その不明瞭さに挑む。いつの日にか、脳科学が唯物論的な理解のもとに決して悪や穢れの宿りえない脳の部位の、即ち対象の支配や操作により自らの優越に向けて利用することから自由な「愛」と呼ばれる我と汝の等しさを規定する部位の電気的信号（シナプス連合）を解明したとしよう。進化論における「或る種の個体に生じた変異が……少しでも［生存に］有利であるなら、その変異は当の個体を残す方向に働く」（ダーウィン）という理解が誤りであるか、少なくとも「有利」の意味が従来の生物学におけるそれとは異なるものとなる、ないし異なる対応が求められよう（『種の起源』第三章）。或いは「愛」と呼ばれるものに対応する部位が進化の極致を示すものとして出来したのなら、今後の進化の方向性は異なるロゴスのもとに定められることを示している。大方の脳科学が進化生物学の暗黙の前提のもとにある時、その部位の解明は自己論駁的なものとなろう。信の哲学はテクストの新たな読解に基づき、ただ神学諸論争の基礎的な次元における調停の提供だけではなく、影響力の強いカント哲学や自然科学の知見に基づく今日的な常識に挑戦する。

信を根底にした心身（霊肉）の統一理論の構想
――カントに抗しアリストテレスに導かれつつ――

ここでの思考の導き手はロゴスとエルゴンの総合をあらゆる場面において説得的に追求したアリストテレスである。彼の思考の特徴はロゴスをイデア論にも超越論的なものにも祭り上げることもしなければ逃げ込むこともせずにエルゴンのただなかに見出し得るものとしたことにある。その思考様式は可感覚的対象も叡知対象もそれに対応する魂の認知的力能即ち感覚（アイステーシス）と叡知（ヌース）を同時に発動しうるものとして連続的なものでありうると位置づけていることに確認される。アリストテレスはプラトンやカントのように超越と現象をさらには感性界と叡知界を分断することはなかったが、これはパウロの思考と同型性においてである。

パウロは人間の認識能力の限界の故の譲歩として人間的な語りを許容したが、二世界説ないし世界の構造上の断絶を主張したわけではない。神は天にいまし、人間は地にいるが、それは創造者と被造物として双方が関わり合う一つの世界を形成している。パウロもアリストテレス同様にこの一つの現実世界において「言葉［ロゴス（理論・理）］によってそして働き［エルゴン（実践・行為）］によって」（Rom.15:18）福音を宣教している（「序文」に述べた基礎命題参照）。創造者と被造物という対の理解そのものも人間の言語によるものでしかない。この一つの現実世界の承認により、神には人間の言語や理解の届かない要素があることを否定するものではない。パウロのテクストにおいて啓示として報告されている限りの神が信の哲学の考察対象である。

信の哲学の構築において、私は信が魂の根源的態勢であり生の肯定的な全体性を秩序づけるものであることの解明に従事することにより、信と業のさらには内なる人間と肉と呼ばれる心身の統一理論構築に向かう。信には認識やパトスそして行為が伴う。端的に言って、自らの心魂に立ち返るべき堅固な場所を見出さない限り、ひとは自らを喜ばせる外的なものに安易に身を委ね、依存するであろう。信にも頽落形態が存在し、例えば、ちょうど自らの生の喜びをアスリートや誰であれ英雄たちに委ねるように、パトスが自己目的化し、自らの魂の態勢との正しい位置に置かれないとき、信はパトス喚起装置になりさがり、また無律法主義に陥いるでもあろう。現代はとりわけパトス喚起装置に満ちており、心魂の内奥に眼差しが向かうことが難しく、或いはそれを回避させるべく種々の装置に身を委ねる。正しい信は偶像崇拝や無律法主義さらにはあらゆる種類の倒錯や迷信から識別されるはずである（しかし、ひとは信が、信だけが人間本性にとって倒錯だと言うかもしれない）。

恐怖等のパトスの投映である迷信や欲望の投映にすぎない偶像崇拝等をブロックするにはアリストテレス的なパトスとの関連を明らかにする魂の態勢の理論や超越的な対象に対する信と自らの魂の態勢の吟味のフィードバックが不可欠のこととなろう。信により人生の一切をかける存在者があるなら、それは端的に真理と善を兼ね備えた認知的そして人格的に十全な対象でなければならない。人間の魂の力能の十全な発揮が認知的に卓越した賢者と人格的に卓越した聖者を形成するものである限り、一切を正確に知り、正確な審判を遂行できしかも憐れみ深い有徳な存在者を信じるのでなければ、それらの端的な十全性に生が方向づけられることはない。これは人間同士の信頼関係と類比的なことがらであり、有徳でなければひとは信用されない。ナザレのイエスは或る者たちを「信用しなかった（*ūk episteusen*）」と報告されているが、「彼は人間の内部に何があったかを知っていたからである」とその理由が提示されている（John 2:24-25）。信はその対象に即して各人の生の方向を確定するものである。信仰の正客は罪悪深重な非道人でありその対象は最善完全無欠であること、信のこの稼動域の宇宙的な広がりにこそ人間であることの大統一理論が信の哲学に求められる所以である。

人類は自らの心魂の内奥において（*in intimis meis*）真実なもの、無条件的、無制約的なものとの出会いを求めてきた。心魂の刷新のあるところそこは倦怠や慣れとは無縁であり、常に肯定的な創造と展開が開けるからである。カントも正しい信を把握するべく理性の機能を吟味している。異端審問と宗教戦争に明け暮れ知性の疲弊したヨーロッパにおいて、カントは理性それ自身の自己吟味に従事し、理性の「純化（geläuterten）」により「無条件的なもの（das Unbedingte）」の理論を求めた（第一章註11「真理の変遷の解明」参照）。その一つの成果として、彼は『純粋理性批判』第二版序文にて「今やこの［理性］批判によってのみ、唯物論、宿命論、無神論、自由思想的な無信仰、狂信、迷信といった、一般に有害になりうるものが……根こそぎにされることができる」と主張する（BXXXIV）。

信が理性との正しい関連に置かれない限り、多くの逸脱的な倒錯が出来するであろう。しかしカントは理性の使用の理論的と実践的な領域、機能を分節することにより、ものそれ自体と現象を分節し、知識の成立を現象にのみ限定した。さらに彼は自然学をその知識の範型として、倫理的な自由をもの自体に押しやるそのような犠牲のもとに理性の純化を企てた（当然、彼は純粋理性と純粋実践理性を分離したまま放置することはせず、その架橋を試みている。彼はアプリオリな悟性概念である因果性の範疇を自由にも適用することを示し、実践的拡張を試みることによって純粋悟性概念を媒介にして架橋した。これは第五章で論じられる）。彼はこれらの犠牲のもとに信と理性の消極的な棲み分けを提案する。「私は信に(zum Glauben)場を得させるために知(das Wissen)を廃棄しなければならなかった」。カントは言う。

道徳のために私が必要とするのは、自由が自己矛盾ではなく、それ故に少なくとも思考されうることだけである。その場合に自由は洞察される必要はなく、かくして(別の関係において考えられた)同一の行為に属する自然の機構に、何ら障害として立ちはだかることもない。かくして、倫理学はそれが占めるべき場を主張し、自然学もまたその場所を主張する。しかし、このことは、批判がわれらに予めもの自体そのもの[＝自らにおいてあるものごとそれ自身]に関する避けがたい無知(Umwissenheit in Anschung der Dinge an sich selbst)を教え、われらが理論的に認識しうることがらのすべてを、単なる現象に制限しておかなかったなら、生じなかったであろう。……かくして、私は思弁的理性からその過大な認識に対する思い上がりを奪い取らない限り、神、自由および不死をわが理性の必然的な実践的使用のために想定することは到底できない。というのも、思弁的理性がこのような過大な認識に到達しようとしても、その際用いざるをえない原則は、実際には単に可能な経験の対象に達するにすぎないから、それにもかかわらず経験の対象たりえないものに適用されると、事実上常に、これを現象に変化させ、かくて純粋理性の一切の実践的拡張を不可能であると宣言するにいたるからである。かくして、私は信に場を得させるために、知を廃棄しなければならなかった(BXXX)。

パウロはカントに抗しアリストテレス同様実在論に与する。これは、一般的には、ものごとそれ自体の知はそれに内在するロゴス(理)を理性が形成する最善のロゴス(説明言表)は捉えることができるという見解である。アリストテレスはロゴスの実在論に与しており、一なる秩序あるものごとに内在するロゴス(理)は最善の定義形成のロゴスにより捉えられるとして言う、「定義は一つのロゴス(説明言表)であり、すべてのロゴスは部分を持つので、ちょうどロゴスがものごと(*prāgma*)に対してあるように、ロゴスの部分はものごとの部分に同様にある」(*Met.* VII10.1034b20)。ひとがものごとに応じて形成する最善の「ロゴス」が複合的な「ものごと」と内的構造において対応関係にある。「その説明言表が定義であるものごとは一である」からこそ、論証に基づく定義や様相的定義は「何であるかのロゴス」として「知識産出的（*epistēmonikos*）」である（VIII2.1037b10, VIII5.1039b32, *An. Post.* I2.18, II10.93b29）。定義形成のロゴスこそ一で在ることを捉えるものであり、それによってひとはものごとのロゴス、例えば魂をそれ自身として知る。他方ものごとはその理とその働きが分離されずに一なるものとして働きにおいてある、ちょうど魂に内在するロゴスとしての知識が魂の観想実働において、働きにおいてあるように（第二章一節二等参照）。

パウロはものごとのロゴスに対応する認知機能「叡知（ヌース）」をあてがうが、一般的な仕方においてという制約のもとにではあるが、「神の意志」を知ることができると主張する（Rom.12:1-2）。神が啓示を介して知らしめたことがらとして、パウロは「信の律法」に基づく者が神には義人と看做され、「業の律法」に基づく者が罪人と看做されていることを挙げる（第三章三節二参照）。

カントは実在論に抗して言う。「もし直観が対象の性質に即さねばならないとすれば、われらが見て取れないのは、いかにわれらがアプリオリ[観察経験に依拠せず、ロゴス上]に対象の性質について何ごとかを知ることができるのかである。しかし（感官の対象として（als Objekt der Sinne））対象がわれらの直観力能の性質に即するなら、われはこの可能性を十分に想定することができる」（BXVII）（第五章参照）。彼はガリレイやトリチェリの科学実験に影響され、「彼らは理性の洞察するものが、理性自身の自らの計画に即して生み出すものに他ならない……この理性が自らの問いに答えるよう自然を強制しなければならない」と言うが、カントはこの理性を自律的なものとして中心に立て実在を周回させる発想の所謂コペルニクス的転回を敢行した（BXVII）。

カントは神の存在証明の「あらゆる道」はただ三つの種類からなり、それらのいずれについても「理性は或る（経験的な）道を取っても、別の（超越論的な）道を辿っても、ほとんど何事も成し遂げ得ない点において同様であること、また理性がその翼を張って単なる思弁の力によって感性界を超え出ようとしても無駄であることを私は示す」と神学的対象への純粋理性による接近可能性を否定する(B619)。経験的な証明は「自然神学的」と「宇宙論的」証明であり、超越論的証明は「存在論的証明」である。自然神学的証明は「一定の経験と、その経験を通じて認識されたわれらの感性界の特殊な性質から出発して、感性界から原因性の法則に即して世界の外にある最高の原因へと上昇する」道である(B618)。宇宙論的証明はライプニッツが「世界の偶然性からの(*a contingentia mundi*)証明」(B632)と名付けたものであり、「単に未規定の経験を、即ち何らかの現存在を経験上基礎に据え」(B618)、「任意の存在者に予め与えられた無条件的な必然性からこの存在者の無際限のレアリテート(働きにおいて在るものごと性)を推論する」道である(B632)。超越論的証明は「すべての経験を捨象して、単なる概念に基づき、まったくアプリオリに最高の原因が現存在することを推論する」道である(B618)。

信の哲学はこれらエルゴンとロゴス双方からの接近は神の探求においても相補的なものとして有益であることを明らかにするであろう。ロゴス(理)がエルゴン(ものごとの働き)に内在するか、そして内在するとするならいかにしてかが探求される。ちょうどアリストテレスにおいて不可視なロゴスである魂が生命活動において可視化されるように、第五章において「証明されたもの(*monstratum*)」がものごとにおいて愛として実働することもあろう、その相補的な視点からアンセルムスの神の存在論的証明を考察する。アンセルムスのこの超越論的証明とカントの批判を吟味する。

信の哲学の視点からの分析によれば、カントはロゴス(「概念」)とエルゴン(「対象の現存在[働きにおいて在るものごと]」)を断絶させ、その相補的展開を捉え損ねている。カントは神の存在論的証明批判を展開して言う、「対象についてのわれらの概念が、何をどれほど多くのものを含んでいようとも、この対象に「がある存在・現存在(die Existenz)」を付与するためには、われらはやはり概念の外に出て行かねばならない。感官の対象についてなら、これはわれらの何らかの知覚との経験的法則に従った連関を通じて生起する。しかし、純粋な思考の客観については、その現存在を認識する手段は全く何も存在しない。というのも、その客観は完全にアプリオリに認識されねばならないが、あらゆる現存在についてのわれらの意識はまったく経験の統一に属しているからである」(B629)。このようにカントは時空の限界を超えるものに対する「叡知(直観)」の発動をその存在と共に否定し、知識や認識の対象を感性界に限定し可能な経験の統一理論を模索する。

ひとは一体「自然を強制する」ことができるかはさておくとし、彼が依拠する方法ならびに前提をめぐり次世代からの三つの批判にカントは何と答えるであろうか。もしカントがアインシュタインの時空論における空間の曲率や時間の伸縮について知っていたなら、またコンピューターにおける偽の可能性のない認知機能について知っていたなら、さらに、「カントはいかなる言語についての作品も公刊せず、あまたある著作のなかで言語的事象について詳論することはなかった。カントは整合的な言語哲学を展開することはなかった」と指摘されているなかで、それでもなお彼は、もし今『純粋理性批判』を書くとしたなら、理性の働きにかつての著作におけると同じほどの制約を課すであろうか(3)。それでも彼はニュートンの時間の流れと空間の広がりそれぞれの均質性の類比において思考し、時間と空間をそこにおいて感官がもの自体の触発を受け感性的認識が成立するところの「感性の直観形式」として提示したであろうか。また、人間の認知力能はとりわけ制約されており、或る人工物(電子的媒体がヒットする装置)が自然物(脳)の模倣であるわけではないと主張したのであろうか。二十世紀の言語哲学の仕事は考慮に値しないと考えたであろうか。彼はロゴスとエルゴンの相補的展開を捉え損ねたため、アプリオリなものと経験的なものの間にいたずらな断絶を主張したように思われる(第五章参照)。

信の哲学は、第一部においてアリストテレス哲学を共約性規準として提示し、そのもとに方法論を構築する。そこではアリストテレスが可感覚的対象を超える、数学的対象を手始めとする叡知対象について魂の一つの認知機能「ヌース(叡知)」を対応させていること、そしてその機能はサーチをかけその対象にヒットする(知)か否(無知)かのいずれかであり偽の可能性がないというコンピューターの原理を既に知っていたことが紹介される。第二部においてパウロによる信の哲学、換言すれば信とその対象である神について、その実質は言語分析であるところの純粋理性的な認識が一般的な仕方で成立することを考察する。第三部においてその知見に基づき心魂の内奥において無制約的なるものとの出会いとロゴスを求める者アンセルムスやアクィナス、ルター等におけるこの問題への彼らの取り組みと論争に分け入り、パウロが既にそれらに調停案を提示していたことを明らかにするであろう。心魂の認知的要素(カントに即して理論理性)と人格的要素(実践理性)ならびに、信と理性、信と業、総じて信のロゴスとエルゴンの統一理論が求められている。

ともあれ、人類は一回限りの歴史を刻んでいる。信の哲学は信をめぐるパウロの中心的な使信がこの間ヨーロッパにおいて誤解されてきたと主張する。パウロは信についての明確な理解を提示し、そのエルゴンとしての業との関係について明快な無矛盾の哲学的議論を析出することのできる神学的議論を遂行していた。彼は信の頽落形態に抗しつつ、「愛を媒介にして実働している信が力強い」(Gal.5:6)と言い、また「畏れと慄きをもって自らの救いを成し遂げよ。なぜなら、「嘉《よみ》」の名において汝らにおける欲することとそして実働することを働きたまう方は神だからである」と言う(Phil.2:12–13, cf. Gal.3:5, 1Cor.12:6)(4)。「嘉する(*eudokeō* being pleased with (LSJ))」は神が当該のひとの信仰を承認し、その生を喜ぶことを意味する。マルコにより「汝はわが愛する子、汝を嘉した」(Mak.1:11)が報告されている。ここでこれらの箇所の解釈を展開することはできないが、ひとの信と業は信の対象である神の働きとの関係におかれることにより、適切な関係が打ち立てられそのようなものであることが示唆されている。パウロにおいて「力強い信」は力ない信と判別されているからには、偽りの信や偶像崇拝とも判別されるであろう。信に対する愛を冠に戴く善き業の正しい関係は、ものごとをそしてそれを認識する魂をも形成しているロゴスとエルゴンの様相アプローチを巻き込みつつ、神の前とひとの前双方を媒介する信による統一をめざすそのような統一理論において、信の本性とともに、解明されるであろう。信は理性に基礎づけられないが、理性と共にあるものであること、さらに信には認知的徳と人格的徳を媒介する働きをもち、明晰性とよきパトスが伴うものであることが明らかになるであろう。信が完全に善きものに向かう根源的行為でありまた他の善き働きへの根源的態勢であるなら、善き生を秩序づける根源となるであろうからである。神が信であったとき、求められるものは信を貫くことであろう。

信の対象は端的にはほとんどその信においてその義において比量不可能な相手であるが故に、信があるところ、そこには心魂は神との関係における生の初期化ないし始点の更新が生起する。なぜならこちら側から信以外に何も捧げるにふさわしいものを持たないからである。心魂の刷新なしには信はそのボトムから遂行されていないと言うべきであろう。彷徨える心魂は、コリシアン洞穴の怪物との格闘の後に心の内奥の豊かさを発見し、故郷に帰り憩う先人たちのように、信に立ち戻るときロゴスとエルゴンの共鳴和合においてあるであろう。秩序ある統一を持つ心魂の根源の探求において、それは信との関連において探求される。本書は、そのような故郷の情景をかすかに視野にいれ眺めつつも、この問題について考え抜いた精密で洞察溢れる先人たちの思考が緻密かつ堅固に展開されているテクストを、その貴重さ故に長く引用することを厭わない、そのようなテクストとの対話の記録である。本書は文献研究に従事しつつ、信の哲学の基礎の構築に向かう。

信以前の理解と共約性規準

信の哲学における探求の主題は信であり、そしてそれに基づき誰もが議論に参加できる与件は主にパウロのテクストである。そのテクストは人間のとりわけ旧約聖書の長い言語使用の伝統のもとに、自らの実在体験を組み込み提示されたものであり、さらにその後の歴史においてそのテクストは異文化をも含め人類の長い分析の歴史の濾紙を経たものである。解釈をめぐる論争は二千年になる。信の哲学においては、いかなる解釈もその基盤を受け入れた上で遂行される、その共約可能な基盤の探求に集中する。それが *intellectus ante fidem*（信以前の理解）の標語のもとに遂行される。これはアベラール流の *intelligo ut credam*（私は信じるために理解する）の一ヴァージョンでも、またアンセルムス流の *credo ut intelligam*（私は理解するために信じる）の一ヴァージョンでもない(5)。というのも、伝統的な二つのモットーは理解が信に、或いはより特定的には、信仰形成に方向づけられるか、信を前提にして理解を求める或いは信仰が理解をもたらすというものであるが、私は信をめぐって信じない者にとっても分かち合われる限りにおけるテクストの共約的な探求と理解の蓄積を遂行するからである。誰にとっても妥当する信以前の次元において、テクストの言語的特徴の分析から言語的な特徴の理解が積み重ねられていく。

信の哲学は、一方、アンセルムスと共に、アベラールに時に帰せられるように信に方向づけられる限りにおいて理性を行使することはない。ただテクストの正確な理解に向かう。アンセルムスはこう述べている。「私は汝の真理を何らか理解することを欲します。その真理をわが心は信じそして愛しています。そして私が信じるべく理解することを私は求めておりません、かえって私は理解すべく信じます(*Neque enim quaero intelligere ut credam, sed credo ut intelligam*)。といいますのも、「もし私が信じるのでなければ、理解することはないであろう」ことをも私は信じているからです」(*Prosl.* ch.1 本書第五章参照)。ここでは「信」は神への信仰として人格的な信、そして最後の文(「〜をも私は信じ」)に見られるように、一般的に哲学的な知識論の文脈において、知識や理解が成立するためには何らかの信(knowledge ＝ justified true belief)を前提にしているとして、認知的な信の双方が見られる。そして後者により前者が何らかの仕方で理由づけられるのは、実存としての信も或る意味で認知的な信念を必要としているからである。その意味でアンセルムスの *intellectus fidei*(信の理解)、*fides quaerens intellectum*(理解を求める信)は信の哲学と親近性を持つものであることを指摘できる。実際、彼は「理性のみ」により論証を提供するさいには、「聖霊」への言及は一切なく、哲学的な議論に対する自覚のもとに遂行する(第三部五章、七章参照)。これはパウロが「知恵の説得」(1Cor.2:4)として、「ローマ書」第一章から四章において聖霊に対する言及なしに義人と罪人が誰であるかの一般的な神の認識を伝達していることに平行的である。「知恵ある者たちにも……われ負うべき責めを持つ」とパウロは言う(Rom.1:14)。

しかし、他方、信の哲学は「神」を意味論的分析の対象とし、神はパウロのテクストに登場する限りにおいて考察され、神は第一に言語使用者であるという仮説のもとに、報告されているその言語的特徴の摘出に従事する。信の哲学における「理性のみ」の特徴はテクストの言語的特徴の摘出とその知見の積み重ねに存する。それ故、アンセルムスと異なり、信の哲学は「聖霊」や「信」について、その言語的特徴を論じることを躊躇わない。

私はパウロの福音宣教の論証を哲学的次元において分析するとき、その共約性の規準を提供するものに最もふさわしいものはアリストテレス哲学であると解する。第二部におけるパウロの信の哲学の構築はもとより、第三部におけるペラギウス論争、アンセルムスの神の存在証明そしてアクィナスとルターの論争もかの「哲学者」の視点から分析される。また諸論争に対しパウロが既に調停案も提示していたことを論じるが、これも哲学者の視点から提示される。その一つの理由は、誰もがいかなる主題に対してであれ思考を着実に前進させることがあるとするならば、そのひとはアリストテレス主義者であると考えるからである。換言すれば、アリストテレスが最も一般的な仕方でそれも説得的にひとはいかにして思考を前進させ、展開できるかを最初に最も基礎的な仕方でしかも包括的に明らかにしたからである。

その第一歩は「美しくアポリア（行き詰まり）を提示する」ことである。哲学者は『形而上学』においてこう述べる。「困難を乗り越えようと欲する者にとっては美しくアポリアを提示することが有益である。というのも、後の乗り越えは先に立てられたアポリアの解であり、足枷を知らない者にそれを解くことはできないからである。思考におけるアポリアはものにおける足枷を表している。つまり、ひとはアポリアに陥っている限り、その点で足枷を架けられている者と平行状態にある。どちらの場合にも先へ進むことはかなわない」（*Met*.III1.995a27–33）。

ひとは自ら問うていることがらを明晰に自覚しているのでなければ、たとえ答えに出会ったとしても、それが自ら問うているものの答えであるとは気づくことはないであろう。美しく問うところにのみ、アポリアを明晰に提示する限りにおいて、思考の確実な前進が期待されうるからである。行き詰まりを問いとして気付くには「何故か？」という洞察を不可欠なものとする。問題に取り組む視点の洞察のもとに、アリストテレスが提示したのはその問いの応答となる可能性を網羅的に枚挙すること、それも相互に排他的な仕方で枚挙することであった。アリストテレスは言う、「われらが十全に方法を持つのは、弁論術や医学やこの種の学においてあるのと同じようにあるときである。すなわちわれらが選択するものどもを為すのは許容されているものども［網羅性］に基づいていることである。というのも弁論家が説得するさいに、また医者が健康にするさいに、あらゆる様式に即して為すのではなく、むしろ許容されているものどもの何ものをも残さない［排他性］ならば、その者は十全に知識を持つとわれらは言うであろうからである」（*Top.*I3.101b5–10）。これを「網羅性（exhaustiveness）」および「排他性（exclusiveness）」要請と呼ぶ。

彼はこの網羅的かつ排他的手法のもとに、哲学が確実なロゴスの果実を生みだし得るものであるとして言う、「哲学は澄明さとその堅固さによって（*katharteiotēti kai to bebaiō*）驚くべき喜びを持つ」（*Nic. Eth.*X5.1077a25–27）。第一部においては思考の前進の手法の確認とともに、信の哲学を理論的に基礎づける言語、心身（魂体）について一般的な理解を哲学者に基づき得ておきたい。最初にパウロが信の哲学者であることを示し、そして第二部においてギリシャ哲学者使徒パウロがどれだけアリストテレス哲学の吟味に耐えうるかを考察したい。

（1）エラスムス「自由意志に関する談論風発ないし説教」『自由意志について』。D. Erasmus, *Erasmus-Luther: Discourse on Free Will*, tr. and ed. E. Winter, p. 8 (Frederick Unger Pub. Co., New York 1961).

（2）デモクリトスの言葉については D. Laertius, *Lives of Eminent Philosophers*, II, tr. R. D. Hicks, IX. 37, p. 446 (Harvard University Press, London 1970). エウリピデスについては Fr. 94 Theusthēs (TLG) による。

（3）C. LaRocca, Sprache, *Kant-Lexicon*, ed. M. Willaschek et al., S. 2159 (de Gruyter, Berlin 2015).

（4）「ピリピ書」2:13：「なぜなら、「嘉《よみ》」の名において汝らにおける欲することとそして［B］実働することを［A］働きたまう方は神だからである」（*theos gar estin ho* [A] *energōn en humin kai to thelein kai to* [B] *energein huper tēs eudokias*）における二つ［A］［B］の「実働する（*energōn, energein*）」を手掛かりに、水垣渉は本書の関心と重なる学説史をこう整理している。「ペラギウス論争はAとBとの関係をいかに把握するかをめぐって展開された論争であった。その際具体的には、「テレイン［欲すること］」と

Bとの関係が焦点となった。そこで次の三つの考え方が成り立ちうる。第一、両者をそれぞれ全体として神のはたらきに帰する(アウグスティヌス。オリゲネスやヴィクトリヌスに遡る)。第二、両者とも人間のはたらきに由るとする(ペラギウス)。第三、「テレイン」を人間に、Bを神に帰する(セミ・ペラギウス主義)。これは類型的な整理にすぎないけれども、ここに神の予定、選び、恩寵、自由意志、協働、善行、堅忍などの概念が結びついて問題にされてくる基礎構造は明らかになると思われる」。水垣渉「はたらきをはたらく神(Deus operans operari)」、『宗教的探求の問題』三五六頁(創文社　一九八四)。水垣がペラギウスについて「AとBとは内的連関を欠くことになり、ほとんど無関係な別種の働きになる」と解することに抗して、私は第六章において或いは本書全体を通じて、神の前とひとの前の統一理論の構想によりその連関を明らかにするであろう。「欲すること」と「実働すること」の並置はその神の意志に即し神を喜ばすことを欲しつつそれを具体的な働きにもたらすことを表現しており、Bは当然「汝ら」の責任ある自由のもとにおける行為である。

(5)　cf. J. G. Sikes, *Peter Abailard*, p. 31 (CUP, Cambridge 2014 (1932)). 伝統的に *intellectus* という語は「理解」ないし「知解」と翻訳されてきたが、本書における「知識」の用法との関係を簡潔に述べておきたい。「理解」は「理解が深まる」という語用に見られるように、認知的態勢として程度を許容する。そして神を相手にする学が成立するとして、それはどこまでも理解が深まるそのようなものであろう。換言すれば、それは不確定要素を伴うであろう。それに対し、「知識」は「科学的知識」に代表されるように、或る体系のなかで一つの明確な理解を伴う認知的態勢として扱われる。本書においては、「理解」は「知識」を含意、包摂するが、「信以前の理解」の標語のもとで、「理解」は言語や世界など多層なレベルにおける個別的な知見そして知識をも含め、そしてその体系は開かれたものであることを含意するものとして用いられる。なお第五章のアンセルムスの議論の「理解」の二義(「語句の意味理解(SigI)」と「ものごとの理解(ResI)」)が判別されるが、それが「知解」という邦訳に向かわせる自然的な加圧であることを指摘しておく。

第一章　信の哲学の基礎理論
——パウロ神学の哲学的分析を可能にする共約的方法——

パウロの経歴がユダヤ的そしてヘレニズム的諸要素の力動的なブレンドを含んでいる限りにおいて、彼の言語においてこれらの諸要素の一つの総合を見出しても何ら驚くべきことではない。この複雑で力動的な混淆はヘレニズム世界におけるユダヤ的福音を彼が宣教することにおける成功を説明するであろう(C. J. Roetzel)(1)。

第一節　パウロ神学が担う哲学の可能性

一　パウロの歴史的状況

共約性を自らの制約としながら、信の哲学はその探求対象として主にパウロの最も体系的な書簡「ローマ人への手紙」(以下「ローマ書」)を取り上げ、その整合的な理解に取り組む。この書簡は西暦(CE)五七年頃、パウロがコリント郊外の港町ケンクレヤにある下宿先ガイオの家においてテルテオに口述筆記させたものである。歴史の舞台は好機(カイロス・時の充溢)となるべくそろっている。ナザレのイエスの十字架刑はローマ総督ピラトの認可のもと三〇年頃におきた。地中海世界はアレクサンダーが切り開いたヘレニズム時代を引き継ぐ形で、ローマ帝国が共和制、帝政を通じて版図を広げ一つの統一的な支配秩序を形成していた。教養人はラテン語同様ギリシャ語を話し、公用語として広く普及していた。パウロのギリシャ語による手紙はローマのキリスト教徒にそのまま理解されたと思われる。キケロ（BCE 106–43）はローマ人がギリシャ語を用いなければならないことに触れ、ギリシャ世界への知的隷属を嘆いている。「われらの諸世代はシリアの市場で売られる奴隷のようだ。彼らがギリシャ語をよりよく知るなら、彼らはいっそう卑屈になる」。ホラティウス（BCE 65–BCE 8）も言う、「捕われたギリシャは獰猛な勝者を捕虜にした」(2)。

ヘレニズム時代のギリシャ語の汎用性がパウロによる宣教の遼原の火の如き伝播を可能にした。彼はただギリシャ語聖書〔七十人訳〕だけを読み、ギリシャ語においてのみ思考している。彼は自覚なしにも、彼がギリシャ人に福音をもたらすことにおいて、アレクサンダー大王の意志の執行者であることは確かである。U. von Wilamowitz は言う。「ヘレニズムがパウロの第一の条件であることは確かである。しかし彼自身は異なる素材から刻まれている、イエスがユダヤ人であるように、ユダヤ人である。だが、このユダヤ人、このキリスト教徒が、全世界のために、ギリシャ語で考えそして書く、しかも最初に彼が語りかけるのは彼の同胞である。彼のこのギリシャ語は、いかなる学派にも関わらずそしていかなる模範にも従わない、ぎこちなく連続的な転倒した様式において、心から直接に流れ出す、しかしそれでもなおまさにギリシャ語であり、翻訳されたアラム語ではない、このことが彼をヘレニズム古典学者のひとりにしている」(3)。

このような状況のなかで、パウロが発見者の喜びのなかで伝達しようとしたものは「イエス・キリストの信（*pistis*）」（3:22）であった。パウロによりギリシャ語の「ピスティス」という一語において表現された信実そして信仰、総じて信ということがらが一体人間存在にとっていかなるものであるか、いかなる位置を占めいかなる機能をはたしているかを解明し、その作業を通じて人間存在をその全体性において理解したい（附録一　梗概「ピスティスとその訳語について」参照）。彼は啓示に基づき神にとっても信が根源的であり、ひとの心魂の根源に対応する信が生起するときのみ、正しい関係が築かれ人間はその全体性を得ることを福音宣教として伝達した。

パウロのピスティスの理解をめぐり信の哲学が可能であるとすれば、それはパウロにより宣教された福音の言語分析を介して、信じる者も信じない者も同じ言語を使う者である限りにおいて、すべてのひとに共約可能な（commensurable）知識を析出しうる地平においてである。それは解釈作業の基本的な方向と制約を提示するものとなろう。人類は、翻訳可能性を含む広い意味で同じ言語を使用する者である限り、テクストへの意味論的分析を通じて何らかの同意に至りうる。これは端的に言えばテクストの共約性主張である。

さらに信の哲学が可能であるとすれば、それはパウロが福音を展開するテクストにおける心魂の分析を介して、信じる者も信じない者も同じ心魂を持っているものである限りにおいて、すべてのひとに共約可能な知識を析出しうる地平においてである。人類は、同じ心身（魂体）の構造を持つものである限り、テクストに対し「心身、霊肉論」という視点からの分析を通じて自らの心魂の機能について同意に至りうる。これは心身、魂体の共約性主張である。そこでは一つの意味論そして心身論として他の立場と対話が可能なものとなろう。この共約可能性にこそ、信の哲学の成否がかかっている。実際、パウロについてルカにより「パウロはアゴラで毎日（*kata pāsan hēmeran*）居合わせた人々と議論した。また或るエピキュロス派やストア派の哲学者たちが彼と議論した」（Act.17:17–18）と報告されているように、パウロは哲学的次元において彼の議論が分析されることを許容する様式において自らの福音宣教を展開していたことを明らかにするであろう。

二　共約性

共約性規準

「共約性」とは複数のもののあいだにそれらを比較吟味する同一の規準が存在していることを言う。一般に、比較されるものごとは同一次元における類的同一性を何らかの仕方で摘出できなければ、それぞれ類似性、異他性を指摘する視点を持つことはない。アリストテレスは一般的に「「より多く」或いは「同様に」に即して共約可能（*sumblēta*）でないかどうか」を考察すべきこととして共約性規準を提示している（*Top*.I15.107b13）。例えば、火星人と地球人を比較する場合に、双方とも同様に「生物」であるという前提を立てることになろう。日本と米国を比較するときは「国家」という共通の規準により、その差異を判別する。もし、日本とオレゴン州と英国をその人口や産業において比較するなら、カテゴリーミステークに陥る、つまり分類比較の規準を誤っていると指摘されるであろう。

アリストテレスは靴や家など産物の相互交換性の文脈において需要を共約性の単位とし、「貨幣」は人為的な規約により需要の言ってみれば「代替物（*hupallagma*）」であるとする。彼は言う、「一般的には異なる者であってかつ等しくない者たちに基づいて交流が成立する。しかし、これらは同等なものとされねばならない。この故に交換が可能なものについてはすべて何らかの仕方で共約可能（*sumblēta*）なものでなければならない。貨幣が導入されたのはこれに関してであり、そしてそれは或る意味で中間的なものである。というのも、それはあらゆるものを測る、その結果超過と不足をも測る。どれほどの靴が一軒の家に或いは或る量の食料に等しいのか。一軒の家と交換された靴の数はかくして建築家の靴の作り手に対する比と対応しなければならない」（*Nic. Eth*.V5.1133a17–24）。

この『ニコマコス倫理学』第五巻五章はマルクス『資本論』第一章「商品と貨幣」冒頭議論で引用されている。マルクスは「交換は等しさなしに、また等しさは共約可能性（*summetria*=die Kommensurabilität）なしにありえない」（1133b18）と翻訳したうえで言う。「アリストテレスの天才（Das Genie）は彼が商品の価値表現において等価関係を発見したことの只中に輝いている」[4]。興味深いことに現代においては貨幣のこの共約性が信用に基づいていることがますます明らかになっている。触ることさえできない電子マネーは何によりその価値が支えられているかと言えば、貨幣経済システムへの信用である。このシステムを誰もが信用しなくなれば、ちょうどライヒスマルクの超インフレが生じたように、ただの紙くずさらには電気的ノイズとなってしまう。貨幣にかかわる正義は、信用の不履行、裏切り等において正義が問題にされるとき、究極的には信に基づくものであることが明らかになる。流動性選好としての貨幣そのものへの価値付与はそれへの信用に支えられている（因みに、カントは一八世紀にイギリスで生まれた「信用借り制度は、国家が相互に対立している状態で競合するときの道具としては危険な金力即ち戦争遂行のための金づるとなる宝庫である」と警告している。さらに戦争における敵の心情への何らかの信頼が残る必要性を説くなかで、「信頼を欠けばいかなる平和の締結も不可能であるし、敵対行為は殲滅戦争へとエスカレートする」と警告している（『永遠平和のために』第一章四、六））。

信用経済も信の哲学において人間の秩序ある生の根底に信が立たねばならない信の根源性証明の一つの素材を提供するであろう。貨幣が最小二つの物を計測する規準になるように、心魂の根源的態勢に関し二つの学説があった場合に双方を比較しうる中間の項となるものが不可欠となる。信じる者と信じない者のあいだに共有されているものの視点からの分析が不可欠となる。デモクリトスの語録に、悲劇と喜劇は文学類型として異なるものに属するが、単に配列が異なる同じアルファベットにより構成されていることが哲学者により指摘されている（*Gen. et Corr.* I2. 315b14）。同じ言葉を語る者として何らか共有している同一規準を提示することにより、対話の足がかりを得ることになるであろう。人類は、翻訳可能性を含む広い意味で同じ言語を使用する者である限り、テクストへの意味論的分析を通じて同意に至りうる。さらに信の哲学が可能であるとすれば、それはパウロが福音を展開するテクストにおける魂の分析を介して、信じる者も信じない者も同じ心魂を持っているものである限りにおいて、その働き（エルゴン）の観察を介してすべてのひとに共約可能な知識を析出しうる地平においてである。

人類は、同じ魂体の構造を持つものである限り、テクストに対し心身論という視点からの分析を通じて自らの心魂の機能について同意に至りうる。そこでは一つの意味論そして心身論として他の立場と対話が可能なものとなろう。この共約可能性にこそ、信の哲学の成否がかかっている。そして私は、パウロは宗教的な主張をなしているが、彼はそれをギリシャ哲学者として哲学的分析に耐えうるものとして展開していると解する。その証拠となる基礎テクストを次節で一部提示するが、パウロはそこで意味論上そして心身論上の哲学的見解のもとに神学的主張をなしており、哲学説として析出することが本書の課題となる。さらに、信の正しさについての判定規準として「木は実によって知られる」そのエルゴン（業《わざ》）としての結果に置くとき、つまり魂の態勢の有徳性におくとき、一つの共約的なものになるであろう。このエルゴンをも何らかの仕方で包摂するそのような理論の展開こそ本書の目標となる。

信の哲学が共約性に訴える一つの規準はテクストの普遍性である。パウロの諸書簡をテクストにするが、それは或る文法規則のもと誰にも理解できる意味を備えた文章により提示されている。信じる者も信じない者も同じ権利をもって展開されている言語の共通理解を求めることができる。それはちょうど自然科学においてその探求のテクストは自然であり、それは原理的に誰もが観察、実験により接近でき検証、再現可能な普遍的なものであるのと平行的である。

とはいえ、信の哲学はパウロの書簡をテクストにし、自然学は自然をテクストにするというこの類比はどれだけ説得的であろうか。或るひとは、聖書は自然と異なり神は誰にも等しくアクセスすることのできるものではなく、さらに観察や実験による追試、追認は少なくともより困難であり学的でありえず、探求対象として共約されないと言うであろう。それに対しては、一つには自然のテクストも例えば宇宙の始まりのように実験としては間接的な徴によってのみ接近可能であり、ひとの構想力、思考力に依拠するところ大きいことを挙げることができる。神も探求困難ではあるが、ひとは例えばパウロのテクストに即して構想力、思考力豊かにアクセスを続けてきたのである。さらにはパウロの報告によれば、「神には偏り見ることがない」(Rom.2:11)。神が同一の規準により審判するとするならば、或いはひとが業の律法のもとに生きるか、それとも信の律法に生きるかに応じていずれかの律法により審判するとすれば、人間の選択に応じて明確な規準のもとに審判しており偏向はないと言うべきである。パウロは一方では神の意志のロゴスは整合的であり誰にも理解できること、そしてエルゴンによる追試そして追体験、再現が可能であると主張している。

無条件(無制約)に措定されるもの

いかなる知的な営みも、それぞれの体系には条件づけられない第一原理の容認が要求される。物理学においては宇宙がそこから始まる時空においてない特異点の存在を真として容認するのを余儀なくされる。最も厳密な科学的知識をもたらすのは、ユークリッド幾何学のような公理論的演繹体系であるが、そこでも論証されざる第一原理が不可欠なものとなる。神学にとっても事情は同様である。ハイデガーは言う、「われらは主張する、神学にとって措定されるもの(*Positum*)はキリスト性(die Christlichkeit)である。そしてこれが実証科学としての神学の可能な形式について決定する。問いが立ち上がる、しかし、キリスト性は何を意味するのか。われらがキリスト教的な信仰と呼ぶものであり、その本質は自らをこう限定する、信仰は人間現存在の一つの実存様式である。その様式は、この様式に本質的に内属する固有の証言に即して、……この存在様式においてまたそれと共に明らかになるものから、信じられるものから成熟させられる」(GA9.52)[5]。ハイデガーのキリスト性の措定が「信じられるものから成熟させられる」と規定される限り、ひとの心的態勢が第一原理とされる危険がある(彼のこの癒着については第九章参照)。この条件づけられず措定せざるをえない岩盤については神学のみならず哲学にとっても常に問われることがらである。A. Bowie は哲学史を遡りつつ無条件的なものをめぐる思考の纏めを提示して言う。

認知的な説明は、ちょうどカントとスピノザ双方が維持したように、ものごとの「条件」を見出すことに依存する。F. H. Jacobi[1789]は、いかなる説明もそれぞれの条件が別の条件に依存し、無限遡及に導くということを考慮する場合に、いかにこれ[条件]が究極的な仕方で説明を基礎づけるかを問う。いかなる哲学システムも、そしてここでモデルはスピノザであるが、「条件づけられないものの諸条件を発見しなければならないことによって必ず終局を迎える」そして、それ故に、それ自身においては完成したものではありえない。ジャコービにとってこれは信仰の神学的な跳躍の必要に導く。それは存在の条件づけられざる根底として、自然における決定された――規則に束縛された――諸条件の連鎖から神を分離する。……カントは『純粋理性批判』の序文において、鍵となる問題は次のことを認めることによって乗り越えられうる、つまり一方、理性は、「ものそれ自体」を知ることを企てるよりもむしろ、現象の判断に知識を制限することによって、「……すべて条件づけられたものに対して、もの自体そのもののうちに、条件づけられないものを要請しなければならない、その結果条件の連鎖はかくして完全なものとならなければならない」と主張しつつ、条件づけられないものの諸条件を求めることの矛盾は避けられうる、と主張している。［ジャコービは言う］「しかしながら、これは実際には「諸条件」の問題を解決しない」、ドイツ観念論の歴史と解釈学の台頭が開示しているように。ジャコービによる無条件的なものの問題の説明の構造は、それが自然的なものであれ言語的なものであれ、いかなる現象の「諸条件」の網羅的な説明を与えるべく努めるいかなる理論にも影響を与えることになる。基本的論点は……さらなる「諸条件」をまさに加えることは何かを可知的なものにはしないということである、ひとつの「無条件的な」様式において意味を摑みうるものがすでにその場にあるというのでなければ(6)」。

ジャコービは、条件づけられる自然の法則がその帰結であるところの根拠としての神は無条件的であるとする。神はその概念からして自存的であり、無条件・無制約的なものであるとして「自然における決定された――規則に束縛された――諸条件の連鎖から神を分離する」ことは道理ある。カントはこの書物において無制約的なものを「超越論的仮象」ないし思考されうる「理念」として祭り上げないし逃避し、もの自体と現象を判別することにより、条件付けられるものとのあいだで、例えば意志は自由であるが同時に自然必然性に従属し自由ではないという類の矛盾を回避した（第五章一節三「実在論が抱える矛盾の回避と事象それ自体としての無条件的なものの理性による立証」参照）。カントは言う、「一つの同一の意志が現象（目に見える行為）にあっては自然法則に必然的に従っており、その限り自由ではないものとして思考され、他方もの自体そのものに属するものとしては自然法則に従属せず、それ故自由であると思考される」(BXXXVIII)。ここではジャコービはこの点に懐疑的であったことだけを確認しておく。なお、カントは『実践理性批判』序文(v5)で自由と道徳法則について、「自由は道徳法則の存在根拠(*ratio essendi*)であるが、道徳法則は自由の認識根拠(*ratio cognoscendi*)である」と語ることにより、存在論的な秩序づけと認識論的な確認を判別している。それにより、意志の自由がもの自体として道徳法則に秩序を与えている。カントは『判断力批判』第八七節で「神の現存在の道徳的証明」を遂行するが、その手掛かりが自己原因性としての「自由」であり、「自由を与えられた理性的存在者一般の概念のうちに、道徳的目的論を見出す」(W409)として、目的論的な神の存在証明を遂行している(第五章モットー、同註４参照)。

しかし、カントのように理性認識の理論的使用と実践的使用の領域と機能を分けるという犠牲のもとに、ものそれ自体を条件づけられないものとして要請することは不必要であるように思われる。確かに、条件づけられることなく、基礎原理として措定せざるをえないものを必要とすることはいかなる理性的システムにとっても不可欠である。アリストテレス的には、条件づけられない無制約的なものは、条件づけられ、規定されるものと何らかの帰一的な関係に置かれるとき、その第一原理であることがフィードバックにより即ち帰納的に明らかになる。カントにおいてはその諸条件は認識成立可能性をめぐる制約そのものであり、認識力能の限界に由来しもの自体を上位の原理により条件づけるものではなかった。フィードバックは成立していない。信の哲学は別の道を行く、つまり原理とその派生物とのあいだで帰一的な関係は一定なものとして成立しつつ、派生物からの原理への何らかの認知的なアクセスによるフィードバックは可能である、そのような方向を模索する。ロゴスとエルゴンの相補性において帰一的な関係の方向を模索する。

アリストテレスは論証科学の形成において「論証的知識(*apodeiktikē epistēmē*)」とは異なる認知力能「叡知(*nūs*)」を「第一原理」例えば幾何学における「大きさ」に割り当てる。そしてそれに基づき形成されるシステム全体のなかで第一原理の確かさはそれとの帰一的な送り返しにより「不可論証的知識」を獲得するとした(*An. Post.*

I2-4, II19)。信の哲学はこの問題に関しては、第二章で展開されるアリストテレスによるロゴスのエルゴン化そしてエルゴンのロゴス化に基づき対応する。

パウロにおいてもロゴスはエルゴンにおいて確認また証拠づけられるとしていた。パウロは神の義のイエス・キリストの信を媒介にした啓示において、神の信の啓示とひとが自らの側で持つ信仰を明確に分けていた。これを本書では「神の前の自己完結性」と「ひとの前の相対的自律性」と呼ぶが、詳しい議論は第二部で展開される。神学の措定は神の義とイエス・キリストに帰属した信の分離なさの啓示であった(Rom.3:21-26)。このような決定的なことが起こったとすれば、その措定から自己自身をはじめにして存在をも含め一切を考え直さざるを得ないであろう。人間の側においては神の信に対応する信がエルゴン上求められているとして、「汝が汝自身の側で持つ信を神の前で持て」(Rom14:22)と神の前の自己完結的な自らの出来事を自らのものとする信の実践が求められていた。

イエス・キリストの信を当該性規準として存在も当然思考の射程に入れつつ一切の新たな秩序づけが遂行される。魂の根源的態勢としての信が信不信の徒に関わらず説得的に共有される限りにおいて、神における信義は神にとっても根源的なものとして、或る人間的な確かさを伴って論証されるであろう。キリスト性そしてイエス・キリストの信義など啓示されたことがらについて、パウロはひとが思考を展開することができ、信の実践によりその正しさを確認することができるそのような議論を展開していた。

神学は存在の一つの類を対象にする個別科学、実証科学ないしそれに類比的なものであることを認めよう。これは神学を貶めるものではない。ちょうど物理学が運動する空間的、時間的存在者を対象とし、その運動の法則を解明することが貶められることのないように。ただ、われわれがこの時空的な何ものかであり、それについて何らかの態度を取ることができ、そして実際取っているところの存在が問題になるとき、それはやはり神学がその解明を主張するところのものである。

ハイデガーは存在者を他の存在者、例えば信の哲学がテクスト分析において言及する「イエス・キリスト」により解明することは「ミュートス（神話）を語ること」だと拒否する（『存在と時間』2.6）。しかし、彼自身がいかなる学であれ、その水準は基本的概念の危機にどれだけ耐えうるかで決まると主張するとき、神学は哲学の援けを借りて歴史における一つの決定的な出来事を基礎に措定したうえで、無矛盾な体系を持つ人間と世界の説明をなしうるならば、それはもはやミュートスとは言えない（3.9）（第四章二節三冒頭G・ライルの議論および第九章参照）。ましてや、信の哲学が解明するように、もしパウロが神学的主張を、その背後に或る意味論のもとに実在の哲学的な分節を許容するそのような仕方で展開していたとするなら、それは学的な営みであると言うべきである。

信の哲学が無条件に措定するものは矛盾律を筆頭とする論理法則でありまた当該言語が持つ文法規則を始め諸規則、慣用である。これらはいかなる人間の知的営みにおいても無条件に措定されるものである。信の哲学特有の無条件の措定は神がギリシャ語に対応した言語使用者であるということである。神は自らの啓示としてパウロにより報告されている語彙や文の意味を自ら理解しているに違いないという想定のもとに、それが指示するであろう実在を括弧にいれ、言語の整合的な神による理解網を考察する。そしてそれを整合的なものとして伝えているテクストも措定される。しかし、それは無条件というよりは、異読があるときは、神の前の自己完結的な言語網とひとの前の相対的自律性のもとにある言語網がそれぞれ整合的に読みうるほうを採用するというものである。本書全体がこれらの措定のもとに共約的なものの蓄積をめざす。

三　理解可能性――整合的な言語網――

信の哲学は啓示を対象とする。しかし、それは基本的には誰にも理解されうる限りにおける啓示である。換言すれば、誰にも理解されうる次元において啓示を受け止める。そしてそれはパウロが啓示について「知恵の説得」（cf. 1:14, 1Cor.2:4）を遂行するさいに聖霊への言及なしに遂行していることにその基礎を持つ。理解可能性（comprehensibility）はそこにおいて解釈が遂行される整合的で一貫した安定した言語網を要求する。理解可能性は共約可能性の構成要素そして制約として機能する。その言語網の地平は、「力能（可能）様相」の分析がなされる第三部六章ペラギウス論争において展開するように、少なくともロギコス（形式言論構築術的）、ピュシコス（自然的）、メタピュシコス（形而上的）の三つの層において、それぞれ相対的に独立したものとして張り巡らされる。信が人間の根源的なことがらであり、あらゆる営みに浸透するそのようなものである限り、これらの言語網を総合する言語もまた要求される。人間は信じる動物である以上、人間の総合的な理解可能性はそれぞれの地平とそれらを総合する言語網を要求するであろう。

神が歴史のなかで自らの意志を遂行したと報告されているが、残されたテクストを通じてその啓示を理解することはできる。啓示の言語は神の認識や行為を伝達する言語である以上、神がギリシャ語に対応する言語使用者であること、そして神は自らの認識や行為が当該語句により表現されていることがらを理解しているという想定に導く。この想定は、誰であれ言語使用者は何らかの意味論にコミットしている以上、道理あるものである。そしてそこで啓示されていることがら或いは啓示であると主張されていることがらは、理解されうる限りにおいてつまり人間の理解力の限界内で処理されうるものでしかない(7)。

啓示の主体がそれ自身においていかにあるかは啓示と報告されたものを媒介にして知りうることがらを除いては本書の探求対象とはならない。換言すれば、神はギリシャ語に対応する言語使用者であるという地上に引き降ろされた限りのものとしてのみ、吟味の対象となる。宇宙の創造者にして全き聖、愛そして義なる神への賛美は詩人のインスピレーションに委ねよう。神は自らを三位一体であると看做していることでもあろうが、ゴルゴタにおける福音の啓示ほどには明確には啓き示されていない。テクスト上明確に理解できないものは考察の対象から厳密な仕方で除外される。しかし、その規準はカントのように感官を触発する領域としての時空の制約のなかにあるか否かではない。詩人の賛美もその意味で或る次元において、例えばその形式的な論理構造を析出するという仕方で、考察の対象になりうるであろう。まったく人類に理解できないことがらが、また理解できない言葉で啓示されたとしても、それを「啓示」として語ることさえできないであろう。

「啓示」と「啓示として報告されているものごと」は、一方は神の行為であり、他方はひとによる啓示についての一つの言表行為であり、当然概念として異なっている。信の哲学は啓示として報告されていることがら、とりわけ「イエス・キリストの信」を真剣に、つまり神がその信を自らの義の啓示の媒介になりうるものとして理解していることがらであると受け取り、神の人間理解や判断そして行為の啓示をひとはいかに理解できるかに集中する。この「受け取る」ことは必ずしも所謂信仰により「承認する」ということを含意しない。聖書の主張をそれ自身としてつまりその言語の網の目において主張されている言語的諸特徴を受け取るということをここでは意味している。これは歴史の一事件を正面から引き受け、新しい哲学の可能性をさぐる企てである。

四　信の哲学の先駆アンセルムスと「理性のみ」

哲学は理性のみによる思考の展開である。「神」と呼ばれる至高存在者について、それはどれだけのことを語ることができるのか。信の哲学はひとりの卓抜な先駆者アンセルムスを一つのモデルとする。アンセルムスは『モノロギオン』一章で神について無知な者も理性を持つ限り理解できることがらがあると言う。

当人が耳にする機会がなかったかそれを信じなかったことの故に、あらゆる存在するものどものうち至高な、一つの自然本性について無知なひとがあるであろう。その至高存在者は、他のすべての存在者をして何ものかであるものとして、また或る点で善きものとするそれ自身の全能の善性を通じて、ただそれだけでその永遠の至福においてそれ自身において十全である。[その無知な]彼はまたわれらが神についてまたその被造物について必然的に信じる他の多くのものどもについてもまた無知であろう。もしそうであるなら、そのとき、もし彼が通常の理性の持ち主であるなら、彼は多くの点で単に理性のみによって(*sola ratione*)これらのことがらについて自ら納得することができると私は思う(*Monologion* ch.1)。

信の哲学の規範であり制約であるものは基本的に誰にも理解できる共約可能な次元で思考を展開することである限り、この「理性のみ」は信の哲学の中心的かつ不可欠な推進力である。アンセルムスは神について理性のみによりしかも神学的に思考を展開する。後に第三部七章で彼の『なぜ神は人間に』の分析において見るように、信の哲学によるパウロの「ローマ書」の意味論的分析に完全に対応する人間存在の三つの鼎、三局構造(義人、罪人そして自律的な可能存在者)と信に対応する「真っ直ぐ」の根源性がアンセルムスの神学的思考によって導かれていることを確認することになろう。アンセルムスは至高者である神について理性のみにより多くのことが理解されうると主張する。

カール・バルトは彼のアンセルムス研究のなかでこの問題について註解して言う。「アンセルムスが『モノロギオン』冒頭で「使徒信条(*Credo*)」に今日まで当人が耳にする機会がなかったことの故に或いはそれを信じなかったことの故に無関係であったひとでさえ神の本性の理解にそのひとをもたらすことができると宣言したとき、それはそのような教えによって彼が信の理解(*intellectus fidei*)にとって代わるものをその当人に或いは彼自身に創造しえたことを意味しない(六四章と比較せよ)。アンセルムスはその言葉を手に入れることによって、彼は必要とあれば信仰なしにも到達されうる神的存在の理解(Verständnis)と、その「如何にして(*quomodo*)[神的存在がそのように[三位一体]にあるか]」の基本的な不把握性にもかかわらずまたその不可能性と共に遂行される承認(Bejahung)とのあいだの架橋不可能な溝(den unüberbrückbaren Graben)を彼の背後に残したままである(8)」。

ここで三位一体をめぐる神的存在の「如何にして[神的存在がそのようにあるか]」の基本的な「不把握性」とはバルトによれば「信仰の対象の事実性の不把握性(die Unbegreiflichkeit)」のこと、即ち理解を超越したものが如何にしてそのようにあるかということの不把握性のことである。この不把握なことがらとはいかなるものかは『モノロギオン』六四章において明確に展開されている。(9) ここで問われるべきことがらは信なしに到達される「理解」とたとえ十全な理解なしにも遂行する「承認」とのあいだの相違についての確認である。さらに、アンセルムスは本当にこれら二つが架橋不可能なものとして放棄していたかも問われうる（第五章参照）。私は第七章で彼が神の義と憐れみの両立する唯一の場所について明晰に論証している以上、理解と承認のあいだに理性上の障壁はないことを明らかにするであろう。少なくとも、パウロの報告に関する限り、神が自らを御子や聖霊との関係においていかなるものとして看做していたかについて、福音においてほど明確に啓示していないことは明らかである。神が三位一体であると自己認識しているとするならば、そしてそれが福音のように明白に啓示されているならば、理解と承認のあいだに理性上の把握不能な溝はさらにないと言える。

信の哲学は理性のみによる肯定的な対象に対する肯定的な態度の正しさについての探求と実際の承認において成立する信仰のあいだにバルトがアンセルムスに見出すと主張するような架橋不可能な対立のうちに置くことはない。信の哲学はいかなる神学的解釈もその枠のなかで遂行されねばならない、従って信じることそのものもその枠で遂行されねばならない、信と思考の基礎的な枠組の言語的特徴を提供することをめざす。

その意味で架橋不可能な溝を背後に残すことをせず、言ってみればアンセルムス流の信の理解（*intellectus fidei*）の手前で信それ自身がそのもとで生起する信の前の理解（*intellectus ante fidem*）の確立をめざす。換言すれば、信のロゴスについての共約的なロゴスを探求する。信は理性を超えることがらであるにしても理性を伴うことがらであろうからである。啓示に関してはその事実性をただ受け止めるだけだという立場がありうるが、信の哲学は、神は言語使用者であるという仮説のもとに、パウロが神の啓示行為を報告する限りにおいて理解しうる言語的諸特徴を析出することに向かう。信のロゴスについての理解を信じる者にもそうでない者にも共約できる仕方で展開する。この信以前の理解の実質は第二部で展開される「ローマ書」の意味論的分析の成果に基づき解明されるであろう。アリストテレスの質料形相論や力能実働論が多くの問題を解くことができるように、そしてそれが新たなアポリアを生むように、パウロを哲学的次元で分析し、「イエス・キリストの信」の新たな理解が従来の論争にどれだけ解決を与え、思考を前進させることができるかを吟味し、それが抱えるアポリアを美しく提示することに努める。哲学は「美しく問う」ことによる思考の着実な前進の積み重ね以外ではない。

信の哲学は信をめぐり語りうる限りのことを明晰に語ることを使命とする。そのことを通じて見えないものへの無定見な思弁を制約する力になるであろう。さらに正しい信仰について、それがテクストに関する限り、その枠のなかで遂行されるそのような制約を課すことになるであろう。信の哲学は、宗教哲学者には不満に思われようとも、矛盾律に反するパラドクスを語ることもなければ、神秘を語ることもない(10)。従来この理解可能な明晰性への切迫が言葉のマジックにより不明瞭にされてきたことを各章の議論を通じて明らかにするであろう。

五　合理性とその基礎としての矛盾律

共約可能性そして理解可能性を根源的に担うものは合理性である。合理性を根源的に支えるものは理性の自律性、自発性である。理性の座である脳は当然身体をかかえている自然的な或いは超自然的な制約のもとにある。パトスや痛み等の身体的与件さらには聖霊の注ぎのなかで理性は発動することもあろうが、理性はそれらの制約から自由なものとして、少なくとも、相対的に独立したものとしてそれ自身を源に思考を遂行しうるものとして捉えられる(11)。その自律性ないし自発性を保証するものは最も基礎的なものとして論理法則にして存在の法則でもある矛盾律である。感官の雑多からさらには神的関与からも相対的に独立したものとして、あらゆる合理的なものの源泉としてこの法則が位置づけられる。

アリストテレスは矛盾律を「それについては偽であることの不可能であるあらゆるものの最も確実な原理」として提示する（*Met.*IV3.1005b12）。それは「同じものが同時にそして同じものに即して、同じものに属しそして属さないということは不可能である」(1005b19f)と定式化される。この第一原理(¬((A&¬A)t1&a1))(ただし、t1 は同時性を a1 はアスペクトの同一性を表現している)は現実世界に対する参照なしに、それ自身により不可謬であることが明らかである。

これはあらゆる存在者および思考と言語の基礎にある公理であり、この原理を否定する者に対し論証は論駁的にしかなされえない。例えば、矛盾律を否定する者があったとして、彼が沈黙しているなら、反論の要はない、「植物のようなものだから」である。一旦、「矛盾律は偽である」と口を開くなら、「あなたは「矛盾律は同時に真であり偽であることはありえない」という矛盾律の公理に基づいてそう語っている」と言えばよい。何かが真でありそして偽であることは同時にできないが、矛盾律に基づいて矛盾律を否定しているため、真でありかつ偽であると主張していることになるからである。また、或る色は同時に赤でありまた青であることはできない。「同じものに即して」つまり色という類に即して即ち一つのアスペクトのもとにある限り、これらはその成員である種であるために、両立不可能だからである[12]。

それではパウロのイエス・キリストについての次の主張はどうであろうか。「その福音は聖なる書にご自身の預言者たちを介してはるか以前に約束されたものであり、肉に即してダビデの種子に基づき生まれた、聖性の霊に即して[神の]力能のうちに死者たちのなかからの甦りに基づき神の御子と判別された御子ご自身、われらの主イエス・キリストについてのものである」(Rom.1:2-4)。同一の存在者が、一方、ダビデの子孫としてひとの子であり、他方、福音宣教の主題として「神の御子われらの主イエス・キリスト」であると主張されている。二つの記述は、アスペクトとしてそれぞれ「肉に即して」という自然的な身体をもつ存在者の生の原理の視点と「聖性の霊に即して……甦りに基づき」という神の力能の視点から記述されており、矛盾ではない。

そもそも、宇宙の創造者であるとされる神がひととなることは可能である。その神の子は「肉」という視点から見れば、その身体を解剖しても人間という種の特徴以外のものは検出されず、肉は自前であり身体の死とともに滅びる。他方、人間という種は「内なる人間」と呼ばれる肉と関連しつつも肉に還元されないその都度聖霊の働きを受容し発動する部位を介して神と関わる。神の力能のうちに受肉した御子は死者たちのなかから甦らされたが、それにより「神の子と判別された」即ち通常の死者となる肉に即して見られる人間とは異なる存在者であることが人間たちにも明らかにされた。パウロを含め「われら」は終わりの日にキリストを「長子」とする「神の子たち」とされうるものであるが、歴史のただなかで神の子がひととなったことを介して福音は啓示されている。ナザレのイエスは「神の前」で永遠の現在において神の子であり、肉の弱さに譲歩された領域である「ひとの前」では人間的な人間存在として神の子であることをやめることなしにひとの子でもあったと理解すべきであろう（第二部参照）。

実際、パウロはこの存在者について「イエス」、「キリスト」そして「イエス・キリスト」と表記するが、その使用の文脈は法則的に判別されている。「イエス」はナザレのイエスとしてその人間性を強調すべくまた「キリスト」は復活の主の文脈において用いられる。また「イエス・キリスト」は前二者とは異なり、行為主体としては決して用いられず、媒介や場所の前置詞を伴い仲保者、媒介者として用いられる。パウロは神でもひとでもある存在者に一つの行為を帰属させることができなかったからであろう（第二部三章参照）。因みに、福音書のイエスが自らを「ひとの子」と述べるとき、受肉のもとに死と甦りを経験する者であることが強調されている(cf. Mak.8:31, 38)[13]。

アンセルムスが正しく指摘しているように、両性は混交してはおらず、まことのひとにしてまことの神であると言わねばならない(*Cur Deus Homo* (CDH) II7)。さもなければ、第三の存在を生むことになる。彼は自らの責任ある自由のなかでひととしての正しい生を生き抜いた神の子であったと報告されている。従って、ひとの子が神の子であるという同一性言明が成立するか否かの確認はその「ひとの前」の生が「神の前」で義であったか否かにかかっているそのような神学的、歴史的、実践的、倫理的な命題であることになる。一方、神のその認識のひとへの知らしめは啓示に基づく以外になく、人間的な確認はその出来事の啓示の一般的認識と個人的な信仰を通じて人生経験を介して確認する以外にない。

彼が人間の救いであるためには、彼はひとの前で人間の肉の弱さを明確に担っていなければならなかった。同時に、彼が救いであるためには、神の前で罪なき者でなければならなかった。パウロはその証拠を死者からの復活に確認できるとする。また、罪の償いは人間が為さねばならないが、人間は罪の故に無力であり為し得ない。神はそれを為す必要はないが、為し得ることは必然である。そこから神・人のみに罪の贖いは可能であると考えられている（第七章のアンセルムスの贖罪論参照）。ここに、一つのディレンマがある。一方、神・人はひとであるが故に無力であり、償いを為し得ず、神であるが故に償いを為す必要がないと論じることができる。これをブロックするためには、ひとつには神・人は同時にまことに神でありまことにひとであることを確認することにより、恣意的な両性の一面的な理解を拒絶しなければならない。少なくとも、パウロが報告する限りの福音の出来事においては「イエス」「キリスト」そして「イエス・キリスト」の呼称の文脈上の使い分けによりこのディレンマは否定される。

まことのひとが神の前で義人であったことが実現された限りにおいて、まことの神にしてまことのひとということの同一性言明は真となる。このことはあらゆる可能世界で真なのではない、少なくともそれは啓示されてはいない。パウロによればそれはこの人類の歴史において真であった。従って、この命題は人類にとってはつまりひとの前では先験的かつ必然的な命題ではなく、歴史的な命題、偶然的かつ総合的な命題であると言わねばならない。さしあたり、共約的なものとしてはナザレのイエスがひとであったということに関しては同意が成立するであろう。彼が神の子であったかどうかはわれわれがここで企てる理論的に吟味し論証することだけによって明らかになることがらではなく、最終的にはエルゴンつまり実践的に「イエスの焼印を身に帯びる」ことを経験するかということ、このような歴史的、倫理的次元において吟味されるべきことがらであることを押さえておこう（Gal.6:17）。本書においてはパウロの主張であるエルゴンの複合をロゴス次元においてロゴスとして整合的であるか否かの吟味に集中する。まず、この命題は論理的には矛盾律に反していないことも確認されたとしよう。そのうえで一つ一つ確かであるものを積みあげていこう。

六　ロギコス（形式言論構築術的）およびピュシコス（自然学的）アプローチ

自然本性上と当人上の合致

合理性に基づく共約性の拡張はこのように矛盾律に根源的に支えられている。矛盾律とはそれから同や異、一と多、超過と不足など普遍的な概念を用いて確実な思考を展開させることができる存在とそれに基づく思考の原理である。本書においてアプリオリな認識があると主張する場合があるなら、或いはアプリオリな認識や思考の枠組を提示するカントやハイデガーとの折衝において彼らとの対比において用いることがあるとすれば、それは矛盾律とそれに基づいた論理方式さらには矛盾律に基づいた言語使用における文法規則や規範的な思考様式に関わるものどもについてであると言うことができる。それがどこまで拡張されるかについてはここでは予断をもたない。

アリストテレスは「いかに語るべきか（*pōs dei legein;*）」、「いかに問うべきか（*pōs dei erōtān;*）」という矛盾律に基づく言語の規範的使用の分析を介して「形式言論構築術（*logikē*）」を展開する。それはソクラテスが自然探求に失望し、「言論（ロゴス）へと逃れ」、「最も堅固なこと」、「最も明晰なこと（*asphalestaton*）」だけを語るように努めた「第二の航海」の航跡を辿ったものであり延長線上にある（cf. *Top.*I11, 14, *Phaedo*100a, d, *Tim.*49d）。範疇論のような言語の規範的な使用の考察に基づく「ロギカイ（複数）な議論（*hai logikai*）」は「真理に即して哲学探求に向かう（*pros philosophiān kat' alētheian*）」存在分析の基礎となる一方法である（*Top.*I9, I14.105b30, b21, *Met.*VII4.1030a27）。「いかに語るべきか」の考察は単に概念分析に留まらず、「いかにあるか（*pōs echei;*）」に関して、何らかの存在主張を提示している（*Met.*VII4.1030a27）。実際のものごとを一旦括弧にいれ、「いかにあるか」に方向付けられている探求は「ロギコース（副詞）（ロギコス（形容詞））」に遂行され、観察に基づくもう一つの探求様式である「ピュシコス（ピュシコス（副詞））（自然学的）」な方法と相補的な様式として思考を展開している。

ソフィストはプラトンとアリストテレスにより「アンティロギコス(*anti-logikos*)：言論の敵」と呼ばれており、ソフィストによる勝利のみをめざす見せかけの妥当ではない議論は彼らのロギコスな議論と鋭く対立させられている(e.g. *Resp*.454a, *Soph*.225b, 226a2, *Phaedr*.261b, *Theaet*.164c, *Top*.105a18)。なおパウロにもこの語が見出されるが、彼はこれを「理に適う」という意味で用いている(「理性に適う礼拝」*logikē lareia*, Rom.12:1)。さらに、「神学(*theo- logikē*)」や「天文学(*astro-logikē*)」が語尾にロギケーを持つのは偶然ではなく、特異点を持ち直接観察できない存在者に対する一つのアクセスとしてロゴスの力により展開することが不可欠だからである。

アリストテレスはロギコースに同一性をめぐる主語と述語の連関に関する四種の「述語づけ可能なもの(*predicabilia*)」の理論を提示する。四種のなか「定義形成句」が主語に述べ立てられることを介して世界にあるものごとの「本質」を意味表示するとされている。「本質＝Fであることは何であったか(*to ti ēn einai F*)」はソクラテスの「Fは何であるか」の探求において求めていたものごとFそれ自体のことである。例えば、「勇気とは何であるか」の問いに対し将軍ラケスは簡単なことだとして、「戦場で後退しないことだ」と応答する。それに対しソクラテスはそれは彼が求めているものではなく、単に勇気に偶々付帯した事例にすぎないと反論する。臆病で足がすくんで後退しないだけのことかもしれないからである。ソクラテスは自ら問うているのは勇気の「付帯性」や「類」や「固有性」ではないとし、「勇気とは一体何であったのか」と実質的に問い直したもの、それが「本質＝何であったか」と表現されている。これら他の三つの述語づけ可能なものは、一方、「本質」とともに汲み尽され相互に排他的な可能な応答の試みであるが、他方、本質を意味表示せず、定義の不成功のケースである。(14)

このプレディカビリアの理論に基づき十種の述定の類(範疇)の理論さらには対応する十種の存在者の類(範疇)の理論が規範的な語り方の分析のみを通じて導出されている。彼は「意味表示する」という意味論形成の中核語を動詞形で二度語ることにより、言語間の名前(主語)に述べ立てられる語句(述語)により成立するものと、その述べ立て(述定)を介した言語と世界の間での指示機能を持つ様式とを判別しつつ関係づける。「これらの議論[四種のプレディカビリアが形成する十種の述定」から、何であるかを意味表示する者（*ho to ti esti sēmainōn*）は時に実体を、時に性質（どのようにあるか）を、そして時にその別の諸述定の或るものを意味表示する（*sēmainei*）ということは明らかである。というのは、或る人が彼の前に置かれており、そこに置かれているものは人間もしくは動物であると語るときには、彼は何であるかを述べており、実体を意味表示しているからである」（103b27–29）。ここで「時に」とあるのは「何であるか」は十種類の存在者に適用される（例「［性質］白は色である」）からであり、第二の「意味表示する」によりその述定の一つが実体に届く場合を設定している。「何であるか」の説明言表の主語と述語のあいだの意味表示を形成する述定を介した世界への意味表示［指示］を「二様の意味表示（dual signification）」と呼ぶ。また「そこに置かれているもの」により非存在のケースを排除し、述定による指示が実体に届く場合を設定している。しかしペガサスのような非存在のケースにおいても最初の「意味表示する」により言語間のあいだで意味の理解が成立する意味論的に浅い立場が表明されている。これにより述定の類と存在者の類の対応の基礎が敷かれたと言える。

実体と属性の存在論的差異も「自己述定（*peri hautū*: of itself predication）」と「異他述定（*peri heterū*: of other predication）」の区別に基づいてだけロギコースに導出されている。例えば、実体語「人間」は他の実体語「ソクラテス」に述語づけられ自己述定を形成し、上位の実体語「動物」や「実体」に関しても同様である。また、性質語「白い」は「人間」について述語づけられ異他述定を形成する。他方、「白」には上位の性質語「色」さらには「性質」が述語づけられ自己述定を形成しうるが、実体語「人間」は「白」について述語づけられることがない。というのも、それは「白」の「何であるか」も「どのようにあるか」もその他どの述定の範疇をも意味表示することがなく、有意味な言明を形成できないからである。実体以外の九種類の述語はこのように自己述定も異他述定も形成しうるが、実体語は自己述定しか形成せず、「何であるか」は実体に第一義的に内属することがロゴスの力だけで導かれる（1030a22）。このように、実体と属性の存在論的差異はこの「いかに語るべきか」というロギコスな手法のみにより導出されている。

規範的な語りとしてのロゴス（言語）の分析に集中して、言語と言語の関連を明らかにすることを通じて、世界がいかにあるかの探求の堅固な手掛かり、思考の展開の基礎を提供している。アンセルムスやデカルトによる「大」や「完全性」の概念の分析に基づき、それらが存在を含意することを主張する所謂神の存在論的証明はロギコスなものである（第三部五章参照）。これらは後に考察するとして、ここで語の意味の理解から存在様式の認識に至る学習や探求の過程についてのアリストテレスの議論を考察する。

アリストテレスは実体とは何であるかの探求の文脈において本質の理解から形相の知識に至る過程の一般化として学習や探求の過程を次のように記述している。彼はそこでロギコスアプローチを学習や探求の第一段階として提示している。

第三の実体［形相］について考察しなければならない、これが最も難しいからである。だが可感覚的なものの或るものどもが実体であることは同意されているので、まずこれら可感覚的実体においてそれ［形相］を探求しなければならない。

［第四章］：われらは始めに、どれだけの数においてわれらが実体を規定するかを分割したので、そしてそれら［四つ］のうちの或る一つは「本質」であると思われるので、これについて理論的に考察しなければならない。というのも、［本質から形相へと］より知られうるものに移行することは［実体の探求において］実効性あることだからである。なぜなら、あらゆる人々にとって学習はこの仕方で、自然本性上より少なく可知的なものども（*dia tōn hettōn gnōrimōn phusei*）を介して、より多く可知的なものどもへ（*eis to gnōrimōteron*）と生起するからである。そして、ちょうど行為において、各人に善きものどもから始めて全体に善きものどもを各人に善きものどもとするのと同様に、この仕事は当人により多く可知的なものども［語の意味即ち「語られるものが何であるか（*ti to legomenon esti*）」（cf. 71a13）］から始めて自然本性上可知的なものどもを当人に可知的なものとするこ

とである。しかし、各々の人々にとって可知的なものそして第一のものどもはしばしば僅かに可知的なものである、そして僅かにしか或いは全く存在者と関わらない(*ūhen echei tū ontos*)。しかしながら、それにも拘わらず、かたや当人にトリヴィアルに可知的なものども(*tōn paulōs gnōstōn*)から始めて、全体に可知的なものどもを知るべく、既に語られたように、これらのものども自体を介して、試みなければならない。

最初に、これ[本質]についてロギコース(*logikōs*)に幾つかのことを語ろう、即ちそれぞれものにおける本質はそれ自身に即して語られるところのものである。というのも、君であることは教養的であることではないからである。なぜなら君は君自身に即して教養的であるのではないからである(*Met.* VII3–4.1029a32–15 (Bekker Text))。

学習とは各人にはトリヴィアルに知られているものどもつまり「自然本性上より少なく知られうるもの」から始めて「自然本性上より知られうるもの」に向かいそしてそれを各人により知られうるものとすることである。「移行すること(*metabainein*)」は一つの過程において二項([a][b])と二時点(t1, t2)を要する。彼はここで[a]「本質」から[b]「より知られうるもの」としての「形相」への移行を問題としている。彼はここで『分析論後書』冒頭部を念頭においている。冒頭で「[b]あらゆる教授とあらゆる認知的な学習は[a]先在する知識に基づき生起する」(I1.71a1)との提示があり、「前もって知ることには二義ある。或るものどもに関しては、語られているもの(*to legomenon*)が何であるかを知らねばならない」とその一つが述べられる(71a11)。これは語句の意味を知ることに他ならない。学習や探求の第一段階として対象となる語句の意味を約定により定められた言語間の関連付けにより習得することが位置づけられている。ただし、学習と探求の相違は教師は既に探求の最終段階を知っていることにある。

ここで学習の移行は本質から形相に至る。[a]「本質」は「定義可能なもの(*dunaton...horisasthai*)」であることが主語と述語の四種類の同一性連関の形式的な組み合わせの一つとしてロギコースに提示されていた形式的な概念であった(*Top.*I5)。ここでは「本質」は「それ自身に即して語られるもの」とロギコースにその意味表示が最初に理解される。その上で、ロギコースにつまりロゴスの強制力以外のものに頼らずに「存在者のそれぞれそれにとってまさにそれであるものであること[本質]は一つである」という類の存在主張が為される(VI4.141a35, cf. 141a25)。こう規定される「本質」は内容空疎であり、形式的な代替記号(place holding variable)である。それに対し[b]「形相」は自然物における運動と静止の原理・根拠として「質料」と共に「自然」と呼ばれる実体である(*Phy.*II1)。「ロギコースに言えば本質である」と語られる「本質」は実体のプレースホールダー(代替記号)として探求を導き形相によって或いは目的因や始動因によっても満たされるロギコスな概念である(cf. VIII7.1041a28-30)。その意味で本質は「僅かにしか或いは全く実在と関わらない」と言われる(VII4(Bekker Text).1029b9)。確かに、「それぞれものにおける本質はそれ自身に即して語られるところのもの」とはトリヴィアルな言明であると言える(1029b14)。しかし、この表現様式により、実体「君」と性質「教養的」が存在者の範疇として異なることが確定される。「君が教養的であるのは君自身に即してそうであるわけではない」(b15)。

『形而上学』第七巻四章の当該箇所において、学習は(N)自然による視点と(S)魂の認知的な視点の双方から記述されている。語句の意味を把握することは(n1t1)「自然本性上より少なく可知的なもの」の把握に対応するが(ただしそれはt1という時点におけることである)、これは「僅かにしか或いは全く存在者と関わらない」段階である。それはせいぜい先に見た「〜がなければならぬ」という類のロギコスな存在主張の段階である。[s]「各人にとってより多く可知的なもの」は(n1t1)「自然本性上より少なく可知的なもの」と(n2t2)「自然本性上より多く可知的なもの」のあいだで程度を許容する。これはなぜかと言えば人間の魂は約定のもとに言語間で確立される語句の意味を把握する力能を持つだけではなく、自然本性上いっそう可知的なものと自らを同化させうる力能をも有しているからである。[s]が(n1t1)に対応するとき、これを[s](n1(＝s1)t1)と表記するが、それは魂が語句の意味を把握するロギコスな魂の学習の第一段階を特徴づけている。これに基づき(n2t2)「自然本性上より多く可知的なもの」を知るに至るとき、[s]（n2（＝s2）t2）と表記する。

学習（者）の過程はこれら二種類の可知性のあいだでの一方向のものとして「移行する（*metabainein*）」。自然本性上の可知性の秩序は実在の存在様式により固定されるので、ひとは学習過程における二つの可知的なもの（n1）（n2）に対する魂の同化について語ることができる。魂のこれら二つの可知的なものどもとの同化の力能を大文字のSを用いて（n1t1-S-n2t2）と表記する、ただしt2はt1よりも後続する二つの時点を示している。（n1t1）から（n2t2）に移行する学習過程の最初の記述が魂の（n1（＝s1）t1-S）「当人にとってより多く可知的なもの」から（S-n2（＝s2）t2）「自然本性上より多く可知的なもの」の同化の過程を裏付ける。そうすることにより、後者の自然本性上可知的なものが当人にとって可知的なものになるが、これを（n1（＝s1）t1-S-n2（＝s2）t2）により表記する、ただしここで魂Sが内属する学習者は待機力能においてあり、自ら自然本性上先なるものを知識として獲得しており、この記号はいつでも魂に行使が許容されている態勢を表している。

かくして、アリストテレスの実体の探求は可感覚的実体をまず考察対象として、ロギコスな概念である本質をエルゴン上満たすものは形相であることが見出される。本質はまさにそれであるところのものとしてものごとの一性を表現している形式的な概念であり、形相は因果論的に諸素材としての質料を統一する自然的な原理である。魂は当人にとってまず可知的な本質の理解からそれを満たす自然的な存在者としての形相を自らにとって可知的なものとする。これを「当人と自然本性上の合致」と呼ぶことにする。ここでもロゴスとエルゴンの相補性を見ることができる。

信の哲学は意味論的な次元においてパウロのテクストのまず[s]（n1（＝s1）t1）の把握をめざす。換言すれば、整合的な意味の言語網の理解をめざす。そして彼が主張する自然本性上いっそう可知的なものに対応する神の啓示行為が当人にとっていっそう可知的なもの[s]（n2（＝s2）t2）になしうるかが問われる。これはエルゴンにより確認するしかないことがらである。信の哲学はロゴス上[s]（n1（＝s1）t1）の把握からどこまで共約的に認識を積み上げていくことができるのか、パウロはどこまで共約的であるのかを探求する。

実在論的意味論かつロギコス意味論の無矛盾性

ひとは誰であれ学習や探求において適切な過程を踏むことが求められる。信の探求においてもそれは変わらない。この研究は神の「信の律法」の啓示をめぐるパウロによる理解に基づき、ものごとは認識主体とは独立にそれ自身の本質や本性を備えているという実在論のもとに探求を進めている。パウロの自覚としては教師の立場においてあり、彼が摑んだもの即ち福音を宣教し教え伝えようとしている。探求はその事物・事象の本質、本性を知ることに向けられる。信という事象の本性を知ることさらには望みえるならそして可能であるなら適切な信の適切な対象の本性を知ることがここでのゴールである。学習は既に知っている者からその本性を学ぶことであるが、探求は知られていないその本性を探し求めることである。その場合、実在論の立場においては学習と探求の対象は同一の本質のロゴスであることが基礎に据えられている。そして、それはいたずらな懐疑論者、観念論者を除けば道理あるものとして承認されることがらであろう。というのも、実際、われわれは誰であれ「学習」や「探求」をそれ自身においてある何かソリッドなものに向けられているという前提のもとに遂行するからである。

私は最も伝統的なものとしてそして道理あるものとして受け止められてきたアリストテレスの探求論を信の哲学のそれとして採用する。もちろん彼の探求論の仔細を述べることはここではできないが、「ロギコス・アプローチ」と呼ぶ信の哲学の方法論として必要な限りにおいて紹介する。

「語る」ということは言語とそれを用いる魂とそれにより指示され、その解明に向かう実在、つまり言語、魂（心魂）、ものごと（世界・実在）という三つの項目の関連性のなかで遂行される。これら三つの項目に関わる言語の振る舞いの理論を「意味論」と呼ぶことにする。探求の第一段階は言語の意味の把握に向けられる。これはたとえ実在を知らない者にとっても学習することのできる最初の手掛かりであると言える。アリストテレスの哲学は「「存在（ある）」は多くの仕方で語られる」というモットーに見られるように、探求対象の語りの分析を手掛かりにして、探求を進める。従って、ロギコス・アプローチの中核を占めるものが意味論的探求であると言える。「啓示」という語の言語的振る舞いの考察を介してパウロがコミットしていた意味論は実在論的なものであることを先に示唆した（本節二　共約性「無条件」参照）。ここではその基礎理論となりうるアリストテレスによる実在論的意味論を確認したい。彼は『命題論』冒頭で次のように、これら三つの関係を提示している。

　声で話された言葉は魂における受動様態のシンボル［徴］であり、書かれた言葉は声において話された言葉のシンボルである。そしてちょうど文字がすべてのひとにとって同じではないように、音声もすべてのひとにとって同じではない。しかしながら、これら［文字、音声］は第一に魂が持つ受動様態の記号（*sēmeion*）であるが、この受動様態はすべてのひとにとって同じものである。また魂の受動様態はものごとの類似物であるが、ものごとはもとよりすべてのひとにとって同じものである。このことについては『魂論』で論じられた（*De Int.* 1.16a3–9）。

ここに言語と魂とものごと（世界・実在）三者の因果的な関係が簡潔に提示されている。名前「キケロ」はものごとキケロのではなく「第一に」魂の受動様態の一つである思考の「シンボル・徴・代理（*sumbolon*）」である。これはまだ他の思考のシンボルである動詞と結合されてはおらず、それが結合されることにより、例えば「キケロは走っている」という文において、ものごとの側でそのとおりにあるかあらぬかにより、真偽が決まる。言語は第一に魂と関わり、魂の受動様態のシンボル・徴ないし代替物であり、第二義的にものごとのシンボルであると言える。なお、「キケロ」や「人間」という名前は約定的に思考に関連づけられており、その約定性が「記号（*sēmeion*）」という一つの約束のもとに成立する言語網を形成する。それらは記号として一つの約定世界において存在資格を有している。そして思考が何の思考であるかによって、思考の同一性が定まる。ここで思考が何についてであるかを決定するものに関しては、アリストテレスは魂の受動様態がものごとの類似物であることから、ものごとそれ自体であると理解している。ものごとと魂の受動様態例えば知覚の関係は約定的ではなく、自然的因果関係においてあり、すべてのひとにとって同一であるとされる[16]。

世界の存在様式に即して魂はそれを受動し、それについて約定的に言語を定めている。この過程は受動者(魂)が能動者(ものごと)に似たものにされることである。これが成功するとき、ものごとの形相(ロゴス)が能動者から受動者に移行される。この形相移行様式が実在論的意味論の要諦である。自然本性上のものごとの本質の知識を学習した者はそれに基づき、意味を約定的に確定することができる。他方、ペガサスのような非存在は実在からの因果的なインパクトを受けないが、馬と鳥についてはそれぞれ受動していることから、「半分鳥かつ半分馬」という約定により音声ないし文字は魂の受動様態を結合したものとして有意味性を確保している。それは言語が「第一に」魂の受動様態のシンボルであることに基づく。

意味の把握に関しては魂を言語とものごと(実在)のあいだに介在させることにより、第一義的に魂の受動様態のシンボルである言語表現同士の連関は魂において理解されるものである。なお言語表現の結合を介しての指示は魂を一旦介して、もし成功する場合にはものごとに向けられている。語句の意味は自然本性上の実在の理解を要求することなしに、教える者と学ぶ者のあいだで記号のあいだの関係として理解されると言うことができる。言語表現に関してひとは約定的な関係において理解しており、実際、世界がいかにあるかとは関わらず、言語表現同士の関係として語句の意味を教えまた学習することができる。たとえ、言語の意味は世界、ものごとの存在様式により確定されるものであっても、語句の意味を理解することにはその対象の存在の知識さらには本質の知識は要求されていない。アリストテレスの存在論が実在論的なものであり、一方、言語の意味は最終的に世界の在り方に依存しており確定される。これは「実在論的意味論」と呼ばれよう。しかしその意味の理解は世界の在り方の知識なしに得られるものであり、これは「ロギコス意味論」と呼ばれよう。これらは一方、意味の確定は実在論的であり、意味の理解はロギコスなものであることにより矛盾しない。世界の側から意味を語る場合と心魂による意味の理解を語る場合双方のアクセスが許容されている。

D. Charles は次のように言う、「アリストテレスの理論においては、単純な名前の意味表示は（根本的に）世界における対象ないし種により決定されるけれども、その名前の思考者の理解は意味表示されているものの彼の把握によって説明される必要はない。というのも、探求の文脈においては、ひとは名前を理解しそしてそれから意味表示された対象が存在することを発見すべく探求を進めるからである」。このように意味の把握のうちに対象の存在の知識を要求することのない見解を「現代本質主義者たち」の意味論的に深い理解、立場との対比において「意味論的に浅い」立場と形容することができる。[17] 信の哲学がパウロの議論の整合性論証を遂行するとき、この意味論上浅い立場において遂行する。

アリストテレスは「何であるか」の探求における三つの段階、過程を定義の獲得との関連でこう語る。最初に当該語句が何を意味表示するかを理解しそして容認し、そのうえでそれにより意味表示されるものごとが存在するかを発見し、最後にその何であるかを把握する。

「定義は「何であるか」の説明言表であると語られるので、名前や名前のような他の説明言表が「何を意味表示するか」の（x）或る説明言表（*tis logos*）が定義となるであろう（*estai*［未来形は発見的探求の最初の段階を示す］）こと明らかである［「或る」により非存在の定義可能性は否定される］。例えば、「三角形」が（x）「何を意味表示するか」は、それが三角形である限りにおいて、（X）「何であるか」である。まさにそのもの［「三角形」により意味表示されるもの］が（Ex）存在することを把握することによって、われらはそれが（X）何ゆえにそれであるかを探求する［「何であるか」と「何故か」の探求は中項の探求として同定（X）される（後述）］。その存在をわれらが知らないものごとに関して、それ［当該の名前が意味表示するもの］をこの仕方で［「何であるか」の説明言表として］容認すること（*labein*）は困難である。困難さの理由は既に［92b19–25］語られたが、われらは在るか在らぬかを付帯的［偶然］にという仕方以外においてしか知らないからである」（93b29–35）、*labein*

（容認する）については「幾何学者は「三角形」が何を意味表示するかを容認し、それが存在することを証明する」参照（92b15–17, cf. 76a33, 76b7, 71a12)）。

アリストテレスはこのように探求の過程を名前が「何を意味表示するか」からその当該のものごとの「存在」さらには「何であるか」に至ると展開している[18]。

意味論と認識論を媒介するエルゴン

この事態を「意味論は一つのことであり、認識論は別のもう一つのことである[19]」と言い直すことができる。ロギコースには「存在は多くの仕方で語られる」が、エルゴン上、認識論上「存在」は発見されるものである。ものごとの存在は感覚を通じてまた叡知を通じて自体的ないし付帯的属性を伴い発見されるものである。

アリストテレスは魂の受動様態がものごとの類似物であることの仕組みについては『魂論』の成功した思考や感覚についての議論を参照するよう求めている（e.g. *De An.*II5.418a3–6, III4.429a13–18）。彼は魂の直接的な認知機能（感覚や叡知（*nūs*））による今・ここの統合体とそこに内在するロゴスの直接的また間接的な認識を遂行する。「可感覚的なものども、例えば銅のそして木の円に関して、これらの定義［中心から等距離の平面図形］は存在せず、叡知作用（*noēsis*）ないし感覚を伴い認識される」（*Met.* VII10.1036a5–7, cf. 1036b1, VII15.1040a2–3, *De An.*III5.430a19, 431a1, 429a10–18, b5–9）。なお、感覚や叡知の実働に伴い思考（*dianoia*）が真偽に関わる文を形成する。「「白」［接触］は偽ではないが、「白いものはこれか或る別のものか」［判断］には偽がある」（III3.428b21, cf. 叡知については III4.429a23）。複合的な定義の形成は当然誤りうるが、エルゴンとして網膜に対象の像が映っていることには誤りはない。

とはいえ、「あらゆる感覚について普遍的に捉えるべき」として、感覚一般について彼は蜜蠟が金の指輪を金抜きに「その境界を受け取る」ように、「感覚は質料抜きに可感覚的事物の形相を受容する」と一般的にはその対象は「形相」であると規定する（II12.424a17–19）。「あらゆる感覚について普遍的に捉えなければならない、かたや感覚は可感覚的対象の諸形相を質料なしに受容しうるものである、例えば、蜜蠟が鉄や金なしに指輪のその境界を受け取るように、だがそれは金や銅を一つの境界として受け取るが、金や銅である限りにおいてではない。同様にそれぞれの感覚も色や臭いないし音響をもつものにより受動するが、感覚はかのものどものそれぞれである限りにおいてではなく、このようなものである限りにおいて（*hē toiondi*）語られる、そして説明言表（ロゴス）に即して語られる。だがこのような力能がそこに内在する第一のものは感覚器官である」（II7.424a17–24）。当然素材をもったものが目に飛び込んでくるわけではないので、ロゴスにおいて受け取られる形相は統合体の「類似物」である。網膜に映る像を普遍的にロゴスに即して形相を受け取ると語ることができる。感覚の対象は個体であり、そして感覚の生起には外的環境の影響を受け、魂の内側で語る普遍的なロゴスとは異なる。「実働に即した感覚は個体についてであり、知識は普遍についてである。これらは或る意味で魂のうちにある。それ故に叡知探索することは自らのうえでのことであり、望むときにいつであれできるが、感覚することは自らのうえのことではない」（III8.431b29–31）。感覚認識、知覚はこの仕方でつまり、ものごとが持つ形相をその質料なしに受動するという仕方で生起すると一般的に語られる。ロゴスに即して「このようなもの（普遍）である限りにおいて」と限定され、彼はロゴスに即した記述は普遍的なものであり個体の感覚とのアクセスの相違を指摘する（II12.424a22–25）。

感覚と平行的に機能するものとして、「ヌース（叡知）」が非可感的なものである「叡知対象（ノエートン）」に触れるないし触れないという仕方で発動する。「思考（*dianoia*）」は感覚そしてヌースの発動に続いてそれぞれヒットしたものについて文を形成する。「表象（*phantasia*）」はその対象なしにも想像力に基づき形成される。そしてそれについても思考（*dianoia*）をめぐらす。魂のこれらの認知機能は外界とこのような仕方で関わっている。探求論の文脈において重要なことがらは複数の機能が同時に発動することである。

もし発見が感覚知覚によってのみ実現されるとするならば、ひとは探求を通じて厳密な知識に到達することはできない。アリストテレスの探求の全体的計画においては、すべての探求は本質的に根拠（これは論証においては結論として表現される大項の小項への帰属を媒介する中項の位置を占める)を巻き込むものである。彼は「その中項が可感覚的なものごとである場合に、探求は中項についてであることを明らかにしている」と述べる(*An. Post.* II. 90a24)。彼は月の上に立っているひとによって見られる月の蝕の感覚知覚の例を挙げることによってこの主張を提示する(90a26)。この思考実験において、もし観察者が月の上にいたなら、感覚知覚のことがらとして光の喪失と地球の遮蔽の双方が生起していることが同時に明らかになるであろうことを彼は示唆している。というのもこれらの生起の双方は、その特権的位置から、知覚可能な事実であることを証明しているからである。たとえそうであるにしても、しかも重要なことに、事実上(in fact)遮蔽を把握することは、それを光の喪失の根拠として(as)把握することと同じではない。観察された事実はさらに根拠として把握されるべき何ものかを要求している。

後者即ち何かを根拠として把握することは、知覚機能よりもむしろ思考を、それも洞察機能としてのヌース、観により叡知すること(*noēsai, theōrein*)を要求するが、それは、実際、普遍的な命題を生み出しそしてそのように固有な論証の身分を獲得させる(cf. 71a1, 79a24, 81b2, 86a29, 88a3, 16, 89b12)。ちょうどニュートンが木からりんごが落ちるのを見ることによって重力の法則を摑んだように、「知覚することによってわれらは普遍を知るようになる」(90a28)。アリストテレスは言う「洞察(頭脳明敏)(*angkinoia*)は気付かれない時間のうちに中項をヒットする才能である。例えば月が太陽に向かって明るい面を維持していることをひとが見れば、直ちにこれが何故であるかを理解する場合のように」(89b10f)。彼が頻繁に同時発見について言及した理由は、二つの異なる認知機能が同時に発動しうるからである(90a27, 93a17, 35, 88a16, 89b12)。これらの特徴を伴って同時に論証を把握することを妨げるものは何もない[20]。

探求は三つの段階を経過する。最初に、これまで論じてきたように、語句の意味のロギコスな把握である。語句の意味を理解したことに続き、第二段階においてその(~がある)存在が発見される。ものごとの存在の発見には程度があり、(~がある)存在だけが発見されることはなく、その「付帯的属性」と共に或いは「自体的属性」と共に発見され、それを通じて、第三段階において、そのものごとを一なるものたらしめている根拠としての本質のロゴスが発見される（*An. Post*.II8）。

アリストテレスは『分析論後書』第二巻においてその対象が世界におけるあらゆる現実のものごと（事物、事象）であるそのような包括的な発見的探求論を構築している。彼はその理論が探求のすべての形式に関連する四つの基礎的な問いによって支配されたものとして考えている（II1）。（そこでは「S」と「P」はそれぞれ文法的な主語と述語を表示する）。

・「果たしてSはPか否か」（*poteron SP ē ū*;）。（これは［Ix］「事実」の探求と言える。例えば「人間は理性的か否か」或いは、より一般的に、「人間が理性的であることは事実か否か」）。
・「何故SはPか」（*dia ti SP*）。（これは［Iy］「理拠」の探求である、例「何故人間は理性的か」）。
・「Sは端的にあるか否か」（*ei est S ē mē haplōs*：間接疑問）。（これは［IIx］「（がある）存在」の探求である、例「人間は存在するか否か」）。
・「Sは何であるか」（*ti esti S*;）。（［IIy］「何であるか」が探求される、例「人間は何であるか」）。

これらの四つの項目は知識を産出する活動のいかなる事例をも汲み尽すべく網羅的に想定されている、たとえそれが自然学者の自然探求であれソクラテスの道徳的探求であれ。確かに、探求のいかなる理論も可能な限り包括的でなければならないので、探求の可能な対象のあらゆる様式が考察されねばならない。実際、そこで言及されている探求の対象は想像上の存在者「山羊鹿」や自然現象「雷」、道徳上の態勢「誇り」、数学上の存在物「三角形」、生物学的事象「落葉」そして神学上の存在者「神」も含まれている（cf. II1, 7, 8, 13, 16）。これらの例から、アリストテレスはとりわけ広く彼の構想を描いていることがよく見て取れる。このように、彼はあらゆる存在者を包摂すべく包括的探求論を構築する明白な計画をもっていたことは明らかである。

探求ルートは二つ（I、II）ある：［Ix］事実（*to hoti*）から［Iy］理拠（*to dioti*）へ、そして［IIx］存在（*ei esti*）から［IIy］何

であるか(*ti esti*)である。探求はこれらの項目に対応する問いを追跡することによって前進し、そしてひとは世界にある事物、事象の四つの状態の一つかそれ以上のものを発見するとき、探求は止む。彼は「月が蝕を蒙っていることを発見することによって、われわれは探求を止める」(89b27)と言う。これは既に[Ix]事実と相関的に探求があることの証拠であるが、そのことは、今度は、発見の概念が彼の探求論のなかで鍵となっていることを示している。発見的探求のゴールは例えば「雷」、「人間」そして「魂」の「何であったかということ(本質)」或いは「ものそれ自体」としての「何であるか」を把握することである(93a19–24)。彼は「がある存在」の発見は付帯的ないし自体的属性を伴って発見されると述べ、成功する探求過程を辿っている。

　われらは[Ix]「事実」を摑むことによって、[Iy]「何故か」〔理拠〕を探求する。これらは時として相携えて同時に明らかになることもあるが、少なくとも[Iy]「何故か」を[Ix]「事実」よりも先に知ることは不可能である。同様に、[IIy]「何であったか(*to ti ēn einai*)」をもまた[IIx]「存在(があること)」を摑むことなしに知ることができないことは明らかである。なぜなら、[IIx]「あるか」を知らずにいる者たちが[IIy]「何であるか」を知ることはできないからである。ところで、われらは[IIx]「あるかどうか」を、或る場合には付帯的に摑んでいるが、或る場合には当のものごとそのものに属する何ものか(*ti autū tū prāgmatos*)を摑むことによって、摑んでいる。たとえば、それは、「雷」は「雲間の一種の音響である」、「蝕」は「光の一種の欠如である」、「人間」は「一種の動物である」、「魂」は「それ自身が自らを動かすもの」というものである。かくして、われらが[IIx]「(が)あること」を付帯的な仕方で知るところのものについては、われらはいかなる仕方においても[IIy]「何であるか」を知るのに適した状態に置かれていないことは必然である。何故ならば、われらは、そのものが[IIx]「(が)あること」をすら知らないからである。ところで、[IIx]「(が)あること」を摑んでいないのに、そのものについて[IIy]「何であるか」を探求することは何も探求していないことである。これに反して、「そのものごとそのものに属する」何ものか(*ti*)をわれらが摑んでいるものについては、容易である。したがって、

[IIx]「(が)あること」をわれらがどのように摑んでいるかに応じて、われらが[IIy]「何であるか」を知るどのような状態にあるかということも定まる(II8.93a16–30)。

探求は発見による情報を蓄えつつ、理拠と本質の探求に方向づけられている。双方は本質の因果論的展開を経て因果論的定義や様相論的定義の形成を介して同じものとして認識される。信の哲学における探求との関連において発見的探求論が示唆する重要なことは「がある存在(existence)」は単独でその存在だけが発見されるということはないということである。パスカルが火の体験において出会った神は単なる神ではなく「アブラハム、イサク、ヤコブの神」であった。途上の認識がさらなる探求の道行きを示す(第五章参照)。

先の『命題論』の意味論は、学習ならびに探求の理論のなかに組み込むことができる。「学習」や探求は一つの過程を経過するものであり、それは「当人により多く可知的なものから始めて自然本性上可知的なものを自らにとって可知的なものとする」ことだとされていた(*Met.*VII4.1029b7)。ここで「当人により多く可知的なものから始めて」とは「いかに語るべきか」という視点から得られる例えば語や文の意味の知識であり、そこから自然本性上知られるものに学習や探求は向かう。学習と探求の相違は前者においては教師は既に自然本性上可知的なものを知っており、それを適切な過程に即して学習者に伝達するが、学習ないし探求においては「僅かにしか或いは全く存在者と関わらない」語の意味の把握から始まり、自然本性上可知的なものをその存在の知識を介してその対象の本質を満たすものとして自らの知識とすることである。

信の哲学は最もベーシックな次元においてより多く可知的なものから自然本性上より多く可知的なものがわれらにとって知られうるものとなることをその探求の過程とする。パウロ的には理想的には *Intellectus ante fidem* に始まり、*Intellectus fidei* に向かうと言うべきでもあろう。これはアリストテレスが、学習や探求のプロセス一般の枠のなかで「いかに語るべきか」という矛盾律に基づき現用言語の確認から探求を出発する「ロギコース(形式言論構築術的に)」という方法を説明するさいに提示したものに即している。信の哲学は魂の根源的態勢について「いかに語るべきか」からその態勢が「いかにあるか」にその探求を進める。

この「いかに語るべきか（*pōs dei legein*）」から「いかにあるか（*pōs echei*）」の探求、学習過程は実践や理論的考察において普遍的に共有されるものであると思われる。実際、パウロもキリストについての宣教が始まる際の聴き手と語り手の関係を確認する。「それでは、信じることのなかったその方にいかにひとびとは呼びかけるであろうか。聞くことのなかったその方をいかに彼らは信じるであろうか。しかし、宣教する者なしにいかに彼らは聞くのであろうか」（Rom.10:14）。この聞くことを介して語句の意味を理解する段階は（[s]（n1（＝s1）t1））と表記できる。そして、そのゴールは、「われは汝らのうちにキリストが形づくられるまで産みの苦しみをなす」（Gal.4:19）と語られるように、キリストが宣教の聴き手のただなかに実働することである。この最終段階は本性上先なるものが本人にとっても可知的なものとなった状況であり、（[s]（n2（＝s2）t2））と表記できる。従って、これはパウロ自身実践においてそして理論展開において辿った道であるとすることは道理あることである。

信の哲学もこの探求プロセスを自らの方法論として設定し、この道によりパウロの到達したものの追体験を企てる。「探求」であるか「学習」であるかは当事者の状況により異なる。すでに合致に到達した人から学ぶということであれば、学習になり、それを情報として学習しつつも自ら知らざるものを探求するという姿勢であるのであれば探求となる。福音の宣教は伝聞の信に基づくため信じる者は学習でありかつ自らキリストの内在を体験する探求でもあると言うことができよう。この探求・学習様式はトリヴィアルとも思える言語の整合性理解から存在主張を解して最終的には存在のさらには本質を満たすものの発見にまで至る。

存在に与るかどうかは探求の進展において何らか「全体において」つまりものごとの本性上「可知的なもの」「善きもの」が各人にとって経験するに至るところまで進む。それはロギコスな接近により方向は定められるが、各人のさらなる経験、体験が要求されている。これは「本性上と当人上の合致」と呼ぶものにより方向づけられる。このエルゴンがロギコスな探求のゴールである。

矛盾律とそこから導出される存在をめぐる確実な主張は合理性の基礎的な規準を提供する。これは理論的、実践的な種々ありうる生活形式が主張することもあろう種々の合理性の根源的な合理性を提供するものとして位置づけられよう。人間についての十全な理解を提供するものは当然論理次元に留まることはできないであろう。宗教的な感覚をもちその理論を作らざるを得ない人間というものの理解をめぐる思考の最低限の制約として矛盾律を確認したうえで、共約できる地平、領域を積み上げていくことが不可欠な作業となる。哲学が何らかの仕方で信という魂の一つの顕著な行為、態勢について解明を与えるとするならば、それはどこまでも個人的には誰をも拘束しないが、普遍的には万人を拘束するそのような一般的なロゴスの場においてであろう。

信の哲学においては語や文の意味の異なりの層を五層析出できると主張するが、それを確立するにはこれらはそれぞれ整合的な言語網を形成していることが求められる。とりわけ通常の意味論においては扱われない、神の啓示行為を分析することが大きな課題である。そこでは行為主体ないし認識主体は神であり、神が例えば人間についてそのように認識している実在（ものごと）に応じて言語網（A、B）が形成される。その神による語彙の理解の言語網はパウロが言わば人間の言語に翻訳したものであり、そこでの意味理解はパウロが人間に眼差しを向けて認識を形成する言語網Cとは意味を異にしている。

七　アリストテレスとパウロ

ひとはいかなる営みにおいても自らもっている道具によってしか何であれ素材に関与することはできない。まったく白紙の状態で無前提に探求対象に関わることはありえない。信というこの魂の根源性の探求において、主要テクストはパウロの書簡であるとして、パウロのテクストを共約的な次元において吟味しまた彼と対話を遂行する相手として、これまでも既に依拠してきたように、アリストテレス的な思考を念頭におく。あらゆる学的営為を基礎づけ、前進する思考とはいかなるものであるかをその理論においてまた実践において打ち立てた「哲学者」の思考を基軸に据えパウロの思考を哲学的次元において析出し信の哲学の構築に向かう。換言すれば、パウロの神学思想はどれだけ哲学的吟味に耐えうるものなのかを考察する。

このような想定に対しては、当然、アリストテレス自身と、現代の理性的な者たち、とりわけ自然はそれ自身自己充足的であるという自然主義的立場の科学者たちとの共約性も問われよう。本書では進化生物学への挑戦を挙げるに留めざるをえないが、アリストテレスの知性の普遍性を本論に必要な限りにおいては確認できると思われる。(21)

アリストテレス的思考様式の顕著な特徴を一般的な仕方で三点挙げることができる。そしてそれらは著しく科学技術の進歩した現代においても引き継がれているまた科学技術の前提を補いまた総合するものとして引き継がれうる有望な思考様式であると思われる。

（一）信や知識さらには魂、さらにはその考察対象が何であれ、これらを分析するさいに、まず対象を「いかに語るべきか」という視点から言語分析を通じて、存在の類つまり存在者の範疇のなかで最も広い背景のもとに位置づけることが必要である。アリストテレスは「「存在」は多くの仕方で語られる」という標語のもとに、先述のように、存在者の分類である範疇を主語と述語の連関である述定の種類として導出している。この述定の理論から実体と属性の存在論的身分差を実体語と属性語の語り方の相違に基づき導出している。存在者の分類（所謂範疇）は述定の分類（所謂範疇）に依存する（ただしアリストテレスにおいては *katēgoria* は「類（*genos*）」ではなく「述定」を意味している）。

分類の最も重要な職務は「許容されているものども」について包括的、網羅的（汲み尽くし的）であることとそしてそのなかでの下位分類が「何も残さない」相互に排他的であることである。「許容されているものども[網羅性]の何ものをも残さない[排他性]ならば、その者は十全に知識を持つとわれらは言うであろう」（*Top*.I3.101b5–10）。何であれ、或る対象を考察し、知識を獲得するためには同一性を確立すべく他のものごととの差異を明確に摘出することが求められる。網羅性（汲み尽くし）かつ相互の排他性の要請は、存在者の基礎的な分類である「十の範疇」に限らず、「三段論法の妥当な一四の式」や「四つの探求項目」そして「二種の自然（形相と質料）」や「四つの根拠（質料（因）、始動（因）、形相（因）そして目的（因））」そして「四種の運動（実体、量、性質、場所）」の枚挙や導出の分析においても用いられる手法である。この手続きによってのみ、確実な思考の前進が期される。

この分類原理は今日まで科学的知識獲得の重要な手法として用いられている。例えば、物質を構成する原子の種類を識別する周期表は原子核を構成する陽子の数により、一個の陽子を構成要素とする水素を始めとして二個の陽子からなるヘリウムそして原子番号一一八番のオガネソンに至るまで、決して重複しない仕方で提示されている。元素としての根源物質が一一八種類しか存在しないか否かは帰納的なことがらであり、増える可能性はあるが、排他性はこの手法により確保されている。他の物質はこれら元素の合成により構成されることになる。近年細胞の初期化にかかわるiPS細胞を形成する四つの遺伝子の発見に関してもこの手法が用いられている。二四個残ったさいに、一個ずつ引き去り四つの原初的な遺伝子を突き止めている。このように、哲学者のこの思考様式は何であれ思考を前進させるものとして今日まで用いられている。

（二）第二に彼の存在論の包括性を挙げることができる。存在の探求は「「存在」をいかに語るべきか」というロギコス（形式言論構築術的）な問いものとに、「「存在（ある）」は多くの仕方で語られる」というモットーに見られるように、存在の語り方の分析を通じて実体論が存在論の中核として構築される。「ある」と語られるものは「端的にある」が帰属する「実体」を原理として、一切の「ある」の語りが帰一的に秩序づけられる。「ある」は単に多義的に語られるものではない。例えば、医術を例にとれば、医術の第一原理は「健康」である。健康を帰一的な原理として他の医術的な語句はすべて健康との関連で帰一的な秩序をもって包摂的に関連づけられる（*Met.* VIII）。医薬品は健康を促進するものとして、尿は健康状態を示すものとして、また治療は健康を作るものとして位置づけられる。このように、端的な存在としての実体を原理として、性質や量がその実体に述語づけられる特徴として関連づけられる。

先に見た「本質」と「形相」の同一性を支えるのはこの存在の帰一的構造である。端的に一なるまさにそれであるところのものとしての本質を実現する自然物は何よりも因果論的に質料を統一する形相であった。実体論の主翼は、「自然」と呼ばれる「形相」と「質料」という自然物に内在しその運動と静止を司っている原理についての理論、質料形相論である。そしてこの内在原理についてより一般的な存在者の存在様式、在り方の分析視点を提示する様相存在論である（第二章で詳述される）。その在り方は「力能（*dunamis*）」、「実働（*energeia*）」そして「完成（*entelecheia*）」の三つでありその複合により分析される。

「完成」とはそこにおいて「統率的な仕方において「一」と「在ること」が語られる」その存在様式である（*De An.*II1.412a21）。ここで「統率的に（*kuriōs*）」とは「主人（*kurios*）」が「僕」との関係概念であるように、一で在ることをめぐり力能を統率する（cf. I5.410b10–14, *Met.*IX10.1051a34-b2）。換言すれば、「力能」は自らの一と在ることに関して完成に対して被統率的な関係においてである。「完成」という存在様式が名詞として決して複数形をもたないことも、一で在ることに関して未完から待機に至るまで程度を許容する諸力能を統率している在り方にふさわしい。他方「力能」と「実働」は複数形でも表現されるが、諸実働は諸力能の一で在ることの程度に対応する。「完成」を基軸にして、第一に未完の力能とその実働という規定を受ける「運動」があり、第二に完成されたものの待機力能とその「完全な実働」と呼ばれる、二種類のエルゴン（働き）が分節される。アリストテレスは言う、「運動は未完なもの［力能］の実働（*tū atelūs energeia*）であったのであり、他方端的な実働（*hē d'haplōs energeia*）は他のものであり、完成されたもの［待機力能］の実働（*hē tū tetelesmenū*）である」（III7.431a6–7）。ここで完成されたものが担う待機力能の実働は「性質変化ではなく自己自身へのそして完成への進展」と位置づけられる（II5.417b6）。完成においてあるものは自らに再帰的に実働し、何か変化を蒙るものではなく「端的な実働」と呼ばれる。二種の実働は現在形と現在完了形が同時に適用されるか否かの時制テストにより判別される(「知る」=「知ってしまっている」、「学ぶ」≠「学んでしまっている」)(*Met.*IX8. 1048b18-36)。これが「完成」がロゴスとエルゴンを媒介する様式の基礎的理解である。第二章で詳しく探求される。

ロゴス上形相が質料の完成として一性の根拠であるが、エルゴン上質料が形相の受容の力能あるものとして完成にあるものを構成する。従って、基本的に、相互は相互をロゴスとエルゴンという視点の差異のもとで支え合う。例えば、ワインの一滴に水一リットルを加えた場合、さらに空気の振動が一オクターブを奏でているが、空気が拡散した場合には、ワインをそれたらしめているワインの形相と一オクターブの一対二の比としての形相に関してエルゴン上「形相は解かれる」と言われる(*Gen. et Corr.*I10.328a27, *Phy.*II3.194b28)。これをわれわれの考察対象である魂に適用すれば、エルゴン上魂と身体が分離され、解かれれば、生物は死ぬ。「ロゴス(説明言表)上」においてのみ魂は身体から分離される。

解かれた場合には、形相はロゴスとして内在する因果的力としてはもはや今・ここで実働してはいないが、それ自身ロゴスとして消滅したわけではない。形相の受動者である質料としての水や空気がそれらの形相を受容できないものとなっており、今・ここの時空上の合成体がエルゴン上消滅している。形相と質料は一方がロゴスであり他方が大きさを持つ物体の自然的な構成要素であるが、存在論上区別はされるが働き上分離されず、その形相を保持できなくなった場合にはもはや受容しうる力能を失うという意味で、その個々のものごとはもはや存在しない。哲学者は「形相に即した自然が質料に即した自然を支配しない」場合に「奇形」が生じると言う(*Gen. Anim.*IV4. 770b17)。完成を基軸に据え、ものごと、世界、さらにそれに認知的、人格的に関わる魂をも構成するロゴスとエルゴンの双方による支え合い、インターロッキングにこそイデア論や超越論的観念論という二世界説に逃げてしまわないアリストテレス哲学の魅力がある。

哲学者の存在論は、一元論者、唯物論者さらにあらゆるものを観察可能な原因に還元し説明する自然主義に対し、またその対極である唯心論者、観念論者或いは二元論者たちに対し独自の立場を提示している。アリストテレス存在論の帰一的構造は関連する他の営みを適切に秩序づける有望な手法であると言うことができる。

（三）第三にアリストテレスの倫理学、これはトマス・アクィナスが彼の神学、倫理学の基礎に据えたものであるが、これがやはり魂の認知的、人格的機能、態勢を考察するうえで基本的な道理ある分析を提供していることである。現代人も彼の時代と同一の魂を抱えていることにかわりはなく、アリストテレスの魂の認知的、人格的機能の分析は少なくとも分析対象において相違はない。そして人間のあらゆる営みに対し学的理解を試み、最も包括的な眼差しを持ったひとの魂の分析は今日古くなることはない。彼は言う、「それにより魂が肯定すること或いは否定することによって真理を所有するところのものは数において五つある。それらは技術（*technē*）、科学的知識（*epistēmē*）、実践知（*phronēsis*）、知恵（*sophia*）、ヌース（*nūs* 叡知）である」（*Nic. Eth.*VI2.1139b15–17）。

これらの認知的機能は世界の一切をその対象に即して知るに至る必要にして十分な隊列である。語義の対応関係はさておき、新約聖書のギリシャ語表現としてこれらの認知機能のすべてに言及がある。私はアリストテレスの見解がその後の人類のひとつの思考の模範、共約的規準となった事実を受け止める。人格的卓越性、徳に関しても同様である。この倫理学が様相存在論とともに信の哲学の基礎理論を提供する。これらは「パトス（感受態）に対して良い態勢にあるもの」（II4.1105 b25）とされる。節制は快に対して、勇気は恐怖に対して、正義は怒りに対して等、適切な対応を為し得るものである。そしてこれら快苦に代表されるパトスを伴い、善悪、価値に関わる人格的態勢と真偽・事実に関わる認知的態勢を総合するものとして、次節で解明を試みる実践知（賢慮）（*phronēsis*）が提示される。これは個別の行為の善悪についての知識であり、行為選択の実践的な文脈においてその価値を総合的に秩序づけるものである。これには叡知（ヌース）が選択すべき行為に欲求を伴う仕方でヒットすることが基礎となり、それを生全体の理解のもとで命題において捉えるものが実践知である。

哲学者においては認知的、人格的に有徳な者においてだけ、このヌースとそれに伴う実践知が発動するが、パウロにおいては信がいかなる魂の態勢にある者にも幼子のようでありさえすれば、事実と価値を総合するものとして機能する。そしてひとが魂の根源においてそのつど信の正しさ、確かさはその果実としての人格的そして認知的態勢において確認されるであろう。パトス、人格そして知性という魂つまり人間を考察するうえで重要な契機となるものどもの理解はパウロの理解との対話を豊かなものとすることが予期される。アリストテレス的な魂理解をもとにパウロの魂理解の分析を企てる。

このように、アリストテレスをパウロの対話相手とすることは有望なものであると解する。人類は一度限りの歴史を刻んでおり、双方がそれぞれ魂とその根源的な態度である信の探求の歴史において顕著な影響力をもつものとして受け継がれてきたことを否定することはできない。ヨーロッパの思索の歴史的展開として、魂の根源を探求するロゴスの営みはこれら二つを主に素材にしまた思考の道具にしながらそのロゴス上のそしてエルゴン上の果実が蓄積され、今日に至る。そのよき伝統につらなることそしてそこから学ぶことは大きな資産であるに違いない。

双方の歴史的な位置づけにおいても、哲学者と神学者（パウロ）の対話を促す興味深い事実を幾つか挙げることができる。まずアリストテレスがナザレのイエス以前のひとであったということ、そして理性に対する素直な信頼のうちにことがらそのものの分析をなしたということは特徴的である。そして今日に至るまで、彼以上の幅と広さそして鋭さを兼ね備えた哲学者を見出すことはできないという現実がある（本章註21参照）。

さらにヘブライズムとの融合後の時代における思索の営みはなにかとても捻じれており、それはドイツ観念論などに如実に反映されている。即ち魂に最もインパクトのあることがらを一方で所持しながら、常にそれを密輸入しつつなんとか普遍的な理性において処理しようとするとき、いたずらなる懐疑といたずらなる理論武装に翻弄されているように見える。(22) アリストテレスはその点、とても素直に人間を分析する。

しかし、さらに特徴的なことは、ルターが「アリストテレスにおいて危険なしに哲学することを望む者はキリストにより前もって愚かにされることが必然である」（WA 1.355.2）と、哲学者に留保や非難を投げかけるように、哲学者にはナザレのイエスにおける啓示が含意するロゴスの豊かさが明白に欠落していることである。これはまさに文字通り啓示されなければ、人間理性は魂のその啓示に反応する部分は眠らされたままであるという印象をもたらす。アリストテレスほどの慧眼のひとでさえ、自ら持つ可能性が発動しないということがあると思える。キリスト教との出会い以降、或る哲学者たちはギリシャ哲学に見出し得なかった真理をあの啓示の出来事において見出したと考え、ヘレニズムとヘブライズムの対話としての哲学の展開につらなるが、キリスト教徒のあの啓示の出来事の主張に著しい刺激を受けたことは確かである。アレクサンドリアのクレメンスは言う。「主の到来以前には哲学はギリシャ人にとって義のために必然であった。……主がギリシャ人を召されるようになるまで、哲学はギリシャ人に直接に、根源的なものとして与えられていたに違いない。なぜなら、ちょうど律法がヘブライ人をキリストに導いたように、哲学は「ギリシャ人の精神」をキリストに導く「教師」であったからだ。つまり、哲学はキリストにおける完成への道を整える手段であった[23]」。アリストテレスは、この啓示との関連において、預言者たちのように対応する内実を語ることはなかったが、既に啓示に対応する魂の部位とその機能を一般的な仕方で自ら摘出に努めていたことを信の哲学は明らかにするであろう（第二章二節参照）。

パウロとアリストテレス、彼らの二つの特徴は或る意味で本性上緊張関係にある二つの立場の対話として魅力をもたらす。ソクラテスの伝統につらなり、純粋に理性に対する信頼のなかで生きたとりわけ頭脳明敏なひとがなす人間分析と、歴史のなかでの啓示を正面から引き受け、それをすべてのひとに開かれたものとして分析できる仕方で表示しつつ、それ自身に即して提示するパウロとの対話は、はじめから密輸入の形においてであれ、あからさまな形においてであれ、折衷的な仕方で双方の果実を表現する営みよりも、実り豊かになりうるであろうからである。理解可能性（comprehensibility）と共約可能性（commensurability）を吟味の規準として持ち、哲学説と哲学説の対話の可能性を追求すること、これが信の哲学の課題となる。

パウロは自らの神学的主張の背後に哲学的に整合的に分節できる次元を確保していた共約性の哲学者であると考

えられる。彼は啓示のもとに思考し神の前の現実としての神の人間認識、判断、行為をそのまま報告していると同時に、人間の肉の弱さへの譲歩として相対的に独立したものとして人間中心的に思考を展開した。神の前とひとの前の分節を許容することにより、信じる者にも信じない者にも言語網として理解可能な議論を展開している。

パウロのエルゴンの複合とその分節に対する探求に方法があるとすれば、それは基本的には理解されうる限りのことがらをできうる限り明晰に語ることである。パウロは自らの信仰義認論の形成において哲学者や律法学者そしてユダヤ主義的キリスト者等と二十年以上の論争を重ねており、「ディアトリベー（問答形式（談論風発））」と呼ばれる論敵の見解を自説へのアポリアとして疑問文により立てる。彼はそれを「断じて然らず」と一見問答無用という仕方で一喝しながらも、相手に理解できるよう福音の論証を聖霊に対する言及なしに展開している。一般的に言えば、見解の相違が生じた場合に、共約される次元を積み重ねてゆく限りにおいて、その直前までに共有されているないしは共有されていたはずの見解がどの次元のことであるかが判明するなら、足枷となっている見解の相違の原因を明らかにすることも可能となろう。

アリストテレスが確立した、思考様式それ自身の明晰性の理論構築のもとに、魂とその認知的、倫理的機能の展開がなされたうえで、そのヘレニズム期の伝統のもとにこの書簡は同じギリシャ語で書かれている。ヘレニズムとヘブライズムの歴史上の出会いの後はその緊張や融合においてであれ、常に何らかの影響を受けている。ナザレのイエス以前にその後あらゆる学問的思考の模範となった哲学者を共約性の規準に用いることは道理あるものであると思われる。アリストテレスは中世の神学者、哲学者にとって思考の道具立てとして用いられた歴史的現実はやはり尊重すべきものであるという理解も道理あるものであろう。

パウロの思想のアリストテレスによる理解さらには双方の対話については少なくとも五つの可能性が考えられる。(一)パウロの思想のアリストテレス哲学による理解の進展があったとしても、それはまったく著者の個人的なもの、個人的な領域内での進展であり、普遍的に妥当し広く受け入れられるものではない。(二)確かに理解の一定の進展をもたらすが、二者は独立の前提のもとに独立に思考しており、思考の進展は偶然的なものにすぎない。(三)パウロは哲学者をよく読み知っており、「実働」「力能」「叡知」「ロギケー(理性に適う)」「公正な人(*epieikes*)」をはじめ語句の選択から使用にいたるまでアリストテレス的に思考しており、理解の前進は起こるべくして起きている。(四)誰であれ思考の前進を実現する者は、哲学者を知る、知らないにかかわらずアリストテレス的に思考している。彼が普遍的な仕方で魂や存在についていかに思考を進めうるかについて理論化しているため、科学者であれ宗教家であれその思考がうまくいった場合にはアリストテレス的に思考している。(五)神が歴史の配剤としてナザレのイエスにおける啓示以前に知性の一定の進展を準備しており、それは哲学者において最も顕著に見られ、彼に即してパウロの哲学的、神学的思考様式を理解するよう信じる者にも信じない者にも共約的なものとして予め備えられていた。以上、これらの可能性が想定できるが、(四)と(五)は共存できる。ともあれ、本書が読者にとってどれほどの説得力を持つかによって、これらのうちのいずれかの解釈に帰属するものとして本書が理解されることになろう。

信の哲学の課題は形而上、哲学者パウロの視点から端的には信じる者にも信じない者にも共約可能な次元において信について思考を展開することである。パウロの所謂神学的思惟つまりイエス・キリストへの集中による思考は言語と心魂とものごとをめぐる哲学的思惟の析出を許すものとして展開されており、つまり、彼は形而上のことがらをめぐる一人の哲学者としても思考しており、彼のテクストから読者の信仰の存否を前提にすることのない局面を析出することを通じて、従来の論争にとりわけカトリック的思惟とプロテスタント的思惟が暗黙に前提している領域に分け入ることを企てる。トマス・アクィナスはアリストテレス哲学を用いて、自然神学の体系を構築したが、哲学者は彼の仕方でしか読まれえないものではない。さらに、彼の体系は宗教改革者により激しい批判を浴びている。その批判には、第三部八章において展開するように真理契機があり、これら二つの歴史を経過した現代において、双方の基盤として、ナザレのイエス以前に生きカトリックの占有物では決してないアリストテレスとの対話を新たに試みたい。パウロの神学的思惟が哲学的な思惟の基礎づけのもとにあること、さらに神学的次元における思考の位相と哲学的な次元の位相の関係を哲学的に探求することにより、神学者たちがパウロに帰している神学思想がよりよく理解されるものとなろう。

この企ては、換言すれば、パウロが信の哲学の創始者であることを明らかにする。それを可能にするのは、ひとつには、歴史的状況として、ヘレニズムユダヤ教という文脈において信をめぐる思考を展開しているパウロが残したテクスト、これは言うまでもなく万人のものであるが、とりわけ「ローマ書」は異邦人のためにも書かれたものであることにある。この手紙においてパウロは福音の宣教が同時に福音の論証となるような仕方でギリシャ哲学の語句を自家薬籠中のものとして議論を展開している。ただし、ここで私が「福音の論証」と言うとき、パウロは人間であることの全体性を宇宙「万物」の創造者の信との帰一的関係において解明するものとして福音を位置づけており、福音の宣教そのもののなかに人間本性および歴史、天地の展開、帰趨を論証している。

信の哲学構築において共約可能性とその探求は少なくとも三つの仕方で機能する。一つには、それは偏りの抑止力として機能する。人間理解をめぐり最も避けなければならないことは、個人的な制約に基づき人間理解を普遍化することである。自己の矮小な偏りを一般化させることは、排他性につらなり、避けねばならない。個々人の救済の追求においては、各人が自己の何らかの分裂を前提にしており、その分裂を癒す程度においてだけ理性が機能するとすれば、理性は功利性と真理が癒着した或る種のプラグマティズムに堕落する可能性を抱える。感情の操作に向かう或るストア主義者たちにおける理性の矮小性はまさにそこに由来していた。個人的な偏りの克服のためにも共約可能な次元で他の諸説との対話を試みることは不可欠である。その一つとして聖書学者が恰も当然かのごとくに前提する解釈学的循環を拒否する意味論の構築に向かう（第三章一節参照）。

合理性は単なる感情や意志から判別されたところにおいてのみ機能する魂のなかで隔離された部位に属するものではなく、人間であることその全体性にかかわるところにおいてこそ探求されるべきものである。ここでは取り組み得ない複数の宗教のあいだでの対話もそれらのあいだに共約可能な次元を共に探索する限りにおいて、教義上の差異の確認以上に、それらが共通に基盤としていることがら、たとえば人間理解についての共通理解を確認することができ、共同の創造的作業の可能性を開くことになる。

もう一つには、神についてはまったく語りえず、沈黙だけがふさわしく、かつ合理的な態度であるとする立場に代表される不可知論、懐疑論に対して、対話の足場を築くことにある。たとえば、デモクリトスが言うように、悲劇と喜劇は文学類型として異なるものに属するが、語彙の使用頻度は異なるといえども単に配列が異なる同じアルファベットにより構成されているという事実を確認することができるように、同じ言葉を語る者として何らか共有している同一規準を提示することにより、対話の足がかりを得ることになるであろう。その点で、ナザレのイエスはわれわれと同じ心身の構造を持ち、また譬えにより語るという周囲の人々に通常に理解可能な言語を用いていたという前提のもとに信の哲学は構築される。もし、これが否定されるとなれば、信の哲学は思考を一歩も進めることはできないであろう。

さらには、それは普遍化の試金石となることである。パウロは「ユダヤ人とギリシャ人のあいだに分け隔てはない。というのも、あらゆる者に同じ主がいまし、彼に呼びかけるすべての者たちに豊かにいますからである」(Rom. 10:12)と主張する。つまり、誰であれ信じる者にも信じない異邦人にとっても福音が救いをもたらす普遍的な力能であると主張する以上、そのひとは従来の共約性の規準を満たすと同時に、従来の共約可能な次元を拡張するか、それを乗り越える新たな次元を開拓し、より普遍的なものとして議論を展開するものとならなければならない。その限りで、この主張は合理性の試験を通過しうるであろう。そのような展開がなされた場合にのみ、その議論は旧弊を打破する肯定的かつ創造的なものと看做されよう。従って、何層からも構成されている人間存在を同一の規準が適用できる諸次元の判別を介し、それぞれの次元で共約的な領域を拡張するとともに、次元間を統一するメタな議論においても普遍的な妥当性が追求される。この点で後に検討されるペラギウス論争は議論の次元の判別を促す好個の事例を供している(第三部六章参照)。

八　共約性拡張の要求

思想家は「共約性」の名においてどれだけのことを人類に要求してきたのであろうか。現代の先進国において古代ギリシャで形成された一つの政体である民主主義は普遍的な価値であると主張されることがある。一つのポリスが取った政治的形態が拡張しつつ今日において或る程度以上の賛同を得ている（第二章註48参照）。公共次元だけではなく、個々人の魂の様式の理解においても共約性を拡張できるのであろうか。人間をめぐる共約性の拡張はこのグローバルな時代にあって、人類の生存との関連において喫緊の課題であると言えるが、パウロの主張は人間の本性理解に関して本性上知られるべきものとして提示されるが、この点こそ共約性の拡張という枠のなかで吟味、探求されねばならない。先述した「自然本性上と当人上の合致」への道こそ共約性の拡張の道である。

人類は人類である限り共通のアポリアを抱えている。各人が乗り越えねばならないものを持つということは人間であることの与件であると言ってよい。乗り越えた人々は本性上と当人上の合致を経験していることもあろう。アリストテレスは賢明な者は何をなすべきかについて明確な知識を持っており、しかも他の劣った仕方で行為することを欲しないばかりかそのようなことは為し得ない者であるとしている。カントは道徳法則がそれ自身によりまたそれ自身に対し尊敬の感情が引き起こされまた向けられるものとして理解している。正しい行為の把握、知識はパトスまでをも支配するものとして提示されていることは、彼らが理論理性と実践理性を架橋するものとして欠くことのできない蝶つがいの機能を果たすと考えていたことを示している。そして各人はその本性上と当人上の合致を何らか経験しているに相違ない（カントの道徳による神の存在証明については『判断力批判』第二部八七節参照）。そのもとで倫理学において行為をめぐるロゴスの正しさはパトスを支配するものであることが共約的なものとして要求されてきた。

アリストテレスやパウロにおいても残された著述は彼らの探求の成果、果実であり、われわれがアクセスできる著述に至る過程においてはそれぞれの関心に即して探求者として真理を求めていたことに相違はない。残された著述を通じてわれわれは彼らの探求を追体験することができる。信の哲学は魂の根源についてのパウロの主張のアリストテレス的な吟味を通じての探求であると言える。魂の最善の部位——認知的そして人格的——に即して生きることは誰もが人間にとって本来的な生であると認めるであろう。パウロはその根底は信であると主張するが、それが誰にとっても共約的なものとなりうるかが課題である。

信の哲学は矛盾律に基づく「共約性」の名においてどれだけの拡張を要求するのであろうか。最低限の共約性として原理的にも誰にも理解できる整合的な言語網が信に対して提示されなければならないということを共有できるであろう。これが「ロギコース」という言語分析さらにはそれに基づく存在主張により遂行される。さらにそこでの信をめぐる正しいロゴスは適切ではない仕方で悪用されてはならないことを要求するであろう。ひとは原理的にどんな正しいロゴスに到達したにしても、例えば「神は愛である」というロゴスが立証されたとしても、それが他者の審判に用いられる等の誤った使用が想定できる。正しいロゴスに対する適切かつ正しい実働が求められる。どんなに正しいロゴスであっても愛に仕えず破壊に仕えるとしたなら、それはロゴスの正しい適用とは言えない。人間の卓越性には愛や憐れみが含まれることは明らかだろうからである。

キルケゴールはそれのために生きまた死ぬことのできる理念、真理を求めたが、魂の探求において共約性の要求は人格的なエルゴンにまで達することは道理あることである。信は生の根源的態勢であるとして、それが問われるとき、常に生の全体が問われている以上、実践(エルゴン)が問われており、この探求は常に途上にあるものとして位置づけられる。従って、認知的な次元に留まりたい、そこで壊れないセンテンスを刻みたいという自閉的な完結とアームチェアに留まりたいという怠惰への誘惑に抗することが要求される。

或るエルゴンを要求するとは、信の哲学は実践学でもあることを含意する。自然学や数学そして第一哲学(普遍存在論）は理論学に属し、それらはただ知ることをそれ自身の故に追求する。信の哲学におけるパウロの意味論として魂論の分析は理論学に属する。与えられたテクストの正しい理解を目標とする。それに対し倫理学や政治学は実践学に属し、それらは個人においてまた共同体において魂の善くあることとしての幸福であることの実働こそ追求する。ロゴスはエルゴンとの共鳴和合においてまた力能を発揮する。信の哲学は魂の根源にある信をロゴスにおいて整合的なものとして知ることを目指すだけではなく、信において生きるそのエルゴンをも共約的なものとなるべく要求するのであろうか。善き魂の実働は正しい信により形成されることは単にロゴスにおいて理解されるだけでは不十分であり、実際に実働することによりそれは現場で検証されることになる。従来の実践哲学がそうであったように、理論と実践の相即性、相補性こそ確立されねばならないと言うべきであろう。

人類に関してひとは何を共約的な前提として確認できるであろうか。人類は三十数億年の進化の歴史の極としてこの身体とこの魂を有していることは同意されよう、たとえ「魂」と呼ばれるものが身体といかなる関係においてあるかは絶えざるアポリアであるとしても。というのも、この魂に属する知性はこの宇宙の生成のロゴスをも把握するにいたった宇宙の栄光であり、この「魂」と呼ばれるものが宇宙の歴史の一つの到達点であることは動かない。その一つの証拠にＵＦＯがいても、ひとは彼らが光より早く飛べないことを知っている。R. Dawkins でさえ分岐発生学の隆盛のなかで、アメーバであれ生き延びているものはすべて等し並に環境に適応した勝ち組であるとは言わずに、「意識は実行上の決定権を持つ生存機械が、究極的な主人である遺伝子から解放されるという進化傾向の極致（a culmination）と考え得る」と言う。(24) 人類は何か困難な局面を迎えるなら、この魂に属する知性とこの人格によりそれを乗り越えようとするであろう。今さら他の生物になることを環境への適応と言うことはあっても「進化」と呼ぶことを拒否するであろう。

そしてこの魂は自らの最善の部位に即して生きることが人間に相応しいと言うであろう。そしてそのことを「魂の善くあること」つまり「幸福」と呼んできた。魂に関してはその業（働き・成果）は基本的に真偽に関わる認知的な態勢と善悪に関わる人格的な態勢の双方により構成されているということは誰にも同意されうることがらであろう。そして双方の関係は理論理性と実践理性や事実と価値等として哲学の主要な問いを形成してきた。魂が身体をケアするのはその最善の部位に即して生きるためであり、身体はその最善の部位に即した生に貢献するために存在する。哲学者は「身体は魂により統治されることが自然に即しておりまた有利である」(*Pol.*I4.1254b4)と言う。魂が身体のためにあるわけではない、例えば依存症に見られる或る脳内伝達物質の分泌物のために魂が存在するわけではないことに関しても同意は得られよう。これらは後に吟味されることになるが、これら最低限の共約的事項のうえに、ひとつひとつ議論が積み重ねられることになるであろう。信が認知的次元においても人格的次元においても機能する魂のひとつの根本的な態勢であることが共約性のもとに明らかになるかが探求される。

共約性をめぐるパウロによる人類に対する究極的なチャレンジは譲歩として許された人間中心的な「肉に即した」つまり自然に即した生はそのままでは、つまり信に基づくのでなければ、神の前では業の律法のもとに生きていると看做され、律法主義と癒着し、業の律法に基づき審判され「死ぬばかりである」と主張されていることである(第二部四章参照)。パウロは「それ故、かくして、兄弟たち、われらは肉に対し肉に即して生きる義務ある者にあらず、というのも、もし汝らが肉に即して生きるなら、汝らは死ぬばかりだからである。しかし、もし汝らが霊により身体の諸行為を死なすなら、汝らは生きるであろう。というのも、神の霊に導かれる者である限り、その者たちは神の子だからである」(Rom.8:12–14)と言う。

パウロの心身論の独一で最も理解に難しいアポリアは「霊」と「肉」の理解である。従来、「肉」は一方では自然的な秩序のもとにある生物のことを意味し、他方では病理的な概念として神に敵対し犯行する罪を含意していると二義的なものとして扱われてきた。自然的なものが既に罪的なものであるなら、共約的な理解は不可能なものとなろう。信の哲学は意味論的分析を介して「罪」は業の律法に基づく神の認識として神の前の現実であるのに対し、「肉」は身体を持つ自然的な存在者の生の原理であり、ひとは相対的に自律的な者として神の前の義と罪に対し可能存在であることを明らかにするであろう（第三章、四章参照）。ひとは自らの責任ある自由において譲歩された肉に即して生きるとき、良心そして理性は業の律法として機能しそれにより自他を審判しまた自らへの誇りが残り、そのことは自らが立てた何らかの業の律法のもとに生きていると神に看做されることになると、パウロは考えていると思われる。神の前では信の律法ではなく業の律法に基づく肉は罪として認識される（Rom.3:20）。

生身の個々人においても、「肉に即した」生は自らの歴史の連続性上に生を刻むことであり、「帰るべき場所の喪失」を経験した人々にとっては切断されてしまった歴史の延長線上に肯定的なものを描くことはできず、失われた羊として彷徨することであろう。パウロは罪のもとにあるすべての人間には「もし汝らが霊によって生を導くなら、汝らは律法のもとにいない」（Gal.5:18）という認識のもとに「新たな被造物」（Gal.6:15）に活路を見出すしかないと論じる。彼は言う、「もしひとがキリストにあるなら、新たな被造物である。古いものは過ぎ去った。見よ、新しいものになった」（2Cor.5:17）。パウロはこれが共約的なものとなるべく、福音の宣教に挑戦している。そしてその共約性を支えるのが信の根源性である。これはどんな魂の態勢、実力にあっても、どんなに悪行に身を焦がしても、幼子のようでさえあれば持つことができ、生をそのもとに刷新できるものであることが、すべてのひとに妥当するかにかかっている（第三章、四章参照）。

理性は矛盾律に基づきカオスを避け秩序を求め認知的次元で何らかの普遍性を担う。理性は一つの主張の妥当性の吟味にその力能を発揮するが、その主張に矛盾が存在せず整合的である場合には、その前提の下に議論を展開する。それは魂の根源的態勢ではなく、生の方向や目的を単独で設定することはなく、むしろ魂の他の力能と共に設定された目的に向かう手段を熟慮や算段すること、さらにはその目的を吟味することを本来的職務とする。それ故にひとは誠実に理性を行使することもその逆も可能となる。

信と人格的な次元で緊張関係にあるのはむしろ理性を隷属させる偏りあるパトスである。人格的徳例えば勇気は恐怖に対し、節制は快に対し、信実は裏切りの因となる否定的なパトス（羨み、憎悪等）に対し、それらを乗り越える或いは適切なパトスを生みだす良い態勢にある。しかし、高ぶりなど吟味されざるパトスの下にある自然的な人間が、肯定的直接法の受容という信から出発せず、正義とそれを介した至福の実現に向けて「汝～為すべし、そうすれば救い（至福）がある」という理性的な算段に基づき自他に命じる時、その命令は普遍的な妥当性を後退させる。理性は、その時、或る至福理解のもと命令法が先行し直接法（「救いがある」）が後行する、それ故に正義をそれ自身として求めることなくむしろ手段化する律法主義的なものとなる。これは不安や焦り、恐怖さらには欲望等のパトスがそうであるように、未来に設定したクリアすべき目標が律法となり現在を未来に隷属させる。そこには最も現在的なパトスである喜びから生を構築することなく、むしろ未来が現在を支配する仕方で生を方向づける。「汝～を為すべし、そうすれば救いを得るであろう」。認知的、人格的に不十全な人間が正義を実現すべく等しさの配分をめぐり考慮すべき領域を設定するさいに、各自の魂の力能上の偏りや或る範囲内でゴールと手順を立てる算段的理性には恣意性が伴う。司法的次元ではひとは正確な審判ができないままに自らの業により救いを追求する。

他方、信は幼子のような信頼をその本質的構成要素とし、魂の他の要素に従属することを拒むところで、各人の認知的、人格的態勢（実力）のどの段階でも持ちうる肯定的な超越者に対する肯定的な態度として魂の根源的態勢であり生全体の方向を定める。従って、有徳性とは直接かかわらない。というのも信は恵み深い対象に幼子のように自らを任せることだからである。或いは自らの力が弱いことと有徳でないことを自覚しつつ、「わが恩恵汝に十分である、というのもわが力は弱さにおいて全うされるからである」（2Cor.12:9）という言葉を信じることだからである。かくして、魂の秩序において信が理性に先行するという理解は道理あるものである。塵にも等しい身が何か持つにしても一切が主人に負うものであることを認識しているなら、自ら理解する限りの名誉とその毀損さらにはその回復の司法的循環に陥ることなく、魂の根源的態勢からそのつど生の再構築、始点の更新が遂行されるであろう。そのなかで、理性の中間的性格からして、啓示に基づく信の確かさを一方に持ちつつ、理性のみの導きにより妥当な思考が展開する時、それは誰もが原理的に理解できる確かな理性独自の成果だと言うことができる。

パウロは信が魂の根源的態勢にあるとき、業の律法から解放されると主張する。これは万人に妥当することがらであると主張することがらの背後には、彼の魂理解が反映している。信だけが、解放としての自由と義そして愛を生みだす魂の肯定的な根源的態勢であるというものである。「ガラテア書」の言葉でいえば、「信が到達する以前にはわれらは来りつつある信が啓示されるべく牢獄に閉じ込められており、律法のもとに監視されていた、その結果律法はキリストに至るわれらの養育係となった、それはわれらが信に基づき義とされるためである」(Gal.3:23–24)。律法の監視からの解放をもたらすものは信のみであると主張されている。ここで信が擬人化されるが、それは神の行為として捉えられているからだとされる。

ひとはパウロのこの共約性の拡張要求こそ妥当なものであるか否か適切に判断せねばならない。肉に即してつまり義でも罪でもありうる可能存在として位置づけられる身体をもった自然的な生の原理に即して生きるとき、結局は律法のもとにある者として神により罪と定められるのであろうか。もしそうであるなら、啓示された信の律法に即して、信に基づき生きることのみが義認の道として残されている。生まれながらの身体のもと自然性に即して生きることは罪であるとするなら、これは共約的なものたりうるのであろうか。パウロは言う、「信に基づかないことがらはすべて罪である」(Rom.14:23)。

パウロの理論が無矛盾であるとして、このことは各人が自らの責任ある自由のもとに信の律法と業の律法双方のもとにある経験を通じてエルゴン上においてしか確認しえないことがらであることは確かなこととして語りうる。「信」が魂の根源語であることを見出した者は、理性であれ、良心であれ、それらが課す業の律法からの解放を経験することでもあろう。だが、魂の秩序の上で信が理性に先行するという理解はロゴスの上でも道理あるものであることを理性と信の機能の考察から一応理解できるものであるとしておこう。

かくして、信というひとの魂のひとつの心的態度を考察する信の哲学は理論的側面と実践的側面を持つと言うことができる。やはりここでもロゴスとエルゴンの相補的展開が求められる。正しい信の理解はその信において生きることによって、はじめて魂が最善であり最も適切であることを確認することもあろうからである。信の哲学はそれにより生きまた死ぬことのできるそのような真理の今・ここのエルゴンを最終的にその共約性において要求するであろう。しかし、それはあくまで個人的経験に留まり、その確かさはそこにおいて生き抜くことによってのみ個人的に確証されるというその次元におけるものとなる。個人的には誰をも拘束しないが普遍的には万人を拘束するロゴスを求める営みは理性の共通の尺度のもとに遂行されるが、千差万別の文脈においてある個々人の生はそのつど自らの責任ある自由のなかで遂行される。とりわけアリストテレスの有徳な人間はカントのように普遍妥当する法則を例外なしに行為に適用することを要求しない。具体的な状況において、具体的に最善が判断され選択される。信の哲学は理論学と実践学双方の二段構えであり、基本的には理論学の次元で思考が遂行され、そして共約性の拡張を一段一段企てることとなる。そのさい、当然ロゴス上の共約性はいつまでもはずすことのできない吟味の規準として残る。

第二節　パウロの思考様式——信のロゴスとエルゴン——

一　信の哲学の主題と構想

「イエス・キリストの信」

パウロは「ローマ書」において発見者の喜びのなかで福音を告げ知らせている。彼が見出したものは「イエス・キリストの信」(Rom.3:22)であるが、ひとりのひとの信実なる生が神にとっても人類にとっても新たな関係をつくる「好機」(Rom.3:25)となったと報告している。この書簡は神とひととの新たな関係を知らせるギリシャ語による口述筆記である。彼は語句「イエス・キリストの信(ピスティス)」において独自の信の哲学を懐胎する。「イエス・キリスト」という職名を伴う固有名は、後にも詳しく見るように、「イエス」や「キリスト」と異なる言語的振る舞いをする。「イエス・キリスト」は常に前置詞「において」や「通じて」を伴い出来事の範疇において用いられ、決して行為主体を表現することはなかった。神でもひとでもある存在者に一つの行為を帰属させることができなかったからである。「イエス・キリストの信(ピスティス)」は彼に帰属した神に嘉されたナザレのイエスの信であり、神の義の啓示の媒介とされた信である。この語句は神の義の啓示の媒介という神の前の現実を指示している。しかし、パウロは「ピスティス」を用いることにより哲学的分節の足がかりを提示している。彼はナザレのイエスが持った自らが「神の子」であるという「神の子の信」(Gal.2:20, Rom.1:4)は「神の信」(3:3)に基づく義の啓示を媒介するそのような信であったが故に、彼はひとが持つ強弱ある「信仰(ピスティス)」と同一の用語を用いることができ、また用いなければならないと考えた。信じる者にも信じない者にも共約的な信の理解を成立させるためである。

もしあの啓示の出来事を神学的術語例えば「イエス・キリストの愛」に変え、「神の義はイエス・キリストの愛を介して信じるすべての者に明らかにされている」により表現したなら、神学的に正しいかもしれないが、彼の議論をはるかに不明瞭なものにする。日本語の「信義」という語が示すように、また、後に信と愛の関係の分析において明らかになるように、義は愛よりも信に親近性をもつ。信を媒介にせずして、義も愛も生じないからである。神がイエス・キリストを介して啓示したのは信に基づく義であった。パウロは論敵との論争のなかで神が義であることを証明する必要に迫られていた。ナザレのイエスのピスティスという歴史的事件において神自身のピスティスが啓示されたことに基づきその論証は遂行された。パウロによる「ピスティス」の選択の正しさを、ここで一つの思考実験によりパラドクシカルな状況を提示しつつ、一般的な理解に開かれていることを示そう。

化学者ポーロの発見——一つの思考実験——

化学者でもあり探検家でもあるポーロが険しい渓谷に泉を発見した。こんこんと透明な水が湧き出ていた。飲むと力に溢れた。それを水筒に入れ、里に持ち帰り澱んだ池に一滴たらすと次第にその池が浄化され透明になっていった。他の川や湖も同じように浄化されていった。他の水の専門家グループに共同の調査を依頼した。その分子構造はH_2Oであり、他の「水」と呼ばれるものと異ならないという結果がでた。飲むことができ、塩化ナトリウムが同様の仕方で溶け、そして平地では百度で沸騰した。水の専門家はその渓谷の泉に行き、あらゆる可能な調査を行い、この泉は通常の水であると考えた。

しかし、ポーロは尋常ならざるものであると考えた。通常の「水」と呼ばれるものと同じ成分でありながらも、物理化学的性質によっては説明されない何ものかに気づいた。物理化学的にはまったく他の澱んでしまう水と同じだが、それが決して澱んでしまうことのないいつも新鮮なものであるという点においてだけ異なっていた。そして、他の水を少なくともしばらくの間浄化することができた。その新鮮さは地球上の他のどこにも見いだされたことのない何ものかによるものであると考えるしかなかった。その新鮮さは従来の実験、観察機器には反応を示さないものであった。

論争になった。或る人々は自分たちの認知的能力が未熟であるが故に、成分を解析できないだけだと主張した。他の人々は水についてはこれまでの研究で、水と思われたが実際そうではないものと常に判別ができていたので、それは水ではないので、「水」と呼ぶべきではないと主張した。他の人々はこれが真の水である、その証拠に他の水がそれと触れることにより浄化されることを挙げた。他の人々は浄化する不思議な力はこの自然界の法則によっては説明されえないと主張した。発見者であるポーロはこれを「水」と呼ぶことを提唱し、またこれこそが真の水であると主張した。なぜなら、常にこの水を注ぐと他の水が浄化され、生態系に生命をもたらし、多種多様な生物が繁殖するようになること、そして自らもそれを飲むことにより、人々のあいだに平和と喜びを創造することができるからだと主張した。生命と豊かさの源泉が水であるとするなら、これこそ「水」と呼ばれるにふさわしいと論じた。

二千年前パウロは、彼が発見者の喜びのなかで伝えようとした人類に比類のない新しい出来事を「イエス・キリストの信（ピスティス）」と名づけた。パウロが発見したのは水ではなく、また人間の神への信仰でもなく、それはイエス・キリストにおいて出来事になった神の子の信と神に義と看做されるナザレのイエスというひとの信であった。義は信により伝達される。神は自らが義であることを、そして信じる者を義とすることをこの信を通じて啓示した。

この信はそれ自身として厳密には「キリスト」にも「イエス」にも帰属されてはならないものであろう。彼は「ピスティス」にイエス・キリストにおいて出来事になった人類が経験したことのない信と、それまでヘブライ人が持っていた神への信仰（＝信）双方を含意させることができると考えた。これまでの言語網の延長線上にしか新しい出来事は理解されないからであり、そして語の意味の拡張が許されるそのような出来事であると理解したからである。イエス・キリストにおいて出来事になった信は人間にとって根源的な事態つまり、それにより人間がこれまでとは異なる生の一切の営みに浸透し、新たな生を創造することができる力能であると考えた。イエス・キリストが人類にとってのよき音信、福音であり、救いをもたらす神の力能であると主張した。

この強い主張は多くの考察を招く。「信」という語が人間の営みの根源語であることを解明するが、「信念（belief）」と「信仰（faith）」そして「信実（faithfulness）」のあいだには認知的かつ人格的緊張が含意されている。これらを繋ぎ合わせる何らかの根源的な事態が人間の心的活動ないし態勢において見いだすことができるのか、これは喫緊の問いである。換言すれば、生の諸相において用いられる「信」は人間であることとの全体性の解明を要求している。その吟味に「イエス・キリストの信」は耐えられるのであろうか。

ナザレのイエスにおいては神の前の自己と生身の自己における信が同一であったと報告されている。その同一性はここで改めて考察する「ローマ書」三章において神の義の啓示の媒介である「イエス・キリストの信」(3:22)と人間ナザレのイエスが持った「イエスの信」(3:26)において表現されている。「イエスの信」はパウロが神の義の啓示の媒介となった「イエス・キリストの信」を人間的な理解の範囲内における神の前の出来事としてナザレのイエスが持ったひとの信仰を意味している。その信が神に嘉され、神の前の「イエス・キリストの信」として自らの義の啓示の媒介として用いられたことをそれは示している。換言すれば、神の信、信実をナザレのイエスの信においてアクセス可能なものとした。とは言え、ナザレのイエスにおいて神が義とする者を啓示しているのではあるが、誰が「イエスの信に基づく者」と看做されているかは個々人にはイエス・キリストにおいてほどには明確に啓示されているわけではない。それ故に、神にそう看做されていることを信じることは、ひとの側においては常に実質的なものとなる。

かくして、神の前の信はイデア的なものではない。ひとは誰もがナザレのイエスと同じその可能性を所持している、なぜならナザレのイエスはわれわれと同じ時空の制約のなかにあった肉においてある生身の自己であったからである。啓示として確認されるのは、ナザレのイエスにおいて時空上の従順な信の生が遂行されたからである。従って、啓示の現実をイデアの分有と離在という仕方で理解してはならず、歴史のなかで知識の対象として明らかにされたということである。パウロは「イエス・キリストの信」を正面から引き受け、個々人が自らの責任ある自由のなかで持つ心的態勢としての信はこの信に基礎づけられるという議論を通じて、神の前における、信仰による義認論を展開する。

同一語句の神とひとへの適用における非対称性

とはいうものの、認知的、人格的に十全な神と認知的、人格的に不十全な人間の関わりを同一の言語、同一の文法そして語彙のもとに記述することに伴う困難さは想像に難くない。一切がパウロの心的状態に還元されるという懐疑論から、一切が聖霊の実働により遂行されパウロは聖霊の伝達器官としてただ人間の言語に翻訳しただけだという逐語霊感説にいたるまで、あらゆる想定しうるヴァージョンの見解が提示されてきた。

二千年になる様々な聖書学的、神学的解釈のただなかで、私は確かなものとして語りうることは何であるかに集中し新たな方法論の構築をめざす。もちろんこの「確かなもの」さえ人間にとってそう理解されるものでしかないが、パウロは神の行為を人間の弱い言語によってしか伝達できない以上、しかも彼は伝達できるという想定のもとに口述している以上、その言語の確かさに解明の糸口を探る以外にない。従って、神や聖霊の実働（エルゴン）も――それはパウロにより確かなものとして報告されているものであるが――書かれたテクストの文法的また意味論的分析を通じて浮かび上がってくる限りにおいてその制約のなかで理解すべく試みる。

誰もが同意するであろうことがらはローマ帝国を素手で滅ぼすほどの力を持つとされる「ローマ書」は一人の人間の言語行為であるということである。書かれたテクストの言語表現の分析のみを通じて、明らかになることを析出していくであろう。言語表現と言語表現の連関に幾つかの層があることを析出し、パウロはたとえば信仰義認の教説の主張において無矛盾であることを明らかにするであろう。そのさい、彼が最も道理あるものと看做されるであろう実在論的意味論というものにコミットしていたことは彼の「啓示」という術語の言語的振る舞いから確認できることを明らかにしたうえで、言語的振る舞いのみから確実に語りうることを提示していくことになろう。従って、ここでの関心は啓示として報告された限りにおける神の属性、行為に留まり、著しい制約のなかにあることの自覚が要求される。神はここでは言語使用者として一つの意味論にコミットした存在者として対処されるが、まったく人間の言語では到底理解できない通信手段を持っているかもしれないし、人間が理解できない宇宙とその法則性を行使していることもあろう。信の哲学は啓示されたとパウロにより報告されているロゴスとエルゴンの相補性を確認しうる限りの神に関与することができるだけである。

パウロの福音宣教

パウロはイエスがキリスト（救い主）であることを宣教した。この福音のロゴスそのものが人々に今・ここにおいて歴史のなかで単なる知識の伝達以上の出来事（エルゴン）を形成すると自らの宣教を理解している。彼は言う、「子よ、汝らのうちにキリストが形づくられるまでわれは再び産みの苦しみを味わう」（Gal.4:19）。パウロが宣教により引き起こす信を介して出来《しゅったい》させようとしているエルゴンとは魂の再生のことである。これは人類が為し得ると想定されうる、少なくとも精神的な、行為のうち最も野心的な企てであると言える。

パウロは奇跡のなかの奇跡とでも言うべき死者の復活の論証をこう始める。「兄弟たち、われが汝らによき音信として宣教したところの福音をわれ汝らに知らしめる、それは汝らが受けとめたところのものであり、そして汝らがそこに立っているところのものであり、それにより汝らが救われるであろうところのものでもある。ただしそれは、もし汝らが、よき音信としてわれが汝らに宣教したそのロゴス［議論］の何であるか（*tini logō*）をかたく保持し、見せかけで信じたのでないならば（*ektos ei mē eikē episteusate*）という場合のことであるが」（1Cor.15:1–2）。

パウロは福音宣教の議論の内容が何であるかを知り固く保持し、心から信じるなら救いを得ると主張する。ここでは死者の復活が福音の内容とされている。信の哲学はロゴスの営みである。それが魂の営みを統一する根源的態勢の探求を通じて信が魂の根源的態勢であることの論証を試み、所謂信仰と業《わざ》（エルゴン）の伝統的なアポリアをも含め魂の統一的な理解、知識を伝達することの解明を目的とする。ただし、そのロゴスにおける明晰な把握という知的エルゴンが救いの力能を含むか否かはどこまでも開かれた問いに留まる。本書においてはパウロにおけるエルゴンのロゴスをも含めロゴスの整合性のみを追求する。パウロのこの途方もない主張がどこまで哲学的分析に耐えられ、共約的なものでありうるか吟味し、可能な限り壊れないロゴスの蓄積をめざす。

偶然的でどこにでも見られるとも思われるひとりのひとの生涯が人類にとって比類なき出来事であったということは、ユダヤ人には「躓き」であり、ギリシャ人には「愚か」である（1Cor.1）。「神の子が木のうえで死んだ」という命題は確かに愚かに見える。「不条理だからこそ、われ信じる（*Credo quia absurdum*）」或いは「不可能だからこそ、確かである（*Certum est quia impossibile*）」という類の主張が或るラテン教父に帰せられることがある。それはあたかも2+2＝10だからこそ神を信じるという如き絶望的な企てである。本書においては信のロゴス（理）を探求する。しかし、それは従来の信仰を前提にしたうえで展開される知識や理解を意味する「信の理解（*intellectus fidei*）」ということではなく、信がそのロゴスの枠の中で遂行される言わば「信以前の理解（*intellectus ante fidem*）」の構築を第一にめざす。

この企ては、時にアベラールに帰せられるモットー「われ信じるために理解する（*intelligam ut credo*）」とは異なり、信じることを目的とする目的論的な構造を必ずしも持っているわけではない。むしろ信の何であるかを問う。信は魂のなかでいかなるものとしてありまたどのように振る舞うのか。他の知識や愛などの認知的、人格的機能とはいかなる関係においてあるのか。「信」は認知的、人格的に十全な神と不十全な人間双方に適用されるとして、「信」は多義的なままであるのか、それともあらゆる信の用法がそこから秩序づけられる帰一的な構造を持っているのか。信は人間存在においてまた人類の歴史の中でいかなる機能を果たしうるのか、それは魂のロゴスとエルゴンを総合しうるものなのか。信がそこにおいて成立する人間の魂を分裂から解放し、統合するものを探求する。これらの問いを問い、応答を試みる。

基礎テクストと新しい読み

本書の構想を支え、これらの問いの応答の方向を定めるものとして、ここではパウロの中心的主張を簡潔に提示しておこう。その主張の論拠は第三章における意味論的分析を通じて詳しく考察される。パウロは神においても業よりも信が神の魂の根源的態勢であると主張する。それは神の啓示行為の報告において伝達されている。パウロは私の分析によれば啓示の言語として神の行為の報告である「ローマ書」三章二一―二六節においてイエス・キリストに帰属した信が神の義と分離なきものとして啓示の媒介となったことを報告して言う。

［A］神の義の啓示行為（媒介そして差し向け相手を含む）の報告　三章二一―二六節

二一しかし、今や、［業の］律法を離れて神の義は明らかにされてしまっている、それは律法と預言者たちにより証言されているものであるが、二二神の義はイエス・キリストの信を媒介にして信じる者すべてに明らかにされてしまっている。というのも、［神の義とその啓示の媒介であるイエス・キリストの信の］分離はないからである。二三なぜ［分離なき］かと言えば、あらゆる者は罪を犯したそして神の栄光を受けるに足らず、二四キリスト・イエスにおける贖いを媒介にしてご自身の恩恵により贈りものとして義を受け取る者たちなのであって、二五二六その彼を神は、それ以前に生じた諸々の罪の神の忍耐における見逃し故に、ご自身の義の知らしめに至るべく、イエスの信に基づく者を義とすることによってもまたご自身が義であることへと至る今という好機において、ご自身の義の知らしめに向けて、その信を媒介にして彼の血における［ご自身の］現臨の座として差し出したからである。

この箇所は神の啓示行為の報告の箇所である。神の人間認識、判断そして分離なき信義の啓示行為が報告されている。この新しい翻訳は従来のものと著しく異なるが、神の啓示行為を報告しているこの箇所はまず神により当該語が理解されているはずであるという前提のもとに、意味論的分析により神の前の現実の言語網の展開として理解される。啓示の内容、その媒介そしてその差し向け相手を表現するこれらの語句や文はまず神による人間認識そして啓示行為を伝達する。これを「神の前の自己完結性」と呼ぶ。

神は自らが義であることを、「［業の］律法を離れて」、その義がイエス・キリストの信と不可分離なものとしてその信を媒介にして信じる、ないし「イエスの信に基づく」と神が看做すすべての者に啓示している。神の義とその啓示の媒介である「イエス・キリストの信」のあいだに「分離（*diastolē*）はない」（Rom.3:22）と主張されている。[25] 人間にとっても義は業とは分離され信と分離されないものであることがその啓示には含意されている。神が人間に信実であるとき、対応する応答は業ではなく信だからである。

私が神の義とその啓示の媒介であるイエス・キリストの信のあいだに「分離はない」と訳したこの箇所は文献学的にはヒエロニムスが四世紀に *non enim est distinctio* と古ラテン訳の「編集」として提示して以来ずっと「［信じる者のあいだに］区別はない」或いは「差異はない」と訳されてきた箇所である。[26] この訳では人間の心的状態としての信仰に対する或る認識が伝えられているが、パウロが神の啓示行為として報告しているのは信じる者のあいだに区別や差異がないという神の人間認識ではなく、神がこの好機に自らの義を啓示すべく媒介として用いた信との分離がないことの自己認識を告げており、従来の翻訳は端的に誤訳である。この誤訳の故にその後この「ローマ書」の中心箇所の解釈に多くの混乱がもたらされた。ここでは神が自らの啓示行為について自らの理解がパウロにより報告されていることを理解することが肝心である。神は自らの義の啓示にさいし、ナザレのイエスの信を嘉し、「イエス・キリストの信」として自らの義と分離のない仕方で啓示の媒介として用いたことが報告されている。啓示には義人の啓示と罪人の啓示がそれぞれ異なる媒介により遂行されているが、前者神の信義の啓示の独立した神の義の自らによる理解網が「啓示」として報告されるが、その言語網が神の前の自己完結性を伝達している。啓示には義人の啓示と罪人の啓示がそれぞれ異なる媒介により遂行されているが、前者神の信義の啓示の差し向け相手は義人であると看做されておりその神の理解する義人の言語網をＡと呼び、神の義の罪人への天からの怒りを介した啓示とその罪人の言語網をＢと呼ぶ（Rom.1:18–32）。

神において信が業よりも自らの義に関して根源的であるならば、人間においても信義の分離のなさから生が遂行されるときエルゴンとの秩序ある統一が望めることになろう。パウロは、この福音の啓示の報告に続いて、その啓示に基づき、「われら」のことがらとして同輩の人間を神のイニシアティブとは独立しているものとして見つめ、人間中心的な視点から福音の現実を捉え直す。この地平を「ひとの前の相対的自律性」と呼ぶ。私は三番目のグループである人間を、責任ある自由の中で生きるＣ「自律的存在者」とも「義と罪の可能存在者」とも呼ぶ。そのテクストを福音の啓示に基づき、パウロが眼差しを同朋である人間に向けて言葉を紡ぐ箇所に見出すことができる。

従来、この神の前の自己完結性とひとの前の相対的自律性のあいだにこそ乗り越えられるべき存在論的差異があるとされ、総合的な乗り越えが神学的そして哲学的に遂行されてきた。信の哲学はこの新しいテクストの読みに基づき、双方の統一理論を展開する。

信仰義認論

［C］人間的な人間存在　三章・二七―三一節

それでは、どこに誇りはあるか、閉めだされた。どのような律法を介してか、業のか、そうではなく、信の律法を介して（*dia nomū pisteōs*）である。かくして、われらは、人間は業の律法を離れて信によって義とされると認定する。それとも神はユダヤ人だけの神であるのか。そうではなく異邦人たちの神でもあるのか。そのとおり、異邦人たちの神でもある、いやしくも神はひとりであり［業の律法ではなく］信に基づく（*ek pisteōs*）割礼者を、そしてその［イエス・キリストの］信を媒介にして（*dia tēs pisteōs*）無割礼者をも義とするであろうなら。それでは、われらはその［イエス・キリストの］信を介して律法を無効にするのか。断じて然らず。むしろわれらは律法を確認する。

パウロは二六節までにおける啓示の報告を前提に、それらの帰結（「かくして」）として、啓示に含意されたものの認識を伝えている。その認識は、今度は彼が人間の魂に眼差しを注ぎ、信仰に基づく義認が帰結することを「われらは認定する」と一人称により自らのこととして遂行されている。ここに啓示の言語の報告とは相対的に独立した一つの言語空間Cが編みだされていると私は理解する。というのも、「われら」が「人間」についての一つの認識を提示しているからである。ここでも、［A］(3:21–26)と同様に聖霊への言及がなく、広い意味では知恵の説得と言えるが、これにより言語層A、Cが相対的に独立したものであることが意図されている。とはいえ、ここでもこのロゴスに聖霊の執り成しが発話と同時に働いていることを何も妨げない。パウロは共約的な理解を可能にすべく細心の注意を払いつつ聖霊への言及なしに啓示の報告Aをなしており、またそれに基づく議論Cを展開している。

ここで信によって義とされると「われらは認定する」と自らの見解として主張する。業により義とされない以上、誇りという心的状態は閉めだされた。業の律法は最後まで業を要求するが、信の律法によりつまり信についての神の意志により信に基づく義が開かれた。「われら」のC次元における信は「かくして(*ūn*)……「信によって義とされるとわれらは認定する」」というA言語の帰結文として、「イエス・キリストの信」を媒介にした神の信に対する応答として成立するものであった。人間的な次元において、信仰義認とは自らの信・信仰をたとえそれが強弱変動ある心の態勢であったにしても、イエスの信において自らの信が神により理解されているという信のもとに神から信に基づく義認を受け取ることである。神が唯一である以上、割礼という業を行うユダヤ人も自らの信によって、無割礼の異邦人もイエス・キリストの信を媒介にしてそれに対応する自らの信によって義とされるとパウロは主張する。ただし、表現「信に基づく割礼者」において「信」には定冠詞がなく、時空上誰の信であるか指示による特定はなく、一つのグループが言及されている。他方、表現「その信を介して無割礼者」においては定冠詞と媒介の前置詞「介して」によりイエス・キリストの信が言及されている。

「神の前」の啓示の言語との対比において、パウロは「ひとの前」の言語を展開する。そしてグループCでは彼が眼差しを注ぐ人間に即して形成する言語表現はもはやグループAの「信じる者」や「イエスの信に基づく者」ではなく、単に「人間」、「ユダヤ人」、「異邦人」、「無割礼者」、「割礼者」と呼ばれ、基本的に誰にでも判別できる規準のもとに分類されている。グループCでのみ、「われら」というパウロを含む主語が使われる。パウロが見つめる現実に従って、人間の描写は変わる。

この箇所においてパウロは人間中心的な視点から言語網を形成していると言うことができる。彼はここで「われは汝らの肉の弱さの故に人間的なこと(*anthrōpinon*)を語る」(6:19)という視点から、肉の弱さに対する譲歩として人間的な眼差しの視点を導入する。「肉」は土から作られた身体を持つ自然的存在者の一つの生の原理を意味する。

肉の弱さは、ひとは自らの構成要素として聖霊の領域を考えられないゆえに、身体の限界を自己自身の限界として捉える傾向性から成り立っている。この「人間的なこと」という語句は、自律的な存在者（類型C）が人間を人間中心的な立場から、たとえば「奴隷」という語が中立的に「罪の奴隷」または「義の奴隷」のどちらにも適用されうるような立場から理解していることを含意している(6:17–20)。パウロは弱い人々への愛のゆえに、これらの次元を分節する労を惜しまない。

当該性規準と帰一的秩序づけ

パウロは「イエス・キリストの信」を神とひととの関わりの一切をそれとの関連において理解すべき当該性規準(the relevancy criterion)として立て、人間的なものをこの帰一的な構造のなかにおき、その統一理論を構築している。本書において信こそが、魂の力能の実働の諸種類のなかで、知識や感情そして勇気や節制等の習慣化された認知的、人格的徳という心的態勢（構え、実力）に基づく生を構築する営みとは異なる、しかもそれらの基盤となりうる特殊な根源的な（神の信に対応する）心的行為そして根源的な（自らの他の肯定的な行為を生み出す）態勢であることが明らかになるであろう。信は、ひとが自らの魂の実力である認知的態勢そして人格的態勢のいずれの段階においても、誰でもあれ幼子のようでありさえすれば持つことのできる、肯定的な対象に対する翳りなき肯定的な態度として、そのもとに生を新たに始める生の基盤に立つことであり、そしてそのことによる自己への還帰であることを明らかにするであろう。なぜなら信は、これまで培った生の諸前提のもとにおける積み上げそして展開とは異なり、過去は処分されたことを信じ、古い自己を引き渡すことをその行為自身のうちに含意する新たな自己を受容する生の根源的な行為だからである。そしてそれは哲学である以上、信の根源性が一般的な次元におけるロゴスとして万人に妥当するものとなるかが吟味され、また目指されるであろう。

誰であれ何らかの自己理解を持つ以上、自らの魂の底からひれ伏しつつその自己理解を放棄することはできる。

「信じます、信なきわれを憐れみたまへ」(Mak.9:24)。そしてそれは魂の根源的な出来事、事態でありしかも自らの習性として獲得できないものであるがゆえに、その根源的行為は絶えず古い自己を放棄することの反復により遂行される。イエスは日毎の祈りとして「こう祈れ」と命じていた。「われらにわれらの負債をお赦しください、われらがわれらに負債ある者たちを赦しましたように」(Mat.6:12)。その底で、例えば、アウグスティヌスは神に出会うと主張する。「汝は、しかし、わが内奥よりも内部にいました(*Tu autem eras interior inteimo mei*)」(『告白』第三巻六)。

信は、見ることのない神とひとを結ぶエルゴンであり、その障壁は絶えず取り除かれねばならない。ソクラテスとイエスがそれぞれロゴスと信を生き抜いたということは、その遂行を妨げる自他のあらゆることがらとの戦いというエルゴンを含意している。彼らに共通する冤罪の死はその戦いの冠である。弟子たちはそのエルゴンに内在したロゴスを析出したのであった。

二　福音と律法、信仰と業の伝統的なアポリア

神学的および歴史学的パウロ研究の問題の所在

魂の最も根底に位置づけられるべき態勢の問題は単に哲学的人間学においてだけではなく、ユダヤ教とキリスト教をも分かつ、ひいてはカトリシズムとプロテスタンティズムを分かつひとつの大きな論争を背後に抱えている。ここでは神学的および歴史学的パウロ研究の問題の所在のみを記す。パウロは旧約聖書に培われた伝統的なユダヤ教のなかで自らの思想を形成したが、伝統に対していかなる位置づけをもつのかが問われてきた。福音と律法、信仰と業、これらの伝統的な反定立・対照(*antithesis*)そして統合の営みのなかで、パウロは当時のパレスチナユダヤ教においていかなる律法解釈に反対し、信に基づく義の福音を提示したのか。彼は信仰義認論を業に基づく義の追求に対する反定立として展開しているが、それは律法主義的なユダヤ主義者に対する対人論法的な反論であって、

自らを伝統の擁護者と看做していたのか、それとも福音の発見は伝統との切断を余儀なくさせたのかが問われている。

なお、信仰との対照においてあるこの律法の業における「エルゴン(業)」は信の哲学がロゴスとエルゴンの相補性の展開において理解するエルゴン(働き、業)よりも歴史的、神学的に限定された意味で用いられる。これはユダヤ教の伝統との関連でパウロが福音との対比において律法を語るさいに、神の意志「業の律法(*nomū tōn ergōn*)」(3:20, 3:27)やひとの行為「律法の業(*to ergon tū nomū*)」(2:15)としてその律法の遵守が問われる文脈において用いられている。信の哲学は「エルゴン」により何であれ今・ここにおけるものごとの力能の実働とそれに対応する魂の感覚や叡知という認知機能の力能の今・ここの実働を理解している(「今・ここ」は指示の現場性を表現しており、「そのとき・そこ」をも含む仕方で個別的な働きが一般化されることもある)。このように信の哲学はエルゴンにおいてあらゆる魂の今・ここの具体的な働きを理解しており、律法遵守のエルゴンは確かに魂の認知機能により観察される限りの今・ここの働きであり、基礎的なエルゴン理解に包摂されつつも、律法の遵守如何という独自の文脈を担っている。

聖書学において当時のユダヤ教の文脈のなかでパウロにおける律法解釈が彼の信仰義認論といかなる関係にあるのか問われてきた。或る人々はパウロがユダヤ教に対抗する者として信仰と業(エルゴン・わざ)の明瞭な判別、対立を主張したと理解するが、他の人々はその判別は正しくなく、そもそもユダヤ教においても恩恵による救いは語られており、ユダヤ教には信仰と業を二律背反のもとに置く思考は存在しないと考える。

ユダヤ教には信仰と業を二律背反のもとに置く思考は存在しないと考える人々は、当時、救済をもたらすものとして律法主義的な功績は想定されてはおらず、約束に基づく選びの民に対する恩恵による救済が説かれていたと主張する。[27]かくして、この種の理解に基づき、或る人々は律法に基づく義の功績的な獲得が自己義認と誇りに導くことの故にパウロが攻撃していたのではなく、律法の役割を契約の内側で生きる様式に限定し、契約の民の身分の維持に関わるという理解に対してこそパウロは批判したと解する。割礼や安息日の遵守そして食事規定のような社会的に自他を判別する規準となる指標をめぐる矮小な律法主義こそパウロの攻撃対象であると理解されることもある。

それに対し、或る人々は当時のユダヤ教が律法主義であることには変わりはなく、恩恵に対する応答としての従順に対し救済の功績的な条件としての従順は、経験的には、分離されうるものではなく、また神学的にも業による救いとそれを可能にする力能としての恩恵をも分離することはできないと主張する。このような議論のなかで、信こそが人間の魂にとって根源的な態度、態勢であることを析出するに至る信の哲学の意味論的分析が神学的に含意するパウロの見解との関連において緊張をもたらす主張は、パレスチナユダヤ教において恩恵による救いが説かれていたからには、パウロの「信仰義認論」は何か独自なものではなく、彼にとっても中心的な思想ではないという見解である。

福音と律法、信仰と業の伝統的な問題について、パウロをめぐるこのような「ルター的パウロ」か「非ルター的パウロ」かの議論は本章補論二「信仰義認論の論争点」に譲り、それらを統一する理論を彼が構築していたことを第二部で詳しく論じたい(28)。ここではまず、ユダヤ教の伝統のなかでの福音の発見者としての自覚をめぐる長い論争の事実は信とそのエルゴンのあいだに統一理論が形成されていないことを示唆していることを指摘しておく。そのうえで、ここではパウロによる解決の方向のみの確認として、神における「律法を離れて」(Rom.3:21) つまり業と義の分離との対比における神の信義の分離のなさが多くの混乱を解決に導くであろうことを指摘しておきたい。

信が業と同じレヴェルで対比されることはないということは同意されるにしても、神と人間双方における信義の分離のなさという心魂の根源的態勢からの帰一的なエルゴン・業の秩序づけこそパウロの最も独特な主張であることが解明されるであろう。神が福音において自らの被造物に対する約束に信実でありその信を知らしめているという啓示の実質内容が、あらゆる肯定的なものの源泉として働いており、人類の神に対する信による応答も人類の根源的な肯定的態勢としてあらゆる肯定的態度の源となることが解明されるであろう。神はモーセの業の律法においても義であるが、約束に基づく信の律法においても義であり、後者が神の意志としてより根源的な義であることを確認するであろう。

ソクラテスにおいては知識が善き行為を導くように、パウロにおいては信が善き行為、律法の業を導くと考えられていたと解することには道理がある。彼は言う、「愛を介して実働している信が力強い」(Gal.5:6)。第三部にいて検討するようにルターのパリ学派批判はこの一節をめぐっている。業と分離不能な信仰は業に支配されており、信仰をそれ自身において捉えていないのではないか、パリ学派にはこのような信仰の誤解があるとし、ルターは「彼らは信仰をまったく理解していない」とまで言う。パリ学派は「愛が信仰の形相であり完成である」と主張するのに対し、ルターは反対に「信仰が愛の形相であり完成である」と主張する(第三部八章参照)。確かに、義は業と分離され、信と分離されないとすれば、一切が信の主導のもとに遂行されることになるであろう。信の哲学は福音と律法の信における帰一的関係の確立を介して統一理論を展開することにより、ルター主義的でも非ルター主義的でもある第三の道を行くであろう。

パウロの信仰と業の関係理解に対する嫌疑への応答の方向

このように、二千年になる神学論争はパウロの中心的思想とされる信仰義認の教説をめぐる種々のアポリアとの戦いである。福音と律法、信仰と業の関係がいかなるものかが取りざたされてきた。パウロは一方で正しい業により義と審判されると主張し、他方で業はなくとも信により義と認められると主張しているように見え、矛盾を犯しているのではないか、「スキゾフレーン(schizophren)」ではないかと嫌疑をかけられてきた。[29] ルターらプロテスタントの「信仰のみ」がカトリックの教説への反旗の標語となったが、常に、この問題はひとびとをして解決不能なパウロのテクストの十字架ではないかと悩ませてきた。

パウロは一方で言う、「汝の頑なで悔い改めなき心に応じて、汝は汝自身に怒りの日に、つまり神の正しい裁きの啓示の日に怒りを蓄えている。「神はおのおのにその業に応じて報いるであろう」。かたや、忍耐に即して善き業の栄光とその名誉とその不朽とを求める者たちに永遠の生命を報い、他方、利己心から真理に服せず、不義に服する者たちには怒りと憤りがあるであろう」（Rom.2:5–8）。他方でパウロはこうも言う、「働く者にはその報酬は恩恵によるのではなく、当然のものと看做される。しかし、働きのない者であり、不敬虔な者を義とする方《かた》を信じる者には、その者の信仰が義と認定される」（4:4–5）。ここに矛盾はないのであろうか。

この「不敬虔な者を義とする方を信じる者には、その者の信仰が義と認定される」という主張は我が国においては専修念仏を唱える親鸞の「悪人正機説」の系譜に属するものである。魂の根源的態勢としての念仏と業の関係は或る人々の唯一の救いの希望ともなり、また克服不能な妨げともなってきた。一般的に言って、所謂 **point of no return**（後戻りできない一点）、消せない過去を経験してきた人々にとっては、自らの自然的な生を何事もなかったかのように継続することはかなわない。それ故にこそ信や念仏の力に縋る以外に生きる道が残されず、そこに救いを見出してきた。ただ「南無阿弥陀仏」を唱え続けること、ただ「汝の罪は赦された」を唱え続けること、それが求められる信の行為であるとされた。ひとが自らの業や他人の業を振り返り、自他を審判するとき、その者は業の律法のもとに生きている。その業が既に赦されたことを信じる者は信の律法のもとに生きていることがパウロにより報告されている。「いずれの行も及び難き身」には、ただ「見よ、われは汝の不法を雲の如くに、そして汝の罪を霧の如くに散らした（*apēliphsa*）。われに立ち返れ、そうすればわれは汝を贖うであろう」の言葉に身を委ね、「地獄ぞ一定すみかぞかし」という思いに囚われるとき、ただ「わが思いは汝らの思いとは異なる」を思い返し続けるだけであろう（『歎異抄』第二章、Isaiah 44:22, 55:8）。律法主義から解放され、信の律法のもとに生きること、「信じます」という告白がそのつど求められている第一のことがらであり、生の更新の唯一の可能な契機であるとされた。

しかし、通俗的な信仰義認論や悪人正機説の理解によれば、どんなに悪人であっても、ただ信じさえするなら神は罪を赦免し義とする、弥陀の慈悲を受けるというが、そのような神や仏は不義ではないのか、立派な人間だけが救われるに値するのではないかと古今東西を問わずひとびとは困惑してきた。(30) また「われヤコブを愛し、エサウを憎んだ。……われが憐れもうとする者をわれは憐れむであろう。……欲する者を彼は憐れみ、欲する者を彼は頑にしたまう」そのような神は不義なのでないか、依怙贔屓ではないか、「彼の意志に誰が反抗してきたであろうか」と嫌疑がかけられてきた(9:13–19)。パウロは第一に神の主権によりしかも憐れみの啓示に基づき応答する、「それは望む者のまた奔走する者のことがらでもなく、憐れむ神のことがらである」(9:16)。神に不正の嫌疑がかけられるのは神の憐れみを知らないからである。

一般的に言えることは「神には偏り見ることがない」(2:11)とすれば、神が業の律法の適用において、また信の律法の適用において一つの明確な基準のもとに判断が遂行されていることである。業の律法のもとに生きる者には業の律法が適用され、信の律法のもとに生きる者には信の律法が適用されているならば、そこに依怙贔屓はないと言えよう。信の律法を充足する者とは「イエスの信に基づく者」また「アブラハムの信に基づく者」として、その信が神に嘉される者のことである(Rom.3:26, 4:16)。

信の哲学はパウロの主張に矛盾がないことをまずテクストの意味論的分析を通じて明らかにするであろう(第三章二—四節参照)。ひとびとは信仰義認の教説を人間の心的状態の事柄として善い業がなくとも信じるだけでよいという仕方で心的態勢、行為の事柄として理解してきたが、それは「ローマ書」の中心的箇所がヒエロニムス以来誤訳され、誤解されてきたことによるものであることを明らかにするであろう。私は意味論的分節に即して神の義とその啓示の媒介であるイエス・キリストの信のあいだに「分離(*diastolē*)はない」ことを析出するが、この神の事態は神の義の受け手が「信じる者すべて」つまり、その語において神に信じると理解されている者、即ちその信仰をイエスの信に基づくと神が嘉するところの者が指示されているという、神の前の義人の現実を啓き示していることを確立するであろう。従来の論争の元凶として、この箇所を神の前の事柄ではなく、ひとの前の事柄つまりひとの心的行為と態勢が問題になっていると捉え、信じる者のあいだに「何ら区別（*diastolē*）がない」或いは「差異がない」ことが神の義を受け取る者は業を為す者ではなく、信じる者すべてのことであると解されることとなった。

意味論的分節を通じて、まず神にとって、そしてそれ故にひとにとっても信が魂の根源的態勢であることを明らかにする。神において業と義は分離され、信義は不可分離であるが故に、魂の根源的態度の方向のみが「イエスの信に基づく者」であるかどうかの、神による判断の基準となるであろう。福音と律法、信と業の関係が神の義をめぐりこの信の律法と業の律法の啓示の分節に基づき明晰に展開されていることを明らかにする。さらに、正しい信において、その信のロゴスと信のエルゴンとの共鳴和合がいかなるものであるかを明らかにする。それによりこの種の伝統的なアポリアの解決の道筋を示す。

善い木は善い実を結ぶように、イエスは「木はその固有の実によって知られる」（Luk.6:44）と端的に語る。この譬えにおいて、確実に語りうることは対偶を取り、もし善き実を結ばないなら、それは善い木ではないということである。しかし、善い木であれば、常に善い実を結ぶかは自然災害等の妨げが想定されるため、十分条件を特徴づけることはないであろう。しかし、魂の根源的な態勢が信であるとか知識であるとか主張する者は、それに基づき魂の善き業の生みだされることを積極的に証明することが求められる。ここには木と実のあいだに質の対応を見出すことができる。善き信は善き業を生み、悪しき信は悪しき業を生む。単なる知識ではなく、善き知識が善き業を生むことも道理ある主張である。パウロは「愛を媒介にして実働している信が力強い」と語る（Gal.5:6）。人間的に言えば、信の善性はその力能により業に浸透していると想定される。これは生全体の質に関わる主張であろう。魂の全体性において信と業がいかなる関係にあるものとしてパウロに理解されていたかを明らかにすることは常に探求されるべき大きな課題である。

神における二つの意志「業の律法」と「信の律法」は十戒の刻まれた石板を通じてそしてイエス・キリストの信を通じて啓示されている。それらは人類を罪人と義人の二種類に分けるものとして機能している（Rom3:20, 27）。パウロにおける神の義認の主張とイエスにおける善き果実の主張が実質的に同じものであるか否かは問われねばならない。善き果実が生まれずにも、心魂の一番根源部位に生起する信が神に嘉されるということは、パウロにより報告されている。「あらゆる者は罪を犯したそして神の栄光を受けるに足らず、キリスト・イエスにおける贖いを媒介にしてご自身の恩恵により贈りものとして義を受け取る者たちである」(3:23–24)。すべての人間が贈りものの無償性において義を受け取る者たちであると神に看做されている。義認は各人の功績は問われないことが明言されている。そのなかで、「イエスの信に基づく者」と神に看做される者が義とされる。その論拠としてパウロは旧約聖書を引用する。「実際、書は何と言っているか、「アブラハムは神を信じた、そしてそれが彼に義と認定された」。働く者にはその報酬は恩恵によるのではなく、当然のものと看做される。しかし、働きのない者であり、不敬虔な者を義とする方《かた》を信じる者には、その者の信仰が義と認定される。ダビデもまた神が業を離れてその義を認定するところの人間の祝福をまさにこう語っている、「その不法が赦された者たちは祝福されている。そしてその罪が覆われた者たちは祝福されている。主がその罪を認めない者は祝福されている」」(Rom.4:3–8)。

パウロによれば、終わりの日に各人は神に「業の律法」それとも「信の律法」のいずれに属していると看做されていたのかが明らかになる。信と業は善性と悪性に関して同質ないし対応関係にあるものである限り、「イエスの信に基づく者」と神に看做される者はイエスの業と同様の善き業が遂行されていることを含意する(Rom.2:14, 3:26)。従って、木と果実が不可逆的であるように、信とその業が不可逆的である限りにおいて、神は魂の根源的態勢としての信の在り方のみを問題にすると言うことは正しい。これは文字通りに理解しなければならない。心魂の根源にイエスの信に基づくと看做されるそのような信があるか否かだけが問われている。アンセルムスならその魂の方向が「真っ直ぐ」か否かだけが問題にされると言うであろう(第七章参照)。そして、他方、業の律法のもとに属する者は業の律法によりいかなる業が遂行されたかに応じて審判されるであろう(2:5–8, cf. Gal.3:21)。

いずれのもとにある者として審判されるかは終わりの日に至るまでは、個々人には明白に啓示されていない。

個々人にはそのいずれであるかに関しては神の意志はイエス・キリストや十戒を介したほどには明晰に啓示されていないため、信じることは常に実質的なこととなる。信の律法のもとにある善き信を持つ者（と神に看做されている者）は善き業が生まれているはずであるが、どこまでも「信の律法」のもとに信じたか否かが審判されるであろう。「業の律法」のもとにある者は自らの律法の業により審判されるであろう。ここではこのことを記し、その方向を示すに留めておこう。ともあれ、魂の根源的態勢のエルゴンとそのロゴスそしてその共鳴和合こそ求められる。

パウロが生を賭している福音の宣教においてもロゴスとエルゴンの相補性を見出すことができる。以下ならびに第二章において信の哲学の基礎作業として、彼におけるこの相補性を確認し、それを通じて、彼の福音の宣教を、アリストテレス哲学において見られるように、一つの哲学的作業として理解することが可能であることを論じる。

三　「知恵の説得的議論」（ロゴス）と「霊と力能の論証」（エルゴン）

ここでパウロが彼の書簡「コリント書」とそれに続く「ローマ書」への展開においてロゴスとエルゴンの分節の上でそれらの共鳴和合を求めていることを確認したい。彼の言語論と心身論の詳しい分析は第二部に譲るが、彼の方法論として哲学的次元を析出できることを明らかにしたい。

パウロの思考様式の特徴は、ナザレのイエスにおいてユダヤ人のみならず人類全体にとって比類のない救いが出来事になった、つまりイエスがキリスト・メシヤ（油注がれた者・受膏者）であるという神とひとの媒介者における一つの出来事に眼差しを注ぎつつ、旧約聖書との連関のなかで、また他の諸文化とも共約可能な語彙や思考様式を援用しつつ、福音を宣教したことにある。

彼は自らの自覚としては神に強いられてこの職を遂行していること、そして逐語霊感説とさえ解釈されることもあろう、基本的に宣教の働き、エルゴンが聖霊の援けのもとにあると強い主張をなしている。彼は「コリント前

書」九章で言う、

汝らは主にあるわがエルゴン(働きの産物)ではないのか。……汝らはわれの使徒であることの主にある証拠だからである。……われらは汝らに霊的なものを蒔いたなら、われらが肉的なものを刈り取るとするならそれは過大か。……たとえわれ福音を伝えても、われに誇るところはない。というのも、われにそれが必然的に課されているからである。もしわれ福音を伝えないなら、禍がわれにあるからだ。もし自発的にそれを為すなら、われは報酬を得るであろう。しかし、もし自発的でないなら、[神の]経綸を信任されているのである。それではわが報酬は何であるのか。それは、福音をして無償なもの(*adapanon*)と為すであろうために、われ福音を伝えることによって(*euaggelizomenos*)、福音におけるわが権利を利用しないに至ることである。……福音の故にわれはあらゆることを為す、それはわれ福音に共に与《あずか》る者(*sugkoinōnos*)となるためである(1Cor.9:1–23)。

パウロは神の計画のなかで福音宣教を任されているという自己認識をもっている。その証拠に彼は自発的に為したのではないということ、むしろそれを課され信任されているという自己認識を挙げる(cf. Act.9:15–16)。そして彼のエルゴンは福音を共に分かち合う霊的な交わりのもとにあるコリントの人々への宣教である。霊的なものを蒔くこととされる福音を自ら宣教することは福音を聞くひとびとと共に神の働きのなかで福音に与《あずか》ることである。つまり信任された言語行為そのものの報酬は無報酬でつまり何ら権利を利用することなく神の福音のエルゴンを分かつことである。このような言語行為は通常の情報伝達に限定することはできず、罪人の義認という福音つまり神の前の現実が自らの現実となることそのものを伝達する霊的なものとして理解されている。

他方、彼は「霊」に対する言及のない福音の宣教についても自覚的である。彼が「知恵の説得的議論」と「霊と力能の論証」を判別するとき、彼は「霊」が躓きとなることを或いは少なくとも躓きとなる人々がいることを自覚している(1Cor.2:1, cf. Rom.6:19)。彼はこの引用箇所の続きでその躓きの自覚のもとに次のように福音の宣教の様式を語っている。「われはあらゆる人々から自由であるが、あらゆる人々に自らを隷属させた、より多くの人々を獲得するためである。ユダヤ人にはユダヤ人のようになった、ユダヤ人を得るためである。律法のもとにある者たちには、われ律法のもとにあるのではないが、律法のもとにある者のようになった、その人々を得るためである。……弱い者たちには弱い者になった、弱い人々を得るためである。あらゆる人々には、あらゆる人のようになった、なんとか幾人かを救うためである。福音の故には、われあらゆることを為す、それはわれ福音に共に与る者となるためである」(1Cor.9:19–23)。これを「福音への柔軟アプローチ」と呼ぶことにする。

私は「コリント書」に続く「ローマ書」において、彼は柔軟アプローチを採用し、「知恵の説得的議論」を知者たちのために遂行していると理解する。彼は「ローマ書」の冒頭で福音宣教の対象者について言う、「ギリシャ語圏の者にも異言語圏の者にも、知恵ある者たちにも愚かな者たちにもわれ負うべき責めを持つ」(1:14)。このことは先の柔軟アプローチを前提にするとき、「ローマ書」において彼は知者たちを得るために、知者たちのようになることを厭わないことを含意していると推論できる。「弱い人々(*hoi asthenes*)」(1Cor.9:22)とは「肉の弱さ(*hē astheneia*)」(6:19)においてある者のことであり、彼らは自らの身体の限界を自己の限界と考えがちな傾向性を持ち、霊に対する感受性の弱い者であると考えられる。ここで「知者たち」とはそのような人間的な強さにおいてあるが肉の弱さにおいてある者のことでもあろう。ともあれ、パウロは「あらゆる人々にはあらゆる人々のように」なっているのであるから、知者たちには知者たちのようになったことは疑いえない。

「霊」についても知者たちが理性において理解できるように宣教していたことを本書においてその方向を確認するであろう(第四章参照)。実際パウロは「われらは汝らが読みしかも理解することがらの他何も書いてはいない」と言う(2Cor.1:13, cf. Rom15:14–19)。彼は「霊」についてさえ一般的に魂の一つの機能として読んで理解できるはずだと考えている。信じる者も信じない者も同一の言語を用い、同一の心身(魂体)を持つ者として哲学的なとりわけアリストテレス的な分析と共約的な次元で捉えることを許容する仕方において、パウロは自覚的に或いは無自覚的に(つまり身体化された仕方で)語っていると思われる。

パウロはギリシャの哲学者、ユダヤ主義的キリスト者や律法学者と二十年以上にわたって論争しており、彼らの立場や議論を十分に理解したうえで福音を宣教している。実際、パウロについてルカにより「パウロはシナゴーグではユダヤ人や礼拝者たちと、そしてアゴラで毎日(*kata pāsan hēmeran*)居合わせた人々と議論した。また或るエピキュロス派やストア派の哲学者たちが彼と議論した」(Act.17:17–18)と報告されている。この報告は彼の柔軟性アプローチに合致する。哲学者たちには哲学者となったに違いない。自らの体験や理解を彼らと共約的な次元で議論を展開しその成果をこの書簡において展開していると想定することは道理あるものである。パウロの書いたものは、宣教それ自体が同時に、当時の哲学者や律法学者などの批判者たちへの反論を含む形をとっている。

パウロは「ローマ書」で「ディアトリベー(*diatribē* 問答形式)」と呼ばれる書体で論争風に議論を展開している。彼は論敵による彼のとりわけ信仰義認論への批判を疑問文形式で提示し、それへの応答は簡素な拒絶表現「断じて然らず(*mē genoito*)」により反論する。これにより読者を議論に引き込みつつ、自分の主張、とくに信仰による義認をめぐる様々なアポリアに自らの視点から解決案を展開している。たとえば、パウロの論敵は、パウロの信仰義認論の彼らの理解のもとでは、神の義、真、律法の効力と善性は疑わしいものとなり、信により義が得られるのであるなら業が何ら要求されることはなく、義を来たらすべく罪を犯すことを賞賛する。その結果として無律法主義が引き起こされると彼らは信仰義認論を反駁していた(3:3, 5, 31, 6:1, 15, 7:7, 13, 9:14, 11:1, 11)。

確かに、どんな悪人でも信じるだけで義と看做すそのような神は不義のように思える。その実質は今後展開するとして、この書簡におけるパウロの論敵に対する論駁は、実際聖霊に対する言及なしに遂行されるが、共約的次元での彼自身の経験と理解を提示していると解することはこの議論形式からしても道理ある。あるいは少なくとも、パウロは自らの見解の理解がどのような人間にも拡張され、また受け止められると考えている。

「コリント前書」において彼は「知恵の説得的議論」と「霊と力能の論証」を対比し、後者により福音を宣教するとしていた。他方、「ローマ書」では「ロゴスによってそしてエルゴンによって」(15:18)福音を伝達すると述べる時、彼は「コリント前書」のこれら二つの方法を同時に充たすそのような方法のもとに展開していると私は理解する。言ってみれば彼の福音宣教のエルゴンは聖霊のエルゴンの助けの中で遂行されつつも、それらエルゴンの複合を分節しつつ或いは分節を許容するような読み方のできるそのようなロゴスないし人間的な知恵において福音の論証を展開している。二書の執筆意図や文脈は異なっており、矛盾ではなく、「ローマ書」においては彼の議論構成が同時に知恵と霊の論証双方を伝えることができる、そのような工夫がこらされている。

さらに、その基礎にあるものとして、彼の柔軟アプローチは福音を分節して宣教するその言語理解にも見られることをここで明らかにする。彼は確かなものとして神による人間認識や判断そして行為を報告しているが、神の行為を、それは人間に理解されるものである限り当然のこととして、人間の言葉でその文法規則そして意味論のもとに人間の言語理解を投映しつつ報告している。神はあたかも人間が理解するようにつまり構造の平行性のもとに人間を理解するという仕方でその文法と意味の理論のもとに描かれているが、当然認知的、人格的に十全な神と不十全な人間の間では用いられる語の意味の理解が異なっているであろう。そしてその異なりも語句が形成する言語網の相違、言語表現の相違により伝えられている。しかも、相互に理解できるように報告されている。まず、「コリント前書」による「知恵の説得的議論」と「霊と力能の論証」の分節、そしてさらにはそれらでさえ何らかの共約的な規準において比較可能なものであることを見ておこう。

パウロは「コリント前書」で自らの宣教の特徴を競争者たちの「知恵の説得的議論」に訴えるそれと対比し、「霊と〔神の〕力能の論証」と呼んでいる。

十字架の言葉は滅びる者たちには愚かであるが、救われるわれらには神の力能である。……世界はその知恵を介しては神を知らなかったが、それは神の知恵のうちのことであり、神は宣教の愚かさを通じて信じる者たちを救うことを嘉した。ユダヤ人は徴を求めるそしてギリシャ人は知恵を(*sophian*)求める。われらは磔にされたキリストを宣教する。ユダヤ人には躓きであり、異邦人には愚かであるが、召しだされた者たち、ユダヤ人にもギリシャ人にも、キリストは神の力能そして神の知恵である。神の愚かは人間たちよりもより賢く(*sophōteron*)、神の弱さは人間たちよりもより力強い(*ischuroteron*)。……わが議論とわが宣教(*ho logos mū kai kērugma mū*)は知恵の説得的な議論において(*en peithois sophias logois*)ではなく、霊と[神の]力能の論証において(*en apodeixei pneumatos kai dunameōs*)ある、それは汝らの信仰が人間の知恵においてではなく神の力能のうちにあるためである(1Cor.1:18–2:4)。

この発話の文脈として、コリント教会において知恵による説得を試みている人々がおり、パウロは、キリスト宣教の方法として、自らの方法が彼らのそれと異なることを強調しているそのような状況が想定される。しかし、文脈如何にかかわらず、ここでのパウロの主張は一見反ギリシャ的、反理性的に見える。パウロは「霊と力能の論証」による宣教において、十字架において死とその棘である罪に対して勝利した、生命そのものであるキリストのエルゴンを伝達する。それはコリント人の信仰が神の力能において実働するためである。宣教の目的は「汝らの信仰が人間の知恵においてではなく神の力能のうちにあるために」と語られている。これは理性が人間の知恵として信念を生み出そうとするような普遍的な次元とは異なる次元から成り、人間の信仰の内で働く神の力能を伝えようとしている。つまり、パウロの「霊と力能の論証」は神の力能の実働への言及による説得のことであり、人間的な知恵として信念の形成に努めるものとは一見次元を異にしている。

ここで福音の宣教と議論はギリシャ哲学にその基礎を持つ「知恵の(*sophias*)説得的な議論」による論証と対比されている。パウロが「ギリシャ人は知恵を求める」と言う時、ギリシャ的伝統の「知恵(*sophia*)」の理解を念頭に置いていると考えるのは妥当であろう。アリストテレスは『ニコマコス倫理学』において次のように言う。

知恵(*Sophia*)は明らかに諸科学的知識のなかでもっとも厳密なものであろう(*akribestatē tōn epistēmōn*)。かくして賢者[知者](*sophos*)は原理から導かれる事柄を知っているだけではなく、他のすべての基礎となる原理についての真理を把握していなければならない。それゆえ、知恵は叡知そして[その叡知に伴う]もっとも尊いもの（*timiōtaton*）の頭頂部を持っているそのような科学的知識である（*Nic. Eth.*VI7.1141a16–20）。

確かに、人類の魂についての自己知をもふくめ宇宙全体が何のためにあるかの知識は単に或る原理に基づく科学的知識には還元されず、最も包括的な原理、例えば神をも含め、「自然本性上最も尊いものどもについての叡知そして科学的知識」（1141b3）が成立するなら、その認知的状態は一つの尊称で呼ばれるに値する。アリストテレスはそのような知識を「知恵（*sophia*）」と呼んだのだと思われる。

「実践と真理に関する」魂の機能の議論の中で、アリストテレスはそれによって魂が真実に至る五つの認知的機能を挙げる（*Nic. Eth.*VI.2–3）。「それに肯定しまた否定することにより、真理とする魂の五つの態勢」として「技術（*technē*）、科学的知識（*epistēmē*）、実践的知識・賢慮（*phronēsis*）、知恵（*sophia*）、叡知（*nūs*）」が枚挙されている（1139b15–18）。アリストテレスは人間の認知的な営みのいずれもこれら五つのいずれかに帰属すると理解している。パウロもギリシャの伝統に従い「知恵」の他に「叡知」「実践知」の認知的な語句を用いている（e.g. 12:2, Gal.5:10, cf. アリストテレスにおいては「霊（*pneuma*）」は生命原理として用いられている（*Gen. Anim.*,II3.736b29–739a1））。パウロがこれらの機能に言及することで意味したものはアリストテレスが意味したものとまったく同じということではないかもしれないが、とくに超越的な実体に関わるものについては、ある認知的態勢を表現するべくこのような名称を用いる必要があったことは否定できない。

ギリシャ人の知恵は、他のあらゆる実体の原理として、宇宙の究極の実体に関わるが、パウロによる「磔にされたキリスト」がもたらす福音の宣教は、愚かに見えてもそれは創造者である神による歴史に対する一つの関与である。ギリシャ的な崇高なものを対象とする理論的な知識はとても強力であるように思われる。それに対し、パウロは「神の愚かは人間より賢く（*sophōteron*）、神の弱さは人間より力強い（*ischuroteron*）」と述べる。一事件をめぐる福音は神の歴史への参入であり、人間の生の何のためにあるかの宇宙論的な理解を持つ知者の知恵より賢く、力強いと彼は主張する。福音は「神の力能」そして「神の知恵」であるが故に、それを伝達するために彼は「霊と力能の論証」を企てる(cf. Rom.1:16)。

しかし、この主張には端的に懐疑が提示され、例えば霊を判別するものは何であるのか、信仰が神の力能のうちにあることを確認するものは何かが問われよう。さらに、外在的な立場で霊を霊として把握することはできるのか、霊は身体的な器官を必要としないのか、そもそもひとは霊の外にあるということと霊の内にあるということを判別することができるのか、たとえ「神の力能」のうちに信仰があったとしても、それはやはり人間の信仰として記述されるのではないか等の問いが提示されよう。

信の哲学はこの霊を共約的な次元において解剖することを企てるが、パウロはそれを許容する仕方で議論していることを第二部で明らかにする。或いは、霊という事柄に対応し得る魂の部位について道理ある理論を展開していることを明らかにする。この箇所においても、或る人々には愚かに見えても、十字架の言葉は人間の普遍的な知恵よりも「より賢く」、「より力強い」という比較級による主張は、この二つの知恵の主張は比較されうるものであり、従って共約的な規準があることを含意している。彼は人間の知恵が「賢い」ものであり「力」あるものであることを、さらには信が人間の力として知恵の支配のなかにありうることを否定してはいない。そのうえで、彼は霊と力能の論証が、それよりもより賢いものとして基本的に誰にも理解できる言語により、その延長線上に理解されうるものであると主張している。この比較の規準としては、人間を神による力能をも受動するその全体性において捉えるという視点が与えられよう。そしてその基礎に、パウロは人間の理解できる範囲においてしか神のことがらは理解できないという前提のもとに、同一の言語によってしか神のことがらを伝ええないことそして伝えることができるという信念が起動している。

ここで「世界はその知恵を介しては神を知らなかった(*ūk egnō ho kosmos dia tēs sophias ton theon*)が、それは神の知恵のうちのことであり、神は宣教の愚かさを通じて信じる者たちを救うことを嘉した」(1Cor.1:21)と言われている。人間にはこの世界、宇宙の知恵による神へのいかなるアクセスも否定されているのであろうか。このように過去時制で表されている人間の認知的力能についてのパウロの判断は、一つの問いのもとに再吟味されうると考えることが許されよう。アリストテレスの慧眼といえどもキリスト以前の制約のなかで啓示されなければ知りえないことがあるであろう。この無知に続き「宣教の愚かさ」により啓示された福音をパウロは宣教したのであった。彼は一方「コリント(前後)書」において、その宛先が自ら立てた教会であることもあり、具体的な諸問題を解決すべく、自らの生が神の力能のうちにあるものであることを実証しつつ福音をより実践的、また個人的な仕方で論証している。

他方、コリント教会とのこれらのやりとりを経た後に書かれた「ローマ書」において、パウロは「霊と力能の論証」という表現をもはや用いないが、やはり信仰が神の力能のうちにあるべく、霊の言葉と矛盾することのないより理論的、体系的な仕方で福音を論証する。その実質内容は、同様であり、イエス・キリストを宣教することにある。問いとは、福音の啓示についてパウロ自身がはっきりとこれら「コリント(前後)書」および「ローマ書」で議論を展開した後にも、この同じ言明「世界はその知恵を介しては神を知らなかった」がパウロによってあらためて語られるであろうかというものである。「宣教の愚かさを通じて」伝えられたものについての共約的なアクセスが最終的に「ローマ書」に至るこれらの書簡を通じて開かれたと解することは道理あることである。彼は「ローマ書」において福音をたとえそれが一見愚かなもののように見えても、肉の弱さにおいてある知者には知者のようになり宣教することを厭わなかった。それ故に「ローマ書」が公にされた以上、世界、宇宙はその知恵を介して神に対する何らかのアクセスを得たと語ることは許容されよう。

もし神の知恵を世界の知恵が一切学習できないのであれば、いつまでも世界はその知恵を介して神を知ることはないであろう。人類の歴史において、人間に生じることは何であれ、たとえどれほど個人的な叡知や霊感に満ちたものであれ、人類の共有財産とすべくそれら特異なことがらの普遍的な三人称の言語による翻訳、解読が試みられてきた。この信以前の理解の試みもその一端に連なるものである。そこでは福音が無矛盾なものであることが論証される。

四　パウロにおけるロゴスとエルゴンによる宣教と論証

「ローマ書」における彼の福音の宣教と論証が同時に幾つかの目的のために遂行されていることをここで確認したい。「ローマ書」においては福音の宣教が、同時に、彼の論敵とりわけ律法主義者、ユダヤ主義的キリスト者に対する論駁になっている。なぜなら、パウロによれば、イエス・キリストの出来事は業の律法のもとでは神の前では罪人でしかありえない罪への隷属から解放し、異邦人にもユダヤ人にも開かれた救いの訪れだからである。即ち、パウロにおいて「イエスが主である」との宣教とはその出来事において啓示された神のユダヤ人そして異邦人に対する認識、判断そして行為を伝達することであり、しかもその宣教という言語行為そのものが論敵の挑戦に応答するだけではなく、キリストの生命を伝達する、言ってみれば聖霊のエルゴンを持ち運ぶものとしての言語を構成するそのような思考の展開となっている。

すなわち、その宣教のロゴスによって伝達しようとするエルゴンは、パウロの自己申告によれば、その言語行為それ自体が、伝達しようとするところのものである「福音」即ち「すべて信じる者に救いをもたらす神の力能」(1:16)のエルゴンのなかで遂行されているというものである。ここでの「力能(*dunamis*)」は、神はひとを救うさいに関わる神に帰属する力能のことである。そうであるとすれば、パウロのエルゴンは神の力能の発現ということになる。ここに福音をめぐるエルゴンの複合性を確認することができる。パウロは書簡をこう締めくくる。

だから、われ、神に向かうことがらに関して、キリスト・イエスにある誇りを持つ。なぜなら、われは、異邦人たちの従順へと至るべく、キリストがわれを介して言葉(ロゴス)によってそして働き(エルゴン)によって(*logō kai ergō*)、諸々の徴《しるし》と不思議の力能において、神の霊の力能において、成し遂げたものごとではない何かをあえて語ることはないであろうからである(15:17-19)。

この文章は本書の基礎命題である(「序文」参照)。この箇所ではパウロ自身はキリストの肉における器官とでも言うべき位置を得ており、キリストのエルゴンを自ら働く(エネルゲイン)こと以外に何も語ることはないと主張している。「ロゴスによってそしてエルゴンによって」と双方が並置されており、たとえ議論自体が聖霊を受けることにより聖霊の働きのもとにあるという自己認識のもとで述べられているにせよ、互いが並置されることで「ロゴス(理論)」は「エルゴン(実践)」と何かしら対比されており、「ロゴス」はそれ自体の特徴を持つべきことが示唆されている。私は「ロゴス」により、たとえ神と聖霊とパウロの複合的な働き・エルガ(*erga*「エルゴン(*ergon*)」の複数形)が遂行されているにしても、彼はそれをそれぞれの行為主体、イニシアティブの分節をなしており、それぞれからのアクセスの記述を許容する仕方で展開されている議論のことであると理解する。従って、「知恵の説得的議論」と「霊と力能の論証」の独自の総合を企てたと考えられる。このことを次に確認する。

神を知るということにも幾つかの次元が考えられる。ひとつには、神の前で神にそのような者と看做されている義人や罪人がいかに神を認識しているかについて、神はいかなる理解をもっているかがパウロにより報告されている(cf. Rom. 1:32)。そこでは神と罪人のあいだになにひとつ不明瞭な認識の齟齬はないとされる。他方、肉の次元においてはパウロといえども肉の弱さを抱える限り「われらは、今は、鏡を通じて不鮮明に見ているが、かのときには、顔と顔をあわせて見る。われは、今は、部分的に知っているが、かのときには、われが知られているその仕方で知るにいたるであろう」(1Cor.13:12)と述べるように、見知りによる知識(knowledge by acquaintance)のような明確な知識に到達していない。なお神との認知関係は常に相互的なものとされる。もし神を何らか知ることができているとするならば、神に知られていることを含意している。[31] これは後に詳しく吟味するように、神による認可なしには、そして聖霊の媒介なしには肉においてある人間は神の肯定的側面について何らかの知識を持つことはできないということを含意しているであろう。

しかし、福音の啓示の事実がとりわけ「ローマ書」において明晰に語られた場合に、信の哲学がここで「世界の知恵」以上のものでないのかは別として、理性は新たに啓示について何らかのアクセスを持ちうるであろう。というのも、何であれ歴史的な一事件に理性が解明を企てることがあり、或る程度それが明らかになることがある以上、過去の啓示と報告される歴史的一事件についても明晰に論証されている限り、それについての考察は何らかの知識をもたらすことができようからである。カール・バルトは「『ローマ書』についての厳密科学は写本の読解とそのための索引作成とに限られなければならないであろう(32)」と悲観的であるが、信の哲学は当然この見解に与しない。

神の力能に触れるとき、それは人間の創造者の力能として人間の力能よりも力強いということは経験者であるなら語ることができよう。そして、その経験の言葉は何らかの普遍性を求めるであろう。或る人々にしか理解できない言葉は宣教として空しい。パウロは異言をそのようなものとして位置づけている(1Cor.14:4–5)。信の哲学はこの「より賢く」、「より力強い」言葉がいかなるものであるかを普遍的な次元において探求する。つまり、これは十字架の言葉を人間の知恵との共約可能性のなかに理解しようとする企てである。

一般的に言って、霊の力がより賢いものとして言葉により論証されているものである限り、一見愚かに見えても理性の吟味に耐えうるものであり、通常の人間的な理解を構成する言語的な理解を前提にしている。さもなければ、彼の議論は理解さえできないであろう。人間の知恵よりも包括的な神の力能に基づく信を論証することにより、信の哲学の成否は「ローマ書」において「イエス・キリストの信」とひと個々人の心的状態としての信の二つの相のもとに分節されている信を人間であること全体の分析として普遍的次元において提示しうるかにかかっている。これにより同一の心魂を持つものである限りにおいて同意が成立しうる共約的な領域を拡張することもあろう。信の哲学はこの「霊の力能」を共約可能なロゴスを通じて明晰に理解しようとするものである。

その実質は第二部で詳しく展開するが、ここでは「ローマ書」において、パウロは五つの相対的に独立しておりまたそれぞれ整合的な言語網を展開していることを概略的に提示し、理性のみによる信の哲学の可能性を確認したい。霊の媒介のエルゴンへの言及なしに、その媒介される神のエルゴンと人間のエルゴンそれぞれからアクセス可能な仕方で独立したものとして言語網を持つことが明らかになるとき、理性のみにより理解可能なものとなる。

パウロにおける「知恵の説得的議論」と「霊と力能の論証」二つの論証様式の相違は「霊」に対する言及があるかないかである。私の理解ではパウロは「ローマ書」において神の啓示行為の二つの報告（1:18-32, 1:16-17（3:21-26））に続いてそれぞれの知恵の説得を一章一八節から三章二〇節、三章二一節から四章末尾まで遂行し、五章から八章末尾まで霊と力能の論証を遂行していると解する（一箇所、怒りの啓示に基づく神の義の知恵の説得のなかで「霊における心の割礼」（2:29）において「霊」に対する言及が見られるが、これは「肉における割礼」との対比のなかで一般的に二つの種類の割礼を述べている箇所であり、今・ここの聖霊の実働を表現しているわけではない）。

注目すべきことに、パウロは「ローマ書」においてその点にとりわけ自覚的であり、彼が「啓示」という言葉を用いて神の啓示の報告を為す際には「神の前」の二種類の事実は聖霊に対する言及なしに遂行されている。そして五章以降での霊に対する言及があるときでさえ、人間の心魂のパトスという心的状態の次元で捉え直すことが試みられている。信じる者も信じない者も同一の言語を用い、同一の魂体を持っている以上、彼の二つの論証は共約的な次元で理解できるはずである。

「神の怒り」と「神の義」の啓示行為が報告されている。［B］「神の怒りが天から不義のうちに真理をはばむ人間たちのすべての不敬虔と不義のうえに啓示されている」（1:18）。ここで怒りの差し向け相手である真理をはばむ人間たちの「不敬虔と不義」とは先ず神によりその語において理解されている魂の態勢が指示されている（ただしここでは「罪人」とは断罪されてはおらず、「人間たちの」不敬虔と不義が怒りの対象である）。もう一つの［A］「神の義は彼において信に基づき信に対して啓示されている」（1:17）さらに「神の義はイエス・キリストの信を媒介にして信じる者すべてに明らかにされてしまっている」（3:22）においても、「信じる者すべて」とは神がこの語においてそう理解し、看做す者つまりその信仰を神が嘉している者すべてを指示している。当然のこととして、神に嘉されていない者はイエス・キリストの信を媒介にして神が義であることを知ることはできないであろう。この啓示言語の特徴は神の前の二つの現実つまりB罪人とA義人はそれぞれ一つの整合的な言語網を形成する成員として用いられていることである。

ここで重要なことは、二度啓示された神の義はそしてわれわれ個々人にはいずれであると看做されているかは啓示の媒介となったイエス・キリストの信においてほどまたモーセの十戒の石板においてほど明瞭には誰にも啓示されてはいないということである。それ故にこそ、パウロは「汝が汝自身の側で持つ信を神の前で持て」(14:22)と神の前のA義人を自らのものとするよう命じる。ここで命令形が用いられているのは従うことも背くこともありうることを前提にしており、パウロがここで語りかける相手は責任ある自由のもとに自律した存在者として神の前の義と罪双方の可能存在として看做されている。これが「C」「われは汝らの肉の弱さの故に人間的なことを語る」(6:19)という仕方で、パウロが譲歩として認める生身の人間であり、神の前の二つの人間現実A、Bとの対比においてこの自律的存在者をCと記号で表記する。

聖霊はA神の前の義人とC生身の自律的人間のあいだを媒介する働きをなす。パウロは言う、「神の愛はわれらに賜った聖霊を介してわれらの心に注がれてしまっている」(5:5)。この聖霊の実働をエルゴンD即ちErD＝Er(AViaC)または**ErD＝LogAViaErC**と記述できる、ただし、**Via**は聖霊の媒介行為を表している、また聖霊の執り成しは「神の愛」がキリストの十字架と復活の啓示において知らされていることに集中しており、それが個々人の古い自己の死という過去の出来事として同化する役割を担っている(「義とされた」(5:1)、「古きひとが……磔られた」(6:6)等の過去形表現については第三章五節にて分析する)。聖霊は神の福音の啓示における神の認識そして意志の一般的なロゴスを各人の心の内奥において呻きのなかで伝達し、執り成し、立ち返りを求め或いは励ましていると理解することができる。そのため、聖霊の執り成しを常に要求する今・ここの神の働きに言及することは、神を隷属化することに繋がりかねず、聖霊の媒介の内容を神の一般意志として捉えるほうが安全であり、ErD＝LogA ViaErCの媒介内容をLogAと記す。実際彼は「御霊が聖徒たちのために神に即して（*kata theon*）執り成していたまう」（8:27）と述べ、父なる神の直接的な働きかけというよりも、神の意志に即して励ましていると報告している。

パウロにおいてはこのように自覚的に、聖霊に対する言及のない言語網が三つ張られ、そしてさらに聖霊に対する言及のなかで合成的な言語網が張られる。聖霊の媒介行為において形成される言語網においても、その構成要素Cの側から例えば人間的にErC（a-inC）と記述できる。これは神の前の現実Aを人間中心的にa-inCと受けとめ直した上で人間の応答的な実働を表現している（小文字a-は神の前の現実Aを人間の力能の限界内で受け止めることを表す）。ただし、このとき同時に聖霊の媒介の実働Viaが遂行されていることを妨げるものは何もない。

もう一つ「罪」が行為主体となり文字化された業の律法（Logbと表記）を利用してひとを欺くことが報告されている。それをEre（LogbviaC（agreement））と表す（小文字eならびに小文字viaは、罪が常に律法の利用に成功するわけではなく、試みを表すために小文字にて表す）。罪の欺きのただなかで、聖霊が神の意志である業の律法とひとの心を媒介し悔い改めに導く場合もある（それはErDと表す）。人間に葛藤が生じる場合には単に罪に同意して生物上の死に向かっているわけではない（罪の働きの一般的な説明ないし「罪の律法」としてLogeも想定される）。パウロはこのように「知恵の説得的議論」（A、B、C）と「霊と力能の論証」（D（eの乗り越えを含む））を「ローマ書」において遂行している（eを「霊と力能の論証」の範疇に入れるのは業の律法の新しい機能が罪の欺きを介して罪の罪性の著しさを暴き、葛藤による悔い改めに導く聖霊の働き（ErD）との関連に置かれるからである）。これが理性のみによる信の哲学の可能性を保証するパウロの手法である。

パウロによる口述筆記は「エルゴン言語」として今・ここの聖霊の促し、実働にも対応する次元を確保することにより、理解されまた分析されねばならない。そのエルゴン言語においては、パウロは神の行為と自らの言語行為双方のエルゴン（働き）をもギリシャ語でつまりひとびとが現に用いている言語で、共約的な次元で無矛盾なものとして受け止め理解することを可能にすることに細心の注意を払っている。つまり外側から書かれたものとしてテクストを文法に即して分析することにより、それ自体としては引き離し得ないものでもあろうエルゴンをロゴス上分節するとき、ひとは共約的な次元でより良く少なくとも文や語彙の意味を理解するにいたるであろう。そしてそれが共約的に理解しうる一般的な論証として宣教の機能を担うことがめざされている。パウロは聖霊を受けている証拠として、一切が善へと協働していることの知識そして希望や平安等のよきパトスのエルゴンを挙げている(5:1-5, 8:28)。

これらの事情は書かれたものとしてのテクストの構文論や意味論等のロゴス次元における分析を不可欠なものとしている。今・ここのエルゴン言語の一般的な次元における説明ないし証明行為を「普遍的論証」と呼ぶことにする。彼はユダヤ主義的キリスト者や律法学者そして哲学者と二十年以上にわたる論争を繰り返しており、自らの体験や理解を彼らと共約的な次元で議論を展開しその成果をこの書簡において展開していると想定することは道理あるものである。

この企ては、なぜより優れた知恵と力能があるのに、より劣った普遍的論証を展開し普遍的な理解を求め説明を企てるのかというルター主義的な問いに対する一つの応答となろう。つまり、そのより賢い神の力能を事実上経験するだけではなく、それが人間性全体の理解に神の力能としていかに貢献するかを解明することは興味深いことである。福音はイエス・キリストという歴史の一事件を基礎に据えるために必然的に躓きを含意することになる。ロゴスの普遍性を求める理性と福音のこの個別的、非普遍的根源のエルゴンのあいだに常に緊張が伴う。信の哲学は、救いがそれぞれの境遇においてある個々人の神との個人的な関係である以上、例えば神に導かれ愛されているという実感のなかで、その愛を裏切るわけにはいかないという信実でありうることの喜び、そのパトスをそれ自身として尊重する(cf. Rom.15:13)。神を身近に感じるということは、日々聖書に親しみ神が人間をどのように認識し、判断しまた愛するかを学んでいる者にとっては、ちょうど親しいひとがどのように考え、どのように対応するかについて感じや予感を持つように、不自然なことではない。

救いはキリストが各人のなかに形づくられることがらである以上、学が決して干渉できない領域を持つことを尊重し、その手前でその一般性における解明(信以前の理解)或いはその帰結における証拠の確認(エルゴンのロゴス化による証明)に留まる。理性がなしうることは理性的な躓きを、つまり認知的な次元での躓きを取り除くことであり、また認知的な次元と人格的な次元の関係について認知的な次元において一般的に解明を企てる。或いは、キリストに似た者にされていることをエルゴン次元においてその帰結において何らかの関連を確認することができるだけである(Rom.8:29, 2Cor.3:18)。求める者にひたすらなる聴従と信仰告白を要求するイエス・キリストの出来事が含む躓きに関しては、沈黙だけが相応しい。信仰はひたすら神への信実を求める。それに対し、信の哲学は信のロゴスの知識を求める。しかし、最も従順な者にも神への関心なき者にも共約的な次元において思考を展開することは興味深い企てとみなされることもあろう。それが人間の知恵に終わるのか、或る人々が主張するように理性が霊的な言葉ともみなされうるのかはその果実において間接的に何らか知られることになろう。

あらゆる神学的、聖書学的な解釈は、文法的かつ言語学的な特徴が必然的に含まれているテクストにおいて表現されているパウロの言語的振る舞いの基礎と制約の内部で遂行される。上で見た「コリント前書」の箇所でも、人間的な知恵を持つ人間の語と、ある人々にとっては愚かに見える十字架という語を対比する、「より賢い」「より力強い」という語の比較級の用法を使ったパウロの言及は、これら二種類の知恵が互いに比較できることを表し、「より賢い」が「賢い」より賢いことを知るためには、これらの間に共約的な基準が必要であり、その存在を含意している。パウロは人間の知恵が賢く、強いことを否定しない。彼はまた、人間が自分自身に従って自分の力能の内側で持つ信が神の知恵の力能によって治められうることも否定しない(cf. 15:13)。

これらに加えて、人間の知恵より賢い「聖霊と力能の論証」が、誰であれ基本的に理解できる共約的な言葉によって、その延長において理解できるとパウロは言う。この比較の基準は、神を介しても力能を受ける人間をその全体において把握する地平から考えることができる。そして最も基礎的には双方とも人間の言語を用いていることである。これが基礎的な共約性の規準を提供する。

本書において、パウロの発話を書かれたものであるテクストとして言語次元において分析する。その構文上のそして意味論上の分析を通じて浮かび上がってくる神や聖霊そして書き手であるパウロ自身のエルゴンを捕まえそして整合的なものとして理解することを企てる。言ってみれば、「ローマ書」の整合性論証を試みる。それにより整合的な言語網を最初に三つそしてそれらから構成されるさらなる言語網を二つ析出するであろう。そのさい記号化により複合的なエルゴンを捉える言語の複層性と無矛盾性を可視化する。そのうえで一切をパウロの意識事象に還元する懐疑論や一切が聖霊の実働であるという人間器官説に一定の応答を試みる。次章においては、その意味論的分析や魂体論的分析の基礎となる哲学的理解をアリストテレスに基づき展開する。

（1）C. J. Roetzel, *The Letters of Paul: Conversations in Context*, 4th ed. p. 16 (Westminster John Knox Press, Kentucky 1998).

（2）キケロー「弁論家について」『キケロー選集7　修辞学』二巻・二六五項、大西英文訳二七六頁(岩波書店　一九九九)(ただし、*nequam* (worthless, bad)を「性悪」ではなく「卑屈」と訳した)。ホラティウス「書簡詩」第二巻一番『ホラティウス全集』鈴木一郎訳(玉川大学出版部　二〇〇一)。

（3）U. von Wilamowitz, *Kultur der Gegenwart*, i. 8, S. 159. (J. Weiss, *Earliest Christianity: A History of the Period A.D. 30–150*, Vol. II, tr. F. C. Grant. p. 399 (Harper & Brothers, New York 1937)からの再引用)。この背後にアテネを中心にしたギリシャ時代の政治や学問等文明の栄光を見逃すことはできない、たとえへレニズム期にアテネは凋落したとしても。パウロが七十人訳ギリシャ語聖書とマソラテクストいずれに依拠していたかに関し、C. E. B. Cranfield は「ローマ書」において引用される彼の数え上げによれば五八箇所を比較検討し、次のように述べている。「ラフなしかも単純化したものであるが、この短い調査は少なくとも、「ローマ書」の構成における旧約の使用において、パウロが主に依拠していたのは七十人訳であったということを示すべく役立っている」。C. E. B. Cranfield, *A Critical and Exegetical Commentary on The Epistle to the Romans*, Vol. II. Essays, p. 866 (T&T Clark, Edinburgh 1979). J. Dunn もこう述べている、「パウロは七十人訳の伝統に、ちょうど彼の他のたいていの旧約聖書の引用と同様に、いっそう依存しているように思われる、それは「ローマ書」において特にそうである(……Koch は七十人訳の読みは最も古くかつオリジナルなテクストであると論じている)」。J. Dunn, *Romans* 1–8, Word Biblical Commentary 38A, p. 45 (Word Pub., Texas 1988). なお、この事情に鑑み本書における旧約聖書からの引用はすべてパウロが自らギリシャ語で議論を展開するさいにその語彙を採用したと考えられる七十人訳に基づく。*VETUS TESTAMENTUM GRAECE JUXTA LXX INTERPRETES*, ed. F. Field, (Excudebat Jacobus Wright, Oxonii 1859).

B. W. Robinson は『パウロの生涯』においてこう述べている。「アレクサンダーは成功裡に東西文明を混淆させることにおけるパイオニアであった。もし彼によるギリシャ人とセム人の織り交ぜこみがなかったならば、パレスチナからのいかなる企てといえども第一世紀におけるキリスト教徒による伝道の成就と特徴づけられるそのような迅速性を伴って西方に伝播することは不可能であったことであろう」。B. W. Robinson, *The Life of Paul*, p. 6 (The University of Chicago Press, Chicago 1918).（大学出版局名をUPと略すことがある）。

ミルトンは『楽園回復』のなかでアテネを賛美している。「いま一度、西の方、いやそれよりも少し南西寄り、エーゲ海の岸辺に一つの都市がある所を御覧なさい。この町は、その建築は壮麗、空気は清らか、土は軽やか、他ならぬ、芸術と雄弁の母、ギリシャの目、アテネであり、その町中あるいは外れの心地好い所、勉学に絶好の散歩道と木陰に、その名も高い賢者たちを生み出し、あるいは迎え入れたのです。あそこには、プラトンが隠れ住んだアカデメイアのオリーブ園が見えますが、そこではアッティカの鳥が夏の間中こもった震え声で歌い、あそこでは、花咲き乱れるヒュメトゥスの丘が蜜蜂の忙しく働く羽音でしばしば人を思索に誘い、あそこでは、イリスゥスがさらさらと音を立てて流れています。次に壁の内には、古の賢者たちの学びの園が見えます。あそこには、大いなるアレクサンドロスを育て世界を征服させた師の学び舎、リュケイオンが」。ジョン・ミルトン『楽園回復』(IV.235–55) 小貫山信夫訳（キリスト新聞社 一九八〇）。

マルチン・ヘンゲルは言う、「新約聖書に関係する歴史研究のためには、「ユダヤ教」と「ヘレニズム」との伝承史的な区別が自明の大前提の一つとなっている。「ユダヤ黙示思想」と「ヘレニズム神秘主義」、「ユダヤ的-ラビ的伝承」と「ヘレニズム的-オリエント的グノーシス」、「パレスチナ・ユダヤ教」と「ヘレニズム・ユダヤ教」……の間の区別がなされる。ことに特定概念の研究は、通例、しばしば旧約聖書もしくはギリシャ古典にまで遡源されるこれらの二つの「伝統の系譜」のいずれかへの区分に終わっている。この不可避的な区分は、明らかに、イエス時代のパレスチナがすでにおよそ三六〇年間も「ヘレニズム的」宗主権のもとにおかれ、またそれに結果する文化的影響のもとにあったという事実を余りにも容易に看過している」。M・ヘンゲル『ユダヤ教とヘレニズム』長窪専三訳　一六頁（日本基督教団出版局　一九八三）。下村寅太郎『ブルクハルトの世界』　四〇六頁（岩波書店　一九八三）参照。

D. E. Aune は「古代の宗教的および哲学的宣伝戦の文脈における勧奨のロゴスとしての「ローマ書」」においてこう述べて

いる。「パウロの宣教の社会的設定は不完全に理解されるに留まるが、そこにおいてパウロがこの実質を展開した特定の社会的状況に関して幾つかの提案がなされてきた。（一）シナゴーグ（Act.9:20, 13:5, 14–43, 14:1–2, 17:1–3, 18:4, 19:8）、（二）私邸（Act.18:7, 20:7–11, 28:30–31, cf. Lucian Hermotimus 11. そこでは或るソフィストが門に看板「今日は共に哲学することはできません（*Tēmeron ū sumphilosophein*）」を掲げたことが報告されている）。（三）賃借講義館、「ティラヌスの講堂」（Act.19:9）のように、そこでパウロは二年間教えたと報告されている。この箇所でルカはパウロを巡回哲学者として描いている（cf. Epictetus 3.23.30）。（四）パウロ自身の「学派」、即ち彼は実際の或いは将来の学生にキリスト教信仰を教えたその様式、（五）仕事場、そこでパウロは商売を営みそして議論に従事した。（六）公共の場（Act.17:16–34）そして恐らく（七）監獄において（cf. 2Cor.11:23–33）」。D. E. Aune, Romans as a Logos Protreptikos in the Context of Ancient Religious and Philosophical Propaganda, *Paulus und das antike Judentum*, her. M. Hengel und U. Heckel, p. 112 (J. C. B. Mohr, Tübingen 1991).

（4）K. Marx, *Das Kapital: Kritik der politischen Oekonomie*, Erster Band, S. 27 (Otto Meissners Verlag, Hamburg 1921).

（5）M. Heidegger, *Wegmarken*, Phänomenologie und Theologie, Gesamtausgabe (GA). Band 9, S. 52 (Vittorio Klostermann (V. K.), Frankfurt am Main 1927). 本書第九章参照（以下ハイデガーの著作は GA 9 のように記し、出版社名は V.K. と略記する）。

（6）A. Bowie, The Meaning of the Hermeneutic Tradition in Philosophy, *Verstehen and Humane Understanding*, ed. A. O'Hear, p. 128 (Cambridge Univ. Press, Cambridge 1996).

（7）J. Barr は聖書における啓示言語を共約的な人間の言語のなかに位置づけて言う。「聖書の内部における自然神学の問いに中心的なことがらは聖書の言語の位置である。第一に、啓示宗教の言語の術語でさえ啓示として受け止められるものの領域の外で機能する語である。第二に、聖書的信仰がそこにおいて表現される言語は他の宗教的（または哲学的）立場を表現するためにも用いられている。第三に、これらの言語は聖書の民により他の諸文化そして彼ら自身の文化の初期段階から継承された言語であり、そしてこれらの先行する諸段階は言語シンボルに対する諸意味の結び付けを含んでおり、その諸意味とは「聖書的啓示」の円環内で見出される特定の諸意味と一義的に同一であるのでは決してない。換言すれば、聖書的言語の現象はそれ自身において自然神学の洞察に親和的な何ものかを示唆している。或いは、これらのことがらにおいて正しく愛用されたラビ的表現を用いるなら、「トーラーは人間の子供たちの言語として[または「のうちに」]語った」（B. Berachot 62 および他の箇所）。啓示のためのいかなる聖なるそして隔離された言語も存在しない。或いは、理論的には、神がひとびとにご自身をそれにより知らしめるコミュニケーションの音のない、言葉のないそのような「言語」はあることもあろう。それは疑いもなく、彼らが人間に「語りかける」神について考えるとき、心に抱くものは何かその種のものである」。J. Barr, *Biblical Faith and Natural Theology*, p. 182 (Clarendon Press, Oxford 1993).

私は聖書的言語のバーの理解に同意する。他方、ここでバーが「自然神学」と呼ぶところのものを信の哲学は啓示神学と自然神学双方の基底にある次元において析出することをめざす。神学的解釈以前における言語網を析出することに信の哲学の可能性が宿る。

（8） K. Barth, *Fides Quaerens Intellectum Anselms Bewise der Existenz Gottes im Zusammenhang seines theologischen Programms*, 3 Auflage, S. 55 (EVZ-Verlag, Zürich 1958).

（9） アンセルムスは『モノロギオン』六四章で三位一体をめぐりこう述べている。「そのように崇高な事象の神秘は、私には人間の知性の全能力を超えたものと思え、これがどのようなものか説明しようとしても、その努力は放棄されなければならないと考える。そもそも、私の判断からすると、理解を超越したものごと(*incomprehensibilem*)を探求している者は、推理によってその存在を最も確実に認めるに至ったなら、たとえそれが如何にしてそのようなものであるか(*quomodo ita sit*)を知性によって究明できないとしても、それで満足すべきである。そこで、必然的証明によって確認され、どのような矛盾する理由も他にないものごとについては、たとえそれらがその本性的崇高さのために理解を超え、説明を受け付けないとしても、それゆえにそれらに対して示す信の確実性が低くなることがあってはならない」。

（10） 西田幾多郎はアウグスティヌスにことよせて言う。「完全に知るということは、知るものと知られるものとが一となることである。完全なる愛とは、愛するものと愛せられるものと一となることである。故に自覚というものに於いては、私ということと、私が私を知るということと、私が私を愛するということが一つでなければならない。「愛する心は愛に於いてあり、愛は愛するものの知に於いてあり、知は知る心に於いてある」と言っている。しかし、われらの心が自己を知り、自己を愛するというのは、直ちに永久不変なるものを知り、愛するのではない。われらの心は自己を表現することによって自己を知るのである、いわば他の知識に映すことによって自己を知るのである」。「アウグスティヌスの自覚」（一九二八）『西田幾多郎全集一二巻』一一六頁（岩波書店　一九六六）。

西田のこの発言に両者の媒介項としての信の契機が欠落しているが、それがこの発言を不明瞭なものないし神秘的なものにしている。信の哲学は「知る者と知られる者とが一となる」とされるその一性がいかなる仕方であるかを探求する。自覚や自己表現を媒介にするというよりも、信を媒介にして、知る者と知られる者は、我は汝において我であり、汝は我において汝であるそのような人格的相補性を確認することになるであろう。

J. Mackie は宗教的経験とは次のいずれかであると言う。「われらは、日常的には、われらの通常の知覚経験は独立に存在している物質的な時空上の存在者についての気づきであるないしそれを含むと想定している。問いは、そのとき、はたして宗教的経験は種として独立に存在している超自然的な存在者ないし霊的存在者についてわれらに真正な情報を与えるべく、実在的な対象を持つと取られるべきか、或いははたして関わっているすべてのことがらはそれらの内的な特徴、それらの志向的な対象、そして、もちろん、それらを持つひとびとの残りの人生に対するそれらの影響であるかというものである」。J. L. Mackie, *The Miracle of Theism*, p. 178 (OUP, Oxford 1982).

マッキーのこの二者択一はこの時空の世界だけが問題であるという暗黙の前提のもとに提示されている。つまり、パウロが譲歩として認めるC人間的な人間存在の次元を一切であるという前提のもとに、宗教的経験を二者択一的に判別し、何か尋常ならざる「種として独立に存在している」ものの経験として第一の可能性を否定する。帰結主義者パウロはこの二者択一のいずれにも与しない。パウロはCひとの前の生は神の前で遂行されているが、肉の弱さの故に譲歩として相対的に独立したものとして記述することを認めている。彼において神の前の生でないものはないという意味において、彼は所謂宗教的経験そのものを問題にすることはない。或る経験が聖霊を注がれるという意味での宗教的経験であるか否かは明確には終わりの日にしか解明されないが、信のもとに生きる者は、実際に聖霊の注ぎを受けている場合には、その証として愛を実現するとされる（cf. Rom.2:15, 12:10–15, 1Cor.13:2, Gal.5:22, Phil.3:13f）。愛が宗教的経験であると言うのであれば、それはリアルな体験でありえそして「実在的な対象を持つ」と言いうる。信の哲学は「宗教的経験」をこのようなものとして理解する。

（11）ハイデガーは「真理の変遷の解明」において、ギリシャにおいてロゴス（理）を出現させるという意味において捉え、理性は開示性の真理という枠のなかで理解されるのに対し、近代のそれは自らの確実性にその本質を見るようになっているとする。「近代形而上学の始まりは、真理の本質が確実性に変化すること（das Wesen der *veritas* sich zur *certitudo* wandelt）に基づいている。真なるものへの問いは、確実な、確かめられた、自らを確実なものとする理性（*ratio*）の使用への問いになる。近代形而上学最初の思索家、デカルトは理性の、即ち判断する力能の正しい使用（*usus rectus rationis, i.e. facultatis iudicandi*）を問う。……カント『純粋理性批判』は人間の理性力能の正しい、ならびに正しくない使用の本質的な限界づけと呼ばれる（Wesensumgrenzung des rechten und unrechten Gebrauchs des menschlichen Vernunftvermögens）」。M. Heidegger, *Parmenides*, Vorlesungen 1923–24, GA54, S. 76 (V.K. 1982). カントにおける理性と悟性の関係については第五章を、真理の開示性については第九章参照。

（12）それに対し、例えば、排中律「AであるかAであらぬかのいずれかである（$A \vee \neg A$）」はそれ自身において確実ではないという直観主義や構成主義と呼ばれる立場から疑義が提示されている。排中律に基づく二値の原理即ち「あらゆる命題は真か偽かのいずれかである」は現実世界への何ら参照なしに、その確実性は保証されているとするなら、「神は存在する」という命題は既にその真理値が決定されているという主張を含意する。それに対し、何かが存在するという主張は経験的な観察に基づく構成によってのみ確立されると考える立場からすれば、現実世界への参照により具体例を示すことにより存在を証明し確かなものとして語りうると主張する。この立場が道理あるものであるのは、存在や事実が問われるとき、虚構との相違が問われており、感覚やさらに叡知対象（例えば、非感覚的な対象であり言語化されたさいには普遍的なもの）に触れる（感覚とは異なる）認知機能、例えば「叡知（ヌース）」が同時に発動することにより、事実や理拠の発見がなされるからである。「触れる（*thigein*）」をコンピューターの検索機能になぞらえ「ヒット」と表現することがある。アリストテレスにとっては「（〜がある）存在」は或る属性を伴い感覚や叡知により発見されるもののことである（本章一節六参照）。

それに対し、「矛盾律は真か偽かのいずれかである」や「神は存在するか存在しないかいずれかである」という主張はどうであろうか。矛盾律はそれ自身において真であることは明らかである。第二の命題は神の前では矛盾律が人間にとってそうであるように明らかであろうが、肉の弱い人間には認知的な明晰性に至っていないということはあるであろう。従って、排中律に対する懐疑は認識能力の制約によるものであり、排中律そのものの問題であるわけではないと言うことができる。この問題についてはこれ以上立ち入ることはできないが、矛盾律の確かさは疑いないものとして保持する。

（13）R. Calhoun はイエス・キリストの呼称をめぐり初期キリスト教的諸党派における前パウロ的（pre-Pauline）連関として「様式史的批判的戦略」という視点から研究史を纏めている。「ブセット（Bousset）は「ひとの子（*huios tū anthrōpū*）」とユダヤ教のメシア概念を「パレスチナキリスト教共同体」と結び付け、そして kyrios（「共同体の主人」として）と称号 Christos（実質上の固有名として）を「異邦人キリスト教共同体」と結び付けている」。R. Calhoun, *Paul's Definition of the Gospel in Romans 1*, p. 94 (Mohr Siebeck 2011). 山谷省吾はブセットの「ひとの子」称号が原始教団のドグマであるとする見解を詳しく紹介し、説得的に批判している。山谷省吾『パウロの神学』三〇六—一一、三二八—三五頁（長崎書店 一九三六）。

（14）cf. K. Chiba, Aristotle on Essence and Defining-phrase in his Dialectic, *Definition in Greek Philosophy*, p. 203–51 (Oxford Univ. Press (OUP), Oxford 2010). D. Lefebvre は私の「本質」についての上記論文について書評して言う。「アリストテレスに関しては、千葉恵の論文が古代研究者たちの注意を引きつけた、なぜなら著者が敢然と取り組んでいるものは（ひとは「遂にやった」或いは「また（新説）か」と言うであろう（Enfin ou encore une fois dira-t-on））翻訳不能という評判の表現 *to ti ēn einai* の正確な意味についての刺すような問いだからである。……理論上の主要な進展（Le progress majour theorique）は、アリストテレスが項（*horos*［定義形成句］）の固有な意味において、定義をまたは definiendum（被定義項）の本質の表現をただ表現 *to ti ēn einai* のみに制限すべく、プレディカビリア（述語づけ可能なもの）であるところの定義的（*horika*）という諸表現を区別しているその様式に存する」。D. Lefebvre, Comptes rendus, *Definition in Greek Philosophy*, ed. D. Charles (OUP, Oxford 2010), *Revue Philosophique de Louvain*, 2012, 110(1), p. 169–172 (Louvain-La-Neuve 2012).

（15）H. Bonitz は「本質」がロギコスな概念であることを捉え損ね、(n2)「自然本性上可知的なもの」と同定して言う。「なぜ、本質を学ぶことによって、われらが通過する道はわれらにより可知的なものから自然本性上より可知的なものに移行する道であるのか。しかし、本質は最も少なく(*minime*)われらに可知的である。本質は、一方、自然本性上第一でありまた最も近いものであるが、他方、それはわれらには最も遠くまた最も離れたものである」。主にこの理由でボーニッツはテクスト(1029b3–12)をロギコスな議論の展開である第七巻四章から第七巻三章に移動する。Ross (1924) や Jeager (Oxford Classical Text 1957) の校訂もそれに従っている。概してアリストテレスのテクストは一九世紀前半の Bekker 版のほうが信頼できる。H. Bonitz, *Commentarius Aristotelis Metaphysicam*, p. 303 (Georg Olms Verlag, Hildesheim 1849 (1992)). D. Ross, *Aristotle's Metaphysics* II, p. 166 (OUP, Oxford 1924).

(16) 補論一「意味論概説」参照。

(17) D. Charles, *Aristotle on Meaning and Essence*, p. 106 (OUP, Oxford 2000). チャールズは H. Putnam 等を「私の」という留保のもとにではあるが「私の現代本質主義者」として、意味論的に深い理解の方向にある者達として特徴づけて説明する。「私の現代本質主義者によれば、「水」や「金」という自然言語における或る術語は本質を伴う自然種と互いに関連づけられる。……語「水」を学ぶさいに、われらは水としての液体を(概して)次の仕方で説明すべき意図を獲得している。(I)あらゆる可能世界 w とすべての個体 x において、w における x が水である⇔(if and only if(必要十分条件))w における x が「この」(または「これらの」)サンプルと同じ液体である。(I)において指示詞「これ」は話者の視界の内側に位置づけられる水の個々の事例に言及(指示)している。われらはいかなる可能世界においてであれ水として何かを説明すべく意図するのは、それがただわれらの目の前にある「これ」と同じ液体である場合に限られる。語「水」を学習する第二の道があるが、それは「ステレオタイプ型」と特徴づけられよう。われらが或る液体を水として数える意図を獲得するのは、(概して)次の場合である。(II)あらゆる可能世界 w とすべての個体 x において、w における x が水である⇔ w における x が「これらの」湖や川を満たす色なく、味のない液体のサンプルである。……ここで(I)は「より基礎的」である。というのも、当該の液体についてのわれらの把握はそれに出会ったときにその事例を摘出するわれらの力能に基礎づけられるからである」(p.6)。

(18) この箇所の詳しい理解については、K. Chiba, Aristotle on Heuristic Inquiry and Demonstration of What It Is, *The Oxford Handbook of Aristotle*, ed. C. Shields, p.195–201 (OUP, Oxford 2012)参照。cf. K. Chiba, Aristotle's Theory of Definition in *Posterior Analytics* B.10, *Journal of the Graduate School of Letters*, Vol. 3 (Hokkaido University 2008).

(19) D. Charles, *op. cit.*, p. 162.

(20) 帰納的推論に対する種々の興味深い懐疑は、とりわけヒュームが自然の因果性についてそれが直接観察されないことから否定し、帰納的推論の信頼は単にこれまでの観察に基づく継起の恒常性に関する認識の習慣づけによるものにすぎないと主張して以来、「帰納法の正当化」をめぐる問いとして提示されてきた。D. Hume, *A Treatise of Human Nature*, ed. P. H. Nidditch, 2nd ed.

p. 170 (OUP, Oxford 1978). 飯田隆『規則と意味のパラドックス』二六頁（ちくま学芸文庫 二〇一六）参照。

観察に基づく帰納的推論への信頼を疑う者は、自らが単に寄生しつつ攻撃しているのではないということを示すためには、魂の認知機能としてアリストテレスがここで提示するような帰納と演繹を同時的に媒介する、感覚と同時に働く叡知ないしその類の直観は存在しえないことを明らかにする義務がある。単に過去から未来への思考の過程を吟味することによる懐疑の提示では足りず、魂の認知機能についての考察が要求される。彼らは人工物コンピューターのヒットか否かの認知様式を認めながら、自然物人間に認めないとするなら、人工物は自然物の模倣ではないことを証明する義務がある。経験主義者たちは個々の観察に基づきつつ普遍にいたる思考の過程について懐疑するとき、魂にはそのような認知機能は存在しないという独断に陥っていないか自らを吟味し、自らの魂の認知機能を観察すべきである。なお詳しくは註18に挙げた拙稿を参照されたい。

Lloyd P. Gerson は拙稿のこの帰納と演繹の同時性の主張に対し次のように書評している。「千葉の「アリストテレスの発見的探求と何であるかの論証」は注目すべき主張で始まる。アリストテレスの論証理論は「事物・事象の因果論的知識を獲得する一つの様式として」展開されている(171)。論証的推論の標準的な説明は「非拡張的(non-ampliative)」である、即ち、結論は前提に含まれているものよりも多くのものを含まない。この特徴がそれを帰納的議論から分離しているが、そのとき避けがたく帰納は蓋然的なものであること必然的である。もし科学的推論が発見的探求を構成するものたりえるなら、それは確実なもの即ち論証的なものそして同時にさらに何か知識を前進させるものでなければならない。いかにこれがそうでありうるかの千葉の議論は「成功した論証は世界に組み込まれた説明的な構造を反映しており、その発見は発見的論証的探求の対象である」ということを論じるものである(177)。この探求は「論証を把握することをめざしている」即ち、実体の本質［（SにとってSであることは何であったか）］の定義と実体が所有する属性のあいだに説明的な連関を見ることをめざしている。千葉は本質の発見的追跡は「ソクラテス的」「何であるか」のアリストテレスの版であると論じる(185)。千葉は、「アリストテレスはもしひとがその根拠が判別されるものであるものごとの本質を把握することができるなら論証をもつことの必然性を確立する」と結論する(196)。千葉が洞察的に註記するように、アリストテレスはひとが推論の前提に「基づき(from)」知る（知識を成し遂げる）のではなく、ひとは論証を「通じて(through)」知る。ただしそこで「通じて」は本質と属性の必然的な連関性ないし一性を見る一種の知的な観を指し示している」。L. P. Gerson, Review: *Oxford Handbook of Aristotle* ed. C. Shields (OUP, Oxford 2012), *Notre Dame Philosophical Reviews*. http://ndpr.nd.edu/news/37385-the-oxford-handbook-of-aristotle/ (2013.02.08).

（21）　ガーソンは前註に挙げた書評においてこう述べている。「現代科学とその方法論は、大概、自然主義的枠組と結びついている。強調されるべきことは、このような状況下にあるアリストテレスの諸欠陥ではなく、むしろ自然主義への完全な反対対立である、それも、とりわけ生物学における、彼の経験的な諸探求のほとんど神秘的な事情をものともせずに。私の提案では、もしまことにアリストテレスがわれらに何も教えるべきものを持たないということが実情であるなら、これは自然主義が真であるからであろう、そして経験科学の内側に吸収されることのない、ないしはされがちでない哲学的知識という類のものは存在しないということであろう。……他方、もし自然主義が偽であるならないし少なくとも部分的に偽であるなら、とりわけ自然主義の行為、認識そして人間の卓越性の説明の点で偽であるなら、そのときこれらの領域におけるアリストテレスの貢献は乱されることのないまま維持されるであろう」。私がパウロ分析において共約性規準にアリストテレスを選択する理由の一つとして、自然主義を乗り越える彼のこの哲学的態度が持つ可能性の豊かさを挙げることができる。なお、ガーソンは書評の冒頭で次のように述べるが、その事実も大きな一つの理由である。「哲学の歴史においてそのひとの成し遂げたことがらがアリストテレスの仕事の幅と深さに幾分でも接近する哲学者は誰かいるであろうか。おそらくライプニッツが遥かに及ばない第二番目である(a very distant second)」。*Notre Dame Philosophical Reviews* (2013.02.08).

(22) ハイデガーは言う。「現象学への最初のきっかけを与えたブレンターノが、ドイツ観念論のうちに哲学の最も内奥の退廃を(den innersten Verderb)感知したのも、偶然ではない。一年の講義で、ひとはあらゆることについて語りうるようになり、しかも、その語り口はなるほど見栄えがし、読者自身もなにかたいしたものを手に入れたように信じ込む。しかし、ひとはおしゃべり(die Rabulistik)を眺めているのであって、それは今日では形式－内容、合理的－非合理的、有限的－無限的、被媒介的－無媒介的、主観－客観といった図式によって駆り立てられている」。M. Heidegger, *Ontologie Hermeneutik der Faktizität*, GA 63. S. 46. (V.K 1923).

一八四〇―四一年にシェリングがヘーゲルを乗り越えるものと期待されたベルリンでの講義には学生が「ヨーロッパ中」から詰め掛けた。E. Frank は「講義は学生たちをとても失望させるものであった、そして彼らの失望は観念論から急進的な実在論への転向に貢献した。[出席者のなかでも]キルケゴールは実存哲学と神学へ、バクーニンはロシア無神論の礎石者となった、そしてエンゲルスは神の崇拝から人間社会への崇拝へと転向した」と報告している。E. Frank, *Philosophical Understanding and Religious Truth*, p. 168 (OUP, Oxford 1945). 彼は「シェリングの言葉は単に中世思想の世俗化された一ヴァージョンであった」ことをその失望の一理由としている(p.153)。

キルケゴールの『死に至る病』における絶望の分析は、精神としての自己が他の存在者と異なる独一なるものであることの論証に努める勇敢な企てである。「精神」は端的には心でも身体でもない、それは身体の限界に制約されない、第一義的には、他者である神により置かれた神との「関係」として表現されている。これはロゴスにより人間存在の隠された地平を開拓する企てであるが、彼があまりに安易に時間と永遠、有限と無限そして必然と自由等のカテゴリーに訴えて、それら対立項に関わり統合する関係としての自己という議論を展開するのは観念論の残滓とも言え、残念なことである。

それに対し、ハイデガーの現存在の存在という仕方により現存在をあれか(本来性)－これか(非本来性)の可能存在として描く基礎存在論は、関係の存在論と重要な点で異なっている。現存在の中立性の主張は事態をより明晰に展開しうると思われる。両者の差異、つまり中立的なものとして生身の自己を置くか、それとも現実には関係として他者に措定されたものであるが、それでも、あれかこれかの裁量の主体として描くかは緊張をはらむ重要な違いである。そして、基礎存在論が中立的な存在者を現に立てることができるかどうかも信の哲学にかかわる重要な問いである(第三部九章参照)。

英国においてもヘーゲルの影響が強かったが、C. Brown により次のように報告されている。「しかし二十世紀の初期には終わりの始まりが見られた。その非難者のなかでいっそう声高なひとびとのうちに、G. E. Moore と B. Russell がいた。観念論の大きな困難さはその証明の欠落である。観念論哲学者たちは法外な長さで語り続ける。しかし、彼らが語ることは常識に反するばかりではなく不可論証的なのである。観念の体系を構築することは一つのことである。観念が真であるのを示すことはまったく別のなにものかである。論文「実在の概念」において、ムーアは観念論者を批判して、彼らが観念と実在のあいだの区別をしないということの基礎的な誤りに陥っているとしている。それは「ユニコーンは考えられる」と「ライオンは狩られる」と言うことのあいだに相違を見ないようなものだとする。ラッセルは G. Berkeley と彼の後継者が「把握されたものごとと把握という行為を混同している」と非難する。「バークリーは言う、「もしわれらがそれを知ることができるなら、その木はわれらの心のうちにある」と。しかし、彼が実際語る権利を持つすべては「一本の木についての一つの思考はわれらの心のうちにあるのでなければならない」ということである。「その木それ自身がわれらの心のうちにある」は、ちょうど「われらが心に留めるひとが彼自身われらの心のうちにある」と論じるようなものだ」」。C. Brown, *Philosophy and the Christian Faith*, p. 124 (IVP Academic, London 1969).

実際、バークリーは次のように言う。「主は見えない霊である、彼においてわれらは生き、そして動き、またわれらの存在を持つ。彼が生の泉である。彼がひとと獣を保存し、あらゆる肉に食物を与える。彼の御手のうちにあらゆる生き物の魂があり、そして全人類の息がある。……彼はわれらの心に入るもの、それらのすべてを知っている。そしていかなる思いも彼から与えられえないものはない。主はすべてに善く、そして彼の優しい憐れみは彼の業すべてにおよぶ」。G. Berkley, The Christian Idea of God, p. 219f, *The Works of George Berkeley Bishop of Cloyne*, Vol. 7, ed. A. A. Luce and T. E. Jessop (Nelson, London 1955). 信の哲学は宇宙が神の精神のうちにありうることを否定しない。しかし、それはわれわれの共約可能性の展開の最後の段階に位置するであろうことを予感することができるだけである。因みに、ラッセルとムーアは一時期共に聖書の厳密な読解に取り組んだが、分析不能として放棄したとされる。信の哲学は彼らが分析しきれなかったものへのギリシャ語に基づく意味論的分析による挑戦である。

(23) Clement of Alexandria,The Stromata Book 1.ch.5, *The Ante-Nicene Fathers*, vol. II, ed. A. Roberts and J. Donaldson, p. 305 (Eerdmans, Michigan 1956).

(24) R. Dawkins, *Selfish Gene*, p. 59 (OUP, Oxford 1976).

(25) 「イエス・キリストの信」における属格「の」は「帰属の属格(genitive of belonging)」であると理解する。H. Smyth, *Greek Grammar*, p. 332 (1414) (Harvard Univ. Press, Cambridge Massachusetts 1980 (1920)). なお F. Blass and A. Debrunner によれば、その一例として「聖霊の保証 *ton arrabōna tū pneumatos*」が挙げられており、これがその用法の事例であると理解できる限り、これは genitive of appositive(同格の属格)と取ることもできよう。彼は言う、「同格の属格の用法、即ち、同格の意味[説明として一語ないし諸語のグループを別のそれに付加すること]において用いられる属格の用法は新約聖書においては「コリント後書」五・五の古典的使用 the gurantee (earnest) which consists in the Spirit(聖霊に成立する保証)に合致する」。F. Blass and A. Debrunner, *A Greek Grammar of the New Testament*, tr. R. Funk, p. 92 (University of Chicago Press, Chicago 1961). この事例に対応するものとしてわれわれの当該個所を「イエス・キリストに成立する信」と理解することはパウロの意図を正しく伝えていると考えられる。

(26) Vulgata 訳写本：Bibbia Amiatina: Ms. Laurenziano Amiatino 1: Biblioteca Medicea Laurenziana di Firenze (La Meta Editore Firenze) (Beinecke Rare Book & Manuscript Library). cf. NOVUM TESTAMENTUM Graece et Latine, ad loc. ed. E. Nestle et K. Aland, 28 Auflage (Deutsche Bibelgesellschaft, Stuttgart 2012). W. Bauer は *diastolē* の訳語として Unterschied(区別、差異)のみを与えている。*Wörterbuch zum Neuen Testament* (Walter de Gruyter, Berlin 1971). 他方、Liddle and Scott のその項目では最初に drawing assunder が、続いて separation が与えられ、それから distinction が提示されている。*A Greek-English Dictionary*, ninth edition (OUP, Oxford 1996). ヒエロニムスの Vulgata 版(CE 382-85)が古ラテン訳の「編集」であることについては彼の「新約聖書の流布版序文」参照。「ヒエロニムスの目的は「古ラテン訳を改訂することであり、新しい版を作ることではなかった。アウグスティヌスが彼に「福音書の彼の翻訳を」感謝したときに、ヒエロニムスは暗黙裡にこの表現を「新約聖書の訂正」と代えることによって修正した」。St. Jerome, Prefaces to the Vulgate Version of the New Testament, *A Select Library of Nicene and Post-Nicene Fathers of The Christian Church*, Second Series Vol. VI, tr. W. H. Fremantle. p. 487 (Eerdmans Pub. Comp., Michigan 1892). ヒエロニムスの伝記的情報については、例えば石原謙『キリスト教の源流――ヨーロッパ・キリスト教史　上巻――』二八九頁(岩波書店　一九七二)参照。

　なお、ヒエロニムスによる原罪の遺伝的解釈を促した翻訳については、幸い以前より注意が向けられ、ほぼ次の同等比較の読みに合意が成立している。「ひとりのひとを介して罪が世界に入りそして罪を介して死が入ったように、そのようにまた、すべての者が罪を犯した故に(*ephō pantes hēmarton*)、死はすべての者を貫き通した」(5:12)。ヒエロニムスは「(ひとりのひとを通じて……ように)、そのように[*ita.* ひとりのひとを通じて]すべての者に死が貫通したが、すべての者はその彼[アダム]において罪を犯した(*sicut per unum hominem...) ita in omnes hominess mors pertransiit, in quo omnes peccaverunt*)」と訳し原罪の血による遺伝の解釈を生み出した。cf. *A Dictionary of Biblical Interpretation*, ed. R. J. Coggins and J. L. Houlden, Augustine, p. 68 (H. Chadwick) (SCM Press, London 1992). なお、手許にある Nestle and Aland, *Novum Testamentum Graece et Latine*, 28 Auflage (Deutsche Bibelgesellschaft, Stuttgart 2014)の Vulgata 訳の当該箇所は *eo quod omnes peccaverunt* に修正されている。これで原罪の血による遺伝説の根拠がブロックされることになる。これはヨハネ・パウロ二世により所謂 *Nova vulgata, editio typica* において修正が指示されたものである(1979)。この誤解から解放されたように、神の信義の「分離」のなさの箇所(3:22)も、従来の信じる者のあいだに「区別」がないという理解から修正され理解の進展が望まれる(第二部四章、第三部六章参照)。

(27) E. P. Sanders は「第四エズラ」等の議論からパウロがその同時代に属していたパレスチナユダヤ教(BCE2-CE2)における「契約に基づく律法主義(covenantal nomism)」と彼が呼ぶユダヤ教理解を提示している。「契約に基づく律法主義の[ユダヤ教に共通の]型ないし構造はこうである。(1)神はイスラエルを選んだ、そして(2)律法を与えた。律法は(3)選民を保持する神の約束と(4)従うべき要求双方を含意している。(5)神は従順に対し報い、そして違反を罰する。(6)律法は贖いの手段を提供し、そして贖いは(7)契約関係の保持ないし再確立に帰結する。(8)従順、贖いそして神の慈悲により契約のうちに保持される者たちすべては救われるであろうグループに属する。第一と最後の点の重要な解釈は選びと究極的には救済は人間の業績よりも神の憐れみによると認められていることである」。E. P. Sanders, *Paul and Palestinian Judaism*, Introduction, p. 422 (SCM Press, London 1981).

(28) 補論二「信仰義認論の論争点」参照。

(29) E. Käsemann, *An Die Römer*, 3. Auflage, S. 53 (J. C. B. Mohr, Tübingen 1974).

(30) 例えば P. Quinn は言う、「もし神が全知であるなら、彼は文字通り彼の命令に反する行為について見過ごすことや忘れることはできない。彼はそのようなすべての行為について知っている。私が怪しむのは、誰であれ彼の命令に反し行為した者を神は懲らしめるのを止めることができたという意味において、あたかもそれらが決して生じなかったかの如くに、神はそのような行為に対処するかもしれないということである。しかし、彼がこの仕方で応答したなら、ひとは道理をもって疑うことができる、神は崇拝に値するものであることにおいてふさわしくないであろうことを命じることにおいて或る種のふまじめさ(frivolity)を示した、と。もし神が彼の命令への不服従を重要な事柄と看做すことを止めたならば、そのとき神により命じられているものと道徳的に要求されるものの等値化は極度に道理にあわないものになると思われる。……もし神が悔い改めた殺人者の罪を赦すなら、彼はそれ故に殺人者を贖うと想定することは明らかに道理あるものではない」。P. Quinn, *Divine Commands and Moral Requirement*, p. 139 (OUP, Oxford 1978). パウロ自身の応答については第三章を、またアンセルムスによる同様の問いに対する説得的な応答については第七章を参照。

（31） T. Engberg-Pedersen はこの相互性を the transferal of agency と呼ぶ。T. Engberg-Pedersen, *Cosmology and Self in the Apostle Paul. The Material Spirit*, p. 123 (OUP, Oxford 2010).

（32） K. Barth, *Der Römerbrief*, X (Chr. Kaiser Verlag, München 1929).

補論一　意味論概説

分析哲学の初期の段階においてその基礎を築いた意味論の一つの理解として B. Russell の実在論的意味論（the realist theory of meaning）についての紹介を引用しておこう。「最も単純な思考はこうである。言語を使用することにおいて、われらは世界について語る、そうしてわれらの語句は何かしら世界に結び付けられる。もしそのような結びつきが存在しなかったなら、それらは何も意味することのない空虚な雑音でもあろう。語句はシンボル（徴・代理）である、そしてシンボルは何かを代理することによってまさに有意味なものとなる。「語句の日常的な使用はものごとに到達するひとつの手段である」（PLA 246）。それらが代理しているものとは、それらが到達するところのものである、即ちそれがそれらの意味である[＊1]」。

もう一つ G. Evans による G. Frege の意味論の出発点となったとされるものの見解を挙げておこう。「フレーゲは出発点として一つの完全な文の意味はその真であるか偽であるかにおいて成り立つというアイディアを得た。さて、一つの言語のそれぞれの有意味な表現について、それが意味論的力（semantic power）とわれらが呼ぶでもあろうものを持っていると考えることは自然なことである。そして、フレーゲの出発点を考慮したとき、この意味論的力について、それがそこにおいて生じるところの諸々の文の真理値に影響を与える力として考えることは自然である[＊2]」。

実在論とはものごとは認識主体とは独立にそれ自身において何らかの属性を備えて存在しているという立場である。このものごとには認識主体ともなる魂をも含んでいる。実在論に反対し反実在論の旗手となりそこから正当化主義意味論に転向したM. Dummettは*Thought and Reality*の一節で次のように言う。「言語について、それゆえ世界についての実在論的解釈へとわれらを駆り立てる力はきわめて強い。自然にそうなってしまうのは、われらの初期の経験によって、実在には客観的な性質があり、それらの性質が実在についてのわれらの主観的把握によって明るみに出されるという考え方を形成せざるをえなくなっているからである。［それゆえ］或る対象が与えられた属性を持つか持たないか、或いは或る物理量の大きさは何であるかについていかなる事実も存在しないというのは、どうにも気に入らない。だが、それこそが、正当化主義の意味理論を採用することの逃れられない帰結なのだ。われらが形成できるどんな命題についても、その真理を認識する何らかの手段をわれらが持つこととは独立に、それが真であるということがいかなることであるかを知っているという幻想を放棄し、それを把握するわれらの能力に依存するような真理についての考え方に甘んじなければならないのである(＊3)」。それからである。

この論争に取り組むことはできないが、アリストテレス的な立場からの実在論的な応答はわれわれが持つ最善の理論(ロゴス)は実在の存在様式(ロゴス)に合致するという信念のもとに、実在の探求を人間の種々の認知機能をフルに使用し遂行するというものである。彼が「その真理を認識する何らかの手段」と語るとき、最善の手段は実在のロゴスを摑むであろうからである。

ダメットは「或る彗星が衝突するであろう」という類の決定可能でない言明と決定可能な言明のあいだに「実在論者は……原理的にどんな違いも認めない」とする。しかし、実在論の立場からしてもこれら二種類の言明へのアクセスに差異を見出す対処法はありうる。まさに単称未来命題によるアリストテレスが挙げる事例はダメットの事例への応答となっている。「明日の海戦」について、これはペルシャとの公的な事件でありほとんど避けがたいものであるという状況のなかで、「明日海戦があるだろう」という言明について彼は「よりいっそう真である」と比較級で語る(*De. Int.* 19a38)。この表現は「あらゆる命題は真か偽かである」という二値の原理よりも細やかな真理論に与みすることを許容しており、真理値の決定可能性について何らかの肌理の細かい手当てをすることができることを示している(＊4)。

なお、明日の海戦の議論は中世においては神の予知をめぐる決定論と人間の自由の関係として議論された。A. Kennyは要約して言う、「最も共通な解釈のうえでは、アリストテレスの議論は帰謬法として意図されている。もし単独なものの未来時制の命題が既に真であるなら、そのとき宿命論が帰結する。しかし、宿命論は不条理である。それ故、多くの未来の出来事は未だ決定されないので、そのような出来事についての言明は未だ真でも偽でもない、それらは後にそうなるであろうが。これがアリストテレスの正しい解釈であろうがなかろうが、彼の教説は中世において例えば、ボエチウス、アクィナスそしてオッカムによりそう理解されている。この見解、つまり未来の偶然命題は真理値をもたない、或いは恐らく真と偽の間の第三値を持つ、は非決定論の最も極端な形態である。それは中世において人気のある見解ではなかった、というのもそれは神の予知と未来を予言する力能に制限を置くように見えるからである」(＊5)。

決定論と自由をめぐる信の哲学の見解によれば、単純な「決定論と自由の両立性」の議論をパウロが展開しているわけではなく、彼は神の前とひとの前を判別しつつも歴史のなかにおける媒介者の導入により解決している。義人と罪人をめぐる神の意志は予定として永遠の相のもとに定められているが、義人と罪人が誰であるかは歴史のなかで個々人には媒介者を通じてほど明確に知らされておらず、イエス・キリストの信を介した神の信の律法の啓示故にひとは責任ある自由のもとに自らを「憐れみの器」と看做すことが許容されていることを明らかにするであろう。そこでは神は言ってみればタイムマシーンに乗っており、自らの被造物の宇宙の時間の流れを常に現在のことがらとしても看做しうるという理解が要求される（第三章八節、第六章補論参照）。

信の哲学にとって基礎理論となる意味論の理解のためにもう一点指摘しておく。丹治信春は「言語に集中」し、「言語を「理解」するとはどのようなことか、ことばが何かを「意味する」、あるいはことばが「意味を持つ」「有意味である」とはどのようなことか」を問い、その応答の方向としてウィトゲンシュタインの見解を引用する。「そのような問題［物的世界の存在、他我の存在、内的体験の不可謬性等］は「文法的」な問題であって、哲学者達が（言語外の世界の側での）「本質的事実」として主張するないし論証しようとする多くの命題は、「文法的命題」なのだ、という議論が成り立つように思える。哲学者達は、「表現の仕方に属するもの」を事柄自体に述語づけ、それをあたかも「最高度の一般性をもった事態」のように考えてしまう(PU, I. 104)」(＊6)。

テクストの言語的特徴の析出に集中し、いかなる解釈もその枠の中で遂行される枠組の構築に向かう信の哲学の特徴はこの「文法的」次元と親近性を持つ。信の哲学における「ロギコス意味論」において遂行される言語の規範的分析は論理法則に基づき言語共同体のなかで「いかに語るべきか」に集中し、その意味の理解が成立するためには「世界がいかにあるか」に関する対象の存在や本質の想定と把握に関わることの要求されない意味論的に浅いものである。しかし、アリストテレスの初期の『オルガノン(道具)』において主に彼の言語哲学は展開されるが、その他の『自然学』『魂論』『形而上学』等の諸著作の展開に見られるように、言語的次元のみにおいて哲学的問題は「解消」するはずはない。信の哲学はアリストテレスに基づき実在論的な立場に参与しており、最終的に語句の意味を確定する権威を持つ者は対象の存在そして本質を知る者、たとえば語「エントロピー」のそれは科学者であると理解している。意味の確定に関わる実在論的意味論と意味の理解に関わるロギコス意味論の相補性が不可欠である。言語共同体の一員が語句や文の意味を学び、理解することは探求論そして学習論の第一段階に属しており、双方の立場は矛盾しない。実在論においては「魂の様態」は外的ものごとの因果論的インパクトによりロゴス(形相)が魂に伝達されるのであり、「ことばを心の中の観念に結びつけることによって……心的な過程が「もう一つの記号にすぎない」」(丹治、一一頁)のではない(第一章(本章)一節六「ロギコス意味論」参照)。

(＊1) R. M. Sainsbury, *Russell*, p.15 (Routledge & Kegan Paul, London 1979).
(＊2) G. Evans, *The Varieties of Reference*, p.8 (OUP, Oxford 1982).
(＊3) マイケル・ダメット『思想と実在』金子洋之訳、一四一頁(春秋社 二〇一〇)。
(＊4) cf. K. Chiba, Aristotle on Essence and Defining-phrase in his Dialectic, *Definition in Greek Philosophy*, p. 212, n. 10 (OUP, Oxford 2010).
(＊5) A. Kenny, *The God of the Philosophers*, p.52 (OUP, Oxford 1979).
(＊6) 丹治信春『言語と認識のダイナミズム』序、五、二七頁(勁草書房 一九九六)。なお言語哲学の諸問題とその取り組みについては、飯田隆『言語哲学大全』I—IV(勁草書房 一九八七—二〇〇二)参照。

補論二　信仰義認論の論争点

Dan O. Via は律法理解をめぐりパウロと彼自らその出身であるパレスチナユダヤ教の差異を最小化する近年の傾向を「非ルター的パウロ」と形容している。[＊1] J. Dunn はこの近年の傾向は従来の伝統の或る偏りに対する反動のひとつとして見ている。彼は言う、「プロテスタントの釈義はあまりに長い間「ローマ書」のテクストをめぐる解釈学的な碁盤の目[判断基準]

を課すべく信仰による義認への典型的にルター主義的な強調を許容してきた」(＊2)。このような事情があったことは否定できないであろう。信の哲学は福音と律法の統一理論を展開することによりルター主義的でも非ルター主義的でもある第三の道を行くであろう。

ヴィアはE. P. Sanders等の福音と律法の差異を最小化する見解として、食事規定のような他の民からイスラエルを区別する社会的境界を特徴づけ、特権化する業に対してであったと限定的な対人論法の主張と特徴づける。そのうえでヴィアは恩恵への応答としての律法遵守と功績的な業とは経験的にも神学的にも判別されないとする。これらの見解は皆人間の視点から律法に対する対応の諸相として福音と律法の問題を捉えている。信の哲学の意味論的分析を介して、パウロは単にユダヤ人を特権化する律法の業に対して批判していたのではなく、神の認識として、いかなる律法の業も義とは看做されないということにあったことを明らかにするであろう。神は業の律法を通じては罪をすべての肉に認めざるを得ないが故に、肉は神の前では自らの律法の業に基づいては義とされない。かくして、律法は神と人間の関係を信実なものになしえないとパウロが報告していたことを明らかにするであろう。

なお、信仰義認論がパウロの中心的な主張であるかをめぐる近年の研究としてE. P. Sandersによる評価と彼の見解を紹介しておこう。「Daviesのアプローチは多くの追随者を持った。基本的な方法はパウロの手紙における一つのテーマ（主題）を、望むべくは主要なテーマを取り上げ、そしてユダヤ文献を吟味し、はたしてそのテーマがユダヤ教から導出されえたか否かを決定するというものである。……パウロの主要な諸テーマ「信仰による義認」そして「神の義」はエッセネ派共同体に平行的なものそして恐らくはそれに由来したものであると考えられてきた。……Daviesの立場と私が新約学者の大多数が取っていると考えているところの立場を比較することは教示的である。後者の立場はわれらがThackerayやBultmannそしてSchrenkからの引用で例証してきたものであるが、詳細にわたる平行記述にもかかわらず、パウロとユダヤ教とりわけラビ的ユダヤ教のあいだに根本的な対立があるというものである。Daviesはむしろ数多くのそして実質的な平行記述の故に、いかなるそのような対立も存在しないと論じた。

Daviesの仕事に欠けているものは例えばブルトマンの見解を最も強く特徴づけている要素、即ち相互に対比されうるパウロ主義の本質とユダヤ教の本質の一つの記述である。これは部分的にはDaviesが、新約学者の大半とは対立するものであるが、パウロ神学の中心に信仰による義認を置くことをしないという事実によって説明される。かくして、業による義認と信仰義認論よりも「メシアとしてのナザレのイエスの意義」を認める、そして彼は中心的な救済概念を「キリストに」あることのアイディアと同定する」[(＊3)]。

そのうえでサンダースは律法との関連において「信仰」と「信仰義認」について自らの理解を提示する。パウロは律法による義の必然性の主張に対抗しており、信と業の対立を形式的な次元において捉えていると論じ、パウロにおける義をめぐるラビ的ユダヤ教との関連を主張している。

もし律法を遵守することが神の約束を相続すべく必要にして十分な条件であるなら、キリストは無駄に死にそして信仰も無駄である。二つの議論――異邦人の包摂とキリストの死――はわれらが Rom.3:21-26 に見るように、共に立つ。これが意味するのは、メシアが到来したときには律法が妥当であることを止めるであろうという前もって抱かれた理論の故にしかし、他のいかなるものよりも、これらの理由により明らかに、パウロは律法を遵守する要求を拒絶している。これに(Schweizer)、また、律法を守る努力は人間をして真なる自己から導きそらすが故に(Bultmann)、彼は律法を遵守する必然性を拒絶したのではなかった。これらの解決双方とも救済はただキリストを介して得られるという彼の確信とは異なる要素により決定されうるパウロの律法についての見解を要求する。……

「ローマ書」一章―四章におけるパウロの議論が律法を遵守することの必然性に対抗するものであるということは名詞「信仰」或いは動詞「信じる」の変わりゆく意味に注意を向けるだけで確認されうる。例えば、3:25(「神は彼を、信仰により受け取られるべく、血による罪の贖いとして差し出した」)において、「信仰」は救いの無償性を受領すること(accepting)を意味している。4:16-23においては、しかし、術語「信仰」は「神は約束していることを為すであろうことを信頼する(trust)」を意味している。……確かに、信仰は常に神への信仰である、そしてとりわけ彼が主イエスを死から甦らせた事実をその内容として持つが(cf. Rom.4:24)、しかしそれは一般に認められているよりもいっそう一般的な神学的構想「キリスト教対ユダヤ教」を表現している。信仰は誇りを締めだしているが、単に誇ることの反対概念として規定されているのではない。信仰は信頼を含意するが、それはまさに信頼であるというのではない。信仰は救いを贈りものとして受領することを含意するが、しかしそれはまさに双方のいずれかというわけではない。信仰は「律法を離れて」イエス・キリストにおいて提供された救いに対する人間のまったき応答を表現している、そして信仰のための論証は真実には律法に対抗する議論である。パウロの信仰理解における信頼と従順の諸性質を否定することなしに、われらは結論すべきである、「ローマ書」四章における実際の議論は形式的かつ言語表現にかかわるものであるということを。パウロは律法の主張に反抗することを望んでいる。彼がそれをするのは「信仰」という術語を用いてであるが、異なる論証と旧約聖書の諸関連個所を用いることによって、その流れにおける「信仰」の意味は変移している。

これらの章において「義」が一つの固定された意味を持たないということがこのことに合致する。神の義は怒りと恩恵双方において明らかである神の力と行為である(1:16–18, 3:21)、それはちょうど彼が約束しまた意図したことがらに対するまっすぐさと忠実さ(rightness and fidelity)(3:1–7)でもある。……「信仰による義」はいかなる一つの教説でもない。それは律法に対する従順が必然であるという見解に対抗するパウロにより用いられた発見的な範疇である。……「パウロとラビ的ユダヤ教における宗教類型」において、私は、ブルトマンの義は第一に終末論的・法廷的(forensic)な術語であるという見解にまたZiesler の名詞「義」とその形容詞は倫理的であり、動詞「義とする」は(転嫁ではなく、赦免を指示しつつ)法廷的であるという見解に賛同せずに、義の「真の」意味は(動詞、形容詞或いは名詞により表示されていようと)生命であると論じた。……第一部で見たように、パレスチナユダヤ教文献の多くのものにおいて、「義」は契約の固有の成員であった者たち、彼らは律法を遵守しそして背きを贖った者たちであるが、彼らに適用された。彼らは義と宣言されることを待ってはいない、義人は生きておりまた健全なのである(Sanders, p.490–494)。

サンダースはラビ文献との連続性においてパウロにおける義が第一に生命を意味していたと主張する。またパウロにおいては業の律法の対立軸として信仰義認をいわば論争的に提示していると主張されるが、パウロにおける信と業の統一理論の構想については何ら言及がない。信の哲学は「信」に或る伝聞を真理であると受領する認知的側面と信頼する人格的側面のあることに同意するが、文脈において意味の「移動、変移(shift)」が起こっているわけではなく、魂の根源的態勢が神の信に対応する信にあるとき、あらゆる肯定的な態度が生みだされ、双方を含意することを魂体論の共約的な次元で明らかにするであろう。また意味論的分析を通して、神の前とひとの前では「信」のごとき当該語句の意味が異なり、そこにそれぞれ整合的で自律的な言語網が展開されることを明らかにするであろう。また「神の義」に関してもそれが生命を意味する文脈はあるだろうが、より基礎的なつまり共約的な次元でまず神に帰属する人(神)格的属性であるとして議論を積み重ねていくであろう。信の哲学はトマス・アクィナスのように倫理徳(正義や勇気)と神学徳(信仰や愛)を分節することはなく、同じ魂の態勢として探求する。信の哲学は神の義や信に基づく義をアリストテレス的な魂の一つの態勢つまり属性として位置づけ、パウロの議論がどれだけ共約的でありうるかを探求する。

他方、M. Hengel は論文「キリスト者になる前のパウロ」で Sanders より直截に言う、「パウロにとって神は単に天秤に比べることができる審判における判決の場合に判断を「出エジプト記」34:6 に書かれている様式に即して「恩恵に傾ける」だけではなく、この判断をもっぱら恩恵に基礎づけている、というのも神は必須条件としてそれぞれの固有の業績なしに *der dikaiōn ton asebē*(不敬虔な者を義とする方《かた》)だからである。救われた義人はただ恩恵のみにより(*sola gratia*)義とされる者たちである。興味深いことに、ヒレル学派(Bet Hillel)は、Rom.4:3-8 におけるパウロが似ているように、トーラーの箇所(Ex. 34:6)に即してダビデを救われた者の感謝の歌(Ps. 116)とともに引用している(tSanh 13:3)。パウロにおける少なからざる表現形式と言い回しもまた、それはわれわれにおいてはラビ的教本において似た様式において改めて出会われるものであるが、ここでは言及されねばならない(＊4)」。

これらの見解に対し、例えば J. Dunn は信仰と業の対立を頑ななほどに保持する。彼はルター的パウロの信奉者である。彼は言う、「敬虔なユダヤ人にとっての贖罪の体系に随伴するものは契約の規則に対する忠実な心がけ(「律法の業」)であったが、パウロは信仰を主張する、その信仰とは儀式の継続的な実践(誠実性(faithfulness))に結び付けられず、ただ既に神により備えられた決定的な犠牲を受領すること(an acceptance)だけでありうるところのものである」(Dunn, p.172)。ダンは信実であること、誠実であることは一つの業であり、恩恵を受け取ることだけに信仰が成立すると主張している。

信の哲学はこれらのパウロの背景的知識の探求をただ尊敬し学習するが、そこには向かわずに、ただテクストの相互連関において言語分析として確実に析出しうることがらに集中するであろう。そしてそこから宗教改革者の信仰義認論と異なる根拠のもとに信仰義認論を基礎づけることにより、これらの諸見解にも何らかの応答が可能になるであろう。ここでは予告的に次のことのみを記す。二つの神の意志、異なる二つの義認の道が啓示されている。「業の律法」に服する者はあらゆる律法を満たすことにより義と認定される。「信の律法」に服する者は「イエスの信に基づく者」と看做されることにより義と認定される。共約的には信仰は当然ひとつの心魂の業、働きである。信仰が「業の律法」の業になることはないのか、神にそう看做されることはないかという問いには、「受領すること」も端的にそれは心魂の一つの業、働きである、しかし「モーセ律法」のもとに神の信に対応するべく信じるよう命じられていないと答えることができる。ナザレのイエスにとって信の従順を貫く業が十字架の道であった。先駆的にはアブラハムに示された神の信に基づく約束のもとにおける、或いは「信の律法」のもとにおける信が義と看做されると応答しておこう。

（＊1）Dan O. Via, Romans, *Acts and Pauline Writings*, ed. W. E. Mills and R. F. Wilson, p.88 (Mercer Univ. Press, Georgia 1997), cf. C. J. Roetzel, *The Letters of Paul: Conversations in Context*, 4th ed., p. 5 (Westminster John Knox Press, Kentucky 1998).

（＊2）J. Dunn, *Romans 1-8*, Word Biblical Commentary 38A, lxv (Word Pub., Texas 1988).

（＊3）E. P. Sanders, *Paul and Palestinian Judaism*, Introduction, p. 9 (SCM Press, London 1981).

（＊4）M. Hengel, Der vorchristliche Paulus, *Paulus und das antike Judentum*, her. M. Hengel und U. Heckel, S.251 (Tübingen 1991).

第二章　アリストテレス哲学と様相アプローチ
――不可視なロゴス「魂」の探求――

哲学の歴史においてそのひとの成し遂げたことがらがアリストテレスの仕事の幅と深さに幾分でも接近する哲学者は誰かいるであろうか。おそらくライプニッツが遥かに及ばない第二番目である（L. P. Gerson（第一章註21参照））。

序　信の哲学の基礎存在論の構想――パウロ神学が存在論を必要とする理由――

ロゴスとエルゴンの分節と総合

信の哲学は神と人間の関わりについて考察する。神を信じることは人間の魂の認知的そして人格的働きのひとつである。そしてそこに神による何らかの働きかけが一切なければ、信はただの虚構、妄想となる。パウロは言う「もしわれらがこの人生においてキリストに陶酔してしまっている（*ēlpikotes*）だけであるとするなら、われらはあらゆる人間のなかで誰よりも哀れな者である」（1Cor.15:19）。さらに彼は言う、「もし死人の甦りがないなら、「われいざ飲み食いせん、明日死ぬべければなり」」（1Cor.15:32, cf. Rom.4:24–25）。すぐ後に考察するように、プラトンは魂が清浄かつ永続する「不死かつ同一性においてあるもの」と共にあるとき、魂は本来それと同類のものとしてその力能を十全に発揮し不変な自己同一性においてあるものになると主張するが、魂のその態勢はパウロにおける救いと比較されるであろう。とはいえ、パウロは真実の救いをその手前で自ら湧き上がる希望において得たと主張する。彼が「われらは希望により救われた。しかし、見られる希望は希望ではない」(Rom.8:24)と語るとき、神の救いのエルゴンとひとの希望のエルゴンそしてそれらを媒介する不可視な聖霊のエルゴンの複合(エルガ(*erga* 複数形))を疑いえないものとして報告している。見えない存在者のこの働きとその複合についてどれだけのロゴス(理)を把握できるのであろうか。

パウロ自身は聖霊への言及のなかで「霊と[神の]力能の論証(*apodeixis tēs pneumatos kai dunameōs*)」を遂行することもあれば、霊への言及なしに「知恵の説得的議論(ロゴス)(*peithois sophias logois*)」を展開することもある(1Cor.2:4)。というのも、その背景に「パウロはアゴラで毎日居合わせた人々と議論した。また或るエピキュロス派やストア派の哲学者たちが彼と議論した」(Act.17:17–18)とあるように、彼は哲学者と共有する土俵で福音の論証に従事していたからである。このことは彼が聖霊の執り成しの業に対する言及のただなかで、「知恵(*sophia*)」としての哲学的議論を析出することができるそのような仕方で議論を形成していたことを想定させる。「知恵」はギリシャ哲学において最も貴重なものごとの知識に適用される語彙であった。

この信のロゴスの探求において、哲学の生命線である理性の明晰性と堅固さを犠牲にすることをせず、「理性のみ」のモットーは堅持される。神とひとの交わりが魅力的に記されているパウロのテクストを信じる者にも信じない者にも共約的な次元で分析することをその課題とする。パウロは神が行為主体としてひとに自らの意志、約束そして警告の語りにおいてまた恩恵や罰の遂行においてひとと交わっていると報告している。彼は、神が福音の啓示を介して自らの義とイエス・キリストの信のあいだに分離がなく、信に基づく義が神にとっても根源的であることを知らしめており、その神の人間認識、意志を、一般的にではあるが、知ることができると主張する。神は「イエス・キリストの信」つまりイエス・キリストに帰属したナザレのイエスにおける自らが神の子であることの信を神が嘉し、自らの信即ち「神の信」に基づく義の啓示の媒介として用い、神がその信を嘉する者たちに対し自らの信義を啓示したことがパウロにより報告されている（Rom.3:2, 22）。信には信による応答のみがふさわしい。パウロはそのことを「知恵の説得」により聖霊のエルゴンに対する言及なしにロゴス（理論）において理解できるように展開している。

このロゴスの背後にある神の信のエルゴンに対応するものは人間の信のエルゴンであり、双方の信を媒介する聖霊の執り成しのエルゴンが報告されている。パウロは、彼の知恵の説得としてのロゴスは聖霊が各人の霊に反応し「共に確証する」その「霊の保証」を必要にしていると議論を展開する（Rom.8:16, 2Cor.5:4）。彼は三者のこれらの同時的なエルゴンなしには、神の前とひとの前は分離されたままで自らの妄想の産物と看做されうることを自覚している。しかし、聖霊への言及なしにも、少なくとも、神とひと双方の関係を根源的に形成するものとして双方の信のエルゴンを挙げていることに、さらにそう受け止めることに道理・ロゴスがあるという彼の議論の展開に信の哲学の可能性を見出す。

ひとは生きている魂を探求するように、実働においてある霊を探求することもあろう。パウロは本書の基礎となる命題をこう提示する。

われ、神に向かうことがらに関して、キリスト・イエスにある誇りを持つ。なぜなら、われは、異邦人たちの従順へと至るべく、キリストがわれを介して言葉（ロゴス）によってそして働き（エルゴン）によって（*logō kai ergō*）、諸々の徴と不思議の力能において、神の霊の力能において、成し遂げた（*kateirgasato*）ものごとではない何かをあえて語る（*lalein*）ことはないであろうからである（15:17–19）。

キリストが自らに内在して働いたというこの種の命題は、実働の現場のただなかで捉えるエルゴンとともにそのロゴスを、その解明に必要としている。さもなければ霊について理性により伝達することはできないであろう。神の人間認識、意志は福音の啓示を媒介に少なくともロゴスとして知らしめられている。キリストがパウロを介してロゴスとエルゴンにおいて遂行したことはその福音のロゴスとエルゴンに他ならないであろう。福音のロゴスの認識には信仰のエルゴンとして喜びが伴うこともあろう。ひとは不思議な平安と喜びを経験し、それを聖霊の働きに帰することもあろう。当然これは尊重されるが、そのエルゴンにロゴスが内在しているとするならば、相互の補助により一層明確に普遍的に理解されることにもなるであろう。パウロは少なくともロゴスとエルゴンは異なるものであるが、相互に密接な連関にあり、キリストにある福音のロゴスは聖霊として内在するキリストのエルゴン(福音の伝達)との関係において補いあうものであると考えていたことがわかる。ルカもナザレのイエスについて、「彼は神とその民族すべてに対面してエルゴンとロゴスにおいて力ある預言者となった」と報告している(Luk.24:19)。ロゴスとエルゴンの統一理論こそ求められている。

ヨハネ福音書はその冒頭をこのキリストに対するロゴス賛歌が占めている。

原初にロゴス(理《ことわり》)があった、そしてそのロゴスは神とともにあった、そしてロゴスは神であった。この方《かた》(*hūtos*)は原初に神とともにいたまうた、あらゆるものはご自身を介して生じた、そして生じるにいたったものの何一つご自身なしに生じることはなかった。ご自身には生命があった、そしてその生命はひとびとの光であった、そして光は闇に輝いている、そして闇はそのものを捕捉しなかった(John 1:1–5)。

ヨハネは先在のキリストがロゴスとして万物の創造の媒介者であると語る。オリゲネスは言う、「言葉ないしロゴス(理)(*verbum vel ratio*)が先在しなければ、いかにして諸実体は理性的(*rationabiles*)でありえようか。知恵(*sapientia*)が存在せずに、いかに諸実体は知恵ある者でありえようか」[1]。ロゴスを媒介にして一切が生じたというこの印象的なヨハネの言説について、少なくとも語りうることは、何かが生起したとき、そしてそれが秩序ある動的ものごとについて理解可能であるとひとが主張するとき、働きの背後に「ロゴス(理、言葉)」にその秩序を担わせたくなる、そのような一般的傾向性があるということである(第四章モットー参照)。

パウロとヨハネの報告を真摯に受け止めるとき、この事態は共約的に分かち持たれうる分析の視点を要求する。

ロゴスとエルゴンという伝統的な分節と総合は人間の学的思考の基礎にあると言うべき原初的な分節である。それはあらゆる秩序あるものごとを構成している二つの構成要素の伝統的な呼称である。一方はその端緒を永遠的なことがらに持ち、他方はその端緒を今・ここのことがらに持つ。宇宙万物が単なる流転ではなく、秩序ある運動のなかにあるとしたなら、そのものごとが秩序の源としてのロゴス（ことわり）と働き（エルゴン）により構成されており、そしてそれを認識する魂もロゴスとエルゴンにより構成されている。

ものごとを構成するロゴスとエルゴン――ロゴスの実在論――

信の哲学の方法論を展開する第一部全体とりわけこの章前半においては、第一章の論述を基礎にしつつ、アリストテレスがロゴスをそれ自身不可視なものであり、ものごと（*prāgma*）の秩序を形成するものであるという議論を展開するさいに、不可視なもの、とりわけ魂の学的な語りがいかなるものであるかを中心に考察する。万物は流転しているものではなく、秩序ある動的世界であり、そのものごと（*prāgma*）を構成している［L］「ロゴス」と［E］「エルゴン」がいかに関わるかはアリストテレスにおいてはそれに対応する魂の二つの認知的アクセスに即して探求される。彼はロゴスとエルゴンの伝統を継承したが、「ロゴス上」と「エルゴン上」と接近視角を判別しつつも、それらは車の両輪、二頭立ての馬車のように、一方により接近を図るとき、常に他方が念頭にあるそのような関係においてである。ロゴスだけなら、秩序正しさを捉えることはあっても、エレア派の主張のようにそれは何ら動きのないものであろう。エルゴンだけなら、ヘラクレイトス主義者の主張のように、動きはあっても何ら秩序がないものであろう。しかし、この「だけなら」という表現は適切ではない。「捉える」ことは働きであり、「動き」をそれとして規定するのはロゴスだからである。

ロゴスとエルゴンは分離されたままであることはできず、組み合わせが求められる。ここではその相補的な展開のアリストテレス的な、或いは彼の自覚においては成功する組み合わせに呼称を与える。彼は双方を「そして」により結合し、相補的な展開を企てるが、その主要なエンジンが存在者の根拠の理論である質料形相論とその存在様式の理論である様相存在論である。そのさい、いずれか一方を主導にすることを「主導」、「アクセス」、「接近視角」と呼ぶことがあり、それぞれ[LI](Logos Initiative)(「ロゴス主導」ないし「ロゴス上」)と[EI](Ergon Initiative)(「エルゴン主導」ないし「エルゴン上」)と記号化する。世界そしてそれを認識する魂、双方ともロゴスとエルゴンにより構成され、事態は複雑であり、それらは「魂なきものどももそして魂を持つものども」においてものごとの理(ことわり)と働きから魂の理論と実践、楽譜と演奏等に至るまで多様な補完関係においてある(*Met.*IX2.1046a36)。彼はことあるごとに存在するものがそれにより考察されるロゴスとエルゴン或いは論と証拠(「論より証拠」でも「証拠より論」でもなく)の相補性に言及する。「ロゴスによってそしてエルゴンによって」さらには「ロゴスのみならず、エルゴンにおいても」という仕方でものごとの理解が相補的に「同意され」また「証」される(e.g. 409b15, 729b22, 1072a20, 1086a9, 1172b3-8, 1220a7, 1344b9)。なお、魂による[L][E]双方の判別も一方「ロゴス上」遂行されるが、他方その遂行自身が「エルゴン上」のことである。アヤメは自ら(のロゴス)に即して、自ら(のエルゴン)において成長し、咲きそしてしぼむ。恐らくアヤメは自ら自覚なしにそれ自身において咲いていることであろう。ロゴスを持つ存在者であるホモサピエンスは、ロゴスを持つことが自らの心魂の特徴でありまた働きである限り、いずれかの単純さのままに放置することはない。ロゴスは言わばものごとの静止画像であり、エルゴンはその動画である。一方を語るとき、常に他方による手当が求められている。

或いは、ロゴスとエルゴンはものごとの側で世界を織りなす二つの経糸《たていと》と緯糸《よこいと》のようなものである。実在論はエルゴン・働きにロゴスが内在しており、素材を介して実働することにより個々の働きは秩序あると主張する。実在(ものごと)に対するアクセスとして、魂は[LI]言葉による一般的なロゴスの形成と[EI]感覚等の今・ここにおいて働く認知機能により知識と情報を得る。そのとき、世界はその姿を秩序あるものとして魂に自らを現わす。世界がカオティックな生成消滅（なりさりゆく）の舞台であるなら、一なる事物について成立する定義（ロゴス）は形成できないであろう（補論四参照）。

ものごとをロゴスとして析出する主体である魂も双方により構成されている。アリストテレスは魂をそこにおいて「「一」かつ「在ること」が統率的な仕方で（*kuriōs*）語られる」「完成」であると捉え、魂を一なるもので在るそのような存在様式にある「ロゴス（説明言表）に即した実体（形相）」として析出する（*De An.*II1.412a27, b8–11）。その魂は、それが内属するものが生きている限り、働きにおいてある。それ故に一なる定義が形成されるなら、その定義は自らの要素を一ならしめる因果論的に基礎的な一性の根拠としての存在者、そして様相的に統率的な仕方においてある存在者即ち完成にあるロゴス（理）を捉えている。定義形成のロゴスこそ一で在ること、完成であり、それによってひとはものごとのロゴス、例えば魂をそれ自身として知る。他方ものごとはその理とその働きが分離されずに一なるものとして働きにおいてある。ちょうど魂に内在するロゴスとしての知識が魂の観想実働において働きにおいてあるように、「完成は二通りの仕方［[L]と[E]］で語られる」（II1.412a22）。

双方の判別は魂の認知機能に即した接近視角であると言えるが、ものごとがその認知機能に枠づけられているのではなく、最善のロゴスはものごとのロゴスとエルゴンを捉えうると主張されている。アリストテレスはロゴスの実在論に与《くみ》しており、[E]一なる秩序在るものごとに内在する[L]ロゴス（理）は[LI]最善の定義形成のロゴスにより捉えられるとして言う、「定義は一つのロゴス（説明言表）であり、すべてのロゴスは部分を持つので、ちょうどロゴスがものごと（*prāgma*）に対してあるように、ロゴスの部分はものごとの部分に同様にある」（*Met.*VII10.1034b20）。ひとがものごとに応じて形成する最善の「ロゴス」が複合的な「ものごと」と内的構造において対応関係にある。「その[L]ロゴス（説明言表）が定義であるものごとは一である」からこそ、論証に基づく定義や様相的定義は「何であるかのロゴス」として「知識産出的（*epistēmonikos*）」である（VII12.1037b10, VII15.1039b32, *An.Post.*I2.18, II10.93b29）。もし、象が絶滅したなら、普遍語「象」は「山羊鹿」と同じく架空な名前となり、そのロゴスは語の意味を捉えることができても知識を産出するものとはならないであろう（II7.92b7）。在らぬものには知識はなく、今・ここで働きにあるものの普遍的なロゴスが知識をもたらす。探求の第一段階における語句の意味の理解と存在を介した本質を満たすものの知識は異なっていた（第一章一節六参照）。

ここではロゴスをロゴス自身として析出する手法がいかなるものであるか、さらにエルゴンを定義に組み込むロゴスがいかなるものであるか、ロゴスとエルゴンが媒介される手法がいかなるものであるかを、双方の学的分析と総合のくわだてである彼の様相存在論に基づき解明したい。というのも信の哲学の中心的なゴールは信がそこにおいて生起する魂の態勢そして行為を明晰に語ることにあるからである。

第一節　アリストテレスの様相存在論（力能、実働そして完成）
――ロゴスとエルゴンの在り方の分析と総合――

一　普遍存在論と神学

第一の自ら不動にして他を動かす神

私の理解では、アリストテレスはロゴスとエルゴンの統一理論を『形而上学』の第一の課題として企て、術語の判別等によりその明晰化に努めている。彼の様相存在論が双方を解きほぐし理論化していることを明らかにしたい。最初に彼の神学と普遍存在論の関係を確認する。続いて、「ロゴス主導」［LI］と「エルゴン主導」［EI］の特徴と様相論による統一理論の方向を確認し、三つの様相概念（「完成」「力能」と「実働」）をその言語的な特徴に基づきその理解を企て、在るものに自体的に内属するものごととしてそれらの特徴を捉えたい。

あらゆる存在者、ものごとを「在る」という視点から分析する一つの学、存在論がある。私には、アリストテレスによる様相存在論がロゴスという目に見えないものの働きを理解するうえで、ロゴスをロゴスそれ自身として摘出することにおいて、さらにそのエルゴンを捉えることにおいて、総じてロゴスとエルゴンを媒介するものを提示することにおいて、とりわけ重要な貢献を果たしうるように思える。パウロにおける信の特徴づけや聖霊による媒介の主張等の基礎理論になりうると考える。アリストテレスはものごとの秩序ある行為や出来事をも含めた動的世界を分節、解明すべく、あらゆる事物・事象（ものごと）の存在様式を三つの術語（「完成（*entelecheia*）」、「力能（*dunamis*）」そして「実働（*energeia*）」）とその組み合わせにより包括的に解明する様相存在論即ち存在様式、在り方の理論を展開している。彼はこれら三つの存在様式を「在るものそれ自身に在る限りにおいて内属するものごと（*huparchonta autō hē on*）」と規定する（*Met.*IV2.1005a14）。この様相概念はこの秩序ある動的世界を存在論的に解きほぐすという意味において、ロゴスとエルゴンの分析と媒介そして総合と言える。

彼の存在論は範疇論、質料形相論そして様相存在論からなる。第一章でパウロの議論の分析としてアリストテレスの「いかに語るべきか」という規範的な言語分析を媒介にした「形式言論構築術（ロギケー）」を基礎に存在者の類の分類をめぐる範疇論ならびに意味論を展開した（第一節六参照）。さらに発見的探求論のもとに探求が語彙の意味の把握から存在者が「いかにあるか」の発見的探求の過程を簡単にではあるが確認した。

彼の存在論が、実体語と属性語の述定の言語的振る舞いの差異から導出される「実体」「性質」等の「存在者の類」のロギコスな議論である範疇論を基礎にして構築されることを確認した。そこでは「ある」をめぐる言語の規範的使用の議論が展開され、それは可視的な実体も不可視的な実体も同じ権利において扱う基礎理論である。そのうえに「自然」と呼ばれる存在者に内在しその生成と存在を秩序づける質料と形相の因果性の理論を展開した。この質料と形相の内在性の主張こそプラトンのイデア論の離存性と分有のアポリアを回避する一つの解決案として考案された。エルゴンに内在するロゴスという主張は先行者たちのアポリアを歴史的背景にしている。

先在のキリストがロゴスとして媒介ならびに内在することにより万物が形成されたことはありうることではある。アリストテレスの様相存在論はその一般的構造とでも言うべき次元における分析を提供している。あらゆる存在者の存在様式を考察する様相存在論が自然次元における質料と形相という存在者の関係を開示する質料形相論をより基礎的な次元で「在るものを在るものとして」探求する普遍存在論の主翼を担っている。最も一般的に言えば、「存在（ある）」と「非存在（あらぬ）」さらにはそのあいだに成立しているであろう「生成消滅（なる、めっする）」について包括的な理解を提示する学的営みがあるとすればそれは「存在論」と呼ばれる。

実践学は行為を制作学は文学作品や技術品等の制作をめざすのに対し、理論学は知ることをそれ自身の故にめざす。理論学には「数学」、「自然学」そして「神学」が属するとされる（*Met.*VI1.1026a19）。アリストテレスは在るものを在るものとして考察する「第一哲学」と呼ぶ帰一的存在論の構築を介して、従来のアポリアを克服しつつ、普遍存在論と神の探求である神学との統一を企てる。彼は言う「かくして、もし自然によって構成される実体とは別に離れて異なる実体が存在しないなら、自然学が第一哲学となるであろう。しかし不動の実体が存在するならこの学がより先であり第一哲学である、そして第一であるという仕方で普遍的である。在るものについて在るものである限りにおいて考察すること、そして在るものは何であるのか、そして在るものである限りにおいて内属することがら［存在者の類や存在様相］を考察することはこの学に属する」（1026a27–32）。範疇論、質料形相論に基づく因果性の理論さらに様相分析というこの普遍存在論と矛盾のない仕方で神学が遂行される。

アリストテレスはここで「第一であるという仕方で普遍的」という主張により「在る」と「一」を多義性のままに放置することなしに、何であれ「在る」と語られるものを第一の存在者との帰一的構造のもとに秩序づけられるべきものとして一つの理論学の構成をめざしている。このような帰一的存在論においては「不動の動者」と呼ばれる神が第一の存在者である。そのような究極的な存在者との関連において秩序づけられつつ、相対的に独立した第一のものどもとさらなる因果的連関を形成する諸項が秩序づけられる。第一哲学は普遍的存在論か神学かが問われてきたが、帰一的に理解する限り双方は秩序づけられるであろう。この帰一構造に見られるように、彼の関係の存在論の基本エンジンが質料と形相の因果的な関係ならびに、その存在様式としての力能と完成そして力能と実働の統率的な仕方における「一」と「在ること」をめぐる存在様式の関係の解明である。そして質料と形相そしてその存在様式である力能と完成のペアは事物の一性を表現する定義形成による探求であり、そして力能の実働は今・ここにおいて、働きにおいてある存在者の存在様式の探求である。そして力能の実働であるエルゴンに完成としてロゴスが内在する限り包括的な理論が構築されよう。

実際、彼は神学的議論を展開する『形而上学』第一二巻において、一つの宇宙と一つの不動の動者が存在することの論証のなかで、「完成」の概念に訴えて神がロゴス上そして数において一であると論じている。

数において多であるあらゆるものどもは質料を持つ（というのも一にして同じ説明言表は例えば「人間」のそれのように多くのものどもについてであるが、ソクラテスは一人だからである）。だが、第一の本質［何であったか］は質料を持たない、というのも完成だからである。かくして第一の不動であって動かすものはロゴス（説明言表）そして数において一である（XII8.1074a33–37）。

ここで「完成」は質料の故に変化のなかで多様でありうるものとは異なる「統率的に一かつ在ること」（412a21）という存在様式のことであり、アリストテレスはそれを第一の本質に帰属させている。その第一の本質はロゴス上「第一の不動であって動かすもの」として一であるが、それは他の動かされるものとの帰一的な関係において確認される。不動の動者は数においてただ一つでありまた帰一的構造のもとに帰一の源として一つの説明言表により開示される一なるものである。神学的議論のなかに普遍存在論の主要な鍵概念である「完成」が適用されることにより、彼は存在論‐神学アポリアつまり第一哲学は神学であるのか、存在論であるのかの難問に陥ってはいない。普遍的存在論において、在るものである限りにおいて「内属することがら」として存在様式としての三種類の様相概念「完成」、「力能」そして「実働」が何であり、いかなる関係にあるかが探求される。

非複合的な存在者への接触知によるアクセス

在るものを在るものとして考察するこの第一哲学においてあらゆる存在者を包摂する理論が目指されているからには、不可視的な存在者である魂やヌースそして神なども考察対象に含まれるとすることは道理ある。今見た不動の動者の理解は複合的なものではないが故に、定義の形成によるアクセスが拒まれており、何らかの認知機能による直接的な把握が求められる。アリストテレスは『形而上学』中心巻（VII-IX）において[L]ロゴスと[E]エルゴン双方の相補的展開を遂行する。第七巻冒頭から一七章までは基本的にロギコースに定義論を遂行し、一七章冒頭で存在論の最終目標について彼は言う。「実体とは何でありまたどのようなものかを語らねばならないが、今度は言わば[LIとは]別の出発点を形成して語ろう、というのも、もしかするとそのこと[EI]から可感覚的実体とは分離されているかの実体（*kechōrismenē tōn aisthētōn ūsiōn*）についても明らかになることもあろうからである」（VII17. 1041a6–9）。

私の理解では、アリストテレスは不可視な存在者の把握をいかに遂行すべきかを真剣に受け止め、主にこの一七章の引用文から第八巻六章においてエルゴン主導[EI]により実体の探求が遂行され、形相の実働としての形姿の観察を介して事物の一性の探求を遂行する。続いて第九巻において様相存在論の展開に基づき双方の総合が企てられている。彼は第九巻冒頭で「「ある」は[L]力能と完成に即して、また[E]働きに即して語られる」という二つの視点を取り入れ、不可視な神やヌース、魂が理解されることにより完結する彼の存在論の残された仕事として、ロゴスの一性とそれが言わば可視化されている働きの多様性の次元の総合を企てている（IX1.1045b34）。中心巻最終章（第九巻十章）において、常に実働においてある「非合成諸実体」の認識とその認知機能について考察される。彼は冒頭で真と偽に対応する存在様式に言及すべく対照的な二項の幾つかの組み合わせについて言う。「「ある」と「あらぬ」はかたや述定の類に即して、他方それらの力能或いは実働に即して或いはその反対対立に即して語られるので、「最も統率的な仕方におけるある」は真か偽である」（IX10.1051a34-b2）。即ち、世界の側の存在様式つまり結合されていたり分離されていたりする存在様式が最も統率的な仕方で判断の真偽と関係づけられているとする。世界がそうであるように結合し分離するとき真であり、さもなければ偽となる。このように「統率的に」は二項の関係概念を、一方向的に秩序づける存在様式として表現している。後述するように、『魂論』においては「身体」は「道具」として被統率的なものとして完成においてある魂と関連づけられる。

非合成（複合）的なものの認知については叡知（*nūs*）が「触れるか触れないか」という仕方でのみ実働するか実働しないかつまり知か無知のいずれかであり、決して偽の可能性はないとされる。コンピューターを駆使する現代人には叡知作用（*noēsis*）をサーチにそして触知を検索条件に合致した時のヒットに譬えることが分かりやすいであろう。「かたや叡知の運動が叡知作用であり、他方それは円の回転である」（*De An.*I3.407a20）。閉じたネットワークのなかで同型のものが合致するように、叡知は叡知対象と同じ系のなかに存在する。『形而上学』はこのようにそれまで培った論証を発見するものとしての発見的探求論の延長線上で、さらには「叡知」の実働による接触的な探求が遂行される。

アリストテレスは不可視なものの実在を議論しており、その探求が複合的な存在者のロゴス（理）に対する探求に適した定義の形成を介するロゴス主導［LI］と不可分な存在者に対する直接的な認識に適したエルゴン主導［EI］の相補的展開により遂行されている。この考察を通じて不可視な神や聖霊についても何らかの対応を見出すことが期待される。ここでは信の哲学の基礎存在論として、質料形相論と様相存在論により、一なるものごととそのものごと同士の多様な関わり、出来事、行為、認知活動等あらゆる振る舞いを力動的に把握する包括的なロゴス（理論）の方向性を提示したい。

二　魂の二つの認知的アクセス——ロゴスとエルゴンの判別の不可避性とその非対称による補完——

「ロゴス上」および「エルゴン上」の両輪の相補性

最初に「ロゴス」の予備的理解を得ておく。「ロゴス」を基本的に「説明言表」ないし「理(ことわり)」と訳すが、これは、言語のもつ不可避的な二義性の故に、人間の側からの言表とそれにより言い表される対応する実在(ものごと)双方を意味表示する。これは一方で人間が提示する最善の説明言表としての定義をめざす諸部分から構成される言語表現を、他方その言表により指示される世界を構成する理(ことわり)を意味表示している。「ロゴス」は一つには言語次元において用いられる一般に言葉をそしてより限定的に定義を形成する説明言表を表している。例えば、「鋭角を定義する者は「直角」を用いる」ようにロゴス上の先後関係があるが、世界のロゴスの在り方に基づき正しい言語使用が確定される実在論のもとに遂行される(VII10.1035b6)。ただし、第一章一節六ロギコス意味論において確認したように、当該語句の意味は言語表現同士の関係として実在への参照なしに理解されるものであった。その枠のなかで「ロゴスに即した実体」である形相は質料から「ロゴス(説明言表)によって離存的なもの(*tō logō chōriston*)」(VIII1.1042a29)と特徴づけられるさい、[LI]言語実践によるものごとの理(ロゴス)への接近が遂行されている[2]。そこではロゴス次元ないしロゴス上のことがらが確保され形相の実働は括弧に入れられている、たとえ外的環境の妨げがなく同時に実働するにしても。

「ロゴス」は世界にあるものごとの[L](理)としてそれ自身不可視な形相(*eidos*)や目的(*to hū heneka*)としての、即ち「説明言表により意味表示(指示)される理」を表現する(意味表示は二様であり、例えば、普遍実体語「人間」は個人に述定されること(主述言語間の意味表示)を介してものごと(実体)を意味表示(指示)する(*Top*.I9)[3]第一章一節六「ロギコス」参照)。ロゴスはエルゴン上質料を介して実働し、質料がそれを保持する力能を喪失する時、質料と形相の統合体（*sunolon*）は消滅するが、ロゴスはそれ自身として生成消滅過程を経ることはない。例えば、一オクターブの調和音は質料である空気が弦の長さの一対二の比（ロゴス）を受容することにより奏でられる。しかし、空気が散逸しだしその比を保持できなくなるとき、ロゴスはエルゴン上「解かれる（*luetai*）」が、ロゴスそれ自身が変化するわけではない（*Phy*.II3.194b28, *GC*.II10.328a27）。調和音は今・ここに消滅するが、この調和音の比はそれ自身としては変わらない。ただし、この形相としてのロゴスが質料からロゴス上分離されるがエルゴン上分離されないこの非対称性と総合こそ探求されるべき大きな課題である。

ロゴス主導かエルゴン主導かはギリシャ哲学のフロントラインを形成していた（補論四参照）。プラトンはエルゴン探求からロゴス探求への転向をこう述べていた。

魂が自らに即し観察し、清浄かつ永続するものであってそして不死かつ同一性においてあるものに赴き、魂がそれと同類のものであるとしてかのものと共になるときはいつでも、まさにこのようなものどもに触れていることによって、魂はそれ自身に即して自らとなり、自らによって立ちそしてその彷徨はやみ、魂もまた常に同一性においてある不変のものとなるのではないか。そしてまさに魂のこの様態が「賢慮（実践知）（*phronēsis*）」と呼ばれた。……［アナクサゴラスの］叡知（*nūs* ヌース）が万物を秩序づけている以上は、いかにあるのが最善かというまさにその仕方で秩序を与え、然るべき場所に配置しているはずである。……ところが、この書を読み進むと、このひとは叡知を何ら役立てず、ものごとを一つに秩序づける根拠をヌースに帰すことなく空気とかエーテルや水やその他多くの場違いのものを持ち出してそれらを根拠だとしていた。……私［ソクラテス］はこのもの［「事物が最善に配置され今この仕方で置かれていることを為しうる力能」］から見放され、自ら発見すること（*heurein*）も他のひとから学ぶこと（*mathein*）もできなかったので、ついに根拠探求の第二の航海（*ton deuteron plūn*）に乗り出した。……私は存在するものどもを観察すること（*ta onta skopōn*）に失敗したので、ひとびとが蝕を受けているあいだ太陽を研究し観察することによって蒙るのと同じ目にあわないように注意を払わねばならないと私には思われた。というのも、もし水や何かそのようなものによってそのものの似像《じぞう》を観察するのでなければ、或る人々はどこかしら目を損なってしまうからである。私は何かそのようなことを考えてそして私はこの肉眼で直接に事物を見る仕方とか、個々の感覚によりものごとに直接に触れようとする(*haptesthai*)なら、魂はそれ自身の見る力能を失い盲目になってしまうと恐れた。そこでロゴスへと逃れて、かのものどもにおいて存在するものどもの真実を観察しなければならない(*chrēnai eis tūs logūs katapheugonta en ekeinois skopein tōn ontōn tēn alētheian*)と私には思われた。そのとき私がそれによって[魂が盲目になると]比較なぞらえるものは恐らく或る仕方では似てはいないであろう。というのも私はロゴスにおいて存在するものを観察しているひとを[魂の感覚の]諸エルゴンにおいて観察するひと(*ton en tois ergois*)よりも一層似像において観察していると同意することは決してないからである。……そのつど私が最も堅固である(*errōmenēstaton*)と判断した言論を前提とし、問題が根拠についてまた他のものであれ、そのロゴスと一致するよう思えたものを真と定める(プラトン *Phaedo*, 79d, 97c, 98b, 100a)(4)。

ここでソクラテスはエルゴンとロゴスの相補的な展開を先行者たちに期待したが、エルゴンを構成するはずのそれ自身不可視な叡知(ヌース)やロゴスの考察がなされておらず、自ら新たに一つのロゴス的転回を第二の航海として遂行したことを述懐している。彼は個々のものごとの働きの感覚に基づく観察経験を離れ、ロゴス主導により論理法則に則り普遍的に確かなものだけを語ることに従事した。彼はトートロジカルとも見られる「美しいものは美によって美しい」(100e)という類の議論に基づき、ロゴスの力によりイデア論に導かれた。

[LI]「ロゴス主導」ないし「ロゴス上」により私が理解するのは、エレア派やプラトンのロゴスによる探求の伝統のなかで、アリストテレスは「いかに語るべきか(*pōs dei legein;*)」、「いかに問うべきか(*pōs dei erōtān;*)」のもとに矛盾律を基礎にした言語の規範的使用の考察を遂行するが、言語的探求を認識の源泉とする立場である(*Top.* VIII1, 155b3, *Met.* VII4.1030a27)。彼は矛盾律に基づく言語の規範的使用の分析を介して「形式言論構築術(*logikē*)」を

展開するが、それは師の「最も明晰なこと」だけを語る「第二の航海」の航跡を辿ったものであり延長線上にある(cf. *Top.*I11, 14, *Phaedo* 100a,d, *Tim.*49d)。範疇論のような言語の規範的な使用の考察に基づく「ロギカイ(複数)な議論(*hai logikai*)」は「真理に即して哲学探求に向かう(*pros philosophian kat'alēteian*)」存在分析の基礎となる一方法である(*Top.*I9, II4.105b30, b21, *Met.*VII4.1030a27)。それは個々の観察を括弧にいれて、「普遍的に語る[考察する]」(e.g. 1037a22, 1071a17, 1087b17, 274a19–29, 280a33, 282a14, 83a1, 121a6, 141a15, 142b20)。この手法を基礎に彼はソクラテス的なロゴスの探求の目標と言える「何であるか」の問いのもとに、もの自体ないし自己同一性を認識することへと向かう。そこで彼はロギコースに論理学を構築し、その三段論法の枠のなかで論証に基づく定義の理論さらには、様相概念を用いた様相的定義の理論を展開する。

他方、[EI]「エルゴン主導」ないし「エルゴン上」は魂の接触的な認知機能、感覚と叡知(*nūs*)による個体の接触知に基づく観察的な情報を認識の源泉とする立場である。私は、[EI]により個々の観察を積み上げ帰納的に普遍化し、「帰納に基づいても十分な信念(*hikanē pistis*)」を獲得するそのようなアクセスの視点を理解する(*An.Post.*II3.93b13)。[EI]においてアリストテレスは[LI]普遍による定義形成との対比において、今・ここの具体的なものごとの感覚と叡知の獲得に向かう。「魂であることと魂は[ロゴス上]同じである。しかし、統合体については現に[今・ここで]、例えば、可感覚的なものども、銅のまた木の円に関して、これらの[LI]定義[中心から等距離の平面図形]はなく、[EI]叡知作用(*noēsis*)ないし感覚を伴い認識される」(VII10.1036a1–7, cf. 1036b1, VIII5.1040a2–3, *De An.*III5.430a19, 431a1, 429a10–18, b5–9)。[E]感覚や叡知による認識はロゴスの形成とは異なるアクセスである。個々の対象例えば「この」銅製の円については魂の対応する認知機能により認識され、対象に応じて異なるアクセスが取られる。

認識の過程はこうである。感覚や叡知の実働に伴い思考(*dianoia*)が真偽に関わる文を形成する。「「白」[接触]は偽ではないが、「白いものはこれか或る別のものか」[判断]には偽がある」(*De An.*III3.428b21, cf. III4.429a23)。複合的な定義の形成は当然誤りうるが、エルゴンとして網膜に対象の像が映っていることには誤りはない。この種の感覚の発動が一つの認識の源泉を提供するが、認識はそこでは終わらない。彼は「あらゆる感覚について普遍的に捉えるべき」として感覚についての一般的理解を企て、ロゴスの獲得によりその働きが完成されると主張する。

感覚一般について彼は蜜蠟が金の指輪を金抜きに「その境界を受け取る」ように、「感覚は質料抜きに可感覚的事物の形相を受容する」と主張する（III12.424a17–19）。感覚対象は個体であっても、その認知内容は不可視な［L］「形相」である。対象と透明な媒体と感覚器官の複合的なエルゴンのなかで、因果的インパクトを介して伝達されるのは形相（ロゴス）である。そこでは感覚が「受動する」さい、「感覚はかの色や匂いを持つものどもの各々の限りではなく、ロゴスに即してこのようなものである限り（*hē toiondi*）語られる」と限定される（III12.424a22–25）。感覚はこの赤いバラをこの赤いバラとしてではなく、或る波長の範囲における他の色との配色の比の上での差異において「このような赤」である限りにおいて受け止める。「このような」は或る色が「赤」と語られる普遍的な赤の稼動域を表現している。ロゴスに即した感覚内容の記述は普遍的な理解においてこのようなものとして個体を捉え、個体についての感覚を引き金にそこにロゴス性ないし秩序を捉えている。

このことは網膜に像を今・ここで結ぶことと、それを介した普遍的なロゴスに即した形相の受容は補完しあうと告げている。例えば、今私がキーボードを叩きつつ見ている画面（又読者が読んでいるこの書物）のこの感覚は個々の文字についてのものであり、そして同時にソフトウエア（脳システム）の制御のもと映し出されているこの文字の意味理解が文法や意味論上の規則のもとに一般的に遂行されている。この文章理解において確かに質料と言える電気的媒体（脳の伝達装置）そのものを受け止めているわけではない。感覚器官を介した刺激は今・ここのことであり（画面や周囲が暗くなれば見えない）、意味理解は普遍の相のもとになされている。さもなければ、今この文章を誰も理解できないであろう。

この相補性は学的営みにおいて一般化される。可感覚的なものや或る叡知的なもの（例、数学的対象）の探求は個別諸科学の類（例、幾何学「大きさ」、算術「数」）のもとに論証理論の枠組みのなかで遂行される。論証は基礎論理として三段論法をかかえ、推論の妥当性はまったく形式的な思考の規則により解明され[LI]により形成される。さらには論証に基づく因果論的定義やその存在論的次元における様相的定義論への接触的知識の組み込みによる提供された情報の体系的理解はロゴス上とエルゴン上双方による補完的なものと言える。そこでは「何であるか」の問いに対する普遍的なロゴスの形成がエルゴンの採取を媒介にして遂行される。

　因果論的定義の形成の一例として、先に挙げた「中項（根拠）が可感覚的事物である場合」の月面上での蝕の事例を挙げることができる（第一章一節六「意味論と認識論」）。論証における分節においては、知覚される地球の遮蔽が月面（小項）における光の欠如（大項）を説明するものであることにより中項（根拠）の位置を占める。知識を産出する推論としてロゴス上、項連関はこのように分節されるが、エルゴン上、彼が頻繁に同時発見について言及した理由は、二つの異なる認知機能（感覚や叡知と思考ないし洞察）が同時に発動しうるからである（*An.Post.*II2.90a27, 93a17, 35, 88a16, 89b12, *De An.*III4.429a23）。探求においては常に論証の枠組みのなかで発見的探求が遂行されるということ、このことは双方の補完の一事例であると言える。「洞察力（*agchinoia*）は気付かれない時間のうちに中項をヒットする才能である。例えば月が太陽に向かって明るい面を維持していることをひとが見れば、直ちにこれが何故であるかを理解する場合のように」と彼は諸項の分節を念頭に発見的探求に従事する（89b10f）。感覚によって媒介されることにより、「洞察（叡知）対象（*noētē*）である普遍」は他の心的力能によって把握されるだろう（86a29）（なお、帰納と論証の形成が同時であることについては第一章註20参照）。

　探求対象が可感覚的なものごとの場合、プラトンも認識していたであろうように感覚によるエルゴン的探求とその一般化は比較的容易である。しかし、一切の存在者を在るとして探求する場合にはそうはいかない。最も補完が必要とされるのは非可感覚的な存在者が主張されたとき、その可視的な働きの観察とそれによる証ないし同意の形成である。また個体である可感覚的事物の普遍による把握がいかなるものであるかが解明されねばならない。「形相」という不可視なものの探求においては因果性の理論とは別に様相存在論を必要とする。魂の諸認知機能による知識獲得は思考の一つの働きであるが、語られたものとしての普遍的なロゴスが実在としてのロゴスを対象にするものである限り、共時的、無時間的で普遍的なロゴス次元を析出することができる。可感覚的実体の場合には質料と形相はロゴスにおいてのみ分離され、生成消滅がそこにおいて確認されるエルゴンのうえで双方の分離は確認されない。ものごとの分離と分離のギャップに同じ名前が異なる意味を担う同名異義が生起し、二つの主導の非対称性を見ることができる。ここでは矛盾律に基づく思考の自律的な展開が認識の枠組みを形成していることを確認できれば足りる。それぞれの理解さらには補完関係については後に詳しく考察する。

双方は個々のケースにおいてあくまで程度の差を許容するが、単純化して言うことが許容されるならば、ロゴス上次のように分節される。

［L］ロゴス（理）主導［L］　vs.　［E］エルゴン（働き）主導［E］

実在：理、比、複合的なもの（合成体）の一性の根拠　vs.　今・ここの不可分の単純なもの（可感覚、叡知的対象）の働き、魂の個々の働き

魂のアクセス：

方法：矛盾律と言語の規範性に基づき「いかに語るべきか」　vs.　感覚等の接触的知識に基づき「いかにあるか」

実践：定義、演繹等による分節と総合の普遍的言語による考察　vs.　不可分な個体の今・ここの認識、個別行為と帰納的集積

ゴール：普遍的、必然的なものの共時的知識　vs.　現に働きにおいてあるものの一時的、連続的認識

欠陥（相補性の必要）：定義形成語句の（エルゴンにおける使用　vs.　必然性および普遍的知識の欠如
との対比における）同名異義
歴史的事例：エレア派、プラトン（第二の航海）、大陸合理論　vs.　ヘラクレイトス派、イギリス経験論

この図式的な理解は今後の論述の見取り図として描いたものであるが、世界が双方により構成されている以上、一方の接近は他方のそれを必要としていることを示している。誰であれ存在者の学的認識を求めて存在論構築を構想するとするなら、理論は働きにおいてある具体的な存在者の個別的認識を普遍的に説明するものでなければならず、個別的な認識は存在論の理論としての妥当性を保証、検証するものでなければならない。そしてロゴスとエルゴンはそれを扱う普遍性の程度において、それぞれの局面で送り返しが求められるそのようなものであり、存在論は最も包括的な理論を展開する。

哲学史を俯瞰するとき、エレア派やプラトンの第二の航海におけるロゴスによる探求が哲学の一つの伝統を基礎づけている。永遠に不変の真理を担いうるというロゴスの絶大な特徴ゆえにエレア派の論理的存在論が考案された。先に引用したように、プラトンはその延長線上に「ロゴスへと逃れて、かのものどもにおいて在るものどもの真実を観察しなければならない。……私はロゴスにおいて在るものを観察しているひとを［魂の認知的］諸エルゴンにおいて観察するひとよりも一層似像《じぞう》において観察していると同意することは決してない。……そのつど私が最も堅固である（*errōmenēstaton*）と判断したロゴス（言論）を前提とし、……そのロゴスと一致するよう思えたものを真と定める」（*Phaedo* 98b–100a）。プラトンがロゴスへと逃れ、提示した確実な命題は「美しいものは美によって美しい」という類のトートロジカルなものであり、そこから美それ自体として離存的で自己同一においてあるイデアの存在に導かれた（100e）。

アリストテレス哲学の顕著な特徴は、一方でいかに不可視な「ロゴス」と呼ばれる存在者をロゴスそれ自身とし

て摘出するか、そして他方いかにロゴスが働きにおいてあるかつまりいかにロゴスがエルゴンに内在するか、その仕方、様式について広範な学問的領域に妥当する包括的な議論を、存在として、展開していることに見られる。彼は先行哲学者たちの諸アポリアの解決への道筋のなかで自らの立場を確立しており、師のイデアの離在と分有のもとにロゴスをイデア界に祭り上げることも、カントのように超越論的観念論のもと叡知界に逃げ込むこともさせず、ロゴス上の分離とエルゴン上の不分離の理論を展開する(第五章参照)。実際、イデア論は、完成においてある一つのものが別の完成においてあるもの(イデア)によって構成されることはなく、「完成において二であるものが、完成において一であることは決してない」と矛盾律に則り反論される(*Met.*VII13.1039a5)。一つの現実世界の力動的な存在様式においてロゴスとエルゴン双方の関わりを捉えている。

相補性の種々の文脈と統一的存在論の構想

ロゴスとエルゴンの補いあい、証しあい、また同意しあいの事例を諸学において見出すことができる。例えば、倫理学上の相補性は第一章で見たように、「真なるロゴスはエルゴンに共鳴和合することによって信用される」ものであった(*Nic.Eth.*X1.1172b3–8)。これは人生の何であるかを知れば知るほど、その一挙手一投足が秩序あるものとなることを含意する。また神がいかなる位置を占めるかの自然神学の議論においては「ロゴス(*logos*・理論)は現れの証を立て(*marturein*)、現れ(*phainomena*)はロゴス(理論)の証を立てる」と言われていた(*De Caelo* I3.270b4–13)。ここでは新たに魂の認知機能に応じた相補性の文脈を取り上げる。「実働に即した感覚は個体についてであり、知識は普遍についてである。これら[普遍]は或る意味で魂の内にある。それゆえに叡知すること(*noēsai*)は自らのうえのことであり、望むときにいつであれできるが、感覚することは自らのうえのことではない」(II5.417b22–25, cf. III8.431b29)。ここで個体についてそのつど成立する感覚に対比されるものが普遍に対する知識である。そして「普遍を語ること」は第一に「魂の内」に向けられる。感覚はこの赤いバラと光を必要とするが、フェルマーの定理は外界からの刺激を必要としない。感覚と知識の「相違は一方実働を作りだしうるものども、即ち視覚対象や聴覚対象は外（*exhōthen*）にある」ことに見られる（II5.417b19）。

ここで車の両輪における相補性を魂の内と外に見出すなら、「論証は外なるロゴスに対してではなく、魂の内なるロゴスに対してある」ので、魂に内在する知識はロゴスとしてあり、感覚は魂の外にあるものごとについて接触的な情報（ロゴス）を得ることにある（*An.Post.*I10.76b24）。一方、「［魂に内在する］知識はロゴスであり、同じロゴスがものごととその欠如を開示する（*dēloi*）」、他方、感覚は外的環境にその成立を依存させるゆえに、魂の認知機能それ「自らのうえのことではない」（*Met.*IX2.1046b8, cf. 210b8–10, cf. 430a19, 431a1, b24–29、「魂のうちにあるロゴス」（1032b5））。このようにロゴスとエルゴンの互いの補いは多様な文脈を持つが、［LI］と［EI］の判別はさしあたり、魂の内側に向けて語られるか、外側に向けて語られるかに応じて、一応の判別はなされるが、外側から魂の内側に情報がもたらされ、内側のものが外側に指示として向かう（言語間の述定による意味理解とそれを媒介にした世界への指示という二様の意味表示の理論については第一章参照）。

補完を念頭におくこの基本的態度のもとに、アリストテレスは複層的な世界をそれぞれ固有の領域そして固有の接近視角により分節し探求する。彼は当時、研究対象に即した探求の方法が確立されていないことを不満に感じている。或るひとはあらゆる議論が数学的に厳密に語られることを望み、他のひとは議論の正しさの証拠に常に詩人の言葉が引用されることを望む（*Met.*II3.995a6–8）。そのような事情のなかで、彼は「われらはまず、それぞれ（*hekasta*）をいかに受け取るべきかについて教養を身につけなければならない。というのも、知識と知識［獲得］の仕方を同時に求めることは不条理なことだから」と述べる（II3.995a 12–14, cf. 402a10–21）。彼は「それぞれをいかに受け取るべきか」という問いのもとに、対象に即した知識獲得の方法の確立を自らの課題としている。

この問いのもとに彼は理論学、実践学、制作学を分節するが、言ってみれば世界が持つ豊かさに応じて、学問区分が成立する。そして受け取る様式がそれぞれの学の方法論となる。これらの三つは、端的に言えば、知る、為すそして作るという様式において区別されるであろう。彼は「理論学のゴールは真理であり、実践学のそれは行為である」と言う(II1.993b20f)。つまりロゴスを捉えること(学的エルゴン)と、ロゴスに即してエルゴンを形成することに双方のゴールがある。さらに、理論学の一つである自然学と制作学について「一方、作品(エルゴン)が制作学のゴールであるが、他方、感覚に即した現象が常に統率的に自然学のゴールである」と言われる(*De Caelo* III7.306a16f)。自然学は運動する可感覚的事物を対象にしており、そのものごとに自然として内在する形相と質料の解明に向かうが、そのロゴスがそれに内在する現象は感覚により検証されるが故に、感覚に即した現象がこの学のゴールであると語られる。

自然学は「ピュシコース(自然学的に)」と呼ばれる方法により遂行される。これは「第二哲学」と呼ばれる運動と静止の原理を自らに持つ可感覚的かつ動的な自然物の探求の手法であるが、これは[LI]と[EI]双方を用いて学的知識を求める。アリストテレスは自然理解の基本的な立場を表明して言う。「われらは観察する(*horōmen*)ものごとに基づき、自然はいかなる場合にも許容されるものごとのそれぞれについて、失敗したり無駄なことをしたりしないと仮定する」(*Gen.Anim.* V8.788b20–23, cf. 741b4)。彼は「何故自然はかくも秩序正しいか」という問いのもと[EI]観察に基づく一般化としての帰納的探求に従事しつつ、彼は自然の探求においては[LI]因果性や様相の理論のなかで、その知見を学的なものとしている。秩序正しさはロゴスの考慮なしには解明されない。帰納的な情報の蓄積のもとにまたそれとともに自然学諸学において、彼は「自然」と呼ばれる自然物を構成する質料と形相等四原因を提示し、「最も自然的な働き」である「ヒトはヒトを生む」複製機構の探求を介して因果性の理論を論証理論や様相概念の助けのもとに相補的に展開する(*Phy.* VIII1.252a12, cf. II1.193a28–b8, 644b22–645a23, 415a26)。

なお、後に考察する進化生物学に見られるように、内在するロゴスを考慮することのない、帰納的、統計的、確率的エルゴンの定量的、外在的記述は、そのロゴスを密輸入しつつ故意に無視するか或いは思考の欠如か、そのいずれでないにしても蓋然的なものに留まるであろう。大本のダーウィンは自らのエルゴン主導[EI]を『種の起源』

でこう記述する。「「自然」という言葉はつい擬人化して使われてしまうものだが、私の言う「自然」は、多くの自然の法則がもたらす総合的な作用とその結果を意味しているにすぎず、法則という言葉は、われらが実際に確かめられる一連の事象(by laws the sequence of events as ascertained by us)という意味にすぎない」(ch.4, p.58)。この観察に基づく自然法則の帰納的理解がエルゴン主導[EI]を特徴づける。問いは「自然法則」においてどれだけの種類を数えあげるかであり、形相因や目的因がエルゴン化、また何らか可視化されるなら、それらは自然学の考察対象となる。

もしロゴスとエルゴンがプラトンのイデア論のように離存と分有の関係としてではなく、また進化生物学のようにエルゴンの単なる一般化としてのロゴスではなく、ロゴスが何らかの仕方でこの世界のただなかにおけるエルゴンに内在し(この内在を[LinE]と表記する、またエルゴンのロゴス化を[EinL]と表記する)、しかもエルゴンを形成しているとするならば、さらにエルゴンが、そのロゴスの正しさを保証するものであるとするならば、双方の総合がなされたことになるであろう。アリストテレスは「かつて問われまた今問われ常にアポリアとなるもの、それは在るものとは何か、それは即ち実体とは何か」であると語るとき、最も包括的な次元における[L]「ロゴスに即した実体」(*ūsia kata ton logon*)」と[E]「実働としての実体(*tēn hōs energeian ūsian*)」と呼ばれる二つの在り方を有する実体の探求の双方の送り返しによる総合の不断性を語っている(*Met.*VIII1.1028b2-5, VII10.1035b13, VIII2.1042b10)。彼は言う、[L]定義により開示される「本質そしてそのロゴス[形相]が[E]いかにあるかに気付かずにいてはならない、少なくともそのことなしに探求することは何も作りださないことである」(V1.1025b28-30)。「それぞれについて[L]「いかに語るべきか」をも考察しなければならないが、それは少なくとも[E]「いかにあるか」より一層多くということではない」(VII4.1030a27)。彼は今・ここに働いているエルゴンの只中にロゴスの実在性を把握すべく、またエルゴンによりロゴスを確認すべく、双方の相補的展開を遂行している。

三　様相存在論——「在るものそれ自身に在る限りにおいて内属するものごと」——

「(魂の)定義(ロゴス)語」と「(ものごと(魂を含む)の)実働(エルゴン)語」

アリストテレスは伝統的アポリアの克服に向けて、基本的に常に[L]と[E]の分節と総合を念頭に様相存在論を構築しており、私が「(魂の)定義(ロゴス)語」と「(ものごと(魂を含む)の)実働(エルゴン)語」と呼ぶ、異なるしかし類義語である関連語をセットにして思考を展開する。彼は自ら自覚的にその判別に応じた語彙を関連させつつ「可感覚的事物」についての自然学(「第二哲学」)さらにあらゆる存在者についての存在論(「第一哲学」)を構築している(*Met.*VIII2.1037a15, VI1.1026a1025b26–26a32)。彼は一方、[LI]ロゴス上「形相」や「目的」等(魂の)定義語を用いて、自然学的次元における観察から得られる情報を基礎に因果論的説明の形成と様相的定義の形成を介してものごとを一ならしめる基礎的な存在者を普遍的に探求する。他方、[EI]エルゴン上彼は魂の直接的な認知機能による実働語「形姿」や「ゴール」を用いて今・ここの統合体とそこに内在するロゴスの直接的認識を遂行する。ここで定義語が「(魂の)」という限定のみであるのは「何であるか」の定義実践は魂の働きだからである。他方、実働語について「ものごと(魂含む)」と特定するのは魂がものごとでもあり、それ自ら[L][E]により構成されており、認知活動だけに限定されるわけではないからである。

彼は二つの視点[LI][EI]の相補的展開を担うものとして、例えば次のような類義語を補完すべき対応語、証しあうものとして提示している。[L]「形相(*eidos*：ロゴスに即した実体)」と[E]「形姿(*morphē*：質料と形相の統合体の形：例えば、素材が流し込まれた鋳型)」、[L]「目的(*to hū heneka*：何かがそれのためにあるところのそれ)」と[E]「ゴール(*telos*：より先とより後を持つ連続的存在者の終局)」、[L]「運動(*kinēsis*：未完の連続的な存在者)」と[E]「変化(*metabolē*：二時点間における差異)」、さらに[L]「力能と完成(*dunamis kai entelecheia*：形相の存在様式（＝完成）が質料（力能あるもの）のロゴス）」の組と［E］「力能と実働（*dunamis kai energeia*：力能の今・この発現）」の組が挙げられる。

私は［L］の側にいれた語彙や組には不可視なものが含まれていると理解している。［E］の側にいれた語彙や組は認知主体である魂の働きにおいて叡知や感覚により直接観察されるものであると理解している。とはいえ、［L］形相や目的が実働においてないというのではなく、それ自身としては観察されないため、「形姿」や「ゴール」による補完が必要である。例えば、形相は実働し、「質料と混合された（*memigmenē*）形姿」が知覚される、また「目的はロゴスのうちにある。……目的が質料の根拠であり、質料がゴールの根拠ではない。［エルゴン上の］ゴールは［ロゴス上］目的でありそして定義とロゴスからなる原理である」（*De Caelo* I9.277b33, *Phy*.II14.200a14, 32-35）。ゴールはロゴス上「何かが「それ」のための「それ」」における「それ」に代入される「目的」に他ならず、そしてその目的はものごとの一性を秩序づける定義の形成により原理であることが確認され、さらにエルゴン上ゴールとして観察を介して確認される。研究史上これらの関係が不明瞭なまま或いは混同され議論されてきたため、彼の繊細な思考の展開が十全に把握されることはなかった。

ここでは最初に様相概念の組（［L］「力能と完成」と［E］「力能と実働」）を中心に考察する。彼の存在論は実体との帰一的な関係において「ある」の包括的な分析が遂行されるという意味で実体論である。［LI］と［EI］を基礎づけるものが［L］「ロゴス（説明言表）に即した実体」と［E］「実働としての実体」という二つの在り方を有する実体であると私は理解する（e.g. *Met*.VII10.1035b13, VIII2.1042b10）。たとえここで「実体」が同名異義的であるにしても、或いはむしろそれ故に足らざるところを補いあうことができ、これら双方の記述を満たす実体が一つの存在者、例えば魂であることを何も妨げない。

彼は体系的に「定義語」と「実働語」を用いて魂という特異な存在者の「在る限り」における存在論的解明に向かう。最も困難な探求対象は魂や神であり、それらの解明にはロゴスの可視化が不可欠である。魂は［LI］様相的定義（力能と完成の組）により解明される［L］ロゴスに即した実体であり、［E］今・ここで身体を生かしめている実働としての実体（力能と実働の組）であるが［EI］生命活動の観察を通じて働きにおいて在ることが確認される。「内魂物（*emphsuchon*）を無魂物から、生きることによって（*tō zēn*）識別する」（*De An*.II2.413a21）。探求の主題として魂の［L］と［E］の解明を中心に彼の様相存在論は駆動する。ロゴスがこの世界のただなかにおけるエルゴンに内在し、エルゴンを形成しているとするならば、さらに一方エルゴンがそのロゴスの正しさを、他方ロゴスがそのエルゴンの正しさを証し、保証するならば、双方の総合がなされたことになるであろう。

三つの様相概念の言語的特徴に基づく基礎的理解

「「ある」は［L］力能と完成に即してかつ［E］エルゴンに即して語られる」　アリストテレスは様相存在論において「存在（ある）」という視点からロゴスとエルゴン双方を解きほぐし、包括的な解明を企てる。哲学者は『形而上学』第九巻において行為や出来事をも含めた、あらゆるものごとの存在様式を三つの在り方の様相分析により、ものごとのロゴスを存在様式の組み「力能と完成（*dunamis kai entelecheia*）」により、そのエルゴンを「力能と実働（*dunamis kai energeia*）」の組みにより相互の関連のうちに相補的なものとして解明を企て包括的な存在論を構築する。彼は第一章冒頭で［LI］［EI］を基礎づける。この様相概念はこの秩序ある動的世界を存在論的に解きほぐすという意味において、［L］と［E］の分析と媒介そして総合の企てと言える。

彼は伝統的な概念「力能」を未完と待機（standby）の力能に判別し、伝統的な概念「エルゴン」をその二義性（act/result ambiguity：実働とそれを離れた産物）との関連でまた力能との関連で、新造語「実働（*energeia*）」そして「完成（*entelecheia*）」の導入により明確化する。ここではこれらの様相諸概念の言語的理解を手掛かりに、導入の文脈とともに理解したい。

彼はまず「他の在るものども［属性］は実体のロゴスに即して語られる」と実体による存在の帰一的構造を確認し

たうえで、実体に基づく範疇論を支えるものとして様相論的分析を提示する。

かくして、第一に在るものについてまた存在者の別のすべての述定がそれに対して還元されるものについて、即ち実体について語られた［第七、八巻］。というのも、実体の説明言表に即して他の在るものども、量や性質そしてそのように語られる別のものが語られるからである。なぜなら、すべてが実体の説明言表を持つであろうからである、まさにわれらが最初の議論の箇所［VIII］で語ったように。しかし、「在る」は、かたや、何であるかによって或いは性質或いは量によって語られるが、他方、［L］力能および完成に即して（*kata*）かつ（*kai*）［E］エルゴン（働き）に即して（*kata*）語られるので、われらは力能と完成についても徹底的に規定しよう［ch.1-10］、そしてはじめに、かたや、とりわけ統率的に語られる力能［D1＝「運動に即す力能」］について規定しよう［ch.1-5］、ただし、それはわれらが現在目指していることがらに対し最も有益なそれ（*chrēsimōtatē*）［D2「待機力能」］というわけではないのであるが。というのも、力能（*hē dunamis*）そして実働（*hē energeia*）は単に［D1］運動に即して（*kata kinēsin*）だけ語られるものどもよりもより多くのもの（e.g.［D2］）についてあるからである。これ［D1］について語ってから、実働についての諸規定のなかで［ch.6-10］、他のものども［D2］［D3］［［D3］：「保存力能」（1050a13-15）］についても明らかにしよう（1045b27-46a4）。

アリストテレスは「在る」が範疇分類の他に様相分析によっても語られるとして、様相論を展開する。「「存在（ある）」は［L］力能と完成に即して（*kata dunamin kai entelecheian*）かつ（*kai*）［E］働きに即して（*kata to ergon*）語られる」において、前置詞「即して（*kata*）」と接続詞「かつ（*kai*）」により存在への二つのアクセスの視点としてロゴスとエルゴンの総合により、ちょうど範疇分類がそうであるように、あらゆる存在者の包括的知識をめざしている。様相分析は範疇分析のように「或いは（*ē*）」ではなく「かつ」により結合され、相互に排他的ではないことを示している。何故「即して」が一度に二つの語句を繋げなかったかと言えば、二つの「即して」はそれぞれ存在へのアクセスの異なる視点を提示しているからである。だが、例えば M. Heidegger はこの前置詞の機能を理解し損ね

「デュナミスとエンテレケイアとエルゴンの観点において(im Himblick auf dunamis und entelekheia und ergon)」と翻訳し、この巻を dunamis und energeia の視点からの存在の探求であるとし、方法論を理解しないばかりか、「完成(*entelecheia*)」への考慮を欠いている。[5] 二つのアクセスをこそ明らかにしなければならない。「エルゴン」即ち「力能と実働」の組が[EI]エルゴン主導を形成することは明示されているとして、私は「力能と完成」の組が[LI]ロゴス主導、ロゴス上のものであることを明らかにするであろう。

魂のように身体に内在する不可視なロゴスの存在様式は力能と完成の組において、そのエルゴンは力能と実働の組において捉えられる。私にはアリストテレス全集が一二世紀にラテン語にそのように翻訳されて以降、伝統的に多くの場合「実働(*energeia*)」と「完成(*entelecheia*)」を判別せずに、双方を「現実態(*actus*)」の名のもとに理解し、「可能態と現実態(Potentiality-Actuality)」という枠のなかで様相が理解されたことはアリストテレス哲学研究にとって大きなスキャンダルだと思われる。[6] ここでは伝統的な他の説に応接する暇は無く註や補論三に譲り、私に最も道理あると思われる理解を示す。[7]

様相存在論は人間の理解が届く限りにおいてという当たり前の制約のもとにではあるが、見えない神のひとへの関わりそしてひとの神への応答これらの振る舞いについて、そのロゴスとエルゴンを包括的に理解する一つの視点そして枠組の提供において有望な理論であるように思われる。そしてそれは歴史の帰趨でもあった。例えば、トマス・アクィナスが「愛が信仰の形相でありエンテレケイアである」と主張するのに対し、ルターは「信仰が愛の形相でありエンテレケイアである」と主張する(第八章参照)。完成においてあるロゴスがいかにエルゴンに内在し秩序づけているかを示しうるなら、所謂ものと心をめぐる哲学の問題の多くは解決するように思える。例えば、カントの可能と現実、分析と総合、アプリオリとアポステリオリ、内的と外的等の二元的理解の不十分さが明らかになろう(第五章、本章註14参照)。

彼の様相分析は範疇論と質料形相論を総合する存在論の主要なエンジンである。彼はこれら三つの存在様式を

「在るものそれ自身に在る限りにおいて内属するものごと（*huparchonta autō hē on*）」と規定する（*Met.*IV2.1005a14）。「幾何学」をはじめ個別諸科学は「「反対物」や「完全なもの（*teleion*）」や「一」や「在る」や「同」や「異」とは何か」を「基礎定立」として仮定して学を形成するが、これらの項目をその探求対象とする「在るものを在る限りに、そしてそれに自体的に内属するものごと（*ta tūō huparchonta kath'auto*）を理論的に考察する一つの学がある」（IV1.1003a21, VI2.1005a11–13）。この「在る限りに」ないし「在るものとして」ものごとを考察する態度が存在の学を開き、ロゴスとエルゴンを開示する存在様式の相補的視点からこれらの考察項目が探求される。例えば「完全なもの（*teleion*）」については「その外に何か力能あるものを捉えることのないもの」として理解され、また「同じものがかたや力能において同時に反対物であることが許容されるが、完成においては許容されない」等が分析され、あらゆるものをそのもとに考察する存在論固有の地平を開く（X4.1055a11, IV5.1009a34–36）。

彼の存在論は実体との帰一的な関係において「ある」の包括的な分析が遂行されるという意味で実体論である。従来明確に判別にされていなかったが、私が、ここで明らかにしたいのは、アリストテレスは伝統的アポリアの克服に向けて、基本的に常にロゴスとエルゴンの分節と総合を念頭に様相存在論を展開しており、それを「（魂の）定義（ロゴス）語」と「（ものごとないし魂の）実働（エルゴン）語」と呼ぶべき、異なるしかし類義語である関連語をセットにして思考を遂行していることである。魂をもふくめものごとそれ自身に内在するロゴスについての言及が「定義語」を形成し、ものごとのそれ自身による働きと魂によるものごとへの直接的な認知が「エルゴン語」を形成している。

ロゴス主導とエルゴン主導を基礎づけるものが［L］「ロゴス（説明言表）に即した実体（*ūsia kata ton logon*）」と［E］「実働としての実体（*tēn hōs energeian ūsian*）」と呼ばれる二つの在り方を有する実体であると私は理解する（e.g. *Met.*VIII10.1035b13, VIII2.1042b10）。たとえここで「実体」が同名異義的であるにしても、或いはむしろそれ故に足らざるところを補いあうことができ、これら双方の記述を満たす実体が一つの存在者であることを何も妨げない。

実質的には双方の実体の記述を満たすものは内魂物（魂あるもの）にのみ或いは少なくとも主に適用されよう。人工物は自らのうちに運動と静止の原理（自然）を持ってはいないし、魂なきものの働きは三局構造（能動者と受動者の接触）のなかでそれらは定量的に記述され、「未完の実働」としての受動者に帰属する運動に終始するであろう。ただし、例えば「熱」は自らのロゴスを持つであろうし、他のものとの関係においてではあるが、ものを熱するであろう。

　ここではまず、様相概念の基本的な理解を提示する。そして[LI][EI]双方を媒介するものがそこにおいて「「一」かつ「在ること」が統率的に語られる」「完成」であることを明らかにしたい。「完成」は「一と在ることは複数の仕方で語られるので、統率的な仕方において（*kuriōs*）そう語られるものが完成である」（*De An.*II1.412a21）と規定される。ここで「統率的に（*kuriōs*）」とは「主人（*kurios*）」が「僕」との関係概念であるように、一で在ることをめぐり完成は力能を統率する存在様式であった（cf. I5.410b10–14, *Met.*IX10.1051a34–b2）。換言すれば、力能にあるものも一であるが自らの一と在ることに関して完成に対して被統率的な関係においてである。「完成」のこの規定は「魂」の定義の文脈において提示されている。というのも、魂は在るものどものなかでも特異な存在者だからである。彼は言う、「魂は生きている物体の根拠かつ原理である。これらは多くの仕方で語られるが、魂は同様に[多様に語られ]、規定された三つの様式に即した根拠である。というのも、それは運動自らがそこからであるところのもの[始動因]であり、またそれのためのそれ[目的因]であり、そして内魂的な物体の実体[形相]としての根拠だからである」（*De An.*II4.415b8–12）。あらゆる存在者を包摂する存在論においては当然エルゴン上の始動因でありロゴス上目的因として生きている実体に内在している魂（形相因）の存在様式をも開示できねばならず、目的として運動を秩序づけ、自ら働きを始めることのできる実体の存在様式を「完成」即ち力能あるものとの関係において統率的に一で在ることとして特徴づけたのだと思われる。「それぞれは力能においてあるときよりも、完成においてあるとき、一層「それぞれ」と語られる」（*Phy.*II1.193a28）。換言すれば、生物が生きている限り、その魂（少なくとも植物魂）はエルゴン上完成においてある(cf. *De An.*II2.413a31–33)。

最初にこれらの様相概念を二つのアクセスに留意しつつ言語的な特徴に基づき理解し、様相概念導入の文脈を考察する。そのうえで「完成」の理解をめぐり三つの論点を取り上げる(*De An.*III.412a8)。「力能と完成」の組が[LI]を形成すること、即ち「完成が力能にあるもののロゴス」(II4.415b14)であるとはいかなることか、さらに「完成が二通りの仕方[[L][E]]で語られる」(III.412a22)その様式を確認し、「完成」は[L][E]を媒介するその仕方がいかなるものか、これらを中心に論じる。ロゴス上、形相は(未完のそして待機の)力能あるものの「何であるか」の説明として完成においてあり、エルゴン上、そのロゴス上完成にあり待機力能を保証しているその形相が実働として完成にあることにより、双方が媒介されることを明らかにするであろう。そのうえで、『魂論』第二巻一章を改めて包括的に検討する。それは信の哲学の探求対象に対する哲学的アクセスを可能にするものだからである。

伝統語「力能」と「エルゴン」に付加された新造語「完成」と「実働」　アリストテレスはプラトンから引き継いだ伝統的な「エルゴン(*ergon*)」と「力能(*dunamis*)」の概念とは別に、新たに「実働(*energeia*)」と「完成(*entelecheia*)」の概念を導入し、その相補性の理論を展開する。[8] プラトンの見解とそれへの応答については補論四と註8に譲るが、プラトンにおいては運動は、能動主体と受動主体そして接触というエルゴンの三局構造のもとにそのつど感覚に基づき把握そして計測される他なかった。

これらの様相概念「力能」「完成」そして「実働」の言語使用上の事実の確認を含めて理解の方向を確認したい。いかなる文脈においてまたいかなる問題を解くべく「実働」と「完成」の概念が導入されたかも明らかにしたい。彼は「完成」を「「一」と「在ること」は複数の仕方で語られるので、統率的な仕方においてそう語られるものは完成である」と簡潔に規定していた(*De An.*III.412a21)。ここで「存在(ある)ないし存在者(*to on*)['the being' or 'that which is']」ではなく「在ること」と*einai*(be動詞不定形)とあるのは「完成」が「力能」や「実働」と共に存在者の存在様式、在り方を開示する概念だからである。[9] 私はThemistiusと共に*entelecheia*は状態の副詞と所有(have)動

詞が形成する句 *entelōs echein* に基づき、「動詞幹を持つ接尾辞 *-ia*」の付加により名詞化していると解する。一般的にこの種の副詞と所有動詞が形成する句 *hūtōs echein* は「こうであること（to be so）」を意味する存在様式表現の常套句である（cf. 185b29, 1017a29）[10]。かくしてこの名詞形は *entelōs echein*（「完成であること」）に基づき、その名詞化に語尾 *-ia* と約音しつつ形成されたと解する（補論三参照）。日本語としては「完成であること」の短縮形として「完成」の訳語をあてる。存在の在り方は範疇の一つとしての「状態」よりもはるかに広い存在様式をカバーする。なお、この名詞形は約一四〇回用いられるが複数形による使用は一切なく、統率的な仕方における「一かつ在ること」の理解は一つしかないこと即ちロゴス上成功した地点からこの存在様式を捉えていることを示している。単数表現「完成」（統率的に一で在ること）は存在論上根源的な単独の様式であり、ものごとのロゴスそしてエルゴンも共にそれによって秩序づけられるその存在様式を表現している。

新造語 *energeia* はやはり動詞形 *energein* に基づいており、語尾に *entelecheia* と同様に動詞幹の接尾辞 *-ia* を付し、名詞化したと考えられる。この語は伝統に即しつつ前置詞 *en-*（〜において）に *ergon* を基本形としており、しかし伝統的な *ergon* の二義性 act/result ambiguity（働きとその産物）を分節すべく、産物は後述のように従来の *ergon* に担わせ、働きだけを表現すべく導入されたと解する。名詞表現 *energeia* とその派生は動詞を伴う時には常に be 動詞を伴い、動詞表現 *energein* とその派生は受動形を持たず、自動詞であり目的語を伴うことがない。それはちょうど *entelecheia* が複数形も動詞形ももたないように定められたのと同様に、新造語を存在論的地平を開くべく導入していることを示している。存在論構築上、思考の余計な負荷を避けるためでもあるが、この事実はこの概念の理解に一つのヒントを与える。*energeia* の訳語は、かくして、「在るものに自体的に内属するものごと」の一つとして実働にある存在者は be 動詞を伴い「実働にあるもの（*energeiā(i) on*）」と語られ、また受動形を持たないことを考慮して、「働きにあること（being-at-work, am Werk sein（Heidegger））」とする。この訳語の適切さは引き続き確認するが、その省略表現として「実働」を用いる。実際、エレア派が「存在」を祭り上げるために、「ある」の使用を控え、できる限り一般動詞により代用し賄わせようとしたことを彼は批判している。「そのひとが健康にしている者である（*hugiainōn esti*）或いは健康にしている（*hugiainei*）に何ら差異はない、またそのひとが歩いている者である（*badizōn esti*）はそのひとが歩いている（*badizei*）と何ら差異はない」（*Met*.V7.1017a29, *Phy*.I2.185b29）。一般動詞表現は「在る」の一様式として対処される、或いは何ら差別なしに扱いうる概念として *energeia* を持っているため、このように語りうると言うことができる。ひとが歩くとは、歩いている者に歩きが内属していることに他ならない。後に見るように実働は存在論的構造として基体を要求しており、働きにおいてある基体に内属するものとして扱われる。

Dunamis を「力能」と訳すが、それは単に物理的な根源物質（地水火風）の持つ、火は上昇する等の「自然と衝動に即して（*kata phusin kai hormēn*）」（94b37）という意味での物理的な「力」の移行、力の発現だけが問題になるのではなく、論理次元における「可能性」を表現する語でもあるからである。存在論的にはこの名詞は「力能にあるもの（*dunamei on*）」として特徴づけられる。力能あるものがその力を行使するか否かに関して能動行為主体の裁量に任される待機的な態勢をも *dunamis* は意味する。それ故に包括的に「力能」により理解する。「力能」は常に「何かの」つまり何らかの働きのそれである。「運動に即した力能」が「別のものにおける、或いは別のものである限りにおける、変化の始原」と規定されるのに対して、待機力能は「第一に力能あるものは実働することが許容されているものであることによって力能ある」と規定される（IX1,1046a2, 10–11, IX8.1049b6, 13）。D. Laertius は待機力能を *dunamis kata hexin*（態勢に即した力能）と特徴づけている（補論三参照）。

彼は三つの様相概念の導入により、ものごとの「在る限りにおいて」新たな理解を提示し、伝統的アポリアの解決に取り組む。伝統的な力能とその動きや働きの統一的な理解の企てのなかで、その一つの工夫が *energeia* の動詞形（*energein*）を能動表現でのみ与えることにより、一般動詞の受動表現を体系的に賄うことにある。「受動すること（*paschein*）そして動かされること（*kineisthai*）そして実働すること[＝働きにあること]（*energein*）は同じものであるとしてわれらは語ろう。というのも、運動は未完ではあるが、或る実働(*energeia tis*)だからである。あらゆるものは形成しうるそして実働にあるものによって(*hupo tū energeiā(i) ontos*)受動しまた動かされるからである」(*De An*.II5.417a14–18)。ひとが愛することと同じひとが愛されることの間には埋めがたい相違を通常見るが、彼は双方を統一的に捉える視点を提供する。能動と受動の無差別的な扱いの理由は、この語が基本的にプラトンの伝統にならい三局構造(能動者と受動者さらに双方の「接触」)のもとに用いられており、様相的に存在論の次元で受けとめられ得ることにある。例外なくあらゆる受動するものは「実働にあるものによって動かされる」。この点で実働は様相概念「完成」との緊密な関係に置かれる(1050a21–23)。というのも、動者と被動者「双方の完成が存在しなければならない」からである(*Phy*.III2.202a14–16)。

彼は「運動」の三局構造を存在論的な次元において様相的に完成と力能あるものの合成体として捉え「普遍的に」定義する。「力能にあるものの完成、力能にある限り」(III1.201a10–12, III3.202b23)。この様相による合成体は連続的な存在者であり、そこでは「白くなる」ではなく「白化(*leukansis*)」と連続性が表現される。この定義が適用される存在者は未完の連続的存在者即ち運動以外にない(224b15)。限定「力能にある限り」により「完成」が除かれる。完成にあるものはもはや運動ではないからである。ロゴス上完成と力能の合成体として運動が形成されることと、ロゴス上の「力能にある限り」によりエルゴン上完成が除かれることに問題はない。エルゴン上始動因により「形相が伝達され」動かすものは受動者を力能から完成に導く、ただしゴールを除く。動者と被動者のあいだで、何故双方が完成という統率的に一と在ることをシェアするかと言えば、同じ形相が一方から他方に伝達されるからである。「運動は動かされうるものの完成、動かされうるものである限りにおいてであり、このことは動かしうるものの接触により帰結する、その結果それは同時に受動している。しかし動かすものは常に或る形相を伝達するであろう、これ[実体]であれこのような[性質]であれこれほど[量]であれ、これは運動があるとき、運動の原理、根拠となろう」(202a5–10)。かくして、一方、力能は常に何らかの実働(働きにあること)のそれであり、完成はその力能を規定するものである。三つの様相概念により能動と受動が等しく働きにおいてある一つの存在者を形成するものとして根源的に捉えられる。

このようにアリストテレスは一方で受動者にのみ運動を帰属させるが、他方、運動を「或る実働」つまり「或る種の働きにおいてあること」と捉えることにより、この語 *energein* を能動者の働きかけと受動者のその受容としての運動双方をカヴァーする統一的なものとして理解する。換言すれば、一般受動形動詞は能動形動詞 *energein*（働きにあること）のシステムのなかで存在論的に対処される。それゆえ、*energeia* は単に働かせている或いは単に働かされているという次元よりも、存在論的な次元において他の様相概念とのかかわりのなかで「働きにおいてある」という自動詞による訳語が適切なものとなろう。かくして「実働」は単に行為や受動的な運動のみならず、「在る」をも包摂する「在るものに自体的に内属する」とりわけ広いものごとの概念であると言える。

彼は受動者の運動を引き起こす始動因が持つ「運動に即した力能」を「第一の力能」と呼んだ（IX1.1046a10–11）。これは完成にある能動者が実働の局面において有する存在様式である。つまり始動因が持つ力能は能動者と受動者に分節される限りでの受動者を変化させる力能として言わば力と力のぶつかり合いの局面を想定して展開する。始動因は今・ここのエルゴン次元における観察対象である。始動因はホテン（「そこから」*hothen hē kinēsis*）という場所の副詞やプロートン（「最初に」*hē ti prōton ekinēse*）という時間の端緒を表現する語を伴い、時空特定可能と考えられている（e.g. 194b29, 94a22, 243a32, 1012b29）。これは始動因による力の遣り取りの現場を特定したうえでの帰納的なエルゴン主導であり、本質の定義は括弧にいれられている。彼は言う、「或るものどもにおいては、ひとは実体の説明言表に向けて伸張させず、むしろこれが必然に基づき生じるものとして、その諸根拠を質料因と始動因に戻さねばならない」（*Gen.Anim.*V1778a35–b1, 731b20–22, 789b7–9）。実体のロゴスを担うものが形相と目的因でありそれが伝達されるのではあるが、ものごとの必然性を担うものが質料因と始動因のみによる定量的な記述の道を開いている。これは目的論的説明と機械論的説明の両立性を保証する。後者において運動は[EI]時空を特定することができそのつど観察されるものとして看做されてきた。それに対し、能動者と受動者のあいだで「動かすものは形相を伝達する」とあるように形相の授受が遂行される「運動」の[LI]定義の試みにおいては不可視の形相の存在様式である完成を必要としている(*Phy*.III2.202a7-12)。

運動は彼のシステムにおいては受動者に属する未完の力能の完成に至るまでの未完の連続的実働であるのに対し、待機力能は完成にある事物に内属して、統合体がそれにより実働する(働きにある)こともしないことも許容されている存在様式である。「運動は未完なもの[力能]の実働(*tū atelūs energeia*)であったのであり、他方端的な実働(*hē d'haplōs energeia*)は他のものであり、完成されたもの[待機力能]の実働(*hē tū tetelesmenū*)である」(*De An*.III7.431a6-7)。ここで完成されたものが担う待機力能の実働は「自己自身へのそして完成への進展」である(II5.417b6)。完成においてあるものは自らに再帰的に実働し、何か変化を蒙るものではなく「端的な実働」と呼ばれる。

「完成」はかくして二種類の力能と実働を判別する役割を担っていることが分かる。その含意として待機力能は完成にあるものに内属しており、完成が待機力能の存在を保証するものとしての役割を担っている。なお、ここで現在完了受動分詞形「完成されたもの」(pf.(完了時制): *tetelesmai*>pr.(現在時制): *teleō*)」が見られることは、「完成(*entelecheia*)」がなぜ複数形も動詞形も持たないか説明している。エルゴン次元における合成体の完成を表現する動詞は従来の *teleioō*(make perfect, complete(LSJ) : その名詞形 *teleiōsis*)ないし *teleō*(fulfill, accomplish(LSJ))により賄われると考えていたからであると思われる。これらの用語は従来複合的なものにおける完成や完全や成就を表現するものとして、しかも実際に働きにあるものとして用いられていたため、彼は目的因でもあり始動因に内在もするロゴスの存在様式をそれ自身として表現する術語を必要としていたのだと思われる。ロゴス次元におけるロゴスの存在様式は後に魂の定義で見るように「完成は二通り[L][E]に語られ」、その「第一の完成」と限定されて用いられる(*De An*.II1.412a22, 27)。様相概念の言語的な特徴に基づく基礎的理解を得たこととしよう。

ロゴスをロゴスとして析出する「完成」の役割　ここで、「完成は力能にあるもののロゴスである」とはいかなるものか、即ちロゴスをロゴスとして析出する仕方がいかなるものかを明らかにしたい（*De An*.II4.415b14）。ものごとは未完や待機等の何らかの力能を自らに備えているが、これは完成の制御のもとに置かれる。「力能にあってそして完成にないものは不定である」（*Met*.IV4.1007b28）。存在様式において何かの力能として自らの規定性と方向性を得るのは、力能がそこに向けられている完成にあるもののロゴスと関係づけられる限りにおいてである。

「完成」は力能との関係概念であり、完成は力能の一で在ることを「統率的に」ロゴス上そしてエルゴン上秩序づける。例えば石や木が「建築されうるもの」という規定を受けるのは家のロゴスである完成においてある棟梁の思考としての設計図に関連づけられる限りにおいてである。「完成における思考から力能にあるものに基づき生成することの定義形成句は「もし外的なものの何も妨げがなければ、主体が欲するときに、生成する」である」（IX7.1049a5–7）。従って、力能の何であるかを明らかにするためには目的因や形相因のような完成への言及が不可欠となる。

運動はロゴス上完成と力能あるものの合成体であった、力能あるものである限り。彼はその統率関係をこう述べる。「建築されうるものが、われらはそれ自身[石や木]をそのようのもの[建築されうるもの]と言う限りにおいて、完成にある（*entelecheiā*(*i*) *ē*）とき、建築される、そしてそれは建築実働である」（cf. *Phy*.III1.201a16–18）。完成は石や木など何かの力能あると規定されうるものの稼動域をロゴス上定め、その外にいかなる当該の力能あるものも見出しえないという仕方で力能とその実働を秩序づける。彼は言う、「完全なもの（*teleion*）はその外に何か力能あるものを捉えることのないものである」（*Met*.X4.1055a11）。この完全なものが他のものと統率的な仕方において関連するとき、その存在様式は完成である。換言すれば、「完成」は複合的なもの（例えば、魂は身体なしにはない）の一性と在ることをその外側では何も見出すことの出来ない、その統率的な仕方における一と在ることの十全な存在様式を表現している。

引用文「完成にあるとき」における「完成」とは建築活動のゴールである統合体である家のロゴスが棟梁の思考

におけるロゴス（設計図）と同じものであるその存在様式である。というのも、建築が成功したなら、設計図通りに家がエルゴン上完成するであろうからである。「家」の「質料は石や土であり、形相はロゴスである」（III2.996b9, cf. *PA*.I1.640a32）。ゴールはロゴス上目的でもある。完成は「ヒトがヒトを生む」複製機構に見られるように始動因そして目的因双方の存在様式である。「奇形」が生じるのは「形相に即した自然が質料に即した自然を支配しない」ときである（*Gen.Anim*.IV4.770b17）。この始動因が持つ完成に関係付けられるとき石や木というものがロゴス上「建築されうるもの」という特徴づけを獲得し、そして大工による建築活動が生じる。この統率関係は人工物か自然物かを問わず、秩序ある生成すべてに適用される。

魂の様相的定義と様相概念の重層性――「完成は二通りの仕方[ロゴスとエルゴン]で語られる」――

アリストテレスは「形相」、「目的」としてのロゴスがエルゴンに内属するその事態を捉えるために二つのアクセス（[LI][EI]）を必要としている。不可視かつ不動でありながら、物体をして今・ここで動かしめている魂は、一方生きている統合体を介して「これ」により指示され、他方定義の形成においては身体部分から分節されて理解される。「ロゴスと形相は実体であり、それは或るこれ[これと指示される或るもの]であることによってロゴス上離存的である」（VIII1.1042a29）。「魂」の様相的定義は「力能において生命を持っている自然物体の第一の完成」である（*De An*.II1.412a27）。この「の」が「帰属の属格」であることは「魂が内属することにおいて睡眠と覚醒がある」（412a23）と生命活動との内属関係が語られること、さらに自然物体が持っているこの力能は「魂を持っている」ことと換言されることから明らかである[11]。「魂を失ったものではなく、魂を[実働において]持っているものが[待機力能にあって、その結果生きている（*esti de ū to apobeblēkos tēn phsuchēn to dunamei on hōste zēn, all' to echon*）」（412b25）。ここで「その結果」は自然的な根拠と結果の関係であり、外的妨げがなければ、時間的には後述のように同時（*hama*）であることが許容されている（本章註29参照）。

実際に実働において生き始めるかは個々の発生の内外の状況に依存するため、エルゴン上第一の完成にあるものは「持つことそして実働しないこと」に「類比的」なものとして特徴づけられる(412a25)。睡眠は覚醒に対し、知識は知識を観想することに対し、魂を持つことは生きることに対し、力能と当該実働はエルゴン次元においてはこの規定のもとに類比的に把握される。睡眠は当然一つの生命活動であるため、覚醒との関係という限定において「実働することが許容されている」待機的な力能である(*Met*.IX8.1049b6-7, 13)。眠っている(知識を所有している)者は力能において覚醒(知識を観想すること)を持っている。この類比関係はそのつど相関的なものとして観察を通じて把握される。「あらゆるものに[LI]定義形成句を求めるべきではなく、[EI]類比項を共に見ること(*sunhorān*)によってもまた探求すべきである」(IX8.1048a36)。かくして、この自然物体はエルゴン上実働において「魂を持っており[*echon*：現在分詞]」、ロゴス上「力能において生命を持っている」。ここで「力能」とは魂を持っている完成においてある自然物体に内属する待機力能であり、エルゴン上外的な妨げがなければ実働することが許容されている。かくしてエルゴン上それは不分離であり、分離すれば死ぬ。「魂は生きている物体の根拠そして原理である」(*De An*.II4.415b8)。他方、ロゴス上「第一の完成」として分離される。

「完成」はそこにおいてものごとの一性と在ることが語られる存在様式であるが、「これは二通りの仕方で[[L][E]]語られる、かたや[L：第一の完成]知識がそうである仕方(*hōs epistēmē*)において、他方[E]知識を観想することがそうである仕方(*hōs to theōrein*)において」(*De An*.II1.412a22, b8, cf. 414a4-13, 415b14, 93b35-37, 99a21, 1147a19)。「形相」も同じ知識の事例により「二通りにある」(412a10)とされる。一方形相は一存在者であり外的な妨げがなければ固有の質料と不分離に実働しており、他方存在様式である「完成」は魂の定義のように「第一の完成」としてロゴスをその在り方においてそれ自身として分離のもとに摘出できる。

知識をめぐる二様式([L][E])は、「完成」が、一方でそれ自身不定な力能をロゴス上特定すること、他方このロゴスの故に[E]完成された待機力能にあるものの実働が完成であることと平行的である。ここで観想することと判別される「知識」は「知っているひとの認知的活動」ではなく、例えば論証的知識が「知識の集体、科学即ち命題の体系（a body of knowledge, science — a system of propositions）」として提示されるように、その「知識」は文（ロゴス）により表現され、獲得され共有されるものである。(12) ここで観想実働と判別される「第一の完成」と呼びうる「知識」は文（ロゴス）により表現され、獲得され共有される。それは「われらがそれによって［E］知るところのものは、ひとつには［L］知識である」と語るその知識であり、それは学習者の力能をロゴス上統率する（II2.414a5）。「学ぶ者は［学ぶ］力能にあることに基づき知識を獲得するが、［L］それ［知識］は完成においてありかつ教えうる者による」（II5.417b12）。学習者の魂は無知から知識に性質変化するが、教師は既に当該知識に関し完成にあり、学習者の運動を導く（*Phy*.III3.202a15. cf. *Met*.IX2.1046b8, cf. 210b10, cf. 430a19, 431a1, b24-29）。

他方、エルゴン上「現に（今・ここで）知識を観想している者は、完成にあってそして統率的にこのAを知っている者である」が、「知識［［L］］を持っている者が［待機力能にあって］観想する者となる」（II5.417a28-30, 417b5）。かくして「完成」はロゴスの存在様式として未完の実働である学習と完成においてあるものの実働を判別すると共に、その実働が完成においてあることを保証する。

魂と物体は輪廻転生論者のように「任意のものが任意のものを受け取る」そのような関係にない（414a23-24）。双方の秩序正しさについて彼は言う、「それ［身体］はロゴスに即してこの仕方で［調和的に（414a23）］生成する。というのもそれぞれのものの完成は［待機］力能において内属しているものにそして固有の質料に［エルゴン上］実現されることが自然本性に適っている（*pephuken*）からである」（414a25-27）。統率的に一で在ることがそこにおいて語られるそれぞれのものごとの実現はロゴスに即したものであり、「［待機］力能」が内属している「固有な質料」において生きている統合体がエルゴン上自然本性に適う仕方で実現される。このように二通りに語られる完成が［L］と［E］双方を媒介する。

信の哲学との関連で、待機力能が実働との類比的な概念であり、「類比項を共に見ること」を求められていることは重要である。第一章において、信は肯定的な対象に対する肯定的な根源的態度であることを確認した。まったき善なる対象に対する、根源的な信は他のあらゆる善き働きを生み出す根源である。「愛を媒介にして実働している信が力強い」(Gal.5:6)と語られるとき、神の信に対し信であることだけが求められているが、そしてその信は一つの働きであるが、他の善きもの例えば愛や献身等との関係においては待機的な力能にあるそのような態勢であると捉えることに何ら問題のないことが分かる。神との関係において適切な態勢にある信は他の当該関係項に対し待機的に十全であると理解することは道理である。一切の善きものがそこから出来《しゅったい》するに相違ないからである。

様相概念導入の文脈——メガラ派批判を介した「力能」と「実働」の分節と「実働」と「完成」の共置——

メガラ派における実然の否定即不可能性のアポリア　ここで、アリストテレスが自ら新概念を必要とする思考の現場であると考え、導入理由を説明していると思われる『形而上学』第九巻三章ならびに「エルゴン」の二義性の分節の文脈における実働と完成の関係を論じる八章を分析する。そこでは最初に力能と実働の判別を否定するメガラ派の主張の不合理さが指摘される。メガラ派は「何かが実働している時だけ、力能あること(*dunasthai*)が存在する、しかし、実働していないとき、力能あることは存在しない」(IX3.1046b29)と主張する。例えば、大工が建築するさい、建築中その力能と働きは同時にあるが、一服しているときは建築力能も失われると主張した。この見解に対し、彼は、或る時点で当該の力能の実働が観察されるものは、その事実により、別の時点で顕在化していない当該の力能の不可能でないことを確認できるとしている。このメガラ派の見解を契機に、アリストテレスは実働と完成の関係がいかなるものであるか、さらに完成との関係において非存在と不可能性の分離を論じる。つまり力能と実働の癒着さらには非存在と不可能性の癒着を断つものとして完成の概念が必要とされていることを明らかにする。

「完成」は二種類の力能と実働の組を判別する役割を担っていることをここまでに確認した。従来この概念がなかったために、伝統的に「運動に即した力能」としての始動因のもつ能動力能と対応する受動力能そして相互の接触によるエルゴンだけが問題とされてきた。アリストテレスも運動をエルゴン上この三局構造において理解するが、完成により初めて保証される待機力能なしにはメガラ派のアポリアつまり実働と力能は常に共時的であり、実働（例「見る」）の単純否定（見ない）は力能（できる）の否定（できない）を意味してしまう。

メガラ派は実働と力能の共時性を主張し、非実働と不可能性を癒着させた。大工の建築例の他に、彼らは見ている時は見ることを可能にする力能も現在するが、目を閉じるとその力能はもはや存在せず、再び目を開けると同時に力能が存在するようになると主張した。しかし見ることをやめるたびに視力を失うとすれば、「一日に幾度も盲者であることになろう」(1047a9f)。それ故にメガラ派は「ものの運動をも生成をも取り上げてしまう」(1047a14)と批判される。立っている者は常に立っており、座っている者は常に座っていることになろうからである。彼は「このこと［実然否定（立たない）＝不可能（立ち得ない）］を語ることが許容されないなら」とロギコースにメガラ派の主張を論駁し、「力能と実働は異なるものであること明らかである」とする(1047a16–18)。かくしてアリストテレスは二つの次元の判別が不可欠であると主張する。

哲学者はメガラ派の主張を大工術のようなロゴスを伴う技術から「無魂物も同様である」と拡張して、「知覚されているものなしには、冷や熱、甘みも総じて可感覚的なものは何も存在しないであろう」と万物に適用される見解であるとする(1047a4–6)。彼らのこの見解の背後には、実働が観察、認知される限りにおいてひとはその力能の存在を確認するという観察、認知こそ確かさの源とする一種の経験主義への信任がある。メガラ派の主張は存在を魂の知覚経験に還元するプロタゴラス主義の一ヴァージョンである。かくして人間が万物の尺度であるという「プロタゴラスの説を語ることが彼らには帰結する」(1047a6)。一切の存在と認知の共時性の主張は人間尺度説を語ることである（補論四参照）。

「実働」という概念は「完成」とともにアリストテレス以前には見られないため、メガラ派の主張は彼が自らの術語により種々の働きを一般的に表現したことが想定されるが、「実働する（働きにあること）」は今・ここの具体的状況において用いられる動詞であることをこの説の紹介から確実に読み取りうる。ただし、或る特定の時空において働いておりかつその時に限り力能もあると双方の癒着を主張するメガラ派に彼が賛同することはない。彼はこの章の後半でこの実働と力能の同化、さらには非存在と不可能性の同化に対する克服として待機力能を確立しうるこれら二つの概念が導入されているないし少なくとも必要とされていることを明らかにしている。

彼は能動者の統率的な存在様式をつまり実働することもしないことも裁量のうちにある待機力能を確立する必要があった。ここでは完成の導入により動かされるものに内属する未完の力能と統合体に内属する待機力能が概念上判別される。完成はロゴス上力能の何であるかを定めるが、完成にあるものが実働する故にロゴス上実働は力能に先行する。彼は双方を説明して言う、「実働はロゴス上力能よりもより先である。というのも、実働することが許容されていることによって第一の力能あるものは力能あるからである。例えば私は「建築すること（*oikodomein*）のできること」を「建築しうる（*oikodomikon*）」と言う」（1049b12–15）。ここで「実働することが許容されている」「第一の力能あるもの」（運動に即した「第一の力能」ではなく）とはいつでも実働できる状態にある「待機力能」にあるもののことであった。そして完成にある者の実働はロゴス上待機力能より「より先」であり、待機力能は完成にある実働に対する言及なしに理解されない。見習い大工の未完の力能が名前「建築しうる」を得るのは、建築実践に基づきそう名づけられる。その修業期間を経て自らの力能が十全に発揮され一人前の大工として完成にある者はいつでも建築することのできる能動的な待機力能においてある。そして待機力能は統合体である大工に帰属する。

ここでは、その建築実践は棟梁のロゴスつまり始動因と目的因双方の存在様式である完成といかなる関係におかれるのか一般的に確認する。「実働は完成と共に置かれる」。アリストテレスは『形而上学』第九巻三章においてロギコースにメガラ派の実働と力能の癒着を断ったうえで、エレア派やメガラ派のように非存在がただちに不可能と同化されないことを、力能が実働の確認を介して不可能性から判別されることにより明らかにする。

力能あるものとは、その力能を持つことが語られるところのものの実働がそれに内属するなら、何も不可能なものがないところのものである。私が言うのは、例えば、もしひとが座ることができまた座ることがこの者に許容されている場合に、もし座ることがこのものに内属するなら、何も不可能なものはないということである（1047a24–28）。

彼はここで何かが実働においてあるか否かは経験的に確認されることを認めたうえで、何かに実働が内属する限り、不可能性の様相は当然のこととして排除されていると主張する。メガラ派は実然様相の否定を不可能としたが、その見解はロゴス上実然様相の否定は不可能様相ではないこと、さらにはエルゴン上実働の事例を示すことによって否定される。非存在はいわば実働の準備期間でもありうる。

そしてこの一般的な規定が実働概念の或る時点においては非存在であり、非動であるにしても、別の時点で働きにあるものへの拡張的な適用を基礎づける。彼は存在、非存在さらに生成を念頭に置き三様相の包括的な関係に言及する。力能と不可能の関係は未完のものであれ待機のものであれ論理的次元において「反対対立（実働Ｆと非実働」F）への可能性」として一様に扱われるが、実働は完成と共に置かれるものであり、完成を規準にして未完の力能の働きである運動が新しく位置づけられる。アリストテレスは座るという実働が見出されるなら、それは不可能ではないということが帰結するとして言う。

そして動かされることないし動かすこと、静止することないし静止させること、在ることや生成することないし在らぬことや生成しないことも同様である［即ち実働において確認される］。しかし、名前「実働」は「完成」に対して共置されているものであり（*hē pros tēn entelecheian suntithemenē*）、とりわけ運動から他のものども［「在ることや生成すること」］のうえにも適用されるに至っている。というのも実働はとりわけ運動であるように思われているからである。それ故に、彼らは動かされることを［エレア派のように］非存在のものどもに配置しないが、他の或る諸述定、例えば「在らぬものどもは思考されかつ欲求されるものであるが、しかし動かされるものではない」を非存在に割り当てる。しかしこのことは、それらは実働にはないものでありながら、

［思考され、欲求されるという］実働にあることになるであろう。というのも、在らぬものどものうち或るものは力能においてあるが、しかし［実働に］在らぬものだからである。というのも、それは完成においてないからである（1047a28–b2）。

ここで「実働」は一般動詞で表現される「動かされまた動かすこと」をはじめ「在るや在らぬ」また「生成するや生成しない」を包摂しうるとされる。この広範なというかあらゆる想定可能な働きとその否定を包摂しうる可動域は「在るものに自体的に内属するものごと」としての様相概念に相応しい。そのうえで「実働」即ち「働きにあること」は存在者の一性を開示する「完成」と共に置かれている。何かが実働にあるとするなら、「それは完成において」ある。運動は能動者と受動者の接触により生起するが、それは受動者に帰属する。そのさい、動かすものと動かされるもの「双方にとっての完成が存在しなければならない」（*Phy.*III3.202a15）。始動因と受動力能者二者のあいだに一つの完成が存在し時間差はあっても共有されなければならない。このことは二つの存在者によりシェアされる「完成」は何か一つの時空を占める存在者ではなく、一つの存在様式であることを示している。生成のゴールにおいて実現される目的因と生成の始点を形成する始動因が同じロゴスをシェアするものである限り、それは必然的なことである。すなわち運動の最初と最後にそして端的実働の一切において実働は完成との関係に置かれている。彼はこの共置により行為や生成さらに存在であれ完成への考慮なしには実働も考慮されないと主張する。換言すれば、ロゴスの存在なしにいかなる実働も存在しないと彼は主張している。完成は形相の存在様式それも他の仕方でありえぬ存在様式だからである。

彼は名前「実働」が運動から他の存在や生成に拡張されたという歴史的経緯を確認する。「運動はとりわけ実働であると思われている」（1047a32）という見解がメガラ派のものか定かではないがプラトンの見解であろう。彼はここで運動に即して実働が考察されてきた伝統を確認している。プラトンにおいては運動と実働は基本的に分節されていなかった（註８参照）。誰であれその伝統のもとにある者たちはエレア派とは異なり「動かされるものは非存在ではない」とし非存在に受動者を配置することはない。しかし、彼らは述定「在らぬものどもは思考されまた欲求されるものであるが、運動されるものでない」を非存在に割り当てている。心的行為の対象「思考されるもの」と「欲求されるもの」を非存在に割り当てる者たちがいた。大統領で在らぬ者にとって、その欲求内容「大統領」は非存在であるとされる。世界と心のあいだの断絶を主張する者たちである。他方、欲求内容「大統領」は非存在であり動かされず、静止しているとされる。運動は、静止ではなく、非存在ではないとされる。プラトンは「在ると思われているもの即ち生成は、運動がこれを供給するが、在らぬこと消滅することは静止がこれを供給する」という誰かの説を、熱や火のように運動と摩擦によりものごとが生み出されることから道理あるものとして紹介している(*Theaet.*153a)。消滅や非存在は静止に伴うと考えた者たちがいたことをここで確認できる。

彼らは魂の実働である思考や欲求を非存在者に述べ立てており、アリストテレスは彼らの矛盾を指摘する。非存在者は或る一定の時間の幅のなかに置かれる。そのうえで、彼はアナクサゴラス説に見られるように、完成との関連に置かれることのない力能はどれほどそれ自身多様なものであっても不定であり、実働においては在らぬものであるという理解を提示する(cf. *Met.*IV4.1007b29f. 補論四参照)。子供は大統領にも教師にも大工にもなる力能を備えていようが、それ自身としては不定であり、大統領でも大工でも「あらぬ」。このように一般的な仕方でロギコースに完成の概念の導入により力能は或る種の非存在から完成において獲得される待機力能に至るまでの通時的な視点に置き直され、時間の幅を持つものとして実働との癒着から解放される。

彼は非存在ではあるが力能あるものの余地を確保する。例えば、アメリカ生まれの少年少女はその大統領になる力能がある(cf. *De An.*II5.417a27)。しかし、その時点で実働において大統領ではない当人が「大統領であること」という完成に方向づけられない限り、生成の過程つまり実働においてはまだなく、不定である。彼らの大統領になりたいという自らの思いは「動かされるものではない」かと言えばそうではなく、目的論的な仕方でそのゴールにより動かされると語ることができる。そしてその過程としての実働はそのつど今・ここで確認されるものである。

「実働」は力能の発現であるが、存在と非存在は完成との関連のなかに置かれ、個々の今・ここの認知的次元とは別に関わるものであることがロギコースに論証される。この点でMakinの「エネルゲイアは元来広い領域の諸状況を力や力能の広い領域のいかなるものの行使をもカヴァーする。しかし、それ以前には存在すべく行使されていなかった力を行使しているものとして、何ものかの現実に存在していること（something's existing actually）をカヴァーしてはいない」という指摘は誤解である。[13]「生物にとって生きることは在ることである。魂はその根拠」と言われるように、エルゴン次元において、今・ここで生きる等の働きを介して存在は確認される（*De An.* II4. 415b12–15）。

アリストテレスの発見的探求論によれば、「がある」存在は魂の直接的な認知機能を介して発見されるものであった（第一章一節六参照）。それ故に何かが実働であるなら、それは完成に向かうものであるか完成にあるもののそれであり、実働は完成があることの少なくとも、十分条件を提示している。また完成がなければ、実働もない。これを「完成と実働の共置」と呼ぶ。今・ここで働きにおいてあることには完成においてあるロゴスが内在している。換言すれば、カオティックな運動が見出されるとすれば、秩序あるそれの逸脱として処理されるであろう。

存在、非存在そして生成をめぐり、完成がいかなる仕方で力能に対しまたその未完の実働としての運動に対し統率的であるかは理解されたこととしよう。さらには待機力能にあるものの実働との関係としても、完成なしには待機力能が成立しないことを確認し、完成にあるものの実働がいかなるものであるか理解されたこととしよう。

これらを踏まえて、アリストテレスは「名前「実働」は「完成」に対して共置されているものであり、とりわけ運動から他のものども[「在ることや生成すること」のうえにも適用されるに至っている」と語るとき、彼は二つの概念の導入の文脈を指摘している。以下、運動との関連で、アリストテレスが「エルゴン」の二義を放置せずに関係づけるべく二つの新概念を導入したことを確認したい。

「エルゴン」の両義性を媒介する「実働」と「完成」　ここでは伝統的な日常語「エルゴン」と完成の関係を考察する。

「エルゴンは二通りに語られる」(*EE*.III.1219a13)。彼は実働をその一義を担うものとして産物との対比において規定する。この議論により「完成」の新たな役割を確認することができる。

[Er1]「或るものどもの使用は究極的なものであるので、例えば、視覚の視(見ること)そしてそれ(視)を離れて視覚から何か他のエルゴンは何も生じない」。

[Er2]「或るものどもからは何かが生じるので、例えば、建築力能から家が建築実働を離れて生じる」(*Met*. IX8.1050a23–27)。

同様に『エウデモス倫理学』でこういわれる。「[Er2]或るものどもには使用を離れた何か他の働き(*to ergon para tēn chrēsin*)がある、例えば建築力能の[使用を離れた]家のように、しかしそれ[家]は建築実働ではない、そして治療力能の[使用を離れた]健康のように、しかしそれ[健康]は健康化でも治療行為でもない。他方、[Er1]或るものどもには使用が働き(*hē chrēsis ergon*)である、例えば視覚の視のようにまた数学的知識の観想のように」(*EE*.III. 1219a13–17)。

この語の実働とその産物の両義性、所謂 act/result ambiguity は存在様式研究の明瞭化に何らかの示唆を与える。「働き」の主体として魂が想定され、その力能の「使用」と解しており、魂はその基体である「使用者」である。「魂の働き(*ergon*)を生かしめること(*to zēn poiein*)であるとせよ、使用と覚醒がそれに属する」(1219a24f)。その第二義[Er2]「使用を離れた何か他のエルゴン」の事例は建築や医術の使用を離れた「家や健康」である(1219a14)。

能動主体の働きとそれがもたらす産物、これは「エルゴン」の日常的な用法であったであろう。日本語においても「働き」は能動者に帰属するものとして、それも終局の側から語られる。それはエルゴンがそれ自身単独で何らかの規定性を持つことが求められているからであろう。それ故に終局的ないし成功した視点から記述されている。日本語でも「彼の行為(作品、働き・仕事)(*ergon*)は美しい(評価できる)」のようにそれ自身明確な特徴を担ったものとして用いられる。「彼の行為(作品、働き・仕事)は未完である」はせいぜい「彼は未完の行為(作品、働き・

仕事)に従事している」と別の動詞により補われることを必要としており、その動詞により途上性が表現されよう。作品制作においては時制テストをかけるとき、「従事している」(現在形)と同時に「従事してしまっている」(現在完了形)とは言えない。その補いの必要がその概念それ自身の規定性を含意している。

彼は『形而上学』第九巻八章でこの日常語の二重性を用いて、新造語「実働」と「完成」を位置づける。「働き(*ergon*)はゴール(*telos*)である。しかし、実働は働きである、それ故に名前「実働」は働きに即して(*kata to ergon*)語られそして完成に緊密に結びついている」(1050a21–23)。実働は[Er1]に分類されそれ自身ゴールであり、それ故に完成に緊密に結びつく。そこでは形相(視覚や魂)が統合体と共に一つの行為の基体として扱われる。行為は名詞化され、それが帰属する基体を必要とし、基体の実働として記述される。「視は見ている者のうちに、知識の観想(*theōria*)は知識を観想している者のうちにそして生命は魂のうちにある……。かくして実体そして形相は実働であること明らかである」(1050a35–b2)。実働は例えば生命や視は今・ここで働きにある基体としての魂やその形相が内属する統合体(見ている者)への帰属という仕方で捉えられる。

形相の実働がいかに基体に帰属するかと言えば、見ている者(現在進行形による基体表現)は見ている限り、知識を観想している者は観想している限り、対応する実働(名詞形)が基体に帰属する。形相(ロゴス)の実働はこの基体を媒介にするからである。これがロゴスをエルゴンに組み込む一つの仕組みである。ロゴスはロゴスとしてそれ自身において摘出されるが、それが内属する統合体において実働する。これは「実体そして形相は実働である」ということの可視化の努力であり、形相の実働の証である。現在分詞表現は実働の今・ここの現場性を確保している。

力能の[Er1]究極的「使用」としての実働は時制テストを施すことにより未完の実働(運動)から判別される。一方、「見る」は現在形と現在完了形が同時に適用され、テロスをそのつど実現しているが、他方「学習する(教授される)」と同時に「学習して(教授されて)しまっている」とは言えない(*Met*.IX6.1048b23–35)。彼は[Er1]において今・ここの「実働としての実体」を語っており、魂は身体を介して生かしめ、見せしめているが故に、「生命は魂に、視は見ている者に」内属すると語ることができる(cf. IX8.1050a35–b3)。

他方、[Er2]産物はこのような実働を「離れた」帰結であり、人工物「家」等が例示されるが、生殖実働を離れた産物(赤子)も想定されよう。これらは未完の力能の運動を介したゴールにあるものと理解される。[Er2]は[Er1]の帰結として完成にあるものに他ならない。他方、「完成」がそこにおいて語られる二文脈の対応テクストはこうである。「かたや[Er1]切断そして視がそうであるように、覚醒はこの[生きているという]仕方で完成である、他方[L]視覚と道具の能がそうであるように、魂は[ロゴスに即して]そう[完成]である」(cf. *De An*.II1.412b27–413a1)。後者がロゴスとしての「知識」に対応し「第一の完成」であり、[L]形相(視覚、魂(道具の形相には一般名がない))はそれ自身としては[Er2]ではなく、通常その形相は「知識を観想すること」に対応する[Er1]働きにある。それ故に[Er2]は力動的な様相分析に耐えられず、ロゴス上の「第一の完成」(例、設計図)がそこにおいて確認される統合体の、今・ここの実働を括弧にいれた限りの、離存物(家、赤子)に限定されると言えよう。完成によりエルゴンの二義が明確化され、また「エルゴン」の二義はゴールにおいてあるロゴスの析出に用いられる。

このように「エルゴン」の二義性を媒介にして二存在様式の関係が新たに築かれる。或いはこの語の両義性を新しい二つの概念の導入により秩序づけ体系化している。動かすものと動かされるものは生物の複製機構のように完成を共有することによってエルゴンは連綿として受け継がれる。これが新しい概念により説明することのできることがらであり、新しい概念が導入された文脈である。存在と非存在と生成が体系的に秩序づけられねばならなかった。こうして二種類の力能と実働が完成により判別され、ロゴスとエルゴンは相補的な関係に置かれる。

四　固有名の指示の二重性と同名異義を判別する今・ここの生か死

ロゴス上の「先後」とエルゴン上の「同時」

ここでは『形而上学』第七巻十章を取り上げ、様相存在論のこれまでの理解のもとに、部分と全体、個と普遍、実体の三種（質料、形相、統合体）の先後関係の考察に基づきロゴスとエルゴンの非対称と補完の議論を追跡する。ロゴスの実在論によれば、ひとがものごとに応じて形成する「定義語」による最善の「ロゴス」が複合的な「ものごと」と内的構造において対応関係にあるものであった（*Met.*VII10.1034b20）。彼はここで「[ロゴスに即した]形相の部分のみがロゴス（理）の部分」としてロゴスをロゴスそれ自身において析出するに至る。ここでは[LI]定義に組み込むためのエルゴンのロゴス化（[EinL]と記号化）と[EI]個体の接触知による異なる二つの認知的アクセスが展開される。魂とその部分のエルゴン上の可視化（[LinE]）ならびにその組み込みに基づく様相的定義による補完関係を考察する。

[1035b9][一]「半円」は「円」により定義されそして「指」は「全体」によって定義される。というのも「このような部分」が人間の指だからである。従って、かたや質料としての部分である限りのものども、また質料へとしてそれらへと分割されるものどもは[ロゴス上]より後である。しかし、[二]ロゴス（理）としての、そしてロゴス（説明言表）に即した実体としての、部分である限りのものは、すべてであれ或いは幾つかであれより先である。しかし、動物たちの[L]ロゴスに即した実体そして形相そしてこのような物体における本質は魂であるので、それぞれの部分[例、視覚]は、少なくともそれが適切に定義されるなら、[E]エルゴン[見る][EinL]なしには定義されない、そのエルゴンは[L]感覚[魂]なしには[動物に]属さないであろうものである。従って、[L]魂の諸部分は、すべてであれ或る部分であれ、[生きている]統合的動物よりも[ロゴス上]先である、また実際個体に即しても同様[カリアスよりもカリアスの魂がロゴス上先]である。

しかし、[三][b20]「物体」と「その諸部分」はこの実体よりも[ロゴス上]後であり、そして、その実体[魂]ではなく[生きている]統合体が[ロゴス上]質料としてのこれら[物体]の部分に[「カリアスは肉と骨に」（1035a33）]分割される。[結論]かくして、[三]かたやこれら[物体の諸部分]は或る意味で[ロゴス上]統合体よりも先であり［カリアスの魂が力能において生命を持っている肉や骨を一なるものにする］、［E一］他の意味で［エルゴン上、カリアスの質料とその統合体カリアスは］そう［先後関係］ではない。というのも、それらは［エルゴン上統合体から］切り離されたら存在しえないからである。なぜなら、指はどのような仕方においてであれ動物のそれというわけではなく、死んだ「指」は同名異義的にそうであるにすぎないからである。［b25］しかし［E二］或るものども、即ち［LinE］ロゴス（説明言表が指示する理）と実体が第一にそこに属する限りの統率的な部分は、例えばそれが心臓であれ脳髄であれ、［全体とエルゴン上］同時である。というのも、どちら［心臓と脳髄］がそのようなものであるか［今の議論に］何ら差異がないからである。

しかし、［一般名］「人間（*ho anthrōpos*）」、「馬」そしてこの仕方で諸個体の上にある「ものども［の名前］」は、［イデアのように］普遍としてのこのロゴス［普遍語（例、「魂」）の実体化］とこの質料［普遍語（例、「物体」）の実体化］に基づく（*ek tūdi tū logū kai tēsdi tēs hulēs hōs katholū*）実体をではなく、むしろ或る［誰であれ不特定の］統合体（*sunholon ti*）［を意味表示するもの］である。しかし、［固有名］「ソクラテス（*ho Sōkratēs*）」は［個体化された］最終質料に基づき現に［今・ここで］個体（*kat' hekaston*）［を意味表示するもの］であり、他のものどもについても同様である。

かくして「部分」はかたや［a］形相の（形相とは本質のことであるが）そして［b］形相と質料に基づく統合体のそして［c］質料それ自身のそれである。しかし、［［b］［c］ではなく］［a］形相の諸部分のみがロゴス（理）の諸部分であるが、しかしロゴス（説明言表）は普遍的なものについてである。というのも、「円であること」と「円」、また「魂であること」と「魂」は同じだからである。だが現に［b］［今・ここの］統合体については、例えばこの円のそして何らかの個々のものどもについて、可感覚的なものであれ叡知的なものであれ、私が「叡知的なもの」と言うのは例えば数学的なもののことであり、可感覚的なものとは例えば銅のまた木製の円のことであるが、これらについては、［LI］定義は存在せず、［EI］叡知作用（*noēsis*）ないし感覚を伴い認識される。しかし、それら［例、銅の円］が完成から離脱してしまったなら（*apelthontes ek tēs entelecheias*）、それらが存在するか否かは［感覚や叡知作用が発動しないため］明らかではない。しかし、それらは常に［LI］普遍的なロゴス（説明言表）により語られそして認識される。［c］質料はそれ自らに即しては［ロゴス上］不可知である（VIII10.1035b9–36a9［Bekker Text］）。

この文章はアリストテレス特有のこととして著しく凝縮されているため文意を補いつつ引用せざるをえない。彼はここで二つのアクセスとその相補性により議論を展開する。［a］形相がロゴスに即した実体であるのは［LI］普遍的な説明言表の形成を介して分節されるからであり、［b］統合体は現に［EI］エルゴン上感覚や叡知により知られる。エルゴン上統合体が「完成から離脱してしまう」と、例えば魂から離脱した物体にはもはや統合体についての感覚は発動しないが、説明言表により普遍的に把握される。完成にある統合体においては形相の実働により［c］質料が一ならしめられており、その関係は因果論的および様相論的な定義により開示される。その意味でそこにおいて「一」と「在ること」が統率的に語られる完成という存在様式が［L］と［E］を媒介している。

この世界を占める存在者のうち、「第一に在り、端的に在る」実体の類を占めるには基体性条件、「これ」と指示される「或るこれ」、条件さらに離存性条件を満たさねばならない（*Met.*VII1.1028a30, VII3.1029a28）。実体として三種類（質料、形相と双方の統合体）が提示されるが、それ自身として語るなら、基に置かれている何ものかとして基体性条件を満たす［c］「質料」は一種類の実体である（*De An.*II1.412a6–11）。「基体はそれについて別のものが語られ、かのものそれ自身はもはや別の基体に即して語られないものである」（*Met.*VII3.1028b36）。基体はそのつどの述定において、前もってそこにあることが求められ質料がこの条件を満たす。「というのも質料が実体でなければ、別の実体が逃げ去ってしまうからである」（1029a11）。可感覚的実体の場合に基に置かれる素材がなければいかなるものも形成されない。地水火風の根底にある「第一質料」と伝統的に呼ばれる根源的構成要素に見られるように、それらは何らかの力能（例、熱と乾による火の上昇への衝動）を持つ。それが他の原理により秩序づけられるとき、或る規定性を持つにいたる関係概念である。ただ、質料はそれ自身としては他のものの述語になることがない故に、述定の範疇に即して何も有意味な言明を形成しないだけではなく、自らについても何らこの基体という特徴以外の規定性を持たない。「質料はそれ自身に即して、何であるかもどれほどかも、さらにそれらに即して存在が規定される別の何ものも語られることはない」（1029a20）。それは「ちょうど否定文」と同じであり、「SはPでない」において「Pでない」がSの何であるかもどれほどかも明らかにしないのと同様に、質料は物体の基に置かれまた最終的な主語に置かれる「究極的なもの」として「自らに即して何であるかでもどれほどかでも、［述定の］別の何ものでもない」（1029a24）。質料はこのように、「それ自身に即して或るこれではない」即ち、現場において「これ」という指示行為がそれには「力能という仕方でなければ」届かないものである（1042a27）。質料はそれ自身「不定なもの」（1037a27）、「不可知なもの」（1036a9）であることの故に、その規定性は形相との関係に置かれることを必要としている（1029a29）。

彼は質料の規定性について、それをロゴス上の離存性とエルゴン上（場所上、数上）の非離存性において説明する。「より優れた理解の選択肢は、質料はあらゆる場合に不分離（*achōriston*）であるとすること、そしてそれ自身数の上では一であるが、ロゴス上一ではないものとして理解することである。……むしろ質料は、点や線がその末端であるところのかのものであり、受動様態なしにはありえず、また形姿なしでもありえないものである」（*Gen.et Corr.*I5. 320b1-17）。質料はロゴス上分離され「一でない」がエルゴン上不分離であるため「数上一である」。

実体とその部分をめぐるロゴス上の先後関係は基本的には以下のものである（ただし、↓はロゴス上の「より先↓より後」を示す）。

［一］「円」↓「半円」（円の質料）、「全体」↓「指」（「このような部分」）。

［二］「ロゴスに即した実体（魂）」と「部分（視覚）」↓質料（物体、瞳）

ロゴスに即した（不可視の）実体（魂）と部分（視覚）の定義はそのロゴスのエルゴン上の帰結（生きる、見る）への言及を不可欠とする（[EinL]）。かくして、魂→（生きている）統合的動物。「個体に関しても同様」（カリアスの魂→生きているカリアス）。

[三]　質料→統合体（なぜなら統合体が質料にロゴス上分割されるから）。ここで[二]（形相→質料、そして形相→統合体）の関係をより詳細に分析することにより、質料→統合体を導出。

[結論]「かくして、かたや[三]これら[物体の諸部分]は或る意味で[ロゴス上]統合体よりも先であり、[E一]他の意味で[エルゴン上、カリアスの質料とその統合体カリアスは]そう[先後関係]ではない」。即ち、指は生きている身体全体から切断されたなら、もはや同名異義的にしか「指」とは呼ばれない。

ロゴス上とエルゴン上の関係が[結論]に見られるように問題になる。

[E二]　エルゴン上の先後関係は質料の特権的部分と統合体の関係は「同時」である。

統合体＝質料の特権的部分（脳髄や心臓）（ただし＝は同時を示す）。

以上がロゴス上の先後関係とエルゴン上の同時的関係についての分析である。形相「視覚」の定義には、魂の様相的定義において生命が組み込まれるように、その働きである「視覚の視」（1050a24）を定義に組み込む[EinL]、そのような定義論が要求されている。それは、魂と同様に不可視な「視覚」が「見る」というそのエルゴンにおいて確認される必要があるからである。「魂」の定義は「力能において生命を持っている自然物体の第一の完成」であった（*De An.*III.412a27）。生命同様に、第一義的に統合体に属する視覚の実働「見る」は何らかの仕方でロゴス化され、力能が常に或る実働の力能である限り、「力能において視を持っている自然物体[瞳]」として様相的に存在者化され、定義の部分に組み込まれる。その意味で様相化された質料は統合体よりロゴス上先である。「第一の完成」は「完成は二通りに語られ、一方「知識」がそうである」とロゴスの存在様式として析出されていた。ロゴス上「第一の完成」として視覚はこの自然物体から分節されよう。「第一の」という限定が必要であるのは、形相（魂や視覚）は何も内外の妨げがなければ働いてもいるであろうからであり、存在様式としてロゴスに即した実体である魂とその部分視覚をそれ自身として摘出するための分節である。

彼はここで[L][E]双方の関係を明らかにすべく、形相（とその部分）と統合体（とその部分）について先行関係を分析している。ロゴス上魂が「統合体より先」であるとは、その統合体をエルゴン上構成する質料を説明するものとして秩序づけるからである。[a]魂や視覚がロゴス即ち理であり、そしてそれは[LI]説明言表の形成を介してのみより先なるものとして質料さらには統合体から分離される。[c]質料[b]統合体のロゴス上の関係は質料がより先である。その結果統合体が一なるものとして実働する。かくしてロゴス上[b][c]ではなく「[a]形相の諸部分のみがロゴス（理）の諸部分であるが、しかしロゴス（説明言表）は普遍的なものについてある」が故に、相互の補完が不可欠となる。絶滅した象については普遍語「象」を語るにしても、「山羊鹿」同様架空の存在者としてエルゴン上「これ」による基礎づけをもたず、「或る統合体」を意味表示することはない。

個体のエルゴンに基礎づけられる普遍としてのロゴス

ロゴス上の先後の確定に続き、形相（ロゴス）がエルゴン上質料を媒介にして実現されるのはロゴス（理）がそれに第一に内属する特権的な質料（心臓か脳髄）が形成されるのと「同時」であると主張される。このとき、統合体は完成においてであり、生命実働を確認することができる。他方、「完成から離脱してしまったなら、それら[個体]が存在するか否かは[感覚が発動しないため]明らかではない」。完成にある魂が分離されたなら、統合体である個体「カリアス」やその「ロゴス」はもはやそれ自身ではなく、部分の名前「指」が生死により「同名異義」となるように、同名異義となる。

ここで、エルゴン上統合体は個体であり、ロゴス（定義）上統合体は普遍であるが故に、同名異義が個体と普遍にも適用されることを明らかにしたい。その手掛かりはやはり言語上の振る舞いであり、一般名「人間」や「動物」は伝統的に実体語であり、普遍は個体にエルゴン上依存しつつ、個体の上にある人間一般のもとにある不特定の個人「或る統合体（*sunholon ti*）」を意味表示するものとして位置づけられる。それに対し、指示詞「或るこれ（*tode ti*）[some this]」は個体への指示として用いられる。この不定詞「或る」は「そこ・その時」をも含め「これ」が語られる言語行為の一般化された文脈において用いられ、*tode ti* は「「これ」と指示される特定の或るもの」のことである。実体の一種類は「形姿そして形相」であるが「それに即して現に或るこれが語られる」そのようなものとして形相である魂はエルゴン上質料と分離されず、分離すれば死ぬそのようなものとして捉えられている。指示詞 *tode* が用いられる文脈は統合体とその魂にまで「これ」により二重の指示が成立する文脈である。そのことは質料形相論と様相論なしには指示の理論が完結しないことを含意している。

アリストテレスは「人間」等の普遍語を伝統に即し実体語として理解することに吝かではない（*Top*.I9）。とは言え、これも同名異義的であり、指示詞「これ」と共に実体化することを拒否する。彼がプラトンのイデア論に対する批判の一つは、イデアは一方「イデアそれ自身はそれぞれただ一つである」が、他方、「イデアは別のものどもの根拠であり、あらゆる存在するものどもの構成要素」として普遍的な根拠だという主張に向けられる（*Met*.I6.987b14-20, cf. VII15.1040a8）。弟子は個物と普遍を実体との関係において峻別し、普遍的に述語づけられるものが実体ではないというものである。「「人間（*ho anthrōpos*）」、「馬」そしてこの仕方で諸個体の上にある「ものども［の名前］」は、［イデアのように］普遍としてのこのロゴス［普遍語（例、「魂」）の実体化］とこの質料［普遍語（例、「物体」）の実体化］に基づく実体をではなく、むしろ或る［誰であれ不特定の］統合体（*sunholon ti*）［を意味表示するもの］である」。「或る統合体」における「或る」は「人間」や「馬」など普遍語が実体化されずに不定な誰か個人を意味表示するものとして用いられる。「このロゴス」また「この質料」として普遍語が独立したものとして受け止められ実体化することが拒否されている。彼は個体の二重の指示と普遍の「これ」による実体化の拒否をこう語る。

「「ソクラテス」と「コリスコス」は、たとえ［彼の］「魂」もまたそう［二重］であるにしても、二重（*ditton*）である。というのもそれらはかたや魂［形相］を意味表示するものとして、他方は統合体（*sunholon*）を意味表示するものとしてあるからである。しかし、もしこの魂(*hē phshuchē hēde*)とこの物体(*to sōma tode*)が端的にあるなら、普遍と個体双方とも同様の仕方で［端に離存的に］ある」」(VIII1.1037a5-10)。ここでイデア論を背景にして普遍を「この魂」と実体化した場合を固有名の指示により魂に届かせる二重の指示の理論の展開と対比して考察している。普遍的なイデアの個体化こそ乗り越えられるべきアポリアであった(I6.987b18)。形相の内在性故に固有名や「或るこれ」はその指示において二重であるが、一般語「魂」と「物体(身体)」がそれ自身においてあり、「これ」と形容されるものであるなら、個体同様「端的にある」ことになるとされる。換言すれば、二重の指示においては「この魂」により魂が端的に「これ」と指示される状況にないことを含意している。普遍を個体のように実体化することが拒まれている。「共通に述語づけられるものの［普遍］のいずれも或るこれをではなく、このようなものを意味表示する。……普遍から形成されるものはいかなるものも或るこれではなくこのようなものを意味表示することの故に実体であることはできない」(VIII13.1039a1-15)。

「或るこれ」が「「これ」と指示される或るもの」を意味しているように、「或る統合体」において普遍語「人間」は、「或る」によりこの語が適用される個人の稼動域を表現しており、誰であれ統合体である或る個人を表現している。しかしそれは「これ」と異なり指示が遂行されているわけではなく、「或る」の稼動域は実体語「人間」が適用され、述語づけられる個人たちであり、個体に依存してのみその身分を得るという意味で、たとえ「実体」と語られることがあるにしても、同名異義が適用されよう。

それに対し、固有名「ソクラテス」は今・ここの指示の現場で最終質料に基づき個体として働きにあるものを意味表示する。エルゴン上の最終質料は統合体に他ならず(外的妨げがなければ)、形相と分離されない仕方において働いている。「カリアスは質料を伴ったロゴスである」(XIV9.1058b7-11)。反対性質を受け付けないロゴスは生成消滅過程を経ることはないが、このカリアスはエルゴン上そのロゴスが質料とは「不分割的(*atomon*)」であり不分離なものとして生成しまた消滅する。

かくして、この長い引用箇所の一つの結論が導かれる（1035b31–36a9）。形相はその部分に関しても質料よりもまた統合体よりもロゴス上先であった。それ故に形相は質料を説明するものであって、ものごとのロゴス（理）を形成しているものは形相であり、ロゴス上質料から分離される。彼は言う、「形相の諸部分のみがロゴス（理）の諸部分であるが、しかしロゴス（説明言表）は普遍的なものについてである。というのも、「円であること」と「円」、また「魂であること」と「魂」は同じだからである」（1035b34–36a2）。「円であること」は円の本質を表現するものであり、叡知的対象である「円」の場合、銅製の円の質料部分は本質の普遍的なロゴス（定義）「中心から等距離の平面図形」に必要とされない。むしろ個々の銅製の円は感覚や叡知により認識される。「たとえあらゆる円が銅のそれしか観察されなかった（*heōrōnto*）にしても」、銅であることは円の実体を形成しない（1036b1）。エルゴン上双方は分離されないにしても、ロゴス上形相は質料から分離され、そして形相の部分のみがものごとを一ならしめるロゴスの部分を形成する。

「最終の質料」はエルゴン上形姿と不分離であり一なるものであり、ロゴス上形姿に対応する形相にその規定性を依存する。「最終の質料と形姿は［エルゴン上］同にして一である、［ロゴス上］一方力能においてあり、他方実働においてあるが」（VIII6.1045b18）。「人間」や「馬」等の一般語は、生きている個体の固有名ないし「これ」という指示がその魂にまで届く二重の指示を前提にしており、ロゴス上普遍的にとられる限りにおいて二重の指示においてある個体の魂と物体に基づいている。彼は言う、「魂はかたや第一の実体であり、他方物体は質料であること、しかし「人間」或いは「動物」は普遍として双方に基づくこと明らかである」（VII11.1037a5–7, VII6.1031b23, VIII3.1043a29–b4）。「このようなもの」と特徴づけられる普遍は実体の条件（「或るこれ」および「離存的」）を満たさないが故に、実体である個体との関連づけが不可欠となる。実体語である「人間」そして「馬」は諸個体の上にある。普遍は「ロゴス（説明言表）のうちにある何ものもこれら［個体］を離れて内属しない」という仕方で内属し、個体にエルゴン上寄生している（VII3.1038b11, 16, 32 cf. 1039b20–22）。

形相のロゴス上の分離とエルゴン上の不分離は不可避的に同名異義を生起する。アリストテレスは言う、「あらゆるものは、まさに自然によるものどものように、或る仕方においては同名異義に基づいて、或いは同名異義的部分に基づいて生成する。例えば「家」は叡知のもとにある限りにおける「家」に基づいて生じる。というのも技術は形相だからである、同名異義的な部分に基づいてであれ、或る［同名異義的］部分を持っているものに基づいてであれ、付帯的にそれが生じているというのでなければ」（*Met.* VII9.1034a22–25）。生み出される個体はそれがそこにおいて生み出される領域は種であり、それが「このような」という普遍語により表示される。かくして「このようなこれ（*tode toionde*）」により「これ」という指示が適用される実体（ないし人工物）がその種とともに表現されていると思われる（VII8.1033b23）。「これ」と「このような」のロゴス上の分節により、普遍語「美」「人間」等によるもののごとの根拠とされるイデアは唯一の「これ」であるという主張がブロックされている。

「名前」は「（魂の）定義（ロゴス）語」と「（ものごと（魂含む）の）実働（エルゴン）語」のいずれとして意味表示するのか

これまで新たな様相概念によるロゴスのエルゴンへの内在化、ロゴスのそれ自身における析出を考察した。アリストテレスがこのように二重の指示と同名異義原理を相互に支えあうものとして展開したその背後に、彼が対処しなければならない言語上のアポリアがあった。複合的な可感覚的事物（*aisthēton*）については［L］定義が存在せず、［E］叡知作用や感覚により知られるが、それらが完成から退いてしまうと個体の感覚が生起せず、存在するか否か明らかではない。「完成から離脱してしまった」場合には統合体への感覚は発動しなくなるが、個体の生成消滅過程は二時点間の差異即ち変化として感覚により捉えられる。「完成」から逸脱するともはや接触知が発動せずその存在は明らかではないことを一つの理由として、［LI］普遍的な定義の形成によるアクセスが求められる。彼は言う、「［必然的なものどもの］知識を所有している者たちには可滅的なものが感覚から立ち去った時には、［個々について は］不明瞭である」（VII15.1040a2–3）。しかし、むしろ、それらは［L］常に普遍的な説明言表によって語られそして知られる（VIII10.1036a5–9）。普遍はロゴスにより知られるが、もしロゴスが「質料を伴ったロゴス」（*Met.*X9.1058b11）として具体的なエルゴンに内在しないとするなら、一方では個体についての普遍的な知識は得られず、他方ではロゴスは実在に対応物をもたないただの音声の流れになるであろう。

アリストテレスは［L］［E］双方のアクセスの判別についてとりわけ自覚的である。彼は一般名が定義（ロゴス）語として意味表示するか実働（エルゴン）語として意味表示するか判別が難しく、その判別に留意するよう忠告して言う。

> はたして名前が［L］合成的な実体を意味表示しているのかそれとも［E］実働そして形姿を意味表示しているのか、時に、気づかれないことに無知であってはならない。例えば「家」ははたして［L］「この仕方で置かれた煉瓦と石に基づく覆い」という共通なもの［普遍的なもの］の記号であるのか、それとも［E］「覆い」という実働そして［働きにおいてある］形相の記号であるのか、……生物ははたして［L］物体における魂であるのかそれとも［E］魂であるのか［気づかれない］。というのも、これ［魂］は或る物体の実体そして実働だからである。しかし、「生物」は一なる説明言表［定義］によって語られるものとしてではなく、一なるもの［魂］に関わるものとして［帰一的に］、双方［L「物体における魂」とE「魂」］についてもまた適用されるであろう。だが、これら［LとE］はかたや可感覚的実体の探求との関係においては何ら異なるところがない、それとは何か別のもの［例、魂それ自身］との関係においては異なるけれども。というのも［定義により開示される］本質は形相［ロゴスとしての魂］そして実働［魂の引き起こす生命活動］に内属するからである。というのも、魂と魂であること［魂の本質］は同じものであるが、人間であること［人間の本質＝魂］と人間は同じではないからである、もし［二重の指示の故に］「魂もまた人間である」と語られるのでなければ（1043a29–b4）。

アリストテレスはここで［LI］［EI］二つのアクセスの異なりを確認するが、「共通のもの（普遍）」についての語りとしてロゴス上のものと今・ここで実働においてある統合体の「形姿」即ちエルゴン上のもののいずれを意味表示するものとして名前ないし実体語が用いられているか、気づかれないことのあることに留意を促している。また「家」が「覆い」を意味表示するさいには、形相即ちその完成にあるロゴス（設計図）が実働している場合を想定している。名前「生物」はそれ自身が定義されるものとしてではなく、それを形成しているものとの帰一的な関係にあるものとして用いられるとき、ロゴスとエルゴン双方に適用される。人間のような可感覚的実体の場合には人間それ自体としての本質はその働きにおいてある形相に内属しており、名前の発話において二重の指示が成立することの故に、統合体において生きている個体に内属する形相としての魂にまで指示が届いている。

生と死は個体の今・ここの話である。それ故に同名異義は個体のエルゴンと普遍的なロゴスのあいだに成立すると言える。だからこそ「名前」が［L］か［E］を意味表示しているのか、「気づかれないことに無知であってはならない」と警告している。それは普遍が実体を意味表示しないからである（412b12）。かくして［LI］定義はエルゴンにおいてある実体をそれ自身として把握することはできず、「魂」や「人間」等の実体語を用いたこのようなものを意味表示するロゴスを形成する。これらを実体語と語る資格は「或るこれ」により一人の人間として生きているカリアスの魂にまで指示が届くことにより、エルゴンにより媒介されまた補完されることによってである。

［LI］と［EI］の間の「魂」が同名異義となることはこのように不可避であり、［LI］［EI］を理解するうえで有効でさえある。生きている「目」と「描かれた目」が同名異義とされるが、今・ここで身体を生かしめている「魂」と、その定義で「第一の完成」や「［L］魂と物体が生物」（413a3）また「物体における［L］魂」（1043a34）として分節されるロゴスとしての「魂」にも同名異義原理は適用されよう（II1.412b22）。ロゴス上「魂」は「物体」から分節されるが、「物体なしになくまた或る物体でもない」「魂」はエルゴン上物体から不分離な仕方で実働している、そのつどの外的妨げがなければ（*De An*.II2.414a19）。

彼は一なる説明言表により語られる本質とそれとの帰一的な関係においてある諸要素の関係はものごとに応じて事情が異なることに留意して言う。「可感覚的実体の探求との関係においては何ら異なるところがない」。この発言がなされるのは感覚される個々の人間の本質はその形相に内属しているが故にである。一方で、非感覚的対象である「魂」はロゴス上自らの本質と同じものであり、エルゴン上の実働にそれ自身としては適用されず、ロゴスとしてそれ自身において把握される。他方で、可感覚的な実体においては、魂は生物を生かしめているものとして働きにおいてある。合成体人間においては定義によって開示される人間の本質は実働においてあるところの形相としての魂に内属するが故に、ロゴスにより開示されるものとエルゴンにより把握されるものは「何ら異ならない」。定義における他の要素を統一する帰一的な第一の要素と実働においてある形相は同じものであることが確認される。そしてそれは働きにある実体に対しては普遍語「人間」の使用が個人における二重の意味表示の成立故に保証されている(cf. *An.Pr.*I27.43a25–28, cf. 71a9, 72a5, 87b38, 97b28)。

この指示が成立する個体においては、形相の内在性故に統合体の独立存在者としての離存性(実体の一条件)は毀損されない。生きている現場において、「これ」という指示が成立するのは統合体を一ならしめている形相(個々人の魂)が実働しており身体が統合されているからである。「実体そして形相は実働である」(IX8.1050b2)。エルゴン上魂が分離され死んだ人間においては当然「これ」は魂に届かずムクロを指示するのみである。これが同名異義原理を基礎づける。「死んだ指は同名異義的にそう[指]であるに過ぎない」(VII10.1035b25)。形相の存在様式である完成がロゴスとエルゴン双方を媒介するもの、力能と実働双方をロゴスにおいてまたエルゴンにおいて媒介するものとしてそれ自身ロゴス(理)とそのロゴスの質料への内在を介した実働双方の存在様式であることにより、彼は双方の道理ある総合を目指した。かくして、可感覚的な個体に対する「これ」という言語実践は二重の指示の故にロゴス次元とエルゴン次元を媒介するものとなる。様相存在論に基礎づけられる同名異義原理と二重の指示原理は積極的に捉えるとき、エルゴンとロゴスは個体と普遍の橋渡しをすることができると結論することができる(14)。

五　類義語の使用に見られるロゴスとエルゴンの補完関係

定義語「形相(*eidos*)」とその実働語「形姿(*morphē*)」による補完
「魂」は質料と形相が自体的関係にある合成体シモンの形姿即ちシモン性(実働)であり窪み性(ロゴス)である

先に「名前」の意味表示するものが「合成的実体か実働そして形姿か」気付かれないことがあり、それは名前が定義語としてのまた実働語として用いられているかの判別の難しさに由来していることを確認した。彼は「シモン」という新造語を用いてその判別を企てており、ロゴスに即した実体即ち形相はロゴス上質料から分離されるが、エルゴン上形姿として分離されないものであることの出来る限りの分節と明晰化に努めている。合成体シモン(窪める鼻)の形相部分シモン性(鼻における窪み)は魂がエルゴン上身体と分離されない事情(肉と骨における生命原理)と平行的である。その理解にロゴス(形相)と質料が分離されない働きにおいてある自然的存在者はこう規定される。

自然学は動かされうるものごとそしてたいていの場合それだけでは[質料から]離存的ではないロゴスに即した実体についての理論学である。だが[L][定義により開示される]本質そしてそのロゴスが[エルゴン上][E]いかにあるか(*pōs esti*)に気付かずにいてはならない、少なくともこのこと[エルゴンへの考慮]なしに探求することは何も作りださないことである。定義されるものどももそして「何であるか」のものどものうち、或るものどもは[定義語]「シモン(*to simon*「窪み鼻」)」[が意味表示するもの]としてあり、そして或るものどもは[実働語]「窪み(*koilon*)」[が意味表示するもの]としてある。しかし、かたやシモンは質料と合成されているものであり(というのも「シモン」は「窪み鼻」だから)、他方、窪み性(*koilotēs*)は可感覚的な質料なしにあるという点で双方は異なる。もしすべての自然物、例えば鼻、目、顔、肉、骨、全体に動物、葉、根、膜、全体に植物が、[合成的な]シモンと同様に語られるなら(というのも、これらのロゴスは運動[のロゴスへの取り込み」なしには何ものにもなく、常に質料を持つから）、自然物においてはいかに何であるかを探求しそして定義しなければならないか、そしてそれ故に魂についても幾つか、質料なしにはない限りのものについては、自然学者が理論的に考察しなければならないこと明らかである（*Met*.VI1.1025b26–26a5）。

自然物は数学的対象と異なり質料とそのロゴスが不可分なものとして実働しており、その実働の観察を通じて定義の形成に向かうさいに、エルゴンをロゴスに組み込むことによってしか、「いかにあるか」を「何であるか」のロゴスにおいて捉えられないとされる。そして「魂」の「幾つか」も物体なしにはないため、その合成体「動物」や「植物」は新造語「シモン」と同様に語られるとされる。自然学者による定義の企ては、対象が質料と不分離なロゴスに即した実体即ち形相であるため、エルゴンのロゴス化つまり定義への組み込みなしには形成されない。彼は本質がエルゴン上いかにあるかの探求において、エルゴン上の質料と形相の不可分性を示す造語［E］「シモン」の導入により動物等自然合成体を表示する。彼は「鼻」と「窪み性（*koilotēs*）」から「私は二つに基づきこれ［一語彙「鼻」におけるこれ［一語彙「窪み」］と語られるもの［LinE］をシモン性（*hē simotēs*）と呼ぶ」と新しい語彙を導入し、双方の関係が付帯的なものではなく「鼻の自体的な様態」とする（1030b16–20）。そこでは「ものごとの質料を伴うシモンのロゴスが語られる」（1064a23）。

一方、「窪み」はそれ自身としては鼻との関連をもたないが、他方、「シモン性」であれば「鼻における窪み性」を表現することができる。つまり質料と形相が混合されることにより合成体が一なるものであることを一つの名前を作ることにより表現できる利点がある。「肉は窪み性の部分ではない（というのもこれ［肉］は窪み性がそのうえに生じるところの質料であるから）、しかしシモン性の部分である。また銅は合成体像の部分であるが、形相として語られる像の部分ではない」（1035a4f）。

私はこれらは「形相」と「形姿」の識別に貢献すると解する。「形相」はロゴス上の概念であり、決して質料と混合されることはないが、「形姿」はエルゴン上の統合体において実現されるゴールとして質料と混合されることがある（幾何学的図形等を除く）。彼は言う、「自然や技術により合成されそして生じたあらゆるものどもにおいては、形姿が（一）自らに即してそれ自身であることと（二）質料と混合されている形姿（*hē morphē kai memigmenē meta tēs hulēs*）は異なっている。例えば球の形相（*eidos*）と（二）金そして銅の球［合成体］は異なっている、そしてまた円の（一）形姿（*morphē*）と（二）銅の円そして木製の円［合成体］とは異なっている。というのも、球や円であることは何であったか［本質］を語る際に、われらは金や銅は実体に属さないものとして、説明言表における金や銅を語らないからである」（*De Caelo* I8.277b30-278a4）。このエルゴン上の混合を「形姿」が意味表示できるとするとき、「シモン」は以下のように分節されよう。

「シモン（*to simon*）」＝合成体（例　窪み鼻（*koilē ris*））

「シモン性（*hē simotēs*）」＝ロゴス上の「これ」（「鼻」）における「これ」（「窪み性」（*koilotēs*））

「窪み（*koilon*）」→「窪み性」（形容語から（→）名詞の形成による抽象化）

かくして「シモン性（*hē simotēs*）」＝形姿

「窪み性」（*koilotēs*）」＝形相

このように、シモンの導入によりシモン性として混合された統合体の一特徴を摘出することが許容される。それによりロゴスである形相はエルゴン上形姿として語りうる文脈を確保することができる。私はこの質料に形相が内在している「シモン性」のような状況を、エルゴン上それは（外的妨げがなければ）形相が質料において実働しているということを含意するものとして［LinE］と表記する。こうすることにより質料の働きとこみで分離されない形相のつまり生きている統合体のロゴスが形姿として語られる。

従って、合成体シモンはエルゴン上分離不能な統合体におけるゴールとして実働しており、それ以上より先なるものとして完成においてあるものは想定されない。かくして表現「シモン的な鼻（*hē simē ris*）」は「窪み鼻なる鼻」ということになり、これについてはその説明言表が定義となる本質は存在しない。「シモン」の形容詞用法「シモン的（*simē*）」の使用は無限遡及を生みだすために、言語の規範的使用の視点から禁止される（1030b28–35）。合成体の定義において形容詞用法を禁じ、［LinE］「シモン性（鼻における窪み性）」によりエルゴン上の形姿を表現すべきであり、可感覚的事物シモンの定義は質料である鼻と形相である「窪み性」により構成されなければならない。自然物の探求は質料あるものの運動、今・ここのエルゴンの観察を通じて遂行されるが、定義においては形相と質料がロゴス上分離されるため、「シモン性」の如き分離されない表現「形姿」が求められている。エルゴンが何らかの仕方で定義としての説明言表に組み込まれねばならない。これが「形相」と「形姿」の相補的展開である。

私は、本章の主題である、「魂」は自然学の対象として「身体なしになくまた或る身体でもない」と特徴づけられるとき、ロゴス上「窪み性」でありエルゴン上「シモン性」の一例として理解する（*De An*.II2.414a19）。「魂」の定義にエルゴンとしての「生命」が力能においてそれを持つ物体としてロゴス化され組み込まれる。物体が力能において生命を持つに至ることにより、生命原理としての魂との内的な関係がロゴス上明らかにされる。彼は言う「もし［エルゴン上生きている］内魂物が双方［形相と質料］に基づいているなら、身体は魂の完成ではなく、これ［魂］が或る身体の完成である」。このように不可逆性を語りうるのは魂のあるところそこに生命を観察することができるからである（414a17–18）。この不可逆性の故に、「魂」が形容詞化され「魂的な身体」即ち「身体の完成的な身体」は語られえない。アリストテレスは素材や質料については例えば「木ではなく木製の（*xulinon*）箱」という仕方で形容詞表現を認めている（*Met*.IX7.1049a19）。なぜなら「力能」は矛盾対立や反対対立の可能性を持ち、木製の机でもありえるのに対し、完成は反対対立を許容しないからである。「すべての力能は同時に矛盾命題についてのものである」（IX8.1050b10）。エルゴン上完成において実現されたものについては矛盾でありうるその可能性は排除されており、それが力能と完成の不可逆性を形成する。

先に魂と身体が輪廻転生論者のように「任意のものが任意のものを受け取る」関係にないことを確認した（414a23–24）。その双方の関係における現象は秩序正しいものであり、「それぞれのものの完成は力能に内属しておりかつ固有の質料においてあるものに実現されること自然本性に適う」(414a25–27)。エルゴン上の完成の実現はロゴスに即したものであり、待機力能においてある「固有な質料」において実現される。身体と魂、素材と形相の固有な即ち自体的な関係解明のためにこそ彼の関連術語が駆使される。「それぞれのものの完成」とはエルゴン上個々のものが「そこに向かう(*epi ho*)」ところのそこである適切なゴールの存在様式を表現している。「限界」の辞書項目において、エルゴン上始動因が実現させるゴールとロゴス上の目的因が限界として挙げられる。「このようなもの[ゴール]は運動と行為が「それに至るところのそれ(*epi ho*)」であり「そこからのそれ(*apo hū*)」ではないが、時には(*hote*)双方のものがあり、それぞれの実体そしてそれぞれであることが何であったか[本質]は「そこからのそれ」と「それに至るところのそれ」すなわち「それのためのそれ[目的]」である」(*Met*.V17.1022a7–9)。魂は始動因でも目的因でもある存在者であった。そして魂は「これは運動がかの魂に内在するというのではなく、時にかのものに至り、時にかのものから[運動が生起する]ということである」と特徴づけられた(*De An*.I4.408b13–16)。完成は一つの限界として生成の最終に実現される存在様式であり、生命ある固有の質料は形姿を持つ。

私は「形姿」は自然物におけるロゴスに即した実体である「形相」がエルゴン上最終的に実現するものを表現する実働語であると理解する。彼は[EI]と[LI]いずれの視点に立つかに即してエルゴン上の全体を基礎に据えるか(これを「非説明的アプローチ」と呼ぶが、そこでは質料や形相は一種の抽象として処理される)、ロゴス上の部分を基礎に据えるか(これを「説明的アプローチ」と呼ぶ)を判別して言う。「ひとつは合成体に基づく、即ち質料と形姿に基づくものであり、まさに全体に基づき部分がある、例えばイリアスに基づきその節があり、家に基づき石がある。というのも、形姿はゴールであり、ゴールを持つものが完全なものだからである。他のものは部分に基づくものとして形相である、例えば人間は二本足に基づきまた音節は字母に基づく」(*Met*.V24.1023a31–36)。一方はエルゴン上の全体の視点から語られ、他方はロゴス上の分節の視点から語られる。「形姿はゴールであり」生成の最後に獲得されるが、形相は「ロゴスに即した実体」であることにより、ロゴス次元において分離されその生成を引き起こすものとして形相が理解される。ロゴスは生成されるものの最後に形姿という仕方で発現、実働される（1023a34）。

「自然」即「形姿そしてロゴスに即した形相」　アリストテレスは「自然」として自然物に内在する「質料」と「形相」を挙げてこれを説明している。彼は「自然」として「自らのうちに運動と変化の始原を持つものどものそれぞれのものに[P1]第一の基体となる質料」と「[P2]形姿そしてロゴスに即した形相（*hē morphē kai to eidos kata ton logon*）」を挙げるが、双方の内在性を「自然によるもの（*phusei*）」の生成における力能と完成の関係において説明する。彼は[P1]第一の基体となる質料を自然の一種として提示し、もう一種[P2]との関係を構築して言う。

[P1]力能における肉または骨は、ロゴスに即した形相を[エルゴン上]獲得するまでは（*prin an labē to eidos to kata ton logon*）、われらはそれ[ロゴス上の形相]によって肉や骨は何であるかを定義し語るのであるが、何らかの仕方で自らの自然を持つことはなく、また自然によるものでもない。従って、自然は、[P2]別の仕方では自らのうちに運動の始原を持つものどもの形姿そして、ロゴスに即してという仕方以外では分離されないものである形相であろう（*ū chōriston on all' ē kata ton logon*）。これら（[P1][P2]）に基づくものは「自然」ではなく、「自然によるもの（*phusei*）」である。そしてこれ[自然によるもの]は質料よりも一層自然である。というのも、ものごとは完成にあるとき、力能にあるときよりも一層それぞれであると語られるからである……「生成」として語られる自然は自然に至る道である。……生育するものは何に至るのか。そこからではなく、それへと生育する。従って形姿が[エルゴン上]自然である（*Phy.*II1.193a28–31, b12–18）。

エルゴン上統合体は「自然によるもの」であり、力能より「それぞれである」としての一性を担う。その理由は、ロゴスに即した形相が「完成にある」からであり、エルゴン上形姿がゴールを担うものとして実現されているからである。生きうるものよりも、生成のゴールにおいて形姿が実現されている完成にあって生きているものがそれぞれの生物である。従って、生きている場合二重の指示により形相を意味表示している「「形姿」が[エルゴン上]自然である」と十全に語られうる。

彼は『形而上学』第八巻の「可感覚的実体が何でありまたいかにあるか」(VIII2.1043a26)を問う文脈において、しばしば今・ここの実働において確認される「形姿」を主に「実働」との組において用い帰納的な探求に従事している。「何であるか」は観察される現場で指示詞、例えば「この仕方で」などを伴い、様々な形姿、例えば向き、位置、配列、硬軟、乾湿への感覚的な把握の言及により同定される(VIII2)。例えば、「凪とは何か」の問いに対する応答は「海の静穏」であるが、かたや質料としての基体は海であり、「実働そして形姿は静穏である」(1043a24)。ここで「形相」が語られないのは、凪は海が今・ここにおいて持ちうる嵐等多くの形姿のなかで一つのものだからであり、実働する形姿への指示により同定されるからである。

先の可感覚的実体の事例に見たようにシモンとして質料と混合されている形姿は今・ここの観察によりその何であるかの探求が遂行される。質料と形姿の混合は合成体を形成しており、その形姿は「これ」という実体の三条件(基体性、或るこれ(指示可能)性、離存性)の一つを満たす。彼は言う、「基体は実体である、かたや一つの仕方では(1)質料が基体である、ただし質料と私が言うのは実働において或るこれ[と指示されるもの]ではなく、力能において或るこれである。他の仕方では(2)ロゴスと形姿が基体であり、これは或るこれであって説明言表上離存的である。第三のものは、(3)これらに基づくもの[統合体]であるが、これについてのみ、生成と消滅があり、また端的に離存的である。というのもロゴスに即した実体のうち或るものども[純粋形相]は離存的であり、他の[可感覚的な]ものどもはそうではないからである」(VIII1.1042a26–32)。

基体性条件を満たす三種類の実体があるが、一方で(1)力能にある質料が基体性条件を満たし、(2)ロゴス(形相)とその実働語が意味表示する形姿が基体性条件を満たす。そして(3)質料と形相の統合体が今・ここで実働しており、生成消滅に服する。(2)ロゴスと形姿が基体であるのは、質料への内在ゆえに或いは質料との混合ゆえに、「これ」と今・ここにおいて指示される統合体の規定性を担っているからである。「他の実体は形姿と形相であり、それに即し現に「今・ここで」（*ēdē*）或るこれが語られる」（412a8）。「或るこれ」は個体への指示が成立する一般的な表現である。「最終質料と「混合」形姿は同にして一である」と言われるように内的な関係がエルゴン上「これ」の指示対象として一つのものを形成している（1045b18）。そして形相までに指示が届くためには、ソクラテスは現に生きているつまり実働においてあるのでなければならない。

この指示機能は先に見たように二重である（1037a7–10）。魂は窪み性ないしシモン性である。形相は純粋形姿としてのみロゴス上分節されることによって特定される。形相を混合形姿からエルゴン上抽出分離することはできない。もし分離されているなら、今・ここの指示行為「これ」はもはや魂には届かず、ムクロのみを指示し「身体」は同名異義的なものとなろう。幾何学的叡知対象「球」はそれがそこにおいて実現される時空上の素材への言及なしに、それ自身として定義される（*Met.* VIII1.1026b1, cf. 1036b2, 1042a20, 277b30–278a4）。他方、「魂」は身体への言及を不可欠とする。ロゴス次元において形相は質料といかなる仕方でも混合されないが、形姿は混合形姿として間接的に形相を指示することができる。

この点で「シモン」の導入による思考実験は有益である。この表記がもたらすものはエルゴン上シモンのような合成体の形姿は「質料と混合されたもの」であり、質料それ自身の特徴づけにすでに「形姿」と表現される形相性が含意されており、ロゴスによらなければ質料部分を取り出せないことを示している。

なお、実体の三種類を挙げる文脈で「質料」と「第三の」実体である「統合体（これらに基づくもの）」との対比において「形姿」が挙げられるときは、「形相」との連言、例えば「形姿そして形相」（335b7, 412l8, 734a33, cf. 1042a28, 193a30）等と表現される。この連言により、二つのことを知ることができる。一つには形相やロゴスは可感覚的事物のそれであることであり、もう一つには形姿は形相と同じ実体の種類としてエルゴン上の形相の内在を表現しうることである。即ち、この連言は生成消滅するエルゴン次元のただなかでロゴスを含意している。

換言すれば、ちょうど魂の定義に生きること「力能において生命を持っていること」が要求されるように、エルゴンがロゴスに組み込まれる。形姿と形相の相補性が必要とされるゆえんである。

未完の連続体存在者「運動(*kinēsis*)」は定義語により四種類であり、その実働語である「変化(*metabolē*)」としては三種類である

次に、「運動」と「変化」について簡単にロゴスとエルゴンの相補性と「完成」の役割を確認する。彼は『自然学』第二巻一章冒頭で運動と静止の内在原理である「自然」と呼ばれる質料と形相を理解するためには「運動は何であるか」を解明しなければならないとする(200b14)。第三巻一章で定義が試みられる。[L]「運動」は「力能にあるものの完成、力能にあるものである限り」(*Phy*.III1.201a10–11, 201b5)と一般的に定義される時空の幅を持つ存在者である。この規定を受ける連続的な存在者は運動以外に存在しない。「力能にあるものである限り」という限定により「完成」が除かれる。というのも完成にあるものはもはや運動していないからである。

この運動の定義が適用される存在者の類は対応する形相の存在様式である完成が帰属する事柄に即して四つの種類(実体、質、量、場所)が挙げられる(201a9–15)。他方、彼は第五巻一章において変化の視点からは「運動は三つ[の存在者の類]であること必然」とし実体を排除している(225b7)。研究者はこれに困惑し彼の思考の変遷に訴えたり、「広義」と「狭義」に分けたりするが、その要はない。(15) 運動は[L]形相を含む定義形成と[E]今・ここの観察双方の相補性により知られる。運動はロゴス上四つの範疇に帰属し、変化という枠組みの中でエルゴン上三つの範疇に帰属する。

他方、彼は、この「普遍的な」定義との対比において、「今・ここ」の時間を考慮しつつ「その時・そこ」を含む一般的な仕方でエルゴンをロゴス化した「部分的(*kata meros*)」な規定を提示している(cf. 202b23–25)。それは先にいかに完成が力能あるもののロゴスであるかを考察した建築の例により提示されている。[E]「建築されうるものが、それ自身[石や木]をそのようなもの[建築されうるもの]であるとわれらが語る限りにおいて、完成においててあるとき、それは建築される、そしてこれが建築実働である」（201a16–18）。彼はこのエルゴン次元の事例をより一般化し、受動と能動の相即的な実働として先の「普遍的な」定義より「より可知的な（*gnōrimōteron*）」説明言表を提供する。「しかしより一層可知的なものは、「力能において能動しうるものと受動しうるものの実働、このようなものである限りにおいて」である、端的にそしてまた個々に即して建築実働であれ、医療行為であれ」（III3.202b16–18）。彼は先の普遍的定義の「完成」を「実働」に代えより可知的な説明言表を与えることもある。［E］「建築されうるものが、それ自身をそのようなものとわれらが言う限りにおいて、実働においてあるとき、建築される、そしてそれは建築である」（*Met.*XI9.1065b17–19）。注釈者たちは二つの類似の記述から「完成」と「実働」を同義なものとしてきたが、［L］ロゴスと［E］エルゴンの相補性と読むとき、何ら問題はない。

　運動においてエルゴン上今・ここにおいて始動因により始動因に内在する完成においてあるロゴスが受動者に接触を介して伝達される。彼は言う、「それ故に運動は動かされるものの完成である、動かされるものである限りにおいて。だがこれは動かしうるもの［始動因］の接触によって（*thixei*）生起する、その結果同時に受動もする。動かすものは、しかし、常に形相を伝達するであろう、［実体の指示性条件を満たす］これであれ或いは［性質に対する］このような、［量に対する］これほどであれ。それ［形相］は、動くとき、運動の始原そして根拠であるであろう、例えば完成においてある人間が力能にある人間から人間を作るように」（*Phy.*III2.202a7–12）。ロゴス上完成の存在なしには運動は規定されず、ただのカオスとなる。

　なおロゴスの伝達は物理的なものに還元されない。アリストテレスは形相と質料の自然的合成について言う、「自然合成（*sumphusis*）は接触と異なる。というのも、後者においては接触とは別に他の何も存在する必然性はないが、自然合成にあるものどもにおいては或る一つの同じもの［形相］が双方にあり、それが接触されてあることを超えて連続性と量に即して、しかし性質に即してではなく、自然的に合成されてありまた一であることを作るからである」（V4.1014b22–26）。自然的合成体は能動するものと受動するもののあいだに「或る一つの同じもの」としての形相であるロゴスの授受が遂行されることにより一でありつつ、そのロゴスとしての形相はそれ自身としては接触されるものではないがそれが内在する事物を介してエルゴン上質料を規定することにより定量的な分析と記述を許容する存在者である。

運動の一性の定義は「容易ではない」が、この様相論的定義により「適切に語られた」とされる（201b16–17, 202b24）。運動否定論者や流転論者や混合論者に対して運動の一なる実在であることの確認は有効な反論となる（cf. *Phy*.I2–6 補論四参照）。しかし、定義は何であれ存在するものの一性を開示するものとして与えられる故に、この定義は非存在を考慮することができないという代償を払う。従って、変化の視点からの補いが不可欠となる。

運動はロゴス上力能と完成の或る合成体であり、そして完成（例、実体形相獲得）の手前までの未完の連続体存在者を開示している。他方、エルゴン上、［E］「あらゆるものは形成しうるものかつ実働にあるものによって受動しかつ動かされる」（417a17f）。働きの現場にまなざしを注ぐことにより、能動者と受動者の接触において運動が生起することを確認できる。受動者は動かされるべく常に実働しているものを必要とするという仕方で運動は彼の様相存在論に組み込まれる。この連続体存在者が「一つ」であるのは「時間に即して分割されないもの」である場合である（1016a4–6）。この時間上途切れることのない非分割な連続体存在者は例えば変化のように「白（*leukotēs*）くなる」ではなく「白化（*leukansis*）」と呼ばれる（224b15）。

他方、変化においてはこの連続体存在者がそこから生起し、そこにおいて停止するないし消滅するその両端の外を観察により捉えられうる。「変化」は二時点間に生じた差異として観察されるが、始点よりむしろ「結果において名づけられる」（224b35–235a2）。たとえば「消滅」は非存在に至る変化である。「変化（*metabolē*）」の語彙の構成からして「その名前は、別のものの「後に（*meta*）」或るものを、そしてかたや一方がより先のものを、他方がより後のものを開示する」（225a1）。常により先とより後の二時点間の観察を必要とするものが変化である。かくして、一方、例えば突然変異はこの二時点間の素材の差異として確認されるが、運動は完成に向けて秩序づけられている

（消滅はその否定により処理される）。

運動は変化の視点から限定される。彼は言う、「あらゆる運動は或る変化であり、語られた変化は三種類（（１）非基体から基体、（２）基体から基体、（３）基体から非基体）であり、これらのうち（１）生成と（３）消滅に即した変化は運動ではなく、これらは矛盾に即したものであるので、必然的に（２）基体から基体に至る変化のみが運動である」（V1.225a34-b3）。したがって、範疇上は性質と量そして場所においてのみ基体の持続のもとにある連続体存在者としての運動が「必然的に」変化として捉えられる（225b8）。彼は「実体に即した運動が存在しないのは存在するものどものうちいかなる反対なもの（*enantion*）も実体においては存在しないことの故にである」と説明する（225b10）。実体には存在か非存在かの矛盾対立（*antiphasis*）が適用されるが、反対対立は基体の持続を前提にする。「非基体から基体への矛盾に即した変化は生成であるが、かたや端的にそうである端的な生成があり、他方或るものの或る生成がある。例えば非白から白へは後者の生成であり、端的に非存在から実体へのそれは……端的な生成である」（225a12–17）。実体の端的生成が語られるためには非存在を視野にいれた変化の概念が不可欠である。そこでは連続的な運動は排除されている。

連続体存在者を変化の「から～へ（*ek-eis*）」の視点から語る限り、基体から基体への属性変化のみが運動として数えられる。そしてその記述は魂の観察という[EI]エルゴン主導により為されている。彼は言う、「われらはこれら[「大きさ」「[質の]種」「場」]のそれぞれにおいて、反対から反対へまた中間的なものに変化が生じているのを見る（*tēn metabolēn horōmen ginomenēn*）、しかも任意のものにおいて任意のものに変化があらぬことを見る」（*De Caelo* IV3.310a23）。

「変化」は魂の実働に即して語られ、そして世界の側の出来事を捉える。「変化」に定義がないのではなく、その定義に魂のエルゴンが内在するということである。魂の働きを想定せずには変化は理解されない。ちょうど「時間」は「より先とより後に即した運動の数」（*Phy*.IV11.219b1）という定義において、基準運動（例えば北極星をめぐる天体の円周運動）を数える知性体なしに、時間は存在しないように、二つの今を認識する知性的な魂なしには、何かから何かへの変化は存在しない。ただし、魂も実在であり、時間や変化が魂の表象や投映であるという類の観念論的主張がなされているわけではない。魂がなくとも時間の流れを数えせしめるところの運動はあったであろうし、非存在から存在への生成変化と言わしめるところの或る素材の植物の魂の受容という類の出来事はあったであろう。しかし、魂の実働を含意する「変化」という概念を導入することによって、属性変化とは異なるものとして非存在から存在への実体生成を語ることが可能となり、ロゴス的な存在者である形相の伝達をめぐる力能から完成への運動を確保すること、即ち不可視なロゴスの証拠を提示することができたのである。

先の運動の様相論的定義はロゴス次元において運動にのみ適用され、しかも実体の生成にも適用されるが、完成は質料のロゴスである形相の存在様式であり、それ自身合成体を介してでなければエルゴン上知られない。運動が、一方では、完成としての実体形相の獲得に至る故にロゴス上実体にも属するとすることは先に確認された（202a7–12）。そこでは、人間の受精卵から胚の発生過程が向かうものは完成のロゴスであり生命原理である「形相」であるとされる。それが人間の内在的実体である魂であり運動の原理、根拠であるとされる（cf. 1045b17）。他方、魂の認知活動上、この連続体存在者は、例えばヒトの受精卵が分裂し量的に増え移動する等、性質変化、量変化、場所移動という三つの存在者の範疇（類）のみに帰属する。

他方、「変化」としては、実体生成は非存在から赤子の存在への二時点間の観察を通じて一つの変化として語りうる。運動のロゴス上の完成は変化のエルゴン上、親と似た赤子が生きている事実の観察において確認される。他方、完成においてある実体に内在する形相は質料のロゴスとして一性の定義の形成を通じて把握される。或いは実体の生成を運動即ち連続体存在者という視点から記述するなら、それは持続する基体における性質、量そして場所の変化として観察により確認される。それ自身観察されないロゴスとしての形相はエルゴン上の発生過程においては何らか力能において内在し、そのつど今・ここにおいて「より先」と「より後」においてその力能がエルゴン上確認される。力能を定量化するなら、それはロゴスとしての形相のエルゴン化、自然主義化であると言える。

不可視な目的因（善）のロゴスとエルゴンによる存在証明――「目的（*to hū heneka*）」と「ゴール（*telos*）」――

複製機構に見られる「テロスのため」

第三の相補的展開の類似語として、「何かがそれのためのそれ（目的）（*to hū heneka*）」と「ゴール（*telos*）」を考察する。ここでは進化生物学を［EI］エルゴン主導と特徴づけ、アリストテレスの目的論的自然観がどれだけ現代生物学の吟味に耐えうるか、そして逆にその欠陥を明らかにするかを考察する。「目的因」は生成変化の「ゴール（完結・終局）」であり、それは他のものがそれのためにあると語られるそれつまり「目的（それのため）」として限定される。彼は言う、「「それのためのそれ」は原理であり、生成はゴールのためにある（*tū telūs de heneka*）」（*Met.*IX8.1050a6）。つまり目的因を表現する「それのため」の「それ」に「ゴール」を代入することが許容される。ゴール（テロス）と目的（トフーヘネカ）には時空上観察により特定できるものとロゴスにおいて特定されるものという概念上の差異がある。テロス（ゴール）の存在は目的の存在の少なくとも必要条件を構成する。雨や氷結は自らの力というより気温の変化など外的環境の変化による循環的な自然現象であり、ゴールがあるとは言えず、目的的であることが否定される。テロスがあっても偶然や自己偶発により生起するものは、たとえ何らかの目的に適ったとしてもその目的性は否定される。例えば、馬がひとりでに［偶発的に］戻ってくる場合が挙げられる。散歩をしても「空腹」が実現されないとき「無駄に散歩した」と言われるが、この「無駄（*matēn*）」が「自己偶発（*automatēn*）」という語を構成している（*Phy.*II6.197b25）。「われらは観察に基づき、自然はいかなる場合にも可能な限り、失敗したり無駄なことをしたりしないと仮定する」は自然理解の彼の一つの基本的な立場の表明である（*Gen.Anim.*788b20–23, cf. 741b4）。恒常的な継起の連続性に善いゴールのあるものが目的因の語られる基本的な場となる。

ここでは予備的な理解として、「ヒトはヒトを生む」生物の複製機構の分析の記述における「目的」と「ゴール」

の異なりと相補性の一例を見ておく。一方、エルゴン上ゴールはそこにおいて生命という善が実現される終極点であり生きているか否かはそのつど観察される。他方、「何かがそれのためのそれ（目的）はロゴスのうちにある（*to hū heneka en tō logō*）」（*Phy*.II9.200a14）。目的、善はロゴス的な存在者であり、ロゴス上その実現の手段となる素材、骨や肉など「ロゴスの質料」（200b8）の「何であるか」を規定する原理である（cf. II1.193b3–18）。アリストテレスは目的は［E］ゴール（終局）でありそして［L］「定義と説明言表からの原理（始原）」であると理解している（200a34）。エルゴン上のテロスは運動が「それに向けて」あるところの究極であるが、目的はロゴス上始原であり、それに基づき定義がそして「条件的必然性」のもとにゴールを実現するためにはいかなる素材がいかなる過程を経て生成されねばならないかの設計図が形成される（200a13）。

自然選択における必然と偶然　善いということは偶然的なことであり、内的な関係にないという対立する見解がありえる。生物にとって生存と繁殖、繁栄が客観的に判別できる善であるとして、それは恒常的な継起の終局とは、あたかも目的的であるかのごとくに生起したとしても、内的な関係にないという主張がある。それに対し、テロス（産出物）とトフーヘネカ（その目的）が生成（エルゴン）次元とロゴス次元の関係として離れないものとして理解することが彼の目的論的自然理解に決定的なこととなる。

論敵は言う。「自然における諸部分、例えば歯に関して、一方、前歯は必然的に尖り、噛み切るのに便利であり、他方、臼歯は必然的に平たくなり、食物を噛むのに役立つが、そのためにそれらが生成したのではなく、それは偶々はまりあったのである。何かのためにということが属しているように思われる限りの、他の諸部分についても同様である。かくして、あたかも何かのために生じたかのごとくに、そのようにすべてのことは偶々起こったのであり、或るものどもは、自己偶発的に適切に結合され生存したのであり、他のそうでない限りのものは、ちょうどエンペドクレスが人面の牛の子について語っているように、滅びたし滅びているのである」（198b10–32）。

興味深いことにダーウィンはこの箇所を『種の起源』（An Historical Sketch）冒頭において引用しているが、このアリストテレスの論敵の見解を彼のものと誤解したうえで、次のように述べている。「われらはここで前触れとしてほのめかされている(shadowed forth)自然選択の原理を見るが、しかしアリストテレスがいかにわずかにしかこの原理を十全には把握していなかったかが歯の形成の記述に示されている」(p.xiii)[16]。このダーウィンにより自然選択の影を映しだしたとお墨付きを与えられたエンペドクレス等自然学者たちの見解は、四元素の必然的な運動により自然物は生成しており、適者として生存するのも、また不適応により滅びるのも偶然的なことであり、自然に何か内在的な目的があり、そして生成と存在をコントロールしているわけではないというものである。彼らの議論を再構成し、さらに偶然の議論を参考にして彼らの立場を明白なものにしてみよう。

(一)自然な事物、事象は、四元素を構成する熱冷乾湿の本性的な運動の帰結として、必然的に存在しまた生成する(根本主張)。

(二)自然事象である雨は、上昇、冷化そして水化という、気象上の物理化学現象によって必然的に生じる(一)の例化)。

(三)雨はゼウスが穀物を成長させるためにに降らすのではない。穀物の成長という善そしてその腐敗という悪は、或る環境のもとで、偶々雨降りに付帯しただけである((二)の帰結)。

(四)生命現象である動物の部分に関しても同様である。前歯が尖っていて噛みきるのに適し、臼歯が広く食物を噛むのに役立つが、この有益性は必然因によって育った歯に偶々合致しただけである((三)に基づく(一)の例化)。

(五)すべてが、あたかも何かのために生じたかのように帰結した場合には、それらは偶然に適合的に合成され、生存したのである。さもなければ人面の牛の子のように、偶然に滅亡したのである((一)―(四)の結論)。

この一連の議論において、結論として導出される(五)は目的因が自然には存在しないと主張しており、根本主張である(一)に基づき、目的因が存在しないことの証明を企てている。論敵に対する反論を吟味する前に、最初に準備作業として、外的環境に適応した適者が生存するという自然選択の思考に慣れた現代人にとって、アリストテレスがどのように応答するかを確認しておこう。自然学者たちの自然理解は、偶然的な帰結とされる善ないし目的を自然から、或いは少なくとも自然の探求の対象から一切排除する。生存と繁栄は外的な環境との偶然的な関係に依存し、外的な環境が変われば、従来生存してきた生物は滅亡するため、根拠と結果の安定した関係を目的因をめぐって形成することはできない。アリストテレスの見解はこの点において自然学者たちと鋭い対立的な関係に立つ。探求対象の自然そのもののなかに彼らが理解する特徴をもったロゴス上トップダウンを形成する目的因、理がはいる余地ははじめからなく、アリストテレスの理解における質料と始動因の必然的な形成というボトムアップにより記述される限りのものが自然の事物、事象ということになる。

生物の形姿はその生存に対し偶然的か　先行自然学者は形姿と善は偶然的なものとするが、先人たちは偶然を明確に規定せず、その考慮のなさは、アリストテレスには「驚くべきこと」であった(196a19)。「過去の賢人たちが生成と消滅についての根拠を語るさいに、誰も偶然について何も規定することをしなかった」(196a8–10)。彼には「多くのもの」が偶然や自己偶発から生じると思われたからである。彼は偶然の理解を、根拠と結果には自体的な連関にあるものと、付帯的なものがあり、自体的連関は「一定」であるのに対し、付帯的な連関はその特定が「不定」であるという視点から試みる。偶然は付帯的な連関を形成するが、それが不定であるのは、「無限が一つのことに随伴しうるからである」(196b27–29)。

この偶然性理解には先の自然学者たちも同意するであろう。というのも、彼らは、実質的には、善としての生存は無限に変異可能な外的環境に依存するために不定であると主張しているからである。自然と生存がこのような外的関係にあるとすれば、彼らにとって自然を理解することは偶然的に生存しているものの、必然的な生成プロセスを辿ること以上のものではないことになる。

それへの反論の成否はゴール(テロス・完結)と目的(トフーヘネカ)が自然における生成次元とロゴス次元双方の関係として離れない内的なものとして理解することができるかにかかっている。彼は「ロゴスとゴールとしての目的(トフーヘネカ)は同一である」(715a8)と言う。生成次元のゴールにおいてその事物の目的としてのロゴスが知られる。その含意は完成が持つ統合体の形姿には目的適合的な理由が内在しているということである。生成の最後に現実化される形姿は生存のために得られたのだという主張である。

一例を挙げれば、「眼」と「見るため」は内的、自体的な関係である。「網膜に像を結ぶこと」という機能が何故「眼」に属するかと問われれば、機能は第一義には合成体に属すので、「それは眼がやわらかく湿った透明な球体だから」とその素材とともに形姿への言及により応答される。さらに、「何故像を結ぶことがその球体に属するか」の問いには「見るため」という目的因がその機能の合成体への必然的な帰属を説明する。結果として見ることが生起するが、眼がその結果をもたらすのは光の屈折により像を結ぶなど一連の生理的事象を一つのものにしている形姿に内在する事象の一性を説明する根拠による。質料(角膜や硝子体等)を統一し合成体(眼)に機能を遂行させるものは目的因であり、目的因は、事実上、説明言表上本質(自体的な一であること)を開示する形相因として質料因から分節される。このような形姿をしていることは視というエルゴンに言及することなしには説明できない。アリストテレスの生命観はこの秩序ある形姿を持つことそれ自身に目的である善が帰属しているという主張と理解することができる。

彼は合成体の持つ形姿と目的のあいだに内的関係を見るが、その背後には、或る安定した外的環境を想定していることを確認できる。ダーウィンは進化を歴史的事実の系列として長い地質学的な時間において考慮していたため、適応は傾向性解釈としてであれ歴史への言及を要求するであろう。アリストテレスは「ヒトがヒトを生む」複製機構の秩序正しさの遺伝的な安定性を説明することを一つの目標としていた。かくして、両者は同一事象(種)を異なるタイムスパンで、異なる要因のもとに見ていたということになると思われる。R. Masters のように「アリストテレスによるエンペドクレス生物学を拒否する理由は系統発生論のうちにではなく、個体発生論のうちにある、そして理論のうちにではなく、観察のうちにある」と言いうるであろう[17]。

ただしアリストテレスなら、共時的なロゴスがエルゴンに内在しているが故に、複製の秩序正しさが観察されると付け加えるであろう。生成消滅過程を経ないロゴスが、ホモサピエンスにおいて見出されるとして、類人猿からそのロゴスが変化したと語られるのではなく、新たなエルゴンの観察を通じて秩序あるロゴスが内在していることが確認されるということである。エルゴン上生存している限り形相は質料から分離不能であり、ロゴス上分離されるということがこの主張を可能にする。類人猿の秩序はそのエルゴンにおいて見出され、ホモサピエンスの秩序はそのエルゴンにおいて確認される以上、ロゴスは新たに[LJ]ロゴス主導によりエルゴンを定義に組み込みつつその必然的な一性の把握を介して提示されるものとなる。

目的因の存在証明——エルゴンの反現実仮想に基づく「自明性の拡張テーゼ」——　アリストテレスは自然が内在的で自体的な運動と静止の原理や根拠であると規定し、それを満たすものとして質料と形相を挙げていた(192b21f)。当時の自然学者たちは自然が目的と外的な関係しか持たず、生存と繁栄を自然の事象から排除するが、もし目的因が質料のなかに偶然的にではなく、自体的に内在し、他方、質料が生存している生物に自体的に内在しているならば、事情は異なってくる。自体的連関の要請は根拠と結果ないし生存の個別化を明瞭なものとする企てである。解決すべき問題は、秩序ある一つの可知性を持った根拠と結果の連関を自然物の生存と繁栄に見いだすことができるか否かである。

そこから恒常的な生成過程のあるところ、もし偶然か目的因のいずれかによって生成するということが前提にされるなら、それは偶然によるものでなく、目的因によると主張することができる。恒常的な過程からいきなり目的因の弁証をしようとしているわけではないが、少なくとも或る形姿、形質が生存と繁栄に適していることが観察により確認され、実際安定的にその形質が複製されているなら、その恒常性の根拠として目的因を提示できると彼は考えている。

アリストテレスは目的因の存在証明を『自然学』第二巻八章において二つ提示しているが、ここでは私が「自明性の拡張テーゼ」と呼ぶその一つを挙げる。最初に、目的論的であることがはっきりしている行為主体モデル(Agency Model)との比較により、自然によるものの目的論的な性格が鮮明にされていく。散歩という行為に対し、「なぜ散歩するのか」と問えば、「健康のため」と答えられよう。健康でありたいという魂の意図が身体の運動を引き起こしている。しかし、生体の事象たとえば「なぜ睫毛はあるか」という問いに対し、「目を守るため」という正しい応答において、意図を見出すことはできない。善への感受性を要求する行為主体モデルは自然の擬人化を引き起こしかねない。しかし、彼はそれを回避する議論を提供している。

何かゴール(終局)があるものどもにおいては、より先なるものと続くものはそれのために制作がなされる。それぞれは、もし何かが妨げるのでなければ、制作されるように、そのように自然本性上成るし、自然本性上成るように、そのように制作される。それぞれは何かのために制作され、従ってまた、何かのために自然本性上成る。例えば、もし家が自然によって生じたものであるなら、今技術により成るその仕方で生じたであろう。しかし、もし自然によるものが、単に自然によるだけではなく、技術によっても生じたなら、自然に成ったその仕方と同じ仕方で生じたであろう(199a8–15)。

ここで「ゴール(テロス)」という表現が導入され、それが「何かのため」のその「何か」と同定されている。しかし、ゴールは初めから目的因(トフーヘネカ)のことであるとすれば、議論全体が論点先取を犯すことになる。ここでは「より先のもの」と「続くもの」という表現から明らかなように、「テロス」はエルゴン上の「完結、終局」を意味する。テロスがあるものの一つの代表は制作行為であり、それは制作物の完成をゴールとする。アリストテレスは制作行為において、先のものと続くものそしてゴールがあるように、自然本性に従って成るものもゴールに至るまでそのように成ると言う。

この議論は制作行為と自然事象の一方に説明的優先権を与えることなしに、双方が互いに説明的である円環的とも形容できる説明構造を示している。彼は反現実的なエルゴンを事例に挙げ説明する。もし家が自然物であったなら、今技術により作られるその同じ様式により生じたであろうし、もし植物コスモスが人工物であったならば、今自然に生じるその同じ様式により作られたであろう。このような秩序ある生成において、制作行為は常に何かのためになされるものであり、「従って」、自然も何かのためであると主張されている。制作行為のエルゴン分析が自然の目的構造を基礎づけているわけではない。目的論的因果性の特徴であるゴールに至るまでの過程の道筋が二つのケースにおいて等しく現在すると主張されている。それも反現実仮想により、エルゴン上のより先とより後の平行性を確認することによりロゴスとしての目的因の存在が主張される。

彼は行為主体モデルによる自然の擬人化の疑義を自覚しており、自然と技術の生成の平行性は「技術によることもなく、探求や意図することなく作る他の生物たちを見れば」、「最も明らかである」と主張する。ここで「技術」とは理論的知識と類比的な制作上の真なるロゴスのことである。技術によらず探求や思案そして選択もしない生物の行動を見る時、「燕が巣を作り」、「蜘蛛が網を張る」事象は自然によってでありまた現実的に目的適合的なことである。生物を観察する時、ゴールに向かいより先とより後の生成の経過が秩序正しいものとして見いだされる。このことは安定したゴールがあるからこそ、それを実現するプロセスにおいてより先なるものと後なるものも秩序を持つという見解を説得的なものとする。自然においても技術と同様に、自然は無駄なことをすることなく、ゴールを実現するステップが合理的な仕方で決まっているに違いない。この相違ないという主張は、善に対する感受性に訴えることなく、エルゴンの観察と人工物と自然物の反現実仮想による確認に基づくものである。

自然と技術は何かの妨げがなければ、望ましい理論における望ましい仕方で同様の過程と方法を選択する点において円還的説明を許すものであるとするなら、技術が目的的であることが疑いえない以上、自然物も目的的である。これは生成秩序を共有するもの同士の一方の自明性からする他方への拡張議論であり、「自明性の拡張テーゼ」と呼ぶ。

機能モデル　この見解は生物の行動や生物の生成を機能モデル（Function Model）による説明にも対応していると

言うことができる。これはエルゴン次元においてのみ理論を構築するものである。例えば、腎臓の機能を血液の流入等のインプットにより、これこれの過程を踏み、アウトプットとしての老廃物の処理と記述できるとしよう。そしてその処理は結果として、事実上、有機体全体の維持に「貢献する善いもの」であるという理解を許容する。[18] 実際、生存に貢献しているからである。R. Millikan はカメレオンの色素のアレンジや蜜蜂のダンスの事例を挙げ、それらの適応上の工夫に言及して言う。「多くの生物的装置は彼ら[カメレオン等]が諸条件とともに彼らのパフォーマンスを変化させることによって演じるところの固有の機能を持っている、その結果それは不変の帰結(ゴール)を産出する(so as to produce a invariant end result)。即ち、彼らは最初に(first)適応的な装置ないし過程を産みだしそしてそうすることによって常に同じ究極のゴール(end)を成し遂げる、例えば捕食されないとか蜜を得るとかである。……適応諸段階を経た運動を巻き込む活動は或る人々が「ゴールに方向付けられた活動(goal-directed activity)」と記述したものと思われよう。しかし、固有の機能を得るためには装置は、この概念は文献上(多様に)記述されてきたように、単に goal-directed なものより以上のものであるに相違ない。明白に、その goal-directed な活動は固有の機能としてそのゴールの到達を持つのでなければならない(Benett が注記するように「すべての動物は死ぬものとなることの観点において驚くほど形成力のあるものである」)。そして固有の機能として goal-directed な振る舞いを持つ装置はしばしば事実上(in fact[観察される限り])かなりの程度において goal-directed なものより劣るものである。というのも機能不全である諸装置もなお固有の機能を持つからである[19]」。

ミリカンは機能主義における機能とゴールの「不変」で安定した関係を確認したうえで、それへの留保を付すが、それは「事実上」即ち多くの「機能不全」の事例が観察されることに基づく。環境とのやりとりのなかで「最初」に或る機能が付属する装置が生み出される。このエルゴン主導の基本枠のなかでは、機能不全には種々の原因が求められるにしても、退化に見られるように主要なものとして時間の経過とともに自然環境の変化とのミスマッチに求められるであろう。このことは目的因によりロゴス上安定的にゴールに秩序づけられることと齟齬をきたさない。

機能主義は、有機体は自らに善であるが故にという理由で、これこれの質料や過程を選択するということなしに、実際に有益である仕方で機能するというものである。その時、機能モデルは生存に貢献するこの種のアウトプットを生体というシステム全体の現在の状態とインプットの関数として表現する。これは結果としての善を始動因により説明する試みであり、これも善に対する感受性に訴えることのない定量的な説明の一形態である。このように機能とそれが成し遂げる生存と繁栄について、器官の機能をその器官が現在存続していることの原因であるとする見解は「起源説（ethiological theory）」と呼ばれる。これは自然選択説と目的論的説明の両立性の一案として提示されている[20]。

しかし、アリストテレスにおいて機能はまず合成体（魂体）に第一に帰属するが、目的との関連においてのみ正しく語られる。例えば、心臓の機能は「血液の拍出」であるが、それは「栄養を全身に送るため」という目的への言及なしに、その機能、エルゴンの何であるかを定めることはできない。睫毛の機能は「目の或る覆い」であるとして「目の保護」への言及なしにその何であるかを知ることはできない。他方、誰かが「肥満」の機能を「運動防止」であると言ったとして、それは或る形質が現存する理由についての説明が機能についての説明であると考えることの誤りを示している。腎臓など部分の機能はその目的や生体全体の保存への貢献において確定される。だからこそ否定的な事態は「機能不全」と呼ばれる。

かくして、機能モデルは目的因を力能においてゴールに方向づけられた始動因として説明するものと言えるが、やはりこのインプットから産出されるアウトプットはその部分ないし全体への貢献への言及によりその機能の何であるかが判明するという意味において、背後に善である目的因を要求している。これを開示するのはその何であるかのロゴス（説明言表・定義）を形成することにより、テロス（終局）とトフーヘネカ（目的）の内的な関係を明らかにすることである。機能モデルはその背後にある目的因への言及なしに、また善の感受性への言及なしに力能から完成への過程として特徴づけるものであると言える。

自然は自己維持のロゴスを所持している

『自然学』第二巻八章の終結部で、自然は医者が自ら自身を治療するのに似ていると結論づけられる。医術は意図することはない。技術を所有しそれによって制作しまた治療する者は技術の定義上(「制作上の真なるロゴス」)意図することはない。「もし木材のうちに造船術が内在していたなら、それはその自然によって、[技術によってと]同様の仕方で、製造したであろう。従って、技術のうちに何かのためが内在するなら、自然においてもそうである。とりわけそれが明らかなのは、或る医者が自分で自らを治療するときである。というのも自然はこのものにあると思われるからである。かくして自然は根拠でありそして何かのためとしてそうであることは明らかである」(199b28-b33)。手に治療術を持った医者は自身に故障が生じたさいには、他に依存することなく自ら健康を取り戻すべく、自らに身体化している技術によって、もはや思案することなく自身を癒す。ちょうど「造船術が木材に内在する」ように、ロゴスとしての自然が自然物のうちに内在しているからこそ、意図することとなしにもエルゴンがゴールへと方向づけられている。

この比喩によれば、自然は自ら自己維持ないし完成のロゴスを所持し、そのロゴスを媒介に自己と環境(非自己)に関わりつつ、自己の存在を維持しているそのような原理である。自然物として能動と受動の主体は同一であり、そこに内在する自然は自律的であることが示されている。大胆に言えば、ロゴスは自ら動かず、自己維持のために身体や素材を動かしている。そこで観察されるのがエルゴンである。秩序ある生成においては、エルゴンのそのつどの段階において、「ロゴスの質料」(II9.200b8)との対応関係を確認することができる。有機体は自己と環境の何らかの識別のなかで、自己の存在を維持すべく環境に適応しまた利用するそのような原理としての自然を内在する自然物だと主張できる。

ロゴスのエルゴンへの内在化は現代の進化生物学が陥る生存と適応をめぐるトートロジー問題に一つの応答を提供している。トートロジー問題とは突然変異した対立遺伝子間での生存競争を介して、「誰が生き残るのか」の問いに「適応度(fitness)の高い者である」と応答するとして、「誰がその適応度において高いのか」の問いに「生き残る者である」と応答する類のものとされる。この相補性の立場から進化生物学に一つの挑戦を試みたい。

六　進化生物学への一つの挑戦——ダーウィンとその継承者たち——

「自然法則」のエルゴン上の理解

アリストテレスにおいてはロゴスとエルゴンの相補的展開は見てきたようにエルゴンにロゴスが内在し、ロゴスをエルゴンから導出するその様式において遂行されるが、それは生物事象の解明において不可欠である。ここで、自然選択と遺伝理論の総合としてのネオダーウィニズムや進化生物学においても実際に求められているのはこれらの分節と総合であることを一つの挑戦として提示したい。ダーウィンは『種の起源』においてアリストテレス同様ときに自然を主語に立て例えば「自然の業が人工の業よりはるかにすぐれているように、自然選択というものも人間の微力などではとても太刀打ちできない力である」(ch.3, p.45)と言う。ダーウィンは自然の擬人化についてこう解説している。「「自然」という言葉はつい擬人化して使われてしまうものだが、私の言う「自然」は、多くの自然の法則がもたらす総合的な作用とその結果を意味しているにすぎず、法則という言葉は、われらが実際に確かめられる一連の事象という意味にすぎない」(ch.4, p.58)。ここで「実際に確かめられる[原因と結果の]一連の事象」という表現にいみじくも表されているように、彼はエルゴン次元における観察とその帰納的一般化として自然法則を理解している。問題はその法則が種類として数においてどれだけあるのか、またとりわけ目的因はどのように機能しているのかをアリストテレスはことさら探求したが、ダーウィン以降の生物学者たちは概してその点を正面から引き受けることなく、エルゴン次元における法則化を探求したように思われる。生物事象における自然の秩序正しさの探求に従事したアリストテレスが、適応度における遺伝可能な変異の観察を通じて自然選択による進化の探求に従事する現代生物学者とどれだけ概念枠を共有するか判明ではない。一方は個体の発生を主に考察し、他方は集団において類縁関係にあった生物が多様化する系統発生を歴史的に考察する。これらのタイムスパンの相違のみならず、秩序と変化という大枠においては考察の対象さえ異なると言うことができる。しかし、生物事象は一つである以上、双方の対話は可能であるに違いない。

遺伝情報と形相

最初にアリストテレスの生物哲学が遺伝子の発見により再び脚光を浴びていることを確認したい。一九五〇年代におけるWatsonとCrickによるDNAの二重螺旋の発見は分子生物学にとってその後の方向を定める大きな出来事であった。一九六九年にノーベル医学賞を受賞したM. Delbrückはアリストテレスの生物学に触れこう述べている。「現代生物学の言語に直せば……形相原理は精子に蓄えられている情報である。受精後それは一つの予めプログラムされた仕方(a preprogrammed way)において読みとられる。読みとられたもの(the readout)はそれが働きかける質料を変化させるが、それは蓄えられた情報を変更はしない、それは、本来的に言えば、完成作品の部分というものではない。換言すれば、ストックホルムのあの委員会は……DNAに含意されている原理の発見としてアリストテレスを考慮すべきであると私は思う[21]」。

またE. Mayrは伝統的目的論的言明を「プログラム」という語により置き換えることによって正当化を試みた。彼はこのDelbrück説を引用してこう述べている。「正当化なしにということではなく語られてきたことは、アリストテレスの形相的原理の(それが働きかけるところの)質料からの分離は、遺伝的プログラム(genetic program)がそれに即して表現型(phenotype)のモデル化を制御するところの現代的概念からそれほど逸脱してはいない[22]」。この遺伝的プログラムという観点は目的因の自然主義化の一例であると言える。

確かに『動物発生論』第二巻四章において「自然は最初に心臓から出る二本の血管を設計した(*hupergraphsen*)」(740a28)と語られており、形相としての自然は素材のロゴスとして設計主体として描かれることがある。ここで

「自然」によって、彼は運動があり静止があるところ、それを司る自体的な内的原理、根拠である形相と質料を理解している（192b20）。

Mayr が指摘する形相と質料の「分離」についてはより精密な考察を必要とする。見てきたように、私はロゴス上分離されるが、エルゴン上分離されない双方の関係にこそ注目したい。形相は事物の質料を統一する因果論的に基礎的な特徴としてのロゴスという存在者であり、その存在様式は完成である。変化の基体は常に質料の側にあり、それが突然変異であれ、種の進化であれ受動的に変化を蒙る。質料のロゴスである形相は少なくとも生成消滅過程を経ない。

生物次元において、これらの特徴を持つロゴスとしての形相と遺伝子の情報には或る親近性が指摘されることは道理ある。なお、「情報」という概念は、「形相」が「形姿」という統合体の視点からアクセスされるように、鍵が鍵穴に入るのも一つの情報であるように、ただちに非物質的なものと理解することは誤りである。DNAの二重螺旋は合成体である。ただし、それがロゴスにより質料が秩序づけられ形成されていることを否定するものではない。アリストテレスにとってロゴス的な存在者は常にエルゴン（実働とその成果）において確認されるそのようなものとして解明が展開されている。これは進化生物学との関係づけの手掛かりとなる。例えば、適応度は秩序を前提することなしに語りえないし、個体の発生は生成というひとつの変化に他ならない。この視点から現代生物学の若干の見解に挑戦したい。

生命の力能の包括的理解の不可欠性

進化生物学者は生育条件のなかで生存に「有利」という表現を用いることにより生命の善性に同意したとしても、生物事象の説明に善の概念は不要であり、頻度や確率など統計的記述に還元されねばならないとするであろう。とはいえ、そこに生物事象の特有性を見落とすことにならないか問われうる。生者をも死者をも中立的に扱う統計的手法は生命の力というものを、それを扱うべき適切な次元において生命の力とその原因やその帰結との関連において適切に捉えることができないであろう。

彼らも因果性と力能の明確な理解を求められているという意味で、上述のアリストテレス的なアプローチは包括的理解に不可欠であると言える。そのことは、「力」、「力能」についての明確なロゴスなしに語られる生物理論は単にエルゴン上計測される物理的なエネルギーの移行としての力に初めから限定されることになることを含意している。「ロゴスの質料」(*Phy.*II9.200b8)があるところでは形相への言及により特定される「ロゴスの力」についても一般的に語られうる。生命というエルゴンとその力、力能を特定し同定するものこそ目的因であり、目的因はそのエルゴンのロゴスとして実働しているというアリストテレスの立場から応答したい。

彼は、先述のように、目的因について行為主体モデルのように、細胞であれ生体であれ善に対する感受性に訴える擬人的な理解を提示しているわけではない。彼はさらに目的因を単に製作品の構造上の特徴から目的を言い当てる reverse engineering に見られるように発見法として用いる反省概念でもなく、また機能主義者のように始動因に還元させることもなく、目的因の真正な因果論的役割を探求している。ここでは、現代アポリアとされている事態に彼が既に幾つか応答していたこと、そして現代に欠落している視点を提示していることを指摘したい。

彼の質料形相論そして力能完成論は遺伝的プログラムに適用されるだけではない。物理的なミクロな次元においても適用されうる。W. Heisenwerg は素粒子理論を存在論に対応させて言う。「もしわれらがこの事情をアリストテレスの質料と形相の概念と比較すれば、われらは彼の質料は、単なる「ポテンティア」にすぎないが、これはエネルギーの概念に比較されるべきものである。つまりエネルギーは素粒子が作られる時、形相を得ることによって「現実[完成]」のものとなる」[23]。

これはアリストテレス的にはそれ自身不定な第一質料が何らかの規定性と言える熱冷乾湿により地水火風の根源物質を形成することに類比的である。ただし、四元素は根源的な基体(質料)としてそれぞれ土は下方に向かうなどの「基体に自体的に属する」ところの「衝動(hormē)」(192b18)を持つものとして形相とは独立に語られる。生物事象において「奇形(terata)」は「形相的自然が質料的自然を支配しない」(770b17)さいに生じるが、質料の独自的な非目的的な力の源泉がこの衝動である。突然変異もこの質料の変異として理解されよう。このエルゴンに対して、対応するロゴスが成立するとき、そこに新たな秩序が見出される。もしあらゆる存在者はミクロからマクロに至るまでこの自然物に内在するこれらの存在の原理により包摂的に構成されているならば、生物事象の物理的事象への還元とは別の次元における包摂性の理論が構築されていることが確認できる。

生物事象は物理事象に還元されるという主張はもとより、物理事象に付随する(supervene)という主張も、より包括的な質料形相論のもとに捉え直されるとき、生物事象の特有性としての生成のゴールが善であるという想定は防御しやすくなることは疑いえない。彼の質料形相論そして四原因論において、生物事象の特有性として生命が善であるという物理学では扱いえない対象をそれ自身として摘出するべく、存在の根拠としての目的因が導入される。

目的因の自然化とトートロジー問題——条件的必然性と端的必然性——

誰もが生命事象に生存と繁殖という目的論的な事象を認めており、近年では目的因の自然化が提示され進化論との調停が模索されている。大塚淳は Haldane の「目的論は生物学の情婦のようなものだ。彼は彼女なしでは生きられないのに、彼女とともに公衆の面前に現れようとしない」を引用し、「「生きられない」のは、目的論的説明が進化生物学における主要問題、すなわち生物形質がどのような効果のために選択され、進化してきたのか、という問題への解答を与えるからである」と説明する[24]。

E. Sober は「目的論の自然化」の節において言う、「ダーウィンを科学的な唯物論の主張を推し進めた革新者と看做すのは正しい。彼は、生物学から目的論的な考えを放逐したのではない。むしろ彼がなしたことは、どうしたら目的論的な考えを自然主義的な枠組みのなかで理解できるかを示すことであった[25]」。これはアリストテレスの主張する目的論的理解と始動因および質料因に基づく必然性による説明の両立性の議論にとって示唆を与えるものである。彼は既に目的論的な議論と自然主義的な議論の統一理論を提示していた（*Phy.* II8-9）。ここではそれを簡潔に確認したい。

自然主義的理解のトートロジー問題が指摘されている。ソーバーによればそれは「誰が生き残るのか」の問いに「適応度（fitness）の高い者である」と応答するとして、「誰がその適応度において高いのか」の問いに「生き残る者である」と応答する類のものとされる。目的は進化論では自然選択の結果、つまり、適応として説明されるが、これは目的の自然化である。西脇与作が「適応度と子孫の数の間の必然的な関係を見出さなければ、二つの関係は単なる偶然か同語反復にすぎなくなってしまう」と言うとき、ロゴスとエルゴンの自体的、内的関係を問うている。(26)

自然選択とアリストテレスにおける発生の目的論的説明は考慮するタイムスパンが全く異なるが、彼は発生の目的論的文脈における或る種のトートロジー問題を承知しており、既に応答していた。アリストテレスは見てきたように目的因の存在証明の文脈において、適応のゴールが初めから目的因（トフーヘネカ）のことであるとすれば、議論全体が論点先取を犯すことになることを自覚している。彼はエルゴン上、生成過程の観察を通じて「より先のもの」と「続くもの」を確定することにより、生成次元上「テロス（ゴール、終局）」を理解している。他方、目的因は「何かのため」すなわち「ゴールのため」と表現されるロゴスにより把握されるものである。テロスと目的は或る意味で同一のものであるが、エルゴン次元とロゴス次元としてアクセスを異にする。エルゴン上最後に実現するものが、ロゴス上目的であり、ロゴス上「ロゴスの質料」より先のものと後のものを秩序づける。それ故に、ゴールをエルゴン上でだけ論じる立場に不可避であるこの種のトートロジーに陥ることはない。

エルゴン上の不分離とロゴス上の分離はさらに未来に生起するゴールがなぜ発生の過程を制御できるのか、或いは進化論的には適応の過程と産物を制御できるのかについても一つの理由を提供できるように思われる。これは、今日争われている問題について、はるか以前に目的論的理解と根源物質である質料の持つ「衝動」としての物理的な力を始動因が現実化する必然性による説明は両立的であるという主張が打ち立てられていたことを示している。彼なら一方で、ロゴス上「生存のためにこそ骨や肉など質料はこの二足と両手を備えた胴体とその上に重い頭脳を載せつつ直立した形姿をしていなければならない」と「条件的必然性」を語り、他方でエルゴンの観察を介して「根源物質の熱は肉を軟らかくし土は骨を形成しかくして必然的にこの二足直立の形態を形成しその結果生きている」と いうテロスに至る「連続性と量とに即して(*kata to suneches kai poson*)」(*Met*.V4.1014b25)「生成のゴール(*to telos tēs geneseōs*)」(1015a11)の「端的必然性」を記述するであろう。

アリストテレスは二種類の必然性について言う、「その時必然性は条件的であるが、その必然性はゴールが必然である仕方(*hōs telos*)であるのではない。何故なら［後者の理由として、ゴールの必然性があるのは］必然性は質料に存するからであり、［前者の理由として、必然性が条件的であるのは］それのためのそれはロゴス(説明言表)に存するからである」(*Phy*.II9.200a13–15)。さらに彼は言う、「従って明らかに自然物における必然性は質料として語られるところのもの(*to hōs hulē legomenon*)でありまたその運動である。また自然学者においては双方の根拠が語られねばならないが、何かのためにがより一層根拠である。何故ならそれは質料の根拠であるが、質料はゴールの根拠ではないからである。つまりゴールは［何かが］それのためのそれであり、技術によるものと同様に、定義と説明言表から［明らかにされるところ］の原理(即ち始原)なのである」(200a30–b1)。このように彼はロゴスがエルゴンを統御する仕方についてロゴス上目的因を分離しうるが、エルゴン上分離できないものとして明らかにしている。

ここには生きている者とは環境に適応した者だというたぐいのトートロジー問題は生じない。進化生物学者のアポリアはロゴスのエルゴンに対する内在とそこからのロゴス上の抽出をめぐる因果性についての明晰な思考を持たないが故に、頻度や確率等の統計的処理に逃げ込んでしまっているように思われる。

累積的自然選択の非ランダム性のアポリア

さらに進化生物学は自然選択がランダム(任意的)ではないという理解においてアポリアを抱えているように見える。ダーウィンは「自然選択」を説明して言う。「或る種の個体に生じた変異が、他の生物とのあいだやそれ自身の生息条件とのあいだに生じる際限なく複雑な関係のなかで、その個体にとって少しでも有利であれば、その変異は当の個体を残す方向に働くことになるだろうし、ふつうは子孫にも受け継がれていくだろう」(ch.3, p.45)。人類等生物は一歩一歩漸進的に累積的に変化した系列の帰結であると考えられている。R. Dawkins は『盲目の時計職人』でランダムではない「累積的選択(cumulative selection)の力を示すこと」を目標に掲げる。(27)

私には進化論者の自然選択の非ランダム性の「力」についての理解そして「選択」の理解が不明瞭であると思われる。ランダムとは公平な宝くじは壺からランダムに引くことが必要であり、当選のチャンス、確率は同じでなければならない。それに対し累積的選択は単独段階選択(single step selection)と異なり一回選別されれば終わりではなく、一回の選別の結果が次の篩い分け、選別に組み込まれる。これは選択がそのゴールにおいて獲得する形姿(shape)、形質(trait, character)の適応度においてランダムではないということであり、ゴールを密輸入することなしに、この非任意性の主張はなしえないように思える。

ドーキンスとソーバーは猿の「ハムレット」のタイプ打ちや、自転車の鍵で用いられる「組み合わせ錠」の比喩で累積的選択の非ランダム性を例示する。錠のそれぞれの窓に0~9の一〇個の数字が表示されるが、ダイヤルが三桁あるとすれば10^3の組み合わせがある。これが等しい確率のもとダイヤルが回されるのではなく、ターゲットにヒットしたとき、錠前はカチッという音とともに固定されるという比喩で説明される。ソーバーは「表示窓に現れた一文字[数]がたまたま標的のメッセージの文字[数]と一致すれば、そのダイヤルは動かなくなると想定する」と述べ、対応生物事象の何らかの生理的反応を要請する(p.75)。この想定について「標的と一致する」ことを「変異が生じる生物体にとって有利である」と説明している。これは先のダーウィンの「有利であれば、その変異は残る」の言い換えである。彼は言う。「変異が生じる時、それが「標的と一致する」か否か関係ない。それに対し、変異の保持（生じた変異間に働く自然選択）は別の事柄である。生じた変異体がその場に留まる力は、大小ある。……変異間に働く自然選択はランダムではない」（p.75）。何か行為主体モデルに訴えて生物は自己と環境の変化のなかで自己維持する力能を持ちそして生き延びる方策を見出していると言いたくなる。一方ではこの擬人化を回避した説明を展開しており、それは例えば、この「力」を統計的に処理することである。

ソーバーはLeontinを引用して「自然選択による進化は適応度における遺伝可能な変異が存在することを必要とする」と言う。ここで「遺伝可能性」は「統計的な概念である」とされる（p.22）。伝統的には「可能性」は論理次元を含んだ「力能」の一種であり、何らかの現実性や実働との関連において力の移行を考察するが、生物学者は力を頻度や確率において統計的に処理する。それにより有利や善に対する訴えを回避している。

この事態の背後に、ひとつには科学技術の中立性という神話がある。医術はそれ自身として中立的であり癒しにも殺しにも用いられるという理解が古来主張された。しかし、技術の力能はその目的概念にロゴス上依存する文脈依存的なものである。力能はゴールの概念なしには不定であり、メスで真っ直ぐ切る所謂「技術」に関し、その力能はゴールである健康に方向づけられることにより「何の」力能であるか初めて同定される。技術の中立性の主張はゴールに至るまでのあらゆる連関を無視した、メスのうまい使い手は危害を加えるのもうまいという文脈無視の主張にすぎない。

累積的選択における遺伝可能性について統計的にしか処理し得ないとするなら、遺伝「可能」という力能をいかに確定するかアポリアになる（Sober, p.22）。今・ここで観測される現実的な力能の発現について進化生物学は一切言及しないのであろうか。「適応度」や「適応」がすでにゴールへの適応を含意しており、適応の過程とその産物をゴールへの言及なしに特定できないはずである。明確なロゴスを持つかが問われている。Fischerは自然選択を統計的に説明して「集団内に適応度の遺伝的分散が存在するとき、その分散の大きさに比例した速さで集団の平均適応度が増大する」(Sober, p.441)と言う。これはあまりに一般的な説明であり、経済現象にも適用される(「遺伝的分散」を「複製可能な商品の選好上の分散」とし「適応度」を「ヒット商品」に変更すれば、商品の売れ筋の選択にも適用される)。数学的対応が必然的に抱える一般性であり、生物特有の現実を説明していると理解することは困難である。生物事象をその固有の類で説明するにはやはり生命と生命原理との様相次元における関連づけが求められ、ロゴスとエルゴンの密接な相補性が求められる。

ドーキンスは猿のタイプ打ちの事例を実質上否定している。「猿／シェークスピアモデルは、単独段階選択と累積的選択の区別を説明するには有効であるが、重要な面で誤解を招きやすい。その一つは、選抜「育種」のどの世代においても、その突然変異を起こした「子孫[世代]」語句がはるかな理想の目標であるME THINKS IT IS LIKE A WEASEL. という文との類似性を規準にして判断されているということだ。生命というのはそんなものではない。……これ[一見長期的な目的達成]は常に数多くの世代が短期的な選択を経たことによって起こった付随的な結果なのだ。累積的自然選択という「時計職人」は、未来について盲目であり、長期の目的など何も持っていない」(p.95)。彼が「長期的な目的」を否定する時、そこに生起する問いを挙げてみよう。「短期的」な目的は認めるのか。遺伝子の自己複製は目的的であるのか。長期は短期的選択の「付随的な」結果であるとされるが、期間をどこで分けるのか。「再帰的プログラミング」(p.97)により単純作業の繰り返しだとして、実現されるものが生存に有利、善であることを偶然に帰するのか。善と遺伝子の複製のあいだに付帯的偶然的関係しかないのか。付随性とは偶然性のことなのか、それとも短期的な結果が変われば、長期的な結果が変わるという必要条件の提示だけなのか。それとも必然性ないし生起の十分条件を認めるのか、等ただちに問われる。再帰的プログラミングの短期的な指令があるにしても、生物体のエルゴン(産物)の長期的な蓄積の秩序正しさの説明が免責されるわけではない。

彼らは錠前等の比喩を諦め、自然選択の有利さを新たに説明しなければならない。有利さによる非ランダム性の説明は「途上のトートロジー問題」とでも呼ぶべき、「累積された遺伝子は何か」、「生存に有利なものである」、逆に「有利なものとは何か」、「累積された遺伝子である」という類の難問を抱えている。

自然選択を軸に据える進化論が「自律的(autonomous)」であるためには、進化の力能とされる「生存力」と「繁殖力」についても様相的な理解つまり力能の実働についての明確な理論が不可欠である。ソーバーは言う、「自然選択が起こるのは、生物体が生存力において異なるとき、そして繁殖力において異なる時である」(p.116)。この主張をトートロジーに陥らせないためには力能とその完成の一性のロゴスと帰納的なその実働についての明確な理論を要求している。ランダムではない適応の過程と産物についても同様である。(28)

このように、アリストテレスにおいてはロゴスとエルゴンの相補的展開は生物事象の解明においても不可欠である。そして進化生物学においても求められているのはこれらの分節と総合である。生物事象における自然の秩序正しさの探求に従事したアリストテレスが、適応度における遺伝可能な変異の観察を通じて自然選択による進化の探求に従事する現代生物学者と、どれだけ概念枠を共有するか判明ではない。一方は個体の発生を主に考察し、他方は集団において類縁関係にあった生物が多様化する系統発生を歴史的に考察する。これらのタイムスパンの相違のみならず、秩序と変化という大枠においては考察の対象さえ異なると言うことができる。ただし、生物事象は一つである以上、何らかの共約性もあるに違いない。進化生物学者がアリストテレスのロゴスとエルゴンの相補的な展開に同意するなら、そのとき彼らは不可視なロゴスの実在を承認するという大きな代償を支払うことになる。しかし、文化的障壁が乗り越えられ、ただ真理のみが求められることを望む。

第二節　魂と物体の分離と不分離をめぐる相補的展開
――ロゴス上の分離に伴う同名異義を克服するエルゴン――

一　魂のロゴスとエルゴン――『魂論』第二巻一章とその私訳――

信の哲学は魂、心魂をその直接の考察対象とする。パウロの心魂論、心身論がどれほど哲学的な吟味に耐えうるかを考察するが、ここではアリストテレスの魂論の基本的な理解を得ておきたい。そして彼の魂論はこれまでの論述を基礎的なものとして踏まえることによってのみ正しく理解することができる。アリストテレスは『魂論』第二巻一章において自らの存在論的枠組のなかで諸概念を駆使しつつ「魂が何であるか」の定義形成に従事する。この章は『形而上学』、『自然学』等で展開されている存在論および自然学を前提にして論じられており、その背景的理解なしには理解できない凝縮した議論が展開されている。魂と物体の関係は「自然」と呼ばれる自然物に内在する運動と静止の始原である形相と質料と、それに対応する存在の在り方(様相)のもとに考察される。第二巻一章の魂が何であるかの議論は背景理論に支えられつつその十全な展開を省略しつつ「要約的に、見取り図が描かれた」(413a9)ものであり、この種の多くの基礎的な議論ならびに『魂論』の第二巻一章以降の各論の展開の理解に基づいて初めて明確な理解に到達しうるものである。私の理解では、魂の定義の提示において、アリストテレスは魂と物体の分離、不分離をめぐり[L]ロゴスと[E]エルゴンについて[LI]ロゴス主導と[EI]エルゴン主導双方に交互に従事しつつ議論を展開する。双方には非対称性がありつつ、そのことの故に相補的であることを確認したい。最初に『魂論』第二巻一章の翻訳を挙げ、この章の順次的な解釈を展開することにより双方の相補的アプローチがいかなるものであるかを明らかにしたい。

［a］［412a3］先行者たちにより魂について提示されたものどもに関しては語られたこととしよう。しかしわれらは再び初めから、（A）魂とは何であるかそして（B）その最も共通な説明言表は何であるかを規定すべく再び取り組もう。［b］確かに、われらは存在するものどもの或る一つの類を実体であると語るが、その実体のうち、かたや、（1）それ自体に即して「或るこれ」ではないものを「質料」として、（2）他方、それに即して現に［今・ここで］「或るこれ」が語られるところの「形姿」そして「形相」を、そして（3）第三のもの「それらに基づくもの［統合体］」を、実体であると語る。［412a10］だが、かたや（1）質料は力能であり、（2）形相は完成である、そしてこれ［形相］は二通りの仕方で、かたや［L］「知識」がそうあるものとして、他方［E］「知識を観想すること」がそうあるものとして語られる。

［c］しかしながら、物体がそしてそのなかでも自然物体がとりわけ実体であるとひとびとには思われている。なぜなら、これらは他のものどもの始原だからである。だが、自然物体のうち或るものどもは生命を持ち、他のものどもは持たない。ところで、われらはそれ自らを介した栄養摂取と成長そして減衰を「生命」と語る。従って、生命を分け持つ（*metechon*）すべての自然的な物体は実体であろう、合成体として（*hōs sunthetē*）という仕方の実体ではあるが。しかし、次のような物体、即ち生命を持っている物体（*sōma*）も存在するので、物体は魂（*phsuchē*）ではないであろう。なぜなら、物体は基体に即してあるものどもには属さず、むしろ、それは基体そして質料としてあるからである。

［d］［412a20］かくして、必然的なことは、魂が力能において生命を持っている自然物体の形相としての実体であることである。しかし、その実体［形相］は完成である。かくして、魂はこのような物体の完成である。しかし、これ［完成］は二通りの仕方で語られる、かたや［L：第一の完成］「知識」がそうあるものとして、他方［E：第二の完成］「知識を観想すること」がそうあるものとして。かくして魂は知識がそうであるようにある

ことが明らかである。というのも、魂が内属することにおいて、睡眠そして覚醒が存在し、かたや覚醒は知識を観想することに類比的であり、睡眠者（*ho hupnos*）は［ロゴス（魂、知識）を］所有することかつ実働しないことに類比的であるが、同じものについて知識［ロゴス］は生成上［エルゴン（生きること、知識を観想すること）］より先だからである。それ故に、（A）魂は力能において生命を持っている自然物体の第一の完成である。

［412b1］ところで、このようなものは道具的なものであろう。植物の部分も、まったく単純なものであるが、道具である、例えば葉は果実のさやの覆いであり、さやは果実の覆いである。ところで、根は口に［道具として］類比的である、というのも双方とも栄養を摂取するからである。もし、今や、［感覚魂等］何かすべての魂について共通のことを語らねばならないとすれば、（B）魂は道具的な自然物体の第一の完成であるというものとなろう。

［e］それ［道具的なものの完成］故に、魂と物体は一であるかどうかを探求する必要はない、それはちょうど蜜蠟とその印型が一であるか、また一般的にそれぞれの質料と質料がそれの質料であるところのものが一であるかを探求する必要がないように。というのも、「一」そして「在ること」は［力能において等］複数の仕方で語られるので、統率的な仕方でそう語られるものが完成だからである。

［f］［412b10］［L］かくして、（A）（B）魂は何であるかが普遍的に語られた。というのも、それはロゴスに即した実体だからである。それは、だが、まさに道具のなかの或るものが、例えば斧が、或る自然物体であった場合にそうであるように、このような［道具的自然］物体であることは何であったか［本質］である。というのも、かたや「斧であること」が「そのものの実体」であったであろうからであり、そしてそれが魂であったであろうからである。だが、これ［実体］が分離されたならば、それはもはや斧ではなかったであろう、同名異義的にそうだということを除いては。しかし、現にそれは斧である。なぜなら、（C）魂はこのような［道具的］物体の本質そしてロゴス（理・説明言表）ではなく、自らのうちに運動と静止の原理［自然としての形相］

を持っているこのような[道具的]自然物体のそれだからである。

[g]だが、語られたことを諸部分についても理論的に考察しなければならない。というのももし目が動物であったなら、視覚はそのものの魂であったであろうからである。というのもこれ[視覚]は目のロゴスに即した実体だからである。[412b20]しかし、その視覚が除去されるならば、目は視覚の質料であるが、それはもはや目ではない、まさに石製や書かれた目のように同名異義というのでなければ。

[h][E]今や、部分的なものを生きている統合的物体の上で把握しなければならない。というのも、部分[例、視覚]が部分[目]に対してある仕方と同じように、統合的感覚は可感覚的な統合的物体[個体]に対し、このようなもの[生きている統合的物体]である限りにおいて、類比を持つからである。だが、魂を失ってしまったものがではなく、魂を[実働において]持っているもの[統合体]が[エルゴン上待機]力能にあって、その結果[今・ここで]生きている。[i]しかしながら、種子と種子の器[果実]は[未完の]力能においてそのような[受粉(精)を介して魂を持つ]物体である。かくして、かたや[E]切断そして視がそうであるように、覚醒はこの[生きているという]仕方で完成である、[413a1]他方、[L]視覚と道具の能がそうであるように、魂は[ロゴスに即して]そう[完成]である。他方、物体は[ロゴス上]力能にあるものであるが、しかし、ちょうど[ロゴス上]瞳と視覚が目であるように、かしこでは魂と物体が生物である。[j]かくして、魂が物体から[エルゴン上]離れているものではないこと、あるいはもし魂が自然本性上可分割的なものであるなら、その或る諸部分は離れているものではないこと、不明瞭ではない。[k]というのも、或るものどもの部分それら自身の完成があるからである。しかしながら、或るものどもに関しては少なくとも、いかなる物体の完成でもあらぬことの故に[離れてあることを]何も妨げない。しかしなお、魂は船の舵取り船員のような仕方で[寄航後上陸するように]物体の完成であるかは不明瞭である。[413a10]かくして、これにより要約的に魂について規定されたものとせよ、そして見取り図が描かれたものとせよ(Bekker版Text採用。[a]-[k]は引用箇所の番号)。

二　魂の定義の形成と身体を今・ここで生かしめている魂を捉える様相的枠組

不可視な魂を捉える様相存在論

私訳したこの章はロゴスによる魂と物体の分節とエルゴン上の両者の不分離はどのように理解されねばならないかを明らかにしている。この箇所は魂の何であるかそしていかにあるかの探求であるが、それはアリストテレス自身が「要約的」と述べているようにそれまでに構築された存在論を要約的に駆使しつつ遂行される。

私は力能と実働の組を基本的にものごと(魂含む)の今・ここの働きの観察による個体の把握を遂行するエルゴン分析とし、力能と完成の組をロゴス次元における普遍のロゴス分析という判別のもとにあるとして議論を展開してきた。固有名の二重の指示は同名異義と腹背の関係においてあり、それは基本的にはエルゴン上の生死により判別された。ここでは同名異義原理の適用によりエルゴン上とロゴス上は非対称性を持ちつつ媒介されることを明らかにし、魂と物体の関係の理解は相補的展開のなかで遂行されることを見る。魂は一方ロゴスであり、それをロゴスとして析出するものが定義であるが、他方ロゴスは物体に自ら内属することにより生かしめており、物体はその実働に関して魂により保証される待機力能においてあり、(通常の環境であれば)その結果直ちに生きているそのような物体のロゴスであることが明らかにされる。同名異義原理は「この身体」が生きているひとの身体と死んだ身体(ムクロ)について同じ名前で呼ばれても異なる意味を持つという主張である。ムクロの場合当然指示詞「これ」は統合体とその内在原理である形相まで届くことはない。魂はそこにないからである。他方、彼がこの同名異義原理を生きている人間との関係で形相のロゴス上の分離を説明するために積極的に用いていることを明らかにする。人工物はその本質が製作者の頭脳のロゴスであり、素材にそのつど適用されるという仕方で初めから分節されている。生きている生物における魂と物体のロゴス上の分離はそれと類比的でありつつ、人工物と異なりエルゴン上の分離は単に死をもたらすことが確認される。ロゴス上の分離はエルゴン上の不分離に基づき遂行されるべきことを明らかにしている。

アリストテレスは第二巻一章において［a］「（A）魂とは何であるかそして（B）その魂の最も共通な説明言表は何であるかを規定すること」をめざす（412a5）。この二つの企てにおいて、魂の何であるかが語られる（A）「力能において生命を持っている自然物体の第一の完成」は一番手前かつ基本的な定義であり、（B）「道具的な自然物体の第一の完成である」はあらゆる魂の部分に対応する最も共通する説明言表である。（B）においては「道具」への言及により、（A）の生命の基本である「栄養摂取魂」だけではなく、感覚魂等にも妥当する最も一般的な魂の説明言表である（cf. II2.413a29–32, II4.415a22–25）。定義（A）と定義（B）により、彼は魂を「ロゴスに即した実体」であると規定する。彼はこれらの規定の「の」は帰属の属格であることを明らかにすることにより、ロゴスがエルゴンに内属するその様式を明らかにしていると思われる。ロゴス上「の」は一方から他方を分離しつつ双方の何らかの関係（私の理解では帰属）を表現しており、それに対応するエルゴンは私の理解では「魂が内属することにおいて睡眠と覚醒がある」と語られることに見られる内属による働きである。彼はさらに自然物体が同じ道具ではあるものの人工物との非対称性を明らかにすることを介して、（A）（B）を新たに捉える。（C）「魂はこのような［道具的］物体の本質そしてロゴス（理・説明言表）ではなく、そうではなく自らのうちに運動と静止の原理［自然としての形相］を持っているこのような［道具的］自然物体のそれである」。ここではロゴスとしての魂が内属している自然物体の何であるかを説明するものとして「魂」を受けとめることにより、（A）（B）の力能と完成による定義の相互を関係づける「の」が帰属の属格として理解すべきことを明らかにしている。

魂は、「このような［道具的自然］物体であることは何であったか［本質］」であり、ロゴス上そこにおいて「統率的に一かつ在ること」が語られる「（第一の）完成」として提示され、一方で「の」によりエルゴン上結合されつつ、他方でロゴス上力能にあるものから分離される（412b8,11）。「このような道具的な自然物体は「何であるか」」の問いに対し、応答として「魂」すなわち「道具的な自然物体の第一の完成」を与えたとき、その本質が開示される。このような自然物体のロゴスとして、彼は、二通りに語られる「完成」の「第一の」ロゴスの在り方として本質を特徴づけることにより、その具体的な外的環境に左右される実働においてある完成から分節し、ロゴスをロゴスとして析出している。実際に生きていることは今・ここの身体をもった存在者の実働に他ならず、それが外的環境の妨げにより実現されないこともある。

ロギコスな概念である「本質」とその定義

この定義(A)(B)に向かう議論を追跡しつつ、論述を展開するが、定義をめぐる基礎的な理解を確認しておこう。名前「F」の説明言表がその名前に述べ立てられ「何であるか」を意味表示することを介して本質を意味表示する説明言表(「定義形成句」(*horos*))が名前に対応する事物Fの定義を形成する。「定義」とは「何であるかの説明言表」(*An.Post.*II10.93b29)であり、「本質(何であったか)」は「その説明言表が定義であるところのものである」(*Met.* VII4.1030a6)。本質があるところの事物Fはただ一つであり、その一なる事物の一なる本質こそが「定義されうるもの(*dunaton...horisasthai*)」である(*Top.*I5.102a1)。「本質(Fであることは何であったか)」について、「存在するもののどものそれぞれFにとって、まさにFであるところのものであること(*to einai hoper estin*)は一である」と語られる(*Top.* VI1.141a35)。それゆえ、たとえ名前が説明言表と同じものを意味表示するにしても定義があるわけではない。さもなければ「あらゆる説明言表が定義形成句になってしまうであろう」(VII4.1030a6–9)。

これは現実世界、ものごとに対する参照なしに、一なる事物には一なる本質が存在せねばならないという「いかに語るべきか」という視点からの一つの存在主張である。「本質」はそれを満たす存在者(因果論的に一なるものを形成する根拠である形相や目的因そして始動因)の代替記号(placeholder)である。そしてそれは「いかにあるか」の探求を方向づける。存在主張はそのもとにあるものごとの具体的認識を意味せず、一般的な存在論的主張である。

例えば、「それぞれ(F)にとっての本質は(F)そのものに即して語られるところのものである」や「第一にそして端的に定義と本質は実体についてある」がその種の主張である(1029b14, 1030b5)。ロゴスの力だけで本質を満たすものはいかにあるかが主張される。

これらの主張は世界の具体的な事態についての情報を与えるわけではないという意味で内容空疎である。形相、始動因そして目的因が事物の一性の根拠とされる文脈で「ロギコースに言えば本質である」とそれぞれが位置づけられる(1041a28)。アリストテレスは第七巻六章において「[Fの]本質とそれぞれのもの[F]は同じか異なるか」を問い、ロギコスな議論の展開のもとに、「それよりも先なる実体そして本性がない」自体的にある「第一のものども」に関しては同じであるとする(1031a15, 30, 32a5)。完成においてあるものはそれより先の実体がないものである。魂はその第一のものであり、「かたや魂と魂であることは同じであり、人間は人間と同じではない」と一つの存在主張がなされる(VIII2.1043b2-4)。このロギコスな概念「本質」がさらなる思考と探求の方向、枠を定める。その探求は「本質とその説明言表(ロゴス)が[エルゴン上]いかにあるか(*pōs esti*)に気付かずにいてはならない、そのことなしには何も探求しないことである」に向けられる(VI1.1025b28-30, cf. VII4.1030a27(*pōs echei*))。魂の定義が得られるとき、それは魂が何であるかが知られそしてそのうえで或いはその形成とともに魂がエルゴン上いかにあるかが探求される。これは『魂論』第二巻二章以降で彼が生命の根拠、原理としての魂を因果論的に分析し考察することに平行的である。

「完成」についてものごとへの参照なしに、論理法則や規範的な語りだけから幾つかの存在主張がなされることを確認することができる。魂が第一の完成であるということはそれより先にさらに統率的に一かつ在るがロゴス上語られるものごとをもたないものごとであることが分かる。この意味で魂は「いかにあるか」が第二巻二章以降で因果論的に探求されるにしても様々な生命現象の根拠として位置づけられる。探求の視点からすれば、それが語られるとき、それ以上探求が遂行されえない究極的な限界点であると言える。実際、或る実働が完成であるか否かはロギコスな時制テストを課すことにより判別される。ただそのことは、本質がそうであるように、エルゴン上具体的な実働の観察により完成においてあることが確認、検証されることを妨げない。

かくして、(C)が与えられるとき、魂は代替記号である「本質そしてロゴス」に代入されるべきものとしてある。つまり「魂は自らのうちに運動と静止の原理[自然としての形相]を持っているこのような[道具的]自然物体の「に」内属している]本質そしてロゴス」となり、エルゴン上実働において魂を持っている道具的な自然物体とは何であったか即ち一なるものごとそれ自体を、ロゴス上説明するものとして捉え直される。テクストに即してこの展開を考察したい。

「或るこれ」による統合体と形相の二重の指示

彼は自らの存在論の核心を要約的に提示しつつ、ロゴスに即した実体としての魂の存在論的な位置づけの備えをなす。

[b]確かに、われらは存在するものどもの或る一つの類を実体であると語るが、その実体のうち、かたや、(1)それ自体に即して「或るこれ」ではないもの(*ho kat' hauto*)を「質料」として、(2)他方、それに即して現に[今・ここで]「或るこれ」が語られるところの「形姿」そして「形相」を、そして(3)第三のもの「それらに基づくもの[統合体]」を、実体であると語る。[412a10]だが、かたや(1)質料は力能であり、(2)形相は完成である、そしてこれ[形相]は二通りの仕方で、かたや[L]「知識」がそうあるものとして、他方[E]「知識を観想すること」がそうあるものとして語られる(412a6–10)。

この箇所の(2)の理解の補助として、先に考察した平行箇所を挙げることができる。「ロゴス(説明言表により指示されるもの)と形姿が基体であり、これは或るこれ[と指示されるもの]であるが、説明言表(ロゴス)上離存的」と特徴づけられる(*Met.*VIII1.1042a26–30)。指示において対比されるのは、生成の最終段階で獲得される統合体の

「形姿」とそれにロゴス上対応する形相である。彼は（2）「形姿と形相」について、「それ自身に即して現に（*ēdē*：今・ここで）「或るこれ」が語られる」と特徴づける。時間の副詞「現に」が示すように、指示の現場が想定されている。質料がせいぜい力能において「これ」と指示されるものであるのに対し、形姿はそれ自身、さらにそれに即して統合体が「これ」と今・ここで指示される。形姿のこの特徴の背後に「ロゴス」の規定性を担う形相が対応するものとして提示されている。形相は「ロゴスに即した実体」と語られるが、それは形姿が生成の終局において観察されるのに対し、定義という一なる事物の説明言表の形成を通じて指示されるものごととしてのロゴスであり、エルゴン上形姿として質料から分離されないが、ロゴス上質料部分から分節され「ロゴス上離存的」であるとされる実体である。

この言語行為を今・ここの感覚や叡知による魂の認知的行為と共に、ロゴスの形成との対比において「言語行為・エルゴン」と呼び、またその今・ここにおいて具体的な認識や行為が遂行される場を「エルゴン上（・次元）」と呼んできた。一般的なロゴスにより形成されるものは普遍的かつ無時間的なものであり、それが遂行される場を「ロゴス上（・次元）」と呼んできた。

今・ここで「これ」と指示される実体の指示機能は形相の内在性故に二重であるとされた（1037a7–10）。この指示「これ」に基づく議論を「二重の指示（double reference）」と呼び、「何であるか」の説明言表の主語と述語のあいだの意味表示を形成する述定を介した世界への意味表示［指示］を「二様の意味表示（dual signification）」から判別する（cf. *Top*.I9、第一章一節六）。いかなる文脈においても、形相が質料に内在し統合体として働きにあるものごとにおいて、「これ」という指示が成立する。この指示は実体にのみ成立し、普遍者「このようなもの」と対比されている。例えば、色見本を見て「これ」と指示し「この色と同じ白色のウエディングドレスが着たい」という発話において、実質的には「これ」は性質である白が帰属する基体としての台紙のみが指示される。「この色と同じ色」という表現に見られるように、複数ある白は正しくは「このような（*toionde, toiūto*）」色と語られねばならなかった

(VIII3.1039a2, cf. 1033b23, *De An*.434a18)。今・ここに生きている実体こそ「或るこれ」即ち「これ」と指示される或るものと語られる。

かくして、可感覚的な個体に対する「これ」という言語実践は二重の指示の故にロゴス上とエルゴン上を媒介するものとなる。形相は[L]知識がそうあるロゴスとしてまた[E]知識を観想することがそうあるエルゴンとして二通りの仕方で語られる。この指示の二重性故にロゴスが実体としてある今・ここのエルゴンに内在すること或いは働きにおいてあることを示すことができる。統合体であるこのカリアスは質料と形相が不分割的なエルゴン次元においてあり生成しまた消滅する(VII8.1033b16–18)。生成消滅する個体は今・ここの認知機能により知られるのに対し、普遍はロゴスにより知られるが、もしロゴスが「質料を伴ったロゴス」(XIV9.1058b7–11)として具体的なエルゴンに内在しないとするなら、一方では個体についての普遍的な知識は得られず、他方ではロゴスは実在に対応物をもたないただの音声の流れになるであろう。架空な「山羊鹿」の語の意味は理解できても、感覚から情報を得ることはできず定義は形成されない。形相が基体としての質料に内在するその仕方こそ解明されねばならない。

三　「ロゴスに即した実体」と「実働としての実体」

魂と物体の非一性の[E]観察に基づく帰納的主張

アリストテレスは続く箇所において、物体が魂ではないことの一つの証明を展開する。この議論は、物体にのみ運動や働きが帰属するとするなら、魂がいかなる存在者かを明らかにする一つの方向を定めるものとなる。彼は実体の実働との対比において魂を、その定義形成を介して「ロゴスに即した実体」として確立する。最初に彼は生命事象の有無を介して、魂が基体そして質料ではないことを帰納的に確認する。

［c］しかしながら、魂が基体そして質料ではないことを帰納的に確認する。

> なぜなら、これらは他のものどもの始原だからである。だが、自然物体のうち或るものどもは生命を持ち、他のものどもは持たない。ところで、われらはそれ自らを介した栄養摂取と成長そして減衰を「生命」と語る。従って、生命を分け持つ（metechon）すべての自然的な物体は実体であろう、合成体として（*hōs sunthetē*）という仕方の実体ではあるが。しかし、次のような物体、即ち生命を持っている物体（*sōma*）も存在するので、物体は魂（*phsuchē*）ではないであろう。なぜなら、物体は基体に即してあるものどもには属さず、むしろ、それは基体そして質料としてあるからである（412a11–19）。

物体のなかでも運動と静止の始原・原理を自らに持つ自然物体は端的に存在する実体であると想定されている。自然物体のなかには生命を持つものと生命を持たないものがある。「生命とは自らを介した（*di' hautū*）栄養摂取そして成長ならびに衰退である。従って、生命を分け持つあらゆる物体は実体であろう、それは合成体（*sunthetēn*）としての実体であるが」（412a14–16）。ここで「自らを介した」という表現により生物の自律性が言及されている。先に見たように、「これ」という指示は生きている統合体の場合には生命原理である魂にまで届いており、それらを込みにして「自ら」と語られている。彼は実体の自律的な生命活動をこの二重の指示のもとに、「実働としての実体」において在ると捉えている（*Met.*VIII3.1042b10）。「あらゆるものにとって在ることの根拠は実体であるが、生物にとって生きることは在ることである。魂はその根拠でありまた原理である」（*De An.*II4.415b12–15）。かくして、物体は生命に見られるこの生物の自律的な働きをそれ自身において持ちえないということが含意されている。これは生物学の基礎命題であり、生物の自律的な生命活動の非還元的主張である。

なお、「従って」と生成消滅が帰属する個体「統合体（*sunolon*）」ではなく「合成的（*sunthetēn*）実体」が用いられて結論づけられているのは、一旦生命と物体をロゴス上判別したうえで、「分け持つ」という仕方で合成しているため、ロゴス上の一般的な議論が展開されているからであると思われる。「ロゴスに即した実体」は「実働と形姿」ないし「実働としての実体」（1042b10）と魂の定義語とものごと（魂を含む）の実働語を用いるかのアクセスの異なりに応じて対比されている。普遍的な次元で形相と質料の合成を語るとき、生成消滅次元にある［E］統合体（*suno-lon*）ではなく［L］合成体（*suntheton*）、「合成的実体」が用いられる、ただし普遍語「人間」により意味表示されるのは「或る統合体」としての不定な人間であり、それに一般的な仕方で生成消滅を帰属させることが許容されている（1035b29, 1043a30）。

ここで確認すべき重要なこととして、この議論は確かにこの語彙の選択等に見られるように彼の存在論全体がこれらの主張を支えているが、存在論的な概念に訴えることなしに、生命事象の観察だけからして帰納的に生物が単なる自然物体ではないことが導出されていることである。これは実働語「栄養摂取」「成長」ならびに「衰退」を用いての個々の観察から帰納的に普遍的な主張を導く［EI］エルゴン主導である。ここから「物体は魂ではないであろう」（412a17）が帰結するとされる。その根拠として物体は基体に即してあるものどもに属するのではなく、「むしろ基体そして質料としてある」ことを挙げる。質料は素材として一つの始原であるが、そこからそれ自身により生命事象を生み出すことはできないとされる。短くしかも力強い議論である。この帰納的議論を［X］「魂と物体の非一性（の帰納的）主張」と呼び、その根拠となる栄養摂取による成長等の観察に基づく帰納による主張を［W］「生物の自律的な（非還元的）生命事象」と呼ぶ。

なおこの背後には第一巻における先行哲学者たちの諸説、例えば魂は微細な物体であるなどの吟味が前提されている。ここでは［W］との関連で、魂と身体器官の働きの関係の語り方について一点だけ確認する。本来物体に帰属する運動との関連で、魂は運動するかが議論される。彼はそこで言う「「魂が憐れむ、或いは学ぶ、或いは魂が思考する」と語るのではなく、「ひとが魂によってそうする」と語る方が一層適切であろう。これは運動がかの魂に内在するというのではなく、時にかのものに至り、時にかのものから［運動が生起する］ということである」（*De An.* I4.408b13–16）。魂が物体に属する運動の終点と始点の限界点として位置づけられている。この臨界こそ解明されねばならない。

魂の定義（A）におけるロゴス上の離存性——完成におけるロゴスとエルゴンの分節と総合——

アリストテレスは『魂論』の続く箇所において、［X］「魂と物体の非一性主張」とその一つの根拠となる［W］「生物の自律的な生命事象」の確認の前提のもとに、質料形相論と様相存在論の枠のなかでこの臨界の問題の解決をはかる。彼は質料の基体性との対比から必然的に導かれることとして、「魂は力能において生命を持っている自然物体の形相としての実体である」を提示する。魂はロゴスに即した形相としての実体である。これは必然的に導出される魂の記述であり他のいかなる存在者もこの記述を満たさない。しかしテクスト［b］で論じられるように、形相は「知識がそうあるように」としてロゴス次元のみならず、「知識を観想することがそうあるように」としてエルゴン次元における統合体の働きつまり実働において生きていることをも抱えるため定義としては十全ではなく、さらなる限定を必要とする。彼は魂のロゴスを求めておりエルゴンを求めていない。魂の定義は質料と形相そして力能と完成のペアに訴えることにより、そしてその帰結である合成体のエルゴンとしての生命をロゴス上組込むことにより遂行される。彼は言う、

［d］［412a20］かくして、必然的なことは、魂が力能において生命を持っている自然物体の形相としての実体であることとである。しかし、その実体［形相］は完成である。かくして、魂はこのような物体の完成である。しかし、これ［完成］は二通りの仕方で語られる、かたや［L：第一の完成］「知識」がそうあるものとして、他方［E：第二の完成］「知識を観想すること」がそうあるものとして。かくして魂は知識がそうであるようにあることが明らかである。というのも、魂が内属することにおいて、睡眠そして覚醒が存在し、かたや覚醒は知識を観想することに類比的であり、睡眠者（*ho hupnos*）は［ロゴス（魂、知識）を］所有することかつ実働しないことに類比的であるが、同じものについて知識［ロゴス］は生成上［エルゴン（生きること、知識を観想すること）］より先だからである。それ故に、（A）魂は力能において生命を持っている自然物体の第一の完成である（412a19–28）。

ロゴス上魂は「形相としての実体」として特定され生命を持ちうる自然物体である質料部分から分離される。その在り方こそ、ここで展開される。「形相としての実体」は形相がそのロゴス性とその実働の二つの文脈で語られること、そして後者は統合体を介しての実働であるため、魂特有の定義を形成するには広すぎる。魂を統合体の実働から分節する必要が生じている。

彼はテクスト[b]において「これ[*tūto*(中性)：形相]は二通りの仕方で語られる」と述べたが、「完成(*hautē*)」が語られる二つの文脈と同じ事例を用いることにより、双方の対応を示している、一方は自然であり、他方はその存在様式であるが。なお、ロゴスである「知識」が「知識の観想実働」から判別され「第一の完成」が語られるのに対し、形相について「第一の形相」が語られないのは、形相(魂)はものごとに内在する存在者であり、存在様式のようにその在り方が成立する場面をロゴス上とエルゴン上分節することができないからである。魂はロゴスであると同時にエルゴン上このような物体に行き渡りそして生かしめてもいるであろう。

魂が物体に内属するとき、睡眠と覚醒即ち生命が働きにおいて在るにいたる。実際に実働において生き始めるかは個々の発生の内外の状況に依存するため、第一の完成としてのロゴスがエルゴン上質料に内在しているものは「持つことそして実働しないこと」に「類比的」なものとして特徴づけられる(412a25)。睡眠は覚醒に対し、知識は知識を観想することに対し、力能と当該実働はエルゴン次元においてはこの規定のもとに類比的に把握される。睡眠は当然一つの生命活動であるため、眠っている者は覚醒との関係という限定において「実働することが許容されている」待機的な力能である(*Met*.IX8.1049b6, 13)。眠っている(知識を所有している)者は力能において覚醒(知識を観想すること)を持っている。この類比関係はそのつど相関的なものとして観察を通じて把握される。「あらゆるものに[LI]定義形成句を求めるべきではなく、[EI]類比項を共に見ること(*sunhorān*)によってもまた探求すべきである」(IX8.1048a36)。なぜここで「類比」が語られるかと言えば、魂が内属するとき、そこには、環境など外的な妨げがなければ、直に生命活動があり、そして当然睡眠もその活動の一つであるからであり、眠っている者は生命実働において完成であり、覚醒との関係において待機力能にあるからである。

彼は定義（A）の導出のために、待機力能について言及する必要があった。「魂は［待機］力能において生命を持っている自然物体の第一の完成」だからである。かくして、この自然物体はエルゴン上実働において「魂を持っており［echon：現在分詞］」、ロゴス上「力能において生命を持っている」。ここで「力能」とは魂を持っている完成においてある自然物体に内属する待機力能であり、エルゴン上外的な妨げがなければ実働することが許容されている。実際、「魂を失ってしまったものがではなく、魂を［実働において］持っているもの［統合体］が［エルゴン上待機］力能にあって、その結果［今・ここで］生きている」と語られており、実働において魂を持つことと、力能において生命を持つことは、後者がロゴス上の分節であり、矛盾しない。かくしてロゴス上、「第一の完成」は自然物体から分離されるが、エルゴン上それは不分離であり、分離すれば死ぬ。「魂は生きている物体の根拠そして始原である」（*De An.*II4.415b8）。

形相のロゴス性による魂の因果論的理解——エルゴンに内在するロゴス——

このことの理解のために第二巻二章における魂の因果論的な理解の展開が有益である。彼は第二章以降、魂論の各論において存在論的かつ自然学的な背景理解を補いつつ議論を展開している。第一章では「魂は何であるか」の自体的同一性としての本質（もの自体）の説明言表の提示が力能と完成に即して様相論的定義として提示されるが、第二章では「魂」を因果論的な文脈において理解する。

魂は観察される個体ではないが、二重の指示の故に個体の規定性を担うものであり、定義の形成を介して分離されそして指定され、存在様式（「第一の完成」）において他のいかなる存在者からも判別される。一般的に定義は説明言表の部分によって構成されるが、魂の様相的な定義（A）（B）は論証を介した定義のように根拠をではなく「事実を明らかにする」ものとして位置づけられる（II2.413a14）。これはちょうど「正方形化」が「比例中項の発見」に対する言及なしに「与えられた長方形の面積に等しい正方形を作ること」に比され、また月蝕を「月における光の消失」という「論証の結論」に比される類のものである（413a16, cf. 94a8）。（A）（B）において存在様式の提示によるこの顕著な存在者のピックアップが遂行されており、第二巻二章においては因果論的な理解のなかでの様々な生命事象の根拠としての議論が展開され、文脈を異にする。

彼は第二章において「魂はわれらがそれによって第一に生きまた知覚し思考するところのものである、従って或るロゴスそして形相であろう」として魂の様々な働き（エルゴン）が、総じて生きることが「それによって」遂行されるところの第一の根拠として提示する（414a12–14）。従ってその根拠はそれ自身としてはエルゴンから判別されるものでなければ、根拠それ自身が一種の生命活動となってしまうことから、魂は定義（A）（B）の形成を介して開示される「ロゴスに即した実体」であり、「或るロゴスそして形相」（414a13）としてロゴスに即して提示される。ひとは魂によって種々の働きをするが、その種々の働きからなる生命の働きを説明するものとしての根拠である。

ちょうど斧が「切断のため」というロゴスなしに知られないように、「生命」は魂への言及なしにその「何であるか」は知られない。この魂の因果論的規定は第一の究極的なものである。しかし二次的には、「～によって」はさらに「知識」や「健康」が代入され、ひとは「知識によって」「健康によって」その実働「知る」や「健康である」と語られる。これらは魂に比し二次的ではあるにしても、魂によって生命とその活動があるのと同様の関係にあるとされる。「われらがそれによって知るところのものを、われらはかたや知識であり他方魂であると言うが、というのも、これらのそれぞれ［知識か魂］によって知るとわれらは語るからである」（II2.414a34–7）。「知識」には「形成しうる者（*poiētikon*）」と「受容しうる者、知りうる者（*epistēmonikon*）」が関わるが、前者教師の実働は後者の学習過程（運動）に「内属する」ように思われている（414a11）。これにより「知識」の授受が遂行される。「形相は知識がそうあるように」あるとされるとき、授受者のあいだでやりとりされるロゴスであることを表現している。知識は「それによって」授受が成立する媒介的な「或る形相そしてロゴス（説明言表によって指示されるもの）である」(414a9)。ロゴス(知識)はエルゴン(知る)に因果的に先行する。ロゴスとしての魂なしに、生物は生きることはない。ロゴスと実働はこのように判別される。

彼はこの生きた物体の実体であることを表現すべく「魂は内魂物の実体[形相]である」と語る。「魂は生きている物体の根拠かつ原理(*tū zōntos sōmatos aitia kai archē*)である。これら[根拠かつ原理]は多くの仕方で語られるが、同様に魂も規定された三つの仕方に即して根拠である。即ちこの運動が「そこからであるところのもの」[始動因]、そして「それのためのそれ」[目的因]、そして魂は「内魂物の実体」[形相]である。かくしてそれが実体であること明らかである。というのもあらゆるものにとって在ることの根拠は実体であり、魂はそのものの根拠かつ原理だからである。さらに完成は力能にあるもののロゴスである」(II4.415b8–15)。ここで魂という特殊な存在者は形相としての実体であるが故に、始動因でも目的因でもある。

アリストテレスには形相が目的とロゴス上同じものであると考える文脈が確かに存在するが、先述のようにその一つの文脈においてこう言われている。「自然学者においては双方の根拠が語られねばならないが、何かのため[目的因]のほうが一層根拠である。なぜならそれは質料の根拠であるが、質料はゴールの根拠ではないからである、そして[エルゴン上]ゴールは[ロゴス上]目的であり定義とロゴスからの始原である」(*Phy*.II9.200a32–35)。私は「ゴール(*telos*)」はエルゴン次元における生成の終局を表し、「目的・何かのため」はロゴス次元においては「定義とロゴスからの始原(原理)」であると解する。ロゴス上の根拠が質料を秩序づける。「完成」は力能に対し「一」と「在る」との観点において同様の秩序づけの関係にある。普遍存在論の課題である「一」と「在る」との観点において自然である質料と形相の関係を存在論的に開示すべく「力能」と「完成」が導入されていると言うことができる。この関係概念としてのペアの導入により、これまで解明されなかった存在者の存在様式がロゴスとエルゴンの相補性により解明される。

このように、始動因でも目的因でもありうる存在者がここでは念頭におかれている。ロギコスな概念である本質はそれらの代替表現の役割を担っている。そして魂が、先に、「これは運動がかの魂に内在するというのではなく、時にかのものに至り、時にかのものから[運動が生起する]ということである」と特徴づけられているのを確認した(*De An*.I4.408b13–16)。生物学上「生きていることは[存在論上]存在していること」(415b13)であるが、その根拠かつ始原は魂であり、この完成が生命を持ちうる自然物体の根拠かつ始原としての説明言表である。「内魂物を無魂物から、生きることにより判別する」と語られ、魂は生命原理として統合体を生かしめる根拠として実働する(*De An*.II2.413a21)。

世界には能動者と受動者のあいだで遣り取りされるものが存在するが、実体の生殖や場所移動、熱や冷のような量そして知識のような性質において、アリストテレスは、先に運動と変化の議論において確認したように「動かすものは形相を伝達する」と主張する(*Phy*.III2.202a7–12)。そこで始動因は人間のロゴスを完成において所有し、接触を通じて形相を質料である卵子に伝達している。魂は父親に内在しているが接触は統合体が遂行するため、形相は生成の完成として実現されるものであると同時にそれによって能動者が受動者に伝達するところのものでもある。鶏から卵への、また卵から鶏への形相の相互的循環性は生物の複製機構に代表されるが、伝達されるものが絶えず変化しているとすれば、「ヒトがヒトを産む」安定した複製は望めない。生物の安定した複製のエルゴンが、ロゴスはそれ自身としては変化も運動も蒙らない非物体的なものであることの一つの保証としてアリストテレスを突き動かしている。そしてそのロゴスはエルゴンにより伝達される。「[ロゴスを持つ]能動しうるものの実働は受動するものそして状態づけられているもののうちに内属する」(*De An*.II2.414a11)。ひとは言いうる、「知識によってまた魂によってひとは知識を観想する」と(cf. 414a6)。ここで形相が二つの「～によって」の様式により語られている。ひとつはロゴスとして、もうひとつはたいてい身体を介した魂の実働である。

魂と物体の関係における不可逆性と不可欠性

彼は『魂論』第二巻二章で［X］「魂と物体の非一性主張」のさらなる限定を質料形相論さらに様相存在論の枠のなかで展開しこう論じている。「実体は三つの仕方で語られるが、……これらのうちかたや質料は力能であり、形相は完成であり、双方に基づくもの［合成体］は内魂物であるので、物体が魂の完成ではなく、魂が物体の完成である」(II2.414a14-19)。譬えて言えば、「ひとはドーパミンの分泌のために生きる」わけではなく、「魂のためにそれが分泌する」。ここに魂と物体の不可逆性が主張され、さらに「このことの故に適切に把握する者たちにとっては、彼らには魂は物体なしになく、また何か物体であるとも考えられていない」という後者が前者に対し必要条件であることが主張される(414a19-21)。これを［X1］「物体の魂に対する不可逆かつ不可欠性条件」と呼ぶ。魂と物体は一ではないが、形姿は力動的な生成の最終段階で得られるものであり、エルゴンとしては「質料と混合されている形姿」(*De Caelo* I9.277b30-31)として、またロゴスとしては形相として完成という存在様式においてある。合成体ここでは「内魂物」が［W］「生物の自律的な生命事象」を遂行することの故に、魂は魂をもたない広汎に存在する物体とは異なる。魂は物体なしにはないが、物体ではない［X1］「不可逆かつ不可欠性条件」を満たすことから、物体が魂の完成ではなく、魂が物体の完成であると論じられている。

一般的には、彼は魂と身体はピュタゴラス派の輪廻転生に見られるように「任意のものが任意のものを受け取る(*dechesthai*)という仕方で現れるのではなく」、物体と魂の関係は［X1］「不可逆かつ不可欠」なものであるとする(414a23-24)。自然物には無魂物もあることから、生成上の最後に実現されるものが、エルゴン上形姿としての魂であってその関係は不可逆でありかつ物体の形成過程を不可欠なものとする(II2.414a14-19)。彼は魂と物体の任意的な関係を否定してその双方の関係における現象は秩序正しいものであると言う、「それ［身体：「このような物体」(414a21)］はロゴスに即してこの仕方で［調和的に］生成する。というのもそれぞれのものの完成は力能に内属しておりかつ固有の質料に実現されることが自然本性に適っているからである」(414a25-27)。身体と魂、素材と形相の固有な即ち自体的な関係解明のためにこそ彼の関連術語が駆使される。「それぞれのものの完成」とはエルゴン次元において個々のものが「そこに向かう（*epi ho*）」ところのそこである適切なゴールの存在様式を表現している。具体的存在者が主題であるため、個々のものの形相がそこにおいて獲得される適切な力能においてある質料が提示されることによって、その存在様式を「完成」と確定している。魂は物体ではないとしていかなる存在者か。それはロゴスに即して固有の質料において力能にあるものの「或る完成」即ち第一の完成として実現される。ただし、この実現はエルゴン次元における生命により確認される。輪廻転生論は秩序あるロゴスの伝達を否定するものである限りにおいて、アリストテレスは様相存在論のもとに魂の秩序ある形成過程の構築を介して対抗する。

魂の定義（A）から（B）へ――心身論の伝統的なアポリアに対する解決案――

第二巻一章のロゴスの展開においては、魂の形相としての実働は括弧に入れられる。かくして、アリストテレスはロゴス上エルゴンから分離される力能と完成の組により「魂は何であるか」の定義（A）「魂は力能において生命を持っている自然物体の第一の完成である」を提示するに至る。定義が語られたと言うことは本質が開示され事物の一性が確立されたということに他ならない。しかし、この一性は先に確認したように論証的な定義のように、無中項連関を形成する中項となる因果的なものごとの発見を介して事物の必然性を確立するそのような論証を媒介にした定義とは異なる。魂の存在をそれとは異なる根拠から論証することはできない。

魂のように事物がその本質と同じものである不可視なものに対しては、それに叡知が発動することがあるにしても、ロゴスの形成を介してロゴスそれ自身として把握する存在様式の分節と総合による定義が提示される。「完成」はそこにおいて「一と在ることが統率的に語られる」その存在様式であった。力能において一であることと完成においておいて一であることが統率的に関係づけられていることを明らかにする要素が完成においてあるもののエルゴン即ち生命であった。今・ここの生命事象のエルゴンを普遍的説明言表の形成に巻き込むことは許容されないが、エルゴンは「そのとき・そこ」を含むものとして普遍化され、ロゴス化され力能の枠のなかで組み込まれうる。或る意味でこの種のエルゴンが力能と完成を一にするロゴスを形成すると言うことができる。見ることが見る力能あるものと完成のロゴスである視覚を一なるものにする。ただし、それは因果的に一なるものにするのではなく、合成体の存在様式として一であることを表現している。アリストテレスはロゴス上の先行性とエルゴン上の同時性について議論を展開し、エルゴンのロゴス化については先に確認した（*Met*.VIII10.1035b13–20, 25–27）。

形相はエルゴンが帰属する統合体を説明するものとしてロゴス上より先である。他方、形相がエルゴン次元において実働する以上、それにより実働する力能あるものへの言及が不可欠となる。そして生きうるものである自然物体の統率的な部分、それが心臓であれ脳髄であれ、生成上実現されるとき、その物体全体は「同時に」生きる。現代の科学では受精卵は細胞分裂を介して最初に心臓が形成される、そのときであろう。アリストテレス自身「自然は最初に心臓からでる二本の血管を設計した」と語る（*Gen.Anim*.II4.740a28）。それ故に、エルゴン次元においては、魂を失ったものではなく持っているものが、力能にあって、その結果生きている。他方、ロゴス上力能において生命あるものが一なるものであるのはそのロゴスが完成において一であるものに言及することによってである。「完成は力能にあるもののロゴス（説明するもの）である」（II4.415b14）。エルゴン上その完成にあるものの実働が、自らそれの力能の実働であるところの、その力能のロゴスこそ明らかにされねばならないからである。

（A）の定義を構成する力能と完成の組は一性を説明する役割を担っていることから導出されたが、彼はその受動的なロゴスの部分「力能において生命を持っている自然物体」について「このようなものは道具的なものであろう」という主従関係を新たに提示する。彼は人工物に限らず、生命を持ちうる自然物体つまり器官を持つ身体を「道具的なもの」とする理解を示す。この限定により感覚魂や理性魂等あらゆる魂に共通な定義形成句を得ることができ、その第一の完成から「魂」だけを特定することができる。この（A）定義が生命の根拠としての栄養摂取魂つまり植物の魂にとりわけ妥当することから、他の生命活動としての感覚や思考をも司ることのできる感覚魂や理性魂にも適用される「あらゆる魂について何か共通する説明言表を語らねばならないとするなら」として定義（B）「道具的な自然物体の第一の完成」が提示される。かくして、完成と力能は統率的に一であることと、それをエルゴン上実現すべく道具的、被統率的に一であることが明らかになる。そこから、魂とその道具としての物体について一性は問われる必要がないという主張がなされる。

［e］それ故に、魂と物体は一であるかどうかを探求する必要はない、それはちょうど蜜蠟とその印型が一であるか、また一般的にそれぞれの質料と質料がそれの質料であるところのものが一であるかを探求する必要がないように。というのも、「一」そして「在ること」は［力能において等］複数の仕方で語られるので、統率的な仕方でそう語られるものが完成だからである（412b4–9）。

この力能と完成の関係による存在様式における道具的なものと統率的なものとしての魂と物体の理解が、心身論として常にアポリアとされてきた問題に対しどれだけの解決案となっているのであろうか。アリストテレスは魂の定義の企ては、形相としての実体の存在様式がそこにおいて「統率的に「一」と「在ること」が語られる」「完成」であることに訴えて遂行される。「完成」が二つの文脈において語られるにしても、ロゴス上双方は分節される。その分節故に「第一の完成」が特定される。生命を語りうる第一の完成にあるものは「栄養摂取魂」であろう。「栄養摂取魂は別の生物にも内属する、そしてそれに即して生きることがあらゆるものに内属するところの、魂の第一の最も共通の力能である」（II4.415a23–25）。そしてこれは例えば人間においてはエルゴン上生殖力能を持つ十代に完成に達するであろう。「完成」が語られる二つの文脈の「第一の完成」は「ロゴスに即した実体」としての魂であり、他方は「実働としての実体」としての内魂物における今・ここの生命活動である。そして十代のあるときに、実働としての実体は生殖力能を持ち始動因としての待機力能においてある。双方はロゴスに即してのみ分離される。

彼は力能と完成の組をより説得的に説明すべく「道具」さらには「統率的に」という副詞句による完成の説明を

遂行する。つまり、どの段階で「力能において」と言えるかを、魂全体に適用される仕方で、何かが「道具」的自然物体という位置づけを得たときであると語っている。質料は形相との関連においてその不定性を逃れ規定を得るのであった。（B）においてもやはりロゴス次元のものであり、実際には道具としての器官は機能していることもあろうが、それは括弧にいれられる。植物の器官である根はその機能において動物の口に対応する。双方とも栄養を摂取する道具である。彼は「道具は働きにおいて（*ergois*）同じか異なるかを語らねばならないのなら、動物の頭がそうあるように、植物の根がある」と言う（II4.416a4-6）。さらに目的論的な枠組のなかで、諸器官は魂の道具としての位置づけを得る。「魂は「それのためのそれ（目的）」としての根拠であることも明らかである。……動物たちにおいては魂は［根源四元素の］自然に即してもまたそのようなものである。なぜなら、あらゆる自然的な物体は魂の道具だからである、動物の物体のように、植物のそれもそのように魂のために存在しているからである」（II4.415b15-19）。これらはあくまで完成が力能にある「道具的な自然物体」の何であるかを目的論的に説明するものとして提示されている。物体と魂の関係の理解として、「道具」が統率的な仕方で「一と在ること」を語らしめる「完成」との関係概念において捉えることを容易にしている。これは彼が「魂は内魂物の実体である」（1035b15）と語る際、この実体は内魂物に文字通り内在しているように、道具として記述される自然物体には既に統率的なものとの関係に置かれており、それを用いる魂は力能においてある道具にロゴス上内属している。

かくして、彼は（A）ならびに（B）魂の最も共通の説明言表の提示を媒介にして一つの重要な「魂と物体は一であるかどうかを探求する必要はない」という結論を得る。ここでアリストテレスは、魂が内属することにおいてちょうど睡眠のようであれ覚醒のようであれ、完成にあるからこそ物体を統率するという仕方で「道具的な自然物体」の一かつ在ることを実現しており、それ故に魂と同一であるかを問う必要はないと言っていると思われる。彼は「なぜ」問う必要が無いかを説明して言う、「というのも一と在ることは［力能等］複数の仕方で語られるので、統率的な仕方でそう［「一」と「在ること」と］語られるものが完成だからである」。蜜蠟はそれに刻まれている印型に対し、質料は質料がそれの質料であるところのものに対し、エルゴン上同じものでありかつロゴス上「力能」と「完成」に分離される。統合体が力能に生命を持つものであって、内在する魂はその第一の完成である。「統率的に」一であることはその道具として被統率的に一であることとエルゴン上同じものとして言わば重なり合っているが、二つの仕方でアクセスされることを許容している。

完成と力能が統率的と道具的と秩序づけられる限りにおいて、魂と物体が一であるか問う必要がないことを、［Y］「魂と物体の一性問題の解決」と呼ぶ。アリストテレスは［X］「魂と物体の非一性主張」とこの［Y］「魂と物体の一性問題の解決」に矛盾がないと理解している。「一」は「存在（在るもの）」同様多くの仕方で語られるからである。［X］は帰納的に［W］の観察に基づき導出された主張であったのに対し、［Y］は力能と完成の存在論的枠組のなかでのロゴスに即した主張だからである。換言すれば、統合体はエルゴン上不可分なものとして実働しており、ロゴス上その一性の秩序づけにおいて分離されることの故にこの問いは解決される。

「完成」は「力能」に対し「統率的な仕方において」ある

この魂を持ついかなる存在者の魂にも適用される共通の説明言表はロゴス上「道具的自然物体」と「第一の完成」に判別されるにしても、エルゴン上通常同時である。魂が内在していないとすれば、もはや生きていないからである。魂を持つものはすべて道具を備えており、「道具を備えた自然物体」が物体の適切な普遍的限定となる、そしてそれはロゴス上完成にあるものとの関連においてのみ実働するであろう。ここで「統率的に（*kuriōs*）」という副詞句を他の使用例において理解しておきたい。この副詞句の名詞形は「主人（*kurios*）」を意味し「奴隷・僕」或いは「使用者」と「道具」との関係において明らかになる関係概念である。

完成と力能は双方が単数形において統率と被統率という一義的な関係にあるものとして用いられている。「統率的に（in the governing manner）」は『魂論』第一巻五章のエンペドクレスによる地水火風の構成要素から一切がなる唯物論的な理解に対する批判において同じ文脈で用いられており、彼は物体と魂の関係を理解させるものとして用いている。アリストテレスは「火や水等は物体（*sōmata*）であるから、始原が物体的なものであることをわれらは……知者たちから受け取っている（perfect tense (pf.) : *pareilēphamen* (present tense (pr.) : *paralambanō*)）」と語るが、この種の基体としての物体は事物の生成の始原として予め容認されている（*Met.*I5.987a4-6）。そのうえでこれらが秩序あるものとなることの根拠が求められる。

「ひとはそれら構成要素を一つにするものは一体何であるかアポリアとするであろう。というのも、構成要素は少なくとも質料に似ているからであり、最も統率的に一つに統括するかのものがまさに何であるかであるところのものだからである（*kuriōtaton d'ekeino sunechon ho ti pot'estin*）。魂より何か卓越しておりそして支配的なもの（*ti kreitton kai archon*）が存在することは不可能である。だが、叡知よりそうであるものが存在することは一層不可能である」（I5.410b10-14）。素材を統括し一なるものとする存在者の「何であるか」が求められている。魂はものごとを一なるものたらしめる形相としての自然的存在者である。その魂が統率的な仕方で素材を一つに統括している。「完成」の概念がその形相に対応するものとして「一」と「在る」がそこにおいて「統率的な仕方で」語られる存在様式として導入されねばならない。彼は魂を特徴づけるべく「形相」同様に「完成」を必要としていた。

また魂の認知的働きにおいてもこう述べられている。「現に（*ēdē*：今・ここで）知識を観想している者は、完成にあってそしてこの知識Aを統率的な仕方で知っている者である」（II5.417a28）。ここでAの知識を実働している者は、「欲するとき、外的に何も妨げるものがないなら、知識を観想しうる者」（417a26）つまり力能にある者との関係において、この知識Aをめぐり統率的な仕方においてである。

アリストテレスは『形而上学』第八巻六章において、先行哲学者たちが事物の一性をめぐるアポリアを共有していたことを確認し、彼らの解決案とともに紹介する。

この［一性の］アポリアの故に、或る者たちは「分有」を語り、また分有の根拠が何でありまた「分け持つこと」が何であるか難問とする。他の者たちは魂の「共存」を語る、ちょうどリュコプロンが知識を知ることおよび魂の「共存」であると語り、他の者たちは生きることは身体と魂の「合成」ないし「結合」であると語るように。そして同じ議論があらゆるものについて妥当する。というのも健康であることは魂と健康の共存ないし結合ないし合成であるからである。その「「分有」や「共存」に訴える」理由は、彼らは力能と完成を一つのものとするロゴスをそして異なるものとするロゴスを求めているからである(1045b7–12)。

ここで「分有」や「共存」そして「合成」等は事物の力能と完成を一つにするロゴスである。当然彼らは完成の存在様式を少なくとも術語において知らないので、アリストテレス自身による先行者の見解の整理である。その枠組においては、知ることに対し力能においてある魂と完成においてある知識の「共存」により知る働きが成立する。生きることに対し力能においてある身体と完成においてある魂の「合成」により生きる働きが成立する。それらの差異をもたらす否定的ロゴスは無知や死を説明する。彼らの探求は「力能と完成を一つにするロゴスを求めている」と纏められる。もしそのロゴスが当該存在者の力能と完成を一義的に関係づけるものとして内在するとすれば、もはや「分有」「結合」等第三の結合子に訴える必要がなくなる。アリストテレスはその一義的な関係をロゴス主導において求めていたと言える。彼は完成にあるもののエルゴンをロゴス化し、力能に組み込むことにより統率的に「一」と「在ること」が語られる完成との関係に一義的な仕方で組み込むことができたのである。この箇所では、イデアや魂のような非感覚的な事物の働きについて、アリストテレスは彼らが[LI]ロゴス主導を取っていたことを確認し、この一性のアポリアに対し、[EI]エルゴン主導により解決されると提案する(彼はそれとの相補的なものとして[LI]をも展開するのであるが)。アリストテレスは続けて言う、

だが、語られたように、最終の質料(*hē eschatē hulē*)と形姿(*hē morphē*)は[エルゴン上]同そして一である、[ロゴス上]一方力能において、他方実働においてではあるが。かくして一つのものの根拠が何であるかと一つであることの根拠が何であるかを探求することは同様である。というのも、それぞれは或る一つのものであり、

そして力能においてまた実働において何らか一つのものであるからである、かくして[E]力能から実働に動かすもの[始動因]として何かがあることを除いていかなる別の根拠も存在しない。だが質料を持たない限りのものは、すべて端的にまさに或る一つのものである(1045b16–23)。

始動因と目的因は双方同じロゴスを持つことによって秩序ある生成をもたらすことを先に確認したが、エルゴン上始動因が力能あるものを実働にもたらすことによって、同じゴールを実現する。その最終の質料と形姿は同じ一つのものとして働きにおいてある。

アリストテレスは『形而上学』第七巻一七章以降この章まで「実働としての実体」の解明に従事しているが、それは[EI]エルゴン主導によるものであった。彼のここでの解決案は、[E]完成においてある始動因という時空を特定できる存在者の力能にある素材への働きの故に、事物が実働において一なるものであるというものである。

他方、『魂論』第二巻一章は定義の形成における一性の把握における[L]力能と完成の組を問題にしている。そして先行哲学者たちのこれらの営みはアリストテレスによればロゴス上のことがらとして位置づけられている。彼らは力能と完成を一つにするロゴスを探索しており、アリストテレスもそれを共有するが定義の形成においては力能と完成の組が統率と被統率という仕方で内的な関係におかれる。完成にある実働が様相定義においてロゴス化され力能に組み込まれることにより、力能において一であることと完成において一であることは、必然的な関係におかれ、定義においては多と一の関係におかれることはない。

四　生きている統合体に対する同名異義原理の適用による分離と不分離の共存

エルゴンに内在するロゴスをいかに析出するか

ロゴスである形相が実働すること或いはエルゴンのなかにロゴスが内在すること、これがアリストテレスの最も重要な存在論的主張でありまたアポリアを引き起こすものである。力能と完成が秩序づけられてあることを示すべく［L］説明言表の形成は不可欠である。力能にあるものは、それ自身として考察する限り、反対対立の可能性を含むものであり「力能において多である」と言うことができる。彼は力能の特徴を説明して言う。「力能あるものはすべて［Fで］在ることも［Fで］在らぬことも許容されている」（1050b11）。それに対し完成は反対対立を含意しない。その意味でもそれ自身としては生成消滅次元においてない。彼は言う、「ロゴス（説明言表）には反対対立は存在しない」（XIV9.1058b7–11）。ロゴスの存在様式である「統率的に一かつ在ること」を意味表示する完成には反対対立は含意されない。つまり完成は力能に対し一義的、不可逆的な関係においてのみある存在様式である。

完成が対応する力能に対し統率的に一であることが語られるとき、つまり定義が成立するとき、力能は完成に秩序づけられ、統率されている。力能にロゴスを与えられた限り、定義の構成要素として事物の一性形成に貢献している。内魂物の実体は内魂物が何であったかと同じものである。魂はこのような道具的自然物体であることは一体何であったかである。この力能と完成の組により得られる魂の定義（A）（B）にはもはや魂と物体が一であるか問う余地は排除されたと言うことができる。事物の一性が力能と完成の枠で位置づけられる限り、相互の必然的な関係が確立されているからである。そこでは力能において一であることと完成において一であることは同じ一なる存在者の一性である、二つの視点の判別のもとで。

このように一なる説明言表の形成がエルゴンにおける一なるロゴス（理）の内在を開示する。これが「ロゴスに即した実体」のエルゴン次元においてある統合体からの析出の様式である。しかし、これは或る犠牲のもとに遂行される。ロゴスを説明言表上分離することができるにしても、例えば魂をエルゴン上分離したなら死んでしまうように、同名異義的なものとならざるをえないのである。

同名異義原理――人工物斧と自然物の非対称――

アリストテレスは『魂論』第二巻一章で生きうる自然物体とその完成を一つにするロゴスを求め、（A）（B）を提出している。先行哲学者たちとの相違は「分有」や「共存」等に訴えることなしに本質のロゴスを提示できる理論を、つまりロゴスのエルゴンへの内属の理論とエルゴンからのロゴスの析出の理論を構築していたことである。彼は始動因が持つ力能と実働のエルゴン上の秩序の根拠をもとに、ロゴス上の力能と完成の分節を可能にしている。彼は言う、

［f］［L］かくして、（A）（B）魂は何であるかが普遍的に語られた。というのも、それはロゴスに即した実体だからである。それは、だが、まさに道具のなかの或るものが、例えば斧が、或る自然物体であった場合にそうであるように、このような［道具的自然］物体であることは何であったか［本質］である。というのも、かたや「斧であること」が「そのものの実体」であったであろうからであり、そしてそれが魂であったであろうからである。だが、これ［実体］が分離されたならば、それはもはや斧ではなかったであろう、同名異義的にそうだということを除いては。しかし、現にそれは斧である。なぜなら、（C）魂はそのような［道具的］物体の本質そしてロゴス（即ち説明言表）ではなく、そうではなく自らのうちに運動と静止の原理［自然としての形相］を持っているこのような［道具的］自然物体のそれだからである（412b10–17）。

魂が何であるかが「普遍的に」語られた。普遍的な定義の形成を介して定義のロゴスにより意味表示（指示）されるものが魂であり、魂が「ロゴスに即した実体」であることが判明する。以下の等号がなりたつ。

魂＝内魂物のロゴスに即した実体（形相）＝「道具的な自然（＝力能において生命を持っている）物体であることは何であったか［本質］」＝第一の完成。

「ロゴスに即した」実体であることの故に定義を形成することができ、そしてこれはアクセスとしては叡知などの認知機能により開示される「実働としての実体」が語られる文脈と対比される。当然魂は物体を動かすものとし

て実働においてもあるが、ここで求められたのはものそれ自体としての一性を担う存在者であることを普遍的に捉え、ロゴスをロゴスとして析出することであった。

彼は身体を道具として用いることから、道具である人工物斧との或る類比に訴えるが、それはかえって自然的な道具がいかなるものであるかを際立たせる。この人工の道具が魂を持つ自然物であったとする反現実仮想は肯定的な一つの主張をなすべく利用される。双方とも「斧であること」は「そのものの実体」つまり本質として内在すると想定される。しかし、人工物は実際には外から本質が賦与されているため、分離は容易である。最大の非対称性は斧と斧の本質が異なるのに対し、魂と生きている物体の本質が異ならないことである。これは、魂が完成という在り方においてありそれより先の実体がない第一のものであるが故に、魂自らの本質と同じものであることによる。人工物の完成は製作者の頭脳にある。この類比と非対称性は一方で双方のロゴスが本質を満たすものであることの類比であり、他方は魂のロゴスが物体に内在することによるものである。それがロゴスに即した実体である所以である。

ものごととその本質が異なるとされる統合体である人間と魂の場合を考察した場合、同名異義原理の適用は明瞭である。一方で斧と人間は以下のような平行関係を得る。

斧≠（斧であること［本質］＝「このような鉄の刃をそなえた物体であることは何であったか［本質］」＝製作者の頭脳にあるロゴスとしての目的＝「切断のため」）。

人間≠（内魂物（人間）の本質＝人間であること＝魂）。

かくして、斧から「切断のため」というその本質を除去した場合に、もはや「斧」と呼ばれないように、人間から「魂」を除去した場合に、もはや「人間」と呼ばれない、同名異義を除いて。人工物の場合、同名異義原理の適用は斧には実質的には無効であるのに対し、エルゴン上の魂の分離は物体に死をもたらすため、ロゴス上のみ分離されうるということが導かれる（cf. 1042a28–32）。

人工的な道具の場合には本質の外挿故に「斧」に同名異義は実質的には成立しない。道具的でありさらに自らのうちに運動と静止の原理としての自然を持っている、そのような道具的な自然物体の本質とそのロゴスが魂であるとする場合に、それを取り除けば、死んでしまうので、同名異義が成立する。道具的な自然物体に内属する「そのものの実体」つまり本質が取り除かれた場合に、それはもはや生きてはいず、ムクロを意味表示したであろう。彼は、この同名異義原理を人工物斧の事例に依拠しつつ、ロゴスに即した実体は本質を開示する形相が質料から分離されるのに対し、自然物は「内魂物の実体」という仕方でエルゴン上分離されないことを示す。かくして、ロゴス上の「実体」は実働としての「実体」とは同名異義的なものとなるという犠牲のもとに、分離されうる。生と死は個体の今・ここの話である。それ故に同名異義は個体のエルゴンと普遍的なロゴスのあいだに成立すると言える。

あくまでも魂は生きている道具的な内魂物の実体である。この原理の適用が自然物と人工物の構成の異なりとともに、ロゴスに即した実体を実働上の実体から定義により「第一の完成」として析出するとき、その意味は同名異義的なものとなることを示している。つまりそれは「実働にある実体」ではなく「ロゴスに即した実体」を意味表示している。

アリストテレスは(一)「実体」と(二)「そのものの[それぞれの、何かの]実体」を判別していた。彼は「(一)それぞれのもの[基体実体]の(二)実体」と語ることを許容できたのは、「実体」が「そのもの(それぞれ)」に内属することの故に、生きている実体を表現する名前により「二重の指示」が成立していることの故にであった。彼はこの生きた物体の実体であることを表現すべく「魂は内魂物の実体[形相]である」と語り、先に引用したように、「魂は生きている物体の根拠かつ始原である。これらは多くの仕方で語られるが、同様に魂も規定された三つの仕方[始動因、目的因、形相]に即して根拠である」(II4.415b8–10)。ここで形相としての実体は生きている物体の根拠として「このような[道具的自然]物体の何であったか[本質]」を開示するものである。魂という特殊な存在者は始動因でも目的因でもある。生物学上、生きていることは存在論上、存在していることであるが、その根拠かつ始原は魂であり、この完成が生命を持ちうる自然物体の根拠かつ始原としての説明言表である。「内魂物を無魂物から生きることにより判別する」と語られ、魂は生命原理として統合体を生かしめる根拠として実働する（*De An*.II2. 413a21）。

　この人工物と自然物の相違はロゴスに即した実体と実働としての実体の対比においては、普遍的な説明言表に対して、生きているかいないかはロゴスに訴える必要なしに認識される今・ここの実働の相違として見出される。魂の定義（A）（B）において本質はロゴス上「第一の完成」として生命を持ちうる道具的な自然物体から分離されていた。それ故に、同じ名前が異なるものを意味表示している。彼は同名異義の議論を介して、実働においてある魂を捉えて言う。（C）「魂」は「自らのうちに運動と静止の始原［自然としての形相］を［実働において］持っているこのような［道具的］自然物体の本質そしてロゴスである」。

　これ（C）が魂の普遍的な定義（A）（B）に対する、同名異義原理を考慮したうえでの、さらなる明確化としての規定である。そのことから遡って（A）（B）の規定を正しく理解することができる。「魂」の様相論的定義は「力能において生命を持っている自然物体の第一の完成」であった。この「の」が「帰属の属格」であることは「魂が内属することにおいて睡眠と覚醒がある」（412a23）と生命活動との内属関係が語られること、さらに自然物体が持っているこの力能は「魂を持っている」ことと換言されることから明らかである。「魂を失ってしまったものがではなく、魂を［実働において］持っているもの［統合体］が［エルゴン上待機］力能にあって、その結果［今・ここで］生きている」（412b25–26）。彼はロゴスに即した実体をロゴスとして析出しつつ、エルゴン上分離されないものであることをこれらの定義は表現している。

生きている統合的物体の上で部分との「類比項を共に見る（*sun-horān*）」

　アリストテレスはそれを説明すべく議論を展開する。

[g]だが、語られたことを諸部分についても理論的に考察しなければならない。というのももし目が動物であったなら、視覚はそのものの魂であったであろうからである。というのもこれ[視覚]は目のロゴスに即した実体だからである。しかし、その視覚が除去されるならば、目は視覚の質料であるが、それはもはや目ではない、まさに石製や書かれた目のように同名異義というのでなければ(412b17–22)。

彼は、最初に、部分との類比において、同名異義原理を確認する。「目」が合成体「動物」であったなら、「視覚」は目の「ロゴスに即した実体」として「そのものの魂」に相当する。このロゴス次元においては合成体である目から「視覚」が分離される以上、「目は視覚の質料」という位置づけを得る。これが「目」の同名異義であり、「石製の目」と同じ質料部分を意味表示するものとなり、もはや生きている目を意味表示することはない。興味深いことに、絵のように筆によって「書かれた目」が挙げられる、ロゴス上普遍的に思考することも書くことと類比的である。普遍的な定義はロゴス上やはり同名異義的なものとなることを示している。彼はこの事態を受けてエルゴン次元との関係解明に向かう。部分と全体の関係が類比関係を形成するのは、双方とも実働においてある場合である。彼は「完成」がロゴスとしてまたエルゴン(実働)として対応する力能との関係において二つの文脈に分けて語られることによって、ロゴスとエルゴンの非対称性と相補性を解明する。彼は展開して言う。

[h][E]今や、部分的なものを生きている統合的物体の上で把握しなければならない。というのも、部分[例、視覚]が部分[目]に対してある仕方と同じように、統合的感覚は可感覚的な統合的物体[個体]に対し、このようなもの[生きている統合的物体]である限りにおいて、類比を持つからである。だが、魂を失ってしまったものがではなく、魂を[実働において]持っているもの[統合体]が[エルゴン上待機]力能にあって、その結果[今・ここで]生きている(412b22–26)。

彼はここで「生きている統合的物体」の上で実働する部分をエルゴン次元で分析する。それによりロゴス次元における記述との対比を鮮明にし、また相補性を明らかにする。先にロゴス上、視覚が分離されると、「目」は同名異義になることが確認されたが、視覚と目の関係は、ここでは統合的感覚と可感覚的な統合的物体［個体］の関係に対し、「このようなもの［生きている統合的物体］である限りにおいて」という限定のもとに類比が成立するとされる。部分は統合体が生きている限りにおいて、生命を保持し、例えば視覚は魂との類比を保持する。部分は統合的物体からエルゴン上切り離されることはないことが確認される。「魂を失ったものがではなく、魂を［実働におい て］持っているものが力能にあって、その結果生きている（*esti de ū to apobeblēkos tēn phsuchēn to dunamei on hōste zēn, all' to echon*）」（412b25）。ここで「その結果」は自然的な根拠と結果の関係であり、外的妨げがなければ、時間的には同時であることが許容されている（cf.「同時（*hama*）」*Met.*VII11.1035b27）。

実際に実働において生き始めるかは個々の発生の内外の状況に依存するため、ロゴスはエルゴン次元においては、完成にあるものが「持つことそして実働しないこと」に「類比的」なものとして特徴づけられる（412a25）。眠っている者は覚醒との関係において類比的に「実働することが許容されている」ものとして相関的に把握される。これは完成にあるものの待機的な力能であり、それは「第一に力能あるもの［待機力能］は実働することが許容されているものであることによって力能ある」と規定される（*Met.*IX8.1049b6, 13）。この類比関係はそのつど相関的なものとして観察を通じて把握される。アリストテレスは『形而上学』第九巻八章においてそれを確認する。

ものごとが「力能においてある」とわれらが言う仕方ではなく内属することが実働である。だが、われらは、例えば木のなかにヘルメスがまた線全体に半分が、というのもそれは分離されるでもあろうから、さらに知っている者でありかつ、知識を観想することができる者でありながら、知識を観想していない者が「力能において」と言う。われらが言おうとしていることは帰納によってそれぞれについて明らかであり、あらゆるものについて［LI］定義形成句を求めるべきではなく、［EI］類比項を共に見ることによってもまた探求すべきである、ちょうど建築している者が建築力能あることに対して、そして覚醒していることが眠っていることに対して……という仕方で（IX8.1048a30–b2）。

これら待機力能の場合は[EI]事例の帰納により類比項を「共に見る」つまり帰納的に観察することによって知られる。生きているか否かは観察によって明らかである(412b25)。身体がその実働の力能である生きうる態勢にあるかもそれにより明らかとなる。魂が内属し完成にある統合体の実働は例えば覚醒に対する睡眠の関係のようなものとして、生きていることに対する「魂を持つものが力能にあってその結果生きている」そのような統合体が睡眠の如き力能にあることが類比を見ることにより知られる。睡眠と覚醒に類比的なものとして魂を持つものの力能と生命実働が位置づけられるが、生きうるものについてとりわけ名前がないため、睡眠のように魂を持つが実働していないものとの類比において理解される。実際には生きていなければ睡眠することはないため、これは類比項を共に観察することにより確認される。ここで彼は、統合体はそれ自身としてエルゴン上能動的な待機力能においてあり、いつでも実働しうる、即ち生きうることを確認する。完成の裏づけなしには待機力能は獲得されない。この待機力能にあるものに「第一の完成」が内属しており、完成されたものの力能の存在を保証することにより、その力能の実働が作用する領域は完成により限定され秩序づけられる。これが存在論的次元における帰一構造を形成する。

アリストテレスは「魂の諸力能(*tōn dunameōn tēs phsuchēs*)」という表現を用い、生きている魂が諸器官を介して実働する能動的な待機力能のことを語っている。彼はその種類に言及して言う、「われらは諸力能とは、栄養摂取力能、感覚力能、欲求力能、場所上の運動力能、思考力能であると語った」(II3.414a29-32)。生きている人間はこれらの力能が器官を介して実働すべく魂に帰属するものとされる。

それ故に、「実働としての実体」は類比を見ることによりそのつど力能と実働が把握されるのに対し、「ロゴスに即した実体」としての魂はエルゴン上実働しているが、ロゴス上力能と完成双方を分節せざるをえず、そこで存在様式としての「完成」に訴えてその定義が遂行される。従って、定義においては同名異義原理が適用されている。ロゴスによる部分の分節はエルゴンによる不分離においてあるものとは異なる意味表示を持つ。その代償を払いつつも、「魂は何であるか」をロゴスにより捉えることは重要である。魂は一なる存在者であることが認識されるからである。

ロゴスとエルゴン二つの文脈において見出される完成

彼は以上のことから力能と完成、さらには力能と実働の関係を整理して言う。

［i］しかしながら、種子と種子の器［果実］は［未完の］力能においてそのような［受粉（精）を介して魂を持つ］物体である。かくして、かたや［E］切断そして視がそうであるように、覚醒はこの［生きているという］仕方で完成である、他方、［L］視覚と道具の能がそうであるように、魂は［ロゴスに即して］そう［完成］である。他方、物体は［ロゴス上］力能にあるものであるが、しかし、ちょうど［ロゴス上］瞳と視覚が目であるように、かしこでは魂と物体が生物である（412b26-413a3）。

種子や果実の内部にある種子はエルゴン上未完の力能において統合的物体に成るべく、ロゴスにより統率的に秩序づけられている。その生成の完成にある統合体は待機力能にあって、その結果生きている。「かくして」とアリストテレスは完成の二つの文脈を確定する。「かたや［E］切断そして視がそうであるように、覚醒はこの［生きているという］仕方で完成である、他方、［L］視覚と道具の能がそうであるように、魂は［ロゴスに即して］そう［完成］である」（道具一般のロゴスに名がないため「能」が用いられる）。部分である目の実働と全体である物体即ち身体の実働としての覚醒が同列に提示されるのは、それは可感覚的統合的物体が生きている限りにおいてである。道具の切断機能も本質が分離されずに完成にあって実働している、ただしこれは人工物が自然物であるかのごとくに理解する限りにおいてであるが。これは完成が語られる一つの確かな文脈である。

ここで彼はなぜ「今や、部分的なものを生きている統合的物体の上で把握しなければならない」とし、類比的な議論をそれ以降展開したかを確認しよう。それはエルゴン上実働と待機力能が観察を通じて類比的に判別されるが、エルゴン上統合体に内属する待機力能とロゴス上質料に内属する力能との関係を理解するためである。彼は部分と全体の関係とエルゴン上とロゴス上の関係を二重の仕方で類比的な関係において理解している。

「部分」をp、「身体全体」をw、そして双方の関係は全体が部分を統率する仕方においてあり、その統率的な関係を∧R∧であらわし（ただし、∧（部分∧全体）は大小関係をを示す）、「エルゴン上の部分」をEp、「エルゴン上の身体全体」をEw、そして「ロゴスに即した実体の部分」をLp、「ロゴスに即した実体の全体」をLw、そして双方の同様の統率的な関係を∧R∧で表す。さらに「部分」同士と「全体」同士のあいだに類比関係を↔rにより示す。完成は待機力能を保証する。そのとき二重の仕方で類比が確認される。

「視」　　　Ep∧R∧Ew　　　　　「覚醒」＝完成にある実働

↔r　　　　　　　　　　　　↔r

閉じている目（視の待機力能）　寝ている身体（覚醒の待機力能）

「視覚」　　Lp∧R∧Lw　　　　「魂」＝ロゴスに即した実体＝第一の完成

先に「魂の諸力能」のなかに感覚力能を挙げたが、「視覚」はここでは「魂」と類比的な関係においてあり、魂が寝ている身体をして覚醒せしめるように、視覚が閉じている目をして見さしめている。目は視覚の故に常に見ることが許容されている。この実働と待機力能の関係が全体と部分ともに類比的なものであり、↔rにより表現されている。これが一つの類比関係であり、観察により確認される。全体と部分の関係は統率関係においてあり視覚は魂に支配されるものであることがLp∧R∧Lwにより、同様に覚醒が視を統率しておりEp∧R∧Ewにより表現され、双方の実働は類比的に理解されることを示している。これが「部分的なものを生きている統合的物体の上で把握」するその仕方であり、帰納的に類比関係を見ることにより把握される。

視覚や斧の切断の能がそうであるように、魂はロゴスに即した実体である。これらはエルゴン上内属し分離されないが、ロゴスに即してのみ「第一の完成」である。ロゴスに即した形相は実働としての実体、形相の存在様式から判別される。このロゴスを持つ統合体が待機力能にあってその結果実働している。かくして、このロゴスに即した完成が確立されなければ、力能と実働の二種類が判別されずに、従来のように運動に即した力能とそのエルゴンとしての分析のみが提供されるだけであったであろう。彼は、エルゴン上類比を見ることによって確立した待機力能との対比として、ロゴスに即して分離された力能と完成について事例を挙げて説明する。「物体は［ロゴス上］力能にあるものであるが、しかし、ちょうど［ロゴス上］瞳と視覚が目であるように、かしこでは魂と物体が生物である」。これは無時間的、普遍的なロゴス次元における記述である。他方、それとの対比において、個体としての統合体は生成消滅すること明らかであり、生きている限りにおいて双方は分離されず、類比項を観察することにより力能と実働の関係が確認される。

彼は結論づける。

［j］かくして、魂が物体から［エルゴン上］離れているものではないこと、あるいはもし魂が自然本性上可分割的なものであるなら、その或る諸部分は離れているものではないこと、不明瞭ではない(413a3–5)。

最後に、彼は魂の或る部位が物体の完成ではないそのような部位のありうることに触れ、「何かの完成」ではない部位があるとすれば、離れてあることに問題はないとする。アリストテレスは第一章を結論づけて言う。

［k］というのも、或るものどもの部分それら自身の完成があるからである。しかしながら、或るものどもに関しては少なくとも、いかなる物体の完成でもあらぬことの故に［離れてあることを］何も妨げない。しかしなお、魂は船の舵取り船員のような仕方で［寄航後上陸するように］物体の完成であるかは不明瞭である。かくして、これにより要約的に魂について規定されたものとせよ、そして見取り図が描かれたものとせよ(413a5–10)。

アリストテレスは慎重であり、物体なしにはない魂をこれまで様相的に力能と完成において捉えてきたが、魂の或る部位が、例えば船が着岸後艦長が下船するように、それ自身何かの完成ではなく自らにおいて完成であり、物体に依存しない部位であるとすれば、物体の死とともに滅びない可能性を指摘できる。

第二節結論

以上の『魂論』第二巻一章の分析に基づき、例えばB. Williamsが同名異義の一ヴァージョンとして、生きているbodyと生きることも死ぬこともできる可能態としてのBodyを分節せざるをえないと主張するとき、彼は[LI]ロゴス主導と[EI]エルゴン主導の分節を誤解し、二義性を関連づけることに失敗していると語ることができる。Williamsは言う。「アリストテレスは、死体は(真には)body(身体)ではないと強く主張する。それ故に、bodyは生命を欠きえないので、それが生命を持つ時人間を構成し、生命を欠く時死体を構成するものをbodyとして同定することとさえできない。しかし、それではこのことは生命を持つかまたは欠くことができ、それに生命が発生ししかも生きているということが本質的属性ではない何ものかのために、単に別の術語、例えば[大文字の]Bodyを必要とすることをわれらに示しているのではないか」。J. Ackrillも同様の理由で「魂の定義は解釈を拒絶する」とし、その理由を提示して言う。「というのも合成体における形相と質料の対比が有意味なものとなるのはただ質料が形相なしに存在しうるものとして考えられ得るそのような仕方において摘出される場合のみであるが、しかし、彼の身体や身体器官の説明は、同名異義原理のもとでは、この身体やこれらの器官は魂を欠いているないし欠いてしまっているという想定を理解不能なものにするからである」とテクストの不明瞭さを批判する。このパズルを「Body-body アポリア」と名付けよう[29]。

まず、アリストテレスは「生命を持つこと」をエルゴン次元においては観察により確認されるものとしてロゴスによってのみ確定される「本質的属性」と語ることを拒否する。魂の実働はそのつど生きているか否かを確認すれば足りる(II2.413a21)。「実働としての実体」は魂が現に働いていることを表現しているが、ロゴス上「心臓は栄養を伝達するためにある」とは言えても、「本質的属性」としてそれを持つとは言えないように、「魂は本質的に(或いは譲歩して「必然的」に）生命を持つ」とは言われないであろう。魂は「力能において生命をもっている自然物体」に帰属する第一の完成である。エルゴン上生命は端的に魂の身体を介した実働であり、魂は今・ここで身体を生かしめている実体である。

アリストテレスは同名異義を積極的に捉えており、Body-bodyアポリアとしては理解していない。「生きている統合的物体」を前提にしたうえでつまりエルゴン上観察により類比的に待機力能を特定する。エルゴン上魂と身体は不分離であり魂を持った段階で外的な妨げがなければ「その結果生きている」。他方、魂はそのうえで「ロゴス上離存的」なものとして分離されるだけのことであり、エルゴン上の基礎づけのもとにロゴス上においてのみ同名異義が成立する。彼は言う、「今や、部分的なものを生きている統合的物体の上で把握しなければならない。というのも、部分［例、視覚］が部分［目］に対してある仕方と同じように、統合的感覚は可感覚的な統合的物体［個体］に対し、このようなもの［生きている統合的物体］である限りにおいて、類比を持つからである。だが、魂を失ってしまったものがではなく、魂を［実働において］持っているもの［統合体］が［エルゴン上待機］力能にあって、その結果［今・ここで］生きている」（II1.412b22-26）。「生きている統合的物体の上で」ロゴス上の分離を企てねばならない。

しかしウイリアムズは実質的にはbodyにおいてエルゴン上生きている統合体を理解し、Bodyにおいて生きまた死ぬことのできるエルゴン上生きていない物体を理解しており、ロゴスとエルゴンの内的な関係を見ることができていない。その意味でウイリアムズはエルゴンを基軸に据えることなく、ロゴス次元のみにて同名異義を捉えている。そしてBodyであることが可能でもあり、可能でもないさらなるBODYへと無限遡及することになるであろう。アリストテレスは生きていることを前提にせず魂や身体（物体）の同名異義を語ることはない（II4.415b8）。

この節の一つの含意として同名異義原理がパウロにも確認されるであろうことを示唆しておきたい。パウロは「神の愛はわれらに賜った聖霊を介してわれらの心に注がれてしまっている［現在完了形］」と言う（Rom.5:5）。この発話は実際に聖霊が注がれていない時になされるなら、それは端的に偽となる。ロゴス上、一般的にはもし神の愛が心に注がれることがあるとするなら、聖霊の実働を介してであると語ることができる。後者の「聖霊」は実働の現場における発話とは同名異義的なものとなろう。しかし、これゆえに神の前とひとの前を媒介するロゴスとエルゴンを探求することができる。パウロも「知恵の説得的議論」と「霊と[神の]力能の論証」を判別しており、そこに互いに補いあい、いずれからのアクセスも相互に確かさを増すそのような統一理論の展開を望むことができる(1Cor.2:4)。これは第二部で考察される。

第三節　魂の態勢のアリストテレス的分析と信の基礎的枠組
――認知的徳と人格的徳を統合するものは実践知か信か――

序　魂の根源的態勢――実践知 vs. 信――

この第三節において、信という魂の一つの行為そしてそのもとにある態勢は魂の実働全体の中でいかなる位置づけを持ち、それは何であり、いかに信に至る他の諸機能、態勢(*hexis*)と関連づけられるかを問う。その枠組として、アリストテレスの『ニコマコス倫理学』における魂の分析を取り上げる。彼は魂(＝心魂)の微妙な動きにいたるまで観察をゆるがせにせず、当時のギリシャ世界において汎用的な人間類型および魂の様態をめぐる術語を用いて、緻密かつほとんど包括的とも思える分析を提示している。彼はそこで魂の諸々の態勢、感受態(パトス)そして機能を善や幸福との関連において展開するが、ここではこの広範で多岐にわたる著作を魂の認知的要素と人格的要素の関連付けに焦点をあて分析する。伝統的に倫理学として扱われてきたこの問もロゴスとエルゴンの様相存在論を基礎にしたものであるが、ここでの心魂の倫理学的分析は信の哲学のもうひとつの基礎理論である。

アリストテレスによる行為の選択に関わる認知的卓越性（有徳性）と人格的卓越性（有徳性）の関わりの分析は、事実（真偽）と価値（善悪）の一つの統一的解釈を提供している。正しい行為の選択の知識である実践知・賢慮（*phronēsis*, practical wisdom）は正しい欲求（パトス）に真であると同意する認知的態勢である。そこでは人格的態勢がそれに対し良いまたは悪い関係にあると語られる感受態（パトス）が正しい欲求として発動しており、さらにそれに同意するロゴス（説明言表）への分節以前に一つの認知的状態「叡知」が発動している。彼はこれを「欲求的叡知」という形容詞と名詞の結合により表現し、二つの態勢の統一的状態を指示している。ひとは当然この成功した態勢にあるばかりではなく、認知的および人格的態勢の結合には諸々の段階がある。感受態（パトス）の発動はその者の魂の態勢がいかにあるかの「指標」（*Nic.Eth.*III）になると言われるが、魂の態勢と感受態による分析をナザレのイエスの言行録に適用する。それにより、イエスの感受態が彼の魂の態勢を明らかにすること、さらにイエス自身その分析に同意するであろうことを確認する。

先にパウロにおける信の理解そして信と業の統一理論の構想を確認したが、ここではアリストテレス倫理学における認知的なものと人格的なものを統一する「欲求的叡知」に基づく「実践知・賢慮」の理解を展開し、その接点を共約的な次元において探る。一つには感情の共約的な理解を摘出し、「ピスティスの律法」により排除された「誇り」の議論を契機に、排除されるべき誇りと持たれるべき誇りについてのパウロの理解はアリストテレスによる態勢と感受態の一般分析に基づく「高邁さ、誇り高さ」の論述により共約的なものとして十分に理解できることを示すであろう。パウロの「キリストの知識の卓越」という認知的革命に基づく態勢および感受態の変化もC人間的な人間存在の次元のこととして共約的に理解されうる。これらの議論は、パウロの信の教説は人格的態勢と認知的態勢を統一する機能を担っていることを示唆する。そしてパウロにおける魂の根源的態勢としての信と、アリストテレスにおいて実践および理論的要素双方を媒介する、有徳な魂の要として機能する「実践知・賢慮」とを比較検討したい。アリストテレスには気づかれなかったこととして、しかし彼の統一と両立的なものとして、実は信もそれら双方をより根源的な仕方で繋げ、相補的に展開させるものであることを指摘したい。魂の共約性を双方の検討を通じて、第二部のパウロの言語論ならびに心魂論展開の見取り図の提示と思考の方向を定めたい。

一　魂の善くあること(幸福)と徳

三種類の行為

アリストテレスの倫理学は人間の学として、ひとの魂の諸活動を精密な観察のもとにそれまでに培われた汎用的な術語による確定の作業を通じて、「魂の善くあること(幸福)(*eudaimonia*)」を構成する徳、卓越性を探求する。彼の倫理学を構築する主動因は「幸福は完全な徳に即した魂の或る実働であるので、徳について考察しなければならない」(*Nic.Eth.*I13.1102a5)という端的な一文に見られるように、魂の優れてあることの探求に向かう(以下本書からの引用は Bekker 版頁行数を記す)。魂の優れてあること、有徳であることそれ自身に惹かれ、有徳に生きること、それが幸福である。それは行為者ではなく行為を問題にし、普遍妥当する法則や規則の行為への適合を問題にする義務倫理学や、多様でありうる行為とその原則を魂の一つの機能である快に還元させる功利主義とは異なり、人間の包括的な理解のもとに倫理学を構築する。

生のあらゆる営みは(一)何か他のものの故に追求されるものと、(二)他のものかつそれ自身の故に追求されるもの、さらには(三)それ自身の故に追求されるものの三種類に分類される。そして、実際の事例をこれらのいずれに分類するかに各人の人柄が反映されるとはいえ、一般には金銭は(一)に、食事や健康は(二)にそして幸福や徳は(三)に分類されよう、たとえそこで問題になる徳や幸福の実質が多義的であり、その実質の何であるかが探求されねばならないにしても(*Nic.Eth.*I7)。徳と幸福がそのまま合致するかに関し、アリストテレスは次の留保を述べる。

「人間である限り、外的な繁栄を必要とする、というのも［人間の］自然本性は観想すること［認知的徳］に向けて自足的ではなく、身体が健康であることそして食物やその他のケアーを必要としているからである。たとえ外的な諸善なしには幸福ではないにしても、幸福であろうとする者は多くの［外的に］大きなものどもを必要とすると考えてはならない」（X.8.1178b32–79a1）。戦争や不遇その他外的な妨げの故に、ひとびとは有徳な者をそのまま幸福な生を送ったひとであるとは言わないという仕方で、端的な一致にはならないとしている。だが、密接な関連においてあり、有徳な生でなければ幸福ではありえないと考えていることは疑い得ない（e.g. 1177a2）。

この外的善の問題は実は大きな神学的問題を引き起こす。ルターは自らがアクィナスよりも『ニコマコス倫理学』をよりよく知っていると主張する。彼にとっては福音の恩恵は外的善そのものに他ならず、内的善としての有徳性を主張するアリストテレス倫理学とは大きな緊張をもたらすことをここで指摘しておきたい。この外的善としての恩恵を喜ぶことと、日常生活においてスポーツであれ英雄を賛美し、パトス喚起装置としての外的善に依存しつつ自らの喜びを見出す者とのあいだにどれほどの異なりがあるのであろうか。大いにあるに相違ないが、その解明には心魂の包括的な理論を要求するであろう。

ここではこの基本枠のなかで、アリストテレスが判別する叡知や実践知等の魂の認知的徳（卓越性）と勇気や正義等の魂の人格的徳（卓越性）の相違と関係に考察の主眼を置き、信が魂の双方を秩序づける根源的事態であると解する信の哲学との対話を企てる。

感受態、感受力能そして態勢

信の根源性を明らかにすべく、まず、魂の基礎的なふるまいをアリストテレスに即して確認したい。個々人はその魂において世界に対面している。外界からの刺激に対しそして内的変化に応じて、「魂のうちに生じるもの」は三つあるとされ、それは「感受態（パトス、*pathē*）」、「感受力能（*dunameis*）」および「態勢（*hexeis*）」である（II5.

1105b19ff)。「感受態」とは「欲望、怒り、恐れ、自信、妬み、喜び、愛情、憎しみ、憧れ、羨望、憐れみ」などの感情や情念に代表される魂の受動的な反応であり、「これらには一般に快ないし苦が伴う」(cf. *De An.*403a17)。その特徴は感情や憧れがそうであるように自ずと魂のうちに沸いてくるものであり、その濃度というか強弱は変移する。続いて、「感受力能」とは「それらに即してわれらがこれらを受動しうるものどもであると語るところのもの」である(1105b23f)。即ち、それらに即しわれわれが例えば怒り、苦しみまた憐れむことを可能にする魂の潜在的な力のことである。憐みと怒りは現象において異なる以上、その感受力能も異なっているに違いない。感受力能には質の良いものと悪しきものがあり、それは態勢と感受態との関係において明らかになる。

「態勢」とは「それに即しわれらが感受態に対し良い或いは悪い状態にあるところのもの」である(b25f)。例えば「怒ることに対しては、かたや激しく或いは他方散漫に怒るなら、われらは悪い状態にあるが、もし中庸の取れた仕方で怒るなら、良い状態にある」(b26f)[30]。感受力能に偏りがあるとき、中庸の取れた仕方で感受態が発動することはないであろう。そして、このバランスを保つものとして態勢が問題となる。態勢とは感受態に対する態度として明らかとなる魂の良いまたは悪い状態のことである。感受態と感受力能は「自然本性により(*phusei*)」(1106a9)生じるものであるが故に、ひとはそのこと自体により善いひとであるとか悪いひとであるとか、賞賛されたり、非難されたりはしない。従って、それら自然的に生起するものに対する対応力としての態勢に魂のうちに涵養される徳や悪徳が属することになる。哲学者は「われらは選択することなしに怒りまた恐れるが、徳は一種の選択であるか、選択なしにはないものである。これらに加え、われらは感受態により「動かされる」と言うが、しかし、徳や悪徳により「動かされる」とは言わず、「何らかの態勢にある」と言う」(1106a2-6)と語る。彼は魂に生起する自然的なものと責任のもとにあるものとの二つの状態を判別し、人間の学としての倫理学の主題である徳を魂のなかにまず或る種の態勢として位置づける。

アリストテレスは「徳」を「或る種の無感受態つまり平静である」と定義する者を「彼らは単純に語っており、

そうなるべき仕方と、そうなるべきでない仕方について、またそれがいつかということ、さらに他の諸規定が加えられていない」との理由で退け、「従って、徳は快と苦に関し、最善のものどもの行為に導きうるそのような［上記の具体的な限定を伴う］態勢であり、悪徳はその反対であることが基礎におかれる」と基本的な理解を一般的な仕方で提示する（II3.1104b24–28）。適切なときに、適切な仕方で、適切な程度において感受態が発動するそのような態勢にある者が有徳な者である。相反するものどもに同一の知識や力能があるのとは異なり、ちょうど「健康から相反するものは行使されず、ただ健康だけが行使される」ように、一つの態勢からはその態勢に即した行為だけが生起する（1129a13–16）。この点において、徳という態勢は技術と異なる。或いは少なくとも、魂の態勢から分離されうる限りでの技術とは異なる。例えば、医術はそれを用いてひとを健康にも病気にもできるが、勇気ある者は勇気ある行為を生み、正しい者は正しい行為を生む。彼は、そのさい、これら態勢と感受態を肯定的に関連づけるものはロゴス（道理）であるとして認知的な要素を二つの要に置く。有徳な者は適切なロゴスに聴従している者だからである。

態勢の指標として機能する感受態

哲学者は感受態が自然的なもの、発動の段階で選択の余地のないものであっても、経験、習慣により変化を蒙ると理解している。彼は「活動に伴う快または苦を諸態勢の指標［態勢を判別するもの］としなければならない」とする。例えば、「節度ある者（*sōphrōn*）」は「身体的な快を差し控えそしてそのこと自体に喜びを感じる者」のことである。それを嫌がる者は「放埓な者」である（II3.1104b3–6）。恐るべきことに耐え、それに喜びを感じる者ないし苦痛を感じない者は「勇気ある者」であり、苦痛を感じる者は「臆病者」である（b6f）。「正しい者」の態勢について、哲学者は「われらの観察するところでは、あらゆるひとは、それにより彼らが正しいことがらを行為しうる者であり、またそれにより正しく行為しかつ正しいことがらを望む、そのような態勢を正義であると語ろうとしている」

と報告している(VI.1129a6–9)。

「後悔」も選択なしに生じるという意味において感受態のひとつであるが、これは放埒な者と抑制なき者を判別する指標となる。為すべき行為について自ら最善の判断をもちながら快に負けて行為を選択する者は「抑制なき者」(1145b12f, b30f)であるが、彼は後に「後悔しうる者」であり、快に常に支配されているわけではない。それに対し、常に目先の快を追求する放埒な者は、自らの行為の選択において言わば確信犯であるが故に、悔い改めない(1150b30–34)。他方、「抑制ある者」はその葛藤の後に正しい判断を実践する者のことである。放埒な者にも程度があり、欲望を感ずることなく「快の超過を追求する者」は強い欲望を感じるが故にそうする者よりも「一層放埒」であるとされる(1148a17–19)。この事態に、魂の習性とでも言うべき態勢が、感受態とは或る程度独立であり、態勢の指標となることはあっても、行為を導くものとして機械的にまた一義的に双方が関係づけられているわけではないことを示している。なお、「遊び好き」は放埒な者であると思われようが実は休息を好む「柔弱者」である。というのも、遊びは仕事からの休息であるが故に、それは「弛緩」という態勢においてあるからである(1150b16f)。これは自らの喜びを求める趣味に生きる者と自らを大いなるものに捧げその使命に生きる後述の高邁な者との対比にも適用されよう。使命の遂行に湧きあがる喜びではなく、喜びのパトスを喚起するものに隷属する者は蛇が自らの尾を食べる自己食尽のループに比せられよう。このように、同一の快を追求するにしても、態勢の異なりに応じて人間類型は異なる。

アリストテレスは感受態と態勢を事例に基づき区別する。「恥ずかしめられる者たちは顔を赤らめ、死を恐れる者たちは青ざめる。双方とも、実際、何らかの仕方で身体的(*sōmatika*)であるように見える、まさにその身体的であることは態勢に属すというよりも一層感受態に属すと思われている」(IV9.1128b13–15)。つまり、感受態の反応が身体的な変化を伴うものであればあるほどそれは身体的であり選択無しに反応が生起し、魂の安定的な言わば厚みのある実力としての態勢、状態から判別される。ただし、態勢がパトスに近く癒着しており、ほとんど判別しえないものもあろう。「「何事につけ、変化は甘い」と詩人は言うが、この甘さは或る種の悪さのゆえである。悪しき者は変わりやすさのうちにある人間であるように、変化を必要とする自然本性もまた悪しきものだからである」(X14.1154b28-30)。外界からの刺激に抗しきれずに定まりなき感受態においてある者は、それがほとんどそのものの態勢である。

握力や走力、力など秀でたスポーツ選手に見出される身体の卓越性とは別に、伝統的に「徳」と呼ばれる魂の卓越性が存在し、それは何らかの魂の厚みとして、否定的なものの受動に対しては抵抗力であり、肯定的なものの受動に対しては積極的なヘクシス、態勢である。態勢は一般的に習慣により涵養されるものであり、態勢、例えば正義は有徳な正しい者が実践するように、正しいことを習慣的に実践することを通じて涵養される。行為の選択が他人の評価に対する恐れや恥に基づき例えば正しいことを行ったとしても、そのひとは有徳であるとは看做されない(e.g. III12.1116b22)。なぜなら、そこでは態勢と感受態のあいだに適切な関係が形成されていないからである。例えば、周りの空気を読んで行動を起こす者は、空気の変化に応じて行動が変わる者であり、そのひとに培われた態勢から行動が生じることがないため、そのような態勢はどこまでも空虚であると言うべきか、過剰な感受態との癒着のうちにあるであろう。態勢が徳と言えるものである場合、その行為はそれ自身の故に選択され、そこには喜びが随伴するであろう。両者が適切な関係においてあるからである。このように、態勢に応じて、発動する感受態が異なり、また分類される人間の種類が異なる。それゆえにこそ感受態と態勢の相互作用、関係が人柄の考察において重要な課題となる。

魂のロゴス無しの部位のロゴス的な部位への与り

感受態はそれ自身自然的なものであり、「ロゴス(道理)無し(*alogon*)」(1102a28)であるが、「何らかロゴス(道理)に与る」(1102b13f)とされる。ここに人格的徳(卓越性)と認知的徳(卓越性)の架橋が問題となる。換言すれば、感受態に対する態勢と真偽に対する態勢とでも言うべきものはどのような関係にあるかが問われる。

魂の自然的なロゴス無しの部位はロゴス的な部位とは同一の円周が「ふくらみ」とも「くぼみ」とも理解できるように、身体の部分がそうであるような仕方で分割されていると必ずしも理解する必要はないと留保されており、ここではそれらの機能としての関係だけが問題とされる。哲学者は言う。

しかし、魂の何か他の自然はロゴス（道理）無し（*alogos*）であるが、しかしロゴスに何らか与っていると思われる。というのも、抑制ある者と抑制なき者について、彼らが所有するロゴスを賞賛し、彼らの魂のなかでこのロゴスを所有する部位を賞賛するからである。というのも、ロゴスは最も適切なこと（*ta beltista*）について正しく勧めるからである。抑制なき者の衝動は［意志とは］反対の方向に向かう。尤も、われらは身体においては逸《そ》れゆくものを見るが、魂においては見ないのではあるが。しかし、おそらく、魂においてもロゴスに対立し、抵抗する、別の何ものかがあると少なくとも看做すべきである。それがどのように異なるかは問題ではない。しかし、これは、語ったように、ロゴスに与るように見える。かくして抑制ある者のそれはロゴスに従う。さらにおそらく節度ある者そして勇気ある者のそれはよりいっそう聴従（*euēkoōteron*）している（I13.1102b13-28）。

「よりいっそう聴従する」という比較級はひとりの人間が放埒な者から抑制なき者へ、さらに抑制ある者から実践知者へと進展しうるその可能性を表現している。人柄の判別はロゴスへの聴従の遠近によると言える。放埒な者は聞く耳を持たず、抑制のない者は聞くには聞くが欲望の快に負けてしまう程度の聴き方であり、抑制ある者は葛藤の後に聴従に辿り着く者であり、実践知者は葛藤することなしに聴従する者である。このように人格的な徳は道理（*logos*）と道理無しの部位を調和に導くそのような魂の道理ある態勢であると言える。ロゴスによりよく聴従するためには、そのロゴスがより明瞭になっていることも求められるであろう。「いかに生くべきか」という人生全般に対し、実践知者は実践知という実践的な知識をより身につけた者であろう。その修練の途上においては、実践知者の観察を通じて、彼らがいかにいかなる動機に基づき振る舞うかを学習していることも不可欠であろう。

この聴従の仕方は子供が父親の忠告に従うそのようなものであるとされる。「忠告」や「非難」、そして「勧告」という事実が「ロゴス無しの部位は何らかの仕方でロゴスにより説得される」ということを「開示している」(1102b33–03a1)。欲望を抑える節度ある者や激情を抑える勇気ある者たちつまり有徳者は抑制ある者より一層ロゴスが見えており、聴従しやすい魂の態勢になっている者たちである。ここに魂の認知的状態が人格的な徳の形成の関係においていかに機能しているかが問われる。

魂の人格的徳と認知的徳

アリストテレスは種々の態勢に対応する種々の徳が人格において一なるものに統一されるか、つまり徳の一性に関心を寄せつつ、徳の定義を模索する。その考察のなかで、アリストテレスは徳、卓越性に人柄に関わる人格的なもの、人柄に関わるもの(*ēthikē aretē*)と知識をめぐる認知的なもの(*dianoētikē aretē*)を区別している。一方、認知的な徳、卓越性は「教授に基づき」生成と成長するところ大であり、「それ故に経験と時間を必要とする」。例えば、実践知は他の仕方でありうる個別的なものに関わるだけに、「経験」を必要とするとされる(1142a15)。他方、人柄に関わる人格的な徳、卓越性は「習慣に基づき」形成される(II1.1103a15–17)。私が「人柄」ないし「人格」と訳す*ēthos*(エートス)また「倫理的」ないし「人格的」と訳す*ēthikē*は「習慣(*ethos*(エトス))」から派生した語である(a17)。「石」や「火」等の自然本性上の運動は自然に逆らって習慣づけることはできないが徳はその事情を異にする。人格的な徳には「鷹揚」や「節度」、「勇気」そして「正義」等が挙げられる(II3, *E.E.*1220a6)。これらの徳によりひとは恐怖等の情念や快楽と苦痛に正しく対処する(II3, X8)。この徳の習得過程は、生得的な感覚機能のように、所有しているが故に用いるのではなく、諸徳は技術の習得のように、用いることにより所有するに至る、つまり、「制作することにより学ぶ」(1103a33)習慣づけという現実活動に基づき獲得される。「諸徳はわれらに自然本性によっても、自然に反しても生まれることはないが、われらは、かたや、それら諸徳を受容すべく自然本性上ふさわしいものであり、他方、習慣を通じて成熟させられる」(II1.1103a23–26)。

人格的な立派さは立派なことがらを立派なひとが為すように習慣的に訓練することを通じてのみ、自然本性に逆らうことなく、そこに備わる可能性を訓練により成熟させるのだという見解は道理あるものである(cf. 1152a30–33)。人格的成熟は感覚と異なり、既に直ちに現実活動することができる感覚力能を備えて生まれてくるそのようなものではない。人格的成熟は若いときには感受態の反応が強く、ロゴスによりコントロールする態勢は弱いが、有徳であると看做されている行為を有徳な者たちが為すように自らを習慣づけ実働することを通じて、実際にそのような者になる。自らのなかにある未成熟な部位が反抗しがちであり、自己の分裂を不可避なものとするが、よりロゴスに聴従しうるものとなるためには、全体としての調和を求めることが不可欠である。感受態の反応そのものが、中庸をえた適切なものとなることが求められる。

「徳は、われらにとって中庸のうちにあることによる、選択力能上の態勢である、そしてそれは、実践知者もまたそれにより決定するであろう、そのロゴスにより確定されている。だが、それは一方超過に即しまた他方不足に即してある二つの悪徳の中間である。なお、諸感受態および諸行為において、一方は必要なものよりも不足することによるものであり、他方は超過することによるものであるが、徳は中項を発見することそして選択することによるものである」(II6.1106b36–7a6)。勇気ある者は恐れと自信の中間性である(1115a6)。正義の態勢の種類は多くあるが、一般的には「不正が不平等であるとすれば、正義は平等である」。その意味で正義も種々の感受態および行為における過剰と不足の中間である(1130b5)。

主知主義と習慣に基づく人格的徳

認知的卓越性は中庸のロゴスの認識にこそ関わるはずである。従って、人格的および認知的態勢双方が無関係であり続けることは考えられない。しかし、アリストテレスはソクラテスの主知主義的な傾向を念頭に知的訓練と人格的訓練の緊張を次のように語る。

諸徳にたまたま合致して生起したものどもは、たとえそれら自体が或る態勢のものであるにしても、正しくまた節度をもって行為されているのではない。むしろ、行為者がそれらを為すとき、もし彼もまた或る魂の態勢にあって行為する場合に、つまり第一に（1）彼は知っている者である場合に、続いて（2）行為を選択する者、しかもそれら自身の故に選択する者である場合に、第三に（3）堅固にまた揺ぎない人格的態勢にあって、行為する場合に、正しくまた節度をもって行為する。しかし、これらは、他の諸技術を持つことに関しては、（1）知ることそれ自体以外には、数え挙げられない。他方、諸徳に関しては、（1）知ることは何も或いはわずかにしか力にならない。しかし、他の諸態勢（（2）（3））は、繰り返し正義と節度を実践することからより優れたものになるのであり、わずかどころか、全体にわたり力あるものである。かくして、行為は正しくまた節度あると語られるのは、正しい者ないし節度ある者が為すであろう類のものであるときである。しかし、これらを為す者が正しくまた節度ある者ではなく、正しくまた節度ある者たちが為すそのような仕方で行為する者が正しくまた節度ある者である。それ故に、「正しい者は正しいことを為すことから生じる」そして「節度ある者は節度あることを為すことから生じる」と言うことは適切である。しかし、誰もそれらを為さざることからは善き者になる見込みはないであろう。しかし、大衆は一方ではこれらを実践することをせず、他方では、議論に逃げ込むことにより哲学していると思いそしてこのようにして立派な人間になると思っている。彼らは、医者たちの言うことには注意深く聞くが、その処方のいずれも実行しない病人と何か似たことを行っている。かくして、ちょうど彼の者たちがそのような仕方で治療を受けることにより身体をよい態勢に保つことがないように、この者たちはそのような仕方で哲学することにより魂をよい態勢に保つことがない（II4.1105a28-b18, cf. X9）。

アリストテレスは、この文脈において、人格的な有徳者の構成条件を三つ（1）知識（2）自発的な選択（3）堅固な人格的態勢を挙げている。そのうえで、人格的卓越性を知的な卓越性とは相対的に独立したものとしてとらえ、正しいひとになるためには正しいことを繰り返し行うことが、それも正義それ自身の故に選択し、そしてそれを通じて堅固で揺るぎない態勢を形成することが最も肝要であることを確認している。ひとの行為の選択が他人の評価に対する恐れや恥、さらには場の雰囲気の感知に基づき例えば正しいことを行ったとしても、そのひとは有徳であるとは看做されない（e.g. III12.1116b22）。「多くの者たちはロゴスよりもむしろ必然に服し、美しいものよりも罰に服する」（X9.1180a4f）。なぜなら、先述のように、そこでは態勢と感受態のあいだに適切な関係が形成されていないからである。節度ある者は快楽を控えることに喜びを見出す者のことであった。病気や評判への恐れから、また恥から控える者がいるとすれば、それらの感受態は有徳な態勢が形成されていないことを如実に示している。端的に言えば、具体的な行為が問題であるのではなく、魂の様態が問題なのである。

これに加えて、この節の強い主張は徳の形成における知識の貢献についての否定的な評価である。具体的な状況において、為すべき正義を知ることはそれを為す必要条件となるが、単に正義について議論に取り組み、何らかの知識を得るだけでは正しいひとを形成するさいにほとんど力にならないとされている。この主張にはアカデメイアにおける一つの傾向性に対する対人論法的な要素が含まれていると思われる。ただし、ことがらとしてその通りであることも主張されている。その理由として、人格的な徳は身体的な健康と似ており、正義や節制の繰り返しの訓練を通じて、魂の道理無く無分別な部位の感受態である情動、欲望はロゴスにより従いやすい堅固で揺るぎない人格的態勢に成ることが挙げられている。だが、ここでの知識はそのありうる複数の態勢、状態のうち、いかなるものが念頭におかれているかを判別することは一つの課題である。この箇所での「知識」はソクラテス的な文脈で論じられており、彼の未分節な知識一般が問題にされているように思える。

無抑制と知識の諸種

アリストテレスは無抑制（*akrasia*）の分析においてソクラテス説を提示する（VII2）。「抑制なき者」とは「つまらぬものと知りつつ、感受態の故にそれを為す」そのような者のことである（1145b12）。ソクラテスは、行為者に「知識（*epistēmē*）が内在している」にもかかわらず、快への欲望が知識を圧倒し、「まるで奴隷のように引きずりまわす」ことは考えられず、最善のことを知りながら、その最善のことに反して行為する者は誰もおらず、それはただ行為者の「無知による」と主張する（1145b25–27）。その理解においては、知識と無知がひとの感受態や生理的な状況を考慮することなく一義的な関係におかれている。アリストテレスは無抑制という「現象」があることは否定できず、この説はこの現象に「明らかに合致しない」ことに注意を喚起し、知識をめぐる魂の態勢の分節により応接している（1145b27f）。かくして、感受態との関係において知識の諸態勢を分類することが肝要となる。

人間の生理状態における変化に応じて、種々ありうる知識の態勢のいずれかが明らかになる。無抑制との関連で、知識にも種々ありうる態勢は感受態の発動に影響を与えるとされる。哲学者は言う。「なお、知識を所有することが今語られたものどもとは異なる仕方で人間に属することがある。というのも、知識を所有しているが、使用していない者において、異なる態勢を、従って或る仕方で持ちかつ持たないことを、われらは観察するからである、例えば、眠っている者、狂気の者そして酔漢の場合である。だが、感受態のうちにある者たちは、少なくとも、このような状態に置かれている。なぜなら、激情、性的欲望そしてそのようなものの或るものどもは明らかに身体をも変化させ、そして或る者たちにおいては狂気すら引き起こすからである」（1147a11–17）。ここに或る種の生理状態に平行的なものとして、感受態に捕らわれている者が特徴づけられる。この事実は感受態が身体との密接な関係においてあることを明らかにしている。彼はソクラテスによる知は優れたものとして欲望を支配する力あるものであるという一義的な理解の硬直性に対し、感受態の発動に応じた知識の態勢の相違を確認する。抑制なき者の特徴である「後悔」という感受態は過去の魂の認知的態勢に対するものである。悪と知っていたのにそれを為したことを後悔するのであって、無知であった場合にも無知という認知的欠落を後悔することがあるにしても、後悔は自らの欲望の強さよりも認知的態勢に向けられる。この無抑制の問題を契機に行為における知の態勢の解明に向かい、人格的徳（卓越性）と認知的徳（卓越性）の関係がここに先鋭化される。

従って、有徳な者の知識のあり方も重要な考察の課題となる。確かに、知識に関わること、明敏な知性は一つのことであり、他者と関わること、正しさ寛容など人格的な立派さはもう一つ別のことがらである。しかし、同一の魂の異なる働きが何らかの調和や統一をもたないとすれば、それは分裂を抱えた魂でありまた、怠惰なことである。これら二つの要素の相補的な展開にこそひとの全体的な卓越性が宿ると見るべきである。そしてそれを追求しないということは不自然であり、それぞれの要素をさえ堕落させるであろう。しかし、この問いはその後の哲学の歴史において、事実と価値、真偽と善悪、理論理性と実践理性、ロゴスとエルゴン等の関係の問いとして常に様々な仕方で問われてきた哲学の根源的な問いの一つである。アリストテレスはここで「知識」という語の意味の分析、さらには態勢に応じた分析が不可欠なものとして理解し、そこに魂の様々な感受態との関連においてまた認識対象との関連において魂の認知的態勢の分節に向かっている。

五種類の認知的徳

このような文脈のもとに、アリストテレスは思考をめぐる認知的な徳・卓越性を分析する。認知的な徳として、哲学者はそれぞれの知識の対象に応じて「魂が肯定したり否定したりすることにより、そこにおいて真理を捉えている状態」を五つあるとしている（VI3）。これら「認知的な（*dianoētikon*）徳（即ち卓越性）」は「思考（*dianoia*）」が肯定や否定の思考過程を介して認知に成功した観点から、思考対象に即して枚挙されている。思考対象は原理と非原理、他の仕方でありえぬ必然的なものと他の仕方でありうるもの、制作的なものと行為に関わるもの、人間的なものと人間を超えるものにより区別される。それらは、それぞれ、制作等にかかわる「技術知（*technē*）」、必然的な自然事象など論証により得られる「学問（科学的）知識（*epistēmē*）」、他の仕方でありうる個別的な行為の対象に関わる「実践知（*phronēsis*）」、人間的なものにではなく不滅である「宇宙」や「神霊（*daimonion*）」、「驚くべきこと」

に関わる「知恵(*sophia*)」、さらに諸科学の原理である例えば幾何学における大きさや、行為の原理である最終的な選択肢に関わり、文に分節される以前に項に触れるという仕方で得られる「叡知(*nūs*)」の五つが挙げられている。実践知者の例としてペリクレスが挙げられ、叡知者としてアナクサゴラスやタレスが挙げられる(1140b8, 1141b5)。哲学者はこれらを整理してこう結論する。「もし他の仕方でありえないものについてまたありえるものについて、われらがそれらにおいて真でありかつ決して偽ではないものは、学問知そして実践知そして知恵および叡知であるが、これらのうち三つ(実践知、学問知、知恵)の何ものも原理(始まり)についてはありえないなら、原理(始まり)については叡知があることが残されている」(1141a3–8)。この一文は対象とそれに対応する知識の名称を判別することに哲学者が腐心していることを示している。この知識の分類への関心はソクラテスによる行為も自然も原理も判別せずひとしなみに論じる知識論に対する反論に由来する。ここでは人間的な善という枠のなかで、行為をめぐる二種類の卓越性を架橋するものとして提示される実践知を取り上げるが、この知の解明のために必要な限りにおいて他の知識にも触れる(cf. II3)。

二　行為における実践知による認知的態勢と人格的態勢の統合

「実践知」とは「人間的な善に関わる行為力能上のロゴスを伴う真なる態勢である」

「実践知(*phronēsis*)」は「人間的な善に関わる行為力能上のロゴスを伴う真なる態勢である」と規定される(VI5. 1140b20 cf.1140b6–7)。人間的な善とは観想のような神的な善とは異なり、ひととひととの関わりのなかで求められるものである。実践知は状況に応じて選択すべきものが異なりうる行為に関して、可能な行為の選択肢のなかで最善のものを認識する。そのような実践知を持つ実践知者の特徴として、「自らに善きことそして有益なことについて、例えば健康には、強壮にはどのようなものがよいかのように、部分的な仕方ではなく、全体として、よく生きることに対してどのようなものがよいかを熟慮しうること」が挙げられる（1140a25–28）。生を全体として考察し、具体的な選択をするこの認知的卓越性においてある者は常に生のゴールとして魂の善くあること（幸福）を念頭におく。この人生のゴールとの関連において「よく熟慮することがとりわけ実践知者の働きである」と哲学者は主張する（1141b9f）。

「実践知者（*phronimos*）」は「朴念仁（*agroikoi*）」（1104a24）ではなく、快苦がもたらすものが何であるかを知りつつ、決してそれ自身として「道理無し（*alogos*）」である「欲望や一般に欲求」（1102b30）に引きずられることなく、「単に知ることにより実践知者であるだけでなく、またその知により行為しうる者である」（1152a7f）。さらに、彼は「抑制ある者（*egkratēs*）」とは異なり自らの善の判断と欲望のあいだで葛藤することさえない（II3, VII2.1146a5–7, 7.1153a20f）。それは自らにとって最善なものが何であるかをよく知っているからである。この実践知は人格的な徳といかに関わり、またいかに影響しあうのであろうか。

徳は正しいロゴスを備える。アリストテレスはこの点について誰もが同意できると看做した上で、思考を「先に進めねばならない」とし、実践知の態勢について語る。

> 徳とは単に正しいロゴス（道理）に即した（*kata*）ものであるだけではなく、正しいロゴス（道理）を伴う（*meta*）態勢が徳である。しかし、実践知がそのようなものどもの「正しいロゴス」である。ソクラテスは、かたや、様々な徳は様々なロゴスであると考えた（というのも、あらゆる徳は様々な知識（*epistēmās*）だから）が、しかし、われらは「正しいロゴスを伴う」と考える。かくして、語られたことから明らかなことは、実践知なしに本来善き者（*agathon*）であることはできないが、また人格的徳なしには実践知者でもありえない。しかし、諸徳が相互に切り離されているとひとがそれにより問答する議論をこの議論は解決するであろう（1144b25–34）。

ここで前置詞「に即して」と「伴い」の差異は確認されねばならない。徳は単にロゴスに即する態勢であるだけではなく、人格的態勢としてのロゴスが内在していることを表現すべく「伴う」が選択されている。

人格的徳から見れば、認知的徳(実践知)である正しいロゴスを伴うことにより、態勢が整う。認知的徳から見れば、人格的態勢に伴うことにより自らの働きを遂行する。

ひとは誰であれ、それ自身としてロゴス無しの感受態の部位においてさえ「ロゴスに与る」ことのできるものであった。人格的徳は一方では感受態に対する良い態勢であり、行為における選択力能上での良い態勢であった。ひとは何か外的な中庸表を見て、それに即して行為を選択するのではなく、良い感受態の反応と共に適切な行為が選択されるとき、実践知はそのひとのものであると言える。そしてそのような感受態の反応に至るまで、人格的徳を習得するには長い修練と習慣づけが必要とされていた。有徳な人間の感受態は抑制ある者のそれより、一層ロゴスに聴従しうるものであった。その過程のなかで、はじめは単に外在的なロゴスに即して選択していただけのところのものであった知識の状態が、実践知として次第に血肉化していくのであろう。このような仕方で双方は相互の成長を要求している相補的な関係においてあると言える。

実践知と観想生活

生のゴールとの関連で具体的な状況において正しい行為を選択すべく熟慮する実践知者は関心が人間的な善に限定されているとは言え、人生とそれが遂行される世界や自然、超自然について広い視野を持ち、明確な統一的理解を持つことは決して不利益にはならない以上、他の認知的な卓越性をも必要としているように思われる。或る文脈においては、医術ではなく健康が健康を作るように、叡知が幸福を作ると言われる(1144a5)。観想生活があるとすれば、常に真にヒットし続けるそのような生活はそれ自身として最も幸福であろうからである。

哲学者は実践知の必要条件として叡知を挙げている。「叡知(*nūs*)は両方向における最終項に関わる。というのも、第一の諸項と最終の諸項についてては叡知があり文はないからである」(1144a35-b1)。論証科学の第一原理に叡知が成立するとともに、普遍を前提にしたうえでそこにおいて思考が「停止する」(1142a29)具体的な行為という最終の個別的なものにも叡知が成立する(cf. VI11)。対象に即して、両端項の知識は「ヌース(叡知)」と呼ばれる。最終的なものには双方の方向において文ではなく、項がそれに対応するが、そのためには「かくして、これらについて感覚を持たねばならないが、それはヌースである」(1143b5f)と言われる。感覚はそれ自身として感覚対象の触発により生じるものであり、偽の可能性はない。それと同様に叡知も直観対象に「触れる」か「触れない」かであり、触れた場合には常に真であり、偽の可能性はない(*Met*.1051.24. cf. 1142a25-30)。ヌースが発動することなく、具体的な行為が選択されることはあるであろうし、それがよい人生との関係においてたまたま真であるつまり正しい選択である場合もあるであろう。しかし、彼の認知的卓越性の枚挙は成功した視点から挙げられており、「決して偽ではない」(1141a5)と規定されていた。思考の過程において正しい選択がなされた場合には叡知がその選択肢に触れた場合であり、偽でもありうる認識については「叡知(*nūs*)」という尊称は用いられない。それはちょうど感覚が感覚対象に関して誤ることがないように、「これ」という行為の個別的な選択肢に関して誤らないその魂の状態が、感覚として機能する叡知なのである。

哲学者は「魂において行為と真理を司るものは感覚、叡知、欲求の三つである」(1139a17)とし、認知的卓越性を二つそして感受態を一つ挙げて、行為における真を説明する。思考は真と偽に関わるように、欲求は追求と忌避に関わる。従って、何を追求し忌避するかに応じて、ひとの人格的な態勢が明らかにされる。彼は「人格的卓越性は選択力能上の態勢であるが、選択は熟慮力能上の欲求であるので、これらの故にロゴスが真でありまた欲求が正しいものでなければならない、いやしくも選択が立派なものであるなら」と述べ、欲求は人柄の反映であり、そして選択には熟慮が不可欠である以上認知的な態勢をも反映すると述べる(1139a22-25)。さらにこの文脈における真について、「行為かつ認知的なものについての真は正しい欲求に同意している状態である」(1139a30)と述べ、真かつ正しさを司るものとして二つの卓越性に対応する態勢が、選択そして行為の立派さを形成すべく相補的に機能するとしている。

行為の始動因として選択が挙げられ、さらに「選択の原理は欲求と何かのため[目的]のロゴスである。それ故に、叡知および思考なしに(*aneu nū kai dianoias*)、さらに人格的態勢(*ēthikēs hexeōs*)なしに選択は存在しない。というのも、良い行為とその反対の行為は思考と人柄(*ethūs*)なしにはないからである」とされる(1139a32–34)。行為を形成するものは始動因である選択とその選択の始動因である欲求さらにはその欲求を方向づけるものとして目的因としてのロゴスである。欲求という感受態は人格的態勢に応じて変化するものであった。良い行為と悪しき行為がある以上、行為は思考と人柄を反映すると言える。そして、有徳な者にとっては良い行為はそれ自体のために望まれるものであった。そのような人格的態勢にあるものであった。それ故に、彼は「それ故に、選択は欲求的叡知(*orektikos nūs*)であるかそれとも思考的欲求(*orexis dianoētikē*)であり、かつそのような[選択]原理が[各々の]人間である」(1139b4–6)と二種類の態勢に一つの結合的な表現をあてがい、またそれにより成功した選択(欲求的叡知)と選択一般(思考的欲求)を判別する。さらにはそのような選択がどのような人間であるかを明らかにする指標として機能することが指摘される(cf. 1177b35–78a8)。この人間類型の判別との関連で、アリストテレスは「抑制ある者と抑制なき者は、叡知が支配するか或いは支配しないかにより、それ[叡知の支配ないし非支配]が各々の者である(*tūtū hekastū ontos*)という仕方で、語られる」(1168b34)と述べる。この一文において、叡知の支配とはそれを原理とする実践知に至るまで個々の行為を生全体への熟慮により位置づけることを表現していることは、これまでの論述から容易に推測されよう。実際彼は「抑制ある者のそれ[ロゴス無しの部位]はロゴスに従う」(1102b27)と語っていた。つまり、項(*horos*)に関わる叡知から文(*logos*)に関わる実践知に至るまで、最終の項の知の力が浸透するとき、ひとは抑制ある者となる。

ここで確認すべきアリストテレス倫理学に特徴的なことがらは、人格的徳に即してある者はその徳を行使することとそれ自体が行為の目標であるということである。有徳な者は有徳な行為そのものに惹かれ、そしてそれが魂の善くあることつまり幸福なことであるという認識のもとに、他者や為すべきことがらに正義に即して、勇気をもって、節度ある仕方で関わる。このように行為には人格的および認知的態勢それら双方が関わることを明らかにしている。

有徳な行為がそれ自身の故に求められるとするなら、それは自己目的的な充足した生である。しかし、彼はそれとは別に、さらなる自己目的的な生があるとする。彼は十巻七章において叡知と叡知による観想活動が「人間の完全な幸福である」(1177b24)とする。それは神々に似た活動だからである。しかし、それには次の留保が与えられる。「このような生は人間に即したものをより超え出たものであろう。というのも、人間である限りそのように生きることはないであろうからであり、何か神的なものである限り、彼自身に属するであろうからである」(1177b26)。この観想生活は神的であり、完全な幸福であるという議論から、アリストテレスは信の哲学との関わりにおいて重要な勧めを導き出す。「だがわれらは「人間である限り、人間のことがらを考えよ」、「死すべき者である限り、死すべき者のことがらを考えよ」と助言する者たちに従うべきではなく、むしろできる限り自ら不死であるべく、そして自らの内にあるもののなかでも最も力強いものに従って生きることに向けて、全力を尽くすべきである」(1177b31–34)。これはアリストテレスの倫理学が収斂するゴールであると言ってよい。人生の目的は不死な者になることである。この「不死」に実質的ないかなる生を代入すべきかは問いとして残されるが、これは一般的にはパウロと変わらない目標を設定していると言ってよい。人間は人間である限り、不死を求めざるを得ないということが共約的に確認されるとするなら、両者の対話は、その方法において、その内実に関して、より実質的かつ緊張したものとなる。

一方で、この人生の目標を確認した上で、他方で、アリストテレスは第十巻八章において人間的な幸福を認知的な卓越性と人格的な卓越性の相補性において確認する。[31]

他の徳に即した生は第二次的に幸福である。なぜならその徳に即した諸実働は人間的なものだからである。というのも、われらは正義や勇気そして他の諸徳を、諸契約や奉仕そしてあらゆる種類の行為において、また感受態においても、それぞれに相応しいものを注意深く観察しながら、相互に行使するからである。しかし、これらすべては人間的なことがらであると思われる。幾つかのものは身体から帰結し、そして人格的徳は多くの場合に感受態に結び付けられていると思われる。しかし、実践知もまた人格的徳に結び合わされており、これもまた実践知に結び合わされている、いやしくも、かたや、実践知の諸原理は人格的な徳に即してあり、他方、人格的な諸徳の正しさは実践知に即してあるならば(X8.1178a9–19)。

実践知は自らの始まりを人格的態勢に持ち、人格的徳は自らの正しさを実践知に即して身につける。行為の「選択」は「熟慮力能上の欲求」であった。「欲求的叡知」が選択すべき行為の項目にヒットした状態であった。選択には認知的なものと感受態に関わる人格的態勢が関与していた。すなわち、正しい欲求という感受態は徳としての態勢が整うことにより発動するが、その態勢はロゴスを伴っている。その伴われるロゴスは実践知により備えられるものであった。アリストテレスは「行為かつ認知的なものについての真は正しい欲求に同意している状態である」(1139a30)と述べる。相補的な訓練により養われたパトスに相補的な訓練により養われたロゴスが同意する、このような仕方で、人格的徳と認知的徳の相補性は表現される。アリストテレスはこのような仕方で、人間的な善のことがらにおいて、認知的な態勢と人格的な態勢の不可離性および相補性を確認している。勇気ある者は恐れと自信のあいだの中間のロゴスを弁えているものであり、実践知者でもある。正義の者も対象者間に付与されるべきものの等しさのロゴスを弁えている実践知者である。実践知がそれについてであるところのロゴスは各人の魂の態勢と感受態との関係をめぐるものであり、人格的な修練なしにはそのロゴスが見えてくることさえなく、その意味で実践知は人格的徳をその原理とする。

しかし、実践知はあくまで認知的卓越性であり、人格的なそれと本質を異にする。一方は知識であり、他方は習慣的な実践を経ての適切な感受態の反応の仕方の習得である。選択のさいに正しい欲求に同意するという仕方で真が成立する魂の状態の表現としては、「欲求的叡知」という句が双方の結合の精一杯の表現であろう。言ってみれば、知識なき身体化は盲目であり、身体化なき知識は空虚である。

三　人格的なもの（欲求）と認知的なもの（叡知）の総合
――マクダウェルの主知主義的徳の理論に抗して――

「欲求的叡知」とマクダウェルの「感受性」

J. McDowell は徳の合理性をめぐる議論において、人格的要素と認知的要素を統一するものとして「感受性（sensitivity）」という概念を導入することにより展開する。これは、アリストテレスの「欲求的叡知」の興味深い一つの解釈である。（以下、「感受性（sensitivity）」を「感受態（*pathos*）」と混同するのを避けるために、「感受態」は「パトス」としてこの節では表記する）。マクダウェルとの対話を通じて、アリストテレスのこの概念をさらに明確化することができると思われる。マクダウェルは基本的に「徳を或る感受性と同一視する見方」を唱導し、主知主義的な徳論を展開する。[32]「感受性」は「見て取る」や「わかる」等により表現される、「或る種の知覚能力」であり信頼できる感受性の行使は「知の事例」であるとされる（p.51）。

彼は「同一化するための予備的事例」として次の議論を展開する。「そのつど、状況により課される要求とそのような諸要求に対する行為者の感受性により見つけ出される要求は、彼がそうするとき、行為していることの理由を汲み尽くしているのでなければならない。それはもし行為者が、親切さの要求に合致させるべく外的動機づけを、例えば良い評判の報酬を必要としていたなら、一つの行為を親切さの表明として数えることからは失格とするであろう。それゆえ、彼の感受性の諸公表（deliverances）は、ひとつひとつ、その徳を表明するその諸行為の十全な説明を構成している。かくして、感受性は十分にそれらの公表の責任を担うので、感受性は十分にそれらの行為を説明する。しかし、徳の概念とは一つの態勢（a state）の概念であるが、その態勢の所有は徳を表明するそれらの行為を説明する。その説明的役割はその感受性により満たされるが、その感受性は今度は徳がそれであるところのものであることが判明する」(p.52)。有徳な行為を十全に説明するものが感受性であり、徳はそのままその実質を、外的な妨げがなければ、行為に導く魂の態勢であるが故に、徳はその感受性であるとされる。

はたしてこの見解はアリストテレスのものであろうか。たとえマクダウェル独自のものであれ、説得的であろうか。彼は無抑制(アクラシア)の説明において、有徳に行為し損ねる者も或る仕方では「有徳な者はどう振る舞うか気づいている」と言う。ひとが正しい認識に即して行為し損なう理由としては、単に不注意ではなく、「彼が知覚しているものの自らの評価が、他の仕方で振る舞いたいという衝撃によって、曇らされているか焦点をあてられていないか」であるとされる。「このことは或る感受性との徳との同一化を保存する」(p.54)。かくして彼はソクラテスの無知による説明に加担する。有徳者は相反する行為の考慮事項を比較考察するひとではなく、自らの感受性を働かせることにより状況の一つの見方に到達するが、他方を「黙らせる」つまり比較事項としないという仕方で理解する。このような感受性の理解のもとにマクダウェルは「ソクラテスと共に「徳は知である」と語ることを魅力的なものとする幾つかの考察」を提示することにより、自らのソクラテス主義を標榜する(p.50)。

彼が挙げる事例に基づき、この同一化の議論を吟味しよう。親切な有徳者は他人の感情に対する適切な注意を向けうる者であり、状況が当人の振る舞いに向ける或る種の要求に対し、信頼できる感受性が当人に生じる。しかし、それは評判や恐れなど「外的な動機づけ」によるものではなく、二つの事実に対する感受であるとされる。彼にはひとが或る仕方で振る舞う理由として「他人の感情」にかかわる事実に対する感受性だけでなく、その当人がそうする「権利」があるという事実についての「感受性」が備わっている(p.53)。それは単に、優しくあろうとする傾向性だけではなく、公正さについての明晰な状況の事実認識をも含意している。そこから、彼は「親切さの真正な所有を、公正さを構成する感受性から引き離すことはできない」という一つの結論を導く(p.53)。この説の特徴は事実に対する知覚として感受性が働くというものである。感受性の行使は人格的な成熟をも要求しているであろう。放埓な者は他者の感情に気づくことにおいて鈍いからこそ、そう振る舞うことができるのであろう。しかし、感受性はあくまで事実のわきまえとして機能する。そして諸々の適切な感受性がすべての徳を構成する可能性において何ら制限はないとして、すべての徳を持つ者以外は、どの徳を持つこともできず、それ故に、個々の徳は、「独立した諸感受性の寄せ集め」ではないと主張される。彼は有徳な者を説明する感受性の特徴は「単一で複雑な感受性(a single complex sensitivity)」であり、それが道徳的なものの見方を教え込み、仕込む(instill)さいの目標であると言う(p.53)。

生の営み全体に陶冶された感受性が張り巡らされ、状況においてその単一なものが個々の徳の特性を備える仕方で行使される。親切な者の事例においては、感情を見て取る優しさの感受性と権利を見て取る公正さの感受性双方が公表されている。アリストテレスによればひとに優しい、また公正であるということは態勢であり、それに対応する優しさや公正さへの欲求はパトスである。このパトスの発動は或る程度人格上の有徳的態勢を要求するであろう。そして有徳な者はその欲求を内側から伴う仕方で、話しかける等、親切にすることを選択する。アリストテレスならば、いやしくもその行為の選択が最善であった場合には、そこでは「欲求的叡知(*orektikos nūs*)」が働いていると言うであろう。つまり、親切な者はここではパトスと認知双方が行為に結びつくそのような態勢においてある。パトスにあらわれる人格的態勢と最善のものの選択にあらわれる認知的態勢双方は形容詞「欲求的」と名詞「叡知」の結合により表現されるという仕方において不可離なものとして論じられていた。しかし、マクダウェルによればそれは感受性という認知力能の行使であるという。

彼の感受性の議論は認知的態勢に力点がおかれ、認知的なものと人格的なものを十分に統合しているようには思えない。少なくとも、彼はパトスの発動と叡知の発動双方を、人格的徳と感受性を同一視する説得的な議論なしに、感受性に含意させており、事実上双方の発動は同時であるにしても、パトスを認知力能に還元しているように思える。彼が「われらが或る道徳的なものの見方を教え込もうとするとき、われらが注入しようとしているのは、この種の単一で複雑な感受性である」と言うとき、これは既にアリストテレスが主知主義者を批判し、ものの見方を仕込んでも力にならないという議論を思い起こさせる。「諸徳に関しては、（1）知ることは何も或いはわずかにしか力にならない。しかし、他の諸態勢（（2）（3））は、繰り返し正義と節度を実践することからより優れたものになるのであり、わずかどころか、全体にわたり力あるものである」（1105b2-4）。有徳な行為の習慣づけが人格的徳を形成するという主張に、既に彼への反論が予見されるように思える。仕込まれるべきなのは感受性という認知的力能だけではなく、パトスというロゴス無しの魂の部位なのである。

それに対し、マクダウェルはそれを否定しないであろう。彼は人格的徳やパトスは感受性の合理性とともに実践の内側から示されると理解することにより対応を試みるであろう。感受性とその合理性は一つの有徳な行為のうちに示されており、その全体性が人格的なものと認知的なものの統合を示していると考えているように思われる。「私の考えはこうだ。プロニモス（実践知者）の実践的合理性は、たとえ彼がどうすべきかを推論の結果として決めたのではないにしても、彼のすることのうちに示される[33]」。実践知は人格的徳に伴うロゴスの正しさであった。マクダウェルはその正しさの合理性が有徳な行為において示されていると言う。また、彼は「理性のあらわれがそれとして認められるのはただ、その地位が問題となっている実践の内側からでしかない」と主張する。これは、非認知主義者による次の反論への応答である。「徳――或る諸理由のために或る仕方で行為する傾向性――について［McDowell のように］或る感受性、知覚能力に成立しているとして語ることは、必要とされる欲求的構成要素を推測的な感受性のうちに混ぜこむことだ。だがそれにより成し遂げられるもののすべては、人間の諸目的の世界への投映である。……ひとの意志がいかなる態勢にあるのかは、その者自身についての事実である。他方、真正に認知的な力能は、ひとに対して、世界がいかにその者自身から独立して、そして特に、当人の意志からいかに独立してあるかを明らかにする。認知と意欲は別ものである。世界――認知力能の固有の領域――はそれ自体としては、純粋に理論的な観想の対象であるが、世界がひとをして行為へと動かしうるのは、ひと自らにより寄与されるさらなる要素――意志の状態――と結びつくことによってのみである」（p.56-57）。この反マクダウェル的立場は認知的なものと人格的なものは最後まで判別されねばならないという主張である。そしてこれはアリストテレスが述べる「欲求的叡知」とそれに基づく実践知とも異なる主張である。

実践知者における「外在主義」と「内在主義」の総合

マクダウェルはこの立場を「理性のいかなる行使の合理性も、そこから証明できる、ある中立的で外在的な立場がなければばならない」という主張であると要約する。この立場における行為の説明は、欲求状態に「外側から認識できる明白な合理性を付与する」ことにより遂行される。マクダウェルはこの考えの起源は「ペリシテ人(無教養で粗野な)科学主義」であると位置づける(p.72)。彼の反論は「有徳な行為を動機づけるすべての関心は、有徳な者の状況を見る顕著な仕方を評価することとは独立に、ひとつひとつ知られうるものである、ということはおよそありそうにない」というものである(p.71)。

アリストテレスなら、実践知者が持つ「状況を見る顕著な仕方」とは、いかに生きるかという生全体への関心のなかで、魂の善くあることというゴールのもとに熟慮を通じて、最善の行為を選択するさいに、それが有徳な行為それ自体への欲求状態を伴う叡知により基礎づけられる、そのような仕方だと言うであろう。「有徳な行為を動機づけるすべての関心」は多くは無く、「ひとつひとつ知られうる」とすることはそう困難ではなく、魂の善くあることにより秩序づけられると主張するであろう。その動機付けの認知は外在的な立場からひとつひとつ理解することではなく、選択対象への内的な欲求と認知により合理性だけではなく生全体の認知的、人格的態勢が示されると言うであろう。有徳な行為それ自体が魂の、認知において、人格において優れてあることを保障している。

それに対し、そのような人間理解は一つの心理的メカニズムに基づくものであり、有徳な人間たるべく規則を把握するとき「自分の心的車輪にはめ込む」ことを可能にするのは単に「生活形式」の共有以上のものではない。この種の安定した理解は「真理の知覚ではなく、慰めの神話である。われらはめまいに耐えられないから、この神話を紡ぎだしてしまう」という懐疑論が提示されることもあろう(p.61)。

マクダウェルはプロニモス(実践知者)を念頭において、有徳な人の行為を完全に理解できるためには、「いかに生きるべきか」についての有徳な人の捉え方を理解せねばならないとする。彼は言う、「そうすること[有徳者の捉え方の理解]は、有徳者に、或る欲求的状態を帰すことではあるが、それは有徳者に外在的に理解できる、あまねく行きわたった欲求を帰すことではない。というのも、われらはその欲求状態の内容を、その思い描かれた外在的立脚点からは理解できないからだ。それはむしろ、有徳者が個々の状況を見る顕著な仕方を、本質的に内側から(essentially from within)把握することである」と主張する(p.71)。

アリストテレスはこの懐疑論の洗礼を受けたマクダウェルの立場に対し、有徳な者の「欲求状態」はロゴスによって仕込まれたパトスの反応であるため、生全体にかかわる合理性は内在的にも外在的にも説明できると言うであろう。なぜなら、身についたロゴスはそのまま有徳な行為として内側から示され、他方、そのロゴスは中庸として、少なくとも「ロゴスに即して(*kata*)」誰にも外在的な立場から理解できるものでもあろうからである。

有徳な者における状況の把握の合理性は彼自身の行為において自ずと示されるという見解は魅力的なものである。アリストテレスにおいては、何らかの個々の欲求やパトスはその者の態勢を示していた。有徳な者は自らのパトスの反応において自らの人生全体の正しい理解を反映させていた。パトスはロゴスに聴従しているからである。有徳な者は本質的に内側から理解されており、態勢とパトスのあいだにロゴスとしての調和が見いだされていた。このことを、マクダウェルは有徳者に帰属する合理性は自ら自身の側から示されるのであって、外在的、中立的な立場から個々の行為を合理的に説明しつくすことはできないと説明している。そして彼はその示すものが感受性だと理解している。その意味において感受性はアリストテレスのパトスの機能をも担わせられている。パトスは態勢の指標であり、当人の人格的実力がいかなるものであるかを示すものであった。他方、この感受性は或る認知力能であるために、有徳者においてとりわけ発動する「ヌース」の言い換えであると理解すべきである。この術語においては、アリストテレスが明確に区別した「感受態（*pathos*）」と「叡知」が判別されないことになり、ここでも人格的態勢の発動と認知的態勢が一つの表現のもとにまとめられてしまう。

マクダウェルは「感受性」によりアリストテレスにおける「欲求的叡知」を新たに表現したものであると考えていると思われる。有徳性を内側から説明するものとしてこの語が選ばれたが、アリストテレスが尊称「ヌース」を用いざるを得なかった状況を逸脱するように思える。この語は概念として広すぎ、有徳者に備わる適切な感受性と放埓な者に備わる感受性をそれ自身として判別できないのである。アリストテレスは認知の成功した視点から有徳性を論じており、実践知者と抑制ある者を支配する知識がヌースであった。人格的実力のどの段階においても発動する感受性に有徳な者に生起するパトスの発動を説明できないであろう。

「欲求的叡知」とはパトスそのものが可能な選択肢のなかで最善なものを欲求しており、かつその選択肢を誤りなく見て取っている認知的状態を表している。それに対し、もし彼が「ヌース」の解釈として「感受性」を提案しているなら、「欲求的感受性」には人格のどの段階においてであれ、どの欲求にも結びついてしまう。以上の意味において「感受性」はアリストテレスの二つの卓越性の統一を十分に示すことはできておらず、感受性という概念は二つの卓越性を統合するというより、より不明瞭にすると結論づけねばならない。

アリストテレスにおける認知的態勢と人格的態勢の相補性はロゴスとエルゴンが注意深く組み合わされるそのような仕方で展開されていることが以上で明らかにされたこととしよう。エルゴンの蓄積なしに形成されないロゴスがあり、そのロゴスの明晰性の程度においてだけ善きエルゴンが営まれる。彼は言う、「真なるロゴスは単に知ることに対してだけではなく、人生に対してもこのうえなく有益である。というのも真なるロゴスはエルゴンに共鳴和合することによって信用される。それ故にロゴスは理解する者たちに対して、ロゴス自らに即して生きることを促すからである」（*Nic.Eth*.X1.1172b3–8）。

私は第二部において、パウロが神のことがらをめぐる認知と行為の「比例性テーゼ」とでも呼ぶべきものにコミットしていることを明らかにするであろう。そこで語られる「叡知の機能不全」(Rom.1:28)とは神の善性や憐れみなど肯定的な側面を認識できずに、怒りや峻厳など否定的な側面のみを知る認識の偏りを示している。パウロは「彼らが知識のうちに神を持つことを識別しなかったほどに(*kathōs*)、神は彼らを相応しからざることを為すべく叡知の機能不全に引き渡した」と語るとき、彼は「～ほどに」の程度の副詞句において、認知と行為は比例的なものであり、主知主義的な立場に立っていないことを、私は明らかにするであろう。

第四節　魂の働きにおける信の根源性――「信」と関連語の言語的振る舞いを手掛かりに――

序　アリストテレスとパウロの共約性と差異――第二部への架橋――

ここまで、アリストテレスの魂のロゴスとエルゴンを探求してきた。端的に言って、パウロはアリストテレスのこの探求に同意すると思われる。パウロの魂論は第二部で探求するが、魂の定義「力能において生命を持つ自然物体の第一の完成」により形相(ロゴス)である魂が「在ると一が統率的に語られる」完成としての実在であることが確立された。そしてそれは同名異義原理の不可避な適用のもとに形成されたが、エルゴン上同時に、外的環境の妨げがなければ、生命の実働においてである。パウロはその実働開始の現場を「創世記」に基づき「最初の人間」が「生きている魂となった」と報告している(1Cor.15:45)。創世記記者エロヒストは報告している、「神は土から盛り上げられた土製の人間を型作った、そして彼の顔面に生命の息吹(*pnoēn zōēs*)を吹き込んだ。そして人間は生きている魂となった」(Gen.2:8)。

この神話を端的に拒否することから一切のパウロの魂論を拒否することも想定されるが、魂が生命原理として生命実働がある限り、ロゴスとしてであれ、神の息吹の何ものかとしてであれ、生命を導くものであることを確認できればここではよしとしたい。アリストテレスにおいてさえロゴスはそれ自身としては物体ではなかった。ロゴスは自ら動かずして質料を変化させ完成に導くべく秩序づけた。もしこの種の不可視なものの実在を認めることができるなら、時空のなかでの物理的な力の移行としてエルゴン次元において事物の生起の十分条件を特徴づけることができるとしても、その本質はロゴスへの言及により開示されるという見解に同意できるであろう。進化の長い過程を経て、「最初の人間」の本質（まさに人間であること）が神の息吹により特徴づけられるとすることは理解しうる主張である。信の哲学は、しかしながら、まずパウロの主張の整合性の吟味に向かう。今は、これは共約性の最終段階の存在主張であることを確認するにとどめよう。

アリストテレスの魂論にパウロがどれだけ同意できるか、またその逆の考察を推進する。これまでに、魂にはその卓越性として認知的、人格的な働きのあることを確認した。ただ生物として生きることではなく、善く生きることが人間の魂の本来性であるとするこの議論にもパウロは同意するであろう。本節の最も重要な問いは、アリストテレスは善き生を成功した視点から実践知・賢慮により構成されると主張するのに対し、パウロは信によると主張するが、それらは調停可能な主張なのかを考察することである。アリストテレスには見られない魂の分節としての「肉」や「霊」の部位については第二部で考察する。ここでは信が魂のいかなる位置を占めるかをめぐりアリストテレスならびに、信との関連語のより一般的な言語分析を手掛かりに考察して、第二部のパウロの「ローマ書」の解明につなげたい。

ここでは、「信の文法」の名のもとにその言語的振る舞いを魂の他の働きとの関係において考察する。名詞「ピスティス（信、信仰、信実）」および動詞「信じる」の語用そして、信という魂の作用、態勢、さらには、その信が向う志向的対象との関連について吟味する。信をその言語分析さらには感情や知識などの他の魂の働きとの関係において考察するとき、これが魂の最も基礎的な働き、態勢であることを確認することになるであろう。最初に、外界からの刺激に対する身体の受動的な反応を原理的に伴う感受態の一種である感情を分析する。感情の背後に魂の態勢としての信不信が働いていることを見るであろう。続いて「偽り」との関連において信のパラドクスを考察する。「信」とその類義語「信仰」「信念」「信実」「信頼」「誠実」そして「信義」をそれとの密接な関係においてある例えば「良心」、「知識」そして「愛」、さらにはそれらの対義語「偽り」「背信」「欺き」「裏切り」「不信実」等との関連において考察する。

「信」という語の振る舞い、文法を考察することは単に言語分析に留まるわけではない。辞書を引くことは、その語の長いあいだの使用のなかで、吟味され、言わば人間の歴史そのものという実験を介して淘汰され、生き残ったものが、或る安定した言語連関として記載されているのであり、言語使用の持つ長年の蓄積のもとにある規範性を軽く見てはいけないということである。試行錯誤のうちに、多くの経験の吟味を通じて現行の振る舞いがあることに十分の考慮を払わなければならない。

J. Austin は辞書を用いる自らの言語哲学の方法を次のように弁明している。「われらの通常の語彙は、何世代にもわたって、ひとが必要だと認めた区別と関連のすべてを体現している。当然、それは机に向かうという哲学者好みの方法でわれらの誰かが考えつくようなものよりも、ずっと数多く、かつ、適者生存という長期にわたるテストに耐えてきたゆえに、ずっと健全であり、また、少なくとも日常出会うと期待される実際的な問題に関しては、ずっと緻密だと思われる(34)」。このオースティンの道理ある主張はアリストテレスによる矛盾律に基づき「いかに語るべきか」という問いのもとに規範的な言語使用を考察するロギケー(形式言論構築術)の延長に位置づけられる。これを基礎的な共約性規準として、その拡張をはかる。

パウロは、これまで探求の方向を確認しまた第二部で詳しく考察するように、イエス・キリストにおいて啓示された神の信実とその信実に対応するナザレのイエスにおいて実現されたひとの信仰、信実を「ピスティス」と呼び、さらには一般にひとが自らの心的状態として持つ信仰をも「ピスティス」と呼んだが、パウロは「イエス・キリストの信」を媒介にその一語で二つの地平つまり神の前の信と人間的な次元において強弱や成長等の属する心的状態としての信を帰一的に理解できると考えた。ここではその基礎的な了解を一般的に確認したい。さらにアリストテレスの実践知との対話を介して、「信」が生の根源語であることを、つまり生の根源的変革が不可避であるところに用いられる術語であることを明らかにしたい。

一　感情の文法――感情の背後に機能する信――

嫉妬、怒り、恥そして愛

最初に、信と感情の関係を吟味する。感情・感受態（パトス）は外界からの刺激を受動する座である身体的な反応を原理的に伴う心的状態である。それ故に、感情はアリストテレスによれば、一方、パトス、受動的なものであるがゆえに、自らコントロールできないものであるが、他方、魂の厚み、態勢としてのヘクシスが調えば、自己の受容力の故に刺激を吸収し、身体的な反応にまでいたらないこともあるそのようなものである。実際、恥じる者は有徳であるとは考えられていない（*Nic.Eth.*IV9.1128b10ff）。従って、感情の発動には多くの魂の状態が関係している。信実とその対概念の不信実が感情の背後に魂の態勢として問題となることを明らかにする。そのさい「感情の文法」と呼ばれるウィトゲンシュタインが考案した「文脈」と「実質」そして「表出（振る舞い）」により感情を分析する手法を用いる(35)。しかし、これまで見てきたように、アリストテレスは感受態にはその背後にそれに対応する魂の態勢を開示する機能のあることを明らかにしていた。彼は感情実質を構成するものとして単にそれが生起する文脈の考察では足りず、文脈の背後に感受態に関与する魂の態勢を考察している。パトスはヘクシスの徴であった。これら三つの項目の背後にその感情実質の良きまた悪しき態勢を探索する。その探求を通じて、魂の根源的な態度として感情の背後に信が機能していることを確認する。

まず、「嫉妬」の文法を述べよう。

文脈：正当だと看做す処遇を受けない状況。

実質：憤り、羨望および失望。

表出：正当だと看做す処遇を受けるようになるあらゆる可能な振る舞い。

この感情は複合的であり、感情実質には憤りと失望さらには羨望の濃度のあいだに変移がある。そこにひとがこの感情の発動のさいに持っている「正当性」の信念の背後には、さらなる文脈が、或いはより適切に語れば、魂の「態勢」が隠れていることが予想される。対象を支配したいという征服欲から習慣づけられる態勢が背後にある場合、感受態として羨望や憤りが強い程度において発動するであろう。対象に対する信実が背後にある場合、失望がより強い濃度で発動するであろう。嫉妬、ねたみ深さの背後に対象への信実が隠されている場合があることは気付かれることの少ない事態であるように思われる。だが、文脈に「正当」つまり「正しさ」が問題になることを考慮するとき、「信義」という語に見られるように、信実と正しさの強い連関にあらためて気づかされる。信実なしに正しくあることができないのではないかということは問われてよい。他方、信実であればあるほど、憤りや失望の濃度の濃さにおいてこの感情が発動しやすいのであれば、感受態に対する中庸を得た、適切な態勢が整っているかが問われよう。ひとは自らの信実がその否定的な態勢つまり盲目的な没入との間でバランスを取ることが要請されるであろう。

続いて、「怒り」の感情は嫉妬のように個人的な刺激に対する反応ではなく、より公的なものでありうるが、相似の文脈が想定される。

文脈：正義と看做すことがらが実現されない状況。

実質：憤りと失望。

表出：正義と看做すことがらを実現させるあらゆる可能な振る舞い。

正義は何らかの等しさに関わる。その等しさの不在の認識に怒りが伴う。関係項同士の種類により等しさは多様であるが、司法的次元においては強制力を伴い等しさが成立したときに正義が実現したと言われる。より基礎的な文脈においては何ものかを「正義と看做す」という信念の背後に自らはその対象やことがらに対して信実な関係においてあり正しいという自己認識が働いている状況が想定される。或いは自己欺瞞のうちに、そう思いこんでいるつまり正義の判断規準と自己が癒着している態勢、状況が想定される。そしてこの感情にも良い態勢と悪しき態勢があること、そして自己陶酔ならざる信実がその良い態勢を担っている。完全に関係項を公平に知ることができないという意味では正義は希望のことがらに留まると言えよう。

「恥」の感情においてはどうであろうか。

文脈：隠したいことがらが暴露される状況。

実質：消え入りたさ或いは居たたまれなさ。

表出：再び隠そうとするあらゆる可能な振る舞い。

「隠しておきたい」という欲求の背後の文脈として、対象への不信実や偽りが想定される。哲学者は、その感情実質を「不名誉に対する一種の恐れ」(*Nic.Eth.*IV15.1128b12)と規定するが、この恐れは日本語では「消え入りたさ」等により適切に表現されよう。さらに、より軽微な文脈としては虚栄つまり自らの実力以上に看做されたいという願望が想定される。なんら隠し立てがない一つの状況においては対象との信実な関係が築かれていることが想定される。哲学者は「恥は、いやしくも低劣な者たちに生じるのであるなら、公正な者(*epieikēs*)には属さない」(1128b21f)と言う(cf.「公正な者」についてはVI11.1143a19–24)。このことは、この感情には良い態勢が想定されていないということであり、否定的な持つべきではない感情であることになる。この事態は日本の文化等との比較により普遍的な見解であるかは新たな考察を要求するであろう。

感情としての「愛情」「愛おしさ」はどうであろうか。
文脈：支配からも被支配からも自由な状況において共に今を生きる。
実質：喜び。
表出：共にあることを可能にするあらゆる可能な振る舞い。
愛の感情実質は端的に喜びである。愛にある者は永遠との関連におかれるからである。人類は愛をアガペーであれ、プラトンの『饗宴』に見られる真善美なるものを求めるエロースであれ永遠との関連でしか理解することはなかった(36)。巫女ディオティマの美のイデア獲得への愛の道を歩む修業の第一段階として位置づけられる情熱恋愛においてさえ永遠との関連におかれる。エロースとは「善きものを永遠に自分のものとして持つ」そのような欲求を授けるものであった(207a)。まず身体の美に目が開かれ、身体の美が感受態の反応を引き起こす。情熱への集中を高めるためには障害を必要とし、苦悩の薪をくべながら、イメージへの集中を維持する。障害の最大のものは死であり、情熱恋愛は心中により永遠の合一ないし共存在を夢見る。これはアウグスティヌスが「私は愛することを愛していた(*amare amabam*)」(『告白』第三巻一章)と形容した一つの陶酔であり、対象を愛しているわけではない。陶酔は幻滅に取って代えられ、両者の定め無き循環のうちに身を焦がすことになる。プラトンによれば、愛は恋愛修業を積むことにより、その「究極最奥」のものとして「それ自身だけでそれ自身とともに単一な形相を持つものとして永遠にある」「美のイデア」との出会いに向けて集中する(211b)。
ここで「永遠」は必ずしも時間の持続を意味せず、「全的な、限定なき生の同時かつ完全な把握(*Aeternitas est interminabilis vitae tota simul et perfecta possessio*)」(ボエティウス)に見られるように現在に集約される魂の完全な生の充溢と理解することができる(37)。即ち、憎悪や後悔のように過去により支配されることもなく、欲望や恐れそして不安のように未来により支配されることもない、現在を生きるその時と和解している心的状態、魂の態勢を意味することができる。支配することからも支配されることからも唯一自由な場所において経験できる、共にあることの喜びにおいて、時との和解が見出される。放物線が接線に触れるように、永遠に触れることができるとすれば、既にない過去においてでもなく、未だない未来においてでもなく、今ここにおいてであろうからである。

対象に対する信実という態勢なしに、「共にあること」を欲することも喜ぶこともできないであろう。この喜びは必ずしも合一(*union*)をめざす陶酔的なものではなく、敵との交わり(*communion*)においてさえ見られる非陶酔的なものである。等しさが希望においてであれ出来事になっているならば、それ以上の何も望むことのないそのような支配からも被支配からも自由な我と汝の交わりである。敵との交わりにおいてそこにはバランスは崩れたままであろう。しかし愛する者は愛だけが友と友の等しさを形成するのを知っている者である限りにおいて、そこに生じる均衡の崩れを希望において埋めつつ等しさを実現する最善を為しうるだけでそれ以上のものを要求しないであろう。哲学者は言う。「友人同士に正義は必要とされないが、正しい者たちにあっても友愛は正しさに加えて必要とされる。正しいことどもの最大のものは友愛的であることと思われている」(*Nic. Eth.* VIII1.1155a26–28)。そこには端的な等しさがあるからである。他方、偽りのなかでの喜びとはいかなるものであろう。対象への欺きと軽蔑を隠した、或いは露にした支配する者の高笑いないしほくそ笑みであろう。その感受態の背後には自己利益への傾斜という態勢があり、対象への不信実は明白である。

以上見てきたように、感情生起の背後に魂の態勢として信と不信が有意な影響力を持っていることがわかる。魂の状態が対象に対し肯定的か否定的かによって、魂の表層とも言うべき身体的反応が定まってくることを態勢の分析とセットになった感情の文法の分析が明らかにしている。

誇りの文法と高邁さ――理想的人間像――

「誇り」の文法はどうであろうか。「誇らしさ」という感受態はパウロの信仰義認論の成否の鍵を握るものであり、アリストテレス的な分析により明確にされうる。

文脈：人々に大いなることと看做されていることの成就。
実質：満ち足り或いは誇らしさ、ないし優越感或いは尊大感。
表出：その大いなることを知らしめるあらゆる可能な振る舞い。

アリストテレスにおいては高邁な者は偉大なることがらに関心を持つものであり、その偉大さに相応する誇らしさの発動は当然のことと看做される。有徳性である高邁には優越感や尊大感等の矮小な感覚は内属しない。パウロにおいても自己義認における誇りは排除されているが、キリストを誇ること、彼において成就された偉大さを誇ることが生起する。どのような状況でどのような誇らしさの感受態が発動するかが、神に対し信実であるか否かの指標となるとパウロは理解している。

パウロは神の信義の分離のなさの啓示に基づく神の前の自己完結性の議論の帰結として、誇りの余地のないことを導出する。「それでは、どこに誇り（*kauchēsis*）はあるか。閉めだされた」（Rom.3:27）。義認は神の前のことがらとして端的な「恩恵による贈りもの」として無償であることに基づき、自らの功績による誇りは閉めだされたとする（3:24）。この点は三章で詳しく論じる。自らが自らにより義人であるという思いは排除されている。

他方、この「誇り」という語は他の手紙ではパウロ自らに帰属する表現として用いられている。パウロは「われらの良心が証人であるが、神の純粋と誠実において、また肉的な知恵においてではなく、神の恩恵において、われらは、とりわけ汝らに向けて、われらが世にあって立ちあがったこと、これがわれらの誇りだ」と述べている（2Cor.1:12）。ここではコリント人を励ますためにこの語を用いている。パウロは人間に対して誇ることをとりたてて禁欲していない（Rom.5:2-4, cf. 2Cor.7:4, 14, 11:10, 16, 30, 12:1）。とりわけ、ひとが自らに誇ること、つまり自らに満ちたり、喜ぶことを認めている（Gal.6:4）。なぜなら、その誇りは神への信のなかで神への賛美として自らに与えられた恩恵の豊かさを人々に知らせるなかでの誇り、喜びだからである（2Cor.12:5）。「誇る者は主にあって誇れ」（2Cor.10:17）。誇りをめぐる彼の決定的な言葉は「その彼を介して世界はわれにそしてわれもまた世界に十字架に磔にされた、われらの主イエス・キリストの十字架においてでなければ、われには断じて誇ることがはあってはならぬ」(Gal.6:14)に見られる。なお、彼は自らの宣教の必然性に比して、人間的な誇りは取るに足らないとしている(1Cor.9:16)。しかし、これとて対人論法的な言い回しであり、彼はその必然を主の恩恵の賛美として誇っている。

このように、信の律法により自己義認の誇りは排除されたが、その誇りを排除する信の律法それ自身に対する誇りは排除されていない。キリストの十字架の贖いを必要とする者が福音の啓示に対し、罪の赦しと義認を神に感謝し、喜び、誇ることは排除されていない。彼はここで排除されるべき誇りと持たれるべき誇りに関して、自ら矛盾していないのであろうか。この点を明らかにするうえでアリストテレスの誇りの分析は有益である。

ここで、哲学者が『ニコマコス倫理学』第四巻三章においてどのようにこの問題を分析しているかを見てみよう。彼には「誇り(*kauchēsis*)」というパウロが用いる語彙を見出すことはできないが、「高邁・誇り高いこと(*megalophsuchia*)」とその類義語を多くの視点から分析し、誇りが何であるかを位置づけている。高邁さは魂の認知的、人格的徳の総合として偉大さ、高貴さにおいて頂点にある魂の理想像を形成しており、他方自惚れと卑下のあいだの中庸を得ている。

高邁な者[誇り高い者]は、自らのことを大きなものに値すると看做しており、また実際に値している者であると思われる。というのも、それに値せず自らそう振る舞う者は愚か者であるが、徳に即してある者の誰も愚かでも無理解者でもないからである。……小さなものに値する者でありかつ自らをそれらに値しているとする者は節度ある者ではあるが、高邁な者ではない。というのも、高邁は偉大さにあるからである……。他方、自らを値しないのに大きなものに値すると看做す者は「自惚れ者(*chaunos*, vain)」である。……彼が実際そうであるよりもより少なく値すると看做す者は「卑屈者」である。……かくして、高邁な者は偉大さにおいて頂点であり、あるべき者として[自惚れ者と卑屈者の]中間である。というのも、彼らは自らを値に即して値する者であると看做すからであり、他の者たちはその点で超過しまた不足しているからである。……

さて、高邁な者は、いやしくも彼がそれに最も値するなら、最も高貴な者であろう。というのも、より善い者は常により良いものに値し、最も高貴な者は最善のものに値するからである。かくして、彼は真に善き者でなければならない。またそれぞれの徳における大きなものが高邁な者に属すると思われている。……名誉は徳の報酬である。かくして、高邁は諸徳の何か冠のようなものであると思われたのである。というのも、それは諸徳をより偉大なものにし、また諸徳なしに高邁は生起しないからである。……

名誉でさえ小さなものと看做す者にとっては、他の様々なものもまたそうである。人々が高邁な者たちを尊大な者であると思うのはその故にである。……何も或いは僅かにしかひとから求めず、熱心に助けること、しかも地位があり、幸運な者たちには堂々としており、中間の者たちには平均的な態度を取ることは高邁な者の特徴である。……彼は僅かの大きな名だたることがらを実践しうる者である。彼は憎しみと愛において明らかにする者であること必然である。というのも隠すことは臆病者のものだからである、また思惑よりも一層真理を気遣う(IV3.1123b1–24b29)。

アリストテレスの言うところの「自惚れ」は高邁な者のすることではない。自惚れ者とは「自らを値しないのに大きな事柄に値すると看做す者」のことである。福音の啓示の故に排除されてしまったのはまずこの自惚れである。罪人が自ら自惚れ、罪なく義しい人間であると看做すなら、それは自らを欺いている。パウロは言う、「知識は高ぶらせる、しかし愛は築く。もし誰かが何かを知ってしまっていると思うなら、未だ知るべき仕方で知っていない」(1Cor.8:2–3)。「知るべき仕方で知って」いる場合には、世界の事態としてそのとおりであるので、その事態に肯定的なパトスが伴っても何ら問題はない。高邁な人間は「自らのことを大きなものに値すると看做しており、また実際に値する者である」。彼にあっては、人間は基本的にあらゆる徳を備えているという意味において、この高邁さを求めて修練することになる。高邁さが高貴な人格のゴールであると言えよう。そして高邁な者は自らに対し、また他に対し適切な仕方で誇ることは排除されることなく、自らの名誉を自らの有徳さの当然の報酬と理解している、ただし彼は「名誉でさえ小さなものと看做す者」であるが。

この高邁さの記述の最良の註解と思われる一節がデカルトの『情念論』に見出される。デカルトは高邁の記述の最後の部分で次のように述べている。

一五六「「高邁さ（*la Generosité*）」の特性は何か。それはいかにして情念のあらゆる錯誤を救いうるか」。高邁な人々はその態勢からして、自然に偉大なことをしようと心がけているが、しかし、自分にできると感じないことは企てようとはしない。そして彼らは、他の人々に善いことを為しそれゆえに自らの利害を軽視する、ということを最も偉大であると考えるから、彼らは誰に対しても、申し分なく礼儀正しく愛想よく、親切である。そのうえ、彼らは自らの情念を完全に支配している。特に、彼らは「欲望」や「執心」や「羨み」に関わるものを自らの力で獲得しえないものであり、自分が大いに望むだけの値うちのあるものではないと考えるから、それらに動かされない。また他のひとすべてを尊重しているから、ひとへの「憎しみ」に動かされない。最後に、他人に依存するすべてのものをただ軽くしか見ず、敵の優越性によって自分が傷つけられると認めるほど、敵に優越性を許すことは決してないのであるから、彼らは「怒り」にも動かされない(38)。

ここでデカルトはことの大事小事の判別基準を明確に記している。それは「自らの力で獲得」しうるものであり、しえないものに「大いに望むだけの値うち」を認めることを拒否していることである。そしてデカルトにとってもそれは心魂の最善の部位に即して生きるということに他ならない。なお、他者への尊敬はアリストテレスの高邁なひとと若干ニュアンスを異にするかもしれない。それはキリスト教的隣人愛の教えの影響であるかもしれない。他者を尊敬するように自己をも尊敬しており、その意味での誇りは排除されていない。

それに対し、パウロはこの分析における「偉大なもの」をめぐり、自己を二重の仕方で理解しているように思える。彼は明確にキリストの十字架を誇っている。その偉大さが信を媒介にして自らのものでもあると理解するからである。彼はこの点で誇ることを禁欲することはなく、神の救いの業を喜び、感謝し、そして他に伝えるべく誇る或いは大いに喜ぶ。他方、信の律法により排除された誇りに関しては、彼は福音が無償の「贈りもの」(Rom.3:24)であることとの自己認識により、誇ることはない。従って、彼はアリストテレスによる高邁な者と共に、一方自らを大いなるものに値すると看做し、「神の子」(Rom.8:14)であることを誇り、他方、福音の啓示において明らかにされた、もし業の律法のもとに生きるなら「罪人」(Rom.5:8)であることを卑下することなく、自覚する。このように、パウロはアリストテレスの「高邁」とその関連語の分析に同意するであろう。自らを福音のもとに見る限り、偉大な者であり、業の律法のもとに見る限り、卑小な者である。彼はそれ故に「キリストの律法」(Gal.6:2)のうちにあることを誇りにする。

ひとは神の前の生の習慣づけにより、その態勢と感受態は変化してゆく。「詩篇」等聖書にそのサンプルに欠けることはない。パウロは自らの態勢の変化を次のように述べている。

しかし、われに利益であったものどもを、キリスト故に損失と看做している。それればかりか、われ、わが主キリスト・イエスの知識の卓越の故にあらゆるものを損失であると看做している。その彼の故にわれすべてを失ったが、それらを塵芥《じんかい》と看做している、それはキリストを得るためでありまた彼自身のうちにわれの見いだされるためである、律法に基づくわが義を持つことなく、キリストの信を媒介にして、その信のうえに神に基づく義を持つことによって。そうして彼を、そして彼の復活の力を知るであろう、そしてわれ彼の死と同じ形姿を取ることにより、彼の苦しみへの参与と、いかなる仕方においてであれ可能なら、死者たちからの復活に到達するであろう(Phil.3:7–11)。

認知的な態勢がイエス・キリストの知識の卓越の故に変わり、そしてそれが人格的な態勢およびその感受態をも変えている。態勢の変化は感受態の変化に表されている。一方、かつて誇らしかったことがらは塵芥のようなものとなり、他方、かつて何の魅力にも思えなかったことがキリストを得るために有益なものと思えるように変化している。彼にはキリストの故に追い求めるものが、反対なものとなった。彼においては、自らが義人であることに関して、誇らしさがあるかないかが、彼の神に対する態勢を測る指標である。喜び感謝していることは、彼の信仰の態勢が適切であることを示す。自ら尊大感や自惚れをいだいていること、或いは単なる卑下のパトスのうちにあることは、業の律法のなかにおり正しからざる信仰の態勢にあることを示している。誇り、有益そして損失これらの感受態および態勢の変化は十分にアリストテレス的な分析で捉えることができる。パウロにおいてこの態勢と感受態は、ユダヤ教の熱心な信仰生活に基づくなかで、イエス・キリストの信との出会いを通じての認知的な革命として生じたものである。ユダヤ教における長い習慣なしには、この認知的な洞察は革命的な力を持つことなく終わったであろう。これらの彼に起こったことは、人間的な存在者の次元において十分に理解できる事柄であることを示している。

翻って、アリストテレスをも含め、彼の同時代人にとって偉大なことがらはあったであろう。しかし、彼らにとっても、キリスト・イエスの知識をもったなら、偉大なことがらと思われていたもののパウロ的な認知的革命を共有した可能性を指摘することができる。実際、アリストテレスは或る者たちは「名誉でさえ小さなもの」と看做していたことを報告している。その意味においても、ここでもアリストテレスの高邁さの分析は、偉大なものへの異なる代入の可能性を許しており、一般分析として妥当すると言える。

二　偽りの分析——その対義語としての信の根源性——

「私は偽りである」は根源的な魂の実感の表白と言える。存在そのものが偽りだという感覚を持つことがある。実存的な苦悩のなかで呻くこの感覚は人間を或る面において的確に捉えていると思われる。誰であれ偽りであるなら、そこから生み出されるあらゆる営みは偽りであろう。偽りはそれほどに根源的であるがゆえに、一切の営みにそれが浸透する。例えば、それは「偽り」という項目がない辞書に似ている。偽りという紙とインクにより記載されているいかなる項目もそれは正しい意味を伝えないであろう。偽りは認知的には真ではない、偽であるということに他ならずに、人格的には信実そして真実ではないということであり、偽りは魂の認知と人格の根源にまで浸透する。それ故にその感覚に支配されているとき、逃れる場所を自らのうちに持つことはありえない。信はそのような偽りを逃れさすものとして機能する。「偽り」は対義語である「信」の根源性と密接に関連している。

癒されがたい偽りが癒されるとするなら信によってのみであろう。パウロは「神は真実であるとせよ、すべての人間は偽りであるとせよ」(Rom.3:4)と言う。ここにパラドクシカルな事態が生じる。ひとが偽りであるなら、そこでなされる信という行為も偽りなのではないか。この問題はエピメニデスのパラドクスとして紀元前四世紀には知られており、第二パウロ書簡「テトス書」にも紹介されている。S. Kripke は次のように言う。「ピラトが「真理とは何であるか」(John 18:38)と尋ねて以来、それ以降の正しい応えへの探求は別の問題によって抑圧されている。それは、よく知られているように、やはり新約聖書において生起している問題である。「テトス書」(1:12)の著者が想定しているように、ひとりのクレタ人預言者が、「彼ら自身の預言者でもある者が」、「クレタ人は常に嘘つきである」と主張したなら、そしてもし他のすべてのクレタ人の言明について「この証言が真である」なら、そのときクレタ人預言者の言葉は、彼らの言明が偽である場合にそしてその場合に限って真であると思われる。そして真理の概念のいかなる取扱も何らかの仕方でこのパラドクスの抜け道を見つけねばならない[39]」。当該個所のパウロ自身のというより恐らく第二パウロに帰属されるパウロの弟子の論述は以下のものである。「彼ら[クレタ人]の或る者で、彼ら自身の固有の預言者でさえある者が、こう言った。「クレタ人は常に嘘をつき、悪いけだもの、怠け者の食いしん坊である」。この証言は真である。その理由の故に、彼[預言者]は彼らが信仰において健全であるべく、彼らを鋭く論駁した」(Tit 1:12–13)。この預言者はパラドクスを理解しつつもそれは自らには妥当しない文脈において取り上げ、預言者として神の前に眼差しを注ぎつつ、民を悔い改めに導く仕事に従事したことを第二パウロが報告していると読むことができる。

クリピキが明確にしたのはこの嘘つきのパラドクスに見られるような循環的指示は従来考えられてきたよりもはるかにありふれた現象であるということ、そして与えられた発話がパラドクシカルになるかは非言語的な経験的諸事実に依存することがあるということである。彼の事例によれば、（一・一）「ウォーターゲートに関するニクソンの主張の大部分は偽である」と（一・二）「ウォーターゲートに関してジョーンズが言ったあらゆることは真である」という十分それぞれ真であることが想定できる通常の発言が或る状況においてはパラドクシカルなものとなる。（一・一）はジョーンズによるその事件に関する唯一の発言であり、（一・二）がニクソンの発言であり、彼の当該事件への残りの発言が真偽の間で等しく均衡を保つ状況を想定する時、パラドクシカルなものとなる。これは「よい」事例を保存し、「悪い」事例を排除するそのような統語論的または意味論的な「篩」が存在しえないことを示していることだと理解される(40)。

哲学の営みが「美しくアポリア（行き詰まり）を提示すること」によってのみ思考の前進を期することができるものである限り、誰にも突破できないパラドクスを提示しうるとするならば、それは哲学上の大きな貢献となる。問題を解決することは重要なことであるが、難問を提示することも知性の輝きそれ自身として或いはその解決の糸口としてそれに劣らず重要なことだと言える。パラドクス（*paradoxa* 逆説）は通常自然に持たれている通念（*endoxa*）のいくつかを放棄しなければならない状況を言う。その点で、矛盾は必ずしもパラドクスではない。例えばアキレスと亀のパラドクスはひとに運動の存在を否定することを要求する。

J. Barwaise and J. Etchemendy は言う。「パラドクスが示しているのは、或る基本的な概念に関する、或いは幾つかの概念の束に関するわれらの理解には決定的な欠陥があるということであり、極端な事例ではそれらの概念が崩壊してしまうということだからである。……嘘つきのパラドクスがわれらに迫っているのは、直観的に受容できる意味論的諸原理が偽なのではないかという疑う理由をパラドクスそのもの以外には与えずに、それらの原理を捨てよということだからである(41)」。われわれの文脈では「私は偽りである」という通常もたれるとまでは言えないにしても実存上の深刻な発話を放棄せざるをえない状況は回避されるべきである。信がそこにおいて生起する悔い改めの状況を放棄することに繋がるからである。一つの魂の動きとして実際それが真ないし尤もらしいものとして確保される状況が人間の理解という視点からして望ましいからであり、そのような魂の告白を拒絶する権利は誰にもないであろうからである。信の哲学も単に統語論や意味論の次元で形式的な操作によってではなく、このパラドクスを信仰の経験的な事態を想定することにより回避できることを示しうると解する。

　われわれは、簡単にではあるが、パウロは知性の躓きを除くべく相対的に自律した言語網を少なくとも三層形成していたことを確認している（第一章二節。なお、第二部で詳論される）。「私は常に嘘をつく」ないし「私は端的に偽りである」という言明は人間的な次元（C）においてはパラドクスに陥るように見える。言明「私は常に嘘をつく」をLとすると、LはLそれ自身に対してそれは偽であると述べる。それが真であると仮定する。そのとき、それはLが述べている通りの事態、即ち偽になる。それゆえ、それは偽である。しかし、今度はそれが偽であると仮定する。そこでは偽はまさしくそれが述べている通りの事態である。そして実際にそうある通りに事態を語る文は真である。それゆえ、それは真である。かくして、Lが真であるなら、それは偽である。他方、Lが偽であるなら、それは真である。その状況では何か一つのことを伝達することは叶わない。

「私は端的に偽りである」という自らの実存、存在状況に対する言明も同様である。これはパラドクシカルに見えるものであり、この種の発言は慎むべきもの、さらには理解不能であり、語りえないものとして処理されるであろう。また「間隙論者（gap theorist）」のように、あらゆる言明は真か偽であるという二値の原理を認めずにこの問題を処理する方向も考えられよう。(42)

　私はパウロの提案に従い、言語層およびその基礎にある信仰の経験的な事実の異なりに訴え、「私は端的に偽りである」を話者の意図として神の前の言明として捉えることにより、理解可能な発話として解釈したい。神学的発話は聖霊の介在（＋により表示）を前提にD＝A＋C（神の前の義人とひとの前の信が聖霊＋により媒介されていること)と複合を語ることである。なお、これは第三章で分析するが、罪が文字としての律法を利用し肉に寄生する罪に欺かれ同意してしまっている状態も複合的であり、Ere＝Er(LogbviaErC(agreement))と表記される。

しかし「私は端的に偽りである」は聖霊の媒介(ErD)により悔い改めに導くべく、葛藤が引き起こされて「惨めだ、われ、人間」(Rom.7:24)と苦悩の表白と同様のものと捉えることもできる。その場合には完全には欺かれておらず、「叡知によって神の律法に仕えている」一方のわれと、「肉によって罪の律法に仕えている」われのあいだで分裂が生じている(7:25)。律法の機能はこの罪の罪性と欺きを暴き立てることにより葛藤を引き起こすことである。ひとには「罪の律法」の他に、「叡知の律法」のもとにあり、神の意志を知ることができる。そこに二つの律法のあいだで葛藤が生じる。これをErC(agony)(Ere〈vs〉ErCKn(LogB))と表記できよう。ここでErC(agony)は苦悩の働きを、そしてEreは罪の欺きの働きを、ErCKn(LogB)は神の律法に対する認識を、〈vs〉は対立関係を表している。この苦悩は聖霊の執り成しにより悔い改めを促されていると理解しうる。その発話が神の聖霊の促しによりなされている可能性を否定できない以上、D言語(A＋C)でありうるからである。第二パウロが例えば彼が「この言明は信用に値するもの(*pistos*)であり、まったく受容するに値する、即ちキリストは罪人たちを救うべく世に来た、われはその罪人の頭なり」(1Tim.1:15)とパラドクシカルな響きをもつ仕方で言う時、彼自身の理解としては聖霊の執り成しのなかで罪人の頭としての自己認識が語られている。それは本人の苦悩そのものが執り成されていること、罪の呻きそのものが聖霊の励ましであることを伝えている。

なお、ひとの悔い改めを介して神は自らの判断を罪から義の認識に変えることがあるのかが予定説との関連で問われるでもあろう。ここでは簡単に、誰であれ神の前において業の律法のもとに生きる者は罪であることが、信の律法のもとに生きる者は義であることが、モーセ律法とイエスの信の生涯において明白に啓示つまり知らしめられていることに注意を向けるよう促したい。業の律法のもとに生きる者は神からその業に応じて審判を受けることが知らしめられている。そのうえで誰であれ「怒りの器」でもあろう者が信の啓示ゆえに「憐れみの器」であると自らを看做すことが許容されていることを指摘しておこう(Rom.9:22–23)。「惨めだ、われ、人間」(7:24)という嘆きと悔い改めを介してその信が神に嘉されることがあるとすれば、もともとその当人は憐れみの器として義とされることが神の前で定められていたと語ることができる。そのことつまり神の二つの行為により神の意志が知らしめられていることは、人間的には、「罪人の頭」という自己認識は信に至る契機であると語ることができ、また神の前で聖霊による苦悩の促しとともに悔い改めるよう促されていると語ることができまたそう語ることが許容されていることを示している。

従って、一般にひとが実存的な苦悩として「私は端的に偽りである」という直観の表明は、何か偽りのない存在者を前にして、その存在者に対しての自らの偽りの認識の表明であると理解することができる。さらに、それは神的なものの執り成しのなかで語られている可能性を確保するとき、その嘆き自体が恩恵のなかでのこととなり、自己否定と自己肯定(尊大化)のパラドクスを回避するばかりではなく、理解可能なものとなる。そして信はこの偽りの克服として機能する。

しかしながら、偽りのなかでの信は最後まで偽りではないかという懐疑が提示されもしよう。これは人間中心的な思考であり、その外にいかに立つことができるかという問いであると捉えなおすことができる。それに対しては、まず、もしひとには父母への幼子の如き全き依存が生起する魂の部位とその機能が力能において残る限りにおいて、信はいかなる認知的、人格的態勢も要求されることのないその父母へのまったき委譲、信頼であることを確認しておこう。そのうえで魂の偽りの部位と信の宿る部位は境を接していても力能において異なるものである限りにおいて、まずその当の偽りが赦されているという神の意志の言葉を理解することはできる。即ち、偽りと信との転換点において神が聖霊を介して神の前の自己を新たに受け取るよう促していること、それもイエス・キリストの信を介して神は既に罪に勝利したことを受け止めるよう促していることを理解することはできる。信の生起する部位とその力能においてある機能がこれらの理解の促しのなかで発動することが偽りの苦悩のただなかで生起することに矛盾はない。さらに、その苦悩が聖霊の執り成しの可能性のなかで遂行されていることに何ら矛盾はない。信がこのような魂の根源的な行為であることは、その対義語である偽り分析を通じて確認できたこととしよう。

三　命題的態度とその暗黙の前提

肯定的態度と価値ある事実の命題内容への代入

続いて、一般的な「信」の用法を幾つか代表的な事例により確認し、この語の機能の諸特徴を挙げる。「信じる」は「知る」や「望む」、「疑う」などと同様にひとつの命題的態度(propositional attitude)として従属節「〜ということ」つまりthat節で導かれる命題を伴う(43)。文「私は彼を信じる」は例えば「私は彼が嘘をついていないことを信じる」と表現し直されよう。「彼が嘘をついていない」は信じるという私の判断がそれに向かう世界の事態を表現しており、その文が真であることを私は信じている。この文は信念内容をも表現しており、世界における事態がその信念内容と合致することを信じている。信じる、欲するそして思うなど命題的態度と呼ばれる分析を許す魂の機能はまずそれが何かを志向する、つまりここでは従属節で導かれる文に対応する事態に何らかの態度を取るという志向性を見て取ることができる。魂は世界に対して関わりゆく、その関わりの様式が主文に表現される。ものは何であれ自ら世界に関わることはできない。機械は動くがそれは自ら動くことはなく、人間の指令のもとに自らの機能を果たすのみであり、世界に自ら関わっているわけではない。私は主文の動詞が表す事態を「魂の様態」と呼び、従属節、that節で導かれる文が表す事態を「世界の事態」と呼ぶことにする。

アリストテレス倫理学において、真偽に関わる認知的判断と賞賛と非難の対象となる価値を含意する人格的態勢はそれぞれ魂の様態として有徳者の場合調和していた。それは「欲求的叡知」という一つの句により表現されていた。彼は「行為かつ認知的なものについての真は正しい欲求に同意している状態である」(1139a30)と述べ、真かつ正しさを司るものとして二つの卓越性に対応する態勢が、選択そして行為の正しさを形成すべく相補的に機能するとしていた。欲求により追求されまた忌避される価値「〜べし」は世界の一事態であり、有徳な者のそれは真でもある世界の一事態である。従って、その命題的態度は「私は……と知りかつ欲する」という仕方で連言により that 節を導くものとなろう。

行為についても真を問うことができるという前提のもとで、例えば、誰か同僚が上司から不当な仕打ちを受けているときに、勇敢に上司を諫めるという状況において、有徳なひとは事態の状況の認識からしてそうすることを心からそれ自体の故に望み、そしてそれを実行する。そこでの当人の命題的態度は「私は私がその上司に懇切にその誤りを説明すべきであることを知りかつ欲する」というものであろう。行為により生み出されるべき世界の事態は適切に上司に諫言することである。諫言の欲求に認識が同意している魂の様態は命題的態度によりその欲求の正しさを語ることができ、自らの行為の真を語ることができる。ただ、命題的態度は文を伴うので項に関わる叡知は命題の形成を介して実践知にまで展開されている。

この分節が適切であるとするなら、命題的態度は行為や価値をも価値の事実として表現することのできるものだということを含意する。命題的態度は「必要こそ事実だ」という魂の内的要求を価値の事実、世界の事態として表現できる。これは「私は神が存在することを必要としているということを私は知っている」つまり「私は自ら神の存在を必要としていることを知っている」に翻訳され、魂の或る様態も世界の事態として処理することができる。事態の真偽に関わる知識は従属節の価値に対し中立的である。「私は知る……ということを」は「……」に世界の事態が対応する限り、善も悪も無差別的に処理されよう。しかし、「私は信じる……ということを」に関しては、「……」には話者にとって肯定的な価値が代入されねばならないのではなかろうか。以下この問題を事例に即し吟味したい。

信念構造

信じることと疑うこととの対比において、肯定的な態度(pro-attitude)であることは疑い得ないとして、信念内容も肯定的な内容であるかということは一つの有意味な問いである。信が願望の代わりに用いられることがある。例えば、判明していないことがらに対し、「彼の落選を信じる」のような否定的な内容に対する態度の場合は、「望む」という語句に変換されるべき態度が背後に隠されている。文「彼の当選を信じる」においても同様に願望表現としてこの語句が用いられる。「私は自分が癌なのではないかと疑う」というケースにおいては、「私は自分が癌であると信じる」は不適切な発言となるか、それともほぼ「知っている」に変換されうる確実性を表現している。疑うは否定的な態度であり、その内容は否定的に解されている事態である。

それでは「私は地球がいつか滅びると信じている」という発話はどうであろうか。否定的な事態に対する信念の表明と一般的には受け止められよう。しかし、この信念は知識と密接に繋がった信念構造から得られる、様々な知識に基礎づけられた将来の事態に対する信念である。

信という命題的態度においては命題内容の真理を承認することはそのような主体的、自律的な態度のもとで遂行される。そこでは、ひとは何かを信じるとき、その命題により表現されている一つの事態だけを信じるのではなく、その事態に関連する多くの事態をも真であると信じているそのような局面が問題となっている。新たな理解を得るとは、ちょうど脳細胞のシナプスが新たに繋がるように、一つの安定した言語体系のなかで関連のネットワークが広がり、一つの形を取ることであると言えよう。換言すれば、一つの語を理解する時、それと関連する諸語がその遠近を把握されたうえで活動しだすことだと言えよう。そのさい、その言語行為によって信念体系が生きたものとして持ち運ばれる。信念は感情や知識と同様、魂に帰属するものであり、志向性をその共通の指標とするが、言語がその記号であるところの世界についての信念体系は常に言語に随伴する。何か一つの命題を真であると信じることは、その命題が属する自己整合的な体系全体を、あるいはたとえその体系が開かれたものであるにしても、その命題に近接して関連する語句の何らかの範囲を真であると信じることを含意する。Wittgenstein は「われらが何事かを信じるようになるとき、信じるのは個々の命題ではなくて、命題の全体系である」と言う[44]。個々の命題はそれが帰属する体系の整合性を必要条件とするであろうし、体系は個々の命題の共約的蓄積により構成される。そしてそれは現実世界との照合により知識においてある真なる命題に変換される。

信念構造（Noetic structure）と呼ばれるものは、その信念が偽であることが判明すると、他の関連領域さらにはほとんどすべての信念構造が崩れてしまうそのような根源的な信念を含む諸信念の連関を指す。例えば、一度も行ったことはないがその存在を信じている大陸オーストラリアについて、「オーストラリアが存在する」という信念が偽であることが判明すると、多くのこれまでの知見は覆される[45]。

というよりも、生の基盤が根底から崩れると言っても過言ではない。地理の勉強に始まり、シドニーオリンピックのこと、コアラやカンガルーさらには友人の出身地としてのその地域についてのあらゆることが偽であるとするなら、それはもう日常的なあらゆることがらの生の基盤が崩れることになる。これは比較的交流の少ないマダガスカル島に関してであっても同様である。なぜこれがそれほど衝撃的かと言えば、これらの信念はほぼ知識と言っても差し支えないものであり、常識的な知識が崩れるとすれば、ほぼ生のあらゆる営みが崩壊の危機に瀕するからである。従って、或る文脈においては「信じる」は「知っている」とほぼ同義に使用されている。ただ、「私は自分が必ず死ぬと信じている」等の将来に関しては帰納的知識とも言えるが、予言の域をでないために「信じる」と言う。

命令文「私を信じなさい」はどうであろうか。ここでは信頼を自らに示すように求める根拠として、自らが相手に対して信実であることを前提にする。自ら自身を肯定することなしに、相手に肯定を要求することはできない。この発話により相手を欺くことを意図している場合には、「信」が肯定的内容に関わることを話者は利用している。そのさい話者は実質的には、「「私を信じなさい」と言うことにより相手を信用させ騙すことができる」という想定のもとに「私」を信の対象とするよう仕向けている。「私」を相手に信じさせようとしている自らは信の一般的な了解に基づき発話しつつ、自らが嘘つきであることを知っている。そこでは発話者は信実な人間ではないこと、信用に値しないことを騙すという行為において明らかにしている。欺くこと、騙すことを意図する場合には、自らが不信実、不誠実であることを自覚している。なぜなら、「欺き」は「信実」の対義語であり、自覚せずとも問いつめられれば、不信実であることを認めざるをえず、信が肯定的な態度であり、肯定的な対象に関わることを前提にしているからである。他方、欺かれる人間が「君を信用しないけれども、愛する」と語るとき、背後に「私は愛が否定的な状況を改善すると信じる」という愛が肯定的創造的な関係を作り出すという信念が働いている。愛への信が、直接的な対象への不信を乗り越えるものとして想定されている。

J. H. Newman が「名高い諺「神よ、もし神が存在するなら、わが魂を救いたまえ、もし私が魂を持つなら」は信心の至高の尺度でもあろう。しかし誰が、その存在について彼が真剣に懐疑のうちにある存在者に現に祈ることができるであろうか」と言うとき、祈りのもつ人格的関係性に訴えている[46]。対象の存在や信実を疑っているとき、ひとは自らを委ねることはできない。ここに信の持つ全存在性が表現されている。魂の認知的および人格的成長のどの段階においてであれ、ひとは全存在を他者に委ね任せるということ、委譲することができる。それは祈りを伴うというか、祈りとしての委譲であろう。魂の透明性なしに、すなわち内的分裂に魂の眼差しが注がれている限り、この祈りとしての全存在的な委譲は生起しないことは信というものの持つ、著しい特徴である（第一部序四六頁の引用『告白』第八巻八章参照）。それを可能にするものは、信における認知的要素と人格的要素のあいだに必然的な連関がないことである。真偽の判別力能は一つのことであり、追求と忌避という価値に関わる人格的な実力、態勢はまた別の一つのことがらである。よく知らなくとも、立派でなくとも全存在を委譲することはできる。

とは言え、愛の力を信じることなしに、ひとは誰か他のひとに信実であること、信頼を寄せることはできないであろう。信じることなしに、ひとを愛することもできないであろう。或る言明を真と信じることなしに、知識を持つこともないであろう。知は信を含意する。生の実力のどの段階においても生起する信は認知的、人格的成熟を要求しない。しかし、他方、信なしに認知的、人格的成長は生起しない。信にはひとが何か対象との肯定的、創造的なかかわりを構成するうえで、原初的な位置にあることが以上の様々な用法から確認できる。原初的であるが故に、認知的な展開と人格的展開双方を促すことができる。

有徳でなければ信をもつことはできないか——委譲の二種類——

それでもひとは、自らの不幸な生のゆえに猜疑心が強く、否定的な面しか見ることのできない拗けてしまった信実でない魂には信じることさえできないのではないか、有徳な人間にしか信じることはできないのではないかと問うでもあろう。これは伝統的に「道徳的運（moral luck）」の問題と呼ばれる。幼少時代に何の善悪の規範をも教えられない環境に育った子の犯罪はどのように理解しうるのであろうか。この問いにはパウロの信の分析において応答を試みるが、一般的に応答するとすれば、猜疑心に満ちていることを自覚しているなら、人格のどの段階においても苦しみの中から自己を救う者に委譲することはできるであろう。その自覚のない者は自惚れのなかで自らを欺いているが故に、信は生起しないであろう。

アリストテレスは魂のロゴス無しの部位とロゴスの部位の分裂と聴従を分析した。実践知者は自らの感受態をロゴスに聴従させることにより常に適切に感受態に対応する者であった。彼は、言わば、ロゴスに委譲している存在者であった。そのロゴスへの委譲も修練の始めからというわけではなく、認知的、人格的要素の成長に伴い、確認し自覚するものであった。彼はあまりに不遇な環境にある者を幸福とは呼べないとしていた（第三節一参照）。しかし、魂の最善の部位に即して生きることはできないと語ることは決してない。有徳であることは誰であれ人間のあるべき姿であるという揺ぎ無い認識のもとにあった。

他方、信は魂の内的なロゴスに委譲するわけではないために、認知的と人格的の相即性、即ち自らの魂の有り様の認識と自らのパトスに対するロゴスの制御の習性付けなしにも、対象の愛に身を委ねることが可能なのである。ニューマンは神が愛であり、復活の主が今共にあることを信じる。そのとき、魂の根源において全存在を委譲しているという意味で、分裂から癒されており祈りは透明なものとなっている。これが知識との必然的な相即性においてない信というものの持つ力であり、魂の根源性を示すものである。以上のことから、「信」が願望や知識の代替としてではなく、本来的に語られる局面においてはそれは肯定的な対象に肯定的な態度を持って関わることであると言えよう。知識内容や想定内容のように、中立的つまり話者にとって肯定的および否定的な対象双方に関わるのとは異なり、信念文においては本来的な用法は自らにとって肯定的なものに限定されている。

まず、それは真であると信じると発話に値する事態であり、他者(神でもありうる他者)に自らの信念内容の偽りのなさを表明しており、念をいれたとも言うべき、数多い暗黙の了解と前提のなかで互いに言挙げせずに生活している日常的な状況とは異なる事態である。「私は……と思う」という認識の日常的表現様式よりも強い様式に「私は……信じる」は属している。この強いそして表明に値する限定された信念内容は魂のより根源的な場所からなされる発話であり、生全体の方向に影響を与える心的態度であることを示している。新たな生の方向を定める発話であるという意味で、信念内容は肯定的、創造的内容である。対義語「疑う」が常に否定的な関与であり、好ましからざることに対してなされる以上、「信じる」は好ましいことに対してなされる肯定的関与である。「信じる」という語は肯定的な事態に対する肯定的な態度であり、決して否定的な事態には用いられないことはこの語の一つの特徴である。肯定的な対象に肯定的に関与すること、これが信という心的行為の含意する二つの事態である。そしてそれを可能にするものは、二つの卓越性のアリストテレス的ではない関係である。換言すれば、アリストテレスは信の根源性を見出さなかったからこそ、成功した視点から実践知における二つの卓越性の必然的な調和を語りえたのである、それが実現可能であるかは別として。そして、魂の根源語は「信」であるか「実践知」であるか、それとも根源とその果実として共存可能なものであるかは確認されるべきことがらとして残されている。

四　信の認知的要素と人格的要素——信の正しさについて——

認知的要素と人格的要素の非対称性と相補的展開

肯定的な対象に肯定的に関与する信には双方の関係はともあれ認知的要素と人格的要素双方が含意されていると思われる。ひとは知っていることがらについて、「信じる」とは言わず、「知る」と言う。ひとは知らないからこそ、信じるのであるが、信の対象について何も知らなければ、信じることさえできないという意味で当該語の意味や自らの魂の必要の知識など何らかの知識を前提にしている。従って、信は知識の制約のなかにおいて語られることがらであり、知識が信を生み、その信は新たな知識を生む。このように知識と信が相即的に進展する限りにおいて、肯定的な対象に対する肯定的な関与であることが保障される。もしその延長線上に信が否定される事態に遭遇するとすれば、もはやその相即的な展開はありえない(これは誤謬から解放された成功した地点、即ち信念内容が偽であることの知識を持っている状況からの記述である)。このように知識と相即する認知的次元において信が遂行される。認知的卓越性を形成するものは、感覚、推論および論証を通じた知識そして叡知(ヌース)などであり、それらが発動することにより、知識と信の相補的な展開が遂行される。

他方、信は肯定的な対象に対する肯定的な関与であるということがらは、信じる者はこの語を用いる文脈においてはまず生を肯定しているということが含意されている。自らの魂の内的な分裂を抱えていても、ロゴス無しの部位をロゴスに聴従させるそのような内的な統一化に向かうことなく、魂全体として外的な対象に信を置く行為はとりわけ志向的である。生の否定的な側面に出会っても、信じる者はそのつど肯定的な対象や視点を見つけ出し、肯定的な関与を繰り返している。もしそれをやめるとき、ひとはもはや信という行為のみならず、「信」という語を自らのものとして用いることもないであろう。

信じる者は疑念を持つ者でも、欺く者でもなく、対象を信頼し信実であろうとする者のことである。信には決意が含意される。しかし、この決意という心的行為が自らのなかで確からしさの進展と共に遂行されるのでなければ、この決意は空虚なものに堕するであろう。従って、信じるという行為には、アリストテレスにおける徳の分析において考察したように、魂の態勢として認知的かつ人格的成長を要求するであろう。信が生起するたびに、そのつど生の始点の更新がなされるであろう。信仰生活における魂の態勢は自ら対象を信頼し、対象に信実であるという実践を通じて養われるものである。この対象を信用、信頼し委任しまた信実であるこのような魂の態度が信の人格的要素、態勢を問題とすることである。信の対象が人格的である場合には、信実に対する信実、義に対する義、愛に対する愛という相互のあいだにおける支配からも被支配からも自由な場所において出来事になる相互の何らかの等しさが常に問題となる。信の人格的要素を形成するものは、対象に信実であろうとするその基礎のもとにおける勇気や節度、正義そして寛容などの人格的卓越性であり、自ら信実であることが喜びであるようなそのような感受態を伴う態勢が目標とされる。

信の認知的要素と人格的要素の関係は双方が必然的とは言えなくとも相補的な展開を形成している限り、その信は健全である。人格的な成熟が新たな信をもたらし、その信が知識をもたらし知識における展開が見られる。そしてそれは新たな人格的な成熟に貢献する、そのような相補的な関係においてある限り、信は健全な状態であると言うことができ、そのような生の刷新をもたらす信を「正しい態勢」にあると言うことができよう。ひとはいやしくも信仰の正しさを共約的な仕方で語ることができるなら、二つの態勢が相補的に展開している限りにおいてその信仰は正しいということに同意を得ることができるであろう。

しかし、先に見たように、信の顕著な特徴として、人格的な態勢のいかんにかかわらず、全存在的な委譲が生起することである。立派な人間だけがこれを為し得るとするなら、自らの愚かさや罪深さに胸打つ者は決して信じることはできないであろう。パウロの信仰義認論は、律法を重視するユダヤ主義者により、律法を守らず有徳でない人間を信仰だけにより神に義と認められるとする教説であると理解され、神は不義ではないかという嫌疑がかけられるに至り神を冒瀆するものであるとされ、長い論争が交わされた。そして、その論争は福音と律法、信仰と道徳等という名のもとに現在に至る。認知的状態と人格的状態のこの非対称性は、魂の根源的な態度においては不可避であるが、それとて人間的な人間存在の次元においては少なくとも事実的な相補的展開が確認できるのでなければ、信についてもはや正しさを語ることはできないであろう。認知的に届かないものを信じるということであれば、いかなるものでも信仰の対象として許容されることになろう。パウロによるその解決案は後に考察するとして、われわれは人間の根源的な態度を共約的な次元において探求しなければならない。

生の根源に対する信は知識たりえないことを前提にしている

ここでは神への信仰が成立する局面を分析しよう。肯定的な対象に肯定的な関与を表白する事態が出来するのは、否定的な状況にある者が生の根源的な変革を迫られている状況においてである。先に、誰もが承認しているようなことがらが偽であるとするなら、信念構造が崩れてしまう状況があることを確認した。他方、神が存在しないということが判明したとすれば、或るひとびとにはオーストラリアが存在しないと同様かそれ以上の深刻さをもって受け止められるであろうが、多くのひとには何ら影響を与えないであろう。この差異は何かと言えば、知識として流通していることがらの身分差にある。誰もが始めから自らの信念が十全な知識になることはないということを知りつつ信じるということがらがある。カント的に言えば、ひとは時間と空間のなかに制約を受けた感性的存在であり、自らの存在と非存在について問うことは身体の限界である感性界の内部からは、身体が消滅することまで客観的に確認できるものの、時空の枠の中での存在、非存在でしかありえず、その枠そのものの外がいかなるものであるか知りえない限り、魂の不死と神の存在は信憑（Für-wahr-halten）に留まる（第五章一節、第九章四節一参照）。

しかし、信じる者はそれが生の根源に関わるからこそ、知識にはなりえないことを知っているのである。信じるしかないことがらは、それと共に生きることのできることがらである。ひとは自らの存在に対し何らかの了解を持ち何らかの態度を持している。なぜなら、ひとは自らの分裂のままで生きることはできず、自己がそこにおいて自己自身との一致において生きる自らの存在に肯定的に関与する存在者だからである。ひとは肯定的な対象に肯定的な態度を取らざるをえない局面こそ、魂の根源的な事態である。具体的な行為の選択の場において、アリストテレスの実践知は魂のロゴス無しの部位とロゴス的な部位を統一する内的かつ反省的な機能であった。信は魂自らの外を志向するという意味において、直接的な内的調和の断念を意味する。その意味で信は魂の危機的かつ根源的な態度である。そのとき、魂は自らの深淵に面している。信じるしかないものを抱えている人間は自らの「存在」を知りえず、ただ或る了解のもとに態度を取っているだけの者である。

信の文法

哲学的伝統においてはこの存在は「実存」と呼ばれてきた（第九章参照）。誰もが自らの存在に対して態度を取っているとは、誰もが実存に生きていることを示す。そして人類にとって最も大切なことがらは自らの存在の了解を得ることであるとするなら、誰もが実存に生きるとき、人類にとって最も重要なことがらにそれぞれの仕方で関わっている。「信」はその意味で自らの実存に対する態度であり、そこから他のあらゆる営みが生み出される生の根源的な態勢を表現する根源語である。

「信」の振る舞いとして、受動的そして能動的な局面がある。「到底信じることができない」という発話はそのひとが持つ生の形式つまり通常そのもとに営まれている信念構造からして、あまりに受け入れがたいということを含意するであろう。そこでは、信念構造を支えているものは所謂長い時間をかけて体系内の諸信念とのフィードバックにより形成された生の全体的理解であり、それがその主張を排除する。生の全体的理解とはそれにより通常の認知、判断そして行為という営みに折り合いをつける理性的反省的機能である。生きるということとのフィードバックで培われた実践知ないし、欲求的叡知もしくは思考的欲求が或る主張、或る命題に直面して、その主張を自らの信念構造に組み込むことができないときに、「信じられない」という発言がなされる。かくして、この発話は主体の受動不可能性を伝えるという意味で、「信」は受動的な局面で用いられている。肯定的に「信じる」という用法も、或る文脈においては「真であると受け入れる」ということであり、それは自らの信念構造に何らかの仕方で組み込むことができ、命題的態度に還元される。これらの否定文、肯定文に共通することは、自らの信念構造を前提にしたうえでの、或る主張の取捨選択である。信の命題的態度による分析の暗黙の前提は或る命題を自らの信念構造に取り込む、つまり主語「私は……」に表現される基体となる存在者を判断主体にしていることを前提にしている。

ところが、「信」という振る舞いにはより根源的な局面、つまり、それまでの信念構造のもとでは生きることができずに、生の根源的な変革が不可避という局面においても用いられる。伝統的に「暗闇への跳躍」とも呼ばれる、宗教的な入信の局面などがその状況を最も適切に伝えるであろう。そこでは新たな体系の受容というよりは、それへの跳躍である。というのも、自らのこれまでの信念構造における微調整ではもはや折り合いがつかず、根源的なところでの変革が要求される局面においては、生の一切をそこから見直す新たな視点を取り入れることであり、それは古い体系に新しい情報を取り入れるというよりも、新たな体系を信じる、或いはむしろ「信じ込む」という表現が適切だからである。

これは共約性のもとに生きる人間的な人間存在Cの極限的な状況と言ってよく、自らの精神がこの領域に何一つ確かな位置を見出せない状況である。キルケゴールならこれを、絶望して自己自身であろうとする状況と記述するであろう。ひとは、道徳的存在、社会的存在、自然的存在として何らかの共約的な理解網のなかで自己自身を位置づけてきたが、精神の絶望の深さはそのような理解網の無力に直面する。生物的な死さえ救いになりえない、つまり死んでも死にえない精神の定まりなき自己食尽は、あたかも自らの尻尾を食しながら生きながらえる蛇のようなものであり、人類が連綿として築いてきた安全網の無力さを曝け出す。ひとは自らが自らの生の主人公であると看做す時、自己食尽に陥る。自らを喜ばそうとする生は諸々のパトス喚起装置に隷属するばかりか、自意識の循環のなかで自己を食いつぶすことになりかねない。人間はそのような者として造られていないからである。「悔い改め」という人生のリセットはこの人間的な人間存在のうちに救いを見出し得ない者の、神の前への跳躍でありまた額づきである。

これまで信の受動的側面として表現してきたことは、信の対象である神がその被造物に対し信であり愛であることを前提にしている。かくして、ひとの信が真正なものであるとき、神は信と愛において実働しているとき、ひとのそれを受動する信は真実なものとなる。それ以外は究極のところ妄想と変わらないであろう。もちろん、人間的には信に基づき認知的、人格的力能がより十全に発揮されるということは十分に起こりうる。しかし、それは人間的な共約的な次元に留まる。信ということがらはそれを突破するか、少なくとも共約性の最終段階のものに向かう。神の信のエルゴンのなかでのみ、ひとの信のエルゴンは真正なものとなる。そしてその信の特徴は創造者に対する信である限り、全体性への究極的な肯定的な態度、承認にある。これを認知的次元において語るなら、先に「われらが何事かを信じるようになるとき、信じるのは個々の命題ではなくて、命題の全体系である」（ウィトゲンシュタイン）ことを確認したように、その全体系は極限的に広げられ肯定されているであろう。一切を統べ治めるものへの究極的な肯定そして信が実働しているのでなければならない。

あまりにも範囲が広いため、促しのなかにおいて実働する信は目的語をもたないこともあるであろう。パウロは言う、「希望の神が、汝らが聖霊の力能のなかで希望に満ち溢れるべく、汝らを信じることにおけるあらゆる喜びと平安で満たしたまうように」（Rom.15:13）。ここで「信じること」が目的語をもたないのは、聖霊の媒介により対象からの促しのなかで遂行されるために、あえて信の対象に言及する要がないからである。むしろ、そこでは聖霊の媒介による平安と喜びのパトスが信に伴っている。これは、信の志向性は実働する神に向かうという、神の前の現実を括弧に入れない限り道理ある主張である。ただし、これは信の共約性の究極的事態を表してもいる。

信の哲学はこの跳躍を形而上学的次元A、Bと人間的な人間存在Cの次元の関係において分節する。神学的には、神の前の存在Aとひとの前の存在Cは聖霊によって架橋されており、跳躍により開かれる地平はA＋C＝Dとでも表現されるべき神学的実在である。跳躍することそのものが恩恵のうちにある。信の哲学はこの神学的地平を一般的に実在の三層の術語において位置づけることができるだけであり、この連言の実質の解明はやはり人間的な人間存在Cにおける共約的な次元に(a-inC)として翻訳されうる限りに問題とする。ただし、常にナザレのイエスにおいてまったき神の前で義でありまったきひとであった(D＝A＋C)という等号を許す事態が歴史のなかで実現されたと報告されていることは念頭に置かれねばならない。神の前の自己完結性とひとの前の相対的自律性の統一理論にこそ、これまでの哲学的な難問を解く鍵が隠されてもいようからである。

この跳躍が問題になるということは「信」の分析からして共約的なものでありうるであろう。魂の、言ってみれば、底での「信じる」という発話においては認知的要素は問題とならない。魂の根源的事態として、先にニューマンの引用において見たように、「あなたが存在するかどうか知らないけれども、あなたを信じる」という種類の発言は到底なされることのない局面であり、「信」の全面的な委譲の文脈である。他方、受動性の文脈においては、理性が信念構造取り入れのフィルターの役割を果たすため、理性が受容を拒否する文脈においてなされる。そこでは普遍の例化として個別的事象が考察されるため、他に例を見ない出来事は理性には受け入れられない。しかし、素直に受け入れるとすれば、理性が機能していないか、それ以上の確信がある場合である。まことに神であり同時にまことにひとである者のみが神の前とひとの前を媒介しうるという信念は矛盾律に反せず、その確信に生きることとは非理性的なことではない(第一章一節五「合理性」参照)。一般的に言えば、信念網が生の現場と常にフィードバックされながら、理性的かつ有機的に機能しており、その信念が多くの事象と関連しあい、また多くの事象を説明できる場合には、非理性的な確信ではないと言うことができる。

この受動と委譲を分けるものとして、理性が一つの諫言者として機能している。通常、新たな状況、新しい情報は、理性のフィルターを通して、自らの安定した体系のなかに位置づけられる。しかし、新たな状況がこれまでの理性のフィルターにより受け入れであれ排除であれ処理しきれない場合には、そのフィルターの機能は一旦停止し、全存在的なものとしての新たな関与が要求される。そしてそのような局面こそ、「信」という術語が機能する最も本来的な文脈であると思われる。

そのことは、ひとは自らの生が根源的に変革を迫られているそのような状況において救い出すものに自らを委ねる、つまり信じるという事態を表している。ひとは委ねるという行為をすることがあるとすれば、それは全存在的である。自律をそこでは放棄している。しかし、信の対象と共に生きることをその委ねを介して、公的、共約的には自らの自由と責任において遂行するということはありうることであり矛盾はない。自らを委ねることは限りなくプライベートなことがらである。他の人間の介入しえない、そのようなデリケートな場所における、言ってみれば魂の底におけることがらである。この局面は古い認識主体の保持という譲歩のもとに命題的態度として表現することは可能であるが、認知的なものと人格的なものの非対称的な信が問題となる。このような状況における信が生起する、信の文法は以下のようなものであろう。

文脈：生の根源的な変革が不可避な状況。
実質：変革し救い出す力を持つ対象を承認し、信頼し自らの全存在を委ねる。
表出：救い出す力を持つ対象と共に新たな肯定的な生を構築するあらゆる可能な振る舞い。

ひとは誰であれ死すべき存在者である。そのことはこの限られた生そのものがどこから来てどこへ行くのかという問いにさらされ、応答することを迫られていることを示す。そして単に問われている存在者というだけではなく、実際、自らは何であるかという、その自らの存在に対して何らかの了解を持ち、態度を取っている存在者である。究極的には、人生のささやかな営みも死に関連づけられうるものであり、実際意識に上らずにも関連づけずにはいられない存在者である。その証拠に、或る行為に対して、「何故にか」の問いの連鎖は死をめぐる人間本性理解の提示において終局するからである。換言すれば、死は生まれた時には死ぬのに十分なほど年を取っている人間各自にとって究極的なことがらであり、その態度は、無神論や有神論そして不可知論という仕方で表現されてきた。生の根源的な変革が迫られるところで、無神論か有神論かいずれかへのコミットが生起する。一方、死は無であり、蛆虫のえさになるだけであるという強い信念に生きる。無神論は一つの信念である。他方、有神論者は恵み深い或いは峻厳な神の前に立つことだと考え、常に自ら持つ信仰を神の前で持ち、救い主の憐れみに固着する。有神論も一つの信念である。不可知論は前者のいずれとも決めえないとし判断を保留する。一見、この立場は最も理性的に見える。しかし、この立場でもひとは具体的な生において今・ここの選択を迫られており、有神論者のように神の前に立つという信念のもとに生を構築できない以上、実質的には無神論者に吸収されている。不可知論も一つの信念に他ならない。このことは、人間は誰であれ知ることはできないが、信じるしかないことがらを抱えていること、さらには信じるしかないことがらはそれと共に或いはそれによって生きることができることがらであることを示している。

ここに信仰が必然的問題となる宗教が介入する。宗教を持たない民族がないことはそのことを如実に物語っている。かつて現イランのシャニダールの丘の洞窟において五万年前のネアンデルタール人の遺骨とともにそれを囲む花粉の痕跡が検出された。そのころ人類は既に死の観念をもっていたのではないかと報告されている。祭られた花々は現在でもシャニダールの丘にそよいでいるという。

誰もが自らの生全体に対する何らかの了解のもとに生きていることは「実存」と呼ばれる。誰もが何らかの了解のもとに生きているが、その了解のもとにある生の根源的変革が不可避なとき、実存は信のもとに明確な意識に現出する。個々人は自らの存在理由に対する了解において人類にとって最も重要なことがらにそれぞれの仕方で関わっている。この点で人類はすべて等しいものとしてある。当然、その関わりの仕方は千差万別である。しかし、個々人はその関わりを通じて、人間本性に対する正しい信念を持つに至る可能性のうちに生きている。なぜなら人間には信という心魂の底における全的な行為が存在するということ、そしてその根源的な行為においても人間はホモサピエンスとしてロゴスを持つ存在者であることがその可能性を保障しているからである。この可能性のうちにある限り、ひとはそれぞれの根源的価値について同意に至る可能性を持っている。この実存の普遍性のもとに人類に他者との共存と共約性の可能性が保障されている。

五　アリストテレスの実践知とパウロの信は両立可能か

アリストテレスにおける「信」の認知的そして人格的用法

種々の人物像が登場するアリストテレスの倫理学は人間類型の分類であり、そのなかでとりわけ徳に即して善い人生を生きる幸福な人間に、人間類型として、スポットをあてていると言うことができる。それに対し、パウロは十字架につけられたキリストを仰ぎ見、そこから人間をあらためて理解したと言うことができよう。一方は人間の観察と思考による卓越した者に基づく構築であり、他方は啓示に基づく構築であった。放埒な者から抑制のない者そして抑制ある者さらには実践知者へと、感受態のロゴスに対する聴従のしやすさにより、人格が完成に向かうということは、感受態の反応の成長とともに十分に想定できる。哲学者の倫理学が幸福と徳をめぐる人間の魂の動きをつぶさに観察することから構築されるように、パウロの倫理学は歴史の一事件を契機に、喜びから築き上げられている。問題は二人のそれはどこまで共約的であるかにある。

たとえ双方とも人間の全体性の理解において実存に生きているにしても、二人が鋭く緊張関係にあるのは魂の根源的な態勢として一方は実践知をそして他方は信を挙げていることに見出される。パウロは宇宙と人間の創造者である神が一つの歴史的事件を介して神自らの人類に対する信を示したことの認識に基づき、あらゆる肯定的な生はその啓示の出来事に立ち返る信によってのみ生起すると主張する。アリストテレスは信（ピスティス）が一切の肯定的なものの源泉であるという理解のもとに倫理学を展開することはなかった。両者の端的な異なりは実践知と信の異なりにあると思われる。ただし、一方は生の完成した姿から、他方は生の明確な始点から全体の理解を展開しており、原理的な理解において明確な衝突のもとにあるわけではない。パウロは魂の認知的な態勢と人格的な態勢を結合するものとして、「イエス・キリストの信」を挙げる。哲学者は、他方、信には双方の要素があることを認めているが、彼は信にその機能を担わせることはなかった。

アリストテレスは信の認知的要素を次のように言う。無抑制に陥るのは正しい判断を「弱く信じること（*pisteuein*）の故」だという見解に対して、彼は「或る者たちは自ら思いなし（*doxa*）を持つことがらについて、他の者たちが知識を持つことがらを信じるのに劣らず信じている」（1146b29f）と述べ、判断の真理性に対する信念の程度は両者に差異がない場合のあることを確認し、「知識」と「真なる思いなし」の差異に無抑制の理由をさぐる試みに反論する。この議論から分かることは、哲学者は「ピスティス」には強弱の程度があること、そして判断の真理性の主張にはその必要条件として常に伴うという仕方で、認知的な役割を持つものとして理解していることである。実際、彼は「信は思いなしに伴う（*doxei men hepetai pistis*）」、というのも思いなしている者が、彼らに思われていることがらを信じないことは許容されないからである。だが、獣たちのいかなるものにも信は内属せず、多くのものには表象が内属する。さらに、あらゆる思いなしには信（*pistis*）が伴い、しかし、信には納得すること（*to pepeisthai*）が、他方、納得には理《ことわり》（*logos*）が伴う」（*De An.* III3.428a21f）と言う。

他方、友愛の論述のなかで、彼は「信」の人格的要素に言及する。「善き人間たちの友愛だけが中傷により損なわれない。というのも、長い時間かけて自らにより吟味検証された者について、いかなる者［の意見］をも容易に信じることはないであろうからである。また互いに信じあうということ、また決して不正を行わないこと、さらに真実の友愛において要求される他のことがらが生起しているからである」（*Nic.Eth.* VIII4.1157a20–24）。ここでは「信」

は中傷に負けない信頼関係を表現している。このようにアリストテレスにおいても「信」は認知的かつ人格的なものの双方に関わるものとして用いられている。さらに認知的なものと人格的なもの、事実と価値を総合する実践知が有徳性の一つのゴールであり、双方に関わる信はその成立の必要条件を形成することもここから知られる。彼はそれを肯定的なものを生み出す一つの源としては捉えているが、魂の究極的な根源語として展開することはなかった。或いは彼は成功した視点から理論を構成するため、信と業の統一理論のもとに、信の肯定的なものを生み出す始点そして常に生を更新する転換点として描くことはなかった。なお、プラトンも「ピスティス」を認知的、人格的な次元双方において用いており、パウロは「信」の語用において彼らの伝統から逸脱しているわけではない(47)。

アリストテレスとパウロを媒介するイエスの譬え話

実践知と信の比較検討の一つの作業として、ここではパウロの信仰義認論がそこに基礎を置くナザレのイエスの言行録を参照し、イエスはアリストテレスの有徳性の分析、即ち態勢と感受態の分析に賛同するであろうことを確認する（パウロは Logia と呼ばれるイエスの言行録を直弟子から授けられていたと想定される(e.g. Rom.6:3↔Mak.10:38, 1Cor.11:23–25↔Mat.26:26–28)）。それにより、パウロの教説との対話の可能性を開きたい。なお、信の哲学はイエスとパウロが思想上いかなる関係においてあるかという聖書学的課題を自らのそれとして引き受けることはなく、イエスとパウロの連続性と後者による理論的展開を前提にする。双方の共約性問題は本書全体を通じて判断することが求められる。

自らの魂を省みるとき、感情や情念等の感受態は選択のもとにはなく自ずと発動すること、そしてそれを感受する潜在力が前提にされるという哲学者の倫理学にひとは同意するであろうし、感受態に対し良い状態、悪い状態と言いうるそのような態勢があり、それが何らかの感受力能を形成し、それに応じて生起する感受態にも差異が生じることにも同意できるであろう。また、人生の経験を通じて培った実践的な知識は誤った判断から解放し、そのロゴスに従うことを容易にするであろう。ここでは、ナザレのイエスも魂の様式のこの一般的な分析として、行為の基礎に感受力能を構成する態勢が貢献していることに自ら同意することを確認する。

イエスは彼の力ある業を見てついてくる群衆が、「飼い主のいない羊のように弱りはて、うちひしがれているのを見て深く憐れんだ」と報告されている(Mat.9.35f)。彼に憐れみという感受態が発動したのは、それを感受する憐れみ深さとしての力能が魂に宿っていたからである。それは彼の態勢が神と隣人への愛という状態にあったからこそその力能が涵養されていたのであろう。彼は敵をも愛する態勢にあったからこそ、迫害する者を祝福して呪わず、「喜びそして喜べ、天における汝らの報いが大きいからである」と言うことができたのであろう(Mat.5:12)。尤も、「報い」と言っても、それは支配からも被支配からも唯一自由な場所である神の国において敵が友となるという我と汝の等しさの生起以外の何ものでもないであろう。

アリストテレスにおいては有徳な者は心からそれを行うことを喜ぶ者のことであった。恐れや周囲の空気の察知からなされる外面的な有徳的な行為はそのようなものとは看做されなかった。これにはナザレのイエスも同意するであろう。イエスは激しく律法学者、パリサイ派を批判するが、それは外面上律法を守ることに対する偽善への批判であり、心の内側をこそ問う。イエスは神の言葉「われは憐れみを欲し(*eleos thelō*)、犠牲を欲さぬ」(Mat.9:13, 12:7, Hosea 6:6, 1Samuel 15:22, Prv.16:7)に立脚し、ユダヤ教の改革者として律法をラディカルに解釈し、律法遵守を神への愛と隣人への愛という二つの戒めの遵守に収斂させる(Mat.22:36)。そして、それは、外面的な行為、例えば施しをしたか否かとは異なり、愛したか愛さないかに関しては、直ちにはひとの目には明らかではないのである。行為を動機づける魂の実質こそ、つまり神と隣人への愛があるか、その態勢においてあるかということが問題にされている。

外見上同様の有徳な行為に見えても、その動機が帰属する魂の態勢が有徳でない限り、それは有徳な行為ではない。魂に満ちてくるものが、口をつき、行動を引き起こす。内側が清くなければ、外側も或る刺激に対しては抗しえず、穢れたものとなる。木の良し悪しはそれがつける実によって知られる(Mat.15:1–20)。「木が良ければその実も良いとし、木が悪ければその実も悪いとせよ。木の良し悪しは結ぶ実で分かる。蝮の子らよ、汝らは悪しき人間であるのに、どうして良いことが言えようか。ひとの口からは、心にあふれていることが出てくる。良いひとは、良いものを入れた倉から良いものを取り出し、悪いひとは、悪いものを入れた倉から悪いものを取り出してくる」(Mat.12:33–35)。「倉」とはここでは培われた魂の態勢以外のことではない。イエスのこの考えはアリストテレスの有徳な人物と平行的である。その行為の美しさ、立派さ、適切さそれ自体に基づき、正しく、勇気のある、そして節度をわきまえ思慮深く行為することが求められている(*Nic.Eth*.III11.1116a10–15, b30)。

なお、イエスの譬えによる神の国の告知に続くまとめの発言は実践知、賢慮に対して親和性を持つ。「それだから、天国のことを学んだ学者は、新しいものと古いものとを、その倉から取り出す一家の主人のようなものだ」(Mat.13:52)。人間に最も重要なことを学んだ者は生の全体のなかで個々のものをそれは古いものであれ新しいものであれ自由に適切に位置づけることができる一家の主人に似ていると、この発言をその認知的な卓越性に対する賞賛と読むことができる。

以上のように、イエスの言動はこの一般分析において説明されるであろう。ただし、双方の関心の異なりも確認されねばならない。彼は自らの使命を、哲学者のように人間類型の分析者として、またそのうえで不死に与る努力をする者としてではなく、自ら救いの手を差し伸べる者と看做している。アリストテレスの倫理学には不徳な者の分析はあるが、少なくとも直接的な仕方での不徳な者の招きは見られない。イエスは、恐れや自らの保身と利益にしか目のゆかない者に、彼は「健康な者に医者を要せず。ただ病いある者これを要す。われは正しき者を招くためにあらず、罪人を招きて悔い改めさせるべく来たれり」(Luk.5:31)、また「すべて労する者、重荷を負う者、われに来たれ、われ汝らを休ません」(Mat.11:28)と呼びかける。なるほど、この言動においても明らかなように、一つのパトス即ち罪人への憐れみの発動が恒常的であったイエスは敵をそして罪人を愛する態勢においてあることを示している。しかし、このイエスの言動において、彼は罪人の魂を癒し、義人、思慮ある者、喜ぶ者を生むべく、人間現実の変革をこそ使命としていることが分かる。

誰もが実存に生きており、誰もがタイプにおいて同一の心身を抱え、同様の問題を抱えている限り、分裂を癒すものの探求そして教えというジャンルに属する者同士に共通項を探すことは容易であると言えよう。問題は共約しないものを見出したとき、一方は他方の枠組全体をも否定するほどの決定的なものであるかである。両者は自己認識そして自らの使命に関して、異なる自覚のもとにいたことは明らかである。一方は救い主であることを標榜し、他方は徹底的に人間とそのあるべき姿を分析する。その使命の異なりにおいて、両者は並存しうるようにも思える。

しかし、アリストテレスの倫理学に従う限り、イエスのもとに行くことができないとするならば、つまり可能性の次元において、それが排除されるとするなら、やはり、そこでは共約的ではないものを含むことになる。また、その逆も真である。イエスの教えに従う限り、アリストテレスの分析と勧めに応じられないのであるなら、共約的なものになりえないであろう。トマス・アクィナスは哲学者の倫理学のうえに自らの神学を構築することができると理解した限りにおいて、双方の共存性を主張している。ルターによる「キリストにより愚かにされた者にだけ」アリストテレス研究は無害であるという主張の含意としてここでもやはり何らかの共約性を認めているのであろうか。単に無害であるだけではなく、人間の全体性解明に独自の役割をこの哲学は担いうるのであろうか。

理想的な視点から提示される実践知と生の始点として提示される信

実践知は魂のロゴス無しの部位がロゴスに聴従することにより成立した。つまり、魂の内側での相克を前提にし、人格的態勢と認知的態勢を調和、支配するものとしてそれ自身としては非人格的なロゴスが提示されている。そのロゴスを承認する認知的行為に信が含意されることは先に確認されたが、ことさら強調されることはなかった。アリストテレスは生の始点というよりもむしろ、自らの魂の卓越性という成功した視点から、即ち行為における善き判断が含意する選択の諸条件の正しい知識に包摂されている視点から、人格・人柄と認知・知識を総合している。それに対し、パウロの信は魂の全体が他の存在者とそれも人格的存在者に信を置くという仕方で統一するものである。パウロにおいては「イエスの信に」基づき自らを神の子と認識し、一切の善はその信のもとにイエスに似た者になることをめざすところから生起すると主張する（Rom.8:29）。信においても魂における分裂を前提にされていることは十分に想定でき、啓示された信にそのつど立ち返ることからだけ生を構築する。ここでは信の対象が実際に存在するかどうかは問題ではない。魂の二つの徳を根源的に統一する機能として、双方は両立しうるのか、或いはどちらがより普遍的に妥当するかが問題である。

パウロはナザレのイエス同様この実践知・賢慮の存在を否定しないであろう。ただ、生のそのつどの始点による総合をめざしており、相対的に自律した人間の理想状況つまり認知的そして人格的に有徳な状況の記述として同意するであろう、ただしその実質はナザレのイエスに似た者になることではあるが。哲学者は一切の肯定的なものの源泉を信に置くことに同意するのであろうか。双方は高邁であることのゴールにおいて一般的に同意しようが、肯定的な生の始点について哲学者の論述に明確な見解を見出すことはできない（cf. *Nic.Eth.*I4）。信の哲学は信について信じる者にも信じない者にも共約的な次元において最も普遍的に説得力ある言論を構築することをめざすものであった。翻って、アリストテレスの倫理学は魅力的であるが、これは万人を拘束するほどの普遍的なロゴスであり、共約的なものなのであろうか(48)。信の哲学はこの人間分析にどのように応答することができるであろうか。

哲学者は、もし実践知者が存在するなら、その者がどのように振る舞うかを記述することは、実際にそのような者がいるかとは別に、興味深く重要な企てであると理解している。その提示の故に、緊張関係においてあるパウロの信仰義認論者が実際結果として実践知者の記述を満たすそのような方向に生を築くかを吟味することも可能になる。

ひとは誰もが人類にとって最も重要なことがらにそれぞれの仕方で関わっているということを正面から受けとめ

ること、それが信の哲学構築に向けて共通に同意できる出発点であると思われる。ひとは自らの信念構造を吟味するとき、最も基礎的なものとして自らの実存に何らかの態度を取っている。肯定的な認知的営み、人格的営み双方に信が機能していることをアリストテレスにおいて先に確認した。「誰もが信において生きている」、この共通の地盤に立つことによってのみ、それぞれが重要とみなすことがらに誠意と共感をもって相互の同意することがらと相違することがらに対話を重ねることができるようになるであろう。

誰もが何らかの実存了解という態勢にあるとして、自らの実存了解を自覚しない場合や不可知論のようにコミットを避けている場合に、それは明確な自覚のもとにある者と比してどのような果実を生むかは一つの問いである。アリストテレスの感受態の分析が示すように、実存了解を不明瞭なままに生を遂行する場合においても、感受態や行為を指標として、それは自ずと明らかになる。感受態は態勢の徴である。感受態の背後に信、不信が発動していることは一般的に確認された。誰もが自らの実存了解という態勢のもとにあり、それは感受態や行為の指標を通じて様々な場面において明らかにされ、実力どおりに白日の下に曝されるものであることには共約的に同意されよう。ひとは、生の構成条件として、感受態と態勢および実存を誰もが抱えているという意味において、等しい立場にある。誰もが、自らの生の遂行において、人間であること、という人類にとって最も重要なことがらの探求のうちにあり、各自の実存了解は自らの生の遂行を通じて誰もが開示している。

アリストテレスの神とパウロの革命性

この実存範疇とでも呼ぶべき魂の態勢をアリストテレスは彼の立場からその実質を言い表している。彼は実存哲学者の言う「本来的自己」を十全に自らのロゴス性を発揮することに見ている。彼は『ニコマコス倫理学』第十巻八章において神について人間のロゴス性の究極に位置づけている。神は認知的な行為においてあり、人格的関係を構築することのない存在者であると特徴づけられる。

われらは神々を他の何よりも幸いなものそして善き魂であるものと看做しているのだが、どのような行為を神々に帰属させねばならないのか、正しい行為か、だが、神々が契約を結んだり、供託金を返したりするのは……滑稽とは思われないだろうか。……行為に関するあらゆる枚挙は神々には矮小で相応しくないことが明らかである。だが、われらは皆、神々は生きておりかくして実働していることを高く掲げている。生きている者にとって、行為を奪われ、制作を奪われているとすれば、いったい、観想以外に何が残ろうか。それ故神の実働は他に抜きん出た幸いな実働として、観想活動であることになろう。それ故、人間的な実働のなかでも、これに最も親近性のある実働が最も幸福であることになろう(X8.1178b8–24)。

アリストテレスの神は認知活動にのみ従事しており、ひとと人格的な関係を結ぶことは無い。人間的な善をめぐり行為の選択に関わる実践知がもはや発動しない文脈であるため、神々には観想がふさわしい。幸福のうちにある神が観想に従事しているのであれば、人間にもその観想に親近した実働が幸福であることが導出されている。彼はあらゆる肯定的な生を形成するそのつどの始点として信を位置づけることはなかった。パウロにおいては「神の信」が一切を秩序づける(Rom.3:3)。アリストテレスほどの慧眼の者と言えども、啓示されなければ、それについていかなる理論をも展開できないと思わせるほどに、神には認知的な機能のみを帰属させた。一つの歴史的な事件が人間の認知構造、信念体系を変えることはありうることである。この不可逆的な歴史的な位置づけの相違は重要である。彼がパウロと同時代人であったなら、パウロの信と業(相互の愛と神の観想に至るまで)の統一理論が道理あるものである限り、哲学者はパウロの見解のもとに、生の完成形だけではなく、それを実現する肯定的な始点についても自覚的に同意することもあったであろうからである。

ちょうど彼が、師プラトンにおける信の認知的、人格的機能に同意していたように、幾つかの重要な点において先行者たちに同意していたことを思い返す。ソクラテスにおける自らより知者はいないというデルポイの託宣の意味の解明に生涯かけた探求の結論は「この神託によって語っていることは、恐らく、真実には神が知恵ある者であり、人間的な知恵（*anthrōpinē sophia*）はほとんど何にも値しないということである」というものであった（*Apol*.23a）。同様にアリストテレスは実践知を次のように限定していた。「実践知は行為に関する人間的な諸善（*anthrōpina agatha*）についてのロゴスを伴った真なる態勢である」（*Nic.Eth*.VI5.1140b20f）。実践知はこの世の行為における人間的な善に限定されていた（cf. *Apol*.20d, *Tim*.24e, *Nic.Eth*.1135a4）。彼は師たちの伝統に連なり神と人間の実働の種類の相違に自覚的であった。歴史の不可逆性を考慮するとき、彼はパウロにより主張された人間を超えたことがらに関してもそれが道理ある主張であれば、「人間的な信念に対して（*pros tēn anthrōpinēn pistin*）」という限定のもとにそれに同意することはありえたことである（*De Caelo* 270b12）。

　なによりも、彼は実存を彼なりに理解していた。彼は、先述のように、「できる限り自ら不死であるべく、そして自らの内にあるもののなかでも最も力強いものに従って生きることに向けて、全力を尽くすべきである」（1177b33f）と、認知的な卓越性に即して神々のようになること、つまり「名誉さえ顧慮すべきものではない」とする彼は肉の思いを克服し不死に与ることを人間の全体性の理解において提示している。そのなかで、不死に与り神に似た者となり観想においてある者同士の認知的な交流が妨げられることはないであろう。善き者同士の友愛は相互に相互の善を願うことであった（*Nic.Eth*.VIII3.1156b7ff）。それが実現されているところでは、もはや願う必要さえない善が実現されているということを含意する。これは彼の固有の思考の様式である成功した視点から一切を捉え直す一つの試みである。

　それに対し、パウロは神の国の理解として一般には愛における人格的交流が強調されていると思われてもいよう。しかし、パウロは現実の苦境の視点からではあるが希望のことがらとして、神の国の現実として認知的な交流をも描いている。「完全なものが到来するとき、部分的なものは廃れるであろう。われらが童子《わらべ》であったとき、童子として語った、童子として思慮した、童子として算段した。われは大人となったとき、童子のものごとを棄てた。というのも、われらは、今は、鏡を通じて不鮮明に見ているが、かのとき顔と顔とをあわせて見る。われは、今は、部分的に知っているが、かのときにはわれが知られているその仕方で知るであろう」(1Cor.13:10–12)。神に知られていたように神を知るに至ることが神の国の核心である。さらに彼は肉における生との対比において、「神の国は食することと飲むことではなく、聖霊における義と平和そして喜びである」と語る(Rom.14:17)。ここでは人格的に欠けたるところのない状況のもとにおける神との認知的、人格的交流が想定されている。パウロは歴史のなかで明らかにされた啓示にその希望を見出している。

ダンテは死者が最初に「忘却の川(Rhete)」を渡り、罪をはじめ一切の記憶を喪失し、続いて「良き思いの川(Eunoe)」を渡り、良い記憶のみを回復すると言う(『神曲』煉獄編三一、三三歌)。これは神の国の理解からしてロギコースに真であると思われる。憎しみや怒り、後悔など否定的なパトスを持つ者は神の国の住人に相応しいものではないであろうからである。

人格的な徳はパトスに対して良い態勢にあることであった。否定的パトスが問題にならずそして一切が明らかなところでは、もはや人格的な信や希望等の魂の途上の態勢が問題にされないであろう。パウロは言う、「信、希望、愛これら三つは、今、留まっている。愛はしかしこれら二つより一層偉大である」(1Cor.13:13)。神の国は支配からも被支配からも唯一自由な場所であり相互の等しさだけが出来事になっており義と平和と喜びのみに満ちていることであろう。愛による等しさのみが充満する世界においては、人格的な苦闘はもはや想定されない。もはや信と希望はその役割を終えている。肯定的なものの充満がそこに見られる。その意味で神が認知的に十全であるように、パウロの理解する理想的な状況にある人間も認知的な十全性を共有すると言うことができよう。ただし神の信に対応するひとの信がその新天新地成立の前提である以上、信なしに愛がないという意味において、その愛の交わりの土台は信であり続けよう。

宇宙万物の創造者であり一切の善の根拠である神とあいまみえることは、人生の一切の問題の解決を認知的に見出すことに他ならず、ひとは、自らが神の国の住民となった事実に罪や悪からの解放を確認するという人格的なものをも含め、それ以上の望みを持つことはないであろう。一切を明晰に知り、その知をそれ自身として喜ぶであろう。

双方が共有する理想的な心魂の状態は端的に言って、認知活動をも含め肯定的なものの充満である。ゴールは共有されていると言ってよい。これが示唆していることはアリストテレスが人間のロゴス性を究極まで引き上げ、そこから人類を捉え直しているということである。実践知がこの世にある限りにおける信による業の統一に対応する。悪しきパトスの克服はロゴスへの聴従により習慣づけ、訓練により実現される。

ゴールの共有と過程の異なりに出会うとき、神がイエス・キリストを媒介にして人間と愛と信実において交わるという「イエス・キリストの信」がいかに革命的な啓示であるかが理解できる。そこに新しい哲学がしかもアリストテレスとの対比ならびに相補的なものとして「途上にある者の哲学」が生成する可能性がある。哲学者アリストテレスは知の対象に即して対応する知識の名称と機能を判別していた。行為の選択に関わる善、価値の認識は実践知として割り当てられた。神学者パウロは「イエス・キリストの信」の故に、信に認知的要素ならびに人格的な要素を理解することができ、信を媒介にした神との人格的な交わりを最も根源的なこととして提示した。言ってみれば、パウロの神は神に似た者になるべく助けを差し出す神である。パウロが「イエス・キリストの信」において論証をめざしたのは、一つには、神は不信実でも不義でもなく、その啓示において信実であり、義であるということにあった。神の、言ってみれば、人格的な有徳性の故に、ひとは信じることができ、かつ信じることにより神の前で神の信実に対応する信実と義であることができるというものである。人間的にはその信を基礎にして、アリストテレス的な明晰性に向かうことができると言えるであろう。

パウロによれば、神が愛であることの信仰は歴史的存在者である人類すべてに共有されうると彼は主張している。神の愛に対する第一の応答は、知に至らずにも信じることはできるが、知らずに愛することはできないため、信の成長を要求する。認知的なものと人格的なものの相補的な成長が神の愛に対応する愛を育んでゆく。その意味で信は常に愛の通路である。神とひとを繋げるものは神の信と愛に対する信仰であり、その信仰を通じて成長する人間の神への愛である。これがパウロによる、途上にある人間の理解である。

六　人格的態勢の如何が問われない信は共約可能か

信の共約的位置づけ

ここまでパウロの信とアリストテレスの実践知・賢慮がいかなる関係にあるかをスケッチしてきた。しかしながら、われわれのより基礎的な問いは、信は魂の根源的態勢であるのか、そしてパウロの信仰義認論は共約的な理解を広げるかというものである。信仰における認知的側面と人格的側面はどのように関連しているのであろうか。福音において偉大な者であり、律法において卑小な者であるということ、そして同時にアリストテレス的な分析のもとに、人間的な人間存在として有徳で高邁な者であることはできるのであろうか。ひとは次の問いをパウロに提示するであろう。神の前においては、信仰によってのみ義人でありうることとそしてそのことに誇りが排除されているということは理解できる。しかし、アリストテレスはアブラハムもイエスも知らず、信仰による神の前での義を知らない。だが、彼は態勢として正義な者が存在すると想定している。

これはパウロの分析によれば、人間的な人間存在の次元である。その正しい者は適切に誇ることでもあろう。二人の人間の理解としての倫理学は誇りをめぐり緊張関係に置かれるのではないか。パウロは信の律法によらなければ、「義人はいない、一人もいない」と主張しえないのではないか。哲学者は自らを欺いているだけなのか。自らが自らの力で正しい者であろうとする、その企て自体が排除されているのか。そうであるとすれば、パウロの倫理学は到底共約的なものとはならないのではないか。これが第二部において探求される。

これに対しては、パウロは次のように応答するであろう。誰も個人的には、イエス・キリストの信を媒介に啓示され明確に知らしめられたほど、自らの信仰により神の前で義と認められていることを明確に啓示され知っている者はいない。これが神の前の自己完結性の含意であった。さらにこの自己完結性は個々人の信をめぐる自己認識の如何にかかわらず、神がイエスの信に基づいている者と看做す者は神の前で義であることをも含意している。換言すれば、それは直接にイエスを知らなくともアブラハムのようにその信が義と認められたと報告されているように、例えばソクラテスが、彼の自己認識の如何にかかわらず、神によりその信が嘉されているということはありうることである。

それ故に、ひとが生の更新において為しうることは、パウロの勧めによれば、そのつど立ち返り、自らが自らの責任において持つ信仰が神に嘉されることを願うことができるだけである。自らの信義はどこまでも認知的な不十全性のなかで、信仰箇条に留まる。そこに生じる懐疑に対して、彼は常に、「汝が汝自身の側で持つ信を神の前で持て」(Rom.14:22)と、啓示されたイエス・キリストの信を自らのものとするよう命じるであろう。だからこそ、信じることは常に実質的であり続ける。これがひとの前の相対的自律性である。なおひとが神の前に可能存在であると自らを看做すことを、神は肉の弱さへの譲歩として許容しているのであり、神は誰が罪人であるかは義人と同様啓示のもう一つの媒介であるモーセの石板を介して明確に知らしめている。業の律法のもとに生きる者はそれにより審判され、信の律法に生きる者はそれにより、審判され「神には偏《かたよ》り見ることがない」(Rom.2:11)。

神の前の自己完結性のロゴスとひとの前の相対的自律性のロゴスが無矛盾なものとして打ちたてられる限り、理性ある者たちとの同意の可能性が成立する場が打ち立てられることになる。パウロは「ローマ書」において神の前とひとの前双方を分節しつつ、包摂する人間理解を提示することによって「知恵の説得」に渾身の議論を展開している。自らの信仰義認の教説が理性ある者たちの挑戦に応接できるのでなければならない。この教説が共約的でありうるかの一つの吟味の方法は、アリストテレス的な魂のロゴス無しの部位のロゴス的な部位への聴従という仕方による人格の完成の修練と己を離れて神の前に立つその信仰と、それらのいずれが人格的態勢をより整えるかを、或いは、信仰義認の教説はアリストテレス的な訓練と同じくらいの人格的成熟をもたらすことができるかを問うことであろう。これはエルゴン次元の話であり生の全体を要求している。

義と罪は神の前の事実であって、人格的な態勢、有徳性は義認に無関係、無益であるというパウロの強い主張は、人間は神の前に自らの立派さにおいて立つことはできず、出来ると思うならそれは誇り、自惚れであることを含意する。人格的に有徳な者も不徳な者も神の前では信の律法のもとにある者は義人であり、業の律法のもとにある者は罪人である。彼は大胆に、働きもなく、不敬虔であり、不法を犯した者たちが信仰によって赦され、義と認められると言う。ここにモラルハザードを嗅ぎつける者は多いであろう。

アリストテレスが選択において人柄が明らかにされると語っていたことに便乗するなら、誇る余地のない選択としてただ救いを信じることばかりが残されている者、それがパウロ的な義人である。信は魂の厚みとしての人格的、認知的徳が問題にならないところで、明らかにされるべきことがらである。この教説が真であるとするなら、(一)これまでの人格的、認知的蓄積、成熟は単に人間の間の共約的な尺度により培われただけのものであり、神の前では福音と業の律法により異なる判断を受けるということ、そして(二)信仰は人間にとって生の始点の更新をもたらす人生のリセット装置であり、これまでとは異なる神の前とひとの前双方に共通する一つの尺度により生きること、そして(三)信仰は人間の実力のどの段階においても神の前に立ち罪を悔い改め、赦されていると信じ、新たな生を始めることを承認しなければならない。

アリストテレスにおいてはロゴス無しの部位である感受態がロゴスに聴従するその程度において人格的態勢が判別された。生身の人間の間ではこのような人間類型は文化により多少の変異はあるものの、通常なされる判断であり、同意されるであろう。その程度が問題にならないところで信が魂の厚みのどの部位においてであれ発動するとすれば、それが魂の人格的、認知的態勢のあらゆる段階に浸透しうることを含意する。

人格的、認知的態勢のどの段階においても信が生起するということは、感情の文法において確認したように、あらゆる感情の生起の背後に当該の対象に対する何らかの程度の信実や信頼、或いは不信実や不信が魂の態勢として機能していることを明らかにしている。感受態の発動のあるところ、それへの良い態勢を持つ者は信実を身につけている者であった。また、信は魂の内的分裂が問題にならないそのような力能であることも承認されねばならない。分裂が強ければ強いほど、自己の内的秩序づけを諦め、全存在的な委譲がなされることもあろう。人間的な人間存在の次元においては、態勢のどの段階においても信が問われ得るものであるということは、どのような人格的態勢においてある者にも信実でありたいという思いを引き起こす信仰が開かれているということを含意する。これらのことは、ちょうど根源物質である原子があらゆる物質の基礎として内在しているように、魂のあらゆる営みに信ないし不信が機能していることを明らかにしている。これは、哲学者たちが語るところの、自らの存在に対する了解と態度を既にひとは何らかの仕方で取っている実存が問題になる地平である。

アリストテレスにおける魂の習慣づけとロゴスへの聴従は意識を魂の内部に向かわせるが、パウロにおいては魂は自らの外に向かう。生身の自己としてはそれまでの実力において、信を遂行するが、パウロは「イエス・キリストの信」において各人の信が理解されるが故に、各人の人格的態勢は問題にならない。どんな人間にも神の前に立つ可能性が切り開かれたのである。これが実践知のもとにある勇気や節度そして正義など人格的徳とは異なる魂の一つの態勢、信の特徴である。アリストテレスにおいては人格的な卓越性に伴う仕方で実践知が機能していた。実践知は人格のどの段階においても発動するそのようなものではなかった。信はそれまで培われた個々人の人格的態勢と認知的態勢の全体性において遂行されるが、神の前に立つその信は自らの実力は一切問題にならないそのようなものである。義認の「贈りもの」にはまったく人間の側の手垢はついていない。それ故にこそ誰にとっても「不敬虔」であれ「罪人」であれ遂行可能なのである。そして神の前ではもう既に誰が選ばれているかは明らかであるが、人間的に言える唯一の条件はそこに罪人の自覚と自己義認の誇りが伴わないそのような信仰を持つことであった。

このように信仰は取りも直さず生まれたばかりの赤子や幼子に比せられる人間の最も原初的なことがらであろう。

赤子や幼子に人格的そして認知的な卓越性は問われることはない。生物的には新しく生まれ変わることはできないにしても、信は新たな誕生をもたらすそのような根源的なことがらである。ひとは魂にそのようなものが生起する部位の存在に同意するかに、信が共約的なものとなるかの成否がかかる。このことがイエス以前に生き歴史的に先行したアリストテレスに同意されるかが問われている。

ここでの問いは、アリストテレスがパウロにおける信があらゆる肯定的なものを生み出す源であるという途上の哲学に同意できるかというものである。彼がパウロの理論に論評できる状況にあると想定し、さらに双方の完成した人格は人間的な次元においては同じものであると想定した場合に、心魂の根源性に信が位置づけられるという自ら考慮することのなかった主張に同意できるかが問われる。第二部においてパウロにおける信と業の統一理論を考察するが、それは道理あるものとして同意を得られるかに成否がかかっていると言える。業の律法の成就者は哲学者のプロニモスに似ているでもあろう。パウロの信と業の統一理論が道理あるものなら、アリストテレスは人格のゴールを共有する者として、また信は知識と人格の形成双方にとって必要条件であると主張する者として、パウロの途上の哲学の基礎づけに同意する可能性は確保されよう。ここではアリストテレスが可能性として信の根源性の主張に同意することを妨げる要素を彼の体系に見出さないということの確認で十分である。この共約性の可能性が確保されたとしよう。

実践知と信の相補性

アリストテレスの感受態、感受力能そして態勢の一般分析はナザレのイエスの言行録に見られる、彼による人間認識の譬え話に適用されうることが確認された。さらに、イエス・キリストの信に基づくパウロによる信仰義認の教説も閉め出された誇りの分析を通じて哲学者との共約的な次元において理解されることが明らかにされた。パウロにおける「誇り」の態勢について、排除された誇りと持たれるべき誇りはアリストテレスによる「偉大さ」の理解をめぐる現実経験として「イエス・キリストの信」を代入することができるとするなら、一方は「高邁さ」として、他方は「自惚れ」として分析されることも確認された。このことは、一般に霊的ないし神学的経験とこれまで解釈されてきたことがらもC人間的な人間存在一般の魂の状態や変化として哲学者の感受態、感受力能そして態勢の分析により十全に説明されうるということを意味する。これによりその共約性がアリストテレスを超えて広がりうることが正当に期待される。

このことはパウロの議論が哲学的分析を許す次元を持っていることを、しかも彼に生起したことは何ら人間的な出来事として理解不能なことではなく、共約的なものであることを明らかにしている。それはパウロの信仰義認論を哲学とは他の次元に属するとして、神学的にのみ扱うことはもはやできず、彼の主張は「イエス・キリストの信」において事実と価値を統一する哲学を含意しまたその展開を必要とし、さらにそのような人生を要求している。

今やデカルトの次の鋭い指摘にも信の哲学は適切に応答できるであろう。「神学に私は深い尊敬の念を持っていた。そうして天国に至ることができるならと誰しもと同様に願っていた。けれどもそこに至る道は最も無知な者たちにも最も博学な者たちにも等しく開かれていることが、またそこへ導く啓示的真理はわれらの理解を超えたものであること(les vérités révélées...au-dessus de notre intelligence)が、いずれもきわめて確かなものと知ったのちは、私はあえてこれらの道程および真理を私の薄弱な推論のもとに屈従させようとはしなかった(49)」。誇りなき幼子の委譲的な信仰だけを要求する福音は人間の認知的、人格的態勢のどの段階にある者に対しても差し向けられているという点において、デカルトの天国に至る「道」は博学な者にもそうでない者にも等しく開かれているという主張を正しいものとして受容できる。

しかし、第二部で啓示の言語を詳しく分析、展開するように、「啓示的真理はわれらの理解を超えたことである」という彼の主張は正しくないことを明らかにするであろう。パウロは啓示的真理に共約的にアクセスできる道をも備えていたからである。ただし、個々人の義認は明確には啓示されてはおらず、常にイエス・キリストの信に立ち返ることが実質的であることは確認されねばならないが。パウロは「イエス・キリストの信」において人間であることの、ひとつの包括的かつ統一的理解の可能性を提示している。それがアリストテレスや他の哲学者の魂の理解より、優れたものでありうるかは、アリストテレスにより同意されたこととして、魂の人格的かつ認知的卓越性の展開力にかかっていることが明らかにされたこととしよう。信仰義認論者と実践知者であろうとする者は、双方とも事実と価値の相補性を説く限り、愛において有徳性において競合関係におかれている。それぞれの理論の優劣は共約的な次元における二つの卓越性の相補的な展開力により吟味されることは同意されたこととしよう。第二部においてパウロにおける信と業の統一理論を詳細に吟味する。

結論　ロゴスとエルゴンの相補性——第一部の成果——

本章においてアリストテレス哲学におけるエルゴンとロゴスの相補的展開を考察した。今・ここで生きているつまりエルゴンにおいてある魂を理解することと、その一般的なロゴスにおける分析の異なりを確認した。これはパウロの「霊と力能の論証」と「知恵の説得的議論」との判別における分節に対応することになろう。彼は柔軟テーゼによりギリシャ人を説得するためにギリシャ人のようになったのである。同名異義原理の積極的な使用に基づくロゴス次元とエルゴン次元の判別があることを見出した今、われわれはロゴスとエルゴンの相補的展開の不可欠なことを知っている。魂は物体なしになく、しかも物体を統率的に秩序づけるロゴスである。統合体は魂によって生き、様々な生命活動に従事する。なお、魂の或る部位は舵取り船員の船に対するような関係においてあるとするなら、死後そこから離れていくことに何ら問題はない。アリストテレスは「はたしてこれら[栄養摂取、感覚力能等]

のそれぞれが魂であるのかそれとも魂の部分であるのか、そして部分であるなら、はたしてロゴスにおいてのみ離存的であるのかそれとも場所上(*topō*)も離存的であるのかについては、これらの或るものは見て取るに困難ではないが、或るものどもはアポリアを持つ」と言う(*De An*.II2.413b13–16)。

オリゲネスは同名異義原理を或る仕方で理解しており、パウロによる霊と魂の理解について聖霊に反応し霊が燃える場合と、それが冷える場合を判別し、霊が冷えて魂となったと理解する。彼は「われらの神は焼き尽くす火である」(Heb.12:29)等の引用のもとに言う、「魂(*phsuchē*)という名称はそれが神的、すぐれた態勢から冷えたという事実に基づき得られた名前であり、本来の神的熱から冷えてしまい、今あるようになった」[50]。これは同じ「霊」が実働している場合とそうでない場合、同名異義的であるという前提のもとに提示されている魂と霊の理解である。

アリストテレスはロゴスを求めるべきではない待機力能と実働の関係があり、魂のこの種の働きについては、実際の働きにおける類比項を共に見ることを勧める。聖霊の議論にこれを適用するなら、魂における平安と喜びの実働と「われらの心うちに燃えしならずや」(Luk.24:32)という仕方での熱の発生をそのつど確認することができるであろう。そこに魂の態勢が霊の賦与を受けることのできる態勢にあることに気づくこともあろう。

パウロの生と死をめぐる肉と霊の働きをアリストテレスにおける魂論により道理ある仕方で理解できるのであろうか。「しかし、汝らは肉においてあるのではなく、霊においてある、いやしくも神の霊が汝らに宿るなら。しかし、もし誰かキリストの霊を持たぬなら、その者は彼のものではない。しかし、キリストが汝らのうちにあるなら、かたや身体は罪の故に死であるが、他方霊は義の故に生である。しかし、イエスを死者たちから甦らせた方の霊が汝らのうちに宿るなら、キリストを死者たちから甦らせた方は汝らの死すべき身体にも汝らのうちに宿るご自身の霊を介して生を賜わるであろう」(Rom.8:9–11)。

ここでは「生」が肉においてある生物的生を基礎に用いられていることを前提にしつつ、聖霊のもとにある生と判別して二義的、同名異義的に用いられている。ここで「死」は一方で「死者」に見られるように生物的死を意味しているが、他方もう一つの生命原理と言える霊により刷新されていない肉に帰属する生物的生のことをも意味している。基準が異なるため矛盾ではないことを少なくとも確認できる。

　これらの視点を類比的に確認することができる。ここでは通常の生物的生と死の関係が基礎に据えられている、ただし彼にとって生物的死は一切の終わりを意味してはいないが。キリストの内在を考慮にいれるとき、一方、肉に即した生において罪の故に身体の非本来的な働きとしての死を理解することができる。生と死は何か同じもののように理解されている、ただし聖霊の賦与のなさにおける規準のもとでの死を意味している。身体の非本来的な働きにおいてある生は聖霊なき生であり、生物的死に類比されるが、さらには睡眠と類比的なものとされうる。この生物的な死はパウロにとっては一切の終わりではないという理解がその類比的理解を支えている。そこではちょうどそれは睡眠が覚醒の待機力能と位置づけられるように、その「死すべき身体」は生物的には生きており新たな生を受領する待機力能においてあることも類比的なものとして理解しうる。死すべき身体は聖霊の賦与を受領しうる待機力能にあり、各人の刷新された霊を介して義の故に死すべき身体が生きるものとなる。これらの待機力能と実働の関係はパウロにおいてもこのように類比項を見ることにより理解されるであろう。

　パウロはアリストテレスの次の記述に同意するであろう。「あらゆる自然によるものにおけるように、かたや、それぞれの類に質料があり……、他方、あらゆるものを作りだすことによって根拠そして作り出すものがあるので、魂にもこれらの区別が内属していること必然である。そして一方では、一切に成ることによってこのような叡知があり(*ho toiūtos nūs tō (i) panta gignesthai*)、他方、一切を作ることによって、光のように、或る態勢として[叡知が]ある。……まさにそれ[叡知]であるところのもののみが分離されることによってあるが、そしてこれのみが不死でありまた永続的なものである」(*De An.*III5.430a10–23)。この主張の基礎にあるものとして、アリストテレスもパウロもヘラクレイトスの次の言葉に同意するであろう。「魂の限界を、たとえひとが魂の全行程を歩むとしても、見出すことはできない。それほど魂は奥深い理(*bathun logon*)を持っている」(『断片』71(45))。これらの基礎的な考察のもとにパウロの心魂論は第二部第四章で探求されることとなる。

本章で展開したアリストテレスのロゴスとエルゴンの相補的展開はパウロの神学理論の分析ならびにパウロ自身の宣教における魂の働きの理解に適用され、彼自身のロゴスとエルゴンの様相アプローチが一つの哲学説として誰にも理解できる次元で展開されていることを第二部において考察することになろう。

（1） Origène, *Traité des Principes* I, 12. ed. H. Crouzel et M. Simonetti, p. 116 (Les Éditions du Cerf, Paris 1978). オリゲネス（ca. 185–253）の『諸原理について』のギリシャ語原文は断片のみ残されておりラテン語訳による（上智大学神学部編、キリスト教古典叢書9 小高毅訳参照（創文社 一九七八））。「ロゴス賛歌」については大貫隆『世の光イエス』五四—五九頁（講談社 一九八四）。

（2） 「ロゴス・理に即して（*kata ton logon*）」は通常「感覚に即し」（e.g. 986b32, 1018b34, 188b32, 189a4）や「質料に即して」（986b20, 729a31, 317a24, 1098a21）また「数において」（e.g. 1039a28）と対比され、直接的な知覚とは異なる仕方で知られる。この対比の延長線上で「ロゴスに即した実体（*ūsia kata ton logon*）」と語られることがある（e.g. 1025b18, 1035b13, 1042a31, 412b20）。

（3） Cf. K. Chiba, Aristotle on Essence and Defining-phrase in his Dialectic, *Definition in Greek Philosopy*, ed. D. Charles (OUP, Oxford 2010).

（4） Stallbaum は「諸エルゴンにおいて考察するひと」の解説として、「視覚や聴覚さらに感覚の作用の結果に基づき認識することを学ぶひと」のことだとしている。G. Stallbaum, *Platonis Opera Omnia*, Vol. I. Sec.II, ad. loc. (Garland Pub., New York 1980 (1859)).

（5） M. Heidegger, *Aristotles Metaphysik Theta 1–3*, GA 33, S. 9. ハイデガーは冒頭で次のようにこの第九巻の研究対象を energeia と dunamis だとしている。「自律した十章に分けられた論考はその探求の対象に dunamis und energeia を持つ、そのラテン訳に即しては potentia と actus であり、ドイツ語においては Vermögen und Verwirklichung（力能と現実化）即ち Möglichkeit und Wirklichkeit（可能態と現実態）である」（S. 3）。

他方、彼は『アリストテレス哲学の根本概念』では *entelecheia* を「終局としての存在者の現存、現在的存在（Gegenwart, Gegenwärtigsein）」とやはり「現実態」との関連において特徴づけている（GA 18, S. 296）。彼はそこで Theta 3. 1047a30sqq と Theta 8. 1050a22 sq を引用し両者を或る仕方で判別している。「エンテレケイアは自らそれ自身においてその終局において自己を持つ準備ができている［待機的である］ところの、最終点の意味において終局としての存在者の現存、現在的存在である

(Gegenwart, Gegenwärtigsein eines Seienden als Ende)、それは準備のできているものであることを決定することによって、現存在の特徴としてテロスである。それは、自らをその準備ができているものであること[待機的であること](was sich in seinem Fertigsein halt)を保持しているものであり、本来的な意味において現(da)にある。エネルゲイアは、それに対し、エンテレケイアに自らを伸張する(spannt sich aus zum Ende: *sunteinei pros ten entelekheian*[「完成に緊密に結びついている」])。これもまた現存在の一つの特徴である。しかしそうであることによってそれは次の様式においてその現存在における存在者を規定する、つまりその準備ができていることにおいては現ではないという仕方で。エネルゲイアは概念存在であることの準備ができているものになることにおける(in seinem Fertig *werden Begriffenseins*)存在特徴である。しかし、それはまだ準備はできていない。エネルゲイアは運動であるが、エンテレケイアではない。運動は現存在の一つの様式であり、エネルゲイアと並べられる」。M. Heidegger, *Grundbegriffe der Aristotelishcen Philosophie*, S. 295–96 GA18, 1924. 彼はここでは双方とも「存在特徴」としてエルゴンの次元で理解しており、それぞれ終局において摑んでいるFertigsein(準備のできているものであること)と終局へと自らを引っ張るFertigwerden(準備のできているものとなること)の差異において捉えており、「端的な実働」としての完成にあるものの働きは判別されていない。

(6)　近年のアリストテレス研究の以下(補論三)の混乱は中世例えばThomas Aquinasにおいてこれらの様相概念がactus-potentiaの対比において理解されたことが遠因になっていると考えられる。例えば、『形而上学註解』第九巻一章のトマスが用いた翻訳はentelecheia/energeia共にactusと翻訳されている。Quoniam vero dicitur ens ...aliud secundum potentiam et actum (*entelecheian*) et secundum opus... In plus enim est potential et actus (*energeia*) eorum... *S. Thomae Aquinatis In Duodecim Libros Metaphysicorum Aristotelis Expositio*, L. IX, I. i, p. 423 (Marietti Editori, Italy 1971).

　この流れを受けてL. Kosmanは「私はenergeiaをこの論文全体を通じてactualityとして翻訳した……テクストは莫大な数の文脈においてenergeiaがactivityとして理解されうる」と述べて、続ける。「もしそれほど扱いにくくなければ、actuality- activityを……或いは単純にトミスト的なactを用いたい。この論文のポイントはアリストテレス存在論の中心部においてactualityはactivityである。そしてそれ故に存在はactであるという主張をトマスが見抜いていることにおいて正しいということを論じることである」。L. Kosman, Substance, Being and Energeia, *Oxford Studies of Ancient Philosophy*, p. 121. n. 2, Vol.II, (OUP, Oxford 1984). コスマンの近年の*The Activity of Being: An Essay on Aristotle's Ontology* (Harvard UP, Cambridge Massachusetts. 2013)に至るまでのその後の解釈変更の歴史が示すように、二つの概念が混同されたままである。なお一二世紀におけるアリストテレス全集のラテン翻訳の経緯については次の論文を参照。R. Oasnau, The Latin Aristotle, *The Oxford Handbook of Aristotle*, p. 665–89 (OUP, Oxford 2012).

（7）近年の解釈上の混乱については補論三参照。

（8）プラトンは『ソフィスト』において、エレアからの客人の見解として力能とエルゴンだけにより存在を規定することを企てたが、そこではエルゴン次元のみにて定量的な力のやり取りとしての存在理解が紹介される。彼はソフィストが誰であるかを規定する試みの中で、彼らは真理ではなく論過やいかなる手段に訴えても自らの政治的、個人的利益と勝利をめざす「争論家（*anti-logikos*）」(232b)であるとするが、ロゴスとエルゴンの対比を導入しつつまず彼らを分類して言う。「もう一方の捕獲術はエルゴン（働き・実践）に即してであれロゴス（議論・理論）に即してであれ、力ずくで一気に手に入れる「征服」であろう」(219d)。ここで註記すべきは、ロゴスとエルゴンの関係が並列のままに提示されていることである。アリストテレスはこれらを判別しつつ、相互の相補的展開を企てたのである。

さらに、彼は「力能」とその働きについて次のように言うとき、エルゴン次元のみのことがらとして理解している。「或る力能に基づく受動や能動（*pathēma ē poiēma ek dunameōs tinos*）は相互に出会うものども（*suniontōn*）から生じるものである。……われらは、受動することないし最小のものに対してでも働きかけることの力能が或るものに備わっているとき、存在するものどもの十分な規定であるとした」(248bc)。真実在の探求のなかで運動や変化は能動的な力能と受動的な力能をもった二つの事物とその接触により生じるとされ、そして力能とその能動的、受動的働きかけが実在の規定であるとされている。すなわち、能動者と受動者二つが出会うとき、例えば一方が他方をどれだけ動かしたかにおいて計測される力能が存在者の規定として用いられている。

なお、同様にプラトンは『テアイテトス』において、運動には、能動と受動の二つの力能に基づく二種類があり、それが万物を構成しているとする「より洗練された（*polu komphsoteroi*）」見解を紹介している。「万有は運動であったそしてそれ以外の他の何ものでもなかったが、運動には二種類あり、かたや数においてそれぞれ無限であるが、一方は能動する力能をもち、他方は受動する力能をもっている」(156a)。プラトンはヘラクレイトスの万物流転説を支持して、この現実世界は何一つ自己同一性を保つものはなく流動しているという見解を取っていたので、これらの見解に同意していると思われる。その場合、彼はアリストテレス的には運動と「運動に即した力能」(*hē...dunamis...kata kinēsin*)(*Met*.IX1.1046a1-2)とによりこの世界が構成されていることに同意している(cf. *Politic*.305c, *Tim*.46e, 48d, *Soph*.218c, 235a, 263a)。

（9）M. Furth は適切に *to on* の語義の曖昧さを指摘して言う、「ギリシャ語表現 *to on* における最も明白な曖昧さのひとつは（A）that which is（在るもの）への適用と（B）the being *of* that which is（在るものの在る）への適用のあいだのものである」。複数形 *ta onta* は明らかに（A）に属するとされるが、「単数は危険なほどに二価である」。M. Furth, Aristotle on the Unity of Form, *Aristotle Today*, ed. M. Matthen, p. 77 (Academic Printing and Pub., Edmonton 1987).

（10）H. Smyth, *Greek Grammar*, 1709b, p. 389 (HUP, Cambridge Mass. (1920) 1980).

（11）*ibid*, 1414: Possession and Belonging, p. 332.

（12）B. Burnyeat, Aristotle on Understanding Knoweldge, *Aristotle on Science: The Posterior Analytics*, ed. E. Berti, p. 97–99 (Editrice Antenore, Padua 1981).

（13）S. Makin, *Aristotle: Metaphysics Theta*, p. xxviii (OUP, Oxford 2006).

（14）固有名の指示の二重性と表裏の関係にある同名異義原理を積極的に捉える必要性を、それを捉え損ねた二つの事例を挙げることにより論じたい。古来、何かと何かの同一性の問いは本質をめぐる哲学の主要な問いとして論じられてきたが、近年同一性には方向性があるかが改めて問われている。

J. McDowell は「心」と「世界」の通常「真理」と呼ばれる合致について方向性があるかを問いそれを否定する。「方向性の問いは生じるべきではない。同一性テーゼの[心と世界]いずれのサイドも、あたかもそれが他方を説明すべく用いられ得たかのごとくに、他方を前もって理解することなしに可知的であるとは想定されるべきではない。……真なる思考可能なものは既に心におけるとまさに同じ程度において世界に内属している、そしてそのとおりであるものごとは既に世界におけるとまさに同じ程度において心に内属している。われらはそこにおいて同一性の主張を読む一つの方向を選択する必要があるということはいささかも思えない」。J. McDowell, The True Modesty of an Identity Conception of Truth: A Note in Response to Pascal Engel (2001), *International Journal of Philosophical Studies*, 13, 1, p. 83–84, 2005. これは世界からの心への因果的インパクトを認めないことにより、結果的に同名異義原理を認めない立場である。このような無方向性の犠牲を払って、ひとはものごとや心について、同一性について真理について、さらには思考可能性についてどれだけのことを秩序正しく解明できるのであろうか。アリストテレスがはるかに真剣にロゴス上の先後性とエルゴン上の同時性について分析していたことは先に見た。

わが国においても、大森荘蔵は心身二元論を拒否し立ち現れ一元論のもとに、エルゴン主導により「重ね描き」としてロゴスないし意味の「制作」を語る。「私が提案したいのは「重ね描き」と呼んできた構図である。従来の因果構図は、外的対象から人間内部への因果系列を追えばその対象のいわば主観的コピーに到達するという誤った展望に支配されていた。……因果構図が空しく願望した主観的コピーにあたる知覚風景がそこに残っている。この知覚風景はそもそも外的対象がそこから制作される原材料としてはじめからでんと存在していたのである。因果系列の構図は……知覚風景の方をプロデュースしようとしたために巨大な空転に陥ってしまった。この倒錯を元に戻して、知覚風景をそのありのままに受け取ってそれを因果的であれ何的であれ「説明」しようとしない、これが「重ね描き」の根本的動機である。すると、因果系列の発出点であった外的対象が今度は知覚風景の方から「説明」される立場になる。その「説明」の方式は因果的科学的説明とは全く異なって意味的説明なのである。例えば机や椅子といった立体事物の意味を人間はどのように制作してきたかを記述する、それが意味的説明である。机という立体事物の意味は各視点からの知覚正面である知覚風景の無限集合として制作されてきている。このような意味である机という外的対象と、例えば私に見えるその知覚風景とは時間的空間的に「重なる」ことは当然である」。大森荘蔵『時間と存在』二六六頁(青土社 一九九四)。

意味の制作を説明して大森は言う、「言語外の存在のあり方を文脈的に誤りなく写したものが言語の中の意味なのである。それゆえ例えば普遍は存在するか否かという問いは、その存在の仕方を適切に写す存在の意味を制作できるかという問いに変換できることになる。普遍が存在しないときにはそのような存在の意味は制作できないであろうし、そのような意味が制作できて経験の中で成功裡に使用できるなら、つまり、その存在の意味を使用する命題のすべてに誤りがなければ、それこそ普遍が存在することそのことと寸分違わないからである」(一五九頁)。そのつどの知覚風景ないし立ち現われを「ありのままに受け取って」、その「ありのまま」とともに意味の形成が随伴していく。この「でんと存在している」「ありのまま」の知覚風景を彼は秩序あるものとして予め想定しており、ロゴスを密輸入していることが疑われる。このエルゴンがいかなるロゴスのもとに生起するか問われるし、この立ち現れる知覚風景を基礎に据えても外界との関わりに対する手当ては要求される。赤いバラの知覚において受け取るのは「ロゴスに即してこのようなものである限り」における配色の比(ロゴス)であった。重ね描きは或る種の思考の拒否であり、アリストテレスが構築に向かう実在論的かつロギコス意味論とエルゴンの相互の主導と補いあいに対応する作業が免責されず、意味的説明が「各視点からの知覚正面」というエルゴンに基づき形成されていく以上、原理的に「すべてに誤りがない」ことを確認できず不定となるか、形相因を含む「因果性」のロゴスを密輸入するかいずれかである。外的対象と知覚対象の「重なることは当然」とするが、因果構図を含む媒介ないし統一のロゴスが求められる。

(15) D. Ross, *Aristotle's Physics*, p. 7 (OUP, Oxford 1936). U. Coope, Change and Its Relation to Actuality and Potentiality, *A Companion to Aristotle*, ed. G. Anagnostopoulos, p. 277, 290 (Wiley-Blackwell, Oxford 2009). I. Bondar と P. Pellegrin は Ross が紹介する執筆時期の変遷について「実際に解決不能であることがらについては決定しない」と「執筆年代の仮説」についての態度を保留しつつ、コメントして言う。「それにもかかわらず、一方生成と消滅、他方他のすべての[三つの]変化のあいだに一つの相違があり、実体と他のすべての範疇のあいだの相違を反映している」。彼らは範疇の相違が問題ではなく、[LI]と[EI]の視点の相違が問題であることに気付いていない。I. Bondar and P. Pellegrin, Aristotle's Physics and Cosmology, *A Companion to Ancient Philosophy*, ed. M. L. Gill and P. Pellegrin, p. 278 (Wiley-Blackwell, Oxford 2009).

(16) C. Darwin, *The Origin of Species* (Popular Impression of the corrected copyright edition issued with the approval of the author's executors (John Murray, London 1906).

(17) R. D. Masters, Gradualism and Discontinuous Change, *The Dynamics of Evolution*, ed. A. Somit and S. Peterson, p. 288 (Cornell Univ. Press, Ithaca 1989).

(18) F. J. Ayala, Teleological Explanation, *Philosophy of Biology*, ed. M. Ruce, p. 188 (Macmillan Pub., New York 1989). 千葉恵『アリストテレスと形而上学の可能性』三二四頁（勁草書房 二〇〇二）。

(19) R. G. Millikan, *Language, Thought, and Other Biological Categories*, p. 41 (MIT Press, Cambridge Mass. 1984).

(20) 網谷祐一「「歴史」は生物学に何をもたらしたか」、シンポジウム「生物学の哲学――目的論的自然観および進化論における歴史と因果――」『哲学年報』六三、三一頁（北海道哲学会 二〇一七）。

(21) M. Delbrück, Aristotle-totle-totle, ed. J. Monod and E. Borek, *Of Microbes and Life*, p. 50–55 (Columbia UP, New York 1971).

(22) E. Mayr, *The Growth of Biological Thought*, p. 12 (HUP, Cambridge Mass. 1982).

(23) W. Heisenwerg, *Physics and Philosophy*, p. 148 (Penguin Books, London 1989 (1958)).

(24) 大塚淳「生物学における目的と機能」松本俊吉編『進化論はなぜ哲学の問題になるのか』六一頁（勁草書房 二〇一〇）。

(25) E・ソーバー『進化論の射程――生物学の哲学入門――』松本、網谷、森元訳、一六七頁（春秋社 二〇〇九）。

(26) 西脇与作「生命を自然的に捉える」横山輝雄編『ダーウィンと進化論の哲学』一五八頁（勁草書房 二〇一一）。

(27) R・ドーキンス『ブラインド・ウオッチメイカー――自然淘汰は偶然的か――上』中嶋康裕ほか訳、八二頁（早川書房 一九九三）。

(28) 森元良太「進化論の還元不可能性」一七六頁、横山編前掲書。

(29) B. Williams, Hylomorphism, *Oxford Studies in Ancient Philosophy*, Vol. IV, p. 192 (OUP, Oxford 1986). J. Ackrill, Aristotle's Definitions of *phsuche*, *Proceedings of the Aristotelian Society*, 73, p. 126 1972–73. M. Gill も同様な問題意識から、統合体を構成したそれが死ねばそれへと分解されていく「構成的な質料」と、肝臓や肺がその機能を果たし全体の生命を維持するそのような「機能的質料」を区別する。M. Gill, *Aristotle on Substance*, p. 132 (Princeton UP, New Jersey 1989).

アクリルは待機力能と実働のエルゴン次元における関係が外的環境との相関のもとにあり、定義によってではなく「類比項を共に見る」観察により確定されるものであることを捉え損ねている。彼は「必然的」な関係を主張する。「生きものが存在するまで、「可能態において生きている身体」は存在しない。そして一旦存在するや、その身体は必然的に実際に生きている」(p.132)。R. Polansky は「アクリルは質料の諸層について、それ故に近接質料が形相に対し可能態においてある仕方について、はたしてこの近接質料が形相づけられることに先行しうるか単に形相づけられたときに存在するようになるのかに対し不十全に反応していると思われる。言語的にはアリストテレスは質料について、二つのいずれか即ち質料は「可能態においてXである」か質料は「可能態において X-ness を持つ」と言うことができた、例えば内魂物体は可能態において生きている存在者である或いは可能態において生命を持つ、しかし「可能態において X-ness を持っている（*having* X-ness）」についての語りは X-ness により既に形相づけられた質料によりよく適合する。かくして、彼は魂を定義して「可能態において生きているものである自然物体の」というよりも「可能態において生命を持っている自然物体の第一現実態」と定義することを選択している」。R. Polansky, *Aristotle's De Anima*, p. 155 (Cambridge UP, New York 2007).

　ポランスキーは一方で「X-ness により既に形相づけられた質料（matter already informed by X-ness）」と語り X-ness において「魂」を理解しているが、他方で「生命」を理解し、この二つは整合しない。それにも譲歩するとして、これは「定義」の提示であり、「現実態」（私の理解では「完成」）が力能のロゴスを与え規定しつつ、ロゴス上分離されている。それ故にいずれの言い回しも「現実態」（「完成」）とは分離されてあるものとして理解されねばならない。そこでの「生命」はエルゴン上のそれとは同名異義である。

（30）*Hexis*（態勢）は英語では state と日本語においては従来「状態」や「性向」と訳されている。T. Irwin はこの語を次のように説明している。「*hexis* は文字通りには「持っていること、所有」を意味する。この文字通りの意味は 1146b31 で利用されている。『ニコマコス倫理学』においては、アリストテレスは F を為すよう態勢づけられているその類の状態を論じている（the sort of state that is disposed to do F）、なぜならそれは適切な場合には F を為す傾向性を含むからである。というのも、その状態は繰り返しの活動により、即ち、F という諸活動の規則的行為における習慣づけにより形成されてきているからである（1103a26–b25, 1104a11–b3, ii4）。なぜなら、それは訓練により形成されてきているのであるから、徳は単なる力能や感情（ii5）というより一つの状態である、そしてそれは単なる条件（*diathesis*）よりもより堅固でかつより安定している」。T. Irwin, *Aristotle, Nicomachean Ethics*, 2nd. ed. p. 349 (Hackett, Indianapolis 1999).

　私はこの語が「状態」という広い意味のなかで魂の構えの意味を強調するために「態勢」と訳す。「態勢」は辞書では「物事に対処する身構え」（『辞林二一』三省堂）とあるが、中国の武術においては「態」が決まれば、身体がそのまま動くと言われる。そのように、これは魂の一つの構えであり、その構えが決まれば、そのまま行為が生起する、そのような勢いのある状態のことを表している。

　第四巻二章の *nūs* と *dianoia* が並列される箇所はしばしば正しく理解されなかったように思われる。T. Irwin は「この章でアリストテレスは understanding（*nūs*）を thought（*dianoia*）と reason（*logos*）から区別していないように見える」と言う（*ibid.*, p. 239）。「行為と真理を統率するもの（*ta kuria praxeōs kai alētheias*）は感覚、叡知、欲求の三つである」（1139a19f）について、J. Burnet は「行為は真理をも含意するけれども、真理は実践的なことがらの *telos*（ゴール）ではない。もしアリストテレスがここで *prax-*

eōs kai gnoseōs（行為と認識）と書いたなら、より誤解は少なかったであろう」と言う。J. Burnet, *The Ethics of Aristotle*, p. 254 (Methuen, London 1900). アリストテレスのここでの関心は二つの認知的要素と一つの感受態（人格的要素）の何らかの統合による、行為の真理性ないし真理の行為への関与の様式を明らかにしようとしており、「行為と真理」で何ら問題はない。J. Tricot もまたこの箇所を次のように解説する。「魂は三つの機能を含む。……叡知または思考（l'intellect ou pensée）。*nūs* はここでは広い意味において理解されておりそして直観的思考（la pensée intuitive）と推論的思考（la pensée discursive ou dianoia）を同時に包摂している」。J. Tricot, *Aristote Éthique A Nicomaque*, p. 276 (J. Vrin, Paris 1972). また 1139b5「欲求的叡知または思考的欲求」について、トリコは同様に「選択は欲求的叡知としてであれ思考的欲求としてであれ（un intellect desirant soit un desir raisonnant）、無差別的に定義されうる」と述べる。「欲求的叡知」は「思考的欲求」とは異なる。前者は欲求に同意している認知状態が述べられているのに対し、後者は単に思考を伴う欲求が表現されており、必ずしも正しい選択という意味での真を表してはいない。

また、バーネットはこの章における *nūs* と *dianoia* の関係については、一貫して「いかなる区別もない」(p.255) と言う。「叡知および思考なしに（*aneu nū kai dianoias*）」という語句も誤解されてきた（Burnet, two words for the same thing, p. 256）。これは「思考（*dianoia*）」という認知的力能の遂行にあたって、その成功した状態として対象に即して名づけられる五つの知識の種類があり、その一つが「叡知」であることを理解しそこねたことに由来する。アリストテレスの倫理学が成功した視点から構築されていることを見逃している。肯定しまた否定する「思考」には当然偽の可能性がある。「魂が肯定したり否定したりすることにより、そこにおいて真理を捉えている状態を数において五つあるとせよ。これらは、技術知、科学的知識、実践知、叡知、知恵である。というのも、［思考に基づく］判断と思いなしにおいて偽であることがありうるからである」(1139b18f)。

nūs と *dianoia* の無判別に基づくこのような読みはアリストテレスの倫理学がソクラテス以来の主知主義的なものと習慣づけによる魂の形成のあいだの緊張のなかで構築されていることを無視する解釈である。

(31)　最善の徳に即した実働が幸福であるとして、知的観想こそ人間が他のものにまして追求すべき活動であるとされる。彼は「各人にとって、自然本性上、固有なものが各人には最も力強いものでありまた最も心地良いものである。そして人間には叡知に即した生がそれである、いやしくも叡知がとりわけ人間［を特徴づけている］なら。従って、この者は最も幸福でもある」(X7.1178a5-8, cf. 1177b30ff)。他方、人格的徳には知的観想は含まれておらず、自己犠牲的な勇気をも含めて、それ自身として求められるべきものであった。幸福というアリストテレス倫理学の中心部分において深刻な非整合性があるのではないかと研究者のあいだで争われている。

D・チャールズは研究者の陣営を次のように整理している。（a）アリストテレスは人間により成就されうる善である知的観想こそ幸福な生であり、他を犠牲にしても、可能ならそれは常に追求されるべきであるという人間的善についての「優勢項目標論(dominant end view)」を持っていた。(b)彼は人間的善は複数の判別される活動の一つの集合と同一化されるという「包括論(inclusivist view)」に帰属していた。認知的なものと人格的なものは何らか包括されるという主張である。(c)彼はこの不整合を人間的善の理解に異なるレヴェルを立てることにより回避した。D. Charles, Aristotle on Well-Being and Intellectual Contemplation, *The Aristotelian Society*, Supplementary Volume Vol. 173, Issue 1, p. 206, 2003.

ここで、この困難な問題に立ち入ることはできず、ただ、信の哲学との関連を若干指摘するにとどまる。私は頭脳だけの観想活動は真理をヒットし続けるのであるから、その認知的活動と卓越性は神々に似たという意味で最も幸福であるという見解に、それ自身として、つまり無比較的に同意する。しかし、人間は身体を抱えた、つまり「肉の弱さ」を抱えた現実存在である限り、この現実を逃れることはできず、社会生活のなかで、人格的な有徳性のうちに幸福を求めることが「人間並みの善」(1098a16)であるとアリストテレスは解していると思われる。他方、彼はあれかこれかではなく、この現実を受け入れたうえで、この現実を逃避することなく、「できる限り自分を不死であるべく、自らの内にあるもののなかでも最も力強いものに従って生きることに向けて、全力を尽くすべきである」と永遠なものを追求するよう勧めている(1177b31, 34)。

この身体的な生のなかで不死をめざすことはパウロに同意されよう。従って、二種類の幸福を二つの異なった条件のもとにおける理想的な状態と現実的な状態という仕方で分けることはできないと解する。現実を逃避することに幸福があるはずはないからである。この現実を正面から引き受け、人格的徳の追求のなかで、不死に与る努力の生が最も人間の本性に即した活動であり、そこに人間本来の幸福が宿ると考えられる。しばらくのあいだ観想活動を持ちえたなら、そのような要求と力能を人間が持つのであるから、それは幸いなことであるとし、ただその活動に逃避するという仕方で、従事することは本来的なことではない。人格的なものとの相補的な関連を有するという制約のなかで、その認知活動はより人間的なものとなろう。そして、人格的なものと認知的なものの相補性のなかでいつかより長い期間にわたり人格的な徳に即した観想生活が現実的なものにならないとも限らない。その意味で包括的であると解する。

その点、パウロは明確に哲学者の先の言葉を借りれば「自らのうちにあるもののなかで最も力強いもの」(1178a5)であるキリストと共なる愛による新しい創造的な生をこそ幸福であると理解している(cf. 2Cor.12:9)。その意味で、神と顔を合わせてまみえる知的観想は神の国での生活に残されており、信仰義認に基づく人格的徳、愛の追求に本来的な生があるという意味で、そこに幸福が帰属すると理解していた。その場合においても認知的なものと人格的なものは相補的な仕方で幸福に貢献する。

(32) J. McDowell, Virtue and Reason, *The Monist*, Vol. 62, 1979. *Mind, Value, Reality*, p. 54 (Harvard UP, Cambridge Mass. 1998)に再録。頁数は再録による。私訳を提示するさいに「徳と理性」荻原理訳を参照した。『徳と理性　マクダウェル倫理学論文集』大庭

健編、七頁(勁草書房 二〇一六)所収。

(33) J. McDowell, What Myth?, *Inquiry*, Vol. 50, 2007.「何の神話が問題なのか」荻原理訳、『思想』一〇一一、六六頁(岩波書店 二〇〇八年七月)。

(34) J. Austin, A Plea for Excuses, *Philosophical Papers*, p. 179 (Oxford Univ. Press, London 1961).『オースティン哲学論文集』坂本百大監訳、二八九頁(勁草書房 一九九一)。

(35)『ウィトゲンシュタインの講義――ケンブリッジ 1932-1935』アンブローズ編、野矢茂樹訳、一六五頁(勁草書房 一九九一)、尚、永井均『私のメタフィジックス』、二八頁(勁草書房 一九八六)参照。

(36) 千葉惠「エロースとアガペー――ヘレニズムとヘブライズムの絆――」『北海道大学文学部紀要』四四―一、一九九五。

(37) Boethius, *Consolatione Philosophiae*, V. 6, p. 422 (Loeb Classical Library, HUP, Cambridge, Mass. 1978). ここで時間論を詳しく論じることはできないが、ボエティウスによるこの神学的に強い負荷のかけられた主張を哲学的に基礎づける時間の理解を簡単に示唆したい。現在としての永遠という理解が成り立つ一つの可能性をアリストテレス『自然学』第四巻の議論から提示したい。哲学者によれば運動がなければ時間は存在しない。しかし、魂が今と意識により過去と未来を区切るという行為なしにも時間はない。例えば、天体の円周運動や時計の秒針の運動を基準運動と看做すとして、その運動を魂が「今」を二度語り、そこでより先とより後を区切ることにより、運動の数として時間の流れを計ることができる。異なる今のゆえに時間の流れを、つまりその存在を確認することができる。これは幅の無い今の機能であり、永遠とは無縁である。

しかし、魂の意識活動そのものも運動なのであり、時間は流れている。もし魂が「今」により運動を区切ることなく、思考や活動に没頭しているなら、彼は時間を経験することはないのである。これは「幅のある今」と呼ぶことができよう。アリストテレスはこれら二種類の「今」を提示し、アポリアとする。「過ぎ去ったものと来りつつあるものを区切るべく現れるところのものである今は、はたして一にして同じものとして常に持続しているものであるのか、それともひとつのものでありかつそれとは別のものであるのか、見て取ることは容易ではない」(IV.10.218a8-10)。これは今の「現在主義」とでも呼ぶべきものと、今の「時点主義」とでも呼ぶべきもののあいだでの緊張である。このアポリアの背後には、時間は過去と未来から「合成される(*sugkeitai*)」が、過去と未来は存在しないから、時間は存在しないというパラドクスが潜む(IV.10.217b30f, b33-218a3)。

魂が二つの今を区切り、それによりひとが数える尺度となる基準運動との対比において、より先とより後の二つの今の間として数えられた運動が時間である。「時間」は「より先とより後に即した運動の数」と定義される(219b1f)。彼は運動と時間の関係を意識との関連で語る。「もし時間があるとは思われないということがわれらに生じるのは、何らの変化をもわれらが区切ることをせず、魂が一にして不可分なもののうちに留まっているように現象しているときであるとするならば、しかし、他方、われらがそれを知覚し、識別するとき、そのときにわれらは「時がたった」と言うのだとすれば、時間が運動がなくては存在しないものであること、明白である」(IV11.218b29–34)。ここに述べられるように、現在主義の一事例は魂の一にして不可分な活動状態である。他方、意識活動そのものが運動なのである。アリストテレスは言う。「運動と時間を同時にわれらは知覚する。というのも、もし闇のうちにありまたわれらが身体を通じて何も受動しないとしても、魂のうちには或る運動が内在しているなら、直ちに同時に或る時間も生じたと思われる」(219a3–6)。この意識が今を区切ることもまたその間を数えることなく、活動しているとき、時間はその運動と同時に流れているが、それは幅のある今として持続している。サルディニアの英雄のように、目覚めた者が、就寝と起床のあいだ、時間が経ったとは思われない、そのような時間は幅のある現在である(cf. 218b24)。このように、魂が何らかの意識活動のなかで、自らの生の過去と未来一切を想起においてであれ、予期においてであれ、不可分の今として包括するということはありうることなのである。千葉恵「時間とは何か――クロノス(運動の数)とカイロス(永遠の徴)」『時を編む人間――人文科学の時間論――』田山忠行編、二一七―四七頁(北海道大学出版会 二〇一五)参照。

(38) R. Descartes, *Les Passions de l'âme, Oeuvre de Descartes* XI, C. Adam et P. Tannery, p. 447–48 (J. Vrin, Paris 1974). デカルト『省察・情念論』井上、森、野田訳、二六七頁(中公クラシックス 二〇〇二)。

(39) S. Kripke, Outline of a Theory of Truth, *The Journal of Philosophy* 72 (1975), p. 690; reprinted *Truth and The Liar Paradox*, ed. R. Martin (OUP, Oxford 1984).

(40) J・バーワイズ、J・エティメンディ『うそつき　真理と循環をめぐる論考』金子洋之訳、八頁(産業図書 一九九五)。

(41) 同右書、四、九頁。

(42) セインズブリー『パラドックスの哲学』一ノ瀬正樹訳　第五章(勁草書房 一九九三)。

(43) 命題的態度をめぐる様々な問題を扱った論文集として、*Propositions and Attitudes*, ed. N. U. Salmon and S. Soames (OUP, Oxford 1988)参照。

(44) L. Wittgenstein, *On Certainty*, ed. G. E. M. Anscombe and G. H. von Wright, p. 21, 141 (Blackwell, Oxford 1969).『確実性の問題』『ウィトゲンシュタイン全集　九巻』黒田亘、菅豊彦訳、四二、一四一頁(大修館 一九七五)。

(45) A. Kenny, *Faith and Reason*, p. 44ff (Columbia UP, New York 1983).

(46) J. H. Newman, *Apologia Pro Vita Sua*, p. 21 (George Routledge & Sons, London 1865). cf. W. Fey, *Faith and Doubt, The Unfolding of Newman's Thought on Certainty*, p. 3, p. 17. n. 17 (Patmos Press, West Verginia 1976).

(47) プラトンにおける「信」の認知用法については以下参照(e.g. *Gorg*. 524a, 527e, *Meno*, 81e)。彼はなお独裁僭主的な人間の人格的欠陥を「不信実(*apistos*)」と形容し人格的用法としても用いているが、信実な「善き人間」とそのまま対比される。彼は言う、「まずひととの交わりにおいては、自分にへつらう者たち、すすんでどんな奉仕でもしてくれるような者たちと交わるか、或いは、何かを頼む必要のある相手がいるばあいには、自分のほうが平身低頭して、親しさを示すためにどんな態度や格好でもあえてしてみせるけれども、目的を達してしまえば赤の他人となるというような、そういう交わり方をするのではないかね。……このような人間は、一生けっして誰とも親しい友とはならずに、いつも誰かを専制的に支配するか、だれかの奴隷として仕えるかしながら、生きるということになる、自由と真の友情というものを、僭主的な生まれつきのものは、つねに味わうときがない。……そうすると、このような人間を、不信実なひとと呼ぶのが正しいのではないかね」(*Resp*.IX575e3-576a9)。

(48)　一つの事例として、アリストテレスに内在的でありながら、彼を歴史のなかで相対的なものとして位置づけ、さらにそのなかでアリストテレス的な見解が共約可能であるかを該博な知見のもとに問う S. G. Salkever の論述を引用する。

「アリストテレス(以下「A」と略記)の実践哲学は、彼の科学同様、近代とそして啓蒙主義に抗する反動双方と根源的に調和しないように思える。彼はまことに還元主義そして非理性的な預言双方に反対し、約定主義／相対主義そして演繹主義双方に反対している。しかも、彼の立場は、理論[ロゴス]ないし実践[エルゴン]に関しいかなる立場をも取らないことで誤りを回避すべく、恰も遣り繰りすることにより、真理はどこかその中間に横たわるというものとは思えない。A的観点からすれば、近代は、誤りとして見えるのではなく、プラトンとA双方に共有されていたところの中心的なコミットメント(参与・態度)と事実上共存できる或る幾つかの可能性を、不必要に排除してきた一つの成功した文化運動として見える。二人に共有された参与は科学における一貫した根拠の探求でありまた道徳と政治における抑圧的な支配からの自由である。[後代]不必要に排除された諸可能性とは、科学における目的論的説明そして実践的なものにおける道徳的行為主体である。

これらが不必要に排除されてきたと言うことにより、私は近代の反目的論的そして反徳的方向性は偶然だったということを示唆する意図は無い。神学批判は探求への障害を除去することにより物理科学における偉大な進歩の道を開いた。そして近代の規範道徳は一般に西欧の特権への攻撃においてまた一般にその解放において中心的な要素であった。読みかつ教えそして考えるわれら皆がその受益者である。私の思考は、むしろこれらの方向付けは当該のプロジェクトを維持すべくもはや必然ではないということ、そして目的論と道徳主体に反対する近代精神は決して本質的に自由な探求と自由市民権というゴールによって要求されたものではなかったということである。

道徳的行為主体の場合に、合理性をよきものどもを獲得するための道具としてよりも徳として扱うことは明確な寡頭的響きを持っている。Aの時代或いはわれらの時代において、自らの生得的な権利として優越な合理性を主張している富裕で生まれのよい者たちを目にすることよりも一層共通なものは何もない。かくして、道徳的行為主体は常に特権の仮面であると、ホッブス、ルソー、カントには明確に見えたのである。『第二対話』の始めにおいて、ルソーは言う、彼が道徳的行為主体主義者の、はたして政治的不平等性(例、「奴隷」)は自然的な不平等性に対応するかを尋ねる問いよりもむしろ、政治的不平等の起源を探求するであろうと。……われらは、一八世紀の状況においては十分に適切であった[自然か否かの]この問いの排除がもはやそうではないかどうかを考察する必要がある。それをするためにわれらは、Aがそうするように、合理性は徳でありそしてしかもプロニモスの人生は価値ある目標としてまた人間の行為を説明すべき標準として有益であると言うことにより意味されることが何であるのかについて明瞭である必要がある。

私はAにとって合理性は永遠の自然法則から実践的な結論を演繹する習慣を意味してはいないと論じた。しかし、同様に明らかなことは、彼は行為の選択に関し非認知主義者ではないということである。つまり、人間的な善についての彼の概念化は別々の利益の多様性を説明する複雑なものである一方で、他方、私が思うに、Aは「よい人間の人生を構成する諸価値は複数でありまた非共約的であると論じている」ないし彼は「諸価値の共約性を否定した」[M. Nussbaum]というものではない。事実は、Aはしばしば人間の利益を比較しまたランクづけている(……友愛は名誉より高い)。ここでの鍵となる問いは「共約可能性(commensurability)」のそれである、いかにAは諸価値が共約可能であると保持しうるかそしてしかもいかに彼は演繹主義者ではなく、そのような「物差し」が行為を導出する規範にコード化しえないのかというものである」。S. G. Salkever, *Finding the Mean: Theory and Practice in Aristotelian Political Philosophy*, p. 159f (Princeton UP, New Jersey 1990).

この興味深い観察によれば、規範倫理は道徳法則の普遍性に訴えて為すべき行為を演繹することにより、生まれの良い者の既得権益の保護のために有徳性を利用する特権階級に一撃を食らわせ、合理性と徳の自然的な癒着の指摘は政治的不平等性を自然に帰属させるのではなくその起源の問いに眼差しを向けさせる。アリストテレスの徳倫理と寡頭制の擁護に対する対抗軸の提示が紹介されるこの論述に対して、私は目的論的思考と道徳的主体性を共有し主張もするパウロの側から応答を試みたい。

パウロにとって政治体制は或る条件のもとで現状維持(*status quo*)が許容されている。彼は言う、「善を為せ、そうすることにより汝は権威自身から賞賛を受けるであろう。なぜなら、それは汝にとって善きことへの神の補佐だからである。しかし、もし汝が悪を為すなら、恐れよ。なぜなら、それはいたずらに剣を帯びているのではないからである。というのも、神の補佐は悪を為す者に怒りのうちに罰を与えるからである。……良心の故にも服従する必然性がある。実際、その故に汝らは税をも納めているからである。なぜなら、彼らがまさにこのこと[神の補佐]に献身している限り(*proskarterūntes*)、神の従僕だからである」(Rom.13:3-6)。彼は分詞構文「献身している限り」という限定のもとに権力への服従を説いている。言わば神の主権のもとに同心円の小円のようにこの世の権力は相対的自律性を持つが、もしその円を拡張し神の支配にとって代わろうとするとき、パウロはこの種の服従をもはや勧めないであろう。その意味で彼には政治形態は民主制であれ僭主制であれ相対的なものに留まる。また思想家は自ら帰属するグループの既得権益を擁護するという見解に対しては、有徳性はいかなる社会状況にあっても魂の本性からして生のゴールであり続けることにパウロは同意するであろう。

(49) R. Descartes, *Discours de la Méthode*, Intro. E. Gilson, pp. 53-4 (J. Vrin, Paris 1970).

(50) Origène, *Traité des Principes I*, II, 8. ed. H. Crouzel et M. Simonetti p. 334 (Les Éditions du Cerf, Paris 1978).

補論三　アリストテレスの存在様式（様相）の誤解——「可能態と現実態」解釈の乗り越え——

本論で明らかにされるように、アリストテレスはいかに魂のような不可視な「ロゴスに即した実体」が働きにおいてあるかつまり「実働としての実体」であるかに、換言すればロゴスのエルゴンにおける内在の様式の解明に取り組む。私は在るものに在る限りに内属する三つの存在様式のうち、「統率的に一で在ること」がそこにおいて語られる *entelecheia*（完成）がロゴスとエルゴンを媒介するものとして、ロゴスとエルゴン双方により共有される最も根源的な存在論的概念として独自の役割を担っていると論じる。女性名詞 *entelecheia* は約一四〇回用いられるが、すべて単数形であり、複数形もさらにはいかなる動詞形も持たない。これは *energeia*（実働）や *dunamis*（力能）が複数形や動詞形を持ち程度を許容することと著しい相違である。このことはロゴスである形相の存在様式を表現するものとしてふさわしい、というのも形相が形姿として働きにあるとしても、ロゴスはロゴスであり続けるからである。従来、アリストテレスの様相存在論が可能態と現実態という恐らくアクィナス以来の分節に基づき展開されてきたことは、大きな哲学史上の汚点だと思われる（前掲註6参照）。ここではその学説史の確認と、それを克服する基礎的な理解を諸見解の整理と批評を通じて明らかにしたい。

私は語 *entelecheia* の構成を Themistius と同様に *entelōs echein*（完成にあること）(to be completely) に、動詞形を名詞化する接尾辞-*ia* を付け名詞化（「完成」）したものと理解している。このように動詞に基づくとするなら、*entelecheia* ならびに *energeia* の語尾-*ia*（-*eia* ではなく）は「動詞—幹（verb-stems）」から形成されていると解し、それぞれは「完成であること」また「働きにあること」を意味すると解する[*1]。従って、「完成」と「実働」はその動詞表現の略称であると言える。テミスティウスは *entelecheia* をエルゴン次元においてではあるが、その完全性ないし完成においてあることを適切に理解している。「かくしてそれへと熱心に求めた固有の形姿を受け取るそのときに、完全であることとそして完成にあること（*teleion einai kai entelōs echein*）が語られる。そのとき、もし誰かがこの形姿と形相を「完成（*entelecheia*）」と名づけた場合に、彼は全く新奇な語を考え出した者であると批判したとしてもそれは正当なものにはならないであろう。もし先に言われたことがらが真であり、また形相からそれぞれにとっての完全性がそして形姿から完成にあることがあるなら、*entelecheia* は完全性の態勢（*tēn hexin tēs teleiotētos*）とは別の何ものをも意味表示しない[＊2]」。テミスティウスはここで「完成」を「完全性の態勢」として理解している。ここでは述べられないが、もし彼が「完成」は生成の終局で持つ形姿の完全性の態勢であるだけではなく、始動因が持つ形相の完全性の態勢でもあるとも理解しているとするなら、私は十分に同意できる。

なお Alexander Aphrodisias は魂の定義の註解で、魂のような「テロス（ゴール）においてあることによって、いかなるその根拠も存在しない事物」について「完全かつ完成（*teleiotēta kai entelecheian*）と語ること」がアリストテレスの「習慣（*ethos*）」であると指摘して言う。「魂は「第一の完成」である。というのも「完全（*teleiotēs*）」は二義的であったからである。かたや、それは態勢そして力能（*hexis kai dunamis*）である。他方、それは力能からの実働（*apo tēs dunameōs energeia*）だからである。それらのうちの力能が第一のものであったところの、そして形相が力能に即して完全であったところのものがそう［第一の完成：魂］である[＊3]」。ここでアレクサンドロスは新造語を伝統的な「完全」という語により説明していると言える（他方、彼はこの語の複数形や動詞形を用いる）。その枠のなかで「完成」の一義として「力能」が挙げられるが、これが第一現実態と第二可能態の同定という伝統に繋がったのだと思われる。それに対し、私は、アリストテレスがロゴスである魂は身体がそれのためにあるところのそれであり、また身体を動かすものであることに基づき、質料因を制御する目的因でありまたそれに内属することによって能動者を始動因たらしめるものでもあるロゴスの存在様式を表現すべく「完成」を導入したことを、さらに「完成」と「（待機）力能」の概念を判別していたことについては本文で論じた。「待機力能」と完成においてある対応する実働は「類比を共に見ること」により把握されるが、完成にあることが待機力能を保証するという意味において、完成においてある統合体にのみそれは内属する。

D. Laertius はアリストテレスの *dunamis* の二義性について言うとき、待機力能の概念を実働に即した力能と共に提示している。「力能においてあること（*to dunamei*）は二義的である、かたや態勢に即して（*kat' hexin*）或いは実働に即して（*kat' energeian*）ある。ちょうど覚醒している者は魂を持つと語られ、他方、眠っている者は態勢に即してそう語られるように[＊4]」。私にはラエルティウスは待機力能の概念を正しく把握していたと解する。ただし覚醒と睡眠を力能の二義に対応させているが、これは本文で、「完成」が二つの文脈で語られるさいにロゴスの存在様式の事例として「知識」がエルゴン次元の事例として「知識を観想すること」が挙げられていることと両立しない解釈であることが明らかにされる。「知識を持つが実働しない」状況を統合体の睡眠との類比で理解されるが、「完成」は「知識」の存在様式であって、統合体がそれを持つこととは判別されている。さらにラエルティウスが未完の力能と完成においてあるものの力能を判別していたかは彼の一文からは不分明である。

H. Bonitz は第九巻三章(1047a20)の註解でこう述べる。「*entelecheia* は疑いなく(nimirum)、形容詞 *entelechēs* 即ち「十全な(plenus)」、「完全な」から由来しており、ものごとの完全性(perfectionem)を意味表示している。他方、*energeia* は動詞 *energein* から派生し行為そして変化を(actionem et mutationem)意味表示しており、そこからまったくの可能性に基づくものが十全な本質に導かれる。彼は *energeia* が、いかに変化と運動から導かれる自らの固有の場所を持つかを語り、彼はその同じものが *entelecheia* に「結びつき(*sunteinein*)」そして「共に置かれる(*suntetheisthai*)」と語るが、それは成し遂げられる(conficiatur)ものごとの、完全にされたまま留まっているものである」[*5]。**J. H. Donaldson** によれば「完成(*entelecheia*)」は新造語であるが、四つ(*en, telos, echein, eia*)ないし三つ(*entelōs*：副詞(*entelēs*：形容詞))、*echein, eia* の語句、語尾から構成されている。この語は疑いもなく *telos*(ゴール)から派生しておりそして前置詞は容易に名詞と結合し副詞 *entelōs echein* を形成する[*6]。私はテミスティウスと共にこの単数名詞を形容詞ではなく動詞表現の派生と理解する。ボーニッツは「成し遂げられるもの」としてエルゴン次元のみにおいて理解している。

D. Ross は *entelecheia/energeia* について「たいていの場合アリストテレスはこれらをまさに同義語(exact synonym)として用いている」[*7]と言う。その影響は大きく、最近でも **J. Beere** は「アリストテレスは、二つが同義であるかのごとくに、ときに二つのあいだを行き来している(switches back and forth)」と言い、**A. Anagnostopoulos** は「アリストテレスは運動の定義の文脈において *entelecheia* と *energeia* を相互互換的に(interchangeably)に用いるが、*entelecheia* が activity を意味しうる独立の理由はない」[*8]と言う。彼らはそれらが用いられる文脈を適切に理解してはいない。これを synonymous reading(同義的読解)と呼ぶ。

なお「力能」についても『形而上学』第九巻の解釈として、Ross は two senses of *dunamis* を power(力(能))(ch. 1–5)と

potentiality（可能態）（ch. 6–10）に分節している。彼は一方でpowerについて「第一義にはBにおける変化を引き起こすAにおける力……」と「運動に即した力能」の意味で解し、potentialityについて「新しい状態ないし活動に移行することのAにおける可能性（a potentiality in A）」（*ibid*, p. 240）と述べ、やはり「運動に即した力能」の文脈で解し、待機力能（ch. 6–10）を捉え損ねている。S. Makinは最近の註解でこう述べている。「標準は名詞*dunamis*はcapacity（9.1–5）と訳され、そしてpotentiality（主格）、potentially（与格）（9.6–10）と訳されるというものである」[＊9]。

M. Fredeが次のように言うとき、現代研究者による様相概念理解混乱の深刻さをそのまま伝えている。「アリストテレスの議論は不明瞭、無秩序そして混乱させるものである。実際、ボーニッツやロスのような重要な註釈家たちはアリストテレス自ら混乱していると責めている。彼らは彼が区別すべく提示したまさにその概念をほとんど直に再びまぜこぜにしていると彼を告発してきた。即ち、可能態の概念と或る種の能動的な力の概念、つまり何か他のものに変化を引き起こすであろう力能のことである（namely the notion of potentiality and the notion of some kind of active power, ie. the ability something might have to produce change in something else）」[＊10]。「かくしてアリストテレスが主張しているであろうことは、当該の意味［「可能態の概念」］の*dunamis*は基礎的な意味［働きかける能動的力能］の*dunamis*を超えて拡張する。かくして、主張は基礎的な意味における*dunamis*のかたわらに、別の種類の*dunamis*即ち「可能態」があるというものではない。主張はむしろpotentialityの意味での*dunamis*は基礎的な意味における*dunamis*をカバーするというものである」（*ibid*, p. 184）。他の研究者も同様である。S. Waterlowは「運動」と「変化」のアクセスの異なりを把握せず、そしてactuality-potentialityの枠組でその問題の研究史を纏めている。彼女は言う、*kinēsis* (change) is the actuality（現実態）of that which is potentially（運動は可能態にあるものの現実態である）。……或るひとびとはこれをactualization（現実化）とrealization（実現化）という誤解を招く術語で訳しているが、そこにおいては生成ないし、実現や現実とすることの過程を意味している。アリストテレスが過程を、あからさまな循環の故に（blatantly circular）、いかなる意味における現実化によって定義しているものとして読まれることはできない。C. Wittは言う、「アリストテレスが明白に*energeia*がactualities（*entelekheia*）を指示するに至ったという事実はいずれかの翻訳［activity, actuality］も文脈に応じて適切でありうるということを強く示唆している」[＊11]。

（＊1）　H. Smyth, *Greek Grammar*, p. 231 (HUP, Cambridge Mass. 1980(1920)).

（＊2）Themistius, *In Aristotelia libros de Anima paraphrasis*, *Commentaria in Aristotelem Graeca* , Vol. 5.3, ed. R. Heinze, p. 39. lines 15–20 (De Gruyter, Berlin 1960),. cf. TLG.

（＊3）Alexander Aphrodisias, *De Anima*, p. 16, 7–10. I. Bruns, Alexandri Aphrodisiensis praeter commentaria scripta minora [Commentaria in Aristotelem Graeca suppl. 2.1. Berlin: Reimer, 1887], Retrieved from: http://stephanus.tlg.uci.edu/Iris/Cite?0732:010:31136

（＊4）D. Laertius, *Lives of Eminent Philosophers*, Vol. I, V. 34, p. 480, tr. R. D. Hicks(Loeb Classical Library, HUP Cambridge Mass. 1972).

（＊5）H. Bonitz, *Commentarius Aristotelis Metaphysicam* (Georg Olms Verlag, Hildensheim 1992 (1849)).

（＊6）J. H. Donaldson, *New Cratylus*, p. 525 (John W. Parker, London 1850).

（＊7）D. Ross, *Aristotle's Metaphysics*, II. p. 245 (OUP, Oxford 1924).

（＊8）J. Beere, *Doing and Being: An Interpretation of Aristotle's Metaphysics Theta*, p. 218, 21 (OUP, Oxford 2009). A. Anagnostopoulos, Change in Aristotle's *Physics* 3, *Oxford Studies in Ancient Philosophy* Vol. XXXIX, p. 36 (OUP, Oxford 2010).

（＊9）S. Makin, *Aristotle: Metaphysics Theta*, xxiii (OUP, Oxford 2006).

（＊10）M. Frede, Aristotle's Notion of Potentiality in Metaphysics Theta, p. 176, *Unity, Identity, and Explanation in Aristotle's Metaphysics*, ed. T. Scaltsas et al. (OUP, Oxford 1994).

（＊11）S. Waterlow, *Nature, Change and Agency in Aristotle's Physics*, p. 112 (OUP, Oxford 1982). C. Witt, *Ways of Being, Potentiality and Actuality in Aristotle's Metaphysics*, p. 13 (Cornell UP. 2003). cf. D. Charles, *Aristotle's Philosophy of Action*, p. 16(Duckworth, London 1984). 彼は *entelecheia* を actualization と訳している。 E. Hussey, *Aristotle's Physics Books III and IV*, p. 1(OUP, Oxford 1983). 彼は *entelecheia* を actuality と訳している。

補論四　「最初に哲学した人々」における「存在(ある)」と「生成(なる)」

――非存在からの生成への「恐怖」――

アリストテレスの先行哲学者たちは一様に存在と非存在、一と多の理解をそれぞれの仕方で提示してきた。夜空を見あげる者は観察経験に基づき森羅万象、宇宙が一なるものであると主張しよう。エレア派の祖クセノパネスは「全宇宙を見上げて、「神は一であること(*to hen einai*)だ」」と言ったことが報告されている(*Met.*15.986b24)。ロゴスの力に頼る者は「在るは在る」、「在らぬは在らぬ」という同一律とそれを支える矛盾律に依拠し、生成消滅する自然的世界が真実在であることを否定し、「ある」を厳密に語る場を見つけ出し、それを一として特徴づけるであろう。「パルメニデスは在るものとは別に、いかなる在らぬもののあることのないことは自明のことと考えて、そこから在るものは一であること、そして別の何ものでもないこと必然である」とした(*Met.*I5.986b27–29)。アリストテレスはまた彼の見解をこう報告している。「「ある」は、それについて「ある」が述語づけられるところの一を意味表示するだけではなく、それはまさに在るところのものそしてまさに一であるところのもの(*hoper on kai hoper hen*)を意味表示すること必然である」(*Phy.*I3.186a34)。アリストテレスは彼を「ロゴスに即して一に触れた(*kata ton logon henos haptesthai*)」と評価し、「最初の知者たち」が「原理を物体的なもの(*sōmatikon*)」としたことに対比している。プラトンは一方「可感覚的事物はすべて絶えず流転しており」、これらには「共通の定義形成句」それ故「知識」は存在せず、他方これらと「分有」の関係にある対応する存在者を不生不滅なものとして立て、「在るものどものイデアと呼んだ」。アリストテレスはそれらの先行者の存在と一をめぐる諸見解を一言に要約して言う、「彼らは存在者がそれらに基づいている第一のものどもについて、それらは果たして一か多か、そしてもし多なら、有限か無限かを探求しているが、そうすることにより彼らは原理と構成要素が一か多かを探求している」(*Phy.*I1184b23–25, cf. *Met.*I5)。

アリストテレスは先行者たちの立場のいずれにも無からの生成に対する恐れがあったと解する。「最初に哲学した人々が最も怖れ続けたのは、先在している何でもないものに基づき生成することが帰結することであった(*ho malista phobūmenoi dietelesan hoi prōtoi philosphēsantes, to ek mēdenos gignesthai prohuparchontos*)」(*Gen. et Corr.*I3.317b23–31)。これはパウロにも引き継がれた問題である。ギリシャ哲学者たちにより解決案として提示されてきたものとしては、一つには無始無終なものとして万物流転し続けているとし存在を排除するか、流転を迷妄として在るものは一であり不動であるとするか、感覚に即しては流転、変化を認めたうえで、存在をロゴスに即してだけ語ることが許容されるとし、ロゴスと感覚を分断するかであった。

それに対し、一見伝統的に「無からの創造(*creatio ex nihilo*)」と呼ばれる見解を提示したと解されるパウロは彼らに反論したようにも思われよう。その典拠とされる箇所において、パウロは「死者たちに生命を与えそして存在しないものどもを存在するものとして呼び出す神」(Rom.4:17)に言及している。確かに、続いて確認するように、無からの生成に対する恐怖のなかでギリシャ哲学者たちは創造者としての神の概念に訴えることによる解決を求めなかった。全き無、全き非存在は存在と関わることはないという考えは道理ある。

アンセルムスもこの事態をめぐり自らを介してある最高本質と他のものを介してあるものを分節し、無からの創造の思考可能性を確認する。彼は「それなしにはいかなる自然本性も存在しないかの自然本性が無であるということは、何であれ存在するものが無であると語られる場合と同じほど不条理なことである。しかし、この自然本性は無を介して(*per nihil*)存在しているのでもない、というのも、何かであるものが無を介してあるであろうことはいかなる仕方でも理解されえないからである」(*Monologion*, ch. 6)。他方、「無から(*ex nihilo*)」存在するとするなら、それは先在するものを媒介にして存在する。彼は「無を介して」と「無から」を分節して、さらに自存するものと他に依存するものの分節を介して無からの創造の思考可能性を確保する。「何ものも自らを介して無から存在することはできない、というのももし何かが何ものかを介して無から存在するなら、それを介したところのものはより先に存在していること必然だからである。かくしてこの本質は自ら自身より先にあることはないのだから、それはいかなる仕方でも自らを介して無から存在することはない」(ch. 6)。このように最高本質はそれが何であるにせよ、それは自己を介して、自己があるというそのことによって存在するのに対し、「他のものを介して存在するもの」については「無から」存在することは思考可能なものとなる。(*1)

第一章二節で神の選びと行為の理解の方向と線を論じまたさらに次章第三章で検討するように、神が永遠の相のもとに一切を計画のなかにおいていることと、神が偏り見ることのない公平な創造者であり審判者であることに矛盾がないとするなら、パウロは「死者たちに生命を与えそして存在しないものどもを存在するものとして呼び出す神」(Rom.4:17)において、死者の甦りへの言及に見られるように、神はこの地上の生と死の公正な支配者であると主張していると見られる。それ故、神が在らぬものを在るものとして呼び出すとは、G・バークリーの語るように神の永遠のマインドにおいては存在しているにしても、神はこの生成消滅する地上においてそれまで存在していなかった者を地上の生に呼びだすと理解することができる(第一章註22参照)。従って、パウロは「在らぬ」において全く無、非存在を念頭においているわけではないと言うことができる。その枠のなかでは伝統的な「無からの創造」とは「或る」在らぬものからの創造と理解されよう。以下、この問題を念頭におき、アリストテレスの存在と非存在と生成をめぐる分析の検討を遂行するが、それは無からの創造をめぐる私のアリストテレス的パウロ理解が道理あるものとなるか、そして共約的理解を可能にするかの一つの基礎的な議論となる。

在るもの即一説、万物流転説、そしてイデア論等のアポリアとそれらの解決案としての様相の組み合わせ

アリストテレスは存在様式の分析の視点からこれらのアポリアに取り組み、彼らのすべてが存在ないし在るものと一の理解において不明瞭であり、それ故に多くの混乱を引き起こしていると解する。[a]エレア派は論理法則(ロゴス)に即して確実に語りうるものは何かに集中し、運動や生成変化を否定するに至ったが、その必然的帰結として彼ら一元論者は「一」と「在るもの」を同義とし、事柄として同じであるとした。[b]ヘラクレイトス派は万物が流転しており、自己同一性を保つものはなく、従って「在るもの」と「一」の非存在を主張した。[c]アナクサゴラス、プロタゴラス、デモクリトスは万物は混在していると考え「在るもの」と「一」の不定性を主張することにより矛盾律を否定した。[d]プラトンは生成流転の世界とは別にそこにおいて「一」と「在るもの」が端的に語られる自己同一性を保つ存在者の世界を立て、離存と分有の二世界説を展開したと言える。

アリストテレスは諸説の吟味の視点を「一」と「ある」が統率的に語られているか否かに定めることにより、「完成」と「力能」の組を提示し、この統率的な存在様式において合成体に成立するロゴス(説明言表)の提示を介して一性を把握するべく存在論を構築する。先行者たちの見解には力能と完成のいずれかの概念が不在であるか、それらの関係を明確に摘出することに失敗しており、それらを秩序づける総合的な視点が要求される。一般的に言えば、異なる視点を導入することにより「同じものが同時に一であり多である」と、また「或る仕方では、端的に、在らぬものから生成し、他の仕方では、常に、在るものから生成する」と語りうる状況がうまれるとするなら、これらの難問に応答する道が開かれよう。実際、アリストテレスは力能と完成の組により[a]-[d]の難問に応答を企てている。ここでそれを簡潔に提示する。

最初に「在るもの即一説」を考察する。アリストテレスは[a]エレア派の一元論に抗して「同じものが一でありかつ多である」ことの裏付けとして、[A]「というのも一つは力能においてもまた完成においてもあるから」(*Phy.*I2.186a3)と語り、双方の組み合わせにより事物の一でありかつ多である様式を語る。同じものが二つの存在様式においてある二つの一を含み持つなら存在と一の同義性、つまり硬直した「あらゆるものは[一義的に(*monachōs*)(185b31)]一である」(185a22)と主張する一元論者(*to hen kataskeuazōn*)(325a30)の見解から解放される。

パルメニデスも「現象にはいやでも従わざるを得なかったので、在るものを説明言表に即して(*kata ton logon*)一であるが、感覚に即してより多いものであると想定した」(*Met.*I5.986b27-33)。ここでロゴスと感覚が対比され、その対比に基づき二つ

の世界が提示されていることはアリストテレスの存在論が乗り越えるべき明白なアポリアとして理解されよう。彼は一つの世界のただなかに存在と非存在、生成と消滅これらを総合する理論を必要とし、経験的な次元で存在と非存在を語りうる領域を確保すること、すなわちロゴス(理)とエルゴン(働き)の相補的な展開が不可欠となる。エレア派の運動を否定する争論的な存在理解に対して、「在る」は「まさに或る[一つの]在るもの(*to hoper on ti einai*)」を、「在らぬ」は「或る[一つの]在らぬもの(*mē on ti*)」を意味表示するとすることにより、他のものどもと比較できる同じ次元においてつまりこの生成消滅する現実世界において「在る」「在らぬ」を語る道が開かれる(187a3–11)。彼は存在様式の二視点の導入とそれに基づき、力能と完成の合成により連続的存在者として定義形成により把握される「運動」とそのつど感覚により把握される「変化」の相補的視点からアポリア解決を企てる。アリストテレスによるこの苦境の脱出方法として、まず自然学者たちと共に、「われらにおいては自然に在るものすべてであれ、たとえすべてでなくとも、動かされるものであることを基礎に定立しよう」(I2.185a13)とし、存在者は変化のもとに多であることを容認し、多くの一と存在者が内属する一つの世界の包括的理解を追求する。

次に、「万物流転説」を考察する。[b]ヘラクレイトス等「万物流転論者(一切生成論者)」は一切が変化のうちにあり自己同一性はどこにも見出せないとする。クラチュロスにいたっては師よりも急進的に同じ川を二度どころか、一度さえ渡れないとし、「何事も語られるべきではないと考えられ、わずかに指を動かしただけ」であったとされる(IV5.1010a17)。これには「存在」と「一」の概念を否定すること、さらにはいかなる指定されうる存在様式の否定も含まれる。この流転説も非存在からの生成の不可能性に対する一種の対応であるとすれば、非存在からの生成が何らか語られまた秩序ある生成が何らか語られる限りにおいて、流転説に応答することとなる。アリストテレスの流転説批判は簡潔であり、何かが消滅するとするなら、それは存在しているものでなければならないとする。さらに何かが生成するなら、「これがそこから生成するところのもの[質料]や、それによってその生成過程が始まるところのもの[始動因]が存在すること、そしてそれは無限に遡及することのないこと必然である」(1010a20–22)。このことは力能と完成の枠による存在様式の分析からすれば、[B]「もし何かが生成するとなら、生成がそこからあるであろうところのそして消滅するものはそれへと変化すること必然であるところの或る実体が、力能においてあり、完成においてはないであろうこと明らかである」(*Gen. et Corr.*I3.317b23–26)。

アリストテレスが生成の一つの記述として「生成は力能における実体から完成にある実体にいたる」(*Gen. et Corr.*I5.

320a13)と語るとき、「変化の一種」である連続体存在者としての「運動」の視点から提示している。「運動」は「力能の完成、力能においてある限り」と定義されていた(*Phy*.III1291a9–11)。運動が存在することとそしてそれは一性を持つものであることを示すことは、単にエレア派に対してだけではなく流転派に対しても明白な応答となる。彼は、先に考察したように、運動と変化を複層的な視点から捉え相補的に展開することにより、存在(ある)と生成(なる)の総合を企てている。このようにロゴスアプローチつまり一性の定義により把握される運動とエルゴンアプローチつまり二時点間の差異の観察を介して変化として把握される運動が相補的に存在と生成の探求の視点を提供している。かくして「ある」と「一」を不動の世界でも流転の世界でもない中間的な世界、或いは双方を包摂する総合的な世界において語り得る方策が求められる。

先の[a]エレア派の主張は結果としてライバルである[b]ヘラクレイトス主義者とは正反対の主張とも思われようが、アリストテレスは双方とも「存在」ないし「在るもの」と「一」の理解において同じ帰結を生みだすと言う。「もし一切の事物が、ちょうど「外套(*lōpion*)」と「上着(*himation*)」のように、説明言表(ロゴス)上一であるなら、そのとき彼ら[エレア派]はヘラクレイトスの教説を主張していることになる、なぜなら善であることと悪であることは同じことであるから」(185b19–22)。つまり存在するものは「善」「悪」や「人間」や「馬」であれただ一つだけであり、しかも存在と一が、説明言表上「外套」と「上着」の定義が同じであるように、同じものであるなら、「悪」と「善」も同じことを意味表示する。その結果「一つ」として語り判別しうるものは何もないという点で、エレア派は生成流転論者と同じ主張となる。皮肉なことに、双方とも存在と一をめぐる不明瞭さにおいて同じ穴の狢《むじな》とされる。運動、変化を否定する者は結局一切は運動、変化だけであると主張するものと同様に、「存在(在るもの)」と「一」を語る適切な文脈を確保できない結果となる(cf. 1010a35–36)。

続いて、「万物混在説」と「相対論」を一緒にして考察する。[c]アナクサゴラスの万物混在説「あらゆるものは一緒に混在している」そしてプロタゴラスの相対説「各人にそう思われ、現れている通りにそのまま真実である」も一切は不定であるという見解として同じグループ[c]に属する。誰かに人は船ではないと思えるなら、船ではないという見解を挙げてアリストテレスは言う、「いやしくも矛盾が真であるなら、そうである。そしてアナクサゴラスの「あらゆるものは一緒に混在している」ということにもなる。その結果、真実にはいかなる一も内属しない。彼らは、かくして、不定なことを語っていると思われる、そして自分たちとしては存在を語っていると思いながらも、非存在について語っている。なぜなら、[C]

力能においてありまた完成においてないものは不定なものだからである」(1007b25–29)。

　彼らの混在説や相対説においてあらゆるものをめぐる形而上学的言明が存在についてなされていると思われようが、非存在についてのものである。その理由文として［C］が提示されている。［b］は確信的に存在と一に対する言及は不可能であるという主張であるのに対し、［c］は存在についての説であるという自覚のもとに遂行されているが、不定なものは完成において同一指定されないという意味において、非存在についての何ら有意味なものとはならない主張であるとされている。一方で一緒に混合、混在されている「あらゆるもの」は何か一つのものとして確定されうる力能をもっていることもあろうが、この「あらゆるもの」は力能において不定である。何になるか何ら規定されていないからである。一緒に混在しているものどもは完成において一ではないために、何ら明確な規定を獲得していない。

　続いて、「原子論」を考察する。［d］充実体であるアトム(原子)と空虚から世界は構成されているとする原子論者も実は［c］と同様の結果になるとされている。同じものが甘かったり、そうでなかったりするそのような観察を通じて難問に逢着した人々は「相反するものごとが同じものから生成するものを見て、矛盾した或いは相反したものごとが同時に同じものに属し得ると考えた」(*Met*.IV5.1009a23–25)。存在しないものは生成することができないという道理ある前提のもとで、デモクリトス等は「相反するものは双方とも生成する以前に同様に既に存在していたはずである」(1009a26)とした。彼は非存在である「空虚」と存在である「充実体」を挙げ、「両者とも任意のものに即して同様に内属している部分」(1009a28)であるとした。つまり存在と非存在は混在していると原子論者たちは主張したことになる。

　アリストテレスは原子論をアナクサゴラスの先の見解と共に「或る意味で正しく、或る意味で誤っている」と評価を下す。「「存在」は二義的に語られる、その結果、或るものは非存在から生成することが許容されるその仕方があり、他方生成することが許容されない仕方がある、そして同時に同じものが在りかつ在らぬが、同じものに即してではない。というのも［D］同じものは同時に力能において反対のものどもであることが許容されるが、完成においては許容されないからである」(IV5.1009a32–36)。ここでは［D］において彼は矛盾律に抵触しない仕方で同じものが在りかつ在らぬ状況を力能と完成の概念の導入により位置づけている。「ある」は力能と完成に即して語られ、力能に即して非存在から生成すると語りうるとし、完成に即しては語り得ないとする。［C］における力能にあって、完成においてないものは不定であり、その意味で非存在と語り得るその流儀に即している。

最後に、「イデア論」を考察する。[e]プラトンのイデア論に対してもこの存在様式の視点から成り立ちえないとする。彼はカリアス等個々の人間とイデア人間は同じ人間であるなら、これら双方に述語づけられる「第三人間」が想定されねばならず、それは無限に遡及するという第三人間論の難問を提示し、そしてイデア論を矛盾律に基づきロゴスの力のみにより反駁する。イデアを完成においてあるとし、また個々の事物が完成においてあるとする。二つの完成においてあるものが、一つの完成においてあるものを形成することはできない。[D]において見たように完成には反対のものどもが想定され得ないからである。彼はイデアの離在と分有を批判して言う。

「完成において内在する諸実体に基づいて実体があることは不可能である。なぜなら、この仕方で完成において二であるものは完成においていかなるときも一であることは不可能だからである。しかし、[E]力能において二であるなら、一であることになろう、例えば少なくとも力能において二つの半分のものどもに基づく二倍の長さのように、「完成において」というのも完成は分離するからである。従ってもし実体が一であるなら、内在する諸実体に基づくことはないであろう」(1039a3–8)。

このように彼は先行哲学者の難問解決の大きな道具としてこの力能と完成の組を用いている。完成と力能のペアは非存在からの生成に対応できるものとして、また矛盾律否定論者、一切偶然論者にさらにはイデア論者に対しても対応すると考えている。なぜなら、存在と一が統率的な仕方で語られる「完成」の概念は対応する力能の概念を必要としており、この組み合わせにより事物の一なる存在を特定することができ、また生成変化を肯定しまたそれを説明すべく力能における一性とさらには反対対立を含むものとしての多性に対応できるからである。アリストテレスは[c]批判の文脈で、それぞれの語句は一つのことを意味表示し、そしてそれが実体の存在と一性により保証されていると論じる。

「一般にこの[相対]説[人間は同時に非人間である]を唱える者たちは実体そして本質を否定している。というのも、彼らにはあらゆるものが付帯してしまっていると、そしてまさに人間であることないし動物であることは存在しないと主張すること必然だからである。というのも、まさに人間であることが何かあるであろうなら、これは非‐人間であることないし人間であらぬことではないであろう、これらはその否定文ではあるが。というのも、それが意味表示したところのものは一つであった、そしてそれは或るものの実体であった。実体を意味表示することはそのもの自身であることとは何か別のことではない」(1007a20–27)。

これが先行者の諸説［ａ］［ｂ］［ｃ］［ｄ］［ｅ］の克服から導出されることである。一切偶然論者そして矛盾律否定論者を克服することにより、一つである実体と本質の存在そして実体の存在様式として「そのもの自身であること」を打ち立てることになる。これは「統率的に一かつ在ること」である完成の存在様式の確立に他ならないと言える。そしてこれは［ａ］エレア派の争論的な議論からの解放をも含意する。存在と一は相互に含意する仕方で人間や動物の事例において論じられているからである。

（＊１）　Anselmus, *S. Anselmi Opera Omnia*, Tom. I, ed. F. Schmitt, p. 19 (Friedrich Frommann Verlag, Stuttgart 1968). 泉治典「アンセルムスの三位一体論」『アウグスティヌスからアンセルムスへ』（創文社　一九八〇）参照。

第二部　パウロにおける信の根源性と信と業《わざ》ならびに心身（霊肉）の統一理論

わが心のうちに一つの箇条即ち、キリストの信（*Fides Christi*）、が統治している、それはそこから、それを介してそしてそのなかへ（*ex quo, per quem et in quem*）わがあらゆる神学的思考が、昼も夜も、流れ出でそして流れ戻るところのものである（ルター（本書第三章註33参照））。

序　意味論的分析に基づく新訳がもたらす神の前とひとの前の分節と総合

第一部において展開した方法論に基づき、第二部においてパウロの「ローマ書」の研究に従事する。パウロの発話を書かれたものであるテクストとして言語次元において分析する。その構文上のそして意味論上の分析を通じて浮かび上がってくる神や聖霊そして書き手であるパウロ自身の行為や働きを捉え、それぞれにおける固有の言語網を整合的なものとして理解することを企てる。これらの行為主体の複合的な実働（エルガ）は一つの出来事であるが、パウロはそれぞれの主体をロゴス上分節している。言ってみれば、「ローマ書」の整合性論証を試みる。そのなかで一切をパウロの意識事象に還元する懐疑論や一切が聖霊の実働であるという人間器官説や逐語霊感説に一定の応答を試みる。ここでは新たな「ローマ書」の読みを伝統への挑戦として提示したい。

第三章においては啓示言語を主に分析対象とし、第四章においては従来の哲学的伝統において心身論と呼ばれてきた研究に従事する。第四章では「心魂」さらにはより伝統的には「霊肉」と呼ばれてきたものの機能、働き（エルゴン）を論じる箇所を分析対象とする。ここでの主な探求対象は「信」であり、「信」の言語的振る舞いの考察を通じて、信が心魂の根源的態勢であることそしてその機能を明らかにしたい。何であれ行為や出来事はそれらがそこにおいて生起する当該事物の態勢に依存する。信じるという行為も常にその発現の備えができている待機力能においてある心魂の態勢とセットで論じられる（力能と実働はエルゴン上類比的概念である）。信と他の心魂の機能や態勢との関連の考察を通じ、信と業《わざ》（とりわけ愛）の統一理論を探求する。

そのさい、先述のように、信の哲学を可能にするものとしてテクストの新たな読解を提案する。意味論的分析を介して当該諸語句、文が帰属する言語網がいくつか独立したものとして見出されることを明らかにする。意味論的分析はテクスト解釈の前段階として位置づけられる。従来聖書学を中心として発展した解釈学はあたかも自明かのごとく解釈学的循環に疑義をさしはさむことがなかったが、これは共約性を旨とする信の哲学からすれば受け入れがたい自己満足である。解釈行為の手前で語彙の統計分析や文体の特徴から解釈の要素を出来るだけ少なくし、誰にも同意されうる語句や文の意味の析出に従事したい。最初に共約的分析の公準（I–III）を提示する。

共約性の確保のもと意味論的分析の遂行を介して、人類に最も多く読まれてきた書物の神学思想の中心部分に従来誤訳があり、従来の翻訳に基づく理解には大きな誤解のあることが明らかとなるであろう。一方で、パウロは眼差しを神に注ぎ神の認識や行為を報告する言語網を形成するが、他方で、生身の同朋の人間に眼差しを注ぎ人間についての彼自らの認識を伝える言語網を形成し、双方を判別している。パウロはそこで神による人間認識や判断そして行為が啓示されていることを報告するが、その報告の内容は用いられる当該言語において神が理解していることがらに他ならない。その報告の行為が福音宣教に他ならない。

「神の信（*tēn pistin tū theū*）」に基づき「神の言葉（*ta logia tū theū*）が信任された」（3:1–3）のはアブラハムを嚆矢とした預言者たちそしてイエス、パウロをも含むユダヤ人であった。神は言語を有し使用する存在者である限り、神は語句の理解を持ち何らかの意味論のもとに自らの人間認識、判断を伝達している、或いは何らかの意味論のもとに神の言葉の分析を許容している。そこではパウロは第一章「ロギコス意味論」で論じた意味の理解と意味の確定を判別しつつ関連づける実在論的意味論に与しており、そこで報告されている言語の意味はまず神がその語により理解している神の前の事態ないし現実から得られていることを言語網の多重性の分節を介して明らかにする。

神の前の現実は神の啓示行為により人間に伝達される。パウロは神の前の現実を「ローマ書」の中心的一文において啓示言語として報告する。「神の義はイエス・キリストの信を媒介にして信じる者すべてに明らかにされてしまっている。というのも、［神の義とその啓示の媒介であるイエス・キリストの信の］分離（*diastolē*）はないからである」(3:22)。ここで神が義であることは歴史の中で生起したイエス・キリストの信を媒介にして神が信じると看做す者、即ちその信を神が嘉する者に啓示されている。神は自らの義が啓示の媒介であるイエス・キリストの信と分離されていないと理解している。神の義が媒介の信と分離のないことが、その啓示の対象が律法の業を行う者ではなく信じる者であることを保証している。ナザレのイエスは死に至るまで自らが「神の子」であるという神の約束の言葉への信、信頼を貫いた。神はその信を嘉し、メシヤとして油注ぎつまり職務を与え「イエス・キリストの信」として自らの義の啓示の媒介として用い、信に基づく義の存在を知らしめている。

ここで「信じる者すべて」とは生身の人間が自らの自覚として信じていると思っている者のことではなく、神がそう看做すすべての者のことを即ち神がその信を嘉している者を第一に指示している。このことは啓示内容(神の属性、認識、感情)とその媒介さらには差し向け相手がまずすべて神により理解されている「神の前の自己完結性」と呼ぶべき事態を構成している。

この自己完結性を正しく理解しなければならない。啓示の差し向け相手は神にその信仰が嘉される者であるが、当然歴史上の誰かであるに違いない。パウロは「神が業を離れてその義を認定するところの人間の祝福」(4:6)をダビデの言葉において伝える。神に義と認定された者についてダビデは三人称で語る、「その不法が赦された者たちは祝福されている。そしてその罪が覆われた者たちは祝福されている。主がその罪を認めない者は祝福されている」(4:7–8)。神に誰が具体的に義と認定されているかはナザレのイエスほどには個々人の誰にも明確には啓示されてはいない。それは終わりの日に、「われらに啓示されるべく来たりつつある栄光」(8:18)において明らかに知らされるであろう。神は自らの義を「イエス・キリストの信」を媒介にして啓示してしまっている。それ故に、あらゆる時代の生身の各人においては信じることは常に不可欠であり実質的なこととなる。あらゆる信はイエスの信との関連において持たれるべきものとして常に実質的である。

かくして、啓示の言語においては神の前の人間はパウロにより常に三人称で報告されており、それ故にその構成員やそこでの出来事に関して神の認識や判断がいきわたり浸透した整合的な神の前の言語網が形成される。神の前での信義という一つの人間現実を意味表示する言語網はその構成要素をめぐってはイエス・キリストの信の媒介のもとにそれとの関連性において位置づけをえる仕方で張られている。ここでイエス・キリストをパウロは福音宣教の当該性規準（the relevancy criterion）として置き、それとの帰一的関係において他の関連する諸事態をそれぞれの正しい位置のもとに秩序づけている。この当該性規準に基づく神の前の自己完結性つまり神の理解の報告により形成される言語空間を「A福音の言語網」と呼ぶ。啓示行為を媒介にして形成される言語網Aが整合的であるとするならば、その言語網には常に変動する個々人の心的状態は含意されてはおらず、この当該性規準のもとに神がそう看做す者、その信仰を神が嘉する者をその構成員としている。

この信じる者に対する神の義の啓示の根拠として、神の義はその媒介となる信とのあいだに分離のないことが挙げられており、この分離のなさ故に神の信に基づく義は神が人間に示した自らの信に対応すると看做す者をも義とする。いわゆる信仰義認論の根拠がここに展開されている。パウロはこの啓示の言語網の整合的な独立性により「ローマ書」における福音の共約的な論証を展開したが、この言語網が従来「B業の律法」の言語網から明晰に識別されることがなかった。例えば、もし神がイエスを罪人の贖いのために代りに罰した、いわゆる代罰（vicarious punishment）を課したのであれば、業の律法の枠のなかで福音が啓示されたことになってしまう。福音は「［業の］律法を離れて」（3:21）つまりそれとはまったく独立に啓示されたのである。

この「ローマ書」三章の啓示Aの報告は従来四世紀のヒエロニムス以来生身の人間の心的行為としてイエス・キリストへの信仰によって神の義を受け取ると理解したうえで、「［信じる者のあいだに］何ら区別（*diastolē*）はないからである」或いは「差異はない」と訳されてきた。パウロはここで例えばヒトラーとマザーテレサの心的状態としての信仰に区別や差異があるとかないとかについて語っているわけではない。「死は……アダムの背きと同じ仕方で罪を犯さなかった者たちをも支配した」（5:14）のであり、二人の間に差異を見ない神は不義でもあろう。整合的な言語網をイエス・キリストの信を当該性規準にして形成する時、当然神は自らの啓示行為を自覚的に遂行しているからには、自らの義は「[業の]律法を離れて(*chōris nomū*)」新たに啓示の媒介として採用したイエス・キリストの信とのあいだに「分離(*diastolē*)がない」と認識していることが報告されていると理解すべきである。この分離のなさは神のこの啓示の差し向け相手が「信じる者すべて」であることを説明している。神にとって信義が不可分離なものとして業の義より根源的な態勢である以上、被造物である人間においてもその信義である神への応答としては対応する信によると神に看做されていると理解することは道理ある。人間の側から言えば、神がその信仰を嘉する者はイエス・キリストの信を媒介にして神が義であることを知っていると神に理解されている。神について「欲する者を彼は憐れみ、欲する者を彼は頑なにしたまう」(9:18)と報告されているように、その信を嘉するか否かは一切神の権能に属する(神の非恣意性は「神には偏り見ることがない」(2:11)と語られる。第三章第二節二「神の怒りの啓示に基づく知恵の説得と知識主張」参照)。

さらに、この文章は「……分離はないからである。なぜなら(*gar*)……」と続けられ、この理由の接続詞のもとに展開される長い理由の一文(3:23–26)は、後に詳述するように、「義」と「信」の分離のなさを説明している。「なぜ[分離なき]かと言えば、あらゆる者は罪を犯したそして神の栄光を受けるに足らず、二四キリスト・イエスにおける贖いを媒介にしてご自身の恩恵により贈りものとして義を受け取る者たちなのであって、二五二六その彼を神は、それ以前に生じた諸々の罪の神の忍耐における見逃し故に、ご自身の義の知らしめに至るべく、イエスの信に基づく者を義とすることによってもまたご自身が義であることへと至る今という好機において、ご自身の義の知らしめに向けて、その信を媒介にして彼の血における[ご自身の]現臨の座として差し出したからである」。ここでは神は業の律法のもとでは忍耐により十全に自らの義を啓示する機会を得なかったが、「イエスの信に基づく者」を嘉し、義とすることによって自ら義であることを知らしめる好機であると捉えている。イエスの十字架に至る信の故に「その信を媒介にして」「ご自身の義の知らしめに向けて」十字架をイエスの血におけるご自身の現臨の座として差し出している。御子の媒介により神の信義として信と義の間に分離なきものとして啓示したことが報告されている。第三章において、従来、意味論的分析を怠ってきた故に、ヒエロニムスの権威に盲従し神の前の言語網を析出できなかったことを明らかにしたい。そしてこれは信仰と業の統一理論の形成をめざす信の哲学にとって重要な知見である。業の律法とは分離され、この信とは分離されない神の信に基づく義は神にとって根源的なものであったということが、人間の心魂における根源的な志向的態勢は業ではなく信であることを根拠づけている。そしてそのつど神との関係において実質的な信は当該性規準の信との関連におかれ、イエスの死に至るまでのあの信の出来事を自らのこととして受領する。それがエルゴン上、今・ここで生起するにせよ、ロゴス上一般的に理解されるものであるにせよ、その受領こそ生の始点の更新であり、新たな生がそこから形成される。改めて信仰と業の関係がこの視点から問われるであろう。

パウロにおいては信が認知的なものと人格的なものを総合するつまり魂の力能を十全に発揮し生を秩序あるものにする魂の根源的態勢であることを、第三章ならびにその成果に基づき心魂論の分析に従事する第四章において解明するであろう。第四章においては、従来「肉」の二義性（自然性および罪性）が指摘されてきたが、パウロは「肉」を自然性の次元において理解していたことを明らかにするであろう。そこでは信の根源性を心魂のボトムに生起するものの分析を介して明らかにするであろう。

信が業との関連で根源的であることは、当然語られてきたことではあったが、いかなる仕方で彼がそれを論証してきたかに関しては、中心的な箇所の誤訳の故に明らかにされてこなかった。そのことが今日までのやむことのない論争の一つの原因であったと考えられる。例えば、ローマカトリック教会とルター派プロテスタント教会は二十世紀末に「共同宣言」（一九九九）を発布し和解したが、妥協の産物であり将来の論争の火種を残したままである（第三章註32参照）。私はこの新しい翻訳により、カトリックとプロテスタントの主張双方に真理契機のあることを明らかにするであろう。信仰義認論のみならず、自由と予定の問題についても一つの解決案を提示する。

第三章　パウロにおける信の根源性の論証
――「ローマ書」の意味論的分析に基づく当該性規準とその帰一的解釈――

しかし、君は、自分が言葉を言葉によって、記号を記号によって、周知の記号を同じく周知の別の記号によって説明していることに容易に気付くはずだ。しかし私が君にできれば示して欲しいのは、これらがそれらのものの記号であるところの[記号が意味表示する]ものごとそのものなのだ(アウグスティヌス)。(1)(2)

第一節　循環フリーな解釈営為の基礎としての共約的言語分析

一　解釈学とその限界

解釈学の究極的循環――真の著者と読者は聖霊であるというルター主義――

従来のパウロ研究はヘブライ語など関連諸言語の習得のもとにパウロを取り囲む歴史的、文化的背景の研究、当時の宗教や思想の研究さらには考古学的な知見にまで至る学際的なものであった。これら学的営為を総合する方法として解釈学が主導している。パウロ自身の言語網そしてそのうえに築かれる彼の希望に満ちた生も、彼の何らかの先行理解から形成されており、解釈学的構造を持っている。理解を求める解釈は不可避的に、パウロの先行理解がそこにおいて培われる生活の座（Sitz im Leben）を問題にする。宗教史家たちは彼の思想の背景として、ユダヤ教黙示文学やヘレニズム密儀宗教があり、預言者的メシア終末論と超歴史的人の子終末論の混在がみられ、またサクラメント理解にグノーシスの影響があると主張するであろう[3]。

ひとびとはパウロの書簡をテクストにして過去（テクスト）と現在（解釈者）の間の「神秘的な魂の交わり」（F. Schleiermacher）や、歴史的理解を通じた「共通の意味の分かち合い」をめざす過去の地平群と現在の地平の「地平の融合」（H. G. Gadamer）を求めてきた。解釈学は時代の危機や変化に応じて、聖書と現実を和解さすべくそのつど浮上し、聖書註解の基本動力となった。ガダマーは解釈学の使命と循環について言う。「理解というこの奇跡を明らかにすることは解釈学の課題であるが、それは「魂の神秘的な交わり」ではなく共通の意味を分かち合うことである。……現在という地平は過去なくしては形成不可能である。歴史的な地平群が存在するということよりも一層現在の孤立した地平が存在するということはない。理解することは、むしろ、常にわれらがそれら自体によって存在すると想像している、これらの地平群の融合である[4]」。

読者と著者のあいだの地平融合、ここに解釈学の一つの重要な特長があり、しかもその一つの限界があると言えよう。例えば、ヴォルムスのルター像の台座に刻まれた印象深い言葉「聖書を正しく理解するところ、そこに聖霊が宿る」は解釈のめざすその一つの究極である。その背後には「聖書は、最も確実であり、最も容易であり、最も判明であり、あらゆるものについてあらゆるものを吟味し、判断しそして照明しつつ、聖書自らにとって自らの解釈者である（*scriptura scripturae interpres*）」というルターによる突き抜けた解釈学的循環の主張がある[5]。この言葉は聖書の真の著者である聖霊と聖霊を付与されつつ解釈する読者の「魂の調和」を表現したものと言えるが、P. Ricoeur は Schleiermacher や Dilthey が「解釈の最高の法則」とみなすこのような傾向を「解釈学のロマン主義的で心理主義的な一概念」と批判する[6]。

解釈学のロマン主義を批判するリクールも、彼が解釈学的循環に肩入れする限り、構造的にロマン主義に飲み込まれていると思われる。リクールは言う「われらは「循環」のなかにいるのだということを私は恐れない。実際、私に語りかけてくるものとしてテクストに聞く以外に、テクストを通して語られていることにつかまれる以外に、テクストには接近できないのである。この意味で、理解するためには信じる必要がある。しかし、まずそのテクストを解読しなければ、私に語られてきたことは理解できない(7)」。ここでテクストは擬人化され自らの内容を「語りかける」ものとされる。そこでは読者はテクストに「つかまれる」ことが「聞き」また「解読」する能動的な行為の目標となる。彼は伝統に従い何らかの霊的な交流を密輸入していることが疑われよう。

ガダマーの地平融合の主張においても、過去を造りあげているものが現在を造りあげており、過去の形成根拠を理解する試みは、現在という、過去により造り上げられたもののなかで遂行される。単純な比喩が許されるなら、両親に育てられた子が両親の新たな一面に気付いたとして、彼の信念体系は既に両親の教育の影響下にあるため、新しいと考えた一面も既に形成された自らの認知的傾向によるものであり、その引力から逃れられない。そこでは、既に形成されたものにより形成するものを解釈する事態が生起する。形成するものは自らに形成されたものによって理解され、さらにその形成されたものは自ら解釈するところの自らを形成するものによってさらに形成されるという循環が生起するであろう。テクストを理解するのは読者であるが、テクストが読者を形作っているため、テクストにより形成された読者がテクスト理解を企てることになる。ここでもテクスト理解は自己理解の一種となり、双方を媒介する何ものかが、例えばスピリットが要求され、それの双方の往来が理解ということになる。M. Heideggerもパウロの予定説を連想させる「予め構造」のもとに解釈学的循環を肯定的にとらえている(8)。

さらに言うなら、「聖書は自らの解釈者である」(ルター)ということがらには実質的には聖霊の実働の要求が含意されている。聖書記者に内在する聖霊が筆を動かし、読者に内在する聖霊が理解をもたらす。これは究極の解釈学的循環である。これはありうることである、自然の産物である人間が神の産物であり天父の創造のもとにある神の子でもあった場合には。しかし、循環の内部にいる者には螺旋的に確かさを増すであろうが、外部にいる者には陶酔に見えまた異質なものの排除と衝突の一因とさえ思われるであろう。従来の神学的解釈学が共通の理解、同意が成立する言葉の機能として「出来事としての言葉」に注目するのは、神が言葉として人間に出会うという事態を表現するためである。[9] 言葉の受肉の故に、神の国とその義の宣教の言葉はその言葉に服し、理解しようとする者へ語りかけ、働きかけ、それに対する応答が出来事となることをめざした。そして対象が神に関わるものである限り、応答の言語網はどこまでも展開し、また理解の深まりが要求されるであろう。ルターは「聖書のすべての箇所は無限の理解(*infinite intelligentie*)に対して開かれている」と言う。[10]

著者と読者からのテクストの遮断

確かに、理解が成立するところ、そこに解釈が問題になる。解釈が不可欠であることとそこに循環があることとは同じではない。理解は語の意味の理解から生と死をめぐる総合的な自己理解としての実存にいたるまで多層的である。パウロにおいては、そこにおいて自己が自己自身との一致において満ち満ちて生きているそのような自己理解は「キリスト・イエスの僕」(1:1)というものであり、さらには「キリストのうちにわれが見いだされる」(Phl.3:9)ことであった。彼の具体的な生の営みはこの自己理解の浸透において帰一的な構造のもとに生命を得ている。彼は命じる、「汝が[C]汝自身の側で持つ信を[A]神の前で持て」(14:22)。彼はイエス・キリストの信において啓示された神の前の信との関連で各自の信が帰一的に秩序づけられることを求めた。彼の福音宣教および信念体系は少なくとも一つの仕方においてはこの実存に集中し、そこから展開されている。この自己理解はアンセルムスの *intellectus fidei*(信仰の理解)とでも呼ぶべきことがらであろう。

出来事としての言葉に見られる実存論的な解釈学は信の哲学が共約性規準のもとに共約的事項を積み重ね究極において目指すところのものであると言えるかもしれないが、その手前で多くの作業が待っている。信の哲学は解釈学的循環とは別の「接近」方法があると主張する。それは端的にテクストと著者、さらにはテクストと読み手を遮断することである。共約性の地道な積み重ねを旨とする信の哲学はテクストから疑いえない仕方で取り出すことのできる文体の分析を基礎に読者とその先行理解を括弧に入れて言語次元において語りうる限りのものに向かう。テクストの文体の統計的処理に基づく共約的次元の構築と言っても、テクストと著者パウロをさらには読者を端的に遮断することは不可能である。パウロは旧約聖書に通じており、そこから信仰義認論を導出ないし基礎づけている。彼の先行理解なしにはこのテクストは存在しない。これを執筆している私はその読者である。

それ故に、遮断ということの実質は、解釈が従来遂行されてきた議論領域を回避することである。読者は自らが育まれた神学的伝統における教えの解釈学的循環の蓄積故に、その神学的理解は党派的な傾向性を色濃く帯びていることが想定される。それ故に分派的な議論が生じる文脈を避ける、或いはむしろ神学的議論を、その文体的特徴から読み取りうる問いや主張として誰にも共約される哲学的次元において受け止めなおす。神学思想に平行的な或いはその前提となっている哲学的問いとして受け止めなおすとき、循環は一応遮断されると考えられる。少なくとも循環の根底に想定される聖霊に対する訴えは括弧に入れられているからである。ロマン主義的たらざるものとして、聖霊に対する言及を括弧にいれることができるかが信の哲学が学的営為となりうるかの成否を握る。信の哲学はそれ故にこそ信のなかにいる者にも信の外にいる者にも共約的な信以前の言語次元でテクストの理解に専心する。信の循環フリーな解釈を基礎づけるものとしてテクストの言語分析を位置づける(信の哲学のこの試みに循環がないかの判断は読者に委ねられる)。

一般的に言えば、聖霊は神の前とひとの前を媒介仲保するものとして実働する。パウロは言う、「神の愛はわれらに賜った聖霊を介してわれらの心に注がれてしまっている」(5:5)。信の哲学は「聖霊」をも文字として関連諸語との相互連関において扱う。その点でアンセルムスの「理性のみ」による正義と憐みの両立論証や神の存在論証において聖霊への言及が為されないのとは異なる。しかし、聖霊への言及ぬきにその手前で神の前の現実とひとの前の現実が相互に相対的に独立したものとして対応する言語網を抽出できるかに専心する。ただしロゴス次元における分節は聖霊のエルゴンを括弧に入れる限り同名異義的なものになるという不可避的な犠牲を支払うことになる。この共約的な次元で神自身による信念体系とそれに関わる人間自身の信念体系の *intellectus ante fidem*（信以前の理解）を追求する。そしてパウロ自身がその共約性を追求していたことを明らかにしたい。以下一つの著しい宗教的言明について独我論をめぐる哲学的次元において受け止め考察する。

二　宗教言語と独我論——宗教言語の荒唐無稽性と脆弱性の克服——

テクストと読者の魂の調和というこの一つのゴールは、広い文脈においては理解していることと単にそう思っていることとの相違をどのように判別するか、どのように神秘的交わりを経験している自らが聖霊の注ぎを受けていると認識しうるかという、優れて知識論的、認識論的な問題でもあり、単に解釈学の問題ではなく、哲学の重要な課題であると言うべきである。解釈学的営為からロマン主義的な要素を排除する時、解釈学の特長は減殺される。しかし、テクストの背後にあるパウロの先行理解、生活の座を考慮すること、また解釈者たちの生活の座および先行理解を考慮することにおいて、過剰な解釈がなされてきたことも事実である。

宗教言語の荒唐無稽性や脆弱性の露呈は枚挙に暇がない。例えば、「あらゆるものはご自身からそしてご自身を介してそしてご自身に至る」(11:36)のであれば、一本の鉛筆について語ることが間接的に神について語ることにもなり、解釈学的営為は安定した言語体系を持ちえないと思われよう。確かに、この一文が伝えている事柄は一切が神の前で遂行されているというパウロの強い主張である。パウロは神が人類に働きかけ一切を統べ治めていると主張している。宇宙の一切の営みが神の実働であり、人間の一挙手一投足は神の操り人形であり、そのすべてに神の肯定的、否定的な主導的関与が遂行されていると想定することは可能である。しかし、この箇所はそのように読むべきではない。さもなければ、そのような前提のもとでは、ちょうど独我論と同様の逆説を生むことになる。

私が「私」と語るのと同じ仕方でその表現を語る者の存在を誰であれ否定するその者が独我論者であるとしよう。独我論者は思考し理解力を持つ人格という性質が帰属するのは先の私が「私」と語るその当人のみに必然的につまりたまたまという仕方ではなく帰属し、当人のみが人格的存在であると主張する。この記述では誰であれ「私」と語るものは独我論者であり人間の数だけ唯一性の世界が存在することになる。しかし、意識ある者は、ひとしなみの「私」と語る「話者」ではなく、この文章を書いている「この私」だけであると主張する余地が残されている。ここではこの問題には入りえず、ただ言語次元における「私」の使用は独我論に適合しない仕方で運用されていることを確認できれば足りる。

人格が必然的に帰属するのは「私」だけだという主張においては、彼の思考ではない思考や彼の感覚ではない感覚が存在することは不可能である。「一人芝居(self contained play)」がそこでは遂行されている。「私は考えている」という言明は「考えがある」という言明と論理的に等値である。通常、ちょうど独り言に主語が欠落するように「私」という語は二人称や三人称の存在を想定してのみ機能している。もし独我論が正しければ、その話者当人を意味表示する「私」は人格を備えた唯一の対象を指示するのではなく、指示機能を何ももたないことになる。なぜなら存在するものはその当の私だけであり、何を語っても私の意識のなかにある思考、認識、行為を語ることになり、それ以外の何も存在せず、そこでは「私」は余剰なものだからである。

神や聖霊についても同様である。一切の宇宙の営みが聖霊の働きであるとするなら、語「聖霊」は何ひとつ他から識別することができる存在者を指示することはないであろう。「一切聖霊エルゴン説」とでも呼ぶべき逐語霊感説を極性化したこの立場は独我論同様、あらゆる人格の背後に影の行為主体である聖霊そして聖霊のみが存在するという主張を含意する。そこでは「トムは聖霊を介して愛している」という言明は「トム」は行為主体ではないことから、人間への言及は不必要となり「聖霊が愛している」と真理値において変わらない。さらには聖霊以外の行為主体は存在しないため「聖霊」という語は指示機能をもたずに、「愛が存在する」と等値となる。さらにこの言明の意味さえ崩れていくであろう。このように、背後の唯一の行為主体を認めることは少なくともわれわれが現用言語として用いている言語の機能を失効させる。

他方、もしパウロが一切は神の御手のなかにあるという信念を持ちつつも、人間的な語りをも許容しているとするならば、パウロは神と人間の関係をめぐりいかなる存在論に関与しており、そのもとにいかなる言語観を抱いていたかを吟味することが喫緊の課題となり、信の哲学はその探求に従事する。

三　信任された神の言語の共約性主張

私には二〇世紀における言語哲学の展開は、解釈学にとっての一つの基礎作業を提供し、解釈学が抱える限界や問題の克服の可能性を持つように思われる（尚、解釈学に親和的な超越論的観念論に対するウィトゲンシュタインの言語分析による批判は第五章註3参照）。私は解釈学的な地平融合をめざすその手前で或いは解釈学的な作業を出来る限り控え、テクストそのものから言語次元で確かなものを析出することに向かう。いかなる聖書学的、神学的解釈もその枠のなかで遂行されるべき言語的特徴の析出に集中する。この仕事を通じて、過度な、主観的な、さらには歴史的なテクスト解釈の余地をせめて減少させられればと思う(11)。

私は第一章で展開した意味論的分析という視点から、信じる者にも信じない者にも共約的な次元でパウロの言語を分析する。この態度は、ユダヤ人ではない異邦人の前に進み出て知者にも愚かな者にも福音を宣べ伝える時、明確な意図を持って共約性を心がけていたパウロ自身の立場であったと私は考える。パウロは言う、「ギリシャ語圏の者にも異言語圏の者にも、知恵ある者たちにも愚かな者たちにもわれ負うべき責めを持つ」(1:14)。この発言は多くのものを含意している。パウロは福音宣教を自らの職務と理解しており、そのギリシャ語による福音宣教はユダヤ人だけではなく、ギリシャ語圏の者にも異言語圏の者たちに向けられており、さらに知者と愚者にも向けられている、即ち全ての者に向けられている(cf. Act.20:21)。そのことは自らの宣教内容はいかなる生活の座にある読者にとっても十全に翻訳され理解されうるという前提がある。「ユダヤ人とギリシャ人のあいだに分け隔て(*diastolē*)はないからである。というのもあらゆる者に同じ主がいます」(10:12)。

この野心的なゴールを共有すべく、「コリント書」では彼は霊に対する言及のなかで「霊と力能の論証」を遂行したが、「ローマ書」では聖霊の力能のなかで「言葉によってそして働きによって」(15:18)福音を宣教しつつロゴスの分節を図り、「知者たち」には「知恵の説得的議論」(1Cor.2:4)による宣教を厭わず用いていることを含意している。知者と愚者とは知恵を持つ者と持たない者のことであり、前者に対しては聖霊に対する言及なしに知恵の説得を試みている(「知恵」については第一章二節三参照)。後者に対しては異邦人の従順に至るべく、「諸々の徴と不思議の力能において、神の霊の力能において」(15:19, e.g. Act.27:30–38)宣教を遂行したと考えられる。「ローマ書」冒頭のこの一文は、宣教の対象が日本語話者を含む異言語圏の者たちならびに教育の有無を問わず宇宙の原理の知恵者に至るまで、福音がすべてのひとに共有されるべきものであるという彼の認識を伝えている。この共約性主張がどれほど実質的なものであるかを本章で吟味する。

四　言語分析の共約性規準

言語使用者としての「神」——啓示の言語——

アリストテレスの言語論における意味の確定と理解にかんする実在論的意味論にしてロギコス意味論であるものがいかなるものであるか、そしてそれを支える存在の実在論的理解は方法論の章においてスケッチした(第一章一節六参照)。言語表現はそれ自体としてみれば、発話においては空気の振動であり、文字においてはインクの産物にすぎないが、或る文法規則および言語慣習の故に、一つの意味を持つ記号として機能し、その表現が属する規則や習慣を共有する他者には理解可能なものとなる。ひとは言語共同体のなかで現用言語の規範性のもとに訓練をつみ、世界について自らの心魂のうちにあるものを有意味に表現するにいたる。言語は或る規則のもとにその記号となるところの心魂の表現であり、心魂はその記号を用いて指示上の意図として何ものかに向かうという仕方で実在を志向する。実在論的意味論においては、言語の意味はそもそも世界のものごとの本質の定義により最終的に確定されるというこれまで展開してきた実在論的存在理解に基づく。指示された事物の発見的知識に基づき、当該語句の意味が最終的に確定される。他方、ロギコス意味論においては、実在に対する言及を括弧にいれて言語間に成立する主語（例「神」）と述語（「義とする」）の関連において意味理解（「神」は「義とする者」）が差し当たりの同意として成立する。その同意としての理解は探求の端緒であり、そのもとに発見的探求が遂行される。そこでは「君、ペガサスは存在しないよ」という発話において、非存在者の単称名辞は心魂において馬と鳥が結合される複合語であり、その語義としての意味は理解可能であるという仕方で有意味性を確保する。

言語は、それが語りまた聞くものであれ、書きまた読むものであれ、基本的にはコミュニケーションの成立をめざす。そのさい、双方がそこにおいて生きている同一の言語体系を広狭、浅深の差異はあるものの、また同名異義の危惧のなかにであれ或る程度理解していることが前提となる。その共同体における言語使用者たちは相互の交わりを通じて言語を習得していく。そのうえで、有限の構文規則のもとで、無限の表現が理解可能となる。新たな実在と出会ったひと、新たな感覚を得たひとは、詩人であれ誰であれ、現用言語の規範性を前提にしつつも、新たな語用を探しだし、まだ海図のない言語領域に踏み出すひとびとであると言えよう。パウロが見出したものはイエス・キリストの福音であった。

読者はパウロの文章をこれまでの海図を頼りに解釈を試み、理解する時、そのひとの言語体系そしてその上に築かれる生は豊かなものとなる。新たな理解を得るとは、ちょうど脳細胞ニューロンのシナプスが新たに繋がるように、一つの安定した言語体系のなかで関連のネットワークが広がり、一つの形を取ることであると言えよう。命題的態度の分析において展開したように、一つの語を理解する時、それと関連する諸語がその遠近を把握されたうえで活動しだすことだと言えよう（第二章四節三参照）。そのさい、その言語行為によって信念体系が生きたものとして持ち運ばれる。信念は感情や知識と同様、心魂に帰属するものであり、志向性をその共通の指標とするが、言語がその記号であるところの世界についての信念体系は常に言語に随伴する。何か一つの命題を真であると信じることとは、その命題が属する自己整合的な体系全体を、あるいはたとえその体系が開かれたものであるにしても、その命題に近接して関連する語句の何らかの範囲を真であると信じることを含意する。

福音の宣教とは神の認識や判断そして行為を伝達、報告することにおいて成立している。パウロは自らの信念体系が真であると誠実に主張している。当然、その宣教はパウロの信の枠の中で遂行されているという主張は可能である。パウロが置かれていた歴史的状況として、少なくとも次のものは論争の余地のないものとみなせよう。パウロは「ユダヤ教に精進し、先祖たちの言い伝えに対し、誰よりもはるかに熱心であった」（Gal.1:4）と自らを振り返るが、パウロは当時の現用言語のなかで言葉を学び理解し、ヘブライ語ならびにギリシャ語で自由に聖書を引照することができた。このことは彼が旧約聖書の言語体系のなかで自らの思索と実践を遂行していたことを示す。これが彼の福音を理解するさいの一つの先行理解である。

その彼が一つの出来事つまりイエス・キリストが自分に「啓示」（Gal.1:6）されるという出来事あるいはその信の故に、その言語体系の構成要素は、連続性のうちにあるものの、再編成を余儀なくされている。例えば、もはや律法について「知識と真理の型を律法のうちに持つ」（Rom.2:20）（言語空間Ｂ）と主張するユダヤ主義者が持つ信念の連関を言語により形成することはできなくなった。再編成の過程で、一つの言語空間が彼のなかにできたと言うこともできよう。つまり彼はそれまで神や義等の理解に関してＢ律法を中心に形成していたが、「イエス・キリストの信」（言語空間Ａ）を中心に形成しなおし、例えば神の意志としての律法は「信の律法」（3:27）、「キリストの律法」（1Cor.9:21）という形で新たに理解されることになる。

新しい出会いが従来の言語体系を揺さぶり再編成を促し、従来の体系をその光で解釈しなおす試みがなされた。この試みは先行言語なしにはなしえないし、それを宣教する言語も、聞き手ないし読み手に理解可能でなければならない。共通語であるギリシャ語に加え、そこで用いられる語彙も聞き手の体系と関連するのでなければ、かつて彼自身の体系を揺さぶったように、彼らの体系をも揺さぶり再編を促すものとはなりえない。宣教にあたりパウロは旧約聖書をヘブライ語というよりも、七十人訳ギリシャ語訳により用いている。興味深いことに「ローマ書」においては約六十回聖書を引用しているがすべて肯定的に用いられており、福音の旧約的な基礎づけそして預言の成就を連続性のなかで伝達しようとしている[12]。このことはパウロの新しい福音の言語空間において彼のそれ以前の中心的な言語空間であった旧約聖書の言語網に対応するものが見出されうることを示している。旧新約聖書の使信が約束とその成就という関係において統一的に理解される可能性がここに開かれている。

ここで、パウロ自身が同意するであろう言語分析の共約性規準を提示する。私は信の哲学の方法論的基礎にアリストテレス哲学の共約性規準を置く。どんな意味論の立場を採ろうとも、またどんな視点から言語の意味にアクセスを試みようとも、言語と心魂と実在これら三項の総合的な関係を最終的には説明することが求められる。西暦(CE)五七年頃、コリント周辺においてローマにいる同信のひとびとに手紙をテルテオに口述しているパウロも何らかの意味論にコミットしている。パウロにおいては神が存在することそして神が人間に言葉《ロゴス》と業《エルゴン》において関わっていることは一切の言明の基礎に据えられた信念である。パウロは言う、「神の言葉(*ta logia tū theū*)が彼ら[ユダヤ人]に信任された」(3:2)。ここで*logos*ではなく*logia*が用いられているのは伝承として体系的な言葉の集まりを含意していると思われる。実際、直弟子たちが所有したイエスの語録(sayings)は物語り(narrative)と区別され*Logia*(聖書学におけるLogien Quelle(語録資料))と呼ばれた。これは神が自らの約束の言葉をユダヤ人に信託したということに他ならない。神は言語を有し使用する者である限り、神は語句の理解を持ち何らかの意味論に与しているということがらである。

パウロはユダヤ人に信任された神の言語をギリシャ語において報告できると理解している。そのなかでパウロが見出したものは「イエス・キリストの信」であり、神はその信を媒介にして自ら義であることを啓示しているというものであった。しかし、認知的、人格的に十全な神はパウロが理解できる語句を用いたにしても、それは単に指示上の意図を表現するものではなく、神により理解されている神の前の実在をそのまま指示している。そしてそれをパウロは報告している。読者はその言語的振る舞いに習熟することが求められている。例えば、神は「業の律法」（言語空間B）のもとに自らの怒りを人間の不義の上に啓示するが、「神は彼らを恥ずべき情欲に引き渡した」（1:26）とパウロが報告するとき、「恥ずべき（*atimias*）」という語句はその当人がどのように感じようが、まずその語により神が理解していることがらが指示されそして神によるその語に対応する認識が報告されている。これが神の前の言語網の独立性を形成する。この根源的な前提のもとに、人間との媒介者として実働する聖霊への言及なしに使徒パウロのこの宗教的言明はどれだけ哲学的吟味に耐えうるものであるのか、そのことを一つの挑戦として遂行している。

魂の根源的な志向的態勢としての信は共約的でありうるかの基礎作業としてパウロ「ローマ書」のテクストを言語と心魂と実在の三項関係において捉え直す。パウロが眼差しを注ぐ実在とそれに関する言語の層を分節する。その時啓示の言語網（A、B）と人間的な言語網（C）がそれぞれ異なる相対的に自律した言語空間を形成するであろう。パウロが置かれた歴史的な状況そして先行理解を括弧にいれたとき、残るものは彼の言語表現とその連関である。これについては誰もが同じ権利をもってアクセスできる。パウロとその背景についてよく知っている学者は他の者の無知を笑うであろうが、歴史の現実はパウロを整合的に理解できなかったことを告げており、これをこそ真摯に受け止めるべきである（整合的なパウロ理解のため本章と次章の議論を少なくとも私は必要とする）。そこで展開される文やその構成要素である語句の連関だけから、整合的な言語層を抽出できるとするなら、誰もがその意味に関しては同意し理解することができるであろう。

信の哲学は啓示された限りにおける神自身の信念体系を探索する。神が理性的である限り自らの啓示行為において整合的な言語網の展開に導く信念体系をもっているはずである。そしてパウロは神のこの信念体系を報告している。そのさい聖霊の実働を要求することのない仕方で神の信念体系を理解できるよう共約性の言語哲学者パウロは努めたと考えられる。神に対する整合性要求こそが信の哲学の機能が発揮される場であり、書かれたものの整合性追求は解釈学的循環というよりも、「共約性要求」とでも呼ぶべきテクストに向かう視点を提供する。

ここでの共約性とは数学のような厳密なものではなく、誰であれ同じ心魂と同じ言語を持つ者のあいだで、理解しあえる内容を帰納的に一つ一つ積み重ねていくこと以上のものではない。そしてそれは言語的特徴の摘出に集中する。ここでもアリストテレスの援けを借りよう。彼は複層的な世界をそれぞれ固有の領域そして固有の接近視角により分節し探求する。彼は当時、研究対象に即した探求の方法が確立されていないことを不満に感じている。或るひとはあらゆる議論が数学的に厳密に語られることを望み、他のひとは議論の正しさの証拠に常に詩人ホメロスの言葉が引用されることを望む（*Met*.II3.995a6）。そのような事情のなかで、彼は「われらはまず、それぞれの対象をいかに受け取るべきかについて教養を身につけなければならない。というのも、知識を求めながら、同時に知識に至る方法を求めることは不条理なことだから」と述べる（995a12–14）。彼の方法論を理解する一つの手掛かりになるのが「教養（*paideia*）（cf. *humanitas*）」という概念である。教養あるひとと無教養なひととの差異は考察の対象に即して、その探求にふさわしい方法を身につけているか否かにおいて明らかとなる。「ものごとの本性が認める限りにおいて、各々の類に即してそれだけの精確さを追求することは教養あるひとのなすことである」（*Nic.Eth*.I1.1094b23–25）。

本書はパウロのテクスト研究であり、解釈の余地を可能な限り少なくすべく、テクストの持つ言語的特徴を摘出することに専心する。彼自身一つの言語共同体に属しており、彼の言語の習得過程においては文化的、社会的、政治的その他多くの先行理解の影響下で形成されたであろうが、ただ書かれたテクストの誰もが理解し共有しうる言語的特徴の理解を積み重ねていくことに努める。そのとき、ひとがパウロと共にどこまで歩みを進め得るかは個人差のあることがらであるが、この研究の厳密さは数学ほどのものを求められていないということを共有したい。それは言語というものの豊かさに起因するものであることを指摘し、読者各位に教養ある対応を求めたい。

パウロのテクストについてはそれ自身校訂者の解釈の産物でもあろうが、ここでは従来の校訂作業を信用し、ほぼ正確なものであることを前提にして吟味する。附録として「ローマ書」の新訳を挙げ、何箇所かで幾つかの読みの選択肢のなかで或る一つを採用する理由も提示する。私はテクストの意味をめぐる背景となる諸文脈の解釈学的前提をできる限り考慮せず、文の意味それ自体を析出する方法として、文体の分析を試みる。パウロがいかなる言葉と心魂と実在の理解にコミットしていたかを、彼の言葉の使用法それ自体から析出できるなら、パウロ自身の先行理解さらには読者の先行理解に訴えることなく、テクストそれ自体から或る確かなことを語りうることが期待される。パウロは彼の読者は自分の書簡を理解できるはずだと考えている。「われらは、汝らが読み、しかも理解することがらの他何も書いてはいない。汝らが完全に理解してくれるよう、われ望む」(2Cor.1:13)と述べる。「ローマ書」においても彼は読者の知性に対する信頼を表白する。「わが兄弟たち、われ自ら汝らについて確信している、汝ら自ら善きもので満ち、あらゆる知識を十全に備えており、互いに忠告しあう力ある者たちであると。われ汝らに或る部分において一層大胆に書いたのは、神によりわれに賜った恩恵の故に、われは神の福音を聖なるものとして行使しており、異邦人たちへのキリスト・イエスの宣教者であることを汝らに思い起こさせることによって、異邦人たちの献身が聖霊において聖別され、受け入れられるものとなるためである」(15:14-16)。ローマの異邦人たちがパウロの宣教を理解し、互いに教えあいながら、神に受け入れられる者となるために、彼が大胆に語ったことを思い起こさせている。私は宣教におけるパウロによる共約性追求の努力を、アリストテレス的な共約性規準を提示することにより、彼の議論のなかから析出することに集中する。

共約的公準

ここでパウロの「ローマ書」を理解するためにパウロ自身が同意できるであろう公準ないし原則を提案する。そしてこれは、共約的な循環フリー解釈を遂行するうえでの言語分析において要請されるものである。意味論上(Ⅰ)およびそれに基づく解釈学上(Ⅱ)(Ⅲ)の共約的諸原則、公準を提示したい。これを「共約的公準」と呼ぶ。これはパウロの言語的な振る舞いをアリストテレス的な伝統において捉え直すさいに要請されるものである。

(Ⅰ)共約的分析の公準：ちょうどいかなる有意味な言明も無自覚ではあっても文法に服するように、ひとは言語と心魂と実在の関連に対する何らかの立場に参与している。解釈学的営為の基礎ないし枠組として、各自の意味論が作動している。テクスト内部における意味の確定は語句をめぐり哲学的な吟味に耐えうるかを一つの試験紙として用い、意味と解釈の不可逆的な関係を可能な限り維持することにより、解釈学的循環を回避すべきである。テクスト内部における意味の確定のために取られるべき手続きは以下のものである。

(Ⅰ-1：規則一)Litera(字面)の統計分析と文法規則に基づき、推測や他の立場からの解釈原理の適用を排除し、統計そして文法の分析の上で明らかに語りうるものを提示し、文体上の諸特徴を解明すること。構文の分析は人称(数等)、品詞(冠詞、代名詞等)、時制(過去、未来等)、法(命令、条件等)、態(能動、受動等)等を手掛かりに遂行される。この分析が文とその構成要素である語句の意味の確定の基礎を形成している。語句の意味は文の意味との連関にまずおかれ、文の意味は節などの単元のもとにおかれ、次第に手紙全体にまで広げ理解されるべきこと。

(Ⅰ-2：規則二)「ローマ書」内部およびパウロの他の幾つかの書簡、さらに彼が引用する七十人訳旧約聖書との連関を重視し、相互言及により諸鍵語の語義の解明を通じて、彼の安定した言語網を確定すること。私が本書において考察するパウロの手紙は「ローマ書」「コリント前後書」「ガラテア書」「ピリピ書」そして「テサロニケ前書」である(パウロの真筆であるかが疑われている他の書簡の聖書学的判断を回避する。これらの書簡の参照により所期の目的は達成されると考えるためこれらで十分である)。

（Ⅰ-3：規則三）（Ⅰ-1）、（Ⅰ-2）の分析を介して、心がそこにまなざしを注ぎ、それを指示すべく言葉（語や文）を発話するところの実在の層を析出すること。パウロがそこにまなざしを注ぎつつ指示上の意図のもとに言語を紡ぐところの実在の層が幾層であるのか、それに対応する語句や文が担う意味の諸相を判別、確定すること。「啓示」の言語として神が言語使用者として行為を遂行しており、パウロはそれを「神の前」のことがらとして報告している。そこでは「神の前の自己完結性」を維持する言語網が神による語句、文の意味理解として展開される。なぜなら、啓示とは神による認識、判断の啓き示しだからである。パウロはこの啓示の言語と判別すべく、「われは……人間的なこと（*anthrōpinon*）を語る」(6:19) と註記し、「人間的な」言語を展開する。この文は人間的な語りの領域があることを含意している。従って、それぞれ整合的な意味連関を持つ言語網を析出すること。

（Ⅱ）意味論的分析（Ⅰ）に基づいて、パウロのテクスト解釈における当該性規準（**the relevancy criterion**）の確定。（Ⅰ）において解明されるパウロがコミットする意味論を基礎に、循環フリー解釈の遂行をめざすが、それは「ローマ書」の（テクストに明示されている限りの）目的と主要テーゼを主要規準として確立し、常にその目的や主要テーゼに対する帰一的構造において把握されるべきこと。とりわけ、パウロが展開する「神の前」の言語と「人間的な」言語の分節に基づき、一方に他方が関連づけられつつも、還元されてしまわないパウロ自身が保持した当該性規準の確定をめざす。それにより神や聖霊のひとり芝居や人間の心的状態への還元という過剰な解釈を乗り越え、秩序ある関連性を確立することができる。パウロは「イエス・キリストの信」を当該性規準として立て、各自が心的態勢として持つ強弱や成長の帰属する「信」がそれとの関係において適切に理解されるとする。「汝が汝自身の側で持つ信を神の前で持て」(14:22)。なお、様々な解釈、例えば非神話化論や各自が持つ罪の自覚が、パウロの言語空間において当該性規準に基づきどのような位置づけを持つか、その遠近を確定すること。

（Ⅲ）知性の犠牲（*sacrificium intellectus*）を強いないこと。理解可能であるということは彼の言語体系が整合的であることを不可欠なものとして要求する。従って一見矛盾すると思われる発言を積極的に検討すること。例えば、

「神には偏り見ることがない」(2:11)と「われヤコブを愛し、エサウを憎んだ」(9:13)。不整合と思われる個所を無視することは知性を犠牲にすることに他ならない。また、当該性規準において関連の低いものに彼の考慮が払われず言及がないか短い場合、知性を犠牲にすると看做す必要のないこと。例えば、意味論の構築や無からの創造論(第二章補論四参照)。これらの議論は福音宣教の主題から逸脱し長大な論文になっていたであろうし、回覧可能な手紙形式が宣教には不可欠か少なくとも有効であったからである。

以上が共約的な分析を可能にするここでの公準、原則である。

「ローマ書」の六つの文体上の特徴

本章全体が言語分析をエンジンにして遂行されるが、ここでは基礎的な共約規準として「ローマ書」で用いられる語句、文についての文体上の特徴を、手始めに、六つ挙げる。それらの特徴は統計的に確認されるものである。そしてそこから確実に語りうることを積み上げていく。文体の特徴から導かれる一般的な理論を神学的な次元をできる限り回避し哲学的な問いや主題と関連づける。

第一の文体上の特徴は、パウロが「神」について語ることである。これは端的にこの書簡が神学的なものであることを告げている。彼は神の属性や行為についての様々な認識を「神の」という属格表現によりまた「神は～する」という主格表現により神自身に帰属させている。そして神に帰属する諸属性は何らかの媒介を通じて啓示されるところのものどもである。私算では二五の属格表現がある。「神の福音」(1:1)、「神の愛」(5:5, 8:39)、「神の意図」(1:10)、「神の力能」(1:16)、「神の義」(1:17, 3:5, 21–22, 10:3)、「神の怒り」(1:18)、「神の栄光」(1:23, 5:2)、「神の真理」(1:25, 3:7)、「神の真実」(3:4)、「神の審判」(2:2)、「神の正しい裁き」(2:5)、「神の善性」(2:4, 11:22)、「神の言葉」(3:2, 9:6)、「神の信」(3:3)、「神の忍耐」(3:26)、「神の約束」(4:20)、「神の恩恵」(5:15)、「神の律法」(7:22, 25, 8:7)、「神の霊」(8:9, 14)、「神の子」(8:16)、「神の提示」(9:11)、「神の峻厳」(11:22)、「神の賜物」(6:23, 11:29)、「神の召命」(11:29)、「神の知恵と認識」(11:33)がある。さらに、モーセや預言者たちによる神の行為の報告は当然パウロの報告に或る基礎づけを与えるが、それらを除いて或いは自らの文脈のなかでそれらを利用しつつ、パウロ自身による神を行為主体とする主格表現は私算では一二回ある。神を主語にした一般動詞表現には「神は〜引き渡す」(1:24, 26, 28)、「報いる」(2:6)、「審判する」(3:6, 8:3)、「義とする」(3:26)、「差し出す」(3:25)、「結びつける」(5:8)、「遣わす」(8:3)、「甦らす」(10:9)、「退ける」(11:1)、「予め知る」(11:2)、「見捨てる」(11:2)、「接ぎ木する」(11:23)がある(時制や法等無視)。これらは人間との関わりにおいて神に帰属する、総じて、志向性を持った心的状態、具体的には、思考、感情、判断、意志、行為さらには関係そして事態を表現している。

この文体上の特徴が哲学的に含意していることとして、まず行為主体とそれに帰属する諸属性の基体として神はこれらの語句の意味を理解しているはずであるということを挙げることができる。この文体上の特徴が理解すべく促していることがらは神が言語使用者であるということである。神が自らの属性や行為をこれらの語句により意味されていることがらとして理解していると想定することは道理あることである。換言すれば、神はパウロがこれらの語句により報告している事柄をそれらの語句の意味理解において把握していると想定することは道理ある。すなわち神はギリシャ語に対応する言語使用者であって自らの行為や自らに帰属させられるこれらの語句の意味を理解し、そして認知的に十全な存在者として神の前においてはこれらの理解どおりにこれらの思考、感情、判断、意志そして行為が成立しているに違いないということである。このことはこれらの語句をめぐる神の信念を伝達する整合的な言語網を要求するであろう。

もちろんこの当たり前の主張に対し、懐疑論者は、これらはすべてパウロが理解する限りの神に帰属するものであって、神がそう看做しているかは原理的に知られないと主張するであろう。それに対しては、共約性要件に基づき、まず言語次元において整合的な理解の言語網を展開できればよいと応答することができる。そして人間と神は認知的、人格的に非対称的であるという道理ある理解のもとでは、人間中心的な言語網における語彙と神中心的な言語網における語彙のあいだに意味の相違ないし同名異義を確認できるであろう。もし意味の相違が確認できるならば、パウロは自覚的にあるいは無自覚的に言語主体者としての神がこれらの語句により理解していることがらの人間中心的な理解との差異を表現していたと導出することが、言語分析の一帰結として、許容されるであろう。パウロがこれらの神に帰属する語句を用いて彼の神認識を語るないし報告する時は、イエス・キリストにおける出来事においておよび律法において啓示されたものとして、通常旧約聖書における現用言語の裏づけによりその連続性のもとに言及する。信の哲学は言語次元からの共約性の蓄積に努める。

第二に、文体上の特徴として、(旧約)聖書からの引用またはそれへの参照が四三三節中私算では約六一の言明に見出せるが、それはすべて肯定的に言及されていることを挙げることができる。彼は自らの福音宣教の論拠を(旧約)聖書に求めることにより、神の言葉の歴史における連続的な展開を主張している。旧新約聖書の使信が彼の宣教する福音において約束とその成就という関係において統一的に理解しうると主張している。ここから確実に語りうることは福音がユダヤ人、ユダヤ教徒と共約的なものとなりうること、或いはその根、源泉から福音を切り離すことが出来ないとパウロが理解していることである。このことは福音との連関においてモーセ律法との関連を含む彼の宣教を帰一的に理解する可能性を開く。なお彼は(旧約)聖書の引用を七十人ギリシャ語訳に基づいているが、これはアレクサンドリアにおいてギリシャ哲学に親しんだユダヤ人たちが翻訳に従事した(BCE 3rd century-BCE132)。これはパウロがギリシャ語で書簡を書くことをこの翻訳が容易にしたばかりではなく、福音をギリシャ語による当時の哲学用語によって伝達できると理解していたことを示している(註12参照)。福音はユダヤ人にもギリシャ人にもまたすべての人々に理解できる言葉と思考において伝達されるべきという考えが伝達道具の選択にも見られる。

第三の文体上の特徴としては、「ローマ書」には疑問文が多く、四三三節中、疑問文は七一回、一二章以下一六章までの信仰生活上の勧告、挨拶等の部分を除き、一章から一一章までの常に異論にさらされてきた彼の思想を展開する書簡の部分においては三一五節中七〇回を数えることができる。この書簡の中心部分は、ギリシャ哲学、へレニズムユダヤ教で慣用されていた「ディアトリベー（*diatribē*、反駁的問答様式、談論風発に時を過ごすこと）」と呼ばれる疑問と応答による文体である。

パウロはギリシャの哲学者、ユダヤ主義的キリスト者や律法学者と二十年以上にわたって論争しており、彼らの立場や議論を十分に理解したうえで福音を宣教している。「パウロは［アテネの］礼拝堂ではユダヤ人や敬神家たち、またアゴラでは毎日（*kata pāsan hēmeran*）そこにいあわせたひとたちと議論した。エピクロス派やストア派の哲学者の或る者たちも彼と議論した」（Act.17:17）。自らの体験や理解を彼らと共約的な次元で議論を展開しその成果をこの書簡において展開していると想定することは道理あるものである。パウロの書いたものは、宣教それ自体が同時に、当時の哲学者や律法学者などの批判者たちへの反論を含む形をとっている。この論争風の議論の展開「ディアトリベー」は当時アカデミア派やストア派において流布していたとされる(13)。彼は論敵による彼のとりわけ信仰義認論への批判を疑問文形式で提示し、それへの応答は簡素な拒絶表現により反論する。この反駁への導入的疑問により読者を議論に引き込みつつ、自分の主張、とくに信仰による義認をめぐる様々なアポリアに自らの視点から解決案を展開している。この点でもパウロはアリストテレスの「美しくアポリアを提示する」その思考方法に倣っていると言うことができる。

それは、生き生きとした会話形式のもとに自分の思想を語りかけ、反対見解を想定し、それに対しさらに反論するという仕方で、読み手を対話のなかに引き込む手法である。これほどの数の疑問文のなかで純粋な疑問文はほとんどなく、あるいは一切なく、修辞上または反駁的問答様式による疑問文である。「何と書いているか」という類の疑問文は修辞的なものであり、疑問文にする必要がない。この反駁的疑問とは予期される異論や抗議を想定し、それらが反駁されるべきものであるために、予め疑問文にしたものである。その疑問文への対応は、しばしば問答無用という表現形式を取り、パウロは拒絶定型句「断じて然らず」により相手の思考様式そのものを否定している。この拒絶定型句は十回用いられている（3:4, 6, 31, 6:2, 15, 7:7, 13, 9:14, 11:1, 11）。

これらの個所は主に信仰義認論と業《わざ》の律法の役割そして予定論に関わるものである。パウロはユダヤ主義者、哲学者などとの論争を通じて問答様式においては知恵の説得を遂行するが、パウロの信仰義認論の主張に対するユダヤ主義者など論敵の主要な反論は次のものである。神は真言者ではなく虚言者ではないかと神の信実を疑う(3:3)。神の義を疑い、神の不義を主張する(3:5, 9:14)。律法の効力を疑い、無律法主義を主張する(3:31)。恩恵が罪に依存することを主張し、罪礼賛を導く(6:1)。恩恵の無制約性を疑い、罪礼賛を導く(6:15)。律法の罪性を主張する(7:7)。律法の善性を疑い、善とされるものの破壊性を主張する(7:13)。神の予定の意志に誰も反抗することができない以上、人間に咎めはないと抗弁する(9:14, 19)。神の自らの選びに対する約束不履行を疑い、神の不誠実を主張する(11:1)。イスラエルの救いを疑い、神の約束不履行を主張する(11:11)。

これらの反論は彼の福音の宣教の展開に対する理性ある者なら当然抱く疑問である。パウロは表面上「断じて然らず」と一喝するが、これに続くパウロの再反論においては彼は聖霊に訴えた反論を提示することはなく、神の判断や認識を伝達する理性的な知恵の説得を一喝の確信とともに遂行する。このことは福音の宣教において問答様式の採用を通じてユダヤ主義者や哲学者の共約的な理解を求めていることを含意している。[14]

この一喝に続き決して彼が聖霊に訴えた反論を提示してはいないという事実はユダヤ主義者や哲学者との彼の実際の議論の蓄積を示している。信仰義認論をめぐる二つのディアトリベー(3:1–18と3:27–31)が展開されている。この箇所はパウロの主張する信仰義認論が保持不能であるという律法主義を奉じる反論者の見解に対抗するものとして提示されている。反論者は、神はユダヤ人に対し自らの約束の言葉に信実であり自らの言葉を預けたが、それに不信実な輩がいた場合に、両者の信頼関係が損なわれてしまうのではないか、「神の信」(3:3)は廃棄されるのではないかと主張する。パウロが「詩篇」を引用し神は自らの言葉において義とされ、勝利すると主張する。それに対しさらに、彼らの不義が「神の義」(3:5)の確立に貢献したことになり、不義に対して怒る神こそ不義ではないかと反論する。善を来たらすために、悪をなそうと皮肉られると、パウロはそう主張する輩に対する神の審判は正しいと主張する。

一つの反論とそれへの応答を挙げる。「もしわれらの不義が神の義を確立するなら、われらは何と語ろうか。怒りをもたらす神は不義ではないのか。人間的にわれ言うのだが。断じて然らず。なぜなら、その場合には、神はいかに世界を審判するのか」(3:5–6)。「人間的に」語るとは「ひとの前の相対的自律性」の視点から神の前の現実を語ることが許容されていることを示している。神は悔い改めを待っているとも、また怒りをもたらすとも人間的な視点から受け止め直すとき、そう語ることは許容されている。信仰のみにより義とされるのであれば、悪や不義を為してもそれは義認という神の判断を何ら変えさせないであろう、人間的に言えば、その不義に対し怒りを発する神こそ不義なのではないかと反問される。それに対しパウロが「神はいかに世界を審判するのか」と応答するとき、業の律法が神の意志である限りにおいて、その一点一画とも廃棄されないことに注意を向けている。パウロは業の律法のもとに生きる者に業の律法により審判されること、即ち「律法のもとで罪を犯した者は律法を介して裁かれるであろう」(2:12)ことを思い出させている。さらに、異邦人がユダヤ人に勝っているわけでもなく、義人は誰もいないことを「詩篇」や「イザヤ書」により論証する。確認されるべき一つの特徴はユダヤ人の批判に応えるべく、(旧約)聖書を引用して、福音が預言されたものであることを論証することにある。これはユダヤ人との共約性を念頭においている。以上が第一のディアトリベー(反駁的問答様式)である。それから得られる結論として、すべての肉つまり肉に即して生きるすべてのひとは業の律法に基づく者であり神の前で義とされないとの神による認識と判決が告げられる(3:19–20)。業の律法に基づく審判は福音の啓示により乗り越えられるものとして展開されている。信に基づく義は業に基づく義よりも神にとってもより根源的であることが福音において啓示されている。

第二のディアトリベーは福音の啓示の報告(3:21–26)に続く箇所である。業により義が達成されず、イエス・キリストの信を媒介にして恩恵により義とされる以上、業の律法の何らかの成就に伴う「誇り」は「業の律法」と対比される「信の律法を介して」(3:27)閉めだされたことが確認される。パウロは、そこで新しく立てられた信の律法に基づき、「かくして、われらは、人間は業の律法を離れて信によって義とされると認定する」(3:28)という信仰義認論を提示している。さらに、このテーゼに対する決定的な反論つまり「われらはその「イエス・キリストの」信を介して律法を無効にするのか」(3:31)というものに対して、「断じて然らず。むしろわれらは律法を確認する」(3:31)と応答している。パウロはその根拠として、後に、キリストが律法のゴール・目指すもの即ち神の義であることを挙げる。そこでは、パウロはユダヤ人の律法への熱心を認めるが、「彼らは神の義を知らず」(10:3)とする。「キリストが信じるすべての者にとって義に至る律法の目指すもの「ゴール」だからである」(10:4)ことを知らないからであると論じられる(註30参照)。業の律法は神の義を信の律法という別ルートで実現したキリストをめざすことにより福音の準備をなしまた福音に秩序づけられる。業の律法の役割はキリストを目指すものとして与えられていたことが「確認される」。

この問答様式における反論は一人称複数で表現されることが多く(3:5, 8, 9:30)、パウロは自らユダヤ人としてこの反論を引き受けている。それは長い論争のなかで、自らの見解を打ち立てるにあたっての自己吟味であると解するよう促す。端的に言えば、パウロは信仰義認論やその背後にある神の自由な予めの選びがもたらす人間理解により、いかなる問いを解かねばならなかったのか。

彼が論敵との長い論争のなかで直面した一つのディレンマはこうである。一方、神は業の律法のもとにひとを義に導こうとしたが、誰も神の意志に相応しい業を遂行した者はいなかった。他方、神は憐み深く、あらゆる人間の罪を赦すことを欲したが、罪をそのまま放置することを望まなかった。第一のディレンマの構成要素(角《つの》)に対しては神の異なる律法があれば義認の道が開かれる。別の角に対しては神に嘉《よみ》される人間の責任ある自由な生により義認の道が開かれる。信の律法が啓示され、信による義認の道が開かれた。そこでは信じることは十戒の遂行に見られる業とは異なる魂の領域に位置づけられることが必要となる。より心魂の根源的な部位に成立するものとして、信が業よりも心魂の根源的な行為そして態勢であることが要求される。そして信は各自の責任ある自由において誰にも遂行されうるものであることが必要となる。

他方、自由なる行為主体にはこの信の律法に不従順であることも当然想定されている。それに対し神にとって自らの憐みが踏みにじられることそして崇められないことは許容できないことである。善行も悪行も責任の点で判別されず負わされることがないとすることは道理がない。それは万軍の主である創造者と被造物の関係からして道理あることである。神の尊厳と権威からして、神は誰を憐むかに関し、予め定めその者を呼びだすそして同時に信の律法に基づく者即ち「イエスの信に基づく者」、その先駆として「アブラハムの信に基づく者」を義とすることを知らしめていると想定することは道理ある。それ故に神に恣意性の不義を帰すことはできない。信の律法に生きる者を神は予め定めまた実際の生において嘉している。

信仰義認論や予定論の背後にはこの種の論争が交わされていた。神の正義と憐み、人間の自由と神の予定、信と業これらのディレンマないし緊張は ***mutatis mutandis***（必要な変更を加えて）乗り越えられるものでなければならない。

これらは、あらゆる事象には必ず先行する原因があるという決定論と行為主体の自由をめぐる第五章で論じられるカントの第三アンティノミーの一つのヴァージョンに受け継がれる。本章八節ならびに第三部六章でこのディレンマに対し応答を試みる。パウロは「神の前の自己完結性」と「ひとの前の相対的自律性」の分節により、カントは現象ともの自体の分節により、対応する。双方を媒介するものは何であるのか、そしていずれの媒介がより説得的かが問われる。もの自体は不可知なものとされその犠牲のもとに調停が求められる。因果性を自然法則と自由意志に見出すには、悟性の純粋概念である範疇の感性界を超えた拡張が実践的領域に求められる。アリストテレスが展開したように、もしロゴスがエルゴンに内在するとするなら調停は不可知の犠牲を強いることはない。パウロにおいてはロゴスが受肉した。まことの神にしてまことのひとが双方を媒介する。これは神学的主張であるが、その背後にロゴスとエルゴンの哲学的基盤を見出しえるなら、より理解可能なものとなる。このように単に文体的特徴の摘出の背後には優れて哲学的な問いが立ち現れる、ちょうど二千年前にパウロが哲学者たちと論争していたように。

信仰義認論、これは、律法主義からも無律法主義からも自由な人間存在の新しい可能性を告げるものであった。とりわけ、道徳的存在であることの可能性に行き詰まったひとびとは、ここに自己と人間存在の活路を見いだし、「ローマ書」の解釈の営みを連綿として受け継いできた。キリスト教神学がいかなる水準の学問であるかは、その基礎概念と言える信仰義認論がどれほどの危機に耐えうるものであるかに懸かっている。この基礎的教説が無矛盾なものとして明確な理解を与えうるものであり、しかも人間理解として道理あるものであるのかを吟味することは喫緊の課題である。

第四の文体上の特徴は、福音がそれについてのものであり、その宣教内容であるところの存在者の呼称に関わるものである。それは「イエス」、「キリスト」そして「イエス・キリスト」と少なくとも三つの呼び名で表現される。ここでは三位一体論やキリスト論等の神学的な問題を展開することはできない。文体から指摘できることとして、「イエス・キリスト」は他の呼称と異なりパウロにより行為主体として用いられることがないということである。それは「媒介にして」や「基づいて」そして「において」等の媒介や場所の前置詞とともに表現される(e.g. 2:16, 3:24, 5:1, 6:3, 8:1)[15]。この名称は行為主体としては用いられることなしに、上位の行為主体である神の行為の媒介者として用いられる。神はイエス・キリストを媒介にして人類に自らの認識や判断を知らしめる。

ただし「イエス・キリスト」が主語となることが次の二度あり、動詞はbe動詞「ある」と「なる」の過去形による否定である。「われらを通じて汝らに宣教されている神の子イエス・キリストは然りとも然らず(否)ともならなかった、むしろ彼において然りがなったのである」(2Cor.1:19)。「イエス・キリストは主である」(Phil.2:11)。自らは何かになることはなく、その何かがこの場合、然りが自らにおいてなると言われる存在者はいかなるものであろうか。同一性言明「ある」は語られるが、行為「する」が決して語られることなく、媒介語「媒介にして」や「において」等が添えて語られる存在者とはいかなるものであろうか。

パウロは「イエス・キリスト」という名に「われらの主」という句を添えることが多い(e.g. 1:4, 7, 5:1, 11, 21, 6:23, 7:25, 8:39, 15:6, 30, 16:18)。それは文字通りにはわれわれがその所有物であるところの主人を意味する。彼は「生きるにしても死ぬにしても、われらは主のものである」(14:8)と言う。彼は、書簡冒頭で、「われらの主イエス・キリスト」は「肉に即して」ダビデの末裔であり全く人間であるが、他方、「聖性の霊に即して」死人の復活により「神の御子と判別された」神の子でもあると紹介する(1:3–4, cf. Phil.2:6–10. 第一章一節五「合理性とその基礎としての矛盾律」参照)。ナザレのイエスはひととして「神の言葉が信任された」(3:2)民族の一員として「神の信」をかけた神の約束の言葉に自らの信により応答した。イエスは自ら神からの職務としてメシア(受膏者)であるという自覚のもとに十字架の死に至るまで従順を貫き罪なき者であったために、父なる神が専決行為として復活を与え、神の子であると定めた。そのような神・人を「イエス・キリスト」は指示している。神でもひとでもあるような存在者に一つの行為を帰属させることはできないとパウロは考えたのであろう。

これを解明する助けとして「イエス」と「キリスト」の用法を見てみよう。「イエス」は「ナザレのイエス」とでも呼ぶべき彼の人間性を強調する時に五度用いられている(3:26, 4:24, 8:11, 10:9, 14:14(cf.16:20))。「イエスの信」(3:26)は、イエスは神の言葉に信実であったということを表現しており、彼の根源的な心的行為ないし態勢を語っている。そこでは「イエスの信に基づく者を(*ton ek pisteōs Iēsū*)義とする」(3:26)と描写されているが、これはその先駆である「アブラハムの信に基づく者(*tō ek pisteōs Abraam*)」(4:16)と同じ表現であり、人間によるアブラハムへの信仰は想定されないことから、従来のように目的的属格ではなく、イエスが自らが神の子であるという信を持ったように、その「イエスの信に基づく者」が指示されている。この箇所を除いて、他の三箇所における「イエス」は彼の甦りとの関連で言及される(cf. 1Thes.4:13–14, 2Cor.4:10–14)。「彼[イエス(4.24)]は甦らされた」(4:25)のような受動形による表現は、明らかに神の専決行為としてのイエスの復活が出来事として述べられている。これは地上の人間イエスが復活を与えられる対象であり、それを通じて神の子、主となるという文脈において、「イエス」が用いられていることを示唆する。この関係を明らかにするものとして、「汝が汝の口において主イエスを告白し、そして汝の心のうちに神が彼を死者たちから甦らせたと信じるなら」(10:9)を挙げることができる。

人間イエスが甦らされ、われらの主となる時、「キリスト」即ち「受膏者(油「聖霊」注がれた者)[*māšaḥ*(ヘブライ語「油を塗る」の意)、*churiō*(ギリシャ語)の派生]」(cf. Is.61:1, Ps.45:7)という職名を伴った一つの固有名として「イエス・キリスト」が用いられる。油注がれた者を意味する「キリスト」は意味を持つ一般名ないし記述句のごとくに振る舞うことができ、「大祭司」(Lev.6:13, Num.35:25)や「王」(1Kings 1:34, 2Chron.14:8)に適用される。それがナザレのイエスと結合され「イエス・キリスト」と表記されるとき、唯一無二の固有名としてキリストであるナザレのイエスを指示する。この固有名の意味は何かを問う文脈は考えられなくはないが、第一に固定指示詞として機能する。パウロにおいては旧約時代のように神からの任務を受け「油注がれる」多くの人々のなかの一人として「キリスト」を理解してはおらず、「最終的に」ないし「一度限り」(6:10)罪に対して死に決着をつけるという任務を遂行した最後で他に対応者を見出しえない唯一の受膏者を指示している。ナザレのイエスはこのような仕方で「われらの主イエス・キリスト」に「なった」のである。

「キリスト」は人間イエスと離れていないが、ひとを贖う救い主としての職務が強調される時に用いられる(e.g. 6:4–10, 8:9–11, 17, 34, 9:3, 10:4, 6–7, 12:5, 14:18)。キリストは神の意志、愛の執行者である。「神の愛は……われらの心に注がれてしまっているからである。なぜなら、キリストはわれらがまだ弱い者であるときに、好機に(*kata kairon*)、不敬虔な者たちのために死んだからである。……キリストはわれらがまだ罪人《つみびと》であるときわれらのために死んだ、そのことにより神はご自身の愛をわれらに結びつけた」(5:6–8)。この箇所で「イエス」ではなく、「キリスト」が主語となっていることは偶然ではない。神の栄光や権能との距離が近いものとして用いられるからである。「キリストは死んだ、いやむしろ甦り、神の右にある方であり、またわれらのために執り成したまう」(8:34)。ここで自動詞「甦る」が用いられ、表現「神の右」は甦りのキリストの栄光と権能を象徴している。キリストが神の右の座にあって神の意志を執り成すその権能は、聖霊が心に内在し呻きつつ執り成すことと相補的に対として理解される。「キリストはこのことへと、死者たちと生者たちの主となるために死にそして生きたまうたからである」(14:9)も同様に、力ある救済の主として振る舞う(e.g. 14:15, 15:3, 7)。キリストは自らに釘穴を開けたからだを持ち復活した高挙の主である。その意味で「キリスト」は間接的にナザレのイエスをも指示する。他方、「イエス」もその従順の生涯が復活の根拠であるそのような人間であったために、高挙のキリストを間接的に指示している。

以上から、パウロは神の子でもありひとでもあるイエス・キリストの一面を表現する指示上の意図を持つ時、「イエス」ないし「キリスト」いずれかの呼称を彼の意図にあわせて用いていることが知られる。それ故に、神が御子の行為を自らの意志の執行者として語ることができる局面を「キリスト」においてパウロは確保することができたのである。他方、「イエス」という表現は神の子への言及を括弧にいれ、つまり神が自らの行為であるという理解を表現することを避ける必要がある時、一人の人間を指示すべく用いられる。さらに、「イエス・キリスト」は、神の子でありひとでもあるという存在者であることが、神とひとの媒介者となることはできても、行為主体として記述されることがないそのような存在者であることを示している。イエス・キリストは自らにおいて何か例えば神の「然り」がそこにおいて出来事になるそのような存在者である。

神が義であるかをめぐるユダヤ主義者との論争のなかで、信仰による義のパウロの主張は神を意図をもった行為者として提示する。他方、イエス・キリストは、福音書のように彼の行為(言葉と業)によってではなく、神と人間との媒介者として何かが例えば神の義と信そして愛がそこにおいて出来事になるそのような出来事のカテゴリーにおいて捉えられている。福音書に見られるような生身のイエスが直説法で語りかける箇所は一度も見出されない。パウロは自覚的に宣教の対象である彼を受難と高挙の出来事に限定している。神の啓示行為の主体はただ神のみであり、その啓示の媒介は主体としてではなくその媒介者に生じた出来事として記述されている。これは伝統的に

Christ Event（キリストの出来事）と呼ばれてきたものである。

行為と出来事はその言語表現において違ったアクセントをもった事態として記述されうる。行為を構成するものは主体の信念や欲求に基づく自由な意図ないし目的、そして主体が関わる対象とその手段の認識である。他方、出来事においては歴史のなかで生起したことに力点が置かれ、主体の自由な意図への言及は要求されない。後に主題とするように神の義の啓示の媒介である「イエス・キリストの信」は出来事の範疇において扱われている。啓示の行為主体が神であるとき、二人の行為主体を要請できないため、「イエス・キリストの信」を介してという仕方で歴史のなかでイエス・キリストに帰属した信が啓示の媒介の出来事として報告されている。

日常的にも、背後に行為主体が想定されるとき、或る行為を出来事として客観的に報告するということは見られる。「カエサルの勝利はルビコン川の渡渉によってもたらされた」という出来事の媒介を伴う記述は、「カエサルはルビコン川を渡りそして勝利した」と同じ真理値を持つ。

出来事においては、隠れた agent（行為主体）や運命が存在しているにしても、あるいはむしろ存在しているからこそ、単に生じたこととして事実上の記述がなされうる。生涯のさまざまな行為が当人の意図によるものであったにしても、それを出来事として記述することを許すのは、当人の意図が上位の agent の意志による場合、あるいは合致している場合である。イエスの自発的な生涯が父なる神の意にすべてかなったものであったという理解のもとに、パウロはイエスの生涯をイエス・キリストの出来事として記述している。このようにパウロはイエスの生涯をそこにおいて神の意図が出来事になったところのものとして記述することができると考えたために、「ローマ書」においては、イエス・キリストの意図に言及することはなく、むしろ出来事のカテゴリーのなかで仲保者として捉えたのだと思われる。換言すれば、甦らしという父なる神の専決行為によりイエスがキリストになった、そのような存在者であるため、イエス・キリストは出来事のカテゴリーにおいて捉えられねばならなかったのである(16)。あの出来事は行為や出来事を分析する様相存在論を不可避的に必要としている。

第五の特徴は、語「啓示(*apokaluphsis*)」の用法が本書簡においてとりわけ限定的に用いられていることである。名詞形は二箇所(2:5, 8:19(cf. 16:26))で用いられ終わりの日の神の子の出現と審判に関わる。動詞形は三箇所(1:17(cf. 3:21), 1:18, 8:18)に見られる。これらのうち最初の二つは現在形、受動相において用いられているが、新しい地平を開く決定的な役割を担っている。[A]「神の義は彼[イエス・キリスト]において信に基づき信に対し啓示されている(*apokaluptetai*)」(1:17)。[B]「神の怒りが天から不義のうちに真理をはばむ人間たちのすべての不敬虔と不義のうえに啓示されている(*apokaluptetai*)」(1:18)。そして第三はアオリスト受動不定句により終わりの日におけるキリストの来臨についてのものである。[Aそして／もしくはB]「今という好機の苦難は、われらに啓示されるべく(*apokaluphthēnai*)来たりつつある栄光に比して、取るに足らないとわれは看做す」(8:18)。

現在形受動相により表現されている神の啓示行為は少なくとも四つの要素を含む。それは(一)啓示主体である神と(二)神に帰属する認知的、神(人)格的(character)内容、さらに(三)啓示の媒介そして(四)啓示の差し向け相手を要求している。興味深いことに神の啓示行為は聖霊の媒介行為を伴わないで報告されている。そのこととの関連で、啓示の差し向け相手は「彼らは誰であれ(*hoitines*)」(1:32)や「〜する者すべて」(3:22)等という仕方で三人称で表記され、具体的に誰に啓示されているかの開示が留保されている。

第六の文体上の特徴は、一二章以降一五章まで(一六章はほぼ挨拶)、使徒パウロがローマの信徒に直接に語りかけている箇所においては、信仰生活上の勧告文、命令文、願望文が著しく増加することである。一一章まで、命令形で書かれている箇所は六節だけ(6:11-13, 19, 11:20, 22)であったが、ここでは九一節中約五五節ある。この文体上の相違は伝達上の意図の相違を示している。このことから、これらの勧告等はイエス・キリストの出来事が何であったのかを論証する中心部分を前提に、新しい生がいかなるものであるべきかについて具体的な指針を与えていると言える。なお、一般的に命令文や願望文はそれが語られる相手の現実の状況認識をさらに発話される根拠となる現実の認識を前提にしている。そして命令の差し向け相手は背く可能性のある責任ある自由のもとに生きている者たちである。従って、これらの文からパウロがそこにまなざしを注ぎ、命令や願望を述べるところの根拠づけとなる新しい実在の層とそれとの関係におかれる人間存在の現実の層を析出することが不可欠となる。意味論的分析の不可欠さをこの文体の特徴が要求している。

さらに、この神の前にある生活をいかに遂行すべきか、いかに生きるべきかをめぐる勧告文の個所は哲学においては倫理学的部門において扱われる領域である。第五章で見るように、カントは純粋理性を思弁理性と実践理性という仕方で領域的に分節したが、パウロは責任ある自由のもとに生きる人間の倫理的部門を福音の啓示に基づきその上に新たな生が構築されるべきものとして階層的に理解していたことも摘出される。信を根源にした新たな生の構築が宇宙万物の秩序に対する信に基づく理解とともに課題となる。

他にも重要な文体上の特徴は、第五章から八章で展開される行為主体が神とひとと聖霊の複合的なエルゴンにおける特徴である。そこでは「義とされた」(5:1)、「肉にあった」(7:5)等の過去表現が用いられるが、そこから摘出できることは本章第五節で詳しく論じることにする。その他の特徴もそのつど指摘し、語りうる確かなことがらを蓄積していく。次節以降では、以上挙げた諸特徴についてそしてそこから展開されるパウロの意味論について詳しく展開する。

共約性要求のもとに解釈学的循環を回避しつつ確かなものを積み上げていく信の哲学にとって、神がコミットする意味論のもとに構成される整合的な言語網の析出が重要なものとなる。ここに信の哲学の可能性がある。パウロは何らかの媒介によりこれらの神の諸属性に眼差しを注ぎつつ、神の啓示行為について語るとき、彼は啓示の言語網とでも呼ぶべきものを展開する。この独特の言語行為がこの手紙を言語と心魂と実在との関連において分析するよう促す。以下はその企てであり、それによりパウロによる信が心魂の根源であることの論証を従来より明確な仕方で析出することができるであろう。

第二節　啓示言語の意味論的分析

一　「ローマ書」における語「啓示」の限定的使用

動詞「啓示されている」(1:17, 1:18, 8:18)が切り開く神の前のものごと

私は意味論的分析という視点から、信じる者にも信じない者にも共約的な次元で「ローマ書」におけるパウロの言語を分析する。循環フリー条件に抵触しない限りにおいてテクストから導出できるものとして、パウロはユダヤ人だけではなく異邦人の前に進み出て「知恵ある者たちにも愚かな者たちにも」(1:14)福音を宣べ伝える時、明確な意図を持って共約性を心がけていた。注目すべきことに、パウロは「ローマ書」においてその点にとりわけ自覚的であり、彼が「啓示」という言葉を用いて神の啓示の報告を為す際には「神の前」の二種類の事実は聖霊に対する言及なしに遂行されている。そして五章以降での霊に対する言及があるときでさえ、人間の魂のパトスという心的状態の次元で捉え直すことが試みられている。誰もが同一の言語(翻訳関係を含む)を用い、同一の心魂を持っている以上、彼の二つの論証は共約的な次元で理解できるはずである。彼は肉の弱い者をも含め誰にでも理解できるように福音を宣教していたことを明らかにしたい。

一般に、どんな意味論も、言語と言語を用いる主体ないし話者さらに言語を介して主体が関わるものごと(事物)、すなわち言語、主体としての心魂、そしてものごと(事物)の三つの項の関係に関わり、それを明らかにすることに努めている。「ローマ書」の意味論的分析をすることで、われわれは、パウロが複数の言語網をそれぞれが独立し異なる意味を有しつつも整合性を持つように明晰に表現していたことを知ることになろう。パウロは、私の分析で

は、三種類の人間に関して相互に独立し整合的な言語網を三つ構成している。その二つは義人と罪人をめぐる神の理解が展開されている神の言語網である。もう一つは人間中心的な言語網である。それらは、A神がイエス・キリストの信を媒介に啓示している神の前の義人(e.g. 3:21–26)、B神が石板に刻まれた十戒・モーセの律法を介して怒りを啓示している神の前の罪人(e.g. 1:18–32, 3:19–20)、Cパウロが責任ある自由のもとに眼差しを注ぎ記述している自律的な人間(e.g. 3:27–31, 6:19–21)の三種である。

パウロは、ちょうど彼の「啓示(*apokaluphsis*)」の概念が独立した神の前の現実を含意するように、語句の意味がいかに決定されるかに関し彼の言語的振る舞いにおいて実在論者である(1:17(3:21), 1:18, 8:18(2:6))。神がそのように認識している世界のその存在様式が、少なくとも神の前の、言語の意味を確定する。「啓示」という語は、動詞形においては三節(1:17, 1:18, 8:18)のみにおいて用いられ、ただ人間に対する神の行為を伝えるのみである。これら二つの啓示「神の義」および「神の怒り」に関して受動形で「啓示されている」と表現されていることには理由がある。義や怒りという神の心的態勢、属性が「神の」という帰属の属格表現により神に帰属するものとして主語に立てられ、そしてそれら神の態勢、属性は媒介物を介してのみ啓示される。それ故に、構文としては受動文となる。神は自らが信において義であることさらには怒りにおいて義であることを示すには、何らかの媒介を必要とすることは、人間の諸心的態勢の表現においても同様であることから、道理あることである。例えば、ひとは自らの優しさを示すのは見舞いに行くなどの媒介行為を通じてであり、「彼の優しさは見舞いを通じて示されている」と心的態勢と媒介が組になる時は受動表現となる。

なお、「コリント書」における「啓示」の用法とは異なり、啓示の差し向け相手は「われら」(cf. 1Cor.2:10)ではなく三人称で表現され一般性を確保している。語句「啓示」は、神の視野の前における義人A(1:17(3:21))と罪人B(1:18(2:6))という新しい次元を切り開く決定的な語である。三度目のそして最後の動詞形表現の出現においては、この語句は最後の審判の日の、新しい天地についての啓示(Aかつ/もしくはB)を伝えている(8:18, cf. 2:6)。パウロが啓示を告げ知らせる時には、その報告の中で形作られた言語空間は、どんな人間のイニシアティブをも含まない、神の前の端的な事態として提示される。

神の前の言語の基本的な特徴は、啓示の主体が神である限り、神の認識と行為さらにはそれが伝達される対象に関し、パウロにより報告されている関連語や文は何よりもまず神自身によってそれらのあるがままに理解されていなければならないという点にある。パウロのAとBの言語網の報告は、神によって啓示されたそれぞれに対応する二つの神の前のものごと、義人Aと罪人Bを見据えて作成されている。これを報告しているパウロ自身はこのA、Bの現実の外にいる或いは少なくともそのいずれに属しているかの認識を括弧に入れている。彼が神の前で同時に義人であり罪人であることは矛盾だからである。そこでの神による啓示の内容は、神自らが義であることさらには啓示の媒介であるイエス・キリストと天より十戒が刻まれた石板を介して理解される人間の義か罪かの現実を知らしめるものである。これがゴルゴタとシナイ山で生起したとして、まずそこで展開される義人と罪人の言語網はその当該語において神自身により理解されている構成員が指示されているそのようなものである。それはイエス・キリストの信と十戒の刻まれた石板という二つの啓示の媒介にしての人間についての神の認識、判断、意志を伝える。

ここでの義人そして罪人もまず神にそう理解されている人々が指示されている。パウロはそれを三人称において報告している。それゆえ、啓示AとBの言語網を構成する語、および文の意味は第一に神によって理解されるもののことである。例えば、言語網Bにおいては、「彼らは誰であれ(*hoitines* = whoever)このようなこと[悪行]を行う者たちは死に値すると神の義の要求を知っていながら、単にそれらを行うだけでなく、行う者たちを是認さえしている」(1:32)と語られるとき、神の前で業の律法のもとに服している者たちは明白に業の義の要求を知っている者であると報告されている。「誰であれ」という不定ないし一般的関係代名詞は神の前の人間を、個々人を特定せずロゴス上の分節を許容する仕方で、適切に表現している(cf. 1:25, 2:15, 6:2)。天より石板に刻まれた十戒を媒介にして神の前に立つ人間たちはこのように神に挑みさえする者として神により認識されており、彼らは神の前のB言語網を形成する登場人物である。そこでは「人間」の意味はわれわれが通常理解する「人間」とは異なるであろう。

実在論的意味論では、語の意味ないし語が意味表示するものは、世界における当該のものごとがそこにおいて成立する様式に対応すると想定されている。語の意味は、第一章一節六で考察したように、人間の魂に対する対象の因果的なインパクトを通じて、世界の中の対象の存在様式に即して固定される。われわれの文脈においては、神が思考し行為したことがらは第一に神の前での現実を確立し、そしてこの神の思考と行為としての実在は、神の前の或るグループの人々に啓示されるべく媒介するものを要求する。この意味で、イエス・キリストに帰属した信の出来事や天などの媒介するものが神自身による啓示の道具、媒介物であると考慮されている限りにおいて、神の啓示は自己完結した概念である(3:22, 1:18(「天から」))。もちろん、個々人が自ら啓示を受けたと理解しても構わないが、それはあくまで個々人の心的状態として受け止められた限りにおける啓示である。

「神の義」の二つの啓示の言語網

パウロは、ギリシャ語など当時の人間の言語が、限界はあっても、神の意志、人間認識を含む神の主導による啓示行為を報告することができると考えている。本章では、いかなる聖書的、神学的解釈も、それを媒介にせずしては提示しえない基本的な制約を課せるよう、パウロの聖書的、歴史的、神学的な背景を可能な限り考慮せず、ただその言語網を形成しまた考察する。「ローマ書」三章一九―三一節を意味論的に分析した必然的な結果として、この箇所の従来とは異なる訳をいくつか提示する。E. Käsemann は「ローマ書」の注釈書のなかで、三章二一―二六節を「書簡全体のなかでもっとも難しく最も不明瞭な箇所の一つ」と述べている[17]。これに反し、私はこの箇所が明瞭に分析でき、また他の読み方をゆるす余地を残さずに理解できることを明らかにする。

語句の意味の実在論的説明を受け入れる限り、神の啓示の内容は第一義的に神の前の実在として対処されねばならない。そのとき、それは神の前の実在の外にいるパウロのような話者がその実在を見つめて発話する当該語句の意味を基礎づけそして裏付ける。そしてその語句の意味が一つの整合的な言語網を形成している。人間の言語の限界にもかかわらず、パウロは人間に関わる神の認識と行為を伝えられると想定している。

「ローマ書」で、パウロは主題としてBモーセの業の律法（1:18–3:20）とAイエス・キリストの出来事（3:21–4:25）の二つの視点から神の義を論じる。ここで私は独立した言語層の分析を可能にしているパウロの議論を提示する。パウロによる二つの独立した義人と罪人の論証は、聖霊に訴えることなく遂行されている。罪人の啓示の報告はエルゴンB（ErB）言語として一章一八―三二節まで展開され、その後二章から三章二〇節まではこの神の怒りの啓示の含意ないし帰結することがらそしてその啓示の旧約聖書に基づく典拠が知恵の説得的議論（LogB）として展開されている。義人の啓示の報告はエルゴンA（ErA）言語として三章二一―二六節において報告され、そして三章二七節から四章全体においてその啓示に含意されているないし帰結することがらそしてその啓示の旧約聖書に基づく典拠が知恵の説得的議論（LogA）として展開されている。パウロの口述による議論が同時に聖霊を受けることを妨げるものではないが、私は、これらの論証がパウロの意図としては「啓示の報告」ならびに「知恵の説得的議論」であることを示す。

まず基礎テクストを新訳にて提示する。神の義が神によって啓示されているという「ローマ書」におけるパウロの二つの報告は以下の点で構造の平行性を備えている。対応をあらわすべく記号化するとするなら、神の啓示行為を（a1）（b1）、啓示主体である神と神に帰属する認知的、（人）格的内容を（a2）（b2）、啓示の媒介を（a3）（b3）、啓示の差し向け相手を（a4）（b4）と表記する。なお（a4）（b4）啓示の差し向け相手の側からの神への応答行為も報告されているが、当然それはまず神によりその語句において理解されているものとして報告されている。これらの記号に対応する神の前における人間の行為や認識についても記号化する。神の啓示の（a4）（b4）差し向け相手である当該人間を（a*4）（b*4）と表記する。その当該人間の側における対応する行為を（a*1）（b*1）、そして当該人間とその人間に帰属する認知的、人格的内容を（a*2）（b*2）と表記する。その当該人間の行為の媒介ないし手段を（a*3）（b*3）と表記する。

ここで注意すべきことは、これらはすべて神の前の現実であるが故に、どちらの視点から述べたにしてもまず神により理解されていることがらとして同一の事態を表現していることである。彼らが誰であるかはまず神により理解されており、それをパウロは不定の関係代名詞 *hoitines*（誰であれ、whoever）により対応させている（従って、神には当人が誰であるか確定されている *de re*（ものごとについての）解釈が遂行されているが、人間にとっては確定されない *de dicto*（語られたものについての）解釈が遂行されると言うことができよう）。この啓示のパウロによる報告において重要なことは、それゆえ、啓示の言語は神が主導する行為を伝える限定的な構造を持っているということである。

二　神の義の第一論証

神の怒りの啓示の言語網B

パウロは「神の義」と「神の怒り」を主語にたて、「啓示される」（現在受動三人称単数形）を二度用いて立て続けに神の行為である福音の啓示を主題として提示し、またその一つの理由として悔い改めを迫る神の怒りの啓示を報告している。

「ローマ書」の主題の提示：福音［A］の啓示　一章一六―一七節

というのも、われ福音を恥としないからである。なぜなら、［御子の］福音はまずユダヤ人にそしてギリシャ人にもすべて信じる者に救いをもたらす神の力能だからである。なぜなら、（a2）神の義は（a3）彼［イエス・キリスト］において［神の］信に基づき（a4）信に対し（a1）啓示されているからである。そのことはまさにこう書いてある、「（a*2）信に基づく（a*4）義人は生きるであろう」[18]。

福音Aの啓示については、その再記述である三章二一―二六節と共に、後に分析する。ここでは神の義の第一証明と言うべき神の怒りの啓示の個所を提示し、分析する。

[B]神の義の怒りにおける啓示　一章一八―三二節

一八というのも、(b2)神の怒りが(b3)天から(b4)不義のうちに真理をはばむ人間たちのすべての不敬虔と不義のうえに(b1)啓示されているからである。一九そのことの故に、(b2)神の知られるべきことがらは(b*4)彼らに(b*2)明らかである。なぜなら、(b2)神が(b4)彼らのただなかで(b1)明らかにしたからである。二〇なぜなら、(b2)神の見えざることがら、(b2)彼の永遠の力能そして(b2)神性は宇宙の創造から、(b*4)被造物において(b*1)叡知により知られ、見て取られており、その結果(b*4)彼らは(b*2)弁解の余地なき者だからである。二一そのことの故に、(b*4)彼らは(b*1)神を知りつつ神として栄光を帰し或いは感謝することがなく、むしろ、彼らは(b*2)損得勘定において(b*2)空しきものとなりそして(b*2)彼らの悟りなき心は(b*2)暗くされた。二二(b*4)彼らは(b*2)知者であると称し(b*2)愚かな者となった。二三(b*4)彼らは(b2)神の不朽の栄光を(b*3)朽ちるべき人間のそして鳥や動物そして這うものの像の似姿に(b*1)変えた。

二四それ故に、(b2)神は、(b4)彼らにおいて(b*2)彼ら自身の身体が辱められるべく、(b*2)彼らの心の諸々の欲望における(b*1)不潔へと(b1)引き渡した。二五(b*2)彼らは誰であれ(*hoitines*)(b2)神の真理を(b*3)偽りに(b*1)取り換えた者たちであり、(b*1)創造者から離れ(b*1)被造物を崇拝しそして(b*1)それに仕えた。その創造者こそ永遠に褒め称えられるべき方である、アーメン。二六それ故に、(b2)神は(b4)彼らを(b*2)恥ずべき情欲に(b1)引き渡した。すなわち、(b*4)彼らの女たちは(b*3)自然の用を不自然なものに(b*1)取り換えた。二七同様に、(b*4)男たちも(b*1)女との自然の用を捨てて互いに(b*2)自らの欲のままに(b*3)情欲に(b*1)身を焦がした。(b*4)男は(b*3)男と(b*2)恥ずべきことを(b*1)行いそして(b*4)自ら(b*2)自分たちの逸脱に値する報いを(b*1)受け取っている。二八(b*4)彼らが(b*3)知識のうちに(b*1)神を持つことを(b*1)識別しなかったほどに、(b2)神は(b4)彼らを(b*3)相応《ふさわ》しからざることを為すべく(b*2)叡知の機能不全に(b1)引き渡した。二九(b*4)彼らは(b*2)あらゆる不義で邪悪な悪しき欲望に満たされ、(b*1)妬み、殺人、喧嘩、裏切り、(b*2)卑しさに満ちた者である。三〇(b*1)悪口する者、神を憎む者、高ぶる者、自惚れる者、見せかけの偽り者、悪をたくらむ者、親に不従順な者、三一悟りなき者、不忠実な者、愛情なき者、無慈悲な者である。三二(b*4)彼らは誰であれ(*hoitines*)(b*4)このようなことを行う者たちは(b*2)死に値すると(b2)神の義の要求を(b*1)知っていながら、(b*1)単にそれらを行うだけでなく、(b*4)行う者たちを(b*1)是認さえしている(1:18–32)。

神は「(b4)不義のうちに真理をはばむ人間たちのすべての不敬虔と不義」のうえに怒りを自らの義として啓示している。まず確認すべきことはこの箇所が神の義の第一論証(1:18–3:20)であるということである。そして第二論証とは独立したものである限り、キリスト論的集中とは異なる文脈において論証が遂行されていることである。神は怒りにおいてもイエス・キリストの信においても義である。もし福音の啓示が立てられなかったら、彼はこの書簡を書くことはなかったであろうが、たとえ書いたとしても彼は神が怒りとしてのみ自らの義を啓示していることを確認することができただけであろう。一七節[A]から一八節[B]の議論は「神の義は……信に基づき啓示されている」ことの理由として「というのも、神の怒りが……啓示されているから」と展開されている。怒りに基づく義の啓示は信に基づく義の啓示を間接的に説明している。モーセ律法に要求される業の義を人類が満たし得なかったことが、もし人間的な時間経過を神に帰属させることが許容されるなら、信に基づく義の啓示に導いたと言えるからである。神は怒りではなく、救いをもたらす憐れみを示すべく、信に基づいて自ら義であることを啓示している(cf. 3:21–26)。

このように、神の怒りによる神の義の啓示は信に基づく義の啓示を間接的に保証している。(19) 一方で、神の怒りはあらゆる不敬虔と不義の上に啓示されており、他方で、イエス・キリストの信を媒介にして神の信義が啓示されている以上、神の信に基づく義はあらゆる信の上に啓示されていると導出することを道理あるものとする。というのも、神は怒りにおいても信においても義であるが、一方における怒りの義の差し向け相手と信義の差し向け相手は重ならないからである。

怒りの啓示の範例

パウロは「(b2)神の怒りが(b3)天から(b4)不義のうちに真理をはばむ人間たちのすべての不敬虔と不義のうえに(b1)啓示されている」(1:18)と報告している。神によるこれら「不敬虔と不義」の認識は業の律法、もしくは「自らの心のなかに律法の業が書かれてあること」(2:15)を介してもたらされると報告されている。ここでまず確認すべきは、神の怒りの啓示の理由として、神の知られるべきことがらが不義のうちに真理をはばむ人間に明らかであること、そしてそれも神自身が明らかにしたことである。「なぜなら、神が彼らのただなかで明らかにしたからである」(1:19)とあり、神がその当人に明らかにしたと理解していることがらは当人に明らかであり、「弁解の余地なき」(1:20)と理解されていることを報告している。これは人間である限り誰もが同じ魂の構造をもっていることを裏付けこそすれ、何か神秘的な力能のある者の特権的認識能力ではないことを含意している。

神の啓示の行為は知らしめる行為であるが、神の怒りは「引き渡し」という仕方で知らしめられている。啓示B怒りの実質は「心の諸々の欲望における不潔へと」また「恥ずべき情欲に」さらには「叡知の機能不全に」「引き渡した」ことである。すなわち、当人たちの自己責任のもとにある不潔や誤った認識そのものが神の怒りの現れである。一般的に言って、啓示の様式に即して、ひとは神の意志を知ることができる。ここでは、従って、自らが引き渡されているということの叡知(ヌース)ないし認識が神の怒りとしての神の義を知る不可欠な認識様式である。この地平においては神の啓示の相手は神の義の要求についての明白な認識を持っている者たちである。この地平の人間たちは例えばパウロが「われらは今は、鏡を通じて不鮮明に見ているが、かのときには、顔と顔とをあわせて見る」(1Cor.13:12)と語る認知的な状況とは異なる構成員である。今不明瞭に鏡を通じて見ている者は次元Cにいる生身の存在者である。B次元にいる明断な認識のもとにいる者たちは認知的態勢においてC次元にいる者と異なると神が理解していることをパウロは報告している。

なお「叡知の機能不全」と訳した *adokimon nūn* において *adokimon* は形容詞であり、「識別に至らない叡知」、「識別しえない叡知」とでも訳すべきでもあるかもしれないが、神の否定的側面（「峻厳」「怒り」等）しか識別できない叡知は機能不全と言えると考えそう訳した。「かくして、見よ、神の善性と峻厳とを。かたや、峻厳は倒れた者たちのうえにあり」（11:22）。叡知と識別（*dokimos*）の関係については「神の意志が何であるか……識別すべく、叡知の刷新により変身させられよ」（12:2）また「おのおのは自らの叡知において十全に納得せよ」（14:5）とあるように、叡知が神の意志に触れた上で、命題の形でそれが識別される或いは納得にいたるとパウロはアリストテレス的に理解していると思われる（第四章一節三参照）。通常叡知は感覚を引き金にして発動する。例えば、ニュートンがりんごの実が落ちるのを見て、はっと気付くその直観が叡知であり、それが万有引力の法則として命題の形で識別される。もちろん叡知の発動と識別が同時であってもかまわないが、先後関係は明瞭である。パウロ自身の叡知が神の意志である信仰義認にヒットしたのは、信義が神にとっても根源的であるという「キリストの叡知」を持ったからであると思われる（1Cor2:16）。

怒りの啓示の対象はあくまで神が不義と看做す人間たちである。彼らの叡知は機能不全という仕方で発動している。そして現在啓示されている神の怒りの理由をパウロは神自身が「なぜなら、（b2）神が（b4）彼らのただなかで（b1）明らかにしたからである」と過去時制により報告している。この時制は暗くされた悟りなき心が偶像崇拝に陥ったことそして三度現れる「引き渡した」の過去用法とともに一つの出来事を念頭においていると思われる。そして神の怒りの歴史のなかでの一つの啓示行為が現在の怒りの啓示の保証ないしモデルになっていると考えられる。

パウロはこの過去形表現により、神がモーセに十戒を提示した時、出エジプトの民がそのモーセの不在のあいだに偶像崇拝等に陥った具体的な事実を表し、ひとが神の意志を知りまた知りうることの一つの証拠として提示していると考えられる。実際、この引用箇所における過去時制表現、例えば「神は引き渡した（*paredōken*）」（1:24, 26, 28）、「彼らは損得勘定において空しきものとなり（*emataiōthēsan*）」（1:21）、「彼らは……愚かな者となった（*emōranthēsan*）」（1:22）は「神の怒り（*orgē*）」（1:18）とともに、聖書中、出エジプトの民の偶像崇拝事件の論述にそのまま見出される。パウロが用いた七十人訳には「（神の）怒り（*orgē*）」というギリシャ語語句と共に出エジプトの一連の当該個所において見出すことができる（Ex. 21:13:*paredōken*, 32:10–13:*orgē*, Jer.2:5:*emataiōthēsan*, Jer.10:14:*emōranthē*, cf. Jer.11:4）。これらはすべてアロンのもとで金の子牛を鋳て偶像を拝んだ出エジプトの民の記事に符合し、神は偶像崇拝についての律法に即し怒りを示して、レビ人を介し一日に三千人を倒したことが報告されている（Ex. 32:28）。

パウロはモーセの事例をもとに帰納的に神の怒りの啓示が現在にいたるまで不義のうえに啓示されていることを導出している。あらゆる不敬虔と不義に対してはその諸行為への引き渡しという様式において神の怒りは現在啓示されている。パウロは、歴史的な事件に訴えたうえで、続いて一般的に人間の認知能力に言及し、神が知られるべきことを明らかにしたことの理由が提示されている。パウロはその理由を一般的な仕方で提示して言う、「なぜなら、（b2）神の見えざることがら、（b2）永遠の力能そして（b2）神性は宇宙の創造から、（b*4）被造物において（b*1）叡知により知られ、見て取られており、その結果（b*4）彼らは（b*2）弁解の余地なき者だからである」（1:20）。

罪人に弁解の余地なきことと叡知（ヌース）の機能不全

たとえわれわれにとって、神の見えざることがら、永遠の力能そして神性が知られないと思われても、神はそのようには理解していないということがこの一連の箇所で提示されており、それは神の前の現実を表現している。神の前では肉の弱さへの譲歩がなされることはない。そして見えざるものが見えるのは神の前の認知機能においてもヌースの発動によるが、これは神の諸性質がノエートン（叡知対象）として知られうるものであることからくる。

パウロは神の見えざる力能、意志の知り方は「叡知により知られ、見て取られており」という仕方で魂の認知機能として何らかの事象を見ることを媒介にして発動するヌースが言及されている。「ヌース」と並んで「見て取る」という通常の感覚機能が言及されるのは、ヌースの発動は感覚と同時にないし感覚を媒介にして生じるというアリストテレス的な語の使用の伝統にならっているからだと思われる。言ってみれば、神はアリストテレス的な用法のもとに人間の「ヌース」の機能を理解している。パウロはヌースは常に識別をもたらすと考えているため、見るという仕方での「識別すること」を「ヌース」の発動に添えている。何か感覚対象からの刺激を受けて、たとえそれが悪行の現場であれ、神の怒りを知るということはありうることである。

神の怒りとしての神の義は人間の不義のうえには例外なしに啓示されているが、神の信に基づく神の義は信じる者の上に啓示される。誰にも神の否定的な力能が明らかな以上、信じる者には神の肯定的な力能が明らかにされる。この怒りに基づく義の啓示と福音における信に基づく義の啓示の非対称性の限定のうえで、改めて問われるのは神の見えざる性質が被造物に明らかであるということは共約的でありうるかということである。通常、神について認識しうると誰かが語るなら、それは特別な認知能力を持ったものか狂気かと思われるであろう。神の信義Aと怒りBの啓示の差し向け相手、受け手(a4)(b4)は神の前の人間である。まず神により啓示の差し向け相手として理解されている者たちである。従って、共約的な一つの理解は、われわれのあいだでも(b2)誰かが何かを(b4)誰かに(b1)知らしめたなら、(b*4)受け手は明らかに(b*1)知っているそのような状況が想定されているということである。このように理解する限り、パウロの報告は整合的でありまた道理あると言える。

パウロは不義なる者に弁解の余地がないということの根拠として被造物である人間一般の認知能力に訴えており、ヌースは不義なる者にも義なる者にも人間一般に付与された一つの認知能力として理解すべきである。パウロは弁解の余地のなさを説明して言う「なぜなら、神の見えざることがら、彼の永遠の力能そして神性は宇宙の創造から、被造物において叡知により知られ、見て取られており」。この箇所において、啓示の(b3)媒介が自然的事象や歴史的出来事であるとして、これは責任ある自由のもとにある人間中心的な語りCを取っていることを意味しない。あくまでも神が理解する限りの天、自然そして歴史的出来事が啓示の媒介である。Behm は Kittel『神学辞典』においてこの箇所について S. Schlatter の註解を引用しつつ、こうコメントしている。「見えざるものが……見て取られる（*ta aorata...kathoratai*）の逆説は *nouimena*（叡知により知られるもの）により除去されている。それ故にここでもまた *noein* はただ純粋に精神的［非感覚的］な出来事（einen rein geistigen Vorgang）のみを描写できる、つまり「吟味する者が彼の目前に成立しているものをそれでもって意識にもたらすところの、直観されたものに留意する思考（das...achtende Denken）」のみを描写することができる。神の認識のための自然的人間の器官としてヌースの活動に命じるどころか、――パウロにとってそのような器官は存在しない――、使徒は二〇節（「彼らは弁解の余地がない」）の結論から人間は彼自身、彼が与えられる神の認識の可能性について彼の *noein*（叡知が働くこと）による実現化ないし非実現化に対し責任を負わねばならないことを明白なものとしている[20]」。

見えないものが見えるものになるという逆説は例えば引き渡しという啓示の様式において理解されるものとなる。神の怒りはそれ自身としては見えないものであるが、堕落、情欲そして叡知の機能不全に引き渡されている具体的な行為はわれわれにとって目撃できまた数え上げることができる時空のなかでの個々の知覚対象である。この逆説は少なくともこのように共約的なものとして理解しうる。この逆説の止揚を遂行する心魂の機能は Behm が指摘するようにヌースであるとされる。しかし、Behm がヌースを「自然的人間の器官」に帰属するものとは考えない点で、私と異なる。人間は神の前でもひとの前でも自らのヌースの発動に関して責任を持つ存在である。私は、第四章で詳しく展開するように、ヌースはパウロにとって「内なる人間」(7:22)に備わる自然的な認知機能であり叡知対象つまり感覚対象ではなく神の意志や神に喜ばれるものなどを知る機能であるが故に、少なくとも発動の準備段階においていかなる眼差しにおける生を遂行しているかに関し責任が帰属すると理解する。

本来的にはひとのヌースは発動しているとされている。神の見えざる性質はヌースを媒介にして知覚対象に変換されている。このヌースの共約的な次元への変換は他にもヌースから識別すること(*dokimazein*)に変換されている。

パウロは言う「神の意志が何であり、善とはそして喜ばれるものそしてまったきことが何であるかを識別すべく、叡知の刷新により変身させられよ」(12:2)。この命令文は、ヌースは一つの認知的洞察であり、ロゴス上「何であるか」の識別に導き、そしてその認知を介して身体をも含む仕方で何らかキリストの形に似た新しい者となることを含意している(cf. Gal.4:19)。「神の意志」「善」、「喜ばれるもの」そして「まったきこと」それぞれは感覚対象ではなく叡知対象(ノエートン)であり、ヌースがそれらに接触することにより知る。例えば、パウロは神の前で誰が義人であり、罪人であるかは一般的な仕方では知っていると主張する。「識別」とは例えば「我祈る、汝らの愛、知識においてまたあらゆる感覚においてますます満ち溢れ、汝らが[重要度の]諸差異を識別するに至ることを、それはキリストの日に、汝らが染みなく、咎めなき者となるためである」(Phil.1:9)に見られる。ここで識別することは叡知をも含む知識や感覚の展開により事の軽重を識別するに至る通常の自然的人間の判断を含む認識である。重要度の識別とは肉への譲歩による生存への顧慮は重要ではなく、神の国のことがらが重要であるという識別を含意している。

確実に言えることは、対象に相応しい認知機能があるとすることは道理あることであり、ヌースはそれ自身知覚や推論的な思考ではなく、知覚対象とは異なる叡知対象にヒットするそのような接触による知識であり、それ自身見えざる心魂の機能であると言うことができる。ヌースに刷新が必要なのは、そのヒットと同時に識別が遂行されるが、この叡知が発動する部位は肉の裏側と言うべきか肉に接しているため、次第に肉に回収されるからであると考えられる。神の意志の洞察は弱い肉に回収され減衰しがちなため、「ヌースの刷新」を必要とするそのようなものである。パウロは言う、「たとえわれらの外なる人間は衰えていくにしても、われらの内なる人間は日々新たにされている(*anakainūtai*)」(2Cor.4:16)。「内なる人間」(Rom.7:22)は「霊の新しさ」(7:6)と「叡知の刷新」(12:2)により常に新たにするものによって構成される。「刷新」という語は叡知の発動が推論的(discursive)なものではなく、ヒットするかしないかという仕方で生起することを明らかにしている。

「ヌースの機能不全（従来の訳語「不適切な思い」）」としてヌースが適切な仕方ではなく発動する理由として「不義のうちに真理をはばむ」罪への魂の傾斜が挙げられており、それへの怒りとして神が機能不全へと引き渡しているとされている。そこに弁解の余地はない。「ヌースの機能不全」の実質は先に触れたように神の肯定的な側面（憐れみや恩恵）については認識せず、その否定的側面（怒りや審判）についてのみ認識するという識別の偏りにある。「叡知の機能不全」の場合には怒りのような神の否定的な側面しか知りえないとパウロは考えている。

ヌースに基づく知識を持つ罪に引き渡されている人間の対応は時間的経過を伴い二種類に分類される。一つは「彼らは神を知りつつ神として栄光を帰し或いは感謝することがなかった」というものであり、もう一つはそうこうしているうちに「むしろ、彼らは損得勘定において空しきものとなりそして彼らの悟りなき心は暗くされた」というものである。「神を知りつつ神として栄光を帰す」ことをしない認知状態とはどのようなものであろうか。これは神の怒りなど否定的性質を知るに留まるために栄光を帰し感謝することがないということである。また「悟りなき心が暗い」のは神の肯定的な側面を知ることができないということであると考えられる。

罪に引き渡されている人間たちはいつの時代であれ、この分類のいずれかに属する。彼らのヌースの機能不全の責任は自ら不義に身を染めた人間の側にある。神の創造の業をひとはそのものとして認識しうるはずであったが、魂の眼差しは他の地上のものどもに向かい、それに伴う人格的堕落がその認知機能を麻痺させている。興味深いのは神自身が人類に明らかにした以上、魂の態勢の実力如何にかかわらず誰にとってもヌースは発動しうるそのような状態においてあるものであることである。これは少なくとも叡知が感覚同様、生得的な認知機能であることを含意している。

識別と行為の比例性テーゼ

パウロは神を知る知り方に諸段階や程度のあることを認めている。「(b*4)彼らが(b*3)知識のうちに(b*1)神を持つことを（b*1）識別しなかったほどに、（b2）神は（b4）彼らを（b*3）相応しからざることを為すべく（b*2）叡知の機能不全に（b1）引き渡した。彼らはあらゆる不義で邪悪な悪しき欲望に満たされ、妬み、殺人、喧嘩、裏切り、卑しさに満ちた者である」（1:28-29）。これは神のことを知っている人間は相応しからざることを為すことはないという主張を含意しているであろうから主知主義的な主張とも読みうるものであるが、それは次の限定された意味においてのみその主張に同意することができる。比例性、対応性を示す接続詞の副詞用法「ほどに（*kathōs*）」は無知が悪行の理由になっているわけではなく、神の意志の識別の失敗の程度に対応して、妬みや喧嘩など相応しからざる行為が生まれることをパウロは報告している。悪行の程度はヌースの機能不全により知識のうちに神を持つことの識別の失敗の程度に比例していると語られている。これを識別と行為の「比例性テーゼ」と呼ぶことにする。つまり神のことがらに関する識別の不全の程度と悪行の程度は比例的であると読まれるべきである。無知の故に悪行を行っているという強い主張をここから読むことはできない。その意味でパウロは主知主義的ではなく、人格的欠陥に言い逃れができずに、それは魂の認知機能と平行状態にあるという主張である。このことは人格的に悪徳な者は認知的にもヌースが十全に発動しないそのような者であるという主張を含意する。

比例性テーゼと相即的に、「神は僻む者には僻む者になる」と報告されるが、これは一種の引き渡しと理解することができる（Ps.18:27）。矮小な者には矮小なことがらしか理解されないとすることは道理ある。自らの姿を対象に映しているからである。これを「鏡像テーゼ」と呼ぶ。神に否定的属性を帰属させることは、鏡像テーゼによりブロックされる。しかし、そのうえで神の憐みや寛容が発動することがあるとして、それは神の自由に属する。

パウロはこの啓示の言語の結論部において報告している、「（b*4）彼らは誰であれ（b*4）このようなことを行う者たちは（b*2）死に値すると（b2）神の義の要求を（b*1）知っていながら、（b*1）単にそれらを行うだけでなく、（b*4）行う者たちを（b*1）是認さえしている」（1:32）。ここで「誰であれ」と怒りの差し向け相手が一般的に不定代名詞により表記され、比例的状態が普遍的に適用されることが提示されている。彼らは自覚的に神に挑んでいる。神の義の要求を「知っている」が、これは彼らのヌースが不全であり、神の否定的な側面のみを知っているということである。ここにも弁解の余地のなさを読みとることができる。生物的な「死」にそして神の前の霊的な死にも値することを知っていながら、神に挑み仲間を呼びこんでいる。

パウロは他の箇所で比例性テーゼをこう説明している、「かくして、見よ、神の善性と峻厳とを。かたや、峻厳は倒れた者たちのうえにあり、他方、もし汝が神の善性に留まるなら、神の善性は汝らのうえにある、汝も切り取られることもあろうからには」(11:22, cf. Gal.6:7–8)。神の峻厳を見るのは自ら神の善性に留まろうとしない者たちであると理解することは道理あるものである。なぜなら、人間関係においても相手に否定的な態度を取る限り、肯定的な側面を認識することはできないであろうからである。自ら神への志向を拒否する時、神の肯定的つまり善性の側面を見ることはできないであろう。

さらにパウロは認知的な態勢と人格的な態勢の関連に言及している、「知識は高ぶらせる、しかし愛は築く。もし誰かが何かを知ってしまっていると思うなら、未だ知るべき仕方で知らなかったのである」(1Cor.8:2–3)。これは認知的な態勢は謙虚という人格的な態勢において何ものかを知るとき、正しい知り方であると主張している。とはいえ誤った知り方であるとはいえ、知識内容に関しては異ならないのであろうか。これに関しては神の怒りのもとにある人間たちは「神の義の要求」を知っているとされていることに関連する。彼らが神の憐れみなど肯定的側面は知りえないという事実は知識内容に偏りがあるということをも或る種の無知と看做し得ることを伝えている。

神の前の人間の認知状態とひとの前の人間の認知状態はどのような関係においてあるのであろうか。パウロは人間に眼差しを注いで、神の事柄をも含め認知的な状況を分析する時には、信と識別と行為三者の「比例性テーゼ」とでも言うべきものにコミットしていると思われる。一方、信により、憐れみや愛等の神の肯定的側面を知ることができ、他方、不敬虔と不義により、神の怒りや峻厳など否定的側面のみを知っている。少なくとも、「知るべき仕方」はこのことを含意するであろう。ここでも信は知の基礎として機能しており、魂の根源的態勢を開示している。従って、肯定的な事柄に対しては高ぶりに応じて知ることはできないと言うべきであろう(cf. 2Cor.4:4)。

パウロによる「叡知の機能不全」の実質はこの事態を含意していると言うことができる。パウロ神学の影響のもとにある「ヘブル書」記者は「われらは信仰によって叡知が働き(*pistei nūmen*)、そうして神の言葉に世々が枠づけられており、見られているものが現われていないものどもに基づいて生じてしまっていることを知る」(Heb.11:3)と言う。この個所は傍証にすぎないが、一連のことがらはヌースの適切な発動の背後に信があるのか、それとも不信があるのかが問われていることを含意している。魂の最も基礎的な態勢がこの比例性テーゼの基礎にあると考えられる。「信に基づかないことがらはすべて罪である」(14:23)。B次元の神の前ではそこに帰属する人間にとっては一切が明らかであるので、信の問題は論じられないが、人間中心的に語るなら、信をも含め、信と識別と行為のあいだに比例性テーゼは語られることになろう。

かくして、一章の比例性テーゼと平行的であるが、人間中心的な視点からすれば神への信と不信が人間的理解には反映されていると言うことができよう。神の前においては人間が神に信仰を持つということについてもはや言及する要はなかったのである。神の肯定的な属性、例えば憐れみや信義を信じる者はそのヌースが健全に機能しやすい状況にあると人間的には言えよう。人間的にはいかなる条件が満たされる時、ヌースは発動するのであろうか。しかし、これは人間の側の備えとしてでしかなく、神の啓示の様式に即してのみ、その啓示における神の意志や認識は知られうるものとなる。神は自らの意志を知らしめようとしないとき、それは隠されたままであろうことも明らかである。この神の啓示の対象の不定性は「誰であれ」の不定代名詞が担っており、徴として観察できる様々な悪行の遂行者たちは引き渡されているのであろう。かくして、対象との接触による知識という性格を持つヌースの発動は良心の働きと同様に各人の選択によらないこと、力のうちにないことも明らかである。

ヌースの発動する人間の側の条件については「ローマ書」一二章冒頭で実質的には言われている。一つは、「汝らの身体を神に喜ばれる生ける聖なる献げものとして捧げよ、それは理性に適う汝らの礼拝である」(12:1)と命じられている。この勧めに続くものとして「神の意志が何であり、善とはそして喜ばれるものそしてまったきことが何であるかを汝らが識別すべく、叡知の刷新により変身させられよ」(12:2)と命じられており、神への献身が人間の側としての備えとしては一つの契機となることも明らかである。それ以前に悔い改めも不可欠の条件となろうことは、罪の苦悩がヌースの発動を要請していることは第四章で詳しく吟味するように、明白に「ローマ書」七章に記されている。

第八章における「キリスト・イエスにおける神の愛からわれらを引き離しうるものは何もない」(8:39)というパウロの確信にあるように、ひとは信のうちに神に眼差しを注ぐ時、ヌースの刷新が生起する条件が整っていると言える。信は欲求と行為が同時でありうる魂の根源的な態勢であり、誰もが幼子のようでありさえすれば持つことができる。悪行を為すものの弁解の余地のなさを構成するものは、神は自らの意志や認識を明らかに啓示していること、そして神は人間に神のことを知る認知機能を等しく付与していること、さらに信じることは或る意味で最も容易であること、そしてひとは自らの神に背き悪行に身を染めるとき、自ら神に反抗し挑む者であることを自覚していることである。この第一章において、神は神の前の罪人たちをこのようなものとして理解していることが啓示されている。

なお、人間中心的にC次元において語るなら、ヌースの発動は良心の発動と同様に各人の選択によらないこと、力のうちにないと言わねばならない。そこでは各人の責任ある自由のなかで信じることは実質的であり、ひとはただ明確な神の意志の知識を祈り求めることができるだけであろう。しかし、発見や叡知の発動は他の事柄に関しても、それを支配できるものとは考えられていない。ニュートンはリンゴが落ちるのを見たときに、そこに普遍的な万有引力の法則にヒットした。多くの人々が日常のこととして見てきた物体の落下に働いている法則は誰が発見してもよかったが、たまたまニュートンの頭脳明敏がヒットしたと言える。運動論に対する素養なしに彼のヌースは発動しなかったであろう。

比例性テーゼの含意として、人間的にはヌースの発動を求める者は、信と探求のうちにあることが必要条件であると言えよう。その発動は誰にとっても「カイロス(時の充溢)」とでも呼ぶべき「好機」である。以上のことはパウロ自身のヌースが神の意志にヒットしていることがこの記述を保証している。彼にはカイロスが到来したのであろう。啓示の言語はこのようなものであると言わねばならない。従って、その言語網内での整合性がまずわれわれの問わねばならないことがらであり、以上が神の怒りの啓示をめぐり信の哲学が提供する整合的な理解である。

神の怒りの啓示に基づく知恵の説得と知識主張

パウロは二章冒頭から三章二〇節まで、一章の神の怒りの啓示の報告に基づき業の律法のもとにある者がいかなる状況にあるかをめぐって(旧約)聖書を五箇所九節にわたって引用しつつ「知恵の説得的議論」を遂行している。ここでも明確な自覚のもとに、霊に対する言及なしに神の前の人間現実Bを裏付ける議論を理性的に遂行している。これはErC(LogB-in C)と記されよう。ただし一箇所「霊」への言及があり、「霊における心の割礼」が「肉における割礼」と対比のために慣用句として使用されている(2:29, cf. Jer.9:24, Ezek.44:7)。ここからも霊を受けるのは肉ではなく心であることが知られる。パウロは身体の割礼を神の命令とする者たち(Deut.30:6)との論争のなかで「心の割礼」に眼差しを向けそれを肉ではない心に宿る霊と関連づけた。彼が旧約の一つの緊張を自らの理論のなかで明確に位置づけたことが知られる。それとの対比において、彼は業の律法に生きる者にはあらゆる律法を満たす義務を課している。

その知恵の説得はすべての人間に自らの行為の反省を促す仕方で罪の現実を確認させることにより遂行している。「それ故に、すべて裁いている汝、ひとよ、汝には弁解の余地がない。なぜなら、汝は他人を裁くそのことがらにおいて、汝自身を罪に定めているからである。というのも、汝裁く者は同じことを行っているからである。」(2:1)。パウロは最初に「それ故に」という帰結を導く接続詞により、怒りを介した神の義の啓示の報告に見られる一七の悪行の枚挙に続き、その啓示行為を裏付ける議論を聖書の引用を介して展開する。啓示の報告の間接的な証拠を挙げ、啓示の報告が含意する神の前の罪人Bの言語網をひとつの整合的で独立したものとして展開する。ここではパウロが「汝」と呼びかけ眼差しを注ぐ相手は「すべて裁いている汝、ひとよ」であり、そのなかには「ユダヤ人をはじめギリシャ人」(2:9)が含まれる。審判という目に見える仕方で確認される現実に訴えて、「ひとよ」と呼びかけ実質的にはすべての人間を念頭に、自らは先の一七の悪行のどれをも行っていないと看做す者たちに、「すべて裁く者」は律法を振り回して審判することにより、その審判の差し向け相手と「同じことを行っている」つまり双方とも業の律法のもとに生きていることを自覚させている。たとえ、罪のリストにある殺人や邪悪な欲望を持たずとも、裁く者である限り神の前で罪人であることに「弁解の余地はない」。「自らを罪に定めている」は「弁解の余地がない」と同様に一章の議論を前提にしており、神は不義な者たちを罪に「引き渡した」ことの結果として自らの責任として能動表現に言い換えている。一章では神は怒りを明らかに知らしめたが故に、神の前で罪人とされる者たちには弁解の余地がなかったが、ここでも「裁くな」の戒めに背く裁く者は自らを業の律法のもとに生き、罪に引き渡されてしまっている。

彼が説得を試みていることは、「神があらゆる者を不従順に閉じ込めたのは、あらゆる者を憐れむためである」(11:32)とあるように、憐れみを知るために不可欠なこととして、すべての人間が裁きに確認されるように業の律法のもとに生きており、罪による文字としての律法への寄生を介して罪に閉じ込められることの確認である。彼はこれを啓示に基づく知識主張として提示している。「しかし、われら知る、真理に即した神の審判がそのようなことを行う者たちのうえにあると」(2:2)。これは知識である以上、パウロや「われら」の一つの認知状態であって、**ErCKn**(b-in C)と記述されるべきことがらである。その知識主張のもとに、彼は神の前の罪人の人間現実Bを、裁く者の弁解の余地のなさとして「ひとよ、汝は神の裁きを逃れると思うのか」(2:3)と人間的な語りにより納得させている。表記として**LogB&/orErC**(b-inC)と連言(ないし選言)で表すことによりいずれからのアクセスも可能なものとしておきたい。

意味論的分析にとって重要なことは、彼が業の律法のもとに生きる者は業の律法により審判されることを確認していることである。彼は「詩篇」(62:12)(LogB)「神はおのおのにその業に応じて報いるであろう」(2:6)を引用して、主張する。「誰であれ律法なくして罪を犯した者は、律法なくして滅び、そして律法のもとで罪を犯した者は律法を介して裁かれるであろう。というのも、律法を聞く者が神の前に義であるのではなく、律法を行う者たちが義とされるであろうからである」(2:12–13)。ここで律法なき者であれ、誰の心にも自ら為したことがらを「律法の業(*to ergon tū nomū*)」(2:15)として書き込まれていることは最後の審判の日に「自らの良心が共同の証人となり」(2:16)明らかになることであるとされる。パウロはここでユダヤ人以外も業の律法により審判されることを知らしめている。ここで人間の具体的な行為を念頭に定冠詞と共に表現される「律法の業」は、定冠詞なしに一般的に表現される神の意志である「業の律法((*ek*) *ergōn nomū*)」(3:20)とは判別されている。それ故に、このB次元に生きる者に関しては、ユダヤ律法の知と無知にかかわらず、律法を行う者が義とされる。

「神には偏り見ることがない」(2:11)のは業の律法と「信の律法」(3:27)の適用に関してなんら恣意性がないということである。業の律法に生きる者には、神は「忍耐に即して善き業の栄光とその名誉とその不朽とを求める者たちに永遠の生命を報い」(2:7)、「利己心から真理に服せず、不義に服する者たちには怒りと憤りがある」(2:8)。恣意性のなさに対し、「ミカ書」(1:2)の「われヤコブを愛し、エサウを憎んだ」(9:13)を挙げ反論されもしようが、ヤコブは「信の律法」のもとに生き、エサウは「業の律法」のもとに生きた限りにおいて、神の審判の規準の適用にぶれはないと言うべきである(e.g. Gen.ch.28, ch.32)。

パウロは三章において、ユダヤ人の優越をめぐる事柄と罪をめぐり神の信そして神の義を疑う論敵を反駁している。信仰義認を疑う者は拒絶定型句の問答形式により論駁される。「もしわれらの不義が神の義を確立するなら、われらは何と語ろうか。怒りをもたらす神は不義ではないのか。人間的にわれ言うのだが。断じて然らず。なぜなら、その場合には、神はいかに世界を審判するのか」(3:5–6)。業の律法は神の意志である限り、律法の一点一画たりとも廃棄されない。ただし、神の信に基づく義は業に基づく義よりも根源的であるが(cf. Mat.5:18, 2:6, Gal.5:3)。意味論的にはこの問答形式による論駁には決して聖霊に対する言及がなされないことは重要である。彼は哲学者たちとの自らの実際の問答を思い起こしつつ、「知恵の説得的議論」をここで展開している(cf. Act.17:17, 1Cor.2:4)。続いて展開される、義人がいないことの(旧約)聖書に基づく論証も同様である(3:9–18)。

パウロはこの知恵の説得の最後に、神の怒りの啓示Ｂから導出される結論として律法のもとにある人間存在を提示し、一般的な神の意志としての律法の役割についての知識主張をなす。Ｂ次元における神の意志の知識主張を「われら知る」と展開する。「われら知る、律法が語りかけるのは、律法のもとにある者たちに告げることがらは何であれ、すべての口がふさがれそしてすべての世界が神に服従するためであることを。それ故に、(b3)業の律法に基づく(b4)すべての肉は(b2)ご自身の前で(b1)義とされることはないであろう。というのも、(b3)律法を介しての(b1)[神による]罪の認識があるからである(*dia gar nomū epignōsis hamartias*)」(3:19-20)[21]。

ここで神が律法に課した機能についてパウロは知識主張(Kn)をなしている。これをErCkn(LogB)と表記する、ただしErCknはC次元にいるパウロを代表とする「われら」が業の律法を介した神の一般的な意志(これをLogBと表記する)を「知っている」ことを意味している。この知識はヌース(叡知)によるものであろう。パウロは、ここまで見てきたように、神の意志に対する一般的な知識としてヌースが発動したと理解している。神の前で義とされないであろうことの理由として、神による律法を通じた罪の認識が挙げられているがこれも知識のスコープ内のことである。

従来、この箇所は神による律法を介しての罪の認識ではなく、七章に言及しつつ人間による罪の「自覚」ないし「知識」として理解されてきた[22]。例えばエラスムスは「*agnitio peccatii*(acknowledgement(認め))のほうがエレガントで正確」としている。しかし、人間の罪意識が神の前で業の律法に基づき義とされないことの「というのも」という仕方で理由を提供できないために、これは罪人の啓示の言語Bを基礎づけるものとして神による律法を介した罪の「認識(*epignōsis*)」(ErB&/orLogB)を理解しなければならない。罪の自覚や苦悩と神による罪認識は人間の行為と神の行為として天と地ほどの相違がある。これも意味論的分析を怠ったことの一つの帰結であると考えられる。「罪」は第一に神がそう判断するところの神の前の概念であるということが一章一八節から三章二〇節までで業の律法のもとにある神の前の人間として析出された。

　ここで何故「人間」ではなく「(すべての)肉」と語られているかをめぐっては、第四章において「肉」の詳しい分析のなかで明らかにする。ここではただ「業の律法に基づく」という限定のもとにある行為主体、即ちモーセ律法に応答する存在者は「人間」よりもその一つの生の原理の部位である「肉」のほうがふさわしいということだけ応答しておこう。人間は信の律法に応答する部位「内なる人間」を備え、そこにおいて叡知と霊の刷新によって生きるとき業の律法は満たされるであろうからである(cf. 8:4)。

　また最後の審判との関連で業の律法と「良心」の関係も議論されるが、それも次章の心魂の認知機能の議論にゆずる。ここでは神の怒りの啓示行為ErBとそこから導出される神の一般的な意志LogBをパウロが知恵の説得的議論において遂行していることを確認するに留める。これによりパウロは「ユダヤ人をはじめギリシャ人にも」(2:10)ひとは業の律法のもとに生きるときその肉は義とされないことを説得している。

　これまでの第一から三章における神の義の第一論証を纏めよう。神は天からの怒りとして悪を行う者に対し自らの義を知らしめる(cf. 2:15)。律法を介した神の人間認識はB「律法のもとにある者への怒りの啓示の報告」と名付けることができよう。ここで怒りは(b4)不敬虔にして不義に属すると看做される者を(b*1)不潔に(b1)「引き渡す」という仕方で啓示されている(1:24, 26, 28)。悪行そのものが罰であるという仕方で、不敬虔な者や邪悪な者たちを罰することにより神が神の業を為すなら、神は義である。そのうえで彼らには「弁解の余地がない」とされる。自らの責任ある自由に良心をも含め業の律法のもとに生きているからである。パウロが「業の律法」を見つめて言葉を紡ぐ時、それは神の前のロゴス上の罪人についての独立した言語網Bを構成する。それは「業」、「罪」、「不義」、「怒り」といった語を伴い、「業の律法」をその中心に据えることで構成されている。パウロはこの言語網Bを人間が審判する現実に注意を向け、審判する者は業の律法のもとに生きている者であり、その限り神の前では義とされないことの知恵の説得を遂行している。

三　神の義の第二論証

福音の啓示の言語網A

続いて、神の福音の啓示行為について分析する。テクストの新訳は以下のものである。

[A]神の義の福音における啓示　三章二一―二六節

二一しかし、今や、(a1)[業の]律法を離れて(a2)神の義は(a1)明らかにされてしまっている、それは(a*4)律法[の書]と預言者たちにより(a*1)証言されているものであるが、二二(a2)神の義は(a3)イエス・キリストの信を媒介にして(a4)信じる者すべてに(a1)明らかにされてしまっている。というのも、[神の義とその啓示の媒介であるイエス・キリストの信の](a2)分離はないからである。二三なぜ[分離なき]かと言えば、(b*4)あらゆる者は(b*1)罪を犯した、そして(b*2)神の栄光を受けるに足らず二四(a3)キリスト・イエスにおける贖いを媒介にしてご自身の恩恵により(a*2)贈りものとして義を受け取る者たちなのであって、二五 二六その彼を(a2)神は、(b*1)それ以前に生じた諸々の罪の(a1)神の忍耐における見逃し故に(a2)ご自身の義の(a1)知らしめに至るべく、(a4)イエスの信に基づく者を(a1)義とすることによってもまたご自身が義であることへと至る今という好機において、(a2)ご自身の義の(a1)知らしめに向けて、その信を媒介にして彼自身の血における[ご自身の]現臨の座として(a1)差し出したからである。

ここでパウロは啓示された「イエス・キリストの信」に眼差しを注ぎ、彼を媒介して神の前での神の義と義人についての神の認識、判断、行為を「神の義は明らかにされてしまっている」と現在完了形において報告している。神の義のこの第二論証においてパウロは三人称を用い一つの整合的な言語網の析出を許す仕方で言葉を紡いでいる。そこでは個々人の持つ心的状態としての信仰はイエスを除いては直接には考慮されずに、常に神に、(a4)「信じる者すべて」(3:22)そして「イエスの信に基づく者」(3:26)と看做される者が啓示の差し向け相手であり、義を受け取っている者である。啓示者、その媒介者、啓示内容、目的そして差し向け相手をめぐる言語網Aにおいてはその語や文が伝達する神の意志、判断、行為を誰であれ、信じる者も信じない者も、理性に即して少なくともその意味を理解しうるものとして展開されている。

「ローマ書」における啓示の報告の大きな特徴は、神がその啓示の差し向け相手たちに聖霊を媒介にせず直接自らの認識や判断を知らしめていることである。聖霊の媒介が見られないことが語「啓示」が用いられる言語網の特徴である(1:18–32, 1:17+3:21–26)。これは神が啓示の媒介である「イエス・キリストの信」を当該性規準として立てそれとの連関において諸項目が神により理解されており、一つの神の前の体系的な言語網を形成していることによる。

神の前のことがらを生身の人間に働きかける聖霊の媒介行為はその関連において要求されてはいない。この箇所における啓示の報告としてのパウロの議論は「コリント前書」における啓示行為における聖霊の媒介に対する記述、例えば「神は霊を介してわれらに啓示した。というのも、霊はあらゆるものをそして神の深さをもまた探索するからである」(1Cor.2:10, cf. Gal.1:16「私に」)と視点を異にする。対象が三人称である場合に聖霊への言及がなされないのは、神の専決行為が一般的に分析されることを許容しているからである。「われら」が対象のさいには実際に聖霊の媒介がない場合にはその言明は偽となるのに対し、三人称の場合に発話の時点における真偽の判定が問題にならない仕方で報告されている。個々人の特定は問題にされず、神により「信じる者」と看做されている者たちが指示されている。一方、「われら」が主語となる場合には、もう一つの行為および認識主体が言語網の形成に影響を与えるが、他方、三人称の場合には神の前の現実を構成する諸項は神により明白に理解されているとおりに関連づけられることを可能にしている。

パウロは、それ故に、より少なく個人的でありより一層体系的な「ローマ書」においては神の啓示行為の報告に集中しており、受け取り手の心的態勢を問題にしない。これにより人間の認識力能の限界などを考慮する必要がない言語網を展開することが可能となっている。神が自らの意志を知らしめた当人は神が義であることを知っている。ここに「ローマ書」におけるパウロによる思考の展開ないし工夫を見て取ることができる。つまり、神の前の現実を純粋に析出することを可能にしている。実際に「われら」個々人が神の啓示を受領していると看做しても構わないが、それはイエス・キリストやモーセの石板ほどに明確に啓示されていないことは明らかである。

神の義が「信じる者すべて」に啓示されているという主張の背後に、現用言語の振る舞いとして、神が義であることを疑う者は知ることはできないという「信じる」と「疑う」が対義語であることからくる語用上の制約が機能している。もちろん、その言語的制約には神は自らがその信を嘉しない者にはイエス・キリストの信を媒介にした自らの義を啓示していないということが事態として先行している(ゴルゴタの歴史的な事件は一つの観察可能な事件に留まる)。ただし、この語用上の制約は文法や語用を知る者は誰でも理解できる次元を形成し、「神が義である」ことが真であることを信じなければそう知ることはできないという一般的な信と知識の関係に基づく。これはこの個所の共約的理解のためのミニマムな制約である。そしてこのミニマムな制約を析出することを許すそのような仕方でパウロは論じている。言って見れば、神の前の言語網とひとの前の言語網は同一の文法と語彙により構成されていると言うことができる。

ただし、語用に非対称性がある。動詞「信じる(*pisteuein*)」は一方、一つの心的行為として「人間」に適用されるが、他方、「神」にも啓示の媒介者「イエス・キリスト」そして「キリスト」さらに「イエス」にも適用されない。それはこの動詞表現が対象を知らないが或る言明が真であると信じるという認知的な要素をも人格的な要素にあわせて含むためであると思われる。「信（*pistis*）」そして「信じる」という言葉をパウロは通常のそのギリシャ語の意味と同様に認知的な文脈と人格的文脈において用いている。パウロが「イザヤは語っている、「主よ、誰がわれらの伝聞を信じたでしょうか」。かくして信仰は聞くことから、聞くことはキリストの語りを介してである」（10:16–17）と言うとき、信仰の認知的側面を指摘している。つまり何かを信じるためにはそれを聞くなりして最低限の情報としての知識を持つことが求められ、その伝聞が真理であることを信じるとき、そこには対象を十全に知ることがなくとも真理であると信じるという行為が遂行される。

他方、名詞「信」はその形容詞「信実な（*pistos*）」と共に神やひと双方の一つの人格的属性を含意している。かくして、一方、動詞「信じる」は人格的な要素のみならず認知的要素を含むために人間にのみ適用される。他方、神、キリストそしてイエスにおいては知らないから信じるという類の認知的な側面は問題にされず、人（神）格的な要素だけがこの語において問題にされる。人格的側面を意味する「信実」が問題になる文脈において「信」そして「信じる」はパウロにおいて魂の全体性がそこにおいて問われる根源的な参与の文脈において用いられる。

パウロは魂の根底において成立する信は根底から肯定的な対象に自らの一切を信託していることを表しており、神に対する全人格的な参与であると理解している。というのも、神が人間に対し信実であったとき、人間に最も求められているのは、神の信に対応する信であるとすることは道理あるからである。神からの促しにおいてその信が発動するときは、「信じること［における あらゆる喜びと平安］」（15:13）という動詞不定形表現に見られるように、対象を面前にしているからこそその目的語を必要としない端的な行為として「信」が表白されることがある。これは今・ここのエルゴン言語であり、信じ得るというだけで喜びや平安等の肯定的なパトスが生じるというパウロの認識を伝えている。

なお、一般的に信仰を語ることも当然可能であり、例えば、動詞表現「信じる」において「［福音を］汝らが見せかけで信じたのでないならば」(1Cor.15:2)、「汝の心のうちに神が彼を死者たちから甦らせたと信じるなら」(Rom.10:9)においては、信の対象を特定したうえで信じるさいの魂の在り方が心からのつまり根源的参与であるかが問われている。これらの箇所において人間の信仰が問題とされているため、或る命題を真理であると受容する認知的な要素を含んでいるが、心で偽りなく受けとめることである以上、人間の側の信実な対応が問われている。もし心魂の根底に偽りがあるなら、比例性テーゼにより神の肯定的な行為を信じることはできないであろう。その意味で信の人格的な要素は認知的な要素の基礎にある。だからこそ、究極的な状況においてはその人格的な要素だけが問われる。

神の「信」そして「義」が分離されない仕方で神の子でも人間でもあるイエス・キリストにおいて神の前Aそしてひとの前C双方において実現されており、神とひと双方の媒介者としてそれぞれからアクセスを許容する者として提示されていることがこの神の義の第二論証の鍵である。

この神の義は既に「律法[の書]と預言者により証言されている」とその先駆的な証言が提示される。モーセ五書の一書である「創世記」において、神が「肉におけるわれらの先祖」アブラハムに対し祝福を約束したとき、神はその約束に信実、忠実であったかどうかが問われよう(4:1, Gen.15)。またモーセ五書の一書である「申命記」においてキリストの天上への高挙と地下への降下が示唆されている(Deut.30:12–13, cf. Rom.10:4–7)。神がイザヤにメシヤ預言そして苦難の僕の預言を託したとき、神の言葉は成就したかどうかが問われよう(Is.ch.9, ch.53)。パウロは「神の信(実)(*pistin theū*)」(3:3)をこのような約束の言葉とその成就ないし誠実な履行の文脈において捉えている。

パウロは三章冒頭で信と不信のやり取りの文脈において神の側における信の人格的態勢を報告している。「それではユダヤ人の優っているところは何かあるのか、あるいは割礼者の利益は何かあるのか。あらゆる点で大いにある。第一に、神の言葉が彼らに信任された(*episteuthēsan ta logia tū theū*)ことである。ではどうか、もし誰かが不信仰であったなら、その者たちの不信仰が神の信(*pistin theū*)を無効にするのではないだろうか。断じて然らず。神は真実であるとせよ、すべての人間は偽りであるとせよ。まさにこう書いてある、「汝が汝の言葉において義とされるように、そして汝が審判されることにおいて勝利するように」。しかし、もしわれらの不義が神の義を確立するなら、われらは何と語ろうか。怒りをもたらす神は不義ではないのか。人間的にわれ言うのだが。断じて然らず」(3:1–6)。

神が信実であることは、神の言葉は真実であり偽りがないことにおいて確認される。アブラハムへの約束が不履行であったなら、彼は不義でもあろうが、イエス・キリストの信においてそれが決定的に成就されたとされる。アブラハムは神の約束の言葉に「信実(*pistos*)」であった。パウロは言う、「信に基づく者たちは信実なアブラハムと共に(*sun tō(i) pistō(i) Abraam*)祝福される」(Gal.3:9)。「ローマ書」の対応箇所では、「われらすべての父であるアブラハムの信に基づく者(*tō(i) ek pisteōs Abraam*)にとっても、すべての子孫に対する約束が確かなものとなる」(4:16)と言われている。このユダヤ人に信任された「神の言葉」への信実はダビデさらには「肉に即してダビデの種子に基づき生まれた」イエスについて報告されている(4:6, 3:26, 1:3)。

神は「アブラハムの信に基づく者」を先駆的に義としている(4:1–22)。その先駆のもと、パウロは「イエスの信に基づく者(*ton ek pisteōs Iesū*)を義とすることによってもまたご自身が義であることへと至る」と報告しているように、神は「イエスの信」を自らの義を示す「好機」と捉えている。双方の構文がまったく同じであることは注目に値する。従来の翻訳のようにイエスに対するひとの信仰をここに読むことのできないことが分かる。アブラハムへの信仰は想定されないからである。ナザレのイエスは「神の言葉が……信任された」(3:2)ことを引き受けそして応答し、神の意志を忠実に遂行した。神の約束の言葉における信実は正義に適う業よりも信に基づく義という心魂の根源的な局面、人格的な信に対する信のみが問題となる心魂の根源的態勢を開いた。従って、「律法を離れた」神の義とは神の信に基づく義のことを言っており、そこでの神の信義は根源的な神の性質、属性であると言ってなんら問題はない。

「イエス・キリストの信」

神はナザレのイエスの信を嘉し自らの信に対応することそれ故に自らが義であることをその信を媒介にして明らかにしうると認可している(「汝はわが愛する子、われ汝を嘉した(*eudokēsa*)」(Mk.1:11)、「神は宣教の愚かさを介して信じる者たちを救うべく嘉した(*eudokēsen*)」(1Cor.1:21)参照)。かくして、イエスはその信が神に油注がれた者として「イエス・キリスト」という権威づけられた職名を伴う尊称を得た。預言者や王が神に嘉され神に油注権威を与えられているが、「キリスト」はナザレのイエスそのひとだけを指示する固有名となる。この職名を伴う固有名「イエス・キリスト」の言語的振る舞いは、先に見たように、「キリスト」や「イエス」単独の振る舞いとは異なり、決して行為主体として用いられない(本章第一節四「文体上の特徴」参照)。パウロは神でもひとでもある存在者に一つの行為を帰属することができないと考えたと思われる。そこでは媒介の前置詞「介して(*dia*)」や「において(*en*)」が用いられ、神の行為の、さらには人間による神との交わりの、媒介として用いられる(e.g. Rom. 2:16, 3:24, 5:1, 11, 7:25, 8:1, 39)。

神の義は「イエス・キリストの信」を媒介にして啓示されている(e.g. 1Cor.15:57, Gal.1:1, 2:16, 20)。パウロは「コリント前書」の対応箇所において言う、「神は信実(*pistos*)である、その信実な方により汝らはご自身の御子われらの主イエス・キリストの交わりに召し出された」(1Cor.1:9)。「イエス・キリスト」は一般的に言って信を介して神と生身の人間双方から双方へのアクセスを許容するもの、交わりを可能にするものとして選択されている。

このような状況であるとするなら、論争の的である「イエス・キリストの信」の属格の理解も解決されるであろう。一方、主格的属格の解釈は成り立たない。それは「イエス・キリスト」が「キリスト」や「イエス」とは異なり直接的な行為主体の位置に置かれることはないからであり、イエス・キリストが自ら持つ信仰を媒介にするという理解は排除される。他方、トマス・アクィナスやルターら伝統的に保持された目的的属格の解釈つまり個々人が彼に対して持つ信仰は神の義の啓示の媒介になりえないため排除される。ただしトマスやルターは人間の持つ信仰について神にイニシアティブが存在し、聖霊の媒介による神からの贈りものとして与えられるものと解するために、何らか啓示の媒介になりうると考えたと思われる。[23] 信じることは聖霊の媒介により信じせしめられること、つまり神の業であるが故に、啓示の媒介たりうるという伝統的な見解に与したとしよう。目的的属格の理解のもとではイエス・キリストへの信仰と「信じる者すべて」の信仰と、信仰が二度出現し、いずれも聖霊の媒介を必要としており、同じ恩恵としての信仰が言及されているはずであり、「信じる者すべて」は余剰となる。

かくして、パウロが意図したのは神の義の啓示の媒介として用いられうる神の子イエス・キリストに帰属した神ないし神の子の信という意味において「帰属の属格（the genitive of belonging）」が第一義的には理解されねばならない。[24] ナザレのイエスの十字架にいたるまでの信の従順により、神はそれを嘉し、自らの義の啓示の媒介としてキリストであるイエスに帰属した信を用いた。「イエス・キリストの信」は「神の信実」(3:3)とナザレのイエスというひとりの完全なひとの信がその存在者において対応ないし合致したこと、それ故にひとの子の信が神の子の信として歴史のなかで出来事になったことを意味している。この出来事としての信はひとが持つ心的状態としての強弱あるまた成長を語りうる信仰と異なり、自らの義の啓示の媒介として十全だと神に看做された出来事としての信を意味している。

この出来事としての信は「ガラテア書」の対応箇所においては「われら」というより個人的な仕方でこう述べられている。「信が到来する以前には(*pro tū de elthein tēn pistin*)、われらは律法のもとに閉じ込められており監視下にあったが、それは来るべき信が啓示されることに向けてのことである。かくして律法はわれらをキリストに導く養育者となったが、それはわれらが信に基づき義とされるためである。信が来るや、われらはもはや養育者のもとにはいない。というのも汝らはすべてキリスト・イエスにおけるその信を介して(*dia tēs pisteōs en Christū Iesū*)神の子だからである」(Gal.3:23-26)。

つまりそこでは「信」はひとが自らの責任ある自由において所有する何ものかではなく、「キリスト・イエスにおいて」「到来する」や「啓示される」という出来事の範疇において語られるべきものとして描かれている。また、「彼において然りがなった」(2Cor.1:20)とあるように、神はイエス・キリストにおいて人類に対する肯定が出来事になったと理解している。ここでもイエス・キリストに帰属した信は神の義の啓示の媒体として啓示されたものである。そしてそれは双方からアクセスを可能にするものとして神とナザレのイエス双方の信を指示している。神は「イエスの信に基づく者」を義とし、ひとは「イエス・キリストの信」を介して神に義とされる。神はイエスの信が自らの義の啓示の媒介になりうると理解している以上、自らの信として理解されることを許容するであろう。この媒介者の故にわれらは「神の子」とされる。従って、これは神とイエス・キリスト双方に或いは少なくとも神の信に対応するものとしてイエス・キリストに帰属した信という意味で帰属の属格と理解すべきである。換言すれば、神はイエス・キリストに帰属したと理解する信を用いて自らの義を啓示している。「ガラテア書」の対応箇所では「書[聖書]はあらゆる者を罪に閉じ込めたが、それはイエス・キリストの信に基づく約束が信じる者たちに与えられるためである」(Gal.3:22)と言われる。出来事になった信に基づき神の約束は信じる者たちに実現される。

以上のことからこの箇所二二節ではナザレのイエスの人間性を強調するさいに用いられる「イエスの信」(3:26)[25]ではなく神の義を媒介するイエス・キリストに帰属した信という意味で「イエス・キリストの信」と記すことは必然であった。というのも、イエスは自らの責任ある自由のなかで神の約束の言葉に信実であったが、「イエス・キリスト」は神により油注がれた者であり神の意志を体現している者として神とひとの媒介たりうると理解することができるからである。

この箇所は「ローマ書」一章の主題の提示の展開である。そこでは「一六というのも、われ福音を恥としないからである。なぜなら、[御子の]福音はまずユダヤ人にそしてギリシャ人にもすべて信じる者に救いをもたらす神の力能だからである。一七なぜなら、神の義は彼[イエス・キリスト]において[神の]信に基づき信に対し啓示されている。そのことはまさにこう書いてある、「信に基づく義人は生きるであろう」」(1:16–17)と報告されている(註18参照）。この箇所では一七節は一六節を説明するものとして提示されており、三章同様、神の義の啓示が律法を遵守する者に対してではなく、救いをもたらす神の力能である御子の福音においてイエス・キリストの信に基づき信に対し啓示されていることが「すべて信じる者」に対するものであることの理由となっている。

ここで「信に基づき信に対し」の解釈が紛糾している。私は「神の義は神の信に基づき、ひとの信に対し」という解釈に基本的に賛同する（Ambrosiaster 註18参照）。ただし、この解釈に対しては、神は自らの信に対応する信をイエスの信に見出しており、神がそれにより自らの信と義を伝達している限りにおいて、「イエス・キリストの信に基づき」と見ることができると私は理解している。神の信はその義とともにこの信と分離されないということは三章からして確かなこととして主張できる。そのうえで三章当該箇所との整合性を考えるとき、つまり御子において彼［御子］の信に基づきひとの信に対して啓示されていると解する。この読みは意味論的分析に耐えるものである。

この読みの利点として「ローマ書」三章当該箇所との関連そして「ガラテア書」当該箇所の「キリストの信に基づく（*ek pisteōs*）」（Gal.2:16）と整合的なものを提示していることである（本章七節参照）。「ガラテア書」（2:16）では「キリストの信に基づいて」と「業の律法に基づいて」の対立句により、神の啓示のイニシアティブのもとに神の側から人間が律法か信かのいずれかに属するものとして前置詞「～に基づく」という表現の導きのもとに二種類の人間の所属が決められている。「ローマ書」三章当該箇所は「イエス・キリストの信を媒介にして」であったが、それとの整合性を図るとき、アブラハムの信の先駆が神の義との関わりで二種の人間を分けるが、一章においても神の義は業の律法を離れてイエス・キリストに帰属した信に基づき啓示されていると解するのが正しいと思われる。

啓示は神の行為であることに異存はないであろう。啓示の媒介は一章では「彼［イエス・キリスト］において［神の］信に基づき」であり、また三章では「イエス・キリストの信を媒介にして」である。啓示の受け取り手は「信」でありまた「信じる者すべて」であり同一である。「ハバクク書」（Hab.2:4）の引用も「信に基づく」とあるがもちろん人間の信仰に基づく義人であると理解して間違いではないが、まず神が信であることに基づかねばひとの持つ信仰が義と看做されることはないであろう。神の信は義と分離されない仕方で媒介により伝達されている。「［神の］信に基づき」は啓示の媒介としての信であり、業の律法と識別すべく機能している。業の律法に基づく義人は存在しない。「到来する信」(Gal.3:23)はイエスを除いてひとが通常持つ信仰ではないことは明らかであり、新たな信が出来事になった以上、ここでの信はイエス・キリストの信を意味していること、そして旧約であるにもかかわらず「ハバクク書」の「信に基づく」もこの新たな信の光のもとでパウロにより再解釈されていると理解する。少なくとも従来の解釈であるひとの心的状態の進歩としての「信仰から信仰へ」という解釈は拒絶されるべきであることは同意されよう。

神の預言者を通じての約束がイエス・キリストの信において実現するなら、神は信であり、それゆえ義である。パウロが神の義と分離されない「イエス・キリストの信」を見つめて言葉を紡ぐ時、それは神の前の義人についての独立した言語網Aを構成する。そして三人称において形成され、神にそこに属すると看做されている者が誰であるかについてパウロはこの文脈において関知しない。それは「義」、「贖い」、「現臨の座(*hilastērion*)」、「今という好機」、「イエスの信に基づく者を義とする」といった語を伴い、「イエス・キリストの信」をその中心に据えることで構成されている。この「信」は神の義の啓示の媒介になる信である以上、個々人が持つ「成長」や「強弱」が帰属する心的態勢、状態として通常「信仰」と訳される「信」とは異なるものを意味している(14:1, Phil.1:25)。これはイエス・キリストにおいて成立した神と一人のひとの信が対応ないし合致した出来事としての信であり神が自らの義の啓示の媒介として用いている。その「信」が「神の義」と分離されないと神が看做していることが報告されている。イエス・キリストに帰属する「信」を(f1)と表記し、人間の心的態勢としての「信」を(f2)と表記することにする。(26)

「分離はない」

私は二二節を「というのも[神の義とその啓示の媒介であるイエス・キリストの信の]分離（*diastolē*）はないからである」と訳す。従来二二節は四世紀後半に古ラテン訳を「編集」したとするヒエロニムスが *non enim est distinctio* と訳して以来、ずっと「というのも[信じるすべての者のあいだに]何ら区別はないからである」（3:22）或いは「差異はない」と訳されてきた。*diastolē* は LSJ においては drawing asunder, separation という訳語が最初に与えられ、続いて distinction が与えられている。それに対し、W. Bauer の『新約聖書辞典』では Unterschied（区別）の訳語しか見いだせない。(27)

従来の解釈によれば、それに続く「なぜならすべての者は罪を犯したので……」と信じる者のあいだに区別がない理由として皆が罪人であることが信仰に区別や差異を見ない根拠とされてきた。まず、理由文におけるこの区別のなさは何を説明するとされるのであろうか。神の義の啓示が「信じる者すべて」に向けられているということであろう。ここでは人間の心的状態としての(f2)信仰が問題にされ、どんな信仰の強い者にも弱い者にも区別なく義が差し向けられることを説明するとされよう。芥子種ほどの信仰がここでは問題になっている（cf. Mat.13:31）。さらにその区別のなさを説明するものとして、すべての者が神の前で罪を犯したという否定的な事実が言及される。この否定的な事実はどれだけの肯定文を支える肯定的な説明力を持っているのであろう。この否定的な魂の状態と肯定的な魂の行為のねじれの故に、ここで罪人が信仰を持つことができるとするなら、それは自らの力ではないと思考が方向づけられざるをえない。信仰は神の恩恵の業である、信じることは信じせしめることである。それ故にどのような信仰であれ信じる者は誰であれすべて義を受け取ると解されてきた。この信徒の心的状態を問題にする解釈にはどれだけの信仰を持てば、神に義とされるに十全なのかという懐疑が常につきまとうであろう。そこでは信仰は律法の業の一つとされることにもなろう。福音が業の律法の枠のなかで啓示されているというこの事態は最も避けなければならない解釈のはずである。

二二節の「というのも、分離はないからである」は二一節とりわけ啓示の差し向け相手が業の律法のもとにいる者ではなく「信じる者すべて」であることを説明している。神の義はイエス・キリストの信と分離されないが故に、業の律法とは切断され、もはや律法を遵守する者ではなく信じる者すべてがその啓示の差し向け相手とされていることを説明している。二三節の「なぜ［分離なき］かと言えば（*gar*）」という理由文は以下二六節「〜差し出したからである」まで「ひとつの単独文（a single sentence）」としてこの分離のなさを説明している。[28] 神の義の啓示行為「明らかにされてしまっている」は二つの動詞つまり「差し出した」と「義とすることによって」によりその実質が開示されている。

二三から二六節まで、イエスの信が神に嘉される仕方で遂行されたこの好機に、今や律法とは別に、神の義がイエス・キリストの信と分離されない仕方で明らかにされたことが説明されている。「なぜ［分離なき］かと言えば、(b*4) あらゆる者は (b*1) 罪を犯したそして (b*2) 神の栄光を受けるに足らず、(a3) キリスト・イエスにおける贖いを媒介にしてご自身の恩恵により (a*2) 贈りものとして義を受け取る者たちなのであって、その彼を (a2) 神は、(b*1) それ以前に生じた諸々の罪の (a1) 神の忍耐における見逃し故に、(a2) ご自身の義の (a1) 知らしめに至るべく、(a4) イエスの信に基づく者を (a1) 義とすることによってもまたご自身が義であることへと至る今という好機において、(a2) ご自身の義の (a1) 知らしめに向けて、その信を媒介にして彼自身の血における［ご自身の］現臨の座として (a1) 差し出したからである」。

ここで二つの現在分詞 *dikaiumenoi* と *dikaiūnta* をそれぞれ「義を受け取る者たちなのであって」と「義とすることによって」という仕方で動的に訳出することにより「分離がない」ことの理由文として一文にまとめ上げることができる。従来の訳では二三節で「……栄光を受けるに足らないからである」と理由文を切っていた。しかし、実際にはその最後の語句「キリスト・イエス」は関係代名詞「その彼を（*hon*）」により続けられ、一文として理解しなければならない。文法的に誤訳だったと言わねばならない。二六節まで全体がこの分離のなさがもたらした新たな事態を説明している。

啓示の主体は神であり、自らの義をイエス・キリストの信を媒介にして二通りの仕方で知らしめている。もし業の律法を介したなら、業を為す者は神が義であることを知りまた当然の報いとして義を受けとる。それに対し、この啓示においては神の義と媒介する信に分離の存在しないことが、業の律法による義を排除している。義と信双方には概念上の区別はあるが、啓示の行為として実質的な含意関係にあり分離されていない。従って、信じる者にしか原理的に神の義を知ることはできずまた受けることもできない。

重要なことは、神は自らの義の啓示がそれまで犯された罪に対する忍耐の故に十全になされなかったことの自覚のもとで、今という好機に律法に基づく義ではなくイエス・キリストを介して信に基づく義を啓示することができまた啓示したと認識していることである。この啓示行為においては、神は業の律法に基づいては何も行為しておらず、イエスを罪人の代わりに罰したということはなく(刑罰代受説の否定)、信に基づく義がイエス・キリストにおいて成就したことにより、イエス・キリストを神の新しい「現臨の座(*hilastērion*)」として啓示することによって、自らの義の啓示、知らしめを十全なものとしている。神は現臨の座を設けることにより、自らの忍耐による業の律法に基づく義の知らしめの不足の償いをなしたと理解することを神は許容するであろう。それは「今という好機」に律法の義とは別に「イエスの信に基づく者を義とすることによってもまた」自らの義を示すことができたということにより説明されている。イエス・キリストの信の出来事は神にとってもひとにとっても好機であった。

神の義は今や律法とは分離され、到来した信を媒介とすることにより分離されないため、啓示の(a4)差し向け相手はもはや業の律法を為す者ではなく「信じる者すべて」である。(a*4)彼らは(a*3)イエス・キリストの信を媒介にして(a*2)神が義であることを(a*1)知っており、また(a*1)義を受け取っている。業の律法に基づく神の義が啓示された場合には、「信じる者すべて」が啓示の対象になることはない。業の律法を遵守する者たちだけが神の義を知っており当然の報いとして義を受け取ると主張することができる。だが、「[業の]律法を離れて」それとは別にそれとは分離されて、神の義が啓示されている。この信による神の義の啓示の差し向け相手は信じるすべての者となる。なぜなら、神の義はそれを伝達する信とは分離されないものだからである。これは「信の律法」(3:27)の到来と言うことができる。

「キリスト・イエスにおける贖いを媒介にしてご自身の恩恵により贈りものとして義を受け取る者たち」と語られるとき、贖いの無償性、贈りもの性とは「キリストはわれらを律法の呪いから贖いだした(*exēgorasen*)」(Gal.3:13)ということに他ならない。「律法は怒りを成し遂げる」(Rom.4:15)。キリストは信に基づく義を成就したと神に看做されることにより、ひとを罪から義に贖いだす、ないし移行させるものとして、神はもはやひとに業に基づく義を求めることなく、信に基づく義だけを求めることができると看做した。このことが福音において啓示されたのである、個々人の誰がそのように移行されたかは誰にもイエス・キリストにおいてほどには明白には啓示されてはいない。それ故に、この仲介者を媒介することは必須となる。人間的には、業は立派な人間にしかなしえないであろうが、信は悔いたうち砕かれた幼子の魂さえあれば誰でも持ちうるものであるが故に、誰でも無償で贈りものとして義を受け取ることができる者となったと言うことができよう。

このようにして、何故この短い箇所で(一)「(a2)ご自身の義の(a1)知らしめに至るべく、(a4)イエスの信に基づく者を(a1)義とすることによってもまたご自身が義であることへと至る」(25, 26)、(二)「(a2)ご自身の義の(a1)知らしめに向けて、その信を媒介にして彼自身の血における[ご自身の]現臨の座」(25, 26)と二度信義の分離なさを表現する表現が用いられているかその理由を理解することができる。神自身の義と媒介者の信との分離のなさの実質がこれらの表現を要求する。(一)は神が「イエスの信」に基づくと看做す者を義とすることによって、自ら義となるという信義の不可分離を表現している。(二)は業の律法の適用を忍耐の故に控えてきたことから、その死に至るまでの従順に見られるその信を媒介にして新たな義の知らしめに向かったことを告知している。これは二三節以下の理由文の大枠を形成している。この信義の分離のなさがこの「今」(3:21, 26)の好機を構成するものであった。

神の信義の啓示行為に含意される神の自己認識と人間認識

以上の議論から、神の啓示行為Ａに含意される自己認識ならびに人間認識について一つの結論に達する。ここで啓示の行為主体は神であり、啓示の媒介的遂行者はナザレのイエスである。パウロはこの分離されない啓示の実質内容として神の自己認識、人間認識を少なくとも一三報告している。そしてそこには何ら司法的なものは見出せないと言うことができる。

第一に、神はイエス・キリストの信に基づく自らの義の啓示は「律法［の書］と預言者たちにより証言」されているものであると認識している。神はイエスの信の生涯が、アブラハムやイザヤにおいて約束し預言したことの成就であると認識している。

第二に、神は自らの義が律法とは分離されうるということ、またイエス・キリストの信と「分離はない」と認識している。このことは信に基づく神の義は、分離されうる業に基づく神の義より神自身にとって根源的であることを含意している。

第三に、神はこの義の啓示の差し向け相手が、信義の分離のなさ故に、業の律法に基づく者ではなく「信じる者すべて」であると認識している。

第四に、神は信義の分離なき福音の啓示故に、その否定的な前提の含意として業の律法のもとに「あらゆる者が罪を犯した」そして自らの栄光を授けるに足らないと認識している。

第五に、神は福音の啓示の否定的前提であるこの過去時制（罪を犯した）と全称量化（すべて）において、今や罪を犯した者たちはすべてが「義を受け取る者たち」（現在受動分詞）へと過去から現在に変換すべく表現されていると認識している。神は過去表現により罪人が福音との関連にある限り過ぎ去ってしまったと認識している。

第六に、この変換表現により、業の律法が福音との関連で新たに理解されると認識している。

第七に、神は誰であれすべての人間をその罪に対して「キリスト・イエスにおける贖い」により、「贈りものとして」無償で「恩恵」により「義を受け取る者たち」であると認識している。

第八に、神は信の律法のもとに御子を「贈りもの」として無償で差し出すことにより、自らに関して業の律法のもとに罪人を審判することから自らを解放できる、業の律法の行使を差し控えることができると認識している。

第九に、神はこの「イエス・キリストの信を媒介にして」自らの義を、いまや業の律法に基づく義とは別に、信に基づく義を知らしめることができる「好機」であると認識している。

第一〇に、神はそれ以前に生じた諸々の罪に対して自らの忍耐において見逃してきたことそしてそれ故に十全に自己の義を知らしめてこなかったことを認識している。これは神の忍耐と慈悲故に業の律法の義の啓示の差し控えを含意している。

第一一に、神は死に至るまでのイエスの信を媒介して彼の血においてこれまでの義の知らしめの不足の償いができる好機に、「ご自身の義の知らしめに向けて」イエス・キリストを自らの「現臨の座」として差し出すことにより、神がイエスの信に基づく者と看做す者たちとそこにおいて出会うと認識している。(29)

第一二に、神は「イエスの信に基づく」と看做す者をその信故に罪から義に至らせることにより、神は罪人の「贖い」を成し遂げていると認識している。

第一三に、神はイエスの自発的な死にまで至るその信の故に、その血を人類の罪の身代わりとして流したと認識しているが、イエスの死に至る従順に報いるべく罪人を業の律法から信の律法のもとに解放したこと、さらに愛を媒介にして実働した信によって業の律法を充足した義人イエスを罪人の代わりに自ら罰する不正を行ってはおらず、自ら信に基づいて義であると認識している。

以上が、神がイエス・キリストの信を媒介にした啓示行為(ErA)に基づき形成される啓示言語網Aに含意されている神の自己認識と人間認識である。これらはミニマムな理解であり、ここから神学がどこまでも展開されるであろう。この啓示行為に同時に聖霊の媒介行為(ErD(AviaC))が遂行されていることもあろうが、パウロは神の専決行為を抽出できるように議論を展開している。そしてこれがギリシャ語圏の者をも異言語圏の者をも、さらに知者をも愚者をも説得すべく体系的に企てた「ローマ書」における（神の認可のもとでの）彼の特別の工夫である。

第三節　神の前からひとの前の自律的な「われら」への眼差しの移行

一　啓示の言語から導かれる相対的に自律した人間の自己認識

「かくして、われらは、人間は……信によって義とされると認定する」

パウロは、続いて、福音の啓示に基づき、「われら」の事柄として同輩の人間を神のイニシアティブとは独立しているものとして見つめ、人間中心的な視点から福音の現実を捉え直す。私は三番目のグループである人間を責任ある自由の中で生きるC「自律的存在者」と呼ぶ。そのテクストを福音の啓示に基づき、パウロが眼差しを同朋である人間に向けて言葉を紡ぐ箇所に見出すことができる。

［C］人間的な人間存在　三章・二七―三一節

二七それでは、どこに誇りはあるか、閉めだされた。どのような律法を介してか、業のか、そうではなく、
信の律法を介して（*dia nomū pisteōs*）である。二八かくして、われらは人間は業の律法を離れて信によって義とさ
れると認定する。二九それとも神はユダヤ人だけの神であるのか。そうではなく異邦人たちの神でもあるのか。
三〇そのとおり、異邦人たちの神でもある、いやしくも神はひとりであり［業の律法ではなく］信に基づく（*ek
pisteōs*）割礼者を、そしてその［イエス・キリストの］信を媒介にして（*dia tēs pisteōs*）無割礼者をも義とするであ

ろうなら。三それでは、われらはその[イエス・キリストの]信を介して律法を無効にするのか。断じて然らず。むしろわれらは律法を確認する。

パウロが啓示の報告を前提にそれらの結論(「かくして」)として、人間の魂に眼差しを注ぎ、信仰義認論が帰結することを「われらは……認定する」と一人称により自らのこととして啓示の含意の認識を伝えている。ここに啓示の言語の報告とは相対的に独立した一つの言語空間Cが編みだされていると理解する。ここでも、[B](1:18-3:20)と[A](3:21-26)と同様に聖霊への言及がなく、広い意味では知恵の説得と言えるが、これにより言語層A、B、Cが相対的に独立したものであることが意図されている。とはいえ、ここでもこのロゴスに聖霊の執り成しが発話と同時に働いていることを何も妨げない。

ここで信によって義とされると「われらは……認定する」と自らの見解として主張する。業により義とされない以上、誇りという心的状態は閉めだされた。業の律法は最後まで業を要求するが、信の律法によりつまり信についての神の意志により信に基づく義が開かれた。「われら」のC次元における信は「かくして(*ūn*)、われらは……[信によって義とされると認定する]」というA言語の帰結文として、「イエス・キリストの信」を媒介にした神の信に対する応答として成立するものであった(A言語の帰結として*gar*(なぜなら)ではなく、*ūn*を写本BCDに従い採る)。人間的な次元において、信仰義認とは自らの信、信仰をたとえそれが強弱変動ある心の態勢であったにしても、イエスの信において自らの信が神により理解されているという信のもとに神から信に基づく義認を受け取ることである。神が唯一である以上、割礼という業を行うユダヤ人も、無割礼の異邦人も信仰によって義とされるとパウロは主張する。

パウロはこの第三の人間類型を一人称複数によりここで提示し、眼差しを福音の啓示からその生身の人間の心的態勢に向け直し、福音の含意を自らのこととして受けとめている。語句「人間」により神の前の言語においては神が理解する限りの人間が指示されていたが、ここでは相対的に独立した自律的な人間が指示されている。パウロは信の律法により義とされ、業の律法により罪とされるという啓示行為を報告したが、これらの神の前の人間現実をここでは自らのことがらとして受け止めている。彼は人間を義なる存在（類型A）にも罪ある存在（類型B）にもなりうるような可能存在者として理解している。

AグループとBグループは「神の前」の言語を構成し、Cグループは「ひとの前」の言語を構成する。そしてグループCでは彼が眼差しを注ぐ人間に即して形成する言語表現はもはやグループAの「信じる者」や「イエスの信に基づく者」ではなく、単に「人間」、「ユダヤ人」、「異邦人」、「無割礼者」、「割礼者」と呼ばれ、基本的に誰にでも判別できる規準のもとに分類されている。グループCでのみ、「われら」というパウロを含む主語が使われる。パウロが見つめる現実に従って、人間の描写は変わる。

この箇所においてパウロは人間中心的な視点から言語網を形成していると言うことができる。彼はここで「われは汝らの肉の弱さの故にわれ人間的なこと（*anthrōpinon*）を語る」（6:19）という視点から、肉の弱さに対する譲歩として人間的な眼差しの視点を導入する。「肉」は、次章で詳しく論じるように、土から作られた身体を持つ自然的存在者の一つの生の原理を意味する。肉の弱さは、ひとは自らの構成要素として聖霊の領域を考えられないゆえに、身体の限界を自己自身の限界として捉える傾向性から成る。この「人間的なこと」という語句は、自律的な存在者（類型C）が人間を人間中心的な立場から、たとえば「奴隷」という語が中立的に「罪の奴隷」または「義の奴隷」のどちらにも適用されうるような立場から理解していることを含意している（6:17–20）。パウロは弱い人々への愛のゆえに、これらの次元を分節する労を惜しまない。

「神はひとりである」

パウロはこの信仰義認の教説はすべての人間に妥当すると自説を展開する。その究極の根拠は「神はひとりである」ということに他ならない。信義の不可分離の福音はユダヤ人にも異邦人にもすべての人間に向けられており、唯一の神はひとに信だけを要求していることをパウロは福音の含意として展開する。三〇—三一節における「その信を媒介にして」の定冠詞「その」は「イエス・キリストの[信を媒介にして]」を指示すると理解する。これは「無割礼」のひとに関わるものであり、業の律法を離れたところで問題になる「信」であることは疑いえない。二八節における「われらは信によって[義とされると認定する]」というC次元における人間の心的態勢としての信仰「信[によって]」を指示している可能性は否定できないが、前置詞「介して」は啓示の媒介を想定させる。

パウロはここでは割礼ある者も無割礼の者も義とされるのは信との関連においてであることを論じるが、前置詞をそれぞれ「信に基づく(*ek pisteōs*)[割礼者を]」と「その信を媒介にして(*dia tēs pisteōs*)[無割礼者を]」に使い分けしている。神が割礼者も無割礼者も信との関連において義とすることは既に[A]において論証されている。ここでの前置詞の使い分けは「ハバクク書」の「信に基づく義人は生きる」(1:17)を思い起こさせる。「信に基づく」は「神の義は[神の]信に基づき、信に対して」に見られたように、「ハバクク書」においてそしてこの箇所においても「[神の]信に基づく割礼者」を読むことは不可能ではないが、その場合には前置詞の違いを必要とせず、神は神の信に基づき義とするというだけのことになってしまう。しかし、ここではイエスを知らないユダヤ人も信仰に基づき義と認定されることをパウロは確認している。

ここは「[ひとの]信に基づく」ことが想定されていると思われる。というのも律法を遵守する者も当人の信に基づき義とされることを伝達する必要性は確実に存在していたからである。「神はひとり」であり、あらゆる者の義認に関わるからである。福音の啓示以前においても「アブラハムの信に基づく者」(4:16)の先駆的義認が四章で啓示言語の旧約的裏付け、証拠としてダビデの義認とともに挙げられている(cf. Gal.3:7–9, 5:5)。ここでも律法遵守する者に神は業の義ではなく信に基づく義を適用していると理解すべきである。

この「[ひとの]信に基づく割礼者」との対比において、パウロは慎重に状況の異なりを前置詞の異なりにより対応したと考えられる。福音の啓示が遂行され、それを認識している者の場合は、定冠詞を伴う「その信を媒介にして」により、ひとが持つ信仰によってというよりは、より根源的な「イエス・キリストの信を媒介にして」を念頭においていると思われる。というのも、主語は「神が」であり、「義とする」行為主体であるので、ひとが持つ信を問題にするのであれば「その信を」義とするのであって、媒介の前置詞「介して」を付加し各人の「その信を介して」と記す必然性はないからである。神はわれらの信を「介して」われらを義とするのではなく、「イエスの信に基づく者」を義とするからである。

さらに、前置詞の相違に応じて信の帰属の差異を見るべきであるとするなら、「信に基づき」と同様再び人間の信は要求されないであろう。かくして、定冠詞を伴ったこの前置詞は「イエス・キリストの信」を指示していると取るべきである。「われら」のC次元における信は「イエス・キリストの信」を媒介にした神の信に対する応答として成立するものであった。このように私は神が割礼ある者をその信に基づき義とするのに対し、無割礼者を義とするのはイエス・キリストの信を媒介にしてイエスの信に基づく者を義とすると理解する。

最後に三一節「われらはその「イエス・キリストの」信を介して律法を無効にするのか。断じて然らず。むしろわれらは律法を確認する」においても定冠詞の指示は同様に理解すべきである。「律法と預言者たちにより証言され」(3:21)とあるように、キリストの福音が例えば、「創世記」(ch.15)、「申命記」(30:12–13 (cf. Rom.10:6–7))や「イザヤ書」(9:1–7)により証言され預言されていた。業の律法は神の意志として神の義を伝達するものであり、キリストにおいて別のルートつまり信の律法により信と分離されない神の義が実現されることにより、自らの存在理由を知らしめ、確認することとなる。パウロは後に「キリストが信じるすべての者にとって義に至る律法の目指すもの[ゴール]だからである」(10:4)と語るように、律法が目指しているものは神の義であるキリストであることがこの三章末において確認されている(cf. 1Cor.1:30、註30参照)。その意味で業の律法さえキリストと関連づけられうる。当該性規準は業の律法の新たな位置づけにも作動している。たとえそれ独自のB地平においては、律法は義人を生み出しえないとしても、かえって、それ故にこそ業の律法はひとをキリストに追いやる機能を持っているという仕方で関連づけられうる。換言すれば、律法の義はそれ自身によっては成就されざることがキリストにおける信に基づく義の道を備えている。

福音が啓示されて、律法の新たな機能が七章等で論じられるが、それは第四章五節で詳述するように「罪が戒めを介して著しく罪深いものとなるため」(7:13)と罪の罪性の著しさを暴きたてることであるとされる。それも律法は無効なものではなく、「われらは律法を確認する」その確認内容の一つとして提示できよう。総じて言えば、パウロは業の律法の機能はキリストを指し示すことであると考えていたと思われる。

このように、パウロは神とひとの関わりとして信の二相を判別している。この言語的事実に信の哲学の存在理由があり、ピスティスの二相の判別と統一はこれまでの多くの論争に解決案を提示するであろう。一つに、「ピスティス」はA次元において「イエス・キリストの信」(3:22)として明らかにされた神により啓示の媒介として用いられた出来事としての信に基礎づけられる。これが神の義の啓示の媒介になりうるのは、神の信に対応するひとの信がナザレのイエスの信において実現したことにある。人間的には強弱ある(f2)信仰のうちにある各人が神により「イエスの(f1)信に基づく者」(3:26)と理解される可能性が開かれた。そこでは「信じる者すべて」は神が神の信に基づき義であることを知っている。

他方、パウロは「ピスティス」において、われわれ個々人の信仰はひとつの心的状態として、成長があり、また信仰に進んだ者がおり遅れたものがいることを当然のこととして認めている(14:1, Phil.1:25, 2Cor.10:15)。ここC次元では個々人の信仰に何らかの差異があり、何らかの共約可能な規準により判別される。このAとC双方に眼差しを注ぐことにより人間の全体性としての解明に向かう。このようにパウロは実在とそれに対応する言語の層を三つに分節し、それぞれの次元においてある人間を分析している。

二　信仰と業の帰一的構造

以上の議論から、従来の信仰と業の関係について明白な理解に到達することができる。神にとっては信の律法は業の律法より根源的であり、その信義を分離なきものとして人間に知らしめている。そこで人間に要求されているのは、或いは人間がC次元において為しうる応答はやはり心魂の根源的態勢である信において自らの全体を捧げることである。生身の信仰はイエス・キリストの信により秩序づけられる限り、神に嘉されるものとなるように、一切の人間の行為・業はこの根源的な信により秩序づけられることが求められる。「信に基づかないことがらはすべて罪である」(14:23)がこのことを伝えており、具体的にはひとはただそのつど信に立ち返り、信のもとに自らの責任ある自由のもとで行為を遂行することにより宇宙の創造者との関連において秩序ある生が形成される。そのようにパウロは啓示の媒介であるイエス・キリストの信との関連で人間の一切を帰一的に秩序づけることにより信と業の統一理論を提供していると言うことができる。

人間が自らの責任ある自由のなかで持つ信を人間の一つの業、エルゴンと語ることができる。その意味において人間の次元Cにおいては自らの責任ある自由のもとに一切が遂行される。しかし、神の根源的信Aに対応する人間の側の信は偽りを排除した心のまったき幼子のごとき信である。たとえ、それによりモーセの業の律法が満たされなくとも、その心の根源的信はそこから生じるあらゆる信実な行為の基礎となる。

神においては「信」を一つの根源的な意志「信の律法」として啓示されているがゆえに、ひとの対応は業の成就ではなく信であり続けることとなる。いかなる行為が遂行されている場合にも、その根源的な偽りなき信に基づき遂行されているかだけが問われている。神が人間に信実であるとき、人間はそれを裏切ることはできず、ただ信実であることができるだけである。これは業であると言ってもよいが、心魂の根源的な態勢・力能の実働としての業であり、心魂の一切がそれにより信実か不信実かに分けられてしまう根源的な行為、エルゴンである。そもそも「モーセ律法」により信が命じられてはいない。

神においては「(業の)律法を離れ」、それよりも信の律法のもとに信に基づく義が心魂の根源的な事柄、基礎的なものであることを示している。というのも、信のもとにその他の一切の行為が基礎づけられうるからである。一方、その信が正義に適う業を生むこともあろうからであり、他方、信なしにも見かけ上正義に適う行為はなされうることもあろうが、信に秩序づけられない限りそれは偽り、不信実であるか、少なくとも心魂の根源からの安定した行為網は形成されえないであろうからである。「愛を媒介にして実働している信が力強い」(Gal.5:6)。この一文はあらゆる肯定的な行為が信の実働によるものであることを示している。例えば「大統領は信仰により力強く国家を運営している」は「国家の運営を介して彼の信仰は力強く実働している」と言いなおされよう。信仰があらゆる働きに浸透しうるものであることが想定されている。

この点、神の心魂と人間の心魂はその根源語において同様の振る舞いをする。信はこの意味で心魂の根源的な態度、態勢であり、パウロは信の根源性に訴えた議論を展開している。そして、そこでは義との関連においては、神の信の意志のもとにある信じるという行為以外の業、エルゴンは何ら問題とされず、魂の根源的態勢としてのいわゆるルターの「信仰のみ(*sola fide*)」が問題になると言ってよい。換言すれば、「信仰のみ」とは神は義認との関連において人間の心魂の根源的態勢のみを問題にするということに他ならず、神の前で何か正しい行為が遂行されたとすれば、それはその根源的な信が浸透していることの故にである。神が義との関連で信のみを問題にするということは、業においてもその信から生み出される業のみが嘉されるということである。

このように、一方、信仰と業は心魂の根源性と非根源性という仕方で対置、対比されうる。他方、業の律法は形のうえでは遵守されようが、神の義との関連においてはその根源的な信に基づく業のみが神に嘉され正義に適ったものと看做される。その意味で信と業は帰一的な関係においてあり、秩序づけられうる連続的なものであるということができる。神の前でモーセ律法を満たすという意味で正しい業が為されない場合には、どのように理解すべきであろうか。そこには正しい信仰もないかと言えば、神は罪を赦す権威をもっており、業に基づく義はなくともイエス・キリストの信を媒介にしてその信仰を義と看做し、罪から贖いだすこともあろう。例えば、信に基づき偽証を行う場合、また信に基づき身体の割礼を受けないが「霊における心の割礼」(2:29)を受ける場合には罪と看做されないこともあろう。

このことは業の律法を遵守することは信に基づく義にとって必要条件ではないということである。パウロは言う、「働きのない者であり、不敬虔な者を義とする方を信じる者には、その者の信仰が義と認定される」(Rom.4:5)。逆に、信に基づく義は業に基づく義にとって必要条件である。この点は明瞭に語られている、「信に基づかないことがらはすべて罪である」(14:23)。いかなる行為においても、神の前における義認に関しては、業の律法に基づいているかではなく、信に基づいているかどうかだけが問われている。このことは一旦福音が啓示された以上、神は業の律法のもとに業が義か罪かを考慮することはないということを含意している。神は当該の信を嘉するか、しないかだけに関与する。

三　啓示言語の意味を保証する叡知による認識

ひとはこれまでの論述に対し懐疑を提示するかもしれない。パウロは、自らその一員でありながら、その同朋に向けて啓示の言語約定的な言語網において報告するが、その啓示の言語をどのように獲得したのか、これはパウロ自身に特別に啓示されたのか、と。パウロは神の前の現実を仰ぎ見ることによって、神による人間認識、判断そして行為を報告しているなら、それは言語網Cではないのか。単に、人間を見るか神を見るかにより、A言語とC言語は分けることができるのか、と。

これらの問いに対する一つの応答として、パウロは肉の弱さに対してAをCの内部で処理することを譲歩として認めるであろう(記号としてはErC(&/or) LogC(a-inC)となろう)。しかし、A言語として形成される語句や文の意味がC言語と異なることを示し得るなら、それはやはり独立した言語網を形成していると言うことができるであろう。例えば、これまで(f1)「信」と(f2)「信」は出来事の範疇において理解されるべきものとひとの心的状態として理解されるべきもののあいだに意味の相違が確認された。一方は神の義がそれを介して啓示されてしまっている「イエス・キリストの信」つまり神の義と分離されない信を意味していた。神はイエスの信を嘉し、イエス・キリストに帰属した信として、自らの義の啓示の媒介としてその信を用いている。他方はひとが持つ心の状態、態度としての信仰であり、その強弱や成長が自他により帰属されるものであった。

パウロは、人間は「神の意志」を知ることができると主張している。彼は言う、「汝らこの世界に同調するな、むしろ神の意志が何であり、善とはそして喜ばれるものそしてまったきことが何であるかを汝らが識別すべく、叡知(ヌース)の刷新により変身させられよ」(Rom.12:2)。彼はヌースという認知機能により神の意志が何であり、何が喜ばれるかそして善やまったきことが何であるかを知ることができると主張する。ヌースは「識別(*dokimazein*)」をもたらすとされる。この認知機能については次章で詳しく論じるが、ひとは「神の叡知」を直接持つことはないが、「キリストの叡知を持っている」とパウロは主張する(11:33–34, 1Cor.2:13–16)。つまり、神の認識は啓示の媒介であるイエス・キリストを介してひとにも知ることができると主張している。「神の意志」、「善」、「喜ばれるもの」そして「まったきこと」の「何であるか」についてキリストの事実ならびに認識をも含めた行為を通じて識別される。

この認識は神の前の語句の意味つまり神が当該語句において何を理解しているかについてのものである。かくして、この認識が啓示言語の意味の報告を最終的に保証しているものである。実在論的意味論のもと、人間の言語の意味を最終的に権威ある仕方で確定するのは、世界の在り方についての知識であるように、神の前の言語についても同様の仕方でたとえ限定された範囲内であれ知識を得ることができるとされている。パウロは言う、「かくして、信仰は聞くことから、聞くことはキリストの語りを介してである。しかし、彼らは聞かなかったのではないかと、われは語っているのか。いや、むしろ、「その者たちの声は全地に響き渡った。そして彼らの言葉は世界の果てにまで[及んだ]」。しかし、イスラエルは知らなかったのではないかと、われ語っているのか。……イザヤは大胆でありそして語る、「われはわれを探し求めない者たちに見いだされた、われを尋ね求めない者たちに現れる者となった」。しかし、イスラエルに対して彼は語っている、「服従せず、言い逆らう民に、われわが手を終日差し伸べた」」(10:17-21)。このように、パウロは旧約聖書の裏付けのもとキリストの言葉は異邦人にもユダヤ人にも知られうるものであると主張している。

ルターやわれわれの叡知がパウロの叡知と同じことがらの認識にいたるということはありうることである。その場合にはロゴス次元におけるパウロの啓示の報告に見られる一般的認識とエルゴン次元における特定の時空上の認識は対応するものとなるであろう。エルゴン次元においては、この叡知は常に刷新を必要とする。というのも、叡知がヒットしたものは肉に回収されがちであるからである。さもなければ、誰の叡知の発動であったのか不可知なままであることになろう。この叡知は神についての何らかの一般的なロゴスの知識であり、顔と顔とをあわせて知る直接的な知識とは区別されるであろう。叡知の刷新を通じてキリストに似た者となる身体を伴う自己の「変身」(12:2, cf. 8:29)が可能となるとされる。知識や識別の内容は神の前の現実AとBの一般的な認識であると思われる。両地平の二つの事例を見よう。

A次元における神の啓示行為の一般化された言明(LogA)を知識内容とする例としては、先に考察したパウロの自覚としてはエルゴンD言語において見られる。「われらは、われらの古きひとが[キリストと]共に十字架に磔られたことを知っている、それはこの罪の身体が滅び、もはやわれらが罪に仕えることがないためである」(6:6)。イエスにおける自らの信を媒介にした十字架の死に至るまでの従順は神の前の一つの事態をもたらした。それは神の前では現在生きている人間たちの古きひとが共に十字架に磔られて死んだと神が認識していることである。さらにはその目的に対する知識主張が遂行されている。これも十字架に関する神の意志の一般的な知識であると言うことができる。聖霊はゴルゴタの過去の出来事を今生きる信じる者の過去の出来事とする力能を持っていると想定されているからこそ、過去表現が用いられる。聖霊はその過去と現在の罪に仕えない生を媒介する。パウロはここでこの神とキリストと聖霊の働き全体についての知識主張「われら知る」を展開している。

このように、パウロにおけるヌースの発動を見るとき、「叡知の刷新」は神の前の現実を啓示を媒介にしてそのつど認識することであると理解することができる。顔を合わせて相いまみえる直接知は終わりの時に実現すると考えられている。このように、神がその現実において人間を認識識別しているように、神の意志を知ることができると主張されている。少なくともA、Bの言語網は独立したものとして張られており、それを人間の或る認知機能がそのとおりに認識できると主張されている。これは通常の認識や知識が世界の在り様に合致すると考えられていることと変わらない。

パウロが個人的に啓示を受けたかどうかは別にして、啓示の媒介であると主張されている「イエス・キリストの信」と石板の十戒は何らかのアクセス可能な事柄であると主張することには道理がある。彼はそれらを中心に自らの経験ならびに(旧約)聖書を参照しつつ神による人間理解をめぐる言語網を展開したと理解することは道理ある。たとえそれが不確実なものであるとされたにしても、三種類の言語網の整合性と独立性を確認できるならば、信の哲学としては十分である。A言語は神の認識についてのパウロによる報告として一つの整合的な言語網を形成しており、C言語は主にパウロ自身による人間および神についての認識により一つの整合的な言語網を形成していると。例えば、「生」「死」ということの意味がAおよびC次元では異なっていることを知ることができる。神の前では既に「古いひとと」はキリストと共に死んでしまっているが、C次元においては同時に生身の身体をかかえた肉は生物として生きていることに矛盾はない。

第四節　意味論的分析による三層の分節とその統一

一「ローマ書」の矛盾の嫌疑への応答

三つの独立した言語網

テクストの意味論的分析を実行し、人間の現実について少なくとも三つの相互に独立した視点にたどり着く時、パウロ自身について主張されてきた矛盾はもはや見られない。従来註解者たちは類型AとBの論述に一見して矛盾した(あるいは少なくとも対立する)文に戸惑ってきた。パウロは、ある箇所では Bグループについて「神はおのおのにその業に応じて報いるであろう」(2:6)と言い、別の箇所ではAグループについて「働く者にはその報酬は恩恵によるのではなく、当然のものと看做される。しかし、働きのない者であり、不敬虔な者を義とする方を信じる者には、その者の信仰が義と認定される」(4:4-5)と言う。註解者の或る者たちはパウロに対する「スキゾフレーン」という診断を回避すべく一章から三章に至る啓示の言語Bとその知恵の説得を「警告」或いは「訓練」と考える(30)。

この二つの箇所には、しかし、矛盾は存在しない。なぜなら一・一八—三・二〇の箇所ではB言語網が啓示されたモーセの業の律法を中心に形成されているからである。これは通常理解されているように「律法の業(働き)」と理解するべきではない。「業の律法」は *ex ergōn nomū*(3:20, 28)および *dia poiū nomū; tōn ergōn;*(「どのような律法を介してか、業の[律法を介して]か」)(3:27)と記され、「律法の業(働き)」は *to ergon tū nomū*(2:15)と記される。パウロは後者の意味の場合は定冠詞'*to*'をそれぞれの語に付し、具体的な状況を念頭におき属格の係りを特定している。これは、人間の一つ一つの業ないし働き、行為はそのつど特定される個々の律法のもとで決定されるからである。

神の意志に対し人間的なC次元における人間の行為を表現する場合には、端的に「業に基づき」(4:2)や「信に基づく」(3:30)と表現され「～の律法」は省略される(e.g. 9:30–32)。

なおギリシャ語 *ergon* を「業」と「働き」双方に訳してきた。前者は信の律法との対比において神の義をめぐる神学的文脈において理解されるべきとき用いられた。「律法」は神の意志であり、「業の律法」も当然神の義を表現するものである。ひとはそのもとでは義とされないため、「業」は否定的なニュアンスがあるとも言えるが、信仰もひとの心魂の働きであり心身論の哲学的文脈においてはその業も信仰とともに心のまた身体の働きである。そして態勢ないし力能とその発現としての実働は類比的なものであった(第二章二節四「生きている統合体」参照)。睡眠は生命実働であるが、覚醒に対し力能においてあるように、一般的に語るなら、信仰はその働き例えば愛に対して力能にあると位置づけられる。他方、今・ここにおいて愛が実働している場合には信が愛を媒介にして実働していると理解される(第八章参照)。

当然のことがらとして、律法としての神の意志は人間の律法の行い、働きとは区別されなければならない。律法のもとに生きる者は誰であれ、終わりの日には神が当の人間にその働きに応じて判断をくだすが故に、業の律法をあらゆる点で全うせねばならない。業の律法のもとに生きる者は、適用されうるあらゆる律法と教えを満たさなければならない。パウロは「律法のもとで罪を犯した者は律法を介して裁かれるであろう。というのも、律法を聞く者が神の前に(*para theō*)義であるのではなく、律法を行う者が義とされるであろうからである」(2:12–13, cf. Gal.5:3)と言う。「怒りの日」には、しかし、そのような者は業の律法に従い、神による「律法を介しての罪の認識(*dia gar nomū epignōsis hamartias*)」が啓示されるだろう(2:5–6, 3:20)。

その一方で、神の怒りは「人間のすべての不敬虔と不義のうえに」現在も刻々と啓示されている。その様式は神が彼らの望むままに為さしめることで彼らを悪行に引き渡すというものである(1:18)。人間が神の怒りをそのつどの今、現在において知りまた感じるか否かは問題ではない。現在形で表される神の怒りの啓示は、人間に悔い改める余地を残している。律法のもとに生きる者は、誰もが神の怒りを事実上引き渡しという仕方で受け取る者である(4:15, cf. Gal.3:13)。

神の前では二種類の人間がいるが、他方、パウロは、イエス・キリストの福音および業の律法双方のもとで生きうるそのような、ひとの前における自律的である人間(グループC)が存在していることを認めている。このような種類の人間、そしてそのような人間中心的に描かれる人間に対応する言語網は、パウロの肉の弱さへの譲歩の結果である(6:19)。パウロはこのような人間を「義の奴隷」そして「罪の奴隷」でもありうる存在と看做す。このような可能的存在は、神の前にあることは括弧に入れられたうえで、ひとの前で生きる人間である。神は引き渡しの怒りの啓示のなかで、神の言葉の受肉を介して時間的存在者としての記述を許容するものとなったが故に、「忍耐強く罪に引き渡された者たちが改悛するのを待っている」と語ることは許容されることもあろうが、いかなる人間も神の前においては義であるか罪かのいずれかである(2:4, 3:20, 15–16, 25–26)。ただし、神は人間中心的には、人間が自らの判断において生きることを自らが認可していると想定されることを許容している。とはいえ、神はこれにより人間に対し、ルーレットの赤か黒かいずれかにおいてある比喩で喩えられるギャンブルをしているわけではない。神は受肉を介して時間的な存在者となることを厭わなかった故に、神は自らが時間的契機のなかで、例えば忍耐のうちにあると特徴づけられることを許容している。これらは、予定の教説(本章八節)さらには次章で詳しく論じられる。

この自律的な人間存在はパウロが用いる命令法や条件法により共約的に確認される。パウロが人間の様々な状態を観察し、ローマの人々に命令法で語りかける時、その言語の次元はグループAやBへの「神の前」の啓示の言語とは異なる。パウロがローマの人々に話す時は、「汝らもまた同様に自らが罪に対しては死んでおり、キリスト・イエスにおいて神に対して生きている者であると認定せよ」(6:11)と命令し、ローマの人々がその命令に従うことも従わないこともありうることを想定している。もしパウロがローマ人の可能的な不服従を想定していなかったら、命令法で述べることはなかったはずだからである。パウロが命令法で語りかけた人々は人間的には義でも罪でもありうる者たちである。

神の前ではいずれかに定められているであろうが、その記述に或る非対称性がある。パウロは一方で「永遠の生命」(6:23)を語るが、他方「死」(5:12)により生物的な死を直接には意味しており、神の前の永遠の滅びとしての死を意味していない。この圧倒的非対称性は第四章で詳しく論じられるが、永遠の生命についてはイエス・キリストにおける死人の復活を介して既に明らかにされていることにその根拠を持つ。永遠の滅びはキリストの死者からの甦りにおける永遠の生命ほどにはどこにも明確に啓示されていないのである。

条件法「キリストが汝らのうちにあるなら」(8:10)も同様の状況を前提している。この節では、パウロは信じる者のあいだにキリストが宿らない可能性を考慮している。命令法で語りかけられたひとは神の前ではなくひとの前で生きており人間的な可能性においてある。個々人には、イエス・キリストにおけるようには、誰が義であり誰がそうではないかがはっきりと啓示されてはいない。それが、ひとの側で信仰を持つことがすべての人間にとって常に実質的であることの理由である。それゆえ、パウロは「汝が[C]汝自身の側で持つ(*kata seauton*)信を[A]神の前で持て」(14:22)と命じる。この命令により、グループCの人間に対し自らがグループAの人間となるべく、福音において啓示された信から各自が責任ある自由に即して持つ信仰を分離しないように、語りかけられている。

ナザレのイエスは肉における人生を介して、信仰のみによる神の前の義人(グループA)の現実を切り開いた。「イエスの信」(3:26)は「イエス・キリストの信」として神の義の啓示の媒介に用いられた。その信により、イエスは自ら持つ肉の弱さを克服したからである。イエスの信は、彼が肉においてあった間「神の信実」(3:3)に対応するものとして、神によって嘉された。それゆえ義人についての神の認識は、神を信じると神に看做されるすべての者に対しイエス・キリストの信を媒介にして啓示されている。これらの現実(A、B、C)はそれぞれ独自の一貫して矛盾のない言語網を持っている。

執り成しの言語網

ここでは、A、B、Cの言語網とは別に、或いはむしろこれらの分節の基本として、パウロは神の子でありひとでもあるイエス・キリストを提示していることを言語分析により明らかにしたい。ここにおいて、パウロは譲歩においてではなく真正なる言語網を提示したと言うことができる。この言語はLogDとErDの二通りに語られよう。「イエス・キリスト」はまことのひとでありそしてまことに神であるとされる神学的存在者Dである。「イエス・キリストの信」つまり神の信とひとの信がそこにおいて十全なものとして出会い、その双方の信が対応するものとして出来事になり、新たな歴史の基礎がそこにおいて切り開かれたその存在者がイエス・キリストである。そして文体の吟味において明らかなように、これは媒介者であり決して「キリスト」や「イエス」のように行為主体としては用いられない。神でもひとでもある存在者に一つの行為を帰属させえなかったからである。

そしてさらに特徴的なことは神の啓示行為の報告においてつまりA言語において、神が理解する限りにおいて、信が帰属した今・ここの出来事の範疇において用いられることにより、啓示の媒介となることができ、そこでは聖霊に対する言及なしに提示されうる。これはパウロの工夫でもあろうが、知恵の説得としてたとえナザレのイエスが常に聖霊に満ち溢れていたにしても、聖霊への言及なしに、A言語内で処理可能なものとして提示されている。「イエス・キリストの信」は神の義と信じる者すべてを媒介する出来事の範疇において提示される語句であるため、聖霊に対する言及なしにも理解可能なものとなっている。それにもかかわらず「イエス・キリスト」は神・人であるため特別な神学的存在者であり続ける。それ故に「イエス・キリスト」はパウロのあらゆる思考の規準として他の一切をそれとの関連において秩序づける当該性規準として提示している。これは一般的に語られる限りにおいてLogDとして手紙全体の議論を秩序づける。ロゴス次元においてこれはLogD＝(LogA＋LogC)と表記される。また第六節二「罪の苦悩の言語」で論じるように、業の律法の機能はひとを悔い改めにより福音に導くものであるため、業の律法の一般的記述LogBはLogAを目指していると言うことができる。実際「キリストが信じるすべての者にとって義に至る律法の目指すもの[ゴール]だからである」と語られる(10:4)。それをLogD((LogB→LogA)+LogC)と表記する。ただし+は双方を分離した上で結合している。「イエス・キリスト」を「聖霊」と共にこの結合の媒介者であり「神学的存在」と呼ぶ。

この一般的な記述LogDの基礎にあるのが、復活のキリストそして或いはまたは(&/or)聖霊の今・ここの執り成しの働きErDである。「聖霊(*to pneuma hagion*)」(5:5, 9:1, 14:17, 15:13)は「神の霊」や「キリストの霊」としてひとに内在しその霊に反応を引き起こすという同じ働きを遂行する。「汝らは肉においてあるのではなく、霊においてある、いやしくも神の霊が汝らのうちに宿るなら。しかし、もし誰かキリストの霊を持たぬなら、その者は彼のものではない」(8:9)。ここでのキリストの霊の働きはキリストと主従の関係を形成することである。パウロは聖霊とひとの霊を判別する必要があるときには、強意代名詞を用いて、「御霊《みたま》自ら(*auto to pneuma*)われらが神の子たちであることをわれらの霊と共に確証したまう(*summarturei*)」と言うことがある(8:16, 26)。そして聖霊の働きは肉の弱さのうちに苦しむ者たちに内在し、キリストの出来事においてその者たちが神に理解されているという神の意志を伝達し神の子であることを確証するその執り成しの行為である。

パウロは言う。「われら自身も御霊の初の実を持つことによって、われらも自ら子としての定めを、われらの身体の贖いを待ち望みつつ、自らのうちで呻いている。なぜなら、われらは希望により救われたからである。しかし、見られる希望は希望ではない。というのも、誰が見ているものを望むであろうか。しかし、われらが見ないものを望むなら、忍耐をもって待ち望む。しかし、御霊もまた同じようにわれらの弱さにおいて共に支えてくださる。なぜなら、われらは為されるべき仕方で何を祈るべきか知らないが、しかし御霊自ら言葉にならない呻きをもって執り成したまう(*huperentugchanei*)からである。だが、これらの心を吟味する方[神]は御霊の思慮内容が何であるかを知っていたまう、というのも御霊が聖徒たちのために神に即して(*kata theon*)執り成していたまう(*entugchanei huper hagiōn*)からである」(8:23–27)。また彼は聖霊の執り成しと平行的なものとしてキリストに言及する、「キリストは死んだ、いやむしろ甦り、神の右にある方であり、またわれらのために執り成したまう(*entugchanei huper hēmōn*)」(8:34)。

ここで聖霊の執り成しが「神に即して」遂行されるが、その実質は神が予め知り神の子となるべく定めたその神の選びに即して即ち神の意に即して、「弱さ」のうちに「身体の贖われる」ことを求めて呻いている「われら」を支えていることに他ならない。聖霊は父からそして子からも発出するかという *ex patre filioque*(子からも)の問題についてここで踏み込むことはできないが、言語的に確かなことは「御霊」が行為主体として働いていることである。一方、復活のキリストは神の右の座において執り成しており、他方、聖霊は心魂の内部において言葉にならない呻きによって執り成していることが報告されている(5:5, 8:34)。神は心の思慮内容を吟味することに基づき、神は明瞭にその意味が分節されないものであれ聖霊の執り成しにより目指されているものを知っていることが確認される。なぜ言葉にならないかと言えば、執り成される当人の心魂の内奥は、混乱しており何を祈るべきか知らない状況において、聖霊が宿るにしても当人の「内なる人間」(7:22)と働き上分節されず、口を通して思考を伝達するそのような言語明瞭なものではないことの故であると考えられる。或いは肉の弱さへの譲歩により、人間中心的に語るなら、ひとは信に至るべく「生みの苦しみ」(8:22)のなかにあり肉の内奥にいすわる堅い古い自我の明け渡しの困難さに、すなわち身体の贖われることの困難さに、苦しみ呻いているとき、その呻きそのものが御霊の執り成しのなかでのことであると想定することが許容されると言うことができよう。それはErC(a-inC)と記述され、あくまで祈りへの集中を欠いた信に辿りつき得ない自己理解のただなかに含意される聖霊の働きの人間中心的な理解である。しかし、そのとき実際聖霊が同時に実働(ErD)していても、矛盾ではない。より広く、何であれ苦しみのなかで呻いているとき、聖霊の執り成しのもとにあると理解することは許容されている。「御霊の思慮内容」が個別に判明ではないことが前提にされているが、それは個々人の苦しみが千差万別であり、今・ここにおいて働く御霊の執り成しは一般的には神の憐みにおいて予め知られ召しだされていることを伝達することにあるが、具体的には個々人の苦しみに対応して異なりうることが想定されている。

他方、復活のキリストは神の「右」にいると場所が特定されていることは、キリストは甦らされた「霊体」(1Cor.15:46)においてであり、身体的な表象を受け入れることが想定されているが故にであると思われる。ただし彼は聖霊と同じ「聖徒(われら)のために執り成す」働きを遂行している。神は右の座にいるキリストにより宥められたり、懇願されたりする必要はない(第七章四節におけるアンセルムスの贖罪論参照)。そうであるとすると、キリストによる執り成しの実質は、聖霊がキリストからも即ち「子からも」発出して「聖徒」や「われら」を支え励ますことであると想定する可能性が開かれる。キリストが風のように自由に吹く聖霊として心に内在し執り成すということも理解可能なものである(cf. John 3:8)。ただし、テクストは二者を行為主体として判別している以上、この同一性理解は働きにおいて同じであるということに留める。八章冒頭で「キリスト・イエスにおける生命の霊」(8:2)と語られているように、「霊」において媒介者であるキリスト・イエスにおいて出来事になった新たな生命を理解することにより、働きとしての両者の不分離を確保することができる。

このような執り成しの実質において、「キリストが汝らのうちにあるなら」(8:10)と語られることもあり、執り成す者は一般的に双方を行き来すると想定することは道理ある。たとえイエス・キリストに聖霊が内在するまた発出するにしてもいないにしても、双方の働きは父の意志をひとに伝達することであり、神の子に相応しい者として神に受け入れられるよう励ますことである。その意味で聖霊の今・ここの働きErDをも一般的にLogDとして執り成しの機能を帰属させることができる。「執り成す」の一般的用法として、執り成しを受ける者は時間的存在者として困窮のうちにある状況が想定される。復活のキリストが右にあり交わりのうちにある神についても、時間的経過の記述を受容する語りは次の意味において、つまり、神は誰を義とし罪とするかは終わりの日に審判として個々人に明らかにするという語りとして許容されよう(2:15–16, 14:10)。

パウロは執り成しの実質をこう述べていた。「御霊自らわれらが神の子たちであることをわれらの霊と共に確証したまう（*summarturei*）」（8:16）。名詞「マルチュリア（証、証言、証拠）」は或る言明の真理性を保証し、確認するものである。「殉教者（martyr）」とはエルゴンにおいて救いの真理性を証するものである。彼はさらに「われら自身も御霊の初の実（*aparchēn*）を持つことによって」と述べ、聖霊の保証を確認している（8:23）。ここで強意代名詞「自身（*autoi*）」が二度用いられ強調されているのは、単に「すべての被造物が今に至るまで共に呻きそして共に生みの苦しみのなかにある」ことを確認するだけに留まらず、「われら［人間］自身もまた」御霊の初の実を受け取っているからこそ、自らもまた神の子としての定めと身体の贖いを待ち望むことになり、「滅びへの隷属」からの解放に向かわざるをえないからである。

一方では被造物と人間の対比がなされ、キリストが人類に御霊の初の実として与えられていることこそが、希望と苦しみのコントラストを強いものにしている。平行箇所では「われらはこの天幕のうちにあって重荷を負いつつ呻いている、われらはそれを脱ぎ捨てようと欲しているのではなく、そのうえで着ようと欲している、それは死が生命によって飲み干されるためである。われらをまさにそのことへともたらす方は神であり、その方はわれらに御霊の保証（*arrabōna*）を賜った」と言われている（2Cor.5:4-5）。このように、「御霊の初の実」さらには「御霊の保証」とは、待望している「子としての定め」また「生命」にもたらすこととの関連を考慮するとき、キリストのことであると思われる。キリストの信の従順の生涯が聖霊の働きにおいてあることの保証となるそのような初の実であったと思われる。関連箇所において、「キリストは今や死者たちのなかから、眠っている者たちの初の実として、甦らされてしまっている」（1Cor.15:20）と語られている。[31] そうであるとするなら、単にわれらが個人的に御霊ないしその産物を受け取って、所有しているだけではなく、これは歴史的な出来事として人類一般が所有しうるものという主張を含意している。復活のキリストと聖霊は、場所上はともかく、一方を理解するには他方を要求するそのような不分離においてある。そのエルゴン上不分離ないしタイプとしての同一性が「キリスト・イエスにおける生命の霊」（8:2）として表現されている。関連箇所では「第二のアダム［キリスト］は生命を造る霊となった」と言われている（1Cor.15:45）。

パウロは、聖霊が嘉する者たちの心魂のボトムに内在し呻きをもって執り成し、聖徒の霊と反応しあい神の子であることを共に証しすると言う。パウロは聖霊が実働する限りにおいて、ひとは神の前から切断されていないと主張することが許容されていると看做している。彼は言う、「しかし、もし汝らが霊により身体の諸行為を死なすなら、汝らは生きるであろう。というのも、神の霊に導かれる者である限り、その者たちは神の子だからである。なぜなら、汝らは再び恐れに至る奴隷の霊を受けたのではなく、われらがそのなかで「アッバ父よ」と呼ぶ、子としての定めの霊を受けたからである。御霊自らわれらが神の子たちであることをわれらの霊と共に確証したまう」（8:13–16）。神の霊に導かれないならば、そのとき、もはや神の子であるという確信を主張することはできない。

パウロはこのように八章において聖霊の執り成しの働きを枚挙するが、それらは受領の証拠であると言える。その証拠は、神の子であるということの確信、「恐れ」がないこと、そして「父よ」と呼ぶことができることに見られる。さらに、「忍耐をもって待ち望む」こと、さらには一般的な知識主張として「われらは知っている、神を愛する者たちには、計画に即して召された者たちにはあらゆることが善きことへと協働することを」（8:28）も聖霊が与えられていることの徴ないし証拠であるとされる。ここでの知識主張は神を愛することそして選ばれ召されているという前提のもとに善という一般的な知識内容を持っているが、明らかなことは一切が神の栄光に秩序づけられているという自覚を含意している。ひとはそのとき、自ら聖霊を注がれていると自覚することが許容されている証拠が与えられていると語られている。霊は生命と離れない以上、希望も神の子の自覚もそして一切が善を生み出すことへの協働も生命の充溢と離れてはいない。聖霊受領の証は復活のキリストと関連づけられてのこの生命力であると言うことができる。

これらの神に選ばれ嘉されていることの証拠を経験したあとでも、聖霊を否定することがあるかが問いとなる（第八章におけるパリ学派とルターの論争参照）。パウロはキリストの出来事を自らの出来事として理解せしめる働きを聖霊に帰属させている。「われらは希望により救われたからである。……ご自身が予め定めた者たち、その者たちを彼は呼びだされもした。そして彼が呼びだした者たち、その者たちを彼は義ともされた。しかし、ご自身が義とした者たち、その者たちに彼は栄光をも賜った」(8:24–30)。これらの過去表現はすぐ後に第五節で分析するが、中間時においてはたとえ「義とされた」(5:1)、「希望により救われた」(8:24)と聖霊の執り成しを介してキリストの出来事が自らの出来事であるとの同化を過去表現で表したにしても、それは神に召しだされたことの証拠に留まる。そのことは聖霊を冒瀆することが何か特別な離反として報告されることがあるのを理解可能なものとする(cf. Mak. 3:28–29)。神の霊に導かれていないとき、「私は義とされた」と語ってもそれは偽である。そのことの含意として個々人の生の一挙手一投足が問われていると言うことができる。

「証拠」を得ているということはどれだけ強く読むべきなのか。もう既に神の前における救いが確定されたということなのか。それとも励ましを受けつつ徴を得つつも、聖霊から離れることができるということなのか。ここで、ひとつの問いは、神の前の真偽と聖霊の前の真偽とひとの前の真偽を分節すべきかというものである。神の前においては永遠に義認と栄光に与る者が誰であるかは定められている。その意味で言明の真偽は確定されている。他方、聖霊の執り成しの稼働域における真偽はどうであろうか。聖霊は執り成しにより神の意志を変えることができるかと言えば、「神に即して」(8:27)執り成している以上、それは想定されていない。しかし、救いに関して真偽の確定した者を執り成すことは徒労であろうから、執り成しはもっぱら「肉の弱さ」のうちに身体の贖いを求めている者たちへの励ましと取るべきであろう。パウロは或る言明「われらは義とされた」が神の前で真偽不明とは考えていない。ただし、それは「神の霊に導かれる者である限り、その者たちは神の子である」という言ってみれば、生の実質的な進行過程において、神の霊に導かれている限りにおいてその真を確認することができるそのようなものである。それ故に、常に「保証」を必要とする。信による立ち返りが求められる。

聖霊はエルゴン次元において今・ここの働きを遂行するものとして描かれ、神の前Aとひとの前Cを媒介してエルゴンD（ErD）を形成する、すなわちErD＝LogAViaErCを形成すべく二つの行為主体を媒介するもの（Via）である。ただし、執り成しを認可する神について、神の今・ここの働きはイエス・キリストの啓示におけるほどには明確に知らされていないため、神のその働きの一般化としてロゴス次元において捉えることが安全である（（LogA）と表記される）。聖霊が執り成しているのは、あの福音の啓示行為に基づき、執り成しの対象である肉の弱さにおいてある個々人に内在し呻きをもって立ち返るように、或いは身体の弱さに負けないように勧め、励ましているという状況が想定される。エルゴン次元においてはViaにより行為主体（神、ひと、聖霊）の複合は分節以前のものであることを示している。この分析において、AとCを霊の媒介により統合するDとその対応する言語網は霊への言及を含む。

もしパウロが肉は弱いと認めていなかったとすれば、彼はただD言語、言い換えれば神学的存在であるイエス・キリストの言語のみを用いたであろう。イエス・キリストについて語ることはわれわれ個々の人間について語ることと同じ言語行為となるであろう。パウロは、すべては神の前に明らかである、なぜなら神がすべての生物、宇宙を創造したからであると主張していた（cf. 11:36）。人間は、しかしながら、自由で責任を持つ限りにおいて、相対的に自律的な神の被造物である（cf. Ps.8:5）。パウロは福音を説得すべく、このような人間的な視点から語ることを拒絶しなかったのである。

ルターは、完全な形でAとCの両次元に在るイエス・キリストについての集中により、「神の前」Aの概念と「ひとの前」Cの概念を分離せず、Dの神学的言語に専心していた。ルターは、神の前の現実からひとの信仰を離さずに理解するが故に、つまり神学的実在イエス・キリストにおける神による人間認識において自らの信仰を理解する限り、その信仰は決して罪と共にあることはありえないと主張する。信仰は新しく創造された人間において啓示されているところのものであるという福音の根底的事態が強調される。「信仰こそがキリストを把握するが、そのキリストこそ信仰を形成する形相に他ならない。……それが真の信仰であれば、それは心の確かな信頼であり、キリストを把握する確かな同意である。こうしてキリストは信仰の対象となる。いや対象ではなく、いわば、キリストはその信仰そのもののうちに現存する（*in ipsa fide Christus adest*）」（WA 40.I.228, ch.2.v16）。

カルヴァンも同様であり、イエス・キリストへの固着を通じてA神の前をCひとの前から分離しない思考、それが啓示神学的思考である。そしてそれは第二部序で言及した「共同宣言」においても確認されるように、常に結合（＋）としての聖霊への言及が不可欠なものとなり、カルヴァンは例えば「もし誰かキリストの霊を持たぬなら、その者は彼のものではない」（Rom.8:9）をこう註解している。「キリストを自らの霊から分離する者たちは彼を死者の影ないし死体に似たものにする。われらは常に使徒の次の勧告、［A］罪の無償の赦しは［C］［無垢と聖への］再生の［＋］霊から切断されえないこと、これはあたかもキリストを引き裂くことであるから、を心に留めねばならない（[A] *gratuitam peccatorum remissionem a* [+] *spiritu* [C] *regenerationis* [*ad innocentiam, ad sanctitatem*] *non posse disiungi: quia hoc esset quasi Christum discerpere*）」[32]。A義認とC聖化を分離しないことが啓示神学的思考の中心である。さもなければキリストを引き裂くことになるとされる。なお興味深いことに、エルゴン上キリストを自らの霊から分離する者が「死者の影ないし死体に似た者」であるというカルヴァンの理解は、アリストテレスがエルゴン上魂と身体を分離することは生物上死をもたらすことであるとしていることに平行的である。さらに、ロゴス上分離できたとしても、それは同名異義の犠牲のもとにであることをカルヴァンのこの発言は示唆している。

この言語Dに対する固着は信仰を持つ人間におけるエルゴン（働き）の複合に対する固着である。これがプロテスタンティズムの核心である[33]。われわれはこのD言語における文の意味を、少なくとも形式的な次元において、霊に訴えずに三つの現実を分節することで理解できる。グループAの言語は霊に訴えずに理解できうるが、ナザレのイエスによって開かれた言語の経路はDタイプの言語だった。たとえば、一二歳のイエスは三日間彼を捜していたヨセフとマリアに対する返事としてD言語を発話し、「どうして私を捜したのか。私が父の家にいるのは当然だと知らなかったのか」（Luk.2:49）と言う（ここでも「父」は同名異義的である）。その一方で、イエスは譬えによって福音を宣教する時にはC言語を用いるが、それは肉の弱さを考慮して人間に理解しやすいようにする配慮である(Mat. 13:11)。われわれは(神の前で)キリストに従順である限り、自分の言葉がカテゴリーDに属すると主張することができるであろう。

二 意味論的分析が提供する贖罪論の基礎的な枠組

これらのことが確立されたとすれば、ずっと神学者を悩ませていた贖罪論について一つの基礎的な提案が出来る。G.Friedlichは「新約聖書がイエスの死について語ることは比較を絶したことである。どの観点からしても、それはあらゆる既存の例を凌駕する」と語るように、多くの解釈が展開されよう。[34] とはいえ、私がこれまで論じてきたことがらは、神は言語使用者であるという形而上学的負荷をかけないものであり、誰もが同意できる仕方でテクストからミニマムに析出しうる神の信義の啓示行為に含意される自己認識と人間認識である。そしてこのミニマムなテクストの読みは贖罪をめぐる様々な解釈の制約となる枠組を提供していると思われる。

この箇所の「神の義」をまず福音として新たに読むことができる。神はここで司法的に振る舞っているのか。つまり、罪の贖いとは「同害報復」など律法に見られる等しさの回復に向けられて代償的な刑罰と理解すべきなのか、さらにはそれにより宇宙的な力能としての罪に「身代金」を支払ったのか。ただし、オリゲネスによれば、悪魔にとって「イエスの善性」は過度であって、彼ら自身の手中に収めることができず、彼らにはイエスは拷問であり、身代金を手放したとされる。[35] さらに、罪の贖いは神が自ら「犠牲」を供するものなのか、またそれは分配的正義の概念のもとに神がひとをそれにより正しい者と不義なる者を判別する、そのような審判を行使する能動的義なのか、それとも罪人が神から恩恵として賜る受動的義であるのかをめぐって争われてきた。

長く争われてきたこれらの聖書学的、神学的問いに対し、これらの次元以前のものとして、構文論的、意味論的次元で或る程度応答でき、それらの解釈に制約を課すことができる。能動的義とは、それにより神が人間の義か不義を審判する律法に基づく義であると言える。それには律法の遂行としての善行により自ら義であることにより獲得する人間の能動的義が対応する。受動的義とは人間の側から自らを罪人であると自覚し、神から御子の贖罪行為を介してその罪人に転嫁される義、或いは着せられる義と看做されるものである。啓示言語Aにおける「神の義」はいずれなのかが問われてきた。

　アウグスティヌスは『霊と文字』九章において「使徒は「神の義が明らかになった」と言っているのであって、人間の義、或いは彼固有の義ではなくて、「神の義」と言っている。つまり、それによって神が義であるところのものではなくて、神が不敬虔な者を義とする時に、神がそれでもって人間を覆うところの義を語っている」と二つの解釈の可能性を提示し、「神の義」は人間が神に着せられる受動的義であると理解している(36)。

　G. Bornkamm は神の義の論争の歴史を次のようにまとめ、ルターにおいて解決したと考えている。

> 「パウロは、神は義《ただ》しい、というような一般的神学的命題を教えたりしない。……パウロが一つの文章(1:17)のなかで神の義と信仰者との義とについて語っており、しかもそこで両者が二つのものではなく、一つのもの、即ち神の義であるという事実は、われらを驚かすにたりよう。……この義だけが、人間にとって死からの救いであり、神の前における生命への通路である。それは敬虔な者が律法の業から無理やり得ようとする「義」とは互いに排他的な厳密な対立をなしている。……この用語法は神について、しかし同時に人間についても述べられる「義」および「義しい」を、ギリシャ語的(およびラテン語的)意味にとって一つの性格[属性]と理解してはならないことを示している。この誤った理解は神学を長い間迷わせた。人々はこの概念に接して、ギリシャの主要徳、ラテンの正義の理想を考えたからである。

　ルターにとっても、このように誤解された「神の義」と言う語は、当初は驚愕のことがらであった。というのは、彼はそれを自明のことながら、罪ある人間が決して満足させることのできない神の律法が持つ司法的規準をもって測ったからである。このような義がどうして福音の内容であるというのか。長い、苦しみにみちた努力を経て始めて、彼の新しい、ひとを自由にする、聖書的、パウロ的意味に即した義の理解が噴き出したのであった。裁判官たる神と人間との性質、倫理的質として理解される場合には、それは実際無意味となる。性質は他人に譲渡することはできない。……神はその義を、罪人であり、それ自体においては義しくない人間に与える。神は義しい。そして、その義を、信仰者を義とすることによって証明する[37]」。

ボルンカムはルターにならい神の義は神に帰属する性質、属性ではなく、動的に神の義と「一つのもの」である信仰者の義のことであると言う。これは聖霊の実働をそこに要求するエルゴン言語の強制とでも言うべき解釈である。そこでは神の性質と言える義があるとすれば、信仰者を義としている限りにおいて帰属している。神に帰属する属性としての義の理解は、属性は譲渡できないのであるから「無意味」であるとされる。

神の義はイエス・キリストの信と分離されないことが報告されている。今日までこの解釈に至ることのなかった理解のなかでの能動的義と受動的義の区別はもはや機能しないように見える。もはや能動か受動かという動的な範疇は不適切に見え、それ以前の属性の次元で語ることができるように思われる。意味論的分節に基づき、この個所はすべて神にイニシアティブが帰属する啓示の行為として理解すべきことが明らかになったからである、そして媒介となった信との関係においてだけ神の義は適切に位置づけられるからである。

啓示の実質として「あらゆる者が罪を犯した」ことが報告されている。人間が業の律法に適う仕方で自ら義であるその意味での能動的義すなわち人間の自己義認は排除されている。これは「律法を介しての[神による]罪の認識」(3:20)があるからである。従って、「[業の]律法を離れた」神の義とは神の信に基づく義のこと、即ち神の信義のことを言っている。イエス・キリストにおいて「神は信である」そしてそれ故に神は義である。そこでの神の義は一つの神の性質、属性であると言ってなんら問題はない。この信義の分離のなさを説明する文脈においては、神は業の律法をこの啓示の地平においては決して行使していないことは確認されるべきである。さもなければ、神自身が業の律法に縛られていることになろう。信に基づく義が業の律法に基づく義を封印する仕方で新たに啓示されたのである。

神は御子を「贈りもの」として罪人の贖いのために差し出したということは、「信の律法」(3:27)、「キリストの律法」(Gal.6:2)を明確に提示したが故に、もはや業の律法のもとにひとを審判することをしないということである(8:1, Gal.5:18, cf.「モーセの律法」(1Cor.9:9))。ただし、もしひとが業の律法のもとに生きようとするのであれば、その者はあらゆる律法を満たす義務があるとされる(2:12, Gal.5:3)。とはいえ、それによりひとは義とされないことも啓示の言語網Bにおいて明瞭に論証されている。業の律法が廃棄され、無効にされたわけではない。

ここでの啓示の行為主体は神であって、イエスでも聖霊でもないことは、誰もが同意するであろう。「業の律法」に対し「信の律法」(3:27)がここで機能していることも同意されるであろう。神はイエスにおいて人類に対する信を遂行した、そしてその信故に義であることを知らしめた。司法的な枠組のなかでこの啓示行為がなされたかと言えば、そうではなく約束の成就や真実を語る等の信実の枠組でなされ、しかも従来の業の律法という司法的な義をもイエスの信に基づく義の遂行により適切な関連づけのなかで包摂したと言うべきであろう(13:8)。

この箇所が信義の分離のなさの文脈において神の義を論証するものであることに同意されたとして、ひとはやはり贖罪は業の律法即ち司法的な文脈において遂行されたのではないか問うであろう。彼らはパウロの「神は罪を知らざる方をわれらの代りに罪となした(*hamartian epoiēsen*)、それはわれらが彼において神の義となるためである」(2Cor.5:21)を引用し、義人と罪人の交換が遂行されたのであり、イエスを罪と定めるのはモーセ律法以外にないと主張するであろう。聖書学的にアザゼルの身代わりの山羊に見られるように、人間の罪に比せられる石を背中にくくりつけて荒野に放つ、その犠牲の供犠は伝統的なものであったであろう(Lev.ch.16)。

双方の文脈の相違はさておくとして、この「コリント後書」の箇所はイエスには信故に罪がなかったからこそ身代わりが遂行されたことを確実なこととして伝えている。神はイエスが自発的に十字架につくことを認可したが、それは罪を罰したという意味で「罪となした」ことなのであろうか。もしそうであるなら、神によりモーセ律法がイエスに誤って適用されたことは明らかである。しかし、「罪を知らざる方」という神の認識は揺るがないのであり、アザゼルの山羊のように単にわれわれの罪の身代わりとしたという意味で「罪となした」と読むべきである。神はユダヤやローマの法律のもと冤罪により誤って処罰されることを自らの計画のなかで認可したと理解すべきである。

今日まで、*hilastērion*（現臨の座）には時に mercy seat や Gnadenstuhl（恩恵の座）という肯定的訳語も伝統的に与えられて来た。ルターは「その彼を神は、……差し出した」（3:25）の註解において、こう語る。「一つの不明瞭で紛糾しているテクストである。ひとは次の仕方でそれを擁護しまた理解しなければならない：「神はその彼を差し出した」（即ち、永遠から定められそして今かくしてうち立てられた）のは「その信を介して一つの Gnadenstuhl（恩恵の座）へと」（即ち、彼はわれらの罪のために一つの Sühnung（贖罪、償い）であるが、しかしただ信じる者たちにとってのみである）である、というのもこの恩恵の座は不信な者たちを介してむしろ審判の座となりまた一つの法廷に転用されるであろうからである」[38]。

恩恵の座の理解に関し、イエス・キリストは罪の贖いの場所として「宥めの供え物として（als Sühnopfer）」（ルター訳聖書（Stuttgart））という仕方で神が身代わりにしたことが強調されてきたが、この訳はやはり業の律法の枠のなかで遂行されているという理解を促すように思える。誰を宥めるのであろうか。人間を虜にした罪であろうか。しかしルターは「詩篇五一篇註解」においてこう言う、「律法のもとでの儀牲や礼拝の目的は神を義としたり和解させたりすることではなかった。アダムの罪以来、この目的はキリストの唯一の犠牲のために留保されてきたのであり、律法の犠牲はすべて影のようなものであった」（WA40II.455）。ペリカンは他の箇所をも引用して言う、「「犠牲」の観念についてのより広汎な議論において、ルターは（一部はイサクの犠牲の物語の釈義として）神が犠牲を要求したまうただけではなく、それを備えることもしてくださった、ということを指摘している。このように犠牲そのものが律法ではなく、福音なのであった」[39]。

あの信義の分離のなさを説明する文脈においては、イエス・キリストは神とひと双方の信義が出会う場所として神の現臨の座であることが伝えられている。恩恵の座ではあっても、「宥めの供え物」ということは少なくとも主題ではない。先の一三の神の自己および人間の認識は信義の分離のなさにおいて遂行されていることは明らかである。従って、たとえ犠牲に供したとしても、それは業の律法に基づいてではなく、信に基づいてであることは明らかである。この好機に、神は信じる者に自ら信に基づく義を「贈りものとして」、「恩恵により」無償で差し出している。神は業の律法をこの啓示の地平においては決して行使していないことは確認されるべきである。さもなければ、神自身が業の律法に縛られていることになろう。信に基づく義が業の律法に基づく義を封印する仕方で新たに啓示されたのである。そしてその実質は御子を贈りものとして差し出すことであった。

「律法を離れて」啓示された神の義はやはり律法の成就とは区別されるべきであろう。モーセ律法を遵守したかどうかではなく、心の根底において偽りではなく信があるかが問われている。心の根源的な態度、態勢としてあるものは、誰もが持つことのできる幼子の信仰であることには、やはり啓示の差し向け相手が「信じる者すべて」であることにふさわしい。「信仰のみ」とはこの心魂の根源的な事態を語っていると思われる。それは在り方の様相分析からすれば、一方では、当然一つの人間のエルゴンであるが、他方、「類比項を共に見る」ことが求められる待機力能としては、善き働き例えば愛との関係においては一つの態勢である（第二章一節三・四参照）。信はエルゴンであり態勢であると語ることに矛盾はない。あらゆる善き働きの根源として常に信だけが問われている。その意味で通常の業、例えばモーセ律法の遵守とは異なる次元のものである。そしてそれは誰もが持ちうるが故に、福音である。神はその者をイエスの信に基づく者と看做し、義としていることによって、自らもその幼子の信に対応する信に基づき義であることを知らしめている。

かくして、従来の贖いの理解において「代罰（vicarious punishment）」が遂行されたという理解はアンセルムスと共に拒否されねばならない（第三部七章参照）。アンセルムスは「父なる神が「わが独子を受け、汝の代わりに捧げよ」と言い、また子自身が「われをとり、汝を贖え」と言われた以上に深い憐れみを考えることが出来るか」と言う（CDH II20）。ルターが贖罪を次のように印象的に説明するとき、神が行為主体となり子を代りに罰したという理解に向かわずに理解する道はあるであろうか。ルターは言う、「神はおのれの独子をこの世界に遣わしたまい、すべての罪をこの息子に負わせたまう。曰く、汝はかの拒否せるペテロなり。汝は暴圧者にして瀆神者パウロなり。汝は姦通者ダビデなり。汝は楽園にてリンゴを食らいし罪人なり。汝はあらゆる罪を犯せるすべての者なり、と」（WA 40I, 437.18ff）。

もし、代罰としてこの箇所を読まないことができるのであれば、アンセルムスと同様に、独子自身を主語にたて彼が自発的に十字架につき、彼の言葉として、「汝はわれわれを次の者と看做せ、われはかの拒否せるペテロなり、……われはあらゆる罪を犯せるすべての者なり」と語るときのみ、身代わりによる罪人の神の審判の死からの贖いとなるであろう。そのとき、父なる神は罪なき独子を罰することなく、ただその子の自発的な十字架の行為を認可し「わが独子を受け、汝の代わりに捧げよ」と語ったであろう。これによりルターが主張する「義人と罪人の喜ばしき交換」を代罰理解に陥ることなしに、恩恵として理解することができる。義と憐れみの両立様式に関しては第三部七章のアンセルムスの贖罪論において詳しく論じる。

パウロは自覚的に或いは身体化されたという意味で無自覚的に神の啓示行為の報告としてA言語への分節を許す仕方で遂行していると想定することは十分に可能である。この次元で捉える限り、パウロの議論は聖霊の実働に訴えることのない啓示の報告である。そして広い意味では一つの「知恵の説得」であると言いうるであろう。

第五節　エルゴンの複合に関する過去時制の問題

一　聖霊による過去と現在の架橋

これまで主に神の前の義人と罪人についてのA言語網とB言語網の整合性について論じた。聖霊に対する言及なしにパウロにより遂行される啓示の言語の報告は、一転して、五章から八章にいたるまで霊と力能の論証に移行する。聖霊は神学的言語D言語導入の必然的構成要素である。聖霊への言及により遂行されるパウロの議論はその発話の段階でもし聖霊が注がれていなければ偽となるそのような今・ここの具体的な状況において展開されている。これを「エルゴン言語」と呼ぶが、本節においてはこのエルゴン言語がどのように展開されているかを幾つかのテクストの分析を通じて考察する。

「ローマ書」では、聖霊の働きを前提しなければ理解できない箇所がある。私は「ローマ書」の五章から八章は基本的にエルゴンD（ErD）と、挿入的に第七章でエルゴンe（Ere）の言語で構成されていると解釈する（「罪」を行為主体とするEre言語については後述）。五章から八章までにおいて、私の理解では、パウロは今・ここにおける霊のエルゴン（働き）のなかで発話することで、「霊と力能の論証」を行っている。霊が実働している（*energein* エネルゲイン）限りにおいてそのようなパウロの個別の発話が真であるということが、その特徴である。エルゴンD言語の特徴は、神の前とひとの前の言語を分離しないことである。

五章から八章の書き方には、はっきりした特徴が見られる。まず、一章から四章までは三人称主格が支配的であるのとは対照的に、一人称複数の「われら」を基本的な主体として用いている。第二に、過去のキリストの出来事に関連する「われらの」古きひとの死と「われらの」新しきひとの義認を表現する場合に、数回にわたって過去時制を用いていることである(5:1, 9, 11, 6:2–10, 7:4–6, 8:2, 30)。三つ目に、パウロは、一般的な福音の導入の文脈から離れて、今・ここというエルゴンの文脈においては初めて、聖霊の働きに言及している(5:5, cf. 1:4)。これら三つの要素は内的に連携しているが、私は主に二番目に挙げた問題に焦点を当てて五章から八章を検討し、これらの章をエルゴンDの言語として読む理由を提示する。

パウロは自らの人間の認識と一章から八章までに述べた福音および律法に関する神の二つの啓示の報告A、Bを結びつける時、キリストの出来事を指すために過去時制を用いていた。このエルゴン言語は具体的な状況における神、ひとそしてその媒介者である聖霊のそれぞれのエルゴンの複合エルガ(*erga*: *ergon* の複数形)として展開されるが、これらはエルゴン上不可分離であるが、ロゴス上分節を許容する仕方で展開されている(cf. 15:18)。そこから行為主体を分節したうえで一般的な言明として抽出することができるように議論が展開されている。本節で扱うテクストは過去のキリストの出来事が現在発話するパウロに代表される「われら」の出来事として聖霊により媒介されているその過去時制により表されているエルゴン言語が見出される箇所である。それは聖霊の力能はひとつの古き自己をゴルゴタの丘の出来事として処分するものであることを伝達している。エルゴン言語は複合的な構成員を持つため、最初にこれまでの記号の導入による議論の可視化の試みを確認し、また新たな記号を導入して理解を明確にするよう努める。

二　今・ここのエルゴン言語とその一般化としてのロゴス言語

最初に、神の前とひとの前さらには複合的な働きとその一般的な分析等、パウロの議論の展開はやや複雑であり、これまでの確認を含め、記号の導入により議論を可視化することにする。私は前節で見た神の認識、意志、判断などの神の前の事実は二種類あること、その一つはイエス・キリストの信を媒介にして張られた神の理解の言語網であることを明らかにした。それはエルゴンA(ErA)(e.g. 3:21–26)と記し、そしてそれに対応するないし抽象化される一般的な説明をロゴスA(LogA)(e.g. 3:30, 4:5, 8:1, 8:33)と記号化する。もう一つはモーセ律法を媒介にして張られた神の理解の言語網である。それはエルゴンB(ErB)(e.g. 1:18–32)と記し、それに対応するないしそこから抽象される一般的な説明をロゴスB(LogB)(e.g. 2:6, 3:19–20, 4:15)と記号化する。これらにより神の行為の専決性が表現されている。これらはすべて神の専決行為であり、媒介を用いるにしてもそれらは神の行為の支配のもとに用いられ、媒介するものは行為主体として描かれることはない。そのうち一方は神が遂行する義認の行為(ErA)であり、他方は神が遂行する罪への怒りと処罰の行為(ErB)である。

なお、この神の前の地平において、そこに属する人間が持つ神認識、例えば「神の知られるべきことがらは彼らに明らかである」(1:19)については ErBkn(b*4)と記す、ただし kn(b*4)は神により誰であれ「不義のうちに真理をはばむ人間」と看做されている人間が神について知っていることがらを表している。このグループの人間における神認識は肉のもとにいる人間の神認識と異なり、双方とも一切が明らかであると神により看做されている。

他方、肉の弱さへの譲歩のもとに自律的人間存在に眼差しを向け、パウロが自らの或いは同輩である人間の行為を記述するときには ErC(e.g. 6:22, 8:18, 9:1–3, 11:13)と記号化する。そしてそこから抽象されるその一般的な記述は LogC(e.g. 11:11–12, 33, 14:1, 8)と記す。パウロはローマの信徒に眼差しを向け(ErCimp)「汝が汝自身の側で(*kata seauton*)持つ信[C]を神の前[A]で持て」(14:22)と命じている(imp は命令形を示す)。神の前のまたは神の視点における事実を、人間の側から或るひとがそのひと自身の事実として受け止めようとすることは、不十全な人間の認知的、人格的力能という制約の中での福音の受容である。当人と自然本性上の合致をめざしていると言える。それゆえ、神の前の事実を受け入れるという人間自身のエルゴン(働き)は、人間の限られた能力で受容される限りにおいて、(a-)が神の前Aの事実を表すことにすると、ErC(a-inC)と記述できる。

ここで命令形「〜持て」が用いられる事態はこのグループCに属する人間は命令に服することも反することもできる自律的な存在者であることを含意している。神についてのこの次元における認識はErCkn（LogA）ないしErCkn（LogB）と記述することができる。一般的には、人間の側からは肉にある限り直接知ではないために認識対象はLogA、LogBとして一般的に識別されるものであると言える（ただし神の働きErA、ErBも何らかの仕方で認識することを妨げない）。この認識があって、変身が生じるのであり、それが同時にエルゴンとして生じたとしても、事柄としては判別すべきである。ここまでは聖霊に対する言及のないA、B、Cの相対的に独立した言語網を展開するものである。

パウロは「ローマ書」五章から八章において聖霊の媒介を導入して福音を宣教する。そこで、聖霊による執り成しの働きをErD＝LogA（神の義の啓示の一般的理解）ViaErC（ひとが持つ（f2）信）と表す。AViaCとは、「A」で表される神の前の事実と「C」ひとの前の事実の間の、「Via」で表される聖霊の執り成しの複合的な働きを表現している。イエス・キリストが聖霊の媒介によりあらゆる今・ここにおいて「霊に即して」「神の子」であり「肉に即して」「ダビデの子孫」であると語られる神学的存在者であり、彼の生はエルゴンDの範型である。彼はまったくC次元に生き同時に罪を犯さぬまったきA次元に義しき神の子であるという双方の次元を架橋した神学的存在者であった。パウロはイエス・キリストの故にこの言語網も確実に展開せざるをえなかったであろう。五章冒頭はエルゴンDという神学的事象の意味論的分析にとって、好個の箇所であるが、以下聖霊の実働を想定せずには理解できない幾つかの文章を吟味したい。

三　意味論的分析を許容するエルゴンの複合からなる過去時制の範例的な議論

五章から八章において、パウロは「知恵の説得」を離れて「霊と力能の論証」に従事している。パウロによる五章冒頭のエルゴンD言語の導入は「われら」自身の出来事としてのキリストの出来事と、また同時に「われら」の平安や喜びなどの肯定的な感情とを反映するエルゴンの複合から形成される。パウロはエルゴン言語を次のように導入し展開する。

　かくして、（ErD）われらは［（f1）］［イエスの］信に基づき義とされたので（*dikaiōthentes*［aor.2.pass.*dikaioō*］）、われらの主イエス・キリストを介して神に対して平安を持している。二（ErD（&/or）ErC（a-inC））その方を介してわれらは、そこにわれらが立っており（*hestēkamen*［perfect tense.*histēmi*］）そして神の栄光の希望に基づき大いに喜んでいる（*kauchometha*［pf.>Pr: *kauchaomai*］）その恩恵に対して、［（f2）］信によって（*tē pistei*）近づきを得てしまってもいる（*tēn prosagōgēn eschēkamen*［pf.>Pr: *echō*］）。三それだけではない、（ErC（a-inC））艱難においてもわれらは大いに喜んでいる、艱難は忍耐をもたらし、四忍耐は確かな陶冶を、確かな陶冶は希望をもたらすことを知っているからである。五しかし、希望は失意の恥を負わしめない、なぜなら（ErD）神の愛はわれらに賜った聖霊を介してわれらの心に注がれてしまっているからである（5:1-5）。

　ここでキリストの過去の出来事が信じる者自身の出来事であると記述できるのは、常に現在において実働する聖霊を想定しているからであり、実際聖霊の媒介行為が言及されている。パウロは過去につまりキリストの十字架の出来事において「義とされた」われわれが現在平安を持していると主張するが、これは神の（現代人から見て）二千年前の啓示行為に対する聖霊の媒介行為を想定せずには語りえないエルゴン言語である。キリストの出来事が神においてはその信を嘉する者の出来事であった、もし時間的制約を神に帰属させることが許容されるなら。聖霊の媒介なしにはキリストの過去の義認の出来事が現在生きているわれらの過去の出来事であったと理解することはできない。キリストの出来事が自らの出来事であるとするものが聖霊の媒介行為である。「われらは義とされてしまった」のである。その一つの証拠に「われらは……神に対して平安を持している」その現在のパトスを挙げることができる。聖霊はキリストとひととを媒介する機能を持っており、あの過去の出来事がひとの「古きひと」を処分してしまったと語ることを可能とする。

パウロは、キリストの出来事において与えられた恩恵と、その恩恵に通じる道を開く人間の持つ信仰(「信によって」(12))というAとCの現実の二層を判別しつつ、関連づけている。彼がこの方法論的な視点を明確に意識して明らかにしているという点で、この箇所は意味論的分析を通じての「ローマ書」における信の根源性の理解という私のプロジェクトにとって試金石となる。これら二つの現実A、Cは同時にErDを指示する完了時制を用いることで、一つのエルゴンとして結びつく。人間がすでに神の栄光の希望において恩恵の上に立ち恩恵を喜んでいることの故に、神の愛としての恩恵は聖霊を介してわれわれの心に「注がれてしまっている」(現在完了)。パウロはキリストの出来事と「平安」や「喜び」などの人間の心の状態の両方に目を向けて言葉を紡ぐことで、霊の働きに訴えて両方の出来事を結びつけている。

言い換えれば、パウロはそれまでの議論(神の前のA次元、B次元の報告)の結果として、その後「信仰による義認」という名で伝統的に受け継がれてきた人間の新しさ、新たな状況を宣言している。要約すれば、パウロは彼と彼の同朋である人間への、聖霊の媒介を通じた「神の愛」を認識している。ここでは「神」、「われらの主イエス・キリストを介して」および「聖霊を介して」の二通りで特徴づけられる媒介者、そして「われら」という三つの主体とそれらの混合した働きを見ることができる。

この箇所ではもはや啓示の差し向け相手としての三人称複数が主語とはならずに、「われら」が用いられている。そのことは、A次元というよりは、もちろんそれを構成次元として含むが聖霊の媒介の実働によるD次元として理解するよう促す。われらがそこに立っている恩恵とはキリストの出来事でもあろうからである。キリストは神の前とひとの前を媒介する。神の今・ここのエルゴンはイエス・キリストにおける啓示行為ほどには明瞭に知らしめられていないため、その福音における神の意志の一般的理解を媒介すると取ることが安全である。そのため聖霊がひとに執り成すのはイエス・キリストにおける救いの確かさであり LogA と記す。かくして神の愛が聖霊を媒介にしてひとの心奥に注がれてしまっているとき、聖霊の今・ここの執り成しのエルゴンに、パウロを含め「われら」のエルゴン（働き）に喜びが伴っている。その場合にはErC（a-inC）はErD（AViaC）の一部を形成していることになる、ここでViaはLogAとErCを媒介する聖霊のエルゴンである。このことはたとえ聖霊の媒介行為なしには理解できない文章をパウロが発話したとしても、その一部を形成する人間のエルゴンからアクセスすることができ、例えば喜びの随伴において聖霊のエルゴンを確認することができるということである。この箇所は意味論的分析の範例的な箇所であると言える。

　この箇所では「ピスティス」が二度（5:1, 2）使われている。私は、パウロが第一節では神の前の（f1）イエスの信に、続いてわれわれが自らに即して持つ（f2）信（信仰）に言及していると解する。「われらは［イエスの］信に基づき義とされたので、われらの主イエス・キリストを介して神に対して平安を持している」において（f1）イエスの信と理解すべき理由はいくつかある。

　まず、「信に基づき（*ek pisteōs*）」（5:1）という句は、神がイエスの信に基づく者を義とする箇所である［A］の同じ前置詞句を伴う表現「イエスの信に基づく［者］（*ek pisteōs Iesū*）」（3:26）を念頭においていると思われる。他方、パウロは人間の（f2）信（信仰）に言及する「われらは……その恩恵に対して［（f2）］信によって（*tē pistei*）近づきを得てしまってもいる」においては、信仰義認論の主張と伝統的に解されている箇所「かくして、われらは……信によって（*pistei*）義とされると認定する」（3:28）が念頭におかれていると思われる。双方の箇所において、与格*pistei*によって行為主体を導入する与格（dative of agent）が用いられている。神との積極的な平安をもたらす交わりの基盤を第一節で提示しているので、ひとは自らの責任ある自由においてその恩恵に対して信仰によってアクセスをはかることができる。もしこれら二箇所の*pistis*が双方とも人間の側において生起する信（信仰）であるとするなら、この議論がこれまでのA次元の論証に基づいて展開されているその力動性を把握し損ねることになる。

　さらに、「［イエスの］信に基づき」と読むべき第二の理由として、同じ動詞（アオリスト分詞）「*dikaiōthentes*（義とされた)」が、血におけるキリストの出来事に言及している少し後の五章九節で使われていることを挙げることができる。「かくして、今や、われらは彼の血において義とされたのであるから(*dikaiōthentes nun en tō haimati autū*)、さらにいっそう彼を介して怒りから救われるであろう」(5:9)。イエスの信に基づく十字架上の受難は神が嘉するところの信を持つ者を義とすることを可能にしたと神によって看做されている。

第三の理由として、パウロが過去時制で「信に基づき義とされた」と言う時、歴史の展開のなかで十字架上の義認という神の過去の行為(A次元)と「われら」によって指示される範囲を持つ人間の現在の平安(C次元)をもたらす神との交わりとを聖霊が結びつけている場合には、パウロが、今・ここにおいて聖霊が実働しているただ中で発話していると想定することは道理あることだからである。

第四に、働きの層とその対応する言語網の分析に当てはまる「ピスティス」の二義((f1)と(f2))の区別が、この箇所を十分に理解することに貢献すると指摘できる。第一節は、ErCが平安や喜びなどの人間の心の状態の生起を、「Via」が聖霊の媒介を、LogAがイエス・キリストを介した神の福音の啓示行為に含意される神の救済意志を指す場合に、ErD＝LogViaErCと表現できる。これもまた、ErC(a-inC)としてエルゴンCつまり人間の心的状態に還元されることを譲歩として認めることができる、ただしそのさいにも聖霊が同時に実働することを妨げない。エルゴン言語の特徴の一つは、平安や喜びのような心の状態を、キリストの出来事を基礎として描くことである。どちらもエルゴン上互いに分離されないことが想定されており、ErD＝Er(AViaC)と表現できる。その一般的言明はLogD＝(A＋C)である。これは例えば、「もし聖霊によりキリストの義認の出来事がわれらの心に生起しているなら、われらは喜びと平安を持つ」と一般化できる。ここでも一つの肯定的なパトスの生起に当該性規準の発動を確認することができる[40]。

パウロが西暦三〇年頃のキリストの出来事を西暦五七年頃の彼や彼の同朋自身のことがらとして語りうるのは、肉の弱さという限界にもかかわらず、聖霊の執り成しにより、これら二つの行為主体の同化を想定できるからである。パウロは霊感に満たされて、「われら」は過去のあの出来事の故に喜びと平安の内にあると発話する。パウロは現在時制と完了時制で「われらは[イエスの]信に基づき義とされたので、われらの主イエス・キリストを介して神に対して平安を持している。その方を介してわれらは、そこにわれらが立っておりそして神の栄光の希望に基づき大いに喜んでいるその恩恵に対して、信[仰]によって近づきを得てしまってもいる」(5:1-2)と言う。キリストの出来事によって確立された、恩恵Aへ近づく道を「われらは」人間の側Cから「信[仰]によって」作りうるのであり、実際にその道はすでに獲得されている。この(12)「信」について、パウロは「汝が汝自身の側で持つ信[C]を神の前[A]で持て」(14:22)と命じている。

一人の人間の出来事が、その時にはまだ生まれていない別の人間の出来事でもあるという主張は、神の前とひとの前の言語空間が異なる反応をすることを示唆する。しかし、ギリシャ語という同じ言語で表現されている限り、何らかの理解は可能であろう。このような試みの一つは、二つの出来事の間の時間的な隔たりという障害を聖霊が乗り越えると仮定することによりこの主張を理解することである。これは、被造物の理論よりも高次の時間と空間の理論が働いていることを暗示する。高次ではあるが、それはこの創造された世界の中の時系列の内部で説明される。聖霊の活動は、時間と空間に関する高次の理論が神のものであり、今・この時を常に保ち続けていることを示唆する。換言すれば、聖霊の執り成しは、われわれの今の出来事が過去のキリストの出来事と同化するように、今・ここにおいて実働している。

われわれはこのエルゴン言語の箇所をロゴス次元における一般的な説明言表ロゴスA(LogA)として提示しうる。即ち、一般的なロゴスは西暦三〇年頃に神がイエス・キリストをそこにおいて自らとひとが信を介して出会うべく自らの現臨の座として差し出し、イエスの信に基づく者を誰であれ義とするというものである。他方、誰であれ自らが信じることにおいて平安や喜びといった感情を持つ者は恩恵にアクセスを得てしまっていると語る資格を持っているという趣旨において、エルゴンDをロゴスCに還元し、LogC(ErC(a-inC))と記号化することも許容される。

これは「そこにわれらが神の栄光の希望のうえに立ちかつ大いに喜んでいるその恩恵に対して信(仰)によって近づきを得てしまってもいる」というErD言語の、もしくは譲歩によりErC(a-inC)言語の承認による分節である。それゆえ、この主張はLogD = LogC(ErC(a-inC)) + LogVia + LogA(ErA)と表せる。これは誰にも理解できる聖霊の実働の一つの理解であると私は解する(この点については、五章の一—五節はこれらの要素の合成から成る。これを理解はできるが賛同はしないと返答するひともあろう)。

その一方で、パウロはただこのような種類の解釈に訴えているわけではない。パウロは、聖霊が実働している内側での発話を共約的な次元で理解しうるような仕方において、エルゴン言語自体における証拠や承認を提供する。エルゴンD言語は、エルゴンC言語が自らにつながる道を開くことを可能にし、パウロの叙述が一般的で人間中心的な言語において理解できるようにする。或いはむしろ、エルゴンD言語自体が同じ文法構造のもとでギリシャ語で述べられているゆえに、聖霊のエルゴン(働き)が何らかの方法で理解されうるということであろう。

パウロは弱い人々への愛において、聖霊のエルゴン(at-work-ness(現に働いてあること))がアクセス可能となり、聖霊に言及せずに或る程度まではエルゴンCにおいて把握されうるよう解釈している。パウロの本来の主張は、キリストの出来事(およそ西暦二〇年、エルサレム)が、聖霊の働きを介して、自分たち自身の出来事(およそ西暦五七年、ケンクレアとローマ)として認識されうるということである。この意味で、過去時制は今・ここにおけるエルゴン言語である。パウロが自信を持って「われらの」出来事として「義とされてしまった」と言えた理由については、共約的な道を作ることができる。エルゴンCによってアクセスを得ることで、この文はただ理解可能となるだけではなく、共約的な次元においてこの発話が真であることの説得性を増している。

一方で、パウロは人々の現実状況についての認識を過去時制で「[イエスの]信に基づき義とされた」と述べているが、他方「平安」「喜び」「希望」「恥を負わしめない」などのそのようなパトスの生起が、何故彼が神の前の事実を彼自身の事実として指示しそして語ることができるかの証拠として提供されている。或いは、パウロはこれらのパトス、感情が心に聖霊が注がれていることの徴であると理解していると思われる。パウロにとっては、聖霊を受け取ったなら、このような肯定的なパトスが生まれるそのような善い状態に魂があると思われている。魂において生まれる平安や喜びなどの感情を提示することは、その考えの真理性を裏書きする。これらの肯定的なパトスを列挙することで、パウロは「われら」によって定められる人間の視点から、神の前の事実と人間自身の自己認識の事実との間に裂け目がないような心魂の状態を表現する。実際、その理由は聖霊の注ぎとして、「なぜなら神の愛はわれらに賜った聖霊を介してわれらの心に注がれてしまっているからである」(5:5)と述べられている。

パウロがこの文章(5:5)を語っている発話の時点で、もし聖霊が賦与されていなかったなら、この発話は偽である。このように聖霊はその文法に即した整合的な言語網を形成させることもあろう。また一方で、この文は、神の愛が人間の心に注がれる場合には常に聖霊による執り成しがあるという一般的に、ロゴス上の普遍的論証として理解できる。この一般的認識は「もし～なら」という条件文で表現されることが求められる(e.g. 8:10–11)。

パウロは、聖霊の注がれていることの確信の中で書簡を口述筆記している。それゆえこの「われらは[イエスの]信に基づき義とされた」の発話は ErD t1p1 即ち聖霊の実働のもとにある't1p1'という或る特定の時間と場所を指定することにより、彼の発言の真理性は保持されるであろう。しかし、このエルゴン(働き)はパウロ自身の確信に留まるということも考え得るので、われわれは肉の弱さを認めることで ErC t1p1 (a-inC) とも書くこともできる。というのも、聖霊の執り成しは「最善の(それが何であれ)」エルゴン C において現に働いていることもあろうからである。同じ理由で、このエルゴン(働き)を、一般的レヴェルにおいて、可能的な同等表現として LogD かつ LogC (ErC t1p1 (a-inC))と書くことができる。

聖霊の実働が人間の支配を超えたという意味で不時的である以上、あらゆる文脈で「われらは[イエスの]信に基づき義とされた」とパウロそのひとをも含めひとが語ることの必然的な真は保証されない。それは神に問題があるのではなく、肉の弱さの故の不可避的な制約である。神においては誰が義であり栄光を受けるかは予め定められている(8:30)。ひとはその神の愛のもとにあることをそして聖霊の注ぎを信じることができるだけである。そのさいパウロは常に眼差しをイエス・キリストに向けるよう促す。

このように、この箇所は意味論的分析をほどこすべき好個の箇所である。神と人間は説明言表の点で区別され、また聖霊によって結合される。私はこのような種類の執り成しをロゴスDつまりLogD＝Log(A＋B)のように'＋'で表し、他方の、聖霊が注がれる瞬間において分断できないような種類の執り成しをエルゴンDつまりErD＝Er(AViaC)のようにViaで表す。この場合、Viaは特定の時と場所における実際の執り成しを、＋はロゴス面での一般的な形における仲介を意味する。Viaと＋の相違は後者は一旦ロゴス上分節しその上結合していることを表現しているが、Viaは三者の実働がエルゴン上分節できないことを表現している。LogDは聖霊についての普遍的論証であり、今・ここの聖霊の実働を要求しない。

聖霊が実際に人間の心に注がれているかどうかは、ちょうど木の本性がその結ぶ実によって判別されるように(cf. Luk.6:44)、ひとの地平Cにおいて形成されるであろうその結果によって人間的には判断される。パウロはひとの心が聖霊を受けていることの認知的、感情的な証拠として、一切が善へと協働しているという知識、および希望や平安などのパトス(感情)をあげている(5:1–5, 8:28)。これは、信じる者と信じない者の間の共約性の広がりに関する一つの手がかりとなる。

聖霊の働きがどの程度強く関わっているかについて、テクストをどう読めば正しいのか。もっとも強い解釈は、神があるがままに認識しているものをパウロがまったく誤りを犯さず正確に伝えているゆえに、特定の時間と場所で発話し行為するパウロは、神の前の事実と人間の前の事実の同一性を具現化しているというものだろう。空気の振動としての言葉による論証や身体の動きとしての行為は、特定の時間と場所での聖霊の行為を複製するために為される。しかし、この神の前の事実と人間の前の事実の同化説は、肉にあるパウロ自身が否定している。

パウロは、「しかし、(LogD)御霊もまた同じようにわれらの弱さにおいて共に支えてくださる。なぜなら、われらは為されるべき仕方で何を祈るべきか知らないが、しかし（ErD&/orLogD）御霊自ら言葉にならない呻きをもって執り成したまうからである。だが、（ErA&/orLogA）これらの心を吟味する方［神］は御霊の思慮内容が何であるかを知っていたまう、というのも（ErD&/orLogD）御霊が聖徒たちのために神に即し執り成していたまうからである」（8:26-27）と言う。聖霊は、人間と神の媒介者として、呻き、肉の弱さを配慮することで現在執り成しをしている。ひとはたとえ聖霊を受けても、地上における肉にある限り、弱さを完全に克服することはできない。

パウロは肉の弱さを認めるゆえに、われわれは人間の力能の内部で減衰された聖霊の働きについて議論することができる。パウロは聖霊のエルゴン（働き）をこのように理解しているので、パウロの口述は、今ここにおける聖霊の促しと働きに対応する次元を確保することで理解され、また分析されなければならない。このエルゴン言語（ErD）において、パウロは読者が神の行為と自分の言語行為のエルゴン（働き）を、人々が実際に用いていたギリシャ語を使い、共約的な次元で無矛盾なものとして受け止め理解できるよう細心の注意を払っている。或る働きそれ自体はエルゴン（働き）に即しては分離されないが、ただロゴス（理）に即して分離されうるものであるとするなら、ひとは様相アプローチによりテクストを分節することができ、少なくとも共約的な次元で文と語彙の意味が理解できるものとなろう。

四　「共に十字架に磔られた」

「ローマ書」六章六―一一節はパウロが特定の文脈において過去時制を用いる理由がわかる適切な例を提示している。パウロがこの箇所でキリストの出来事に鑑みて過去時制を用いていることは、他のすべての過去時制を含む箇所を矛盾なく理解する手がかりとなる。パウロは次のように言う。

われらは、（ErD）われらの古きひとが共に十字架に磔られた（*sunestaurhōthē*［aor.2.pass］）ことを（ErCkn（a-inC)）知っている（*ginōskontes*）、それはこの罪の身体が滅び、もはやわれらが罪に仕えることがないためである。それはすでに死せる者は、罪から［離れ］義とされてしまったからである。もしわれらがキリストと共に死んだなら（*apethanomen*[aor.2]）、また彼と共に生きるであろう（*suzēsomen*）ことをわれらは信じる。キリストは死者のなかから甦らされてもはや死ぬことがなく、死はもはや彼を支配しないことをわれらは知っている（*eidotes*）からである。なぜなら、彼が死んだ死とは、罪に対して一度限り死んだところのものであり、他方、彼が生きる生命とは、神に対して生きるところのものだからである。（ErCimp）汝らもまた同様に自らが罪に対しては死んでおり、キリスト・イエスにおいて神に対して生きている者であると認定せよ（6:6–11）。

この箇所は明らかに一つのエルゴンの層を表示している。キリストの歴史上の十字架の死が「われらの古きひと」の死を包摂していたという主張は聖霊による過去と現在の何らかの同化の実働を想定せずに理解することはできない。パウロの生身の自己は発話の時点で生きており、罪ある彼の古きひとが共に葬られたと理解することしかできない。パウロの発話は、信じるすべての者が「［われらの］古きひと」としてキリストの十字架上の実際の死においてキリストと共に磔られ死んだと神が認識している現場を見つめることにより生起している。パウロの過去時制を用いた報告によれば、キリストの死はゴルゴタの出来事におけるその時点において古きひとの死を包含していた。関連箇所においては、「古きひと」の内実として、「肉」とそれに伴う「もろもろの情と欲」が挙げられている。「キリストの者たちはその肉をもろもろの情と欲とともに磔てしまった」（Gal.5:24, cf. Gal.6:14）。ここで「キリストの者」という属格は聖霊の執り成しによりキリストに所有されている者のことである。これは或る特定の時と場所におけるパウロの発話であり、聖霊の媒介行為がない場合に即ち肉に即して生きているさいに語られたなら、その命題は偽となる。過去の出来事と現在そこに駐在せざるを得ない肉の死が同化されたさいには、霊に即して生きている故のことであり、単に「肉において」生きているわけではないという意味において、「われらが肉にあった時、律法を介しての罪の諸々の欲情が」（Rom.7:5）と過去形で語ることが許容される。

文全体は「知っている(*ginōskontes*)」で表示されているパウロの知識主張の範囲の内側で知識の内容として提示されている。この知識主張は神の啓示を通じての神の認識についてひとは理解できるということに基づき、キリストの出来事を介した神の人間認識の啓示によって基礎づけられている。パウロにおいて知られていることは、この十字架の出来事の故に古きひとの死がそのひとの罪からの解放をもたらしたということである。これはパウロが旧約聖書における贖いの預言として記されていたイエスの死を、神の約束の成就であると看做しているからである(e.g. Isiah ch.53)。

その一方で、信念を表明する文「彼と共に生きるであろう(*suzēsomen*)ことをわれらは信じる」における未来時制の使用は、これが知識の一部としては発話しえないため、信仰の対象であることを表している。これは、最後の日の審判の現実から述べられているので、信仰箇条に留まる。しかし、パウロのキリストの復活の知識(*eidotes*)はここでもこの信念の根拠を提供している。

この過去時制で述べられた箇所を理解できるのは、ただ、キリストの出来事AとC地平に未だその身体が生きているパウロ自身に代表される古きひとの間の、聖霊の執り成しによる架橋に訴えることによってのみである。私はこれをパウロの自覚においてはエルゴンD言語であると捉えている。もしわれわれが肉の弱さを認めるなら、それはパウロが自らの古き自己が共に葬られたという一つの自覚として彼の確信に留まることもありうるため、譲歩により**ErC(a-inC)**と表記される。例えば、心が罪赦された感覚を持ち平安を得たとき、ひとは自己の古い人間はもう死んでしまったと感じるであろう。このような人間的な次元における自覚をこの記号は表現している。ただしそのさい何ものもそれが聖霊によって同時に執り成されることを妨げはしない。

他の箇所でも、エルゴンの複合性の事例が三箇所存在する。そこではパウロは一人称複数「われら」を主語に過去時制において神の前の現実を自らおよび「われら」の指示が届く限りのひとびとにおける聖霊の媒介行為による出来事であると述べている。彼は「われらはその方を介して今や和解を得た(*elabomen*[aor.2])そのわれらの主イエス・キリストを介して神において大いに喜んでいる者でもある」(5:11)、「われらがそこに閉じ込められた(*kateicho-metha*[impf])もののうちに死にその律法から解放された(*katergethēmen*[aor.1])、その結果われらは霊の新しさにおいて……仕えている」(7:6)、「われらは希望により救われた(*esōthēmen*[aor.1])」(8:24)と論じている。これはすでに考察した「ローマ書」六章六―一一節、五章一―五節の議論と同様にエルゴンの複合として聖霊の媒介行為に訴えることにより説明することができる。

この書簡全体をパウロは聖霊に満たされて口述筆記していることでもあろう。パウロは言う、「われ、神に向かうことがらに関して、キリスト・イエスにある誇りを持つ。なぜなら、われは、異邦人たちの従順へと至るべく、キリストがわれを介して言葉によってそして働きによって、諸々の徴と不思議の力能において、神の霊の力能において、[XE]成し遂げたものごとではない何かをあえて[PL]語ること(*tolmēsō ti lalein*)はないであろうからである」(15:17–19)(ただし[XE]はキリストが為したエルゴンを、[PL]はパウロの語り、ロゴスを表示)。パウロは自覚的には自らの言葉と業による伝道活動はキリストの霊の働きであると主張している。ここで「働き(*ergon*)」と「言葉(*logos*)」が分節されている。もちろん彼の宣教活動も働きに相違ないが、彼はこの分節により「言葉」を「語られたもの」即ち *de dicto* 解釈が遂行される言語表現それ自身において理解されるものであることを想定している(第五章におけるアンセルムスの語句の意味表示の理解(SigI)とものごとの理解(ResI)の判別を参照)。そのうえで、パウロはキリストが自らを介して為したことがら以外のことを「語ることはない」として、彼の「ローマ書」における議論の大枠を提示している。この最後の「語る(*lalein*)」がロゴス次元を形成することを許容している。つまり行為主体(神、キリスト、聖霊、ひとそして罪)の今・ここのエルゴン(働き)とその一般的なロゴス(言葉)がそこにおいて遂行されている議論の外枠「イエス・キリスト」の出来事ないし「聖霊」の働きである執り成しの一般的理解を当該性規準(LogD＝(LogA＋LogC))として立て、それとの関連において彼の議論は形成されている。そのなかで相対的に自律したものとして「罪の律法」やひとのエルゴンが帰一的な構造のもとに位置づけられている(附録一図解2参照)。

第六節　パウロにおけるパトスの複合的エルゴン

一　パトスをめぐるアリストテレス的理解との親近性

パウロの発話は、心魂の卓越性と、一般に快楽と苦痛を伴う喜び、怒り、妬みなどの感情との関係についてのアリストテレスの考えと共約的である(第二章四節一参照)。アリストテレスは、先に考察したように、選択しえずに生起するものであるパトス(感受態)それ自体は魂の態勢や習慣(*hexeis*)の「徴(*semeion*)」となると考えている(*Nic. Eth.*II3)。アリストテレスは心魂の状態とそのパトスの関係を次のように説明する。「[人格的]態勢とは、パトスの点でわれらが善く或いは悪くあるところのものである。たとえば怒りについては、激しく怒りを覚えたり、あるいはあまりに弱くしか怒りを覚えないなら、われらは悪くあり、過不足なく怒りを覚えるのであれば、われらは善くある」(*Nic.Eth.*105b25–27)。正しい人は決して怒らないというのではない。正しいひとは適切な時に、適切な程度の怒りを伴い、また等しさとしての正義を実現すべく躊躇いなく或る正しい行為を選択する。正しい行為はそれ自身の故に選択されるものであり、すなわちそれ自身が正しくあるということの故に、正しいひとは正しいことを為す。有徳なひとは勇気、節制、正義などの有徳な行為を、それ自身の故に、恐れ、快楽、怒りなどについて適切な程度の感情を持って選択する。そのために、パトスは対象となるひとの人格の力量や習慣の「徴」と言われるのである。

パウロのこの書簡における関心は人間がいかに神によって義とされるかという点にあるが、いかに人間が有徳であるか、心魂の力能の十全な実働にいたるかについては少なくとも部分的にはアリストテレスに同意すると思われる。パウロはローマの人々に隣人に善を為すことに勤勉であれと熱心に勧めている（Rom.ch.12）。それゆえアリストテレス的な心魂の分析が、習慣としての心魂の態勢（*hexis*）と感受態（*pathos*）との関係に関するパウロの概念に適用されうるのは明らかである。パウロのエルゴンD言語自体もまた、一般的にエルゴン言語の文法に従うと言うことができる。言い換えれば、パウロのエルゴン言語はあまりに特殊であるために、聖霊への言及なしに理解するいかなる道をも閉ざしているというわけではない。或る出来事が生起した結果として或る特定のパトスが生起することはすべての人間において一般的に理解される。

パウロは、アリストテレスよりも一歩先に進み、あるひとが聖霊を受領しているか否かに関して、肯定的なパトスの生起だけによってではなく、心魂のパトスを超えでる心魂の有徳な態勢と正しい行為が存在するかによっても判断される。すなわち、彼は「神の国は……聖霊における義と平和そして喜びである」（14:17）、また「希望の神が、汝らが聖霊の力能の中で希望に満ち溢れるべく、汝らを信じることにおけるあらゆる喜びと平安で満たしたまうように」（15:13）、さらに「霊の結ぶ実は愛、喜び、平安、寛容、親切、善、信、柔和、節制である」（Gal.5:22）と語る。イエスも、そのひとの行為がそのひとの罪の赦しを示している女性のことを念頭に、「彼女の多くの罪は赦されてしまっている、彼女は多く愛したからである」（Luk.7:47）と言う。

また他の箇所でも、パウロはパトスとその表現である行為が対応関係においてある心魂の状態はそれが「霊的（*pneumatikos*）」か「肉的（*sarkikos*）」であることによると論じる。パウロは「妬みや衝突」を肉的であることの証拠として挙げる（1Cor.3:13）。このようにして、パウロは、或るひと自身の心魂を調べることでその心魂が聖霊を受けているかどうかを見分けられるという帰結主義の立場をとる。イエスもまた、「木はその固有の実によって知られる」（Luk.6:44）と語り、帰結主義をとっている。それゆえこの種の帰結主義は、神的な愚かさと弱さがC次元に制限されている人間よりも賢く、かつ強いかどうかを調べる共約的な規準を提供する。

この帰結主義は共約的にエルゴンC次元に制限されうる。それゆえ、キリストの過去の出来事において神によってわれわれが義と看做されているかは、われわれのパトスおよびその果実という事実において知られるか或いは確信される。この事実は、パウロが聖霊の注ぎは外界からの一つの刺激に他ならないと理解しているように、エルゴンDとエルゴンCが結びついていることを、もしくはエルゴンDの一部がエルゴンCによって構成されていることを示している。われわれの通常の経験において、一つの出来事や一つの言葉が長い間誰かの平安を支える、そのようなひとが存在することは或る程度確認されうることは道理をもって想定される。

被造物と創造主の時間と空間を区別する試みはそれ自体が肉の弱さによるものである。[41] パウロがしばしば言及する「知る」「確信する」などの認知的な術語は、これらの語が科学により通常取り扱われる対象に適用されるのと同じ文法において使われている。パウロは「われらは知っている、神を愛する者たちには、計画に即して召された者たちにはあらゆることが善きことへと協働することを」(8:28)と述べる。ここでパウロは三人称で語ることにより、人間にとって未来のことについては一般的にしか知りえないその制約に留まっている。そしてその知識の根拠は神の選びである。神においては時間の外において誰が義とされ栄光を受けるか定められている。「ご自身が予め定めた者たち、その者たちを彼は呼びだされもした。そして彼が呼びだした者たち、その者たちを彼は義ともされた。しかし、ご自身が義とした者たち、その者たちには彼は栄光をも賜わった」(8:30)。他方、個々人はその選びに洩れていないことを信じることができるだけである。

過去の一切の出来事が、永遠の生命を受け取るべく、自らに不可欠であることを知っており、肯定できるひとは聖霊を受けていると言うことができる。ひとは、自らのこれまでの全人生を善きものであると認める時に、自ら受けた恩恵を感謝することもあろう。悲惨な生も、かつての隣人や敵とともに雪のように白くなってキリストにある永遠の生命に与ることには抗しえないと励まされる(Rom.8:31–39, 14:8–15, Ps.51)。聖霊の注ぎは、その当人によって、他のエルゴン(働き)と原理において変わらない一つのエルゴン(働き)として理解される。パウロは、聖霊の注がれていることの確信の中で書簡を口述筆記している。しかし、このエルゴン(働き)はパウロ自身の確信に留まるということも考え得るので、われわれは肉の弱さを認めることでErCt1p1(a-inC)と書くこともできる。というのも、聖霊の執り成しは「最善の(それが何であれ)」エルゴンCにおいて現に働いていることもあろうからである。同じ理由で、このエルゴン(働き)を、一般的レヴェルにおいて、可能的な同等表現としてLogDかつLogC(ErC t1p1(a-inC))と書くことができる。

二　罪の苦悶の言語

ここで「ローマ書」七章のエルゴンに目を転じる。七章については本書第四章パウロの心身論において詳しく論じるが、言語的分析から語りうるものを予備的に提示したい。ここではパウロが「律法は罪ではないこと」(7:7–12)また「善きものが死をもたらすものではないこと」(7:13–25)の二つの論証を企てている。ここで行為主体は「律法」、「罪」そして「われ(「叡知」含む「内なる人間」(7:22)、肉)」である。この三つ巴が展開される。

パウロは架空の第一人称「われ」を、「汝貪るな」(7:7)と二人称単数「汝」によって呼びかけられる、神の十戒における教えの一つに対する応答の主体として一人称単数により提示する。「律法」が主語におかれ、「律法が「汝貪るな」と言う」場合には、神を主語に立てることが避けられている。それはパウロにおいては神が直接罪と争い敗れるということは想定不能であったためであり、文字化された律法を表現しているからである。

「罪」については擬人化され、「われかつて律法を離れて生きていた。しかし戒めが来るや罪は目覚めた」(7:9)、さらに「罪が戒めを介して機会を捕らえわれを欺いたそしてその戒めを介して殺した」(7:11)と語られる。また「罪の律法」が擬人化され、「わが肢体のうちに他の律法を見る、それはわが叡知の律法に対し戦いを挑んでおりそしてわが肢体のうちにあることによって罪の律法のうちにわれを捕らえている」(7:23)と語られる。「われ」については「われは肉的なものであり、罪のもとに売り渡されている」(7:14)、「律法が善きものであると同意している」(7:16)、また「欲するところの善をわれ作らずに、欲せざるところの悪をわれ為す」(7:19)、さらに「われ自らかたや叡知によって神の律法に仕え、他方肉によって罪の律法に仕えている」(7:25)が挙げられる。

信の律法に基づく福音がいかなるものであるか論じられたことを受けて、パウロはこの章において業のモーセ律法の新しい機能を提示しており、それは「われ」と「罪」のあいだに葛藤を起こさせ、福音に追いやることである。善き律法が死んだわけではなく、「むしろ、罪が善きものを介してわれに死を成し遂げていることによって、罪が明らかになるためであり、罪が戒めを介して著しく罪深いものとなるため」(7:13)とされる。罪が利用する文字としての律法との対比において、「われ律法は霊的なものであると知っている」(7:14)と提示される「律法」の新たな機能の解明のために「罪」と「われ」は用いられていると言うことができる。「惨めだ、われ、人間」と罪の攻撃と叡知の発動のあいだで苦悩させることが律法を介して聖霊が悔い改めに導く。「神に即した苦悩は後悔なき救いに至る悔い改めを働く(*ergazetai*)」(2Cor.7:10)。

当然福音の勝利の大枠のなかで罪の働きが記述されるが、信の哲学は様相アプローチを取る以上、罪の働きをもパウロのロゴスとエルゴンのシステムのなかで位置づけうるものでなければならない。罪は文字化された律法を介してひとを欺き、生物学的な死を成し遂げさせる。それだけではなく、神の前の死を画策し、神にひとを挑ませる(cf. 1:18-32)。この肉に巣食って二重の死をもたらすことを画策する罪の働きを「エルゴン e」と呼ぶ。これは Ere = Er(LogbviaErC(agreement))と記号化できよう。罪が業の律法を利用するさい、その利用は当然文字化したものとして用いるため小文字で Logb と記す。この記号は罪が文字化された律法を媒介してひとの肢体に巣食いひとを欺き、ひとが罪と同化しているそのような複合的なエルゴンを表している。同化してしまう「われ」を責任ある行為主体として記号化すれば、ErC(¬b)((Logb-inC)∧(Log¬b-inC))となろう、ただし Log¬b とは自らに受け止められた限りの律法の反対命題即ち「罪の律法」を表し、不等号記号∧は反対命題による心の支配がより大きいことをそしてErC（¬b）は律法違反を遂行することを表す。たとえ、罪が文字化された律法を利用し欺いているにしても、自らの責任がここでは問われる（附録図解二参照）。

しかし、これはまだ葛藤を表現してはいない。律法の機能はこの罪の罪性と欺きを暴き立てることにより葛藤を引き起こすことである。ひとには「罪の律法」の他に、「叡知の律法」のもとにあり、神の意志を知ることができる。そこに二つの律法のあいだで葛藤が生じる。これをErCag（Ere〈vs〉ErCkn（LogB））と表記できよう。ここでErCagは苦悩（agony）の働きを、そしてEreは罪の欺きの働きをErCkn（LogB）は神の律法に対する認識を、〈vs〉は対立関係を表している。他方、罪の働きを一般化しロゴス次元において捉えるとすれば、「罪は文字化された律法を利用して、肉に寄生しひとを欺き死をもたらす」と一般的に語られよう。記号化はLoge＝Log（b＋ErC（death by deception））と捉えられる。ここで＋により罪の媒介的な働きのロゴスが表現されている。

パウロは叡知が霊的な律法を知ることにより、罪に完膚なきまでに欺きさらされることはなく、何らかの抵抗の視点を確立することを通じて、葛藤を描写する。律法が文字として理解されるとき、罪がその文字に言わば寄生できそれを利用しひとを欺くが、霊的な律法は罪の罪性の著しさを暴く機能を担っている。「われ」は以下の第二議論で知識と苦悩の働きを展開する。

> 一三それでは善きものがわれに死となったのか。断じて然らず。むしろ、罪が善きものを介してわれに死を成し遂げていることによって、罪が明らかになるためであり、罪が戒めを介して著しく罪深いものとなるためである。一四なぜなら、かたや、われ律法は霊的なものであると知っているが、他方、われは肉的なものであり、罪のもとに売り渡されているからである。一五というのも、われが［最終的に］成し遂げるところのもの［死］をわれは認識していないからである。というのも、われの欲するところのもの［霊的な律法に従うこと］をわれ為さず、憎むところのもの［死］をわれ作りだすからである。……二三しかし、わが肢体のうちに他の律法を見る、それはわが叡知の律法に対し戦いを挑んでおりそしてわが肢体のうちにあることによって罪の律法の

うちにわれを捕らえている。二四惨めだ、われ、人間。誰がこの死の身体からわれを救い出すであろうか。……かくして、われ自らかたや叡知によって神の律法に仕え、他方肉によって罪の律法に仕えている（7:14 は *oidamen*（われら知る）ではなく *oida* + *men*（かたや、われ知る）と異読 33*pc* に同意し読む）（7:13–25）。

パウロは三章二一―六章二三（六章終節）で業の律法に代わる福音の機能を立証したのちに、七章において業の律法の新しい機能を見いだす。ここでわれの自己認識が「われ律法は霊的なものであると知っているが、他方、われは肉的なものであり、罪のもとに売り渡されている」と語られる。これはわれの今・ここの認知状態を伝えるエルゴン言語である。この「知る」は見えない律法に対する叡知によるヒットであるにしても、この「霊的なもの」という認識は一章の神の義の第一論証における神の怒りの啓示の報告とは異なる文脈にあることを示している。そこでは神の怒りは欲望への引渡しという仕方で霊に対する言及なしに報告されていた（1:18–32）。パウロが「律法は怒りを成し遂げる（*katergazetai*）」（4:15）と語るとき、それは神の前の罪人が悪行や叡知の機能不全に引き渡されていることを告げている。

七章におけるわれは罪の欺きの攻撃のなかで、この緊張を告白している。神に自覚的に挑む神の前の罪人とは異なり単に引き渡されているわけではない。私はこの「霊的な」律法の知識は聖霊の執り成しの媒介のもとにあるモーセ律法について発動しているものと理解する。神における律法を介した働きないし意志の表示を聖霊が何らかの仕方で受け止めることにより福音（LogA）へと促していることが想定される。叡知が発動し、一方では霊的な律法に触れており、他方では罪に売り渡されている自己を自覚しつつ、完全には欺かれてはいない。律法の文字化と霊的な律法がここで対比されており、聖霊による悔い改めに導く執り成しの働きをこのわれは今・ここで認識していると理解すべきである。

パウロは「まどろみの霊」（11:8）に言及することがあるように、聖霊が平安を与える以外の仕方で働くことを記している。しかし、平安そして苦悩をもたらすものであれ霊は神に執り成すものであることには変わりはない。律法の怒りと罪の欺きに触れ苦悩の極において悔い改めるとき何らかの霊的なアシストも実働しており、エルゴンDが基礎に実働していると理解することは道理ある（cf. 2Cor.7:10）。これは ErD = Er（(LogB→LogA) ViaErC（struggle））と表される、ただし（LogB→LogA）は福音の啓示のもとに理解される業の律法の機能即ち罪性を暴き悔い改めて福音に立ち返らせるその律法の機能を一般的に表現している。「キリストが信じるすべての者にとって義に至る律法の目指すもの［ゴール］である」（10:4）。業の律法はキリストに秩序づけられている。これが当該性規準による帰一的理解を可能にする。

この苦悶の叫び「惨めだ、われ、人間」において、私は「われ」は誰であれ「人間」と同一視されていると解釈する。通常の訳「われなんと惨めな人間なりや」は、罪により律法のもとに導かれているすべての人間を指す「われ」の一般性をつかみ損ねている。この苦悶は先に罪への言及のなかで ErCag（Ere〈vs〉ErCkn（LogB））と表記したが、肉の弱さへの譲歩ゆえに、ちょうど聖霊に対する言及なしにA言語とC言語を分節して ErC（a-inC）と譲歩を表記したように、罪への言及なしには以下のように語れよう。この苦悶は肉の弱さに譲歩して、或いはもっとも安全な方法でエルゴンC（ErC = Er（(Logb→Loga) -inC））言語として、すなわち人間中心的な叫びとして理解することも許容されている。ただし、（Logb→Loga）と表記するのは福音に追いやる律法の機能を示している。ここでは人間の責任ある自由が問われている。

この七章についてはエルゴン（働き）とロゴス（理）の両方の段階で論じることができるが、このようにして、エルゴンDとエルゴン e は聖霊と罪の媒介に言及することで複合的なエルゴン（働き）が展開されている。これらのエルゴンは人間にも理解でき、パウロが霊について一般的な形で分析されるように論じていることは確かである。これを可能にするものは、ひとが相互に独立した言語網を構築できるように、パウロによって啓示の言語が報告されていることである。

第七節「ガラテア書」における信仰義認論との比較

私はここで「ローマ書」における信の当該性規準が「ガラテア書」においても見出されることを確認する。私の「ローマ書」の解釈は従来の翻訳とは異なるもののもとに遂行されているが、「ガラテア書」とも矛盾なく並び立つことを確認する。双方の書簡は異なる視点から展開されていることを指摘しつつ、双方の対応を確認する。「ガラテア書」の対応箇所においては、パウロはこの書簡に特有の特徴として「律法」と「信（ピスティス）」の両方を擬人化している。パウロは、「信が到来する以前には、われらは来たるべき信が啓示されるべく律法のもとに閉じ込められ監視されていた。かくして、われらが信に基づいて義とされるために、律法はキリストに至るわれらの養育係となった」（Gal.3:23–24）と述べている。パウロはモーセ律法を「養育係」と特徴づけるが、「ローマ書」の「イエス・キリストの信」に対応する（f1）「信」については、訪れ、啓示されるはずの何ものかであるキリストと同一視している、或いはキリストの啓示がそこにおいて展開される彼に帰属した信を出来事として捉えている。H・マイヤーは神の行為としての律法の擬人化を自己啓示と捉えて、それを説明して言う。「このような状況のもとで律法に対してどのような立場がとられているのかは、二二節「書はすべての者を罪のもとに閉じ込めた（*sunekleisen hē graphē k.t.l*）で述べられている。ここで聖書は八節と同様に擬人化されている。神が為したところのものは、それは神的に啓示されて聖書において証言されており（cf. Rom.3:9–19）、またそれにより誤り得ない確実性を示しているが故に、聖書の行為として代表されるものであり、またその後者［聖書の行為］は、その発話において表明された神の自己啓示として成就されてしまっている」(42)。

「ピスティス」のこの使用はわれわれが自らに即して持ちまた保持する（f2）信仰（14:22）とは異なる。「ピスティス」は、ここでは、神の(f1)自己啓示に関わる何ものかを表現している(ただしマイヤー自身はこの箇所の「ピスティス」を、信仰を持つという人間の(f2)心の状態が到来するものとして捉えている)。少なくとも(f1)「ピスティス」の基本的な使用は、神の信と死に至る従順の信を貫き神に自らの信に対応すると看做されたナザレのイエスの信がそこにおいて見出されるという意味においてキリストの出来事に基礎づけられていると言うことができる。ここでは律法は信と対比されているが、律法は目的論的様式において信への引き継ぎ役を提供するものとして置かれている。「ピスティス」が「(信が)来る(*elthein tēn pistin*)」、「(来るべき信が)啓示される(*tēn mellūsan pistin apokaluphthēnai*)」何ものかであるという仕方で出来事として特徴づけられていることは特筆すべきである。

出来事の範疇において扱われる信は「ローマ書」の対応箇所においても見られる。律法の後に啓示されている「ピスティス」の歴史的帰結は、そこにおいて「今という好機」(3:25)が分岐点を提供する「ローマ書」の律法と信双方の歴史的な順序と機能における位置づけと異なるものではない。啓示の行為主体が神であるとき、二人の行為主体を要請できないため、「イエス・キリストの信を媒介にして」と歴史のなかでイエス・キリストに生起した信が啓示の媒介の出来事として報告されている。

とはいえ「ガラテア書」においては、パウロは基本的には信仰による義認について、単にA言語による啓示の報告としてだけではなく、人間の視点Cからも記述している。人間的視点は、イエス・キリストの出来事の啓示と、その結果である人間の心的状態との関係を描写する、目的論的で時系列に沿ったパウロの手法の中で確認できる。パウロは「*hina*〜(〜するために)」節を用いて、「イエス・キリストの信に基づく約束が信じる者に与えられるために」(Gal.3:22)、および「信に基づいてわれらが義とされるために」(Gal.3:24, cf. 2:16, 19)と記している。この *hina* を含む幾つかの箇所は、信に対し律法が歴史的に先立つという神の摂理を伝えている。

パウロは「ガラテア書」において律法主義的ユダヤ主義者との論争を紹介しつつ信仰義認論を知識のことがらとして捉えたうえで、「ひと」「われら」「われ」の側からその認識に伴う肉における信仰の生に基づく義認論を展開する。

一六ひとはイエス・キリストの信を媒介にしてでなければ、業の律法に基づいては義とされないことをわれらは知っているので、われらもまたキリスト・イエスを信じた、それはわれらがキリストの信に基づきそして業の律法に基づかず義とされるためである。というのも、すべての肉は業の律法に基づいては義とされないであろうからである。一七しかしもしわれらがキリストにおいて義とされることを求めつつ、われら自身もまた[業の律法に基づく者と同様に]罪人であると見出されたなら、それではキリストは罪に仕える者なのか。断じて然らず。一八というのも、もし彼が破壊したものども、それらをわれ再び建てるなら、われは自らが違反者であることを証明するからである。一九というのも、われは神によって生きるために、[「キリスト・イエスにある生命の霊の」]律法を介して[「罪と死の」]律法に死んだからである。われはキリストと共に十字架に磔られてしまっている。二〇しかし、もはやわれは生きてはいない、[(1)]われにおいてキリストが生きている。しかし、[(2)]今われが肉において生きているところのものを、[(3)]われは、われを愛し、わがためにご自身を引き渡した神の子の信によって、信において生きている。二一われは神の恩恵を無駄にしない。というのも、もし義が[業の]律法を介するものであるなら、キリストは空しく死んだことになるからである(Gal.2:16–21)。

まず、最初に確認しなければならないことは、「ローマ書」の平行箇所(3:19–20, 21–26)は三人称の「知恵の説得的議論」即ちA言語の展開であったが、この箇所は「われ」によりパウロ自身を表現し、自らに対する「イエス・キリストの啓示を介して」(Gal.1:12)の自覚的経験のなかで「霊と力能の論証」即ちD言語を展開していることである。キリストが「われ」に内在していることは聖霊の媒介なしにはない。実際、彼は「神の子」との関連において、「神は、アッバ父よと叫ぶ、ご自身の子の霊をわれらの心に派遣した」ことを確認している(Gal.4:6)。肉における生と霊における生の二重性が表明されているが、矛盾はない。

「ローマ書」においては「神の義」が「イエス・キリストの信」を媒介にして啓示されているが、ここでは主語は「ひと」そして「われら」であり、われらの側からの義認へのアクセスが試みられている。「ひとはイエス・キリストの信を媒介にしてでなければ、業の律法に基づいては義とされないことをわれらは知っている」(Gal.2:16)。ここでの知識主張は啓示に基礎づけられている。そのなかで、パウロはわれらの側では「キリスト・イエス」を信じることが実質的であることを確認している(2:16の(語順[e]*is Christon*[*I*]*esūn* は母音の連続を回避するためである)。「キリストの信に基づき」(2:16)また「神の子の信によって」(2:20)は平行箇所における「イエスの信に基づく者」に引き継がれる(3:26)。「ローマ書」では義認の啓示の報告において神は「イエスの信に基づく者を義とし」そしてその先駆として「アブラハムの信に基づく者」に相続の約束が与えられていた(4:16)。「ガラテア書」は(彼の自覚として)聖霊の媒介を前提にして論じられるため、知恵の説得における神の前とひとの前の分節は要求されてはおらず、キリストの人間性を「イエス」として表現することは必要とされていない。他方、「ローマ書」においてはひとの前と神の前が判別され、ガラテア人たちと同じ肉に生きる生身の人間に対し、「汝が汝自身の側で持つ信を神の前で持て」(14:22)と命じられていた。「神の前」に対応する信が「神の子の信」である。ナザレのイエスはひとの子でもあったが、神の子であることを従順の信において貫いたからこそ、「イエス・キリストの信」として啓示の媒介に用いられた。

ここでは前置詞 ***en***(において)に伴う代名詞、名詞句が連続的に(1)「われにおいて」→(2)「肉において」→(3)「信において」と配置され、それぞれが論じられる議論の地平の異なりを明らかにしている。これらの場に対応する主語はそれぞれ(1)「キリスト」→(2)「われ」→(3)「われ」である。(1)「われにおいてキリストが生きている」。他方で(2)「われが肉において生きている」のであるが、この対比のなかで強い主張(1)を支えるのが、(3)「われは、われを愛し、わがためにご自身を引き渡した神の子の信によって、信において生きている」である。「神の子の信によって(*tē*(*i*) [*pistei*] *tū huiū tū theū*)」における与格(*tē*(*i*))は「原因の与格(dative of cause)」であり、ナザレのイエスが自ら神の子キリストであるという信に生きたことを念頭に、この信に基づく義の故に復活のキリストが（1）われに生きていることを保証している。[43] 肉において生きる者は自らの信が神の子の信により引き起こされているものであることを信じて生きる。ナザレのイエスは「われを愛しわがためにご自身を引き渡した」その「愛を媒介にして実働している信」において生きた（Gal.5:6）。ここで女性与格の定冠詞 *tē(i)* は「信（*pistei*）」を要求するが、省略されているのは、イエスが死に至るまで保持した信と「われは信において生きる」（2:20）その信とのあいだに何らかの同化が生起していることを想定させる。とは言え、原因と帰結の信として、肉の相対的自律性を確保しつつ二度読まねばならない。

この議論の「ローマ書」における平行箇所では「イエスの信」は「その信を介して血における［神ご自身の］現臨の座」として記され、ナザレのイエスは死に至るまで従順の信を貫いたことの故に、神の現臨の座を備えたと報告されている（3:24-26）。パウロは「ローマ書」の冒頭で「われらの主イエス・キリスト」が神の子でありひとの子であることを紹介して、「肉に即してダビデの種子に基づき生まれた、聖性の霊に即して死者たちのなかからの甦りに基づき力能のうちに神の子と判別された」と語る。「神の子の信」は聖霊に即して神の子であり肉に即してひとの子であるナザレのイエスが抱いた神の子であることの信でもあり、その信によって、われは信仰において肉の生を生きている。

もはや生きていない「われ」とは聖霊の媒介のもとにある神の前のわれであり、（1）神の前では「キリスト」が「われにおいて」生きている。続く（2）「われ」は「肉において」生きている、つまり土的本性において相対的に自律的に生きている。しかし、その（3）われはナザレのイエスが自ら「神の子」であることへの信に生きたその「神の子の信」が、自ら相対的に持つ信仰がそのうえに基礎づけられるところのものである。従って、これらの「われ」は神の前とひとの前つまり人間中心的とに分節されており、同じ「われ」が生きていないことと生きていることのあいだになんら矛盾はない。

（1）「われにおいてキリストが生きている」とは（パウロの自覚において）エルゴンDつまりErD（AviaC）である。

これを神の側から神の認識を報告するなら、神の前では「われ」はキリストと共に十字架に磔られた者として看做されており、さらに(1)復活のキリストがわれにおいて生きていると看做されている。他方、人間の側から言えば、ひとの前C次元つまり(2)肉においてはわれは責任ある自由のもとに信仰において生きている。意味論的分節が不可欠であることをこの箇所は示している。

パウロの知識主張(*eidotes*)がそこにおいて成立しているものはA福音(「イエス・キリストの信を媒介にして」)におけるの義とB律法(「業の律法に基づいて」)における罪の双方として啓示されている神の前の現実の知識である。この知識主張に基づいて、パウロはガラテアの人々とパウロの両方を指示する「われら」という主語を用い、C次元においてキリスト・イエスへの信仰によって義とされるという確信を伝えている。パウロはこれらの啓示についての知識に基づいて、「われら」の信仰が義認の目的論的な枠組の中で実行されていると主張する。この書簡では、一人称複数の代名詞「われら」が主語として立てられそしてそれゆえに義認は、パウロのErC(a-inC)の自覚において人間の視点から、すなわち自らの責任において自ら信仰を持つという視点から議論されている。

パウロはさらに一歩進んで一人称単数の代名詞「われ」を主語とする。これはパウロが、彼自身の中におけるエルガ(諸実働)の複合性の自覚において分離のなさの告白としてエルゴン言語を展開しているからである。ここで、「エルゴン言語」によって私は、神の行為と人間の行為が、或る行為即ち聖霊の執り成しにより媒介されていることを想定することによってパウロが発話していることを意味している。パウロはエルゴン言語を「というのも、われは神に生きるべく、[「キリスト・イエスにある生命の霊の」]律法[「キリストの律法」(Gal.6:2)]を介して、[「罪と死の」]律法に対しては死んだからである。われはキリストと共に十字架に磔られた。もはやわれ生きるにあらず、キリストがわれのうちに生きる」(Gal.2:19, cf.Rom.8:2)という仕方で伝えている。

「ローマ書」の平行箇所では、パウロは二つの律法の交換を「キリスト・イエスにある生命の霊の律法が、汝を罪と死の律法から解放した」(8:2)と聖霊と罪双方の媒介のもとにあるロゴスとしての律法(D言語とe言語)により伝えている。この「ガラテア書」の箇所は「われ」が霊感づけられた魂において語る、キリストの信がやって来た故にキリストは自らの中で彼我を分離することのない仕方で実働している、と。それゆえに、これに続くパウロの主張は、パウロが「神の子の信」を彼自身の信仰との同化のなかで生きていると告白しているエルゴン言語として解釈しなければならない。パウロは言う、「今われが肉において生きているところのものを、われは、われを愛し、そしてわがためにご自身を引き渡した神の子の信によって、信において生きている」(Gal.2:20)。自らの責任ある自由のなかでの信仰は神の子に帰属した信によるものであると看做されている。

これらの議論は基本的に、「ローマ書」(3:27-31)の当該箇所における、信仰による「われら」の義認の議論と同様の次元においてなされている。私は、パウロが「ローマ書」三章二七—三一においては、「われらは認定する・認める(*logizometha*)」と言うC言語の様式により信による義認に同意を与えたことに基づき、この箇所をErC(a-inC)&/orLogC(a-inC)と解釈した。しかし、「ガラテア書」のパウロはより大胆であり、「われ」を主語にし、「ローマ書」よりもさらに聖霊のエルゴン(働き)に踏み込んでいる。どちらの箇所も、もしわれわれが肉の弱さに譲歩するなら、ErC(a-inC)の次元において義認の記述を伝達している。しかし、聖霊がそこで執り成すこと、即ちErD＝Er(LogAViaC)であることを妨げるものは何もないので、パウロは彼自身が聖霊を受けてD言語を伝えていると主張する資格はある。パウロの「ガラテア書」におけるエルゴン言語の使用は、「ローマ書」における神学の体系的展開における信仰による義認の提示とは、執筆文脈の点で異なる。「ガラテア書」では、パウロは、彼自身が建てた教会に対して教えていたことの確認を遂行している。それ故に、彼はその言葉と行為においてより直截である。

第八節　神の選びの予定と人間の自由のパウロ的両立可能性

一　二種類の自由

最後に、決定論と人間の自由の関係、すなわち神学的には「予定論」とよばれるものの意味論的分析のもとにパウロの議論を考察する。そしてここでも当該性規準により、自由が帰一的に秩序づけられることを確認するであろう。パウロの言語層を分節するこの分析は、そこにおいてこの伝統的な問題が解決される新しい枠組の提示に導かれる。パウロによる神の選びと人間の自由との両立可能性に関する議論に対し、私は二つの段階を提示する。一つは（CC）「人間の無知と肉の弱さに対する譲歩的（Concessive）両立可能性（Compatibility）」と呼び、二つめを（CS）「義認の唯一の必然的な様式と自発性（Spontaneity）の両立可能性（Compatibility）」と呼ぶ。

二　人間中心的な選択の自由（CC）の確保と予定説の諸アポリア克服の方向

業に基づく義を克服する義は贈りもの性、無償性を保証する選びを必要とする

パウロは、これまでに確認したように、人間の側のいかなる条件をも要求することなしに、神の義がイエス・キリストの信を媒介にして信じると神が看做す者に明らかにされたと報告している。これが啓示の言語網Ａを形成していた。原理的に、人間はすべて恩恵のみにより無償で贈りものとして義を受け取る者である。彼は言う、「あらゆる者は……キリスト・イエスにおける贖いを媒介にしてご自身の恩恵により贈りものとして義を受け取る者たち

なのであって」(3:23–24)。義認は神からの無償の贈りものである。この信仰義認論は業に基づく義認の追求と著しい対照関係に立つ。業に基づく義は神が一挙手一投足をチェックし、加点一、減点三という仕方で当該人物が義であるか不義であるかを定めるという思考様式である。義が無償の贈りものであるとするなら、神は信仰義認を予定論と結び付け、業の義認から切断することが求められる。そこで直ちに、生まれる前から選ばれた者とそうでない者が定められるそのような教えは神を不公平かつ不義なものにするのではないかが問われよう。さらに実人生におけるひとの責任ある自由はいかに保障されるのかも直ちに問われよう。

これらの神学的問いの前に確認すべきことがある。彼の信に基づく義の視点から、神の啓示行為を知るためには、人間の側で対応する信を持つことが求められている。信に対しては信による対応が適切な関係を形成する。しかし、これは人間が神の義を受け取る条件であると看做してはならない。信が律法の業にならない手当が要求される。言語次元においては、何かを疑っている者はその何かの肯定的側面を知ることはできない。啓示の差し向け相手は「信じる者すべて」と記されている(3:22)。神が「信じる者」という語句において理解しているすべての者がその義の知らしめの受け手である。具体的に誰がそう看做されているかはイエス・キリストの信において知らしめられているほどには、他の誰にも知らされてはいない。認識対象が信であった場合に、認識者も信であることが要求される言語的、認識的制約として、ロギコスな基礎的な次元において「信じる者すべて」が理解されねばならない。

この啓示の報告においては、神に嘉されるためにはどれだけ信仰深くあらねばならないかという人間の心の状態は、パウロにより考慮されない。ここでは神による理解の言語網が張られている。この次元においては、神が理解する啓示の媒介と、神が理解するその差し向け相手である信徒により構成されている。パウロは神による単独の振る舞いとでも言うべき専決行為の次元を分節している。それが恩恵の贈りもの性を保証している。そしてこの信仰義認の教説を支えているものが彼の予定説である。これが神の前の自己完結性、ロゴスの独立性を形成している中心的な構成要素である。

神の専決行為と並行して、パウロは人間を被造性に即しつつ、自律的な主体と捉える。パウロは人間中心的な語りを「汝らの肉の弱さの故に人間的なことを語る」(6:19)という譲歩のもとに展開する。肉においてある生身の人間(C)は自らがその神に信じると看做されている者であると信じることができるだけである。このC地平では、人間は福音を受け取るか退けるかという自らの行為に責任を持つ。この自由は、その一般的な議論としてLogC(a-inC)と説明できる。パウロがローマの人々に「汝らもまた同様に自らが罪に対しては死んでおり、キリスト・イエスにおいて神に対して生きている者であると認定せよ」(6:11)と命じる時、彼は人々がこの命令に従わず、反対の行為を選択するかもしれないということを前提している。これが命令法の、通常の、そしてもっとも共約的な理解である。パウロは、「奴隷」という語を中立的なものとして「罪の奴隷」と「義の奴隷」に等しく帰し(6:17-20)、誰もが相反する状態のいずれかを受け入れる可能性を認めている。パウロが「汝らは罪の奴隷であったとき、義に対しては自由であった(*eleutheroi*)」(6:20)と述べるさいには、「自由」という語は「奴隷」の対義語として反対の二つの状態のいずれかに帰される。この人間中心的な文脈において、「自由」という語は相反する選択のどちらにも中立的に用いられる。こうして、「選択の自由(*libertas indifferentiae*)」という意味での人間の自由が確保される。

もしひとは自らの肉の弱さに従属させられてはおらず神の前にいるとするならば、ひとは自らについての神の判断と選びを直接知っていたであろう。この者たちは肉を破って神の前に生きているひとびとである。A地平において義であるかB地平において罪であるかのいずれかであるという理由で、神の前においては人間に選択の自由の余地はない。運命の采配はあらゆる人間のうえに既に置かれている。ただし、それは神に依怙贔屓があることを含意しない、もし彼が「信の律法」と「業の律法」の適用において偏りがなければ。

パウロは「神には偏り見ることがない」(2:11)と主張するとき、業の律法のもとに生きる者には業の律法を適用し、信の律法のもとに生きる者には信の律法を適用している限りにおいて公平であると言うことができる。彼は業の律法のもとに生きる者は「すべての律法を為す義務がある」(Gal.5:3)と主張し、「神はおのおのその業に応じて報いるであろう」（Rom.2:6）と語ることができる。他方、アブラハムが信仰義認の先駆であったが、信の律法のもとに生き、「アブラハムの信に基づく者」（4:16）そして「イエスの信に基づく者」（3:26）と神に看做される者は信に基づく義を受け取る者たちである。神の意志はこのように、一般的な仕方においてではあるが、明確に知らされている。そして神の前Ａの構成員は、具体的にも、神に予め定められている。そしてそれが信仰義認の恩恵性、無償性を確保している。それと同時に予定されていた者たちは歴史上信の律法のもとに生きた者たちであることがパウロにより報告される。

選びそして信か業に基づく実人生の聖書の事例の確認による知恵の説得

パウロは（旧約）聖書を引用しつつ予定のロゴス（理論）を知恵の説得により展開する。「というのも、業に基づかず呼びかける方に基づく、選びに即した神の提示が堅く立つために、まだ［二人の］子供たちが生まれず、彼らが何も善きことも悪しきことも為さざるなかで、彼女に「より大きい者がより小さい者に仕えるであろう」と語られたからである。それはまさにこう書いてある、「われヤコブを愛し、エサウを憎んだ」［Malachi 1:2-3］。それでは、われらは何と言おうか。神の側に不正があるのではないか。断じて然らず。なぜなら、神はモーセに「われが憐れもうとする者をわれは憐れむであろう。そしてわれが慈しもうとする者をわれは慈しむであろう」［Ex. 33:19］と語っていたまうからである。それ故、かくして、それは望む者のまた奔走する者のことがらでもなく、憐れむ神のことがらである」（9:11-16）。神の主権と誉そして「憐れむ神」が報告されている。またヤコブとエサウの歴史は一方が信に生き、他方が業に生きたことが報告されている（e.g. Gen.ch.28, ch.32, cf. 25:23）。

さらにパウロは神の権能と憐みそして恩恵の無償性を聖書により説明して言う。「神は予め知っていたご自身の民を見捨てなかった。……「われバアルに膝をかがめなかった七千人を」わがために「残した」［1Kings 19:18］。かくして、今という好機においても、このように恩恵の選びに即して残りの者が生じたのである。しかし、もし恩恵によるのであれば、もはや業に基づかない、というのも、［さもなければ］恩恵はもはや恩恵とはならないからである」(11:2-6)。「恩恵の選び」には人間の出自や資質は考慮されない。しかし、ここでも歴史においてバアルに膝をかがめなかった七千人は神への畏れのなかで、偶像崇拝に陥らなかった者たちである。

彼の「恩恵の選び」において神が少なくとも或るひとびとには自らの約束に信であることを示しており、信の律法が機能していることが理解される。他方、或いはそれと同時に、「神には偏り見ることがない」ことも歴史においてヤコブとエサウの生涯、バアルに膝をかがめなかった七千人の生涯において確認される。ヤコブと七千人には信の律法が適用されることにより義であると審判されている。

ひとは問うであろう。それでも当人たちが信の律法に生きることも、業の律法のもとに生きることを自らの責任において遂行する前に、予め選ばれた者と選ばれない者がいるとするなら、やはり神の側に不公正、不義があるのではないか。これに対して、パウロはこのような懐疑をこそ問題にし、そして明確に知らしめられていることがらへの集中を呼びかける。一方、信の律法(Ａ言語)と業の律法(Ｂ言語)は神の前の自己完結性の言語網を形成していた。他方、パウロは誰が義人Ａであり、罪人Ｂであるかは個々人には明瞭に知らされてはいないが、われわれ生身の人間は神の言葉の受肉故に執り成しの対象Ｃであることが知らされていることに注意を促す。パウロはこのＤ次元における神の前の自己完結性とひとの前の相対的自律性の執り成しの遂行により、この懐疑を乗り越える。

予定説とキリストの出来事の知識に基づく「憐みの器」であることの信

パウロの予定の教説と呼ばれる主張は「ローマ書」八章においてこう展開されている。

しかし、［ErA］ご自身が予め定めた者たち、その者たちを彼は呼びだされもした。そして彼が呼びだした者たち、その者たちを彼は義ともされた。しかし、ご自身が義とした者たち、その者たちに彼は栄光をも賜わった。

それでは、われらはこれらのことに対し何と語ろうか。［LogD］もし神がわれらの味方なら、誰がわれらの敵であるか。［ErD = Er (ErA ViaErC) &/orLogD = Log (A + C)］そもそもご自身の子を惜しまず、われらすべてのために彼を引き渡したその方が、いかに彼と共にあらゆるものをわれらに賜わらないということがあろうか。［ErC&/orLogC］誰が神に選ばれた者たちを告発するのか。［ErA&/orLogA］神が義とする方である。誰が罪に定めるのか。［ErD&/orLogD］キリストは死んだ、いやむしろ甦り、神の右にある方であり、またわれらのために執り成したまう。［ErC&/orLogC］誰がキリストの愛からわれらを引き離すであろうか（8:30–35）。

彼は予定の教説の提示に続き、中立的な立場から条件法により神がわれらの味方である可能性について言及する。そして、神が味方であり、キリストをはじめあらゆる善きものを賜る方であると信じる十分な理由をキリストの出来事に見出し、キリストの愛からわれらを引き離す者は誰もいないと知恵の説得を遂行する。

さらに九章において同じ眼差しにより、しかし当該の懐疑の予じめの提示と反駁において福音への集中を促す。

［ErA&/orLogA］欲する者を彼は憐れみ、欲する者を彼は頑なにしたまう。

［LogC］そのとき、汝はわれに言うであろう、「それでもなお何故彼は咎めるのか。というのも、彼の意志に誰が反抗してきたであろうか」。人間よ、神に言い逆らう汝はいったい何者か。［LogA］「造られた者は造った者に「何故汝はわれをこのように造ったのか」とまさか言わないであろう」。それとも、陶器師は同じ粘土のかたまりから或るものを尊い器に、或るものを卑しい器に造る権能を持たないであろうか。しかし、もし神が怒りを示しそしてご自身の力能あることを知らしめることを欲しながら、滅びにふさわしい怒りの器を大いなる寛容のうちに忍耐したのなら、二三そして栄光へと予め定めたところの憐れみの器のうえにご自身の栄光の富を知らしめるためであるとしたのなら［どうであろうか］。……三〇それでは、われらは何と語ろうか。［ErD&/orErC］義を追求しなかった異邦人たちが義を、しかし信に基づく義を獲得した（9:18–30）。

予定説は神の絶対的な主権と誉を伝えているが、この創造者の自由裁量の権威と栄光は人間に選択の自由を与えることにより、神が自らの命運を人間に賭けるという仕方でギャンブルしているわけではないことを示している。この誉れ高い神における正義と憐れみの両立は、栄光を維持しつつ赦しを実現する卓抜な証明として、アンセルムスにより聖書の権威に依存せず理性のみにより提示されている（第七章参照）。神の信義と愛そして選びにおける誉と自己完結性は一瞬たりとも揺るがない。神の選びの予定の教説と人間の自由との両立が可能であるとするなら、神の信義と愛における栄光が保持されるそのような仕方において遂行されるに相違ない。

パウロはまず神の意志には誰も反抗できないのだから、選びに対し、しかも否定的な（もしそれがあるなら）選びに定められたとしても、罪咎を担う筋合いはないという懐疑に対応する。これは比例性テーゼによれば、この懐疑は不信に基づいており、憐れみや善性という神の肯定的な側面の認識の欠如に由来した。この種の懐疑の提示者はパウロによれば叡知の機能不全に陥っている者である。そこで彼は「人間よ、神に言い逆らう汝はいったい何か」と一喝する。信には信による対応だけが適切な関係を形成する。そのうえで彼は福音の啓示に基づき、神の憐れみとひとがその「憐れみの器」であることを信じる十分な理由のあることを聖書の引用を通じて知恵の説得を遂行する。「もし神が怒りを示しそしてご自身の力能を知らしめることを欲しながら、滅びにふさわしい怒りの器を大いなる寛容のうちに忍耐したのなら、そして栄光へと予め定めたところの憐れみの器のうえにご自身の栄光の富を知らしめるためであるとしたのなら」(9:22–23)どうであろうかと展開する。これは恩着せがましいと言うべきであろうか。重要なことに「怒りの器」については「もし～なら」と条件文により提示されており、神が誰かを怒りの器として定めたとは報告されていない。怒りの器に相応しい悪行に身を任せている者に対する神の忍耐における寛容の取り計らいが知恵の説得として展開されている。少なくとも、受肉ゆえに神は自ら時間的な存在者となることを選んだ以上、時間的な契機のなかで自らが忍耐において悔い改めを待つと特徴づけられることを許容していると言うことができる。パウロの自覚としては、神の怒りの啓示が比例性テーゼに基づいていたことに鑑みるとき、これは知識に裏打ちされたものであり、それを説得していると言うであろう。キリストの愛から引き離す者は誰もいない、と。

これらの議論から、パウロによる肉の弱さの譲歩に基づく選択の自由の確認は、神の前とひとの前の間に架け橋を渡したキリストの顕現と贖いによって一つの方向につまり憐れみの受容に方向づけられていると言うことができる。ビュリダンの驢馬のように等距離におかれた複数のエサを前にして選べず餓死してしまった譬えは選択の自由が迷いに過ぎないことを示している（第六章補論七「決定論と自由の両立性」参照）。もし驢馬に自らの栄養価についての知識がありどれを選ぶべきか知っていたなら迷うことはなかったであろう。ここに知識に基づく必然性と自由の相即の可能性が開かれる。

パウロは予定の教説をめぐりひとはいかなる知識を持つとし、自由といかなる関係においてあるとしているのであろうか。自ら神と共にある栄光を省みなかったイエスの受肉が示しているように、それに即して人間がそれぞれの生を送るような自然法則に基づいた領域がある。神の前の現実からの相対的な存在論的かつ自然的な独立性が創造の秩序と矛盾しない仕方により確保されており、それが「肉」と呼ばれる一つの自然的な生の原理である（詳しくは第四章二節参照）。神がキリストの出来事を介してその愛を啓示したことが、まさしくパウロにより報告されていることがらである。しかし人間の救済についての神の認識と判断は、イエス・キリストにおいてそして彼を媒介にして明らかにされたほど明瞭には個々人の誰に対しても啓示されてはいない。人間は自らに対する最後の審判を知らない。パウロでさえ、「われはわが身体を打ち、拘束する。何としても、他の人々に宣教した後で、自ら退けられることのないためである」（1Cor.9:27）と言う。パウロは自らがイエス・キリストにおいてある限りにおいては自らが義であることをよく知っているが、自らの未来について十分には知らない。未来は信仰箇条に留まる（e.g. Rom.8:18–25, 38）。キリストによる贖いの唯一性の知識は人間一般に関するものであり、個々人に関するものではない。

人間の自らの未来に関する必然的な無知は、そのひと自身の責任を伴う人生の歩みを決める際の、本人の裁量を含意する。パウロはC次元において、恩恵を受け取るか退けるかという人間的な裁量を残している。個々人にはパウロにより人間の運命について「AもしくはB」という選言において知らされてはいるが、選言肢のいずれかであるとは知らされてはいない。さらには、「業の律法に基づくすべての肉はご自身の前で義とされることはないであろう[未来形]。というのも、律法を介しての[神による]罪の認識があるからである。」(3:20)と語られ、罪人Bとは誰であるかは一般的に知らされている。義人Aにしても一般的には知らされている。

これらの情報のもとにひとは責任ある自由のもとに生を遂行する。もしひとが自らについての神の選びを知っていたなら、自分の裁量は結局のところ空しい単なる名目的なものであると知っていたであろう。人間に知らされていることがらは、神はひとが信の律法に生きるか、業の律法に生きるかにより義か罪かが明らかであるということである。たとえ神においては具体的な誰がいずれに属するかを予め定めていたにしても、それは神の信義がイエス・キリストの信においてほど誰にも明確には知らされていない。ひとはその憐れみに縋ることは許容されており、また実質的なことがらである。だからこそ、パウロは「汝が汝自身の側で持つ信[C]を神の前[A]で持て」(14:22)と命じる。ひとは知識をもたないことがらを信により乗り越えてきた。そしてその選択において自由である。

このようにして、AおよびC次元に関する限り、どちらの説明も矛盾を含まず両立可能である。ひとは、希望を持って信仰を持つ権利がある。しかし、この説明において神の恩恵に参与することが神の前もっての選びに合致するという保証はない。この種の両立可能性は、人間の自由は神の選びと恩恵の無償性に何も関わりはないという対価を支払う。人間が自らの心的態勢として信仰を持つことは、そのひとが神によって義とされることの必要条件はもとよりさらには十分条件をも満たしはしない。ひとの自己認識の如何にかかわらず、神の認識は正確であろうことだけはパウロの議論の無矛盾性故に語ることができる。これは互いに独立する二つの主体を採用することの必然的な帰結である。これは、LogAとLogCの間の互いに干渉しない領域を分割することによる、ある種の安易な解決法である。この両立可能性は、（CC）「人間の無知および弱い肉に対する譲歩的両立可能性」と名付けられる。

三　自発性の自由(CS)と執り成しの両立

義認の唯一の必然的な様式と自発性の両立可能性

しかしながら、パウロはより強い主張を為していると思われる。彼はエルゴンDつまりErD＝Er(LogAViaC)を構成するキリストの出来事に基づいて人間の自由を論じている。この次元では、パウロはC次元とは異なる意味で「自由」を用いている。パウロは一つのタイプの人間の自由をD言語においてこう特徴づけている。「[ErD&/orLogD]かくして、今や、肉に即してではなく霊に即してキリスト・イエスにおいて歩む者たちにはいかなる罪の定めもない。[ErD]なぜなら、キリスト・イエスにある生命の霊の律法が汝を罪と死の律法から解放した(自由にした(*eleutherōsen*))からである」(Rom.8:1-2, cf. 8:21)。さらに「[ErD&/orLogD]主は霊であるそして[ErD&/orLogD]主の霊があるところに自由(*eleutheria*)がある」(2Cor.3:17, cf. Rom.8:21)。

私は、パウロは彼の自覚においてこれらの箇所においてはErDないしLogD(あるいは、譲歩してErC(a-inC)またはLogC(a-inC))として「自発性の自由(*libertas spontaneitatis*)」を意味していたと理解する。強制と自発性はどうあれ両立はできないが、この自発性は贖いの唯一性とその知識を伴う必然性とは両立可能である。この自由との対比において、ビュリダンの驢馬に見られる選択の自由は「迷い」に過ぎないと言うことができる。今・ここの具体的な状況において、聖霊を介して注がれる神の恩恵は人間の自発的な決断と同時であるとき、両立していると言うことができる。神学者は神学的な自由をこの自発性の意味で捉える傾向があり、パウロの命令法は選択肢Xと非Xの間での他の仕方で行為しうる中立的な人間的自由を前提にしているというよりも、与えられた恩恵例えばXに基づく人間の側の責任を表現するものだと解釈される。ドイツの掛け言葉に従えば、この命令法は恩恵(Gabe)に基づく課題(Aufgabe(責任))と特徴づけられる(註40参照)。信の哲学は、これは譲歩により選択の自由とも両立的であると主張する。反省的にはXと非Xに対しXには自発的に、非Xに対しては欲しないものとして、その間において選択していると人間的には語ることができる。

私の分析では、「ローマ書」八章は全体としてはパウロの自覚においてはエルゴンD言語で、また一般的にはロゴスDによって展開されている。神が主導する行為(ErA)は神の右にあるキリストによって執り成され(ErVia)、換言すれば聖霊によって仲保されており(ErVia)、その結果誰もが神の恩恵と愛にアクセスすることができ、そして「われら」は既にアクセスしてしまっている(ErC(a-inC)&/orErD)。人間がキリストの出来事から離れない限り、神の選びはいわゆるカルヴァン主義の、或るひとは救いに、他のひとは滅びに予め定められているという「二重予定説」ではなく、神の愛と恩恵において理解されうる。実際パウロは一方で「永遠の生命」を語るが、その対比としては生物的な「死」を提示しており、肯定と否定は著しい対照においてある(6:23)。この箇所でパウロはわれわれに、そこにおいては何ものも「キリストの愛」からわれわれを引き離しはしないと彼が主張しているキリストの出来事に集中することで、神の肯定的な予定と選びを受け入れるよう促している。

パウロを批判する者たちはパウロの信仰義認の教説と相互に支えあう予定説に対して、そのような理論においては救済に関して人間の努力の余地がないと反論している。批判者たちは、ひとはモーセの律法の業によって義とされるべく定められていると主張する。それはLogC(a-inC)そしてLogC(b-inC)(ただし、パウロの論拠に利用される限りにおいて、bは自覚的には人間の理解する限りのBを意味表示する)として展開されるが、パウロはキリストの出来事における神の慈悲に訴える。パウロは、彼の自覚においては、「われら」と名付けられる自らと自らの仲間のローマ人たちが神に呼び出されていると看做している。神に不正を帰することができないのは、被造物に対する創造者の主権に一切が帰せられるなかで、予定が人間の努力や意志によることがらではなく、「憐れむ神のことがら」(9:16)として提示されていることである。福音の啓示のゆえに、パウロはそれを自らのことがらとして信じることができると主張する。キリストと聖霊の仲保により、ひとは終わりの日に神の肯定的な審判を期待する資格がある。

さらなる問いは、神が、人々の運命を予め定めていたのに、或る人々の人生の途中のある一点で、その者たちの処遇に関して忍耐や寛容のもとに悔い改めを待っており、そのうえで判断を変えるということがあるのであろうか。パウロは言う、「それとも汝は、神の善性が汝を悔い改めに導くのを知らずに、ご自身の善性の富と忍耐そして寛容を軽んじるのか」(2:4)。確かに、パウロにより神は人間の悪行に忍耐していることが報告されている。パウロは、「その彼[キリスト・イエス]を神は、(b*1)それ以前に生じた諸々の罪の(a1)神の忍耐における見逃し故に、(a2)ご自身の義の(a1)知らしめに至るべく……差し出した」(3:25-26)と言う。神の忍耐には理由がある。神は、モーセの律法に基づく義よりもむしろ、信に基づくご自身の義を知らしめる好機を待っていた。ナザレのイエスが信による罪なき生を全うしたことを受けて、神はその信を嘉し啓示の媒介に用いた。この忍耐は、神が選抜した者たちに関する決定を変更したことを必ずしも意味しない。それは、少なくとも、イエス・キリストを介した神の信に基づく義の啓示ほどには、はっきりと明らかにされてはいない。神は御子の受肉により時間性を受け入れた限りにおいて、時間的継起において自らの心的態勢と行為が記述されることを許容している。またパウロは「アブラハムの信に基づく者」を神はイエスの先駆として義としていることに注目する(4:16)。神の選びの権威と栄光は揺るがないにしても、神は人間的には罪からの悔い改めを忍耐のうちに待っていると語られることを許容している。ひとが業の律法のもとから信の律法のもとに立ち返ることを待っていたと語ることが許容されようからである。

しかし、先に「罪の苦悶の言語」において見たように、擬人化される罪はひとを誘い生物的死のみならず、神の前の死つまり最終的に業の律法のもとに生きることを画策している。ひとは罪と同化することも生じようが、それに対する最終的な神の審判は生存中には下されてはおらず、その悪行に引き渡すことにより怒りを示していた。だが、罪が利用するのは文字化された業の律法にすぎず、神が罪と争い敗れるなどということは想定されていなかった。悔い改めとは各人が理解する限りの罪に唆されたところの業の律法からキリストにより開示された信の律法のもとに生き直すことに他ならなかった。罪の画策は自らが理解する限りにおける業の律法違反を介して、神の前の死を画策することであった。神がそれを最終的にどう評価するかは個々人には啓示されてはいない。光のあるうちに立ち返ることが求められている。怒りの知らしめと罪への定めは同じではない。神が個々人に業の律法の適用から信の律法の適用に審判規準を変えたということは、少なくともパウロにおいて福音の啓示以上には誰にも明らかには啓示されていない。正確な審判は終わりの日にくだされる(2:15–16)。

イエス・キリストを介してもっとも明確に啓示された福音が、神は自らの選びに関し心を変えることがあるかという類の問いに、その土台を掘り崩す。神の心変わりがあることは、少なくともキリストの出来事で示された神の愛ほどにはっきりとは啓示されてはいない。この愛は原則として「あらゆる」人間に向けられている(3:23)。それゆえ、この種の問いは、われわれがキリストの出来事から離れずにいる限りは締め出されている。かくして、D次元に留まる限りは、すべての人間への神の愛は今までも、そしてこれからも決して変わらないと結論できる(8:39)。これが当該性規準に基づく確かなことを語る思考様式である。

ErD として実働している者は誰であれ、たとえ LogC における反省的次元において誰もが原理的に他の仕方で行為するべく態勢づけられているということを認めるにしても、この恩恵を決して拒絶することはなく、自発的に感謝をもって受け取るであろう。しかし、恩恵例えば X よりむしろ別の選択肢非 X を取る場合には、これをわれわれは「自発的に」の対義語をとって、その人が「不承不承に」選択していると言わねばならない。しかし、このような不承不承においてもまた、それをもはや中立的な仕方ではない仕方で「より少なく自発的に」と捉えることで、或る種の選択の自由(*libertas indifferentia*)を指摘することができる。この意味で、ErD として実働している人間の自由は自発性の自由(*libertas spontaneitatis*)と特徴づけることができる。この種の両立可能性は、(CS)「義認の唯一の必然的な様式と自発性の両立可能性」と呼ぶことができる。

これまでで明らかにされたことは、パウロ的な人間の自由は神の愛によってどちらの仕方(CC、CS)でも導入でき、また確保できるということである。それゆえ、神の選びと人間の自由の両立可能性に関するパウロの議論の中に、ErD(CS)とLogC(CC)という二種類の自由をわれわれは見いだすことができる。パウロの二つ目の解(CS)は彼の真正の非譲歩的なものである。聖霊を伴うキリストの出来事がAにおける義人とCにおける自律的で可能な主体の間に分離不可能性をもたらすとするなら、ErDにある者は誰であれキリストにおいてありうる自発性以外の何ものをも持たない。他の仕方で自己自身を選択することによりキリストの出来事を棄却する実質上の可能性は存在しない。

この次元においても、キリストにおいてあるべく自らが自発的存在であるという意味において人間は自由であると看做される。この自発性は自由の共約不可能な理解ではない。たとえば、孔子は、七十歳でどんな自発的行為も人間の為すべき規範を踏み越えない(「七十にして心の欲するところに従い矩を踰えず」)と言った。アリストテレスもまた、「さてこれ[何か理《ことわり》の外にあるもの]さえ、われらが述べていたように、理《ことわり》に(*tō logō*)与っているように思われる。いずれにせよ、抑制あるひとにおいてそれは理に従うそしておそらく、健全なひとや勇気あるひとにおいてそれはさらにいっそう従順であろう。彼らにおいてはそれが、あらゆることがらに関して、理と同じ声で語るからである」(*Nic.Eth.*I13.1102b26–28)。これらの描写は、ひとが徳、卓越性を身につけるほどに、「自由」という点で「自発性の自由」を理解するようになることを含意しているであろう。

私は信以前の理解(*intellectus ante fidem*)を求める信の哲学が、「自由」の二義を判別することによって得たこの結論に満足すべきであると思う。ちょうど「ピスティス」の二義を分節したように、「自由」という術語もErD&/orLogDとLogCのいずれかのそれぞれ異なる二義に分節すべきである。一般的に、カトリシズムは恩恵(*gratia, donum*「賜物」e.g. 霊の注ぎ)と人間の卓越性である功徳(*meritum*)の両立可能性をLogCに基づいて探求している(cf. T. Aquinas, *Summa Theologia*, II1, Q113.art.3, art.6, Q114.art.5 ad1, ad2(第八章参照))。他方、プロテスタンティズムはErDから常に離れない。誰もが、少なくとも一般的な仕方では、どのようにD言語がC言語と異なる振る舞いをするのか、今や理解可能であろう。パウロの言語哲学に従えば、個人が信仰を持つことがイエス・キリストの信に集中して当該性規準により帰一的に構成されているように、個人が選択の自由として自由を持つことは、その生涯を通じて天にある父に自発的に従ったナザレのイエスの自発性の自由に集中して帰一的に秩序を持って構成される。

信の哲学は「ピスティス」や「自由(*eleutheria*)」などの基本的な認識に関するパウロの譲歩に基づいており、LogC に基づいて真正な人間を全体として捉えるために共約性の拡張を求める。木の本性をその実によって知るという帰結主義が共約的な規準を提供すると論じてきたが、また別の規準としてナザレのイエスを採り、われわれは自らを全体として理解することができることもあろう。誰もが、なぜパウロがエルゴンD言語を真正な言語として展開したかその理由に同意できる。ナザレのイエスは認知的、人格的力能と卓越性の点で人間の可能性の範型として捉えられうる。LogC 言語(Log(a-inC)を含む)が ErD と LogD 言語によって基礎づけられそして譲歩されている限り、何故キリストの出来事によって示されている神の愚かさと弱さは、どんな人間の知恵と強さより賢く(*sophōteron*)、より力強い(*ischuroteron*)と道理をもって言うことができるかの理由が存する。この言明は、一つの共約的な規準、即ち従順と信仰においてまったくひとであるナザレのイエスに即した発話として解釈されうる。イエスは受肉したと伝えられる。イエスは全くひととして肉において生き、死に至るまでその弱さを信によって克服した(cf. Phil.2:8)。イエスを規準とすることは、賢者あるいは思慮ある人(*phronimos*)がアリストテレスの倫理学において規準となっていることと同様に、理に背くものではない。ナザレのイエスはまた全くの神の子でもあるかについては吟味されそして共有されることになるかもしれない、もし個々人がそれぞれの経験(ErD が望ましい)を通じ、イエスの信に基づく義において示された、神のより強くより賢い愛によって納得するならば。

第九節　結論にかえて――当該性規準「イエス・キリストの信」による信の根源性論証――

一　意味論的分析

本章で私は神が言語使用者であるという道理ある想定のもとに、「ローマ書」をテクストにして、確かなことを語りうる手法として意味論的分析を遂行した。これまでの聖書註解の過剰な解釈の一つの原因となっていると思われる解釈学的循環をブロックすることにより、解釈学的営為以前に、解釈がその枠のなかで遂行されねばならない言語的諸特徴を析出することに努めた。それにより私はこの手紙から、五つの言語網を抽出した。聖霊の働きに訴えずに発話されたA、B、Cの三つは、互いに独立した一般的な言語である。パウロは、第一義的に神によって理解されていることがらをAとBの整合的な言語網の形成を通じて報告しており、言語網Cは第一義的に人間によって理解されている。残りの二つ、Dとeは、それぞれ聖霊と罪の媒介的なエルゴン（働き）に訴えることにより形成されている。前者三つA、B、Cはパウロのエルゴン言語Dか（a-inC）、およびeか（Logb-inC）から抽出することができる。

C言語（a-inC）および（Logb-inC）という説明は、不可視な聖霊や罪の扱いとして肉の弱さへのパウロの譲歩により許容されている。しかし、人間の視点の最善の説明によって捉えられた人間のエルゴンが同時に聖霊を受けて執り成されていることを妨げるものは何もない。「最善」という語で、人間の視点から何を意味するにせよ、私は神により嘉されるところのものを表現している。パウロがこのローマの人々への書簡をあえて「言葉［ロゴス］によってそして働き［エルゴン］によって」（15:18）成し遂げたところの自らの事行を伝える時、彼が「ロゴスとエルゴン」

によって意味する少なくとも一つのことは「知恵の説得的議論」即ちA、B、C、そしてもう一つは「霊と力能の論証」であるD、eを介したDの双方である。これら二つの工夫は、知者にも愚者にも、ギリシャ語圏の者にも異言語圏の者にも福音を宣べ伝えるというパウロの使命によって形成された(1:14)。

信の哲学は信をその主題とするが、啓示神学とも自然神学とも異なる方法とテクスト読解のもとにあり、その独自の機能を主張する。パウロの思惟は哲学的にもユニークなものであることの故に、信の哲学が人間のことがらに関するグランドセオリーとして提案可能であると私は主張する。この営みはパウロの議論における言語の多重性の発見の喜びによって遂行される。彼は自ら神への信のなかで言葉を紡ぐが、その言葉は、神への個々人の信仰を前提に要求することなく、信じる者にも信じない者にも妥当する言葉の層を持っている。この層を明晰なものにすることにこそ、今日までの多くの神学的なアポリアを解決する鍵が隠されている。私はパウロが、著者と読者双方が同一の言語において用いる術語の共約的な規準を共有できるという理由で、言語上の理解に関する限りは、A、B、Cという言語空間を誰もが理解しそして彼に同意できるように展開している、と論じた。また私は、福音の宣教においてパウロは矛盾の誤謬を犯していないと論じた。さらに、言語分析に基づく当該性規準「イエス・キリストの信」の解明を通じて、業の律法もそしてこの規準故に神の譲歩のもとに人間の責任ある自由も保障されることを論じた。

この統一的な理解のもとに、パウロがカントの第三アンティノミーやさらには予定と自由のような哲学的問題についてなんらかの説得力ある解決法を提示していることを示し得たかと思う。「信」がAとC次元において、さらには「自由」もパウロの自覚としてはAとC次元双方の聖霊の媒介によるエルゴンDにおいてC次元における「自由」とは意味が異なることも明らかにされた。これは意味論的分析の成果であり、従来の二手に分かれての論争に適切な棲み分けを提供すると理解する。

パウロはまたD、eの言語空間を展開することで他者との共約可能性の拡張を追求していた。これは信仰の問題であり、そして経験の問題である。少なくとも私は、信を持つことなしには、ひとはそれに関連する事柄を知ることはできないということを示せたのではないかと思う。私は当該性規準の提示に基づき「信」という語が人間の心魂についての根底にある語であり、それがいずれその人の認知的機能と人格的機能を統合するために、心魂のもっとも基本的な態勢であるとことを論じた。アリストテレスの倫理学に従えば、行為の正しい選択に導く、当該の行為の価値に関する知識を捉える実践知(*phronēsis*)は、認知的(真理に関わる)および人格的(価値に関わる)な態勢において徳、卓越性を備えた賢者(*phronimos*)においてのみ生じる。

しかしパウロの信仰義認論によれば、状況はまったく異なる。ちょうど幼い子どもがその親に頼らずには生きることができないように、誰もが、ただ幼な子のような信頼を対象となるものに向けてさえいれば、その人の認知的、人格的な徳ということがらにおいて魂の力能がいかなる実力にあろうとも、信を手にすることができる。アウグスティヌスをその特徴づけを「欲すること」と「為すこと」が同時でありうるものとしたが、それは信は心魂の根源的な態勢でありそこから信じるという根源的行為が遂行されるからである。この根源性と普遍性の故に、信はそれによってひとがいずれ認知的、人格的徳即ち卓越性の点で肯定的な心魂の機能を育て、統合することができるそのような心魂の根源に成立する志向的態勢である。

二　当該性規準と帰一的解釈

本章において私はエルゴン次元とロゴス次元を分節しつつ、パウロが「ローマ書」において遂行する福音宣教さらにはその論証の複層的な言語層を析出してきた。神の前の義Aと罪Bが神の人間認識としてイエス・キリストの信さらにはモーセの律法を媒介にして啓示されていること、そしてそれぞれ整合的な言語網を展開していることを確認した。さらに、パウロは人間中心的な振る舞いとその言語層をも相対的に独立したものとして展開してきたことも、命令法や条件法等の分析を通じて析出してきた。神の前の現実とひとの前の現実を一つのエルゴンとするものは聖霊の働きであることも確認した。この「神学的言語」Dにおける聖霊の実働の要求による統一は共約性要求においては最後に満たされる条件でもあろう。そしてこれらの分節により、神学者たちによってパウロの信仰義認論に内在するとされる信と律法の業をめぐる彼自身の矛盾の批判に応答した。

神学的言語Ｄ「イエス・キリスト」は神の子でありひとの子であることによりこれらの言語網を統一するものとして機能する。このことの承認は共約的には最終段階において成立するものであろう。ここではその手前でＡＢＣ三つの言語網をロゴス上帰一的に秩序づけるものとしてパウロは「イエス・キリストの信」をそこから一切の思考を関連づける当該性規準(the relevancy criterion)として提示した。パウロの福音宣教を帰一的な仕方でつまり最も中心的な神の意志の宣教内容からそれを受容しうる人間の現実を隅々に至るまでその中心から秩序ある仕方で捉え直すことができることを、これまでの言語分析を基礎に包括的な視点をもって提示した。そこに信の哲学は成立する。もし明確に統一的な理解が得られない場合は、一切を神や聖霊の一人芝居として人間になんら責任ある自由を帰すことのできない過剰な解釈が展開されるか、他方は一切を人間の或いはパウロの心的状態に還元し解釈するこれまた過剰な解釈が遂行されることになるであろう。それぞれの言語網がロゴスとして関連を見いだせないとすれば、彼の福音宣教は失敗に帰するであろう。

パウロは福音宣教において専一に遂行していることは神の子にして救い主イエス・キリストを知らしめそして信仰の従順に至らせることである。私のこれまでの議論が正しければ、パウロは信じる者にも信じない者にも共約的な理解を可能にすべく言語次元における分析を可能にする仕方で福音の宣教を遂行した。この書簡を統一的なものとして解釈すべく、彼の宣教のゴールに即して「イエス・キリストの信」をそこから一切を理解すべき当該性規準であるという主張はこれまでの言語分析に基づき道理あることとして承認されるであろう。この書簡のあらゆる文章をこの福音の対象と帰一的な関連において読みうるならば、しかも聖霊のエルゴンを要求することなく読みうるならば、神の前とひとの前も秩序のうちに一般的な仕方で関連づけられることになる。その試みのなかでその関連性における遠近を確定することができるであろう。そのとき、神の特徴である例えば三位一体や全能や全知という論点は神と人間の間を媒介する者との関連においては周辺的に留まるとするなら、それらについて考察を留保することは知性の犠牲を強いることにはならないであろう。

パウロは「信じる者に救いをもたらす神の力能」(1:16)としての福音の担い手であるイエス・キリストを宣教する。この啓示の媒介者はまことの神にしてまことのひとであると主張されており、この両性を備えた媒介者により、神とひとは正しく関係を取り結び位置づけられるというパウロの主張はどこまで吟味に耐えうるのであろうか。これまで「ローマ書」三章等の意味論的分析を介して、この啓示の媒介がいかなる機能を果たすかについて明らかにしてきた。当該性規準の理解において最も重要なことは神の前の義人と罪人が誰であるかはイエス・キリストの信において最も明らかな仕方で啓示されたということ、そして個々人には彼においてほどには誰にも明確に啓示されているわけではない以上、あの十字架と復活の出来事を介して人間は神の意志にアクセスすべきことが明らかにされた。従って、各人の心的状態の吟味においても福音の啓示の出来事との関連性において遂行されるべきであると言うことができよう。

三　心身論への架橋

私が「信の哲学」の名で伝えようとしている企ては、テクストの言語分析に基づき信じる者も信じない者も誰もが私の分析に同意できる、そのような聖書学的かつ神学的な解釈の前段階においてパウロの思考を位置づけ、そこで矛盾律を基礎に共約されるであろう限りのものを積み上げていくというものである。私は、本章において、パウロが実在論者の視点から神はギリシャ語に対応する言語使用者でありその啓示の言葉を受け取ることで紡いだ言語網にのみ関心を向けてきた。既存の社会や環境において疑いなく人間中心的な視点から造られたすべての言語では、神が主導する行為や状態を捉えるには不可避的に限界があり、不十分である。われわれの理解では、それでもなおパウロは人間に対する神の認識、判断、行為を報告できると考えていた。このアプローチをアンセルムスの *intellectus fidei*(信の理解)と対比的に位置づけられる *intellectus ante fidem*(信以前の理解)と呼ぶ。

しかしながら、最終的にパウロの議論を理解するためには、神と人間の間を執り成す聖霊のエルゴン(働き)について正しく理解することが求められる。そのためには心魂の力能として聖霊を受領する機能についての共約的な解明が求められる。「聖霊」を意味論的視点から分析するとき、パウロの発話をある程度の領域をもった整合的な言語網の形成により理解することはできる。それが可能であるのは、あらゆるひとが(地域差を無視するなら)同じ言語を話し、(ホモサピエンスとして)同じ心魂と身体を持っている限り、パウロは共約的な次元において哲学的な視点からのテクスト分析を許容するそのような仕方で福音を宣教しているからである。彼は二十年以上哲学者や律法学者たちと論争を続けていたために、彼のこの論証構造は無自覚的に身体化された形で哲学的な分析を許容する仕方で展開されているのであろう。この意味では、パウロはエルゴン(働き)と普遍的論証(ロゴス(理))を同時に伝えている。彼は「ローマ書」においてはもはや「知恵の説得的議論」と「霊と力能の論証」を分けることはせず、「ロゴスとエルゴンにおいて」(15:18)福音を伝達しているが、この書簡では言わばロゴスのエルゴン化とエルゴンのロゴス化双方を試みている。

信の哲学は神とひとのエルゴンをめぐり三つの実在の層の関係を追求することにより、信の諸相と知識の連関を明らかにし、また神学的思惟と哲学的思惟の関連を明らかにし、心魂の総合的な理解の追求に成り立つ。このパウロの分節に対し、神の前の二つの人間存在の現実と人間的な人間存在の現実との関連は、カント流に超越論的観念論にして経験的実在論という仕方で調停が申し立てられもしようし、プラトン流にイデアと現象の離在と分有という仕方で調停が申し立てられもしよう。しかし、ナザレのイエスだけがこれら三つの層をまったく十全な形で一なるものとして生きたと報告されている。彼の生身のエルゴンそれ自身が神の前で義なる生であったと報告されている。従って、歴史のなかで三つの実在の層を一つのものとして生きた一つのエルゴンのサンプルが存在する限り、すべては神の意識のなかでのことがらであるという観念論に逃げ込むことなしに、歴史的現実世界のなかで実在論のもとに信の何であるかの体系的な理解が成立するはずである。また、実在論と言っても、真の人間が歴史上啓示されたことを受けて、ひとであることの範型はイデア界においてではなく、歴史のなかに存在する限り、これはプラトンのイデア論が不可避的に抱える離在と分有をめぐる様々なアポリアに陥ることを回避することができるであろう。それゆえにロゴスのエルゴン化そしてエルゴンのロゴス化も可能になる。

パウロは「汝らにキリストの形が成るまで生みの苦しみを続ける」(Gal.4:19)と述べ、各人のキリストのようになることを宣教の目標として掲げている。ナザレのイエスがその信により律法を成就したことを受けて、各自が律法の成就である愛において、その模範に倣いえたか否かが判別される。そこでは、神の前の現実が人間的なものにおいて共約的な議論となりうるかは一つの問いであるが、パウロは二つの地平を歴史の事柄として接続させていたことは重要である。彼はイエス・キリストの出来事を通じて真の人間であることは倫理的実在論とでも言うべきものにより解明されるとしている。

なお、神の前の現実AとBにはそれぞれ二種類の現実が内属している。つまり、ひとつは啓示されている神の前の現実があり、他は少なくともAやBほどに明断に啓示されてはいない神の前の現実がある。前者にはとりわけイエス・キリストにおける神の人間認識、判断および判決が属する。後者には、信の哲学において重要な要素として、個々人の義認や救いの箇条が属している。なお、神の国の人格的な組成以外のものについては、パウロは思弁を展開することはない。神の国の構成員は義と愛のもとに遂行される様々な活動があるであろうその豊かさに関して、信の哲学は沈黙する。啓示されていない個々人の義認や救いに関する神の認識や判断についてパウロは「～と認定する、看倣す」(Rom.3:27, 6:11, 8:18)、「～と確信する」(Rom.8:38, 15:14)、「わが認識に即して」(1Cor.7:40)等の表現により自らの判断として語っており、啓示の報告と一線を画している。

しかし、パウロの自覚としては、当然彼のこの種の発言も聖霊の助けと憐れみのなかにおいて語られるよう祈り求めていることを疑うことはできない。しかし、それはそのままでは啓示の言葉ではないとパウロ自身により認められており、啓示に基づくことがらからの直接的ないし間接的な基礎づけのもとにある言葉でしかない。そこに聖霊というロゴスにかかりにくいものを対象にする信の哲学の困難さがあると言える。しかし、グランドセオリーを求める哲学は何らかの媒介者を必要としている。イエス・キリストとその臨在としての聖霊は少なくともより優れた媒介者を見出し得ない限りとりわけ有望なものとして一つの選択肢として提示することは許容されるであろう。

ここでの問いはロゴス上整合的なものとして分節されたとして、エルゴンのロゴスを分析するだけではやはり不十全なのではないか。それは単なる机上の空論なのではないのか。この当該性規準は実際につまりエルゴン上あらゆる人間にとって帰一的な秩序をもたらすものであるのかという問いは残る。もはや論理や言語の次元に留まることはできないのではないかという問いである。

これは実はペラギウス論争において二人の立場を分けるものであったと思われる。詳しくは第三部六章で検討するが、二人の論争は鋭く提示されているので、その点だけを確認する。ペラギウスが「罪を犯すことも犯さないこともわれらのものである」と提案したことに、アウグスティヌスは激しく攻撃した。それに対しペラギウスは可能性という一つの様相をそれ自身において論じていると反論する。「われらは単に可能性だけを論じている(*nos, inquit, de sola possibilitate tractamus*)。……私としては人間は罪なしに存在しうると主張している。あなたは何を言っているのだ、人間は罪なしには存在しえないなどと。私としては、人間は罪なしに存在すると主張してはいない。あなたも人間が罪なしには存在しないと言っているのではない。われらは可能性と不可能性とについて論争しているのであった、存在と非存在について論争しているのではない」(ch.7)。

この中立性の発言は人間中心的に見る限り正しいと思われる。パウロは「汝が汝自身の側で持つ信を神の前で持て」(14:22)と命令法により信の帰一的構造を受けとめるよう励ましていた。ひとが命令に背く可能性を得ることができたのは、神がそのもとでは罪でしかありえない業の律法とは別に、イエス・キリストの信に見られる、さらにはその先駆としてアブラハムに見出される信の律法を啓示していたからである。生身の人間の生命の帰一的な秩序づけの根拠は福音による信の律法の確立にあった。かくして人間的には「ひとは信の律法に即してもまた業の律法に即しても生きることができる」という仕方で中立性が確保されたと言える。この事態を論理的次元においてペラギウスは理解したのであった。

しかし、可能性(*possibilitas*)は常に何かの可能性であり、パウロは当該性規準の提示を通じて、神の前の福音の現実との関連において帰一的に可能性を秩序づけている。その当該性規準を明確に提示することなしにさらにはその現実性をエルゴンにおいて確かめることなしに、可能性と不可能性をそれ自身として語るとき、議論は言葉だけのこととなり自然的な次元における力能(*potestas*)を捉えることはできない。それ故に不明瞭性を残すこととなる。人間の心魂には罪なしにありうる機能ないし部位があるとすれば(パウロは「霊」にそれを求める)、その力能が実働(*energein*)することによって罪から自由に愛を実現するであろう。アウグスティヌスは当該性規準から離れて可能性をそれ自身において論じることはできないと主張した。それ故に、様相のエルゴンによる帰一的理解は喫緊のこととなる。

アウグスティヌスはペラギウス派の主張を上からの聖霊によるものではなく、人間的なもとからの「知恵の言葉」にすぎないと批判する。彼は「[ペラギウス派は]人間の本性は小児においては健全であるから医者を要しないし、大人になってからは、欲するなら自己の義をみずから達成しうることを証明するように試みる。なるほどこの議論は鋭いに違いないが、キリストの十字架を無効にする知恵の言葉のうちにある(1Cor.17)。「この知恵は上から降ってきたものではない」(Jacob 3.15)」(「自然と恩恵」ch.6)と述べ、先に見た「コリント前書」第一—二章の当該箇所に訴えながら、人間の知恵の言葉と聖書の言葉の次元の異なりを強調する。この箇所の読みは、第一章二節で論じたが、「より賢い」と比較級で表現されていたように、上からと下からの知恵として単純に対立的に理解されるべきものではないのではないか、さらにはパウロの「ローマ書」が展開された後にも神の知恵と直接的な対比のもとにあるのかが問われようし、「神の力能」と言えども人間に理解される限りのそれでしかなく、このように単純に二分されるものでないことだけは明らかである。しかし、ひとはどのように聖霊による言葉とそうではない言葉を判別するのかがここでの先鋭な問いである。このような諸制約および問いのなかで、信の哲学はこれら三つの実在の層の関係を追求することにより、人間をそのありうる全体性において把握する神学的思惟と哲学的思惟の総合によるグランドセオリーを求めてきた。そしてそのグランドセオリーは心魂の根源的部位による全体の秩序づけに対応するものであるに違いない。

信というこの肯定的な対象に対する肯定的な行為は妄想や空想のままに終わるであろう事柄であるが、それは、ひとが知ることはできなくともそれとともにそのつど生きることができる、自らの責任ある自由のもとにある生の構築の礎である。信は理性と共にありうるが、理性のみに基づくわけではない全人格的な行為である。信の哲学においては、単に妄想や願望に堕すことのない正しい信仰がいかなるものであるかを探求してきた（第一部序「信を根底にした心身（霊肉）の統一理論の構想」、二章三節参照）。そして信の哲学は最も共約的なものとして誰もが同意できる確実なことがらとして、もしひとが神にアクセス可能であるとするなら、その道は信であることを明らかにしてきた。そして心魂論においてさらに信のエルゴンが生起する心魂の部位の力能を探求する。そして各人の信のエルゴンを介して、その心魂の根源性が確認されるであろう。

神の行為としての啓示とその人間の魂における聖霊による媒介は人間の意識の循環への閉塞を打ち破るものである。そのような実在論的機能を「啓示」という概念は担っている。換言すれば、信はそのような自らの外側にイニシアティブが属する信ずべきものへの信である。根源的な信は基本的に信に対する応答としてしか成り立ちえない。いかなる人格的な関係においても、対象が偽りであるものへの信は想定できないからである。信は、知識のように心魂が取りこむのとは異なり、それ自身の固有な特徴として、自らの外にあるものがそれ自身信実なるものとして存立していることを真であるとしまた信じる者に憐れみを注ぐものであることを信頼することである。それはまた決して自ら所有するものではなく、生を捧げるものであると了解し、対象がそれ自身においてあるだけで喜ぶそのような心的態度である。パウロは祈る、「希望の神が、汝らが聖霊の力能のなかで希望に満ち溢れるべく、汝らを信じることにおけるあらゆる喜びと平安で満たしたまうように」(Rom.15:13)。この喜びは信と信相互のエルゴンに基づくものであることを歴史上ひとびとは報告している。根源的な態度とはこのような信じ得るものがあるというだけで喜びであるそのような応答的なものであろう。

次章においてパウロの心魂論を探求する。ひとは皆同じ心魂を持っているとすることは共約的に同意を得ることができるであろう。或るひとは信に到達し、或るひとはそれを拒否する。信の哲学は聖霊の働きを受容しうるとパウロが主張する心魂の部位とその力能をパウロの心魂論に即して吟味する。そしてその力能の実働を探求する。これがどれだけ無矛盾であり人間全体の理解として共約的でありうるかを吟味する。

（1）『信の哲学』において意味論の鍵語として用いられる「意味表示(signification)」の語源となるラテン語について、アウグスティヌスは *signa facience*(「記号を作る」)に言及し、言語として共有される記号を用いて、記号が「それらのものの記号であるところのものごとそのもの(*illa ipsa*)」つまり言語と実在との関係にこそ言語哲学が基礎づけられ、またその解明に向かわねばならないものとする(註2参照)。

（2）Augustinus, *Dialogues Philosophiques III*, De Magistro II4, *Œuvres de Saint Augustin 6*, tr. Madec, G. p. 52 (Crédit du Nord, Lille 1999).「教師論」一一・四『アウグスティヌス著作集2』茂泉昭男訳、二一〇頁(教文館　一九七九)。

（3）八木誠一は「パウロの救済史観」を次のように結ぶ。「私たちは聖書の証言を通して「救済史」を再構成できるだろうか。それは不可能である。聖書の救済史観はあまりにも矛盾に満ちている。私たちはただ矛盾に満ちた発言を整理し分類し、一定の神学的評価、神学的解釈は上にみたように、その決断の仕方、その信仰の体験内容に制約されることを理解するだけだ」。しかし、私は『聖書と救済史　復刻・聖書学論集1』日本聖書学研究所編、一四二頁(山本書店　初出一九六二、一九七六)。

「信仰の体験内容」と呼ばれる個人の宗教体験を前提にせずに、少なくともパウロの救済理論は一貫したものであることの基礎を提示したい。

（4） H. G. Gadamer, *Truth and Method*, tr. G. Barden and J. Cumming, p. 260, 273 (Sheed & Ward, London 1970).

（5） M. Luther, Assertio omnium articulorum M. Lutheri per bullam Leonis X. 1570, *Weimar Ausgabe* (Hermann Böhlaus Nachfolger, Weimar 1883–1929). 以下WAと略記。 WA 7, p. 97. 16–29, cf. WA 4, p. 566. 26–29, WA 10, III. p. 238. 10.

なおルターは解釈の方法として「文字と霊」に分節して思考した。彼はその理解の関係をエルゴン上の過程において理解する。「「理解（*intellectus*）」は、十分に語られたように、「文字的」と対比的に（*contra literam*）語られる。後者は聖書における肉的な意味である。しかし、同じものの霊的な理解（*intellectus spiritualis*）はキリストの信に基づくものである。……獲得された理解は進行するにつれて獲得されつつあるものに対して文字であろう（*intellectus acquisitus sit litera ad eum, qui est acquirendus proficiendo*）」。Luther, WA 4. Psalmsvorlesungen 1513/15 (Ps. 85–15), p. 390. 17–25.

ルターは「文字と霊」の理解のこの枠のなかで「聖書の四重の意味（*literaliter, allegorice, tropologice, anagogice*）」について分節した（概して「文字」は*literaliter*に対応、他の三様式は「霊」に対応）。例えば「エルサレム」はそれぞれ「文字通りには」カナンの場所を、「比喩的には」教会を（Gal.4）、「転義的には」神がそこに宿る魂を、「天上的には」天のエルサレムを意味している。Luther, Tischreden 1531–46, WA 4, p. 323.（ここでのWA 4は上記の詩篇註解が含まれている連続番号とは異なる）。

G. Ebelingは「ルター解釈学の始まり」において文字的意味と霊的意味の関連をめぐり、ルターの背景にある解釈学的営為についてこう述べている。「*litera* と *spiritus* の区別は既にルターに馴染みの伝統において明白な仕方で一つの重要な役割を演じている。……トマスが提示している解釈学理論は次のものであるが、それは文字的意味（*sensus literalis*）の傍らに霊的意味（*sensus spiritualis*）の可能性を正当化することをめざしている（ST I.q1.a10.ad1）。文字的意味は、書の著者が意図しているところのものである。しかし、今や、神が書の著者である。そして彼の力のうちに存立しているものとは、単に語彙がそのようなものとして何かを意味表示するだけではなく、それらから表示されたものごとが更にまた何か他のものを指示する意味作用を持つということでもある、その結果、書の語彙は、自らにおいて本来の二重の意味を持つということではなく、二番目の、アレゴリカル・比喩的意味（*allegorischen Sinn*）を意味表示されたもののものごと（*res significatae*）の意味上の特徴（Bedeutungscharakter）を介してだけ所有する。そのとき、しかし、推論が、それはもちろんトマスが導いたものではないが、次のことを示唆している。聖書の著者によって意図された意味が既に語彙を介して直接的に表現に到達するなら、この固有な文字的意味は同時に霊的意味である、しかし、他方、もし聖霊により意図された意味が単に間接的に語句を介して表現されるなら、むしろ意味表示されたもののものごと（*res significatae*）の意味は取り去られる、この場合においては、本来の文字的意味が比喩的に高められた霊的意味である、即ち書の著者によってまさに意図された意味である。

聖書においては文字的意味と霊的意味は最終的に同じものであるということを意味している、という帰結をトマスが導かなかったことは確かに次の根拠を持つ。霊的意味の概念は「アレゴリカルな」意味に形式化されることはとても稀なことであったので、ひとはそれによって同時には文字的意味を表示することはできなかった、そこではこれが聖霊の意図を直接表現にもたらした。逆にテクストの辞書的な意味からアレゴリカルに勝ち取られた霊的意味の距離は、ひとがあえてそれを文字的意味として表示することができたとき、明白なものとなった。そして、だが、問題は、書における文字的意味と霊的意味は相互にいかに関わりあうか、というものであり、示唆された方向にさらに追求される」。G. Ebeling, Die Anfänge von Luthers Hermeneutik, S. 12–14 (183–84), *Lutherstudien*, Band I (Mohr Siebeck, Tübingen 1971 (*Zeitschrift für Theologie und Kirche* 1951)).

このように聖書解釈学は聖霊の働きの分析とともに意味論を文字と霊の分節と結合のなかで遂行されている。信の哲学はロギコスな意味論のもとに意味論的に浅い理解に基礎を持つ。それはルターにおける「文字的意味」に親近性を持っていると言うことができる。しかし、それぞれの行為主体の複合からなるパウロの議論を意味論的に分節しないとき、「聖書においては文字的意味と霊的意味は最終的に同じものである」という未分節なものとなってしまう。パウロは行為主体に応じたそれぞれ整合的な言語網を展開しており、はるかに明瞭な意味論を展開していたことが明らかになるであろう。

(6)　P・リクール『生きた隠喩』久米博訳、二九三頁(岩波書店　一九八四)。O. Pöggeler は解釈学の歴史を展望して言う、「「解釈学(Hermeneutik)」はギリシャ語からの新造語の一つで、一七世紀に造られた。……この[プラトンの]解釈術は「真理」について判断するのではなく、たとえば神託といったものを解明するものであった。或いは、詩人は神々[の神託]を解釈する者であると看做され……神々の使者ヘルメスと結びつけることができるとも信じられていた。神々の知らせが「明らかではない」言葉であり、釈義を必要とする場合、この知らせはヘルメネイアと呼ばれたが、その注釈もまた同じ名で呼ばれた。このように、言葉そのものが既に *hermēneia* ないし *interpretatio*(存在するものの解釈)であると受け取られるようになり、アリストテレスのオルガノンにおけるように、言葉の様々なあり方を究明する「命題(解釈)について(*peri hermēneias*)」の学科が成立するにいたった。一七世紀になると今度は古くから伝わる解釈術(*ars interpretandi*)が解釈学と名付けられる。そして、この名称のもとで神学、文献学、法学の補助的学科が発展したが、これらの学科は一定のテクストを解釈するための補助を準備し、解釈の規則を確定するものであった。……解釈術はずっと以前から長い歴史的発展の中で、とりわけ伝統の大きな危険の際に形成されてきた。……ヘレニズムの寓意的[比喩的]解釈(Allegoresse)が歴史によって強く規定されていたユダヤ教-キリスト教世界の伝統の連関と対決したとき、或いは字義通りの解釈を主張するアンティオキア学派と象徴的-比喩的解釈を主張するアレキサンドリア学派とが論争したときであり、……そしてローマ法、ギリシャの詩と哲学、聖書の言葉を西欧へと伝える努力がなされたとき、宗教改革の信仰においては反対に聖書をそれ自身から――自分自身の解釈者(*sui ipsius interpres*)として――解釈する努力がなされたときのことである。……最終的には、F・シュレーゲルとシュライエルマッハーによって、……解釈学は意味をもった歴史的生が客体化したものを理解し、解釈する普遍的な学問となった」(O・ペゲラー『ハイデガーと解釈学的哲学』伊藤徹監訳、二二六頁(法政大学出版局 二〇〇三))。

そのうえでペゲラーはハイデガーによるアリストテレス的な「命題論的「として」」という真偽に限定された命題の解釈と「解釈学的「として」」の判別を紹介する。「このハンマーは重い」は単に真偽に関わるだけではなく、「別のハンマーを取ってくれ」を表現しうるとされる。「命題論的な仕方で或るものを或るものとして見させる言明は状況のダイナミズムを無視しており……或る状況の完全な有意味性の連関から或るものを或るものとして把握する際に規準となる「として」を「平準化」している」とする(二四一頁)。この理論と実践のひとつの総合としての解釈的営為は信の哲学との関連においては一つのゴールを設定するものと言えるが、共約性規準を一つ一つクリアしていくことが当面の信の哲学の課題である(二六六―六七頁)。

(7) P・リクール『聖書解釈学』久米博、佐々木啓訳、四七頁(ヨルダン社 一九九五)。

(8) ハイデガーは論敵による「実存[本来的自己A]ならびに存在一般の理念が「前提とされた」うえで、「そののちに」現存在[自律的可能存在C]が解釈され、そこから存在の理念が獲得されている」という「循環への異議(Zirkelargument)」を提示して応答する。「このように予め提示することは、了解しながら企投するという性格を備えており、しかもそこでは、そのような理解を形造る解釈は、解釈されるべきもの[現存在]を、まさに初めておのずと言葉にもたらし、かくしてその解釈されるべきものは、自分がそれへと向かって企投のうちで形式的に開示されていた存在体制を、自らがこうした存在者として与えるかどうかを、自分自身から決定することになる」。M. Heidegger, *Sein und Zeit*, S. 314f (Max Niemeger Verlag, Tübingen 1963 (1926)).『存在と時間』(三)、熊野純彦訳、四〇八頁(岩波文庫 二〇一三)。

ハイデガーはアプリオリな実存論的枠組を提示し、その枠の中で個々人の実存的な了解が遂行されているとし、単なる循環ではないと応答している。しかし、アプリオリなものとされる実存範疇としての情態性と了解はエルゴン上分離されないものとして、そのつど企投が遂行されるというその事態に構造上の癒着があることを第九章で明らかにする。

ペゲラーはハイデガーの解釈学的循環を説明して言う、「『存在と時間』は、人間という現存在がもつ存在理解、しかもこの理解の様々なあり方から出発して、存在の意味へといたろうとする。……ハイデガーは事実(例えば手許にあるものとの交渉や精神科学といった)を記述するだけではなく、その事実の権利と限界をも問おうとする。そのとき、彼の分析は《理解する「実存」》の理念と存在の理念への先視によって、そして実存と存在をそれらの多様な意味に向けて解釈しようとする先行把持によっていつも既に規定されている」(ペゲラー、前掲書 二四九頁)。私は『存在と時間』におけるハイデガーの本来的自己と現存在の関係理解がルター主義的なものであることを第九章で論じる。現存在は既に本来的自己と非本来的自己の可能存在であることを形式的には了解している。そのうえで本来的自己を獲得すべく実存しつつあるが、既に本来的自己の何らかの促しのなかで遂行される。これはルターが恩恵のみを語る様式と構造上同一であることを明らかにするであろう。

（9）　R. Funk はドイツにおけるハイデガーの影響のもとでのブルトマン等の解釈学の展開をこう纏めている。「いかに過去の出来事、即ちイエス・キリストにおける神の行為は出来事的であることを続けるのか。ブルトマンの答えは人間の救済にとって決定的である過去の出来事は宣教において継続的に現在のものとされている。……E. Fuchs と G. Ebeling はブルトマンの言語に対する積極的な評価を取り上げ、彼らは「救済が出来すること（Heilsgeschehen）」と「救済の出来事（Heils ereignis）」をそれぞれ「言葉が出来すること（Wortgeschehen）」と「言語の出来事（Sprachereignis）」に変更している」。R. Funk, *Language, Hermeneutic and Word of God*, p. 23 (Harper and Row, New York 1966).

（10）　M. Luther, WA 4, p. 318, 365.　H・イーヴァント『ルターの信仰論』、竹原創一訳、一三二頁（日本基督教団出版局　一九八二）。

（11）　リクールは言う、「この［語句の］多義性の問題はわれらを再び構造主義との論争に引きもどす。しかし、その論争は或る意味でますます建設的になっていく。象徴表現が機能するのは構造においてである。事実、およそ意味の転移の基底にある累積の現象は、もしそれ自身に還元されるとするなら、多義性を枠づけ、規制する構造が欠けているために、いわば意味の出血に帰結してしまう。何でも意味しようとする語は、もはや何も意味しないことになる。文の文脈的構造のみが多義性を規制された多義性とする。そして規制された多義性のみが有意味である。それゆえ聖書神学は、この意味論の中心にある多義性および語についてのよき言語学なしには構築されないだろう。聖書神学は鍵語に立脚しており、鍵語はある時代の文化理解の手段でもってたえず解釈され、再解釈されねばならない。罪、恩恵といった語はその意味を確定するためには復元することが重要な状況や解釈共同体と照合される」。『聖書解釈学』、一二四頁。

　信の哲学は「文脈的構造」に対応するものとして神による言語理解と人間による言語理解からなる言語層の分析に関わることにより、各層において異なる意味を担う語句の多義性を帰一的に秩序づけることをめざす。最高位の存在とその被造物の間における同じ語の意味の非対称性についてアンセルムスは適切に述べている。「もしそれが一体他と共通する同じ名を持つならば、疑いなく、とりわけ異なる意味（*diversa significatio*）が理解されねばならない」（*Monologion*, ch. 26）。*Anselm of Canterbury* Vol. 1, ed. and tr. J. Hopkins and H. Richardson, p. 41 (SCM Press, London 1976). また、「文化理解の手段」による解釈の手前で統計的手法等により意味の確定をめざす。パウロにおいて「イエス・キリストの信」を当該性規準にして、あらゆる層がそれとの帰一的な構造のもとに秩序づけられることにより、分節的かつ体系的である無矛盾な言語理解が可能であることを示すであろう。

(12) パウロが七十人訳ギリシャ語聖書とマソラテクストいずれに依拠していたかに関し、クランフィールドは「ローマ書」において引用される彼の数え上げによれば五八箇所を比較検討し、こう述べている。「ラフなしかも単純化したものであるが、この短い調査は少なくとも、ローマ書の構成における旧約の使用において、パウロが主に依拠していたのは七十人訳であったということを示すべく役立っている」。C. E. B. Cranfield, *A Critical and Exegetical Commentary on the Epistle to the Romans*, Vol. II, Essays, p. 866(T&T Clark, Edinburgh 1979). cf. J. Dunn, *Romans 1-8*, Word Biblical Commentary 38A, p. 45(Word Pub., Texas 1988).(詳しくは第一章註3参照)。なお、イエスはモーセ律法理解をラディカルに解釈してより厳しいものであるが(Mat.5:17-48)、パウロは誰であれ業の律法のもとには義とされないという意味で、しかも「キリストが……律法の目指すもの」(Rom.10:5)であり、業の律法が福音において「確認される」(Rom.3:31)ところのものであるという意味において、このイエスのラディカルな理解に同意すると思われる。他方、彼は福音の啓示に関してユダヤ主義者を説得すべく旧約聖書の福音を裏付ける諸要素を肯定的に引用している。

(13) Cf. D. Laertius, *Lives of Eminent Philosophers*, II. tr. R. D. Hicks, VII. 163, p. 266 (Harvard UP., Cambridge Mass. 1970). なおこの用法はプラトンやアリストテレス等の伝統に連なっている。彼は「学問」を意味する *epistēmē* の一種でありつつ、「ロギケー(論理学を含む形式言論構築術)」と呼ぶ「反駁的であり同時に普遍的な議論」を提供する一つの研究を *diatribē* と呼ぶことがある。後に「論理学」を意味することになる *logikē* と呼ばれる問答やその理論に取り組む研究をこの語に担わせたと考えられる。彼は言う、「この見解[イデア論]について詳しく考察することは[倫理学以外の]他の研究(*diatribē*)に属し、また多くのものは必然的にロギコーテラスな(より一層形式言論構築術的な)研究に属している。というのも、同時に反駁的であり、かつ共通な議論は他のいかなる学問(*epistēmē*)に即してもありえないからである(*EE*.I7.1217b16-19, *Top.* I.5.102a8, cf. Plato, *Apol*.37d)。

(14) T. Engberg-Pedersen は「ブルトマン以来のパウロ研究」であろうと S. Stowers により評される *Paul and the Stoics*(T & T Clark, Edinburgh 2000)をこう結論している。「われらはパウロに見いだす「神学すること」のその種類によってわれらは自らが同じ種類を採用すべきであると考えるべく刺激を受けるであろう。キリストの出来事を人間存在にとって哲学的にごく近い意味を形成する一つの様式において、精査して引き出すべく試みるひとは、その出来事の意味をその様式においてキリストを信ずる人生の形式の特別な形であるとして、自らの同時代人たちに対する一つの真実の選択肢として提示する」(p. 304)。これは哲学による共約性の探求様式と言うことができるが、そのことをパウロ自身が神学的にも哲学的にも遂行していたことが彼の *diatribē* の議論様式に見いだされる。

(15) ただし、「イエス・キリスト」は同一性を表現する「[〜主で]ある(*einai*)」の後に主格の関係代名詞(*hos*)のもとに従属文が続く場合には動詞「[～神の知恵と]なる(*ginesthai*)」や自己の尊厳意識「[～神と等しくあることを固執すべきものと]考えず(*hēgēsato*)」を伴うことがあるが、それは文の流れを損なわないためであり、関係代名詞により間接性は保持されている(1Cor.1:30, Phil.2:6)。「キリスト・イエス」という語順での表現は、多くの場合、前置詞が*en*等母音の場合に、母音の連続を避けるためという表音上の理由による。

「主イエス」という定型の告白形式における呼称について、O. Cullmanは言う、「パウロは、実際、イエスが現在している主であることに一つの神学的基礎を与えたひとである。Rom.10.9, Phil.2.9, Co.I.12.3はとりわけ告白形式それ自身との関連で重要である」。O. Cullmann, *The Christology of the New Testament*, tr. S. C. Guthrie and C. Hall, p. 216 (SCM Press, London 1959). なお、クルマンは「主」について「この呼称はキリストが神の右に高挙され、栄光を受け、そして今神の前でひとのために執り成しているという思想以外のなにものをも表現しない」(p. 195)と特徴づけている。また、旧約聖書における「主(Adonai)」との連関として、彼は「われわれは、かくして、Adonai-kyriosは新約時代のパレスチナと離散の双方のユダヤ教において神の儀礼的な呼称であったと結論する」(p. 201)と述べている。

(16)　主体の責任ある行為が、或る文脈においては、行為主体のより上位の行為主体や運命が存在する限りにおいて、歴史的な出来事を表現すべく取られうる。パウロはキリストにおいて生じたことがらがその出来事より後に位置する信じる者の出来事を含むことを表現すべく過去時制を用いることがある。後に第五節「エルゴンの複合に関する過去時制の問題」において詳しく論じるように、パウロはキリストの出来事を過去形で表現し、そのうえでその過去の出来事がパウロを始めとする「われら」の出来事であると聖霊のエルゴンを媒介にして基礎づけ関連づけることがある(e.g.「われらの古きひとが[キリストと]共に磔られた(*sunestaurōthē*)」(Rom.6:6)、「われらはキリストと共に死んだ(*apethanomen*)」(6:8)。

このキリストの出来事がわれらの出来事であるという過去時制は文法上次のように説明されるであろう。アオリスト過去時制文「キリストは……死んだ(*apethanen*)」(Rom.5:6)は*aphothnēskō*の2nd.aoristであり、文法上Constative (summary) or Complexive aoristかまたはPerfective (or effective, or resultative) aoristと呼ばれる。前者についてこう説明される。「「確認的(要約的)ないし複合的アオリスト」は始まりや、経過ないし終局に対する言及なしに、一つの全体として観念を抱く。それは全体的な、だが瞬間的な相である、というのも瞬間的な行為種(Actionsart)は必然的にひとつの短い時間の広がりを含むということが想定されてはならないからである。行為は完全なものとして表示される。同種のいかなるさかのぼる行為も観想されないことを示す文脈から形成されねばならないというひとつの仮定がある」。後者の説明はこうである。「「完了的(ないし実効的ないし結果的)アオリスト」は、そこでの強調はすべて一つの行為の結論や諸結果にあるところのものである」。N. Turner, *A Grammar of New Testament Greek*, vol. III, p. 72 (T & T Clark, Edinburgh 1963).

私にはこれが行為を出来事として記述する局面を開く一つの文法上の保障であると思われる。この文法上の保障の故に、もし暗に上位の主体が他の主体の行為の内に少なくとも含まれるなら、先述したカエサルのルビコン渡渉の例に見られるように行為を出来事のカテゴリーの中で取り扱うことができる。あるひとの生涯における様々な行為がそのひと自身の意図によって為されたとして、その意図が上位の主体によって形づくられている、あるいは上位の主体の意図と同調しているなら、われわれはその行為を出来事として描写することができる。イエスが自発的に送った生涯はあらゆる点で神により嘉されたが故に、パウロはイエスの生涯をキリストの出来事として特徴づけた。

パウロは、神の意図がそこにおいて実現しているところのものとしてイエスの生を描写できると考えていたので、「ローマ書」では「イエス・キリスト」の意図には言及せず、「イエス・キリストの信を媒介にして」(3:22)という句を出来事のカテゴリーの内部で媒介的な出来事として捉えている。

(17) E. Käsemann, *An Die Römer*, 3 Auflage, S. 86 (J. C. B. Mohr, Tübingen 1974).

(18) クランフィールドは Rom.1:17 の *ek pisteōs eis pistin* という句の解釈の可能性として八つ紹介している。「*ek pisteōs eis pistin* という句は多くの異なる仕方で解釈されている。例えば、「旧約の信仰から新約の信仰へ」或いは「律法の信仰から福音の信仰へ」、「説教者の信仰から聴衆の信仰へ」、「一箇条の信仰から別の箇条の信仰へ」、「現在の信仰から未来の信仰へ」、「言葉の信仰(それによってわれらが見ないことを今信じるところの)からのもの、即ち実在の信仰へ」、「授ける神の信から信頼するひとの信仰へ(*ex fide Dei promittentis in fidem hominis credentis*)」或いは「信仰における成長」を指示するものとして」。クランフィールドは一章一七節の解釈として、私が正しいと考える「授ける神の信から信頼するひとの信仰へ」は Ambrosiaster col. 56 の説として紹介している C. E. B Cranfield, *A Critical and Exegetical Commentary on the Epistle to the Romans*, Vol.I, p.99 (T&T Clark, Edinburgh 1975).

ダンも同様にこう述べている、「啓示されてあることの核心は次の四語 from faith to faith に含まれている。この句は「神の(契約における約束に対する)信実(faithfulness)から人間の信仰(faith)の応答」という意味において、語 faith/faithfulness の両義性をめぐる一つの[語呂]遊びとして採られうるしまたおそらく採られるべきである。これは神の義の概念そして続くべきものに関するハバクク書の引用ともよく適合している。さらに、別の読み(「人間の信仰から人間の信仰へ」)よりも手紙の主要部の主題をよりよく統合するものを提供している、というのも一から一一章は、契約上の忠誠よりもユダヤ人同様異邦人にも可能なものである無条件の信頼として理解される信仰を伴い、神の信実と人間の信仰のあいだの界面のパウロによる探索としてよく特徴づけられるからである」。J. Dunn, *op. cit.*, p. 48.

(19) E. Jüngel が次のように述べる時、彼には神の義を論証しようとするパウロの二つの試みが見えていない。「「神の義」と「神の怒り」は、「ローマ書」一章一七節以下で対立する概念として用いられている。このアンチテーゼ（反定立）は律法と福音の区別においてもっとも明らかである。というのも、一方神の義はただ福音においてのみ明らかになるが（Rom.1:17）、「ローマ書」四章一五に従えば、怒りをもたらすものは律法だからである。神の義の啓示は、もちろん、天からの怒りの啓示を指す。しかし、またこれは決定的な論点であるが、神が不義に対抗して持つ働きかけのこの手法は、たとえ通常の人間による義の理解（「それぞれの人間にその報いがあるべき！」）に即して普遍的な不義に対抗して降りてくる審判として、神の怒りは神の義の知らしめとして見られるべきであるとしても、神の義の手法ではない。むしろ、パウロにとっては、不義である者たちに降る神の怒りは神の義に対立する概念である。怒りは、福音ではなく律法の範疇に属している。律法は律法を守らない者を、罪とその結果の内に閉じ込める。これこそまさしく怒りがいかに働くかを示している。……これは、「二つの異なる啓示」のケースではなく、二つの反定立的な啓示の手段において成就されてはいるが、「啓示の一にして同じ行為」のケースである。」E. Jüngel, *Justification: The Heart of The Christian Faith*, tr. J. Cayzer, p. 66f (T & T Clark, Edinburgh 2001).

「神の義」と「神の怒り」双方が福音と律法の間という意味での「反定立」であるなら、一方は義とし他方は罪とするという様式という限定のもとにおいては正しい。しかし意味論的分析に従えば、神の怒りは「神の義の手法ではないもの」としてでも、「通常の人間による義の理解に従って」でもなく、神の前の罪人としての事実をもたらす二通りある神の義の啓示のうちの一つとして報告されている。福音は律法より、神にとって信に基づく義は業に基づく義より根源的、基本的である。というのも、神の義は「律法を離れて」あることができるが、その義の啓示の媒介である「イエス・キリストの信」とは「分離はない」（3:22）ものだからである。神にとって業の律法は自らの意志であるが、信の律法としての意志よりもより少なく根源的であると看做されている。双方の律法とも神の義がそこにおいて啓示されているところのものであり、神は義であるという一つの属性を表現している。神は業の律法においてもつまり司法的次元においても義であるが、神自身にとって業に基づく義よりも信に基づく義のほうがより根源的であり、業の義とそれに基づく怒りをも秩序づけている。司法的な次元において示される怒りとしての神の義はそこでは救いがないことを知らしめ、罪の苦悩を引き起こし福音に追いやる機能を担っている（Rom. 7　第四章五節参照）。啓示の「一にして同じ行為」ではない。ただし、義という神の心的属性は双方の啓示においても次元を異にしつつ維持されている。

神の怒りは義と関わらないというユンゲルの解釈は過度の（そしてこの場合は誤った）神学的解釈の一例であるように思われる。イエスは、「われが律法と預言者を滅ぼすために来たと思ってはならない。われは滅ぼすためではなく、完成させるために来た」（Mat.5:17-18）と言う。パウロもまた、「それではわれらは、信を介して律法を無効にするのか。断じて然らず。われらは［業の］律法を確認する」（Rom.3:31）と述べている。

（20） G. Kittel (Behm), *Theologisches Wörterbuch zum Neuen Testament* (TWNT), Band IV, her. G. Kittel, G. Friedrich, S. 949 (Kohlhammer, Stuttgart 1990 (1942)).（項目担当者を（Behm）のように記す）。

（21） 律法の機能としてパウロが知識主張しているのは、律法は律法のうちにある者たちに語りかけるが、律法の外にあるひとびとすべてをもふくめ、神に服従させるためであることとして提示されている。二〇節前半の *dioti* は従来のように「なぜなら」ではなく「それ故に」と訳すべきである。「われらは……知っている。それ故に……というのも……」と議論は続き、知識主張とその帰結を理由の故に根拠づけている。従来二〇節後半は「というのも律法によっては罪の認識（が生じるだけだ）からである」（e.g. E. Käsemann, *op. cit.*, S. 80）と人間の認識として訳されてきた。これでは義とされないことの理由を提示できない。罪の自覚がなくても、義とされないことがあろうからである（cf.2:5）。*Dia nomū* の *dia* は因果的にではなく、媒介的に解すべきである。*epignōsis* が、第一には、つまり二次的にそれが人間の認識であってもかまわないが、神または神の子による「認識」「知識」として用いられている箇所は、例えば「かのときには、われが知られている（*epegnōsthēn*）その仕方で知るにいたるであろう」（1Cor.13:12, cf. Eph.1:17, 4:13）。なお人間による神の「知識」は *epignōsis*（e.g. Rom.1:28, 10:2）と *gnōsis*（1:21）双方が用いられるが、三章二〇節の対応箇所とされてきた「われは律法によらなければ、罪を知らなかった（*ūk egnōn*）」（7:7）における「知識」は *gnōsis* の動詞形である。この箇所に見られるように、従来意味論的分析を怠ってきたために、このような誤訳がなされたと言わねばならない。

（22） D. Erasmus, *Annotations on Romans, Collected Works of Erasumus*: V. 56, ed. R. D. Sider, tr. J. B. Payne, p. 99 (University of Toronto Press, Toronto 1994 (1536)).

（23） トマス・アクィナスは *iustitia autem Dei est per fidem Iesu Christi*（しかし神の義はイエス・キリストの信を媒介にしてある）を「ヘブライ書」（12:2）と「ローマ書」（10:9）に言及することにより解釈している。彼は言う、「しかし、神の義はイエス・キリストの信を媒介にしてあると語られるが、それは、ペラギウス派が論じたように、あたかもわれらが信仰により功績的に獲得する（*mereamur*）かのごときものとして、あたかも信仰それ自身がわれらに基づき生起しそしてそれによりわれらが神の義を功績的に獲得するかのごときものとしてではなく、われらはそれによりわれらが神から義とされるところの義化それ自身において、神への心の最初の動きは信仰を媒介すること（*per fidem*）によってである。というのも、まさに「ヘブライ書」（11:6）に言われているように、神に近付く者は信じなければならないからである。かくして信仰そのものもまたいわば義の最初の部分は神からわれらに対して（*nobis a Deo*）である。T. Aquinas, *Super Epistolas S. Pauli Lectura I, Ad Romanos*, Lect. III, p. 53 (Marietti, Italy 1953).

またルターは三章二二節について「義認はただイエス・キリストに対する信仰によってのみ贈られる」と言う。M. Luther,

Vorlesung über den Römerbrief 1515/1516, Dritter Auflage, Ausgewählte Werke, Band 2, S. 131 (Chr. Kaiser Verlag, München 1970).

ひとが持つ信仰のイニシアティブが神の側にあることは「神の義」の属格を各人の責任に値する能動的、分配的義（*iustitia activa*（*distributiva*））との対比において創始の属格（*genetivus auctoris*（～からの～））と採るよう促す。ユンゲルは言う、「今や明らかに神の義は創始の属格として採られうるが、それは常に前提されている主格的属格（*genitivus subiectivus*）［神が義であること］が創始の属格のより深い次元としてそこなわれることなく維持されそして再解釈されている様式においてである。……神が正しい、というのも彼は恩恵を実践するからである。……神なき（ungodly）人間に対する契約上の信実なパートナーに留まる恵み深い神として、神は彼自身を保持するなかで行為し、彼自身に信実であり、彼自身において正しくそして彼が創造した者たちに正しく行為する。かくして神の恩恵に対する信仰そのものは「一貫して神の義を指示する」（K. Barth, CD II/1,384）。というのも「神は……彼の恩恵において正しさのうちにある」（CD IV/1,530）からである」。E. Jüngel, *op. cit.*, p. 76. 信の哲学においてはこの創始の属格に対応する行為主体としての神は「イエス・キリストの信を媒介にして（*dia*）」における *dia* により表現されている。

V. W. Joest は実質的にはトマスとルター同様、パウロにおける「神の義」を聖霊の媒介とこみで理解する。「パウロは、ルターとの相違において、義とされた者のいかなる単なる転嫁される義（imputative Gerechitigkeit）をも知らない。彼は福音における神の義の啓示は、それにより神がご自身の義を力あるものとして立てるそして現実のものとする行為として（als den Act）理解している。それによりパウロは外側から人間についての罪の拘束を法的に解放するものとしてのみだけではなく、人間における義の現実化として理解している。これに対して、ルターは、福音における神的義の力ある掌握についてのパウロ的な福音を、罪責の端的な赦免という意味における赦しから責め苦しめる良心の慰めに変更した。……パウロはいかなる単なる転嫁された義をも知らない、むしろ福音において啓示された神の義のもとにひとつの生を作りかえる力を理解しているということは論争の余地なく正しい。ただひとはそれを次のように定式化することは必ずしも許されていない、「義は転嫁された義ではない（だけではない）、しかし（それだけではなく）「実効的な」生の力である」。ひとはむしろこう語らねばならない、「それはまさに転嫁された、外的なものとして語られた生の力を実効的なものとする義である」。「外的」は一つの止揚されないまた追い越されえない意味においてその生の力あることの力である」。V. W. Joest, Paulus und das Lutherische Simul Iustus et Peccator, *Kerygma und Dogma*, I, Zeitschrift für theologische Forschung und kirchliche Lehre, S. 271, 275, (Vandenhoeck & Ruprecht, Götingen 1955).

この見解に対しては、彼らは神の前のA言語網と聖霊の媒介によるD言語網を分離することなく展開しているが、パウロは知恵の説得として神の啓示行為を報告するA言語をそれ自身として析出することを許容していると応答しなければならない。

神の義が啓示の媒介とされた信から分離されないという理解は、あの媒介の信の出来事についての神の理解の枠の中で神の啓示の行為を理解するよう促す。われらの心的状態として義を受動しその結果として力を得たり慰めを得たとしても、それは聖霊の介入を読むことにより可能な解釈ではあるが、A次元における神の啓示行為とは別のことである。

なお、ルターが転嫁の義を語ったことは直観的にひとの生身の心的状態を括弧にいれて、神により神にその信が嘉される者についての神の行為を神の前のことがらAとして理解していたためであろう。ルターは言う、「神の義について語るこの転嫁的語り方は、人間が語る通常の語り方と異なっているので、多くの人々に多くの困難を引き起こす。とはいっても、先に転嫁的仕方で語られた神の義も義であることは全く否定されるべきではない。すなわち、その義によって神は義であるが、それはその同一の義によって神とわれらが義であるためである。それはちょうど次のことと呼応する。即ち、神は[自らと]同一の言葉によって創造し、われらは、神ご自身と同じものであるが、それはわれらが神ご自身の内にあり、神の存在がわれらの存在であるためである」(WA 5.144.17)。ここでルターは「神の前の自己完結性」を析出すべく苦闘している。神の前においては啓示の差し向け相手は三人称で指示される神の前の人々であるが、ルターは「われらが神ご自身の内にあり」により、どこまでも「われら」のことがらとしてその神の前の現実を伝えようとしている。

(24) H. Smyth, *Greek Grammar*, p. 332 (1414) (Harvard UP, Cambridge Mass. 1980(1920)). なお F. Blass and A. Debrunner *A Greek Grammar of the New Testament*, tr. R. Funk (Univ. of Chicago Press, Chicago 1961) によれば、その一例として「聖霊の保証 *ton arrabōna tū pneumatos*」が挙げられており、これがその用法の事例であると理解できる限り、これは genitive of appositive(同格の属格)と取ることもできよう。彼は言う、「同格の属格の用法、即ち、同格の意味(説明として一語ないし諸語のグループを別のそれに付加すること)において用いられる属格の用法は新約聖書においては「コリント後書」五・五の古典的使用 the gur-antee(earnest) which consists in the Spirit(聖霊に成立する保証)に合致する」(p. 92)。この事例に対応するものとしてわれわれの当該個所を「イエス・キリストに成立する信」と理解することはパウロの意図を正しく伝えていると考えられる。

「[イエス・キリスト]の[信]」の「の」が目的的(～への信仰)なのか主格的(～が持つ信仰)なのかが争われてきた。W. Sanday and A. Headlam は「これは「イエス・キリストへの信仰」、目的的属格である。これは今日までほとんど普遍的に受け入れられている見解である。しかし、最近 Haussleiter 教授によるとても注意深く提示された議論により挑戦を受けている」と言う。W. Sanday and A. Headlam, *A Critical and Exegetical Commentary on The Epistle to the Romans*, 5th. ed., p. 83 (T & T Clark, Edinburgh 1902 (1895)). しかし、クランフィールドは Haussleiter による主格的なものとして読む「提案は全然説得的でない」と主張する(*op. cit.*, p. 203)。Dan. O. Via は「「イエス(キリスト)における信仰」(22, 26)はより文字通りには「イエス・キリストの信仰」と訳される。そしてそれは神的活動における信徒の信仰よりもむしろ神的活動の媒介である「イエス・キリストの信実（faithfulness）」を意味すると論じられている。実際、その表現とその諸文脈（Gal.2:16をも見よ）は両義的であり、それは一方と同じほど他方を、または双方を意味しうる。これらの意味のひとつが唯一正しいものであると決定することはできない」と述べている。Dan O. Via, *Acts and Pauline Writings, Mercer Commentary on the Bible*, vol. 7, gen. ed. W. E. Mills, and R. F. Wilson, p. 92 (Mercer UP, Georgia 1997). 信の哲学は啓示の媒介である「イエス・キリストの信」は「イエスの信」を嘉した神が自らの義の啓示の媒介として用いており、ひとのイエス・キリストに対する信仰を「両義的」に意味することはないことを明らかにするであろう。

なお、わが国において「ローマ書」の翻訳が次々に刊行されている。田川建三訳（作品社　二〇〇九）は幾つかの個所において青野太潮訳（岩波書店　一九九六）や新共同訳（一九八七）より改善している。懸案の三章二二節は従来の「イエス・キリストへの信仰」（青野、他に Augustinus, T. Aquinas, M. Luther 等）に対し、ギリシャ語の力そのものに導かれ「イエス・キリストの信による」とされ、また三章二六節は従来の「イエスへの信仰」（同）に対し、「イエスの信からの者」と改善されている。ただし、田川は意味論的分節をしていないため、この訳は「〜からの者」が日本語として不分明であるとともに、神により「イエスの信に基づく」と看做されている者のことを意味しているか不分明である。なお、一般的には逐語訳を心がけており信頼できる「欽定版」（Authorised Version（1661））の Revised Version（Cambridge, 1881）においては、当該個所は through faith in (of) Jesus Christ とある、ただし(of)は欄外註。cf. C. E. B. Cranfield, *op. cit.*, I, p. 203.

（25）「イエスの信に基づく者（*ton ek pisteōs Iesū*）」（3:26）は人間イエスが持った信仰に基づくと見做される人間のことを指示している。これは構文上「アブラハムの信に基づく者（*tōi ek pisteōs Abraam*）」（4:16）と同じであり、アブラハムへの信仰という目的的属格の理解は採れないように、双方とも主格的属格として信仰の主体性を考慮しなければならない。他方、ケーゼマンは「イエスに対する信仰から生きる者たち（der aus Glauben an Jesus lebt）」（S. 85）と訳し、言う、「*pisitis Iesū* の語句はもちろんイエス自らの信仰を意味しない（H. W. Schmitt に反対）。二二節の場合と同様に、*Iesū* は恐らくマルキオン的影響の下に異読において削除されるか、さもなければ、それは *Christū* の付加によって二二節に同化されている」と該博な文献渉猟を基礎に推測する（*op. cit.*, S. 95）。しかし、「削除」せずにも適切なものとして理解できるし、さらに彼はこの表現と「イエス・キリストの信」との判別を理解していない。さらに、彼は「アブラハムの信仰に由来する者たち（die aus Abrahams Glauben）」（4:16）と同じ構文を異なる属格理解のもとに訳している（S. 111）。

（26）私の「ピスティス」の二義に関する分析は、この概念をめぐる伝統的な神学的理解とある程度の関連性がある。この分析はパウロやその他の諸著作におけるピスティスの本性を把握する意味論的な基礎を提供する。旧約聖書でピスティスに当たるヘブライ語の説明以来、この概念自体が神の人との二方向的関係を含むということが聖書学的研究で明らかにされてきた。

A. Weiser は、旧約聖書における信(仰)の双方向的関係と人間の側の受動性について次のように述べている。「従ってここでも神と人間の双方向的関係は信仰の本質の一部である。さらに、――信仰が、そのために人間が責任を持ちうるそのような人間の活動(信仰に対する需要)を示す場合であっても――人間はこの双方向的関係を主導する立場ではありえない」。G. Kittel (A. Weiser), *Theologisches Wörterbuch zum Neuen Testament* (TWNT), Band VI, her. G. Kittel, G. Friedrich, S. 187 (Kohlhammer, Stuttgart 1990 (1959)).

J. B. Lightfoot は人間の信仰の受動性を、旧約聖書の言語学的分析を通じて証明し、次のように展開している。「ヘブライ語の *emth*、ギリシャ語の *pistis*、ラテン語の *fides*、そして英語の faith は、二つの意味の間で上空旋回している。一つは信頼の念に満ちていること(trustfulness)、他者に頼る心の枠組であり、もう一つは信頼に値すること(trustworthiness)、頼られうる心の枠組である。この二つは、同じ語の能動と受動という意味で文法的に、また同じ行為の主体と対象として論理的に結びついているだけではなく、倫理的にとても近い類似性を持つ。忠実、貞節、堅実、信任、信頼、信用、信念、これらは「信仰」の受動と能動の両極端の意味をつなぐ環である。……ヘブライ語で「信じる、信用する」を表す言葉は *Hiphil he ʾemîn* である。*Kal'mn*[*ʾemûnâ*]は「強くする、支える、維持する」を意味するであろうが、能動分詞では、特別な意味を持った名詞として「子どもを支え、育み、鍛える者」と使われているのみであり……そして受動分詞では「堅実である、信頼できる」を意味する。*Niphal* はそれに応じて「堅実であること、持続すること、貞節であること、頼りになること」を意味するが、他方で、それにわれらがより直接的に関わるところの *Hiphil he ʾemîn* は「頼りにする、頼る、信じる」であり……そしてそれは、LXX, e.g. Gen 15:6 では *pisteuō* と訳される。しかし、聖書ヘブライ語では能動的原理である「信仰」に対応する実名詞(the substantive)は存在しない。それに最も近い代替表現は *emûnâ*「意志の堅固さ(firmness)、志操堅固(constancy)、信頼に値すること」である。この語は LXX では *alētheia*, *alēthinos* という語で訳されていることが最も多く(二四回)、あるいは *pistis*, *pistos*, *axiopistos* という語で訳されている(二〇回)……。かくして、語 *ʾemûnâ* は、その語の形がまさしく表しているように、適切に *pistis* の受動的意味を表現していると思われる……。

かくして、その聖書的な使用においては、*ʾemûnâ* という語が、「信念、信頼」という意味に時折近づくことはあるが、それらの意味を持つことがあるとは滅多に言えるものではない。……ヘブライ語とは異なり、ギリシャ語のこの単語は能動的な意味から始まったもののようである。その最初期の用法では、「信じない(distrust)」に反対させられている(Hesiod, Op...342)。……しかしたとえもともとは *pistis* が信仰の能動態と並ぶ仕方で受動的な意味を持つことはなかったとしても、まもなくこの意味をも持つようになった(aesch. Fragm. 276)。そして *pistis* は「証明(proof)」の共通の術語となった」。J. B. Lightfoot, *Epistle to the Galatians* in *The Epistles of ST PAUL*, p. 154–56 (Macmillan, London 1910).

(27)　W. Bauer は *diastolē* の訳語として Unterschied（区別、差異）のみを与えている。*Wörterbuch zum Neuen Testament* (de Gruyter, Berlin 1971). 他方、Liddle and Scott のその項目では最初に drawing assunder 続いて separation が与えられ、それから distinction が提示されている。*A Greek-English Lexicon*, ninth edition (OUP, Oxford 1996).「ローマ書」には「分離・分け隔て」の異なる使用例がある（10:12）。パウロは言う、「というのも、書は語っている、「すべて彼のうえに信をおく者は恥じいらせられないであろう」。なぜなら、ユダヤ人とギリシャ人のあいだに分け隔て（*diastolē*）はないからである。というのも、あらゆる者に同じ主がおり、彼に呼びかけるすべての者たちに豊かだからである。なぜなら、「主の名に呼びかける者はすべて救われるであろう」からである」（10:11-13）。パウロは、旧約聖書の文言を引用して信の律法は信じる者の間にいかなる分離も許容しないことを論じている。ここで問題となっているのは、呼びかける者すべてに豊かである同じ主の一人であることに基づく、信じる者の一体性であるから、「分離」という語が望ましい。というのも、「分離」の対義語が「結合」や「一体性」であり、「区別」の対義語が「同一性」や「無差別（無差異）」だからである。

(28)　C. Talbert, *Romans*, p. 107 (Smyth & Helways Pub., Georgia 2002). タルバートが *hilastērion* を「神の現臨の座（the locus of divine presence）」と訳したことは力づけるものであるが、彼は *diastolē* を distinction と従来の訳を踏襲しており、この「一つの文」が分離のなさを説明していることに至らなかったのは残念である。

(29)　この事態との関連で *hilastērion* の理解は重要である。私はタルバートを参照しつつ「現臨の座」と訳した（*ibid.*, p. 107）。従来のように「宥めの供え物」や「犠牲の償いもの」として理解したとしても、その意味は信に基づく義を提供することである以上、従来の犠牲という理解にはあてはまらないか、その手前で、業の義に対する信の義という実現された神の義の肯定的な次元で理解できる。イエスの側の認識として旧約聖書の伝統のなかで罪人の身代わりという意味での自己犠牲はあったかもしれないが、神の啓示行為としては第一には神がイエス・キリストをそこにおいて自らが現臨する座であると理解していたと考えられる。

Hilastērion という語に関しては、ルターは二つの視点から一方でユダヤ教の伝統に即して罪を償う手段という意味で Sühnopfer（贖罪の捧げ物）、他方で信じる者にとっての Gnadenstuhl（恩恵の座）と理解している。ルター聖書は Sühnopfer を採用しているが、『ローマ書註解』においてルターは言う、「その彼を神は信によって恩恵の座に差し出した（彼はわれらの罪に対するひとつの宥めの供え物であるが、信じる者にとってのみのことである）、というのもこの恩恵の座は不信によってむしろ裁判所そして審理所に変化させられるであろうからである」（Luther, *op. cit.*, S. 138）。H. A. W. Meyer は、「イエスの死を実在する贖罪の捧げ物と看做す考えは、キリスト教信徒の良心に深い影響を与え、いまだ鮮やかに息づいている。オリゲネス、テオフィラクト、エラスムス、ルター、カルヴァン……ほかにも多くの信徒たちが、*hilastērion* を相当に特別な意味に訳してき

た。すなわち、それは契約の箱を覆い隠す天蓋を指すので、ヤハウェの玉座として、大いなる贖いの日には高僧によってそこに犠牲の血が注がれるところのもの、またそれゆえ、神の恩恵の座と見なされ、キリストを贖う方として象徴するものとされてきた」。H. A. W. Meyer, *Critical and Exegetical Handbook to The Epistle to the Romans*, Vol. I, tr. J. Moore and E. Johnson, p. 172 (T & T Clark, Edinburgh 1886).

Hilastērion は「七十人訳」において Thesaurus Linguae Graece(TLG)によれば二八回使用されている。パウロは「七十人訳」を参照していることは明らかであるとされている(第一章註3参照)。ダンは「*hilastērion* はほとんど排他的に七十人訳の語句であり、「出エジプト記」「レビ記」「民数記」において契約の箱の蓋(「恩恵の座(mercy seat[Gnadenstuhl])」)、「贖いの場」として二一度用いられている」と言う(J. Dunn, *op. cit.*, 38A, p. 170)。ヘブライ語対応語 *kapporeth*(*hilastērion*)の語根 *kaphor* の「語源的意味は不明瞭」とされるが、「覆うこと」と「洗うこと」双方を許容するとされる。「覆うこととまた洗い清めること双方により罪の赦しに関してセム的な類比がある」(*ibid.*, p. 170)。*Hilastērion* は「初めて「出エジプト」(25:17)において言及される」(TWNT.Ⅲ, S. 319)とされるが、そこでは神はモーセにこう命じている。「汝に与えるわが律法を汝はその櫃《はこ》に収むべし、汝ヒラステーリオンとして純金の覆いを造るべし(*poiēseis hilastērion epithema chrūsiū kathrū*)」。また「汝は香をたく壇を造るべし。……汝これを律法の櫃《はこ》のかたわらなる幕の前に据えて律法の上なるヒラステーリオンに向かわしむべし、かしこにおいてわれ汝にまみえるであろう」(Ex. 30:1–6)と語られている。「ヘブライ書」(9:5)はこれらの箇所に準じてこの語が用いられている。確かに、「レビ記」や「民数記」「エゼキエル」においてはこの建設に基づき、そこでアロン等により祭儀が遂行され動物の犠牲が捧げられている(e.g. Lv.16:2–15, Nu.7:89, Ez.43:14–20)。

私はタルバートの「神の現臨の座」という読みに同意する。彼は数頁を費やしたうえで当該個所を whom God purposed as the locus of divine presence through his faithfulness in his blood と訳している。タルバートは旧約聖書の様々な箇所(Ex. 25:17, 38:5–8, Lev.16:13–15)に言及し、以下のように言う、「以上すべての箇所で、*hilastērion* は箱の蓋もしくは覆いである。これはヘブライ語の訳、kaporeth(=覆い)と一致する。これは、香を焚く祭壇(Ex. 30:1–10)とも捧げ物の祭壇(Ex. 27:1)とも区別される物体である。箱の蓋は、神の現臨と啓示の座として使われる。「出エジプト」二五・二二では、神が *hilastērion* の上で、一対のケルビムの間から語りかけると述べられている。「レビ記」一六・二では、雲に包まれて神が現れる箱の上の *hilastērion* について言及されている。「民数記」七・八九では、モーセが *hilastērion* から語る主の声を聞くと書かれている。したがって、その動詞(*hilaskesthai*)と形容詞(*hilastērion*)は贖いの機能に関連しており、他方名詞(*hilastērion*)は神の現臨と啓示の機能に関連している」。C. H. Talbert, *op. cit.*, p. 107, 113.

私の意味論的分析によれば、段落[A](3:21–26)は、モーセの律法によって罪が宣告される段落[B](1:18–3:20)と混同してはならない。二一節から二六節における福音の啓示をモーセの律法の枠のなかで理解すべきではない。罪の捧げものは、ユダヤ的律法の内部における直接的な取り交わしのように聞こえる。パウロはその前の文で「なぜ[分離なき]かといえば、あらゆる者は罪を犯したそして神の栄光を受けるに足らず、キリスト・イエスにおける贖いを媒介にしてご自身の恩恵により贈りものとして義を受け取る者たちなのであって」(3:23-24)と述べている。「贖い(*apolutrōsis*)」は、モーセの律法ではなく、無償の恩恵のもとで理解すべきである。したがって、私は「贖い」を、端的には、罪人の罪から義への移行を意味するものとして神の無償の恩恵であると解釈する。それゆえこの語は、肯定的、かつ一般的な意味において、より正しくは神の現臨の座として捉えられるべきであると思われる。この肯定的な訳語は既に「恩恵の座」に見られる。実際、神はモーセに贖罪所の建設を命じるさいに、「そここそ、われが汝に臨む場所であり、われはその覆いの上、掟の箱の上の一対のケルビムの間から、汝にイスラエルの民へのわが命令をすべて伝える」(Ex. 25:21)と言い、*hilastērion* をモーセとの会見に臨む場所と定めている。

Hilastērion をモーセの律法の枠組の中で読むべきではないということは確実である。さもなければ、福音Aは律法Bの枠の中で伝えられたことになる。パウロはただ、神の現臨の座を表現するために伝統的な語法を借用したに過ぎない。罪人のための自覚的な身代わりではあっても、神はイエスに業の律法を適用し、罰しているわけではない。イエスは信の律法を歴史上成就すべく、信の従順を貫いたのである。何よりも明らかなことは、神がモーセにヒラステーリオン構築を命じたのは、彼との会談のためであって、犠牲の供犠に与るためではなかったことである。この語 *hilastērion* が「契約の箱の蓋」を意味するものであったにしても、「かしこにおいてわれは汝にまみえるであろう(*gnosthēsomai soi ekei*)」(Ex. 30:6)と語られており、神がひとに出会う場を提供するものであることは間違いない。この目的に即し、契約の櫃の蓋の上の空間を「現臨の座」と名付けても、人工物例えば「冷蔵庫」が目的に即して名付けられることがある以上、問題はないはずである。私は神がモーセに出会う場所として無冠詞において *hilastērion* を指定したという本来的な或いは最初の用法に留まり、「現臨の座」として理解する。十字架において神はひとに出会う。

タルバートが「「ローマ書」(3:25)において、犠牲を提供するのは神である！「アブラハムの黙示」一七・二〇もまた神による神に対し供される犠牲の驚くべきアイディアを含んでいる」(*ibid.*, p. 113)とするとき、見解を異にする。これについてはダンもタルバート同様に「敬虔なユダヤ人にとって贖罪の体系に付随するものは契約の規則に対する忠実な注意であった(「律法の業」)が、パウロは信仰を主張する、それは儀式(忠実)の連続的な実践に結び付けられたものではなく、神により既に供えられた決定的な犠牲の受容でのみありうるものである」(*ibid.*, p. 172)と語るが、神の啓示の含意として自己の顕現の座としてイエス・キリストを理解しており、「(決定的な)犠牲」という想定は業の律法の枠のなかで福音の出来事を理解していることになると思われる。「律法と預言者たちにより証言されている」(3:21)という点で福音は延長線上にあるが、「律法を離れて」福音は啓示されており、福音の内実には業の律法とその行為は含まれない。

「イエス・キリスト」は行為主体ではなく彼に帰属する信が神の行為の媒体であった。神は彼をひとと会う場ないし座として差し出したのであって、神が神自身に犠牲を供したのではないと理解する。パウロは律法が納められた契約の箱のうえで神はひとにまみえるという事態をもとに、死に至るまでの信に基づく贖いがその箱を覆うことによって、イエス・キリストをこれまでの業の律法を封印し新たな契約をもたらす覆いになぞらえたのではないかと推量することさえできる(cf. Heb.9:15–22)。

(30) cf. E. Jüngel, *Paulus und Iesus*, S. 70 (J. C. B. Mohr, Tübingen 1962).『パウロとイエス』高橋敬基訳、一〇七頁(新教出版社 一九七〇)。同様にケーゼマンは、義認論と業による審判論を同じ段階で比べうるものであると仮定するならば、義認論はより優れていると解釈する。ケーゼマンは「ローマ書」(2:11)について、次のように述べている。「ひとはただ矛盾を打ち立て、それを掲げるよう要求することはできない。さもなければ、パウロはスキゾフレーン(schizophren)ということになる。律法の成就(Erfüllung)としてのキリストはこの箇所ではまだ扱われておらず、したがってこの問題はこの様式においてあいまいにされてはならない。決定的なことは、この箇所ではまだ明確に表現されてはいないが、業による審判論は義認論の上に位置づけられるべきではなく、むしろ逆にその視点から理解されるべきだということである」。E. Käsemann, *op. cit.*, S. 53f. *Commentary on Romans*, p. 58, tr. G. W. Bromiley (Eerdmans, Michigan, 1980).
確かに、ここまで論じてきたように、神にとって業の律法は信の律法より少なく根源的である。しかし、神はいずれの律法により人間を審判するかに関して個々人には福音と律法ほどには明瞭に啓示してはいない。神に業の律法のもとにいると看做されている者は自らの義認のためにあらゆる律法を遂行する義務を負う。この意味において、双方の律法は神の意志として二つの独立なものであり、また独立に働くというべきである。ケーゼマンは神の業の律法の独立した立場を捉え損ねており、人間の業の遂行の次元で信仰義認に業を従属させることによって秩序づけている。

なお、私は *telos nomū*(10:4)を「律法の成就(Erfüllung)(としてのキリスト)」(ケーゼマン)ではなく「[業の]律法のゴール・目指すもの(としてのキリスト)」と読む。この箇所は「成就(fulfillment)」と読むか「終わり(end)」と読むか議論されてきた箇所である(Cranfield, *op. cit.*, II, p. 515)。この二者択一に対しては、一方、神の意志であることから「業の律法」が「終わり」になることはない。他方、キリストは業の律法の「成就」であるかといえば、「信の律法」の成就であると言ったほうがより適切である。TLG によれば、私の第三の解釈はクリュソストモスが支持したもので、彼はこの箇所を「健康は薬の *telos*(ゴール・目指す所)である」などの文例を基に理解している。J. A. Cramer, *Catenae Graecorum Patrum in Novum Testamentum*, Vol. 4 *Catena in epistulam ad Romanos*, p. 370 (OUP, Oxford 1844; repr. Hildesheim, Olms 1967) (TLG) イエスは信の律法により業の律法の目指すところのものつまり神の義を別ルートにより実現した。それにより彼はイエス・キリストとして神の義の、つまり分離なき信義の啓示の媒介となった。かくして「律法の目指すところ」とは一般的に神の義を指示している。

パウロはこのことをユダヤ人の律法に対する態度との対比において明らかにしている。彼はユダヤ人の律法への熱心を認めつつ、「彼らは神への熱心を持つが、それは知識に即したものではない」(10:2)という認識を提示する。この文脈において彼は理由を展開して言う、「というのも、彼らは神の義を知らずそして自ら固有の義を立てることを追い求めており、神の義に服さなかったからである。なぜなら、キリストが信じるすべての者にとって義に至る律法の目指すもの[ゴール]だからである。というのも、モーセは律法に基づく義をこう記しているからである、「それらを為した者はそれらによって生きるであろう」、だが、信に基づく義はこう言うからである、「汝は汝の心のなかで、「誰が[義を求めて遥か]天に昇るであろうかと言ってはならない」」、それはキリストを引き降ろすことである、あるいは「誰が[義を求めて遥か]黄泉に降るであろうかと言ってはならない」、それはキリストを死者たちのなかから引き上げることである。しかし、彼[モーセ]は何と言っているか、「言葉は汝の近くにある、汝の口のなかにそして汝の心のなかにある」、これはわれらが宣べ伝える信仰の言葉である。すなわち、もし汝が汝の口において主イエスを告白し、そして汝の心のうちに神が彼を死者たちから甦らせたと信じるなら、汝は救われるであろう。というのも、主イエスが心によって信じられるのは義のためであり、口で告白されるのは救いのためだからである」(10:3–10)。

この一連の議論においてパウロは「信に基づく義」を「律法に基づく義」と対比しつつ、既に律法の書にキリストの死と甦りが予言されていると論じている。このことはキリストが「律法のテロス」とは律法が目指しているものつまり神の義の歴史の中での実現であることを含意している。律法は神の義であるキリストをめざすことにより福音の準備をなしまた福音に秩序づけられる。

なお田川建三はパウロが一方で旧約の引用により信仰義認論を展開しながら、他方でそれにより「ユダヤ教の否定的克服」を図っているのは「論理的にまったく矛盾した行為である」と批難する。しかしこれはキリスト教成立後を知る者の発言であり端的にアナクロニズムである。パウロはユダヤ教の内部にいて旧約にその先駆が見られる信の律法の成就として福音を見ているのであり、そこに何ら断絶はない。田川は「パウロがこのようにして一所懸命旧約聖書から論証しようとしている「福音」は、少なくともパウロにとっては、旧約聖書を終わらせるはずのものであった。「キリストは律法の終わり[(*telos nomū*)]」なのである(Rom.10:4)。……パウロの自己矛盾は露骨である……この人物の非常な悲劇であった」と言う。『書物としての新約聖書』四一—四五頁(勁草書房　一九九七)。ここでもテロスが「終わり」と誤訳されている。神の一つの意志である業の律法は終わらない。これらの遠因は神の義が業の律法とは分離され、信義とは分離されないことが正しく理解されてこなかったことに求められる。

（31） クランフィールドは「初の実」について Herodotus においては祭儀における最初の収穫の神への捧げとして用いられているが、この箇所では「神により人間に与えられる何ものか」という「逆のアイデア」であると指摘する。彼は「御霊の初の実」における属格「霊の」の使用は「困惑させる puzzling」としつつ、三つの理解の可能性（partitive, appositive, possessive）を提示している（Cranfield *op. cit.*, I, p. 418）。「部分的」理解においては「われらに影響を与え、われらとの関連における聖霊の働き」を意味し、「同格的」理解においては「われらにおける聖霊の現在の働き」を、さらに「所有的」理解においては「聖霊それ自身」を意味している。塚本虎二は第三の意味において「わたし達自身も、〈神の子にされた証拠として〉御霊なる初穂を持っているので」と訳している。『塚本虎二訳新約聖書』「ローマ人へ」八章二三節（塚本虎二訳新約聖書刊行会 二〇一一）。われわれは「御霊の初の実」さらには「御霊の保証」によりまずキリストを理解する。神が聖霊とキリストを分離せず理解するなら、それは属性の所有的理解の一解釈になると思われる。双方の分離のなさは「キリスト・イエスにおける生命の霊」において示されている。

（32） I. Calvin, *In Epistolam Pauli ad Romanos Commentarii*, ch. 8, v. 9 (Wendelin Rihel, Strasbourg 1540).『カルヴァン新約聖書註解 Ⅷ ローマ書』渡辺信夫訳、二〇六頁（新教出版社 一九五六）。次に挙げる事実は、長年続いているカトリシズムとプロテスタンティズムの分裂という問題を、キリスト教の伝統が未だ解消できていないということを表していると思われる。一九九九年、ローマカトリック教会とルター派世界連盟から「義認の教理に関する共同宣言（The Joint Declaration of the Doctrine of Justification）」が出された。両派はこれに調印し、和解への礎とした。「アウクスブルク信仰告白」（一五二九）および「トリエント公会議」（一五四九）双方が、それぞれの文書と教令に含まれる相手方への批判に関して効力を失った。

しかしその内容は、聖霊の力に頼った聖書の敬虔な解釈に基づくものである。それゆえ、共同宣言は神学的には何らかの正鵠を得ていると言えるかもしれないが、人間の責任ある自由についての問題を曖昧なまま放置した。それは第三者によって厳格に理解されることを拒絶したものとなったために、徹底的な検証が為されていない解釈に終わったのである。例えば、以下のような箇条がある。「（第一六項）われらが信仰を持って救いを受け取る時、ただキリストを介してだけ、われらは義とされる。信仰それ自体は、信徒の共同体で言葉とサクラメントを通じて働く、また同時に信徒たちを神が完成させる永遠の生という新しい生へと導く聖霊を介した、神からの贈り物である。……（第二〇項）カトリックの信徒が、人間が神の義認行為に同意することで義認に備え、それを受け取ることにおいて「協働する」と言う場合、そのような個人的な同意は、それ自体が恩恵の効力であり、人間の生来の能力から生まれる行為とは見なさない。……（第二一項）ルターの教義では、人間は現に罪人として神とその救済行為に背いており、救済において協働することは不可能である。ルター派の信徒は、人間が恩恵の働きを拒否しうるということを否定しない。ルター派の信徒が、人間は義認をただ（受動的にのみ）受け取ることしかできないと主張する時、その結果として、信徒が自らの義認に貢献する可能性はすべて排除することを意味しているが、神の言葉によって効力を得た自らの信仰に対し、信徒が個人的に、十全に関わっているということは否定しない」。『義認の教理に関する共同宣言』ローマ・カトリック教会、ルーテル世界連盟、ルーテル／ローマ・カトリック共同委員会、三二、三五頁（教文館 二〇〇四）。cf. W. G. Rush (ed.) *Justification and the Future of the Ecumenical Movement, The Joint Declaration on the Doctrine of Justification,* (Liturgical Press, Minnesota 2003).

救済を受け取る人間の心の状態としての信仰が神による義認の理由を提供するということは、多くの人々にとって理解しがたいであろう。しかしどちらの陣営も、信仰を持つことそれ自体が、神によるある種の独演として神によって信じせられていることであるとし、信仰自体を「贈り物」と考えている。それゆえ、彼らは、人間の側で信仰を持つことは神による義認に対しその理由を提供できると結論づける。さらに、カトリックの協働説においては、「同意」という人間の責任ある自由は、いずれただ恩恵のみに還元されるものである。「人間の生来の能力から生じる行為とは見なさない」と特徴づけられることがらは「自由」と呼ばれるに価しない。義認を「受動的にのみ」拝受する以外には義認を受け取れないという主張と義認を拒否することは可能であるという主張とのあいだにある、人間の責任ある行為をめぐるルター的な非対称性は、他行為可能性を持つという人間的な自由を承認するものではない（本章八節参照）。

このような教派的専門用語への偏りは自己満足に過ぎず、それゆえ一般的な理解や支持を得られはしないだろう。この共同宣言は解決というよりむしろさらなる疑問をもたらし、これまでの聖書学的、神学的研究がパウロの神学を適切に理解できてはいないということを含意しているように思われる。私は、本書全体を通じて一六世紀の宗教改革のはるか前に、パウロがカトリシズムとプロテスタンティズムの和解に手を差し延べていたことを明らかにする。

（33）ルターは『ガラテア書註解』序文において*Fides Christi*（「キリストの信」）を自らの思索の中心に置く。「わが心のうちに一つの箇条即ち、キリストの信（*Fides Christi*）、が統治している、それはそこから、それを介してそしてそのなかへ（*ex quo, per quem et in quem*）わがあらゆる神学的思考が、昼も夜も、流れ出でそして流れ戻るところのものである」。*In epistolam S. Pauli ad Galatas Commentarius ex praelectione D. Martini Lutheri collectus [1531] 1535*. Commentarius in Epistolam ad Galatas, Praefatio, WA 40 I, ed. K. Drescher, p. 33 (Weimar 1911).

それに対し、カトリック教会はその神学的見解を、パウロによる肉の弱さへの譲歩を基礎にして、またアリストテレス的言語（すなわちC言語）を用いることで展開してきた。トマス・アクィナスが「キリストは信仰を持たなかった、なぜなら神の明瞭な視（*visionem apartem*）を持っていたから」と述べる時には、彼は「信仰」をただC次元において一つの心的状態(f_2)として、そしてただ魂の認知的な次元において理解している。T. Aquinas, *Summa Theologiae*, II-1, q65ad (3) (Marietti 1952). トマスは、ルターがそこから離れようとしない Fides Christi の存在を考慮していなかった。パウロは、互いに独立した言語の三次元を区別することで、すなわち、「イエス・キリストの(f1)信」(3:22)をAグループの言語に、(f2)信仰を持つという人間の心の状態をCグループの言語に帰属させることで、カトリック教会とプロテスタント教会の和解案をすでに提供していた。もしルターがこの点について明瞭に理解していたなら、彼が全人生を捧げたキリストの出来事の説得性をさらに十全な形で示すことができていただろう(第三部八章参照)。

(34) ゲルハルト・フリートリッヒ『イエスの死』、佐藤研訳、八二頁(日本基督教団出版局 一九八七)。

(35) Origen, *In Mattheaum* I6.8. in tr. ed. H. Betterson, *The Early Christian Fathers*, p. 224 (OUP, Oxford 1956).アンセルムスは第三部七章で見るように、適切にも悪魔身代金説、および代罰説を拒絶している。Anselmus, *Cur Deus Homo*, I6, I8.

(36) アウグスティヌス「霊と文字」第九章『アウグスティヌス著作集9』金子晴勇訳、三一頁(教文館 一九七九)。

(37) G. Bornkamm, *Paulus*, S. 146, Siebente Auflage (Kohlhammer, Stuttgart 1969 (1993). G・ボルンカム『パウロ』佐竹明訳、二一四—一六頁(新教出版社 一九七〇)。

(38) M. Luther, *op. cit.*, S. 138 註23参照。

(39) ジャロスラヴ・ペリカン『ルターの聖書釈義』小林泰雄訳、三一四頁(聖文舎 一九七〇)。

(40) これは聖霊への言及を含む「神学的言語」つまりD言語と言えるが、意味論的分析を遂行されなかったために正しく理解されてこなかった。この箇所への解決策は神学的用語である「最後の審判」に訴えて提示されることもある。ダンは「多少意外なことには、三・四(神)と四・二(アブラハム)を除くと、「ローマ書」でパウロが *dikaioō* をアオリストで用いるのはこれが最初である。より一般的な言及、また彼の同朋信徒たちへの言及においては現在直説法(3:24, 26, 28, 4:5)そして未来形(2:13, 3:20, 30)が支配してしまっている。この時制は確実に過去の神の行為を指しているが、それがパウロから引き出される義認の教説を、他の時制の力を持つ或いは圧倒するという程度まで支配することは認められるべきではない。これらの[諸時制の義認の]テクストを一緒にそしてこれまでの議論の光において読むなら、*dikaiōthentes* は(アブラハムが「神の友人」として享受した「われらがそこに立っているところの恩恵」であるところの(5:2))その関係と身分に至る神の受け入れを意味する(denote)と理解するのがもっともよい。そしてそれはまた、神が最後の審判において受け入れ、擁護する(未来を見据えた「栄光の希望」(5:2)で指示されている)関係であり身分である」。J. Dunn, *op. cit.*, p. 246.

ダンは、確かにこのアオリスト動詞が現在ならびに未来時制を圧倒するものとして理解してはならないことを注意しているが、恩恵のみならず、栄光の希望として終わりの日の「関係と身分」を「意味する」ものとして[圧倒はしないものの]拡張的に用いている。彼は「われらが[イエスの]信に基づき義とされた」ことの過去時制の機能(エルゴン)を理解し損ねている。聖霊の媒介に対する言及においてのみ、キリストの過去の出来事がわれわれの過去の出来事に同化される。彼が提示した過去が未来の出来事を意味するが如き説明は理解しがたい。

Von. W. Joest はこの過去時制の問題を「Gabe und Aufgabe（贈りものと責務）」というドイツ語の語呂合わせで理解し、贈りもの（Gabe）として信仰において義とされた人には倫理的な人生を送る責務（Aufgabe）があると考えた。「キリストにある者たちは義とされた者たち（*die dikaiothentes*）である。義とされた者たちは義を宣告された者たちである。彼らは「キリストにおいて」ある、というのも神の赦免は彼らをキリストと共にいさせることだからである」（Joest, *op. cit.*, S. 274）。信じる者は自らの内にキリストの存在を確認することで、「聖霊における歩みは単に贈りものとして現在であるだけではなく、同時に責務として先立って把握されている」（*ibid.*, S. 280）。ヨーストは人間の内にキリストの出来事を宿らせる聖霊の機能を把握している。しかし、Gabe と Aufgabe のつながりでは、パウロがなぜこの箇所で平安や喜びなどの肯定的な感情を挙げたのかという疑問は説明できない。私は、これらの感情が聖霊の執り成しを受けたという証拠として挙げられていると理解した。パウロはこの文脈では Aufgabe のような倫理的な義務に関心を向けてはいない。パウロは倫理的問題を「ローマ書」一二章以下で提示している。Von. W. Joest, *op. cit.*, S. 274, 280.

（41）パウロの時制使用における顕著な事実として、「今（*nun*）」と「今というこの好機（*tū nun kairū*）」で示されている現在が救済を指示する作用語として強調されていることが挙げられる（3:21, 26, 5:9, 6:19, 22, 7:6, 8:1, 18, 22, 11:5, 31, cf. 16:25）。因みに、二つの箇所（8:18, 22）で「今」は苦しみの観点から語られているが、それらもまたキリストの出来事とキリストの再来という希望を持って現在の苦しみを乗り越えるという肯定的な観点から語られる。過去時制の使用と「今」という語の使用において、キリストの出来事における神の歴史への介入を通じて、パウロがわれわれの出来事を上位の時空間理論の中で展開していることが理解できる。

パウロにおける時間と空間は経験がそこで生まれるところの意識から抽象されうるアプリオリな形式として特徴づけられるものではなく、また物理的な時間と空間に還元できるものでもない。運動の数としての物理的な時間とは異なる永遠は、魂の死と罪を克服する復活が生じることにより、現実として明らかにされる。パウロのエルゴン言語は、彼自身の個人的で活発な、そして現在起きている、イエス・キリストとの聖霊の媒介を通じた結びつきを介して生起する。新しい時代が訪れたのであり、それは復活した主のゆえに常に「今」と呼ばれうる現実である。

（42）H. A. W. Meyer, *Critical and Exegetical Handbook to The Epistle to The Galatians*, tr. G. H. Venables, p. 198 (T & T Clark, Edinburgh 1873).

（43）Blass and Debrunner は「原因の与格」の事例として「信によって」を二箇所挙げている「信仰により強められ（*tē(i) pistei*）」

(Rom.4:20)、「不信仰により折り取られた(*tē(i) apistiā(i)*)」(Rom.11:20)。F. Blass and A. Debrunner, *A Greek Grammar of the New Testament*, tr. R. Funk. p.105 (Univ. of Chicago Press, Chicago 1961).

第四章　パウロの心身論
――心魂の内奥に何が生起するのか――

あらゆる魂（*animae*）は固有の本性に即して非物体的なもの（*incorporeae*）であるが、それらは、それにもかかわらず、非物体的であるというまさにそのことの故に造られたものである。というのも、実際、万物はキリストを介して造られているからである。ヨハネは福音書において一般的な仕方で語って教えている。「原初にロゴス（*verbum*）があった、そしてそのロゴスは神とともにあった、そしてそのロゴスは神であった」（John 1:1-2）（オリゲネス）[1]。

序　心魂と身体の統一理論の構想

このオリゲネスの文章はキリストをロゴスと看做す一つの伝統を伝えている。万物はロゴスであるキリストから形成され、その秩序を保っている。信の哲学はこの大胆な主張を展開することはなく、私は第三章の意味論的分析に基づき、本章において主に「ローマ書」の心身論的分析に従事する。本章では哲学的伝統において「心身論」と呼ばれた領域のことがらとして、パウロの心身（霊肉）論に取り組む。パウロのそれは伝統とは異なるアクセスを持ち「霊肉（論）」さらには「魂体（論）」と呼ぶのが相応しいと思われるので、そう呼ぶ場合もあるが、探求対象は信じる者も信じない者も同一の心魂、心身を持っているはずであり、通常の心身論と同一である。ただしパウロは生命原理としての「魂」そして聖霊の注がれる座として「心（*kardia*）」に言及することがあり、「心魂」と表現する場合もあるが、「魂」によってもひとがそれによって生きるところの生命実働の原理という同じものが指示されているという想定のもとに論じられる。

これまでの言語分析の成果を踏まえつつ、パウロにおける心魂の様々なエルゴン（働き）に対する言及の分析を通じて、はたして信が心魂のボトムにおいて遂行される神に対する根源的な信任、委譲行為であり、さらにそこから相互の愛や神の観想に至る一切の秩序ある生が生み出されうる魂の根源的態勢であるのかのさらなる探求に向かう。さらに彼の独自の主張として、叡知や霊の刷新がそこにおいて生じる「内なる人間」が提示され、通常の心身論の対象である身体をかかえた自然的存在者の生の原理としての肉を秩序づけるとするが、その統一理論がいかなるものであるかを探求する。探求はもはや言語次元に留まることなく、それが指示する魂、心魂そのものに向かう、ただし言語的制約の枠はそのまま維持される。その解を見出すまでは人類はその思考を止めることがないであろう伝統的に「霊魂の不滅」と呼ばれてきた問い、パウロにおける「永遠の生命」の共約性の究極の問いについて、彼の霊肉論の整合的な理解を通じて何か確かなことを語りうるのかを吟味する。

哲学や学際的な諸科学が取り組んでいる心身論（霊肉論）は永遠の問題であって、人類が生存する限り探求が続けられる主題である。もしこれについて単なる脳としての心の脳生理学等による自然主義的な探求に還元されない哲学的知識というものが成立するとするならば、心ないし魂と身体を科学的な知見をも含め総合的に理解する大統一理論（grand unified theory）の追求によるものでしかないであろう。

パウロ的にはそれが心魂の根源的態勢でありまた参与である信を基礎にその果実としての律法の義の要求の成就を統一的に理解できるかに集中する。哲学史において道徳とその基礎づけが問われてきたが、パウロにおいては信は神にとって人格的な交わりを形成する根源的なものであった。義務が信に先行するのでもまた信に義務が伴うわけではないという意味において、信は一方、あらゆる神の前における善きものの根源であるが、他方、道徳以前的なことがらであった。道徳以前の魂の根源的態勢の探求のなかに、パウロは業が正しく位置づけられる文脈を見出すことができると主張していた。信と業の統一理論がいかに従来の心身論に対応するか問われようが、創造者による被造物の心身理解の啓示、知らしめに基づいてパウロは考察を展開しており、科学的な知見と矛盾のない仕方で遂行される哲学的考察と次元を異にすることにこそ、従来の基盤の限界に気づかせ、見直させる視点を得ることもあろう。心魂を非物質的なものであると主張するとして、その認識の手掛かりはやはり身体におけるそのエルゴンを媒介にする以外にないであろう。道徳的な業も信のもとにある魂の一つのエルゴンである。少なくとも、信とその帰結である業、働きが秩序あるものであるとしたなら、信が帰属することもあろう見えざる「内なる人間」の現実性を間接的に証明することになるであろう。

アウグスティヌスは回心の経験の回想において、信は「欲すること」と「為すこと」が同時でありうるものと特定し、心魂のボトム、内奥の自己(*intus animae mea*, my inmost self)において生起する信を衝動的とも言える内的促しのただなかでの行為と特徴づけた。「汝はわが内奥より内部にいたまうた(*Tu eras interior intimo meo*)」(『告白』第八巻九章、三巻一一、一三章参照)。パウロはそれに先立ち、いかに祈るべきかを知らない言葉にならない極限状況において呻くとき、聖霊が呻きつつ執り成していると主張している(Rom.8:18–27)。これはパウロの人間の側から提示しうるエルゴン言語の限界であり、「身体の贖いを待ち望みつつ」そのなかでの「言葉にならない呻き(*stenagmenois alalētois*)」における聖霊の執り成しに対応する「呻き」の祈りが神に嘉されるまっすぐな信の徴であると彼は考えている。この心魂の窮迫的状況における仰ぎ見ることこそ嘉される。一般的に「根底(ボトム)=内なる人間(*esō anthrōpos*)」(Rom.7:22)とはそれを支えている外界との接点であるが、パウロにとって心魂の内奥(ボトム)とは外界から注がれる聖霊をそこにおいて受容するところの対応する心的部位ないし機能である。彼はそれを「霊」と呼ぶ。この心魂のボトムの態勢への考慮のなかで、そこから身体器官を介して外界から情報を得る感覚や知識、欲求さらには行為に至るまで一切の心的な事象の秩序ある統一理論が形成されるかが本章の課題である。

その点で、二章で考察したアリストテレスの目的論的自然観とそれに基づく存在論の構築は一つの統一理論のモデルを提供している。パウロは二十年以上にわたる哲学者や律法学者たちとの論争を通じての福音宣教において旧約聖書のギリシャ語七十人訳の参照をも含めてギリシャ語で思考していた。パウロはアリストテレス的な質料形相論、力能完成論に対応する仕方で思考しまた展開していること、或いは少なくともその視点からの分析を許容する仕方で整合的に心魂を分析していたことを明らかにしたい。そのうえで永遠の生命を受領する心魂の部位について独自の理論を展開していることを明らかにしたい。そのさいアリストテレスの関連テクストを取り上げ双方の対話のなかでアリストテレス的な吟味を共約性規準として立て、心身の探求に取り組む。

ヘブライ的伝統のもとに培われた心魂の概念のユダヤ的背景をとりたてて考慮しないこの試みは受け入れがたいという批判は当然のこととして予想される。しかし、意味論的分析に基づかない従来の心身論は多くの概念を混乱のままに不明瞭なものに留めているように見える。例えば、R. Bultmann は方法的自覚なしに当然のこととして「ギリシャ的、ヘレニズム的概念（diegriechische-hellenistische Anschauung）」との対比においてほとんど常に「魂」等の心的語句を「旧約聖書的-ユダヤ教的な伝統の意味において（im Sinne der alttestamentlich-jüdischen Tradition）」理解し、判断の最終的な拠り所にしている。[2] 当初は分節していた例えば「身体」、「肉」、「魂」、「霊」、「心」等の語句も彼がヘブライ語との対応に訴えることにより、結果的に「人間」と交換可能な「同義語（synonym）」の語句になってしまっている。ブルトマンはどの主体の言語理解であるか、つまり意味論的分析による当該言語網を明らかにせずに、「人間」を意味表示する語句としてこれらを挙げている。この事実はこれらの術語が少なくともそれぞれ多義的に用いられていると結果的に主張しており、そのつど文脈に応じて翻訳の仕分けを要求している。ブルトマンの状況は註において確認するに留める。[3] それに対してはパウロ自身がギリシャ人にはギリシャ人のようになることを厭わず哲学的な概念を用いたこと、或いはアリストテレスとの対話可能な次元で共約性の積み重ねを試みていることを明らかにすることにより応答したい。ここでは哲学説としてどれだけの確かさを持つかに挑戦する。

なお、この研究において探求対象は誰もが関わっているところの自己自身であり、誰もが探求者であるという現実は一つの共約性規準として立てうると思われる。各人が同じ心身を持つものである限り、自らの心的な態勢や変化の経験に訴えることも帰納的な確かさの積み重ねとして許容されることであろう。共約性の蓄積はこの論述を介して読者への問いかけとしても遂行される。例えば、肉に即した歩みと霊に即した歩みが対立するとパウロが主張するとき、人類による二千年間の吟味の延長として、読者のひとりひとりが心魂の分裂のなかで何らかそれに対応すると考えられる経験を持つとするならば、彼の議論の説得性は増すことになろう。ただし、信の哲学はパウロの議論が無矛盾であり、整合的なものとして理解できるかに集中し、説得をこととすることはない。

信の哲学のこれまでの成果はそのままこの探求に引き継がれる。異なる語句の使用は異なる意味を持つに相違ないという字句（litera）への固着、さらには同一の語句が用いられても神とひとではその理解が異なるという言語使用者としての神の言語網は独自なものに相違ないという信念は維持される。パウロが用いる語句をパウロの先行理解に訴える前に彼が提示する一連の文章のなかでその語句や文を関連付け、近接的な関係とその延長線上において理解することにつとめ、暫時整合的な言語網の形成に向かう。意味論的分析による実在の諸層と対応する言語網は確実な哲学的分析の成果として用いられる。

異なる整合的な言語網の展開は言語と心魂と実在の組の構成者、構成要素の異なりを示すものである。とりわけ「神の言葉が彼ら［ユダヤ人］に信任された」（Rom.3:2）という言葉を正面から引き受け、神は言語使用者であるものとして神の言葉を分析する。パウロが報告するその言語に表現される神の理解する即ち神の前の実在、人間現実を分析する。この分節の基礎に見出された「イエス・キリストの信」が当該性規準に置かれていることはこの心身論においても適用され、信のエルゴンを中心に心魂の部位と機能が探求される。信がそこにおいて成立することもあろう聖霊を受領する力能を持つ心魂の或る部位を探求する。いかなる条件を満たすとき、ひとが自らの責任ある自由において持つ信が聖霊の助けのもとに遂行されるのか、そしてその実働は他の心的実働といかなる関係にあるのかを問う。

具体的には従来神学者により当然のこととされてきた「肉」という概念が自然的そして罪的と両義的であるという主張を吟味する。神とひとのあいだで共約できる自然的な概念としての「肉」の一義性を明確にする。「肉」は人間中心的なC言語であることを明らかにする。その関連で常にアポリアとされてきた人類の始祖アダムの堕罪がどれほどの影響を人間の心魂の存在様式に及ぼしているのかを吟味する。これらの二つのアポリアを解くことによって、新たなテクスト分析の立場を獲得することになるであろう。

第一節　心魂論の共約性規準——アリストテレス的分析との対応関係——

一　パウロの心魂論の特徴とその構成諸要素

ここでの探求の課題は魂の認知的、人格的態勢のなかで「信」がその根源語として、真理と価値、理論と実践を総合するものであるかである。この探求の大枠の中で肉と霊、ヌースなど魂の種々の機能について考察する。共約性に対する最大のチャレンジは霊の存在であり、「魂的物体」から「霊的物体」の移行は、自然物「麦の種子から麦へ」(cf. 1Cor.15)に類比物を見ることができるとされるように連続的なものか等が問われる。この課題のもとにおける心魂論の主要なテクストは「ローマ書」一、五、七、八章、「コリント前書」一五章である。

パウロの心身(霊肉)論を考察するうえで確認すべきことは霊への言及がなされる文脈となされない文脈が明確に分節されていたことである。神は人間に創造と救済の業を通じて関わり人間はその神に応答するという、この創造者と被造物のあいだにおける一つの被造世界において、神の前とひとの前の人間現実が少なくとも五層（A―D、e）、それぞれ整合的なものとして分類されてきた（第三章参照）。そのさい、意味論的分節が遂行されるときでも人間の心身（霊肉）の組成、構成要素に対する神そして人間による理解は同一のものでなければならない。さもなければ、つまり分節された人間の組成、構成要素が異なるとすれば、異なる対象を分析していたことになるからである。

パウロは神による人間の心身、霊肉の創造を疑わない。神の前とひとの前の意味論的分節は人間という一つの被造物におけるその相対的自律性を析出した。神の前で義でも罪でもありうる可能存在としての人間中心的な語りは信の律法と業の律法の啓示のもとに、神による肉の弱さへの譲歩に基づくものであった。イエス・キリストにおいてアブラハムを先駆とする信の律法が啓示されているからこそ、しかも永遠の生命の約束というその対極にある生物的な死に対する圧倒的な恩恵の満ち溢れ故に、人間に自らの適切な知識に基づき判断を委ねることが可能となった。パウロにとって人間に譲歩することは神の側のギャンブルではない。神にとっても人間にとっても信は業に対し、その心魂の根源的態勢であることの故に、信義の不可分離の啓示の恩恵の満ち溢れは義認と救いの確かさを保証するものである。信の律法のもとに生きるものはイエスの信に基づいているかが吟味され、業の律法のもとに生きる者は業の律法のもとに吟味されることが明らかにされていた。それ故に、幼子のようでありさえすればよい信の律法への背きは単なる無知に基づくものであるとさえ考えていたと思われる。彼は言う、「われ彼らに証言するが、彼ら［ユダヤ人］は神への熱心を持つが、それは知識に即したものではない。というのも、彼らは神の義を知らずそして自ら固有の義を立てることを追い求めており、神の義に服さなかったからである」（Rom.10:2–3）。福音を受け入れないユダヤ人は信に基づく義を知らず、業に基づく義を追求したことが報告されている。それ故に福音宣教は彼にとってなによりも重要なことがらとなる。そしてこのことは福音の宣教には知識を授けるという認知的側面のあることを確実に含意する。

その福音の実質として啓示されていることがらは、神にとって信は業よりも根源的な態勢でありまた参与（心魂の内奥における行為）であったということである。パウロは神にとっては自らの信義が自ら人間に対する「［業の］律法の義の要求」（8:4）よりも根源的であることが啓示されたことを報告している。神の義が律法とは離れてありうることにより、神は自らの信義に対応するひとの信だけを義認に関して求めている。彼は心魂の内奥における在り方だけを問うている。そこにおいてのみ、神の信はひとの信に出会い、信義が出来事になることもあろうからである。この心魂論ではひとが神に出会うところがあるとすれば、その場所を「ボトム（根底）」と名付ける。そしてそのボトムは例えば感覚のように心魂の一つの安定した機能を持つ安定した部位というものではなく、常に「新たにされる・刷新される」ところの部位ないし機能であってもかまわない。つまり「ボトム」という表現は刷新され続けるところのものという意味で用いられる。

従来、哲学における心身論は人間のそれを対象としてきたことは当然のこととして誰もが同意しようが、パウロの心身論においては、人類の歴史的展開のなかでの神による人間判断が啓示されており、それを考慮せずには人間の心身論は十全なものにはならないということが、特徴的なことである。歴史上の出来事は人間の心身の理解に影響を与える。刷新される魂の部位（ボトム）には霊を受容する力能が備わっていることもあろうが、その働きはロゴスを伴う仕方で開示されることになるということが歴史的事象として想定される。少なくとも、一つの顕著なエルゴンが人間の本来性の一つの型を帰納的に提示するということはありうることを念頭においておこう。存在者の次元における心身のいわば静的な研究ですまない、創造の秩序と救済の秩序とでも言うべき複層の理解が要求されることになろう。そこにまた通常の心身論では問題にならない解決すべき大きなアポリアを抱えることになる。神が人間に関わるさいにこちらの応答する心魂の部位についての考察が求められる。さらには、人類の始祖の堕罪とその後の人類の歴史における人間の心身に対するその影響もアポリアの一つである。これらの問いに対しても、これまでの意味論的分析を介した共約的な理解を基礎に探求をすすめる。

これまでの分析によれば、神の前のA義人とB罪人たちにおける認知機能には聖霊の媒介が要求されることなしに神についての知識を持っているとされた。また神の前では神とその構成員のあいだに認知的に不明瞭な関係は想定されてはいなかった。これには肉の弱さを介しない見知りによる知識が想定されている。そのことは認知の状況が異なるだけであって、聖霊を媒介にした認知能力が義人Aと罪人Bにおいては欠けていることを意味してはいない。同様に、人間中心的な言語において知り合い同士の見知りによる知識も聖霊を介することなしに正確に記述されるであろう。通常の心身論と異なることがらはパウロが神による人間理解を報告するなかで、神が理解する人間の心身の様々な働きが記述されていることにある。そこでは神が人間の魂の認知的、人格的態勢がいかなるものとして理解しているかが報告されている。そしてそれらはパウロが肉の弱さへの譲歩としてC人間中心的な次元において同朋である人間に眼差しを注いで遂行する人間の魂の認知的、人格的認識とは異なるものとして言語網が形成されていた。そのあいだの無矛盾性が求められる。

とはいえ、ひとの前においても神の前においても人間は魂体ないし心身と霊からなる同一の存在者であるとされるのでなければ、別の存在者について語ることになってしまう。彼は「知恵ある者たちにも愚かな者たちにも負うべき責め」(Rom.1:14)を持つ自覚のなかで福音を宣教するその対象は人間という一つの被造物である。パウロは言う、「平和の神ご自身が汝らをあますところなく聖なるものとし、汝らの霊と魂と身体とがわれらの主イエス・キリストの来臨の時に備え非の打ちどころのないよう完全なままでに護られるように」(1Thes.5:23)。「汝ら」と呼びかけられるテサロニケの人々は「霊(*pneuma*)と魂(*phsuchē*)と身体(*sōma*)」から構成される人々であり、神が関わり護る神の前の存在者であることに変わりはない。

人間は肉の弱さへの譲歩なしに言えば常にこの存在者として神の前に立っている。そこでは死は罪を犯した者として罪からの報酬である。それにもかかわらず神はキリストにあって愛を示し、霊と魂と身体とを護ることが啓示されている。肉の弱さに譲歩され相対的に独立した立場を与えられた人間は死が生物として当然の与件であると看倣してしまう。ここでは、意味論とともに信の哲学の中核を形成する心身論はパウロが神により創造され神と関わる人間の魂をそして心身をさらには霊を、その本性においてそして機能において、いかなるものとして理解していたかを明らかにする。

この試みはわれわれの生身の魂体、心身に対してパウロがどのような理解をもっていたかの解明を企てていることに他ならず、あくまでも従来の心身論と同じ対象が問題になっている。そのうえで、神の意志を認識できる機能「叡知（*nūs*）」が何らかの仕方で刷新されうる力能を人間は所有しているとする点がパウロの心身論の一特徴であり、彼の書簡は彼の心身の理解に基づく彼自身の魂の認知的、人格的実践の記録である。このことは彼の心身ないし魂体理解が共約される限りにおいてであるが、従来の哲学において論じられる心身論に新たな理解をせまる一つの視点、つまり信を介して魂と身体を媒介する霊という視点から一なる存在者として生きる人間であることの統一理論の可能性を提供するに至ることもあろう。

パウロの心身論は「心（*kardia*）」と「身体（*sōma*）」のほかに「肉（*sarx*）」、「人間（*anthrōpos*）」、「叡知（*nūs*）」そして「霊（*pneuma*）」等の諸概念により構成されている。[4] これらの語彙の振る舞いを誰にも了解できるよう解釈の余地をできる限り少なくして、テクストで用いられる語句の連関から明らかに語りうることの析出に努める。

例えば、パウロは言う、「あらゆる点でヌース（叡知 *nūn*）を超えている神の平安が汝らの心をそしてキリスト・イエスにある汝らのノエーマタ（想念内容）を護るであろう」（Phil.4.7）。ここでは「ヌース」や「心」そして「ノエーマタ」についてのパウロの背景的理解がいかなるものであるにしても、神から送られる平安を人間は認識できないことがあることを含意している。聖霊は人間の側でヌースの発動なしにも実働することが分かる。「ああ、神の知恵と認識の富の深さよ」（Rom.11:33）とあるように、聖霊の実働は人間的な認識を超えて働くことがあることは道理あることとである。人間の認識能力の限界を超えていても、心と心が持つ想念内容つまり良き思いを抱かせることにより防御するとされる。

パウロはヌースの機能について「神の意志が何であり、善とはそして喜ばれるものそしてまったきことが何であるかを汝らが識別すべく（*eis to dokimazein*）、叡知の刷新により（*tē anakainōsei tū noos*）変身させられよ」（12:2）と命じるさいに明らかにしている。ヌースは常に刷新されるべき認知機能であり、神の意志や善きものが「何であるか」についての認知的洞察である。預言者ミカは「善きものとは何か」についてこう報告している。「人間よ、彼は汝に「善きものとは何か（*ti kalon;*）」を告げ報せたなら、主は汝から審判を為すことまた憐れみを愛すること、そして汝の神、主と共に歩むべく備えあること以外の何かを求めたであろうか」（Mika 6:8）。また、神に喜ばれるものとは端的に「汝らの身体を神に喜ばれる生ける聖なる献げものとして捧げ［ること］」（12:1）に他ならず、叡知の刷新の前段階ないし同時に為されることがらとして命じられている。また、「神の意志」についてエレミヤはこう報告している。「主は言われる、誇る者はこれを即ちわれが主であり地上に憐れみをそして審判と正義を為す者であること、これらにわが意志（*to thelēma mū*）のあることを理解しそして知ること（*sunieín kai ginōskein*）を誇れ」（Jer.9:24）。

ヌースはその刷新により身体が何らか変化し、ものごとを正しく識別するに至らせる。「識別」とは例えばパウロは「われ祈る、汝らの愛、知識においてまたあらゆる感覚においてますます満ち溢れ、汝らが［重要度の］諸差異を識別するに至ること（*eis to dokimazein*）を、それはキリストの日に、汝らが染みなく、咎めなき者となるためである」（Phil.1:9–10）とあるように、知識や感覚の展開によりことの軽重を識別するに至る通常の自然的人間の認識である。またパウロが「識別するそのことがらにおいて自らを裁かない者は祝福されている」（14:22）と語るとき、識別や判断は人間が自らの責任ある自由のなかで遂行するものであり、ひとは判断、識別せざるをえず、その自らの行為が他者を罪に定める審判とは異なると認定できる者の幸いをパウロは語っている。ひとは「蛇の如く賢明（*phronimoi*）」（Mat.10:16）であることが求められている。ヌースはかくしてパウロにおいては単に善きものを認識するだけではなく、神の意志や神に喜ばれるものの識別の基礎となる認知的な力能の発動である。

ヌースが発動することなしに、聖霊の注ぎが与えられるということは、ヌースが聖霊の注ぎに必要とされているわけではないということである。聖霊の注ぎがヌースの発動に必要であるかに関しては、これは神の自由に属する事柄であり、語りえない。ただ、パウロはこう言う、「今われ諸部分に基づき知るが、かのときには、われはまさに知られたように、知るであろう」(1Cor.13:12)。人間は部分的な仕方で神の事柄を知るのに対し、もう既に神により完全に知られていることを彼は想定している。人間においても状況をよく知っている者はもし十全な力があれば、ただちに助けることができる。神は、福音の啓示に眼差しを注ぐ限り、そのような十全な知識のもとに、助けを送る待機の状況にあると想定することは道理ある。パウロは言う、「一にして同じ霊がこれらすべて[e.g.「知恵の言葉」「知識の言葉」]を、個々人に欲する仕方で分割しながら、実働する(*energei*)」(1Cor.12:11)。一にして同じ聖霊が知恵や知識の言葉を各人に対応する仕方で分かち与えることが報告されている。

このことは、少なくとも肯定的なヌースの発動には聖霊による同時的な注ぎを期待することを道理あるものとする。既述のように「叡知(ヌース)の機能不全」(Rom.1:28)が語られることがあり、そこでは、神に否定的な態度をとる者は神の肯定的な属性や関与を知りえないが、神の怒りや厳しさを知ることができる状況であるとされている。この認知における非対称性は人間の側としては聖霊の発動とヌースの発動を備えるべく、信において仰ぎ見ることが最も基本的に要求されていよう。信には信による対応が最もふさわしいからである。パウロの認知能力の記述の背後にも信が機能していることを確認できればここではよしとしておこう。

他方、ヌースがヒットしたことがらについて、思考が命題を形成し、その命題が真理として肉の次元において共約されるとするなら、その限りにおいては聖霊への言及は必要とされないと言うことができる。それを人間中心的なC次元における人間的認識としてのエルゴンと理解することができる。

また、神の平安が聖霊を媒介にして送られているということは共約的な次元においては心の平安であり、心の想念の正しさとして確認されよう。もちろん、ここでは自覚なき心の平安は、信じない者にとっても、聖霊の賦与だけによるのか、それとも自然的な何らかのバランスによるものなのか等の問いは起こる。共約的な次元においては恐らく聖霊の注ぎを一義的に確定することは困難であろう。ただ、不思議な平安があるとするなら、その可能性として聖霊の賦与を挙げることは許容されるであろう。

これらのリテラへの固着によりパウロが哲学者として思考する層を神学的思考の基礎として析出することができる。パウロ自身が霊については「木は実により知られる」帰結主義を取っており、聖霊を受けたか否かはその果実である愛において判別されると理解している。愛は、或る程度、共約的な次元で識別される。恐るべき状況において恐れなく愛がありまた平安があるなら、それは一つの徴でもあろう(cf. 1John 4:18)。「霊」を語ることが霊を受けたことには当然ならない。パウロは、象徴的に語ることが許容されるならば、「ローマ書」によりローマ帝国を言わば素手で滅ぼし「ペンは剣よりも強い」ことを証明したが、愛は何よりも強いであろう。「愛は築く」(1Cor.8:1)そして「愛は決して失敗しない」(1Cor.13:8)であろうからであり、「愛を媒介にして実働している信が力強い」(Gal.5:6)からである。ひとは自らを顧みて何らかの生における失敗、否定的な記憶があるとしたら、それは唯一支配と被支配から自由な場所において生起する愛から遠ざかっていたからであるに違いない。換言すれば、愛のあるところ、そこでの不都合な出来事も失敗とは数えられない。パスカルは「遠ざかるということがあるとしたなら、それは愛からでしかない」(*Pensées* 668)と言う。ひとは愛から遠ざかるとき、生きることそのものから遠ざかる。パウロにとって愛は聖霊の果実であった。

イエスも罪の赦しの徴を愛しうることに見ている、「彼女の多くの罪は赦されてしまっている、彼女は多く愛したからである。僅かに赦されている者、その者は僅かに愛する」(Luk.7:47)。霊は歴史の果実という帰結主義においてパウロにより理解されており、そこに福音の健全性を見ることができる。信の哲学にとっては、もし「ペンは剣よりも強い」ことを証明できるだけでも、それは望外の果実と言わねばならない。霊についてさえ、共約的な次元において言語上整合的に分析できるなら、それ以上のことを望んではいないと言うべきであろう。信の哲学は心身論の展開においても、この方法論を堅持する。そのなかで、諺が言うように「虎穴に入らずんば虎児を得ず」とでも言うべき事態が出来しないとも限らないであろう。

二　魂の無尽蔵性――探求主体と対象の同一性――

パウロの心身（霊肉）論の背景にある共約的な理解を確認しておきたい。魂は人間にとってずっと謎であったことは最初に確認されるべきことがらである。ヘラクレイトスは「魂（*phsuchē*）の限界を、たとえひとが魂の全行程を歩むとしても、見出すことはできない。それほど魂は奥深い理《ことわり》（*bathun logon*）を持っている」と言う（『断片』71（45））。パウロも後述するように異なる文脈においてであるが、「人間たちの誰が人間の深いものごと（*bathē*［2:10］）を知ったであろうか」を問う（1Cor.2:11）。この「魂」、「心」と呼ばれるものが人類にとって最も重要なものであるなら、ひとは誰もがそれぞれの仕方で人類にとってこの最も重要なことがらに関わっている。パスカルは言う、「人間とは何という怪物、何という珍奇、妖怪、混沌、矛盾の主、何という驚異。……真理の受託者にして、曖昧と誤謬のドブ、宇宙の栄光にして、宇宙の廃物。この縺れを誰が解くのか」（『パンセ』434）。ひとは何をしていても自己理解に関わり、またその制約のもと責任ある自由のなかで何かを為し、自らと世界の理解を行為に反映させている。そしてその行為は縺れのなかで解きつつまた縺れつつ進むことであろう。望むらくはその深い理が少しずつ明るみにおいて捉えられることである。

パウロの先の「ピリピ書」における神の不可測性の言及「あらゆる点で叡知（*nūn*）を超えている神の平安が汝らの心をそしてキリスト・イエスにある汝らのノエーマタ（想念）を護る」は神と関わる心魂の部位の深さを記したものと読むことができる。そして自らの魂が自己と世界を理解した限りにおいて、自己と世界は自らにそのようなものとして現われている。従って、ちょうど動物が自らにあった穴を掘るように、ひとは自らにあった自己と世界の理解を持ちそのなかで生きることを意志する、ないしせざるを得ない存在者である。各人はそれぞれの仕方で自らの存在に対し自己理解を持ちそして自己自身との一致において生きることを求めざるをえない。その自己の存在は通常「実存」と呼ばれる。それゆえに各人は人類の何であるかをめぐって、つまり人類にとって最も重要な問題についてそれぞれの仕方で実存的に参与している。

ソクラテスはロゴスによる「魂の世話」を生涯の使命とした。彼はこの魂がロゴスによりどこまでも明らかにされていくその深さの魅力にとらわれ、生涯をその探求に捧げることを厭わなかった。彼は、正しい人間の魂は生きていても、死んだ後にも悪しきことを蒙ることは決してないと主張する(*Apol*.41c)。ソクラテスは「技術知との類比(*technē analogy*)」と呼ばれる言論様式により、例えば、優れたピアニストが劣った者に技術の上で影響ないし損害を蒙ることがないように、何であれ自らより劣ったものにその力能が損なわれることは決してないことに基づき、優れた魂は劣悪な魂から悪しきことを蒙ることはないことを言論の力のみで証明している。

プラトンは人間の構成原理を身体(*sōma*)、魂(*phsuchē*)そして霊・気息(*pneuma*)の三分割を提示し、パウロの三分割の先駆として言及されることがある。プラトンは『パイドン』でこう述べている。

　魂に関することがらは人間たちに多くの不信をもたらしている、一旦身体から離れさると、もはやどこにも存在しないのではなかろうか、人間が死ぬとまさにその日に魂は消滅して滅び去ってしまうのではないだろうか、身体から離れてその外にでていくやいなや、ちょうど霊・気息(*pneuma*)やけむり(*kapnos*)のように散らされ、飛散し去って、そしてもはやどこにも何も存在しないのではないか、と。その後、いやしくももしまさに魂自身がそれ自身において結集しそして君が今語ったこれらの悪から解き放たれ、どこかに存在するなら、ソクラテス、今君が話したことは真実であるとして、まことに大きな美しい希望があることになるだろう(70a)。

H. A. W. Meyer はパウロの先述の「テサロニケ前書」における身体、魂そして霊の三分割がプラトンのそれに「応答している」とし、魂と霊はそれぞれ「低い生」と「より高い生」の原理であると位置づけている。(5) それはパウロの時代に「フィロやラビ作家たち」に流行していた考えであったとする。私は「低い生」と「高い生」という仕方で魂体的な生と霊体的な生を区別することはせず、一つにはパウロの戦略として肉の弱さへの譲歩のもとに人間を語るときには霊への言及なしに魂的な人間について語り、譲歩しないときには霊的な人間について語っていると理解する。さらに、魂体的な生から霊体的な生への移行が問題とされており、そしてひとの前でも神の前でも同一の魂、身体そして霊という組成のもとに存在していると解する。

魂は生の始源であり、各人の到達しえたところにより、そのつど探求の始点が異なる。アリストテレスは「魂のよくあること・幸福（*eudaimonia*）」は「徳に即した実働」であるとし、魂の完成を認知的徳（*diamoetikē aretē*）と人格的徳（*ēthikē aretē*）双方の有徳性において、その完成においてあるものの実働に幸福を見ていた。幸福はその意味においてとりわけ客観的なものであるとされている（*Nic.Eth.*I7, III）。一般的には、認知的徳を持つ賢者（sage）と人格的徳を持つ聖者（saint）がその到達点であり、事実と価値とも、理論理性と実践理性とも判別することができる双方の徳の総合、統一理論の構築こそ主要な哲学の課題となる。一方、基本的には普遍的な知識に関わる卓越性である知性と、他方、個々の個別の行為に関わる卓越性である人格との総合は魂にとっての絶えざる課題であり続けるであろう。

そして、アリストテレスにおいては「実践知・賢慮（*phronēsis*）」は人格的に卓越した者でなければ或る種の認知的機能が発動しないそのようなものであるとされた（*Nic.Eth.*VI5）。賢慮は必然的なものにある知識でもなければ、制作とその産物が判別される制作物に関わる技術でもない。「賢慮」においては「よい行為それ自身がゴール」（1140b6）である。「賢慮」は「人間における善と悪に関するロゴスを伴う真なる実践的態勢」である（1140b6–7 cf. 1140b20）。そうであるとすれば、なおさら真理と善の総合は喫緊の課題であり続けるであろう。「信仰に関するあらゆる問いは愚問である」と語られることがある。これは神が信実であったときに、自ら信実に対応しようとせず、認知的な次元のみにおいて懐疑に囚われたなかで問いを発することが的外れであることを指摘している。信実であるときのみ、見えまた知られることがらがあるとするなら、魂の人格的態勢の形成は不可欠な営みとなる。

実際パウロが次のように言うとき、認知的な態勢と人格的な態勢の関連への言及と読むことができる。「知識は高ぶらせる、しかし愛は築く。もし誰かが何かを知ってしまっていると思うなら、未だ知るべき仕方で（*kathōs dei gnōnai*）知らなかったのである」（1Cor.8:1-2）。これは認知的な態勢は愛に結実する謙虚という人格的な態勢において実働するとき、正しい知り方であると主張している。とはいえ誤った知り方であるとはいえ、知識内容に関しては異ならないのであろうか。これに関しては神の怒りのもとにある「不義のうちに真理をはばむ人間たち」は「神の義の要求」を知っているとされていることに関連する（Rom.1:18, 32）。彼らはパウロによる認知と行為の「比例性テーゼ」とでも呼ぶべきものにより、神の善性、憐れみそして愛等の神の肯定的側面を知ることはできず、神の怒りや峻厳など否定的側面のみを知っているとされた。少なくとも、「知るべき仕方」はこのことを含意するであろう。従って、肯定的な事柄に対しては高ぶりに応じて知ることはできないと言うべきであろう（cf. 2Cor.4:4）。

思索の結晶である文字の連なりにより客観的に吟味できる次元で構成される学問は確かに各人の人生そのものには直接には関わりえず、認知的な次元においてのみ人間性全体が問われることを確認することができるだけであろう。学問は個人的には誰をも拘束しないが、普遍的には万人を拘束するというハイデガーのレトリックにも或る真理性のあることを認めることができる。しかし、誰かの主張の真偽を実際に確認するために、認知的な次元において留まるとき、それは問いの喪失症候群や絶望を引き起こすだけではなく、人格的な成長なしに理解の進み得ないものを対象とする限り、実践することなしには正確にはその真偽を判定できないそのようなことがらが存在することは確認しておかねばならない。

考察主体と考察対象が同一事物であるという特殊な事情におかれている魂の探求においては、魂の無尽蔵性との関連においてこの全体性の問題を正面から引き受けねばならない。この「全体性」という概念は当初はロギコス（形式言論構築術的）なものでありロゴスの力のみにより理念としてその存在が主張され、要請されるものであったにしても、魂は自らの内的な観察を通じてそれに接近し得ること、またヌースが発動し何らかの知識に到達しうるであろうことは否定されないであろう。神学的思考は基本的には、神とひととの関わりが遂行されているという前提のもとに思考する限り、神の前とひとの前の現実を分離せずに思考することを人間理解の全体の理解とする。そこでの言語理解、例えば、「信」や「自由」は独自の意味を担うことになろう。信の哲学はたとえ認知的な明晰さを求める学的な営みであるにしても、ひとであることの総合的解明の営みとしてパウロの思考様式に即してこれらの分離なき思考様式にも対応し、そこでえられる哲学的知見においてこそ個別諸科学の還元主義に対し独自の貢献をなしうるものとなるであろう。

通常「心」と呼ばれまたひとが「われ」と語るところのものは、それまでに出会われ、培った一切のものによりその生の原理が形成されている。この無尽蔵とも言うべき心魂はアリストテレスによれば何か一切の実在を形成し、一切の実在になるものとさえ理解されるほどの可能性を秘めたものとして、どこまでも探求されるであろう（*De Anima*, III4–5）。

探求主体と探求対象が同一であることに伴う困難さは或る確かさのもとにある困難さである。アウグスティヌスは言う、「『汝自身を知れ』との命令を聞くとき、精神は自己を知ること以外の何かを加えてはならない。事実、精神はこの命令が自己に、即ち存在し、生き、理解する自己に告げられたことを知っている。……精神は、自己について思いなしているものを取り除くべきである。そして、自己について知っているものを知るべきである。……精神は自己であるものを、自己でないものを考えるように考えることはありえない。……精神は自分が生き、記憶し、理解し、意志することを考えるのであるが、これはある一つの感覚によって触れられたもの――それ自体にせよ同類のものにせよ――を不在のものとして想像力の働きによって考えるということではなく、内的であって真実なもの、想像されたのではないものの現前によってなのである。精神にとっては自己以上に現前する（*menti adest*）ものはないからである」(6)。

ひとはこの確かさのもとに自己を知るべく探求を続けてきた。デカルトがコギトの明証性規準により明晰判明なものとして自我の存在を証明したように、「われ」があることは疑いえない（第三部五章参照）。この存在を疑うとして、その疑いがそれにより遂行されるところのものがわれだからである。これはロギコスなつまりロゴスの力だけによる一つの哲学的知識の主張であると言える。精神が内省によりわれの存在を主張することは一つのことであり、他方われに認知的に触れていることとは別のことである。後に「ローマ書」七章の分析で詳しく論じるが、罪に欺かれている状態をパウロは「われが［最終的に］成し遂げるところのもの［死］をわれは認識していない」（7:15）と語っている。ひとは何をしていても生物的な死を成し遂げつつある。そのことを当然の与件としか認識していない状況がまさに自己について無知であり欺かれていることを示している。これは「われ」を正しく捉えていない状況であると言える。

認知的に自己に触れている者は罪の故に生物的な死を成し遂げつつあることを知りつつ、パウロによれば「われらの主イエス・キリストを介して神に感謝」（7:25）している、その認知状態にある者である。この認知状態は「ヌース（叡知）」と呼んでさしつかえないであろう。それは五感によるものではなく、想像力によるものでも推論によるものでもなく、さらに触れたさいには偽の可能性のない確かなものだからである。この種の知識は「接触（contact）」という意味におけるものであり、接触している限りにおいて心魂が認知的に機能するものである。触れられているわれは各人がそこからまたそれにより生を遂行するところのその始原である。

自己が自己に触れると言っても、魂そのものが無尽蔵なものであるとするなら、そして魂が何か確かな「深いロゴス」ないし構造を持つものである限りにおいて、それはそのつどの各人の魂の認知的かつ人格的実力が指示されていると言えよう。この実力はヌースが触れているものの識別として次第に明らかにされるものである。ただし、これは人間中心的な自己理解である。パウロは魂の根源的態勢が信であることを解明することを通じて、ただ信だけが心魂の一つの確かなボトムをそこにおいてロゴスが成立する仕方において形成し、それが外界（聖霊）によって支えられており、それだけが神の前の自己の確かさを確認すると理解している。

たとえ魂がどこまで深くなりえようとも、その各人の責任ある自由が届きうるボトムにおいて問われるものは常に信である。パウロは言う、「信に基づかないことがらはすべて罪である。……希望の神が、汝らが聖霊の力能のなかで希望に満ち溢れるべく、汝らを信じることにおけるあらゆる喜びと平安で満たしたまうように」(Rom.14:23, 15:13)。かくして、発話者の「われ」が指示するところのものは、ひとがそれによって生きるそれまでに培われた魂であると言うことができる。それ故に、自らのこの事態に気付いた者は魂の耕作に生涯をかけて厭わなかったのである。

三　アリストテレスの様相存在論の枠組のなかでの魂論の展開

感覚と思考を契機に発動する知識としての叡知――「何か一つのことが生起すること」――

信じる者も信じない者も同じ心魂をもっているものであることは誰にも共約されよう。問題はその心魂の内奥とでも言うべきもの、心魂の種々の分裂を癒し統合する部位とでも言うべきものについて、誰もが同意できる理解を提示できるかにある。ここでは全く概略的にであるが、心魂の全体のマップを紹介するために、第二章で吟味したアリストテレスが行為に対する認識をもたらす「欲求的叡知」を含んだ「実践知・賢慮」により認知的態勢と人格的態勢の統合を企てたことにに対する一つの挑戦としてパウロを位置づけたい。

最初に、パウロの心身論に必要とされる限りにおける存在の様相理解として、パウロ自身もその術語を使用しまたその明晰さ故に説得的と思われるものを展開しているアリストテレスの理論に即して概説する。パウロが麦の種粒から麦の果実に至る成長との比喩で魂的身体から霊的身体への変化を語るとき、それは変化と連続性の存在論的基礎づけを要求する。アリストテレスの様相存在論がいかなるものであるかを第二章において概説したが、それがパウロの心魂の理論にもいかに適用されるかを吟味し、その共約性を追求する。

アリストテレスにおける存在の様相論は存在者の存在の仕方であり、それは[L(ogos)]力能(*dunamis*)と完成(*entelecheia*)、それから[E(rgon)]力能(*dunamis*)と実働(*energeia*)の二つのペアーにおいて考察されていた。ここでの関心は魂であるが、アリストテレスが「魂」を様相存在論の枠のなかで理解していたことは既に確認した。われわれはまずアリストテレスとともに、「魂(*phsuchē*)」をさしあたり因果論的に「それによって(*hō*)われらが生き、感覚しそして思考する(*dianoūmetha*)ところのもの」(*De Anima*, II2.414a12)と包括的な仕方で理解しておこう。アリストテレスにおいては生命原理としての魂は基本的に栄養摂取、代謝、生殖という植物的活動、さらには知覚とそれに基づく運動という動物的活動を制御し支配する。そして魂は五感さらにはそれを基にして知ることを求める理性的な活動さらに行為の価値に関わる実践的認識とその活動、またこれらの認知的、人格的活動の派生としての絵画や音楽等の芸術的活動、さらには政治や経済、法など諸制度のもとに営む社会的活動などの原理である。最終的にはアリストテレスにおいては「実践知・賢慮(*phronēsis*)」により生が秩序づけられる。「賢慮」は人間における「よく生きること」をゴールとしつつ、「人間的な善に関わる行為力能上のロゴスを伴う真なる態勢」即ち価値の認識に伴う行為の選択であった。これは人格的に卓越した者でなければ或る種の認知的機能が発動しないそのようなものであるとされた(*Nic.Eth.*VI5.1140b20)。有徳な者はアリストテレスにとって魂の最終的形姿であると言える。

生命活動のただなかにおける魂それ自身の完成が考えられる。それを構成するものが「徳」である。アリストテレスは幸福・魂がよくあることを「徳に即した実働」(*Nic.Eth.*I6)と規定する。幸福な者は魂の完成である徳それも認知的、人格的徳に即した働きにおいてある者のことを言う。生物的に完成においてある者がそのまま魂において完成においてある者ではない。おそらく魂はどこまでも耕作されるものである限り、幸福も現実的には途上であり続けるであろう(それ故、彼は倫理学書において「完成」という語を用いることはない)。

ロゴスとエルゴンは相補的に共鳴和合することが求められる。魂はロゴス上区別されるが、その栄養摂取や感覚等エルゴン上質料部分から分離されることはない。以下、アリストテレスにおける感覚、思考そして叡知という魂の認知的働きの概略的な理解を得るべく努めるが、彼はロゴスと身体の器官との関係としてのその分離、不可分離に程度を見出している。この事実は少なくともアリストテレスにおける心的機能は一切が脳の電気的働き以上のものではないという自然主義に対するチャレンジとなっている。

ギリシャ哲学の伝統においては「ヌース」は時空を占める大きさを持たない神的な魂ないしその部位と看做されてきた（*De Anima*,I3）。例えばアナクサゴラスは「万物を秩序づけ、万物の根拠であるものはヌースである」と語り、ソクラテスを惹きつけたとプラトンにより報告されている（*Phaedo* 97c）。アリストテレスもこの伝統のなかに属する。彼はそのなかで誰もが同意できるであろう認知機能としてヌースを一つの成功した認知的な状態の尊称として用いる。ここでは「叡知」と訳す。叡知が叡知対象（*noēton*）にヒットしている状況は「叡知していること（*noein*）」と動詞形で表現され、「叡知」はその尊称である（*Met*.IX10.1051b32）。「ヌース」は一般に思考や思惟を司る「理性（**reason**）」ないし「知性（**intellect**）」と訳されるが、ヌースが理性活動の中心である真偽の帰属する「思考（*dianoia*）」とはそのまま同一ではなく対置されるという点で、これらの理解と翻訳は広すぎると言える（第二章註30参照）。思考は概念の結合、分離により遂行されるが、叡知は接触的な意味での知識である。

アリストテレスは思考の特徴を説明して言う、「思考は、その定義からして明らかであるが、それが真であるか偽であるとき、あらゆる思考対象（*dianoēton*）と叡知対象（*noēton*）に関して肯定または否定を行う。かたや、この仕方で宜うまたは否定することにより共に置くとき、それは真であり、他方、この仕方でそうするとき、偽である」（*Met*.IV7.1012a2-4）。ここではヌースがノエートンを捉えた後に、思考は叡知対象に関して肯定したり否定したりする理性的営みとして位置づけられている。思考は感覚や叡知の発動を手掛かりに文の形成の次元において結合と分離を企てる（パウロにおいても「叡知」の発動に基づき「識別」や「刷新」が生起する）。

ちょうど「視覚」という語が透明な空気などの媒体を通じて視覚対象を想定して語られるように、「ヌース」も叡知対象「ノエートン」を想定して語られる。一方、感覚の対象「アイステートン」は時空のなかで感覚器官を触発するあらゆるものであるが、他方「ノエートン」とはヌースを触発するものつまり端的に言って感覚の対象ではないが単純なもの、不可分のロゴス・比のことである。そしてロゴスは感官を触発するあらゆるものを構成するものとして存在するがゆえに、ヌースは感官の触発を通じて発動する。感覚も一種のロゴス・比であり、ロゴスの成立していない度を越した感覚対象、例えば強すぎる音は感覚器官を傷つけてしまう(*De An.*III2.426a29, III4.429a31–b3)。パウロは光に照らされ一時視力を失ったが、そのような媒介によりキリストの声を聞いたことが報告されている(Act.9:8)。

他方、ヌースはどれほど明晰であれ、明晰に把握するというこの事態に、アリストテレスはヌースの身体器官への依存度の低さ、をさらには身体からの離存を見ている。彼は感覚が強度の対象を受動したあとに、低度のものを適切に感覚しえないこととの対比において言う、「しかし、叡知(ヌース)は何か高度の叡知対象を叡知するとき、より低度のものをもそれに劣らず叡知する、或いは一層叡知する。というのも、感覚的力能は身体なしにはないが、他方は離存的なもの(*chōristos*)だからである」(III4.429a3–5)。アリストテレスが魂の認知機能として身体の影響を蒙らないものを提示していることは、パウロとの共約性にとっては一つの大きな手掛かりではあるが、現代人との共約は双方とも大きな挑戦として位置づけられるであろう。とはいえ、われわれが知性の仕事をしていて、閃くとき、それは少なくとも五感のいずれの器官にもよらないことは共約されるであろう。当然そこに脳内の活動はその質料的側面としてあるであろうが、やはり感覚とは異なる認知機能において瞬時に形相としてのロゴスが把握されると表現せざるをえないものである。ロゴスとともに一つ一つ経験に基づきエルゴンとの共約性を積み上げていくしか信の哲学の生き延びる道はないのである。「力の限り許容される限り」(*Gen.An.*II3.736b7)この問いに関わる。

アリストテレスは思考(*dianoia*)と叡知(*nūs*)の真偽をめぐる関係について『形而上学』第六巻四章においてこう言う。

真なるものとしてあるということ、偽なるものとしてあらぬということは[主語と述語の]合成と分離に関してあるが、しかし[真と偽の]全体としては矛盾対立の割り当てに関してある。というのも、真とは、一方、結合されているものに肯定を、他方、分離されているものに否定を持つことであり、偽とはこの割り当ての矛盾対立を持つことだからである。しかし、いかに「同時的なもの」或いは「離存的なもの」について叡知すること(*noein*)が帰結するかは別の話であるが。しかし、私が[事態が]「同時に」そして「分離して」と言うのは、[思考において]継起があるということではなく、何か一つのことが生起すること(*hen ti gignesthai*)によってである。なぜなら偽と真はものごとのうちにあるのではなく、例えば、かたや善は真であるが、他方悪は偽であるという場合のように、そうではなく思考のうちにあるが、しかし、単純なものどもそしてそれらが「何であるか」に関しては思考のうちにはないからである。かくしてかたやこの仕方であるものについてそしてあらぬものについて理論的に考察しなければならないものどもに関しては、後に考察しなければならない(*Met*.VI4.1027b20-29)。

合成や分離することにより真理を求める思考(*dianoia*)における真偽は事物のうちに存在せず、思考のうちに存在する。しかし、同時であるか分離されてあるかに関し発動する「ノエイン(叡知すること)」は単純なものごととの合致において「何か一つのことが生起すること」として規定される。ヌースが発動することはものごとの側における一つの出来事として、しかもヌースとノエートンの間に分離はなく同時に捉えられる。このさらなる展開はここで「後に考察する」とされる箇所は『形而上学』第九巻一〇章である。先に「ある」が最も統率的な仕方で語られるのは真偽の文脈においてであり、世界の存在様式と判断に不可逆的な統率的関係にあることを確認した(第二章二節参照)。世界の側で結合されているものを結合されているとすることが真であった。彼はその議論に続いて叡知の機能についてこう言う。

他の仕方であることが不可能なものども[即ち、必然的なものども]に関しては、或るとき真となり或るとき偽となることはなく、同じものが常に真でありまた同じものが常に偽である。しかし、一体「非結合的なものども(*ashuntheta*)」に関しては、あること或いはあらぬことまた真そして偽とは何であるのか。というのも、[b20]それは、ちょうど白い木や共約不能な対角線のように、結合されるとき存在し、分離されているなら存在しないという結合体ではないからである。真そして偽はかのものどもについてと同じ様式では属さないであろう。或いはちょうどこれらの場合に、真は同じではないように、そのように存在もまた同じではなく、しかし[次の仕方で]真または偽である、かたや触れること(*tigein*)そして主張すること(*phamai*)は真である。というのも、肯定することと主張することは同じではないからである。他方、知らないことは触れていないこと(*mē tigganein*)である。[b25]というのも、「何であるか」について誤ることは付帯的な仕方で以外にはないからである。しかし、結合的ではない諸実体についても、誤ることは存在しないが故に、同様である。というのも、[結合的でない諸実体]あらゆるものは実働においてあり、力能においてはない。というのも、[さもなければ]それらは生成したであろうし、また消滅したであろうからである。

しかし、存在それ自身は現に生成しないし消滅しない。というのも、[さもなければ]それは何かから生じたであろうからである。[b30]実際、まさに何かであることでありかつ実働においてある限りのものどもは、これらについて誤ることは存在せず、ただ叡知するかそれともしないか(*noein ē mē*)である。しかし、それら自身について何であるかが、はたしてそのようなものであるか否か[という仕方で]探求される。真としてあることそして偽としてあらぬことに関しては、一つの場合には、もし結合されているなら真である、他方、もし結合されていないなら偽である。[b35]他方、一つの場合には、いやしくも存在するなら、この仕方においてである。

[1052a1]しかし、もしこの仕方で存在しないなら、存在しない。真とはこれらについて叡知することである、偽は存在せず、誤りも存在せず、ただ盲目のようなものではない無知がある。というのも、かたや盲者はあたかも或るひとがまったく叡知力能(*noētikon*)を持っていないようなものだからである。[a5]不動なものについ

ては、もし或るひとが不動なものを想定するなら、時間に即しては誤りが存在しないこともまた明らかである。……数において単一であるものに関しては、その誤りは生じない。［a10］なぜなら、もはや或るものはそうであり、或るものはそうでないとも考えられず、むしろ、常にこの仕方にあるものとして、真を語ることになるであろうか或いは偽を語ることになろうかいずれかだからである（1051a34-52a11）。

動詞表現「叡知すること（*noein*）」（1027b23）は対応する対象に触れており真以外のなにものでもないが、それをものごとの側から語ることができる。即ち、それは単に思考することではなく、そこにおいて「一つのことが生起する」ことである。というのもそれは魂の認知的な機能としてそれが判断により結合して構成するというよりも、世界の側の事態により魂の認知的な部位に一つのことが生じることがらである。アリストテレスはヌースの認知機能について「実働に即した知識はものごとと同一である」と言う（*De An*.III5.430a20）。これは事物の「本質のロゴス」であるとされる形相がヌースの発動によって心魂に発動することを表現している（*cf. Phy*.II7.198a14, *Met*.V2.1013b22）。それは必ずしもものごととは独立の魂が結合と分離によりものごととは独立の判断を形成すると考える必要のないことを含意している。

感覚と叡知の平行性と同時発動の可能性

魂の一つの認知的態勢であるヌース（叡知、触知）との関連で、その「叡知作用（*noēsis*）」は今様にはコンピューター検索においてサーチをかけてヒットするか、ヒットしないかいずれかでしかないという比喩により語られよう。この比喩により、サーチそれ自身が事物（電子媒体）の内部で行われるように、ヌースがノエーシスを介して対象に触れることによって、ひとつのことが「生起する」のはものごとにより引き起こされることを確認できれば十分である。自然であれ、認識であれ、ギリシャ的思惟は主体‐客体の対立以前のところにあるもの、そのものの自己展開として記述されることがあるが、ヌースのように偽の可能性がなく「主張」ないしヒットとして真でしかありえない、魂の機能を挙げることにそのような主張の由来を見出すことができる。

これは成功した探求の視点から記述されている。探求の現場において成功しないときには、ヌースは語られることはないのである。そこでは、もしひとが自らのヌースが働いたと主張しても実際には単なる思い違いにすぎない。当然それには懐疑が提示され、両者つまり実際ヒットした場合とそう思うが実際働いていない場合とはいかに判別されるのか、ヒットした証拠をいかに確認できるかを問うであろう。「一つのことが生起していること（*hen ti gignesthai*）」は誤りえない真なる事実であるとして、思考はそれに基づき真なる命題を形成するとき、そのヌースの発動の真理性を確認することができるであろう。この検証に関してはそのヌースの発動を基にした命題の集積による一つの知の体系にいたるまでの過程そして帰結により最終的には判断されるであろう。ユークリッド幾何学はそのような一つの真なる命題の体系であると言えよう。アリストテレスは個別諸科学の第一原理（例えば、算術における「一」、幾何学における「大きさ」）に関しては、それを公理として演繹される整合的な定理の一定の集合とその公理との送り返しのなかで「不可論証的な知識」が成立すると考えている（*An.Post.*I3）。

より基礎的にはひとは主語と述語のあいだの結合と分離という仕方で思考を遂行する。思考のただなかで、ヌースが発動した場合には、その対象は不可分なものであり、それに触れるという仕方で発動し、それは真である。だが、ヌースがヒットした不可分なものに基づき思考が改めて結合と分離を企てるさいに、誤って分節することはあるであろう。これを感覚との類比で言えば、固有感覚例えば視覚は色について発動することしかないという点において真であるが、見た事物の色例えば赤色を紫色と結合することもあるであろう（cf. *De An.* III4.492a13ff）。心身論は感覚や感情、思考や叡知（触知）さらには自我という魂の諸機能を探求する。魂による自己探求というこの課題においては、探求対象の外に立つことなく、自らの魂それ自身から語らしめよう。そうすることにより、パウロが摑んでいたものを適切に語ることができるようになるであろう。

アリストテレスは『魂論』第三巻四章において感覚との類比において叡知の発動について議論を進め理解を促す。

それによって魂が認識しまた実践知・賢慮を持つ（*ginōskei...kai phronei*）魂の部分について、その部分が離存的なものであれ、そして大きさに即してではなくロゴスに即して離存的ではないものであっても、それがいかなる差異を持つか、またどのようにいつノエインすること（叡知すること（*noein*））が生じるかを考察しなければならない。実際、もし叡知すること（ノエイン）が感覚することのようなものであるなら、それはノエートン（叡知対象）によって何かを受動することか或いは何か他のそのようなものであろう。かくして、それは不受動でなければならないが、しかし形相を受容できるものでなければならない、そして力能においてこのようなものであるがこれではないものであり、また同様に、感覚力能が感覚対象に対してあるように、そのようにヌース（叡知）がノエートンに対してあるのでなければならない。従って、それはすべてをノエインするので、アナクサゴラスが言うように、支配するために、すなわち認識するために、混合されないものであること必然である（*De Anima*, III4.429a10–20）。

ヌースが叡知対象に対する関係は或る仕方で感覚が感覚対象に対する関係と平行的である。しかし、ヌースが叡知対象を認識する様式は叡知対象としての形相を受動するというものであるが、それ自身としては何か変化を蒙るそのようなものではない。感覚器官は感覚的形相を受動する力能を持っている。その証拠に或る範囲以上は受動しえないか器官が破壊されてしまうことのあることがその証拠であり、それは器官が対象との何らかの対応する比を持つことを示している。それに対し、先述のように、叡知対象がどれほど明晰であっても、それを受動する部位が破壊されることのないことが感覚のような受動とは異なることを示している。器官としては不受動であるが、叡知対象としての形相により「一つのことが生起している」。これは確かに「神的」（cf.736b28）と形容するに相応しい。

ヌースが「触れる（*tigein*）」つまりヒットする「ノエートン」は、主語と述語に分節される以前のわれわれの言語で言えば項（term）に対応するロゴスである。それに対し「思考（*dianoia*）」はノエインの前に或いはその後にロゴスとロゴスを媒介する思考の営みであると言ってよい（第二章註30参照）。五感がその対象に応じて発動することに誤りがないように、ヌースもノエートンに発動することにおいて誤りはない。それに対して思考は成功する場合も成功しない場合も含まれており、尊称「ヌース」を一つの認知機能として語ることは「感覚」同様、その対象が存在し認識可能である限り問題はないと言える。

唯物論者は叡知対象（ノエートン）の存在を否定するであろうが、アリストテレスは生成消滅過程をもたず常に実働においてのみある非結合的な実体の存在を主張している。この問題は第二章で論じられたが、感覚により捉えられないもの例えば普遍等が何らかの仕方で存在するのであるからには、他の認知機能「ヌース」や「科学的知識（*epistēmē*）」が必要とされることは明らかである。

アリストテレスにおけるヌースの発動を理解するうえで、既述した月面上の月蝕の観察における彼の感覚とヌースという異なる認知機能双方の同時的発動の説明は有益である。「アンキノイア（*anchinoia* 頭脳明敏）は一瞬のうちに中項［根拠］をヒットする或る機知（*eustochia*）である。例えば、「或るひとが、月が常に太陽に輝く面を向けているところを見て、直ちに（*tachu*）それが何故であるかを、つまり太陽から輝きを得ていることの故にであると叡知した（*ennoēse*）場合のように」（*An.Post.*I34.89b10–13）。われわれに個別に関わる感覚とは別に、それを媒介にして目に見えない普遍を知る能力があることは承認されることとであろう。さもなければ普遍量化を必要とする例えば幾何学の証明ひとつ遂行できなかったであろう。

ヌースが普遍について発動する以外に、アリストテレスは正しい行為の選択においても思慮深い賢慮者（プロニモス）はその有徳性故に何ら葛藤なしに個別の正しい行為を「欲求的叡知」と呼ばれたヌースによりヒットし「実践知・賢慮（プロネーシス）」を持つことができると解していた[7]。

アリストテレスのヌースの機能をまとめるならば、（1）まずそれは感覚対象ではない叡知対象に触れるという仕方で「何か一つのことが生起すること」である。（2）対象に触れた時には、偽である可能性がない。（3）或る文脈においてはそれは感覚を媒介にしてロゴス上普遍的なものをエルゴン上同時に把握する。（4）実践的な文脈において人格上有徳な者は対象に対する欲求を伴いつつ選択すべき行為を誤りなく把握する。（5）これは「神的」な魂の部位ないし働きである。

これらの魂の諸機能の実働理解は自然的事象として理解されており、それ故に一つの共約性規準として機能する。パウロの心魂論は霊の実働を語り、心魂の根底にアリストテレスが語ることのない部位と機能を提示しているように見える。パウロは永遠的生命を獲得しうるものとして心魂の一部位を理解しており、その点でアリストテレス同様野心的である。アリストテレスは「できる限り自ら不死であるべく、そして自らの内にあるもののなかでも最も力強いものに従って生きることに向けて、全力を尽くすべきである」（1177b33f）と神に似た者になることを目標とするが、その基礎的な部位の議論の積み重ねに従事した。それに対し、パウロは啓示に基づき直截に語る。或いはむしろパウロはより積極的にそれまでの心魂理解に挑戦を企て、新たな共約的理解を提示しているように見える。「不死」をいかに理解するとき、ロゴスとエルゴンの相補的展開が生起するのであろうか。

四　パウロ心魂論の共約性への挑戦

心魂の「根源的要素（*stoicheion*）」は肉か霊の択一

パウロは「魂（*phsuchē*）」という語を「最初のひと」を形容するさいに「最初のひとアダムは生きる魂（*phsuchēn zōsan*）となった」と表記しており、「魂」をアリストテレス的な魂理解と共約的なものとして、種としての人間の生命原理と理解していることが分かる（1Cor.15:45）。その生命原理の基礎のもとに、単に生物的に生きるだけではなく、それと同時に神との関連において生きるつまり種々実働する原理を「肉」や「霊」の対立的な使用により表現している。肉は一方身体の生存をはかる基礎的な魂の一部位であり「肉的な心」（2Cor.3:3）と呼ばれることもあるが、他方、霊は生物的な生死の先にあるものに関わる「心」と呼ばれる魂の部位に宿る。「心」は肉をも霊をも包摂するないしそこにおいて双方が接触する魂の部位の術語であると言えよう。

パウロは魂のアリストテレス的な活動を当然認めるであろうが、彼の関心は永遠の生命に関わる心魂と身体そして霊の実働である。パウロは、直截に、神の前での永遠の生命に直結するかそれともしないかにかかわる二つの実働の原理を捉えている。もし「霊」という領域を導入する必要がなかったなら、「肉」という概念を必要とすることもなく、従来の心身論のように「魂」(とその諸部位とその諸機能)と「身体」のみでまかなえたであろう。彼が福音の宣教において「知恵の説得的議論」と「霊と力能の論証」を分けていたが、前者が肉の弱さへの譲歩に基づく人間中心的な事態への眼差しによる議論であり、後者が霊への眼差しによる議論であり、平行的な事態を構成している(1Cor.2:4)。

パウロは「霊」と「肉」を異なる魂の実働の原理の領域として扱う。ここでは彼が「根源的要素」と呼ぶところのものが肉に属するのか霊に属するのかをめぐり、そしてそれがもたらす果実がいかなるものであるのかをめぐり、パウロが霊を根源的要素とすることにより共約性に挑戦しているその議論を考察する。パウロは「ローマ書」八章において霊と肉の対立を次のように述べている。

かくして、今や、肉に即してではなく霊に即してキリスト・イエスにおいて歩む者たちにはいかなる罪の定めもない。なぜなら、キリスト・イエスにある生命の霊の律法が汝を罪と死の律法から解放したからである。……肉に即してある者たちは肉のことがらを思慮し、他方、霊に即してある者たちは霊のことがらを思慮するからである。というのも、肉の思慮内容(*phronēma*)は死であり、霊の思慮内容は生命と平安だからである。……イエスを死者たちから甦らせた方の霊が汝らのうちに宿るなら、キリストを死者たちから甦らせた方は汝らの死すべき身体にも汝らのうちに宿るご自身の霊を介して生を賜わるであろう。

それ故、かくして、兄弟たち、われらは肉に対し肉に即して生きる義務ある者にあらず、というのも、もし汝らが肉に即して生きるなら、汝らは死ぬばかりだからである(Rom.8:1–13)。

ひとは肉に即してあるか霊に即してあるかのいずれかであるとされる。彼が「霊」に言及するとき、パウロは常に甦らされた罪や穢れなく聖らかな「キリスト・イエスにおける生命の霊」を念頭においていることは常に留意しておかねばならない。復活のキリストがもたらす生命こそ「霊」と語られるものである。この「生命」は通常死すべき生物的生命と同名異義的であろう。心魂の実働原理に応じてエルゴンの帰属が二つのいずれかの領域に定まる。「キリスト・イエスにおける生命の霊」が一つの実働原理である。それに対し肉の思慮にはそれがどんなに輝いて見えようとも、「もし汝らが肉に即して生きるなら、汝らは死ぬばかりだ」と生物的な死が待ち受けていることの逃れ難さが語られる。そしてこの死は誰も否定できないことがらである。わざわざそれを確認するのは、霊に即した生はそれを乗り越えることができると理解しているからである。彼はここで肉を生の根源的要素とする可能性があるからこそ、そうする「義務ある者ではない」と霊との対比を際立たせている。

その意味で肉は、次節で吟味することであるが、自然的な生の一原理であるにせよ、また神学者たちが主張するように罪性を帯びたものであるにせよ、生物的生死に関わるだけのものであり、死とともに消えゆくものである。他方、霊は生物的な死を乗り越えるものとして導入されていると言うことができる。これらの領域は最も共約的にはつまり肉の罪性の議論を括弧に入れた場合に可滅的なことがらと永遠の事柄に分類されよう。

八章における生命の霊の律法による罪と死の律法からの解放は、後に詳しく考察する七章の肉とヌースの葛藤を前提にしている。この葛藤は死を、それが人間の与件であり当たり前の事実であると看做してしまうことが罪に欺かれていることに他ならないとヌースが暴きだすことを通じて生じる(7:15)。死は「罪の[奴隷への]給金」(6:23)であり、「誰がこの死の身体からわれを救い出すであろうか」(7:24)とは原理的に「死の身体」を抱えている人類誰もが、とはいえ実際にはそれを乗り越えた者を除いた誰もが叫ぶべきことがらであると言える。イエスは「身体を殺すが、魂を殺すことのできない者たちを恐れるな」と生物的死の乗り越えを励ます(Mat.10:28)。

かくして肉と霊は人間の生の根源的形姿に関わる。いずれかを根源的要素とするかに応じて、生物的死か永遠の生命という果実を得ると想定されている。霊の思慮はこの生物的死を乗り越えるが故にこの生のただなかで生命と平和に至る。これはパウロの幾つかの手紙において主張されている。彼は言う、「われらもまた未熟であったとき、宇宙の根源的諸要素のもとに(*hupo ta stoicheia kosmū*)隷属されたままであった。……しかし、神を知らなかった時、汝らは神々ではない自然本性上のもの(*tois phusei*)に隷属していた。しかし今や神を知っており、いやむしろ神に知られているのに、いかに汝らは再び弱くかつ貧弱な根源的諸要素に(*epi ta asthenē kai ptōcha stoicheia*)逆戻りし、それらに再び新たに隷属することを欲するのか」(Gal.4:3–9, cf. Col.2:8(「宇宙(世界)の根源的諸要素に即してであり、キリストに即してではない」))。

ここで重要なことは「宇宙の根源的諸要素」が「自然本性上のもの」として提示されていることである。当然宇宙は創造の秩序のもとにあるが、彼はそれを相対的に独立した「自然本性上のもの」と理解している。さらにそれは「キリストに即した」生と対比されている。パウロはひとが「自然本性」に即して「宇宙の根源的要素」を最も心魂の基礎的なものであるとすることは、弱くかつ貧弱なものに隷属することであり、未熟者のすることであるとする。心魂の内奥はそのような時間と空間の限界のなかに成立する自然上のものではなく、彼は霊を根源的要素とするよう励ましている。これは観察可能なもののみに実在性を認める自然主義(naturalism)に対する挑戦的な企てである。

認知的、人格的統合をもたらす心魂の「根源的要素」とそれに「適合し続けること(*stoichein*)」

彼はそのもとに適合し続ける心魂の根源的要素として「霊」、「キリスト・イエスにある神の天上への召しの誉」、「新創造」等を文脈に応じて挙げている。ここで「適合し続けること」と訳した *stoicheō* は従来「歩む」と訳されてきた。しかし、何らかの原理に即して歩むということは事柄としては原理に適合し続けるものでなければ為し得ない。より根源的な訳語を与えるべきである[8]。関連語を用いて、パウロは根源的要素(*stoicheia*)の延長線上におけるそれとの適合した生の実働を *stoicheō* により表現したと考えられる。

「根源的要素」はギリシャ哲学における術語である。例えばアリストテレスは魂との関連においては魂を持つものは運動をもつことから、先行哲学者たちが魂を「最も動かしうるもの（*kinētikōtaton*）」（*De An.*I2.404b8）であるとしたことに基づき魂を「原理」であると考えたことを紹介して言う。「エンペドクレスは彼の［四つの］根源的要素［地水火風］すべてから魂を形成し、そしてそれらのそれぞれが魂であると語っている。……プラトンも同じ仕方で『ティマイオス』において魂をそれら根源要素から造っている（*tēn phsuchēn ek tōn stoicheiōn poiei*）」（404b11–17）。伝統的に、魂の根源性と根源的要素は関連づけられてきた。彼は言う、「最初に哲学した人々のたいていは質料の種にあるもののみを万物の原理と考えた。「そのものから」万物が構成されており……そして「そのものへ」最終のものが滅びていくもの、……それが存在するものどもの根源的要素（*stoicheion*）でありまた原理である」（*Met.*I3.983b8–11）。

パウロは「ガラテア書」において「今や神を知っており」もはや貧弱な宇宙ないし世界の根源要素に立ち帰る愚かなことはせず、霊が究極的な生命活動の構成原理であるべきとして言う、「霊の果実は愛、喜び、平和……である。これらに対立する律法は存在しない。だが、キリスト・イエスに属する者たちは情念と欲望とともにその肉を十字架に磔《はりつけ》てしまった。もしわれらが霊によって生きようとするなら、われらは霊に適合し続けもしよう（*pneumati kai stoichōmen*）。互いに挑みあい、互いに妬みあって、われらは空しきものに栄光を帰すことのないものとなろう」（Gal.5:22–26）。ここでひとは自らの生の原理として「霊によって生きる」可能性が提示されている。それは心魂の内奥からの何らかの促しに対応する部位であり、その促しに適合し続けることが勧められている。

さらに「ガラテア書」においてキリストの磔の死を自らのことがらとし、復活のキリストと共に新しい創造を根源的要素とする者たちとその果実に言及して言う、「われらの主イエス・キリストの十字架において以外に、われに誇ることがあってはならない、彼によって宇宙［世界］はわれにそしてわれも宇宙［世界］に十字架に磔られたのである。というのも、割礼でも無割礼でもなく、新しい創造こそ何ものかだからである。そしてこの規範に適合し続けるであろう（*stoichēsūsin*）限りの者たち、彼らのうえにそして神のイスラエルのうえにも平和と憐れみがあるであろう」（「礫られた」という過去形については第三章六節参照）（6:14–16）。宇宙とわれのあいだで相互に礫られた関係にあるとは宇宙の自然的原理を生の原理として適合することを「やめた」ということに他ならない。古い宇宙の法則のもとにではなく、新しい創造のもとにその法則に適合することが勧められる。なお当然自然的な存在者であり続けることにかわりはないため、宇宙の法則は根源的な原理としてではなく、新しい創造の秩序のもとに位置づけられて機能すると理解される。生の一原理としての「肉」は礫られたが、霊に従属するものとして肉は新たな位置を得る。

さらに「ピリピ書」においてパウロは自らが死者たちからの甦りに目標を定めているという文脈において、ピリピ人に共に神からの天上の召しに思いを寄せるよう勧める。彼らが「異なる仕方で」思慮し、復活に懐疑することがあっても、神が啓示によりそのことを知らしめるが、その条件として一緒に到達したところのものと「同じもの」即ち「キリスト・イエスの知識の卓越」（3:8）に適合する限りにおいてであると語る。「兄弟たち、われは［「死者たちからの甦りを」（3:11）］摑んだとは自らのことを看做してはいない。だが、われは、後ろのものどもを無視しつつ、前のことどもに身を伸ばして向かいつつ、眼差しを定めて、一つのものを追い求めているが、それはキリスト・イエスにある神の天上への召しの誉に至るものである。かくして、成熟した者である限りにおいて、われらはこのこと［神の天上への召しの誉］を思慮しよう。たとえ汝らが何か異なる仕方で思慮することがあっても、神がこのことを汝らに啓示したまうであろう、ただしそれはわれらがそれへと到達したところものと、同じものに［汝らも］適合し続けることによって（*tō autō stoichein*）のみである」（Phil.3:13–16）。

なお、「ローマ書」においても、パウロは律法の遵守ではなく、アブラハムの信仰の行路に足並みを合わせる者たちに言及して言う、「彼は割礼者の徴を受けたが、それは無割礼者における信仰の義の証印であり、……無割礼のうちにわれらの父アブラハムの信仰の行路に適合し続ける者たちにとっても父となるためである」(4:11-12)。

以上四箇所において「歩む」よりはるかに強い「適合し続ける」と訳したが根源的要素との密接な連関を表現できていると解する。パウロはギリシャ哲学においては地水火風等の物質界の「(根源的)構成要素(*stoicheia*)」を意味する語句に対応する仕方で関連語(名詞形「一列(*stoichos*)」)の動詞形「適合し続ける(*stoicheō*)」を用いていると考えられる。ちょうど「宇宙(世界)の根源的要素」における「宇宙(世界)(*kosmos*)」が「秩序」をも意味しているように、両者とも秩序の形成に関わる語句である。この動詞形はその帰属を人間に指定することにより、彼は生の根源的要素と目標を一連のものとして自らの責任において遂行するものであることを表現し、原理と帰結を関連付ける実践を表している。ただしパウロは自然的な宇宙の根源的要素ないし「宇宙の霊」(1Cor.2:12)を心魂の内奥に置くことを拒否し、さらにより根底からの一途な生を目指している。人間が為し得るのは信じることに伴う霊を根源的要素としてそれに適合し続けることである。

キリストを介して神の意志を知る認知的な状況にある者の生は「キリスト・イエスにおける生命の霊」(Rom.8:2)によって過去を忘れ希望のうちに前を向きイエスの生命に適合し続ける。その正しさは霊の善き果実を生みだすことにより知られる。心魂の認知的、人格的修練がそれにより遂行される以上、パウロはアリストテレスのように心魂の十全な力能の発揮にこそ人間の本来性を見る正しい心魂理解を持っているすべてのひとと共約されると主張するであろう。パウロはこの根源から切り離されない生を永遠の相のもとにその根源要素による新創造と神の天上への召しを目標とし形成する。人間の心的機能として霊が心魂の根底において根源的要素として実働することこそ共約性の最終的確認事項となるであろう。

後に詳しく見るように「コリント前書」において「魂的な身体」から「霊的な身体」への変身を麦種から麦への成長と同様に連続的なものとして理解している(1Cor.15)。そしてこの連続性は根源的要素を霊におく限りにおいて期待されるものである。パウロにおいて霊とは肉の滅びの後に救いの対象になるところのものであるとする。「主イエスの名において汝らとわが霊がわれらの主イエスの力能と共に集められ、その肉の滅びへ（*eis olethron tēs sarkos*）とそのような者をサタンに引き渡すことにした、それは主の日にその霊が救われるためである」（1Cor.5:4-5, cf. Act.2:27）。或る共同体の具体的な文脈において、パウロは或る具体的なひとが何らかの罰を受けるべきものとして死即ち「肉の滅び」を迎えることをやむを得ないことであると認可している。というのも、その死は霊の救いに至ることもあろうと想定されているからである。なお、サタンの権能は生物的な死に向かわせるものに留まることをここから読み取ることができる。たとえサタンが欺きにより神の前における滅びに導くべく奸計を働くにしても、それは神の権能に属する。

この種の強い主張をどれだけ共約的次元において分析できるかが問われている。アリストテレスは霊が心魂の「根源的要素」であることをさらにはその働きを知らないということなのであろうか、それとも別のより受け入れられやすい表現においてその実質を語っていたのであろうか。これは「根源的要素」というギリシャ哲学の術語を用いての、パウロによる「キリスト・イエスにおける生命の霊」が共約されるに至るかの挑戦である。そこでの共約性規準は認知的、人格的卓越性であるという点においてすべてのひとが同意できるであろう。

本章において、これらの共約的理解のために「知識」そして「肉」のパウロにおける語用とその理解を確認する。また「全体」という語句が何を意味表示しているにしても、根源的要素とその果実という人間性全体が関わるところで「肉」や「霊」が語られるとする以上、アリストテレスにおける認知的なものと人格的なものの卓越性の統合との共約性が考察の対象となるであろう（cf. *Nic.Eth*.V6）。

ひとは反省的思考を持つ限り、確かな自己の存在を疑い得ないものとして持つそのような出発点から、どこまでも自らの心魂の在り方において深くなりうる、そのような堅固な魂をつまり客観的な魂の実力を持っている。そしてそれは基本的にはアリストテレスが語るように、事実の真偽に関わる認知的力能と行為の善悪に関わる人格的力能において、その実力が判明する。パウロはそれらの実力を「霊の果実」と表現していた。パウロは霊を根源的要素とすることにより、「キリスト・イエスにある神の天上への召しの誉」(Phil.3:14)を追い求めている。これが彼の心魂のめざす最終形姿である。

永遠の生命という類のものに関しては、一方が他方と相関しており、共に成長することなしにはその理解において、その実質的な力について相互が深まらない、そのようなソリッドな構造を持っていると思われる。その根源的要素は「彼によって宇宙[世界]はわれにそしてわれも宇宙[世界]に十字架に磔られた」という贖罪の出来事の明確なロゴスを伴う。これはパウロの自覚としてはキリストを媒介にした神の前の出来事のエルゴンD言語である。贖罪の対象である自らをロゴスにより理解したと思う時、さらに探求すべき魂の奥深さが現前し、それは人格の陶冶を要求するそのようなものであり、相補的な探求はやむことはないであろう。パウロ自身「われは摑んだとは自らを看做してはいない」と途上にある自らの自己認識を語っていた。言ってみれば、一方信義の啓示は信仰義認という知恵の説得として報告されており、信に基づく知識を得るであろうが、永遠の生命に関わる「キリスト・イエスにおける生命の霊」は常に「イエスの信に基づく者」と看做されるべく信の実践を通して注がれるものであり、それは常にエルゴンを要求する。

かくして、解釈学的にはパウロは自らが自らの魂において到達した地点において神と人につき語る。その内容は、読者がパウロと同じ地点に立った時のみ、地平融合としての著者と読者の魂の調和が起こるそのようなものであることも確実な事柄として留意すべきである。ただこれとてひとは情報として受け止めるだけかもしれない。この点で他の科学的探求のように認知的な次元においてのみ活動し、共約性が明確でありそれぞれの段階ごとに知見を共有し、同一の新たな課題に取り組むのとは異なる。「適合し続ける」というエルゴンが問題となるこの自己理解に関わる領域においては、認知的なものと人格的なものは一方が他方を要求するそのような仕方で相互に関係する実存的なものであり、人類が存続する限り各人において双方を総合することが問われ続けるものである。

ここで実存的ということにより意味していることがらは、この論考を通じてパウロが触れていた神の恩恵について正しい認識をえたとして、ひとはそのつど問われるであろう、「汝が知るにいたった自己理解を啓示により知らしめているその信実な対象自身に対し信実であろうとするのか」。そこでは自らの存在に対する了解とともにそれへの承認という仕方において態度を取るかが求められるということである。これは人間であることの魂の特徴を抱えた探求者と探求対象が同一であることの宿命であると言える。魂が自然の産物である限り、それは自然が秩序正しいように秩序あるものであろう。ただ意識という自らを特権化しがちな機能を抱えた魂はその可能性とその完成に関して明晰判明な共約的理解に直ちに至るものとはならないであろう。探求はやむことはないであろう。以上が信の哲学におけるパウロの心魂論解明のために基礎的に了解しておくべきことがらである。われわれはこのような諸前提の確認のもとに心魂の内奥において何が生起するかを共約性規準のもとに探求する。

第二節　パウロの心魂論の二つのアポリアと共約的解決

一　神学者たちによる「肉」の両義性の主張

ここで肉の理解と原罪の理解をめぐる二つのアポリアを提示し、その解決を手掛かりに彼の肉と原罪が及ぼす心魂に課せられている制約の理解に向かう。もしわれわれが人間中心的に理解するところの人間存在と神が業の律法と信の律法の視点から理解する人間存在とが共通のものを持たないとするならば、意味論的に分節される心身（霊肉）からなる人間存在は異なる存在者について語っていたことになる。その意味でパウロの心身（霊肉）論は意味論的分節に対応すると同時に、それらの基礎となる存在論的、自然的特徴を解明するものでなければならない。そのさい人間の或る特徴、例えば義や罪は基本的には神の判断にのみ帰属するものとされることには問題がない。神の認識は人間の自己判断のおよばないものであろうからである。しかし、神がそれについて判断するところの人間存在の構成要素については同一の基礎的了解が成立するか、たとえその認識に異なる部分があるにしても何らかの対応を見出し得るものでなければならない。

一つの大きなアポリアは神学者たちによって等しく「肉」が二義的な概念であると主張されていることである。従来の聖書学的、神学的研究においては「肉」が自然的な生物的存在者と罪性を帯びた本性を持った存在者とのあいだで二義的ないし両義的であると連綿と主張されてきた。一方では創造の秩序ないし自然の秩序のもとに生物的な制約のもとにある自然的な存在者を意味表示し、他方では罪ある存在者を意味表示しているとされてきた。もしその使用の文脈が意味論的分節に対応しないとすれば、自律的な存在者Cと業の律法のもとに神によりそう判断されている罪人Bとのあいだに分離不能な癒着があり、ひいては意味論的分析そのものが崩れさるであろう。これは信の哲学にとって一つの脅威である。ここでパウロの「肉」の理解に関する標準的な見解として K. Barth と J. Dunn の解釈を挙げる。R. Bultmann や Kittel の『神学辞典』における「肉」の項も両義性を同様の仕方で主張しており、後に考察される。

バルトは肉を次のように説明する。

われらが「人間の悲惨」と呼ぶものは、新約聖書が彼の肉においてあることと呼ぶものにかなり正確に対応する。よく知られているように、語「肉」は両義的(doppelsinnig)である。一方、これは旧約聖書の *basar* のように、それは単に人間とその人格を、彼の人間本性の全体性において、そしてとりわけ彼がそこにおいてこの全体性における一つの物理的な生物(physisches Lebewesen)であるところの限定において存在する一つの時間的な主体として、記述すべく用いられる語である。「肉と血」は時にこの意味を取り出すべく用いられる。この意味における「肉において(*en sarki*)」或いは「肉に即して(*kata sarka*)」あることないし生きることは単に時間において生きている人間的な生物としてあること、存在することと、生きることとである、ただしそれはそこにわれらが内属する物理・自然的秩序（der physisch-natürlichen Ordenung）の文脈における身体的という一つの強調を特別に伴いつつということであるが。これ［物理・自然的秩序］が特別の言及であるという事実は、もし中立的であるなら、そこにおいて人間が彼の存在の下部の構成要素の観点から認定されるということを示すものである。

他方、「肉」は軽蔑的な（pejorative）意味を持つ。それは彼自身の罪の力によって支配されるところの領域における人間を意味する。それは人間全体を意味するが、彼の罪の一つの結果として彼自身の欲情に入りこみそしてそれ自身を仕上げている腐敗のうちにある人間全体を意味する。それは自らの欲情において神から背を向けたとき、彼が神に敵対しかつ反抗するとき、彼が聖霊を欠いておりかくして腐敗への生贄に堕落しているとき、そういう者として人間を意味する。

この概念の二重の意味において（bei der doppelten Bedeutung des Begriff）、二番目の意味は既に一番目のそれに示されているということは註記すべきことである。第一の意味においてさえ *sarx* は（例えば *phsuchē, sōma, nūs* がそうであるようには）一義的なもの（eindeutigh）ではない。それは通常の概念ではなく既にまた（auch schon）病理的な人間論の概念（ein Begriff der pathologischen Anthropologie）である。それは人間を既にそこにおいて彼が第二の意味における肉となるであろう歴史の主体として見ている。しかしながら、われらは逆に、二番目の意味における第一の意味を視野から失ってはならない。軽蔑的な意味において肉において生きる人間は、同一の術語によって記述される者として、単に時間のうちに彼の人間性のうちに生きる者と同一である。われらは一つの語とともにその術語においてありまた意味のこれらの変化のうちに出現するところの緊張を解消することはできない。様々な箇所においてわれらは一方の側により一層或いは他方の側により一層指摘されるであろうが、緊張は残る。二つの意味の関係において語「肉」は新約聖書の著者たちが人間を――他の者たちではなく第一に自分たちを（Rom.ch.7）――見たときに、彼が一人の人間イエスにおいて彼があることから離れて、彼［イエス］の聖霊と全体的な彼の「われ」に対立しつつあるときに出会った致命的な歴史を記述している。彼の「われ」の分裂の歴史において彼のあることを、彼の自己疎外そして自己矛盾を表示するために、彼らはその二重の意味において *sarx* を用いた。その語は贖いを求めて叫ぶことができるだけの *talaipōros anthrōpos*（Rom.7:24）――悲惨における人間――を記述する。[9]

バルトは二義性を摘出できるとするが、一方が他方に相互に含意されており、文脈に応じてその濃度とでも言うべきものを計測することを求める。その相互陥入ないし浸透が人間の悲惨さを示しているとする。かくして、二義的というよりは両義的（ambiguous）とでも呼ぶべき曖昧な分節不能性を主張しているようにも見える。その意味において J. Dunn はバルトに同意すると思われる。ダンは直ちに二義性に訴えることは控えつつも、「肉」は自然的なものから罪を含意する「意味の幅」を持つものであり、「自然的－倫理的諸含意（physical-moral connotations）」においてある「意味の一つの連続体の全部分である」と主張する。[10]

バルトは二義性のいずれの意味であるかの文脈を一応分けてはいる。「肉」において物理・自然的秩序を見出すとするなら、それは「人間が彼の存在の下部の構成要素の観点から認定される」場合においてである。他方、「肉」が「自らの欲情において神から背を向けたとき、彼が神に敵対しかつ反抗するとき、彼が聖霊を欠いておりかくして腐敗への生贄に堕落しているとき」という文脈において語られる場合に軽蔑的に罪としての「人間全体」を意味表示するとされる。分節の視点は自然の形成物として土的な構成要素の視点から考察される限り、物理・自然的秩序としての「人間とその人格全体」を意味表示し、他方、人間の生の原理として神に反抗するという道徳的な視点から語られる限り、それは罪ある者としての人間全体を意味表示するというものである。これは双方とも人間的な視点からのつまり人間がそのように認識する限りにおける二義性の提示である。

しかし、創造の秩序は神の視点からのものであり、肉は土から造られているという創造における制約によるものであるとすれば、必ずしも「肉」は常に人間中心的な視点から語られているわけではない。神において神の前の義人も人間中心的な視点から語られるのと同じ肉をその一構成要素としている者に他ならない。ただし、義人とは「イエスの信に基づく者」と看做されている者である（3:26）。他方、肉が罪あると看做されるのは「業の律法」の観点から神が人間を吟味する限りにおいてのことである（3:19–20）。創造の秩序とアダムの堕罪ないし原罪の問題は後に論じるが、バルト的な分析の視点を借用して言えば、A義人もB罪人もまたCその可能存在も「物理・自然的秩序」という視点からの存在者としては何ら異ならない。この三層に通底する肉をそれ自身として析出できるかどうかが意味論的分析の成否のカギを握る。二義性において一方が他方を「示す」（バルト）ないし「一つの連続体」（ダン）の不可離な関係においてあり、パウロにおいて「肉」は第一の意味においてさえ「病理的な人間論の概念」であるとするなら、パウロは私の意味論的分節を拒否するであろう。[11] ただし、「病理的」においてひと各人が担うハンディ以上のものではなく、罪と義の可能存在という理解を保持しうるのであれば私の意味論的分節は侵害されない。

さらに、「肉」においてバルトが理解していることがらは、言ってみれば下部構造は自然的であるが、上部構造は罪的であるという類の主張であり、どの位置で両者が分かれるのか線を引くことは実質上不可能であろう。ダンの「意味の一つの連続体」という理解も同様の問題を抱える。従って、パウロは自らの人間論として極めて不明瞭な理解を持っていたと神学者たちは主張していることになる。バルト、ダンそして後述のブルトマンも実質的には「肉」の調停不能な両義性を主張しており、このような理解のもとでは単にパウロを曖昧さや思慮の足りなさの誤謬を犯していると非難しているだけではなく、彼は明白な心身論を持ってはいなかった、従って、彼は明白な人間理解をもってはいなかったということをも含意する。

もし肉がそれ自身として分節不能なものとして両義的であるならば、パウロが「われは汝らの肉の弱さの故に人間的なことを語る」（Rom.6:19）における「肉の弱さの故に」の名において「罪の（弱さの）故に」という理解のもとに人間中心的な語りを譲歩として許容することとなる。そのとき、人間の基礎的な構成要素である罪である肉に即した分析を許容することとなり、罪のもとに展開される議論はやはり罪を助長することとなり、その譲歩は同朋を欺くためになされたことになる。これは福音宣教に生命を賭したパウロとしては最もありえない選択のように思える。

パウロによればこの人間中心的な語りは神の前の出来事を自らのものとすることのできない肉の弱さに基づく譲歩として提示されている。しかし、通常は例えば科学者の営みは自然ないし宇宙という教科書を読み解く営みであるが、本当は自然や宇宙の背後に別の原理が作動しているにもかかわらず、譲歩して人間的に語るということはなされない。それは科学に対して冒瀆でさえあろう。しかし、例えば宇宙科学の言語はパウロによればより高次の原理に対する言及なしに、人間の理性により理解できる限りのことを語るに留まり、「ビッグバン」は語りえても、「創造」は語りえないであろう。それ故に科学の言語でさえ肉の弱さへの譲歩によるものだと語られるであろう。この中立性と譲歩については次の節で詳しく論じる。

この神学的伝統のように、言語的主体とその運用する言語の意味理解の異なりを考慮することなくつまり意味論的分析をほどこさずに、その基礎のうえに構築しないパウロの心身論理解は到底受け入れることはできない。一方、信じる者にとっては、自らの自然的な基礎から形成されるものが自然的で中立的なものであるとも、既に罪に汚れているとも言われたなら、いかなる基礎的な自己理解をもったらよいのか混乱するばかりであろう。他方、信じない者はもはやこのような矛盾した心身論を基礎に持つ神学理論は考慮に値しないものと看做すであろう。信じる者にも信じない者にも共約可能な次元で思考を展開する信の哲学は「肉」のこ・の・種・の両義性の主張を許容できない。このアポリアは本章における中心的な課題のひとつである。

二　語句の意味確定の文脈と探求における意味理解の機能

一般的に言って、或る概念が導入されたさいにその語は或る文脈において必要とされているからこそ導入されているのであり、その意味はその文脈でまず理解されるべきである。言語の基本的な機能であるコミュニケーションの成立という視点から見る限り、もし最も基本的なところで語句や文の意味の共約的な理解が成立するのであれば、そこで一応の意味の理解は確定されるべきである。さもなければ、同じ語句を使いながら異なることがらを話すことにもなり、議論の展開は望みえないであろう。この主張には誰もが同意するであろう。

そのうえで、確認すべきこととして、語句や文の意味を知ることとその存在者の「何であるか」つまりものそれ自体としての本質を知ることは同じことではない。発見的探求によりその何であるかを知る者が語句や文の意味を最終的に確定する権威を持っている。そしてその当該語句が導入された文脈においてその何であるかを探求することがまず不可欠である。

その語句の意味の変遷ということはあるであろう。しかし、それはまず導入時点での意味の理解が明確でなければ変遷さえ語ることはできないであろう。探求の手掛かりがまず語句の意味の理解であるとすれば、その後の発見的探求はその語句の意味に沿って遂行されるであろう。従って、語句の導入の文脈が探求の方向を定めると言える。探求の成功は次の要素からなる。当該語句の意味の理解が正しく、その対象の存在が発見され、その存在の発見に伴われるその自体的、付帯的属性を手掛かりに本質が発見される。その段階で、逆方向において、最終的に語句の意味が確定する。たとえば、神が何であるかを知っている者が最も正確な仕方で語「神」が何を意味するかを知り運用することができるように。語句や文の意味は当該事物の本質の知識に最終的に依存している。ただし、学習者はその存在や本質を知らなくとも言語の運用の次元で当該語の意味を知るということが想定されている。さもなければ、当該物を知らずには当該語の意味を知らず、何も語れないということになろう。語句の意味を学習する探求の予備段階においては、当該対象の存在やその本質を知らずにも語句の意味を知ることができる、或いは何ら探求という態度なしに学習することのできるそのような意味論上浅い関係にある（第一章一節六参照）。

パウロにおいては最終的には一切が神の前で遂行されている以上、神の当該語による意味の認識が被造物における当該語の意味の認識を支えていると主張することは道理ある。パウロにより報告されている啓示に基づく限り、おそらく創造の秩序と救済の秩序は神学的にはイエス・キリストにより媒介されるであろう。しかし、これは、真であるとして、共約性の最終段階のものであると言うべきであろう。パウロが肉の弱さに譲歩して人間中心的な語りを遂行するとき、それは神の認可のもとに遂行されている。さもなければ、パウロは福音を宣教すると称し、人間に滅びの罠をかけたことになる。神が人間に自らを拒否する自由を与えたにしても、それがギャンブルではないことは前章までにおいて比例性テーゼや神の二つの律法の適用において偏りがないことの証明において或る程度明らかにされた。

神は創造の秩序と救済の秩序を人間の肉の弱さに対する譲歩に基づき、創造の秩序を人間の例えば科学的探求によって少なくとも時空の限定のなかで自律的なものとして定量的に計測しうる限りにおいて解明することを許容していると考えられる。そのことは創造という概念に訴えることなしにも、或る程度つまり現代の自然科学が解明している程度においては、人間の身体に結びついた心魂の組成について解明できるということである。これまでに解明されたこととして、「肉」は創造の秩序に属するが、その記述は他の生物種との対比において「人間の肉」を判別していることは、生物学的なアクセスを許容するということである。共約的なこの「肉」の理解からテクストを分析し、どうしても理解しきれない箇所があるかを吟味する。これら二つの意味の一般的な特徴を念頭に以下テクストに即してパウロが「肉」をいかなる意味を持つものとして使用していたかを吟味する。

三　「肉」の一義性——創造の秩序下における生物的概念——

「土製のものの形姿」と「天上のものの形姿」

パウロの心身（霊肉）論の独自性は幾つか見出されるが、その一つは肉と呼ばれる身体をもった自然的存在者の生命活動の原理についての彼の心身論全体の中での位置づけである。通常の心身論は最も基本的な前提にしている手で触れることのできるこの身体とその身体に内在し何らかの仕方で身体を制御しまた身体からの影響を受けている心魂をこそ考察の対象としている。パウロは通常の生命原理である「魂」とは別にしかも魂の一部位として「肉」という概念を導入するが、その導入の理由は魂の他の或る部位「霊」と対比されるものとして身体に一層密接した生の原理を必要としていたからである。霊とはその発動が肉に回収されがちであるため、常に「霊の新しさ」（Rom. 7:6）、刷新を必要とされている心的機能である（cf. 12:1-2）。人間中心的な語りは霊を理解できず神の意志としての業の律法を遵守しえない「肉の弱さ」への譲歩によるものである。

死すべき者としてのアダム的人間は単に「魂」ではなく「肉」の概念を要求していると言える。生物的な死と永遠の生命に断絶がありつつも、何らかの連関がある限り、生命原理としての魂の或る部位のなかに断絶を経験しつつも、自己同一性を保持するそのような部位を必要としている。死と生、断絶と持続に関して肉と霊の対比がその機能を担っているように思われる。

まず彼が肉をいかなるものとして理解していたかをテクストに基づき考察する。パウロは「創世記」の人間の誕生の次の記述をもとに議論を展開する。「主なる神は土（アダマ）の塵でひと（アダム）を形づくり、その鼻に生命の息（*nᵉšāmā* ヘブライ語、*pnoē zōēs* ギリシャ語）を吹きこんだ（*ephusēsen*）。そしてひとは生きる魂となった」（Gen.2:7）。G. von Rad は言う「用いられる材料は土である、しかし人間は最初に神の口から神的な息のまったく無媒介的な吹きこみによって「生きもの（Lebewesen）」になった。この七節はかくして、ヤハヴィストには珍しいことであるが！、一つの厳密な定義を含んでいる」[12]。人間は地水火風という自然の構成要素と異ならないものにより形成されていることは最も基礎的なこととして共約的に確認できることがらである。そのことは三十数億年の生命の進化の過程を経ての人類の誕生という理解にも道を備えることになるが、進化の問題をここで論じることはできない（第二章一節六参照）。

ここで確認すべきことは、なによりも、人間の構成要素に関するこの最も基礎的な事態が含意することとして、現代科学が対象とする人間と聖書の伝統のなかでパウロが解明しようとする人間は少なくとも同一の質料的な基礎を持つということである。パウロは旧約以来の伝統のなかで、「「最初のひとアダムは生きる魂（*eis phsuchēn zōsan*）となった」、最後のアダムは生命を造る霊（*eis pneuma zōopoiūn*）となった」（1Cor.15:45）と語り、生物的な生命原理として「魂」を提示し、またその延長線上に最後のアダムとしてのキリストをさらなる新たな生命の原理となる霊として提示している。

伝統的に「魂（*phsuchē*）」が生命原理として最も基礎的なものとして位置づけられそのうえに意識等の心的事象さらには霊的事象が出現する。パウロにおいては「人間」は「最初の人間」とその生物的な死を介して「第二の人間」双方から成り立つと想定されている。第一の人間は「魂的身体」を持ち、第二の人間は「霊的身体」を持つ（1Cor.15:44）。第一の人間アダムは「土に基づき土製の（*ek gēs choikos*）」組成を持ち「生きる魂（*phsuchēn zōsan*）」となった（1Cor.15:45）。第二の人間は「天から」の者であり、「最後のアダム」と呼ばれるキリストが「生命を造る霊」となったことに基礎づけられる（1Cor.15:47–48）。とはいえ既に「神は神の形姿に即して（*kata eikona theū*）アダムを造った」（Gen.3:1）と語られており、最初のアダムと最後のアダムには神の形姿において何らかの関連においてあることを確認しておこう。

この事態は神話的には鼻に吹き込まれた「生命の息」と呼ばれる人間の魂体に関し、生物的な生命に関しては現代科学の知見は日進月歩であるが、現代科学がまだ解明できていないことがらを或いは異なる仕方で表現していることがらをパウロはすでに把握している可能性を否定しない。パウロは「霊」をその心身、魂体を統一する最も基礎的な要素として提示している。

　アダムの存在論的な身分はいかなるものか。土製の自然に還元できるのか。神が土製のものに息を吹き込んで「生きる魂」となった以上、人間は実質的には霊的なものにより形成されている。しかし、聖霊が改めて注がれることは多くの箇所で語られている以上、この創造の息吹は聖霊を含意しないとも理解できる。生命原理としての魂のことが語られていることは明らかであり、その息吹は続いて与えられることもあろう聖霊の注ぎを受ける部位として理解することができる。少なくとも、単に土だけによって造られているわけではないので、何らかの神的行為に対応しうるものが内在していると理解すべきであろう。実際、次のようにも言われている。「魂的人間は神の霊のことがらを受け取らない。というのも彼には愚かでありそして知ることができないからである、というのもそれは霊的に吟味されるからである。霊的な者はすべてを吟味するが、彼自身は誰によっても吟味されない」(1Cor.2:14)。

　魂的な者と霊的な者は認知能力においてどこまでも判別されるとするなら、第一の人間と第二の人間を架橋することはできない。それ故に、「魂的人間」はそれ自身としては神の霊のことがらを受け取らないと理解しなければならない。魂的人間は霊を受領しうる力能を備えているが、それ自身として、つまり後述するところの「肉に即して」即ち肉を心魂の内奥にあるものとして活動するとき霊的なことがらには関わらないと理解しなければならない。というのも、生物的な死を介しての魂的な人間から霊的な人間への移行は種子から果実への移行に喩えられるからである。彼は言う、「汝が蒔くものは、もしそれが死なねば生命にもたらされることはないではないか。また汝が蒔くものは、やがて成るべき身体ではなく、麦であれ何か残りのものであっても、裸の種粒である。神は自ら意図したようにそのものに身体を、そして[生物]種《しゅ》のそれぞれに固有の身体を与えていたまう」(1Cor.15:36–38)。確かに種子はそれ自身に留まる限り、実を結ぶことはない。しかし、種子はそれ固有の果実の種子である限り、それは果実となるべく力能を持っている。かくして、魂的な人間はそれ自身としては実働において霊の果実を持つことはないが、力能において霊を受領しうる力能をもっており、その部位が霊的なものども一切を実働において判断すると考えることは道理ある。これについても信の哲学は本章全体を通じて共約的な理解をめざす。

G. Ryle がデカルトの思惟実体と延長実体の二元論は「心」を機械のなかの幽霊として扱う「神話」であると言うとき、その理解は次のものであり、その記述はアダムの神話についても妥当すると考えられる。「神話はもちろんおとぎ話ではない。神話とは一つのカテゴリーに属する諸事実の、別のカテゴリーに適切な慣用語句における表現である。したがって、ひとつの神話を論破することは、それらの事実を否定することではなく、それらを再配置することである」[13]。信の哲学における文脈においてはアダムの創造神話は自然的な組成の言語による対応を語りうるものであることにアリストテレス的な分析、例えば力能と実働の様相存在論による再配置の可能性を見る。さらにアダムの堕罪神話は、悪の起源が宇宙論的な善悪二元論のもとに運命論的、宿命論的に逃れ得ないものではなく、歴史のなかで外から入ったものであり、そして事実上生物的な死という形でそれに支配されているが、そこから逃れ得るものであるという一般的なロゴスに変換可能な見解を一つの物語りとして伝えている。その神話を基にパウロは神学的なカテゴリーにおいて、どれだけ人類が悪から逃れうるものであるかを福音の宣教を通じて説得的に論証しているかが問われる。彼はそれを「ローマ書」とりわけ七章で展開しているが、これを後に吟味する。

「土製のものの形姿（*tēn eikona tū choikū*）」は「天上のものの形姿（*tēn eikona tū epūraniū*）」に引き継がれる（15: 49–50）。「コリント前書」一五章においてパウロは言う、「もし魂的身体があるなら、霊的な身体もあるであろう。こう書かれてもいる、「最初のひとアダムは生きる魂となった」、最後のアダムは生命を造る霊となった。しかし、霊的なものではなく魂的なものが最初であり、続いて霊的なものである。最初のひとは地に基づく土製であり、第二のひとは天に基づく。その土製の者［アダム］がそうであるように、土製の者たちもそのようにあり、そして天上の者［キリスト］がそうあるように、天上の者たちはそのようにある。ちょうどわれらもまた土製のものの形姿を担ったように、われらはその天上のものの形姿をも担うであろう」(15:44-49)。ここで二つの形姿は「魂的なもの」と「霊的なもの」に対応しよう。それらはそれぞれ土製の身体と天上製の身体を持つ。未来形が用いられるのは土製のものが「神の形姿であるキリスト」(2Cor.4:4)と将来「ご自身の子の形姿に合致した形姿」(8:29)となることもあろうからである、もし神に予めそのような者として定められているなら。

パウロが用いた七十人訳においては「神は神の形姿に即して(*kata eikona theū*)アダムを造った」(Gen.3:1.cf. Gen.1:26, *kat' homoiōsin*「似様性に即して」)とあり、二つの形姿は力能とその完成という関係においてであれ、同一者による被造物としてそれも創造者の形姿に即してまたその似様性に即して造られたものとして何らかの関係においてある。土製でありながら、既に天上のものの形姿に引き継がれうるそのような形姿を担っていることは確かなこととして語りうる。土的なものの形姿は何らか神の形姿に類似しているとされるからである。さらに、「土製のものの形姿」は肉ないし「肉的な心」(2Cor.3:3)と呼ばれる魂の或る部位であると思われる。なお、「肉と血は神の国を相続することはできない(*ū dunatai*)」(1Cor.15:50)から、肉はそれ自身としては天上のものを形成する霊的なものではありえない。土製でありながら天上のものに引き継がれうる力能を持つのは、天上のものの形姿の力能においてあり、相続しうるものとして特徴づけられるもののことであり、それは魂的なものの或る部位としての肉的な心と理解すべきであろう。この見解は今後多くの視点から吟味される。

パウロは通常の心身論と異なり、この地上の身体と魂そして天上の身体と霊の二重の関係に平行的なものとしてさらに「肉」と「霊」を或る対比的な視点から導入している。ここで「肉」について概観し基礎的な了解を得ておきたい。第一に、この語は生物学的な概念として用いられる。同じ復活の章においてパウロは言う、「すべての肉(*pāsa sarx*)は同じではなく、かたや人間たちの肉(*anthrōpōn*)があり、他方獣たちの別の肉がある、鳥たちの別の肉があり、魚たちの別の肉がある。そして天上的な身体もあれば、地上的な身体もある」(1Cor.15:39)。これらの動物たちは皆肉においてあるないし肉である。このことは生物学的な視点からこれら動物に共通しているものとして「肉」を挙げることができるということを含意する。これらの動物種により共有されるものが肉である。その共通性のなかで、それぞれは形姿や機能において異なるが故に、「人間たちの肉」と「獣たちの肉」そして「鳥たちの肉」は別なものであるとされる。人間は空を飛べないが、自ら備える知性故に飛行機を作る。生物として共通に肉であるが、異なる種として異なる肉である。つまり、肉とは一つには生物的な次元において解明されるべきことがらである。

「受肉」の神学的含意がとりわけ取りざたされるキリストも「肉に即してはダビデの種子に基づき」生まれており、人間という種に属する(Rom.1:3, cf. 8:3, Phil.2:6–7, John 1:14)。また、「肉と血は神の国を相続することはできない」(1Cor.15:50)がゆえに、「死すべき肉」は土的なものの制約にある生物的な生の一原理として、生物的な生の終焉と共に滅びる(2Cor.4:11)。ただし、パウロは肉の弱さ故に「被造物は空しきに服したが、それは自発によらず、服従させた方の故にであるが、被造物それ自身が滅びへの隷属から神の子たちの栄光の自由へと解放されるであろうという望みのうえでのことだからである」(Rom.8:20–21)と語るとき、彼は在らぬ(無)から呼びだされたため被造物がそれ自身として抱える空しき肉への御子の受肉が「あらゆる者を憐れむため」(11:32)であるという「神の知恵と認識の富の深さ」(11:33)につまり神の深謀遠慮に思いをはせている。

パウロはこの自然的存在者は神の創造の業によるものであるとするが、当然これを否定する立場も存在するであろう。だが生物的な次元で種を識別できる限りにおいてまた生物学的なアクセスが許容される限りにおいて、創造説と、暗黙の前提として永遠的な宇宙論の枠のなかにある進化論のあいだに事実の記述としては相違なく、共約されるであろう(第二章一節六参照)。「肉」は例えば生物種に応じて異なるそのような身体に応じた一つの生命原理として双方に同意のもとに共約的に理解されうる。この共約的な理解を積み上げていくことこそ信の哲学の務めである。

「肉の弱さ」への譲歩に基づく人間中心的な語り

第二に、パウロは「われは汝らの肉の弱さの故に人間的なこと(*anthrōpinon*)を語る」(6:19)として、肉は人間中心的な語りを許容する理由を提供するものである。肉の弱さは、ひとは自らの土的な構成要素の故に神から与えられる聖霊について感得する感受性が鈍いために、生物としての身体の限界を自己の限界として捉える傾向性にあるものである。人間的な語りは生物としての制約のもとにある肉の弱さへの譲歩によるものである。肉が「弱い」と形容される視点と肉が「罪的」と形容される視点に関して、明確な理解を得る必要がある。この弱さは一つには創造の秩序において土的なものを自らの身体の構成要素に含むことから、霊的なものへの感受性の鈍さが表現されていると考えられる。

この「人間的なこと」という語句によって、人間を人間中心的な立場から捉える自律的な存在(類型C)が理解されていることをパウロは示唆している。そこでは、例えば、「奴隷」という語が「罪の奴隷」または「義の奴隷」のどちらにも適用されうる中立的存在者を表現している(6:17-20)。神の前では「業の律法」(3:20)のもとにあると看做される者は罪であり、信の律法のもとに「イエスの信に基づく者」(3:26)と看做される者は義であった。神の側からすればアブラハムをその先駆として信の律法を啓示したからこそ、つまり二つの選択肢のうち選ばれるべきものを明らかにしていたからこそ、パウロはその神の前の現実を自らのものとできない人間の肉の弱さに譲歩して、人間中心的な様式のもとに語り神の前との関係を明らかにする。

C次元においてある中立的な人間とB次元において業の律法のもとにあると看做されている「業の律法に基づくすべての肉」と表現されている「すべての肉」は人間と種として同一存在者でなければならない(ただし、ここで「肉」は上記の限定を受けており単に「人間」と同義ではなく、後述のように心魂の内奥に人間の生存の全体の原理として(誤って)肉を立てるなら、自ら「肉に即して」生きることを生の原理としている人間と同義である。「肉」はひとを構成する一つの部位であり、その部位により人間が間接的に意味表示されている)。さもなければ、神の前の人間存在とひとの前の人間存在は別の存在者となる。神の側からすれば、同一の存在者を一方では自律的にあることを許容し、生物としての生命を持ち生きる魂に関して、その上で業の律法のもとにあると看做す者は罪人であると判断しており、また神の怒りはその魂の悪行への引き渡しという仕方で啓示されている。これが可能なのは、その自律的存在者は信の律法のもとに生きることも可能だからである。少なくとも神は「あらゆる者を憐れむため」(11:32)御子の受肉を遂行している。これは神の行為である限りにおいて、神の前の出来事であるが、人間は人間中心的な語りにおいても受肉故に神の前の現実へのアクセスが開かれている。

　パウロはローマ人に命令形で啓示された福音を自らのこととして受けとめるように、さらにはこの福音の故に罪に対しては死んでいることを受けとめるように語る時、彼は命令に従うことも背くこともできる人間中心的に生きている生身のローマ人に命じている。福音の圧倒的な恩恵を肉の弱さのうちにある人間たちに説明し命じている。彼は言う、

一〇なぜなら、彼が死んだ死とは、罪に対して一度限り死んだところのものであり、他方、彼が生きる生命と
は、神に対して生きるところのものだからである。一一汝らもまた同様に自らが罪に対しては死んでおり、キ
リスト・イエスにおいて神に対して生きている者であると認定せよ。
一二かくして、罪をして汝らの死すべき身体において、その欲望に従わすべく、王たらしめるな。一三汝らの肢
体を不義の武器として罪に捧げるな、かえって、汝らは、あたかも死者たちのなかから生きているものである
かのごとくに、自らを神に捧げよ、そして汝らの肢体を義の武器として神に捧げよ。一四なぜなら、罪は汝ら
の主人とはならないであろうからである。それ、汝らは律法のもとにではなく恩恵のもとにあるからである。
一五それでは、どうか。われらは罪を犯そうか、われらは律法のもとにではなく、恩恵のもとにあるのだから。
断じて然らず。一六汝ら知らぬか、汝らが自らを奴隷として従うべく捧げるその者に、死に至る罪のであれ、
義に至る従順のであれ、汝らは汝らが服従するその者にとって奴隷であることを。一七しかし、神に感謝あれ、

なぜなら汝らは罪の奴隷であったが、汝らが手渡された教えの型に心から服従し、一八罪から自由にされ義への奴隷とされたからである。一九われは汝らの肉の弱さの故に人間的なことを語る。すなわち、汝らはまさに汝らの肢体を無律法に至る不潔と、無律法に奴隷として捧げたごとくに、今や汝らの肢体を聖さに至る義に奴隷として捧げよ。二〇というのも、汝らは罪の奴隷であったとき、義に対しては自由であったからである。二一では、そのとき、汝らはいかなる果実を得たのか。それは今では汝らが恥としているものである。なぜなら、かのものどもの終局は死だからである。二二しかし、今や、汝らは罪から自由にされ神に仕えており、汝らの聖さに至る果実を持している、その終局は永遠の生命である。二三なぜなら、罪の［奴隷への］給金は死であるが、神の賜物はわれらの主キリスト・イエスにある永遠の生命だからである(6:10–23)。

パウロは啓示に基づき、神が義と罪に対しいかなる理解をもっているかを知らしめている。罪は死んだ状態としてであれ人間に内在しているということが、「あらゆる者は罪を犯した」という神の前の現実の含意するところであった。キリストにある限り罪は罰を受けており、不活性である。

肉の弱さに譲歩して人間中心的に語ることができるのは永遠の生命と生物的な死の根源的な非対称性の故にである。人間的には、つまり神の前を括弧にいれるとき、ひとは義の奴隷としても罪の奴隷としても生きることが可能であるとされている。しかし、この譲歩は神の前の現実との関連においてなされており、義に対し罪に対しいずれかに隷属するということであり、他の選択肢は考慮されてはいない。例えば、義でも罪でもないまったく人間中心的な世界は想定されていない。これは或る意味で共約性に対するチャレンジであるが、道徳的であることが一切考慮されない人間中心的な世界も共約されないであろう。

これは神が福音と律法の啓示を介して義人と罪人がいかなるものであるかの認識を伝えており、神の側から言えば当然の事態である。また、パウロとしても神と人間の関わりを論じる書簡においては、神の啓示に基づく限り、究極的にはいずれかへの隷属として描くことも道理ある。ひとはこれに対しさらなる譲歩を求めるであろう。ひとは義そして罪と何ら関わらないところで生きているのだと。その主張に対する明確化の問いは生の領域的な話かそれとも生そのものがまったく道徳的なことがら、人格的なことがらに関わらないということかの択一的なものとなる。この段階で、既にボールは最初の問い手に帰されている。問い手の良心が問われている。人間は善悪や罪咎或いは聖性に何ら関わらない存在だという了解そのものは共約的なものとされないであろう。パウロはその領域を神の前における義と罪という仕方で明確化したのだと応答すればそれで足りる。

さらなる問いは、罪はひとがキリストにおいてあるとき、まどろむような仕方においてであれ内在しているとするなら、罪の遺伝子の存在としてであれ自然科学は何らかの仕方で観察できるはずである。これは自然科学の言語では扱えない存在者であるなら、パウロの譲歩はもはや自然科学に見られるような人間中心的な時空の存在者にまで還元しきれないのではないのかというものであろう。この問いに対する一つの応答は以下のものとなろう。パウロは「罪」を単数形で用いる時と複数形で用いる時がある。「ローマ書」においては七章をはじめ多くの箇所で「罪」は単数形で用いられ、一つの行為主体として擬人化され自律的な存在者として描かれる。他方、複数形は「われらの諸々の罪のために」、「汝らの諸々の罪」、「彼らの諸々の罪」(1Cor.15:3, 17, 1Thes.2:16)という仕方で、人称代名詞と共に用いられる場合と、旧約聖書の引用において用いられる場合がある(Rom.4:7, 11:27)。両方の場合において、人間の具体的な罪が問題となっており、それらは「赦され」、「覆われる」ものであり、また諸々の罪のなかに「留まる」ものでもあり、それらが「満たされる」ものでもある。

主体として取り扱われる罪と個々人の諸々の罪の関係はいかなるものであろうか。第二章で展開したアリストテレスの魂論と同様に、「罪(単数)」を不可視のロゴスとして、「罪(複数)」をエルゴン次元のことがらとして対処することができる。擬人化される罪はロゴス次元においてのみ分離可能であり、エルゴン次元においてはそれは諸々の罪として今・ここにおいて働きを介して確認される。ロゴスはそれ自身としてはそれが内属する統合体における待機力能を伴いつつ実働することも実働しないこともあるそのようなものである。この「ローマ書」七章の文脈においてロゴスである罪は事実上エルゴン次元（Ere）において実働していると理解されうる。その罪が処罰され、不活性化されたと報告されている。

パウロは神による罪の処罰を報告して言う。「ひとが肉を介してそこにおいて弱くなっていたところの律法の[遵守し]能わぬことを、神はご自身の子を罪の肉の似様性において遣わすことによって、そして罪に関して、その[イエスの]肉において罪を審判したからである、それは律法の義の要求が肉に即して歩まず、霊に即して歩んでいるわれらにおいて満たされるためである」（Rom.8:3-4）。罪が罰されたことの人間的な現実として、ひとはキリストが内在する限り罪はロゴス上肉に巣食っているにしてもエルゴン上不活性であり死んだ状態にあると看做し得るという現実が対応するであろう。

これも罪の擬人的な理解であるが、パウロは人間的な語りとして「罪」を複数表現において捉え、次のように言う、「われらが肉にあったとき、律法を介しての罪の諸々の欲情が、死への果実を結ぶべくわれらの肢体において働いた」（7:5）。ここで「肉にあった」という過去形表現はキリストと共にある者はもはや単に「肉において」あるのではなく、肉だけではなくより根源的には霊においてもあるからである。「働いた」の主語は「罪」ではなく「罪の諸々の欲情」であり、これらはエルゴン次元において日常表現として誰もが理解できる。「罪」でもよかったが、このように具体的な罪の事象により表現し直せるという事実は、七章七節以降において「汝」の呼びかけのもとに律法を語りかけ、それに応答する者を誰であれ仮想的に「われ」によって指示する状況における罪の擬人化とは一線を画するものであり、共約的な理解を促すものである。人間中心的なC次元において、罪は文字化された律法を介してひとを欺くのであるが、その日常的な表現がここに提示されている。

パウロは続けて言う、「しかし、今や、われらがそこに閉じ込められたもののうちに死にその律法から解放された、その結果われらは霊の新しさにおいてそして文字の古さにおいてではなく仕えている」（7:6）。これはパウロの意図として聖霊の媒介のなかでのD言語であるが、肉にあったとき律法は霊の新しさとしてではなく、文字の古さにおいて受け止められていたため、罪のつけいるものとなった。人間的には、神の意志、戒めが生きたものとして力をもって迫ることのないとき、たとえその命令を思い返しても「罪の諸々の欲情」を抑えることはできず、個々人の肢体で暴れるのを経験することは共約されるであろう。そのさい、聖霊を受けているなら信のもとに悔い改め平安をえていたことでもあろう。

パウロがこの諸々の罪の欲情の実働を人間中心的に描いていたという事実は「罪」を主体として肉のうちに巣食わせて、人間の分裂と葛藤を描くことまでもう一歩の地点にまで来ていると言える。罪が操っているにしても、ここでの記述は人間から悪行を免責することにならないことを伝えている。後述するように、七章七節以降は仮想的な状況であることは明らかである。「われ」により具体的な一人が指示されていたなら、同一の時系列には起こりえないことが記されているからである。死んだ人間が、戒め自体が死に至らすことを見出すことはありえないからである。

人間中心的な地平の析出をめぐるさらなる問いは、パウロの譲歩は人間の生は領域として、何ら義や罪に関わらない分野、領域があるということを暗黙の前提にしているのではないかというものとなろう。それに対しては、パウロは神に関わることがらないし神の領域でさえ譲歩として人間中心的な思考を許容しているのであるから、人間が認知的な力能と人格的な力能においてまったく分離されているということはないということが共約的である限りにおいて、認知的な領域における相対的自律性を譲歩として認めるであろう。ここではイエスの譬え話を引こう。「汝らのうちに櫓を建てようと思う時、まず座って、はたして造りあげるだけの金があるかと、その入費を計算しない者が誰かあろうか。そうしないで、土台を据えただけで完成できないと、見るひとが皆、「あの者は建てかけたが、完成できなかった」と笑うであろう」(Luk.14:28-30)。人間中心的な語りとはこのようなものをも含意する。

この自律的存在者の存在論的な保証をどこに求めることができるのであろうか。神はこの場合には業の律法のもとにおいてあるものとして人間を肉として見ずに、人間を創造の秩序のもとに自然的な被造物として義でも罪でもありうる中立存在として自律的な存在と看做しているないしそう看做すことを許容していることに求めることができる。存在論的にC次元を保証するものは「人間の肉」の被造性である。実際にはこの被造物は神の前においては義人か罪人のいずれかであろうが、神の前の現実を括弧に入れて自ら判断することが許容されている。神は肉が自らの産物であるが、土から創造しており土的な性質の延長をそれ自身として肉が保持することを一つの制約として認定している。創造行為において、それが無から創造されたとして、土的なものと天的なものが存在論的に判別されており、土的なものは無と天的なもののあいだにおける中間性が認められる限りにおいて、土的なものの相対的自律性は保持される（第二章補論四参照）。

「肉は霊に反して欲求する」

第三に、「肉」は「霊」と対立的に用いられる。パウロは言う、「肉は霊に反して欲求するが、霊は肉に反して欲求する」（Gal.5:17）。肉とは端的に言って生物的にそして人間的に生存と繁栄を欲求する生の一つの原理である。「肉」の霊との対比における導入は生物として本能的な生存欲求や所属欲求の主体として、生理学者なら大脳旧皮質に対応している部位であると特徴づけるであろう。それは身体の最も基礎的な部位に位置する指令系統であり、身体的生存としての生命にかかわる部位であると言えよう。「肉の働き」の事例は「姦淫、汚らわしさ、好色、偶像崇拝、呪術、敵意、熱狂、争い、憤怒、徒党、分裂、異端、嫉妬、酩酊、宴楽そしてこれらに類似したものども」である（Gal.5:19）。もし人間は自らの脳にブレーキがかからず、本能のままに振る舞うなら何かこのような自らの生存を最大化するという（或る観点からは誤った）自覚をもたらす肉の働きに至ると考えられる。肉に即した生の帰納的事例は「友愛の解消、縁切れ」そして「裏切り」と呼ばれる事態の生起の分水嶺に見出される。アリストテレス的には「友愛」の三種類のうち快楽や利益による友愛も一種の相互性を見出すことができ、徳に基づく友愛と同じ名前で呼ばれる（*Nic.Eth.*VIII2）。前二者において関係が切れる契機は、自らに利益が得られないと判断したときである。このことはひとが常に何等かの仕方で個々の交流の産物を計算していることを含意している。即ち、友愛の名においてひとは肉に即して生きていることが裏切りや断絶において確認されることになる。パウロは肉の果実のおぞましさを想起させ、悔い改めを迫る。「そのとき、汝らはいかなる果実を得たのか」(Rom.6:21)。

ここで重要なことはこれらの果実は人間的な次元において確認できるということである。ひとは心魂内部において霊に即しているか肉に即しているかはそれ自身により判別できないにしても、これらの果実において確認できるとされている。そしてこれは「愛、喜び、平安、寛容、憐れみ、善意、信実、柔和、節制」等「霊の果実」と対比される(Gal.5:22)。肉は弱さ故にこのようなものを生み出しえないものと理解されている。心魂の根源がいずれに即しているかだけが問われている。

以上まず肉に関して三点の特徴を挙げた。「肉」は二義的に用いられているのであろうか。少なくとも、この概念の導入の文脈においては神もパウロもこの語句を創造の秩序のもとに理解しており、一義的に自然的な次元において共約的な理解が成立していると言える。神は同一の被造物の身体の一、一つの生の原理として肉を創造している。この点において「肉」が曖昧な(ambiguous)概念でないことは確認できる「すべての肉(*pāsa sarx*)は同じではなく、かたや人間たちの肉(*anthrōpōn*)があり……鳥たちの……魚たちの肉は別のものである」という記述はこの生の原理について自然的な次元からのアクセスを許容する決定的な箇所であると言える。神の創造の秩序は他の動物たちと共に人間を肉としてそれも異なる肉として位置づけている。肉のさらなる探求を続ける。

四　「肉」と「人間」——或る記述のもとにおいて他の類似語ではなく「肉」使用の理由——

ここで論者により、「肉」が罪性を含意している箇所であると主張される二箇所を吟味する。一つは「業の律法に基づくすべての肉はご自身の前で義とされることはないであろう」(3:20)であり、他は「ローマ書」八章である。

また七章もしばしばその含意を持つと言及されるが、七章は後に詳しく分析する。「ローマ書」三章二〇節においてとりわけ重要なことは「肉」が「業の律法に基づく」という記述のもとに限定を受けていることである。肉は律法の遵守という観点からは自然的には弱いものであることとの関連で「人間」ではなくこの語が用いられると解する。この一つの神の意志による限定は「肉」が生物的な概念である限り、その意味の一部を形成しない。それはちょうど「人間」が「泳ぎに即して」魚と比べて劣り、弱いものであるさいに、泳ぎに即した諸属性は「人間」の意味を形成しないのと類比的である。

C. E. B. Cranfield はこの節(3:20)の註解でこの文は「詩篇」一四三(LXX.142)篇に基づくと見て、「肉」の「人間」との同義性を主張する。彼は言う、

詩篇一四三[LXX.142]篇 2b の七十人訳の版は次のように述べられている、*hoti ū dikaiōthēsetai enōpion sū pās zōn*[「すべて生ける者は汝の前では義とされないであろう」]。MT: *kī lōʾ yiṣdak lᵉpānêkā kol ḥāy*。この文[Rom.3:20]は二つのヘブライ語法を含む、*ūdeis*(誰も〜ない)の意味における *ū...pās* の使用そして *anthrōpoi*[人間]という意味における *sarx* の使用である。二番目はパウロによるものであり、彼は *pās zōn*[すべて生ける者]の代りに *pāsa sarx*[すべての肉]を用いた。同じ語法上の変化は「ガラテア書」2:16 に見出される。とてもありうることとして(very probably)、その変化はパウロの記憶からの引用の故にであろう、或いは多分われらはむしろ聖書本文を「反響させている(echoing)」と言うべきであろう。*Bāśār* はもちろん旧約聖書においてしばしばその弱さにおけるそして神と対照的な可死性における人間を意味表示している(e.g. Gen.6:3, 2Chron.32:8, Job 10:4, Ps.78:39, Jer.17:5)。そして *kol bāśār* はしばしば「全人類(all mankind)」の意味で用いられている(e.g. Gen.6:12, 13, Ps.145:21, Isa.40:5, 6)。[14]

このように、*sarx* は「人間」を或る仕方で意味するヘブライ語 *Bāśār* の伝統のもとで理解されるのが常である。パウロがこの詩篇の一文を念頭においていたということは十分ありうることであろう。とはいえ、二点で異なる。

「生ける者」の代わりに「すべての肉」が用いられ、さらに肉の限定として「業の律法に基づく」が付加されている。私はここで「生ける者」や「人間」ではなく「肉」が用いられていることに注目したい。「人間」と「肉」これら二つの語彙は何か異なる事柄を或いは少なくとも同一存在者を意味表示するにしても異なる視点から述べられ異なる含意をもっていると思われる、たとえ二重の指示が成立するにしても。

なお、Kittel 辞典においても、「肉（*bāśār*）」の「ユダヤ時代における肉」の項目のなかで、「肉の集合的使用」があり、「肉」は「肉の総体」として「人間」ないし「人類」を意味し、それは「アダムの子供たち」と等しいとされている。[15] 旧約においてそのような使われ方があったということを認めるにしても、パウロは厳密に類似語を選別して用いている以上、その含意の相違を明確に把握しなければならない。これまで見てきたように、「肉」は業の律法の遵守という観点において、「弱い」ものであるとされてきた。「人間」は肉の弱さを乗り越える部位をも複層的な仕方で構成要素として持ち、この弱さを克服しうるものと看做されている。そのことは異常なことではなく、全体としての人間の或る指導的部位により人間が間接的に指示されることはある。例えば、「私の身体は心の命じることに従わずに、暴走する」という発言において、人間の分裂状況が「身体」を主語とすることにより強調される場合があるのと同様である。「すべての人間」と言わずにそれとの関連において弱さが際立つ「業の律法に基づく」者は人間よりも人間の肉性が強調されている。[16] それゆえ、厳密に言えば、「すべての人間」は間接的にしか指示対象ではなく、「すべての肉」或いは「肉に即して生きる部分性においてある人間」は神の前で義とされないであろう。

「ローマ書」三章のパウロが信仰義認論を伝える箇所において、「かくして、われらは、人間は業の律法を離れて信によって義とされると認定する」(3:28) と述べており、ここに「人間」の代わりに「肉」が代入されることは考えにくい。神が「イエスの信に基づく者」(3:26) を義とする場合も同様であり、「肉」は「〜者」の代用とならないであろう。わざわざ霊的なことがらの感受力におけるそして業の律法の遵守という点において弱さを含意する身体性の制約のもとにある「肉」を用いるよりも、それを一部として含みつつも、後に考察する、ヌースがそこにおいて発動する「内なる人間」(7:22)をも含意している総合的な「人間」を用いるほうが適切だからである。義とされるのは肉ではなく人間である。

また「ローマ書」三章との平行箇所である「ガラテア書」二章において、パウロは「人間」と「肉」を文脈に応じて使い分けて言う、「しかし、われらは、人間(*anthrōpos*)はイエス・キリストの信を媒介にしてでなければ、業の律法に基づいては義とされないことを知っているので(*eidotes*)、われらもまたキリスト・イエスを信じたのである。それはわれらがキリストの信に基づいてそして業の律法に基づいてではなく義とされるためである、というのも、業の律法に基づくすべての肉(*pāsa sarx*)は義とされないであろうからである」(Gal.2:16)。この箇所も明らかに、「人間」は神に義とされる可能性を伝えている。新たに啓示された「イエス・キリストの信を媒介にして」人間は神の前で義とされる。

パウロは「詩篇」記者の「すべて生ける者は神の前で義とされないであろう」という文を業の律法を前提にした文脈であると理解したうえで、それをより特定すべく「生ける者」ないし「人間」を「(すべての)肉」に代えそのうえで「業の律法に基づく」を付加したと考えられる。彼は確実な限定或いは明確化なしに詩篇記者の一文に同意できるとは考えなかったと思われる、とりわけイエス・キリストの信を介して信仰による義認の道が開かれたうえでは。このように限定する記述のもとにおける「肉」の理解の提示は「肉」がそれ自身として律法の遵守において弱いものであっても、罪を含意することを意味しない。

信の哲学は、罪人は第一に神の前の現実であり、神により業の律法を通じて判断されるとき、すべての肉は罪あることが認められることを析出している。神の怒りは罪に対しシナイ山麓のモーセの民に啓示されていることが範例として報告され、パウロは悪行への「引き渡し」において神の怒りを見出し、当人に悔い改めを迫る(Rom.1:26)。ここでも怒りの対象は肉に即して生き、モーセの十戒に違反した罪人である。パウロは言う、「律法は怒りを成し遂げる」(Rom.4:15)。

パウロにおいて「肉」に二義があるのではなく、土から形成された自然的、生物的な存在者が業の律法のもとに判断される限りその記述のもとでは、その遵守に関して「弱い」ものであり、神の前に罪ある存在者として特徴づけられるというだけのことである。神は業の律法のもとに生きる人間が実際には「霊に即して」と対比される「肉に即して」生きているからこそ、律法を遵守できないと看做しており、この箇所では「肉」をその関連で用いる。そこでは「すべての人間は……」さらに「すべての霊は……」とも言えない。人間は霊に即して生きるとき、律法が遵守されることもあろうからである。

人間が多様な構成要素により成り立つ限り、その一部により呼ばれることはありうることであるが、その記述において区別される。その記述は「肉」がそれ自身として意味を変化させているわけではなく、神の業の律法のもとに理解される限り、身体の生存原理である「肉」への言及を介して人間を指示することができるというだけのことである。神が人間理解において創造の秩序のもとにあると看做す限り、「肉」の理解に変化はない。

同一の語「肉」が端的につまりアクセスの視点を複数持つことなしに双方を含意するとするなら、自然的なものはそれ自身として罪的であるというC次元における自然性とB次元における罪性の癒着が存在することとなる。そこでは神の前の二種類A、Bとひとの前の言語網Cの判別が不可能なものとなる。これはバルトやダンの二つの意味の相互浸透性に通じる理解である。彼らにより肉は自然的なものと罪あるもの双方を連続体として含意し、文脈に応じてその濃度が変異すると主張されている。そうであるとすれば独立した言語網は原理的に展開できないものとなる。「肉」は意味論的には神の前に義でも罪でもありうる中立的存在である「人間」(3:28)の自然的な構成要素つまり人間の生物的な基礎であることが析出されていたはずである。これが肉の弱さの故に人間の中立性を語りうる存在論的根拠である。

五　「ローマ書」八章における肉と罪

ここではもう一箇所「肉」が罪を含意していると解釈される「ローマ書」八章を見る。ブルトマンはこの章において肉の罪性が明らかであるとする。彼は言う、

「肉」という言葉は、それが人間的――自然的なもの、過ぎ去りゆく――脆いものの領域を示す場合と……、……もはや生理的な概念ではなく……むしろ Rom.8:5 が明白に言うように……、肉に即して自らを方向づけ、肉によって規範づけられている態度が一つの罪を犯していること(ein sündiges)である限りにおいて、罪を犯すことはその起源を肉に持っている。……§23 人間はそしてキリスト者もまたその自然的な生を *en sarki*(肉において)遂行する。しかし、決定的な問いは、はたしてこの *en sarki*(肉において)あることは単に生命の場所と諸可能性を示しているのか、それとも生命を規定する規範をも示しているのかどうかである、つまり、それが同時に一つの *kata sarka*(肉に即して)あるものであるのか。はたしてこの自然的――地上的なもの、過ぎ去りゆく――脆いものの領域は、人間がそこから自らの生命を汲みとり、そしてそれによって彼が自らの生命を保持しようと考えるところの世界であるのかどうかということである。しかし、この妄想が単に誤謬(自己欺瞞)であるだけではなく、彼[肉]は罪である。というのも、それは生命の授与者である創造者に背を向けて被造物に向かうことであり、かつこの世的なものの享受によりそしてまた自ら固有の力とその遂行により人生を手に入れることができるとする自己信頼(das Selbstvertrauen)だからである。この意味において、それ故、肉の企図は神に敵するのである(Rom.8:7)。(17)

ここでは、まず「肉」が自然的な概念として理解できることを指摘しておく。罪は罪の起源を肉に持つのではなく、罪は律法の遵守に関して自然的に弱さをかかえる肉に律法を通じて寄生すると指摘することができる。罪は主

体としてあるとき、肉に攻撃を仕掛けるのであって、肉は罪の攻撃対象ではあっても、「罪の起源」を持つと言うことはできない。そして心魂の根底にある「霊に即して」生きることとの対比において、土的なものの制約にある「肉に即して」生きることは心魂の土的に限定された部位に即して生きることに他ならず、そこでは事実上罪の誘惑に負けるということを指摘しておこう。霊に即して生きる時、それは必然的に身体を媒介するが、その身体的な生の原理である肉においてあることは肯定されている。

さらに、「ローマ書」八章において「キリスト・イエスにある生命の霊の律法」(8:2)が罪と死の律法に対し圧倒的な勝利を遂げたことが確認される。その文脈の中で、肉が罪であるという理解の一つの根拠ともなるであろう「罪の肉」という表現がイエスの受肉との関連で語られる。パウロは言う、「かくして、今や、肉に即してではなく霊に即してキリスト・イエスにおいて歩む者たちにはいかなる罪の定めもない。なぜなら、キリスト・イエスにある生命の霊の律法が汝を罪と死の律法から解放したからである。というのも、ひとが肉を介してそこにおいて弱くなっていたところの律法の［遵守し］能わぬことを、神はご自身の子を罪の肉の似様性において遣わすことによって、そして罪に関して、その肉において罪を審判したからである(*peri hamartias katekrinen tēn hamartian en tē sarki*)、それは［業の］律法の義の要求が肉に即して歩まず、霊に即して歩んでいるわれらにおいて満たされるためである」(8:1-4)。

神はイエス・キリストを介して自らの愛を誰にも受容できるものとして明確に啓示しているからこそ、人間に自由を与えることをギャンブルであるとは看做していない。[18] 彼がもたらした生命の律法が罪と死の律法に勝利したからこそ譲歩できると理解している。いかに勝利したかと言えば、神は「罪を」イエスの「その肉において」罰したことによる(8:3)。身体と肉は働きの上で分離されないが、肉は身体の使用者として説明言表上区別される。イエスは自らの身体の使用者として死を受容したのである。罰せられた罪は「キリストの霊」に抵抗することはできずに、単に肉の支配者に留まったのである。罰とは罪からの解放の律法が明確に啓示されたことにあると言える。罪に対する審判の実質は、イエスの信の従順を介して神の義が信義として分離されない仕方で啓示されたが故に、業の律法のもとにもはや審判しないということである。しかしそれは人間が罪に唆されて業の律法のもとに生きようとしない限りのことである。

ここで「罪の肉の似様性」における「罪の肉」は他に見られない組み合わせである。ここでは端的に肉は「罪の」に形容されている。しかし、この複合句はさらに「似様性」を形容している。イエスはその「似様性」において遣わされたのである。ここで三位一体論に取り組むことはできない。イエスは肉において受難を引き受け、最後まで肉において罪を犯さず、罪の支配から人類を解放したことが、神による罪への審判であった。パウロは明確に「神はその［イエスの］肉において罪を審判した」と報告している。これはダンがこの箇所を「肉における罪（**sin in the flesh**）」と解して、「人間的なことがらにおける罪の影響力は肉（*sarx hamartias*［罪の肉］）に限定される。そのとき、句「肉における」はどこでそしていかに神が罪に対し決定的な判決を与えたか――「肉における」――ということを記述しているのでなければならない」と語るがそうではない[19]。「律法の義の要求」がイエスの肉において信のみによって満たされたことが罪に対する審判であった。

イエスは信の従順を自らの肉において死に至るまで貫いたが故に、神は自らの義を信と分離されないものであることを示すことができた。この信義の不可分離は「イエスの信に基づく者」(3:26)を義とすることができる「今という好機」を神自らに提供しており、それは神自身における業の律法からの解放を伴っていた(3:23-26)。罪にとっては神の義の異なる道が示されたことそのことが、もはや文字としての律法に対し寄生する機会を奪われたという仕方で審判を受けたということである。イエスは受肉したからこそ、神は「その［イエスの］肉において罪を審判」できた。

かくして、「似様性」は一方では、罪を犯さなかった受肉したイエスを表現しうるぎりぎりのものであり、他方「肉の似様性」という掛かりを拒否する。彼は端的に肉に成ったからである。彼は身体の生存の原理により栄養摂取等の活動を行ったのである。他方、「罪の似様性」の掛かりはイエスが罪を犯さなかった以上不可能ではないが、彼を否定的なニュアンスを含むものとして或いは罪を犯し得る可能性を強調するものとして記述することになる。このように否定的な仕方で啓示の報告を遂行することは他のすべての箇所におけるイエス・キリストに関する肯定的な表現と齟齬をきたし、採用できない。

従って、「罪の肉の似様性」という二つの属格表現の掛かりをセットでつまり「罪の肉の似様性」を一続きのものとして理解しなければならない。そこでは業の律法という視点から肉を考察するとき、それは罪であることは既に啓示されているので、その視点からの報告として、つまり「業の律法のもとには罪であることを避けられない肉の似様性」において神は御子を遣わしたと理解すべきである。ただしそのイエスの肉は信の律法のもとに業の律法の義の要求を満たしたために「似様性」と語られる。それ故に先の「業の律法に基づくすべての肉」(3:20)と同様の記述のもとに「肉」が使用されていると見ることができる。そして「肉」はあくまで律法の遵守に関して自然的な「弱さ」を抱えたものとして理解できる。神は業の律法のもとには罪であることを逃れられない肉の似様性において神は御子を遣わしそして御子がその肉において律法を成就したことの故に、神はその肉において罪を審判したことが報告されている。霊に即してつまり復活のキリストと共に生きるとき、「律法の義の要求」が満たされるにいたるであろうとされる。神の御子が受肉しなかったなら、信の従順による肉の弱さの克服を通じての律法の成就を語ることはできず、律法を遵守することにより、罪による律法を利用しての生物的死の支配に勝利する道は示されなかったであろう。

なお、「ピリピ書」においては文脈が業の律法のもとにおける記述ではなかったため、「人間たちの似様性において(*en homoiōmati anthrōpōn*)」(Phil.2:7)という表現が用いられている。彼はまことのひとであったが、同時にまことの神の子でもあり、単に人間ではなく、この文脈では同時に「神に等しいものである」(2:5)ところの神の子であることが強調されるために、この表現になったと理解する。

この神の前の勝利の確認に続いて人間の具体的な生の原理が問題となる。「肉に即してある者たちは肉のことがらを思慮し、他方、霊に即してある者たちは霊のことがらを思慮するからである。……肉にある者たちは神を喜ばすことができない(*ū dunantai*)。しかし、汝らは肉においてあるのではなく、霊においてある、いやしくも神の霊が汝らに宿るなら。……かくして、兄弟たち、われらは肉に対し肉に即して生きる義務ある者にあらず、というのも、もし汝らが肉に即して生きるなら、汝らは死ぬばかりだ(*mellete*(to be destined))」(Rom.8:5–13)。

この箇所では「肉に即して」は「霊に即して」と対比されており、自らの心魂の根底に立てるべき義務あるのは霊であり、そこに肉を立てるならもはや死ぬばかりであるとされる(8:12–13)。「霊に即して」はそのまま「キリスト・イエスにある生命の霊の律法」(8:2)を引き継いでいる。彼が肉において死に至るまでの従順を貫いたのは、この神の意志に即して遂行されたからである。パウロはもしひとがここで自らの心魂の根底に肉を措定することが義務づけられていると考えるならば、それは霊からの促しに反応できないため生物的な死が待っているだけだと警告している。肉を唯一の生の原理と看做す者はそれ以外に基づいて生きることはできないと考え、それ故にこの人生において生を充足させる義務ある者と自らを看做す。ひとは限りある生を思うとき、死を突きつけられるとき、罪に欺かれ欲望そのものが律法となる。生きているあいだに(それがすべてなのだからと欺かれ)生を燃焼させるべく罪の誘いに応じる。

この人生だけが全てだという義務化する考えは誤っているとパウロは七章に続き説得する。肉は心魂の根底ではなく霊の刷新により常に心魂の根底が形成されることを証明する。そして霊に即して生きるときキリストの復活の専決行為者である神は「死すべき身体にも……生を賜[う]」と主張し、肉は霊により秩序づけられるとする(8:11)。「コリント後書」の対応箇所においてこう言われている、「イエスの死をいつも身体において担っているが、それはイエスの生命がわれらの身体に現れるためである。というのも、われらは生きていることによって常にイエス故に死へと引き渡されているのは、イエスの生命がわれらの死すべき肉において(*en tē thnētē sarki*)現れるためだからである」(2Cor.4:10–11)。パウロはわれわれの肉がただしく霊に即して生きる限りイエスの生命の座でありうると主張していることは、肉が肯定的に捉えられる文脈を提供している。「死すべき身体」と不可分離の生の原理である「死すべき肉」において十字架の死に至るまで信の従順を貫いたイエスに似た者になっていくとき、イエスの生命がそこに宿っていると言われる。

パウロは肉の弱さは克服しうると理解している。そのことは人間中心的な語り方ではなく、「イエスの生命がわれらの死すべき肉において現れるためだからである」という目的論的な言い方により、エルゴンD言語がめざされていることに見られる。ここでは肉における生命の出現が身体における生命の出現を理由づけている。肉が身体の生物的生の原理だからである。パウロはイエスが自らの身体において死を引き受けたことの故に、身体の復活を経験したことを想起している。このイエスの生命の出現により、われわれの身体的な生もそれに倣うことができると主張する。この身体的生にあってイエスの死を持ち運ぶつまり彼の御跡に従うのは、この身体的な生においてイエスの復活の生命がこの死すべき身体的生の原理である肉において出現するためである。端的に言って、「霊」とは「イエスの生命」のことである。肉はこのように復活の生命の地上的な徴を担うものとなる。人間は「死すべき肉」そして「死すべき身体」(8:11)を抱えている。しかし、これらは死を乗り越えうるイエスの生命を宿すことができるものでもあり、永遠の生命に繋がりうるものである。

ナザレのイエスは受肉し、しかも肉において生きたが聖霊において肉の弱さを克服したものであったと報告されている。そこではErD(AviaC)において生涯を貫いたために、もはや「肉においてあるのではない」。パウロは言う、「汝らは肉においてあるのではなく、霊においてある、いやしくも神の霊が汝らに宿るなら」(8:9)。彼の活動は神の前とひとの前を聖霊により媒介され一なるものとして生きたために、単に肉においてあるのではない。

比喩的に言うことが許容されるなら心魂の一つの生の原理である肉のボトムの裏側に聖霊を受動しうる部位があり、それは刷新により霊となる部位であるが、そこに生命が宿るとき、肉に伝達される。キリストの霊が内在する者は肉の弱さを希望において克服しうるとしている。パウロにおいては人の生の営みは肉において生きているなかでその弱さを霊により克服する過程として理解されている。人間中心的な語りは次第に影をひそめるそのようなものである。

永遠の生命は約束されているのに対し、永遠の滅びについてパウロはとりわけ慎重であり奴隷に対する罪からの支払いとしての生物的死について言及するだけである。この非対称性を保持する限り、肉は一つの自然的な生の原理として誰もが経験する死に服している。死はあくまで過去の個々人の罪に対する罰である。この死を乗り越える霊との対比において肉はあくまでこの時空の身体的原理に留まる。肉は人間からそれだけを取り出すことができ、その視点から人間を特徴づけることができるものと看做されている。その証拠に「われらは肉に対し肉に即して生きる義務ある者にあらず」(8:12)と語るとき、肉を心魂の内奥と認定しそのもとに生を遂行する可能性があるからこそ、義務の存否が問われる。

このように「肉」の使用はパウロにおいて一貫してまず創造の秩序のもとにおける理解を基礎にして、そのうえでその語の意味を変えることなしに神の意志としての信の律法と業の律法という視点からの記述において「肉」が用いられる文脈とそうでない文脈が判別されている。ここに語の意味の神の前とひとの前の複層性を見ることもできようが、神もひとも自然的な秩序における生存欲求としての「肉」の理解については同意が成立しうる。言語がまずコミュニケーションを成立させるものであるとするなら、この創造の秩序ないし自然の秩序における「肉」の意味を基礎的なものとして確定すべきである。その肉が或る文脈においては罪的であると神に看做されているということである。

かくして、肉の基本的理解として次のものを枚挙することができる。(1)鳥や他の動物と類を同じくする土的なものから形成された生物的な身体的生の原理である。(2)その組成に基づき科学的なアクセスにより或る程度解明されうるものである。(3)(1)(2)に基づき)創造者である神と被造物人間双方により共通の理解が持たれうる。

(4)霊的感受性と律法の遵守に関して、土的な肉は弱さを抱えている。(5)この肉の弱さ故に、人間は相対的に独立した者として業と信の律法のもとにある存在者であることを括弧に入れて、人間中心的な語りを許容されている。また(6)この弱さ故に、肉は霊と対立的に欲求するものである。かくして、(7)人間は自らの肉の弱さ故に死すべき身体という制約と特徴のもとにあり、義と罪に対しいずれかの心的態勢においてある中立的な自然的存在者であり、そのうえで神の前で義か罪かは終わりの日に啓示されるため、この中間時において可能存在者であると看做されている。さらに(8)((1)—(7)の共通理解のうえで)神により業の律法に基づく肉は、即ち心魂の一部位である肉に即して生きている人間は罪あると看做されている。(9)イエスは唯一肉にある者として信の従順を介して「神の義の要求」を遵守したことにより、神は御子を「罪の肉の似様性」において遣わしたと報告される。そのさい「罪の肉」は「業の律法のもとには罪であることを避けられない肉」を意味している。イエスは信の律法のもとに義を実現した肉であったことの故に、「罪の肉において遣わした」とは語られえず、「罪の肉の似様性」と語られる。(10)「肉に即して」歩むことは「キリスト・イエスにある生命の霊」(8:2)により切り開かれた「霊に即して」歩むことに対比され、「律法の義の要求」がこの霊の律法により満たされる。これら一〇点を「肉」の理解における基礎的な了解事項とする。

六　「ローマ書」五章における恩恵の差し向け相手の全称性論証

アダムとキリスト——原罪と型の非因果的理解——

肉の一義性はこれまでのテクストを考察する限りにおいて、確定されたとしよう。しかし、肉の本性との関連において、もう一つの心身論のアポリアをパウロは抱えているように見える。つまり、アダムの堕罪のあと、人間の心身(霊肉)はどう変化したのかという問いである。或るひとびとはアダムの背きの故に自然性の腐敗、堕落は著しく、もはや恩恵以外にこの状況を救うものはないと主張してきた。原罪は「遺伝罪」として自然的な概念である「遺伝」という語句のもとに人類全体を支配していると主張されることもある。従って、「肉」はかつて創造の秩序のもとに自然的な中立的記述を許すものであったかもしれないが、人類の始祖の堕罪によって「肉」は罪を含意するに至ったのではないかが問われよう。

信の哲学はここでも共約性規準に基づき、思考を展開する。言語は人間のコミュニケーションのために人間が作るものであるということはパウロを含め誰にも同意されるであろうからである。まず創造の秩序の一面である自然的な秩序のもとに「肉」をそれ自身として理解できるのであるなら、それは誰にも理解できるものとなるであろう。「肉」の意味をまず自然的なものとして確定することは共約的に同意を得られたこととしたい。

そのうえで、神に罪と看做される「肉」をその自然的なものとは相対的に独立しているが何らかの関連づけにおいて理解するであろう。ここではアダムの堕罪はどれほど創造の秩序に対し或いは人間の自然的な特徴に対し影響を与えているのか、もはや自然的な記述を許さないのではないのかというありうる神学的立場に「ローマ書」五章の当該個所の分析を通じて応答したい。

「肉」の理解と密接な関連においてある第二のアポリアはたとえ創造の秩序において善きものとして人間が造られたにしても、最初の人間アダムは神に背き罰としての生物的な死を課されている。これは後世にいかなる影響を与えたと見るのが正しいのか。或る解釈のように遺伝罪としてあらゆる人間が血による遺伝という仕方で自然的にハンディを負っているのであろうか。さらに、既に神の前で罪を継承しているとするなら、人間は神の前で義でも罪でもありうる自律的な存在者として譲歩されている者として対処することができないのではないかが問われよう。そこでは、アウグスティヌスが主張するように、ただ、恩恵のみにより罪ある状態から救いだされるという命題のみが帰結する。或いはより好意的に、人間は罪の罰として死を担うそのようなハンディのなかにあって、純粋に中立的ではないが、福音が啓示され、そのうえで霊により克服できるものである以上、それは自らの心魂の力能として自律的であると語り得るのであろうか。

パウロは「ローマ書」五章において人類の始祖アダムが契機となりもたらされた神の罰としての生物的な死とその克服について語る。彼は永遠の生命をもたらすイエス・キリストを介しての神の恩恵の凌駕を、罰と恩恵の差し向け相手である人間の量化（「ひとり」－「多数」－「すべて」）をめぐる啓示に基づく演繹と経験的な確認に基づく帰納双方により論証している。伝統的に「アダムとキリスト」と表題を持つ議論において、イエス・キリストを介しての恩恵の贈りものがアダムを介しての罪の侵入に数的に対応しつつ、「すべての人間」におよぶことが論証されている。この箇所（5:12–20）に新たにこの議論の目的にちなみタイトルをつけるとするなら、「恩恵の差し向け相手の全称性論証」となろう。

とはいえ、この普遍化は因果的なものではなく、各人の責任が問える仕方で普遍量化されている。少なくとも原罪の遺伝が問題の中心ではなく、この肯定的な論証のためにはすべての者が罪を犯した現実が確認されることで足りる。福音の差し向け相手である「われら」のことがらから普遍化すべく、否定的な前提の普遍性を確認している。彼は和解の現実への言及を介して、そこから罪とその果実としての死を位置づける。彼は言う、「キリストはわれらがまだ罪人《つみびと》であるときわれらのために死んだ。……もし、われらは、われらが敵であったときに、神と、ご自身の御子の死を介して、和解させられたのであるなら、さらにいっそう、われらは、和解させられた者として、彼の生命において救われるであろう」（5:8–10）。この和解のダイナミズムに基づきその否定的な前提即ち罪と死の侵入が確認される。当該テクストは以下の通りである。

一二そのこと［「和解させられた者として、彼の生命において救われるであろう」こと］の故に、ひとりのひとを介して罪が世界に入りそして罪を介して死が入ったように、そのようにまた、すべての者が罪を犯した故に、死はすべての者を貫き通したのである。一三というのも、律法［が与えられる］までにも罪は世界にあったのであり、律法が存在しないため罪は告訴されていないが、一四しかし、死は、アダムからモーセに至るまで、アダムの背きと同じ仕方で罪を犯さなかった者たちをも支配したからである。彼は来るべき方のひとつの型［モデル］である。

一五しかし、逸脱があるのと同様の仕方で、恩恵の与りがあるのではない。というのも、もしひとりの逸脱により多くの者たちが死んだのなら、［キリスト以前を含む］神の恩恵そしてひとりのひと(*henos anthrōpū*)イエス・キリストの恩恵における贈りものは多くの者たちに一層満ち溢れたからである。一六そして贈りものは罪を犯したひとりを介したもののごとくではない。なぜなら、一方ひとりに基づく非難は罪の認定にいたるが、他方多くの逸脱に基づく恩恵の与りは義の認定に至るからである。一七なぜなら、もしひとりの逸脱により、死がひとりを介して支配したなら、恩恵と義の贈りものの満ち溢れを受け取る者たちは、さらに一層ひとりのイエス・キリストを介して、［永遠の］生命のなかで支配するであろうからである。一八それ故に、かくして、ひとりの逸脱を介して罪の認定に至ることすべての人間におよぶように、そのようにひとりの義の行為を介して生命の義化に至ることもまたすべての人間におよぶ。一九というのも、ひとりの人間の不従順を介して多くの者が罪人に認定されたように、そのようにまた、ひとりの従順を介して多くの者が義人と認定されるであろうからである。二〇しかし、律法が到来したのは逸脱が増すためである。しかし、罪が増したそのところで、恩恵がさらに満ち溢れた、二一それは罪が死において支配したように、そのようにまた、恩恵が、われらの主イエス・キリストを介して永遠の生命に至るべく、義を介して支配するためである(5:12-21)。

この「恩恵の差し向け相手の全称性論証」の特徴は罪と恩恵がその二人を媒介にしてもたらされたところの人類の始祖アダムとイエス・キリストの系譜として交差することなしに対比されていることである。キリストの死を介してもたらされた和解の出来事から将来の救いの可能性が開かれたように、それまでの否定的な罪とその値である死の出来事が歴史的な展開として対比的に位置づけられる。二人は「一人の人間の不従順」と「一人の従順」という特徴づけのもと、罪と恩恵の働きの媒介者として用いられ二つのグループを形成している。双方のグループを繋ぎとめるものは当該者の数的対応のみである。ここでは「ひとりのひとイエス・キリスト」と語られ、「神の子」でもある存在者の人間性が強調され「従順」という人間的なすなわち経験的な視点からこの問題にアクセスが試みられている(cf. 1:3)。

このことはこの議論が人間的な視点から罪と恩恵の対比を理解すべき限定された枠を提供していることを示している。そして罪と恩恵は最後まで並行的に対立関係にあるが、それぞれがもたらすものが罰としての生物的な「死」とそれを乗り越える心魂の或る部位の「永遠の生命」であり、対比されるものの内実は圧倒的な非対称性においてあることが示される。そしてその差し向け相手が「すべての人間」であることが論証される。

この議論の一つの特徴は「霊」に対する言及なしに当該の人間の量化が三人称において導入されていることである。第五章の最初の議論では「われら」(一人称複数)が聖霊の実働を要求する仕方で用いられパウロの自覚としてはエルゴンD言語を展開していたが、ここでは二つの啓示を基礎に演繹と帰納を用いて非対称性の知恵の説得(LogC((a-inC)&(b-inC)))が遂行されている。

その一つの啓示の報告は「[B]ひとりのひとを介して罪が世界に入りそして罪を介して死が入ったように、そのようにまた、すべての者が罪を犯した故に、死はすべての者を貫き通したのである」(5:12)という同等比較の様式にて提示される。同等なものとして比較されるのは一人の人間を媒介に罪が世界に侵入したこととその罰としての死に対応して、死はすべての人間に及ぶにいたるが、その罪責は各人が罪を犯したことにあるというものである。罪の最初の侵入の責任はアダムにあり、死は引き継がれるが、そのハンディのなかにおいても各人は自らの責任においてあり罪犯、罪実行とその罰としての死を各人の責任として引き受けるべきことが、啓示Bに基礎づけられた報告として確認されている(cf. 3:20, 3:23)。

その枠の中で、背きには程度差のあることが旧約聖書の記述を介して経験的に知りうることがらであるとして、パウロは「アダムの背きと同じ仕方で罪を犯さなかった者」の存在を確認している。当時律法が啓示されておらず告訴されなかったにしても、「罪は世界にあった」のであり神の判断としては死を免れなかったと報告されている。そのさい、アダムに対する善悪を知る実を「食べてはならない」という「戒め」が、神への背きの規準として機能している(cf. Gen.2:16–17)。神はすべての人間がこの規準のもとで罪を犯しており、それは罰としての死に値すると認識していることが、確認されている。ひとはたとえ神のこの判断に同意できなくとも、生物的な死はそれが罰であるかはさておき経験的に観察されてきたことであり、誰もが同意できる。ただし神の前の永遠の滅びが啓示され、報告されているわけではない。

この同等比較は冒頭の「そのことの故に」を引き受けるものである。イエス・キリストを介して「われら」が神と和解させられて救いの可能性が開かれたことの故に、われらの多数性を基礎にして和解の差し向け相手の全称性が導かれる。ここでキリストの和解の出来事の歴史的前提が確認されている。恩恵によるキリストにおける和解が出来事となったことの故に、神があらゆる人間を罪人として認識していたことが帰結する。もし福音の啓示がなかったならば、人類は業に基づく義を求め続けていたことであろう。その意味で、アダムは罪人の代表として普遍的救済をもたらすキリスト到来の一つの型・モデルとしての機能を担っている。さらに、歴史的にはイエスは人類の始祖アダムより後の人間であり直ちには全称量化を用いることができない。パウロはその問題を解決するためにも「ひとり」と「すべての者」のあいだにパウロと周辺の者たちの経験的事実に訴え「多くの者」を介在させ、福音がすべてのひとに差し向けられていることを誰にも了解可能な仕方で論証している。

アダムは業の律法のもとに生きるすべての人間の一つの型を提示し、キリストは信の律法のもとに生きる人間の一つの型を提示した。神の前では二つの人間類型がある。神は業の律法に基づきあらゆる人間は罪人であるという認識をもったことが報告されているが、実際にわれわれが今・ここで神の前で現にいずれの類型に属しているかはキリストにおいてほど明確に啓示されていないため、信じることは実質的である。

このように、罪と恩恵の交差なき平行論証を可能にする一つの根拠として「アダム」が「来るべき方のひとつの型（モデル）」であることが挙げられる。アダムが多数とすべての者の罪犯、実行罪の責任を負うわけではないが、罪の世界への導入と罰としての死の導入の契機となった者として責任を持つ。後世への影響は最低限の理解として人間の「不従順」という否定的な生のひとつの「型」を提示したことにある。イエスはその人間的存在者としては「従順」という肯定的な生のひとつの「型」を提示しており、双方の人類への影響力は人類の始祖と中間時における型の提示であるがゆえに、「多数」と「すべて」双方の量化を用いざるを得ないが、否定的なものを克服していくという意味で全称量化に至るまで否定と肯定の平行論証が遂行される。律法を通じてのすべての人間が罪人であることの啓示を基礎にパウロは恩恵の罪犯への罰に対する凌駕を論証するが、それぞれを蒙る人々の数的な凌駕としてではなく、罪の罰の内実としての生物的死に対するそれを乗り越える永遠の生命という内実における凌駕を明らかにする。

パウロが次のように言うとき、「介して」という二種類の媒介行為は「故に」という仕方で表現されるであろう因果的な効力を持つものとしてではなく、一方ではそれを罪と認定し、他方ではそれを嘉し義と認定したのであり、それらを「型」として審判ないし嘉の規準にしたと理解することができる。そしてそれは意味論的分析に基づく神により義と看做される者と罪と看做される者は神の前の判断規準つまり「イエスの信に基づく者」と「業の律法に基づく者」に対応している。彼は言う「かくして、ひとりの逸脱を介して罪の認定に至ることとすべての人間におよぶように、そのようにひとりの義の行為を介して生命の義化に至ることもまたすべての人間におよぶ。というのも、ひとりの人間の不従順を介して多くの者が罪人に認定されたように、そのようにまた、ひとりの従順を介して多くの者が義人と認定されるであろうからである」。ひとりを媒介にして全称性を導くことができるのは神が規準として立てうると認識したことを示している。その経験的な保証として二種類の規準のもとに多くの人々の不従順と従順を数え上げることができることを挙げている。

解釈者たちはこの議論に見られる「すべて－多く」の量化の対比に困惑している。例えば、ダンは使用の何ら差異を摘出することができずに双方の語句が同じ数を意味すると言う、「多くの人々（*hoi polloi*）＝すべての人々（*pantes*）。パウロの思考の「普遍主義」についてはとりわけケーゼマンを見よ。「あらゆる力ある恩恵は終末論的普遍主義なしには思考不能である」……この個所の主題はずっとひとりの画期的な人物と「すべて―多くの人々（the all/many）」との連帯である、それが責め咎に至る逸脱においてであれ、義に至る恩恵においてであれ」。このように終末に数合わせを期待しつつ、それを先取りして二つの量化が同じであるという主張はパウロの議論を台無しにするであろう（ヴィルケンスも同様である「ひとりの人に対する多くの人とは一二節dの*pantes*（すべての人）のことである[20]」）。

私はこの論証において「すべて‐多数」の量化双方が用いられるのは啓示に基づく議論（「すべて」）と時間的経験（「多数」）に基づく議論双方による確認作業が遂行されているからであると理解する。そして啓示の報告としてのすべての罪人に対抗するものとして生物的な死に対する永遠の生命という恩恵の凌駕への言及のなかで、永遠の生命の義がイエス・キリストを媒介にして「すべての者」に提示されているとパウロは論じている。死を凌駕する永遠の生命があるとすれば、それはすべての人間に向けられていると想定することは道理ある。誰も経験していない「終末」の名に訴えてそこでは「多数」が「すべて」を意味するそのような言語と算術を用いる混乱した世界の一員になることを誰が望むであろうか。パウロははるかに共約的であり、信じない者にも理解できる推論を展開している。以下、この点について明らかにする。

私の理解ではこの論証の議論の展開を次の記号を交えて一つの推論として提示できる、ただし＊（z）はzの＊への帰属を、→は歴史的な経緯に基づく一つの結論の導出を、＊via＃は＊を媒介とし＃がもたらされることを、＞は大小の比較を、～は平行した議論様式における同等比較を意味する。

P1. ひとりアダム［以下A］（罪）via ひとりA（死）［過去形］～すべて（罪）via すべて（死）［過去形］（啓示B（1:18–3:20）に基づく報告）［5:12］。

P2. 逸脱∧恩恵の与り（啓示A（1:16–17, 3:21–26）と啓示Bがもたらすものの差異に基づく）[5:15]。

P3.「というのも[P2 の理由]」 ひとりA（逸脱）via 多数（死）[過去形]→ひとりイエス・キリスト[以下X]（恩恵、贈りもの）via 多数（恩恵の満ち溢れ）[過去形]（P1 の減量換位および P2）[5:15]。

P4.（ひとりX via 贈りもの）>（ひとりA（罪）via 非難・咎め）（P1–3）[5:16]。

P5.「なぜなら[P4 の理由]」 一方、ひとりAに基づく非難・咎め→罪の認定、他方、多くの逸脱に基づく恩恵の与り→義の認定（P1–4：AとXを媒介にした帰結の歴史的な確認）[5:16]。

P6. ひとりA（逸脱）via 死が支配した～ひとりX via 多くの者たち（恩恵と義の贈りもの）が生命のなかで支配するであろう（P1–5：支配の対称性において比較される過去における死の支配の凌駕としての未来における恩恵の支配）[5:17]。

P7. かくして、ひとりA（逸脱）via すべての者（罪の認定）～ひとりX（義）via すべての人間（生命の義）（P1–6：動詞を伴わない一般的な様式における罪の認定と永遠の生命に至る義の認定の平行論証による全称的な妥当性の導出）[5:18]。

P8.「というのも[P7 の経験的根拠として]」、ひとりA（不従順）via 多くの者（罪の認定）[過去形]～ひとりX（従順）via 多くの者（義の認定）[未来形]（P1–6：経験的事実に基づく多数の過去の罪認定とイエス・キリストを媒介にした未来における多数の永遠の生命の義の平行論証による多数から「すべて」に量化しうる帰納的論拠の提示（生命の義をもたらすイエス・キリストの福音の歴史的展開の提示））[5:19]。

P9. 律法到来の目的（逸脱の増加）→罪の増化 via 恩恵（一層の満ち溢れ）[過去形]（P1–8：罪の増加に対する恩恵の全称的な妥当への一つの経験的な（イエス・キリストの到来）布石）[5:20]。

C. 罪 via 死（支配）[過去形]～義 via 恩恵（永遠の生命に至るべく支配するためである）[未来（hina + aor.subj）]（P1–9）[5:21]。

この演繹（全称から特称（多数）への減量換位）と帰納推論（特称（ひとり）から特称（多数）への経験的事実）の組み合わせで導出される結論Ｃはアオリスト接続法により「それは罪が死において支配したように、そのようにまた、恩恵が、われらの主イエス・キリストを介して永遠の生命に至るべく、義を介して支配するためである」という目的文である。以下、この推論化された議論の補足的な説明を試みる。（P3）「もしひとりの逸脱により多くの者たちが死んだのなら」と条件文により「多くの者」が導入されている。これは歴史的には人類の始祖ではない「イエス・キリスト」の導入が為される以上、彼以前の人間の存在が想定されるが故に「多くの者」という量化は必然的であった。これは前節の（P1）神の認識の啓示Ｂの報告に基づきつつ、しかも旧約聖書の記録とキリストの出来事に基づきパウロ自身の認識が届き自らに確実だと言える限りで、当該人間の数「多くの者」が選ばれている。この減少された量化「多くの者」は「すべての者」の減量換位であり論理的に妥当である。（P1）啓示の報告としてのすべての者に基礎づけられる以上、論理的には「すべて」から「多く」への推論は、すべての者に妥当するなら、多くの者にも妥当することは明らかであり、論理的に妥当である。罪と恩恵の帰結をめぐり多くの者が多くの者に対して数的には同等のものとして対比されている。恩恵と罪に対する罰の非対称性は当該人間の数的なもののあいだでのことではなく、過去から未来への時間の推移のなかでの内実における凌駕をめぐるものである。

その凌駕は「ひとりのひとイエス・キリストの恩恵における贈りものは多くの者たちに一層満ち溢れた（*eperisseusen*）」と報告されている。この満ち溢れの理解においてパウロは例えば恩恵の内実として「われ祈る、汝らの愛、知識においてまたあらゆる感覚においてますます満ち溢れ（*perisseuē*）」（Phil.1:9–10）や「汝らは彼［キリスト］においてあらゆる点で豊かにされた（*eplūtisthēte*）」（1Cor.1:5）とあるように、心身が刷新され、感覚や知識そしてそれらに基づく判断力においても充溢することを表現している。

それに対し、死に向かう罪の支配は心身の劣化を含意するであろう。とりわけ、ひとは罪深く死ぬそしてそれで終わりだという理解は人生に悲観と諦めをもたらし、かえってその反動としてこの生命の自己礼賛に陥ることもあろう。誰であれ人間の生の根源的な部位における肯定的なものと否定的なものの発露は自らのみならず周囲さらには次の世代に肯定的、否定的な影響を何らかの仕方で与えるであろうことは共約的に同意されよう。

(P7)においてパウロはこれまでの平行論証に支えられ「多くの者」が全称量化「すべての人間」におよぶ「生命の義」の帰納的な論拠を提供している。ひとりの逸脱を介して罪の認定に至ることとすべての人間におよぶように、福音の差し向け相手はあらゆる人々であることをパウロは導出している。恩恵の与りは経験的に一層満ち溢れている以上、すべての者が罪と認定されるなら、そこからの解放もすべての者に向けられているに違いない。

罪の認定と義の認定は律法を媒介にしてまた福音を媒介にして啓示されており、「すべて」の人間に神が当該者を業の律法に属するか信の律法に属すると看做すかに応じていずれかの仕方で妥当するものとして報告されており、終わりの日にしか判明しないがすべての人間がいずれかに分けられるということが導出される。その理由というか人間的な確認が「多くの者」の経験的認識を通じて平行論証として遂行されており、未来において真偽の判明する一つの歴史的命題の導出に対する証拠の提示と言える。一方、過去における「引き渡し」(cf. 1:25)の様式における神の審判は「多くの者」の場合で確認できることであり、他方、未来形で示される最後の審判において「ひとりの従順」という福音の啓示の故に、罪と恩恵の平行関係と後者の前者に対する凌駕が維持される限りにおいて、「多くの者」が義人と認定されるであろうことを道理あるものとして提示できることにある。

(P8)この選言的な状況のなかで、パウロは義の生命に至ることがすべての人間に開かれていることを永遠の生命の生物的死に対する圧倒的な凌駕として導出している。平行論証に訴えつつ、罰としての死に対する凌駕として恩恵による永遠の生命がイエス・キリストを介して支配するであろうことを結論づけている。これまでの演繹と帰納による推論はこの目的文を導出することを許容している。これらが共約的に理解されたものとする。

以上の知見の上で原罪とその影響について、何を明晰に語りうるかをここで吟味する。アウグスティヌスが遺伝罪を主張したことの背後に彼が依拠したヒエロニムスによる Vulgata 訳がある。私が「すべての者が罪を犯した故に（*eph' hō pantes hēmarton*）、［死はすべての者を貫き通した］」と訳した五章一二節について、アウグスティヌスはラテン語訳 *in quo omnes peccaverunt*「彼［アダム］においてすべての者は罪を犯した（in whom all sinned）」という訳に従っている。その一つのありうる解釈から彼は遺伝罪を導出した経緯がある（*Natura et Gratia*, ch.39, 41, *Spiritus et Littera*, ch.27）。この関係代名詞は *epi tūtō, hoti*（「～故に」）と分解できるとされ、これは「～であるが故に」「～という事実に鑑みて」（in view of the fact that）と訳すべき語であった。この誤訳から遺伝罪の主張が導かれた可能性が指摘されている(21)。もし Vulgata 訳が正しかったとするなら、同等比較（*hōsper...hūtōs*（～のように、そのように～））が成り立たなくなる。この構文上の制約からして、アダムが罪を犯したが故に罪が侵入したように、各人の罪行為は各人の責任によるものであることが読まれねばならない。（なお一九七九年、所謂 Nova Vulgata においてヨハネ・パウロ二世の認可のもとに *ep' hō* に対応する *eo quod* に修正されたことは喜ばしい）（第一章註26参照）。

遺伝罪解釈の誤りと原罪の影響

ブルトマンはパウロがここで遺伝罪（Erbsünde）を理解していると主張している。

ここ（Rom.5:12–19）では、すべての人間の罪はアダムの罪から生まれており、従って「遺伝罪」の思想が語られている。「ひとりの人間［アダム］の不従順を介して多くの者が罪人に認定されたように……」（5:19）とある。ここでパウロがアダム的人類に負わされた呪いを、グノーシス神話の影響のもとで述べていることは疑いえない。……一三節は全く不可解である、「律法以前にも罪は世界にあったが、律法が存在しないため罪は認められない」とあるが、それでは一体、律法に対する違反から発したのではない罪とはいかなるものか。またその罪はそれが「認められな」かったとすれば、いかに死をもたらすことができたのか。これらの問いに答えることができない。ただこう言うだけで十分である。つまりパウロは死を罪の罰或いは結果と見ているので、アダムによって持ちこまれた死の遺伝について語ることでは満足できず、すすんで遺伝罪の主張に押しやられた

のだ。(22)

もし人間が責任ある自由のもとに義でも罪でもありうる自律的な可能存在であるとしたなら、この種の原罪とその影響をどのように心身論として語りうるかが問われよう。これまでの私の分析から、パウロは一方で演繹と帰納により恩恵がすべてのひとに向けられていることが、他方で罪故にすべてのひとが罰として死を蒙ることとの対比において展開されたということが確認されたこととしよう。同等比較表現が多用されるのは恩恵と罪という交叉することのない系譜の平行性を示す必要があったからだ。原罪の影響を蒙るように、恩恵の影響も蒙る。しかし、生物的な死に対する永遠の生命という恩恵は比較にならないほどの凌駕であり、影響の程度は比較にならない。

二人の型の影響は因果的なものでないことは先に確認した。従順と不従順を経験的に確認できるところでパウロは福音がすべてのひとに差し向けられていることを論証していた。神の判断としては業の律法を満たす者ではなく信じる者にこの恩恵が差し向けられていることはこれまでの議論で確立されたこととしよう。問いは原罪の次の世代への影響が因果的でないとしていかなるものであるか、である。一つのグループを決める型としての機能はいかなるものなのであろうか。もし血による遺伝であるとするなら、それは自然的因果性の主張となり、科学的命題としてアダムの遺伝子を何らか発見できる自然的な事象ということになろう。しかし、すべての人間が罪を犯したという神の認識は業の律法を介して啓示されたことがらである。神の前とひとの前を明晰に分節しつつ議論したパウロの主張はアダムの遺伝子を探索することの空しさを既に含意しているであろう。

ブルトマンにより「まったく不可解である」とされる一三節は単に神の前ではモーセ律法が啓示される前にも業の律法に対応する神の意志のもとに審判することができていることをパウロは伝達しているだけのことである。単に神はモーセの石板を介して啓示していなかっただけのことであり、アダムに既に「戒め」を与えている。意味論的分節のもとではなんら不可解さはない。従来この個所はユダヤ人一般の個人主義的ならざる「集合的人格」という思考様式において解釈が提示されてきた。C. H. Dood は言う、「道徳的単位は個人というよりも、むしろ共同体

(大家族、族或いは町)であった。アカンはタブーを破った場合に、彼の全家族が呪いを受けた(Jos. 7)。かくして、人類の全体がアダムの部族として、そしてアダムの罪は民族の罪であったと考慮されえたであろう(23)。

確かに自ら罪責はなくとも近しいひとの罪の罰を引き受けることはありうる。そしてその単位が血縁であることもあるであろうが、パウロは「ひとり」と「すべて」のあいだに「多くの者」を媒介させることにより論証していたことを思い出すべきである。血縁なり部族なり国民という媒介を要求してはおらず、恩恵の凌駕の主張において単に多数の経験的事実に訴えていた。人類が全体として共同の責任を負うという主張をパウロのこの議論に見出すことはできない。同等比較の議論の基礎に一章から四章までに展開された啓示の言語の報告があった。「義の認定」を受け「義の生命」に与る者は「イエスの信に基づく者」と看做される者のことであった。「罪の認定」を受け、死を受ける者は「業の律法に基づくすべての肉」と看做される者であった。

神の前ではこの種の共同体や連帯責任の概念に訴えることなしにも、「業の律法に基づくすべての肉」は義とされないであろうことが啓示されている。啓示行為以前においても、神は実際にはアダムに対する戒めのように業の律法を保持し、すべての人間に適用していたと理解することを妨げるものはない。たとえアダムほどの背きを犯さなかった者も神により死に値すると看做されていたことがここから理解できる。このことは既に遺伝罪の理解を否定するものである。意味論的分析をほどこさずに来た先人たちの困惑の一端を見ることができる。

ここでは創造の秩序と生物的な死の問題を共約的にいかに理解できるかに対しても応答を試みる。人間は生物上の死をその犯した罪故の値として支払うが、それにもかかわらず恩恵によりその死を乗り越え永遠の生命に向かいうる者である。死の支払いは過去に罪人であったことの罰であるが、現在、神に義と罪のいずれと看做されているかは明白に啓示されていない。恩恵が死に対して圧倒的に凌駕したことが啓示されているが故に、罪はせいぜい地上から肉としての人類を死滅させることができるだけであり、死滅させられた肉と個々の魂を介して同一性においてあるその霊は永遠の生命を受けるそのようなものである。パウロが「罪の給金は死であるが、神の賜物はわれらの主キリスト・イエスにある永遠の生命だからである」(Rom.6:23)と語る時、これは一方、同一人に適用されうるものであり、他方、永遠の生命と生物的な死のあいだには著しい非対称性がある。業の律法の視点から神の審判に耐えられる者は誰もいないが、信の律法の視点から神は信じる者を義としている。これはルターのようにひとはすべて義人にして同時に罪人であるという状況を語ってはいない。神の前で二つの異なる視点からの判断であり、それは今・ここにいるわれわれには明確に啓示されていない。だからこそ信じることは実質的である。そしてアダムから引き継いでいるのは自らの過去の罪に対する神の側からの罰ないし罪に隷属した者への罪の給金としての生物的死に留まる。

信じることの実質性は、永遠の生命の約束は明確に啓示されているが、神の前の魂の滅びに関しては「終わりの日」に啓示されるものであることにおいて確認される。パウロは啓示に基づく知識主張として永遠の滅びについては明確に語りえないことを自覚している(2:5, 15–16, 8:18)。この非対称性故にこそ、パウロは福音を自らのものとするよう命じることができる。「汝が汝自身の側で持つ信を神の前で持て」(14:22)という命令はそれに背く可能性のあることを前提にしている。この非対称性とその一方への命令故に、原罪の影響がどれほどのものであったにしても、人間は中立的かつ自律的存在であることが確保される。

罪の罰と原罪の関係について、アベラールは個人の罪責と人類全体への罰を判別している。彼は言う、「かくして、われらが人間は原罪とともに生み出されまた生まれると言うとき、そしてしかもこの原罪はわれらの最初の親から由来すると言うとき、われらはそのさいわれらの罪責ある心と神に対するわれらの軽蔑よりも、罪に対する罰についてより一層考えるべきであると思われる」(24)。アベラールは神に背くことに自ら意志して同意する限りにおいてその行為に罪責が生じるが、ちょうど親の借金に対する罰が子に影響を与えるように、最初の人間の原罪は子孫にその罰の影響を与えると主張する。そして次世代が罰を引き受けることがあるという理解は道理あるものである。アダムの罪に対しひとは罪責、咎めをもたないが、その罰は「死」として生物的な生命に引き継がれたという見解はどれだけ道理があるであろうか。自然的にはもともと生物である以上、死は不可避なのではないかという問いは道理ある。しかし、神がアダムに罰として与えた「死」とは単にわれわれが理解する生物的な死と同じではない。神にとっては生物的な死はもしアダムの堕罪がなければ単に「眠り」を意味したであろうからである(1Cor.15:6)。神は「死」を罪の奴隷に対する「罪の給金」として語られることを許容しており、罪に対し罪による生物的生の支配を認可したと言うこともできる。かくして、事実上「死」は生物的死と同じことがらであるとしても、その語の意味の理解は神にとっては単に生物的死以上の価値的な概念を含んでいる。罪にとってもこの生物的死を介して魂の滅びに向かわせようとしている。

従って、神に対する背きのあるところ、そこには死があると理解することができ、パウロは一二節の同等比較により報告していることがら、それからアダムの罪とそれほどでもない罪を挙げながら、それでも死を免れなかったことにより遺伝罪の問いに対しては応答となすことができる。死が引き継がれたのは事実として人間が神に背いてきたからである。彼は明確に過去形で「すべての人間は罪を犯した」と言う。各人は各人の過去の罪に対して責任を持つが、キリストの従順が他の者になんらかの影響を持つように、アダムの不従順も罰という観点で自らの過去の罪に対し一つの型に属することを知らしめ、人間に対する悲観などから生み出される否定的な出来事など何らかの影響を持つ。死を自然的なものと捉えること自体に、アダムのモデルを思い返すべきことを教える。ひとは死を眠りとも罰とも理解できず、自然的なものと理解する、そのところに人間中心的な思考の傾きを指摘することができよう。

「死」が一切の終わりを意味しているように思え、生きていることの証を求め肉に固執しますます神への背きの傾向性が拍車をかけられることもあるであろう。これは罪が入ったことそして罰としての死が入ったことの影響であると言える。罪に欺かれているとき、この世の生に執着し生を燃焼させていると自らを看做す時、「われが[最終的に]成し遂げるところのもの[死]をわれは認識していない」状況が出来している(7:15)。

しかし、これらのハンディは恩恵の圧倒的な凌駕としての永遠の生命に比し、取るに足らないと想定されている。イエスも言う、「身体を殺しても、魂を殺すことのできない者を恐れるな」(Mat.10:28)と。心魂の根底に成立する信が業よりも神にとってもひとにとっても根源的なことであることが啓示されている。神は個々人の心魂の在り方に応じて「キリスト・イエスのわが福音に即して人間の隠されていることがら」を審判するとされる。隠されているものとは自ら意識においては気づいていないことがらについて、心魂の根底に何があるかが明らかになるということであろう。「福音に即して」審判されるという付加は、福音に即す限り信だけが嘉されうるであろうこと、さらには最後の審判のあいだに、信による悔い改めの可能性のあることが言及されていることを含意していると思われる。

以上、従来の心身論のアポリアに対し一応の応答が成立したこととしよう。それ故に、これまでの意味論的分節は有効であり、人間は存在論的そして自然的な基礎付けの保証のもとに、肉の弱さへの譲歩のなかで罪に対してもまた義に対しても自律的な存在者としてあることが確認されたこととしよう。今後も様々な論題の議論を通じて、このことは確認されることになろう。続いて、人間の構成要素の複層性を探求する。そして、そのなかで肉の位置づけを確定する。

第三節　「人間」の複合的な構成要素――「内なる人間」(「霊」、「叡知」)そして「肉」――

一　外界と内界の接点としての「良心(*sun-eidēsis*＝共知)」

「土製のもの」と「天上のもの」の二つの形姿の範型のもとに、パウロは身体の維持に関わる身体的な生の原理である「肉」とは別に、肉に何らかの仕方で繋がれる「内なる人間」を人間のもう一つの構成要素として提示する。内なる人間は、常に刷新を必要とするような心魂の或る部位、そして恐らくそれは肉に接しており刷新される限りにおいて成り立つ部位に成立すると考えられる。パウロは言う、「われ内なる人間に即しては神の律法に喜んで同意している」(Rom.7:22)。また「たとえわれらの外なる人間は衰えていくにしても、われらの内なる人間は日々新たにされている」(2Cor.4:16)。内なる人間は神の意志をそれにより知る常に「刷新」される「叡知（ヌース）」や「聖霊においてわれに共に証ししている(*summarturūsēs*)」ところの「(わが)良心(*suneidēsis*)」、そして「与えられる」ところのものである「霊」がそこにおいて生起する「心(*kardia*)」の或る部位に形成される(Rom.2:15, 5:5, 9:1, 12:2)。そしてその刷新がもたらす「変身」とはキリストに似た者にされていくことである(Rom.8:29, 2Cor.3:18)。

このように人間を構成するものは複数挙げられており、自己同一性を保持するものとして神の形姿に似せて造られた最初の人間の形姿である心魂と天上のものの形姿である霊、これら二つの「形姿」を媒介するものが必要となるが、それは「心」と呼ばれる。そのことの証拠としてパウロは「神が霊の保証をわれらの心に賜った」(2Cor.1:22)ことを挙げる。何故心が肉において霊に即して生きることを可能とするかと言えば、心は人間の魂の一番根源的な場所として「信」がそこにおいて遂行される場所だからである。パウロは言う、「もし汝が汝の口において主イエスを告白し、そして汝の心のうちに神が彼を死者たちから甦らせたと信じるなら、汝は救われるであろう」(Rom.10:9)。心は「肉的な」(2Cor.3:3)ものつまり生物の制約のもとにあるものであるが、自らが聖霊を賜る場所であることの故に、霊を受容しうる力能をそれ自身として持っている。「肉的な心」とは被造物の自然的な人間の構成要素のことである。「神の愛はわれらに賜った聖霊を介してわれらの心に注がれてしまっている」(Rom.5:5)。神の「息吹」により「生きる魂となった」存在者は何らかの仕方で、その息吹にさらには神の霊に反応する部位を自然的に備えているに違いない。そしてそれが心に内在する力能であろう。

肉は聖霊とは異なる視点から生を形成するものであり、双方の総合なしには人間は分裂のまま生が終わるそのようなものである。パウロはこの「死すべき肉においてイエスの生命が現れる」ことを目指している(2Cor.4:11)。他方「ローマ書」の対応箇所においては、「キリストが汝らのうちにあるなら、かたや身体は罪の故に死であるが、他方霊は義の故に生である。しかし、イエスを死者たちから甦らせた方の霊が汝らのうちに宿るなら、キリストを死者たちから甦らせた方は汝らの死すべき身体にも汝らのうちに宿るご自身の霊を介して生を賜わるであろう」と語られている(8:10–11)。死すべき身体に生を賜るとは聖霊の内在つまりキリストの現在によるものである。それにより死すべき身体が生きるものになるとされる。「死すべき肉」と「死すべき身体」は外延を同じくするが人間を異なる視点から記述している。ひとは生きている限り生物であり肉から離れることはない。

身体と肉はエルゴン上不可分離であるが、ロゴス上意味を異にしている。聖霊が現に注がれている時には、人間はもはや単に肉ではないので、過去形で「われらが肉にあった時」とエルゴン言語により今・ここの現実として言われることがある(Rom.7:5)。身体的生の或る原理は過去形で表現されうるものである。しかし、「われらが身体にあった時」という言い方は生物的に生きているあいだということを意味し、この表現は決して成り立ちえない。他方、聖霊が心に注がれているにしても、聖霊に即した生が身体を伴った肉において遂行されていることには変わりない。かくして、パウロは自らの心身(霊肉)論において、「われ」の分裂を癒すべく、「わが子らよ、キリストが汝らのうちに形づくられるまで生みの苦しみを続ける」(Gal.4:19)と福音を宣教する。「ピリピ書」において、この同じことがキリストの力能の実働に対する希望として伝えられている。「われらの市民権は、そこからわれらが主イエス・キリストを救い主として受け取るところの諸天に帰属している、その彼(*hos*)は、ご自身が万物をご自身に従わせる力能あることの実働に即して、われらの卑しさの身体を彼の栄光の身体の形姿に合致するもの(*summorphon*)に相貌を変えてくださるであろう(*metaschematisei*)」(Phil.3:20–21)。

かくして、完成においてある天上と地上の二つの形姿を巻き込むパウロの心身論においては、人間の永遠的なものに関わる「霊」という部位が通常の心身論の立場からすれば特異なものとして位置づけられるであろう。しかし、これが聖霊に反応する心魂の内奥の部位として位置づけられる。そこから「イエスの生命」が死すべき身体にまで及ぶ。これは永遠の生命の徴として生命が躍動し希望にあふれるとき人間の身体的状況が変わることを表している。そしてこれは復活の身体を備える。

通常の心身論はこれを論じることはないであろう。身体の制約のもとにありまた不可分離であるこの世における生存を「欲求する」身体の或る部位を司る「肉」が通常の心身論の主要な対象である(cf. Gal.5:17, 1Cor.15:45)。しかし、パウロのそれははるかに野心的であり、「死すべき身体」や「死すべき肉」とは異なる「永遠の生命」に通じるものであり、より複雑な存在論、心身(霊肉)論の形成を余儀なくさせる。

パウロの心魂論における一つの困難なアポリアは心魂の内奥において神から賦与される聖霊と人間の心における自発性の関係である(第三章四節一「執り成しの言語網」参照)。ヌースや良心は自ら発動するのか、それとも聖霊の促しによるものなのか、それともそれは相対的な主体は人間の側にありつつ或る心的な態度と同時的なものなのかがアポリアとなるであろう。その点で一つの解明のカギとなるのは、「良心」という語それ自身が文字通りには「共同の知識・共知(*sun-eidēsis*)」という知識を分かち合うものを必要としていることである。パウロは言う、「われキリストにおいて真実を語る、偽らない、わが良心が聖霊において共にわれに証ししている(*summarturisēs*)」(Rom.9:1)。ここで「(わが)良心(*suneidēsis*)」は動詞「共に証ししている(*sum-marturisēs*)」を伴い、良心の発動は聖霊の働きのなかでそれと共に各人に証言ないし証明するという仕方で実働することが想定されている。「証し、証拠(*marturia*)」は神の啓示行為に対する人間の側の心的な実働である。共同の知識が成立するところ、そこに外界からの働きと内界からの反応の出会いを確かなものとして語り得る。心魂の内奥を主観的には肉に置くことが可能であったことは先に確認されたが、良心の反応がそれに対しチャレンジし続けるであろう。

たとえ良心の反応としての認知的働きが聖霊の媒介を必要とするにしても、責任ある自由のもとにある「われ」

の行為として析出できる限り、それは人間の自らの行為であると確認できればよしとすべきである。すなわち、これまでの記述を借りれば、聖霊の媒介による実働エルゴンＤ（AviaC）であるにしても、エルゴンＣをそのなかから析出できればよしとしよう。実際、誰も「ヌース（叡知）」が人間中心的な視点から語られる一つの認識ないし認知的な状態であることを否定できるものはいないであろうからである。

まず、一つの実在の層として最初に論じるのは、神の怒りが啓示されている神の前の罪人の現実Ｂとして、そこには肉の弱さからくる認知の不明瞭さの入る余地はなく、パウロは認知と行為の「比例性テーゼ」を主張していることである。比例性テーゼとは罪人は神の善性や憐れみそして愛等の神の肯定的な属性を知ることができず、怒りや峻厳等の否定的な属性のみを知り、その知識の程度に応じて神への背きと悪行が確信犯として遂行されるという主張である。

他方、人間の心的状態に眼差しを注いで人間中心的な次元Ｃにおいて魂の認知機能を語る限りにおいて、パウロは肉の弱さを抱え不明瞭さを避けえないが、神の前のもう一つの現実としての義人Ａの啓示を考慮しつつ、もう一種類の比例性テーゼを主張している。これは先の罪人の比例性テーゼの範に倣いつつ認知と行為の基礎にあるものとして信を加え、信と認知と行為の比例性テーゼを主張していることを明らかにする。これはイエス・キリストの信を当該性規準として他の一切が秩序づけられることに対応する。

二　共約的な肉の果実とその弱さの克服

ここで、パウロが肉の弱さがいかなる形姿を取ると理解していたかそしてその克服がいかに為されるかを幾つかのテクストに即して考察する。肉の弱さを示すものとして、彼の次の発言は興味深い。「兄弟たち、われは汝らに霊的な者たち（*pneumatikois*）としてではなく、キリストにある幼い子供として（*hōs nēpiois en Christō*）、肉的な者たち(*sarkinois*)としてしか語りかけることはできなかった。汝らに固い食物ではなくミルクを与えた。というのもまだ汝らには食しえなかったからであり、今なおできない。というのも汝らはなお肉的(*sarkikoi*)だからである。というのも汝らのうちに嫉妬(*zēlos*)や争い(*eris*)があるところでは、汝らは肉的ではないのかそして人間的に(*kata anthrōpon*)歩んでいるのではないか」(1Cor.3:1–3)。ひとはこの箇所から嫉妬や競争心により争う人々を罪人であると特徴づけ、肉は罪であると主張するのであろうか。パウロ自身が「人間的」と形容するように、信じる者にも信じない者にもこのような否定的な心的状態は生じるものであり、人間中心的に生きているから、嫉妬や争いがあると指摘している。このような肉の弱さ、人間の弱さは誰にでも生じうるものであり、そのような生を肉的、つまり人間中心的であると位置付けている。

パウロが「汝が汝自身の側で持つ信を神の前で持て」(14:22)とローマの信徒に命じるとき、彼らは命令に背く可能性を抱えていると同時に、信仰を「汝自身の側で」即ち人間の側から持つしかないという意味で人間中心的に持つ可能性を抱えていることを否定することはできない。つまりいかなるものも人間の営みである以上、エルゴンC(ErC)つまり人間の営みとして記述できるのでなければならない。人間的なものについてのパウロの理解については共約的に同意を得ることができよう。

なお、ここではたとえ分かりの悪い赤子のような者ではあっても「キリストにある幼い子供として」彼は語りかけており、彼らがキリストにおいてあることを否定していない。何らかの仕方で霊が内在していることが想定されている。信に基づいても未熟で幼い子供と人間中心的に看做されることがある。「信」には人間的には「成長」や「強弱」が帰属するものであった。肉は信に基づいても肉的であることはやめないのである(14:1, 1Thes.3:10, 2Cor.10:15, Phil.1:25)。なおここで「幼い子供(*nēpion*)」と訳した語はキリストが肯定的に語る「幼子(*paidion*)」とは異なる語である(e.g. Mat.18:2–5, Luk.18:15–17)。もし肉が本質的に罪との癒着のうちにあるならこの表現は用いられなかったはずである。「キリストに」あるとされる者が「肉的である」、「なお肉的である」と形容されることは、「キリストにおいてあること」と「肉においてあること」が相互排他的ではないことを含意している。ひとは肉においてありつつ、キリストにおいてもあるという二重の生の形姿を持ちうることを示唆している。つまり、肉においてありながらも聖霊を注賦されるという事態が想定されることである。肉と霊は身体において同居できないものではない。

なぜパウロは神の前の人間存在を一旦括弧に入れる必要があったかと言えば、「肉の弱さの故に」であると端的に語ることができる。肉の弱さとは、通常われわれ自身がそう考えるように、身体の限界が自己の限界であると思いがちなそのような傾向性のことである。これらの箇所に人間中心的な語り方を彼の論証の方法として必要としていたということを確認できる。ただし、彼が肉の弱さに譲歩を示しうるということは、その背後に自然的、存在論的基礎があり、それに基づき譲歩がなされている。つまり、相対的に自律した者として語りうるには創造の秩序としての自然的、存在論的基礎づけが必要である。

この点は先に確認したように、人間は土的な要素という自然の物質に基づき形成されているそのような創造の秩序のもとにある。その成分は神への言及なしにギリシャ的な自然学とその延長である現在の自然科学によりアクセスを許容し、現代科学の成果に見出されるように基本的に理解できるものであろう。例えば、肉の自然的な記述としては大脳の旧皮質に対応する等という知見が想定される。一切は神の前で遂行されていることでもあろうが、それを理解しない人類にパウロは霊に対する言及のない「知恵の説得」を許容していた。この「知恵」はギリシャ的な伝統における学問的営為のもたらすものであった。ギリシャ人は「自然」をその語根(*phu-*)に見られるように自ら成長する運動と静止の原理として捉え、それを探求対象としていた。霊に対する言及を要しない自然的次元をパウロは認めていたのである。

続いて、「肉の弱さ」との関連で相対性に留まりつつも肉の弱さを克服しつつある肉について考察する。もし肉がそれ自身強いものであり、常に義に仕えるものでしかないとすれば、この人間中心的な地平を論じることをパウロは必要としなかったのである。聖書に登場する例えば預言者たちは神の前で生き神の認識や判断を正しく捉えていたものと描かれている。エリシャは「主の言葉を聞け、主はこう仰せられる」と神の認識と判断をイスラエルの王に告げている(e.g. 2Kings 7:1)。その明晰性は軍事的なことがらにも及び、エリシャはアラムとの戦いにおいて常にアラム軍の動向を的確に捉えた。アラムの王は参謀にスパイがいると疑ったが、部下はそれを否定し「預言者エリシャが、汝が寝室で語る言葉さえもイスラエルの王に告げる」と報告している(2Kings 6:12)。彼らは神の前に義人として記述されるべきひとびとである。パウロはこのようなユダヤ人の卓越した神の人の連綿たる歴史を「ユダヤ人の優っているところ」として高く評価し「第一に、神の言葉が彼らに信任されたことである」(3:2)と要約している。一千年以上にわたり、ぶれずにヤハウェ神を信じ、その意志、言葉を預言者や祭司たちは記述してきた。

彼らはキリストを預言してきたが、この文脈においては肉の弱さを克服した者としてナザレのイエスを挙げることができる。彼は肉の弱さのもとにあったが、彼は信仰により常に神の意志を認識しまた遂行した。「キリストは神の形姿のうちに属しているが、神と等しくあることを固執すべきものとは看做さず、奴隷の形姿をとり、人間たちの似様性になり、自らを空しくした。彼は型において人間として見出されており、死に至るまで、十字架の死に至るまで従順となり、自らを低くした」(Phil.2:6-8)。このことは一方まことのひとでありつつ罪を犯さなかったという点で神の子であることを示しており、単にひとではなく「人間たちの似様性」という表現を用いざるを得ないが、「ローマ書」八章の分析で見たように、また「言葉は肉となった」(John 1:14)とあるようにナザレのイエスの「受肉」をパウロは引き受けている。そして彼はイエスが死に至るまで従順を貫いたことによりその肉の弱さを克服した者として捉え、それ故に人間はこの肉の弱さを克服できるという理解のもとに福音を宣教している。

従って、パウロにおける人間認識としては、ひとは肉の弱さを信仰により克服しキリストの如くなるべきものと記述することができる。パウロは「わが子らよ、キリストが汝らのうちに形づくられるまで生みの苦しみを続ける」(Gal.4:19)と呼びかける。この世にある限り、ひとは誰であれ肉の制約を受けまたその特徴を持しており、ミルクを飲む幼児の段階から次第にキリストに似た者になるその過程において、ひとは肉においてそれぞれの人格的実力のなかでその肉の弱さを、さらには「なお肉的である」と形容される状態から克服することが求められている。パウロはこの緊張を引き受けていた。だからこそ、人格のそして信仰のどのレヴェルにおいてある者にも「今や汝らの肢体を聖さに至る義に奴隷として捧げよ。というのも、汝らは罪の奴隷であったとき、義に対しては自由であったからである」(6:19–20)と肉の座である肢体の立ち居振る舞いに関して命じるが、命令に従うことも従わないこともできる可能存在として人間を理解していた。例えば、学問に従事する者は学問を神に捧げることが命じられている。

三　キリスト vs. 隣人ディレンマ

パウロは肉においてあることとキリストと共にあることとのディレンマを熟知していた。彼は言う「われには生きることはキリストである、死ぬことは益である。しかし、もし肉において生きること、そのことがわれに働きの果実となるなら、われはいずれを選択すべきか知らず。われは二つのものに摑まれている、一方われは出立しそしてキリストと共にあることその欲求を持ちつつ、というのもそれははるかに一層優っているからであるが、他方、肉に留まることは汝らの故に一層必然的なものである」(Phil.1:21–24)。肉において生きる限り隣人に仕えることができき善き果実をもたらすことができる。他方、肉を離れてのみ、神により義人と理解されている者は、もはやひとの前という視点を欠いた形で肉を離れて現実に神の前で義人として生きる。ディレンマは肉を離れればキリストと完全に共にあることができるが、隣人に必要とされることはありえないというものである。肉にあるなら、隣人と共にあり助けることはできるが、完全にキリストと共にあることはできない。これを「キリスト vs. 隣人ディレンマ」と名付けよう。

パウロは「ピリピ書」においては隣人と共にあることを選択する。「われこれを確信しつつ知る、つまりわれなお存《ながら》えて汝らの信仰の成長と喜びのために、汝らすべての者と共に留まると」(Phil.1:25)。このディレンマが解決されるのは終わりの日に一切が神の前で明らかとなり神の前でキリストそして隣人と共にあるときである。生きている限り肉的であり続ける。「肉」とは各人が生きる限り、そこにおいてひとが生きるところの肢体にある生の原理であり、「霊」と判別されるという意味において一つの自然物として完成においてある形姿である。それはわれわれの地上の生を作り上げている土的本性と言うことができる。ただし、神の前を視野にいれるとき、それは弱いものと特徴づけられる。

肉が中立的であることを理解する上で重要な個所である「ガラテア書」、「コリント後書」の二箇所を考察しよう。パウロは「ガラテア書」において律法主義的ユダヤ主義者との論争を紹介しつつ信仰義認論を知識のことがらとして捉えたうえで、その認識に伴う肉における信仰の生の正しさを説得する。

> われはキリストと共に十字架に磔られてしまっている。しかし、もはやわれは生きてはいない、[(1)]われにおいてキリストが生きている。しかし、[(2)]今われが肉において生きているところのものを、[(3)]われは、われを愛し、わがためにご自身を引き渡した神の子の信によって、信において生きている。われは神の恩恵を無駄にしない。というのも、もし義が[業の]律法を介するものであるなら、キリストは空しく死んだことになるからである(Gal.2:19–21)。

第三章七節で論じたように、ここでは前置詞 *en*(において)に伴う代名詞、名詞句が連続的に(1)「われにおいて」→(2)「肉において」→(3)「信において」と配置され、それぞれが論じられる議論の地平の異なりを明らかにしている。これらの場に対応する主語はそれぞれ(1)「キリスト」→(2)「われ」→(3)「われ」である。(1)「われにおいてキリストが生きている」。他方で(2)「われが肉において生きている」のであるが、この対比のなかで強い主張(1)を支えるのが、(3)「われは、われを愛し、わがためにご自身を引き渡した神の子の信によって、信において生きている」である。

もはや生きていない「われ」とは聖霊の媒介のもとにある神の前のわれであり、(1)神の前では「キリスト」が「われにおいて」生きている。続く(2)「われ」は「肉において」生きている、つまり土的本性において相対的に自律的に生きている。しかし、その(3)われはナザレのイエスが自ら「神の子」であることへの信に生きたその「神の子の信」が、自ら相対的に持つ信仰がそのうえに基礎づけられるところのものである。従って、これらの「われ」は神の前とひとの前つまり人間中心的に分節されており、同じ「われ」が生きていないことと生きていることのあいだになんら矛盾はない。

(1)「われにおいてキリストが生きている」とは(パウロの自覚において)エルゴンDつまりErD(AviaC)である。これを神の側から神の認識を報告するなら、神の前では「われ」はキリストと共に十字架に磔られた者として看做されており、さらに(1)復活のキリストがわれにおいて生きていると看做されている。他方、人間の側から言えばひとの前C次元つまり(2)肉においてはわれは責任ある自由のもとに信において生きている。

なお、肉の理解を探求しているこの文脈において強調すべきことは、われがひとの前で(2)「肉において」生きるその様式が(3)「信仰において」生きるという形姿を取っていることである。肉とはひとがそこにおいて生きる肢体の一原理である。肉がそのまま生の形姿として罪と同化されるとするなら、このような表現は決して用いられなかったであろう。創造の秩序において相対的自律性を持つものとして肉は土的な身体の一つの生の原理として摘出することが許容されている。肉はそれ自身の自己保存をはかるが、人間はその制約のもとにあっても信仰において生きることができる。その意味で、人間は創造の秩序のもとに或る制約のなかで自然的、存在論的に相対的に独立したものとして信じることも信じないこともできる者として中立的である。

キリストにおいてある者がなお肉的であることを先に確認したが、ここでも肉において信仰を持つことが確認される。これは「汝が汝自身の側で持つ信を神の前で持て」(14:22)という命令をパウロが語るさいの「汝自身の側」という表現が含意するものと同様の人間の形姿である。つまり、命令に従うことも従わないこともありうる責任ある自由のもとに生を遂行している可能存在としての肉においてある人間Cを「汝」や「われ」が指示している。しかし、肉にあることとキリストにあることが共存できるなら、「われ」はそれらを統一している「わが霊」(エルゴン次元においてはViaを(AViaC)という仕方で、ロゴス次元においては+を(A+C)という仕方で用いてその媒介を表記する)を指示するであろう。少なくとも、魂がどこまでも深まりえ、そしてその深まりに応じて「われ」が語られるなら、その「われ」が自らの霊を指示する可能性は決して否定されないであろう。

「コリント後書」においては「肉において」と「肉に即して」が対比されている。「われらは肉において(*en sarki*)歩んでいるが、肉に即して(*kata sarka*)戦ってはいない。というのも、われらの戦いの武器は肉的なものではなく、神による諸力能だからであり、それは[悪徳の]塁壁の破壊へと向かい、諸算段(*logismūs*)と神の認識に反抗するあらゆる尊大化を破りつつ、そしてキリストの従順へとあらゆる想念(*pan noēma*)を虜にし、そして汝らの服従が満たされるとき、あらゆる不服従を懲罰すべく装備している」(2Cor.10:3–6)。パウロはここで、戦闘の比喩により、与件として肉を受容せざるをえないが、戦いの武器つまり生の原理として肉的なものではなく神の力能を選択していると主張している。そしてその神の力能は「あらゆる想念」をキリストへの従順に向かうべく支配している。

なお、肉の武器としては不服従にいたる「諸算段」や「あらゆる尊大化」が挙げられ、それらを破壊することが目指される。この前置詞表現の相違は、例えば、或るひとが「国において」つまり「国の一員」として歩んではいるが、「国に即して」戦っているわけではなく、そのとき「戦いの武器」は世界の平和の希望であるとして、その「別の原理に即して」戦っているそのような比喩により或る程度説明されよう。ただし、前置詞の相違が「肉」の理解を変えるわけではない。「肉に即して」は「霊に即して」と対比される限りにおいて、人間中心的な生の原理を採用することを意味し、同じ肉において霊に即して神中心的な生の原理を採用することもできることに変わりはない。弱い肉において弱い肉に即して生きるとき、罪に支配され罪の値として死を支払うだけだとパウロは理解している。

パウロがイスラエルという民族との関連で「肉に即して」と語るさいには、「肉」は歴史上連続的である、民族的な血縁のなかの生得的自然本性のことを指示している(Rom.1:3, 4:1, 9:3, 9:5)。彼はキリストを「肉に即してダビデの種子に基づき」(1:3)、また「肉に即しては彼らから」(9:5)生まれたものとして位置づける。また「われ肉におけるわが同族、兄弟たちのためにキリストから離され、自ら呪われてあること」(9:3)を願い、この民族的な連続線上の用法に関してもパウロは血縁に基づく自然的な存在者を、神の前の存在としての人間を一旦括弧にいれて、「肉」の理解のもとに提示している。

興味深いことに、「肉」は、パウロ書簡においては唯一度、動詞を伴って行為主体として描かれる。パウロは言う、「肉は霊に反して欲求するが、霊は肉に反して欲求する」(Gal.5:17)。肉とは端的に言って欲求するものである。これまでの論述から推測されることとして、肉は本能的な生存欲求や所属欲求の主体として、生理学者なら大脳旧皮質に対応している部位であると特徴づけるであろう、そのような身体の最も基礎的な部位であると言えよう。「肉の働き」の事例は先述した姦淫や敵意、分裂、異端、嫉妬等である(Gal.5:19)。もし人間は自らの脳にブレーキがかからず、本能のままに振る舞うなら何かこのような肉の働きに至ると考えられる。各自が思い当たるところがあり、自らを罪人と断罪してもかまわないが、信の哲学は、罪人は神による律法を通じた判断のことがらであり、シナイ山麓のモーセの民ほどに怒りは明確には個々人には啓示されていないという見解を主張してきた。これらの箇所からも肉の中立性は確保されたと主張できる。

四　認知的次元において発動する叡知(ヌース)と霊の関係

信の哲学はリテラに固執し、まず、パウロが報告することがらをそれ自身として理解することに集中する。ただし、意味論より一歩踏み出している心魂論では認識主体としてのパウロの魂の認知状況についても触れざるを得ないであろう。神の啓示行為は「イエス・キリストの信」や「天から」等の媒介者を必要としていたが、その媒介者を介して人間は神の意志に何らかのアクセスが可能であるとされていた。その神の認可のなかでの人間の側からのアクセスの成功例としてパウロは自らや仲間の認知機能の発動すなわち「確証する（*bebaioō*）」等を「証し（*marturia*）」として挙げている（e.g. Rom.1:9, 3:21, 10:2, 1Cor.1:6, Gal.5:3, Phil.1:8）。それ故に、心身論においては単に意味論的分析における言語分析に留まることはできずに、心魂の種々の働きを考慮することが求められる。

パウロの心身（霊肉）論の特徴は彼の魂において出会われている神の人間理解、神の意志、さらには人間の心身を、彼に出会われていることに基づき、「霊と力能の論証」さらには「知恵の説得的議論」により啓示を記述、展開していることである。例えば、次節で詳しく考察するように、彼は罪人に対する神の怒りはその欲望への引き渡しという仕方で啓示されていると理解する。罪人たちの悪行そのものの経験的な認識を媒介に神の怒りを認識することができるという彼の主張は彼自身のヌース（叡知）の発動による神の意志の認識に基づく。

この出会われているままに神の人間認識を記述する彼の心身（霊肉）論を、ひとは現象学的な手法を用いていると形容するかもしれない。信の哲学によれば、これはエルゴン言語を語ることである。今・ここの聖霊の実働を前提にしてしか語りえないそのようなエルゴンD言語（聖霊による「神に即して」（Rom.8:27）の今、ここにおける生身の心的状態にある者への執り成し）においては、その発話は実際に聖霊が実働している限りにおいて真である。例えば、「神の愛はわれらに賜った聖霊を介してわれらの心に注がれてしまっている[現在完了形]」（Rom.5:5）はその発話の時点で聖霊の注ぎがなければ偽となる。それ故に、一般的なロゴス次元においては「もし神の愛がわれらの心に注がれるなら、賦与された聖霊を介してである」という類の表現になる。また「神に即した苦悩は後悔なき救いに至る悔い改めを働く（*ergazetai*）」と言う時、悔い改めの実働は聖霊の促しによるものであると理解することができる（2Cor.7:10）。これもロゴス次元で、「もし悔い改めが生じるなら、それは神に即して苦悩するときである」と一般化されよう。これはエルゴン次元においては例えば、ErD = ErVia = Er（LogB→LogAViaErC（repent））と表記されよう。ここで（LogB→LogA）は「キリストが信じるすべての者にとって義に至る律法の目指すもの［ゴール］である」（10:4, cf. 3:31）と語られる事態つまり律法がキリストにおける義に方向づけられていることを表現している。一般的には神の聖霊は執り成し、ひとをして苦悩を介して悔い改めに導く。

神は聖霊の媒介により悔い改めた人間には自らの判断を変更するのかが問われることもあろう。そう語ることは人間的には許容されることもあろうが、予め業の律法に生きる者は罪であり、信の律法のもとに生きる者は義であるという神の認識には揺るぎがなく、「神には偏り見ることがない」（2:11）という点において変更はなく、律法の適用に関して神の意志や判断に変化があるわけではないということは確認することができる。パウロは福音の啓示の故にこう語ることができる、「神があらゆる者を不従順に閉じ込めたのは、あらゆる者を憐れむためである。ああ、神の知恵と認識の富の深さよ」（11:32–33）。

ひとはこの種の実働とその主張を実際に聖霊の媒介によるものであるか判別不能であると反論するであろう。自らの魂を観察してそこで出会われる事象を記述するとして、そこでは観察者の状態が観察対象に影響を与えており、一定の条件のもとで誰にでも検証可能、反復可能な科学的客観性を持たないと反論されるであろう。しかし、パウロが主張するヌース（叡知）という認識機能は、「ヌースの刷新」が常に必要とされるものとして、対象にヒットした場合にだけ発動するそのようなものであり、それ自身としては偽の可能性がなく、ヒットしない場合は不知な状態が続くそのような認識論のもとに記述されている。これは先述のようにアリストテレスのヌース理解に基づくが、現代人はコンピューターの検索機能によりこれをよく理解することができる。

パウロは基本的に旧約聖書の七十人ギリシャ語訳に基づき、ギリシャ語で議論を展開するが、「ヌース」という語句の選択はギリシャ的な伝統に基づいていると思われる。実際、神の前の啓示の事実からしてパウロはその事実に対応する認知状態を表現する術語を必要としておりこの語を用いるが、七十人訳では「ヌース（*nūs*）」は「驚くほどにまれでありまた不定である。*lēb* に対して六度用いられている」とされる（Ex. 7:23, Jos.14:7, Job.7:17, Is.10:7b,

10:12, 41:22)[25]。これらの六箇所は *leb* の通常の七十人訳における「心(*kardia*)」「思考(*dianoia*)」等の訳により賄われるものである(e.g. Gen.8:21, 31:20, Ex. 7:3, 13, 14, 22, 8:15)[26]。このことはパウロが「ヌース」をヘブライ的な伝統というよりも、ギリシャ的な伝統のもとに定義を求める、例えば「神の意志は何であるか(*ti to thelēma tū theū*)」という仕方で「何であるか」(Rom.12:2)の問いを通じて、非感覚的対象のものそれ自体を即ちアリストテレス的には「本質のロゴス」を把握する特別な認知機能として用いたことを推測させる。

旧約聖書の伝統においては「霊」がギリシャ的なヌースの機能をも含意するものとして用いられていると考えられる。パウロは「人間たちの誰が、その者の自らのうちにある霊以外に、人間の深いものごとを知ったであろうか。……われらは神からの霊を受け取ったのは、神によってわれらに与えられた恩恵を知るためである」と語る(1Cor. 2:11–12)。ここに明らかなように神から受け取る霊は認知機能を含んでいると言うことができる。しかし、パウロは興味深いことにこの文章に続いて七十人訳においては通常「霊」と訳される *rūach* が一度だけ「ヌース」と訳される「イザヤ書」(40:13)を引用して、霊を叡知と関連づける[27]。彼は続ける、

> このわれらが語っていることがらもまた人間的な知恵の教えの言葉においてではなく、霊的なことどもを霊的なことどもと結合することによって、霊の教えの言葉においてである。だが魂的な人間(*phsuchikos anthrōpos*)は神の霊のことがらを受け取らない。というのも彼には愚かでありそして認識することができないからである。というのもそれらは霊的な仕方で吟味されるからである。しかし、霊的な者はあらゆるものを吟味する、だが彼は誰によっても吟味されない。というのも「誰か主の叡知(*nūn kuriū*)を知っていたのか、主を教えるのか」[Isaiah 40:13]、しかし、われらはキリストの叡知(*nūn Christū*)を持っているからである(1Cor.2:13–16)。

この箇所において、「イザヤ書」の引用においては「主の叡知」を人間の叡知対象として認識しがたきものであることは正しく指摘されてはいるが、この引用箇所故に、パウロは「キリストの叡知」を語ることができると理解している。ここで「主の叡知」、「キリストの叡知」として用いられる「ヌース」は認知的なものとして提示されて

いることは明らかである、というのもそれは「知る」さらには「教える」との関連で用いられているからである。パウロはわれらのこととしてキリストの叡知を持っていることの故に、霊的な人間はあらゆるものを吟味するが、他の誰にも吟味されないと主張している。他方、「魂的な人間」とは肉の制約のもとにある人間のことであり、霊的なことがらへの感受性が鈍く認識不能であるとされる。

キリストにおいては彼が意志したことがらは、そのまま知識でもあるであろう。キリストは主の叡知を自らの叡知により摑んだと考えられる。例えば、それは、神は神の義を業の律法を離れ、自らの信を媒介にして信義の分離なさを啓示したというものである(Rom.3:21-26)。「分離はない」(3:22)神の信義の故に信が神にとっても人間にとっても心魂の根源的態勢であることを示している。このキリストの叡知をパウロは自らの叡知が発動し摑み報告している。「キリストの叡知」を持つ者はキリストが持っている知識を叡知対象として認識することである。含意としては、霊を受けた者はキリストのヌースを持っており、人間の本来性、存在理由を始め、人間であることの根源的な事態を知っている以上、「あらゆるものを吟味」することができると主張されている。従って、パウロはキリストの啓示の出来事を介してキリストの叡知を持っておりそしてこの叡知を介して何らか神の意志、叡知を知らされていると主張していると思われる。

この「イザヤ書」の一文を引用しつつ、神の叡知の測り知りえないことの対比として、パウロは「われらはキリストの叡知を持っている」とキリストの意志、認知的状態を知っていると主張している。そのことがあらゆることを吟味しうることを説明している。とはいえ、このキリストの叡知を介して神の意志について何らかのアクセスができることを、「しかし、われらはキリストの叡知を持っている」における「しかし」が含意している。かくして、パウロは旧約の伝統のなかで霊的人間はキリストの叡知を介して神の事柄をも含め知る力能を備えていることを主張している。それ故にこの一連の箇所は霊的なものが知識をも運搬することを伝統に従い認めつつ、キリストのヌースを持つ者、つまりキリストの叡知を知る者は誤ることがないことを伝えている。

パウロはこの「イザヤ書」の箇所において七十人訳による「ヌース」を唯一この語の旧約聖書からの引用として提示している。このことは、これは推測にすぎないが、この箇所を規準に神の「ヌース」に対応するものとして或いは少なくともそれにアクセスを可能にするものとして「キリストのヌース」を語り、さらにはそれに基づき人間の「ヌース」を提示することを示唆しているように思われる。「キリストのヌースを持っている」その知識は人間のヌースによるものであろうからである。

実際、「ローマ書」でも認知的な次元でこの箇所が引用されており、彼にとって重要な記述であることが分かる。ただし、神の知恵と認識の深さが強調され、「主の叡知（ヌース）」はとうてい人間には知り尽くし得ないという文脈において用いられ、そこでは「キリストの叡知」さらには「霊」は見出されない。彼は言う、「ああ、神の知恵と認識の富の深さよ。ご自身の裁きはいかに究めがたくまたご自身の道はいかに追跡しがたきことか。すなわち、「誰か主の叡知を知っていたのか、それとも誰かご自身の顧問官になったのか、それとも誰かご自身に予め与えてそしてご自身から報いを受けるのであろうか」」（11:33–35）。この箇所はどんなにキリストを介して神の意志にアクセスすることが許されていても、その認識は著しく制約されているものであることを含意している。

このようにパウロが「ヌース」を認知的次元で用いていることは明らかであるが、「霊」と「ヌース」を「コリント前書」において祈りや賛美の二つの源泉として位置づけながらも、非ロゴス的な霊よりもヌースが推奨される文脈がある。

もしわれが音声の力能・意味（*tēn dunamin tēs phōnēs*）を知らないなら、われは語りかける者にとってはバルバロス（異言語圏者）になるであろうしそして語る者はわれにとってバルバロスになるであろう。汝らも、かくの如く、霊的なものども（*pneumatōn*）を熱心に追い求める者であるからには、汝らは教会の徳をたてることに向けて、汝らが豊かなものとなるべく求めよ。それ故に、異言によって語る者をして、彼が解釈するために、祈らしめよ。というのも、もしわれ異言によって祈るなら、わが霊は祈るが、しかしわが叡知は不毛（*akar-*

pos)だからである。それではどうか。われは霊によって祈るであろう、しかし叡知によっても祈るであろう。われが霊によって賛美するなら、叡知によっても賛美するであろう。さもなければ、もし汝が霊によって祝福するとしても、初心者の席を占める者は汝の感謝のうえにいかに彼はアーメンを唱えるであろうか。というのも、彼は汝が何を語っているか知らないからである。というのも、汝はかたや立派に感謝することもあろうが、しかし他のひとは啓発されないからである。われは神に感謝する、汝らの誰にもまさって異言によって語ることを。しかし、教会にあって、われはわが叡知によって五つの言葉を語ること(*pente logūs tō noi mū lalēsai*)を望む、別の人々を教示するために、異言において一万の言葉を語るよりも(1Cor.14:11-19)。

ここで、「われ異言によって祈るなら、わが霊は祈る」と条件文が語られ、異言はそれが霊的であることの証拠として提示されている。それは解釈なしには意味不明の発声即ちロゴスを持たない音声であり、そのままでは教会という公的な場所においてはひとを啓発しその徳を立てる(*oikodomein*)ことに役立たないとされる。「霊的な賜物」は隣人の徳を立てるべく用いられねばならず、それ自身は私的なものであり、かくべつ有益なものとは看做されてはいない。霊的高揚それ自身は等しさの知識に基づく行動を要する愛を含意しない。この種の非ロゴス的な霊と対比されるのが「キリスト・イエスにある生命の霊」(8:2)である。これはとりわけロゴス的なものであり、神の「イエス・キリストの信」(3:22)を媒介にしての啓示行為は一義的に理解されるべきロゴスを伴っている。

このイエスの生命のロゴスこそ「ローマ書」五章—八章において生物的な死との対比において展開されているものである。そして啓示の知らしめの行為に対応する人間の認知機能は「叡知」である。この箇所では非ロゴス的な霊との対比において叡知がとりわけ先述の「キリストの叡知」(1Cor.2:16)こそ評価されている。この知識に基づき神の意志に関する「五つのロゴス」を語ることのほうが教会で参加者を「教示する(*katēchein*)」ことにおいて優る。知性的であるほうが霊的であることより優る文脈があるということは確認しておくべきことがらである。非ロゴス的な霊はパウロにおいては危険でこそあれ、有益なものとは看做されてはいない。

パウロはこのように、ヌースを認知的な次元で捉えている。彼は霊により不思議な平安などのパトスを含む魂の人格的な態勢を表現することとは別に、認知的な態勢をそれ自身として表現する必要があった。そこで彼はギリシャ的な伝統に即してさらに「イザヤ書」の使用に基づき、非感覚的な対象に触れるという仕方で機能する「ヌース(叡知)」をキリストを介して神の意志を知る機能として選択していると考えられる。そのうえで、人間一般の心魂の理解として、ひとはキリストを介して啓示されている限りの神の意志を知ることができることを論証している。魂はそのような認知機能をそなえたものであるという主張は共約的そして説得的なものでありうるのであろうか。その共約性の拡張の説得性を増すにはパウロが体験したものを各人が追体験することが最も望ましいことであるが、信の哲学はまずその知識に基づく彼の議論が整合的であるか否かを吟味する。

従って、彼の言葉を信用しできるだけ整合的なものとして理解する試みが不可欠になると同時に、「肉」や「ヌース(叡知)」そして「プネウマ(霊)」等のパウロの術語のすべてが見られるアリストテレスの心身論との対話も、それらの語句の意味の異同の検討とともに不可欠なものとなる。なお、この種の心身(霊肉)論の難しさは、それを理解する読者の魂の状態が低いときは、パウロが見ているヌースの対象(ノエートン)にヒットすることによる魂の刷新がないため、文字としてだけロゴス次元において理解することになり、理解の程度が表面的、一般的になるということがある。第一部二章の魂のロゴスとエルゴンの分析において、ロゴス上の例えば「身体」から分離され定義される「魂」の理解はエルゴン上今・ここで生命をもたらす働きにおいてある「魂」とは同名異義的なものであることが確認された。魂を探求対象とするこの研究においては、読者の魂も研ぎ澄まされることによってだけ、パウロが主張することがらは自らにも生じていることがらとしてエルゴン次元において認識することができる、そのような解釈学的構造とでも呼ぶことができるものになっていることに注意したい。

この制約と困難さは探求するものと探求されるものが同一であることに由来するものであり、何ら理不尽なことではない。パウロがヌースにおいて触れていたものに、われわれが触れることができるとパウロは主張する。パウロが神の啓示の内容に眼差しを注ぎつつ知識主張をその含意として導出している限りにおいて、たとえパウロのヌースではなく、例えばルターのヌースが啓示を媒介にした神の意志にヒットした場合でも同じないし同様の解き明かしをするであろう。そのことは「すべての者が同じことを語るべく」（1Cor.1:10）、また「キリスト・イエスに即して互いに同じことを思慮する（*phronein*）」（15:5）というパウロの発言に含意されている。自らと同一の心身の構造にある者が何らかの強い主張をなすとき、各自の魂が同様な仕方で機能しているときに限り最もその主張を理解できるということは道理あることであろう。

通常の心身論は、各人自らに出会われているものを記述するという方法を取らず、言語分析、思考実験そして脳科学、学際的な認知科学など哲学的、科学的知見のもとに展開する。これらの知見はパウロの心身論において問われる心身（霊肉）のそれぞれの機能さらには双方の関係の解明を主題の基礎的な問いとの関連で、必要に応じて考慮される。この問題に関しても信の哲学の基本的な方法論である共約可能性は基礎におかれる。彼の心魂論は彼の意味論の基礎にその制約を受けて構築される。

第四節　啓示と知識

一　現在時制動詞により伝達される神の二つの啓示行為

パウロは「ローマ書」において最も体系的にしかも霊と力能の論証と知恵の説得を分節しつつ福音を宣教しており、「啓示」の用法もそれまでの書簡よりも抑制的であり、パウロ個人への啓示行為の記録はない（cf. 1Cor.2:10, Gal.

1:16）。ここで啓示の言語の意味論的分析を復習したい。そのうえで認知的な視点から啓示を改めて考察したい。一般に、どんな意味論も、言語と言語を用いる主体ないし話者さらに言語を介して主体が関わるものごと、すなわち言語、主体としての心魂、そして事物・事象の三つの項の関係に関わり、それを明らかにすることに努めている。「ローマ書」の特徴は神が言語使用者であり、その神をも含めて意味論的分析を遂行することで、パウロが複数の言語網を、それぞれが独立しており異なる意味を有しつつも、整合性を持つように明晰に表現していたことを確認できる。パウロは、私の見解では、三種類の人間に関して相互に独立し整合的な言語網を三つ構成している。それは、A神がイエス・キリストの信を媒介に啓示している神の前の義人（e.g. 3:21–26）、B神が石板に刻まれた十戒・モーセの律法を介してその罪に怒りを啓示している神の前の人間（e.g. 1:18–31, 3:19–20, cf. 2Cor3:3–11）、Cパウロが責任ある自由のもとに眼差しを注ぎ記述している自律的な人間（e.g. 3:27–31, 6:19–21, 7:7–25）の三種である。

パウロは、ちょうど彼の「啓示（*apokalupsis*）」の概念が独立した神の前の現実を含意するように、語句の意味がいかに決定されるかに関し彼の言語的振る舞いにおいて実在論者である（1:17（3:21）, 1:18, 8:18（2:6））。世界の存在様式が最終的に言語の意味を確定する。「啓示」という語は、「ローマ書」においては動詞形においては三節（1:17, 1:18, 8:18）のみにおいて用いられ、ただ人間に対する神の行為を伝えるのみである。なお、「コリント書」における「啓示」の用法とは異なり、啓示の差し向け相手は「われら」ではなく三人称で表現され一般性を確保している（cf. 1Cor.2:10）。語句「啓示」は、神の前における義人が誰であるかA（1:17（3:21））と罪人が誰であるかB（1:18（2:6））をめぐってそれぞれの啓示の媒介により新しい次元を切り開く決定的な語である。それらは次のものである。A「神の義は彼［イエス・キリスト］において信に基づき信に対し啓示されている」（1:17）（cf.「神の義はイエス・キリストの信を媒介にして信じる者すべてに明らかにされてしまっている」（3:22））。B「神の怒りが天から不義のうちに真理をはばむ人間たちのすべての不敬虔と不義のうえに啓示されている」（1:18）。

三度目のそして最後の動詞形表現の出現においては、この語句は最後の審判の日の、新しい天地についての啓示

（A&/orB）を伝えている。「今という好機の苦難は、われらに啓示されるべく来たりつつある栄光に比して、取るに足らない」（8:18,（2:6）, cf. 1Cor.3:13）。パウロが啓示を告げ知らせる時には、その報告の中で形作られた言語空間は、どんな人間のイニシアティブをも含まない、神の前の端的な事態として提示される。この終わりの日に個々人には明確に信の律法に生きたか否かが知らされる。かくして、今・ここでその罪への怒りの啓示の対象である者が、終わりの日に、エルゴン上永遠の滅びの対象である「罪人」であるかは未だに啓示されていない。

二つの啓示内容Ａ「神の義」およびＢ「神の怒り」に関して「啓示されている」と現在時制受動態で表現されていることには理由がある。まず、義や怒りという神の心的態勢、属性が「神の」という帰属の属格表現により神に帰属するものとして主語に立てられ、そしてそれら神の態勢、属性は媒介するものを介してのみ啓示される。それ故に、構文としては受動文となる。神は自らが信において義であることさらには怒りにおいて義であることを示すには、何らかの媒介を必要とすることは、人間の諸心的態勢の表現においても同様であることから、道理ある。

さらに、神が信じると看做す者に啓示している義人Ａと神が業の律法のもとにいると看做す罪人Ｂに対して現在時制により啓示行為が報告されていることは、あらゆる現在という時点において啓示が遂行されていることを示している。神の啓示行為の報告はその差し向け相手をも含めてすべて神のイニシアティブにより自己完結的なものとして報告されている。神に義人と看做されている者はその啓示を受けており、また知っている。罪人に関しても同様である。個々人の心的態勢は啓示の言語においては考慮されないことがとりわけ重要な特徴である。

これを「神の前の自己完結性」と呼ぶことができる。そこでの問いは自律的な主体として生きている生身の人間はＡかＢかのいずれかの神の前の存在者である。神の前では各人はいずれに属しているかは明らかである。ただし、それは神により「信じる者」という語句により理解されている者に指示が届いており、ひとの前ではそれは歴史上の啓示の媒介ほどに個々人には明白に啓示されていないため、十全な知識においてではなく信仰箇条に留まっている。

他方、パウロは啓示はＣ次元においても生身の人間における知識主張の根拠を提供すると主張している。「知識」

「知る」という知識主張の裏付けとしてパウロは啓示の事実に訴える。例えば、彼は「われらは、われらの古きひとが共に十字架に磔られたことを知っている、それはこの罪の身体が滅び、もはやわれらが罪に仕えることがないためである」(6:6)と言う。これはパウロの自覚としては聖霊による過去の事件と発話者のあいだの媒介行為のなかでの知識主張であった(ErCkn(a-inC))。

神の前の事実は聖霊の今・ここのエルゴンにより媒介されている限り、自らのことがらとして知識主張することができた。しかし、そうであっても、未来の救いに関しては信仰箇条に留まる。「それはすでに死せる者は、罪から[離れ]義とされてしまったからである。もしわれらがキリストと共に死んだなら、また彼と共に生きるであろうことをわれらは信じる」(6:7-8)。従って、自己完結的な神の前の出来事Aとひとの前の出来事Cは聖霊により媒介されている限り、知識主張できることがらであると言うことができる。その場合にはもはや単にErCkn(a-inC)という記述ではなく、聖霊の媒介を含めたErD(LogAViaErCkn(a-inC))と変換されうる状況である。しかし、これは共約性の最後の段階のものであり、当該知識が人間的なものである以上、最初の人間中心的な認識の記号ErCkn(a-inC)によって対応する状況は伝え得る。

語「啓示」は一般的には文字通りに隠されていたものを明らかにすること、「覆いを取ること」、「見せること」を意味する(e.g. Herodotus, *Hist.* I.119.22, Plato, *Prot.*352a, *Gorg.*460a)(28)。神の人間に対する働きかけとしての行為は自らの認識の知らしめ、それに基づく約束や命令、当該の人間の使命の伝達、裁きなど何らかの行為の促しである。神は隠れたままで人間に関わることもあるであろうこと、それ故にひとは何故このようなことが起こるのか知りえないそのような状況は十分に想定される(cf. Isiah 45:15)。ひとには基本的に神が神自身においていかにあるかは隠されているものであり、聖書に記述され報告されている神の関与はすべて啓示の類に属すると言うことができよう。聖書記者たちは自らの認知機能は神の意志を何らかの仕方で捉えうると理解していたに違いない。さもなければ、彼らは神の言葉をフィクションとして捏造しただけのことになる。パウロはその認知機能を前節で確認したようにギリシャの伝統に即して「ヌース」に託したと考えられる。

信の哲学はリテラ（文字）に固執し、まず、彼らが報告することがらをそれ自身として理解することに集中する。ただし、意味論より一歩踏み出している心身論においては認識主体としてのパウロの魂の認知状況についても触れざるを得ないであろう。ロゴスはエルゴンにより共鳴和合されねばならず、魂の働き・エルゴンがロゴスを確認するものとなることが求められる。神が何を啓示するか、怒りか憐れみかに関しては人類は何ら関与できずに、ただここではパウロにより啓示されたと報告されていることに基づいてのみ神の意志を一般的にロゴス上知る。

パウロは「神の言葉が彼らに信任された」(Rom.3:2)と語る時、神が人類に関わる行為者でありまた言語使用者でもあり、ユダヤ人にそれが託されたと理解している。パウロはそれを知っていると主張し、それを追体験させようとしているが、少なくとも彼のエルゴンを正しく理解する必要がある。彼は神が信の律法に即して憐れみを示し、業の律法に即し怒りを示すこと、それも忍耐と寛容のうちに怒りを示すことを啓示として報告している。それらは現在時制で表現されており、紀元五七年頃にもまた二一世紀の現代にも神の啓示行為は第一に神の前の事実として現在形において遂行されていると彼は理解している。神は時空の創造者として永遠の現在においてある。

ひとはこの報告を無視することはできる。だが、人類はこの啓示を特別なものとして受け止め宗教を形成してきたことも事実である。この事実は多くのひとが啓示された憐れみにすがる以外に神の前に立つ術はないと判断してきたことの証拠となろう。言葉にならない祈りのみが聖霊の呻きの執り成しに対応する人間の側の備えであった(Rom.8:26)。「啓示」という語により表現される神の人間に対する関与はそれ独自の(*sui generis*)地平を持っており、ただ神による人間認識としてロゴスを通じてまず知ることが求められているそのようなことがらである。神が人間に関する自らの意志や認識を知らしめる行為、それが啓示であると理解すべきである。

パウロのAとBの言語網の報告は、神によって啓示されているそれぞれに対応する二つの神の前の実在・現実、義人Aと罪人Bを見据えて遂行されている。啓示を報告するということは義人と罪人をめぐる神の行為を報告することであり、そこでは一般的な仕方で報告はなされる。そこでの神による啓示の内容は、神自らが義であることさらには啓示の媒介であるイエス・キリストと天より十戒が刻まれた石板を介して理解される人間の義か罪かの現実である。人間についての神の認識、判断、意志がイエス・キリストの信と十戒の刻まれた石板を二つの啓示の媒介とすることにより伝えられている。神の信義と神の怒りが啓示されている。

ここでの義人そして罪人もまず神にそう理解されている人々が指示されている。パウロはそれを「神の前の自己完結性」を表現すべく三人称において報告している。それゆえ、啓示AとBの言語網を構成する語、および文の意味は第一に神によって理解されるもののことである。例えば、言語網Bにおいては、「彼らは誰であれ(*hoitines* = whoever)このようなことを行う者たちは死に値すると神の義の要求を知っていながら、単にそれらを行うだけではなく、行う者たちを是認さえしている」(1:32)と語られるとき、神の前で業の律法のもとに服している者たちは明白に業の義の要求を知っている者であると報告されている。「誰であれ」という不定ないし一般的関係代名詞は神の前の人間を、個々人を特定しない仕方で(特定は人間には不可能なことである)、適切に表現している(cf. 1:25, 2:15, 6:2)。

これが生身の各人はそれぞれの肉においてある生のなかで自らの信において義人として看做されていることをそのつど受けとめることが実質的である由縁である。他方、罪は「罪の律法」として「わがうちに巣食い」欺き、業の律法のもとに生かしめ神の前(B)での滅びにもたらすべく姦計を弄する(Rom.7:25)。それに対して聖霊は「神の善性が汝を悔い改めに導く」(2:4)べく「自らのうちで呻いている」そのただなかで「共に支え」執り成す(8:23, 26)。罪が巣食っているただなかで、悔い改めのための媒介が聖霊の執り成しとして遂行されている(ErD(AViaC))。信が神にとっても人間にとっても魂の根源的態勢であり、そこでのみ神の信に対応する信が出来事となり、魂が刷新され聖霊の果実としての平安や喜びを獲得する。これらのパトスは聖霊の媒介の徴である。かくして、あらゆる現在の時点において遂行されている神の啓示行為に対応することができるとするなら、それは各人の根源的態勢としての信の刷新を通じてのみである。神に義と認められている者の心的態勢が聖霊の媒介行為を含めていかなるものであるかが、「ローマ書」五章から八章において遂行されている。他方、神の怒りが啓示されている者が、どのような仕方で応答すべきかについて記しているものが「ローマ書」七章の従来「霊肉の葛藤」と名付けられてきた箇所である。これらはエルゴンDとして展開される。

二　「終わりの日」の神の啓示行為と現在の啓示行為における生命と死の非対称性

第三の神の啓示行為は終わりの日に遂行される。パウロは「死」の取り扱いについて慎重であり、神の前の魂の永遠の滅びとしての死はまだ啓示されていないものとして扱っている。パウロが「罪の［奴隷への］給金は死であるが、神の賜物はわれらの主キリスト・イエスにある永遠の生命である」(Rom.6:23)と語る時、永遠の生命と生物的な死のあいだには非対称性がある。パウロは啓示に基づく知識主張として永遠の滅びについては明確に語りえないことを自覚している(2:5, 15–16, 8:18)。永遠の生命の約束は明確に啓示されているが、神の前の魂の滅びに関しては「終わりの日」に啓示されるものであるため、啓示それ自身に非対称性があることが永遠の生命に否定的に対応する永遠の死を語らないことを説明している。これは終わりの日にしか明らかにされない。ここに悔い改めの余地がある。パウロはB地平(神に業の律法のもとにいると看做されている者)と彼が看做す者に対して一般的に言う、「それ故に、すべて裁いている汝、ひとよ、汝には弁解の余地がない。なぜなら、汝は他人を裁くそのことがらにおいて、汝自身を罪に定めているからである。というのも、汝裁く者は同じことを行っているからである。しかし、われら知る、真理に即した神の審判がそのようなことを行う者たちのうえにあると。そのようなことを行う者たちを裁きそして同じことを行っている、ひとよ、汝は神の裁きを逃れると思うのか。それとも汝は、神の善性が汝を悔い改めに導くのを知らずに、ご自身の善性の富と忍耐そして寛容を軽んじるのか。汝の頑なで悔い改めなき心に応じて、汝は汝自身に怒りの日に、つまり神の正しい裁きの啓示の日に怒りを蓄えている。「神はおのおのにその業に応じて報いるであろう」。かたや、忍耐に即して善き業の栄光とその名誉とその不朽とを求める者たちに永遠の生命を報い、他方、利己心から真理に服せず、不義に服する者たちには怒りと憤りがあるであろう」(Rom.2:1-8)。

このように「裁きの啓示の日」(2:5)は誰が二つの律法のいずれのもとに生きたかが明らかにされる日である。パウロは永遠の生命についてはイエス・キリストの信に基づく福音の啓示の故に明確に語りうるが、否定的な審判に関しては終末に提示されるために禁欲的であり、生物的な死の提示によりこの中間時における悔い改めを迫っている。啓示の第三のそして最後の動詞表現はこの文脈において見出される。パウロは言う「今という好機の苦難は、われらに啓示されるべく(*apokaluphthēnai*)来たりつつある栄光に比して、取るに足らないとわれは看做す」(8:18)。パウロは希望のうちに救いと滅びの非対称性を自らの認識として提示し、それが終わりの日に明らかにされると主張する。この啓示の非対称性は一つの神学説である万人救済説に道を備えるものである。悔い改めに導く怒りは啓示されていても、滅びは啓示されてはいない。明確に啓示されていないもののうえに、知識主張を遂行することはできない。パウロは「看做す・認定する」と自らの判断として伝達している。

三　啓示のエルゴンとロゴス

ここでは神の啓示行為はいかに知られるのかについて考察したい。神の啓示行為としてのエルゴンはそのロゴスが対応するような仕方で媒介者を介して遂行されている。換言すれば、神の啓示行為はロゴスとして明確に知られうるものであるそのようなエルゴンであることを確認したい。そしてそのエルゴンとロゴスは独自の地平を有しており、人間による人間的な認識とは判別されるそのようなものであると、パウロが理解していることを明らかにする。

パウロが「われは、適切なことではないが、誇らざるをえない、われは主の幻と啓示（*eis optasias kai apokaluph-seis*）に到達するであろうと」（2Cor.12:1）という書き出しのもとで特別な霊的な体験を述べる時、彼は啓示を受けまた幻を見ていると主張する。「魂の支配的部位が輝かされること」とされるこの体験をどれだけ正確に理解できるのであろうか。(29)「幻」と「啓示」が並置されていることは類似なものであるが、区別されていることを示している。「幻」は解釈を必要とするが、「啓示」は明確なその理解をも含意するものとして提示されている。

実際に、神が言語使用者でもある限り、神の義はパウロの啓示の報告の箇所（1:17, 3:21–26）において言葉によって啓示されていると理解することができる。「言葉が肉となった」ということは、その肉の信実な生涯は一義的な言葉によって伝達されうるということを含意するであろう（John 1:14, cf. Phil.2:5–11, Rom.8:3）。神が自らの心的態勢、意志等を知らしめる行為が啓示の言語によって遂行されているとするなら、それに対するパウロによる解き明かし、解釈という行為をどのように分節すればよいかというアポリアを抱えるが、彼は自覚において神の言葉を伝達する自らの職務に責任と誇りを持っている。彼は言う、「遣わされなかったなら、いかにひとびとは宣教するのであろうか」（Rom.10:15, cf.15:15–19）。

ひとつには、信仰義認論の展開（3:21–31）や業の律法に基づく者が義とされないであろう（1:18–3:20）というパウロの主張は、神の信に基づく義と怒りの啓示に含意されるものとして展開されていると理解することができる。神の認識や意志は一義的に定まっているであろうからである。啓示の報告が一つ以外の解釈の余地がないものであるとするなら、それは神の義の啓示の媒介であるナザレのイエスの従順の信において啓示されているまさにそのことであると言うことができる。少なくとも、「神の義」と「神の怒り」は双方ともその啓示は現在時制において表現されており、パウロの当時もそして現在も不変的なものとして啓示されていることが示されている以上、啓示には神の意志の普遍的な妥当性が含意されている。それは今現在時制において語りかけられている読者に対しても妥当するであろう。それは神の啓示行為を伝達するロゴスでありまたエルゴンであるということになるであろう。

神のエルゴンとしての啓示は媒介者を必要としたが、さらに神の言葉がユダヤ人に信任されている以上、これらのロゴスは神のエルゴンと共鳴和合こそすれ、矛盾することはないであろう。たとえば、信の律法の啓示の報告に続いて、パウロが「ローマ書」四章で信仰義認の実例として旧約聖書に基づきアブラハムやダビデを挙げる時、イエス・キリストの信を媒介にした神の義の啓示行為と先駆者たちの証言は啓示行為を裏付けるロゴスとして啓示と密接な関連にあるものとして扱われるべきである。

このことからして、パウロがそこに眼差しを注ぐ実在の層は啓示の解釈をも引き出させるそのようなものであると理解すべきである。パウロは神の言葉が自らに託されたと理解している(Rom.15:18.1Cor.9:1–23)。歴史的な事件を媒介しての福音と律法の啓示はそれ自身としての意味を担う整合的な言語網を形成するものであり、人間中心的な言語と区別されるべきものと理解している。従って、パウロは神の啓示行為を一義的なものとして報告するとき、人間的なものではない使徒としての権威を主張する。彼は言う、「われ異邦人たちの使徒である限りは、われわが務めを栄光あるものとする」(11:13, cf. 1:5)。信の哲学の形成は「啓示」および「啓示の言語」を人間中心的な言語から分節し、神のエルゴンに基づきそのエルゴンから析出するその過程に負う。

彼はそのうえに人間に改めて眼差しを注ぎ新たな人間理解を提示する。パウロの心魂論は二つの地平、つまり啓示として報告されているそこでの神と人間の関係、さらには啓示に基づき福音の宣教として人間中心的な理解がどのように新たに位置づけられるかを明らかにしている。啓示はそれ独自の(*sui generis*)地平を持っており、まず、ただ神による真なる人間認識として知ることが求められているそのようなことがらである。そして、その語は人間においては「神の前の自己完結性」の真理として受容するしかないという意味でアプリオリな真理を伝えるという特別な役割を担っている。そして、それを受け入れることを容易にすべく、パウロは人間中心的な自己理解の限界と可能性を展開することにより宣教と説得を遂行している。

四　信に基礎づけられる認知機能――認知の比例性テーゼ――

怒りの啓示と「ヌースの機能不全」における認知の比例した態勢

第三章で「ローマ書」一章の分析を介して、パウロは神に背く者に弁解の余地なきことをそれぞれに与えられた生得的な認知機能に訴えて展開していたことを確認した。ここでは、復習を兼ねて、神の啓示行為と人間によるその認識についてパウロがいかに理解していたかを明らかにしたい。ギリシャ語など当時の人間の言語が、限界はあっても、神の意志、人間認識を含む神の主導による啓示行為を捉えることができると考えている。先に「ローマ書」一章における神の怒りの啓示の議論において、「ヌースの機能不全」がいかなるものとして理解しうるかを魂の認知機能という視点から分析した。そこでは重要な一つの主張としてパウロは「比例性テーゼ」を展開していたことが明らかとなった。

パウロはモーセの事例をもとに帰納的に神の怒りの啓示は現在にいたるまで不義のうえに啓示されていることを導出している。あらゆる不敬虔と不義に対してはその諸行為への引き渡しという様式において神の怒りは現在啓示されている。

一方、神の怒りとしての神の義は人間のあらゆる不敬虔と不義（*pāsan asebeian kai adikian anthrōpōn*）のうえに啓示されており、他方、神の信に基づく神の義は信じる者すべてに啓示される。誰にも神の否定的な力能が明らかな以上、信じる者には神の肯定的な力能が明らかにされる。そして前者は先に「神の怒りのコントラストによる福音の証明」と呼んだものを根拠づけている。その力能は福音において明らかにされたとパウロは論じる。

この啓示の非対称性の限定のうえで、問われるのは神の見えざる性質が被造物に明らかであるということは共約的でありうるかということであった。神の見えざる性質はヌースを媒介にして知覚対象に変換されている。このヌースの共約的な次元への変換は他にもヌースから識別すること(*dokimazein*)に変換されている。パウロは言う「神の意志が何であり、善とはそして喜ばれるものそしてまったきことが何であるかを汝らが識別すべく、叡知の刷新により変身させられよ」(12:2)。確実に言えることは、対象に相応しい認知機能があるとすることは道理あることであり、ヌースはそれ自身知覚や思考ではなく、知覚対象とは異なるものにヒットするそのようなそれ自身見えざる心魂の機能であると言うことができる。ヌースに刷新が必要なのは、そのヒットに引き続き識別する機能は肉に回収されるからであろう。ヌースが宿る座は「内なる人間」(7:22)である。後に考察する箇所では「叡知によって神の律法に仕え、他方肉によって罪の律法に仕えている」(7:25)という仕方で対比される。ヌースが帰属する内なる人間は直ちに肉とは同定されない。

叡知の機能不全の場合には怒りのような神の否定的な側面しか知りえないとパウロは考えている。ヌースに基づく知識を持つ罪人とされる人間の対応は時間的経過を伴い二種類に分類される。一つは「(b*4)彼らは(b*1)神を知りつつ神として栄光を帰し或いは感謝することがな[かった]」というものであり、もう一つはそうこうしているうちに「むしろ、彼らは(b*2)損得勘定において(b*2)空しきものとなりそして(b*2)彼らの悟りなき心は(b*2)暗くされた」というものである(1:21)。「神を知りつつ神として栄光を帰す」ことをしない認知状態とはどのようなものであろうか。これは神の怒りなど否定的性質を知るに留まるために栄光を帰し感謝することがないということである。また「悟りなき心が暗い」のは神の肯定的な側面を知ることができないということであると考えられる。

罪人たちはいつの時代であれ、この分類のいずれかに属する。罪人のヌースの機能不全の責任は自ら不義に身を染めた人間の側にある。神の創造の業をひとはそのものとして認識しうるはずであったが、魂の眼差しは他の地上のものどもに向かい、それに伴う人格的堕落がその認知機能を麻痺させている。興味深いのは神自身が人類に明らかにした以上、魂の態勢の実力如何にかかわらず誰にとってもヌースは発動しうるそのような状態においてあるものであることである。

パウロは神を知る知り方に諸段階のあることを認めている。「(b*4) 彼らが (b*3) 知識のうちに (b*1) 神を持つことを (b*1) 識別しなかったほどに (*kathōs*)、(b2) 神は (b4) 彼らを (b*3) 相応しからざることを為すべく (b*2) 叡知の機能不全に (b1) 引き渡した。彼らはあらゆる不義で邪悪な悪しき欲望に満たされ、妬み、殺人、喧嘩、裏切り、卑しさに満ちた者である」(1:28-29)。これは神のことを知っている人間は相応しからざることを為すことはないという主張を含意しているであろうから主知主義的な主張とも読みうるものであるが、それは次の限定された意味においてのみ、その主張に同意することができる。比例性、対応性を示す接続詞の副詞用法「ほどに (*kathōs*)」は無知が悪行の理由になっているわけではなく、神の意志の識別の失敗の程度に対応して、妬みや喧嘩等相応しからざる行為が生まれることをパウロは報告している。悪行の程度はヌースの機能不全により知識のうちに神を持つことの識別の失敗の程度に比例していると語られている。これを先に識別と行為の「比例性テーゼ」と呼んだ。

つまり神のことがらに関する識別の不全の程度と悪行の程度は比例的であると読まれるべきである。無知の故に悪行を行っているという強い主張をここから読むことはできない。その意味でパウロは主知主義的ではなく、人格的欠陥に言い逃れができずに、それは魂の認知機能と平行状態にあるという主張である。このことは人格的に悪徳な者は認知的にもヌースが十全に発動しないそのような者であるという主張を含意する。

ヌース発動の人間の備え――信――

パウロは、第三章二節二「識別と行為の比例性テーゼ」で論じたように、比例性をこうも説明している。「かくして、見よ、神の善性と峻厳とを。かたや、峻厳は倒れた者たちのうえにあり、他方、もし汝が神の善性に留まるなら、神の善性は汝のうえにある、汝も切り取られることもあろうからには」(11:22)。神の峻厳を見るのは自ら憐れみに留まろうとしない者たちであると理解することは道理あるものである。自ら神への志向を拒否する時、神の肯定的な側面を見ることはできないであろう。このことは信や不信が心魂の機能の根底に位置することを示している。知識や感情等もこのいずれかの反応となる。こちらが否定する相手こそキリストの死がそのためにある愛の対象がパウロにおいて思い返されている。さらにパウロが先に引用した箇所において、認知的な態勢と人格的な態勢の関連に言及していた。彼は言う、「知識は高ぶらせる、しかし愛は築く。もし誰かが何かを知ってしまっていると思うなら、未だ知るべき仕方で知らなかったのである」(1Cor.8:1–2)。これは認知的な態勢は謙虚という人格的な態勢において何ものかを知るとき、正しい知り方であると主張している。

とはいえ誤った知り方であるとはいえ、知識内容に関しては異ならないのか。これに関しては神の怒りのもとにある「不敬虔と不義」な人間たちは「神の義の要求」を知っているとされていることに関連する。パウロは人間に眼差しを注いで、神の事柄をも含め認知的な状況を分析する時には、信と識別と行為三者の「比例性テーゼ」とでも言うべきものにコミットしている。一方、信により、憐れみや愛等の神の肯定的側面を知ることができ、他方、不敬虔と不義により、神の怒りや峻厳など否定的側面のみを知っている。少なくとも、「知るべき仕方」はこのことを含意するであろう。従って、肯定的な事柄に対しては高ぶりに応じて知ることはできないと言うべきであろう(cf. 2Cor.4:4)。パウロによる「叡知の機能不全」の実質はこの事態を含意していると言うことができる。「信に基づかないことがらはすべて罪である」(14:23)。魂の最も基礎的な態勢がこの比例性テーゼの基礎にあると考えられる。B次元の神の前では対応する人間にとっても一切が明らかであるので、認知的不十全性のなかでの信の問題は表立っては論じられないが、信をも含め信と識別と行為のあいだに比例性テーゼは語られることになろう。

かくして、一章の比例性テーゼの背後に、より根源的なものとして神への信と不信が反映されていると言うことができよう。神の肯定的な属性、例えば憐れみや信義を信じる者はそのヌースが健全に機能しやすい状況にあると言えよう。かくして信の根源性は人間の認知機能においても確認された。

第五節　業の律法の新たな機能――「ローマ書」七章における肉と内なる人間の葛藤――

一　七章の問題の所在

ここで「ローマ書」七章に取り組む。これまで、心魂の構成要素として「肉」と「叡知」は何でありまたいかなる機能を担っているかについて、さらには業の律法のもとにいると神に看做される者の認知的、人格的態勢がいかなるものであるか明らかにしてきた。

ひとは自らの生の第一段階としてつまり最初のひとアダムと同様に肉において魂体として生きる。「最初のひとアダムは生きる魂となった」。魂という生命原理の基礎のうえに生存欲求の主体である肉と永遠なるものを欲求する霊が身体を用いる。パウロは「われらは肉に対し肉に即して生きる義務ある者にあらず」(8:12)と肉の自己救済の不可能性を警告している。自然的には、免疫反応に見られるように、自己と非自己を識別しつつ、非自己である外界をたくみに自己に取り組みながら、また排除しながら、生物は生きている。人間は、自己の身体の限界が自己の限界であると時間と空間の制約を当然のこととして受け入れがちであるその事実、そしてそのもとに「生きる義務ある者」(8:12)と看做しがちであるその事実、それが「肉の弱さ」である。肉は被造物であり生きる限りその場に駐在せざるをえないという意味で「キリスト vs. 隣人」ディレンマのような制約のもとにあるところのものである。

七章は罪の誘惑のもとにある肉と叡知の葛藤の分析を介して、パウロの心身論を理解する好個の場所である。パウロはこの章で戒めや業の律法が差し向けられる者の反応はいかなるものであるべきかを明らかにしている。まず七章における「われ」との関連で「肉」を考察する。

七章はユダヤ主義者との二つのディアトリベー（談論風発）を持つ。第一議論において、パウロは彼の信仰義認論への批判のひとつとして「律法は罪か」というユダヤ主義者の問いに、「律法と戒めの聖性と善性のアダム的文脈の想起による証明」（7:7–12）と呼ぶべき議論を展開する。続いて、彼は第二議論において「善なるものが死となったのか」という問いには、彼は罪の罪性を著しいものにする霊的な神の律法の提示を介して「肉と内なる人間の葛藤による二種の律法の判別証明」（7:13–25）と呼ぶべき議論を展開する。第一議論では過去時制が、第二議論では現在時制が用いられており、異なる議論として扱わねばならない。第一議論においては霊に対する言及がなく「創世記」のアダムの記事に基づき、知恵の説得が行われる。そこでは蛇を想起させることにより罪の擬人化の正当化を遂行し、罪の働き（Ereと表記）として、罪は戒めに機会を捕らえひとを欺き生物的な死に追いやる。「われ」はそこでは葛藤が描かれず罪に同意し「罪の給金」（6:23）としての死を受け取る。第二議論では、「われ」は罪に同化しきることなく、霊的な律法に対する今・ここの知識を持ちつつ、神の律法と罪の律法のあいだで葛藤する。前者では罪の誘惑に負けてしまった「われ」が描かれるが、後者では罪のもとに売られ葛藤のうちにある「われ」が描かれる。

パウロは福音の提示に続き、業の律法の新たな役割をこの章において明らかにする。パウロは言う、「キリストが信じるすべての者にとって義に至る律法のゴール（*telos*＝目指すもの）だからである」（10:4, cf.「汝らは罪から自由にされ神に仕えており……その終局［ゴール（*telos*）］は永遠の生命である」（6:22））。福音の提示により、律法はそこにおいて義が成立するキリストを目指すものとして、業の義から信の義にひとを追いやる新たな機能を明確な仕方で与えられたと言える。業の律法は神の意志である限りにおいて善であり、文字から霊に何らかの仕方で転化される限りにおいて、それは罪の苦悩をもたらし、福音に導く。「われ」とは意味論的分析によれば「汝貪るな」と命令形により語りかけられる者のことであり、背くこともできる責任ある自由のもとに生きる人間中心的な次元Cにいる自律的な一人の人間のことである。最初にテクスト全体を引用する。

［第一議論「律法と戒めの聖性と善性のアダム的文脈の想起による証明」］七それではわれらは何と言おうか。律法は罪であるのか。断じて然らず。しかし、われは律法によらなければ罪を知らなかった。なぜなら律法が「汝貪るな」と言わねば、われ貪りを知らなかったからである。しかし、罪は戒めを介して機会を捕らえわがうちにあらゆる貪りを引き起こした。なぜなら、律法を離れては罪は死んでいるからである。しかし、われかつて律法を離れて生きていた。しかし、戒めが来るや罪は目覚めた。だが、われは死んだ、そして生命に至らす戒め自らが死に至らすものとわがうちに見出された。なぜなら、罪が戒めを介して機会を捕らえわれを欺いたそしてその戒めを介して殺したからである。かくして、かたや律法は聖なるものでありまた戒めも聖であり義であり善である（Rom.7:7–12）。

［第二議論「肉と内なる人間の葛藤による二種の律法の判別証明」］。一三それでは善きものがわれに死となったのか。断じて然らず。むしろ、罪が善きものを介してわれに死を成し遂げていることによって、罪が明らかになるためであり、罪が戒めを介して著しく罪深いものとなるためである。なぜなら、かたや、われ律法は霊的なものであると知っているが、他方、われは肉的なものであり、罪のもとに売り渡されているからである。というのも、われが［最終的に］成し遂げるところのもの［死］をわれは認識していないからである。というのも、われの欲するところのもの［霊的な律法に従うこと］をわれ為さず、憎むところのもの［死］をわれ作りだすからである。しかし、もしわれ欲せざるところのもの［死］を作りだすなら、律法にそれ［律法］が善きものであると同意している。しかし、今やもはや、われがそのもの［死］を成し遂げるにあらず、わがうちに巣食っている罪が成し遂げる。なぜなら、わがうちにつまりわが肉のうちに善が宿っていないことを、われ知るからである。というのも、善美を欲することはわれに備わるが、それを成し遂げることがないからである。なぜなら、欲するところの善をわれ作らずに、欲せざるところの悪をわれ為すからである。しかし、もし欲せざるところのものをわれ為すなら、もはやわれそれを為さず、むしろわがうちに巣食っている罪が為す。かくして、善美を作

ることを欲するわれにおいて、悪がわれに備わるという律法をわれ見いだす。なぜなら、われ内なる人間に即しては神の律法に喜んで同意しているからである。しかし、わが肢体のうちに他の律法を見る、それはわが叡知の律法に対し戦いを挑んでおりそしてわが肢体のうちにあることによって罪の律法のうちにわれを捕らえている。惨めだ、われ、人間。誰がこの死の身体からわれを救い出すであろうか。しかし、われらの主イエス・キリストを介して神に感謝［する］。それ故、かくして、われ自らかたや叡知によって神の律法に仕え、他方肉によって罪の律法に仕えている(7:13–25)。

二 「われ」とは誰か

パウロは短く、凝縮された「ローマ書」七章において、罪を暴きだしている。この章で登場する「われ」とは誰かが争われてきた。印象深く述べられる「われ」とは何者であろう。原人アダムのようにも、モーセ律法のもとにあるユダヤ人のようにも、また福音に与ったパウロのようにも見える。なお、福音の恩恵に与った人間がこのような苦悩の叫びを挙げることができるのか、回心以前のパウロの自己認識の述懐なのではないか等が問われてきた。研究史上、現在形において苦悩するこの「われ」が実際パウロを指示しているのかが問われてきた。

Cranfield は「われ」が指示する七つの可能性を提示して、パウロの(一)「自伝的なもの」であるないし(七)「キリスト者の経験一般」という立場に対する伝統的な困惑をこう説明する、「この困難さは、初期の時代からとても多くの人々に感じられてきたものであるが、キリスト者の人生についてのまったく暗い見解を含んでいる、とりわけ信徒の罪からの解放(6:6, 14, 17f, 22, 8:2)について言われていることと不整合であると思われてきた[30]」。しかし、Cranfield はアウグスティヌスやトマス・アクィナスそして一六世紀の宗教改革者その他近年の註解者四人の名を挙げて、こう言う。「これらの解釈者たちがパウロの心を正しく理解してきたことをわれらは疑わない。というのも、（一）「自伝的」或いは（七）「キリスト者の経験一般」のいずれかの線にそってのみ、われらはテクストに対して正しく対処しうるからである。……善を意志しそして悪を憎む「われ *ego*」において、*nūs*（叡知）(7:23, 25) において、「内なる人間」(7:22) において、われらは、未だ回心していない人間の自己でも或いはその自己の或る部分をでもなく、神の霊によって新たにされうる人間的自己を確かに認めなければならない。実際、ここで記述されているほどの真剣な葛藤はただ神の霊が現在しかつ実働している場所においてのみ生じうるものである。……一層キリスト者が神の律法について律法主義的な思考から解放されればされるほど、そして彼がそこへと召されている完全性の十全な輝きをより一層明晰に見れば見るほど、彼はより一層自らの継続的な罪深さ、彼の頑固な滲み通る自我意識……について自覚的になるということは本当なことではないのか[31]」。

心的状態として Cranfield が敬虔に苦悩の深まりを語るそのようなことは真実であるかもしれないが、心理主義的な所謂寝技に持ち込む前に為し得る分析は存在する。福音の啓示に基づき律法の機能を新たに考察したパウロは第二議論で律法はもはや文字としてではなくキリストを目指すものとして霊的なものとなり罪を暴きたて、罪の罪性を著しいものとして知らしめるものだという理解に到達している。第二議論ではパウロの自覚としては「われ」が誰であれ現在形により臨場感を保ちつつ、どんな「われ」にも妥当する仕方で今・ここのエルゴンとしてヌースの発動のなかで葛藤している、その現場の提示により「霊と力能の論証」を遂行していることを私はここで示したい。

この一連の二つの議論のなかで最低限確かなこととして語りうるのは律法が罪ではなく、死をもたらすものではないことを明らかにするために「われ」が登場することである。その目的が達し得るのであれば、パウロであっても、パウロでなくとも構わないと言うことができる。パウロはここで、誰を「われ」が指示するのであれ、最も基礎的に了解できることとして、「われ」とは彼の論敵たちが彼の信仰義認論の含意として律法が罪であり、善きものが死をもたらしたという反論を反駁する証明のなかで登場する人物のことである。戒めが「汝」と呼びかけたさいに、「われ」として応答する者のことである。信の哲学はパウロの二つの論証の過程を誰にも理解しうるものとして共約的な次元で追跡する。そのため罪や霊が行為主体として言及される場合においても、相対的な自律した視点から譲歩された人間の視点で語りなおすことを厭わない。

三　律法は罪ではないことの証明

罪に欺かれたアダム的「われ」

第一議論においては「律法は罪であるのか」(7:7)というユダヤ主義者である論敵からの反論に「断じて然らず」と本書簡の一特徴であるディアトリベー(談論風発)様式により応答している(第三章註13参照)。ここではパウロの信仰義認論が含意するであろう律法軽視さらには罪悪視への反論として、福音の啓示に基づき律法の聖性と善性の論証を提示する。この論証で特徴的なことは、律法と罪が擬人化されることである。律法は戒めを語りかけるが、「罪が戒めを介して機会を捕らえわれを欺いた」(7:11)。この擬人化は対応箇所である「創世記」三章の蛇の擬人化により理解を容易にさせている。パウロは蛇について「ちょうど蛇がエバをその狡猾さによって欺いたように」(2Cor.11:3)と蛇を行為主体として擬人的に描いている。パウロはここでも慎重であり、旧約聖書の裏付けにより論敵ユダヤ主義者の土俵上で彼らの同意を取り付けようとする。クランフィールドは「パウロはここで「創世記」三章の物語を念頭においている。ひとの保護のために神の善き恵み深い贈りものであるところの神的戒めは蛇がひとを破壊すべく利用しうる好機でもあると見られている」と述べている(32)。

「欺く」をその類義語で理解するとすれば、それは偽りを語り騙し、実践することであり、魂の秩序を乱し、混乱させ破壊に至らしめることである。その欺きの方法は言葉を通じてである。人間社会においては、ひとがひとを欺くのは、言葉だけではなく、非言語的な行為においてもなされるが、見えない罪は魂の中で語りかけるという仕方で欺く、ちょうど蛇がエバに語りかけたように。律法が「汝貪るな」(7:7)と言えば、「汝貪れ、それは人間として生を燃焼させることであり、それは当然為されるべきことなのだ」と反対命題をささやき肉に即した生を唆し、心魂のうちに「罪の律法」(7:23)を立てる。

ここで確認しうることは、意味論的分析によれば、命令は従うことも従わないこともできる存在者を前提に遂行される。従って、ここで「われ」は責任ある自由のもとにいるC自律的な存在者であると言うことができる。律法が「赦せ」と言えば、罪は「そんなひどいやつは罰を受けるべきだ、それが正義だ」とささやく。さらに罪は「使徒がキリストの過去の死はお前の古い過去の自我の死でもあったと、また自らの罪は自ら担いえないものであり既に担われたと言ったのか、そんなことはない、お前はあのこと、このこと自らの過去を償わねばならない」と律法を立てに、新しい前向きの生はおめでたき健忘症だとし、古き自我に固執させ責め立てる。

比喩的に言えば、罪は律法を殊の外好み、律法のあるところ寄生し住みつき罪の果実を増殖させる。なぜなら律法は肉の人間には審判の言葉だからであり、自らを省みることなしに、自らを他から優越させるために振り回す尺度、規準となり、その定規こそ罪の最も好物とするところのものだからである。律法のあるところ、「あらゆる者は罪を犯した」(3:23)と語られている限りにおいて、そこに事実上一度は罪が寄生し、ひとをして罪に加担させまた同化させている。罪は律法を隠れ蓑にして姿を見せず、モーセの律法そして戒めそれ自身が自己と他者を破壊するように思われる。パウロはその状況を「生命に至らす戒め自らが死に至らすものとわがうちに見いだされた」(7:10)と記す。実は、罪がひとを律法により欺き、殺したのである。ここで「殺した」とは生物的生命に死をもたらしたということである。

律法が罪ではないことの第一議論が過去形により展開されているのは具体的にアダムの事例が念頭におかれ、彼を罪が世に侵入したその過程のモデルにしたためであると考えられる。少なくとも一人神の戒めに背いた人間がいた。善悪を知る木の実を「食べるな」という戒めが与えられたところに罪は初めて登場する。罪は行為主体として戒めを利用して最初の人間を欺き自らに同意させ死に追いやっている。この罪の行為主体としての働きをEre(LogbviaErC(agreement))と記す。小文字のbは律法が文字化されていることを、また小文字のviaは罪が律法とひとの媒介を遂行することを示している。重要なことは罪の行為主体としての働き(Erviaと表記)は文字としての律法(Logb)を前提にしてのみ語りうることである。これを(Logb & Ervia)と表記する。

また、一人称単数「われ」はモーセ律法の擬人化のもとでの「汝貪るな」という二人称単数の命令を戒めとして語りかけられたさいに、それに対する応答して出現する。神が罪に利用されることは想定不能であるため、文字化された律法が「汝」と語りかけるものとされている。二人称の呼びかけに対する一人称による応答、これが最も基礎的な誰にも同意される「われ」の文法的理解である。G. Theissenは言う、「私見であるが、ローマ七章七節以下の内容からも純粋に虚構の「われ」という仮定は支持できないと思う。最初の明示的*ego*(八節)は「貪るな！」という神の掟に挑発される。律法は二人称単数で人間に呼びかける。そこで一人称単数で答えたくなるのは当然である。しかし、パウロが人間に対する神の要求を云々する場合、自分自身を除外した虚構「われ」を使うなど思いもつかないことだ。これでは神の要求の厳しさはどこかに飛んでしまう(33)」。この文法的解釈には同意するが、虚構解釈は真剣さを失わせるという見解には同意できない。この「われ」に戒めと罪によるその利用を介した誘惑に対する今・ここのエルゴンによる臨場感と誰であれ「われ」と語る者に妥当する普遍性を託したのである。一章ではB神の前で神の怒りにあてられた者がいかに振る舞うかを明らかにした。神が理解する言語網のなかで罪人たちは登場し、神の理解としての彼らの振る舞いが提示されていた(1:18–32)。そこでは「律法は怒りを成し遂げる」(4:15)として、欲望への引渡しが描かれていた。しかし、ここでは、律法の新たな機能の解明に向かう。第一議論においてパウロは罪と律法の擬人化と生物的死をアダムの記事により裏付ける。罪は文字としての律法を利用し「われ」を欺き死に追いやったことを説得している。この第一議論を介した第二議論においては、「われ」は誰であれ、掟をつきつけられた者は律法が霊的なものであることの認識を持ち葛藤を為すべき者であることが描かれる。文字と霊の律法が二つの議論を異なるものとさせ、「われ」は死から再生に向かう。

「最初の人間アダム」(1Cor.15:45)はモーセ律法以前に位置するが、蛇の誘惑は「善悪を知る」(Gen.2:17)木の実を食べ、目が開かれ「神の如くになる」(Gen.3:5)という貪りへの誘惑であった。この論証の主語が「われ」ではなく複数形(例えば「われら」「彼ら」)であるとするなら、その指示範囲は限定されるが、「われ」は誰であれ戒めが「汝」と語りかけられ、応答する限りのひとに妥当することを示すことができ、アダムの事態がすべてのひとに普遍化可能となる。実際、「ローマ書」五章の対応個所で罪が入ったことが、死が入ったことの原因であるとされている。そのこと[「和解させられた者として、彼の生命において救われるであろう」こと]の故に、ひとりのひとを介して罪が世界に入りそして罪を介して死が入ったように(*hōsper*)、そのように(*hūtōs*)また、すべての者が罪を犯した故に、死はすべての者を貫き通したのである」(5:12)。「われ」は誰であれ戒めを差し向けられた者として応答する死すべきアダム的な人間のことである。少なくとも、「最後のアダム」(1Cor.15:45)ないし「第二の人間」(1Cor.15:47)とされるキリスト的な「われ」との対照においてある者のことである。

この文章に見られる同等比較「～ように、そのように～」は注意を要する。これは死の原因が各人の罪の故にであることを同等比較により明確に述べており、これまで明らかにしてきたように、アダムの罪の遺伝による伝播を含意してはいない。「すべての者が罪を犯した」とはまず業の律法による神の前の人間現実としてのB罪人が理解されねばならない。ただしその罰はそれ自身としては生物的な死に留まる。しかし、これも五章の論述で明らかにしたように、パウロによる全人類の罪人の確認も福音の啓示の故になされたことである(5:12「そのことの故に」の導入による議論、本章二節六「アダムとキリスト」参照)。福音が啓示されていなければ、ひとは業の律法のもとの義を目指していたであろう、アブラハムの系統の者たちを除いて。その福音のもとにある救いの可能性のなかにおいて、或いは叡知の機能不全のなかで、神による罪の認識を人間の叡知がヒットすることもあろう。詩人は報告している、「主は天からひとの子らを見下ろして、賢いもの、神をたずね求める者があるかないかを見られた。彼らはみな迷い、みなひとしく腐れた。善を行う者はない、ひとりもない」(Ps.14:2, cf. 3:10–18)。アダムが背きの最初の者であるが、ひとは事実上或いはより正確には業の律法のもとにある者は皆アダム的な者であったと神は認識している、その神の認識が報告されている(1:18–32, 3:20)。換言すれば、第一議論において、神の意志である業の律法は人間により文字として受け止められる限り、それは罪に利用され欺かれることをパウロは報告し知らしめている。この議論なしには、ひとは業の律法に対しどのように受け止めたらよいか知ることはできなかったであろう。空しく同じ欺きに陥り、罪と律法と死のループから逃れる道を見出すことがなかったであろう。

「われ」と「人間」の同定

このループとそこからの脱出がすべての「われ」に妥当すること、その普遍化可能性を確認するものとして、パウロは「人間」と「われ」を同定させていると思われる。彼は第二議論において「内なる人間」(7:22)を語り、また「惨めだ、われ、人間(*talaipōros egō anthrōpos*)」(7:24)の語順で叫びを挙げており、ここで「惨めなわれ」とは「人間」のことだと理解することができる。律法の無罪性と善性を証明するさいには、神がそれを差し向ける人間全体が問われているであろうからである。言ってみれば、アダムが問題になるところ、人間全体が問題になっている。生物的な死がすべての人間に行き渡ったことは、「われ」が最初の人間であったなら、誰であれアダムと同じ過ちを犯したであろうことを告げている。換言すれば、それほど罪は巧妙であると言える。

罪は「文字の古さ」(7:6)としての律法を利用するが、パウロは律法と罪を同定する動きに「断じて然らず」と拒否し、その論証を企てる。実際第一議論の論述の進行はアダムとエバの堕罪物語とほぼ平行的に進む。罪が世に入ったのはひとりのひとを「介して」とあり、罪はアダムを媒介にして世に入った。主語「罪」はアダムとそのまま同化されるべきではない。罪が「世界に入り」(5:12)とあり、それは「われかつて律法を離れて生きていた」(7:9)に連続的なものとして対応し、それまで神の前においてアダムはその罪が認められなかったことを含意する。蛇に血肉化した罪が人間の肉の弱さに乗じて文字としての律法に取り入り、その結果神の戒めとは反対のものを唆すことにより律法化し、律法違反の律法のもとに生きるよう欺いた。蛇は善悪を自ら判定し知り、神のように責任ある自由のもとに生きることが人間の本来性なのではないかと「罪の律法」(7:23)を立てた。これに通常われわれが当たり前のこととして同意するという事態に罪の根深さ、御し難さが隠されている。

罪が入らなければ、死も人類に入らなかったとされる。生物的な魂体の死は誰もが認めることのできる共約的なことがらであり、パウロはその事実に注意を喚起している。ここからどれだけ多くの同意を取り付けられるかがパウロの腕の見せ所であった。このように、アダム的な「われ」の導入により、あらゆるひとに適用される論証の普遍性を求めている。アダムに対する神の罰の言葉「汝は土(*ge*)でありそして汝は土に帰る」(Gen.3:19)は「だが、われは死んだ」(7:10)において実現されている。

パウロはここであらゆるひとに死をもたらす罪を宇宙的諸力として神話的に扱わない。罪は律法を介して肉に寄生するものとして描く。もし善悪が宇宙論的な原理であるとするなら、人間は決してその上位の原理から逃れることはできず、自らの悪や罪に何ら責任さえ負わないものとなろう。パウロにおいては罪は文字化した律法のあるところに登場し律法に寄生する。罪はモーセの石板に刻まれた律法の文字的な側面のみに注意を向けさせ、ひとを生物的な死に追いやる。それが罪に誘われた人間に対する「人間的」に言えば「罪の給金」であった(6:23)。

律法なしには罪が死んでいること

律法がなければひとは罪を知ることはなかったとされる。例えば、何ら規範のない社会を考えてみよう。そこでは禁止命令「〜するな」「〜やめよ」という言葉が一度も使われない。誰も善悪の判断をすることのない「何でもあり」の社会においては、事実上まったくの無秩序な社会が想定される。しかし、そこでは「無秩序」が「秩序」と対立するものとして描かれることがないため、無秩序であるという認識は成立しないであろう。同様にそこでは罪を罪としてひとびとは認識することはできないであろう。「アダムからモーセに至るまで」(5:14)事実上神の前で罪は存在していたが、「律法が存在しないため罪は告訴されていない」(5:13)。ひとには罪を罪として認識されなかったのである。「律法のないところには違反も存在しない」(4:15)。「われかつて律法を離れて生きていた。しかし、戒めが来るや罪は目覚めた」(7:9)。

罪は律法が与えられる前はどこにいたのかが問われよう。アダムを介して「罪は世界に入った」。この世界への侵入をパウロは「目覚めた」により表現していると思われる。蛇のようなものとして生物界にいたのかもしれないが、それは律法付与以前には自らの力能を自覚することもなかったであろう。律法が来て罪は自らの力能に目覚めたという意味で、世界に入った。

ひとはこれに同意するか否かが、この章を自らのこととして読み得るかの一つの鍵を握る。反論として考えられるのは、人間社会はいつの時代においても律法があろうがなかろうが悪で満ちているという認識であろう。パウロは一つの留保のもとに、この見解に同意するであろう。留保とは、ちょうど無垢な子供が親の庇護のもと、光のなかにいることに気付かないほど光のなかに育まれることがあるように、アダムは自ら善悪の無知のなかでただ善のなかに事実上過ごすことは想定されよう。この対立概念の不知のなかでは何ら否定的なものへの刺激を受けないことは想定できるという留保のうえで、パウロは何が善であり、何が悪であるかの規準が提示されていなければ、事実上の悪が蔓延していてもそれは悪として認識されないと言うであろう。何らかの法律の導入により初めて罪意識を持つひとも生じることであろう。そして罪意識に刺激され、かえって自らを支配し違法に導くこともあろう。

ともあれ、律法がなければ、事実上ひとは死すべき悪行に身をそめても、罪が律法の刺激を受けることなく、その結果対立的な善を知らない故に、普遍的な悪を無自覚に垂れ流しているだけの生であったであろう。これは罪が識別されないため、死んでいる状態である。罪は律法に寄生してのみ生きていると語ることができる。これは共約されるであろう。そしてひとは律法のない人間社会が存在しないことをも共約するであろう。そうであるとしたなら、悪の起源の説明をひとは誰もが必要としている。パウロは第一議論において悪と死の起源を論じたと言うことができる。鍵は文字として理解される限りの律法であった。

罪が支配しうる生物的死と律法の善性

他方、パウロは律法が神の意志である限り、それは罪ではないことを確認する必要があった。罪は律法を利用しひとを欺き自らの支配している生物的な死さらには神の前での死に導くべく、神に挑む者の誕生に向けて暗躍する(1:32)。第一議論において、律法の聖性、罪なきことは罪の戒めへの利用を介した欺きへの言及により証明される。「生命に至らす戒め自らが死に至らすものとわがうちに見出された。なぜなら、罪が戒めを介して機会を捕らえわれを欺いたそしてその戒めを介して殺したからである。かくして、かたや律法は聖なるものでありまた戒めも聖であり義であり善である」(7:10–12)。アダム的なわれは戒めを巧妙に利用した蛇の欺きにより殺された。ここで「われ」は誰であれ戒めを盾にして自己を主張する者であり、その者はただちに罪の罠に陥るものである。罪は善悪を知り、自ら神の如くに善悪の判断者として人生の主人公になることを誘いつつ、戒めの違反に導く。かくして、罪が律法違反の主犯であって、それとの対比において、律法は聖であり、戒めも聖にして善かつ義であることが立証される。これが第一議論の展開である。

死をもたらす罪は文字としての律法とひとの同意を媒介する。これを記号化するなら、Ere(文字化された律法LogbviaErC(同意)となるであろう。そこでは「罪が戒めを介して機会を捕らえわれを欺いたそしてその戒めを介して殺した」(7:11)に見られるように、葛藤あるなしにかかわらず生物的死をもたらすものであった。

ここでひとは直に問うであろう。神の善なる意志が、生命に至らすはずのものが罪に負けるのか。それほど律法は弱いのか。必然的に罪に誘うものではないにしても、律法の側に何らかの責任があるのではないか。パウロは、律法の提示において、神が罪に負かされることは想定されないため、神がではなく「律法が「汝貪るな」と語る」

と報告している。律法が言語により伝達されている以上、言語的存在者としての制約は不可避的に受けるであろう。実際、パウロは平行箇所においてモーセに律法が与えられた経緯に触れ、律法の文字性を強調する。パウロはキリストの霊の執り成しの働きとの対比において文字として律法を捉え、手紙の受け手たちに言う。「汝らはわれらにより勤労されたキリストの手紙である、しかも墨によってではなく生きる神の霊により書かれたものであり、石板においてではなく肉の心の板に書かれた手紙である。われらはキリストを介し神に対しこうした確信を持つ、即ち、われらは、われらの[奉仕者としての]十全性が何か自らに基づくものとして、自らから十全なものであると看做されるものではなく、われらの十全性は神に基づくものであると。その神はわれらをして文字のではなく、御霊の新しい契約に仕える者として十全なものと為したまうた。というのも、文字は殺し、御霊は生を造るからである。しかし、たとえ、石に刻まれた文字における死の奉仕が栄光のなかに生じ、その結果イスラエルの子たちはモーセの顔の栄光の故に、それはやがて消えゆくべきものであるが、直接凝視しえざるほどのものであったとしても、霊の奉仕はいかにはるかに栄光のなかにあることになるであろうか」(2Cor.3:6–8)。

パウロはここでキリストを介した生命を与える霊の栄光と力能と神からモーセに授かった文字による栄光の程度の異なりを伝えている。麓にいた民はモーセの顔の輝きに畏れを抱いたが、霊がもたらす栄光はそれに遥かに勝るものであったとされる。人間の肉の弱さの故に、律法が「肉的な」(7:14)人間に受け止められるや否や、罪が働きだし、神の意志が宿る霊なるものとしてではなく、文字として受け止められる。モーセの目の前で、神の意志である律法は石の板に書きつけられた。出エジプトの流離人は目に見える文字として石板の律法を受け止め、霊として受け止めることはなかった。葛藤のないところ、救いを求めることもない。

なお、罪が支配しうるのは生物的生命と死に留まることは、パウロの次の律法認識から導かれる。「汝らは知らぬか、律法がひとを支配するのは、そのひとが生きている限りの時であると」(7:1)。罪が律法に寄生し利用できるのも、生物的な生が続く限りである。この意味において永遠の生命と生物的な死の非対称性は肉の中立性を裏付けている。つまり神の前の生と死の可能存在としての生物的な死を与件とする者が肉においてある者である。恩恵の凌駕の故に、生物的死はもはや罰としてではなく一時の「眠り」にさえ喩えられることもある（1Cor. 7:39, 11:30, 15:6）。生物的な死は神の前の魂の生死に比較すれば、何ほどのことでもないと言えよう。ただひとは肉の生に固執するのは、肉の弱さの故である。罪の支払いであるこの死は、福音の啓示に基づき、神の前の義と罪、さらには神の前の生と死に対し中立的なものであると言える。既に勝利があるからこそ、パウロは肉の弱さに譲歩することができる。

実際には罪の給金としての死が入ったにもかかわらず、ひとは肉の弱さの故に生物的な死を自然的な存在者として与件であると看做している。その欺かれているであろう彼らにパウロは罪の支配が歴史のなかで凌駕された義の支配を自らのものとするよう命じている。福音が凌駕するものでなかったなら、この与件は中立とは言えずに、克服不能な与件でもあったであろう。彼の譲歩する余裕も福音の力能の故にである。神は、被造性の特徴故に、人間中心的な次元において人間に自らが義と罪のいずれかに向かう自由を与えたと看做されることを認可している。何よりもこの肉は御子が受肉したところの肉である。所謂採算のない譲歩は罪に乗じられるだけともなり、パウロは自ら滅びの罠をかけることにもなろうが、この勝利故に、ちょうどイエスが天国を地上のことがらの譬え話により伝えたように、人間的な理解の助けのために人間中心的な語りを許容している。しかし、彼は常に福音との帰一構造の故に、この義と罪いずれの奴隷でもありうる存在者に福音の勝利の信を持つよう命じる。

パウロはこれらの議論に基づき五章末尾において七章と同様の人間の二重性を提示している。「しかし、律法が到来したのは逸脱が増すためである。しかし、罪が増したそのところで、恩恵がさらに満ち溢れた、それは罪が死において支配したように、そのようにまた、恩恵が、われらの主イエス・キリストを介して永遠の生命に至るべく、義を介して支配するためである」（5:20–21）。罪が死において支配したことはアダムにおいて罪が世に入りその結果すべての人間に死が行きわたったことの故に過去形で表現されている（cf. 1Cor. 15:21）。これは生物的な死と受け止める限りにおいて人間的、自然的なことがらとして理解できる。すべての者が神の判断としてアダムを介して世に入った罪に欺かれ罪を犯したが故に、生物的な死を免れない者たちとなった（cf. 3:23）。しかし、福音の啓示に基づき、この生物的な死を乗り越え永遠の生命に到達するべく、恩恵による支配の道筋が人類の歴史のただなかで実現されたことを確認している。

ここで「永遠の生命」と生物的な「死」の非対称性は啓示の非対称性に基づく。福音は既にイエス・キリストの信を介して啓示されているが故に、パウロは知識主張として永遠の生命を語ることができる（cf. 6:6–11）。それに対し業の律法のもとに生きていると神に看做される者に関しては終末における啓示において永遠の生命と滅びのいずれかが明らかにされる。

かくして、パウロは五―八章では所謂生物的な死と霊的な死（永遠の断罪）の区別を明確にはなしていないが、それは神自身の判断の領域であることの故に自制していると考えられる（cf. John 6:50）。むしろ対比は生物的な「死」と「永遠の生命」のあいだに置かれており、非対称性がある。彼は「肉の滅び」との引き換えに「霊」の救いを求めることもある（1Cor.5:4–5）。パウロ自身としては永遠の滅びは神の専決事項である以上、罪の支配下にある生物的な死には言及しても霊的な死に言及することに消極的であり、その代わりに（せいぜい）生物的な死の支配者である罪に対し勝利した福音の啓示に基づき「死」を乗り越えるものとして、「永遠の生命」という肯定的側面を強調している。罪の支配の死は永遠の生命に凌駕されている。かくして、律法の位置づけは罪を暴き立て、恩恵に向かわせるものとなる。

肉と内なる人間の葛藤による二種の律法（叡知と罪の律法）の判別証明

第二議論は第一議論の展開である。第二議論はたとえ律法が罪でなくとも、罪が成し遂げる死に貢献していることになるのではないかと疑われ、「それでは善きものが死となったのか」というユダヤ主義者のさらなる反論に対する応答である。彼は「肉と内なる人間の葛藤による二種の律法の判別証明」と呼ぶべき論証を展開する。ここでは律法と罪をめぐる「われ」の葛藤が三者の三つ巴として劇的に現在形により描かれ、律法と罪の非同一性に基づき善は死をもたらしていないことを明らかにする。

この現在時制動詞のもとにある「われ」は過去時制動詞のもとにあったアダム的な「われ」との関係が問われるであろう。パウロは律法が罪でないことを証明する第一議論で、五章でなしたように、アダム的な「われ」の普遍化を試みたのであり、罪が戒めに乗じ欺いた故に死がすべての人間に最終的に成し遂げられた。パウロは、それを踏まえ第二議論においては、誰もが経験するであろう良心の葛藤を罪と律法の観点から説明し、善きものが罪の欺きに貢献し死となったのではなく、罪の罪性の著しさをあぶりだすことにより、死という普遍的事象を介して罪の共約的な理解の拡張を図っている。

第一議論から第二議論の進展は現在形への転換によりわれの葛藤の劇的な状況を導入する。そして文字としての律法から霊的な律法の認識への転換が遂行される。パウロは今・ここのわれの認識として二重の自己を見出すことの記述から第二議論を始める。「それでは善きものがわれに死となったのか。断じて然らず。むしろ、罪が善きものを介してわれに死を成し遂げていることによって、罪が明らかになるためであり、罪が戒めを介して著しく罪深いものとなるためである。なぜなら、かたや、われ律法は霊的なものであると知っているが、他方、われは肉的なものであり、罪のもとに売り渡されているからである」(7:13–14)。

ここに霊的な律法のわれによる認識が遂行されることにより、罪と律法のコントラストが提示される。この現在形による「知っている」は今・ここの具体的な認識である。律法が霊的であることの叡知による認識を介してのみ、ひとは罪との葛藤に至る。律法については他の知り方のあることが一章で提示されていた。そこでは叡知の機能不全により、律法を神の怒りや峻厳を表すものとしてのみ知られるものであった。そこでは葛藤をもたらさず、むしろ律法違反により神に挑む者が描かれていた。それは神の理解網Bにおける登場人物たちであり、神の前において彼らは直接神によりそのような者として認識される者たちであった。

ここでは「われ」は自らの責任ある自由のもとにC次元において生きている。律法はわれの葛藤に導かれるディレンマの一方の角《つの》としての肯定的な認識の対象となる。パウロは律法が聖なるもの善なるものであることを一歩も譲歩できないと考えていたため、文字化された律法は負けるが、霊的な律法は罪を暴き立てると理解した。律法は罪を克服することができなかった、そのことが福音の啓示のゆえに明らかにされた。モーセに対する律法の授与よりも、アブラハムに対する神が信実であることの約束こそ、福音の先駆であった（4:13–22）。神の一人子の受肉により、そして信実な従順の生涯のゆえに、神の前に新たな人間の現実が開かれた。かくして、この福音の啓示のもとに、律法の新たな役割が与えられたのである。

律法が霊的であるという認識はキリストの福音との関連づけによる今・ここのわれの叡知の発動であると理解すべきである。それは先の霊と文字の対比において、「文字は殺し、御霊は生を造る」に見られるように、キリストの働きにこそ新たな生命を造る霊が宿る。実際、パウロは律法のゴールをキリストであるとしていた。パウロは言う、「キリストが信じるすべての者にとって義に至る律法のゴール（*telos*＝目指すもの）である」（10:4, cf. 6:22）。福音の提示により、律法はそこにおいて義が成立するキリストを目指すものとして、業の義から信の義にひとを追いやる新たな機能を明確な仕方で与えられた。かくして業の律法が正しく機能するのは、キリストないし聖霊の働きに関連づけられる限りであることが分かる。

従って、われが「律法が霊的である」と知っているその知はエルゴンDとしての聖霊の媒介によるものであったと言うべきである。そのとき、聖霊による執り成しの働きは ErD＝（（ErB&/orLogB）ViaErC（kn）（LogB））と表記できよう。しかし、聖霊の働きは一般化するとき偽となる可能性を持つ。例えば、「律法は常に霊的である」という命題は文字としての律法がある以上、語りえない。聖霊の執り成しがあるとき、その時に限り、律法は霊的であり、この「われ」は今・ここで聖霊の執り成しのなかで律法の霊性を認識した。これは聖霊の働きの不時性による制約である。キリストの内在に関しても、「キリストが汝らのうちにあるなら……」(8:10)と条件文で語られており、復活のキリストの内在しないことの可能性が考慮されている。他方、この「われ」は罪のもとに売り渡されているものである。そしてそれをも自覚している者である。このディレンマの苦悩はErC(agony)(Ere(LogbviaErC(subjected)〈vs〉ErCkn(LogA&LogB))と表記できよう。ただしsubjectedは罪のもとにわれが従属していることを示す。

葛藤があるところ、「わがうちに巣食う罪」はひとを神の前の現実B(律法のもとにいる罪人)たらしめるべく命令を差し向けられたC生身の人間に働きかけるが、そこに聖霊による執り成しの働きが想定される場合もあるであろう。罪の働き(Ere = Ervia)は文字としての律法(Logb)を介して欺くが、復活のキリストないし聖霊はその欺かれた「われ」の執り成しを遂行していると想定されている。だからこそ、完全には欺かれてはおらず罪のもとに捕らわれている自己の自覚を持ち、律法が霊的な執り成しのもとにあることを認識している。パウロは言う、「神の善性が汝を悔い改めに導く」(2:4)。さらに彼は言う、「神に即した苦悩は後悔なき救いに至る悔い改めを働く」(2Cor.7:10)。その葛藤はそこに聖霊の媒介がある場合には悔い改めに導く。「律法が霊的である」とは福音を前提に語られているため、その霊は福音に導く。

業の律法の機能は叡知の発動とともに死をもたらす罪との葛藤をもたらすものであった。葛藤は人間中心的な事象であるから、基本的には自らの責任ある自由としてErC(agony)と記述することが拒絶されることはないであろう。しかし、パウロの自覚によれば、「霊的」な律法の機能はひとに葛藤を引き起こし、それを介してひとを福音に追いやることである。そこでは聖霊の媒介を確認することができる。記号化すればErD((LogB→LogA)ViaErC(repent))となろう。ただし、(LogB→LogA)は福音が律法のゴールであることを表す。

四　葛藤による律法の肯定的機能の証明

虚構的な「われ」による自己責任

第二議論において虚構的なわれの今・ここのエルゴン言語が展開されている。これはありうる多くの葛藤の一事例であろうが、実際、個々の文に対応するエルゴンは荒唐無稽なものではなく、戒めを突き付けられている葛藤する「われ」なら、誰でも経験するであろうことがらを表している。ここでの虚構的な「われ」の使用が戒めを語りかけられるすべての「われ」に普遍的に承認されるかが共約性の試金石である。彼は現在動詞により葛藤の実質を積み重ね、推論を形成し一つの結論として行為主体が肉に寄生している罪であることを導出している(7:14–17)。

パウロは寄生する罪の罪性の著しさを明らかにする。一方で律法が霊的なものであることを知っているわれがおり、他方、肉的であり罪のもとに売られているわれがおり、この二つのわれのあいだに葛藤が生じる。そしてこの認識は罪の著しさを説明する状況設定として理由文において提示されている。この現在形におけるわれの認知は今・ここのそれであり、他の時には例えば叡知の機能不全により、律法を神の怒りや峻厳として認知する時と場所もあるであろう。ここでのわれは葛藤に導かれるディレンマの一方の角としての肯定的な認識である。

「罪のもとに売られている」ことの認識はどこから得たのかが問われよう。言わば上空から罪のもとに売られている自己を反省的に描いているように思われよう。「われ」はパウロが律法の善性の論証の虚構的な人物として登場させている以上、メタな次元から記述としてその一般的な次元における解釈を許容してはいるが、彼は「われ」の苦悩において葛藤の現場に読者を留まらせようとしている。それが「われ」の今・ここのエルゴン言語の使用の劇的な効果である。メタな次元が遮断された仕方でこのわれの葛藤を理解するのでなければ、葛藤は白けどこまでも反省次元は無限遡及するであろう。（ただし、信の哲学の筆者である私はこのエルゴン言語を理解しようとして反省的にロゴス的な次元において執筆していることを記しておかねばならない）。

現場では第一議論の延長線上において律法に扮した罪の誘惑の囁きに耳を傾け聞いているというエルゴンにおいて「罪のもとに売られている」ことの事実を確認している。その罪の欺きの実質は、われは自らが最終的に成し遂げるところのものの認識が存在しないことにある。実は死を成し遂げているのであるが、それを認識していないこのようなわれの状況が展開されている。死に向かっていることを知らずに、同時にキリストの執り成しを介した霊的な律法に触れ、悔い改めの方向に生が向けられる。神に背きつつ、しかも悔い改めの促しを感じているその分裂の状況は理解しうるものである。「貞潔と節制を私にお与え下さい。しかし、どうか今ではなく」（アウグスティヌス『告白』第八巻七章）。

成し遂げていることの無知における罪の欺き

第二議論理解の鍵となる文はわれが罪のもとに売られていることを説明する「というのも、われが［最終的に］成し遂げる（*katergazesthai*）ところのもの［死］をわれは認識していないからである」における現場における認知状況である。これもメタな視点からわれの現場性を記述していると理解しうるが、それは考慮にいれずにわれの物語のなかで処理しよう。パウロはこの文章において「成し遂げる」と言う動詞を用いるとき、「善」と「死」をめぐる第二議論の証明課題からして、一三節（「罪が善きものを介してわれに死を成し遂げつつあることによって（*katergazomenē thanaton*）」）と同様に「死」をその目的語として取るべきである（Bultmann, *Theol*. S. 248f に賛成、Käsemann, *Römer*, S. 194 に反対）。われは自ら死を成し遂げていることを認識していないのである。これは「われ」の今・この自己認識であり、客観的には死を成し遂げているのであるが、それを認識していないその状況におけるエルゴン言語である。パウロは「神に即した苦悩は後悔なき救いに至る悔い改めを働き、この世界の苦悩は死を成し遂げる（*thanaton katergazetai*）」と言う（2Cor.7:10）。そして彼は普遍化のために共約的であるべく、「成し遂げる」や「為す」と語るさい、その対象として「欲するもの」と「憎むもの」さらには「善」と「悪」という一般用語により、われの現状の正しい認識をもたらす律法の側からの判別として客観的に表現し、われが罪に欺かれこの世に固執することにより死を成し遂げていることの普遍性を論証する。

パウロはわれの罪の欺きによる無自覚を律法のそれ自身としての霊的なものであることの知識との対照において説明して言う、「というのも、われの欲するところのもの[霊的な律法に従うこと]をわれ為さず、憎むところのもの[死]をわれ作りだすからである。しかし、もしわれ欲せざるところのものを作りだすなら、律法にそれ[律法]が善きものであると同意している。しかし、今やもはや、われがそのもの[死]を成し遂げるにあらず、わがうちに巣食っている罪が成し遂げる」(7:15–17)。

われの今・ここのエルゴンの状況は、一方、律法は「霊的」であることを知っており、他方、自ら罪の誘惑に身をあずけ罪のもとに売られていることを認識しつつも、律法に背反していることが死を成し遂げることを知っていないというものである。「生命に至らす戒め」(7:10)である神の意志への従順を欲するわれにおいて憎むことつまり律法に背反することを遂行するわれに、もはや自らの生をコントロールできないわれを見出している。

そのことから、一方でわれは律法の善性を承認しており、他方でもはやわれではなくわがうちに巣食う罪が死を成し遂げつつあることが道理をもって導出される。このように、われは完全には欺かれてはいない。この推論によりわれは自ら成し遂げていることの無自覚が実は罪に欺かれ死に至らしめられていることに気付くに至る。これは「われ」なる者の今・ここのエルゴン言語であるが、ロゴス次元においては、「もし肉的であるわれが差し向けられた罪の律法のもとに生きようとするなら、罪はわれを欺き死に導く」と一般化されるであろう。

律法を利用する欺きにも種々のものが考えられる以上、ここでのわれの葛藤とは異なる葛藤が想定でき、描き得るのであろうか。今・ここの具体的な状況において、われが完全に欺かれているときは、自らの律法を立て、神の律法の善性を知らず、葛藤することなく死を成し遂げるであろう。罪と同化し、あらゆるものを破壊し、一切の生命の死に向かう倒錯を当然のこととなし、絶望を自ら選択する確信犯であり、律法に背くことにより、神に挑んでいる。これは一章の分析における神の前の罪人Bであった。そして人間中心的な次元でそれを自覚する者がいるとすれば、人間的にはC次元にいるが、神の前ではB次元にいるであろうことに矛盾はない。ただし、それは石板の十戒が与えられた時ほどには個々人には明白には啓示されてはいないと言うべきである。

パウロ自身この七章のエルゴン言語があらゆる「われ」に妥当する必要はないと考えていることが分かる。アリストテレス的な常に目先の快を追求する放埒な者（アコラストス）やパウロ的な「不義のうちに真理をはばむ人間たち」（1:18）は神に挑む罪人であり、後悔しないそのような人間類型に属している（cf. *Nic. Eth.*VII2）。神は彼らを「心の諸々の欲望における不潔」にまた「恥ずべき情欲」にまた「叡知（ヌース）の機能不全」に「引き渡し」てしまっている（1:18–31）。葛藤しないわれは告発されないまま、悔い改めなく罪の支払いである生物的な死を払い、神の前にもはや肉の弱さへの譲歩なしに立つ。まさに神に即した苦悩は悔い改めを働く。

C次元にいる生身の人間がBにいると人間的に判断されうる一つの指標は、欺きに対する葛藤があるか否かに求められよう。業の律法のもとに生きているB次元にいる罪に欺かれ同化した者は悪意に引き渡されている者であり、罪のたくらみを知ったうえで怒りや峻厳等の神の否定的な側面の知識にのみ基づき、憐れみや聖霊の肯定的な力能を知らず、神に挑んでいる。それに対し、この「われ」は生命に導く神の意志としての律法の善性を知っている。

われは律法が霊的なものつまり業の律法から信の律法のもとに移行すべくキリストを目指すものとして執り成されていることを知っているが、これはヌースによる知識である。叡知はコンタクトによる知識であるとすれば、霊に触れており、そこから霊を受動している可能性があるが、認知的なものにとどまっている。というのも、われは「わが肢体のうちに他の律法を見る、それはわが叡知の律法に対し戦いを挑んでおりそしてわが肢体のうちにあることによって罪の律法のうちにわれを捕らえている。惨めだ、われ、人間」（7:23–24）と叫んでおり、二つの律法を「見ている」状況であり、罪との格闘に勝ってはいない。聖霊の媒介があるとき、ひとは基本的には平安に導かれているであろう。ただし、先述のように罪の苦悩をもたらすことが神に即しているなら、それは聖霊の或る種の業であろう。

このわれの状況は葛藤そのものが何らかの聖霊の助けのなかにあることを示唆するであろうが、この葛藤は人間の認知状況(「知る」(7:14, 18)、「認識していない」(7:15)、「見いだす」(7:21)、「見る」(7:23))に焦点をあてて遂行されている。律法の差し向け相手の文脈における罪の欺きと叡知の葛藤として、聖霊の執り成しを括弧にいれ、人間中心的にも理解することができる。そこでは ErC(agony)(ErC(kn)(LogB→LogA)&ErC(¬b))と聖霊(Via)と罪(via)の媒介への言及なしに記号化されよう、ただし ErC(¬b)は律法違反の働きを表す。何故パウロが聖霊や霊に対する言及を控えているかと言えば、聖霊を私物化してはならないという彼の経験がそうさせるのだと思われる。ここで苦悩のエルゴンを遂行する「われ」は論争に決着をもたらす一つの仮想的な「われ」だからである。パウロはいたずらなる聖霊のエルゴンの要請を避け、人間の責任ある自由の範囲内で人間的な葛藤を「われ」に託したのである。ただし、個々人のこの種の苦悩の文脈において、聖霊が注がれていることを否定するものは何もない。

自己欺瞞の諸相

われわれはどれほど罪に欺かれているのであろうか。この虚構の「われ」は実際の自己欺瞞の状況として普遍化できるのであろうか。パウロは自己欺瞞を自らの正義の確信のなかでの他者への審判に見ている。「それ故に、すべて裁いている汝、ひとよ、汝には弁解の余地がない。なぜなら、汝は他人を裁くそのことがらにおいて、汝自身を罪に定めているからである。というのも、汝裁く者は同じことを行っているからである」(2:1)。自らは正しいという思い込みなしには他者を審判することはできない。これは何らかの規準や律法を適用することに他ならず、自ら福音のもとに生きていると思っていても審判しあう者は共に「同じこと」つまり律法のもとに生きているとパウロは判断している。審判は、ちょうど蛇がアダムに自ら善悪を判断し倫理的な主体となるよう誘惑したように、神の位置に自らが立つことであり、それは罪に支配された「われ」の状況である。正しいと自らを看做す者は死を成し遂げつつあることの認識はないであろう。

愛せよという戒めの善性を認め愛だけが肯定的なものを生みだし、生に導くことを知っていながら、やはり明確な正義の確信のゆえに他者を裁くことは「善美を欲することはわれに備わるが、それを為すことがない」の一例となるであろう。これは客観的な記述であり、罪に欺かれている当の人間の今・ここの自己認識ではないとも言うことができるが、ここでもエルゴンの現場で理解しよう。葛藤者は完全には欺かれていないが故に、今・ここでこう語る状況は想定される。

ここでは「神の意志」の名のもとに自他を欺くということが生じる。ひとは大切にしているものがあればあるほど、罪はそれを利用して欺く。例えば、信を大切にする者であればあるほど、偽りや裏切りに敏感になるが、それを文字の律法として立てて罪に欺かれた自覚をもつことなしに、相手の信義を疑うにいたり関係が引き裂かれてゆく。イエスは罪の巧妙な誘いを見抜いて、七度さらには七七度赦すことを命じる（Mat.18:23, Luk.17:4）。パウロも「われらはあいつの思考内容［即ちたくらみ］（*autū ta noēmata*）に無知ではない」（2Cor2:11）と言う。

他方、これは自己自身への審判にも妥当し、自己評価が低く自らを審判するとき、ルターは「「おのれは罪人だ」とはサタンが言わせるのだ」と言ったと伝えられているように、ここでも何らかの律法を規準に用いている。実はそれさえも罪に用いさせられているとパウロは考える。恩恵から生を築き上げることなく、律法から生を築くとき、ひとは文字としての律法を殊のほか好む罪の餌食となる。ひとは知らず知らずのうちに罪に隷属してしまうというこの認知の不定性は罪の巧妙さによる。「われが成し遂げるところのもの［死］をわれは認識していない」とは罪のもとに売られ欺かれている時、それが死を成し遂げることを知っていないのである。そしてそれが神の前での死に導くであろうことも知らないのである。

この自覚と無自覚の故に律法や戒めが生命に至らせる善きものを命じているにもかかわらず、死に向かう悪しきものを為す状況が出来している。ひとは誰もが同意できるであろうこととして死を避け生を欲する。パウロは「欲すること」とその対義語である「憎むこと」において業の律法との関連で生と死を念頭において一般的な次元で議論を展開する。かくして、律法遵守により欲する生を作りあげることができず、死を成し遂げているというこの状況は、一七節の結論に導く。死を成し遂げる行為主体はもはやわれではなく、わがうちに巣食っている罪であると。

肉は常に欺かれているのか

ここでの問いは欺かれているという主張は普遍化できるのか、換言すれば肉は常に欺かれているのかである。これは先のクランフィールドに見たように、改心以後のキリスト者にも妥当し、肉が罪から脱することは原理的にありえないのであろうか。ルターは肉は常に欺かれていると主張する。ルターはアウグスティヌスが「わが成し遂げるところのものを認識しない（*non intelligo*）」を「……承認しない（*non approbo*）」と理解し、「霊的人間は、彼が霊と共に生きるので、神に関するものでなければ、味わうことをしない（*non sapit*）。それ故に彼は彼が為すところの悪を知らない、そして味わうことをしない」と論じたことを紹介する。そのうえでルターは人間をアウグスティヌスのようにプラトン主義的に霊と肉とに分離して解することに反対して言う、「われらは「われ認識しない」とは即ちわれが肉的である限り、われは欺かれており、そしてわれが悪を為すなら、罪がわれを誘惑していると解する」としている(34)。

このルターの見解には欺きによる無知という点にだけ同意できる。まず、第二議論はヌースがそこにおいて実働する内なる人間と肉の葛藤であり、霊肉の葛藤であるとは明示されてはいない。パウロは第一義的に人間の責任ある自由の次元においてこの葛藤を捉えていると言うべきである。さらに、ルターは「肉的である限り（*inquantum carnalis*）」欺かれていると述べるが、この七章は今・ここのエルゴン言語であり、この発話の時点における「われ」は欺かれているが、肉的であることは弱さを含みつつも欺かれることも欺かれないこともありうるものであると私は理解する。この箇所は今・ここの具体的な葛藤のエルゴンが提示されている。

一般的にロゴス次元で捉えるなら、戒めや律法を差し向けられた者はこのように葛藤すべしという普遍的なメッセージも読み取ることのできるものとして展開されている。そのことは「肉」は自らに常に戒めや律法が差し向けられていることを含意しない。先述のキリスト vs. 隣人ディレンマに見られるように、ひとはこの世の生を生きている限り肉においてあり、肉的であることをやめることはできない。しかし、肉に即して律法のもとに生きることを止めることはできる。

肉は罪の値として死すべきものとしてあるにしても、「汝らの死すべき身体にも……生を賜わるであろう」とも言われており、そのような永遠の生命に方向づけられている肉における生の状況においては「われ」は欺かれてはいないと理解する(8:11)。なお、ルターが正しく指摘しているように、第二議論を罪の欺きの巧妙さにおいて理解しないとき、浅薄な理解になり、「罪が著しく罪深いものとなる」ことを認識させず、論証も貧弱なものとなり、今・ここのわれのエルゴンの臨場性を伴いつつその力能に基づく普遍的妥当性をもつにいたらない。

パウロはさらに論証を展開する。「なぜなら、わがうちにつまりわが肉のうちに善が宿っていないことを、われ知るからである。というのも、善美を欲することはわれに備わるが、それを成し遂げることがないからである。なぜなら、欲するところの善をわれ作らずに、欲せざるところの悪をわれ為すからである。しかし、もし欲せざるところのものをわれ為すなら、もはやわれそれを為さず、むしろわがうちに巣食っている罪が為す。かくして、善美を作ることを欲するわれにおいて、悪がわれに備わるという律法をわれ見いだす。なぜなら、われ内なる人間に即しては神の律法に喜んで同意しているからである。しかし、わが肢体のうちに他の律法を見る、それはわが叡知の律法に対し戦いを挑んでおりそしてわが肢体のうちにあることによって罪の律法のうちにわれを捕らえている。惨めだ、われ、人間。誰がこの死の身体からわれを救い出すであろうか」(7:18–24)。

この箇所においても共約性を確保すべく今・ここのエルゴン次元においてわれを出来る限り理解したい。われは自己分析を介してひとつの推論を展開している。われは自覚として善き律法を遵守したい者であるが、自らの肉の部位に何ら善の宿らぬことを自覚している。そこから、われは今・ここにおいて「もはや、われがそのもの[死]を成し遂げるにあらず、わがうちに巣食っている罪が成し遂げる」(7:17)を導出している。われは今・ここにおいてこの一つの認識に到達したのである。一般的に言って、この認識としてのエルゴンは十分に想定可能である。

アリストテレスの「意志の弱さ」の議論との異なりは、擬人化される罪にその隠れた行為主体を見出していることである。人類に悪は歴史のなかで偶然に入ったのであり、それが神話によりアダムの堕罪として報告された。それ以来、罪の人格化による表現が人間の現実を捉えるものとしてパウロにおいても受け入れられており、律法に乗じて肉に寄生し死に導く。例えば、蛇のような賢い生物が律法なしにはただそこにいる這うものであったが、そばにいた人間に戒めが与えられたとき、刺激を受け自らの力能に「目覚め」、罪がこの世界に入った。罪と葛藤する者は宇宙論的な二元的原理の支配下にいるのではない以上、脱出の可能性は残されている。

行為主体は罪であるということの理由づけは、「わが肉」と同定される「われ」の内部に何ら善きものが宿っていないことの何らかの知識に求められる。もし肉に善を見出していたなら、この悲観的な認識はなされなかったであろう。この「われ」の「わが肉」への同定と言うべきか限定は「われ」のなかに「内なる人間」との今・ここの分裂を確定するためである。「内なる人間」は律法が「霊的なもの」であることを知り、また推論の過程でわれが欺かれ死を成し遂げていることに気付いた者であり、さらにはキリストに向かいうることの故に「神の律法を喜んでいる」。葛藤の主体は罪により文字としての律法を介して欺かれて、もはや今・ここにおいて善の宿らぬ「わが肉」と神の意志を叡知により今・ここで知っている内なる人間である。魂の部位が異なるために矛盾はない。

葛藤が担う律法の善性の証明

第二議論における善が死とはなっていないことの証明を葛藤の存在が担っている。自らのうちに何ら善が宿ってはいないことの認識が、自らが欺かれていることの自覚に導く。一般的に肉の弱さを担う者は欺かれていることに無自覚で死は単なる自然的なものと考える傾向性にあることは共約的に同意されると思われる。これが罪の一つの欺きであり、多くのひとがこのように考える傾向性にあることに基づきパウロは現在時制による「われ」の分裂において罪の蔓延にチャレンジしている。これが所謂良心の発動の場面である。善の不在の認識はヌースによるものであり、自ら自己満足のうちにいたことを暴き立てる。

葛藤のなかで「惨めだ」を叫んでいる時は、少なくとも欺きに完全に無自覚ではない。C・H・ドッドは言う、「もしパウロが今、書いているただなかで、彼は惨めな罪人であり、罪の律法の囚人であると告白したとしたなら、それは彼の議論全体を台無しにするであろう。……われらは結論する、パウロは彼はかつて罪犯と罪のうちに死んでいたが今や生命と自由を見出したという彼自身の経験の否定しがたい証拠によって彼の議論に片を付けつつあると」[35]。パウロの過去の経験であるか、殉教までのあいだにその後も経験するであろうことかは別にして、欺きを現在時制において認識するわれと現在時制において認識せずその身体が死を成し遂げているわれがおり、それ故に推論の結論として現在時制においてもはやわれではなくわがうちに巣食っている罪が死を成し遂げていると推論するわれがいる。この現在時制はそのつどの今であり、同時性を含意してはいない。

そのうえで「惨めだ」を叫ぶわれがいる。これはとても抽象度の高い議論である。しかし、今・ここのエルゴンに集約されることはありうることだと考えられる。換言すれば、この複層的なエルゴンから一般的なロゴスが抽象されうるということである。七章で苦悩しているわれのエルゴンは一つの具体的な状況を提示している。今・ここで、一方、罪が肉に寄生しており、そこにもはやわれは何ら善きものを見出せずにいるが、罪はそこで律法の文字化により誘惑しており、「罪の律法」即ち罪の意志のうちにわれを捕らえ欺いている。他方、内なる人間としてのわれは律法がキリストないし聖霊により執り成されていることを認識しており、欺かれていることを或る程度認識している。そこに葛藤がある。

読者にはこの「われ」が自己に適用されるか、自らにそれがエルゴンとなるかが求められている。実際に誰もが罪のもとに売られており、欺かれて実は罪の故に死を成し遂げつつあることの認識をもたないということはありうることである。彼は欺きの実質を律法がもたらすこともあろう永遠の生命という欲する善を成し遂げずに死という欲せざる悪を成し遂げていることに見出されると主張する。肉の弱さの故に永遠の生命よりもこの世の生に固執する姿が自ら成し遂げているものの不知を明らかなものとしている。確かに、「人間死んだら終わりだ」として、この生に固執する「われ」は日常的なことであろう。罪に同化し欺かれていることの認識のないときには、個々の悪行に身を染める自己に葛藤さえ生じていないこともあろう。

かくしてこの第二議論は、一般的には誰であれ律法を(自他により)差し向けられた者は葛藤し悔い改めなければならないという、律法の理念的な役割を開示している。罪の欺きに対する警告が律法の逆説的な職務なのである。「われ」が誰であれ、葛藤する者は誰であれ、二つの対立する目に見えない行為主体の主戦場になるという見解は共約的に同意されるであろう。律法の機能は「罪が善きものを通じてわれに死をもたらすことにより、罪が明らかになるためであり、罪が戒めを通じて著しく罪深いものとなるためである」とされる。これが福音の啓示を受けてのパウロによる律法の新たな把握であった。

パウロは結論する、「しかし、われらの主イエス・キリストを介して神に感謝[する]。それ故、かくして、われ自らかたや叡知によって神の律法に仕え、他方肉によって罪の律法に仕えている」(7:25–26)。この感謝は恰も葛藤に耐えられないかのごとくに闖入的なものである。福音の啓示があるからこそ、「惨めだ」の叫びの止まぬうちに、葛藤しうることとそのことに勝利の根拠があることを賛美している。それに続いて、われの自己認識を冷静に確認して章を終える。二つの律法への隷属はこの賛美と感謝故にもはや克服しえない葛藤を引き起こすとは理解されてはいない、肉は文字としての律法に乗じて寄生する罪の主戦場であることには生涯かわらないけれども。

そこに肉の底において生起する信への道が開かれている。パウロは言う、「信に基づかないことがらはすべて罪である」(14:23)。パウロはひとは自らの弱さにおいて自らの弱さに即してではなく、霊に即して生きるとき、信の律法に基づく者として看做される可能性が開かれると主張する。少なくともイエス・キリストの信において神の意志がそのように啓示されている。ひとが為しうる霊との出会いのための最善の準備は言わば一番底と言うべき肉を突き破り魂の内奥にまで降りること、つまり他の一切の肉を介する生がそれに基づいて秩序づけられる信に生きることである。パウロは言う、「われらは人間は業の律法を離れて信によって義とされると認定する」(3:28)。

七章の「われ」は肉の弱さに留まっている、つまりC次元にいる「われ」であることが分かる。或いは「コリント前書」において「われは汝らに霊的な者たち(*pneumatikois*)としてではなく、キリストにある幼い子供として、肉的な者たち(*sarkinois*)としてしか語りかけることはできなかった」(1Cor.3:1)とあるように、たとえ聖霊の媒介があったとしても、パウロはC次元からのアクセスを試みる限り、彼らの信仰が肉的な信仰に留まっていると想定している。「人間的なこと」をC次元において語る限り、人間が自らの心的態勢として持つ信仰は常に強弱が伴い、肉的であることを逃れることはできない。

永遠の生への希望のもとで善美を欲する自己が一方で存在しつつも、それを為すことなく、欲せざる滅びへの悪行を為す自己が他方に存在し、双方のあいだに「われ」の分裂がある。しかし、滅びを欲する者は誰もいないという事実によって、背後の行為主体として欺きの下手人、罪が炙り出される。この議論がどれほど説得的かが問われる。永遠の生命という善を望まないひとはいないであろう。望まないとすれば肉的なこの世の延長においてしか生命を考えられないからである。肉的な者であり罪に売られている者は「われが[最終的に]成し遂げるところのもの[死]をわれは認識していない」という自己自身を測りかねる分かり難さに囚われ、そこから単に欲望の強さというのではない何らか外の力により支配されている「われ」を見出している。ひとはどうしても「ヌースの刷新」が必要であると主張するであろうし、或いはヌースが発動するということは思い込みであって共約されないと言うであろう。

五　ヌースの良心による共約的理解

ヌースを共約的に理解しうる一つの心的態勢は「良心」であると考えられる。というのも、良心は神への反応を自覚することはないかもしれないが、少なくとも「善きもの」そして「完全なもの」には反応する心的洞察だからである。神の意志を叡知的に知るヌースの発動を理解すべく、パウロは共約的な次元として「良心」を挙げる。「律法を持たない異邦人たちが自然に律法のことがらを行う時、その者たちは律法を持たずにも自らに対し律法なのである。彼らは誰であれ自らの心のなかに律法の業が書かれてあることを証明するが、それは自らの良心が「律法と」共同の証人となり、そしてその間相互に自らの考量が告発しまた弁明しあうことによってであるが、それは、或る日、神がキリスト・イエスを介したわが福音に即してひとびとの隠れたことがらを審判するときである」(2: 14–16)。

誰であれ、遵守する或いは違反するという仕方で、「律法のことがら」に何らか関わっている。そして終わりの日に良心が自らの生全体に関する律法への関わりを告発ないし弁明として証言に立つ。つまり、生の具体的な局面において良心が発動しているからこそ、「あのときはこうだった、やむをえなかった」という仕方で弁明することもあり、「いや情状酌量の余地はない」という仕方で告発することもある。このことはひとは誰であれ道徳的存在として生きており、何らかの善悪正邪の判断をくだしながら生きているという主張に他ならない。これがアダムの堕罪を介しているかどうかはさておき、共約的に同意されよう。善悪の彼岸に超人を志向するそのこと自体が道徳的(moral)－不道徳的(immoral)の次元にいる自らを認識することになる。「非道徳的(amoral)な次元」に達したと思っても、それはそれ以前の次元との対比なしには判定されない以上、何らかの眼差しは残らざるを得ない。

ヌースが帰属する内的人間は直ちに肉とは同定されない。従って、肉に即して生きる限りひとは神の意志等を知ることはできないが、誰にも内なる人間が肉とは別に備えられている以上、ひとは神のことを知ることができるとパウロは主張している。問題はこれが共約的に同意されるかである。ヌースの類比物として自ら選択的に発動することなく何らかの刺激に反応する「良心」をパウロは挙げている。良心に留まる限り誰もが良心の存在を認めるであろう。神を知るとされる認知機能はとりわけ日常的なものとなる。ニーチェはこの良心の発動は「何故？」への問いのブロックとして機能するとする。「良心からあの「ねばならない」という感情が引き起こされたのだが……しかしこの感情は「なぜ私は為さねばならぬか？」とは問わない。従って、あることが「～故に」とか「何故～」という問いをもってなされる場合にはすべて、人間は良心なしに行為するということになる[36]」。良心の持つ直覚性を適切に表現している。

カントは良心の共約性に訴えて『コリンズ道徳哲学』を次のように締めくくっている。「人間の本性がそのまったき使命と、最高度に可能な完全性に到達したなら、それは地上における神の国であり、そこでは内的良心が公正さを統治し、もはやお上の威力が統治するのではなくなるであろう。これは人類が到達しうる最後の定められた目的であり、最高の道徳的完全性である[37]」。内的良心が統治する歴史は誰もが神の国に等しいものと認めることができるであろう。パウロはヌースの発動が肉に属していないとする状況は、ニーチェが良心は算段的に思考するのではないとすることに、またカントが道徳的完全性を成し遂げるものとしていることに対応していると言うことができる。ここではヌースを肉に帰属させないこと、そして道徳的完全性との関係において神に関わることを確認しつつ、なお良心は良心の咎めや疼きとして発動することは、パウロにおいて不義のうちに真理を阻む人間たちに弁解の余地がないという文脈において用いられることにも並行性がある。

たとえ善も悪も舐めつくし道徳的な感覚がまったく麻痺した人間がいたとして、道徳的な次元に生きている人間たちからの非難や告発を受け、それに対し何らかの眼差しを向けざるを得ず、人間社会に生きる限り完全にその次元を克服することは不可能である。極悪な犯罪者同志も略奪品の分配をめぐり正義を主張することとそのこと自体のなかに、ひとは自らに対する何らかの正当化なしに行為を遂行できないことを示している。

ここでの一つの問いは良心の発動が意識にのぼらないことがあるかというものである。「良心（＝con-science）」は共知を意味する。それは自ら自身とのまた帰属する社会とのそしてまた神との共知(Mit-Gott-Gewissen)という様式を持つであろう。良心のやましさがないということはこの共知にごまかしや隠蔽がないということである。発動に気付かないふりをすることは十分にありえ、その結果発動が止まることを受け肉の次元で忘れてしまうということも十分にありうる。ただ一瞬の発動はやはり意識のコントロールを超えている。意識はそれを抑え込むという仕方でしか対処できない。良心は選択できるものではないということはパトス(感受態)と同じであるが、知識として何らか律法にヒットしているからこそ発動するという意味で肉の次元とは異なる特別なものと位置づけざるをえないであろう。これが共約的な次元におけるヌースの発動の一つの理解である。

神の前に罪人であると看做されている人間は神が義であることを知っているとされる。良心の発動は被造物の事行を媒介にして神に向けられないように思える。その点でヌースはシュネイデーシス(共知・良心)とは異なる対象を持つかが問われる。信じる者にも信じない者にも良心は発動する。もちろん神の前の言語に親しんだ者は神との共知として良心が発動することはありうることである。良心とヌースは明確な対象を持つことに対し習慣化ということはありうることである。ひとは自らの魂の習慣化された態勢のなかにおいてその限界内においてのみ意識は形成される。良心の発動も何らか身体に繋がっている限りその態勢の限界を超えて受け止められることはないであろう。有徳な人間のパトスは発動の量において常に適切なものであった。それが有徳な人間に対する報奨であった。培った魂の態勢全体に対し違和感が生じない限り良心の呵責は生じないであろう。

パウロは誰もが肉においてあるという前提のもとに、誰であれ善悪のあいだで葛藤している者がいるとすれば、その構造はこのようなものであると七章で論じていると理解することができる。葛藤しているとき、規範や律法が善いものであることには誰もが同意するであろう。そしてそれが「生命に至らす」(7:10)はずの善きものであるとするなら、そこからもう一歩進んで自らが何ものかによって欺かれているのではないかという思いに捕らわれることもあるであろう。ここまで共約性を拡張できるとしても、その何ものかが罪であることの同定は開かれた問いとしておこう。

しかし、パウロは共約性の拡張をめざし説得を続ける。罪が欺きにより為し得る最大の事柄はせいぜい人類を地上から絶滅させることであろう。しかし、ヌースが常に刷新されていたと思われるナザレのイエスは「身体を殺しても、魂を殺すことの出来ない者を恐れるな」(Mat.10:28)と言う。「死は勝利に飲み込まれてしまった。「死よ、汝の勝利はいずこにある、死よ、汝の刺はいずこにある」。死の刺は罪である、罪の力能は律法である」(1Cor.15:54–56)。「罪と死の律法から解放」(8:2)された者にとっては、死はもはや罰ではなく次の目覚めへの眠りとなる。恐れるべき存在者を恐れるとはひとが常に神の前に立っていることを知ることに基づく。ヌースの発動なしにこの認識は得られない。ただし、たとえ比例性テーゼが適用されるにしても、この恐れるべきものを恐れる力能は人間が人間である限り、信じる者にも信じない者にも備えられていることであろう。

パウロはここでの主題が罪の「欺き」であることから、認知的な次元でその巧妙な仕掛けを見破ることに主眼をおいているために、この箇所では律法が霊的であることの知識に留まっており、聖霊の執り成しへの直接の言及を見出すことはない。葛藤の座は従来のように霊肉の葛藤と看做すことは必然ではなく、内なる人間と肉の双方の次元において認知的なものとして整合的に読むことができると思われる。信の哲学はできる限りミニマムな解釈により、霊に言及せずにすむのであれば、その手前で共約的な理解をめざす。もちろんパウロのあらゆる文章が聖霊の執り成しで遂行されている可能性を否定してはおらず、ただ肉の弱さの譲歩により「知恵の説得」が許容されていることを引き受け、霊に言及するD言語それ自体として整合的であるなら、共約的な理解は可能であると主張する。欲する善を為さず、欲せざる悪を為す者は既に律法が善きものであることに同意している。ちょうど犯罪者同志が分け前の分配に関し自らの正義を主張するとき、正義が善きものであることに同意するであろうように。ここでたとえ律法が霊としてではなく、文字として理解されているのであれ、葛藤する者は律法の善性に良心という誰もが持つ魂の部位において同意しうると想定することができる。

六　「われ」を構成する「身体」と「肉」そして「内なる人間」

われが神の律法に喜んで同意しているのは内なる人間に即してである。そしてこの事態が悪の寄生を見いだすことを説明している。ヌースにより神の律法を知り、善美を為すことを欲するわれがおり、他方、われに悪が備わる罪の律法を見る。「わが叡知の律法」は善悪を識別させ、変身の基礎となる働きをなし、肉の構成部位である身体を変化させる直接的な繋がりにおいてある。われは肉の弱さを抱えつつ、ヌースの発動と連動し、神の意志を識別するに至る。神の意志の洞察は弱い肉に回収されがちなため、「ヌースの刷新」を必要とするそのようなものである。パウロは言う、「たとえわれらの外なる人間は衰えていくにしても、われらの内なる人間は日々新たにされている(*anakainūtai*)」(2Cor.4:16)。内なる人間は「霊の新しさ」(7:6)と「叡知の刷新」(12:2)により常に新たにするものによって構成される。この「われ」は比例性テーゼにより神の肯定的な側面を知ることができるため、内なる人間に即して喜んでいる。

ここで「われ」を構成するものは「肢体」としての身体と「肉」と「内なる人間」(7:22)と表現するところの三つである。「身体」とその各部位「肢体」はひとがそれを「無律法に至る不潔と、無律法」に「捧げる」或いは「義の武器」として「聖さに至る義」や「神」に「捧げる」ところのものであり、罪と義双方の武器たりうるものである(6:13, 19)。さらには、罪の欲情が死への実を結ぶべくそこにおいて「働く(エネルゲイン)(*enērgeito*)」ところのものである(7:5)。罪が直接に巣食い、寄生するのは「わが肢体」(7:23)また「この死の身体(*tū somatos tū thana-tū tūtū*)」(7:24)である。パウロは六章でキリストの死と復活は「この罪の身体が滅び、もはやわれらが罪に仕えることがないためである」(6:6) と主張するさいに、「この罪の身体 (*to sōma tēs hamartias*)」とは罪に支配されている死すべき身体つまり「死の身体」を意味している。なお、彼が七章で「誰がこの死の身体からわれを救い出すであろうか」と叫ぶ時、罪が世に入ったことにより死が入ったと理解される限り、ひとはこの死すべき身体からの救い、解放を求めることは道理ある。肉の弱さにおいてある限り、「死の身体」は単に死病をかかえる身体を意味し、救いを求めることも求めないこともあるであろう。「死の身体」においてある人間はハンディを負いつつも神に即した悲しみをもつことにより悔い改めに導かれることもあろう中立的な存在である。

六章と七章の身体の位置づけから、目的的に語られる罪に仕えない身体とは復活の身体である。かくして神の前の義人が明らかにされたとしても、ひとは生身の身体においてこの生を生きることには変わりはない。この肉における葛藤は死の支配から逃れるためのものである以上、六章と同じ状況に身体が置かれていることが分かる。七章の葛藤する「われ」は何も特別な存在ではなく、通常の肉においてあるわれである。ただし、そのわれは「汝……」と戒めが差し向けられているわれであり、罪の誘いの標的である。その今・ここの状況においてわれはそのヌースが発動し、罪を暴きたてており、罪の罪性を明らかにするために、とりわけ罪に敏感となり葛藤している。ということは、この生物上の死を抱えるあらゆる肉は律法を念頭に生きようとするさいにはこの叫びを挙げることが求められていると言うことができる。罪に欺かれているとき、この生物上の死が肉の弱さの故に自然的なものと看做されるだけのことである。

かくして六章と七章の肉は同一の中立的存在者であるが、七章においてはそのヌースが発動している肉が「われ」としてわれの分裂を記述すべく用いられている。かくして、テクストの整合的な読みという視点からすれば、誰であれ罪による死の支配のもとにある以上、「われ」はそのヌースが発動しているひとであれば、罪を暴きたてることができるため誰でもよいと言うことができる。そしてパウロは読者にそのようにして罪を乗り越えるよう励ましている。罪は現在も死を生みだすものとして活動している。ただし、罪はイエス・キリストにあって打ち負かされている。ひとがキリストにある限り、言わばキリストの足下に踏みつけられており罪は不活性である（cf. 16:2, 1Cor.15:25）。この死の身体が尋常なことではないことに気づかないことが罪の欺きである。パウロは「最後の敵である死は滅ぼされる」（1Cor.15:26）と言う。

七　「ヌースによって神の律法に仕え、肉によって罪の律法に仕える」「われ」は同時に義かつ罪ではない

ルターの解釈

最後に七章結論部の解釈を介して肉の中立性理解に反対する H. Meyer とルターの議論を瞥見し、応答を試みる。Meyer は七章における「肉」の用法に基づき、次のように肉を特徴づける。「肢体は、*sarx* がそれ自身として罪により支配されている（一八節、二五節）ということを考慮して、*sarx* の実働の道具として、そこにおいて罪の力能（罪－原理の指令 *ho nomos tēs hamartias*）がその業を追求するところのものである」[38]と述べる。ここではマイヤーが挙げる一八節、二五節これらの二節を吟味し、「肉はそれ自身として罪により支配されている」わけではないことを確認したい。一八節「わがうちにつまりわが肉のうちに善が宿っていないことを、われ知る」という陳述は土的本性がそのまま悪であると主張されているかのように見える。

私はこの箇所をフィクションのなかでのヌースの発動による今・ここのエルゴン言語であり、欺かれていることの暴き立てであると理解した。今・ここで事実上善きものの宿らぬことと、本性上肉には善きものの宿りえないこととは異なる。またそれらの知識も異なる。後者は宇宙の原初について思考するものが、光と闇により形成されていることに基づき、その類比において善と悪の原理を立てる二元論であると言うことができる。その思考は歴史上マニ教に見られる。善と悪双方の原理により人間は支配されており、どんな営みも悪からの克服はありえないとす

る立場である。パウロはこの認識を契機に葛藤し、「われらの主イエス・キリストを介して神に感謝［する］」と克服の担い手に感謝し明らかにこの見解に反論している。ヌースの発動により、今・ここのエルゴン言語として知識主張がなされているが、この現在時制は虚構のなかでの或る文脈におけるエルゴンであり、常に善の不在の認識が成立することは必然ではない。善が死となったのではないことの論証のなかで、それが普遍的であるべく欺かれていることの無自覚からの覚醒として知識主張がなされている。

マイヤーに肉のそれ自身としての罪による支配のもう一つの典拠とされている二五節後半部は「かくして、われ自らかたや叡知によって神の律法に仕え、他方肉によって罪の律法に仕えている」である。従来七章は「霊肉の葛藤（a conflict of the Spirit and the flesh）」というタイトルを持ち、その座である「われ」は誰のことかが問われてきた[39]。ルターはこの「われ」は「使徒（パウロ）自身である」とし、「霊的な人間は肉的な人間と戦いそして彼が欲するようにそのように為し得ないことを嘆息する」（Luther, WA 56, 340）と霊に即した生がかくも弱く嘆きに満ちたものであるとする。

ルターは二五節の註解にて言う、「同一の人間が神の律法と罪の律法に同時に仕えていることに注意せよ。彼は同時に義人でありまた罪人である！　というのも彼は「わが心は神の律法に仕える」とも、「わが肉は罪の律法に仕える」とも言っておらず、そうではなく「われ、全的人間、同じ人間であるわれは二重の隷属に奉仕する」と言っているからである。それ故に、彼は神の律法に仕えることに感謝を表明し、そして罪の律法に仕えたことに憐れみを求める。彼が神の律法に仕えていることを肉的な人間の誰が主張するであろうか。私が上で言ったことに注意せよ、即ち聖徒は、彼らが義であると同時に同様に罪であると。義である、というのも、彼らはキリストを信じており、その彼の義が彼らを蔽いそして彼らに帰せられるからである。しかし、罪である、というのも彼らは律法を満たしておらず、貪欲なしにない者であり、医者のもとにいる病人のような者だからである。彼らは事実上病気であるが、しかし希望においてそして彼らが健康であり始めているという事実において健康である。即ち、彼らは癒され始めている」(WA 56, 347)。

ルターは人間を全体論的に「全的な人間(*totus homo*)」として見ており、「肉(*caro*)」と「霊(*spiritus*)」から構成される者として、いつも霊に即して義人にして同時に肉に即して罪人であるとする。信の哲学にとって決定的に重要なこの二つの判別がルターのそれと異なるのは「肉」の理解が異なるが故にである。信の哲学にとって「義」と「罪」は神の前の概念であり、神の啓示に基づきそれらの語は使用され、その意味は理解される。「肉的な人間」は神の律法に仕えることはないにしても、その可能性として肉の弱さへの譲歩のもとにひとの前にそして究極的に神の前に生きている者である。パウロは自らのそして人間一般の心身への内省を通じて、どうしても人間の或る事象つまりこの世への執着を説明する原理を必要としており、それをC次元にあるものとして「肉」に託したと思われる。「ローマ書」七、八章における「肉」の理解が信の哲学の妥当性を占う決定的に重要なものとなる。

まず、われわれはこの第二議論が「善きものが死となったのか」という論敵への反論として展開されることに帰らねばならない。ミニマムな解釈のもと誰もが同意できる共約的な議論が展開できれば満足すべきである。この問いには「断じて然らず」と応じられ、われが成し遂げているものつまり死を自ら認識しないのは、わがうちにつまりわが肉のうちに巣食っている罪が欺いているからだ。さらに、彼は議論を展開する。「というのも、善美を欲することはわれに備わるが、それを成し遂げることがないからである。なぜなら、欲するところの善をわれ作らずに、欲せざるところの悪をわれ為すからである。しかし、もし欲せざるところのものをわれ為すなら、もはやわれそれを為さず、むしろわがうちに巣食っている罪が為す」(7:18–20)。ここで彼は罪が死を執行していることを、罪を分析することによってではなく一般的な善美を論じるC次元で人間の心身への眼差しを注ぎ、神の律法を遵守する方向とは別の醜悪な自己への固執の現実に注意を向け理由づける。欲せざる悪をつまり死への歩みをわれが続ける以上、「もはやわれそれを為さず、むしろわがうちに巣食っている罪が為す」と結論づけられる。従って、神の律法という善きものは死となったのではない。これが最低限誰もが同意できる第二議論の証明である。これは今・ここのエルゴン言語から抽象した一般的なロゴス言語である。

彼は「この死の身体」から救い出す存在者を見出しており、原理的に悪に支配されているわけではない。肉はそれ自身として弱いため、死の身体の原理として罪にこの身体の死との関連において事実上支配されることがあるであろう。しかし肉はそれ自身としてはあくまで自然的な身体をもった存在者の生の一原理としてヌースの助けを得て欺きを自覚し、そこにおいてわれが「身体の贖い」(8:23)を求めることのできるその部位である。葛藤は心身の双方の部位により構成されるとして、それは一なる者として生きている「われ」の一つの行為である。全ての者は罪を犯したため、肉は罪から死を受け取るが、この生物的な生は新たに示された霊的な生「永遠の栄光」に比べれば「一時の艱難」とでも言うべきものにすぎない(2Cor.4:17, Rom.8:18)。それ故に、この叫びはヌースが発動する限りにおける事実的なつまり一時的でありうる死を通じての罪の支配への嘆きである。パウロは第八章において「キリスト・イエスにある生命の霊の律法が汝を罪と死の律法から解放した」(8:2)と語ることができる状況を既に手にしている。また「身体は罪の故に死であるが、他方霊は義の故に生である」(8:10)その状況を手にしている。

ルターは最後の「惨めだ、われ、人間。……かくして、われ自ら……」の叫びにおける二つの律法への奉仕により義人と罪人の同時性を主張した。信の哲学は義と罪は神の前の概念であるから、神の前で同時に双方であることは矛盾であると主張してきた。この箇所は、われはそのものとして死すべき身体をもって神に仕えている、即ち、罪の律法への奉仕とは罪からの報酬として生物上の死を成し遂げつつあることと、そのなかで神の律法に即ち永遠の生命に向けられた善き意志に仕え愛を実現しようとしていること以外のことを意味してはいないと解する。かくして、パウロはイエス・キリストにあって神に感謝する。

ここで神の律法は罪の律法に対比されており、「罪の律法」は神の律法と理解してはならない。罪が神の律法を文字として利用し、ひとを欺くその文字化された罪の道具としての律法である。さらに「神の律法」は従来のように「モーセ律法」(Meyer, II. p. 26)のみだけではなく、「信の律法」も含むと理解すべきである。「われらの主イエス・

キリストを介して」神に感謝できるのは、彼の信に基づく義の啓示の故にである。そして、この律法の故に罪の律法の欺きに負けないでいることができる。ナザレのイエスが神の前とひとの前を結合したことによって、霊が最も明白な仕方で出来事になったからである。罪の律法は擬人化によりこの捕囚の事実性と一時性を表現することができるが、「ローマ書」八章では、神の霊が最終的には「この死すべき身体にも生を賜わる」と「身体の贖い」が語られ、肉において生きている限り逃れられない罪への誘いと捕囚からの解放を確認している(8:11, 23)。

「われ」とは誰であったのか——七章から八章へ——

最後に改めてこの「われ」が誰であるかを確認したい。「われ」は「汝」と呼びかけられた「われ」が一つの虚構空間を形成しており、パウロでも誰でもないあるいは誰であってもよい「われ」がここに展開されている。「われ」は複層的な視点を持ちそのつどの現在において推論を展開している者として描かれていることは確実である。今・ここの思考の展開により罪の欺きと律法の善性に基づく葛藤としてのエルゴンが戒めの差し向けられたすべての「われ」に適用されるべく現在形で劇的に描かれている。「われ」は善なる律法と罪の三つ巴の一つの極として提示されている。この戦いは一人の個人の今・ここの具体的な認識そして行為であり、そのエルゴン言語を展開しているが、フィクションとしてのわれであって、歴史のなかにある特定の個人の経過を時系列において記述しているわけではないと私は理解する。第二議論の現在時制は誰であれ戒めが差し向けられ応答している「われ」であり、善きものが死となったわけではないことを論証していると理解すべきである。

他方、これらの複合的な出来事の個々の描写はそれぞれ各個人のそれぞれの現在において実際に程度の差こそあれ妥当する時点が存在するとパウロは主張していると言うべきである。彼はエルゴン言語を普遍化しうるものとして常に展開している。さもなければ、議論は迫真性をもたないであろう。罪が欺いてわれが死を成し遂げているということを自覚しないことはある。ひとが死を生物的な与件と受け止めることは共約的であるが、これは罪からの支払いであることを単に知らないだけのことかもしれない。そして誰も死を欲していない以上、それをする者はもはやわれではなくわが肉に巣食っている罪が為していることに同意することもできよう。

「内なる人間」と「肉的」これら双方から構成される者を「われ」は指示している。われは霊を受けているか、それとも良心の葛藤のうちにあるかであり、それ故に「肉に在る限り（*inquantum carnalis*）」（ルター）常に罪に欺かれているということは帰結しない。すべての者は罪を犯したので罪からの給金として外なる人間は死を成し遂げている。それを生物の与件として受け止めているときは欺かれていようが、パウロのように「外なる人間」と「内なる人間」の双方の自覚のもとに受け止めている場合もあり、常に欺かれているわけではない。虚構のなかでの今・このエルゴン言語を文脈を無視して一般化するとき聖霊の注ぎの神の自由を束縛することになる。「われ」は内なる人間に即して喜んで生きるというエルゴンも十分に想定される。

罪が肉を常に支配しているか否かはこの論証の中心点ではない。従って、改心後の葛藤であるかも中心点ではない。この論証の成否を握っているのはどれだけ読者が罪の巧妙さに気付き、肉にはどうしても手に負えない威力を持っていることに同意できるかが問われていることである。これが共約されそしてそれにもかかわらず福音が罪に勝利したことを確認できるとき、論証は説得的なものになる。

「われ」は次の二つの記述（7:5, 6と8:1, 2）にはさまれている。パウロは「われらが肉にあった時（*hote ēmen en tē sarki*）、律法を介しての罪の諸々の欲情が、死への果実を結ぶべくわれらの肢体において働いた。しかし、今や、われらがそこに閉じ込められたもののうちに死にその律法から解放された、その結果われらは霊の新しさにおいてそして文字の古さにおいてではなく仕えている」（7:5, 6）と述べ、福音の啓示により根源的な変革が起こり、肉、律法、罪、死そして霊を新たな枠のなかで理解すべきことを告げている。人間の側から語るとすれば、「今や、われらが……」と語るパウロを含む「われら」は神の前とひとの前に生き抜いたキリストの働きErD（AViaC）の故に、神の前に霊の新しさにおいて義人として生きることができると主張している。これを一般的に言えばLogD（B＋C）

であるが、聖霊の媒介のもとにあるD次元にある者はもはや単なるC次元にある者ではないため、「肉にあった」と過去形で語ることができる。ただし、これは（パウロの自覚として）エルゴンD言語であり、これを一般化することは聖霊の注ぎを私物化することである。

この文に続き「それでは律法は罪か」の問いとともに、「われ」が主語として立てられ章の終わりまで続き、八章冒頭の「かくして、今や、肉に即してではなく霊に即してキリスト・イエスにおいて歩む者たちにはいかなる罪の定めもない。なぜなら、キリスト・イエスにある生命の霊の律法が汝を罪と死の律法から解放したからである」（8:1-2）という記述によって神の律法による罪の律法に対する勝利が語られ、「われ」は終息、消滅している。

霊に即しキリスト・イエスにおいて歩む者はエルゴンDにおいてある。それを説明するものが生命の霊の律法が汝を罪と死の律法から解放したことに求められている。これは神の実働エルゴンAである。「汝を」とあるのはもはや「われ」の苦悩は終息し、キリストの福音の出来事が業の律法からの解放をもたらした以上、「われ」に対し客観的な視点から「汝」と呼びかけ、神が解放したことを報告できるからである。「われ」の役割は終わった。だが、律法のもとに生きようとする者がいる限りこの「われ」の葛藤は有効である。かくして、律法から解放された二つの叙述のあいだに「われ」は登場し、二つの反論、ディアトリベーを乗り越え、やはり確立された福音に連れ戻す役割を担っていると言うことができる。

パウロがこの二つの論駁を通じて福音は罪に勝利したことを確認しているこの事実は、この箇所では福音以外にはこの罪の力能に打ち勝つものはないということを示すべく、いかに罪が巧妙でありひとを死にもたらすものであるかを説得的に示すことが一つの目標となる。パウロは自らの深刻な経験であったとしても何ら問題はないが、ここで罪の巧妙な力能がすべての人間に適用されるものであることを示している。「われ」はそのための登場人物であり、現在時制により具体的なエルゴンを表現することを通じて、改心前の者にも後の者にも信に関わらない者にも普遍的に妥当することが求められている(40)。

第六節　生命の源泉である霊による肉の統一――「ローマ書」八章――

一　「霊に即した」心魂の内奥に基づく生 vs.「肉に即して」生きる義務

七章と八章は切れ目なく連続的なものとして展開されている。七章の成果は八章に引き継がれているが、「かくして、われ自らかたや叡知によって神の律法に仕え、他方肉によって罪の律法に仕えている」という叫びの可能性としての弱さの現実もそのまま受け継がれている。個々人の心的行為としての信を語ることなく、心魂の態勢と機能に眼差しが注がれ、しかも信に対応する霊の実働をめぐって、一般的な仕方で、肉を克服し霊に即した生がいかなるものであるかの開示を通じて展開されている。

七章において「肉」とは罪が律法の文字化を通じて人間を攻撃するさいの攻撃対象であり、そこに巣食うことのできる身体の一つの支配的な部位であった。肉は罪の誘惑に同意するとき、そこでは罪の支配のもとに同化してしまう。しかし、あくまでも罪は肉に外から侵入するものであり、それ自身として罪とされているわけではない。それ故にこそ、肉をその組成の一部とするひとは罪から解放されうるものである。八章においてもこの「肉」の理解は継続され、心魂における救いの様式が展開されている。もし創造の秩序において肉が罪であったなら、或いは堕罪により肉の自然的性質が変質してしまっていたなら、人間の側には救済を受け入れうる心的態勢を欠いており、恩恵のみに縋る以外に人間に残された道はないであろう。或いはたとえ恩恵のみにより救済されるのであるにしても、人間の側からそれを受け入れる心的態勢に関して語るべきものを何ももたず単にマジカルなものとして受け止められたであろう。パウロは「霊」によりその機能を担わせている。

ここで私は「ローマ書」八章の分析を通じて、救済に相応しい人間の側の心的態勢についての議論をパウロが霊への言及のなかで展開していることを明らかにする。八章冒頭はこうである。

かくして、今や、肉に即してではなく霊に即してキリスト・イエスにおいて歩む者たちにはいかなる罪の定めもない。なぜなら、キリスト・イエスにある生命の霊の律法が汝を罪と死の律法から解放したからである。というのも、ひとが肉を介してそこにおいて弱くなっていたところの律法の［遵守し］能わぬことを、神はご自身の子を罪の肉の似様性において遣わすことによって、そして罪に関して、その肉において罪を審判したからである、それは［業の］律法の義の要求が肉に即して歩まず、霊に即して歩んでいるわれらにおいて満たされるためである（8:1-4）。

パウロは神がイエスの肉において罪を罰したことにより、肉の弱さを克服し律法の成就への道が切り開かれたことを論証する。イエスは受肉し、死に至るまで信の従順を貫いたが故に、神は彼の肉において罪を罰した。罪が罰せられたことの内実は、これまでの意味論的分析の成果に基づけば業の律法とは別に信の律法が実現したことであり、それによりひとは「罪と死の律法から」解放された。換言すれば、「キリスト・イエスにある生命の霊の律法」のもとに生きることが可能となった。そしてそれは業の律法を成就するためであるとされ、義認から一歩進んで愛における永遠の生命の獲得に議論は展開する。意味論的分析によれば、神の義は一方業の律法とは分離され（*chōris nomū*）、他方信の律法とは「分離はない」（3:22）故に、神自身にとっても信が業よりも基礎的であることが啓示されている。それ故に、「［業の］律法の義の要求」は信の律法に基づいてのみ成就される。

八章においてはもはや「信」が直接語られることはない。その代わりに「キリストが汝らのうちにあるなら」（8:10）とキリストの内在が語られるが、その者は神の前で「イエスの信に基づく者」（3:26）と看做され義とされる者であるという想定は道理ある。神にその信が嘉されなければ、キリストの内在は想定されないからである。とはいえ、心魂の根源的態勢そして参与である「信」の代わりに、それが帰属する心魂の根源的部位とその働き「霊」が展開される。霊とは何でありその実働はいかなるものであるかの解明が取り組まれている。彼は知恵の説得を離れ、「霊と力能の論証」に従事するが、肉の不十全性のなかで心魂の根底における「呻き」を媒介にして聖霊の執り成しが遂行されていると展開する。これは「われら」の経験として帰納的なエルゴン言語の展開である。

パウロは続ける、

五なぜなら、肉に即してある者たちは肉のことがらを思慮し、他方、霊に即してある者たちは霊のことがらを思慮するからである。というのも、肉の思慮内容は死であり、霊の思慮内容は生命と平安だからである。それ故に、肉の思慮内容は神に敵する、なぜなら神の律法に従わないからである、というのも従いえないからである。しかし、肉にある者たちは神を喜ばすことができない。しかし、汝らは肉においてあるのではなく、霊においてある、いやしくも神の霊が汝らに宿るなら。しかし、もし誰かキリストの霊を持たぬなら、その者は彼のものではない。しかし、キリストが汝らのうちにあるなら、かたや身体は罪の故に死であるが、他方霊は義の故に生である。しかし、イエスを死者たちから甦らせた方の霊が汝らのうちに宿るなら、キリストを死者たちから甦らせた方は汝らの死すべき身体にも汝らのうちに宿るご自身の霊を介して生を賜わるであろう。

それ故、かくして、兄弟たち、われらは肉に対し肉に即して生きる義務ある者にあらず、というのも、もし汝らが肉に即して生きるなら、汝らは死ぬばかりだからである。しかし、もし汝らが霊により身体の諸行為を死なすなら、汝らは生きるであろう。というのも、神の霊に導かれる者である限り、その者たちは神の子だからである(8:5–14)。

心魂の二つの生の原理「肉に即して」および「霊に即して」が提示され、心魂の根源において生起する霊に即して歩むことにより律法の義の要求を満たすことができると主張する。キリストの復活が死んだ身体に新たな生を与える霊の存在を保証すると論じている。パウロは一方で死すべき肉の弱さにおいてある人間が死すべき肉の弱さに即して生きる時、罪の賃金として死を受領するばかりであるが、他方、死すべき肉の弱さにおいてある人間がその影響を受けつつも霊に即して生きる時、「汝らのうちに宿るご自身の霊を介して生を賜わるであろう」(8:11)という事態が出来するとパウロは言う。

ここで「霊に即して歩んでいる者」(ErD)と「肉に即して歩んでいる者」(ErC)に関して、四つの連続の条件文による肉においてある者と霊においてある者の一般的な対比がなされている(8:9–11)。

[条件文一]汝らは肉においてあるのではなく、霊においてある、いやしくも神の霊が汝らに宿るなら。

[二]もし誰かキリストの霊を持たぬなら、その者は彼のものではない。

[三]キリストが汝らのうちにあるなら、かたや身体は罪の故に死であるが、他方霊は義の故に生である。

[四]イエスを死者たちから甦らせた方の霊が汝らのうちに宿るなら、キリストを死者たちから甦らせた方は汝らの死すべき身体にも汝らのうちに宿るご自身の霊を介して生を賜わるであろう。

この条件文の四度の連続は今・ここのエルゴン言語ではない。ロゴス次元における一般的な言明である。ここでは「生」が肉においてある生物的生を基礎に用いられていることを前提にしつつ、聖霊のもとにある生と判別して二義的、同名異義的に用いられている。ここで「死」は一方で「死者」に見られるように生物的死を意味しているが、他方もう一つの生命原理と言える霊により刷新されていない肉に帰属する生物的生のことをも意味している。基準が異なるため矛盾ではないことを少なくとも確認できる。

興味深いのは、人間の霊の他に、「霊」の名前において霊の帰属する主体が四つの記述(「神の霊」、「キリストの霊」、「甦らせた方の霊」、「汝らのうちに宿るご自身の霊」)により同定されている。実質は神とキリストである(この文体上の事実は *filioque*(子からの聖霊の発出)説に一定の根拠を与える)。「霊」が条件文で提示されるのは、霊の不時性の問題が考慮されているからである。神の自由をひとは勝手にわがものとすることができないという規制がパウロをしてこの文体を取らせていることは確かだと思われる。条件文の語用は、その否定、即ち霊の内在しないことの可能性が想定されていることを含意している。第一文において、ひとが自らの霊について言及可能なのは、神の霊が宿る限りであるという一般的な条件が提示されている。続いて、神の霊を限定して、確実に霊を語りうるのはキリストのそれであるとされる。そして、霊への言及なしに「キリスト」の直接的な内在が語られるのは、彼が甦った生命だからである。パウロにおいては、冒頭の「キリスト・イエスにある生命の霊」(8:2)という限定が「霊」の最も確かな理解を提示している。関連箇所でパウロは「最後のアダム［キリスト］は生命を造る霊になった」と双方の同化とも、或いは発出の結果の記述とも取れる関係に言及している(1Cor.15:45)。条件文四において、これらの一般的な議論に基づき、人間もキリスト同様に永遠の生命に与ることが未来形により未来のこととして提示されている。

これらの条件文の背後に生の二つの原理が肉か霊かの択一において想定されている。肉に即した生は罪の寄生故に身体は霊により刷新されることなく死を成し遂げる。霊に即した生は当人の霊は義の故に生である。「霊に即し」(8:5)た生を形成するにしても、ひとは肉に駐在せざるをえず、霊の働きは「肉に即してはいない」が何らかの肉の影響を蒙り「身体の贖い」を求めざるをえない(8:20–26)。キリストの霊が内在するとき、Cタイプの人間中心的な人間ではなく、Dタイプの聖霊により媒介された肉を抱えつつもはや単に肉においてはない神の前で生きる人間が言及されている。ひとはどこまでも生物的生においてあるかぎり、身体においてある。しかし、より根源的な生の原理である霊に即して生きる時、もはや単に肉においてはなく「神の子」(8:14)として生きる。「神の霊に導かれる者である限り」(8:14)は聖霊が実働している限りという意味であり、この箇所の論述は聖霊の媒介のエルゴンを前提にしてのみ遂行される。そのとき生の原理としての肉は霊に席を譲っている。意味論的分析が正しければパウロの自覚としてはErD(AviaC)であり、肉の弱さに譲歩するならErC(a-inC)である、ただしこのエルゴンに同時に聖霊が注賦されていてもかまわない。

第三および第四条件文は、生身の生のただなかで、最も基礎的には七章の聖霊の執り成しによる葛藤を介しての悔い改めに導く事態のロゴス次元における一般的記述を前提にしてはいるが、もはや葛藤ではなく、甦りの生に向けられていることの確認である。このロゴスの背後に想定される今・ここのエルゴンはもはや「惨めだ、われ」ではなく、後半の「しかし、われらの主イエス・キリストを介して神に感謝」(7:25)という感謝の叫びに対応していよう。キリストが内在し、霊に即して歩むとき、「汝らの死すべき身体」にも「汝らのうちに宿るご自身の霊を介して生を賜わるであろう」。生物的生は罪に隷属したことの故に「罪の給金」(6:23)としての、換言すれば神からの罰としての死が確定されている。しかし、恩恵との圧倒的な非対称性故に、生物的死は乗り越えられており、もはや葛藤を引き起こすことはない。

条件文三は(LogC(if.LogD, then.Loge(Logbvia(body in C)) & LogD(ErAVia(spirit in C)))と記号化されよう、ただし、if, then.は条件文の前件と後件を示す。ここで連言 & が用いられるのは生身の人間のなかに身体の生物的死が定められていることと、内なる人間を形成する霊における永遠の生命の両立を表している。もはや葛藤は表現されない。

ここで汝の罪からの解放が過去形で語られないのは、神の判断がではなく、ひとの現在の霊に即した生が主題だからである。神の前では罪からの解放がいかなるものであるかは明らかである。パウロは福音と律法の役割についての「神の前の自己完結性」における理解の報告に続き、ここでひとは「ひとの前の相対的自律性」のなかで、いかに聖霊を受容するか、聖霊が与えられている状況の分析に集中し、一般的なロゴスを展開している。

キリストの出来事は神にとってはキリストに属する者たちにとって罪からの解放であった(神は永遠の現在にいるが、受肉故に歴史的な展開の過程に基づく時制による記述を許容している)。五章冒頭に ErD「われらは[イエスの]信に基づき義とされた」とあるように、「われら」のことがらとしても今・ここの聖霊の媒介により罪からの解放が神においてはキリストの出来事において成就していたため過去形で表現されることもある(5:1)。ただし、聖霊の実働がないときに、「神の愛はわれらに賜った聖霊を介してわれらの心に注がれてしまっている」(5:5)という発話は偽となる。ここでは、時間経過における現在のただなかに生きる具体的な生身の人間が主題である。言ってみれば、聖霊の媒介行為にひとの側 ErC からアクセスを図っている。「神の霊に導かれる者である限り、その者たちは神の子だからである」(8:14)。ひとは導かれなければそこから脱落する、そのような今・ここの緊張のなかで生を遂行している。「われらが共に栄光に与るべく、共に苦難に与っている」(8:17)状況のただなかにいる。

この記述は霊に即して歩む者も肉の弱さを抱え続けていることを引き受けており、復活のキリストに似た者となる変身の過程にあることが確認されている。信が業よりも基礎的であることに見られるように、心魂は二重になっており、信を介して内奥の霊に生命が宿るとき、次第に生命が肉の支配する身体に沁み渡り、復活の生命が「死すべき身体」をも生に向かわしめている。肉に対抗する霊こそが救済を受領すべき心的態勢であるとされる。七章で肉と叡知の葛藤を経験した者にとって救いを見出す心的態勢ならびに機能として「キリストの霊」の内在の不可欠性が明らかにされる。

彼はキリストの出来事への言及のなかでこの霊の実働が理解されると主張する。信じる者も信じない者も同一の心魂を所有しており、その根源的部位の探求の共約性の規準としてパウロはイエス・キリストを提示する。即ち、パウロはここでは神が甦らせたキリストを霊の実働を理解する共約性規準として展開している。共約性規準としては究極的なものがここで提示さている。しかし、これまでの思考の展開からそれは許容されていると彼は理解している。霊という最も不可解な心魂の機能を理解するには、その実際の実例とされるものを吟味するのも一つの帰納的なアクセスとして許容されるであろう。

パウロは福音を四章までは知恵の説得として霊に対する言及なしに展開しており、信の哲学はそれを意味論的分析によってアクセスした。議論は信仰義認を経て、「生命の義」(5:18)へと展開され、さらに義人は罪の刺である死に勝利しており、「永遠の生命」(5:21, 6:22 cf. 6:4, 7:24, 8:2, 6, 34–38)に方向づけられている。八章ではこの永遠の生命に与る心魂の部位と実働が問題にされている。ここでは、信の哲学はパウロのテクストに即して霊の実働の「われら」の帰納的な探求を遂行する。

キリストが魂の一番底とでも言える肉の底部に何らか接続する二番底とでも言える霊に宿るなら、身体は「罪の故に」生物的な死に向かっている者として神からのアダムへの罰の影響或いは自らの背きにおける罪から賃金を受け取っているが、霊は神の前のキリストにある「義の故に」その義の生命を受け取っている。しかし、この永遠の生命をもたらす復活の力能は肉の場である一番底を突き破り次第に「死すべき身体」にも新たな生命を与えるであろう。パウロは対応箇所において「イエスの生命がわれらの死すべき肉において(*en tē thnētē sarki*)現れるため」(2Cor4:10–11)として、生命が肉に侵食する可能性に期待をかけている。

エルゴンDはひとが霊を求めるその働き(ErC)と神の福音における神の意志の一般的理解(LogA)を聖霊による媒介のエルゴンのもとに形成されている。キリストが聖霊として内在するとき、それでも人間の働きは肉においてあるものであるが故に「身体」はすなわち「なお肉的」であり神に喜ばれる業を為しえないでいるが、人間の霊はキリストの義故に生命あるものである。神はキリストを甦らせたその新たな生の力能故に「死すべき身体」にも霊の生命が次第に及び神の前で生きる者とさせる。そして人間は肉にある限り常にこの途上においてある。

この箇所をルターのように義人にして同時に罪人として読んではならない。業の律法のもとにある者は神の前で罪であり、信の律法のもとにある者は神の前で義であり、神の前で同時に義でも罪でもあるということはありえない。アダムの堕罪の影響としてそして自らの背きの故にその結果としての生物的な「死の支配」を人間は誰も免れないのであるが、福音の啓示を介して人間は義とされ、それ故に聖霊の受領を通じてこの「死すべき身体にも生」が宿るに至るとされる。「死すべき肉にイエスの生命」を宿ることを経験しうることがパウロの「われら」における経験として報告されている。パウロは「われらは肉において(*en sarki*)歩んでいるが、肉に即して(*kata sarka*)戦ってはいない。というのも、われらの戦いの武器は肉的なものではなく、神による諸力能だからである」(2Cor.10:3–4)と語るように、肉においてあることは生物としての与件であった。それは或る緊張をもたらし、キリスト－隣人ディレンマを引き起こすものではあるが、あくまで生物として生きる限り、肉の制約のもとにいる。そしてその制約のなかで「変身」(12:2)つまりキリストに似た者になることがめざされる。

この議論の展開の基礎にあるのは「肉に即して」は「霊に即して」と生命原理としては両立しないことである。他方、「肉において」は身体を持つ生物としての自然的な制約を表現しており、霊に即した生を歩んでもそこから完全に逃れることはできない。「肉にある者たちは神を喜ばすことができない（*aresai ū dunantai*）」（8:8）は、「キリストに仕えている者は神に喜ばれ」（14:18, cf. 15:3）との対比において理解されるべきである。「キリストの霊」が内在している者はDグループに属し、もはやCグループに属さないという意味で、この文章を理解することができる。まずこの基本的な理解のもとに、「神に喜ばれる」とは「キリストに仕える者」として律法の成就としての隣人愛を実践することに他ならない。パウロは言う、「われらおのおのは隣人に対し、［人格の］築きあげに関わる善きことがらにおいて喜びを与えよ。なぜなら、キリストもまた自らを喜ばすことがなかったからである」（15:2）。

信に基づく義認からの展開としてここでは「愛を媒介にして実働している信が力強い」（Gal.5:6）とされる、その力の実践がそれも心魂の部位の一般的な機能分析の次元で問題となっている。そしてその議論を支えるものがキリストの「われら」における帰納的な実働である。キリストは罪人への愛故に自らを犠牲にして十字架の苦しみを耐えた。相互の喜びとは基本的に相互に捧げ合うことにおいて生起する。これは先に見た「キリストにおいて幼い子供として」なお「肉的」であり、「嫉妬」や「争い」のうちにある状況と反比例的である。パウロはこのような状況にあるガラテア人を神に嘉されるとは見ていない。

肉にある者はそれ自身としてはつまり人間中心的に考察する限り神に仕えることも仕えないこともできる可能存在であるが、神の愛に応答しない限り、つまり肉にあって中立的存在でい続ける限りにおいては、神を喜ばすことはできないと語られている。そして「愛」は「霊の果実」（Gal.5:22）の一つであった。その意味で「神を喜ばすことができない」はD次元における聖霊の媒介との関連で理解すべきで、肉にある者は肉にある限りつまり神の愛に反応することを決断しない限りにおいては神を喜ばすことはできないのである。八章におけるこの論証はキリストの生への言及のなかで帰納的に遂行されている。

「肉に即した」生と「霊に即した」生の対比は「律法の義の要求」を「満たす」ことができるか否かを規準に生物的死と永遠の生命に判別されている。パウロにおいても業の律法の一点一画とも廃れないのである、ただしそれは「愛する者は他の律法を満たしている」(13:8)と業の律法が愛により帰一的に理解されている限りにおいてである。また「われらは肉に対し肉に即して生きる義務ある者にあらず、というのも、もし汝らが肉に即して生きるなら、汝らは死ぬばかりだからである(*mellete apotnēskein*)」(8:12)と言われる。そこでは「罪の値」としての生物的死を受け取るだけであり、永遠の生命への希望は湧きあがらない。肉とはそれに対し義務や責任があるとかないとか語られるところのもの、つまり何らかの道徳的な責任が帰属する行為主体である。道徳的な責任を帰属させうるのは自律的かつ理性的な存在者でなければならない。肉においてはあるが肉に即して生きる義務や責任があるわけではないとは、ひとは、肉においてあるという生の制約のなかにある、肉に即して生きる責任や義務を負ってはいないということである。ひとは自然的制約のもとで生きる自律的な存在者ではあるが、人間中心的に生きる責任を神の前に負うているわけではない。むしろ、肉的でありながら霊に即して生きるそのような義務を負う。

業の律法は信の律法より神にとっても少なく根源的だと言っても神の意志である限りにおいて、信の律法に基づき成就されることが求められている。エレミヤは偽りの預言者たちと戦ったが、彼らは「平安がないのに、「平安だ、平安だ」」と赦しのみを語っていたとされる(cf. Jer.6:14, 28:11)。神さえも自らの都合のいいように考える輩にパウロは「畏れと慄きをもって自らの救いを成し遂げよ」(Phil.2:12)と言う。彼は信と業の双方を神の意志に基づくべくどこまでも統一のもとにおく。

二　心魂の内奥で生起する聖霊の呻き

キリストの出来事が人間仲間のただなかで成立した以上、生の根源的態度に義務が生起したとパウロは見ている。

人間中心的な語りは肉の弱さへの譲歩として認められていたのであり、福音の啓示が遂行された以上、キリストの霊に即して生きる義務があるとパウロが主張することには道理がある。

肉という身体の一つの形姿を自ら自身に即して維持しようとするとき、つまり、身体に伴う与件の完成を他の生の形姿の力能として用いるのではなく、そのまま自前で生きるとき、神の前で死んでしまうと言われている。つまり、パウロはこれにより神に律法の業に基づく者と看做されてしまうであろうという警告を与えている。肉は生の一つの基礎的な原理として与件であるが、それを他の力能により方向づけることが求められこそすれ、それ自身罪であるとも罪的なものとされることもない。

そこで為されうることは祈りであるとされる。いかに祈るべきかその仕方を知らない苦悩のなかで「呻き」のなかで祈るとき、その呻きにあわせて聖霊が自ら呻きつつ執り成しているという聖霊の執り成しのエルゴンを主張する。パスカルは「呻きのなかで求める人々（*ceux qui cherche en gémissant*」（「断片」405）について言う、「私はこの懐疑のなかで真剣に呻く（*gémissent sincèrement*）人々に対し、彼らはこの懐疑を不幸のなかで究極と看做しそしてそこから逃れるいかなる努力をも惜しまず、この探求を彼らの主要で最も真剣な職務とする人々に対し、共感以外の何ものも持たない」（「断片」427）。イエスを目の前にして「信じます、信無きわれを憐れみたまえ」（Mak.9:24）とひれ伏す祝福された状況ではなく、「われらが見ないものを望む」（8:25）誰もいない極限状況のなかで人間が呻きつつなしうる最後のことがらは、恐らく「言葉にならない呻き」のなかで執り成す者の助けを求めることであろう。

信は心魂の根源的態勢でありかつ参与であり、神はそれを嘉するとき、ひとは罪赦され義である。そこからつまりその心魂の根源から生を遂行することに罪と悪に終わりが来るという希望の源泉があり、聖霊の実働を期待できるか否かが判明するとパウロは展開する。終わりの日における栄光の自由への解放を待ち望むことができる。そして人間の側における心魂の根源的な行為は呻きによる祈りであるとする。

一八なぜなら、今という好機の苦難は、われらに啓示されるべく来たりつつある栄光に比して、取るに足らないとわれは看做すからである。なぜなら、被造物の切なる憧憬《しょうけい》は神の子たちの啓示を待ち望んでいるからである。というのも、被造物は空しきに服したが、それは自発によらず、服従させた方の故にであるが、被造物それ自身が滅びへの隷属から神の子たちの栄光の自由へと解放されるであろうという望みのうえでのことだからである。なぜなら、われらはすべての被造物が今に至るまで共に呻きそして共に生みの苦しみのなかにあることを知っているからである。しかし、ただそれだけではない。われら自身も御霊の初の実を持つことによって、われらも自ら子としての定めを、われらの身体の贖いを待ち望みつつ、自らのうちで呻いている。なぜなら、われらは希望により救われたからである。しかし、見られる希望は希望ではない。というのも、誰が見ているものを望むであろうか。しかし、われらが見ないものを望むなら、忍耐をもって待ち望む。

しかし、御霊もまた同じようにわれらの弱さにおいて共に支えてくださる。なぜなら、われらは為されるべき仕方で何を祈るべきか知らないが、しかし御霊自ら言葉にならない呻きをもって執り成したまうからである。だが、これらの心を吟味する方[神]は御霊の思慮内容が何であるかを知っていたまう、というのも御霊が聖徒たちのために神に即して執り成していたまうからである(8:18–27)。

被造物の憧憬は神の子たちの出現であるが、神の子たちはもはや肉の弱さからくる様々な苦難から解放されているであろう。被造物が服した「空しき」(8:20)とはその在らぬものからの創造に伴う肉の弱さであると想定されるが、その肉こそ御子の受肉の形姿であった。何故神は被造物の自発によってではなく、その空しさに服させたかと言えば、御子の受肉の故に被造物が憧れと栄光の希望を持つにいたるためであったと考えられる。被造物は今苦難のなかにいるが、パウロは今の好機という「長子」としてのキリストの出来事のなかに身を置きつつ、希望のうえに聖霊の助けを祈り求めている。この箇所は彼自身の呻きの中で、聖霊が共に呻き支えていることを今・ここのエルゴン言語により展開されている。キリストが霊として現在し実働しているとするなら、帰納的には自らのその実働を提示せざるをえず、パウロは七章までの議論においてその準備が整えられたと理解している。あの「われ」は虚構の「われ」として罪の侵入とそこからの解放の過程を葛藤という心魂の実働の分析を介して明らかにしたが、今やパウロは「われら」のキリストとの共なる実働を展開している。このエルゴン言語から一般的なロゴスを抽き出すことは当然許容されている。

これまで多くの紙数を費やしながら、肉はそれ自身として創造の秩序のもとにあること、人間がそこにおいて生きる与件であることを論じてきたが、これまでの理解に矛盾はないと思われる。譲歩は霊を理解出来ない者に対し、福音の人間的な理性による分析を介して、無矛盾であることを示すべくなされる。肉の弱き現実が描かれたが、その究極は救いを求める呻きによる祈りであるとされた。そしてこれは自らが自らの側でなしうる信の根源的行為であると言える。

ひとは肉にある限りにおいてその霊的な部位は聖霊の注ぎを受けることができ、また霊に即して生きることができるという意味で、さらにそれでも肉に即して生きることが許容されているという責任ある自由のもとにあるという意味で「肉」はそれ自身として中立的である。例えば、福音書に類似のケースを求めるならば、マルタとマリアは共同生活をしていて、常に身の回りのことを完璧にこなす姉マルタにマリアはその生活を実質上依存している。イエスは自らの足元で話を聞くマリアの不平を言うマルタに対し、「マルタ、汝は煩いそして多くのことに心を惑わせている。必要なものは一つである。マリアは善いものを選んだ」と応答するとき、マリアの生の原理を真正なものとしている(Luk.10:41-42)。これは自然の制約のなかでひとは生きるが自然に即して生きるわけではないという主張を理解可能なものにする。

パウロは永遠の生命を信に基づきもたらす福音の圧倒的な恩恵と力能の故に、人間中心的に義と罪に等距離にある者としてこの事態を分析することを厭わなかった。肉のハンディは主に律法の遵守に関するものであり、魂の根源的な部位において信仰を持つことには幼子のようでありさえすればよいことから或る意味で最も容易なことがらである。というのも、心の持ち方次第のものとして高ぶりから解放されるだけでよいからである。もし、それがとても困難であると言うなら、そのひとは一度業の律法のもとに「あらゆる律法を遵守する義務」のもとに生きてみるしかないであろう。魂のボトムとでも言うべき場所に立ち返り霊に触れない限り神の前では滅び（少なくとも生物的死）だという主張は魂の探求を続けるとき、説得的なものになるとすれば、やはり魂の全体性の理解を要求するであろう。信は魂の根底からの方向転換を必要とする。

最後に、八章でキリストの復活が共約性規準として提示されたが、これはいかに理解できるのか、吟味したい。

第七節　魂体と霊体の連続性——「コリント前書」一五章——

一　様相存在論における共約性の吟味

「コリント前書」一五章は死者の復活という最も共約的であることの困難であろう箇所である。人間は肉的な生だけで構成されているのではなく、永遠の生命を生きるべき者として理解されている。これまでにアリストテレスの哲学的枠組との共約性を探求してきたが、ここでも様相存在論においてどれだけ明晰にパウロの議論が理解しうるかを追求する。

この箇所でパウロはまず魂的身体から霊体への移行を麦の種粒が蒔かれ、それとは異なる麦の身体が生命にもたらされる比喩において説明する。そのうえでパウロは「肉」と「キリストの霊」という土的なものの形姿である心魂の或る部位と天上的なものの形姿の断絶とともに、「御霊の初の実」を受け取りうる心の力能に自己の同一性の議論を展開する。ひとは肉という身体と不可離な生命原理のもとに生きているが、それが内在する魂の「内なる人間」と呼ばれる或る異なる部位は異なる形姿を受容しうる力能を持つ。しかし、それは「キリストが形づくられる」力能であり、パウロの自覚としては初の実としてのキリストを何らかの仕方で所有している。これは神の前の義と栄光の保証として与えられている。他方、この力能は肉なる人間が肉と何らかの関連におかれる限りにおいて「未完なものの力能」であるが故に、キリストの与える永遠の生命を得るためにはこの肉にあっては、苦難は避けられないものとなる。

パウロ自らがキリスト vs. 隣人ディレンマに陥っているように、もし肉においてあることに意味があるとすれば、この地上において隣人を愛するためである。パウロは言う、「兄弟たち、汝らは自由へと呼び出された、ただ肉に対する機会への自由とするな、むしろ相互に愛を媒介にして仕えよ」(Gal.5:13)。例えば、一つの比喩にすぎないが、日本において生きているが、日本に即して生きる責任や義務を負うわけではなく、上位の原理に即して生きることにより、日本において生きることをより豊かなものにするということはありうることである。これは自然においてひとは生きるが自然に即して生きるわけではないという主張を理解可能なものにする。このようにしてより上位の原理が支配している世界に、何らか近づくことができることもあろう。

他方、「肉と血は神の国を相続することはできない」ので、その役割はこの世での生存を支え、何らかの仕方で隣人を愛する力能と永遠の生命にいたる力能が成長することを邪魔しないことにある。肉は弱さにおいてある以上、その弱さは何らか制約されねばならない。肉の自由を解放するとき、ひとは自らの土的な本性の発揮に向かい、愛の力能を失うこともあろう。アダムはその創造から肉の弱さを担っていたことは彼が「律法の[遵守し]能わぬこと」(Rom.8:3)に確認できるが、彼が神に背いて最初に知ったことがらは眼差しが自らに向き自らの裸を「恥じた」ことである。自ら肉の目が開かれ、自ら肉であることを自覚しそのもとに生きるとき、ひとは恥とその対義語である無恥の両極の揺れのなかで罪からの給金としての死に向かう存在において生を燃焼させることになるであろう。肉は罪にかどわかされ、時に自らの自己中心性を恥しく感じ隠そうと試み、また時に肉の横暴に無恥のなかで委ねることにもなろう。肉はこれら両極を自らの領分の徴として、自己の見栄えと生存にこだわるであろう。

本節において「コリント前書」一五章の分析を介して、パウロがこの永遠の生命への力能をどのように論じているかを明らかにしたい。共約性を確保するために先に論じた力能と実働そして力能と完成の二つのペアからなるアリストテレスの様相アプローチにおいて確認したい。この様相存在論は力能理解の方向を定めそして制約を課すことになるであろう。

パウロにおいては力能と実働のペアが用いられている(e.g. Gal.3.4, Phil.3.21, cf. Eph.1.19, 3.7, 20)。なお、「完成(*entelecheia*)」という語はパウロには見られないが、その実質は例えば前置詞*en*(において)を伴い、「肉において」、「霊において」、「キリストにおいて」等の表現により、それ自身としてひとがそこにおいて生きる形姿が他の生の形姿とは判別される仕方で明確に提示されている。肉は先のアリストテレスの魂の分析との対応においては、植物魂や感覚魂を自らの組成としつつ、さらに生存に向かい本能的に算段する理性魂の一部を表現しているように見える。そこにおいて「肉に即した」生の義務さえ論じられるパウロの肉はアリストテレス的には或る完成においてある生の一原理である。

二　肉の存在論的位置

それぞれの「肉」の「身体」との固有な関係

ここでの問いは、われわれの文脈においては「肉」とは存在の様式としていかなる位置づけを得るかである。意味論的には人間は人間中心的に肉に即して語る時、生物的な死に向かいつつも神の前で義人と罪人の可能存在であった。心身論としてそれが「心」や「霊」など他の項目との関連でどのような記述を受け入れるかを検討しなければならない。

「コリント前書」一五章においてパウロは復活の身体をめぐり次のように語る。
三五ひとは問う、「死者たちはどのように甦らされるのか、どのような身体（*sōma*）で彼らは来るのか」。愚か
者よ、汝が蒔くものは、もしそれが死ななければ生命にもたらされることはないではないか。また汝が蒔くも
のは、やがて成るべき身体ではなく、麦であれ何か残りのものであっても、裸の種粒である。神は自ら意図し
たように（*kathōs ēthelēsen*）そのもの［麦］に身体を、そして［生物］種《しゅ》のそれぞれに固有の身体を与えていたまう。
すべての肉（*sarx*）は同じではなく、かたや人間たちの肉があり、他方獣たちの別の肉がある、鳥たちの別の肉
があり、魚たちの別の肉がある。四〇そして天上的な身体もあれば、地上的な身体もある。かたや、天上的な
ものどもの栄光があり、他方、地上的なものどもの栄光が別にある。太陽の栄光と月の栄光は別であり、また
星々の栄光も別である。
死者たちの復活もまた同様である。朽ちるものに蒔かれ、朽ちないものに甦らされる。価値なきものに蒔か
れ、栄光に甦らされる。弱さのうちに蒔かれ、力能のうちに甦らされる。魂体（魂的身体）（*sōma phsukikon*）に
蒔かれ、霊体（霊的身体）（*sōma pneumatikon*）に甦らされる。魂体があるなら、霊的なものもまたある。四五こう
書かれてもいる、「最初のひとアダムは生きる魂となった」、最後のアダムは生命を造る霊となった。しかし、
霊的なものではなく魂的なものが最初であり、続いて霊的なものである。最初のひとは地に基づく土製であり、
第二のひとは天に基づく。その土製の者［アダム］がそうあるように、土製の者たちもそのようにあり、そして
天上の者［キリスト］がそうあるように、天上の者たちはそのようにある。ちょうどわれらもまたその土製のも
のの形姿（*eikona tū choikū*）を担ったように、われらはその天上のものの形姿（*eikona tū epūraniū*）をも担うであ
ろう。五〇兄弟たち、われ語る、肉と血（*sarx kai haima*）は神の国を相続することはできない、さらに朽ちるも
のは朽ちないものを相続しないと。
見よ、われ汝らに奥義を語る。われらすべてが眠りにつくということにはならず、かえってわれらすべてが、

不可分の間に、瞬く間に、最後のラッパにおいて、変化させられるであろう。というのも、死者たちもまた、ラッパが鳴ると、不死なる者たちとして甦らせられそしてわれらもまた変化させられるであろうからである。というのも、この朽ちるものが朽ちないものを着させられそしてこの死ぬものが不死を着させられねばならないからである。しかし、この朽ちるものが朽ちないものを死ぬものが不死を着させられるであろうとき、そのとき書き記された言葉が出来事になるであろう。「死は勝利に飲み込まれてしまった、死よ、汝の勝利はいずこにある、死よ、汝の棘はいずこにある」。罪が死の棘であり、罪の力能が律法である。われらの主イエス・キリストを介してわれらに勝利を賜る神に感謝する。かくして、わが愛する兄弟たち、あらゆるときに主の働きにおいて満ち溢れつつ、汝らの労苦が主にあって無駄なものではないことを知りつつ、動かされることなく、堅固たれ（1Cor.15:35–58）。

最初にここで確認すべきことは、パウロは最後の審判に対する言及を要しない仕方で魂体と霊体の不連続と連続について議論を展開していることである。ここでの「われら」は霊となったキリストに続き、栄光ある天的な者となることが当然のこととして前提されている。その理由として、信の律法のもとに福音を受容して生きた者たちが念頭におかれていることを挙げることができる。この復活賛歌の章は、伝えまた受容された福音の確認に基づき、展開されている。その冒頭で彼は言う。「兄弟たち、われが汝らによき音信として宣教したところの福音をわれ汝らに知らしめる、それは汝らが受けとめたところのものであり、そして汝らがそこに立っているところのものであり、それにより汝らが救われてもいるところのものでもある。ただしそれは、もし汝らが、よき音信としてわれが汝らに宣教したそのロゴス［議論］の何であるか（*tini logō*）をかたく保持し、見せかけで信じたのでないならばという場合のことであるが」（15:1–2）。このようにキリストの復活の事実の目撃証拠の枚挙（15:3–11）、続いて聖書に基づく死人の復活の諸論拠を挙げ（15:12–34）、この引用箇所において復活体はいかなるものであるかという議論が始められ、福音の出来事ゆえに、罪と死に対する「勝利」により結ばれている。

ここでも共約性のもとにどれだけ理性的に理解可能か追求する。この箇所には何度かの「力能」(15:43, 50, 56)と数多くのエルゴン言語(蒔く、成る、与える等)の使用を確認できるが、麦の種粒から麦への生成の議論や形相に対応する「形姿」の導入、さらには土的なものから天的なもの、魂的なものから霊的なものへの瞬時の変化等、アリストテレス的な様相的分析を許容する仕方で議論が展開されている。パウロは「われらは不可分の間に、瞬く間に変化させられる」(15:51)と主張する。肉において生きている途上の者も不可分の時間における変化に含まれる以上、肉におけるその変化させられうる力能は未完のそれであれ待機の力能であれ、差異はない、それほどに圧倒的な能動者の参与であろう。しかし、変化させられうるにはそして自己が自己であり続けうるためには、何らかの受動の力能が道理あるものとして想定される。

まず、彼は身体を軸にして肉と栄光の或る種の並行関係に言及している。いずれも身体の差異に応じて肉と栄光に差異があるという主張である。ここでは「肉」は「すべての肉は同じではなく……」に見られるが、この語の代わりに「身体」を用いても一見前後なんら違和感なく読めるように思える。生物種ごとに固有の身体があり、それに応じるものとして種に固有の肉「人間たちの肉」や「獣たちの肉」、「鳥たちの肉」そして「魚たちの肉」が別々のものとしてあるとされている。このことはそれぞれの肉はそれぞれの身体と固有な関係にありその働き、実働において分離されないことを含意している。

神は「自ら意図したように」生物にそれぞれ固有の身体を与え、身体はそれぞれの生得的本性を持っており、そのことがこの文脈における「肉」の使用を必然なものにしている。魂は質料である身体の形相であると言える。肉は魂の一部位であり素材の特徴を説明する、しかもエルゴン上素材から分離されないロゴス的な存在者である。パウロはこれをこのようにそれぞれの差異を述べるさい、構成要素以外のものに言及する必要を認識していたに違いない。パウロはこれを「形姿(*eikōn*)」と呼んだ。彼は「われらもまたその土製のものの形姿(*eikona tū choikū*)を担ったように、われらはその天上のものの形姿(*eikona tū epūraniu*)をも担うであろう」と言う(15:49)。一方で、身体として見る限り、アダムに始まる人間も獣も同一の構成要素「土」により形成されていると言うことができるが、他方それらの「形姿(*eikōn*)」は異なる。それ故に、その文脈において彼は「身体」ではなく「肉」を用いていると思われる。

実際、身体的には「獣」のあいだにも多様な種があり、異なっていようが、パウロは「獣たちの肉」と一括で表現しその獣の身体的差異を問題にしてはいない。蛇も熊も同じ要素により組成されているからであろう。従って、「肉」についての当該の文は単に身体レヴェルで他の動物から区別されることを意味せず、身体と関わる生得的な自然本性がそれぞれ生物種に応じて異なることを表現している。「人間たちの肉」が最初に蒔かれた種粒の比喩に対応する人間の固有の形姿である。そしてこれは人間一般に妥当するものとして「完成」である。他方、麦から見るなら、これが共約的な理解を得るにはそれが「未完なものの力能」であると言うことができねばならない。種粒は力能において麦の形姿を担っており、それが芽吹き麦へと変化する。この比喩の平行性を維持する限り、肉も何らか変化させられうる力能を担っている。ただし、「この死ぬものが不死を着させられる」その変化において、「死ぬもの」や「朽ちるもの」が単に肉をのみ指示しているかは不分明である。生きている限り、「可死生物」は統合体とその魂に二重に指示が届いていた。生命原理である肉を介して、他の魂の部位にまで指示が届いていることもあろう。ただし、この比喩の平行性の記述の時点で確かなことは、「肉」が自律的な生の原理であるからこそ「人間の肉」と言われ、単に「人間」とは言われないことである。そしてちょうど種粒をそれ自身として見ることができるように、パウロは相対的な自律性を持つものとして譲歩しうる根拠となる自然的、存在論的な基礎付けをここに見出していることが分かる。

彼が肉の相違を強調する必要があったのはなぜかと言えば、それぞれの身体の用いられ方、被造物として神の栄光を表す表し方が異なり、独自であることを示すためであろう。太陽の栄光と月の栄光が別であるという主張も、単にそれらの素材の相違を言っているわけではない。「栄光」という特異な語彙により、それぞれの特徴、機能の異なりが言及されている。例えば、太陽は月に光を与えるものとして、月は太陽に従属し、守られているものとして派生的な栄光を表している。これらの異なる特徴により創造者である神に栄光を帰すことが念頭に置かれている。

「魂体に蒔かれ、霊体に甦らされる」

復活否定論者が復活体はいかなるものであるかを問うこの文脈において、パウロは神の関与を植物の比喩で説明している。「身体」については麦の種粒と麦のように一旦死滅しまた再生するものが自己に帰属するものとして描かれている。彼は言う「魂体（*sōma phsukikon*）に蒔かれ、霊体（*sōma pneumatikon*）に甦らされる。魂体があるなら、霊的なものもまたある」（15:44）。麦の種粒と麦の関係は一旦切断され、そのうえで「神は自ら意図したように」麦の種粒と麦そのものに新たな関係として「固有な身体」を与えているとされる。パウロは「種《しゅ》のそれぞれに固有な身体」があることに注目し、神の創造の秩序を念頭に甦りを論じる。彼は生命ある魂体があるなら、当然生命ある霊体があると推論する。前者は滅びるが後者は永遠であるということがその理由である。「朽ちるものに蒔かれ、朽ちないものに甦らされる」（15:42）。

生物種が安定していることは誰も否定できず、種粒と最終的な果実のあいだに不可視的な連続性を確認することができる（第二章一節五参照）。この切断という非連続を抱えた連続性はこれまで「ロゴス」や「形相」と呼ばれてきた人間には不可視な何ものかの連続性を想定することなしに保持できない。一つのものの完成として肉があり、他方、もう一つの永遠なものの完成として「霊的なもの」がある。パウロは肉が内属する魂的な身体には一つの「形姿（*eikōn*）」があり、霊的な身体には別の形姿があると言う。彼はこの連続性の説明を「われらもまたその土製のものの形姿（*eikona tū choikū*）を担ったように、われらはその天上のものの形姿（*eikona tū epūraniu*）をも担うであろう」（15:49）と地上と天上の異なる、しかし、「われら」への言及により何らかの関連ある形姿に求める。麦の種には既に麦の形相による生成の方向づけが力能において含まれている。それと同様に、霊的な形姿は魂のなかに何らか生成の方向付けの力能が含まれているのでなければならない。

「肉」は「身体」のように朽ちるものから朽ちないものへというそのような変化を被るものとしてよりも、それぞれの種を判別する機能、本性を担っている。そして肉は最初のアダムである「その土製のものの形姿」の或る部位として、この世のことがらに留まり、神の国を相続する天上の形姿ではない。「ローマ書」においては「形姿（*eikōn*）」とは神が自らの予知と予定における一つの範型として用いるところのものである。パウロは言う「ご自身は予め知っていた者たちを、御子自身が多くの兄弟のなかの長子となるべく、ご自身の子の形姿に合致した形姿（*summorphūs tēs eikonos tū huiū autū*）として予め定められた」（Rom.8:29, cf. 2Cor.3:18）。予定については第三章八節において論じたが、イエスが神の子として持っていた存在様式に合致する形姿を持つ者たちが予め定められていたと語られている。天上の「霊的なもの」ないし神の子たちの形姿は「御子の形姿」に合致した形姿を持つものとされている。この者たちは義とされまた栄光を与えられる（8:30）。かくして、神の嘉する人間たちの身体の形姿はイエスの生涯から推測することができる。土的なものの形姿に属する「肉」は神の子としてふさわしくはないが、このわれらの肉の延長線上にわれらの身体のもう一つの形姿として神の子に合致する形姿が定められていた。地上のものの栄光と天上のものの栄光が異なるように、最初に来る身体の本性ないし形姿としての肉と続く身体の本性ないし形姿としての御子の霊は異なるとされる。これらの「形姿」の存在様式は「完成」であると語ることができる。魂体の形姿としての肉は土的な素材の完成であり、完成においてある霊体の形姿との関係においてはその土的な魂体が力能においてあると語ることができよう。

「肉」は「魂体」と二重の指示により同一のものを指示するのであろうか。生きている魂体ソクラテスにおいては、「ソクラテス」は身体を備えた統合体とその形相である彼の魂双方を指示していた。「肉」もその形姿として同時に指示されるであろう。ただし、ここで「魂体」は死者たちの復活の議論の文脈において用いられていることは注意を要する。それまでの議論とは違い他の生物ではなく人間の魂体が主題である。従って、「肉」は指示の現場ではなく、一般的にロゴス上理解される限り、ここでの魂体より広く他の生き物をも指示し、何であれ土的なものの本性を意味表示すると言うべきである。

人間は神の前で生きており、そのような人間を「魂体」は指示しており、栄光ある霊体の力能においてあると位置づけられる。「身体の贖い」(8:23)を待ち望むことはあっても「肉の贖い」を求めることはない。肉は自前であり、自然的な死とともに消滅する相対的な生の原理である。そのさい「生きる魂」という表現に見られるように、「魂」は生命が第一に帰属するものないし身体に備わることにより生命が生起する生命原理である。これは第二章において見たアリストテレスの魂の規定、「それによりわれらが生きまた感覚し思考するところのもの」に呼応する(*De An.*II2.414a4)。魂は身体を秩序づけ一なる生を実現している。なお、「身体(*sōma*)」という語は「魂体(*sōma phsukikon*)」と「霊体(*sōma pneumatikon*)」に見られるように、朽ちるものと朽ちないもの双方に共通の語が適用されうるそのようなものである。「肉と血」(1Cor.15:50)は朽ちないものを相続することは「できない(*ū dunatai*)」とあるように、「肉(*sarx*)」をあらゆる文脈において「身体(*sōma*)」と交換できるものではないことは明らかである。従って、「肉」と「魂体」は事実上とりわけ人間を意味表示しうるが、視点が異なり、「肉」は相対的に自律した土的本性を伝達する文脈において用いられ、「魂体」は神により創造された生物学的生の座であり、さらに甦りの生との関連を伝達する文脈において用いられる。

この章において重要な主張は「最初」と「続いて」という時の経過のなかでひとは魂的なものから霊的なものに変化するという復活の主張である。パウロは魂体と霊体に連続性を見ており、麦の種が麦になるように、蛹《さなぎ》が蝶の力能においてあるように、魂体は霊体の力能においてある、或いは魂体のうちに何らかの霊体の力能を見出すことができると考えていたと思われる。パウロはそれを「心(*kardia*)」と呼んでおり、この心はそこに聖霊が内在しうるそのような魂体の一つの場である。それに対し、肉はこの地上的な生のみの原理であり、霊的なものを継ぐことはできない。しかし、「われら」の自己同一性を保持することが前提にされている復活の議論において、肉は力能においてであれ何らかの仕方で霊的なものを保持しているのであろうか。パウロは「魂的な人間（*phsukikos anthrōpos*）は神の霊のことがらを受け取ることはない」（1Cor.2:14）と述べることもあり、肉と霊は端的な断絶のうちにあるのであろうか。肉をパウロの心身（霊肉）論のなかで正しく位置づけるためには、霊的なものとの関連を明らかにしなければならない。

　パウロは生成上の順序について「霊的なものが最初ではなく、魂的なものが最初であり、続いて霊的なものである」（1Cor.15:46）と確認する必要があったことは、魂的なものが霊的なものを受容しうるというその何らかの力能を確認するためである。生成上の順序が意味を持つとすれば、それは自己同一性を維持する連続性を保証する必要があるからである。土からのものと天からのものが単なる断絶ではありえない。ただ「肉と血は神の国を相続することはできない」（15:50）のであり、魂体の形姿としての肉そしてその構成要素である肢体としての血は土に帰る。

　肉それ自身よりも、天からのものである「最後のアダム」或いは「第二のひと」キリストが「生命を造る霊」となったことに生命の連続性を見出す鍵がある。このキリストの霊の内在が連続性を保証すると考えられる。パウロは言う、「われら自身も御霊の初の実を持つことによって、われらも自ら子としての定めを、われらの身体の贖いを待ち望みつつ、自らのうちで呻いている」（Rom.8:23）。さらにパウロは「わが子らよ、キリストが汝らのうちに形づくられる（*morphōthē*）まで生みの苦しみを続ける」（Gal.4:19）とも語る。ここに、断絶するものと連続するものは明らかである。パウロは「かたや自らの肉に蒔く者は肉から滅びを刈り取るであろう、他方霊に蒔く者は永遠の生命を刈り取るであろう」（Gal.6:8）と言う。魂体の形姿としての肉とは別に御霊の初の実を受け取る部位があるとすれば、それは各人の霊であろう。そして神の霊を受け取る部位をパウロは「心」と呼んでいる。

　このようにキリストが形づくられる霊的な部位にこそ自己同一性の保証が見出されるが、それが心魂の或る部位である限り、肉も何らかの関わりを持つであろう。さもなければ、心身の統一理論は分裂のままに放置されることになる。肉はそれ自身としては地上から天上への変化における「われら」の同一性を保証する力能は内在していないにしても、その力能の果実を観察可能な仕方で担っているように思われる。アリストテレス的有徳な魂が築きあげられたとして、それは肉としての立派さであり、天上の霊体の形姿に引き継がれることはない。ただし、有徳な人格は「霊の果実」と平行的であることが論じられた（第二章四節五、本章一節二、二節三参照）。その意味で自ら選ばれていることとの人間的な保証ないし証拠を提供し、そのつど心魂のボトムから信に生きるよう促すそのような働きを為すであろう。その帰一的な働きを為しうる限り、肉には間接的に霊体の力能が宿ると語ることが許容されるであろう。なによりもパウロは「御霊の初の実」そして「御霊の保証」に言及するとき、受肉したキリストを念頭において語っていた。このキリストこそが、死人の甦りの「初の実」であった。彼は引用文の手前で言う、「今やキリストは死者たちから眠っていた者たちの初の実として甦らされた」（1Cor.15:20）。自然的な肉をキリストが身にまとった以上、肉はそれ自身として天上の形姿を担う力能は持たずとも、死ぬものの、朽ちるものの延長線上に朽ちないものの形姿が立てられている以上、その乗り越えられたものとしての間接的な自己同一性を保証するものの少なくとも一部を担うであろう。続いて、この自己の連続的な同一性がそこに宿るであろう心と霊について、それらの肉との関連をも考慮しつつ、分析する。

三　意識の座としての「心」

魂が生命原理であり、その基盤のもとに「肉」と「霊」が生の実働の原理であるとして、「心（*kardia*）」は何であり、そしてこれら他の魂的機能といかなる関係にあるのであろうか。パウロは「心」を多くの場合「われらの（汝（ら）の、彼らの）心」等の人称代名詞を伴い、当人の意識事象を表現する語として用いる。この語は単に人々がではなく、人々の意識が帰属する対象ないし場を問題にするときに、「心」が用いられることを示している（Rom.1:21, 24, 2:5, 15, 8:27, 9:2, 10:9f, 1Cor.2:9, 7:37, 14:25, 2Cor.3:15, 6:11, 9:7, Phil.4:7, 1Th.2:17, 3:13）。また、重要なこととして聖霊が注がれる場が「われらの」や「汝らの」という人称代名詞を伴った「心」である(Rom.5:5, 2Cor.1:22, Gal.4:6)。神が人間と交わるときに窓口となる場が心であると言える。「魂」が生命原理として継承されたのに対し、「心」はパウロが「われら」や「彼ら」において表現される人格的な次元において同朋の生命活動の一つの発露である意識事象が帰属する場に眼差しを注ぐさいに用いられる。

そのさい、「心」は主語の位置に置かれることはあるが、「肉に即して」のように「心に即して」何かが遂行されるそのような行為の原理として用いられることはない。その理由は、彼はことさらに肉や霊の他に行為の原理を同一の魂のなかで増やすことを避け、そこにおいて意識事象が発動する魂の部位ないし座としてその機能を定めたと考えられる。例えば、「彼らの悟りなき心[単数]は暗くされた」(Rom.1:21)は集合的に或るグループの人間たちの意識の状態としての心を指示している。人称代名詞が伴わない場合においても、例えば、「心の割礼」(Rom.2:29)、「手渡された教えの型に心から服従し」(6:17)、「心を吟味する方」(8:27)、「心の隠れたことがら」(1Cor.14:25)、「肉的な心の板」(2Cor.3:3)のように、人称代名詞だけでは正確に表現できない文脈即ち身体との差異を強調する文脈において用いられている。

「心」の用法は比較的分かりやすく、パウロは「心」により、神がその認識対象とする場合を除けば、人称により指示される当人における意識のつまり生の主体を表現し、そこにおいて意識的事象が帰属するところのものとして描かれている。例えば、願望や欲望、意欲そして悲しみや苦しみ、嫉妬等の感情、さらには疑いや信仰がそれに帰属するところのもの、つまり意識が第一に帰属する主体が「心」である。そしてパウロがコリント人について「汝らはわれらの心に書き込まれたわれらの書簡である、……墨によってではなく、生ける神の霊によって、石の板にではなく肉的な心の板に書き込まれたものである」(2Cor.3:2–3)と語るように、霊により自らの心に書き込まれるものは石の板との対比で「肉的な心」と言われており、心は神の霊の働きを受け入れうる肉的つまり自然的な記憶の座として用いられている。

心は肉的つまり自然的であり、聖霊が注がれる座でもある神とのまた他者など外界との交わりの窓口となる場である。これを「ボトム（根底）」と呼んできたが、比喩的には身体的生の原理である肉の裏側とでも言うべき位置づけをもち、その根底を支えている外界の構成要素は聖霊であり、その促しにおいて発動するとき、霊と呼ばれる。肉や霊は生の実働の原理であるのに対し、心は意識が第一に見出される部位である。感情や欲求等の意識現象が第一義的に属する心はさしあたり肉的なものであり、これは信じる者にも信じない者にも同意しうる与件となる。その心が端的に脳の働きであるのか、脳に還元されないものであるのかは共約的に常に喫緊の心身論の課題である。ここでは「心」が肉に留まるか否かを確認するに留める。

心はそこに聖霊を媒介にして神の愛が注がれ、神の栄光の知識により照らされ、神により探索されそして御霊の保証を受けるところのものとされている（e.g. Rom.5:5, 1Cor.1:22, 3:3, Gal.4:6）。神の霊を受ける心は身体ないし肉に属するかが問われよう。また「われ（ら）の霊」（e.g. Rom.1:9, 8:16）など人称代名詞を伴う「霊」も身体ないし肉に帰属するのかが問われよう。これは「われ」の座がどこにあるかの問いと関わる。このように「心」は肉的なものであれ霊的なものであれ、身体的なものとは判別される限りの広い意味での意識事象が生起する座のことであると言えよう。

さらに、パウロは、心は終わりの日に自らの生の責任を負う部位であると理解している。彼は業の律法のもとにある者の審判について言う。

> 誰であれ律法なくして罪を犯した者は、律法なくして滅び、そして律法のもとで罪を犯した者は律法を介して裁かれるであろう。というのも、律法を聞く者が神の前に義であるのではなく、律法を行う者たちが義とされるであろうからである。律法を持たない異邦人たちが自然に律法のことがらを行う時、その者たちは律法を持たずにも自らに対し律法なのである。彼らは誰であれ自らの心のなかに律法の業が書かれてあることを証明するが、それは自らの良心が共同の証人となり、そしてその間相互に自らの考量が告発しまた弁明しあうこと

によってであるが、それは、或る日、神がキリスト・イエスを介したわが福音に即してひとびとの隠れたことがらを審判するときである(Rom.2:12–16)。

このように心は「良心(*suneidēsis*)」の座である。そしてそれは自らを弁明しまた自ら気付かずにいた隠されたことがらが明らかになる、最後の審判を受ける主体である。パウロがここで「律法の業(*to ergon tū nomū*)」と語る時、二つの名詞に定冠詞を付すことにより神の意志である「業の律法(*ergōn nomū*)」と判別し、C次元における人間的な意識事象として記憶を挙げている(C次元においては通常主体となる人間の「業(に基づいて)」と「信(に基づいて)」が対比され、「(～の)律法」は省かれる(4:2, 5:1))。ひとが神の意志との関連でなした業のことが記憶として心に記されているとされる。そのことはひとが魂体から霊体に移行したおりにも心は良心の実働とともに自己の座であり続けると考えていたと想定させる。それは聖霊が注がれる座であることからも霊としての自己の座であると言える。このことは心がこの世界の原理である身体を用いる肉に還元されないものであることを明らかにしている。

心がどこまでも深まりうるものであるなら、感情や思考の座は肉的であるにしても、霊体においても存在する霊的なものにまで成長しうるものと思われる。パウロは言う、「心を吟味する方[神]は御霊の思慮内容が何であるかを知っていたまう、というのも御霊が聖徒たちのために神に即して執り成していたまうからである。他方、われらは知っている、神を愛する者たちには、計画に即して召された者たちにはあらゆることが善きことへと協働することを」(Rom.8:27–28)。心はそこにおいて聖霊の執り成しを受けるところのものであり、神を愛する心はその執り成し故にすべてが共に働いて善をもたらすことを知っている。心はかくも善きものが宿るところのものであり、神に栄光を帰す。肉を離れるとき、心が霊的なものにのみ占められると考えていたと思われる。そのことの故にか、パウロは「心」を「霊」と平行して使うことはない。霊体に心があって構わないが、それは霊の実働すなわちイエスの生命の満ち溢れだけが問題となり、もはや「心」には言及の要がない。心は自然的、肉的なものでありつつ、神からの愛が注がれる部位として聖霊を受け取る力能を所有している。これは人間的には神との正しい関係を備えうるものはその都度の信だけであるという意味において待機力能と言ってよく、幼子たちはもうすでにその力能を持つからこそ、イエスに愛されたのであろう。そして、その力能は信と共に成長してゆくそのような、神の国を継ぐに至るまで運動の力能として未完なまま実働するであろう。「力強い（*ischus*）」信は愛に結実するが（Gal.5:6）、それは「迫害」（5:8）下において敵をも愛するそのような力強さであり、それは有徳性との関係において常に途上の未完の力能であろう。

四　聖霊受容の座

それでは「霊」はどうであろうか。心がこのように聖霊受容の座としても用いられるとするなら、人称代名詞を伴う「われ（ら）の霊」は聖霊の実働に対応する部位ないし機能であり、イエスの生命を第一に受容する。そしてそれは一つの意識事象を伴い心に帰属すると理解することができよう。「わが霊において礼拝する神こそ……わが証人」（1:9）においてパウロ個人の霊の帰属場所は心なのであろうか、それとも霊という特別な場所なのであろうか。個々人の霊が聖霊と関連づけられるとしてどのような関係においてあるのか。これらの問いに対し次の文が一つの応答を含意するように思われる。「御霊《みたま》自らわれらが神の子たちであることをわれらの霊と共に確証したまう」（Rom.8:16）のように聖霊の活動にひとの霊が共に確認、確証しあうということが起こる。この確証の様式は聖霊側の「汝らは神の子である」というものとひとの霊の「われらは神の子である」というものであろう。(41)なお「共に確証する（*summarturein*）」人間の側の心的事象として「良心」が二度挙げられている（cf. 2:15, 9:1）。先に見たように良心は一方では心に帰属するが、他方心は自ら良心を行為として選択できるものではないように霊もそのようなものであろう。それ故に「霊」は「ヌース（叡知）」同様に、「霊の新しさにおいて」（7:6）、「叡知の刷新」（12:2）という文に見られるように、常に新たに「キリスト・イエスにおける生命の霊」に触れることにより発動が求められていると思われる。そして霊の発動は心に到来する聖霊の呻きを以てする執り成しに共同するものとして生起すると考えられる。これは「言葉にならない」原初的な心魂の根底的な部位の実働である。肉を突破すべく、明確な言語表現とならない呻きが要求されている。そこでは聖霊の執り成しにあわされた呻きであることもあろう。

なお、良心が一種の認知機能であるように、パウロは「霊」に認知機能を帰属させている。「神はその霊を媒介にしてわれらに啓示した。というのも霊はあらゆるものをそして神の深さをも探索するからである。なぜなら人間たちの誰が人間の深さを知ったであろうか、彼自身のうちにある人間の霊(*to pneuma tū anthrōpū*)を除いて。同様に神の深さも神の霊でなければ誰も知らなかったのである。しかし、われらは世界の霊ではなく神からの霊を受け取ったのである、われらが神によりわれらに賜ったものどもを知るためである。われらが語ることどももまた人間的知恵の教えの言葉においてではなく、霊のことがらを霊的な言葉により評定しつつ霊の教えの言葉において語っている」(1Cor.2:10–13)。霊はひとの内側で発動して、自らの深さをつまりイエスの愛の対象であることを知る。しかし、それはいつもロゴスを伴いつつ深化の途上にあるであろう。

ここでの問いは人間の霊は神の霊と共同の証人になるとして、神からの働きかけなしに実働するかである。パウロは先述したように「キリストが汝らのうちにあるなら、かたや身体は罪の故に死であるが、他方霊は義の故に生である」(Rom.8:10)と言う時、霊は身体とは接しつつ異なる場所に一つの独立した新たな生の主体ないし行為の原理として提示されている。そこでは、神がキリストの生命の霊を送る限りにおいて、人間の霊は義の故に生であり、身体もつ人間の全体に一つの生を浸透さすべく統一的な生の原理として実働する。これは今・ここのエルゴンの事柄である。この条件法(「もしキリストが汝らのうちにあるなら」)は神の行為(ErA)とキリスト(&/or)聖霊の媒介行為(ErD)の自由を伝達している。それ故にこそ、人間的には聖霊の注ぎに対する信以外に、信の祈り以外にいかなる備えもないと言わねばならない。

この信の存在論的、心身論的基礎として、魂体において心は霊的な感化を受けうる能力を自然的に備えていると考えられている。パウロが「神はわれらの心に、「アッバ父よ」と叫ぶ御子の霊を送った」(Gal.4:6) と語るとき、「父よ」という心の発話を伴う仕方で霊は音声言語に変換されている。霊が心の意識にのぼるには心はすでに霊を受け入れうるものとして理解されている。そして恐らく心には霊を意識や行為に変換する何らかの媒介装置ないし身体的、質料的裏付けを備えていると思われる。少なくとも、聖霊やヌースの発動は帰結主義を取らねばならない。即ち、木はその果実において知られるように、聖霊は愛の果実を、ヌースは真なる判断を生むことにより、その発動を確認する。そして観察可能な実践は肉的なものである。

善きものそして真実なものが歴史のなかに生起する限りにおいて、ひとは心にこれらの端的には肉の機能ではないものが肉的な心に宿っていることを判別する。それでもなお、いずれも身体の原理である肉を介するために、それは常に十全なものとは言えないであろう。ヌースがヒットしたものに関して、思考がそれを分節するさいには誤ることもあろうし、聖霊を通じて神の愛が注がれても、身体を媒介にする行為は不十全であろう。ひとは肉において生きている限り、肉の弱さのうちにあり、心もその制約のもとにあるであろう。だからこそ常に「ヌースの刷新」や「霊の新しさ」により神の意志を新たに把握することが求められている。

結論　一つの統一理論の構想——第二部の成果——

生物的な生と「新しい被造物」の生に対する同名異義原理の適用

最後に、パウロの心魂論が認知的なものと人格的なものの総合統一をめぐりアリストテレス的理解との共約性をどこまで保持できるかを考察したい。誰もが同じ心魂をもっているはずであるという道理ある想定のもとに双方の対話を続けてきた。不可視なロゴスとしての魂がいかに生物を秩序づけているかを考察してきた。パウロの心魂論における「肉」や「霊」をアリストテレスに見出すことはできないが対応する議論を可能な限り析出してきた。現代科学が解明しつつある自然は人間の自然が鳥のそれより複雑であるにしてもゲノムの解読はベース即ち根源的構成要素のレヴェルでは何ら異ならないことを明らかにしている。これはパウロにより「土」と呼ばれた。自然主義者たちは物理生理的な説明により自然は解明されると考えている。

それに対しアリストテレスは始動因と質料因による物理生理的な自然の解明は生物の生起の十分条件を特徴づけることはできるが、生物の本質を開示しないと主張した（第二章一節四、二節三参照）。本質とはそれ自身ロギコスな概念であり、ロゴスにより一般的に定義されうるもののことであった。その「もの自体」を意味表示する「本質」は因果論的文脈においては或る事物の必然的な諸属性をそれにより統一する因果論的に基礎的な存在者即ち形相や目的因そして始動因により占められる代替記号である。その本質のロゴス（定義「或る説明言表」が指示するもの）であるものが目的因と形相因であり、時空を占める始動因に内属する。そして形相因は質料因とならんでそれ自身のなかに運動と静止の根拠を持つ自然物の根拠としての自然であった。ロゴスである魂は身体がそれのためにあるところのそれとして目的因であり、また身体を動かすところの始動因でもあることを解明した。生物としての人間は「ヒトがヒトを生む」複製機構に見られるように、何かが「それのためのそれ」である目的因でも「そこからのそこ」として始動因でもあるものに内在するロゴスの存在様式である完成においてあるとき、十全な特徴を実現していると言うことができる。

しかし人格としての人間の完成は魂の善くあることとしての認知的そして人格的卓越性の獲得であった。アリストテレスにおいては自然の完成の探求は知ることを目的にした理論学の対象であり、人格の完成の探求は行為することを目的にした実践学の対象であった。当然、倫理的行為の自然的基礎を考察することはなされるが、倫理的行為は自然に還元されることはない。これは人間を統一的に考察する視点がまだ解明されていないことを含意する。

ダーウィン的な「最適者生存」のモットーのもとで生存競争を介した自然選択説は自然の弱さを語ることに他ならないことはもとより、アリストテレス的な自然理解にも限界がある。

アリストテレスが解明した自然は人間に倫理的卓越性の何らかの基礎を与えるが、彼は理論学と実践学を総合する構想を持つことはできなかった。むしろそれらは異なる領域に分節すべきだと考えた。「パトスに対する良い態勢」(*Nic.Eth.*II3)と呼ばれる魂の卓越性、有徳性の形成にロゴスが大きな貢献をなしうるが、それはパトスとの関係を離れない限りにおけるロゴスの相補性であって、世界の秩序を形成する知識の対象それ自身としてのロゴスはそれとは異なる独自の領域に属するものであった。一方、「実践知」は「人間的な善に関わる行為力能上のロゴスを伴う真なる態勢」であり、具体的な行為の選択における正しい認識であった。他方、「知恵」は宇宙の目的論的構造をも含む一切のものの原理についての知識であった。彼は理論学における知識が倫理学におけるパトスに間接的な貢献はなしうるがその双方の統一理論を構想することはなかった。それはロゴスとエルゴンがあらゆる領域をカヴァーする仕方でどこまでも相補的であるとは考えていなかったことを含意しよう。アリストテレスが打ち立てた理論学の延長線上に堅固な知識の体系は形成されていくことであろう。今日、宇宙物理学はその延長線上において引力や斥力などの力の移行という共約性のもとに重力と電磁力など四つの力を総合するグランドセオリーを探求している。そのように理論学と実践学のあいだに秩序という共約性のもとに自然的な力と倫理的な力を総合するグランドセオリーがあることを妨げるものはない。信の哲学が二人の考察を通じて展望するものは、パウロがアリストテレス主義者であった限りにおいて、そして彼がキリストの弟子であった限りにおいて、それぞれの領域における相対的自律性を確保したうえで包括的な形而上学を構成することにある。端的に言って、パウロは死者の復活の故に、誰もが同じ心魂を持つ者としてその最後的な共約性規準としてナザレのイエスを提案し宣教した。

現在いかなる統一理論も共約されていないことは誰もが認めよう。端的に個々人のレヴェルにおいても、個々人の生活において生物的自己と社会的自己のあいだに、またそれらと道徳的自己とのあいだに認知的不協和をいたるところに見出すことができる。もし統一されたなら自然はそして生物界はどのようなものとなるのかについてイザヤは既にその一つの可能性を描いている。「エッサイの根から一つの芽が出、その根から一つの若枝が生えて実を結び、その上に主の霊が留まる。これは知恵と悟りの霊、深慮と才能の霊、主を知る知識と主を恐れる霊である。……狼は子羊と共に宿り、豹は子山羊と共に伏し、子牛、若獅子、肥えた家畜は共にいて、小さい童子《わらべ》に導かれ、牝牛と熊とは食い物を共にし、牛の子と熊の子と共に伏し、獅子は牛のように藁を食い、乳飲み子は毒蛇の洞に戯れ、乳離れの子は手を蝮の穴に入れる。彼らはわが聖なる山のどこにおいても、損なうことなく、破れることがない。水が海を覆っているように、主を知る知識が地に満ちるからである」(Isaiah 9:1–9)。

これは生態系における秩序ある平和の一つのヴィジョンである。ひとは真摯に自らの生がイザヤの描く仕方であれ、或いは他の仕方であれ、統一され秩序ある平和を形成していないことを受け止めるとき、パウロが提示する「キリスト・イエスにある生命の霊の律法」による自然的である肉の統一の構想は人間の統一された一つの姿としてその可能性を認めることはできる。パウロは「人間の肉」と「鳥の肉」が異なると主張するとき、アリストテレス的な自然の地水火風、四つの構成要素の探求だけでは肉は解明しきれないということを含意していたと思われる。もちろんアリストテレスは人間と鳥は異なると言うであろうが、彼は行為主体としての人間の魂の知性能力にこそ鳥との異なりを見出すであろう。しかし、人間の肉が鳥の肉と異なり、その魂体の復活の生命の力能を「肉的な心」が何らかの仕方で持つものであるとしたなら、単に知性魂の知的力能との異なりではない。魂の人格的な有徳性は「霊の果実」(Gal.5:22)に平行的なものであることを認めることができる。そしてその相対的かつ人間的な有徳性を持ちえたなら、それ自身として喜ぶとともに、その源泉である「愛を媒介にして実働している信」にそのつど立ち返るよう自らを促すこともあろう。信が力強いものであり、そこに心身の理論と実践の統一理論の徴を見るであろう。

一方、肉は土的本性として自然的な基礎づけを持ち、ちょうど免疫反応が何らかの仕方で自己と非自己を判別するように、それに相対的自律性を付与することができる。他方、肉は受肉を介して「キリスト・イエスにある生命の霊」(Rom.8:2)との何らかの関わりがある限り、それは例えば肉的な心が霊をも受容しうるものとして存在するという仕方で、肉において心が霊を受容する力能を持っている。最後のアダムであるキリストは「生命を造る霊」であるとされている。そのキリストはイエスとして受肉した本人であった。魂体の一つの完成としてある人間の肉は滅びるが、断絶と連続性においてある人間の完成が霊体において甦るとするなら、その一つの保証は報告されているナザレのイエスの復活により与えられるであろう。肉の弱さを克服したイエスが霊体との連続性を明らかなものとしたと言える。

キリストに似た者になる「変身」(Rom.12:2)がそこにおいて生起する起点はやはりこの身体を抱えた肉においてであろう。パウロは「この死すべき肉においてイエスの生命」(2Cor.4:11)の宿りを求めている。ただし「外なる人間」は肉の弱さの故に衰退し続けるであろう。創世記記者は神の言葉を報告する、「わが霊は常にひとに留まることはない。彼は肉だからである」(Gen.6:3)。とはいえ、「内なる人間」(Rom.7:22)の絶えざる刷新により自然には還元されない何ものか「人間の深いものごと」(1Cor.2:11)が探索されねばならない。自然的なものと倫理的なものの乖離を乗り越えるもの、理論理性と実践理性を総合するもの、生物としての第一完成と人格としての第二完成を総合するもの、そのものの探求に余地があることだけは共約的なものとして誰からも同意されよう。

パウロはアリストテレスと同様野心的であるが、異なる仕方で、啓示に基づき神との帰一的な関係構築にむかったのである。パウロはこの統一を信と業、福音と律法さらには心身、魂体のグランドセオリーとしてイエス・キリストの信の啓示を当該性規準として立てて、一切をそこから思考し直し帰一的に秩序づけていた。神の信に対応するひとの信がナザレのイエスにおいて実現されたが故に、信の律法はアブラハムの先駆を導きとし、明確に「イエス・キリストの信」において啓示された。この信の律法に並んで、業の律法もう一つの堅固な神の意志である。神の意志である限り、それは存続する。ナザレのイエスは言う、「まことに、われ汝らに言う、宇宙と地が過ぎ去るまで、律法から一点また一画といえども過ぎ去ることはないであろう」(Mat.5:18)。業の律法は福音即ち信の律法との関連の中でその実質内容を含め秩序づけられている。興味深いことにそして重要なことに、業の律法のもとにおける神の判断「あらゆる者は罪を犯した」(3:23)、「すべての者が罪を犯した」(5:12)は過去形により過去のことがらとして福音を前提に言及されている。福音が啓示されなかったなら、これは語られえず、未だに業の律法のもとに義とされるべく空しい努力を続けていたことであろう。

さらに、もしかの受肉に基づくA福音の啓示がなかったなら、B業の律法のもとにいる神の前の罪人とC自律的な人間は外延において等しく癒着した者と看做されたであろう。意味論的分節そのものが崩壊していたことでもあろう。この全称量化(「すべての者……」)は福音の啓示の故に導きだされている。パウロはこう語っていた、「そのこと〔「和解させられた者として、彼の生命において救われるであろう」こと〕の故に、ひとりのひとを介して罪が世界に入りそして罪を介して死が入ったように、そのようにまた、すべての者が罪を犯した故に、死はすべての者を貫き通したのである」(5:12)。この同等比較は福音の啓示の故に導出されたのである。「そのこと」は前節までの次の議論を理由として受けている。「われらは彼の血において義とされたのであるから、さらにいっそう彼を介して怒りから救われるであろう。なぜなら、もし、われらは、われらが敵であったときに、神と、ご自身の御子の死を介して、和解させられたのであるなら、さらにいっそう、われらは、和解させられた者として、彼の生命において救われるであろう。しかし、ただそれだけではない、われらはその方を介して今や和解を得たそのわれらの主イエス・キリストを介して神において大いに喜んでいる者でもある」(5:9–11)。

ここでは義認に引き続く永遠の生命への方向が福音により定められたことが伝えられている。続いて、そのこと故に、すべての者が罪を犯したと語り得るのはキリストの十字架における身代わりの血の贖いに含意されたことがらであった。福音の啓示は否定的なことがらを前提にしており、その肯定的な啓示の対立の含意として「すべての者が罪を犯した」(Rom.3:23, 5:12)、即ち業の律法のもとでの人間の「生命」への招き入れは誰も満たしえないものであることが明らかになったのである。

福音の啓示の故に、神の前では人間の罪は過去の出来事として処理されえたのである。自らの罪責の故にすべての人間は罰として死を引き受けている。確かに、そのハンディのなかにひとは人生を遂行せざるをえない。しかし、生物的死と永遠の生命の圧倒的な非対称性のなかで自律的な可能存在として生を遂行している。福音の啓示の故に罪犯は過去のことがらとして受け止めることができ、過去の罪故に死の罰を抱えたハンディのなかでもひとはそのつど義人と罪人の可能存在として、さらには永遠の生命と死の可能存在として生身の生を遂行できるのであった。この肉の弱さへの譲歩も福音の啓示の故に為されうるのであり、常に神の前の現実イエス・キリストの信を自らのものとするよう励まされている。

パウロは、この福音の啓示に基づき、ひとを心魂の魂的身体から霊的身体への移行過程にある者として展開することができた。「肉」は生物種の次元において種子や受精卵が生成の力能を持ち、成長過程を経て成熟した身体に至った時点で独自の「差異」において実現される一つの完成であると言える。そこには「人間の肉があり、鳥の肉がある」。この基礎のうえに築かれる心魂の完成は共約的には有徳であることであり、その場合に心魂の善くあることが実現される。従って、肉は生物の完成という存在様式においてある心魂の態勢であり、外的な妨げがなければ、その身体的生命活動という実働が生物的な生存を遂行する。アリストテレスのアドヴァイスに従い、あらゆるものに定義形成句を求めてはならず「類比項を共に見ること」(*Met*.IX6.1048a37)により理解することとしよう、というのも生きている現場はロゴスとは異なる認知機能により把握されるであろうからである。肉は生存を保持する一つの完成においてある統合体として、何も妨げがなければ実働することが許容されている生物の(生存しうる)待機力能を保証するものであると言える。他方、幸福に対しては肉は恐らくその生きている統合体に内属する異なる未完の力能を保証していると言うべきである。アリストテレス的には幸福は魂のよき習慣づけを必要としているので、直ちには幸福であることを保証はしないであろう。

その「未完の力能」とは人間は自ら肉を脱しえず肉において変身を遂行することしかできないということである。「かつて肉にあった」と肉を脱したものとして過去形で語りえるのは、パウロの自覚としては、福音の啓示を介して展開しうる聖霊の媒介によるエルゴンD言語としてであった。ひとが肉にあって聖霊の受動に対して為しうるのは、自ら業によっては罪を贖うことができない以上、「生命を造る霊」となった存在者への信を持つことだけである。

一方、肉に即した生は霊に即した生と対立し、肉の弱さの故に罪の誘いに負け罪を犯し、罪と結託した労賃として生物的な死を蒙る。「もし汝らが肉に即して生きるなら、汝らは死ぬばかりだ」。肉は神の国を継ぐことができず、生物的死と共に滅びる。他方、心は「御霊の初の実」を持つことができ、神の国に至るまで自己同一性を保つ力能を有するものである。心は肉的つまり創造の始めから自然的なものとして備えられていたであろうが、肉に閉じ込められずイエスの生命としての霊をも受容することにより、深まりゆくそのような力能を持っていたと理解しなければならない。「ああ、神の知恵と認識の富の深さよ」(Rom.11:33)。

これはアリストテレス様相存在論との共約性確保のうえでの要請であり、しかもパウロはその理解を「生命を造る霊」となったキリストにその連続性を託したのであった。そしてそれはもしこの生物界における生命と天上の生命が全く偶然的な繋がりしかもたないということが不条理であるとするなら、この要請は道理あるものである。この心の同一性は肉が滅びて、霊体を獲得するさいにも保持されるであろう。この肉にあって心が「御霊の初の実」を持つが故に、自己同一性を神の国においても保つことが出来る。「われらは今は、鏡を通じて不鮮明に見ているが、かのときには、顔と顔とをあわせて見る。われは今は、部分的に知っているが、かのときには、われが知られているその仕方で知るにいたるであろう」(1Cor.13:12)。キリストは生前の一切を知っているという意味において、ひとは自己同一性の保証を与えられていると言うこともできる。

魂的な者と霊的な者は認知能力においてどこまでも判別され無関係であるとするなら、第一の人間と第二の人間を架橋することはできない。それ故に、「魂的人間」はそれ自身としては神の霊のことがらを受け取らず生物的な生存を中心にした肉的なことがらに関与するが、聖霊の働きかけに反応する力能を自ら備えていると理解しなければならない。さもなければ、御霊の初の実さえ受け取ることはできなかったであろう。それ自身として活動すると き霊的なことがらには関わらないが、「内なる人間」(Rom.7:22)は外界から注がれる聖霊を受領する部位として霊を力能として保持すると理解しなければならない。ここで「受領する」とは力能においてある霊が実働する(being at-work)ということである。実働とは働きにおいてある一つの存在様式であった。

理論理性と実践理性を総合するものとしての信

このことはパウロが譲歩して人間中心的に語る場合には、その力能部位を無視して、魂的な人間として語るということである。そして肉においてある魂的な人間が霊に即してではなく、肉に即して生きる時は罪に欺かれ、生物的な死を成し遂げつつある。しかし、福音の啓示の故に、律法はその新しい役割として「内なる人間」の部位におけるヌースの発動のもとにひとに葛藤を引き起こさせ、福音に追いやる務めを担うにいたった。かくして、イエス・キリストの信を媒介にした福音の啓示の故に、業の律法は新たに秩序づけられそして心魂の根源に信が生起するとき、「律法の義の要求」を満たすことをも含め生の一切が秩序を持つに至る。

彼が発見した「福音」とはこの「信じる者に救いをもたらす神の力能」(Rom.1:16)だったのである。福音が共約されるか否かは各人の自己理解のロゴスとエルゴンの共鳴和合のなかで自己の統一のエルゴンがどこで成立するかにかかっている。パウロならば言うであろう、良心にかけて今・ここで心魂の内奥に信じることが生起することによって、統一の証である「愛、喜び、平安、寛容、憐れみ、善意、信実、柔和、節制」(Gal.5:22)があるかにかかっていると。木は実によって知られる。

われわれは先に比例性テーゼを確認した。対象への否定的な心的態勢にある者は否定的な側面のみを認識しそれゆえにまた確信犯として対象に挑む。肯定的な態度にある者はその反対の果実を生む。この種子と果実の関係は双方においてパラレルで交わることはない。パウロは言う、「肉に即してある者たちは肉のことがらを思慮し、他方、霊に即してある者は霊のことがらを思慮するからである。というのも、肉の思慮内容は死であり、霊の思慮内容は生命と平安だからである」(8:5–6)。この根源的要素の交わりのなさは肉に即してはその弱さにつけこむ罪から逃れられない以上、ただ別のトラックに移行するしかない。彼は言うであろう、「心魂の内奥の在り方だけが問われている。汝は心魂の内奥にあって外界に触れているが、神がイエス・キリストにおいてどこまでも自らの約束に信実であることに触れそしてそれに「適合し続けている」か、それとも、罪の誘いのもとに肉をボトムとして生きているのか」。

イエスは受肉し従順の信を貫いたが故に、同じ肉においてある者は罪に留まることは避けうるものであると理解しなければならない。ただし、彼はそれを信において遂行した以上、自ら罪から脱しえない者が為しうるのは「霊に即した」一途な歩みに対する信を持つことができるだけである。パウロは励まして言う、「もし神がわれらの味方なら、誰がわれらの敵であるか。そもそもご自身の子を惜しまず、われらすべてのために彼を引き渡したその方が、いかに彼と共にあらゆるものをわれらに賜わらないということがあろうか。……誰がキリストの愛からわれらを引き離すであろうか」(8:31–35)。

肉を突破するものはただそれを欲し同時に信じること、それだけが応答する側の信のエルゴンである。その信のエルゴンは「われらの古き人はキリストと共に十字架に磔られた」(6:6)という過去の罪の一切は既に処分されてしまった、そして「キリスト・イエスにある生命の霊」(8:2)が自らの新しい創造において実働していることを信じることに他ならない。パウロは祈る、「希望の神が、汝らが聖霊の力能のなかで希望に満ち溢れるべく、汝らを信じることにおけるあらゆる喜びと平安で満たしたまうように」(15:13)。パウロの共約性のチャレンジとは神の前で一切の過去の罪が既に償われていたことに対し、心魂の内奥に喜びを伴う信が生起しているかという問いだったのである。換言すれば、心魂の内奥に生起しうるものはそのつどヌースの刷新を介して「変身させられる」ことによりただ喜びを伴う信のみであるというチャレンジであった。そしてそれによってのみ、愛に代表される業の律法が満たされるという、信と業の統一の確信であった。

（1）Origène, *Traité des Principes* I, 17. De incorporels et corporibus, p. 208, ed. H. Crouzel et M. Simonetti (Les Édition du Cerf, Paris 1978). オリゲネス（ca. 185–253）のこの書のギリシャ語原文は断片のみ残されておりラテン語訳による。『諸原理について』上智大学神学部編、キリスト教古典叢書九、小高毅訳（創文社　一九七八）参照。

（2）ブルトマンは心身をめぐるギリシャ的な思考との異なりをこう述べている。「パウロは二元論的な意味において身体と心魂を対立させていないことは語「身体（*sōma*）」の彼の使用の探求によって既に示されている。パウロは（身体から解放された）心魂の不死というギリシャ的‐ヘレニズム的概念をほとんど知らないし、同様にパウロは、ギリシャでは慣用であったように、「魂（*phsuchē*）」という語を質料に形相を与える霊的な生命の力やその生命の座を示すべく使用することはほとんどない」。私は以下でパウロはブルトマンが理解するギリシャ的なものとは異なる仕方で、アリストテレス的な心魂理解と共約的なものであることを論じるであろう。R. Bultmann, *Theologie des Neuen Testaments*, 9 Auflage, S. 205–06 (J. C. B Mohr, Tübingen 1984).『ブルトマン著作集四　新約聖書神学Ⅱ』川端純四郎訳、二七頁（新教出版社　一九九四）。

（3）ブルトマンにおける「人間」の基本理解は「生きた統一体」のことであり自らに関わる存在者それぞれの「私」であるが、その諸構成要素も直接的あるいは間接的に人間を指示するものとして種々論じられる。彼は言う、「人間は生きた統一体であり、一つの「私」であり、この私は自ら自身と対立することもでき、また自己自身に対して或る関係を持っており（「身体」）、その志向性において何かを追い求めていることにおいて、思い計らいと分別において生きている（「魂」「霊」）。かくして何かへと意志を向けており、何かへと心をかけており、何かを欲し、何かを知るという生命活動は人間に本質的に属しており、それ自身としては善でも悪でもない」（R. Bultmann, *op. cit.*, S. 210）。ここで人間の三つの構成要素（身体、魂、霊）が言及されている。

　ここで、彼が心身の諸部位について「人間」と同義語であるとする例を挙げる。「これまでのすべての論述からこう言える、「身体」という言葉によって人間つまり人格の全体が示されていることである」（*ibid.*, S. 196）。この主張との関連で彼はそのまとめの議論で「パウロが死人のからだ、つまり死体を決して「身体（*sōma*）」と呼ばなかったことは恐らく彼の特徴を示す」と述べるが、アリストテレスも死体（*nekron*）と生きた身体（*sōma*）を分けており、「生者は力能において死体である」という主張を拒否している。それは「付帯的」に成立する表現であるとする(*Met*.VIII5.1044b36ff)。即ち、魂から身体が切断された時、それはもはや統合体の力能ではなく、「同名異義的に」しか「身体」ではないのである(*De An*.II1)。それ故に、それはパウロ特有のことではなく、一般的な身体理解であると言える(第二章二節参照)。

ブルトマンはこの身体を手掛かりに諸構成要素を人間と同定していく。「「身体」はまさに人間自身であるが、「肉」は人間を要求し規定する力である」(R. Bultmann, *op. cit*., S. 202)。「「身体」はそれが事実上「肉」によって支配されているために、「肉」と同じ意味で使われることがある。かくして、存在的にはそれは罪の身体なのである」(*ibid*., S. 227)「「肉」は「すべての肉(*kol bāśār*)」=「すべての人間」という言い回しによって、そもそも人間を意味表示できる(3:20, 1Cor.1:29, Gal.2:16)」(R. Bultmann, *op. cit*., S. 234)。ここでは「肉」は「身体」を介して「人間」と同義とされている。

さらにブルトマンは旧約聖書の術語にギリシャ語当該語句の理解に関して最後的な権威を求める。「「魂」はパウロにおいてはまず旧約聖書の *nephes*(七十人訳では *phsuchē*)と同じく、自然的な生命の力あるいは生命そのものを意味している。……「すべての魂」を「すべての人間」という意味に用いるのは旧約聖書の表現に対応している(Rom.2:9, 13:1)」(R. Bultmann, *op. cit*., S. 205)。「旧約において *nephes* と *rūach* とが至る所で同じ意味に用いられるように、パウロも「霊(*pneuma*)」を魂と似た意味で用いることがある。……「霊」は「身体」や「魂」と同じく人格(Person)を意味することもあるし、人称代名詞の代わりをすることもできる」(*ibid*., S. 207)。「「ヌース」は決して単に観察的な振る舞いではなくて……ある態度をとること、意識的あるいは無意識的に何かを意欲することを含んでいる。「ヌース」は理解を含んだ企図であり、企てである。……ここ(1Cor.2:16)では「ヌース」は「霊」の代わりに用いられている。……「正しからぬヌース」(1:28)とは彼らの「空しい思い」、「惨めな企図」のことである。この(7:23)「ヌース」という概念は[前節の]「内なる人間」(7:22)を受けている。それゆえ「ヌース」は自ら自身と対立的になった「私」の「身体」から区別されたその人間の本来的な「私」なのである」(R. Bultmann, *op. cit*., S. 212)。このようにブルトマンにおいては「魂」「霊」そして「ヌース」という認知的、人格的諸機能も「人格」そして「私」と同定されていることを確認することができる。

しかし、ブルトマンによる諸関連語の意味と指示の同化はこれらだけに留まらない。「七十人訳で *lebh* が「心(*kardia*)」や「ヌース」と訳されたりするのと同様に、パウロも「心」を至るところで「ヌース」と同じ意味で用いている。つまり、意欲を持ち、企てを起こし、何かへと関心をかけるものとしての「私」を示すために用いる。「ヌース」と「心(*kardia*)」の相違は知識という要素が「ヌース」には含意されており、それが表面に現れているのに対し、「心」ではそれは強調されず、かえって努力や意欲という要素や感情(苦しみと愛)によって動かされているという要素が優勢になっていることにある」(*ibid*., S. 221)。「心」は情緒や感情の働きにより動かされる「私」を示している」(*ibid*., S. 226)。

ことほど左様に、これらの術語「魂」、「心」、「ヌース」そして「霊」は「身体」や「肉」と同様に最初は判別されるが、第三項を介して結局、人間を指示すべく収斂されている。これは常に読者に文脈の判別を要求するが、恐らく未分節、未整理であるが故にこのような乱暴な議論がなされるのだと考えられる。或る意味では信の哲学の五層の意味論的分節は神学者たちが暗黙のうちに要求する文脈の確定に貢献するであろう。Litera へのこだわりにより、人間を構成する諸部位を適切に関連づけるべく試みる。

このように不明瞭な基本概念の理解のもとにパウロが思考していたのであるとするならば、整合的な人間理解を展開することは不可能であろう。彼には様々な伝統が流れ入り、それを適切に分節しないまま非体系的に同一の語句を用いたということであるとするなら、整合的に彼の心身論を展開することはできないであろう。意味論的分析により人間中心的な語りの言語網が整合的なものとして展開されていたはずである。彼が「われは汝らの肉の弱さの故に人間的なことを語る」(Rom.6:19)と言う時、神の前の人間と責任ある自由のもとにある人間がその基本的組成において同一のものでありつつ、しかも神の前とひとの前という二つのアクセスを許容する独立したものとして分節されていることを確認できなければ、信の哲学は矛盾を抱えたものとして崩れ去るであろう。

(4)　パウロは非感覚的対象に接触的に知っている認知的状態、態勢をギリシャ哲学の伝統にならい「ヌース(*nūs*)」と名付ける。これはギリシャ哲学の伝統においてはその対象にヒットすることにより、成功した一つの認知状態を表現する尊称(honorific title)である。誰もが認めることができる認知機能として感覚と思考がある。パウロは思考を表現する最も基礎的な語幹として *noia* を用い、それに様々な前置詞を付すことにより様々な思いを合成語により表現している。例えば、思考(*dia-noia*)、悔い改め(*meta-noia*)、工夫、熟考(*epi-noia*)、予想、対策(*pro-noia*)、観念、意図(*en-noia*)等を構成する。*Nūs* はこれら思考と関連を持つが、それはそれらの営みを通じて成功した、つまりその対象にヒットした魂の認知的状態さらにはこのヒットに基づき思考が展開されるところのその認知状態を表現している。さらにパウロは「霊(*pneuma*)」を語る。「霊」は異言などを伴い非理性的なものとなり、「ヌース」と対比されることもある。

ここでは彼が主張するこの認知機能の探求を彼の書簡とりわけ「ローマ書」の分析を通じて他の哲学説と共約的な次元で明らかにしたい。彼は神の意志としての義の啓示と罪の啓示をローマにいるひとびとに伝達している。そこには彼自身のヌースが発動していると見なければならない。「ローマ書」が人間理解として、その人格的また認知的な理解として説得的であるなら、彼の伝達は何らかの信憑性を得ることになる。さもなければこれらの書簡は神をめぐる彼の妄想の羅列となるであろう。パウロの心身論は肉(*sarx*)や霊(*pneuma*)、魂(*phsuchē*)、心(*kardia*)、身体(*sōma*)等の論述をも含みそれらの全体の理解のなかで「ヌース」の本性と機能の理解を企てる。ここでも探求の手がかりは、信の哲学が共約可能性を成立の不可欠条件としている以上、上記すべての心身をめぐる術語が既に見られるアリストテレスの心身論との対話の遂行を通じて得られる。ただし、アリストテレスは感覚(五感)や記憶、表象(心像)そして思考さらには叡知、さらには「能動知性」と呼ばれる人間のヌースの背後にある神的なヌースなど魂に帰属するであろう様々な認知機能を分析し、言わば意識と実在の関係を主題に論じるが、ここではパウロの中心的な論点と関わる限りにおいて対話を試みる。

(5) プラトンにおいて *pneuma* が語られる箇所は他に *Phaedo* 112b, *Crat*.410b, *Resp*.394d, 496d, *Theae*.152b, *Phaedr*.229b, c, 255c, *Tim*.33c, 49c, 66e, 76b, 82e, *Laws* 865. H. A. W. Meyer は「コリント前書」二・一四について「魂的人間は聖霊を受け取った霊的人間(12f, 15)の反対である。それ故に彼は聖霊を持たない者である」と述べ、次のように説明する。「*phsuchē*(魂)と *pneuma*(霊)の間の区別は、相互からより低い生とより高い生の行為主体を分離するものとして、確かにプラトンの人間本性の身体、魂そして霊への三分割に応答している。このプラトン的人間論は、それは「内なる人間(*ho esō*)」、「外なる人間(*ho exō anthrōpos*)」という句のように、フィロとラビ作家たちにもまた流行しており、人気を博していた(Josephus, Antt.i.1.2,それによれば神は *pneuma* と *phsuchē* を、人間が最初に形成されるとき、吹き込んだ)。そしてその二重の概念にそってまた対応する表現の様式にそって存続していた(1Cor.5.3f, 7.34, 1Cor.I7.1, Rom.8.10f)」。H. A. W. Meyer, *Critical and Exegetical Handbook to The Epistle to the Romans*, Vol. I, tr. J. Moore and E. Johnson, p. 73–74 (T & T Clark, Edinburgh 1876).

(6) *La Trinité* (Livres VIII–XV), *Œuvres de Saint Augustin 16*, tr. P. Agaësse et J. Moingt, X13–16, p. 144–51 (Desclée de Brouwer, Paris 1955).『アウグスティヌス著作集　二八巻、三位一体論』泉治典訳、第十巻十章、一三一—一六、一四三—五一頁(教文館　二〇〇四)。泉治典「西洋思想史における〈霊=精神〉の概念」『哲学』第三六号　日本哲学会、一九八六。

(7) 第二章三節三参照。

(8) この動詞(*stoicheō*)は Kittel 辞典 *stoicheon* の項担当の Delling によれば、「「歩くこと」は「誰かとの同意においてあること」、「誰かに従う」という仕方での「足並みをそろえてあること」から「歩く」への意味の移行によって説明されねばならないであろう」と留保つきで一応同意されている。Delling は「合致に留まること(in Übereinstimmung bleiben)」という訳語を提案している。これは根源要素として与格によって表現されるものに調和していること、足並みを合わせていることを意味している。Liddle and Scott (LSJ) においても「一方向や一列に整列させられていること(to be drawn up in a line or row)」や「対応する(correspond)」そして与格を伴い「適合する(fit)」さらには「一致している、調和している(to be line with)」を挙げている。Delling も危惧しているように「歩む」であったなら *peripateō* (cf. Rom.6:4)を用いることもできたであろうから、やはり心魂の根源性との関連で「適合し続けること」のほうが適切であると考えられる。G. Kittel (Delling), *Theologische Wörterbuch zum Neuen Testament* (TWNT), VII, S. 666 (Kohlhammer, Stuttgart 1990 (1964)). Liddle and Scott, *A Greek-English Lexicon*, ad. loc. (OUP,

Oxford 1968).

（9） K. Barth, *Die Kirchliche Dogmatik*, IV2 §65 S. 554 (EVZ, Zürich 1955). 後述するように、ブルトマンも二義を指摘するが、バルトほどには両者の相互陥入に言及してはいない。

（10） ダンもこの語彙の多義性を指摘する。「「肉」それ自身のように、パウロにおいて句 *en sarki*（肉において）は「単なる(merely)」自然的（physical）（2Cor.4:11, Gal.4:14）という意味から人間的な弱さのより明示的な意味を通って（Rom.7:18, 8:3）、神に対するまったき対比と対立（8:8, 9, Philem.16）に至るまでの幅を持つ、しかしながら、この箇所（7:5）においてでさえ「端的に悪」（Murray）として、或いは「罪それ自身の記述」（Ridderbos）として *sarx* について語ることは正当化されないしそして賢明なものでもない。それ故に、適切な釈義のひとつの鍵は自然的－倫理的諸含意（physical-moral connotations）は、文脈に依存した自然的かつ倫理的意味を正確に加重することを伴った、意味の一つの連続体の全部分（all part of a continuum of meaning）であり、選言肢かつ識別された意味ではないというものである。さらに常に次の否定的な含蓄をも伴ってもいる、即ち肉はほとんど常に（cf. Phil.1:24）、時により強く、時により少なく強く、創造者から距離あるものである被造物の弱さと堕落しやすさを意味表示している」。なおダンは 7:5 の「肉にあった時」という過去表現を「これは明らかに彼らの pre Christian の立場と経験の記述である」としている。J. Dunn, Romans, 1-8, word Biblical commentary 38A P.363 (Word Pub., Texas 1988). 私は先述のように聖霊の注ぎのなかでの単に肉においてのみあるわけではない者の自己認識におけるエルゴン言語であると解する。生物的には信仰を持とうが持つまいが人は生涯肉においてある。

（11） G. Kittel (Schweizer), TWNT, VII, S. 134. *Sarx* の項担当の Schweizer は一方で「六、罪の主体としての *sarx*」において、「肉と罪のパウロの典型的な結合は旧約聖書に既に見られたものと同じである。肉の上に人間の建てるものは罪深い」と述べる。他方、「七、消滅される *sarx*」において彼は言う、「「ローマ」七・七、八・八以下そして「ガラテア」五・二四によれば、信徒はもはや肉において生きてはいない。彼はそれを十字架に磔てしまっている。このメッセージは新しくまたパウロに典型的である。肉はそこにおいて神の勝利と彼の約束と聖霊の勝利に対する言及があるすべの定式の背後に立つ。……肉は人間が脱ぎ捨てるべき或いは乗り越えるべき人間の一部分ではない。それは人間それ自体である。……神の子の信仰に到達した人間はもはや肉においてはない、というのも彼は信じそして彼はかくして罪を犯すことであるところの、肉のうえに彼の生を建てることを止めたからである」（S. 134）。これは「肉」を「人間」と同化し、人間は「人間それ自体」を止めてしまいつつ、それでも信仰において生き続けるというほとんど了解不能な記述である。

（12） G. v. Rad, *Theologie des Alten Testaments*, 7 Auflage, Band I, S. 163 (Kaiser Verlag, München 1978).

（13） G. Ryle, *The Concept of Mind*, Introduction, p. 3 (OUP, Oxford 1949).

(14) C. E. B Cranfield, *A Critical and Exegetical Commentary on the Epistle to the Romans*, Vol. I, p.198 (T & T Clark, Edinburgh 1975).

(15) G. Kittel (Meyer), TWNT, VII, S. 110.

(16) 実際、クランフィールドが事例として挙げる箇所においても七十人訳では双方が訳語として用いられているが、*sarx* は人間の身体性との関連で、その視点から用いられていると考えられる。「創世記」において「主なる神は言った、「わが霊は人間たちのなかに(*en tois anthrōpois*)永遠には留まらない、彼らが肉(*sarkas*)であることの故に。彼らの日々は一二一年であろう」」(6:3)とあるが、肉は霊が留まらないことの、つまり生命が永続しないことの理由として挙げられている。ここでは「肉」は単に「人間」を意味してはいない。また「エレミヤ書」においては、「主はこう語る、「ひとのうえに希望をおくところの、そして彼の腕の肉を(*sarka brachionos*)自らのうえに固定するであろうところの、そしてその心が主から離れるであろうところのその人間は呪われる」」(17:5)と語られるとき、「腕」という身体的特徴と共に「肉」が用いられ、それにより強い者への依存を表現している(cf. Job 10:4「死すべき者(*brotos*)が見るように、汝は見るのですか」)。さらに「イザヤ書」においてこう言われる。「主の栄光は見られるものとなるであろう、そしてすべての肉(*pāsa sarx*)は神の救いを見るであろう、すなわち主は語った、「呼ばわれ」と語る者の声がする、われは言った「何と呼ばわりましょうか」と。「すべての肉(*pāsa sarx*)は草である、そしてひとのすべての栄光は草の花のようだ」」(40:5–6)。これは「見る」という身体の機能に関わるが故にたとえ神の栄光を見ることが身体において見ることとは類比的以上のものではないにしても、「肉」が用いられている。人間が土から造られたものであることを思わせる「草」においても「肉」がより適切なものとして用いられている。さらに、肉は否定的な意味をもたず、神の救いを見るものとして用いられている。

Bāśār のこれらの事例を見るだけでも、端的に「人間」と「肉」を同定することには留保が必要であることが知られよう。「コリント前書」一五章においては、「すべての肉(*pāsa sarx*)は同じではない、かたや人間たちの(*anthrōpōn*)別の肉があり、他方獣の別の肉がある」(15:39)という文において、「人間たちの肉」という表現が見られる。そしてここで「人間たち」は構成する素材としての身体を使用する原理として「肉」が用いられている(15:49)。人間と獣の素材の使用原理は異なる。

(17) R. Bultmann, *op. cit.*, S. 238–39.

(18) パウロにおける「無差異(選択)の自由」と「自発性の自由」については第三章八節参照。

(19) J. Dunn, *Romans 1–8*, p. 422.

(20) *ibid.*, p. 285, ウルリッヒ・ヴィルケンス『ローマ人への手紙(一—五章)』岩本修一訳、四三二頁(教文館 一九八四)。

(21) Cf. E. Käsemann, *op. cit.*, S. 140, J. H. Moulton, *A Grammar of New Testament Greek*, Vol. I. Prolegomena 5th. ed., p. 107 (T & T Clark, Edingborugh 1909).ヴィルケンス、前掲書、四二四頁。T. J. Deidun はこう述べている。「「ローマ」五・一二は今やアウグスティ

ヌスの原罪理解の鍵となるテクストになった。あらゆる個人（幼児も含む）はアダムの罪に共に巻き込まれている（co-involved）。よく知られているように、この節のアウグスティヌスの釈義は主にギリシャ語の *eph' hō*（in that, because）のラテン語訳の *in quo*（in whom）に依存しておりそして「死」の二番目の言及の彼の写本における欠落に依存しており、その結果「罪」が「ゆきわたる」の主語となった。罪はすべての人間にゆきわたった（「生殖」によって、「模倣」［ペラギウス］によってではなく）」。*A Dictionary of Biblical Interpretation*, ed. R. J. Coggins and J. L. Houlden, p. 601 (SCM Press, London 1990). なお、Nestle-Aland 二八版において当該箇所は *eo quod omnes peccaverunt*（「すべての者が罪を犯したそのことによって」）と修正されている。このことは平行性テーゼが崩れる *in quo* の誤りを認めたことを示していると思われる（第一章註26参照）。

（22）R. Bultmann, *op. cit.*, S. 251.

（23）C. H. Dood, *The Epistle of Paul to the Romans*, p. 79 (Hodder and Stoughton, London 1932).

（24）*Petri Abaelardi Commentariorum Super S. Pauli Epistolam ad Romanos, Petri Abaelardi Opera II*, ed. V. Cousin, p. 238 (Georg Olms Verlag, Hildesheim 1970 (1859)).

（25）G. Kittel (Behm), TWNT, IV, S. 952.

（26）『旧約聖書　ヘブル語大辞典』三版、名尾耕作（教文館　二〇〇三）。

（27）G. Kittel (Baumgärtel), TWNT, VI, S. 361, *pneuma* の項で、Baumgärtel は「*rūach* は神の不可滅性および保持する力（Is.31:3）、「彼の遍在性」（Ps.139:7）、「創造者としての彼の計測し難い力と知恵（Is.40:13）を意味表示する」と説明する。また Kittel (Behm), TWNT, IV, S. 953, *nūs* の項で、Behm は「*rūach* は一度だけ「イザヤ」四〇・一三においてヌースと訳されている。ここでもまた、*pneuma* が *rūach* に対応するという規則の明らかな緩和は存在しない」と言う。

（28）R. Trench は「この語の宗教的用法は異教世界にはまったく奇妙なものであった」ことがヒエロニムス以来指摘されていると報告している。R. Trench, *Synonyms of The New Testament*, 12th ed. p. 353–57 (Kegan Paul, London 1894).

（29）トレンチは言う、「この語［啓示］はその最も高いキリスト教的な意味においては Arethas により「それは神的な夢を介してであれ、神的な輝きに基づく神的なヴィジョンに即してであれ、魂の支配部位が輝かされることによる、隠された奥義の開示（*dēlōsis*）である」と説明されている」（*ibid.*, p. 355）。トレンチはパウロのこの箇所に基づき解説する。「Theophylact は *optasia*（幻）に伴われて、*apokalypseis*（啓示）はそれとは次の点で区別されている。*optasia* は示されるないし見られるもの以上のものではないが、見ることやヴィジョンは理解されることなく見られることがとりわけ可能である。*Apokalypsis* は単に示されまた見られるものを含むということではなく、同じものの解釈や或いは覆いを取ることを含む」。

「啓示」は「幻」と並列にしかもそれに付加して語られるように、単なる幻、ヴィジョンということではなく啓き示すという意味での解釈による理解をも含意するものとして用いられる。これは旧約以来の伝統に則った使用であることが指摘されている。トレンチは言う、「かくして、ダニエルの四つの獣の幻は見られたものであるが、理解はされなかった、傍らに立った者が彼にそれらの解釈を知らしめるまでは（Dan.7.15, 16, 19, 23, cf. 8.15, 19, Zech.1.18-21）」。*ibid.*, p. 355.

ダニエルは単に幻を見た。それを神による何らかの示しとして啓示と言っても構わないが誰かに解釈されたその事態も啓示の内容であると理解することができる。というのも一義的な解釈しか成立しないとすれば、そしてそれは歴史のなかで検証されるものであるとすれば、その幻に続く解釈行為も啓示への適切な応答であると言うことができるからである。Theophylactは言う、「啓示は幻以上の何ものかを持つ。というのも一方は見ることのみを与えるからである。しかし、これは見られるものよりも何かより深いものを剝がし出す（*apogumnoi*）からである」。Trench. *op. cit.*, p. 355.

（30）Cranfield, *op. cit.* Vol. I p. 345.

（31）*ibid.*, p. 346f.

（32）*ibid.*, p. 341.

（33）G. Theissen, *Psychologische Aspekte paulinischer Theologie* (Vandenhoeck & Ruprecht, Göttingen 1983).『パウロ神学の心理学的側面』渡辺康麿訳、二八六頁（教文館　一九九〇）。

（34）M. Luther, *Vorlesung über den Römerbrief 1515/1516*, Dritter Auflage, *Ausgewählte Werke*, Band 2, S. 236 (Chr. Kaiser Verlag, München 1957), WA 56, p. 341. 真方敬道「「義にして罪」と「罪にして義」――ロマ書七章一四―二四節を中心に――」『異教文化とキリスト教との間』（南窓社　一九八八）参照。

（35）C. H. Dood, *op. cit.*, p. 108.

（36）ニーチェ「漂泊者とその影」五二、『人間的、あまりに人間的Ⅱ』中島義生訳、三一五頁（ちくま学芸文庫　一九九四）。ただし、パウロは良心の内容が「幼少時代のわれわれに、……かつて尊敬したり恐れたりした人々が理由なく規則的に要求したものの一切」という見解には同意しないであろう。彼は「共同‐証人」に神を挙げることもあり、自らの刷り込みによるものではないとする。

（37）「コリンズ道徳哲学」御子柴善之訳『カント全集　第二十巻　講義録Ⅱ』、二八六頁（岩波書店　二〇〇二）参照。

（38）Meyer, *op. cit.* II, p. 28.

（39）J. Mitchell Jr., Simul Justus et Peccator, *Evangelical Dictionary of Theology*, ed. W. Elwell (Baker Reference Library, Michigan 2005).

（40）この章は神の前における人間の心理学を記述したものであるということができよう。バルトが勝利を語ることに急《せ》くあまりに次のように語るとき、パウロにおける神の前の心理学を誤解し、「心理学」的解釈を拒絶し、せっかくの罪と律法と人間の三つ巴の理解を貧弱なものにしてしまったと言わねばならない。「神の律法に対する関係から見られた罪の、最も興味深い、また最も人の心をゆり動かす心理学を、その箇所(7:13-23)で見出すことができると人々は考えた。そしてその際、一三―二三節にせよ七―一二節にせよ、そこで問題にされているのは、いわば小さい活字で印刷された注釈のようなものだということを見過ごしてしまっている。その注釈の中でパウロはまず、われらが信仰において解放されており、それに対しわれら自身は、信仰において、もはや存在していない、その律法の意味と働きについて述べる。従って、われらにとってはもはや、信仰によって乗り越えられたわれら自身の過去の状況としてしか、興味を引くに過ぎない状況について述べる。すなわちそれは、罪に対しても律法に対しても正しい立場をとることがないような状況である。パウロがそれについて語っていることに従えば、われらはこのような状況に後々までとどまることや、このような状況自体を真剣に受け取るようなことは決して求められてはいない」。カール・バルト『ローマ書新解』川名勇訳、七五頁(新教出版社　一九八一)。バルトは神の前の二つの人間現実そしてさらに命令形を語られる生身の人間現実を摑み損ねている。彼は律法のもとに生きる者は神の前で律法により審判されることを忘れ、「信仰」の強調のもとに律法を過去のものとし、律法の新たな現実的な機能を把握し損ねている。

(41)　Meyer, *op. cit.*, II, p. 68.

千 葉　 恵（ちば　けい）

1955 年宮城県古川市生まれ。1977 年慶応義塾大学法学部政治学科卒。1977-84 年同大学院文学研究科哲学専攻，修士課程を経て博士課程単位取得退学。1984 年同文学部非常勤講師（古典ギリシャ語）。1986-90 年オックスフォード大学人文学科哲学専攻，修士課程を経て博士課程修了，哲学博士（D. Phil. in Philosophy）。1990 年から現在，北海道大学大学院文学研究科助教授を経て教授。

主要業績：Aristotle on Explanation: Demonstrative Science and Scientific Inquiry (Oxford University D. Phil Thesis 1989),『アリストテレスと形而上学の可能性――弁証術と自然哲学の相補的展開――』（勁草書房 2002），「『ロマ書』におけるパウロの意味論――ピスティスの二相――」月本・大貫編『日本の聖書学　第 8 号』（ATD･NTD 聖書註解刊行会 2003），Aristotle on Essence and Defining-phrase in his Dialectic, *Definition in Greek Philosophy*, ed. D. Charles (OUP, Oxford 2010), Aristotle on Heuristic Inquiry and Demonstration of What It Is, *The Oxford Handbook of Aristotle*, ed. C. Shields (OUP, Oxford 2012), Uchimura Kanzo on Justification by Faith in His *Study of Romans*: A Semantic Analysis of Romans 3:19-31, *Living for Jesus and Japan*: *The Social and Theological Thought of Uchimura Kanzo*, ed. H. Shibuya and S. Chiba (Eerdmans, Michigan 2013)

信の哲学［上巻］
――使徒パウロはどこまで共約可能か

2018 年 2 月 28 日　第 1 刷発行

著　者　　千　葉　　恵
発行者　　櫻　井　義　秀

発行所　北海道大学出版会
札幌市北区北 9 条西 8 丁目 北海道大学構内（〒060-0809）
Tel. 011（747）2308・Fax. 011（736）8605・http://www.hup.gr.jp/

アイワード/石田製本

ISBN978-4-8329-6836-3

カントと自由の問題
新田孝彦著
A5判・三九二頁
価格 六〇〇〇円

カント哲学のコンテクスト
宇都宮芳明
熊野純彦
新田孝彦 編著
A5判・三三六頁
価格 三二〇〇円

実践と相互人格性
―ドイツ観念論における承認論の展開―
高田純著
A5判・三六六頁
価格 六〇〇〇円

ハイデガー哲学とナチズム
トム・ロックモア著
奥谷浩一
小野滋男
鈴木恒夫
横田栄一 訳
A5判・五二四頁
価格 六八〇〇円

象徴機能と物象化
―人間と社会の時代診断に向けて―
見附陽介著
A5判・三五〇頁
価格 六〇〇〇円

カントの世界論
―バウムガルテンとヒュームに対する応答―
増山浩人著
A5判・二四六頁
価格 五五〇〇円

〈価格は消費税を含まず〉

北海道大学出版会